Komplexitätszunahme in der Finanzberichterstattung nach IFRS?

Betriebswirtschaftliche Forschung im Rechnungswesen

Herausgegeben von Nils Crasselt, Rolf Uwe Fülbier, Joachim Gassen, Bernhard Pellens und Thorsten Sellhorn

Band 15

Zur Qualitätssicherung und Peer Review der vorliegenden Publikation

Die Qualität der in dieser Reihe erscheinenden Arbeiten wird vor der Publikation durch Herausgeber der Reihe geprüft.

Notes on the quality assurance and peer review of this publication

Prior to publication, the quality of the work published in this series is reviewed by editors of the series.

Patrick Kuschel

Komplexitätszunahme in der Finanzberichterstattung nach IFRS?

Eine theoretische und empirische Analyse

PL ACADEMIC RESEARCH

Bibliografische Information der Deutschen Nationalbibliothek
Die Deutsche Nationalbibliothek verzeichnet diese Publikation in der Deutschen Nationalbibliografie; detaillierte bibliografische Daten sind im Internet über http://dnb.d-nb.de abrufbar.

Zugl.: Bayreuth, Univ., Diss., 2014

D 703
ISSN 2191-6098
ISBN 978-3-631-65987-8 (Print)
E-ISBN 978-3-653-05470-5 (E-Book)
DOI 10.3726/978-3-653-05470-5

PL Academic Research ist ein Imprint der Peter Lang GmbH.

Peter Lang – Frankfurt am Main · Bern · Bruxelles · New York · Oxford · Warszawa · Wien

Diese Publikation wurde begutachtet.

www.peterlang.com

Geleitwort

Die Anwendung der IFRS ist in der deutschen Bilanzierungspraxis und in der Literatur immer auch mit Kritik einhergegangen. Neben den meist im Vordergrund stehenden konzeptionellen Fragen, z.B. der fehlenden Zweckorientierung, der Ausweitung der Ermessensspielräume oder der Erfassung unrealisierter Erträge im Rahmen der Fair Value-Bewertung, wird in den letzten Jahren auch die Kritik an der zunehmenden Komplexität der IFRS immer lauter. So bemängelt z.B. die Deutsche Prüfstelle für Rechnungslegung DPR in ihren Tätigkeitsberichten regelmäßig Umfang und Komplexität der IFRS als Haupttreiber für Fehlerfeststellungen. Ähnliche Hinweise finden sich auf Seiten der Wirtschaftsprüfer und auch in der Literatur. Stellvertretend sei *Küting* angeführt, der anmerkt, dass die IFRS *„von den Bilanzierenden nur unter großem Aufwand anwendbar sind, die ordnungsgemäße Anwendung der Normen von dem Abschlussprüfer vielfach nur noch plausibilisiert werden kann und die bilanzielle Abbildung für den Bilanzadressaten nicht mehr verständlich ist“* (Küting, DB 2012, S. 304). Dem entspricht auch das Bild einiger Untersuchungen, die aus Sicht mittelständischer Unternehmen die Hauptnachteile der IFRS zu identifizieren suchen, die u.a. gegen die freiwillige Anwendung im Konzernabschluss oder gegen die Übernahme des IFRS for SMEs sprechen. Die hohe Komplexität der IFRS und die damit eng verbundene Dynamik der Regelentwicklung werden hier an vorderer Stelle genannt. Interessant ist jedoch vor diesem Hintergrund, dass das scheinbar weit(er) verbreitete Gefühl einer Komplexitätszunahme noch zu selten mit empirischen Daten belegt oder systematisch aufgearbeitet worden ist. Genau an dieser Stelle setzt die Arbeit von Herrn Patrick Kuschel an. So ist es das Ziel seiner Arbeit, die Komplexität der IFRS-Rechnungslegung theoretisch besser zu erfassen und zu systematisieren und die These einer Komplexitätszunahme empirisch zu prüfen.

Herr Kuschel gliedert seine Arbeit im Wesentlichen in drei Teile: In einem ersten Teil wertet er die Literatur aus und stellt einen lesenswerten Forschungsüberblick in einem Themenfeld bereit, wo es bislang wenig Vergleichbares gibt. Im zweiten Teil der Arbeit geht es um die theorieuntermauerte Systematisierung der Rechnungslegungskomplexität. Herr Kuschel versucht hier, das eher unbestimmte Phänomen der Rechnungslegungskomplexität systemtheoretisch zu präzisieren und die unterschiedlichen Ebenen und Treiber differenzierter herauszuarbeiten. Es folgt im dritten Teil die empirische Untersuchung einer möglichen Komplexitätszunahme in der IFRS-Rechnungslegung. Diese Untersuchung steht allerdings unter der einschränkenden Erkenntnis, dass Komplexität kaum selbst direkt messbar erscheint und, vor allem, dass die vielen, ineinander verschachtelten Komplexitätsebenen auch nicht wirklich trennscharf voneinander erfasst werden können. Herr Kuschel beginnt insofern erst einmal mit einer kurzen, aber aufschlussreichen Unternehmensfallstudie, die das Phänomen der Rechnungslegungskomplexität aus bilanzpraktischer Sicht besser zu verstehen hilft. Anschließend präsentiert er (s)einen vielschichtigen, indikatorbasierten Messansatz, um zumindest erste Tendenzaussagen treffen zu können. Im Gesamtergebnis der empirischen Auswertung kommt er zu dem vorsichtigen Schluss, dass – trotz aller Heterogenität in den vielen Einzelergebnissen, trotz aller Limitationen und eingedenk aller Subjektivität – die ebenfalls steigende Unternehmens- und Umweltkomplexität wohl primär die Rechnungslegungskomplexität treibt und dass eine eigenständige Regelkomplexitätszunahme der IFRS zumindest mit den in der Arbeit vorgenommenen Analysen nicht eindeutig belegt werden kann.

Trotz der Angreifbarkeit mancher Einzelergebnisse, mit denen Herr Kuschel offen umgeht, und trotz des weiteren Forschungsbedarfs, z. B. hinsichtlich einer trennschärferen Messung der Komplexitätsebenen, einer Theorie zur Verbindung der Komplexitätsebenen, der Verbindung der Messindikatoren untereinander oder zur Erklärung gegenläufiger Ergebnisse, markiert die vorliegende Arbeit einen wichtigen ersten Schritt zum besseren Verständnis der IFRS-Rechnungslegungskomplexität. Der diesbezüglichen Diskussion und Forschung steuert sie viele Ideen, Messansätze sowie interessante wie auch diskussionswürdige Einzelergebnisse bei. Insofern hat sie eine breitere Leserschaft verdient.

Bayreuth, im Januar 2015 StB Prof. Dr. Rolf Uwe Fülbier

Vorwort

Die vorliegende Arbeit entstand während meiner Tätigkeit als wissenschaftlicher Mitarbeiter am Lehrstuhl für Internationale Rechnungslegung der Universität Bayreuth und wurde dort von der Rechts- und Wirtschaftswissenschaftlichen Fakultät im Sommersemester 2014 als Dissertation angenommen.

An dieser Stelle möchte ich all jenen Menschen danken, die mich auf meinem Weg zur Promotion begleitet und mich, vor allem während dieser Zeit, auf unterschiedlichste Art und Weise unterstützt haben. Sie alle haben zum erfolgreichen Gelingen der vorliegenden Arbeit beigetragen.

Da es mir ein persönliches Bedürfnis ist, gebührt mein erster und von Herzen kommender Dank meinem von mir sehr verehrten und hoch geschätzten Doktorvater Herrn Prof. Dr. Rolf Uwe Fülbier. Die vorliegende Arbeit hat von seinem gleichsam tiefen wie breiten (Fach-)Wissen, seinem beständigen Interesse, seiner steten Diskussionsbereitschaft sowie seinen kritischen Anmerkungen und wertvollen Hinweisen profitiert. Herrn Fülbier ist es zudem gelungen, durch sein sympathisches Naturell als „rheinische Frohnatur", durch seinen positiv-unkomplizierten Umgang und durch seine Begeisterung für Forschung, Lehre und jede Art von Thema ein angenehmes und schöpferisches Arbeits- und Forschungsklima in seiner Umgebung zu schaffen. Er hat mich als Persönlichkeit auf meinem Berufs- und Lebensweg geprägt. Seine scherzhaft geäußerte und als Ansporn gemeinte Spekulation hinsichtlich der Fertigstellung meiner Dissertation im Jahr „2024" zeugt von feinsinnigem Humor und erheblichem Spaß bei der Arbeit. Ich freue mich sehr auf die jährliche Einladung zu seinem Sommerfest!

Herzlich bedanken möchte ich mich auch bei Herrn Prof. Dr. Klaus Schäfer für die Übernahme der Mühen des Zweitgutachtens, dessen zügige Anfertigung sowie die anregende Diskussion und angenehme Atmosphäre im Rahmen des Kolloquiums. Herrn Prof. Dr. Reinhard Meckl gilt mein Dank für die Übernahme des Vorsitzes der Prüfungskommission.

Für die Aufnahme in die Schriftenreihe „Betriebswirtschaftliche Forschung im Rechnungswesen" bedanke ich mich bei den Herausgebern Prof. Dr. Nils Crasselt, Prof. Dr. Rolf Uwe Fülbier, Prof. Dr. Joachim Gassen, Prof. Dr. Bernhard Pellens und Prof. Dr. Thorsten Sellhorn. Bedanken möchte ich mich auch bei den Teilnehmerinnen und Teilnehmern der durch die genannten Herausgeber initiierten und durchgeführten Doktorandenseminare an der Humboldt-Universität zu Berlin (2010) und der Ruhr-Universität Bochum (2012), deren konstruktive Anmerkungen und wertvolle Hinweise eine große Bereicherung waren. Ein besonderer Dank gilt in diesem Zusammenhang auch Herrn Prof. Dr. Dr. h.c. mult. Walther Busse von Colbe.

Mein herzlicher Dank gilt auch meinen (ehemaligen) Kolleginnen und Kollegen am Lehrstuhl, mit denen ich eine unvergessliche Zeit verbinde und ich zum Teil sehr freundschaftlich verbunden bin. Neben fachlich bereichernden Diskussionen bleiben mir vor allem die – zumindest genauso wichtigen – persönlichen Gespräche und Unternehmungen in sehr positiver Erinnerung. An vorderster Stelle sind in diesem Zusammenhang Bergtouren in den allgäuerischen und oberbayerischen Alpen, Ausflüge in die oberfränkische Volksfest- und Bierkultur-„Szene" sowie diverse Pizza- und Weinverkostungen zu nennen. Mit zur „Lehrstuhlherde" zählen Marcus Bravidor, Dr. Jane Fehr, Friederike Hablizel, Malte Klein, Christian Mehnert, Christina Scharf und Dr. Theresa Weiß sowie die „guten Seelen" aus dem Sekretariat Gaby Neef (bis 2009) und Claudia Roberts (ab 2009). Besonders bedanken möchte ich mich bei Marcus Bravidor und Dr. Isabel Schmidt, die das Manuskript mühevoll Korrektur gelesen und mit wertvollen Anmerkungen versehen haben. Auch bei den studentischen Hilfskräften möchte ich mich für die angenehme Zusammenarbeit bedanken. Hervorzuheben sind Irina Agliullina, Sebastian Früh, Barbara Palutzki und Christian Wittmann.

Ein besonderer Dank richtet sich an Familie Gräf, die mich ins Herz geschlossen hat und die ich ins Herz geschlossen habe. Ein herzlicher Dank gebührt Sabine Lichtenwald-Arnedt und Katharina Tyllack, die mich ermuntert und inspiriert haben. Ein sehr herzlicher Dank geht an meine Freunde, die mir in verschiedenen Lebensphasen zur Seite standen und stehen. Die innigste Freundschaft habe ich mit meinen liebevollen „Dummschwätzern" und talentierten „Fußball-Koryphäen" aus Schulzeiten: Benjamin Keller und Dr. Sebastian Siebenhaar. Mit Ihnen gemeinsam teile ich traumhaft schöne, trübsinnige und unglaublich ulkige Lebensmomente.

Meiner Familie aus Kuschels und Schilligs bin ich dankbar, dass sie mich zwischenzeitlich auf andere Gedanken gebracht und mich von meiner Promotion abgelenkt haben. Vor allem meine Cousinen Annika, Elisa, Jennifer und Sophie sowie mein Cousin Maximilian haben hieran einen wesentlichen Anteil. Ebenso möchte ich mich bei meinen Großeltern Edeltraut und Fritz Schillig bedanken, die mich jederzeit unterstützt, großzügig gefördert und in meinem Handeln ermutigt haben. Meine Oma hat das Lehrstuhlteam mit ihren selbstgebackenen Köstlichkeiten versorgt und auch auf diese Weise ihren Anteil an der Fertigstellung meiner Dissertation. Die auch in Teilen „heißen" Diskussionen mit meinem leider schon verstorbenen Opa rund um das Thema Fußball bleiben mir ebenfalls unvergesslich.

Mein herzlichster Dank gebührt meinen lieben Eltern Inge und Dieter Kuschel, die mich auf meinem bisherigen Lebensweg begleitet, getragen und ausnahmslos unterstützt haben. Ohne ihr Vorbild, ihr Wirken, ihr Vertrauen und ihre Liebe wäre mein Werdegang so nicht möglich gewesen. Mein leider viel zu früh verstorbener Papa wäre vermutlich unheimlich stolz auf seinen „Sohnemann". Den von ihm herbeigesehnten erfolgreichen Abschluss meines Studiums und die Promotionszeit hat er traurigerweise nicht mehr miterlebt. Meine Mama hat mich stets in meinem Tun bestärkt und ist ohnehin stolz auf mich. Sie hat auch die Höhen und Tiefen der Promotion mit mir zusammen durchlebt und ihrem Ende entgegengefiebert. Ihr ist die vorliegende Arbeit in unendlicher Dankbarkeit und Liebe gewidmet.

Hamburg, im Juli 2015 Patrick Kuschel

Inhaltsverzeichnis

Abkürzungsverzeichnis

A

a. A.	andere(n) Ansicht
Abb.	Abbildung
ABl.	Amtsblatt
Abs.	Absatz
ACCA	Association of Chartered Certified Accountants
ACCPRA	Accounting Practice
Änd.	Änderung
AG	Aktiengesellschaft(-en)
AICPA	American Institute of Certified Public Accountants
AktG	Aktiengesetz
ANC	Autorité des Normes Comptables
AO	Abgabenordnung
APAK	Abschlussprüferaufsichtskommission
APG	Application Guidance(s)
Art.	Artikel
ASCG	Accounting Standards Committee of Germany
Aufl.	Auflage

B

BaFin	Bundesanstalt für Finanzdienstleistungsaufsicht
BC	Basis for Conclusions
BEL-20	Belgischer Aktienindex (Belgian 20 Index)
ber.	berichtigt
BGBl.	Bundesgesetzblatt
BilMoG	Bilanzrechtsmodernisierungsgesetz
BiRiLiG	Bilanzrichtliniengesetz
BMF	Bundesfinanzministerium
BMJ	Bundesministerium der Justiz
BO	Börsenordnung
BörsG	Börsengesetz
bspw.	beispielsweise
BvD-Code	Bureau van Dijk-Code

C

CAC 40	Leitindex der Pariser Börse (Cotation Assistée en Continu)
CEO	Chief Executive Officer
CFO	Chief Financial Officer
CIFiR	SEC Advisory Committee on Improvements to Financial Reporting

Co.	Company
CPA	Certified Public Accountant
CRD	Capital Requirements Directive

D

DAX	Deutscher Aktienindex
d. h.	das heißt
dHGB	deutsches Handelsgesetzbuch
DIRK e. V.	Deutscher Investor Relations Kreis e. V.
Diss.	Dissertation
DO	Dissenting Opinion(s)
DPR	Deutsche Prüfstelle für Rechnungslegung DPR e. V.
Dr.	Doktor
DRS	Deutsche Rechnungslegungsstandard(s)
DRSC	Deutsches Rechnungslegungs Standards Committee e. V.
DSR	Deutscher Standardisierungsrat

E

EAA	European Accounting Association
E-DRS	Entwurf Deutscher Rechnungslegungsstandard
EDV	elektronische Datenverarbeitung
EFRAG	European Financial Reporting Advisory Group
EG	Europäische Gemeinschaft
EGZPO	Gesetz betreffend die Einführung der Zivilprozessordnung
EMPL	Number of Employees
EStG	Einkommensteuergesetz
et al.	et alii/aliae/alia (und andere)
etc.	et cetera
EU	Europäische Union
EUFIN	European Financial Reporting Research Group
EUR	Euro (offizielle Währung der Wirtschafts- und Währungsunion)
e. V.	eingetragener Verein
EWG	Europäische Wirtschaftsgemeinschaft

F

FAS	Fiji Accounting Standard(s)
FASB	Financial Accounting Standards Board
F&E	Forschung und Entwicklung
FEI	Financial Executives International
FIFO	First-in-First-out
Fn.	Fußnote(n)
FNA	Fundstellennachweis
FRC	Financial Reporting Council

FT 30	Britischer Aktienindex
FWB	Frankfurter Wertpapierbörse

G

GAO	Government Accountability Office
GE	General Electric Company
GenG	Gesetz betreffend die Erwerbs- und Wirtschaftsgenossenschaften (Genossenschaftsgesetz)
ggf.	gegebenenfalls
G(K)KB	Gemeinsame Konsolidierte Körperschaftsteuer-Bemessungsgrundlage
GmbH	Gesellschaft mit beschränkter Haftung
GmbH & Co. KG	Gesellschaft mit beschränkter Haftung & Compagnie Kommanditgesellschaft
GmbHG	Gesetz betreffend die Gesellschaften mit beschränkter Haftung
GuV	Gewinn- und Verlustrechnung

H

HB	Handelsbilanz
HDAX	Deutscher Aktienindex (umfasst die Werte des DAX, MDAX und TecDAX)
HGB	Handelsgesetzbuch
hrsg.	herausgegeben
Hrsg.	Herausgeber
HTML	Hypertext Markup Language
http	Hypertext Transfer Protocol

I

IAASB	International Auditing and Assurance Standards Board
IAS	International Accounting Standard(s)
IASB	International Accounting Standards Board
IASC	International Accounting Standards Committee
i. d. R.	in der Regel
IDW	Institut der Wirtschaftsprüfer in Deutschland e. V.
i. e.	id est (das heißt)
IE	Illustrative Example(s)
i. e. S.	im engeren Sinn(e)
IFAC	International Federation of Accountants
IFRIC	International Financial Reporting Interpretations Committee
IFRS	International Financial Reporting Standard(s)
IFRS for SMEs	International Financial Reporting Standard for Small and Medium-sized Entities
IG	Implementation Guidance(s)/Guidance(s) on Implementing

insbes.	insbesondere
IRC	Internal Revenue Code
ISA	International Standards on Auditing
i. S. d.	im Sinne der/des
IT	Informationstechnik
i. V. m	in Verbindung mit
i. w. S.	im weiteren Sinn(e)

J

Jg.	Jahrgang

K

Kap.	Kapitel
KapG	Kapitalgesellschaft(-en)
k.A.	keine Angabe(n)
KG	Kommanditgesellschaft
KGaA	Kommanditgesellschaft auf Aktien
Kleinst-KapG	Kleinstkapitalgesellschaft(-en)
KMU	Kleine und mittlere Unternehmen
KWG	Gesetz über das Kreditwesen (Kreditwesengesetz)

L

LIFO	Last-in-First-out

M

Max.	Maximum
MD&A	Management's Discussion and Analysis of Financial Condition and Results of Operations
MDAX	Mid-Cap-DAX
MIB 40	Italienischer Aktienindex (Milano Italia Borsa)
Min.	Minimum
Mio.	Million(-en)
Mrd.	Milliarde(n)
m. w. N.	mit weiteren Nachweisen

N

Nr.	Nummer
No.	Number

O

o. a.	oben angeführt(-en)
o. Ä.	oder Ähnliches
OEM	Original Equipment Manufacturer

öHGB	österreichisches Handelsgesetzbuch
OHG	Offene Handelsgesellschaft
OIC	Organismo Italiano di Contabilità
OPRE	Operating Revenue/Turnover
o. V.	ohne Verfasser

P

PersG	Personen(handels)gesellschaft(-en)
PDF/pdf	Portable Document Format
PPA	Purchase Price Allocation
Prof.	Professor
PublG	Gesetz über die Rechnungslegung von bestimmten Unternehmen und Konzernen (Publizitätsgesetz)

R

RGBl.	Reichsgesetzblatt
RIC	Rechnungslegungs Interpretations Committee
Rn.	Randnummer(n)
ROCE	Return on Capital Employed

S

S.	Seite(n)
SDAX	Small-Cap-Index
SE	Societas Europaea (Europäische Gesellschaft)
SEC	U. S. Securities and Exchange Commission
SFAS	Statement of Financial Accounting Standards
SIC	Standing Interpretations Committee
SMEs	Small and Medium-sized Entities
SMI 20	Schweizer Börsenindex (Swiss Market Index)
sog.	sogenannte(-n, -r, -s)
Sp.	Spalte(n)
StB	Steuerbilanz bzw. Steuerberater
Swiss GAAP FER	Stiftung für Fachempfehlungen zur Rechnungslegung

T

Tab.	Tabelle(n)
TecDAX	Deutscher Technologie-Index
TOAS	Total Assets
TUG	Transparenzrichtlinie-Umsetzungsgesetz
Tz.	Textziffer

U

u. a.	und and(e)re/und and(e)res/unter ander(e)m/unter ander(e)n

U. K.	United Kingdom
UN	Unternehmen
URL	Unified Resource Locator
US/U. S.	United States (Vereinigte Staaten)
USA	United States of America (Vereinigte Staaten von Amerika)
USC	University of Southern California
US-GAAP	United States Generally Accepted Accounting Principles
usw.	und so weiter

V

VAG	Gesetz über die Beaufsichtigung der Versicherungsunternehmen
vgl.	vergleiche
vs.	versus

W

WpHG	Gesetz über den Wertpapierhandel (Wertpapierhandelsgesetz)
WPK	Wirtschaftsprüferkammer
WpPG	Gesetz über die Erstellung, Billigung und Veröffentlichung des Prospekts, der beim öffentlichen Angebot von Wertpapieren oder bei der Zulassung von Wertpapieren zum Handel an einem organisierten Markt zu veröffentlichen ist (Wertpapierprospektgesetz)
WSI	Wirtschafts- und Sozialwissenschaftliches Institut
www	World Wide Web

Z

z. B.	zum Beispiel
ZFI	Zentralabteilung Finanzen
ZPO	Zivilprozessordnung
z. T.	zum Teil

Abbildungsverzeichnis

Tabellenverzeichnis

„Die Komplexitätsfalle –
Wie wir eine Welt erschaffen, die wir nicht verstehen“[1].

Einführung

1 Problemstellung und Zielsetzung

Im alltäglichen Sprachgebrauch wird der Begriff der Komplexität eher inflationär verwendet, ohne eine konkrete Vorstellung von der eigentlichen, zugrunde liegenden Bedeutung zu vermitteln. Inzwischen kann sogar konstatiert werden, dass Komplexität vielmehr ein Modewort als die Beschreibung eines wissenschaftlichen Phänomens oder Problems darstellt.[2] Entsprechende Belege finden sich beispielsweise in der Tagespresse. Dort heißt es u. a.: „Unsere Welt leidet unter wuchernder Komplexität. Behörden, Konzerne, das Finanzsystem sind Gebilde, deren Komplexität jedes menschliche Maß überschreitet“[3]. Weiter wird ausgeführt: „Die Finanzmärkte haben eine Komplexität erreicht, die auch für viele Fachleute nicht mehr zu überblicken ist“[4] oder „[d]er amerikanische Technologiekonzern General Electric Co. (GE) will mit seinem Strukturprogramm ‚Simplification‘ (Vereinfachung) in drei Jahren die Komplexität im eigenen Unternehmen verringern“[5].

Demgegenüber steht die Wissenschaft, die mit der Chaos- und Komplexitätstheorie dem Komplexitätsphänomen sogar einen eigenen Forschungsstrang widmet.[6] Dabei ist der Begriff der Komplexität nicht nur auf eine einzige Wissenschaftsdisziplin begrenzt. Stattdessen erfährt derselbige interdisziplinäre Verwendung in einer Vielzahl von Fächern.[7] So reicht die Spannweite „von ‚mikroskopischen‘ Fächern wie der Biologie bis zu ‚makroskopischen‘ Fächern wie der Soziologie“[8].

---

1 WEHR (2013), Die Komplexitätsfalle, S. 1 (im Original eine Überschrift, die durch Fettdruck und nicht durch kursive Schreibweise hervorgehoben wird).

2 Vgl. MALIK (2008), Strategie des Managements komplexer Systeme, S. 166–167; RIEGER (2011), Steuerklientelunsicherheit, S. 23–24; SCHMIDT (2009), Diffusion komplexer Produkte und Systeme, S. 81–82.

3 HOMBACH (2012), Die Komplexitätsfalle, S. 20.

4 KOHLLEPPEL/WAMBACH (2013), Das Ende des Wettrüstens, S. 18.

5 O. V. (2012), GE baut seine Komplexität ab, S. 16.

6 Vgl. z. B. KAPPELHOFF (2002), Komplexitätstheorie, S. 49–101, in Verbindung mit SCHREYÖGG (2002), Komplexität und Organisation, S. 103–111; REGN (2009), Strategisches Denken, S. 119–129; RIEGER (2011), Steuerklientelunsicherheit, S. 24, Fn. 85 m. w. N. Außerdem gibt SCHOENEBERG ((2010), Komplexität, S. 481–484) auf Basis der Arbeit von WEYER ((2009), Dimensionen der Komplexität, S. 6–7) einen strukturierten Überblick über die Theorien der Komplexitätsforschung.

7 Vgl. z. B. KAUFFMAN (1993), The Origins of Order; KAUFFMAN (1996), At Home in the Universe.

8 BRONNER (1992), Komplexität, S. 1121–1122. Beispielsweise merkt im Zusammenhang mit der Bologna-Reform der Soziologe KÜHL an: „Reformen werden in der Gegenwart in der Regel eingeleitet, um die Effektivität von Prozessen zu verbessern

Auch im Rahmen der Betriebswirtschaftslehre als Teilgebiet der Wirtschaftswissenschaften und dort im Bereich des Rechnungswesens erfährt das Komplexitätsphänomen eine zunehmende Aufmerksamkeit. So weisen z.B. WEISSENBERGER/HIRSCH darauf hin, dass „[sich] Entscheidungsträger in Unternehmen gerade nicht rational [verhalten], wenn sie durch ein Zuviel an Informationen und die damit verbundene Komplexität zu Entscheidungen kommen, die weder ihnen noch ihrem Unternehmen nützen“[9]. Insbesondere dem externen Rechnungswesen (Rechnungslegung) kommt in der Generierung von Informationen eine zentrale Funktion zu. Der Rechnungslegung obliegt im Wesentlichen die Aufgabe, die asymmetrische Informationsverteilung zwischen dem Rechnungsleger und den Adressaten der Rechnungslegung zu reduzieren (Metaziel).[10] Dazu bildet sie die wirtschaftlichen Vorgänge und Handlungen eines Unternehmens anhand standardisierter Regeln (sog. Abbildungsregeln) quantitativ und qualitativ ab. Als Ergebnis resultieren Jahres- und Konzernabschlüsse einschließlich der (Konzern-)Lageberichterstattung (sog. Abbildungsergebnis).[11] Eine besondere Bedeutung erfährt dabei das Regelwerk der *International Financial Reporting Standards* (IFRS). Diese sind in der Europäischen Union (EU) im Rahmen der Konzernrechnungslegung von kapitalmarktorientierten Mutterunternehmen verpflichtend anzuwenden.[12] Denn vor allem die IFRS sehen sich zunehmend mit dem Komplexitätsphänomen und der damit verbundenen Kritik konfrontiert.[13]

---

und Komplexität zu reduzieren. Dabei erstaunt, wie häufig dennoch als Ergebnis von Reformen die Komplexität zunimmt“ (KÜHL (2012), Der Sudoku-Effekt, S. 290).

9 WEISSENBERGER/HIRSCH (2013), Auch Irrationales kann rational sein, S. 18. Vgl. z. B. auch HIRSCH/SCHNEIDER (2010), Erklärungs- und Gestaltungsbeiträge, S. 10–12, 16–19, 24–25 m. w. N.; KASIM/MAIL (2013), Complexity of accounting change, S. 143–144; RIEG/HEYD (2013), Informationsfunktion der Handelsbilanz und BilMoG, S. 335.

10 Vgl. z. B. FÜLBIER/GASSEN (2008), Bilanzrechtsregulierung, insbesondere S. 138–140; GODFREY/LANGFIELD-SMITH (2005), Regulatory capture in the globalisation of accounting standards, S. 1976. Vgl. ebenso Zweiter Teil: Kap. 2.2.

11 Vgl. CHMIELEWICZ (1973), Rechnungswesen, S. 13–14; FÜLBIER/KUSCHEL (2012), Komplexitätszunahme in der IFRS-Rechnungslegung, S. 933; KOSIOL (1976), Pagatorische Bilanz, S. 42, 45; MOXTER (1984), Bilanzlehre, S. 81; o. V. (2011), Rechnungslegung, S. 652; PELLENS ET AL. (2014), Internationale Rechnungslegung, S. 2; RUHNKE/SIMONS (2012), Rechnungslegung nach IFRS und HGB, S. 155–157; SCHÖTTLER/SPULAK (2009), Technik des betrieblichen Rechnungswesens, S. 12; WÖHE/DÖRING (2013), Allgemeine Betriebswirtschaftslehre, S. 655–657, 780–782, 818–820.

12 Vgl. z. B. JERMAKOWICZ ET AL. (2007), The Value Relevance of Accounting Income, S. 151; PELLENS ET AL. (2014), Internationale Rechnungslegung, S. 39–40; SCHIPPER (2005), The Introduction of International Accounting Standards in Europe; WHITTINGTON (2005), The Adoption of International Accounting Standards in the European Union.

13 Vgl. z. B. DINH/PIOT (2014), IFRS adoption in Europe and audit market concentration, S. 2, 4, 6, 12–13 m. w. N.; HASWELL (2006), Over-Complexity in Accounting, S. 54, 57–58; HOOGENDOORN (2006), International Accounting Regulation and IFRS,

Dominierten bei der Anwendung der IFRS in der Vergangenheit eher konzeptionelle Fragestellungen in der Literatur, wie z.B. die fehlende Zweckorientierung, die *Fair-Value*-Bewertung oder die Ausweitung der Ermessensspielräume,[14] sieht sich das Regelwerk gegenwärtig auch mit dem Vorwurf einer zunehmenden Komplexität konfrontiert. Drei Indizien erhärten diese Einschätzung.[15] Erstens moniert die Deutsche Prüfstelle für Rechnungslegung e. V. (DPR) seit mehreren Jahren in ihren Tätigkeitsberichten den „Umfang und die Komplexität des IFRS-Regelwerkes“[16] als einen der Haupttreiber für

---

S. 24–26; Jermakowicz/Gornik-Tomaszewski (2006), Implementing IFRS, S. 170, 173, 188–190, 192–193; Nobes (2005), Accounting, S. 25, 32, 33; Palmrose (2009), Science, Politics, and Accounting, S. 283–284, 293–294; Pawsey (2010), Complexity of IFRS, S. 1, 4–6; Vieru/Schadewitz (2010), Impact of IFRS transition, S. 12; Zwirner/Busch (2013), IFRS-Konzernrechnungslegung, S. 365. Vgl. auch den Bericht des britischen Financial Reporting Council (2009), Louder than Words (in short), der die Komplexität der Finanzberichte anprangert und dies u. a. auch auf die IFRS zurückführt. Darüber hinaus äußert sich beispielsweise auch der Chief Financial Officer (CFO) von Pearson PLC, Robin Freestone, in die gleiche Richtung (vgl. Arons (2013), Pearson-CFO Robin Freestone will IFRS entrümpeln). Pellens ((2010), IFRS-Jubiläum: Fünf Jahre in der Kritik, S. 12) spricht im Zusammenhang mit der IFRS-Rechnungslegung von „der zunehmenden Komplexität der Abbildungsnormen“ (vgl. auch Pellens et al. (2010), Bestandsaufnahme und Perspektive der Rechnungslegungsharmonisierung, S. 464, 467).

14 Vgl. zur fehlenden Zweckorientierung z. B. Schneider (2000), Fördern internationale Rechnungslegungsstandards Wettbewerb; Streim et al. (2001), Rechnungslegung nach International Accounting Standards. Vgl. zur *Fair-Value*-Bewertung z. B. Ballwieser et al. (2004), Fair value; Bieker (2006), Ökonomische Analyse des Fair Value Accounting; Hitz (2005), Rechnungslegung zum fair value; Laux/Leuz (2009), The crisis of fair-value accounting; Laux/Leuz (2010), Fair-Value Accounting; Schildbach (1999), Zeitbewertung, Gewinnkonzeptionen und Informationsgehalt; Schildbach (2010a), Fair Value; Schildbach (2010b), Fair Value; Schildbach (2012), Fair value accounting; Streim et al. (2003), Vermittlung entscheidungsnützlicher Informationen durch Fair Values; Whittington (2008), Fair Value and the IASB/FASB Conceptual Framework Project. Vgl. zur Ausweitung der Ermessensspielräume z. B. Hoffmann/Lüdenbach (2003), Offenlegung der Ermessensspielräume; Nobes (2006), The survival of international differences under IFRS.

15 Vgl. hierzu und im Folgenden Fülbier/Kuschel (2012), Komplexitätszunahme in der IFRS-Rechnungslegung, S. 929; vgl. ebenso Küting (2011), Komplexität des HGB- und IFRS-Regelwerks; Küting (2012), IFRS oder HGB?, S. M1; Küting (2012), Komplexität der Rechnungslegungssysteme; Küting/Strauss (2011), Intensität und Komplexität der Anhangangaben, S. 441–443.

16 Deutsche Prüfstelle für Rechnungslegung DPR e. V. (2010), Tätigkeitsbericht 2009, S. 8. Vgl. ebenso Beyhs et al. (2013), DPR-Prüfungsschwerpunkte 2014, S. 2859; Deutsche Prüfstelle für Rechnungslegung DPR e. V. (2011), Tätigkeitsbericht 2010, S. 6–8; Deutsche Prüfstelle für Rechnungslegung DPR e. V. (2012), Tätigkeitsbericht 2011, S. 2; Deutsche Prüfstelle für Rechnungslegung DPR e. V. (2013),

Fehlerfeststellungen. Zweitens wird auch auf Seiten der Wirtschaftsprüfer bemängelt, dass im Allgemeinen die Komplexität der Rechnungslegung zugenommen habe[17] und dass im Besonderen eine „unnötig hoh[e] Komplexität der IFRS“[18] festzustellen sei. Drittens finden sich in der Literatur entsprechende Befürchtungen, dass eine Komplexitätszunahme des IFRS-Regelwerks stattgefunden habe. Einerseits ist an dieser Stelle auf die einschlägige Literatur zu verweisen, die sich mit den Anforderungen von mittelständischen Unternehmen an die IFRS auseinandersetzt. Dabei versuchen diverse Studien, die Mängel der (Full-) IFRS aufzuzeigen, die u. a. gegen eine freiwillige Anwendung derselbigen im Rahmen der Konzernrechnungslegung nach § 315a Abs. 3 HGB sprechen. Hier werden an vorderster Stelle die hohe Komplexität der IFRS-Rechnungslegung und die damit verbundene Änderungsdynamik der Regelungen genannt.[19] Gleiches gilt im Übrigen auch für Untersuchungen hinsichtlich der Anwendung des *International Financial Reporting Standard for Small and Medium-sized Entities* (IFRS for SMEs) für mittelständische Unternehmen. Auch dort zeigt sich, dass

---

Tätigkeitsbericht 2012, S. 8; Meyer (2010), Enforcement, S. 156; Meyer/Braun (2010), Komplexität, S. 1779–1780; Mayer-Wegelin (2010), Enforcement, S. 2811, 2814–2815; vgl. in diesem Zusammenhang auch die rudimentären, empirischen Studien von Weber/Klamar ((2012), Umfang des Anhangs nach IFRS) und von Weber/Weng ((2014), Umfang des Anhangs nach IFRS) zur Entwicklung des Umfangs des IFRS-Anhangs bei britischen, deutschen, französischen, italienischen und schweizerischen Unternehmen in den Jahren 2010, 2011 und 2012, die auch in diese Richtung deuten.

17 Vgl. Loitz (2012), Audit of Tax, S. 247–258, vgl. ebenso ACCA (2009), Complexity in Financial Reporting; Barckow (2011), Causes of complexity in financial reporting; Wirtschaftsprüferkammer Körperschaft des öffentlichen Rechts (2011), Presseinformation, S. 1; Wirtschaftsprüferkammer Körperschaft des öffentlichen Rechts (2011), Stellungnahme der Wirtschaftsprüferkammer zur IASB Agenda Consultation, S. 3–5; vgl. in diesem Zusammenhang auch die Untersuchung der Wirtschaftsprüfungsgesellschaft KPMG (2011), Disclosure overload and complexity, für den US-amerikanischen Raum. Im Übrigen hat die Wirtschaftsprüfungsgesellschaft KPMG die Thematik sogar in ihr (Werbe-)Versprechen gegenüber Mandanten und Geschäftspartnern aufgenommen und spricht von „Cutting through complexity“ (o. V. (2013), KPMG kompakt; vgl. Pawsey (2010), Complexity of IFRS, S. 6).

18 Institut der Wirtschaftsprüfer in Deutschland e. V. (2011), Presseinformation, S. 1.

19 Vgl. Fülbier/Kuschel (2012), Komplexitätszunahme in der IFRS-Rechnungslegung, S. 929; vgl. darüber hinaus z. B. Kajüter et al. (2007), Rechnungslegung nach IFRS im deutschen Mittelstand?, S. 1877–1884; Ochs/Leibfried (2006), IFRS für den Mittelstand?, S. 187; von Keitz/Stibi (2004), Rechnungslegung nach IAS/IFRS, S. 429; von Keitz et al. (2007), Rechnungslegung nach (Full-)IFRS, S. 517, 518; von Keitz et al. (2011), IFRS – (auch) nach Verabschiedung des BilMoG ein Thema für den Mittelstand?, S. 13; vgl. dazu auch Lüdenbach/Hoffmann (2005), Die „komplizierte“ IFRS-Rechnungslegung, S. 884–885, 890; überblicksartig auch Mages (2009), IFRS-Bilanzierung aus der Sicht mittelständischer Personengesellschaften, S. 149–166, 295–297.

die hohe Komplexität des IFRS for SMEs das dominierende Argument ist, das gegen eine Anwendung spricht.[20] Gleichwohl wird das *International Accounting Standards Board* (IASB) nicht überdrüssig, immer wieder explizit auf die reduzierte Komplexität des IFRS for SMEs – im Vergleich zu den (Full-)IFRS – hinzuweisen.[21] Andererseits finden sich weitere kritische Stimmen in Studien, die sich dezidiert mit der IFRS-Komplexitätsthematik auseinandersetzen. Neben theoretischen Beiträgen zu einzelnen Bilanzierungsbereichen, insbesondere zu den Spezialthemen Finanzinstrumente, Leasing und Pensionsverpflichtungen,[22] deuten vor allem auch erste empirische Untersuchungen eine Komplexitätszunahme des IFRS-Regelwerks an. Auf nationaler Ebene gehören hierzu vor allem die Arbeiten von KÜTING[23] sowie von FÜLBIER/KUSCHEL[24], die erste empirische

20 Vgl. z. B. FÜLBIER (2011), Familienunternehmen, S. 153–154; SCHILDBACH (2009), Accounting in accordance with IFRS and assessment, S. 36; vgl. auch EIERLE/HALLER (2010), IFRS for SMEs – Ergebnisse einer Befragung von nicht kapitalmarktorientierten Unternehmen in Deutschland, mit einem auf einzelne Bilanzsachverhalte zielenden Kosten-Nutzen-Abgleich und HENSELMANN/ROOS (2010), IFRS for SMEs, S. 318, 327; wohl a. A. BÖMELBURG ET AL. (2009), IFRS für KMU, S. 290–291, 297–298.

21 Vgl. o. V. (2013), About the IFRS for SMEs.

22 Vgl. FÜLBIER/KUSCHEL (2012), Komplexitätszunahme in der IFRS-Rechnungslegung, S. 929; PETERSON/ZWIRNER (2008), Die deutsche Rechnungslegung und Prüfung im Umbruch, S. 1. Vgl. zu Finanzinstrumenten z. B. ERCHINGER/MELCHER (2009), Bilanzierung von Finanzinstrumenten nach IFRS (Teil 1), S. 2165–2172; ERCHINGER/MELCHER (2009), Bilanzierung von Finanzinstrumenten nach IFRS (Teil 2), S. 2221–2228; MÄRKL/SCHABER (2010), IFRS 9 Financial Instruments, S. 73; SCHMIDT ET AL. (2014), IFRS 9 „Finanzinstrumente": Neuregelungen zur Sicherungsbilanzierung, S. 436, 438; ZÜLCH/NELLESSEN (2008), Reduzierung der Komplexität bei der Bilanzierung von Finanzinstrumenten nach IFRS, S. 204, 206. Vgl. zu Leasing z. B. FÜLBIER ET AL. (2013), Überarbeiteter Entwurf zu „Leases" liegt vor, S. 853–858 m. w. N.; FÜLBIER/FEHR (2009), Bilanzierung von Leasingverhältnissen, S. 581–605; FÜLBIER/FEHR (2010), Leasingbilanzierung, S. 1019–1023; KÜTING ET AL. (2011), Umbruch der internationalen Leasingbilanzierung, S. 425–430. Vgl. zu Pensionsverpflichtungen z. B. OLDEWURTEL ET AL. (2011), Abbildung von Pensionsverpflichtungen nach IAS 19, S. 449–457; OLDEWURTEL ET AL. (2012), Bilanzierung von Pensionsverpflichtungen, S. 1145. Darüber hinaus deutet z. B. IAS 19 die eigene Komplexität an (vgl. dazu IAS 19.48 (revised 2004) und IAS 19.55 (revised 2011): „Accounting for defined benefit plans is complex"). Im Rahmen von IFRS 9 werden sogar ausdrücklich Bedenken geäußert, ob die beabsichtigte Reduktion der Komplexität gegenüber IAS 39 erreicht wird (vgl. IFRS 9.DO1 und DO7) (vgl. FÜLBIER/KUSCHEL (2012), Komplexitätszunahme in der IFRS-Rechnungslegung, S. 929, Fn. 9).

23 Vgl. KÜTING (2011), Komplexität des HGB- und IFRS-Regelwerks; KÜTING (2012), IFRS oder HGB?, S. M1; KÜTING (2012), Komplexität der Rechnungslegungssysteme; KÜTING ET AL. (2013), IFRS oder HGB?, S. 43, 123–153, 159, 241; KÜTING/STRAUSS (2011), Intensität und Komplexität der Anhangangaben, S. 441–443.

24 Vgl. FÜLBIER/KUSCHEL (2012), Komplexitätszunahme in der IFRS-Rechnungslegung.

Belege einer Komplexitätszunahme des IFRS-Regelwerks präsentieren.[25] In der internationalen englischsprachigen Forschungsliteratur zeigt sich dagegen ein zurückhaltenderes Bild. Zwar wird das IFRS-Regelwerk immer häufiger mit dem Komplexitätsphänomen assoziiert. Allerdings befassen sich die empirischen Studien eher mit der Komplexität der IFRS per se als mit einer Komplexitätszunahme. So wird z. B. über Befragungen versucht, die Komplexität bestimmter Bilanzierungsbereiche zu bestimmen.[26] Englischsprachige empirische Studien, die ausdrücklich eine Komplexitätszunahme des IFRS-Regelwerks im Zeitablauf adressieren, existieren nach Wissen des Verfassers nicht.

Auf Basis der vorangegangenen Ausführungen zeigt sich zum einen, dass kein einheitliches, sondern lediglich ein diffuses Begriffsverständnis von Komplexität vorliegt. Auch existiert kein eingehender Systematisierungsversuch von Komplexität im Zusammenhang mit der IFRS-Rechnungslegung. Zum anderen wird zwar das Phänomen der Komplexität eng mit den IFRS verknüpft, allerdings ist der allgegenwärtige Eindruck einer zunehmenden Komplexität des IFRS-Regelwerks immer noch unzureichend mit empirischen Daten aus der deutsch- und englischsprachigen Literatur dokumentiert.[27] Dieses Forschungsdefizit versucht die vorliegende Arbeit zu beheben und einen Beitrag zu einer umfassenderen Untersuchung des Komplexitätsphänomens im Zusammenhang mit der IFRS-Rechnungslegung zu leisten.

Das Ziel der vorliegenden Arbeit ist es, Komplexität in der IFRS-Rechnungslegung theoretisch und eine Komplexitätszunahme in der IFRS-Rechnungslegung empirisch zu untersuchen. Der Fokus liegt dabei auf einer Untersuchung der Komplexitätszunahme des IFRS-Regelwerks im Zeitablauf. Dies erfolgt in zwei Schritten. Der erste Schritt dient einer Theorieentwicklung von Komplexität in der Rechnungslegung. Anhand der Systemtheorie wird ein einheitliches Begriffsverständnis von Komplexität abgeleitet. Es folgt die Entwicklung eines systemtheoretischen Verständnisses von Rechnungslegungskomplexität. Als Ergebnis entsteht ein Systematisierungsversuch. Der zweite Schritt stellt die empirische

---

25 Vgl. z. B. auch die Befragung von 635 deutschen Unternehmen hinsichtlich der Komplexität der IFRS, insbesondere von bestimmten Bilanzierungsbereichen, von Fischer/Klöpfer ((2006), Umstellung der Rechnungslegung von HGB auf IFRS, S. 3–7, 48–51, 58–61) und von 67 deutschen Unternehmen von Knauer et al. ((2012), Komplexität der Rechnungslegung, S. 284–289); vgl. zu einer Befragung von schweizerischen Unternehmen Pfaff/Hermann (2012), Beweggründe für den Wechsel von IFRS auf Swiss GAAP FER, S. 204.

26 Vgl. zu Befragungen ACCA (2009), Complexity in Financial Reporting; Jermakowicz (2004), Effects of Adoption of International Financial Reporting Standards; Jermakowicz et al. (2007), The Value Relevance of Accounting Income; Jermakowicz/Gornik-Tomaszewski (2006), Implementing IFRS; vgl. darüber hinaus Pawsey (2010), Complexity of IFRS, S. 1, 4–6.

27 Vgl. Fülbier/Kuschel (2012), Komplexitätszunahme in der IFRS-Rechnungslegung, S. 929.

Untersuchung dar. Hier werden auf Grundlage des Systematisierungsansatzes der Rechnungslegungskomplexität drei Teilanalysen durchgeführt, um die Komplexitätszunahme der IFRS-Rechnungslegung und des IFRS-Regelwerks aus verschiedenen Perspektiven zu erforschen.

Problematisch ist in diesem Zusammenhang, dass eine empirische Quantifizierung der Komplexität der IFRS-Abbildungsregeln (IFRS-Regelkomplexität) nicht ohne Weiteres möglich erscheint. So führt beispielsweise die US-amerikanische *Securities and Exchange Commission* (SEC) aus, dass die immer komplexer werdenden Rechnungslegungsstandards letztendlich auf die Komplexitätszunahme der Geschäftswelt zurückzuführen seien.[28] Gleiches trifft auch auf die Finanzberichte zu.[29] Ergo spiegelt sich die Komplexität der wirtschaftlichen Transaktionen in der Komplexität der Rechnungslegungsstandards wider, da diese die ökonomischen Transaktionen des Unternehmens – auch mit der Umwelt – erfassen und abbilden. Das trifft sowohl auf den wirtschaftlichen Gehalt der Transaktion als auch auf die damit einhergehende Komplexität zu. Daher stehen weder die wirtschaftlichen Transaktionen noch die Rechnungslegungsstandards unabhängig nebeneinander, sondern beeinflussen sich gegenseitig. Dementsprechend erscheint eine empirische Trennung der Komplexität, die den wirtschaftlichen Transaktionen zugrunde liegt (Unternehmens- und allgemeine Umweltkomplexität), und der Komplexität, die aus den Rechnungslegungsstandards resultiert (Regelkomplexität), zumindest schwierig.[30]

Vor dem Hintergrund dieses Messproblems sollen in der vorliegenden Arbeit zunächst die unterschiedlichen Dimensionen der Komplexität theoretisch getrennt werden. Dies sind die Rechnungslegungs-, die Regel- sowie die Unternehmens- und die allgemeine Umweltkomplexität. Als Ergebnis entsteht ein

---

28 Vgl. dazu die Rede des SEC Commissioner GLASSMAN (2006), Complexity in Financial Reporting and Disclosure Regulation. Vgl. in diesem Zusammenhang auch EUROPEAN FINANCIAL REPORTING ADVISORY GROUP ET AL. ((2014), Getting a Better Framework COMPLEXITY Bulletin, S. 4), die ausführen, dass die Komplexität der IFRS sowohl aus den wirtschaftlichen Transaktionen (*unavoidable complexity*) als auch aus dem Standardsetting per se (*avoidable complexity*) resultiert.

29 Vgl. FÜLBIER/KUSCHEL (2012), Komplexitätszunahme in der IFRS-Rechnungslegung, S. 929. Vgl. dazu die Rede des SEC Commissioner GLASSMAN (2006), Complexity in Financial Reporting and Disclosure Regulation; vgl. ähnlich auch z. B. CASSELL ET AL. (2013), Reviewing the SEC's Review Process, S. 1876; HERZ (2006), Reducing Complexity And Maintaining High-Quality Financial Reporting; LÜDENBACH/HOFFMANN (2005), Die „komplizierte" IFRS-Rechnungslegung, S. 884.

30 Vgl. hierzu und im Folgenden PETERSON (2012), Accounting complexity, S. 73, 75–76; vgl. dazu auch PLUMLEE/YOHN (2009), An Analysis of the Underlying Causes, S. 2, 10–11. Der Begriff „Umweltkomplexität" umfasst neben der Komplexität der Umwelt im Allgemeinen (allgemeine Umweltkomplexität) noch die Regelkomplexität im Besonderen. Der Begriff „allgemeine Umweltkomplexität" schließt demnach nicht den Aspekt der Regelkomplexität mit ein (vgl. Zweiter Teil: Kap. 3.4).

Systematisierungsversuch der Rechnungslegungskomplexität. Danach werden unterschiedliche indikatorbasierte Messansätze unternommen, um die These einer Komplexitätszunahme der IFRS-Rechnungslegung bzw. des IFRS-Regelwerks im Zeitablauf empirisch zu überprüfen. Hierzu werden neben der IFRS-Regelkomplexität noch die Rechnungslegungskomplexität sowie die Unternehmens- und die allgemeine Umweltkomplexität untersucht. Darüber hinaus wird in der vorliegenden Arbeit auch versucht, eine Trennung zwischen einzelnen Komplexitäten zu leisten, um die Entwicklung der IFRS-Regelkomplexität ohne verzerrende Einflüsse (wie z.B. durch die Entwicklung der allgemeinen Umweltkomplexität) zu analysieren. Dabei bedarf es aufgrund der Interdependenzen der einzelnen Komplexitäten einer Betonung der damit verbundenen Limitationen sowie einer behutsamen und vorsichtigen Interpretation der Ergebnisse.[31]

2 Gang der Untersuchung

Die vorliegende Untersuchung gliedert sich in fünf Teile. Nach dieser Einführung schließen sich drei Hauptkapitel (Erster, Zweiter und Dritter Teil) an, die von einer Schlussbetrachtung abgerundet werden.

Der Erste Teil setzt sich mit dem aktuellen Stand der Forschung auseinander (Kap. 2). Zudem wird das Forschungsdefizit herausgearbeitet und die Forschungsfrage für die vorliegende Arbeit abgeleitet (Kap. 3). Dabei orientieren sich Aufbau und Inhalt des Forschungsüberblicks im Wesentlichen an zwei Leitfragen. Erstens die Frage nach den unterschiedlichen Komplexitätsformen, die durch vorhergehende Studien untersucht worden sind. Und zweitens nach den unterschiedlichen Methoden zur empirischen Messbarkeit der einzelnen Komplexitätsformen. Schwerpunktmäßig konzentrieren sich die Ausführungen auf die Bereiche der Rechnungslegungs- und der Finanzberichterstattungsforschung. Allerdings werden auch ausgewählte Studien von thematisch angrenzenden Forschungsdisziplinen berücksichtigt. Hierbei handelt es sich einerseits um rechtswissenschaftliche und andererseits um steuer(recht)liche Studien. Letztere, die steuer(recht)lichen Studien, bieten sich vor allem aufgrund der oftmals in der Literatur gerügten Komplexität des deutschen Steuersystems und der durch die Maßgeblichkeit bedingten Nähe zur (deutschen HGB-)Rechnungslegung an.[32] Außerdem werden weitere Studien zu Komplexitätsformen (wie z.B. zur Textkomplexität) ausgewählter Forschungsbereiche berücksichtigt, da diese im Rahmen vorausgegangener Studien thematisiert werden.

---

31 Vgl. Fülbier/Kuschel (2012), Komplexitätszunahme in der IFRS-Rechnungslegung, S. 929, 933, 937.

32 Vgl. zur Komplexität des deutschen Steuersystems stellvertretend z. B. Weber (2012), Vereinfachung des Einkommensteuerrechts, S. 1 m. w. N. Vgl. allgemein zum Maßgeblichkeitsgrundsatz z. B. Pellens et al. (2011), Internationale Rechnungslegung, S. 13–14; Schneider (1978), Maßgeblichkeit; Sigloch (2000), Maßgeblichkeitsprinzip; Sigloch (2004), Maßgeblichkeit.

Der Zweite Teil befasst sich mit einer Theorieentwicklung von Komplexität in der Rechnungslegung. Die Systemtheorie bietet sich als theoretische Grundlage an, um ein einheitliches Begriffsverständnis von Komplexität zu entwickeln. Auf dieser Basis erfolgt die Ableitung einer systemtheoretischen Arbeitsdefinition von Komplexität (Kap. 2). Aufgrund des Abbildungsziels der Rechnungslegung ist neben den ökonomischen Transaktionen des Unternehmens auch die Umwelt im systemtheoretischen Verständnis zu berücksichtigen. Als Ergebnis entsteht ein Systematisierungsversuch der Rechnungslegungskomplexität. Einen Teilaspekt der Rechnungslegungskomplexität bildet die Regelkomplexität, die der politisch-rechtlichen Umwelt zuzuordnen ist. (Kap. 3). Es folgt die systemtheoretische Deutung der politischen-rechtlichen Umwelt. Hierzu gehört die Regulierung der Finanzberichterstattung. Eine Teilmenge bildet davon die Regulierung der Rechnungslegung. Aus der Regulierung der Rechnungslegung entsteht die Komplexität der Abbildungsregeln (Regelkomplexität). Die Regelkomplexität entstammt im Wesentlichen dem HGB und den IFRS. Davor wird gezeigt, dass der Geschäftsbericht ein zentrales Abbildungsergebnis der Finanzberichterstattung darstellt. Darin enthalten ist auch das Abbildungsergebnis der Rechnungslegung, zu dem Jahres- und Konzernabschlüsse samt der (Konzern-)Lageberichte zu zählen sind (Kap. 4).

Der Dritte Teil beinhaltet die empirische Untersuchung. Diese dient einerseits zur Überprüfung des Systematisierungsversuchs der Rechnungslegungskomplexität, andererseits der Erweiterung der Erkenntnisse hinsichtlich einer Komplexitätszunahme in der IFRS-Rechnungslegung und des IFRS-Regelwerks. Nach einer Formulierung des Ziels und einer Beschreibung des Vorgehens (Kap. 1) folgt die Darlegung des Messproblems und erster Lösungsansätze (Kap. 2), bevor sich die drei Teilanalysen anschließen. Zunächst erfolgt eine fallstudienartige Untersuchung auf Basis eines Interviews mit einem Vertreter eines mittelständischen Unternehmens (Kap. 3). Anschließend werden die IFRS-Abbildungsregeln und danach das Abbildungsergebnis der Finanzberichterstattung der DAX-30-Unternehmen (wie etwa die Geschäftsberichte) im Zeitablauf untersucht (Kap. 4). Diese Vorgehensweise schafft die Möglichkeit, unterschiedliche Facetten der IFRS-Rechnungslegungskomplexität zu beleuchten. Zum einen ermöglicht die fallstudienartige Untersuchung aufgrund ihres explorativen Charakters, neue Erkenntnisse hinsichtlich der IFRS-Rechnungslegungskomplexität im Allgemeinen zu gewinnen. Zudem bietet diese die Gelegenheit, Informationen hinsichtlich der Trennung der einzelnen Komplexitätsdimensionen im Besonderen zu erhalten. Dies betrifft neben der IFRS-Regelkomplexität noch die IFRS- und die HGB-Rechnungslegungskomplexität sowie die Unternehmens- und die allgemeine Umweltkomplexität. Zum anderen werden die Komplexitätsdimensionen im Einzelnen untersucht. Hierzu dienen u. a. die IFRS-Abbildungsregeln (IFRS-Regelkomplexität) als auch die Geschäftsberichte der DAX-30-Unternehmen (IFRS- und HGB-Rechnungslegungskomplexität sowie Unternehmens- und allgemeine Umweltkomplexität). Die Teilanalysen sind identisch aufgebaut. Nach einer Festlegung des Untersuchungsgegenstandes schließt sich eine

Beschreibung der Datenbasis, eine Erläuterung der Datenauswertung und eine Beurteilung der Güte der Forschung an, bevor schließlich die empirischen Ergebnisse präsentiert und gewürdigt werden.

Die vorliegende Arbeit schließt mit einer Schlussbetrachtung, die eine thesenförmige Zusammenfassung der wesentlichen Ergebnisse (Kap. 1) und einen Ausblick auf zukünftige Forschungsvorhaben (Kap. 2) beinhaltet.

Erster Teil: Forschungsüberblick, -defizit und -frage

1 Systematisierung des Forschungsüberblicks

Der Erste Teil hat die Aufgabe, den Forschungsbedarf aufzuzeigen. Dazu dient zunächst ein Überblick, der die relevanten Studien zur Thematik der vorliegenden Arbeit beinhaltet. Studien von thematisch angrenzenden Forschungsbereichen werden auch berücksichtigt. Auf Basis dieser Übersicht wird das Forschungsdefizit herausgearbeitet, bevor dann die Forschungsfrage abgeleitet wird.

Hinsichtlich des Aufbaus und Inhalts orientiert sich der Forschungsüberblick schwerpunktmäßig an den Fragestellungen,

- welche Komplexitätsformen durch vorhergehende Studien untersucht und
- wie diese unterschiedlichen Komplexitätsformen quantifiziert werden.

Aufgrund der Tatsache, dass sich mit dem Komplexitätsphänomen nicht nur eine, sondern mehrere und auch unterschiedliche Wissenschaftsdisziplinen auseinandersetzen, erscheint es angebracht, den Forschungsüberblick inhaltlich zu begrenzen. Aus diesem Grund fokussieren die folgenden Ausführungen zunächst auf die Rechnungslegungsforschung und ebendort auf Studien, die sich mit der Komplexitätsthematik (Rechnungslegungskomplexität) ausdrücklich auseinandersetzen (Erster Teil: Kap. 2.1.1).[1] Dabei bezieht sich der Begriff der Rechnungslegung auf Untersuchungen, die explizit auf die konkreten Abbildungsregeln, wie z.B. das deutsche Handelsgesetzbuch (HGB), die IFRS oder die *United States Generally Accepted Accounting Principles* (US-GAAP), rekurrieren. Daran schließt sich unmittelbar der Forschungsbereich an, der sich der (Finanz-)Berichterstattung widmet (Berichterstattungskomplexität). Auch hierzu werden die relevanten Studien aufgeführt (Erster Teil: Kap. 2.1.2). Dabei ist der Begriff der (Finanz-)Berichterstattung weiter gefasst als der Begriff der Rechnungslegung und beinhaltet neben dem Abbildungsergebnis der Rechnungslegung noch weitere (Finanz-)Informationen und inkludiert den Vorgang der Veröffentlichung.[2] Typischerweise werden in diesem Zusammenhang Finanzberichte, wie z.B. der Geschäftsbericht, als Untersuchungsgegenstand herangezogen. Die Ausführungen zur Rechnungslegungs- und Berichterstattungskomplexität sind wesentlich für die Herausarbeitung des Forschungsdefizits.

---

1 Der Begriff Rechnungslegungskomplexität (*Accounting Complexity*) ist in der Literatur nicht weiter definiert und stellt sich als ein relativ junges und unbearbeitetes Forschungsfeld dar (vgl. auch Peterson (2012), Accounting complexity, S. 74 und 75, Fn. 4).

2 Vgl. zu den Begrifflichkeiten Rechnungslegung und (Finanz-)Berichterstattung und deren Abgrenzung Zweiter Teil: Kap. 4.1.

Darüber hinaus finden ausgewählte Studien von thematisch angrenzenden Teilgebieten im Rahmen des Forschungsüberblicks Berücksichtigung (Erster Teil: Kap. 2.2). Dazu zählen Studien der Rechtswissenschaft und des Steuerrechts. Dieses Vorgehen erfolgt vor dem Hintergrund, dass es sich zum einen bei den IFRS-Standards im Grunde genommen lediglich um einen „herkömmlichen" Gesetzestext handelt.[3] Daher erscheint es sinnvoll, die Rechtswissenschaft und dort Studien, die sich mit der Rechtskomplexität dezidiert beschäftigen, zu konsultieren (Erster Teil: Kap. 2.2.1). Zum anderen bieten sich Studien zum Steuerrecht und hier insbesondere zum deutschen Steuerrecht an, die sich mit der Steuerrechts- und Steuerkomplexität beschäftigen (Erster Teil: Kap. 2.2.2). Denn das deutsche Steuerrecht gilt als eines der schwierigsten und komplexesten Systeme weltweit.[4] Auf diese Weise entstehen aus Studien zur Rechts-, zur Steuerrechts- und zur Steuerkomplexität Erkenntnisse, die Hinweise zur Systematisierung und Quantifizierung der Rechnungslegungskomplexität liefern. Diese werden in der vorliegenden Arbeit entsprechend berücksichtigt.

Es schließen sich weitere Studien zu Komplexitätsformen aus ausgewählten Forschungsbereichen an, die im Rahmen vorausgegangener Studien thematisiert werden (Erster Teil: Kap. 2.3). Zum einen handelt es sich dabei um Arbeiten zur Textkomplexität (Erster Teil: Kap. 2.3.1). Die Textkomplexität der IFRS lässt sich aufgrund deren Beschaffenheit als Gesetzestext bestimmen. Dazu kann dieselbige auf Basis des Inhalts und der Lesbarkeit des Textes ermittelt werden. Insbesondere der Aspekt der Lesbarkeit, der der Frage nachgeht, wie der Inhalt vermittelt wird, stellt einen im Zusammenhang mit der IFRS-Rechnungslegung (noch) nicht weiter verfolgten Forschungsansatz dar. Aus diesem Grund erscheint diese Art der Untersuchung geeignet, ein neues Schlaglicht auf das Komplexitätsphänomen in der IFRS-Rechnungslegung zu werfen. Zum anderen gehören dazu Studien, die sich mit der Organisationskomplexität auseinandersetzen (Erster Teil: Kap. 2.3.2). Hierbei untersuchen die Arbeiten den Einfluss der Komplexität von organisatorischen Einheiten, wie z. B. Unternehmen, auf andere Bereiche. Einer dieser Bereiche könnte die Rechnungslegung sein. Da die Organisationskomplexität Auswirkungen auf die Rechnungslegung und deren Komplexität haben könnte und auf Basis der zugehörigen Forschungsliteratur weitere Möglichkeiten zur Quantifizierung von Komplexität ermittelt werden, wird der Forschungsüberblick um Studien zur Organisationskomplexität erweitert.

---

3 Vgl. Möllers/Fekonja (2012), Private Rechtsetzung im Schatten des Gesetzes, S. 781.

4 Vgl. stellvertretend z. B. Blasch et al. (2007), Steuergesetzgebung in Deutschland, S. 221; Borell/Schemmel (1987), Steuervereinfachung, S. 110; Egner (2009), Überlegungen zur Komplexität des deutschen Steuersystems, S. 69–71; Green (1995), Accounting Standards and Tax Law, S. 445, 447–448; Jachmann (1998), Vereinfachung des Einkommensteuerrechts, S. 193; Kirchhof (2004), Der sanfte Verlust der Freiheit, S. VII-XI; Kirchhof (2010), Reform des deutschen Steuerrechts, S. 449; Märkle (1994), Steuervereinfachung, S. 117; Scheicher (2010), Does Work Always Pay in Germany, S. 266; Schramm (1989), Ungewißheitsanalyse, S. 12–13; Weber (2012), Vereinfachung des Einkommensteuerrechts, S. 120.

Folglich ergibt sich für den Forschungsüberblick nachstehender Aufbau. Zunächst werden in einem ersten Schritt die relevanten Studien zur Rechnungslegungs- und zur (Finanz-)Berichterstattungskomplexität in chronologischer Reihenfolge aufgearbeitet (Erster Teil: Kap. 2.1). In einem zweiten Schritt werden die bestehenden Studien zu den relevanten Komplexitätsformen der Rechts- sowie der Steuerrechts- und der Steuerkomplexität – ebenfalls jeweils in chronologischer Reihenfolge – gesichtet (Erster Teil: Kap. 2.2). Den Abschluss bildet der dritte Schritt, in dessen Rahmen die Studien zur Text- und zur Organisationskomplexität (Erster Teil: Kap. 2.3) vorgestellt werden. Anschließend werden die wesentlichen Erkenntnisse zusammengefasst und darauf aufbauend das Forschungsdefizit herausgearbeitet. Daraus leitet sich schließlich die Forschungsfrage ab (Erster Teil: Kap. 3).

2 Forschungsüberblick

2.1 Studien zu den Komplexitätsformen thematisch relevanter Forschungsbereiche

2.1.1 Rechnungslegungskomplexität

Im Folgenden werden die Studien präsentiert, die sich inhaltlich auf ein konkretes Rechnungslegungssystem, wie z. B. das deutsche HGB, die IFRS oder die US-GAAP, beziehen und darin die Thematik der Komplexität adressieren (Rechnungslegungskomplexität).

Im Jahr 2006 befasst sich DAMODARAN mit der Komplexität von Abschlüssen (*Financial Statements*) im Rahmen der Unternehmensbewertung.[5] Um die Komplexität zu untersuchen, definiert der Autor diese und erörtert deren Quellen. Dazu zählt er u. a. Rechnungslegungsstandards und prangert insbesondere deren Inkonsistenzen, undeutliche und unklare Formulierungen (Freiräume) sowie die zusätzlichen Berichterstattungsanforderungen an.[6] Im Hinblick auf die Quantifizierung von Komplexität schlägt er vor, auf Basis der Seitenanzahl die Länge der Finanzberichte (10-K-Berichte) heranzuziehen, und auf Indizes, wie z. B. den *Price Waterhouse Opacity Index*, zurückzugreifen.[7]

In einer empirischen Studie aus dem Jahr 2006 untersuchen FISCHER/KLÖPFER das bilanzpolitische Gestaltungspotenzial bei der Umstellung der Rechnungslegung von HGB auf IFRS.[8] Ein Ziel ihrer Untersuchung ist es, die Einschätzung der Unternehmen hinsichtlich der Komplexität von bestimmten

5 Vgl. DAMODARAN (2006), Cost of Complexity, S. 3.
6 Vgl. DAMODARAN (2006), Cost of Complexity, S. 4–14.
7 Vgl. DAMODARAN (2006), Cost of Complexity, S. 18–21.
8 Vgl. FISCHER/KLÖPFER (2006), Umstellung der Rechnungslegung von HGB auf IFRS; vgl. in diesem Zusammenhang auch den Artikel von FISCHER/KLÖPFER (2008), Bilanzpolitisches Gestaltungspotenzial, der allerdings den Aspekt der Komplexität ausklammert.

Bilanzierungsbereichen nach IFRS abzufragen. Die schriftliche Befragung mithilfe eines Fragebogens richtet sich an 635 deutsche Unternehmen, die in die Untersuchung einfließen und von denen 61 letztendlich auch verwertbar antworten (Rücklaufquote 9,61%). Der verwendete Fragebogen ist entweder an den jeweiligen Finanzvorstand oder den Leiter Rechnungswesen und/oder Controlling adressiert. Des Weiteren handelt sich dabei um Unternehmen, die zum damaligen Zeitpunkt im Prime oder General Standard gelistet sind sowie um umsatzstarke Unternehmen.[9] Der Fragebogen setzt sich aus fünf Teilen zusammen.[10] Neben allgemeinen Angaben (erster Teil), Angaben zur Bilanzpolitik nach HGB (zweiter Teil) und nach IFRS (dritter Teil) sollen die befragten Unternehmen im vierten Teil Angaben zum Prozess und im fünften Teil zur Bilanzpolitik bei der Umstellung der Rechnungslegung von HGB auf IFRS machen.[11] Insbesondere der fünfte Teil ist an dieser Stelle von Bedeutung, weil er die Fragen zur Komplexität beinhaltet. Dort versuchen die Autoren, Komplexität anhand einer fünfstufigen Ordinalskala („sehr gering", „gering", „mittel", „hoch" oder „sehr hoch") zu messen, indem die Untersuchungsteilnehmer auf deren Basis ausgewählte Bilanzierungsbereiche beurteilen.[12] Sie kommen zu dem Ergebnis, dass grundsätzlich IAS 39, insbesondere hinsichtlich des *Hedge Accountings*, die höchste, IAS 12 die zweithöchste und IAS 19 die dritthöchste Komplexität der untersuchten IFRS-Bilanzierungsbereiche aufweisen. Daneben stellen die Autoren fest, dass im Rahmen der konzernspezifischen Themen Unternehmenszusammenschlüsse im Allgemeinen und der *Impairment*-Test des *Goodwills* im Besonderen als höchst komplex eingestuft werden (IFRS 3). Dahinter folgt – mit deutlichem Abstand – die Thematik der Fremdwährungsumrechnung nach IAS 21.[13] Darüber hinaus können Fischer/Klöpfer einen hoch signifikanten positiven Zusammenhang zwischen den Gestaltungsspielräumen beim Ergebnis/Eigenkapital und der Komplexität bei einigen Bilanzierungssachverhalten feststellen. Hierzu gehören IAS 2 (Vorräte), IAS 16 (Sachanlagevermögen), IAS 18 (Umsatzrealisierung), IAS 36 (Wertminderung), IAS 38 (Immaterielle Vermögenswerte) und IFRS 3 (Unternehmenszusammenschlüsse). Bei den konzernspezifischen Themen lässt sich nur ein signifikanter Zusammenhang zwischen den Gestaltungsspielräumen und der Komplexität in Bezug auf den Konsolidierungskreis festmachen, der eine

9 Vgl. Fischer/Klöpfer (2006), Umstellung der Rechnungslegung von HGB auf IFRS, S. 5–6.

10 Vgl. Fischer/Klöpfer (2006), Umstellung der Rechnungslegung von HGB auf IFRS, S. 3.

11 Vgl. Fischer/Klöpfer (2006), Umstellung der Rechnungslegung von HGB auf IFRS, S. 4–6.

12 Vgl. Fischer/Klöpfer (2006), Umstellung der Rechnungslegung von HGB auf IFRS, S. 7, 48.

13 Vgl. Fischer/Klöpfer (2006), Umstellung der Rechnungslegung von HGB auf IFRS, S. 48–51.

Einflussmöglichkeit auf das Ergebnis/Eigenkapital bietet.[14] Vor diesem Hintergrund ist es möglich, die Schlussfolgerung zu ziehen, dass Freiräume, z. B. in Form von Wahlrechten und Ermessensspielräumen, auf Komplexität hindeuten können und vice versa.[15]

Die Autoren JERMAKOWICZ/GORNIK-TOMASZEWSKI untersuchen in ihrem Beitrag ebenfalls aus dem Jahr 2006 die Einführung der IFRS für den Konzernabschluss von kapitalmarktorientierten (Mutter-)Unternehmen in der EU durch die VERORDNUNG (EG) NR. 1606/2002 (IAS-Verordnung).[16] Die Autoren versenden im Jahr 2004 u. a. einen elektronischen Fragebogen via E-Mail an belgische, britische, dänische, deutsche, französische, irische, niederländische und österreichische Unternehmen, von denen 112 Unternehmen antworten (Rücklaufquote 27%).[17] Das Thema der Komplexität tangiert die Untersuchung lediglich am Rande und taucht auch im Fragenbogen nur innerhalb der Fragestellung nach den wesentlichen

14 Vgl. FISCHER/KLÖPFER (2006), Umstellung der Rechnungslegung von HGB auf IFRS, S. 58–61.

15 Eine ähnliche Untersuchung auf Basis einer Befragung führt PAWSEY ((2010), Complexity of IFRS) für australische Unternehmen in den Jahren 2005 und 2008 durch. Darin sollen die Unternehmen u. a. einschätzen, wie sie die Komplexität der IFRS im Vergleich zu den lokalen australischen Rechnungslegungsregeln bewerten. Dabei kommen sie u. a. zu dem Ergebnis, dass die befragten Unternehmen durch die Einführung der IFRS mit einer zunehmenden Komplexität der Anforderungen an die Finanzberichterstattung für das jeweilige Unternehmen rechnen. Außerdem führt PAWSEY weitere Literaturquellen auf, die sich mit dem Komplexitätsphänomen im Zusammenhang mit den IFRS beschäftigen (vgl. PAWSEY (2010), Complexity of IFRS, S. 1–6 m. w. N.). Darunter finden sich aber keine Studien, die sich eigens mit der Komplexitätszunahme der IFRS-Rechnungslegung befassen. Aus diesem Grund werden diese Arbeiten im Forschungsüberblick auch nicht weiter berücksichtigt. In die gleiche Richtung zielt auch die Untersuchung der *Association of Chartered Certified Accountants* (ACCA), die – analog zu FISCHER/KLÖPFER ((2006), Umstellung der Rechnungslegung von HGB auf IFRS) – ebenfalls eine Befragung, aber nicht von Unternehmen, sondern ihrer Mitglieder im Jahr 2008 durchführen und diese einzelne Bilanzierungsbereiche nach IFRS hinsichtlich ihrer Komplexität beurteilen lassen. Der Fragebogen richtet sich an eine interessierte, vorselektierte Auswahl von 1.338 Mitgliedern, von denen 117 verwertbar antworten und darunter alle fünf Kontinente repräsentiert sind. Sie kommen u. a. zu dem Ergebnis, dass die IFRS im Allgemeinen und IAS 19, IAS 39, wie z. B. das *Hegde Accounting*, sowie IFRS 2 im Besonderen äußerst komplex sind (vgl. ACCA (2009), Complexity in Financial Reporting). Demzufolge liefert auch diese Studie keine weiteren Erkenntnisse für den Fortgang der vorliegenden Arbeit.

16 Vgl. JERMAKOWICZ/GORNIK-TOMASZEWSKI (2006), Implementing IFRS, S. 170–171; vgl. ebenso VERORDNUNG (EG) NR. 1606/2002.

17 Vgl. JERMAKOWICZ/GORNIK-TOMASZEWSKI (2006), Implementing IFRS, S. 170, 173, 177–178. Außerdem führen die Autoren zahlreiche Interviews mit Führungskräften aus dem Finanzen- oder Rechnungslegungsbereich, um weitere Informationen bezüglich des Umstellungsprozesses in den Unternehmen zu erhalten.

Herausforderungen für die Unternehmen im Rahmen des Umstellungsprozesses auf. Dabei kristallisiert sich heraus, dass die Komplexität der IFRS ein zentrales Problem bei der Umstellung der Rechnungslegung darstellt. Insbesondere die Standards IAS 39, IAS 32, IAS 12, IAS 19, IAS 36, IAS 38, IFRS 2 und IFRS 3 sind an dieser Stelle zu nennen.[18] Außerdem zeigt sich, dass vor allem die kleinen kapitalmarktorientierten (*Public*) und nicht kapitalmarktorientierten (*Private*) Unternehmen unverhältnismäßig stark mit Kosten und weiteren Anstrengungen bei der Umstellung der Rechnungslegung belastet werden. Aber auch das Fehlen von Durchführungsleitlinien (*Implementation Guidance*) sowie Unterschiede in den Interpretationen der IFRS-Standards werden beklagt.[19]

Im Jahr 2010 befasst sich Berentzen mit der Bilanzierung von finanziellen Vermögenswerten nach IAS 39 sowie IFRS 9 und vergleicht u. a. theoretisch-analytisch die Regelungen zum Ansatz und zur Kategorisierung, zur Bewertung und zum Ausweis sowie zur Ausbuchung anhand der Komplexität.[20] Dazu entwickelt er auf Basis der Systemtheorie einen Beurteilungsrahmen und definiert Komplexität mittels der Kriterien Vielzahl, Vielfalt, Vieldeutigkeit und Veränderlichkeit.[21] Er kommt u. a. zu dem Ergebnis, dass die Reduktion der Kategorisierungsklassen von vier (IAS 39) auf zwei (IFRS 9) zu einem Komplexitätsrückgang und die Bewertung durch eine Ausweitung des *Fair-Value*-Gedankens zu einer Komplexitätszunahme beitragen. Ein eindeutiges Gesamturteil ist seines Erachtens aber nicht möglich.[22]

Aus dem Jahr 2011 stammt der Beitrag von Hobson, der mithilfe eines Laborexperiments untersucht,[23] inwiefern sich eine Reduktion der Rechnungslegungskomplexität auf die Markteffizienz auswirkt. Er stellt insbesondere Märkte in den Fokus, die dazu neigen, Blasen zu bilden.[24] Im Rahmen eines computerbasierten

---

18 Vgl. Jermakowicz/Gornik-Tomaszewski (2006), Implementing IFRS, S. 170, 188–190, 192.

19 Vgl. Jermakowicz/Gornik-Tomaszewski (2006), Implementing IFRS, S. 192. Als Einschränkungen führen die Autoren zum einen die Stichprobe an, die nicht als repräsentativ angesehen werden kann, und zum anderen vermuten sie eine Verzerrung hinsichtlich der Auswahl der Unternehmen (*Self-selection Bias*) (vgl. Jermakowicz/Gornik-Tomaszewski (2006), Implementing IFRS, S. 192–193).

20 Vgl. Berentzen (2010), Bilanzierung von finanziellen Vermögenswerten, S. V-VIII, 114–119, 180–182, 202–204.

21 Vgl. Berentzen (2010), Bilanzierung von finanziellen Vermögenswerten, S. 35–44.

22 Vgl. Berentzen (2010), Bilanzierung von finanziellen Vermögenswerten, S. 118–119, 182, 210.

23 Der Autor rekurriert in seiner Studie nicht auf ein Rechnungslegungssystem im Besonderen, sondern stellt auf (einfache und komplexe) Rechnungslegungsinformationen und deren Wirkung im Allgemeinen ab; er nimmt eine Art übergeordnete Metaebene ein. Aus diesem Grund ist die Einordnung an dieser Stelle des Forschungsüberblicks zu rechtfertigen.

24 Vgl. Hobson (2011), Benefits of Reducing Accounting Complexity, S. 957; vgl. Carlin et al. (2013), Trading Complex Assets, die eine ähnliche experimentelle

Experiments sollen die studentischen Probanden fünfzehn Perioden ein bestimmtes Wertpapier kaufen oder verkaufen. Danach ist das Wertpapier wertlos. In jeder Periode berechtigt das Wertpapier zum Bezug einer Dividende, deren Höhe sich zufällig aus 34 möglichen Werten, für jede Periode neu und in unterschiedlicher Reihenfolge, ergibt. Innerhalb des Experiments simuliert der Autor die Komplexität durch eine Variation der Angaben zur Dividendenhöhe. Handelt es sich um die einfache Informationslage, können die Teilnehmer lediglich die 34 verschiedenen Dividendenwerte sehen. Handelt es sich hingegen um die komplexe Informationslage, können die Teilnehmer neben den 34 verschiedenen Dividendenwerten auch den Durchschnittswert über die 34 Dividendenwerte einsehen. Der Autor findet Anzeichen dafür, dass eine Reduktion der Komplexität die Markteffizienz indirekt erhöht, denn durch die Reduktion der Komplexität können die Teilnehmer die Informationen eher verarbeiten.[25]

Die Studie von Ojala, Paananen und Renders (im Folgenden Ojala et al.) aus dem Jahr 2011 untersucht den Einfluss der Rechnungslegungskomplexität auf die zeitliche Verzögerung der Veröffentlichung der Finanzberichterstattung in den USA. Die Autoren stellen fest, dass der Zeitraum zwischen dem Ende des Geschäftsjahres und der Veröffentlichung der Finanzberichterstattung zunimmt.[26] Als Grund vermuten die Autoren die zunehmende Komplexität der Rechnungslegung, die sich in Form einer ansteigenden Regulierungsdichte ausdrückt (z. B. mehr Standards und Interpretationen).[27] Diese Vermutung überprüfen die Autoren in ihrem Beitrag, indem sie fünf Rechnungslegungsänderungen identifizieren, die auf Standards und andere Regeln zwischen 2001 und 2008 zurückzuführen sind, die zu einer zunehmenden Rechnungslegungskomplexität beigetragen und möglicherweise die zeitlichen Verzögerungen verursacht haben.[28] In ihrem Regressionsmodell schätzen Ojala et al. die Komplexitätsursachen anhand einfacher binärer Variablen, die als Indikatoren dienen und entweder den Wert „0" oder „1" annehmen. Beispielsweise nimmt die Variable den Wert „1" an, wenn das Unternehmen einen *Goodwill* (SFAS 141 und SFAS 142) auf der Aktivseite ausweist, der im Verhältnis zur Bilanzsumme mindestens 20% beträgt. Liegt der Wert bei unter 5%, nimmt die Variable

---

Untersuchung durchführen, aber eher auf eine Art Informationskomplexität abstellen, um die Effekte auf den Wertpapierhandel zu untersuchen.

25 Vgl. Hobson (2011), Benefits of Reducing Accounting Complexity, S. 958, 965.

26 Vgl. Ojala et al. (2011), Accounting Regulation Complexity, S. 1–2. Die Untersuchung betrifft den Zeitraum von 2000 bis 2009 und die US-GAAP-Vorschriften.

27 Vgl. Ojala et al. (2011), Accounting Regulation Complexity, S. 2, die sich auf Palmrose (2009), Science, Politics, and Accounting, S. 283–284, beziehen.

28 Vgl. Ojala et al. (2011), Accounting Regulation Complexity, S. 3. Das sind die Standards SFAS 133 *(Accounting for Derivative Instruments and Hedging Activities)*/SFAS 138 *(Accounting for Certain Derivative Instruments and Hedging Activities)*, SFAS 141 *(Business Combinations)*/SFAS 142 *(Goodwill and Other Intangible Assets)*, SFAS 123R *(Accounting for Stock-Based Compensation)* und SFAS 157 *(Fair Value Measurements)*/SFAS 159 *(The Fair Value Option for Financial Assets)*.

den Wert „0“ an. Diese Unternehmen gehören zu den sog. *Treatment Firms*. Unternehmen im Wertebereich zwischen 5 und 20% gehören zu den *Control Firms*, deren Ergebnisse gegenübergestellt werden und die von der Komplexitätsänderung annahmegemäß nicht betroffen sind.[29] Die Autoren kommen zu dem Ergebnis, dass die meisten identifizierten Komplexitätsursachen zu einer zeitlichen Verzögerung hinsichtlich der Finanzberichterstattung beitragen; lediglich die Standards 157 und 159 bilden in diesem Zusammenhang Ausnahmen.[30]

Mit der Rechnungslegungskomplexität befassen sich ebenfalls FÜLBIER/KUSCHEL[31] im Jahr 2012. Darin untersuchen die Autoren die Komplexitätszunahme der IFRS-Rechnungslegung und fokussieren demzufolge nicht – wie andere Arbeiten – auf eine Untersuchung der Komplexität per se.[32] Dazu ordnen sie zunächst den Begriff der Komplexität mittels der Systemtheorie ein und differenzieren diesen anhand von vier Kriterien. Während die Autoren die beiden Kriterien Erscheinungsform und Wirkung vernachlässigen, konzentrieren sie sich auf die konstitutiven Merkmale und Bezugsobjekte. So beschreiben sie Komplexität zunächst als die Eigenschaft eines Systems, das sich aus den konstitutiven Merkmalen Element und Relation zusammensetzt. Diese können sich im Zeitablauf verändern. Hinsichtlich des Bezugsobjekts stellen sie fest, dass es möglich ist, verschiedene Systemebenen zu differenzieren und die (System-)Umwelt in die Überlegungen einzubeziehen. So gehört alles, was nicht dem gleichen Sinn und/oder Zweck des jeweils übergeordneten Systems dient, zur Systemaußenwelt respektive -umwelt. Dementsprechend lässt sich – in Analogie zu einem Baukastensystem – das betrachtete System als Referenzsystem, das übergeordnete System als Supersystem und die untergeordneten Systeme als Subsysteme klassifizieren. Die einzelnen Teilsysteme hängen untereinander zusammen und beeinflussen sich gegenseitig. Danach übertragen sie das erworbene Komplexitätsverständnis auf die Rechnungslegung, indem die Autoren die Rechnungslegung als Referenzsystem definieren, das in ein übergeordnetes Supersystem, z. B. das Wirtschafts- und Finanzsystem, eingebettet ist.[33] Weiter differenzieren FÜLBIER/KUSCHEL auch die Subsysteme des Referenzsystems. Dazu argumentieren die Autoren auf Basis des Abbildungsziels der Rechnungslegung, das anhand standardisierter Regeln versucht, die ökonomischen Verhältnisse einer rechnungslegenden Einheit quantitativ und qualitativ wiederzugeben.[34] Dementsprechend unterscheiden die

29 Vgl. OJALA ET AL. (2011), Accounting Regulation Complexity, S. 11–13.

30 Vgl. OJALA ET AL. (2011), Accounting Regulation Complexity, S. 4.

31 Der Koautor des Beitrags und der Verfasser der vorliegenden Arbeit sind die gleiche Person.

32 Das versucht auch die vorliegende Arbeit zu leisten und weist dementsprechend einen starken inhaltlichen Bezug zu dieser Studie auf.

33 Vgl. FÜLBIER/KUSCHEL (2012), Komplexitätszunahme in der IFRS-Rechnungslegung, S. 929–933; vgl. ebenso Zweiter Teil: Kap. 2 und 3.

34 Da als rechnungslegende Einheit typischerweise ein Unternehmen dient, leiten sich die Subsysteme unmittelbar daraus ab.

Autoren zum einen technische Subsysteme (z. B. die Buchführung oder die Kosten- und Leistungsrechnung) sowie inhaltliche Subsysteme (z. B. Beschaffung, Produktion, Absatz) des Unternehmens. Zum anderen führt das Abbildungsziel der Rechnungslegung dazu, dass die Umwelt als vermeintliche Systemaußenwelt durch Interaktion mit der Systeminnenwelt (z. B. mit dem Unternehmen) „Subsystemcharakter“[35] erhält. Die Umwelt wird damit auch zum inhaltlichen Subsystem der Rechnungslegung, das wiederum sowohl die technischen als auch die inhaltlichen Subsysteme beeinflusst. Da sich die Komplexität aus dem Zusammenspiel von Elementen und Relationen der jeweiligen Subsysteme ergibt, lassen sich demzufolge u. a. die technische Komplexität, die Unternehmenskomplexität und die Umweltkomplexität differenzieren. Die Rechnungslegungskomplexität ergibt sich wiederum aus dem Zusammenwirken der Elemente und Relationen der einzelnen (Teil-)Systeme. Die Autoren weisen ausdrücklich darauf hin, dass die Systeme in Interaktion zueinander stehen und sich dynamisch entwickeln. Dementsprechend ist eine eindeutige Separation der einzelnen Komplexitätstreiber nahezu unmöglich. Insbesondere die Regelkomplexität als ein Teilaspekt der Umweltkomplexität lässt sich nicht völlig zweifelsfrei separieren.[36]

Im Anschluss versuchen die Autoren auf Basis eines indikatorbasierten Messversuchs, die zunehmende (Regel-)Komplexität der IFRS mit empirischen Daten zu belegen.[37] Als Untersuchungsgrundlage dienen ihnen die offiziellen vom *International Accounting Standards Committee* (IASC; 1995, 2000) und IASB (2005, 2007, 2008, 2009, 2010, 2011) herausgegebenen IFRS in der gebundenen, englischen Originalausgabe (*Bound Volume* bis 2008, *Red Book* ab 2009).[38] Als Indikatoren stellen die Autoren zum einen u. a. auf die Seitenzahl, die Zahl der Standards und Interpretationen sowie die Paragrafen in den einzelnen Standards ab. Darüber hinaus differenzieren sie zwischen den Standards insgesamt sowie einzelnen Bilanzierungssachverhalten, wie z. B. Leasing und Finanzinstrumente.[39] Zum anderen untersuchen die Autoren Geschäftsberichte von 14 ausgewählten DAX-Unternehmen aus den Jahren 2000, 2005, 2007, 2008, 2009 und 2010. Dabei analysieren sie einerseits die Entwicklung der Seitenzahlen im Anhang (Annahme: primär IFRS-getrieben) sowie im Lagebericht (Annahme: primär HGB-getrieben) und andererseits die Entwicklung der Umsatzerlöse (als Indikator der allgemeinen Umweltkomplexität) sowie der Mitarbeiterzahl (als Indikator der Unternehmenskomplexität) jeweils

35 Fülbier/Kuschel (2012), Komplexitätszunahme in der IFRS-Rechnungslegung, S. 933.

36 Vgl. Fülbier/Kuschel (2012), Komplexitätszunahme in der IFRS-Rechnungslegung, S. 933.

37 Vgl. Fülbier/Kuschel (2012), Komplexitätszunahme in der IFRS-Rechnungslegung, S. 929.

38 Vgl. Fülbier/Kuschel (2012), Komplexitätszunahme in der IFRS-Rechnungslegung, S. 935.

39 Vgl. Fülbier/Kuschel (2012), Komplexitätszunahme in der IFRS-Rechnungslegung, S. 930, 932.

im Zeitablauf (2000–2010 und 2007–2010). Außerdem unterziehen sie Geschäftsberichte von fünf ausgewählten DAX-Unternehmen einer rudimentären Inhaltsanalyse hinsichtlich der Entwicklung von Wörtern, die auf Komplexität zumindest hindeuten (z.B. „komplex“ oder „schätzen“), für die Jahre 2000, 2005 und 2010.[40] Der Versuch, auch andere Komplexitätsformen (neben der IFRS-Regelkomplexität) abzugreifen, erfolgt vor dem Hintergrund, die Entwicklung derselbigen von verzerrenden Einflüssen zu befreien, um auf diese Weise eine eindeutigeres Bild hinsichtlich der Komplexitätszunahme des IFRS-Regelwerks zu erhalten. Alles in allem kommen die Autoren zu der Schlussfolgerung, dass die Indikatoren ein Gesamtbild ergeben, das auf eine zunehmende Komplexität des IFRS-Regelwerks hindeuten könnte. Allerdings ist jeder einzelne Indikator für sich angreifbar, sodass sich letztendlich kein eindeutiges Gesamtbild zeichnen lässt. Insbesondere vor dem Hintergrund, dass die einzelnen Systeme sich gegenseitig beeinflussen und eine eindeutige Trennung der einzelnen Komplexitätsformen fraglich ist, erscheinen keine klaren Aussagen möglich.[41] Auch die vorliegende Arbeit sieht sich mit dieser Problematik konfrontiert.

In ihrem Beitrag aus dem Jahr 2012 befassen sich die Autoren KNAUER, WÖHRMANN und MAIWORM (im Folgenden KNAUER ET AL.) auch mit der Komplexität der Rechnungslegung nach IFRS. Sie gehen darin der Frage nach, inwiefern die Komplexität der IFRS-Rechnungslegung als Motivation für Unternehmen dient, sich vom regulierten (anonymen)[42] Kapitalmarkt zurückzuziehen. Dazu erörtern die Autoren, zunächst theoretisch, die möglichen Gründe für einen Rückzug vom Kapitalmarkt aus ihrer Perspektive. Das betrifft erstens den Umfang und die Regelungsvielfalt der IFRS. Zweitens gehört die Änderungsdynamik, die in einer Vielzahl von neuen Regelungen Ausdruck findet, dazu. Drittens stellt die *Fair-Value*-Bilanzierung aus Sicht der Autoren einen weiteren Grund für die Komplexität der IFRS dar. Viertens belegen laut KNAUER ET AL. auch Fehlerfeststellungen der DPR die Komplexität der IFRS.[43] Im Anschluss führen sie eine empirische Untersuchung mittels eines Fragebogens durch. Die Autoren wählen auf Basis von Datenlisten, die von der Bundesanstalt für Finanzdienstleistungsaufsicht (BaFin) zum Zwecke des Enforcements bereitgestellt werden, 67 Unternehmen aus, die sich vom regulierten Kapitalmarkt zurückgezogen haben und von denen letztlich 18 Unternehmen an der Befragung teilnehmen (Rücklaufquote 26,9%). Die Befragung erfolgte grundsätzlich telefonisch, wobei in Ausnahmefällen der

---

40 Vgl. FÜLBIER/KUSCHEL (2012), Komplexitätszunahme in der IFRS-Rechnungslegung, S. 934–935, 937; vgl. in diesem Zusammenhang auch LI ((2006), Do Stock Market Investors Understand the Risk Sentiment of Corporate Annual Reports?) sowie Dritter Teil: Kap. 4.1.3, 4.3.2 und 4.5.2.2.2.

41 Vgl. FÜLBIER/KUSCHEL (2012), Komplexitätszunahme in der IFRS-Rechnungslegung, S. 937.

42 Vgl. zum Begriff des anonymen Kapitalmarkts SIGLOCH (2011), Rechnungslegung, S. 25–26.

43 Vgl. KNAUER ET AL. (2012), Komplexität der Rechnungslegung, S. 284–285.

Fragebogen auch schriftlich zugestellt wurde. Als Ansprechpartner fungierten die Leiter des Finanz- bzw. Rechnungswesenbereichs.[44] Der Fragebogen setzt sich aus sechs Fragen zusammen. Von Bedeutung sind an dieser Stelle nur die Fragen zwei und fünf. So rekurriert die zweite Frage auf die Schwierigkeiten, die sich aufgrund der Komplexität und Änderungsdynamik der IFRS ergeben. Die fünfte Frage versucht zu eruieren, inwiefern die Komplexität der IFRS-Rechnungslegung als Motiv für den Rückzug vom Kapitalmarkt dient. Die Antworten werden auf einer ordinalskalierten zehnstufigen Ratingskala eingetragen, wobei eins für „keine Bedeutung" und zehn für die „höchste Bedeutung" steht.[45] Letztendlich kommen die Autoren zu dem Ergebnis, dass hinsichtlich der Frage der Komplexität und Änderungsdynamik der IFRS insbesondere kleinere Unternehmen dieser Thematik eine höhere Bedeutung zusprechen (zweite Frage). In Bezug auf die fünfte Frage zeigt sich ein heterogenes Bild: Während für vier der befragten Unternehmen die Komplexität der IFRS-Rechnungslegung keinen Grund zum Rückzug vom Kapitalmarkt darstellt bzw. für fünf von untergeordneter Bedeutung ist, messen ihr acht Unternehmen eine hohe Bedeutung zu, wobei drei davon in der Komplexität eine zentrale Ursache für den Rückzug sehen und die höchste Punktzahl vergeben. Ein Unternehmen macht keine Angabe dazu.[46]

Ebenso setzt sich KÜTING mit der Thematik der Komplexität in der Rechnungslegung, insbesondere in den IFRS, auseinander. In seinem Beitrag aus dem Jahr 2012 definiert er zunächst den Begriff der Komplexität und bedient sich dazu – wie etwa FÜLBIER/KUSCHEL auch – der Systemtheorie.[47] Der Autor führt aus,

---

44 Vgl. KNAUER ET AL. (2012), Komplexität der Rechnungslegung, S. 286–287.

45 Vgl. KNAUER ET AL. (2012), Komplexität der Rechnungslegung, S. 286–287.

46 Vgl. KNAUER ET AL. (2012), Komplexität der Rechnungslegung, S. 287–289. Einschränkend muss für diese Untersuchung erwähnt werden, dass es sich um eine kleine Stichprobe handelt und die Ergebnisse dementsprechend nicht generalisierbar sind. Außerdem kann die Untersuchung durch die Teilnahme von großen Unternehmen verzerrt sein (z. B. Auszug zu den Charakteristika der Stichprobe: Umsatz in Mio. EUR Mittelwert: 822,7; Min. 2,9; Max. 4.000,0), weil diese die notwendigen, freien Kapazitäten besitzen, um an der Befragung teilzunehmen. Schließlich kann auch die Möglichkeit bestehen, dass gerade die Unternehmen an der Befragung teilnehmen, die die Komplexitätskosten besonders hoch einschätzen und ihren Unmut ausdrücken möchten (vgl. KNAUER ET AL. (2012), Komplexität der Rechnungslegung, S. 289).

47 Vgl. KÜTING (2012), Komplexität der Rechnungslegungssysteme. Zugleich sei an dieser Stelle der Hinweis gestattet, dass weitere Beiträge desselben Autors zu dieser Thematik existieren (vgl. KÜTING (2011), Komplexität des HGB- und IFRS-Regelwerks; KÜTING ET AL. (2013), IFRS oder HGB, S. 43, 123–145, 159, 241; KÜTING (2012), IFRS oder HGB?, S. M1; KÜTING (2012), Komplexität der Rechnungslegungssysteme; KÜTING/STRAUSS (2011), Intensität und Komplexität der Anhangangaben, S. 441–443), die jedoch keine tieferen und weiterführenden Erkenntnisse für die vorliegende Arbeit liefern und aus diesem Grund auch nicht weiter behandelt werden.

dass Komplexität die Eigenschaft eines Systems beschreibt,[48] die „proportional zur Anzahl der enthaltenen Elemente sowie der Anzahl und Funktionsweise der Verknüpfungen zwischen diesen Elementen“[49] steigt. Ferner setzt sich das Komplexitätsphänomen seiner Ansicht nach aus einer statischen und einer dynamischen Komponente zusammen, wobei sich die statische Komponente mit Kompliziertheit beschreiben lässt, die sich aus der Anzahl der Elemente und Verknüpfungen ergibt und sich im Zeitablauf nicht verändert. An dieser Stelle setzt der Begriff der Komplexität an, der ausdrücklich die Veränderung im Zeitablauf, also die Dynamik, berücksichtigt. Demzufolge beschreibt die Komplexität einen komplizierten Zustand, der im Zeitablauf Veränderungen unterliegt. Bezogen auf ein Unternehmen entsteht die Komplexität aus endogenen und exogenen Faktoren, wobei endogene Faktoren unmittelbar aus dem Unternehmen selbst resultieren und exogene außerhalb des Unternehmens in der Umwelt begründet liegen.[50] Hinsichtlich der Rechnungslegung führt KÜTING aus, dass es das Ziel eines jeden Rechnungslegungssystems ist, die unternehmerische Wirklichkeit quantitativ und qualitativ abzubilden. Dementsprechend hat die Rechnungslegungskomplexität zwei Ursachen. Zum einen entsteht sie aus der unternehmerischen Realität, die sich aus der Unternehmensumwelt und dem Unternehmen selbst zusammensetzt. Zum anderen aus den Rechnungslegungsregeln selbst, die versuchen, die unternehmerische Realität einzufangen und in standardisierte Regeln zu fassen. Im Anschluss daran differenziert KÜTING die Komplexitätstreiber der Rechnungslegung in einzelne Komponenten. Dazu unterscheidet er wiederum die statische und dynamische Komplexität, wobei sich die statische Komplexität der Rechnungslegung noch einmal in die formelle und materielle Komplexität differenzieren lässt.[51] Als Indikatoren zur Quantifizierung der formellen Komplexität führt er z. B. die Seitenzahl des Anhangs oder des Geschäftsberichts an und

48 Vgl. KÜTING (2012), Komplexität der Rechnungslegungssysteme, S. 297.

49 KÜTING (2012), Komplexität der Rechnungslegungssysteme, S. 297.

50 Vgl. KÜTING (2012), Komplexität der Rechnungslegungssysteme, S. 297–298. Beispielsweise gehört zur Unternehmenskomplexität die Produktprogrammkomplexität (endogen) und zur Umweltkomplexität die technische Komplexität (exogen) (vgl. KÜTING (2012), Komplexität der Rechnungslegungssysteme, S. 297–298).

51 Vgl. KÜTING (2012), Komplexität der Rechnungslegungssysteme, S. 298, 299–300. Mit der dynamischen Komponente berücksichtigt der Autor lediglich die Zeit, die einen wesentlichen Aspekt der Komplexität der Rechnungslegung bildet. Unter der formellen Komplexität subsumiert er u. a. den Umfang, die Verständlichkeit, die Vollständigkeit und die Konsistenz eines Regelwerks. Zur materiellen Komplexität zählt er die Bilanzierungsbereiche, wie z. B. die Finanzinstrumente, die betriebliche Altersversorgung und Leasingverhältnisse. Als Ursache für die materielle Komplexität führt er u. a. die Bilanzierung zum *Fair Value*, Freiräume in Form von systemimmanenten Schätz-, Planungs- und Prognosefehlern und die umfangreiche Informationsaufbereitung im Anhang an (vgl. KÜTING (2012), Komplexität der Rechnungslegungssysteme, S. 300–304).

verweist auf die Anzahl der IASB-Projekte sowie die Anzahl der Diskussionspapiere, Standardentwürfe, Arbeitspapiere und Standards im Zeitablauf, die Hilfskonstrukte darstellen (können), um die Komplexität (auch im Zeitablauf) zu quantifizieren.[52] Letztendlich kommt der Autor zu der Schlussfolgerung, dass das IFRS-System aufgrund des mittlerweile angenommenen hohen Komplexitätsgrades eine Reduktion der Komplexität anstreben muss.[53]

PETERSON widmet seinen Beitrag aus dem Jahr 2012 ebenfalls der Thematik der Rechnungslegungskomplexität und untersucht, inwiefern diese bei der Ertragsrealisierung (*Revenue Recognition*) die Wahrscheinlichkeit erhöht, dass die berichteten Erlöse korrigiert werden (müssen).[54] Die Datengrundlage für seine Untersuchung bilden einerseits Finanzberichte (10-K-Berichte) und andererseits 738 Meldungen, wovon 333 verwertbar sind, über Erlöskorrekturen im Zeitraum von 1997 bis 2005, die das *Government Accountability Office* (GAO) im Jahr 2002 und 2006 jeweils in ihrem Bericht an den US-Kongress übermittelt.[55] Als Maß für die Rechnungslegungskomplexität zieht der Autor drei Metriken heran. So stellt der Autor auf den Text im Anhang ab, der die Ertragsrealisierung beschreibt, und zählt die darin verwendete Anzahl an Wörtern (erster Faktor) und die Anzahl der dort angegebenen Methoden zur Ertragsrealisierung (zweiter Faktor). Um die Anzahl der Methoden zu quantifizieren, durchsucht der Autor die Anhangangaben zur Erlösrealisierung nach bestimmten Wortstämmen, wie z.B. „recogn". Zum anderen bildet er aus den beiden Maßgrößen – Wort- und Methodenanzahl – einen dritten Faktor, der sowohl die Anzahl der Wörter als auch die Anzahl der Methoden verwendet.[56] Interessant ist auch, dass es sich laut PETERSON um eine immanente Schwierigkeit handelt, die Komplexität, die aus wirtschaftlichen Transaktionen resultiert, von der Komplexität, die aus den Rechnungslegungsstandards entsteht, zu trennen.[57] Außerdem verbindet PETERSON mit Rechnungslegungskomplexität ein

52 Vgl. KÜTING (2012), Komplexität der Rechnungslegungssysteme, S. 301–302; KÜTING ET AL. (2013), IFRS oder HGB, S. 147–150; vgl. dazu auch ausführlich die Untersuchung von KÜTING ET AL. ((2011), IFRS oder HGB, S. 190–196), die sich zwar auf die Seitenanzahl (Umfang) des Geschäftsberichts und des Anhangs als Komplexitätsindikator stützt, dabei allerdings nur den Umstellungszeitpunkt von HGB auf IFRS heranzieht.

53 Vgl. KÜTING (2012), Komplexität der Rechnungslegungssysteme, S. 304.

54 Vgl. PETERSON (2012), Accounting complexity, S. 72.

55 Vgl. PETERSON (2012), Accounting complexity, S. 72, 77–79.

56 Vgl. PETERSON (2012), Accounting complexity, S. 73, 79, 92–93.

57 „Accounting complexity stems from a combination of transactions and financial reporting standards. (...) [I]solating these two sources empirically is difficult (or im possible) because standards are written with transactions in mind" (PETERSON (2012), Accounting complexity, S. 75). Damit bestätigt er auch die Argumentationskette von FÜLBIER/KUSCHEL, die ebenso auf diesen Umstand hinweisen (vgl. FÜLBIER/KUSCHEL (2012), Komplexitätszunahme in der IFRS-Rechnungslegung, S. 937). Dennoch versucht diese Arbeit, den Schritt – die Trennung zwischen den verschiedenen Komplexitäten – (zumindest teilweise) zu leisten, um auf diese Weise die

gewisses Maß an Unsicherheit, die besteht, wenn wirtschaftliche Transaktionen durch Rechnungslegungsstandards in Abschlüssen abgebildet werden. Im Ergebnis stellt der Autor fest, dass eine Zunahme an Rechnungslegungskomplexität zu einer Erhöhung der Wahrscheinlichkeit führt, dass im Zusammenhang mit der Ertragsrealisierung mehr Korrekturen notwendig sind, was auf fehlerhafte Angaben hindeutet.[58]

Außerdem verdeutlicht PETERSON, dass es sich bei der Rechnungslegungskomplexität um ein relativ junges, unbearbeitetes Forschungsgebiet handelt und daher wenige Studien zur Thematik existieren. Lediglich der Beitrag von PLUMLEE/YOHN aus dem Jahr 2009 erscheint in diesem Zusammenhang erwähnenswert.[59] Darin vermuten die Autoren, dass die Vielzahl an fehlerhaften Veröffentlichungen im Rahmen der Rechnungslegung u. a. auch auf die Komplexität der wirtschaftlichen Transaktionen und der Komplexität der Rechnungslegungsstandards zurückzuführen sei.[60] Dazu analysieren sie Fehlerveröffentlichungen für die Jahre 2003 bis 2006,[61] in denen die Unternehmen die entsprechenden Gründe für die Fehler erläutern. Die Erklärungen ordnen die Autoren anhand aller öffentlich zur Verfügung stehenden Informationen, wie z. B. dem *Chief Accountant* der SEC als auch Literaturquellen, einer von vier möglichen Ursachen zu. Falls dieses Vorgehen nicht möglich ist, wird die Fehlerveröffentlichung aus der Untersuchung ausgeschlossen. Als Ursachen kommen entweder ein interner Unternehmensfehler, absichtliche Manipulation, die Komplexität der wirtschaftlichen Transaktion oder besondere Eigenschaften der Rechnungslegungsstandards in Betracht.[62] Das letzte Ursachenkriterium hinsichtlich der Rechnungslegungsstandards konkretisieren die Autoren anhand von drei möglichen Eigenschaften: Das ist neben der fehlenden Klarheit im Standard noch der Einsatz einer professionellen Beurteilung bei der Anwendung des Standards und die fehlerhafte Anwendung des Standards aufgrund der detaillierten und komplexen Regelungen im Standard. Die Autoren kommen u. a. zu der Schlussfolgerung, dass – entgegen dem allgemeinen Meinungsbild – nicht unbedingt die Komplexität der Rechnungslegungsstandards als primäre Ursache für Fehlerveröffentlichungen verantwortlich ist,

Entwicklung der IFRS-Regelkomplexität ohne verzerrende Einflüsse im Zeitablauf darstellen zu können. Vgl. außerdem PETERSON (2012), Accounting complexity, S. 73, 75–76; vgl. dazu auch ISIDRO/RAONIC (2012), Firm incentives, institutional complexity and the quality of „harmonized" accounting numbers, S. 408 m. w. N.; PLUMLEE/YOHN (2009), An Analysis of the Underlying Causes, S. 2, 10–11.

58 Vgl. PETERSON (2012), Accounting complexity, S. 72–74.

59 Vgl. PETERSON (2012), Accounting complexity, S. 74; PLUMLEE/YOHN (2009), An Analysis of the Underlying Causes. Der Beitrag wird aus diesem Grund auch an dieser Stelle behandelt und fügt sich somit nicht in die chronologische Präsentation der Studien ein.

60 Vgl. PLUMLEE/YOHN (2009), An Analysis of the Underlying Causes, S. 1–2.

61 Vgl. PLUMLEE/YOHN (2009), An Analysis of the Underlying Causes, S. 9.

62 Vgl. PLUMLEE/YOHN (2009), An Analysis of the Underlying Causes, S. 2, 10, 11, 22–26.

sondern dass sich überwiegend vielmehr einfache interne Unternehmensfehler als ursächlich erweisen.[63]

Ferner erscheint es stringent, Studien zu konsultieren, die sich mit den Konsequenzen der Rechnungslegungskomplexität befassen. In der Realität sehen sich Individuen mit der Aufgabe konfrontiert, Rechnungslegungsstandards zu verstehen, zu interpretieren, anzuwenden und eine fachliche Beurteilung (*Judgement*) abzugeben. Insbesondere Sachkundigen, wie z.B. Prüfern, obliegt diese Aufgabe.[64] Die Forschungsliteratur spricht an dieser Stelle im Allgemeinen von der Aufgabenkomplexität[65] (*Task Complexity*), um den Einfluss einer Aufgabe (und deren Komplexität) auf individuelle Entscheidungen zu untersuchen.[66] Sie wird an dieser Stelle von der Prüfungsliteratur (*Audit Literature*) dominiert,[67] die sich im Besonderen mit dem Einfluss der Aufgabenkomplexität auf die Entscheidungen von Prüfern befasst. Hierzu gehören z.B. die Beiträge von ABDOLMOHAMMADI/WRIGHT[68], ASARE/

63 Vgl. PLUMLEE/YOHN (2009), An Analysis of the Underlying Causes, S. 2, 12, 19.

64 Vgl. CHAND ET AL. (2010), Interpretation and application, S. 281.

65 Unter der Aufgabenkomplexität verstehen WATRIN/POTT ((2008), Einfachheit versus Komplexität, S. 439), die wiederum auf KAHNEMANN rekurrieren (vgl. KAHNEMANN (1973), Attention and effort, S. 13–17), „die benötigte Menge an kognitivem Einsatz, die eine bestimmte Aufgabe erfordert" (vgl. ähnlich dazu auch CHAND ET AL. (2010), Interpretation and application, S. 282 m. w. N.; vgl. ebenso LIU/LI (2012), Task complexity, S. 555). Auch BONNER folgt dieser Auffassung und spezifiziert darüber hinaus die Aufgabenkomplexität anhand eines Informationsverarbeitungsmodells, das sich durch die drei Charakteristika Input, Weiterverarbeitung und Output ausdrücken lässt. So lassen sich beispielsweise der Input und die Weiterverarbeitung durch die Anzahl an möglichen Alternativen beschreiben und der Output durch die Anzahl an unterschiedlichen Lösungen. Sie kommt zu dem Schluss, dass die Menge und Klarheit von Informationen die Aufgabenkomplexität beeinflusst und dass eine höhere Aufgabenkomplexität zu einer schlechteren Entscheidungsqualität führt. Allerdings können Fähigkeiten und Motivation der Individuen mit der Aufgabenkomplexität interagieren und auf diese Weise die Entscheidungsqualität beeinflussen (vgl. BONNER (1994), Audit Task Complexity, S. 214–218, 229).

66 Vgl. z. B. CAMPBELL (1988), Task Complexity; O'DONNELL ET AL. (2005), The influence of domain knowledge and task complexity; PAYNE (1976), Task Complexity; PLUMLEE (2003), Effect of Information Complexity, S. 278–279.

67 Vgl. z. B. BONNER (1994), Audit Task Complexity; CHAND ET AL. (2010), Interpretation and application, S. 281–282 m. w. N.; TAN ET AL. (2002), The Effects of Task Complexity. Einen weiteren Schwerpunkt der Forschung hinsichtlich der Untersuchung der Aufgabenkomplexität wird z. B. der Psychologie zugestanden (vgl. CHAND ET AL. (2010), Interpretation and application, S. 281).

68 ABDOLMOHAMMADI/WRIGHT untersuchen die Aufgabenkomplexität anhand eines Laborexperiments, bei dem 105 erfahrene Prüfer sechs Aufgaben, mit denen Prüfer im Rahmen des Prüfungsprozesses gewöhnlich konfrontiert sind, anhand ihrer Struktur beurteilen und den Grad der Aufgabenkomplexität bestimmen sollen, indem sie die Aufgaben als „unstrukturiert", „halb-strukturiert" oder

McDaniel[69], Jiambalov/Pratt, Kim/Liu/Zheng[70] und Sanusi/Iskandar/Poon sowie Stuart/Prawitt.[71] Gleichwohl existieren weitere Studien, die sich beispielsweise mit dem Einfluss der Aufgabenkomplexität auf die Entscheidungen von Analysten beschäftigen.[72] Stiefmütterlich wird bis zum heutigen Stand der Einfluss der Komplexität der IFRS-Rechnungslegung auf die Entscheidungsqualität behandelt.[73] Die Studien von Watrin/Pott sowie Chand, Patel und Patel (im Folgenden Chand et al.) nehmen sich dieser Thematik an und sind aus diesem Grund

---

„strukturiert" klassifizieren (vgl. Abdolmohammadi/Wright (1987), Task Complexity on Audit Judgments).

69 Asare/McDaniel untersuchen die Aufgabenkomplexität ebenfalls anhand eines Experiments. Dabei ergibt sich der Grad der Aufgabenkomplexität durch die Aufgabenstellung, die hinsichtlich der Menge an Informationen in der Anleitung und demzufolge durch die Anzahl an durchzuführenden Arbeitsschritten variiert: Während in der einfacheren Aufgabenstellung die Arbeitsschritte ausführlich erläutert sind, werden in der komplexen Aufgabe lediglich die Ziele genannt, sodass die Arbeitsschritte eigenhändig ermittelt werden müssen (vgl. Asare/McDaniel (1996), Task Complexity on the Effectiveness of the Audit Review Process).

70 Kim, Liu und Zheng (im Folgenden Kim et al.) befassen sich ebenso mit der Aufgabenkomplexität der Prüfung, die sich in ihrem Beitrag aus der Umstellung der lokalen (*local GAAP*) auf die internationale Rechnungslegung (IFRS) ergibt. Zur Quantifizierung rekurrieren Kim et al. auf eine Maßgröße, die sich aus zwei Dimensionen zusammensetzt. Zum einen messen die Autoren die Dimension Absenz (*Absence*), die die Anzahl an Regelungen darstellt, die nicht in der lokalen, aber dafür in den IFRS-Rechnungslegung vorhanden sind, und zum anderen die Dimension Divergenz (*Divergence*), die die Anzahl an Regelungen erfasst, die in der lokalen und der internationalen Rechnungslegung unterschiedlich kodifiziert sind und demzufolge inhaltlich nicht übereinstimmen (vgl. Kim et al. (2012), The Impact of Mandatory IFRS Adoption on Audit Fees).

71 Exemplarisch werden drei der aufgeführten Beiträge (Abdolmohammadi/Wright, Asare/McDaniel, Kim/Liu/Zheng) hinsichtlich der Quantifizierung der Aufgabenkomplexität näher erläutert. Vgl. zu den anderen Beiträgen Jiambalvo/Pratt (1982), Task Complexity, Sanusi et al. (2007), Effects of Goal Orientation and Task Complexity und Stuart/Prawitt (2012), Auditor Performance on Complex Tasks.

72 Vgl. z. B. Watrin/Pott (2008), Einfachheit versus Komplexität; vgl. ebenso Bonner (2008), Judgment and Decision Making in Accounting, S. 164–167; Filzen/Peterson (2013), Financial statement complexity; Hodder et al. (2008), Financial and Informational Complexity on Analysts' Cash Flow Forecasts.

73 Vgl. Chand et al. (2010), Interpretation and application, S. 281. Beispielsweise gehen De George et al. ((2013), IFRS Adoption and Audit Fees, S. 429, 451) am Rande ihres Beitrags auf die *Audit Complexity* im Zusammenhang mit sechs ausgewählten IFRS-Standards ein. Darin sollen 45 Prüfer anhand eines Fragebogens beurteilen, welcher dieser Standards – im Vergleich zum obsoleten australischen Pendant – welche Anstrengungen seitens des Prüfers erfordert.

wesentlich für die vorliegende Arbeit. Sie sind im Weiteren ausführlicher dargestellt. Sie nutzen die Menge an Rechnungslegungsinformationen (Rechnungslegungskomplexität), um die Komplexität einer Aufgabe zu simulieren und zu untersuchen.

Watrin/Pott befassen sich in ihrem Beitrag aus dem Jahr 2008 mit der Aufgabenkomplexität von Rechnungslegungsinformationen, die sie – wie eingangs bereits ausgeführt – als eine bestimmte Menge an kognitiven Faktoren definieren, die notwendig ist, um eine spezielle Aufgabe zu erfüllen.[74] Diese Aufgabenkomplexität beeinflusst maßgeblich die Entscheidungsqualität von Individuen und führt – im Falle einer Zunahme – zu einer verminderten Qualität der Entscheidung. Vor diesem Hintergrund stellen die Autoren ausgewählte empirische Studien vor, die sich im Besonderen mit der Aufgabenkomplexität und deren Einfluss auf die Entscheidungsqualität von Analysten beschäftigen. Die Aufgabenkomplexität resultiert aus der Menge an zu verarbeitenden Rechnungslegungsinformationen und die Entscheidungsqualität spiegelt sich in der Treffgenauigkeit der abgegebenen Analystenprognosen wider. Als Ergebnis halten die Autoren fest, dass die Genauigkeit der abgegebenen Prognosen in Abhängigkeit der Anzahl zu analysierender Informationen variiert.[75] Die Menge an Informationen messen die einzelnen Studien auf unterschiedliche Art und Weise. Beispielsweise wird zum einen auf die Portfoliokomplexität rekurriert. Dabei wird davon ausgegangen, dass die Prognosegenauigkeit abnimmt, je mehr Industrien ein Analyst betreut. Zum anderen wird auf die Gewinnvorhersagbarkeit, die als eine Komponente der Aufgabenkomplexität fungiert und auf Basis der Variabilität der Gewinne gemessen werden kann, abgestellt.[76] Des Weiteren weisen die Autoren darauf hin, dass für die Aufgabenkomplexität u. a. die Aufbereitung der Rechnungslegungsinformationen ausschlaggebend ist, die neben der Menge an Informationen vom Darstellungsformat bestimmt wird. In diesem Zusammenhang halten Watrin/Pott weiter fest, dass im Falle einer steigenden Aufgabenkomplexität die Informationsmenge zunimmt und die Korrektheit von Entscheidungen abnimmt und dass – im Falle einer steigenden Aufgabenkomplexität – ein tabellarisches Darstellungsformat die Entscheidungen verbessert.[77] Dabei lassen sich die Studien zum Darstellungsformat zum einen in solche differenzieren, die Effekte aus der Gruppierung von Rechnungslegungsinformationen zum Forschungsgegenstand haben, und zum anderen in Studien, die Effekte aus einer Anwendung von unterschiedlichen Rechnungslegungsmethoden untersuchen.[78] Die Ergebnisse aus den Studien hinsichtlich der

74 Vgl. Watrin/Pott (2008), Einfachheit versus Komplexität, S. 439.

75 Vgl. Watrin/Pott (2008), Einfachheit versus Komplexität, S. 440–442 m. w. N.

76 Vgl. Watrin/Pott (2008), Einfachheit versus Komplexität, S. 441.

77 Vgl. Watrin/Pott (2008), Einfachheit versus Komplexität, S. 442.

78 Vgl. Watrin/Pott (2008), Einfachheit versus Komplexität, S. 442–443. Die Ergebnisse zur Gruppierung von Rechnungslegungsinformationen, wie z. B. anhand von Berichtsegmenten, zeigen kein eindeutiges Bild und werden dementsprechend als nicht relevant bewertet, sodass weiterführende Ausführungen dazu an dieser Stelle unterbleiben.

Effekte aus der Anwendung von unterschiedlichen Rechnungslegungsmethoden zeigen, dass ein Unterschied besteht, ob z. B. das LIFO- oder das FIFO-Verfahren zur Anwendung kommt, obwohl auf Basis des identischen Sachverhalts die Entscheidungsqualität unabhängig von der verwendeten Rechnungslegungsmethode sein müsste. Demzufolge beeinflusst die verwendete Rechnungslegungsmethode die Aufgabenkomplexität und damit auch die Entscheidungsqualität von Individuen.[79]

Im Jahr 2010 widmen sich Chand et al. der Aufgabenkomplexität anhand der Interpretation und Anwendung von einfachen und komplexen *Fiji Accounting Standards* (FAS) und IFRS-Standards durch Prüfer.[80] Als Methode setzen die Autoren auf ein Experiment, an dem insgesamt 135 Probanden teilnehmen, wovon 60 Teilnehmer bei einer der vier großen (Big-4) und 75 bei einer der anderen (Nicht-Big-4) Wirtschaftsprüfungsgesellschaften auf Fidschi arbeiten.[81] Dazu operationalisieren die Autoren die Aufgabenkomplexität anhand von vier Szenarien[82], die die Probanden auf Basis von ausgewählten FAS- (FAS 22 und 23) und IFRS-Standards (IAS 12 und 38) beurteilen müssen. Die Aufgabenkomplexität bestimmt sich dabei zum einen durch die Anzahl der zu interpretierenden und anzuwendenden Paragrafen des jeweiligen Standards und zum anderen durch die Anzahl der damit verbundenen und auszulegenden Unsicherheitsbegriffe in den jeweiligen Paragrafen. Beispielsweise ist die Aufgabenkomplexität niedrig, wenn die Probanden nur zwei Paragrafen mit jeweils einem Unsicherheitsbegriff auszulegen haben (IAS 12). Sie ist hingegen hoch, wenn neun Paragrafen (Rn. 42 bis 50) von IAS 38 zur Beurteilung des Szenarios notwendig sind.[83] Hier zeigt sich, dass Unsicherheit auf Komplexität hindeutet und vice versa.[84] Schließlich kommen die Autoren zu dem Ergebnis, dass

---

79 Vgl. Watrin/Pott (2008), Einfachheit versus Komplexität, S. 443–444.

80 Vgl. Chand et al. (2010), Interpretation and application. Die Teilnehmer besitzen die nötige fachliche Qualifikation, da sie Mitglied in der berufsständischen Vereinigung der fidschianischen Wirtschaftsprüfer sind (vgl. Chand et al. (2010), Interpretation and application, S. 280).

81 Vgl. Chand et al. (2010), Interpretation and application, S. 284.

82 Vgl. zu den Details hinsichtlich der Szenarien Chand et al. (2010), Interpretation and application, S. 285, 288.

83 Vgl. Chand et al. (2010), Interpretation and application, S. 282, 284–285.

84 Nach Auffassung der Autoren begründet sich die Aufgabenkomplexität u. a. auf Basis von Freiräumen, die dafür verantwortlich sind, dass die Interpretation der IFRS-Standards erschwert wird. Dazu zählen auch Unsicherheitsbegriffe, wie z. B. „wesentlich" oder „wahrscheinlich", die zur Folge haben, dass ein Prüfer mehr Anstrengungen unternehmen muss, um einen Standard entsprechend interpretieren und anwenden zu können, weil typischerweise nicht immer Klarheit über die Bedeutung der Unsicherheitsbegriffe besteht. Gleiches gilt auch für die Paragrafenanzahl, die dazu führt, dass die Zeit, die ein Prüfer für deren Verständnis aufwenden muss, mit steigender Anzahl zunimmt (vgl. Chand et al. (2010), Interpretation and application, S. 280–282). Vor diesem Hintergrund sei die Schlussfolgerung gestattet, dass Unsicherheit mit (Aufgaben-)Komplexität verbunden

die Interpretation und Anwendung der IFRS-Standards von deren Komplexität und der Vertrautheit der Prüfer mit dem jeweiligen Standard abhängt. Diese Faktoren beeinflussen deren fachliche Beurteilung (*Judgement*) maßgeblich.[85]

Die zunehmende Anzahl an Studien zur Rechnungslegungskomplexität ist ein Indiz für eine wachsende Bedeutung des Komplexitätsphänomens im Zusammenhang mit der IFRS-Rechnungslegung. Dabei kommen in den Untersuchungen neben Sekundärdaten, wie z. B. Datenbanken (PLUMLEE/YOHN), insbesondere Primärquellen, wie z. B. Befragungen (u. a. FISCHER/KLÖPFER, JERMAKOWICZ/GORNIK-TOMASZEWSKI, PAWSEY) und Laborexperimente (HOBSON), zum Einsatz, um Komplexität zu erfassen. Aber auch einfache Methoden zur (Sekundär-)Datenerhebung, wie eine Schlagwortsuche (PETERSON), spielen eine Rolle und lassen eher einen Methodenpluralismus erkennen. PETERSON folgend, resultiert die Komplexität der Rechnungslegung sowohl aus der Komplexität der Rechnungslegungsstandards selbst als auch aus der Komplexität der ökonomischen Transaktionen des Unternehmens (mit seiner Umwelt). Eine empirische Trennung der einzelnen Komplexitäten ist daher nahezu unmöglich. Nach Ansicht des Autors wird dies durch die Verknüpfung von Unsicherheit mit Komplexität und vice versa noch verstärkt.

Ausgehend von diesem Problem überrascht es nicht, dass sich mit dem Phänomen einer Komplexitätszunahme im Zeitablauf lediglich die zwei Beiträge von FÜLBIER/KUSCHEL und KÜTING befassen. Obwohl die Beiträge einen hohen inhaltlichen Deckungsgrad aufweisen (u. a. hinsichtlich des systemtheoretischen Komplexitätsverständnisses), unterscheiden sie sich aber dennoch materiell voneinander (u. a. hinsichtlich der Herangehensweise). Während KÜTING einen theoretisch-analytischen Weg zur Systematisierung des Komplexitätsphänomens wählt, wenden FÜLBIER/KUSCHEL empirische Messversuche zur Quantifizierung an.

Zudem ist festzuhalten, dass eine zunehmende Menge an Rechnungslegungsinformationen (Rechnungslegungskomplexität) zu einer höheren (Aufgaben-) Komplexität führt (WATRIN/POTT). Daneben hängt Unsicherheit mit Komplexität zusammen. Ein Unsicherheitsbegriff deutet folglich auf Komplexität hin und vice versa (CHAND ET AL.).

---

ist und Unsicherheit zumindest auf Komplexität hindeutet (vgl. ähnlich dazu auch z. B.VIERU/SCHADEWITZ (2010), Impact of IFRS transition, S. 12).

85 Vgl. CHAND ET AL. (2010), Interpretation and application, S. 280, 287–288. Darüber hinaus stellen die Autoren fest, dass sich die Beurteilung von Prüfern, die einer der Big-4-Wirtschaftsprüfungs-gesellschaften angehören, von denen, die einer anderen Wirtschaftsprüfungsgesellschaft angehören, unterscheidet und dass diese Diskrepanz wohl auf einen unterschiedlichen Erfahrungsgrad zurückzuführen ist. Demzufolge besitzen Prüfer einer Nicht-Big-4-Gesellschaft weniger Erfahrung im Umgang mit komplexen Rechnungslegungsstandards und deren fachlicher Beurteilung als diejenigen einer Big-4-Gesellschaft (vgl. CHAND ET AL. (2010), Interpretation and application, S. 281, 283, 284, 287–288).

2.1.2 Berichterstattungskomplexität

Der Begriff der Berichterstattungskomplexität bezieht sich auf die Komplexität der Berichterstattung, wobei der Begriff der Berichterstattung weitgehender gefasst wird als der Begriff der Rechnungslegung. Der Begriff der Berichterstattung umfasst neben dem Abbildungsergebnis der Rechnungslegung noch weitere (Finanz-) Informationen und inkludiert den Vorgang der Veröffentlichung.[86] Synonym könnten auch die Begriffe Finanzberichterstattungskomplexität, Angabenkomplexität oder Informationskomplexität verwendet werden.[87] Als Untersuchungsgegenstand dienen im Regelfall Finanzberichte, wie etwa der Geschäftsbericht.

In ihrem Beitrag aus dem Jahr 2003 befasst sich Plumlee mit der sog. Informationskomplexität.[88] Darin untersucht die Autorin den Einfluss der Komplexität von Informationen auf Finanzanalysten.[89] Sie stellt sich die Frage, ob sich der Nutzen von Informationen für Finanzanalysten aufgrund deren Komplexität reduziert. Dazu versucht sie zu analysieren, inwiefern die Prognosen von Finanzanalysten hinsichtlich des effektiven Steuersatzes Informationen aus sechs verschiedenen Steuergesetzesänderungen (wie z.B. der Besteuerung von Veräußerungsgewinnen) aus dem Steuerreformgesetz von 1986 in den USA berücksichtigen. Dabei unterscheiden sich die Steuergesetzesänderungen jeweils durch einen

86 Vgl. zu den unterschiedlichen Begrifflichkeiten (Finanz-)Berichterstattung und Rechnungslegung Zweiter Teil: Kap. 4.1.

87 Beispielsweise verwendet Miller ((2010), Reporting Complexity, S. 2107) zunächst den Begriff der Berichterstattungskomplexität (*Reporting Complexity*). Danach spricht er von Finanzberichterstattungskomplexität (*Financial Reporting Complexity*) und dann von Angabenkomplexität (*Disclosure Complexity*). Darüber hinaus erwähnt er Berichtskomplexität (*Report Complexity*) und Informationskomplexität (*Information Complexity*) (vgl. Miller (2010), Reporting Complexity, S. 2111). Gleichwohl rekurriert er mit dieser Vielzahl von Begrifflichkeiten letztendlich lediglich auf die Komplexität der Finanzberichte (10-K-Berichte). Aus diesem Grund werden die Begrifflichkeiten in der vorliegenden Arbeit synonym verwendet; wohl wissend, dass u. a. die Begriffe Finanzberichterstattung und Berichterstattung unterschiedliche Inhalte haben können (vgl. dazu Zweiter Teil: Kap. 4.1).

88 Vgl. Plumlee (2003), Effect of Information Complexity. Die Zuordnung des Beitrags von Plumlee zum Themenbereich der Berichterstattungskomplexität kann durchaus kritisch gesehen werden, da sich die Autorin in ihrem Beitrag überwiegend mit Steuergesetzesänderungen auseinandersetzt. Allerdings untersucht sie insbesondere auch die Implikationen von Informationen und deren Verwendung von Finanzanalysten. Aufgrund dieser Tatsache ist eine Zuordnung zu dem Bereich, der sich in der vorliegenden Arbeit mit den Studien zur Berichterstattungskomplexität befasst, zu rechtfertigen, da die Untersuchung der Komplexität von Informationen und deren Einfluss auf Adressaten durchaus relevante Erkenntnisse, insbesondere auch hinsichtlich der Quantifizierung der Komplexität, zum Fortgang der vorliegenden Arbeit beitragen kann.

89 Vgl. Plumlee (2003), Effect of Information Complexity, S. 275.

unterschiedlichen Grad an Komplexität, der sich auf Basis der Antworten von Steuerfachleuten, die auf einen Fragebogen des *American Institute of Certified Public Accountants* (AICPA) geantwortet haben, ergibt.[90] Dazu mussten für jede der sechs Gesetzesänderungen jeweils drei ausgewiesene Steuerfachleute einen Fragebogen mit 15 Fragen ausfüllen. Die Antworten tragen die Teilnehmer für jede Frage auf einer Skala, die von „-3" (ein erwarteter Komplexitätsrückgang) bis „+3" (eine erwartete Komplexitätszunahme) reicht, ein. Darauf aufbauend ermittelt PLUMLEE einen Komplexitätswert, der als relatives (und nicht absolutes) Maß zu interpretieren ist und anhand dessen die untersuchten Gesetzesänderungen in eine Reihenfolge hinsichtlich ihres Komplexitätsgrads gebracht werden.[91] Darüber hinaus differenziert die Autorin noch die Informationskomplexität in die zwei Aspekte der Regel- und der Strategiekomplexität. Sie weißt darauf hin, dass der verwendete Komplexitätsindikator lediglich den ersten Aspekt, die Regel- und nicht die Strategiekomplexität, erfasst.[92] Letztendlich kommt PLUMLEE zu dem Ergebnis, dass die geänderten Vorhersagen des effektiven Steuersatzes durch die Finanzanalysten die einfachen, nicht aber die komplexen Steuergesetzesänderungen berücksichtigen.[93]

YOU/ZHANG befassen sich in ihrem Beitrag aus dem Jahr 2009 mit der Finanzberichterstattungskomplexität.[94] Die Autoren greifen auf eine multivariate

---

90 Vgl. PLUMLEE (2003), Effect of Information Complexity, S. 276.

91 Vgl. PLUMLEE (2003), Effect of Information Complexity, S. 283–284.

92 Vgl. PLUMLEE (2003), Effect of Information Complexity, S. 284. Laut PLUMLEE bezieht sich die Regelkomplexität auf das Verständnis und die Anwendung der Regeln, wohingegen die Strategiekomplexität auf das Verhalten von Unternehmen rekurriert, die zukünftigen Steuergesetzesänderungen zu antizipieren und entsprechende (Gegen-)Maßnahmen zu ergreifen (vgl. PLUMLEE (2003), Effect of Information Complexity, S. 284).

93 Vgl. PLUMLEE (2003), Effect of Information Complexity, S. 293. Im Übrigen vertritt die Autorin in ihrem Literaturüberblick die Auffassung, dass ein Teilaspekt der Aufgabenkomplexität die Informationskomplexität sei (vgl. PLUMLEE (2003), Effect of Information Complexity, S. 278–279 und S. 279, Fn. 4). Dieser Auffassung wird an dieser Stelle nicht gefolgt. Vielmehr werden beide Komplexitätsformen als eigenständig in der vorliegenden Arbeit betrachtet.

94 Vgl. YOU/ZHANG (2009), Financial reporting complexity; vgl. dazu auch die ergänzenden Erkenntnisse von RENNEKAMP (2012), Disclosure Readability. YOU/ZHANG untersuchen die sofortigen und verzögerten Marktreaktionen auf die Veröffentlichung der Finanzberichte für die SEC (10-K-Berichte). Die Autoren vermuten, dass Informationen (wie bspw. die Dividendenhöhe) bereits vor Veröffentlichung der 10-K-Berichte in den Marktpreisen enthalten sind und dementsprechend diese aufgrund ihres retrospektiven Charakters zum überwiegenden Teil von den Investoren ignoriert werden. Tatsächlich können die Autoren ihre Annahme auch mit anderen empirischen Studien absichern. Gleichwohl weisen sie aber auch darauf hin, dass Finanzberichte dennoch nützliche Zusatzinformationen für die Investoren beinhalten können, weil eben nicht jede Information im Rahmen

Regressionsanalyse als Forschungsmethode zurück. Der Untersuchungszeitraum reicht vom 01. Januar 1995 bis zum 31. Dezember 2005 und beinhaltet eine Grundgesamtheit von 123.449 Finanzberichten, wovon letztendlich 24.269 Beobachtungen die finale Stichprobe bilden. Als einfache Messgröße für die Finanzberichterstattungskomplexität rekurrieren You/Zhang auf die Anzahl der Wörter in den Finanzberichten.[95] Die Autoren kommen u. a. zu dem Ergebnis, dass Investoren dazu neigen, auf Unternehmen mit komplexeren Finanzberichten zurückhaltender zu reagieren.[96] Im Übrigen gehen die Autoren in ihrem Literaturüberblick auch auf das Verhältnis zwischen Komplexität und Unsicherheit ein. Sie sind der Auffassung, dass die zwei Maßgrößen miteinander verbunden sind, allerdings ist unklar, in welcher Wirkungsbeziehung sie zueinander stehen.[97] Demzufolge kann zum einen die Schlussfolgerung gezogen werden, dass Komplexität auch immer mit Unsicherheit verbunden ist, und zum anderen wird deutlich, dass Unsicherheitsaspekte auch immer auf Komplexität hindeuten können. Außerdem wird an dieser Stelle auch klar, dass eine eindeutige Ursache-Wirkungs-Beziehung zwischen Komplexität und Unsicherheit wohl nicht zu identifizieren ist.[98]

In seinem Beitrag aus dem Jahr 2010 untersucht Miller den Einfluss der Berichterstattungskomplexität auf das Handelsvolumen von kleinen und großen Investoren.[99] Dabei kommt der Autor zu dem Ergebnis, dass komplexere Finanzberichte (10-K-Berichte) mit einem Rückgang der Handelsaktivitäten von insbesondere kleinen Investoren verbunden sind. Dazu untersucht er 13.000 10-K-Finanzberichte in einem Zeitraum von 1995 bis 2006 und quantifiziert die Berichterstattungskomplexität anhand der Länge und der Lesbarkeit der Finanzberichte.[100] Die Länge der Finanzberichte ermittelt der Autor dabei zum einen auf Basis der Wortanzahl und zum anderen auf Basis der Anzahl der Zellen in einer Tabelle, die dann beide – unter mathematischen Anpassungen – zu einer weiteren Maßgröße aggregiert werden. Um die Lesbarkeit der Finanzberichte zu quantifizieren, stellt der Autor zunächst auf den Gunning *Fog-Index* ab. Da dieser allerdings nicht primär dafür entwickelt ist, die Berichterstattungskomplexität zu messen, stellt der Autor auf eine weitere Maßgröße ab. Dazu nutzt er die computerbasierte Software

---

der traditionellen Rechnungslegung abgebildet werden (kann). Dazu verweisen sie exemplarisch auf Fußnoten und ausgewählte Bereiche des 10-K-Berichts, in denen sich durchaus zusatznutzengenerierende Informationen befinden können (vgl. You/Zhang (2009), Financial reporting complexity, S. 559–560, 562–564).

95 Vgl. You/Zhang (2009), Financial reporting complexity, S. 561.

96 Vgl. You/Zhang (2009), Financial reporting complexity, S. 559.

97 Vgl. You/Zhang (2009), Financial reporting complexity, S. 563.

98 Vgl. You/Zhang (2009), Financial reporting complexity, S. 563.

99 Vgl. Miller (2010), Reporting Complexity, S. 2107; vgl. dazu auch die ergänzenden Erkenntnisse von Rennekamp (2012), Disclosure Readability, deren Beitrag im Folgenden noch dargestellt wird.

100 Vgl. Miller (2010), Reporting Complexity, S. 2107–2108.

„StyleWriter", die neben der Satzlänge weitere Eigenschaften, wie z. B. die passiven Verben, messen kann.[101]

Eine Untersuchung zur Berichterstattungskomplexität (*Disclosure Complexity*) der US-GAAP initiiert die Wirtschaftsprüfungsgesellschaft KPMG, die zum einen die Finanzberichte (10-K-Berichte) von 25 aus dem FORTUNE 100 ausgewählten US-Unternehmen aus den Jahren 2004, 2009 und 2010 heranzieht und zum anderen im Jahr 2011 eine online-basierte Befragung unter 6.500 Mitgliedern der Vereinigung *Financial Executives International* (FEI) durchführt.[102] Schwerpunktmäßig versucht KPMG einerseits herauszufinden, wie sich die Berichterstattungskomplexität im Zeitablauf entwickelt hat, und andererseits, welche Ursachen dieser Entwicklung zugrunde liegen.[103] Um die Entwicklung der Berichterstattungskomplexität zu quantifizieren, greifen die Autoren auf die Entwicklung der Gesamtseitenanzahl der jeweiligen Finanzberichte und die Entwicklung der Gesamtseitenanzahl der Fußnoten im Allgemeinen als auch im Besonderen für die Pensionsverpflichtungen und die *Fair-Value*-Bilanzierung der ausgewählten Unternehmen im Zeitablauf zurück.[104] Hierbei kommt die KPMG u. a. zu dem Ergebnis, dass der Umfang der Gesamtseitenanzahl der Berichterstattung (+16,0%) und der Umfang der Seitenanzahl der Fußnoten (+28,5%) in dem Betrachtungszeitraum von 2004 bis 2010 deutlich steigt.[105] Insofern geht die KPMG von einer Komplexitätszunahme der Berichterstattung aus. Im Rahmen der Befragung versuchen die Autoren dann zu eruieren, welche Gründe und Ursachen diese Entwicklung treiben. Dazu lassen sie die angeschriebenen Unternehmen u. a. auf einer Ordinalskala, die von „sehr wichtig" („very significant") bis „überhaupt nicht wichtig" („not at all significant") reicht, beurteilen, inwiefern verschiedene Faktoren, wie beispielsweise die Rechnungslegungsstandards, das Unternehmen und seine Umwelt, die Berichterstattungskomplexität beeinflussen (Fragenblock 11) und in welchem Ausmaß dafür bestimmte rechnungslegungsspezifische Faktoren verantwortlich sind (Fragenblock 12). In diesem Zusammenhang ist interessant, dass im Fragebogen neben den Rechnungslegungsstandards auch noch andere Faktoren, wie z. B. die Komplexität des Unternehmens (*Complexity of Company*) und seiner Umwelt (*Complexity of Transactions* und *Complex Business Environment*), zur Komplexität in der (Finanz-)Berichterstattung beitragen können.[106] Letztendlich kommen die

---

101 Vgl. Miller (2010), Reporting Complexity, S. 2114, 2139–2140. Vgl. in diesem Zusammenhang auch die Studie von Bonsall/Miller (2013), Impact of Financial Disclosure Complexity, S. 12–13, in der die Autoren ebenfalls auf den Gunning *Fog-Index* abstellen, um die Berichterstattungskomplexität von Finanzberichten (10-K-Berichte) zu beleuchten.

102 Vgl. KPMG (2011), Disclosure overload and complexity. Da von 6.500 Mitgliedern 216 antworten, beläuft sich die Rücklaufquote auf 3,3% (eigene Berechnung).

103 Vgl. KPMG (2011), Disclosure overload and complexity, S. 2.

104 Vgl. KPMG (2011), Disclosure overload and complexity, S. 12–14, 42–47.

105 Vgl. KPMG (2011), Disclosure overload and complexity, S. 2.

106 Vgl. KPMG (2011), Disclosure overload and complexity, S. 48–51.

Autoren der KPMG-Studie u.a. zu dem Ergebnis, dass einerseits die Rechnungslegungsstandards per se und ihre verpflichtenden Anhangangaben für die Berichterstattungskomplexität verantwortlich sind und andererseits Fußnoten einen wesentlichen Beitrag dazu leisten. Gleichwohl wirken auch andere Faktoren, wie z.B. die *Complexity of Transactions*, auf die Berichterstattungskomplexität ein.[107]

In seinem theoretischen Beitrag aus dem Jahr 2011 befasst sich Said ebenfalls mit der Berichterstattungskomplexität.[108] Darin untersucht er die US-amerikanische Finanzberichterstattung hinsichtlich diverser Herausforderungen, wovon eine deren (zunehmende) Komplexität und die Reduktion dieser darstellt.[109] Dazu analysiert der Autor einen Abschlussbericht der *SEC Advisory Committee on Improvements to Financial Reporting* (CIFiR) aus dem Jahr 2008, dessen erklärtes Ziel es ist, vermeidbare Komplexität zu reduzieren sowie Transparenz und Klarheit insbesondere für Investoren in der US-Finanzberichterstattung herzustellen.[110] So vertreten sowohl Said als auch das CIFiR die Auffassung, dass die Komplexität der Rechnungslegungsstandards und die Komplexität der zugrunde liegenden, wirtschaftlichen Transaktionen nicht voneinander zu trennen sind. Demzufolge differenzieren sie die Komplexität in unvermeidbare und vermeidbare Komplexität. Während die unvermeidbare Komplexität unmittelbar aus den Inhalten der abzubildenden wirtschaftlichen Transaktionen resultiert, entsteht hingegen die vermeidbare Komplexität durch die Rechnungslegungsstandards per se.[111] Insbesondere die vermeidbare Komplexität stellt einen zentralen Punkt im Rahmen des Berichts dar und ist im Wesentlichen auf vier Gründe zurückzuführen.[112] An erster Stelle ist in diesem Zusammenhang die Anwendung des gemischten Modells im Rahmen der Bewertung zu nennen, das sowohl die Bewertung zu historischen Anschaffungs- und Herstellungskosten als auch zum *Fair Value* erlaubt.[113] Zweitens gehört dazu ein ganzheitliches Konzept hinsichtlich der zu tätigenden Angaben im Rahmen der Publizität, um zu gewährleisten, dass diese die gewünschten Wirkungen, wie z.B. die Reduktion der Kapitalkosten, erreichen. Zur Überprüfung sind empirische Befunde heranzuziehen.[114] Drittens ist die Verwendung von sog. „bright-line rules“[115] zu nennen. An vierter Stelle sind schließlich Ausnahmen von

107 Vgl. KPMG (2011), Disclosure overload and complexity, S. 2–3, 24–29.

108 Vgl. Said (2011), Corporate Financial Reporting Complexity.

109 Vgl. Said (2011), Corporate Financial Reporting Complexity, S. 69–71.

110 Vgl. Said (2011), Corporate Financial Reporting Complexity, S. 70, 85.

111 Vgl. Said (2011), Corporate Financial Reporting Complexity, S. 72.

112 Vgl. hierzu und im Folgenden Said (2011), Corporate Financial Reporting Complexity, S. 73–80.

113 Vgl. Said (2011), Corporate Financial Reporting Complexity, S. 73–75.

114 Vgl. Said (2011), Corporate Financial Reporting Complexity, S. 75–76.

115 Said (2011), Corporate Financial Reporting Complexity, S. 76. Darunter sind beispielsweise Regelungen im Rahmen des Ansatzes oder der Bewertung zu nennen, die auf quantitativen Größenkriterien basierende Grenzen determinieren. Dazu zählt z. B. in den US-GAAP die Einordnung eines Leasingvertrages anhand

grundsätzlichen Regelungen und Prinzipien anzuführen.[116] Nützliche Informationen, wie z.B. hinsichtlich der Quantifizierung von Komplexität, beinhaltet der Beitrag nicht.

RENNEKAMP untersucht in ihrem Beitrag aus dem Jahr 2012 ebenfalls die Berichterstattungskomplexität. Darin geht sie der Frage nach, inwiefern sich die Unternehmenslage und Absichten des Managements auf die Komplexität der Berichterstattung auswirken. Dazu konstatiert sie auf Basis vorangegangener Forschungsarbeiten, dass die Berichterstattungskomplexität von qualitativen Angaben mit einer sich verschlechternden Unternehmenslage zunimmt und die kurzfristigen Erwartungen von Investoren dämpft.[117] Sie argumentiert, dass Manager zum einen absichtlich die Berichterstattungskomplexität erhöhen, um eine schlechte Unternehmenslage zu verschleiern, und zum anderen eine schlechte Unternehmenslage nicht in einfachen und verständlichen Worten erklärbar sei und demzufolge zu einer höheren Berichterstattungskomplexität führe.[118] Mithilfe einer experimentellen[119] Untersuchung kommt sie u.a. zu dem Ergebnis,

der Laufzeit in ein finanzielles oder operatives Leasingverhältnis. Ist die Laufzeit gleich oder größer 75% der Nutzungsdauer des Leasinggegenstandes, wird ein Finanzierungsleasingverhältnis unterstellt. Ansonsten handelt es sich um ein operatives Leasingverhältnis, das bilanzunwirksam ist (vgl. SAID (2011), Corporate Financial Reporting Complexity, S. 76).

116 Darunter fallen beispielsweise Ausnahmeregelungen für bestimmte Branchen, wie die Versicherungsindustrie, oder Wahlmöglichkeiten in den Rechnungslegungsstandards (vgl. SAID (2011), Corporate Financial Reporting Complexity, S. 78–80).

117 Vgl. RENNEKAMP (2012), Managers' Choice of Reporting Complexity in Disclosures, Abstract und S. 1.

118 Vgl. RENNEKAMP (2012), Managers' Choice of Reporting Complexity in Disclosures, Abstract und S. 1; vgl. dazu auch BLOOMFIELD ((2008), Discussion, S. 249, 250), der ebenfalls der Auffassung ist, dass die Sprache zur Beschreibung einer negativen Unternehmenslage per se nicht einfach, sondern komplex ist.

119 In dem Experiment werden 189 Teilnehmer aufgefordert, sich hypothetisch in die Position des Vizepräsidenten eines Unternehmensbereichs zu versetzen und einen internen Bericht an die Zentrale zu verfassen. In diesem Bericht sollen die Teilnehmer die Unternehmensentwicklung ihres Bereichs im letzten Quartal wahrheitsgemäß beschreiben. Dabei unterscheiden sich die einzelnen Unternehmensbereiche, die die Teilnehmer vorgelegt bekommen, neben ihren Leistungen noch durch eine ggf. drohende Budgetrestriktion. So differenziert die Autorin neben guten und schlechten Unternehmenslagen auch, ob schon eine entsprechende Budgetentscheidung für das kommende Jahr durch die Zentrale getroffen wurde oder nicht. Durch die Implementierung einer Entscheidung über das zukünftige Budget erhalten einige der Teilnehmer ein Ziel für ihre Berichterstattung vorgegeben. Diese Teilnehmer sind aufgefordert, ihre Berichterstattung in einer Art und Weise vorzunehmen, die das zukünftige Budget noch weiter erhöht (vgl. RENNEKAMP (2012), Managers' Choice of Reporting Complexity in Disclosures, S. 2–3, 11–15).

dass eine schlechte Unternehmenslage schwieriger als eine gute zu beschreiben ist. Dementsprechend widersprechen die Ergebnisse der These, dass Manager versuchen, eine schlechte Unternehmenslage zu kaschieren.[120] Um die Berichterstattungskomplexität zu messen, stellt die Autorin auf die Länge[121] und die Lesbarkeit der während des Experiments von den Teilnehmern verfassten Berichte ab.[122] Während sich die Länge durch die Anzahl der Wörter bestimmt, die ein Bericht umfasst, und diese sich mithilfe einer computergestützten Software ermitteln lässt, wird die Lesbarkeit durch sog. Lesbarkeitsindizes, wie den Gunning *Fog-Index*, den *Flesch Reading Ease Score*, den *BOG Index* oder den *READscore*, erfasst. Auf die beiden zuletzt genannten Alternativen (*BOG Index*, *READscore*) greift die Autorin in ihrer Untersuchung zurück, da sie der Auffassung ist, dass diese die Nachteile der beiden anderen Alternativen (Gunning *Fog-Index*, *Flesch Reading Ease Score*), wie z.B. die Einfachheit in der Ermittlung auf Basis der Satzlänge und der durchschnittlichen Anzahl an Silben, kompensieren können. Dennoch handelt es sich beim Gunning *Fog-Index* und *Flesch Reading Ease Score* aufgrund deren einfacher Ermittlung um relativ häufig bemühte Lesbarkeitsindizes in der Forschungsliteratur.[123]

Schließlich wird noch der (unveröffentlichte) Beitrag von Filzen/Peterson aus dem Jahr 2013 bemüht, indem die Autoren untersuchen, inwiefern es wahrscheinlich ist, dass Unternehmen mit einer hohen Berichterstattungskomplexität[124] die Erwartungen von Analysten treffen oder übertreffen.[125] Dazu quantifizieren sie die

120 Vgl. Rennekamp (2012), Managers' Choice of Reporting Complexity in Disclosures, Abstract.

121 Die Länge eines Textes wird im Beitrag von Rennekamp ((2012), Managers' Choice of Reporting Complexity in Disclosures) als Indikator für die Berichterstattungskomplexität gesehen (vgl. dazu auch Filzen/Peterson (2013), Financial statement complexity, S. 14, die eine ähnliche Auffassung vertreten). Eine andere Auffassung, die die Länge eines Textes als Transparenzindikator ausweist, ist aber auch möglich (vgl. Li (2010), Textual Analysis of Corporate Disclosures, S. 147; Rennekamp (2012), Managers' Choice of Reporting Complexity in Disclosures, S. 6).

122 Vgl. Rennekamp (2012), Managers' Choice of Reporting Complexity in Disclosures, S. 9, 15.

123 Vgl. Rennekamp (2012), Managers' Choice of Reporting Complexity in Disclosures, S. 15–17.

124 Zwar rekurrieren Filzen/Peterson ((2013), Financial statement complexity, S. 1) nicht wörtlich auf die Berichterstattungskomplexität – sie sprechen von der *financial statement complexity* –, aber letztendlich stellen sie darauf ab, wenn sie die Angaben (in den Fußnoten zu den Rechenwerken) untersuchen.

125 Vgl. Filzen/Peterson (2013), Financial statement complexity, S. 1. Die Studie von Filzen/Peterson ist im Internet lediglich als Vorabversion unter dem Titel „Accounting complexity and meeting expectations“ (Stand: März 2010) verfügbar (vgl. Filzen/Peterson (2010), Accounting complexity), die jedoch ohne Einverständnis der Autoren nicht zitiert werden soll. Die aktuelle Version hat der

Berichterstattungskomplexität anhand der Angabenlänge zu den Bilanzierungs- und Bewertungsmethoden in den Fußnoten zu den Rechenwerken auf Basis der Wortanzahl. Sie unterstellen dabei, dass längere Angaben auch eine höhere Komplexität signalisieren, und kommen zu dem Ergebnis, dass Unternehmen mit einer höheren Berichterstattungskomplexität eher dazu tendieren, die Erwartungen der Analysten zu übertreffen.[126]

Die Studien zeigen, ähnlich wie diejenigen zur Rechnungslegungskomplexität, dass keine Methode zur Quantifizierung der Berichterstattungskomplexität dominiert. Neben jeweils einer Studie, die auf Befragung bzw. Experiment zurückgreift, stellen die meisten auf eine quantitative Inhaltsanalyse ab. Im Wesentlichen werden in diesen Studien Finanzberichte zur Untersuchung herangezogen (u. a. MILLER, YOU/ZHANG). Dabei greifen sie zum einen auf die Seitenanzahl (KPMG) und die Anzahl der Wörter (Berichterstattungskomplexität, u. a. MILLER, YOU/ZHANG), zum anderen auf die Lesbarkeit der Texte (Textkomplexität) zu. Als Indikator (Lesbarkeitsindizes, u. a. MILLER, RENNEKAMP) werden der GUNNING *Fog-Index* und *Flesch Reading Ease Score* verwendet. Da sich dieses Vorgehen auch für die Untersuchung der IFRS-Rechnungslegungsstandards anbietet, widmet sich der Forschungsüberblick ausdrücklich dem Aspekt der Textkomplexität.[127] Weiterhin sind die Erkenntnisse der KPMG- und der PETERSON-Studie hervorzuheben, dass die Berichterstattungskomplexität, wie zuvor bereits bei FÜLBIER/KUSCHEL und KÜTING gezeigt, gleichsam von der Komplexität der Rechnungslegungsstandards, der Komplexität des Unternehmens und der Komplexität der Umwelt beeinflusst wird. Daher erscheint es angebracht, im Rahmen eines Systematisierungsversuchs der Rechnungslegungskomplexität ebenfalls die Komplexität des Unternehmens und die Komplexität der Umwelt zu berücksichtigen. Ebenso gilt es im vorliegenden Forschungsüberblick, Studien, die sich mit der Komplexität von Unternehmen, oder allgemeiner, von Organisationen (Organisationskomplexität) befassen, zu konsultieren, um weitere Erkenntnisse hinsichtlich der Quantifizierung des Komplexitätsphänomens zu erhalten.[128] Schließlich weisen YOU/ZHANG – ähnlich wie PETERSON – darauf hin, dass ein Zusammenhang zwischen Komplexität und Unsicherheit besteht.[129]

Verfasser der vorliegenden Arbeit auf Anfrage bei Herrn Professor PETERSON am 10. Juli 2013 von diesem per E-Mail erhalten.

126 Vgl. FILZEN/PETERSON (2013), Financial statement complexity, Abstract und S. 14–16.

127 Vgl. Erster Teil: Kap. 2.3.1.

128 Vgl. Erster Teil: Kap. 2.3.2.

129 Vgl. YOU/ZHANG (2009), Financial reporting complexity, S. 563.

2.2 Studien zu den Komplexitätsformen thematisch angrenzender Forschungsbereiche

2.2.1 Rechtskomplexität

In der rechtswissenschaftlichen Literatur finden sich mehrere Quellen, die den Begriff der Komplexität erwähnen, ohne sich jedoch eingehender mit dem Phänomen auseinanderzusetzen.[130] Die wesentlichen juristischen Studien, die sich dezidiert mit der Rechtskomplexität, der Komplexität von Rechtsakten und -normen, beschäftigen, sind im Folgenden aufgeführt.

Als Erstes ist der theoretisch-analytische Beitrag von Schuck aus dem Jahre 1992 zu nennen, der den Versuch unternimmt, die Diskussion über die Gründe und Folgen von (amerikanischer) Rechtskomplexität zu beleben und zu bereichern.[131] Dazu unternimmt der Autor einen Abgrenzungsversuch, wohl wissend, dass die Definition und Messung von Rechtskomplexität problematisch ist. Hierzu charakterisiert er ein komplexes Rechtssystem anhand der vier Dimensionen Dichte (*Density*), Fachlichkeit (*Technicality*), Unterschiedlichkeit (*Differentiation*) und Unbestimmtheit (*Indeterminacy*) bzw. Unsicherheit (*Uncertainty*).[132] Weiterhin macht

---

130 Vgl. z. B. Crettez et al. (2009), On the optimal complexity of law and legal rules harmonization, S. 131, die sich zwar mit der Rechtskomplexität beschäftigen, allerdings im Zusammenhang mit der Harmonisierung von Gesetzen über Ländergrenzen hinweg. Vgl. ebenso Dettling (2010), Wissenschaftlichkeit im Lebensmittel- und Kosmetikrecht (Teil 1); Dettling (2010), Wissenschaftlichkeit im Lebensmittel- und Kosmetikrecht (Teil 2); Mettke (1983), Komplexität des Lebensmittelrechts; Rogowski/Wilthagen (2004), Deregulierung und Reregulierung.

131 Vgl. Schuck (1992), Legal Complexity, S. 8.

132 Vgl. Schuck (1992), Legal Complexity, S. 2–3; vgl. zu den vier Dimensionen auch Di Vita (2012), Normative complexity, S. 201–202 und S. 201, Fn. 6. Dabei versteht Schuck unter der Dichte (eines Rechtssystems), dass es sich um ein entsprechendes Regelwerk handelt, das sich durch zahlreiche Vorschriften und Einzelfallregelungen auszeichnet, die nahezu allumfassend sind, da sie einen Großteil des relevanten Themengebiets abdecken und eine Vielzahl von Handlungen erfassen. Die Dimension Fachlichkeit beschreibt, inwiefern Regelungen bestimmte Erfahrungen oder Fachwissen erfordern, um sie zu verstehen und sachgerecht anzuwenden. Demzufolge hängt deren Grad von der Feinheit der Unterscheidungen in der Regelung, der verwendeten Fachbegriffe und der geforderten materiellen Beurteilung ab. Die Dimension Unterschiedlichkeit erfasst die Tatsache, dass Rechtssysteme institutionell unterschiedlich ausgestaltet sind und die Entscheidungsträger ihre Legitimation aus verschiedenen Quellen beziehen und insofern auf ein differenziertes Wissen zurückgreifen, um die Regeln zu erstellen, auszuarbeiten und anzuwenden. Die letzte Dimension Unbestimmtheit bzw. Unsicherheit ist ein Charakteristikum von Regeln und Rechtswegen sowie von Institutionen und beschreibt deren offene Strukturierung und Flexibilität, die dazu führt, dass deren Wirkungen schwer prognostizierbar sind. Schuck

der Autor deutlich, dass sich die Forschung bis dato lediglich rudimentär mit der Rechtskomplexität beschäftigt hat und führt aufgrund dessen aus,[133] dass diese einer eingehenderen Untersuchung bedarf. Dazu stützt er seine Argumentation im Wesentlichen auf vier Punkte, die den Fokus seines Beitrags bilden. So ist er der Auffassung, dass erstens die Rechtskomplexität zunimmt und diese zweitens problematisch für ein Rechtssystem sein kann, wobei diese bereits des Öfteren Gegenstand der Forschung war, indem beispielsweise die Seitenanzahl von bestimmten Regulierungswerken als Indikator herangezogen wurde.[134] Drittens kann die Rechtskomplexität noch von „weichen“ Faktoren, wie z.B. den unterschiedlichen Berufsqualifikationen der gesetzgebenden Institutionen im Allgemeinen und Richtern im Besonderen, deren Mitarbeitern sowie deren Machtstreben beeinflusst werden.[135] An vierter Stelle führt der Autor den Vorwurf der zunehmenden Kosten der Rechtskomplexität ins Feld,[136] wie z.B. in Form von steigenden Bürokratiekosten. Abschließend fügt der Autor noch an, dass Komplexität grundsätzlich an jeder Stelle auf einem Kontinuum mit den beiden Extrempunkten „extremer Einfachheit“ und „extremer Komplexität“ eingeordnet werden kann, wobei die Einordnung nicht absolut im Sinne von „einfach“ oder „komplex“ erfolgt, sondern lediglich relativ im Sinne von „ist mehr oder weniger einfach/komplex“. Demzufolge ist eine Messung der Komplexität in absoluten Zahlen – zumindest in den Augen SCHUCKS – nicht möglich, da ein Abstellen auf einen Bezugspunkt notwendig ist. Daher ist lediglich eine relative Messung der Komplexität im Zeitablauf umsetzbar.[137]

---

versucht, diese abstrakten Ausführungen zu den vier Dimensionen exemplarisch anhand des Steuerrechts konkret zu veranschaulichen und beschreibt dieses als dicht, fachlich und von verschiedenen Institutionen geprägt (vgl. SCHUCK (1992), Legal Complexity, S. 5–6).

133 Laut SCHUCK ((1992), Legal Complexity, S. 6) hat sich die Wissenschaft bis zum damaligen Zeitpunkt lediglich mit zwei Aspekten der Rechtskomplexität befasst. Das betrifft zum einen die mit der Rechtskomplexität verbundenen Transaktionskosten einschließlich der Rechtsunsicherheit und zum anderen deren Quellen, wie z. B. Gerichtsurteile oder Rechtsformulare (vgl. SCHUCK (1992), Legal Complexity, S. 6).

134 Vgl. SCHUCK (1992), Legal Complexity, S. 6, 9–17 und 18–25. Insbesondere vor dem Hintergrund des Themas der vorliegenden Arbeit erscheint ein analoges Vorgehen zur Messung der ggf. zunehmenden Komplexität der IFRS-Rechnungslegung anhand der Seitenanzahl des IFRS-Regelwerks opportun.

135 Vgl. SCHUCK (1992), Legal Complexity, S. 7 und S. 25–38.

136 Vgl. SCHUCK (1992), Legal Complexity, S. 7 und S. 39–44.

137 Vgl. SCHUCK (1992), Legal Complexity, S. 5. Auch dieser Aspekt erscheint für eine Untersuchung wesentlich, da es aufgrund der vorangegangenen Ausführungen wohl nur möglich ist, eine Komplexitätszunahme der IFRS-Rechnungslegung in relativen, nicht absoluten Werten zu quantifizieren. Vor diesem Hintergrund ist eine Betrachtung von Indikatoren im Zeitablauf adäquat (vgl. ebenso FÜLBIER/KUSCHEL (2012), Komplexitätszunahme in der IFRS-Rechnungslegung, S. 933).

Im Jahr 1995 befasst sich KAPLOW in seiner Studie mit der Komplexität von gesetzlichen Normen und modelliert dazu deren Effekte auf die Entscheidungen von Individuen.[138] Als Beispiel führt KAPLOW die Einkommensbesteuerung an, die seines Erachtens dazu führt, dass sich die Steuerermittlung umso komplexer gestaltet, je mehr Ausnahmeregelungen zugelassen sind. Dementsprechend bezieht er sich auf die Anzahl und Auslegungsalternativen der Normen, um die Rechtskomplexität zu quantifizieren.[139] Er zeigt u. a. auf, dass sich das Gemeinwohl unter bestimmten Bedingungen durch komplexere Normen verbessert.[140]

In einem ähnlichen Kontext ist auch der theoretisch-analystische Beitrag von HOFFJAN, BRAMANN und KENTRUP (im Folgenden HOFFJAN ET AL.) aus dem Jahr 2008 anzusiedeln, in dem die Autoren versuchen, die Treiber der Rechtskomplexität zu identifizieren.[141] Dazu argumentieren HOFFJAN ET AL. auf Basis der Systemtheorie. Sie interpretieren Komplexität als die Summe aller einzelnen Merkmale eines bestimmten Zustandes. Charakterisiert wird der Zustand durch die drei Dimensionen Anzahl der Elemente, Menge der Beziehungen zwischen den Elementen und Vielfältigkeit der Beziehungen. Demzufolge ergibt sich der Zustand der Rechtskomplexität aus den drei Dimensionen Quantität, Qualität und Zeit, worunter sich letztendlich auch die Treiber der Rechtskomplexität subsumieren.[142] Ferner

---

138 Vgl. KAPLOW (1995), Complexity of Legal Rules, S. 150; vgl. ebenso KAPLOW (1992), Rules versus Standards, in dem der Autor auch die Komplexität eines Rechtssystems auf normativer Basis untersucht (vgl. DILLER ET AL. (2013), Komplexität steuerrechtlicher Normen, S. 113). Im Übrigen ist eine Einordnung des Beitrags von KAPLOW ((1995), Complexity of Legal Rules) zur Steuerrechtskomplexität möglich (vgl. Erster Teil: Kap. 2.2.2 und DILLER ET AL. (2013), Komplexität steuerrechtlicher Normen, S. 113). Da aber nach Auffassung des Verfassers der vorliegenden Arbeit die Wirkung von gesetzlichen Normen im Allgemeinen im Vordergrund steht, und nicht die von Steuergesetzen im Besonderen, obgleich KAPLOW sich darauf bezieht, ist diese Einordnung zu rechtfertigen.

139 Vgl. KAPLOW (1995), Complexity of Legal Rules, S. 150; dazu auch CRETTEZ ET AL. (2009), On the optimal complexity of law and legal rules harmonization, S. 131. Ergo unterstützt auch an dieser Stelle der Beitrag von KAPLOW eine ggf. analoge Vorgehensweise zur Quantifizierung der zunehmenden Komplexität der IFRS-Rechnungslegung anhand der Erhebung der Paragrafenanzahl als einen weiteren Indikator.

140 Vgl. KAPLOW (1995), Complexity of Legal Rules, S. 150.

141 Vgl. HOFFJAN ET AL. (2008), Einfachheit, S. 281; vgl. in diesem Zusammenhang auch HOFFJAN ET AL. (2008), Folgekosten von Gesetzen, S. 12–15, 45–48.

142 Vgl. HOFFJAN ET AL. (2008), Einfachheit, S. 282–283. Dabei steht die Dimension Quantität für eine Facette der Rechtskomplexität, die sich in der Anzahl der rechtlichen Normen, wie beispielsweise in der Anzahl der Rechtsnormen, Verwaltungsanweisungen und gerichtlichen Urteile, widerspiegelt (vgl. HOFFJAN ET AL. (2008), Einfachheit, S. 283; vgl. in diesem Zusammenhang auch den Beitrag von HOFFJAN (2002), Gesetzgebung als Kostentreiber, insbesondere S. 161). Einen weiteren Teilaspekt der Rechtskomplexität repräsentiert die Dimension

zeigt diese Studie, dass der Faktor Zeit eine wesentliche Komponente bildet und demzufolge eine Quantifizierung der Komplexität im Zeitablauf auf Basis von relativen, nicht absoluten Messwerten opportun ist.[143] Im Übrigen weisen die Autoren darauf hin, dass Rechtskomplexität „erhebliche Bürokratiekosten“[144] nach sich zieht.[145]

In eine ähnliche Richtung zielt der Beitrag von RUHL aus dem Jahr 2008, der sich mit grundlegenden Fragestellungen zum Rechtssystem, wie z. B. was es ist und wo seine Grenzen liegen, beschäftigt. Dazu merkt der Autor an, dass auf der einen Seite nahezu keine Literatur existiert, die das Rechtssystem aus einer systemtheoretischen Perspektive beleuchtet,[146] und dass auf der anderen Seite einige Beiträge existieren, die die Komplexität mit dem Rechtssystem verbinden, ohne jedoch

Qualität (von Rechtsakten), die mehrere Faktoren berücksichtigt, wie z. B. die Fehler in der Zielsetzung der einzelnen Rechtsnormen, die sich u. a. aufgrund einer bestimmten Parteienpolitik oder durch Lobbyisteneinfluss ergeben, sowie in der Ausarbeitung und Anwendung, wobei letztere wohl überwiegend aus Ermessensspielräumen und/oder subjektivem Richterrecht resultieren und aus Sicht der Autoren zu einer (zunehmenden) Rechtskomplexität beitragen (vgl. HOFFJAN ET AL. (2008), Einfachheit, S. 283–284). Schließlich trägt auch die Dimension Zeit zur Rechtskomplexität bei, da – nach Auffassung der Autoren – Änderungen von bestehenden Rechtsakten zu Planungsunsicherheit als auch neue Rechtsakte zu Rechtsunsicherheit führen (z. B. durch einen langen Instanzenweg) und demzufolge Rechtskomplexität bedingen (vgl. HOFFJAN ET AL. (2008), Einfachheit, S. 284–285). Hierzu gilt es festzuhalten, dass die Einnahme einer systemtheoretischen Perspektive auf das Phänomen der Rechtskomplexität auch geeignet erscheint, eine Untersuchung der Komplexität im Zusammenhang mit der IFRS-Rechnungslegung vorzunehmen.Vor dem Hintergrund, dass bereits FÜLBIER/KUSCHEL und KÜTING einen ähnlichen Weg beschritten haben (vgl. Erster Teil: Kap. 2.1.1), vermag diese Argumentation zu überzeugen. Zudem bietet dieses Prozedere den Vorteil, dass Komplexitätsphänomen auf Basis verschiedener Indikatoren, z. B. in Form der Seiten- und Paragrafenanzahl der IFRS-Standards, zu betrachten.

143 Diese Auffassung vertritt – wie bereits gezeigt – auch SCHUCK (1992), Legal Complexity.

144 HOFFJAN ET AL. (2008), Einfachheit, S. 285.

145 Es ist daher durchaus vorstellbar, zu versuchen, die (zunehmende) Komplexität der IFRS-Rechnungslegung mittels weiterer Indikatoren, wie z. B. anhand der Anzahl der Mitarbeiter im Rechnungswesen oder der Prüfungskosten (im Zeitablauf), zu quantifizieren (vgl. in diesem Zusammenhang auch CANADIAN FINANCIAL EXECUTIVES RESEARCH FOUNDATION (2013), The Cost of IFRS Transition in Canada, insbesondere S. 12–13).

146 Vgl. RUHL (2008), Law's Complexity, S. 885. Als Ausnahme führt RUHL ((2008), Law's Complexity, S. 885, Fn. 2) lediglich einen eigenen Beitrag an, der Studien zusammenfasst, die eine systemtheoretische Sichtweise auf das Rechtssystem einnehmen (vgl. RUHL (1996), The Fitness of Law).

nähere Ausführungen zu deren Ursachen zu liefern.[147] In diese Forschungslücke stößt der Autor und verbindet beide Seiten miteinander, indem er einen theoretischen Rahmen durch die Übertragung der Systemtheorie auf das Rechtssystem schafft, um auf dieser Basis die Ursachen der Komplexität des Rechtssystems zu ermitteln und somit einen Beurteilungsrahmen für (zukünftige) Gesetzesvorhaben zu entwickeln.[148] Von zentraler Bedeutung für den Fortgang der vorliegenden Arbeit ist jedoch die Tatsache, dass sich auch Ruhl der Systemtheorie bedient, um sich mit dem Komplexitätsphänomen auseinanderzusetzen.

Towfigh beschäftigt sich im Jahr 2009 mit der Komplexität des Rechts und dessen Verhältnis zur Normenklarheit, der die Aufgabe der Komplexitätskontrolle zufällt.[149] Dazu verzichtet er auf ein „konkretes ‚Maß' für Komplexität"[150] und legt lediglich dar, dass sich die Komplexität von Rechtsnormen aus dem Zusammenspiel der beiden Dimensionen Dichte und Interdependenz ergibt.[151] Auch macht der Autor darauf aufmerksam, dass die Rechtskomplexität – im Sinne der Eigenschaft einer Rechtsnorm – nur mit den Worten „weniger komplex" oder „mehr komplex" beschrieben werden kann.[152] Folglich impliziert diese Aussage, dass eine Untersuchung der Komplexität der IFRS-Rechnungslegung eine Betrachtung auf Basis von relativen Messwerten im Zeitablauf erfordert, da eine Aussage in Form von „ist komplex" oder „ist nicht komplex" unmöglich erscheint. Ein solches Vorgehen würde die Messung von Komplexität in absoluten Werten und eine Grenzziehung zwischen den beiden Sphären „komplex" und „nicht komplex" inkludieren.[153] Daneben stellt der Autor auch auf die Wirkungen von Rechtskomplexität ab und bemerkt dazu, dass eine Zunahme derselbigen mit wachsenden Anstrengungen einhergeht, diese zu bewältigen.[154]

---

147 Vgl. Ruhl (2008), Law's Complexity, S. 885–886.

148 Vgl. Ruhl (2008), Law's Complexity, S. 887–888, 901.

149 Vgl. Towfigh (2009), Komplexität und Normenklarheit, S. 29–30, 37–43 und 44–71.

150 Towfigh (2009), Komplexität und Normenklarheit, S. 31, Fn. 13.

151 Vgl. Towfigh (2009), Komplexität und Normenklarheit, S. 31. Dabei versteht der Autor unter der Dichte die Anzahl der Tatbestandsvoraussetzungen und Rechtsfolgeanordnungen, aus denen sich eine Rechtsnorm zusammensetzt. Unter den Interdependenzen fasst der Autor zum einen die Verknüpfungen einer Rechtsnorm mit anderen Rechtsnormen (externe Interdependenz) sowie zum anderen die Verknüpfungen, die sich innerhalb einer einzigen Rechtsnorm (interne Interdependenz) ergeben, zusammen. Einen besonderen Problembereich nach Towfigh bilden in diesem Zusammenhang unbestimmte Rechtsbegriffe und Ermessensspielräume, die ggf. erhebliche Rück- und Wechselwirkungen (externe Interdependenzen) mit anderen Rechtsnormen implizieren (vgl. Towfigh (2009), Komplexität und Normenklarheit, S. 31–32).

152 Vgl. Towfigh (2009), Komplexität und Normenklarheit, S. 34; ähnlich auch Schuck (1992), Legal Complexity und Hoffjan et al. (2008), Einfachheit.

153 Vgl. Towfigh (2009), Komplexität und Normenklarheit, S. 34 und 36.

154 Vgl. Towfigh (2009), Komplexität und Normenklarheit, S. 34–35. Beispielsweise können diese zunehmenden Anstrengungen in der Konsultation von zusätzlichen,

Im Jahr 2012 untersucht Di Vita, inwiefern die Dauer von zivil- und verwaltungsrechtlichen Auseinandersetzungen von der Komplexität des Rechtssystems abhängt.[155] Dazu nutzt er 800 Gerichtsurteile aus den Jahren 2000 bis 2007, die von italienischen Regionalgerichten herausgegeben wurden, als Datenbasis.[156] Als Anhaltspunkt für die Rechtskomplexität zieht Di Vita einen eigens ermittelten, auf offiziellen Angaben basierenden Indikator heran, der die Summe aller nationalen und regionalen italienischen Gesetze, aller europäischen Richtlinien sowie aller Urteile des italienischen Verfassungsgerichts abbildet.[157] Die ökonometrische Studie kommt zu dem Ergebnis, dass die Rechtskomplexität die Tätigkeit der italienischen Gerichte vermutlich beeinflusst und als eine Ursache für deren Trägheit herangezogen werden kann. Gleichwohl räumt der Autor ein, dass de facto keine eindeutige Beziehung zwischen der Rechtskomplexität und der Trägheit der Gerichte zu identifizieren ist.[158]

Im Jahr 2013 setzen sich Katz/Bommarito mit der Rechtskomplexität des US-amerikanischen Bundesrechts (*United States Code*), das sich in 50 Titel differenziert, auseinander.[159] Dazu definieren die Autoren Komplexität anhand der drei Dimensionen Struktur (*Structure*), Sprache (*Language*) sowie Interdependenz (*Interdependence*) und führen diese in einem Index zusammen, um die 50 Titel hinsichtlich ihrer Rechtskomplexität in eine Rangfolge zu bringen.[160] Die Struktur quantifizieren sie u.a.

---

externen Spezialisten gesehen werden. In Bezug auf die Untersuchung der zunehmenden Komplexität der IFRS-Rechnungslegung nützt dieser Hinweis, um einen weiteren Indikator, u. a. im Rahmen eines Interviews, zu generieren. Denkbar wäre zum Beispiel, dass in dem Hinzuziehen von externen Spezialisten (wie z. B. prüfungsnahen Beratern) ein weiterer Indikator zur Messung der Komplexität gesehen wird, da – unter der Annahme, dass die IFRS-Rechnungslegung von einer Komplexitätszunahme im Zeitablauf betroffen sei – sich diese Komplexitätszunahme auch in zunehmenden Anstrengungen der externen Spezialisten (z. B. in Form eines erhöhten Arbeitsaufwands) widerspiegeln würde. Annahmegemäß wäre damit wohl auch eine Veränderung der Honorarvergütungen für die externen Spezialisten verbunden, die – wie die benötigten Arbeitsstunden auch – einen Indikator für die Komplexitätszunahme der IFRS darstellen könnte (vgl. in diesem Zusammenhang auch Canadian Financial Executives Research Foundation (2013), The Cost of IFRS Transition in Canada).

155 Vgl. Di Vita (2012), Normative complexity. Dieser Beitrag stützt sich hinsichtlich der Rechtskomplexität maßgeblich auf den Beitrag von Schuck ((1992), Legal Complexity). Außerdem nutzt Di Vita Schucks Beitrag schon bereits in einer früheren Studie (vgl. Di Vita (2010), Production of laws; Di Vita (2012), Normative complexity, S. 198).

156 Vgl. Di Vita (2012), Normative complexity, S. 197–198 und S. 198, Fn. 1.

157 Vgl. Di Vita (2012), Normative complexity, S. 201–202.

158 Vgl. Di Vita (2012), Normative complexity, S. 197, 210.

159 Vgl. Katz/Bommarito (2013), Measuring the Complexity of the Law, S. 5–7. Mittlerweile existieren 51 Titel (vgl. o. V. (2013), United States Code).

160 Vgl. Katz/Bommarito (2013), Measuring the Complexity of the Law, S. 33–40.

anhand der Anzahl der Ebenen (*Title, Subtitle, Chapter, Subchapter, Part, Subpart, Section, Subsection, Paragraph, Subparagraph, Clause* oder *Subclause*)[161], die Sprache u. a. anhand der Anzahl von Wörtern, Nummern, Verweisen sowie Abkürzungen und die Interdependenz u. a. anhand der Anzahl von Normenverweisen im US-amerikanischen Bundesrecht.[162] Die Autoren kommen u. a. zu dem Ergebnis, dass Titel 42 – *The Public Health and Welfare* – am komplexesten eingestuft wird. Das US-amerikanische Einkommensteuerrecht (Titel 26 – *Internal Revenue Code* –) belegt den zweiten Rang. Titel 31 – *Money and Finance* – und Titel 12 – *Banks and Banking* –, die sich mit dem Finanz- bzw. Bankenwesen befassen, belegen den fünften bzw. siebten Rang.[163]

Die Studien zur Rechtskomplexität werden methodisch von einer quantitativen Inhaltsanalyse dominiert. So werden die Seiten- oder Normenanzahl als potenzielle Indikatoren identifiziert (u. a. Hoffjan et al., Kaplow, Schuck). Ein Rückgriff hierauf bietet sich analog bei der Untersuchung der IFRS-Rechnungslegungskomplexität an. Auch rekurrieren die Studien auf ein systemtheoretisches Verständnis, um Komplexität zu erfassen (u. a. Hoffjan et al., Ruhl). Schließlich kommen die Studien von Hoffjan et al., Schuck und Towfigh zu dem Schluss, dass eine Messung von Komplexität nur relativ, im Sinne einer Veränderung im Zeitablauf, und nicht absolut möglich ist.

2.2.2 Steuerrechts- und Steuerkomplexität

Im Folgenden finden sich wesentliche Studien zur Steuerrechts- und Steuerkomplexität.[164] Während sich die Steuerrechtskomplexität mit den Ursachen der Komplexität des Steuerrechts befasst, untersucht die Steuerkomplexität die Kosten, „die dem Staat und den Steuerpflichtigen aus der Umsetzung steuerlich bedingter Vorschriften und Prozesse erwachsen“[165], und stellt damit letztlich auf die ökonomischen Folgen und Wirkungen derselbigen ab.[166]

---

161 Vgl. Katz/Bommarito (2013), Measuring the Complexity of the Law, S. 16.

162 Vgl. Katz/Bommarito (2013), Measuring the Complexity of the Law, S. 6, 15–33.

163 Vgl. Katz/Bommarito (2013), Measuring the Complexity of the Law, S. 36, 38–40.

164 Die Ausführungen zu den Studien zur Steuerrechts- und Steuerkomplexität erheben keinen Anspruch auf Vollständigkeit; zumal auch Beiträge existieren, die das Komplexitätsphänomen nur rudimentär ansprechen und aus diesem Grund nicht relevant für den Fortgang der vorliegenden Arbeit sind (vgl. z. B. Kahle/Lipp (2013), Komplexität einer G(K)KB).

165 Eichfelder (2010), Steuerkomplexität, S. 2; Eichfelder (2011), Steuerkomplexität, S. 811. Vgl. dazu auch z. B. Green (1995), Accounting Standards and Tax Law, S. 447; Lassila/Smith (1997), Tax Complexity and Compliance Costs, S. 208–210; Tran-Nam/Glover (2005), Compliance Costs, S. 290. Gleichwohl kann die vorgenommene Systematisierung auch kritisch gesehen werden, da anscheinend noch in der jüngeren Vergangenheit (zumindest teilweise) Unklarheit darüber herrschte, was konkret unter der jeweiligen Begrifflichkeit zu subsumieren ist (vgl. Slemrod (2005), Tax Complexity, S. 281).

166 Vgl. Diller et al. (2013), Komplexität steuerrechtlicher Normen, S. 111–114 m. w. N., die auch die in der vorliegenden Arbeit gewählte Systematisierung

Bereits in den späten 1960er- und frühen 1970er-Jahren finden sich erste, einfache Versuche (z.B. in Form einer Zählung von steuerlichen Formularen), Steuerrechtskomplexität zu quantifizieren.[167] Es folgen die Arbeiten von SCHROEDER (1975) und KARLINSKY (1981),[168] die sich jeweils auf die Komplexität der Vorschriften zur steuerlichen Behandlung von Veräußerungsgewinnen und -verlusten im US-amerikanischen Einkommensteuergesetz fokussieren. Während SCHROEDER den Anteil an Abschnitten im Einkommensteuergesetz, in den Verwaltungsanweisungen (der US-amerikanischen Steuerbehörden) und in den gerichtlichen Urteilen bestimmt, die sich mit der Besteuerung von Veräußerungsgewinnen und -verlusten direkt oder indirekt beschäftigen, modifiziert KARLINSKY SCHROEDERS Maßgröße. Er zählt alle Paragrafen im Einkommensteuerrecht sowie in den Verwaltungsanweisungen der US-amerikanischen Steuerbehörden und setzt diese ins Verhältnis zur Anzahl der Paragrafen, die sich mit der Besteuerung von Veräußerungsgewinnen und -verlusten befassen.[169]

Es folgen die Untersuchungen von CHLOTFELTER (1983) und WITTE/WOODBURG (1985),[170] deren Komplexitätsmaße sich nur unwesentlich voneinander unterscheiden. Während CHLOTFELTER für die Steuerrechtskomplexität in seiner Untersuchung eine binäre Variable nutzt, die den Wert „Null“ annimmt, wenn bis zu drei Anlagen der Einkommensteuererklärung beigefügt sind, und den Wert „Eins“, wenn

---

vorschlagen und diese mit umfangreichen Literaturangaben belegen. Da DILLER ET AL. allerdings einen spieltheoretischen Ansatz wählen, um die Ursachen steuerlicher Komplexität zu eruieren, der für die empirische Untersuchung in der vorliegenden Arbeit nicht weiter relevant ist, beschränken sich die weiteren Ausführungen auf die Erkenntnisse zum Forschungsstand, zur Definition und Messung von Steuerrechtskomplexität. Des Weiteren sind von besonderem Interesse die Kosten für die Steuerpflichtigen, die in der deutschsprachigen Literatur auch als Folge-, Befolgungs- oder (steuerliche) Bürokratiekosten synonym bezeichnet werden (vgl. EICHFELDER (2010), Steuerkomplexität, S. 2; EICHFELDER (2011), Steuerkomplexität, S. 811). In der internationalen Literatur wird von „Tax compliance costs“ (EICHFELDER (2011), Steuerkomplexität, S. 811) gesprochen (vgl. in diesem Zusammenhang auch z. B. TRAN-NAM/GLOVER (2005), Compliance Costs, die sich mit den Bürokratiekosten der Umsatzsteuer für australische Unternehmen beschäftigen).

167 Vgl. LONG/SWINGEN (1987), Measurement of Tax Law Complexity, S. 23. Problematisch ist in diesem Zusammenhang lediglich die vereinfachende Annahme, dass alle steuerlichen Formulare gleich komplex sind.

168 Vgl. KARLINSKY (1981), Complexity und SCHROEDER (1975), Simplification. Notabene: Beide Studien liegen nicht als Primärquellen vor, da es sich um unveröffentlichte Dissertationsschriften aus den USA handelt.

169 Vgl. LONG/SWINGEN (1987), Measurement of Tax Law Complexity, S. 23. Auch hier wird die vereinfachende Annahme getroffen, dass alle gezählten Elemente gleich komplex sind.

170 Vgl. CHLOTFELTER (1983), Tax Evasion and Tax Rates; WITTE/WOODBURY (1985), Tax Compliance.

vier oder mehr Anlagen angehängt sind, stellen WITTE/WOODBURG auf die absolute Anzahl an Formularen als Komplexitätsmaß ab.[171]

Einen wesentlichen Beitrag zur Untersuchung der Steuerkomplexität leistet MILLIRON, die im Jahr 1985 auf einen verhaltenswissenschaftlichen Ansatz zurückgreift.[172] Als Teilnehmer fungieren 31 zufällig ausgewählte, potenzielle Geschworene, die auf ihren Einsatz vor einem Gerichtsgebäude (Los Angeles County Courthouse) in Los Angeles, Kalifornien (USA), warten und sich bereiterklären, an der Untersuchung teilzunehmen. Dazu entwickelt sie 13 Szenarien, die Probanden auf ihre Ähnlichkeit hinsichtlich der Steuerkomplexität beurteilen.[173] Hierfür werden die Szenarien untereinander kombiniert und paarweise zusammengefasst, sodass auf diese Weise 78[174] Vergleichspaare entstehen, die sich jeweils aus zwei unterschiedlichen Szenarien zusammensetzen und die die Teilnehmer anhand eines Kontinuums mit den Endpunkten „gleich" und „unterschiedlich" bewerten, indem sie ein „X" auf die nicht weiter differenzierte Skala eintragen.[175] Außerdem geben die Teilnehmer eine weitere Beurteilung ab, indem sie die einzelnen Szenarien anhand sieben ausgewählter Beschreibungen charakterisieren.[176] Im Endeffekt kann die Autorin vier Dimensionen auf Basis der Beurteilungen ermitteln, die die Steuerkomplexität determinieren. Das sind das Thema, die Menge an Informationen, die Missbrauchsanfälligkeit der Gesetze als auch die Lesbarkeit der entsprechenden Textpassagen.[177]

---

171 Vgl. CHLOTFELTER (1983), Tax Evasion and Tax Rates; S. 367; LONG/SWINGEN (1987), Measurement of Tax Law Complexity, S. 23. Bei WITTE/WOODBURG ist darauf hinzuweisen, dass es sich bei ihrer Maßgröße wohl eher nicht um einen Komplexitätsindikator handelt, sondern vielmehr um eine Maßgröße, die die Möglichkeiten von Steuerpflichtigen erfasst, die steuerlichen Regelungen zu umgehen.

172 Vgl. MILLIRON (1985), Meaning and Influence of Tax Complexity, S. 794; vgl. in diesem Zusammenhang auch die weiteren Beiträge von MILLIRON (1984), Taxpayer Perceptions of Complexity und MILLIRON (1985), Tax Equity and Tax Complexity.

173 Vgl. MILLIRON (1985), Meaning and Influence of Tax Complexity, S. 796–797, 808–812. Es soll sichergestellt werden, dass die Auswahl der Teilnehmer einen Querschnitt von Steuerzahlern durch alle in Los Angeles vertretenen Bevölkerungsschichten bildet. Durchschnittlich benötigen die Teilnehmer 70 Minuten, um die geforderte Aufgabe zu erfüllen (vgl. MILLIRON (1985), Meaning and Influence of Tax Complexity, S. 797 und S. 797, Fn. 1).

174 Dieser Wert berechnet sich auf Basis der Formel [n x (n – 1)/2], wobei n der Anzahl der Szenarien (13) entspricht (vgl. auch dazu MILLIRON (1985), Meaning and Influence of Tax Complexity, S. 811).

175 Vgl. MILLIRON (1985), Meaning and Influence of Tax Complexity, S. 797, 808.

176 Beispielsweise sollen die Teilnehmer auf einer undifferenzierten Skala ankreuzen, ob sie das Szenario als „sehr technisch" (viele Berechnungen sind notwendig) oder als „nicht sehr technisch" (wenige Berechnungen sind notwendig) interpretieren.

177 Vgl. MILLIRON (1985), Meaning and Influence of Tax Complexity, S. 798–802.

Die Studie von LONG/SWINGEN aus dem Jahr 1987 untersucht die Komplexität des amerikanischen Steuerrechts.[178] Im Gegensatz zu vorausgegangenen Studien, die die Komplexität indirekt erfassen,[179] versuchen die Autoren, die Komplexität direkt zu quantifizieren. Dazu stellen die Autoren auf einen Fragebogen ab, in dessen Rahmen Fachleute steuerliche Sachverhalte einschätzen und ihr Expertenurteil abgeben sollen. Die 84 Teilnehmer setzen sich aus drei Gruppen zusammen: Neben Konferenzteilnehmern (*Syracuse University Tax Institute* und *New York University Tax Institute*; 52 Personen, Rücklaufquote 34%) und Professoren mit Bezug zur Steuerlehre (17 Personen, Rücklaufquote 28%) werden Angestellte eines Unternehmens, das Hilfestellung bei Steuererklärungen (*Return Preparation Service*) anbietet, herangezogen (15 Personen, Rücklaufquote 100%). Der Fragebogen besteht aus drei Teilen, wobei die ersten beiden Abschnitte relevant sind und der dritte Abschnitt lediglich demografische Angaben der teilnehmenden Experten abfragt. Im ersten Abschnitt sollen diese typische Angaben, die sich regelmäßig in einem Einkommensteuerformular wiederfinden (wie z.B. die Bestandteile des zu versteuernden Einkommens), bewerten, indem sie die relative Komplexität der verlangten Informationen durch die Angabe eines Wertes zwischen eins (für „extrem leicht“) und 100 (für „extrem komplex“) bestimmen.[180] Im zweiten Abschnitt sollen die Experten die sechs Kriterien Mehrdeutigkeit (*Ambiguity*), Berechnungen (*Computations*), (Gesetzes-) Änderungen (*Changes*), Detailliertheit (*Detail*), Aufzeichnungspflicht (*Record keeping*) und Formulare (*Forms*),[181] die nach Auffassung der Autoren die Komplexität des Steuerrechts determinieren, in eine Rangfolge bringen. Dazu weisen die Experten den einzelnen Gründen lediglich eine Platzierung zwischen eins und sechs zu, wobei eine Eins die höchste und eine Sechs die geringste Bedeutung für die Komplexität des Steuerrechts ausdrückt.[182] Die Autoren kommen zu dem Ergebnis, dass sich die an der Untersuchung teilnehmenden Fachleute in ihren Einschätzungen überwiegend entsprechen und somit durchaus geeignet sind, den Komplexitätsgrad von steuerlichen Angaben auf Einkommensteuerformularen zu bestimmen.[183]

Im Jahr 1990 liefert MCCAFFERY einen weiteren Beitrag zur Steuerrechtskomplexität, in dem er einen Beurteilungsrahmen entwickelt, mit dessen Hilfe die

---

178 Vgl. LONG/SWINGEN (1987), Measurement of Tax Law Complexity.

179 Vgl. CHLOTFELTER (1983), Tax Evasion and Tax Rates; KARLINSKY (1981), Complexity; SCHROEDER (1975), Simplification; WITTE/WOODBURY (1985), Tax Compliance.

180 Vgl. LONG/SWINGEN (1987), Measurement of Tax Law Complexity, S. 24–25, 33–34.

181 Vgl. ausführlich zu den einzelnen Gründen für Komplexität LONG/SWINGEN (1987), Measurement of Tax Law Complexity, S. 25, 35.

182 Vgl. LONG/SWINGEN (1987), Measurement of Tax Law Complexity, S. 25.

183 Vgl. LONG/SWINGEN (1987), Measurement of Tax Law Complexity, S. 22. Die Ergebnisse erscheinen insbesondere unabhängig von Ausbildung, Berufserfahrung und Beruf zu sein.

bestehende Komplexität des amerikanischen Steuerrechts erklärt werden soll.[184] Dazu unterscheidet er drei Formen von Komplexität: die technische und strukturelle[185] Komplexität sowie die Konformitätskomplexität.[186] Außerdem differenziert der Autor zwischen statischen und dynamischen Ursachen für die aufgeführten Komplexitätsformen, wobei die statischen Ursachen im Wesentlichen aus der Umwelt resultieren und die dynamischen aus der Komplexität per se.[187] Zu letzteren, den dynamischen Ursachen, führt er aus, dass diese einerseits auf Lücken, Inkonsistenzen und vage Formulierungen in den Steuergesetzen zurückzuführen sind. Diese reizen die Steuersubjekte zu Ausweichhandlungen an, um ihre Steuerlast zu minimieren. Da die Ausweichstrategien aus Sicht des Steuerstaates aber unerwünscht sind, führen diese zu weiteren Regulierungsnovellen. Andererseits zwingen die komplexen Steuergesetze den Regulierer zu nicht enden wollenden Reformen, die aufgrund einer fehlenden konzeptionellen Grundlage die bestehenden Gesetze nicht vereinfachen, sondern noch komplexer gestalten.[188] Es entsteht ein „Teufelskreis". Schließlich kommt er zu dem Ergebnis, dass neben den aufgeführten

---

184 Vgl. McCaffery (1990), Tax Simplification, S. 1267. In diesem Zusammenhang weist der Autor darauf hin, dass in der Literatur weitgehend Einigkeit über eine zunehmende Komplexität der Steuergesetze besteht und belegt seine These mit Literaturquellen (vgl. McCaffery (1990), Tax Simplification, S. 1267–1268, Fn. 2). Besondere Bedeutung misst der Autor dem bereits in der vorliegenden Arbeit ausgeführten Beitrag von Long/Swingen ((1987), Measurement of Tax Law Complexity) bei.

185 Synonym für „strukturelle Komplexität" (*Structural Complexity*) wird auch oft der Begriff der transaktionalen Komplexität (*Transactional Complexity*) gebraucht (vgl. Evans (2005), Diminishing Returns, S. 211; zum Begriff *Transactional Complexity* z. B. Ott/Wagner (2012), Steuerwirkungen auf Investitionen, S. 392–393).

186 Die technische Komplexität bezieht sich auf die Verständlichkeit des Steuerrechts. Die strukturelle Komplexität zielt auf die Frage ab, inwiefern die Steuergesetze eine Steuerplanung zulassen. Demzufolge beschreibt strukturelle Komplexität die Schwierigkeiten, die Steuerpflichtige bei der Interpretation und Anwendung der Steuergesetze auf reale Lebenssachverhalte haben, wie z. B. im Zusammenhang mit Freiräumen, die in Abhängigkeit von der Auslegung zu unterschiedlichen steuerlichen Behandlungen, Manipulationsmöglichkeiten und Unsicherheit führen können. Die Konformitätskomplexität stellt zum einen auf die bürokratischen Hürden ab, die die Steuerpflichtigen einhalten müssen. Zum anderen fällt darunter, dass Steuerpflichtige gewisse Aufgaben zu erfüllen haben, um ihren steuerlichen Verpflichtungen nachzukommen, wie z. B. das Ausfüllen der notwendigen Steuerformulare (vgl. McCaffery (1990), Tax Simplification, S. 1270–1272; vgl. dazu auch z. B. Evans (2005), Diminishing Returns, S. 211).

187 Im Zusammenhang mit den statischen Ursachen gilt es festzuhalten, dass sich dahinter Aspekte, wie z. B. die Vielfalt der am Gesetzgebungsprozess beteiligten Institutionen (z. B. Lobbyisten), die Ermittlung des Einkommens als auch der Zeitpunkt der Einkommenbesteuerung verbergen (vgl. McCaffery (1990), Tax Simplification, S. 1273–1275).

188 Vgl. McCaffery (1990), Tax Simplification, S. 1275–1279.

Ursachen auch die Politik zur Komplexität des Steuersystems beiträgt. Dementsprechend müssen – nach Auffassung McCafferys – sowohl die Faktoren Fairness und Effizienz als auch der Faktor Politik in einen Beurteilungsrahmen einfließen, der als Grundlage für eine Vereinfachung des Steuersystems dienen soll.[189]

Aus dem Jahr 1992 stammt der Beitrag von Martindale, Koch und Karlinsky (im Folgenden Martindale et al.),[190] in dem die Autoren untersuchen, inwiefern die Inhalts- und Textkomplexität die Steuerrechtskomplexität beeinflussen.[191] Dazu messen sie im Rahmen eines Experiments, an dem 98 Fachleute[192] aus unterschiedlichen amerikanischen Wirtschaftsprüfungsgesellschaften aus Los Angeles und Dallas teilnehmen, die Inhalts- und Textkomplexität auf Basis des *Reading*

---

189 Vgl. McCaffery (1990), Tax Simplification, S. 1267, 1298–1318.

190 Vgl. Martindale et al. (1992), Tax Law Complexity; vgl. in diesem Zusammenhang auch den Beitrag von Koch/Karlinsky ((1984), Tax Law Reading Complexity) und Karlinsky/Koch ((1987), Impact of Tax Law Complexity), die jeweils ein ähnliches Vorgehen wählen. Allerdings stellen die Autoren in ihrer älteren Untersuchung aus dem Jahr 1984 auf Studenten ab, die als Probanden in dem Experiment teilnehmen, während in der neueren Untersuchung auf Berufstätige abgestellt wird (vgl. Karlinsky/Koch (1987), Impact of Tax Law Complexity, S. 25). Insbesondere verwenden beide Beiträge die gleiche Datenbasis (vgl. Martindale et al. (1992), Tax Law Complexity, S. 397). Der Unterschied besteht wohl lediglich darin, dass Karlinsky/Koch ((1987), Impact of Tax Law Complexity) vor allem die steuerlichen Konsequenzen untersuchen. Ansonsten ist das Vorgehen in beiden Beiträgen (Karlinsky/Koch (1987), Impact of Tax Law Complexity und Martindale et al. (1992), Tax Law Complexity) bis auf den Wortlaut aus der Sicht des Verfassers identisch, sodass die Frage nach einem geleisteten Mehrwert der neuen Untersuchung von Martindale et al. ((1992), Tax Law Complexity) durchaus legitim erscheint.

191 Vgl. Martindale et al. (1992), Tax Law Complexity, S. 383. Im Übrigen rekurrieren die Autoren zunächst auf einen Beitrag von Duffy/Kabance aus dem Jahre 1982 und führen in ihrem Forschungsüberblick aus, dass die Benutzerfreundlichkeit eines Textes von den vier Kriterien Einstieg, Exaktheit, Vollständigkeit und Verständlichkeit abhängt, wobei insbesondere die Verständlichkeit den ausschlaggebenden Aspekt in diesem Zusammenhang darstellt und von zwei Faktoren abhängt. Das ist zum einen die Inhalts- und zum anderen die Textkomplexität. Während der Begriff der Inhaltskomplexität intuitiv einleuchtet und auf den Inhalt rekurriert, versteckt sich hinter dem Begriff der Textkomplexität die Frage nach der Lesbarkeit von Texten und die damit verbundene Form der Ausdrucksweise sowie des Präsentationsformats. Auch dürfte offenkundig sein, dass die Lesbarkeit eines Textes nicht unabhängig von dessen Inhalt ist und vice versa (vgl. Martindale et al. (1992), Tax Law Complexity, S. 383–384).

192 Die Fachleute setzen sich in mehr als 80% ihrer Arbeitszeit mit steuerlichen Themen auseinander (vgl. Martindale et al. (1992), Tax Law Complexity, S. 386).

Complexity Evaluation Index[193].[194] Zu diesem Zweck erhalten die Teilnehmer entweder einen einfachen (Section 179 im *Internal Revenue Code* (IRC)) oder schwierigen Absatz (Section 318 im IRC) aus dem amerikanischen Einkommensteuerrecht vorgelegt, der sich lediglich hinsichtlich seines Präsentationsformats[195] unterscheidet. So entstehen vier Szenarien. Dazu müssen sie 15 Fragen mit „richtig" oder „falsch" beantworten, wobei die „richtigen" Antworten kumuliert werden. Dabei unterstellen die Autoren, dass die Anzahl an „richtigen" Antworten negativ mit der Inhalts- und Textkomplexität korreliert ist.[196] Letztendlich kommen die Autoren zu dem Ergebnis, dass sowohl der Inhalt als auch das Präsentationsformat (Textkomplexität) die Antworten der Teilnehmer beeinflussen. So wirkt sich das Präsentationsformat bei einer hohen Inhaltskomplexität, wie im Falle des Steuerrechts, auf das Verständnis aus, wobei sich dieser Effekt durch die Verwendung juristischer Fachsprache verstärkt.[197]

In einem Beitrag aus dem Jahr 1994 haben die Autoren CHRISTENSEN, WEIHRICH und NEWMAN (im Folgenden CHRISTENSEN ET AL.) das Ziel, die Dimensionen der Steuergerechtigkeit zu ermitteln und herauszufinden, inwiefern die individuelle Wahrnehmung dieser Dimensionen durch das steuerliche Wissen beeinflusst wird.[198]

---

193 Vgl. KOCH/KARLINSKY (1984), Tax Law Reading Complexity.

194 Vgl. MARTINDALE ET AL. (1992), Tax Law Complexity, S. 385–386. Im Übrigen gehen MARTINDALE ET AL. auch auf andere Möglichkeiten ein, die Textkomplexität zu messen. So verweisen sie z. B. auf Lesbarkeitsformeln, wie z. B. den *Flesch Readability Ease-Index* (vgl. FLESCH (1951), How to test Readability) oder *Kincaid-Flesch-Index* (vgl. KARLINSKY/KOCH (1987), Impact of Tax Law Complexity, S. 25; MARTINDALE ET AL. (1992), Tax Law Complexity, S. 384)), die die Komplexität eines Textes auf Basis seiner Wort- und Satzlänge bestimmen (vgl. MARTINDALE ET AL. (1992), Tax Law Complexity, S. 384 und ausführlich dazu auch Erster Teil: Kap. 2.3.1).

195 Entweder erhalten die Teilnehmer den entsprechenden Originalabschnitt aus dem amerikanischen Einkommensteuerrecht oder die korrespondierende Passage aus einem gängigen Kommentar zum Einkommensteuerrecht (vgl. MARTINDALE ET AL. (1992), Tax Law Complexity, S. 386, 388).

196 Vgl. MARTINDALE ET AL. (1992), Tax Law Complexity, S. 386–387.

197 Vgl. MARTINDALE ET AL. (1992), Tax Law Complexity, S. 383, 393, 396. In Analogie zu MARTINDALE ET AL. besteht die Möglichkeit, deren Vorgehen, die Komplexität des Steuerrechts auf Basis der Lesbarkeit zu bestimmen, auf die IFRS-Rechnungslegung zu übertragen und beispielsweise das IFRS-Regelwerk einer Lesbarkeitsanalyse im Zeitablauf zu unterziehen, um einen weiteren Indikator hinsichtlich einer zunehmenden Komplexität der IFRS-Rechnungslegung zu erhalten (vgl. dazu z. B. auch MARTINDALE ET AL. (1992), Tax Law Complexity, S. 385).

198 Vgl. CHRISTENSEN ET AL. (1994), Impact of Education, S. 63. Die Studenten besuchen eine Einführungsveranstaltung zur Steuerlehre. Der Fragebogen setzt sich aus insgesamt 46 Frageblöcken zusammen, wovon sich acht Bereiche mit den demografischen Angaben der Teilnehmer beschäftigen. Außerdem weisen die Autoren darauf hin, dass ein gewisser Grad an Komplexität im Steuerrecht sogar

Im Rahmen des dazu erstellten Fragenbogens, der sich an 296 US-amerikanische Studenten von drei verschiedenen Universitäten aus den USA richtet, beschäftigen sich vier Fragen ausdrücklich mit dem Thema der Komplexität. So fragen CHRISTENSEN ET AL. u. a., ob das Einkommensteuergesetz zu komplex ist. Die Antworten werden anhand einer 5-Punkte-Likert-Skala ermittelt, die von starker Zustimmung bis zu starker Ablehnung reicht.[199] Die Autoren identifizieren fünf Dimensionen (u. a. die Struktur des Steuersystems), die die Steuergerechtigkeit determinieren. Daneben kommen sie zu dem Ergebnis, dass ein tieferes Steuerverständnis zu einer höheren wahrgenommenen Komplexität hinsichtlich des amerikanischen Einkommensteuergesetzes führt.[200]

BURTON/DIRKIS wählen im Jahr 1995 eine Fallstudie, um das Problem der Steuerrechtskomplexität zu erörtern. Dabei orientiert sich diese an einem Projekt, das zum Ziel hat, das australische Einkommensteuerrecht zu vereinfachen.[201] In diesem Zusammenhang diskutieren sie unterschiedliche Möglichkeiten, Komplexität zu quantifizieren, und stellen zum einen auf die Lesbarkeit von Gesetzen und zum anderen auf die Gesetzeslänge ab. Allerdings sehen sie beide Varianten kritisch und lehnen sie letztlich ab, weil ihres Erachtens wesentliche Kritikpunkte an beiden Vorgehensweisen bestehen.[202]

Im Jahr 1995 widmet sich der theoretisch-analytische Beitrag von GREEN dem zukünftigen Verhältnis zwischen dem britischen Steuersystem und den Rechnungslegungsstandards. Darin stellt sie klar, dass sich das Rechnungslegungssystem nicht (mehr) als Basis für die Besteuerung anbietet. In diesem Zusammenhang charakterisiert sie ein Steuersystem anhand von zwei Merkmalen. Das sind die Sicherheit, die ein Steuersystem beispielsweise bei der Besteuerung gewährleisten soll, und die steuerlichen Bürokratiekosten („costs of running the system"[203]), die auf ein Minimum reduziert werden sollen und sich aus den Verwaltungskosten des Staates sowie den Befolgungskosten für die Steuerpflichtigen zusammensetzen. Sie führt aus, dass diese aufgrund der zunehmenden Komplexität des Steuerrechts gestiegen sind und dass sich diese Entwicklung auch bei Fachleuten zeigt, denen es zunehmend Schwierigkeiten bereitet, auf dem aktuellen Stand des Steuerrechts zu bleiben. Gleichwohl gibt die Autorin keine Hinweise zur Quantifizierung der

---

notwendig ist, um Steuergerechtigkeit zu erreichen (vgl. CHRISTENSEN ET AL. (1994), Impact of Education, S. 63, 65, 67–68, 73, 76).

199 Vgl. CHRISTENSEN ET AL. (1994), Impact of Education, S. 76, 88–89. Im Rahmen des Fragebogens sind die beiden Extrempunkte der 5-Punkte-Likert-Skala mit „Strongly Disagree" überschrieben. Vermutlich handelt es sich in dem Artikel um einen Fehler. Der eine Extrempunkt der 5-Punkte-Likert-Skala sollte höchstwahrscheinlich mit „Strongly Agree" überschrieben sein.

200 Vgl. CHRISTENSEN ET AL. (1994), Impact of Education, S. 63.

201 Vgl. BURTON/DIRKIS (1995), Defining Legislative Complexity, S. 198–199.

202 Vgl. BURTON/DIRKIS (1995), Defining Legislative Complexity, S. 206–208.

203 GREEN (1995), Accounting Standards and Tax Law, S. 447 (im Original teilweise in kursiver Schreibweise hervorgehoben).

Steuerkomplexität an, sondern stützt ihre Aussagen auf verschiedene Initiativen, die die Komplexität des Steuerrechts anprangern und versuchen, es zu vereinfachen.[204]

Im Jahr 1996 untersuchen CARNES/CUCCIA den von Steuerzahlern wahrgenommenen Zusammenhang zwischen der Steuerkomplexität und Steuergerechtigkeit.[205] Als Teilnehmer der Untersuchung fungieren 328 aus einem Pool von Geschworenen ausgewählte Steuerzahler, von denen letztendlich 122 teilnehmen.[206] Die Autoren kommen zu dem Ergebnis, dass die Komplexität grundsätzlich einen negativen Einfluss auf die Wahrnehmung von Gerechtigkeit hat, wobei Steuerzahler dennoch einen gewissen Grad an Komplexität für notwendig erachten.[207] Die Autoren versuchen, Steuerkomplexität anhand eines Fragebogens zu erfassen, worin die einzelnen befragten Steuerzahler neben allgemeinen und demografischen Angaben auch Angaben hinsichtlich ihrer Eindrücke zu bestimmten Steuervorschriften machen sollen. So beurteilen sie erstens die Komplexität von bestimmten steuerlichen Vorschriften, zweitens nennen sie die Ursachen der Komplexität, drittens führen sie ihre Auffassung hinsichtlich der Notwendigkeit der Komplexität aus und viertens geben sie Auskunft über ihre Wahrnehmung im Hinblick auf die Gerechtigkeit von steuerlichen Vorschriften.[208]

LASSILA/SMITH befassen sich in ihrem Beitrag aus dem Jahr 1997 mit den Befolgungskosten von komplexen Steuerregeln für internationale amerikanische Konzerne.[209] Sie kommen zu dem Ergebnis, dass in Abhängigkeit von einem zunehmenden Internationalisierungsgrad der Konzerne die steuerlichen Bürokratiekosten steigen. Mithilfe eines Fragebogens untersuchen sie die 1.000[210] größten Konzerne für den Zeitraum von 1986 bis 1988.[211] Darin fordern die Autoren die

---

204 Vgl. GREEN (1995), Accounting Standards and Tax Law, S. 447 und S. 447, Fn. 12.

205 Vgl. CARNES/CUCCIA (1996), Tax Complexity, S. 40, 49, 54.

206 Vgl. CARNES/CUCCIA (1996), Tax Complexity, S. 45.

207 Vgl. CARNES/CUCCIA (1996), Tax Complexity, S. 40–41. Generell sind die Komplexität und das Gerechtigkeitsempfinden negativ korreliert. Allerdings verändert sich dieser Zusammenhang in Bezug auf steuerliche Themen (vgl. CARNES/CUCCIA (1996), Tax Complexity, S. 41).

208 Vgl. CARNES/CUCCIA (1996), Tax Complexity, S. 44.

209 Vgl. LASSILA/SMITH (1997), Tax Complexity and Compliance Costs, S. 207. Dazu treffen die Autoren die Annahme, dass zwischen der Komplexität des Steuerrechts und den Bürokratiekosten für die Steuerzahler eine Verbindung besteht (vgl. LASSILA/SMITH (1997), Tax Complexity and Compliance Costs, S. 209–210).

210 Allerdings können die Autoren nur eine Rücklaufquote von 6,6% (= 66/1.000 x 100%) vorweisen (vgl. LASSILA/SMITH (1997), Tax Complexity and Compliance Costs, S. 213).

211 Vgl. LASSILA/SMITH (1997), Tax Complexity and Compliance Costs, S. 208. Den Fragebogen unterteilen die Autoren in drei Abschnitte. Während im ersten Abschnitt demografische Angaben abgefragt und im dritten Abschnitt weitere Fragen zur Komplexität gestellt werden, beinhaltet der zweite Abschnitt die

befragten Unternehmen u. a. auf, Angaben zur Länge (in Seitenzahlen), zur benötigten Arbeitszeit (in Stunden) als auch zu den entstehenden Kosten für ihre Steuererklärung in den Jahren 1986, 1987 sowie 1988 zu machen. Außerdem sollen die Unternehmen angeben, inwiefern sie externe Unterstützung bei der Erstellung ihrer Steuererklärung in Anspruch nehmen sowie Informationen zu steuerlichen Betriebsprüfungen in diesem Zeitraum aufführen (z. B. hinsichtlich der Kosten und der Arbeitszeit, die die Betriebsprüfungen beansprucht haben).[212]

Einen weiteren Beitrag zur Untersuchung der Steuerkomplexität leistet TRAN-NAM in seiner theoretisch-analytischen Studie aus dem Jahr 2000, in der er untersucht, inwiefern die von der Politik im Jahr 1998 geplante Vereinfachung des australischen Steuersystems erreicht wird. Der Autor kommt zu dem Ergebnis, dass die Steuerreform ihr Ziel verfehlt.[213] Dazu entwickelt er einen Beurteilungsrahmen, in dem er auch auf das Verständnis von Steuervereinfachung bzw. Steuerkomplexität eingeht. Er differenziert zwischen der gesetzlichen (*Legal Complexity*) und wirksamen Komplexität (*Effective Complexity*).[214] Weiterhin

---

zentralen Fragen dieser Studie. Dieser Abschnitt gliedert sich selbst noch einmal in zwei Themenblöcke. Während sich der erste Themenblock um Fragen zu den unternehmensspezifischen Kosten hinsichtlich der Einhaltung der steuerlichen Vorschriften dreht, geht es im zweiten Themenblock um die Faktoren, die diese Kosten beeinflussen können (vgl. LASSILA/SMITH (1997), Tax Complexity and Compliance Costs, S. 214–215). Der dritte Abschnitt orientiert sich sehr stark an der Studie von LONG/SWINGEN ((1987), Measurement of Tax Law Complexity).

212 Vgl. LASSILA/SMITH (1997), Tax Complexity and Compliance Costs, S. 215.

213 Vgl. TRAN-NAM (2000), Tax Reform and Tax Simplification, S. 91–92, 112.

214 Vgl. TRAN-NAM (2000), Tax Reform and Tax Simplification, S. 95–100. Diese Unterscheidung spiegelt auch die in der vorliegenden Arbeit getroffene Differenzierung zwischen der Steuerrechts- und Steuerkomplexität wider. Dementsprechend steht die gesetzliche Komplexität für die Steuerrechtskomplexität, die wirksame Komplexität für die Steuerkomplexität (vgl. dazu auch Erster Teil: Kap. 2.2.2 sowie EICHFELDER (2010), Steuerkomplexität, S. 2; EICHFELDER (2011), Steuerkomplexität, S. 811). Dementsprechend bezieht sich die gesetzliche Komplexität auf die Schwierigkeit, das Steuerrecht zu lesen und zu verstehen, was insbesondere auf sprachliche, wie z. B. die Grammatik, und inhaltliche Aspekte, wie z. B. die Bemessungsgrundlage oder die Anzahl an Steuersätzen, zurückzuführen ist. Analog dazu greift der Autor – wie bereits andere Autoren vor ihm – auf den *Flesch Reading Ease-Index* zurück, um die gesetzliche Komplexität zu quantifizieren. Im Gegensatz dazu stehen im Rahmen der Untersuchung der wirksamen Komplexität die Fragen, inwiefern der Steuerpflichtige in der Lage ist, seine Steuerschuld zu ermitteln, und welche Ressourcen dazu aufgewendet werden müssen, im Mittelpunkt. Dies ist hier der Fall. Insofern erscheint eine Zuordnung des Beitrags zur Thematik der Steuerkomplexität gerechtfertigt (vgl. TRAN-NAM (2000), Tax Reform and Tax Simplification, S. 97). Relativierend muss an dieser Stelle erwähnt werden, dass der Autor primär von Einfachheit (*Simplicity*) und nicht von Komplexität (*Complexity*) spricht. Gleichwohl führt

führt Tran-Nam die Determinanten auf, die seines Erachtens die wirksame Komplexität beeinflussen. Dazu gehören u.a. die gesetzliche Komplexität, die Anzahl an Steuerzahlern und Steuerbehörden sowie die Bürokratiekosten und der Konjunkturverlauf.[215]

Im Jahr 2003 untersuchen Edmiston, Mudd und Valev (im Folgenden Edmiston et al.), inwiefern die Komplexität (und Unsicherheit) in den Steuersystemen von 25 Reformländern, wie z.B. Bulgarien oder Polen, ausländische Direktinvestitionen in diesen Staaten verhindert. Der Untersuchungszeitraum betrifft die Jahre von 1993 bis 1998. Sie kommen zu dem Resultat, dass die Komplexität (und Unsicherheit) des Steuersystems einen negativen Effekt auf ausländische Direktinvestitionen hat.[216] Dabei quantifizieren die Autoren Steuerkomplexität (und -unsicherheit) anhand mehrerer Parameter. Sie stellen erstens auf die Anzahl der unterschiedlichen Steuersätze ab.[217] Zweitens messen sie die Anzahl der Zeilen in der Beschreibung der Steuerbemessungsgrundlage und bestimmen drittens, inwiefern die Gesetzesformulierungen unbestimmt und/oder mehrdeutig sind. Viertens stellen Edmiston et al. auf eine Maßgröße ab, die die Anzahl der Veränderungen von steuerlichen Parametern erfasst.[218] Und an fünfter Stelle untersuchen sie neben der Anzahl der Veränderungen auch, in welche Richtung diese Veränderungen wirken.[219]

Im Jahr 2005 befassen sich Oliver/Bartley in ihrem Beitrag mit der Steuersystemkomplexität und untersuchen darin Haupteinflussfaktoren auf den Grad derselbigen. Sie unterscheiden zum einen Einflussfaktoren, die sich aus dem politischen Prozess der Steuerpolitik ergeben, und zum anderen Einflussfaktoren, die aus dem persönlichen Bereich der Steuerzahler resultieren.[220] Wesentlich für den Fortgang der vorliegenden Arbeit ist, dass offensichtlich die Komplexität des

---

er die Komplexität immer wieder als Antonym auf (vgl. Tran-Nam (2000), Tax Reform and Tax Simplification, S. 95).

215 Vgl. Tran-Nam (2000), Tax Reform and Tax Simplification, S. 98.

216 Vgl. Edmiston et al. (2003), Tax Structures and FDI, S. 341.

217 Vgl. Edmiston et al. (2003), Tax Structures and FDI, S. 346.

218 Vgl. Edmiston et al. (2003), Tax Structures and FDI, S. 349.

219 Vgl. Edmiston et al. (2003), Tax Structures and FDI, S. 350.

220 Vgl. Oliver/Bartley (2005), Tax system complexity and compliance costs, S. 57. So müssen beispielsweise Politiker im Rahmen der steuerlichen Gesetzgebung Kompromisse eingehen, um Zielkonflikte (z. B. zwischen Einfachheit bzw. Komplexität und Effizienz des Steuerrechts) zu vermeiden. Im privaten Bereich der Steuerzahler zählt z. B. die Marktkomplexität als ein Einflussfaktor auf die Steuerrechtskomplexität, da das Steuerrecht versucht, die wirtschaftliche Realität an den Märkten einzufangen. Ergo führt eine Komplexität an den Märkten auch zu einer Komplexität im Steuerrecht. Als Beispiel können an dieser Stelle sog. Doppelbesteuerungsabkommen angeführt werden, die wirtschaftlichen Transaktionen über Ländergrenzen hinweg geschuldet sind (vgl. Oliver/Bartley (2005), Tax system complexity and compliance costs, S. 57–62).

Steuerrechts nicht nur vom Steuerrecht selbst, sondern auch von anderen Faktoren, wie z.B. der Umwelt, beeinflusst wird.

Ebenfalls im Jahr 2005 untersucht SLEMROD auf Basis der unterschiedlichen Einkommenbesteuerung in den US-Bundesstaaten die Steuerrechtskomplexität, indem er nach deren Ursachen forscht.[221] Um die Steuerrechtskomplexität zu messen, bedient sich der Autor zum einen der Anzahl der Zeilen auf den jeweiligen Steuerformularen für das Jahr 2000 und zum anderen der Seitenanzahl der entsprechenden Anleitungen für das jeweilige Steuerformular.[222] Schließlich kommt der Autor u.a. zu dem Ergebnis, dass Bundesstaaten mit einer professionelleren Gesetzgebung – gemessen auf Basis der gezahlten Vergütungen – zu komplexeren Steuersystemen tendieren.[223]

BOYLAN/FRISCHMANN untersuchen in ihrem Beitrag aus dem Jahr 2006 experimentell den Einfluss von Steuerkomplexität auf Investitionsentscheidungen. Die Autoren kommen u.a. zu dem Ergebnis, dass Steuerkomplexität zu hohen Handelspreisen auf den Finanzmärkten führt.[224] Dabei simulieren die Autoren Steuerkomplexität, indem die Probanden unterschiedliche Angaben hinsichtlich der Besteuerung erhalten. Diejenigen, die mit einer leichten Form der Steuerkomplexität konfrontiert sind, werden in Kenntnis gesetzt, dass ihr Gewinn aus Handelsgeschäften einem festen Steuersatz von 40% unterliegt. Diejenigen, die mit einer starken Form der Steuerkomplexität umgehen sollen, erhalten die Information, dass ihre Gewinne aus Handelsgeschäften zunächst einer Basisbesteuerung von 15% unterliegen und danach – in Abhängigkeit eines positiven oder negativen

---

221 An dieser Stelle sei der Hinweis gestattet, dass SLEMROD ((2005), Tax Complexity) seinen Beitrag selbst mit Steuerkomplexität (*Tax Complexity*) überschreibt und insofern eher den Anschein erweckt, sich mit den Wirkungen als mit den Ursachen der Komplexität des Steuersystems zu befassen. Folglich könnten Zweifel an der getroffenen Entscheidung, den Beitrag zu den Studien der Steuerrechtskomplexität zu zählen, aufkommen, da sich dieser Bereich – wie zu Beginn dieses Kapitels ausgeführt – mit den Ursachen derselbigen befasst. Gleichwohl wird an seinen Ausführungen aber deutlich, dass er insbesondere die Ursachen der Steuerrechtskomplexität untersucht. Insofern erscheint eine Einordnung dieses Beitrags zur Steuerrechtskomplexität trotz des vermeintlich irreführenden Titels vertretbar.

222 Vgl. SLEMROD (2005), Tax Complexity, S. 279, 283. Mit diesem Vorgehen sind aber auch Probleme verbunden, wie z. B. die (heroische) Annahme, dass alle Zeilen in einem Einkommensteuerformular die gleichen Komplexitätswirkungen entfalten und dass höhere Seitenanzahlen bei den Anleitungen für die Steuerformulare eine höhere Komplexität implizieren (vgl. SLEMROD (2005), Tax Complexity, S. 283). Selbstverständlich kann daraus aber auch die entgegengesetzte Schlussfolgerung gezogen werden, dass eine höhere Seitenanzahl nicht zu einer größeren Komplexität führt, sondern zu einer höheren Transparenz.

223 Vgl. SLEMROD (2005), Tax Complexity, S. 279.

224 Vgl. BOYLAN/FRISCHMANN (2006), Role of Tax Complexity in Investment Decisions, S. 69.

Vorsteuergewinns – durch zwei weitere Anpassungen einer zusätzlichen Besteuerung unterliegen, sodass sie letztendlich auch einem Steuersatz von 40% unterworfen sind.[225]

James befasst sich in seinem theoretisch-analytischen Beitrag aus dem Jahr 2008 in erster Linie mit der Steuervereinfachung und nicht der Steuerkomplexität. Allerdings vertritt er die Auffassung, dass es eine zwingende Voraussetzung ist, um einen Prozess der Steuervereinfachung anzustoßen, die Ursachen ihres Pendants, der Steuerkomplexität, zu identifizieren.[226] Darunter fasst er u. a. die Tatsache, dass Steuersysteme in seinen Augen organisch gewachsen sind und demzufolge ein zusammenhängendes Gebilde darstellen, das die Umsetzung von bruchstückhaften Reformen schwer zulässt. Außerdem sieht er eine weitere Ursache in der Politik, die das Steuersystem missbraucht, um wirtschaftliche und/oder soziale Ziele zu erreichen. Zudem weist der Autor darauf hin, dass es ein Problem darstelle, Einfachheit respektive Komplexität zu messen.[227]

In ihrem Beitrag aus dem Jahr 2009 untersuchen Blaufus/Ortlieb theoretisch und empirisch den Einfluss von Steuerkomplexität auf die Entscheidung von Angestellten hinsichtlich der betrieblichen Altersvorsorge. Sie kommen unter Anwendung einer *Conjoint*-Analyse zu dem Ergebnis, dass im Falle einer hohen Steuerkomplexität nur wenige Teilnehmer der Studie auf Basis der Nachsteuerrendite entscheiden.[228] Als Teilnehmer der Studie ziehen die Autoren Studentinnen und Studenten der Betriebs- und Volkswirtschaftslehre an der Freien Universität Berlin heran, die sowohl im Oktober 2006 (488 Teilnehmer) als auch im Januar 2007 (495 Teilnehmer) einen Fragebogen ausfüllen.[229] Die Autoren quantifizieren Steuerkomplexität anhand der Bürokratiekosten, die sich in dieser Studie aus der Zeit ergeben, die benötigt wird, um die Besteuerung der Altersvorsorgebeiträge zu verstehen. Variiert wird die Steuerkomplexität durch die Textlänge, die Anzahl an verwendeten Fachbegriffen und notwendigen Rechenoperationen sowie Querverweisen in den jeweiligen Szenarien.[230]

Der theoretische Beitrag von Egner aus dem Jahr 2009 geht auf den Begriff der Komplexität ein und versucht, deren wesentliche Treiber im Rahmen einer Ursachenanalyse aufzuzeigen.[231] Auf Basis von juristischen und betriebswirtschaftlichen

225 Vgl. Boylan/Frischmann (2006), Role of Tax Complexity in Investment Decisions, S. 75–76.

226 Vgl. James (2008), Tax simplification, S. 392–393.

227 Vgl. James (2008), Tax simplification, S. 399.

228 Vgl. Blaufus/Ortlieb (2009), Tax Complexity, S. 60. Die Autoren gehen in ihrem Literaturüberblick auch auf andere Studien ein, die versuchen, Steuerkomplexität zu erfassen (vgl. Blaufus/Ortlieb (2009), Tax Complexity, S. 61 m. w. N.).

229 Vgl. Blaufus/Ortlieb (2009), Tax Complexity, S. 70–71.

230 Vgl. Blaufus/Ortlieb (2009), Tax Complexity, S. 67.

231 Vgl. Egner (2009), Überlegungen zur Komplexität des deutschen Steuersystems, S. 69–70. Als Gründe für die Steuerrechtskomplexität führt der Autor zum einen das Steuersystem an, das sich sowohl durch eine Vielzahl von Steuerarten

Literaturquellen definiert er Komplexität mittels der Dichte und Interdependenzen der Rechtsnormen und führt aus, dass ein Abstellen auf eine absolute Maßgröße sachgerecht wäre, um Komplexität zu quantifizieren.[232] Gleichwohl räumt der Autor ein, dass „[e]in Rückgriff auf die Anzahl der beschriebenen Seiten an steuerlichen Normen und Verwaltungsanweisungen (...) allenfalls ein Hilfsmittel"[233] darstellen sollte. Ferner weist er darauf hin, dass komplexe Einzelnormen nicht unbedingt ein komplexes Steuerrecht bedingen. Vielmehr hängt die Komplexität von der Anzahl der Anwender ab. So illustriert er seine Argumentation anhand eines Beispiels zu den IFRS, indem er ausführt, dass diejenigen IFRS-Standards als komplex gelten, die zusätzlich einer häufigen Anwendung unterliegen. Interessant ist auch, dass laut Egner die Komplexität der steuerlichen Regelungen unweigerlich zur (Rechts-)Unsicherheit beiträgt.[234] Demzufolge kann auch an dieser Stelle die Schlussfolgerung gezogen werden, dass Unsicherheit zumindest auf Komplexität hindeutet und vice versa.

Die Autoren Tran-Nam/Karlinsky widmen sich im Jahr 2010 ebenfalls der Steuerrechtskomplexität und beabsichtigen, die komplexesten steuerlichen Themen, die nach einer Vereinfachung verlangen, für australische Kleinunternehmen aus Sicht von Steuerfachleuten zu identifizieren.[235] Dazu stützen

---

als auch durch eine Verteilung der Steuergesetzgebungskompetenzen auf Bund, Länder und Gemeinden auszeichnet. Zum anderen lassen sich technische Mängel in den Steuergesetzen als Gründe für die deutsche Steuerrechtskomplexität ins Feld führen. Dazu erörtert der Autor drei Aspekte ausführlicher. Das sind Wahlrechte, die Schaffung von Rechtsunsicherheit und Sondersteuergesetze. Letztendlich sind die Gründe der Steuerrechtskomplexität nach Egner nur auf eine einzige zentrale Ursache zurückzuführen, nämlich den Drang des Steuerpflichtigen nach Steuerersparnissen und die Versuche des Gesetzgebers, die Steuergestaltungsmöglichkeiten einzudämmen. Er kommt u. a. zu dem Ergebnis, dass Wahlrechte und Sondersteuergesetze abzuschaffen sind, um eine Reduktion der Komplexität des Steuerrechts zu erhalten (vgl. Egner (2009), Überlegungen zur Komplexität des deutschen Steuersystems, S. 75–79, 89–90).

232 Vgl. Egner (2009), Überlegungen zur Komplexität des deutschen Steuersystems, S. 70.

233 Egner (2009), Überlegungen zur Komplexität des deutschen Steuersystems, S. 70. An dieser Stelle sei der vorsichtige Einwurf gestattet, dass – aus Mangel an Alternativen – ein Hilfsmittel zumindest eine, wenn auch zugegebenermaßen angreifbare und vage Möglichkeit der Messung von Komplexität darstellen kann.

234 Vgl. Egner (2009), Überlegungen zur Komplexität des deutschen Steuersystems, S. 70–72, 85.

235 Vgl. Tran-Nam/Karlinsky (2010), Tax Law Complexity, S. 154. Dahinter steckt die Annahme, dass die Steuerrechtskomplexität positiv mit der Arbeitszeit von Steuerfachleuten korreliert ist. Dementsprechend ist es notwendig, die komplexen Steuerthemen zu identifizieren, um die Arbeitszeit der Steuerfachleute und demzufolge auch die Bürokratiekosten für Kleinunternehmen (z. B. in Form der Honorare für Steuerberater) zu senken (vgl. Tran-Nam/Karlinsky (2010), Tax

die Autoren ihren Beitrag auf eine vorangegangene Studie aus dem Jahr 2007 und überprüfen die Robustheit sowie Verlässlichkeit der Ergebnisse.[236] Auf Basis eines elektronischen Fragebogens, der an australische Steuerfachleute gerichtet ist, sollen neben demografischen und wirtschaftlichen Angaben (erster Themenbereich) auch Angaben zur Steuerrechtskomplexität (zweiter Themenbereich) getätigt werden. Dieser zweite Themenbereich besteht aus steuerlichen Fragestellungen, die sich im Besonderen an den Bedürfnissen von Kleinunternehmen orientieren und die die Befragten anhand einer 5-Punkte-Likert-Skala (von „nicht komplex“ bis „extrem komplex“) beantworten sollen.[237] Die Autoren kommen zu dem Resultat, dass die Ergebnisse beider Studien konsistent sind. Außerdem können sie die komplexesten Themen identifizieren, die vereinfacht werden sollten.[238]

Eichfelder befasst sich in seinem formal-analytischen Beitrag aus dem Jahr 2011 ebenfalls mit der Steuerkomplexität und modelliert die Entscheidungswirkungen von privatwirtschaftlichen Subjekten, die sich aus steuerlich bedingten Bürokratiekosten ergeben.[239] Letztendlich kommt der Autor zu dem Ergebnis, dass Bürokratiekosten eine Markteintrittsbarriere für Existenzgründungen darstellen. Diese sind

---

Law Complexity, S. 154). Kleinunternehmen im Sinne dieser Untersuchung sind alle australischen Unternehmen mit einem Einkommen von gleich oder kleiner 2 Mio. australische Dollar (vgl. Tran-Nam/Karlinsky (2010), Tax Law Complexity, S. 156).

236 Vgl. Tran-Nam/Karlinsky (2009), Small Business Tax Law Complexity.

237 Vgl. Tran-Nam/Karlinsky (2010), Tax Law Complexity, S. 155–157. Außerdem besteht die Möglichkeit, die Frage mit „nicht zutreffend“ oder „Ich weiß nicht“ zu beantworten. Die Grundgesamtheit der Befragten kann nicht ermittelt werden. Es haben jedoch insgesamt 114 Personen an der Befragung teilgenommen, wovon wiederum 57 sowohl den ersten als auch den zweiten Teil bearbeitet haben.

238 Vgl. Tran-Nam/Karlinsky (2010), Tax Law Complexity, S. 166–167. Das sind – in absteigender Reihenfolge – die Häufigkeit von Steuerrechtsänderungen, die Anzahl der Ausnahmeregelungen für Kleinunternehmen bei der Besteuerung von Veräußerungsgewinnen sowie die Regelungen zur Altersversorgung (vgl. Tran-Nam/Karlinsky (2010), Tax Law Complexity, S. 166–167).

239 Vgl. Eichfelder (2011), Steuerkomplexität, S. 828; vgl. auch insbesondere das dem Beitrag vorausgehende Diskussionspapier von Eichfelder (2010), Steuerkomplexität. Der Autor differenziert die steuerlichen Bürokratie- in Vollzugs- und Planungskosten. Vollzugskosten entstehen dem Steuerpflichtigen bei der Umsetzung der steuerlichen Normen, wie z. B. beim Ausfüllen einer Einkommensteuererklärung. Planungskosten entstehen, wenn er versucht, seine Steuerbelastung z. B. durch die Ausnutzung von Wahlrechten zu minimieren (vgl. Eichfelder (2011), Steuerkomplexität, S. 810–811). Außerdem führt Eichfelder in seinem Literaturüberblick weitere Quellen an, in denen Steuerkomplexität z. B. anhand von streitanfälligen steuerlichen Normen gemessen wird (vgl. Eichfelder (2011), Steuerkomplexität, S. 811–812 m. w. N.).

insbesondere für kleine Unternehmen entscheidungsrelevant und wirken sich auf deren Steuerplanungsaktivitäten aus.[240]

Im Jahr 2011 beschäftigt sich SIELAFF in seinem Beitrag mit der Steuerkomplexität und untersucht anhand eines Experiments mit 96 Studenten, inwiefern sich komplexe Steuertarifsysteme auf die Arbeits-Freizeit-Entscheidung der Teilnehmer auswirken. Er kommt zu der Schlussfolgerung, dass das Arbeitsangebot der Teilnehmer signifikant abnimmt, wenn gleichzeitig eine Steigerung des Komplexitätsgrads des Steuersystems zu verzeichnen ist. SIELAFF simuliert die Komplexität des Steuerrechts durch den Einsatz mehrerer Steuersätze.[241]

BLAUFUS, HUNDSDOERFER und ORTLIEB (im Folgenden BLAUFUS ET AL.) untersuchen in ihrem Experiment die Unverständlichkeit des Steuerrechts und die Nachfrage nach Steuerberatungsdienstleistungen. Sie fokussieren dabei insbesondere auf die Entscheidungswirkungen sowie Verteilungsfolgen, die sich in Abhängigkeit des Komplexitätsgrads des Steuerrechts ergeben können.[242] Dazu sollen die Probanden in Abhängigkeit eines einfachen oder komplexen Steuerrechts entscheiden, welchen betrieblichen Altervorsorgeplan sie für vorteilhaft halten.[243] Ein einfaches respektive komplexes Steuerrecht ergibt sich in der Aufgabenstellung durch die Anzahl an verwendeten Fachbegriffen, die Anzahl an Querverweisen in den

---

240 Vgl. EICHFELDER (2011), Steuerkomplexität, S. 810, 828–829.

241 Vgl. SIELAFF (2011), Steuerkomplexität, S. 1, 9–10. Erwähnenswert erscheint der Beitrag von DE BARTOLOME aus dem Jahr 1995, den der Autor in seinem Literaturüberblick aufführt. Darin modelliert er die Steuerkomplexität, indem er das Präsentationsformat des gleichen Steuertarifsystems variiert (vgl. SIELAFF (2011), Steuerkomplexität, S. 7; vgl. dazu auch DE BARTOLOME (1995), Which tax rate do people use).

242 Vgl. BLAUFUS ET AL. (2012), (Un)Verständlichkeit des Steuerrechts, S. 219. In ihrem Literaturüberblick zeigen die Autoren weitere Studien auf, die sich mit dem Einfluss der Steuerkomplexität auf die Nachfrage nach Steuerberatung beschäftigen. Hierbei zeigt sich, dass diese u. a. auf die Anzahl an Steuerformularen, den Umfang der zu beachtenden Steuerrichtlinien und die Anzahl an verschiedenen Einkunftsquellen rekurrieren, um Steuerkomplexität zu quantifizieren (vgl. BLAUFUS ET AL. (2012), (Un)Verständlichkeit des Steuerrechts, S. 221, die sich u. a. auf COLLINS ET AL. ((1990), Factors Associated with Household Demand for Tax Preparers), KLEPPER ET AL. ((1991), Expert intermediaries) und LONG/CAUDILL ((1987), The Usage and Benefits of Paid Tax Return Preparation) beziehen). Außerdem erwähnen BLAUFUS ET AL. ((2012), (Un)Verständlichkeit des Steuerrechts, S. 221) als weiteren Indikator für die Steuerkomplexität die Lesbarkeit und die Verständlichkeit des Steuerrechts. Dieser Aspekt wird in Erster Teil: Kap. 2.3.1 behandelt und aus diesem Grund an dieser Stelle nicht weiter thematisiert.

243 Vgl. BLAUFUS ET AL. (2012), (Un)Verständlichkeit des Steuerrechts, S. 219. Hervorzuheben ist an dieser Stelle, dass es sich – entgegen der vorhergehenden Untersuchung (vgl. dazu BLAUFUS/ORTLIEB (2009), Tax Complexity, insbesondere S. 70–71) – bei den Probanden nicht um Studenten, sondern um Erwerbstätige handelt (vgl. BLAUFUS ET AL. (2012), (Un)Verständlichkeit des Steuerrechts, S. 220, 235).

Beschreibungen zu den Altersvorsorgeplänen sowie durch die Anzahl an erwarteten Rechenoptionen.[244] Blaufus et al. kommen zu dem Ergebnis, dass ein einfaches Steuerrecht zu einem signifikanten Rückgang in der Nachfrage nach Steuerberatungsleistungen führt. Davon profitieren im Experiment vor allem Personen mit einem hohen Bildungsstand.[245]

Der Beitrag von Massarrat-Mashhadi/Sielaff aus dem Jahr 2012 beurteilt die Exaktheit der Steuerwahrnehmung durch Individuen. Darin untersuchen die Autoren mithilfe von persönlichen Interviews, wie Steuerkomplexität die Fähigkeit der 289 Befragten beeinflusst, die persönliche Einkommensteuerschuld zu berechnen. Dazu lassen sie die Teilnehmer auf Basis von vier verschiedenen Modellsteuersystemen das Nachsteuereinkommen berechnen und simulieren die Steuerkomplexität anhand der unterschiedlichen Anzahl an interagierenden Steuersätzen,[246] die zwischen eins, zwei und drei schwankt.[247] Die Autoren kommen zu dem (intuitiv einleuchtenden) Ergebnis, dass ein höherer Komplexitätsgrad die Fähigkeit von Steuerzahlern signifikant reduziert, die korrekte Steuerschuld zu berechnen.[248]

Weber befasst sich in seiner Arbeit aus dem Jahr 2012 ebenso mit der Komplexität des Steuerrechts, wobei er allerdings eher auf die Kompliziertheit als auf die Komplexität von steuerlichen Normen abstellt.[249] Um sich nun dem Komplexitätsphänomen – auch in Abgrenzung zur Kompliziertheit – zu nähern, bedient er sich – wie bereits zahlreiche Autoren zuvor – der Systemtheorie. Er sieht die Komplexität als die Eigenschaft eines Systems an, die sich aus den Parametern Anzahl der Elemente, Anzahl der Verknüpfungen und der Art der Verknüpfungen ergibt.[250] Als Elemente definiert der Autor die Besteuerungskriterien

244 Vgl. Blaufus et al. (2012), (Un)Verständlichkeit des Steuerrechts, S. 226–227.

245 Vgl. Blaufus et al. (2012), (Un)Verständlichkeit des Steuerrechts, S. 219, 235.

246 Vgl. Massarrat-Mashhadi/Sielaff (2012), Testing taxpayers' cognitive abilities, S. 7, 10. Beispielsweise lassen sich im Zusammenhang mit dem deutschen Steuerrecht die Einkommensteuer, der Solidaritätszuschlag sowie die Kirchensteuer als interagierende Steuersätze anführen (vgl. Massarrat-Mashhadi/Sielaff (2012), Testing taxpayers' cognitive abilities, S. 8).

247 Vgl. Massarrat-Mashhadi/Sielaff (2012), Testing taxpayers' cognitive abilities, S. 11–12. Ansonsten erhalten alle Teilnehmer die gleichen Informationen (zu versteuerendes Einkommen 20.000 EUR).

248 Vgl. Massarrat-Mashhadi/Sielaff (2012), Testing taxpayers' cognitive abilities, S. 8.

249 Vgl. Weber (2012), Vereinfachung des Einkommensteuerrechts, S. 3–4; vgl. zum Verhältnis von Komplexität und Kompliziertheit z. B. auch Helsper (2004), Steuervereinfachung, S. 142–144; Küting (2012), Komplexität der Rechnungslegungssysteme, S. 297–298.

250 Vgl. Weber (2012), Vereinfachung des Einkommensteuerrechts, S. 8. Verknüpfungen sind für den Autor logische Verbindungen, die sich inhaltlich unterscheiden. Als Beispiele definiert er z. B. „und"- sowie „oder"-Verknüpfungen. Wichtig ist an dieser Stelle zu erwähnen, dass die Komplexität mit der Zunahme (Abnahme) mindestens eines Parameters steigt (abnimmt). Problematisch ist in diesem

(oder Tatbestandsmerkmale), die sich in Form von Wörtern fassen lassen.[251] Als zentrale Ursache für die Komplexität des Steuerrechts macht er die abzubildenden realen Lebenssachverhalte (Realität) sowie deren Umfang und Genauigkeit aus.[252] Im Gegensatz zur Komplexität versteht WEBER unter der Kompliziertheit „eine ineffiziente, das heißt Ressourcen verschwendende Art des Managements von Komplexität“[253], die sich demzufolge anhand der zwei Kriterien Ressourcenverschwendung – gemessen in Zeit- und/oder Geldeinheiten – und der Nachprüfbarkeit der Ressourcenverschwendung anhand der Messergebnisse beurteilen lässt. WEBER unterscheidet mehrere Möglichkeiten, Kompliziertheit zu messen. Dazu zählen u.a. die Auslegungsbedürftigkeit und Verständlichkeit.[254] Eine Möglichkeit, die Verständlichkeit zu quantifizieren, ist die Lesbarkeit eines Textes zu untersuchen.[255]

Zusammenhang jedoch die Frage, wie sich die Komplexität verändert, wenn beispielsweise zwei Elemente hinzukommen und drei Verknüpfungen wegfallen. Findet unter diesen Umständen eine Komplexitätszu- oder -abnahme statt? Um dieses Problem zu lösen, trifft WEBER zwei Annahmen. Zum einen hebt er die Differenzierung, die Verknüpfungen nach ihrer Art zu unterscheiden, auf. Zum anderen ergibt sich in seiner Arbeit die Komplexität aus der Summe der Elemente und der Verknüpfungen. Demzufolge kann in seiner Arbeit „Komplexität auf einer positiv ganzzahligen metrischen Skala vergleichbar“ (WEBER (2012), Vereinfachung des Einkommensteuerrechts, S. 8) gemacht werden, da die Elemente und Verknüpfungen gleichwertig nebeneinander stehen.

251 Vgl. WEBER (2012), Vereinfachung des Einkommensteuerrechts, S. 8. Allerdings räumt WEBER ein, dass die Anzahl der Wörter nur eine (vereinfachende) Hilfestellung bei der Ermittlung der Elemente darstellt.

252 Vgl. WEBER (2012), Vereinfachung des Einkommensteuerrechts, S. 9–11; vgl. dazu z. B. auch WEBER-GRELLET (2007), Strukturwandel des Steuerstaats, S. 1717.

253 WEBER (2012), Vereinfachung des Einkommensteuerrechts, S. 12, dessen Verständnis von Kompliziertheit im Steuerrecht sich an BIEDENKOPFS ((1994), Komplexität und Kompliziertheit, S. 82) anlehnt.

254 Vgl. WEBER (2012), Vereinfachung des Einkommensteuerrechts, S. 12–13, 18–30. Um die Auslegungsbedürftigkeit zu quantifizieren, stellt der Autor auf die ministeriellen Verwaltungsvorschriften (Erlasse) des Bundesministeriums der Finanzen (BMF) ab. Dazu zählt der Autor sowohl Schreiben als auch Bekanntmachungen (vgl. WEBER (2012), Vereinfachung des Einkommensteuerrechts, S. 122, 129–143). Außerdem versucht der Autor, die Ergebnisse einer Untersuchung der Auslegungshäufigkeit anhand von Erlassen mit denjenigen anhand von Urteilen zu vergleichen (vgl. WEBER (2012), Vereinfachung des Einkommensteuerrechts, S. 119, 143–163). Der Autor kommt u. a. zu dem Ergebnis, dass die auslegungshäufigsten Normen die Paragrafen vier (Gewinnbegriff im Allgemeinen) und sechs (Bewertung) im Einkommensteuergesetz (EStG) sind (vgl. WEBER (2012), Vereinfachung des Einkommensteuerrechts, S. 199).

255 Dazu können drucktechnische und syntaktisch-stilistische Textmerkmale bemüht werden. Während sich die drucktechnische Seite mit der Erkennbarkeit von Schriftzeichen, Zeilen und Flächen befasst, stellen die syntaktisch-stilistischen

Im Jahr 2013 befassen sich DILLER, GROTTKE und SCHNEIDER (im Folgenden DILLER ET AL.) spieltheoretisch mit den Ursachen der Steuerrechtskomplexität. Dazu greifen sie auf LA PORTE[256] zurück, um den Begriff der Komplexität systemtheoretisch als die Funktion eines „organisierten sozialen Systems“[257], das sich aus „der Anzahl und der Unterschiedlichkeit der Systemkomponenten sowie des Grades der Interdependenz dieser Komponenten zueinander“[258] ergibt, zu definieren.[259] Ferner führen DILLER ET AL. aus, dass Komplexität auch daraus entsteht, dass konkrete Lebensumstände in abstrakten Gesetzestexten, wenn auch unvollständig, abgebildet werden sollen. Demzufolge erscheint die Schlussfolgerung opportun, dass Eigenschaften von Gesetzen, wie z.B. die Komplexität, auch immer aus der abzubildenden Realität, wie z.B. den realen Lebensverhältnissen, resultieren. Schließlich schlagen die Autoren hinsichtlich der Ursachenforschung zur Steuerrechtskomplexität vor, neben qualitativen Methoden, auf die sie nicht weiter eingehen, vor allem die verursachten Kosten derselbigen zu betrachten.[260]

Vor dem Hintergrund, dass das OFFICE OF TAX SIMPLIFICATION, das der britischen Regierung unabhängige Beratungsvorschläge zur Vereinfachung des Steuersystems unterbreitet, einen Index[261] auf Basis eines Scoring-Modells entwickelt hat, um die Steuerrechts- und Steuerkomplexität[262] zu messen, ist der Beitrag von ULPH aus dem

---

Textmerkmale auf Wortarten, Wortlänge oder Satzlänge ab. Um die syntaktisch-stilistischen Textmerkmale zu messen, kommen sog. Lesbarkeitsformeln zum Einsatz, wie z. B. der *Flesch Reading Ease-Index*. Nachteile der Lesbarkeitsforschung betreffen insbesondere inhaltliche Aspekte, wie z. B. die Informationsdichte und Anschaulichkeit sowie Strukturierung der Textbausteine, die, wie auch Vorkenntnisse der Leserschaft, ausgeblendet werden (vgl. WEBER (2012), Vereinfachung des Einkommensteuerrechts, S. 20–22, 114–115; a. A. STONE/PARKER (2013), Developing the Flesch reading ease formula, S. 45–46, die den *Flesch Reading Ease-Index* u. a. hinsichtlich der Vorkenntnisse der Leserschaft modifiziert haben).

256 Vgl. LA PORTE (1975), Complexity.

257 DILLER ET AL. (2013), Komplexität steuerrechtlicher Normen, S. 114.

258 DILLER ET AL. (2013), Komplexität steuerrechtlicher Normen, S. 114.

259 In diesem Zusammenhang weisen die Autoren darauf hin, dass die Steuerrechtskomplexität u. a. auf Basis der Anzahl der Regelungen als auch administrativen Handlungen quantifiziert werden kann (vgl. DILLER ET AL. (2013), Komplexität steuerrechtlicher Normen, S. 114–115).

260 Vgl. DILLER ET AL. (2013), Komplexität steuerrechtlicher Normen, S. 115.

261 In diesen Index fließen verschiedene Faktoren ein, die unterschiedliche Aspekte der Steuerrechts- und Steuerkomplexität erfassen sollen. Dazu zählen z. B. die Anzahl an Seiten, Abschnitten und Paragrafen als auch die Lesbarkeit (vgl. OFFICE OF TAX SIMPLIFICATION (2012), Complexity Index; vgl. in diesem Zusammenhang z. B. auch TURNBULL-HALL/THOMAS (2012), Measure of Complexity, die im Besonderen auf die Länge von Gesetzen als Maßgröße für Komplexität eingehen).

262 Der Autor spricht in seinem Beitrag zwar von Steuerkomplexität (*Tax Complexity*), geht aber aufgrund der Gestaltung des Indizes sowohl auf Aspekte der

Jahr 2013 zu sehen. Darin entwickelt der Autor ein allgemeines Rahmenkonzept, in dem er erklärt, was Steuerrechtskomplexität bedeutet, was deren Kosten sind, was in diesem Zusammenhang zu messen ist und welche Probleme damit einhergehen.[263] Dazu differenziert er zwischen der *Design Complexity* und *Operational Complexity*. Während sich die *Design Complexity* auf die Ausgestaltung des Steuersystems bezieht und noch in die *Fundamental* und *Unnecessarily Complexity* differenziert wird,[264] rekurriert die *Operational Complexity*[265] auf die Verständlichkeit des Steuersystems.[266] Laut ULPH ist keine direkte Messung der Komplexitäten, insbesondere auch der unnötigen Komplexität (*Unnecessarily Complexity*), möglich, da noch weitere Aspekte, wie z.B. Sprache und Gesetzesinkonsistenzen,[267] diese bedingen. Gleichwohl sei das Abstellen auf Hilfskonstrukte, wie z.B. die Seitenanzahl der Steuergesetze, legitim, um z.B. die *Design Complexity* zu quantifizieren.[268]

Die Studien zur Steuerrechts- und Steuerkomplexität vermitteln ein heterogenes Bild. So finden sich sowohl theoretische (u.a. EGNER) als auch empirische Beiträge (u.a. LONG/SWINGEN). Methodisch stellen die Arbeiten u.a. auf eine quantitative Inhaltsanalyse ab, hinsichtlich der Datengrundlage auf steuerlichen Normen und Anhänge (u.a. KARLINSKY, SCHROEDER, WEBER). Daneben kommen auch Befragungen (u.a. CARNES/CUCCIA, CHRISTENSEN ET AL., MASSARRAT-MASHHADI/SIELAFF) und Experimente (u.a. BLAUFUS ET AL., BOYLAN/FRISCHMANN, MILLIRON) zum Einsatz. Textkomplexität wird als Teilaspekt der Steuerrechts- und Steuerkomplexität anhand der Lesbarkeit betrachtet (u.a. BURTON/DIRKIS, MARTINDALE ET AL., TRAN-NAM, WEBER). Die theoretische Grundlage zur Erfassung von Komplexität bildet auch hier die Systemtheorie (u.a. DILLER ET AL., WEBER). Dabei zeigt sich, dass die Umwelt die Komplexität beeinflusst (u.a. MCCAFFERY, OLIVER/BARTLEY) und daher auch in einem Systematisierungsversuch zu berücksichtigen ist. Schließlich ist die Erkenntnis aus der Studie von WEBER zur Quantifizierung von Komplexität festzuhalten, wonach

---

Steuerrechts- als auch der Steuerkomplexität ein. Im Folgenden wird aus Vereinfachungsgründen von der Steuerrechtskomplexität gesprochen.

263 Vgl. ULPH (2013), Tax Complexity, S. 2.

264 Im Zusammenhang mit der *Design Complexity* bezieht sich die *Fundamental Complexity* auf die absolute bzw. gesamte Komplexität des Steuersystems. Davon bildet die unnötige, vermeidbare Komplexität (*Unnecessarily Complexity*) eine Teilmenge, wobei deren Ermittlung voraussetzt, dass eine Vorstellung von einem „optimalen" Komplexitätsgrad besteht (vgl. ULPH (2013), Tax Complexity, S. 5–6, 7).

265 Als Ursachen für die *Operational Complexity* führt der Autor u. a. die Sprache und Inkonsistenzen in den steuerlichen Regelungen sowie die Häufigkeit der Regeländerungen an (vgl. ULPH (2013), Tax Complexity, S. 6–7).

266 Vgl. ULPH (2013), Tax Complexity, S. 3–7. Ferner legt er dar, dass es wichtig ist, die Komplexität des Steuerrechts zu steuern, da es ansonsten zu einer Verzerrung (*Distortion*), zu einer Nichteinhaltung (*Non-Compliance*), zu Befolgungskosten (*Compliance Costs*) und zu Unsicherheit (*Legal Uncertainty*) kommen kann (vgl. ULPH (2013), Tax Complexity, S. 7–8).

267 Vgl. ULPH (2013), Tax Complexity, S. 6.

268 Vgl. ULPH (2013), Tax Complexity, S. 9–10.

keine Differenzierung zwischen Elementen und Relationen hinsichtlich deren Bedeutung erfolgt und diese gleichwertig nebeneinanderstehen.

2.3 Studien zu Komplexitätsformen anderer Forschungsbereiche

2.3.1 Textkomplexität

Die vorangegangenen Studien zeigen, dass auch die Lesbarkeit von Texten, wie z. B. im Rahmen der (Finanz-)Berichterstattung (u. a. MILLER, RENNEKAMP),[269] und Gesetzestexten, wie z. B. im Rahmen des Steuerrechts (u. a. WEBER),[270] herangezogen wird, um die jeweilige Komplexität, d. h. die Berichterstattungs- sowie Steuerrechts- und Steuerkomplexität, zu quantifizieren. Als Oberbegriff für die Komplexität von jeglicher Art von Texten wird daher der Terminus der Textkomplexität (*Textual Complexity*), der sich z. T. auch in der Forschungsliteratur wiederfindet,[271] in die vorliegende Arbeit eingeführt.

Die Komplexität von Texten lässt sich mithilfe einer Textanalyse[272], die prinzipiell in drei Ansätze differenziert werden kann, bestimmen.[273] Hierunter fallen neben einer inhaltlichen Analyse (*Thematic Content Analysis*)[274] und einer Lesbarkeitsanalyse (*Readability Analysis*) auch eine sprachliche Analyse (*Linguistic Analysis*).[275]

Im Folgenden liegt der Schwerpunkt auf der Analyse der Lesbarkeit, die fragt, wie schwer ein Text zu lesen ist,[276] da einerseits diese im Rahmen der

---

269 Vgl. Erster Teil: Kap. 2.1.2.

270 Vgl. Erster Teil: Kap. 2.2.2.

271 Vgl. HRASKY (2009), Textual Complexity of Annual Report Narratives.

272 Eine Textanalyse stellt eine Inhaltsanalyse dar, bei der der Schwerpunkt auf der Untersuchung von Texten, und nicht z. B. Grafiken etc., liegt (vgl. ATTESLANDER (2010), Methoden der empirischen Sozialforschung, S. 195).

273 Vgl. ATTESLANDER (2010), Methoden der empirischen Sozialforschung, S. 195–198; BEATTIE ET AL. (2004), A methodology for analyzing and evaluating narratives in annual reports, S. 209; HRASKY (2009), Textual Complexity of Annual Report Narratives, S. 32.

274 Vgl. grundlegend zur Inhaltsanalyse KRIPPENDORFF (2013), Content Analysis.

275 Vgl. BEATTIE ET AL. (2004), A methodology for analyzing and evaluating narratives in annual reports, S. 209, 211–213; HRASKY (2009), Textual Complexity of Annual Report Narratives, S. 32; JONES/SMITH (2013), Traditional and alternative methods of measuring the understandability of accounting narratives, S. 1–2. Die Lesbarkeitsanalyse und die sprachliche Analyse lassen sich auch – um in der Sprache von JONES und SHOEMAKER ((1994), Accounting Narratives, S. 143) zu bleiben – unter dem Oberbegriff der syntaktischen Analyse zusammenfassen. Während die inhaltliche Analyse der Frage nachgeht, was vermittelt wird, fokussieren die beiden anderen Analysemethoden auf die Frage, wie der Inhalt vermittelt wird.

276 Vgl. hierzu GARCÍA-BENAU ET AL. (2013), Are clarified ISAs readable?, S. 312–313, die zwischen Lesbarkeit (*Readability*) und Verständlichkeit (*Understandability*) differenzieren.

Forschung zur Rechnungslegungskomplexität bis dato keine Relevanz besitzt und andererseits sich im Rahmen der Untersuchung anderer Komplexitätsformen bewährt hat.[277] Hierzu lassen sich drei *State-of-the-Art*-Studien identifizieren, die breit gefächerte Hinweise zur Textanalyse im Allgemeinen und zur Lesbarkeitsanalyse im Besonderen geben.[278] Neben der Studie von JONES/SHOEMAKER aus dem Jahr 1994 gehören dazu noch die Studien von HRASKY, MASON und WILLS (im Folgenden HRASKY ET AL.) aus dem Jahr 2009 und von LI aus dem Jahr 2010.[279] Aus diesem Grund werden zunächst aus diesen drei *State-of-the-Art*-Studien die wesentlichen Erkenntnisse hinsichtlich der Lesbarkeitsanalyse präsentiert (erster Schritt), wobei der Fokus auf den Lesbarkeitsindizes liegt, bevor in einem zweiten Schritt weitere zentrale Beiträge zu diesem Themenbereich aufgearbeitet werden. Anschließend folgen Anmerkungen zur sprachlichen Analyse, die im Wesentlichen versucht, die Lesbarkeitsanalyse um einzelne Aspekte zu erweitern.

In ihrem Beitrag aus dem Jahr 1994 arbeiten JONES/SHOEMAKER die empirischen Studien auf, die sowohl inhaltliche (36 Studien) als auch syntaktische (32 Studien) Aspekte von Rechnungslegungstexten analysieren.[280] In den 32 Studien, die die Lesbarkeit thematisieren, wird diese anhand eines bestimmten Index gemessen. Dazu zählen der *Dale-Chall-*, *Flesch-*[281], *Flesch-Kincaid-*, *Fog-*, *Fry-*, *Kwolek-*, *Lix-*,

---

277 Vgl. Erster Teil: Kap. 2.1.1, 2.1.2 und 2.2.2.

278 Andere *State-of-the-Art*-Beiträge, wie z. B. COLE/JONES (2005), Management Discussion and Analysis, besitzen für den Fortgang der vorliegenden Arbeit keine Relevanz, da sie sich nicht mit der Lesbarkeit befassen.

279 Vgl. HRASKY ET AL. (2009), Textual Complexity of Annual Report Narratives; JONES/SHOEMAKER (1994), Accounting Narratives; LI (2010), Textual Analysis of Corporate Disclosures.

280 Vgl. JONES/SHOEMAKER (1994), Accounting Narratives, S. 143, 145–159, 175. Die 32 Studien, die sich mit der Lesbarkeit befassen und von denen keine Einzige auf Europa als Untersuchungsgegenstand abstellt, untersuchen zum einen Geschäftsberichte (26 Studien) und zum anderen das Steuerrecht (3) sowie Rechnungslegungsbücher (3). Sie kommen zu dem Ergebnis, dass insbesondere Geschäftsberichte schwer bis sehr schwer zu lesen sind. Allerdings stellen JONES/SHOEMAKER ebenfalls fest, dass auf Basis des Lesbarkeitsmittelwerts ein Trend hin zu einer besseren Lesbarkeit von Geschäftsberichten erkennbar ist. Dazu argumentieren sie im Wesentlichen anhand von sechs Studien, die sich im Besonderen mit dieser Thematik auseinandersetzen (vgl. JONES/SHOEMAKER (1994), Accounting Narratives, S. 169, 170–171, 175).

281 Vgl. dazu z. B. auch BAKER/KARE (1997), Annual Report Readability; COURTIS (1998), Annual report readability, S. 459–460, 463, 468; STONE/PARKER (2013), Developing the Flesch reading ease formula. Beispielsweise greifen DAILY ET AL. ((2010), Readability, S. 177) in ihrer Untersuchung auf die Funktionen von *MICROSOFT Word* zurück, um den *Flesch Reading Ease-Index* zu ermitteln. Ein analoges Vorgehen bietet sich dementsprechend auch im Rahmen der vorliegenden Arbeit an.

Reading Complexity Elicitation-, *Rix-* und *Smog-Index.*[282] Diese Indizes stützen sich im Wesentlichen – jeweils in unterschiedlichen Kombinationen und Gewichtungen – auf die Anzahl und/oder Länge von Wörtern, Silben und/oder Sätzen.[283] Außerdem greifen die Studien vorwiegend auf Maße der deskriptiven Statistik, wie z.B. den Mittelwert oder den Median, zurück, um die Ergebnisse zu präsentieren und zu interpretieren.[284]

Im Jahr 2009 befassen sich Hrasky et al. mit der Textkomplexität, indem sie die Lesbarkeit von australischen Geschäftsberichten (*Annual Report*) untersuchen.[285] Dazu arbeiten sie zunächst die relevante Literatur seit dem Beitrag von Jones/Shoemaker auf und konzentrieren sich in ihren Ausführungen auf die Möglichkeiten zur Quantifizierung von Textkomplexität anhand von Lesbarkeitsformeln.[286] Sie stellen fest, dass der *Flesch Reading-Index* in der Forschungsliteratur am häufigsten Anwendung findet, wobei der Gunning *Fog-Index* und der *Lix-Test* ebenfalls zu den anerkannten Indizes zählen.[287] Außerdem zeigen die Autoren anhand anderer Forschungsbeiträge weitere Möglichkeiten auf, die Textkomplexität zu erfassen. Hierzu zählen beispielsweise Maßgrößen wie die Satzlänge, die Paragrafenanzahl und die durchschnittliche Anzahl an Wörtern.[288]

---

282 Vgl. Jones/Shoemaker (1994), Accounting Narratives, S. 153–159. Die Interpretation ausgewählter Lesbarkeitsindizes (*Flesch Reading Ease-*, Gunning *Fog-*, *Lix-Index*) findet sich in Dritter Teil: Kap. 4.3.1.

283 Vgl. Jones/Shoemaker (1994), Accounting Narratives, S. 176–177.

284 Vgl. Jones/Shoemaker (1994), Accounting Narratives, S. 161. Die Autoren weisen aber darauf hin, dass beispielsweise die den Indizes zugrunde liegenden Lesbarkeitsformeln lediglich technische Aspekte aufgreifen und keine inhaltlichen (Validitätsproblem) (vgl. Jones/Shoemaker (1994), Accounting Narratives, S. 162–166, 172–173).

285 Vgl. Hrasky et al. (2009), Textual Complexity of Annual Report Narratives, S. 31–32. Dazu stellen die Autoren z. B. auf Berichte des Vorsitzenden des Vorstands ab (vgl. dazu bspw. Subramanian et al. (1993), Performance and Readability, S. 49).

286 Vgl. Hrasky et al. (2009), Textual Complexity of Annual Report Narratives, S. 31, 33–38.

287 Vgl. Hrasky et al. (2009), Textual Complexity of Annual Report Narratives, S. 38; vgl. dazu z. B. Jones (1988), Readability of the Chairman's Narratives, S. 300. Die Autoren merken im Zusammenhang mit der Ermittlung der Indizes kritisch an, dass sie bereits wissenschaftlich überholt sein können und den Bildungsstand des Lesers (vgl. hierzu Stone/Parker (2013), Developing the Flesch reading ease formula, die versuchen, diesen Mangel zu heilen) sowie wesentliche Aspekte, wie z. B. das Layout, vernachlässigen. Demgegenüber stehen die Vorteile, wie z. B. die Objektivität durch die einheitliche technische Ermittlung, die relativ leichte Anwendbarkeit und die Möglichkeit der Vergleichbarkeit von verschiedenen Studien (vgl. Hrasky et al. (2009), Textual Complexity of Annual Report Narratives, S. 39–40; ähnlich auch z. B. Subramanian et al. (1993), Performance and Readability, S. 49).

288 Vgl. Rutherford (2003), Textual Complexity, S. 189; ähnlich auch z. B. Subramanian et al. (1993), Performance and Readability, S. 49.

Li widmet im Jahr 2010 seine Studie ebenso der Textanalyse und arbeitet die bestehende Literatur der letzten zehn Jahre auf. Im Unterschied zu vorausgegangenen Studien,[289] die sich vor allem mit kleinzahligen, manuellen Datenerhebungen beschäftigen, konzentriert er sich auf großzahlige, empirische Untersuchungen, die u. a. die Computerlinguistik zur Hilfe nehmen.[290] Hierbei identifiziert er drei Variablen, die bevorzugt in Textanalysen untersucht werden und die von besonderem Interesse für die vorliegende Arbeit sind. Das sind neben der Menge an Veröffentlichungen der Tonfall und die Lesbarkeit, wobei vor allem die Menge an Veröffentlichungen, die durch die Länge oder die Größe quantifiziert werden kann, als Indikator für Komplexität dient.[291]

Im Folgenden werden nun ausgewählte Studien zur Lesbarkeitsanalyse präsentiert,[292] um weitere Informationen hinsichtlich der Messung von (Text-) Komplexität zu erhalten. Die Studien weisen allesamt einen Bezug zur Rechnungslegung respektive (Finanz-)Berichterstattung auf. Die Ausführungen erheben keinen Anspruch auf Vollständigkeit und fokussieren im Wesentlichen auf die Quantifizierung von englischsprachigen Texten anhand von Lesbarkeitsindizes. Erläuterungen, wie z. B. hinsichtlich der Forschungsfrage, der Untersuchungsbasis und der -ergebnisse, werden weitgehend vernachlässigt.

Zu den ausgewählten Studien zählt diejenige von Jones aus dem Jahr 1988, in der der Autor zunächst die bis dato bestehende Literatur zur Lesbarkeit seit 1948 aufarbeitet (13 Studien) und feststellt, dass 85% den gleichen Ansatz wählen und auf den *Flesch Reading Ease-Index* zur Bestimmung der Lesbarkeit zurückgreifen. Auch Jones entscheidet sich letztendlich in seiner Studie für diesen Ansatz.[293]

Subramanian, Insley und Blackwell greifen im Jahr 1993 auf das Softwareprogramm „RightWriter" zurück, um die Textkomplexität von Jahresberichten zu erfassen. Das Programm verwendet die Lesbarkeitsformeln von drei Indizes (*Flesch-Kincaid-*, *Flesch Reading Ease-* und Gunning *Fog-Index*).[294]

289 Dazu zählt z. B. die Studie von Jones/Shoemaker (1994), Accounting Narratives, und die Studie von Cole/Jones (2005), Management Discussion and Analysis (vgl. Li (2010), Textual Analysis of Corporate Disclosures, S. 144).

290 Vgl. Li (2010), Textual Analysis of Corporate Disclosures, S. 144.

291 Vgl. Li (2010), Textual Analysis of Corporate Disclosures, S. 147. Gleichwohl räumt der Autor in diesem Zusammenhang ein, dass das Abstellen auf die Länge einer Veröffentlichung als Indikator für Komplexität durchaus kritisch zu sehen ist, da auch andere Interpretationen, wie z. B. eine höhere Transparenz, denkbar scheinen (vgl. Li (2010), Textual Analysis of Corporate Disclosures, S. 147).

292 Sicherlich wäre es auch möglich, z. B. die Studie von Miller ((2010), Reporting Complexity) an dieser Stelle aufzuführen. Allerdings rekurriert der Autor ausdrücklich auf den Begriff der *Reporting Complexity*, sodass eine Nennung dieser Studie bereits unter Erster Teil: Kap. 2.1.2 erfolgt.

293 Vgl. Jones (1988), Readability of the Chairman's Narratives, S. 298, 300.

294 Vgl. Subramanian et al. (1993), Performance and Readability, S. 53–54.

Im Jahr 2005 untersucht DAVIDSON die Veränderung der Komplexität von 105 Rechnungslegungsfachbüchern (*Accounting Textbooks*) in den vergangenen 100 Jahren anhand der Lesbarkeit. Dazu stellt er auf die Wort- sowie Satzkomplexität ab und zieht keine Lesbarkeitsformeln heran.[295] Die Wortkomplexität ergibt sich bei ihm zum einen anhand der Anzahl der Silben im Verhältnis zur Anzahl der Wörter in der Stichprobe, wobei Wörter mit bis zu zwei Silben als eine Silbe und Wörter mit drei Silben als drei Silben gezählt werden. Zum anderen ergibt sie sich anhand der relativen Anzahl an großen Wörtern, die aus mehr als zwei Silben bestehen, im Verhältnis zur gesamten Anzahl an Wörtern in der Stichprobe. Zur Ermittlung der Satzkomplexität zieht er u. a. die relative Anzahl an kurzen (langen) Sätzen mit 12 (70) oder weniger (mehr) Wörtern im Verhältnis zur Anzahl der gesamten Sätze in der Stichprobe heran.[296]

Im Jahr 2007 befassen sich NELSON/PRITCHARD in ihrem Beitrag mit den freiwilligen Angaben von Unternehmen.[297] Dazu stellen sie zum einen auf die Quantität der Sprache, die entweder durch die Anzahl der Wörter, die Anzahl der

---

295 Vgl. DAVIDSON (2005), Complexity of Writing used in Accounting Textbooks, S. 53, 56–57, 60–63, 70. Gleichzeitig räumt der Autor ein, dass weitere Faktoren die Lesbarkeit beeinflussen können, jedoch die Wort- und Satzlänge die zentralen Eigenschaften der Lesbarkeit darstellen, die relativ einfach quantifizierbar sind und aus diesem Grund als Indikatoren herangezogen werden (vgl. DAVIDSON (2005), Complexity of Writing used in Accounting Textbooks, S. 57). Bei der Auswahl der untersuchten Textseiten existiert das Problem, dass nicht einfach eine zufällig gewählte Stichprobe erhoben werden kann, da viele Seiten keinen Text, sondern Bilder, Grafiken, Tabellen etc. enthalten. Auch ist es nicht möglich, eine inhaltliche Abgrenzung vorzunehmen, da die letzten 100 Jahre verschiedenartige Themen in den Rechnungslegungsbüchern behandelt haben. Aus diesem Grund orientiert sich der Autor an einer Vorgängerstudie und wählt die untersuchten Seiten manuell aus. Dazu wählt er in jedem Buch vier Seiten aus den Themenbereichen „Liquide Mittel", „Vorräte", „Schulden" und „Eigenkapital" aus, die als Stichprobe fungieren. Existieren diese Kategorien in den untersuchten Büchern nicht, so zieht der Autor dennoch die erste Textseite aus dem ausgewählten, aber inhaltlich abweichenden Kapitel zur Analyse heran (vgl. DAVIDSON (2005), Complexity of Writing used in Accounting Textbooks, S. 60).

296 Vgl. DAVIDSON (2005), Complexity of Writing used in Accounting Textbooks, S. 60, 63. Darüber hinaus sind weitere Möglichkeiten denkbar, die Satzkomplexität zu ermitteln. Dazu zählen beispielsweise die Ermittlung der relativen Anzahl an kurzen Sätzen in der Stichprobe, wobei kurze Sätze zwölf oder weniger Wörter beinhalten, oder die Ermittlung der relativen Anzahl an langen Sätzen in der Stichprobe, wobei lange Sätze aus 70 und mehr Wörtern bestehen. Außerdem ist es möglich, die relative Anzahl an einfachen Sätzen im Verhältnis zur Gesamtanzahl an Sätzen zu setzen und auf diese Weise einen weiteren Indikator für die Satzkomplexität zu erhalten, wobei der Autor offen lässt, was unter einem „einfachen" Satz zu verstehen ist (vgl. DAVIDSON (2005), Complexity of Writing used in Accounting Textbooks, S. 63).

297 Vgl. NELSON/PRITCHARD (2007), Litigation Risk and Voluntary Disclosure, S. 1.

Risikofaktoren oder die Anzahl der Wörter pro Risikofaktor ermittelt werden kann,[298] ab. Zum anderen zielen sie auf die Textkomplexität, die auf Basis des GUNNING *Fog-Index* ermittelt wird.[299]

Li befasst sich in seinem Beitrag aus dem Jahr 2008 mit der Lesbarkeit von Geschäftsberichten und misst diese anhand des GUNNING *Fog-Index* als auch der Länge des Dokuments.[300] Um die Länge zu ermitteln, stellt der Autor mittels eines computerbasierten Programms auf die Anzahl der Wörter pro Dokument ab. Dabei untersucht er sowohl den *Management's Discussion and Analysis of Financial Condition and Results of Operations* (MD&A) als auch den Anhang (*Notes*). Außerdem misst LI in seinem Beitrag die Komplexität des operativen Geschäfts der

---

298 Vgl. NELSON/PRITCHARD (2007), Litigation Risk and Voluntary Disclosure, S. 1–2. Die Autoren führen 75 Risikofaktoren auf, die sie in 13 Gruppen aufteilen. Unter die Gruppen fallen z. B. das Personal und die Rechnungslegung, wobei dabei die Einführung eines neuen Rechnungslegungsstandards einen Risikofaktor darstellt (vgl. NELSON/PRITCHARD (2007), Litigation Risk and Voluntary Disclosure, S. 17, Fn. 16, S. 34–35).

299 Vgl. NELSON/PRITCHARD (2007), Litigation Risk and Voluntary Disclosure, S. 1–2, 17–18.

300 Vgl. LI (2008), Annual report readability, S. 222, 225–226; vgl. hinsichtlich eines ähnlichen Vorgehens LEE (2012), Effect of Quarterly Report Readability, S. 1138. Im Zusammenhang mit der Lesbarkeit und der Länge eines Dokuments ist der Beitrag von BLOOMFIELD interessant, der den Beitrag von LI kritisch diskutiert und weitere Erklärungen aufzeigt, die die Lesbarkeit und Länge von Geschäftsberichten beeinflussen können. Beispielsweise könnte das Management die Intention besitzen, eine schlechte Unternehmenslage durch komplexe und lange Sätze zu verschleiern. Außerdem ist es möglich, dass eine schlechte Unternehmenslage an sich schwerer zu beschreiben ist als eine gute. Aus diesem Grund werden im Falle einer schlechten Unternehmenslage möglichweise auch mehr und komplexere Wörter verwendet, um den Adressaten die Situation zu erklären (vgl. BLOOMFIELD (2008), Discussion, S. 249–250; vgl. z. B. zur *Obfuscation Hypothesis* COURTIS (1998), Annual report readability und RUTHERFORD (2003), Textual Complexity). In die Richtung von BLOOMFIELD stößt auch der Beitrag von LI ((2010), Managers' Self-Serving Attribution Bias, S. 1–7), der untersucht, inwiefern Individuen Verantwortung für ihr Handeln übernehmen oder die Verantwortung anderen zuweisen. Dabei kommt der Autor zu dem Ergebnis, dass Manager im Falle einer positiven Unternehmensentwicklung eher dazu tendieren in der ersten Person zu formulieren, während hingegen im Falle einer negativen Unternehmensentwicklung eher auf die zweite und dritte Person ausgewichen wird. Dazu setzt der Autor die Anzahl an Pronomen der ersten Person ins Verhältnis zu denen in der zweiten und dritten Person. Daher ist es für den Fortgang der vorliegenden Arbeit wichtig, zu berücksichtigen, dass letztendlich nicht klar sein kann, ob z. B. in den Geschäftsberichten die IFRS-Rechnungslegung gemessen wird oder ob andere Faktoren (mit-)abgegriffen werden (Konstruktvalidität). Eine Trennung in die einzelnen Ursachen wäre ideal, indes aber wohl unrealistisch und nicht umsetzbar, da sich die einzelnen Ursachen überschneiden und gegenseitig beeinflussen.

Unternehmen anhand der Anzahl der Geschäfts- und der geografischen Segmente.[301] Darüber hinaus quantifiziert er die Komplexität der finanziellen Situation des Unternehmens anhand der Anzahl an finanziellen Angaben, die in der Datenbank *Compustat* zu dem jeweiligen Unternehmen hinterlegt sind.[302]

Lawrence befasst sich in seinem Beitrag aus dem Jahr 2011 mit der Qualität von Finanzinformationen, die er anhand der Lesbarkeit und Länge der Geschäftsberichte sowie einer Bewertung der Informationen durch Analysten untersucht. Zur Messung der beiden erstgenannten Aspekte – Lesbarkeit und Länge der Geschäftsberichte – rekurriert er auf die Maßgrößen aus der Li-Studie aus dem Jahr 2008.[303]

Die Studie von Lehavy, Li, und Merkley aus dem Jahr 2011 befasst sich auch mit der Lesbarkeit von Geschäftsberichten. Dazu messen die Autoren die Lesbarkeit anhand des Gunning *Fog-Index*.[304]

Loughran/McDonald untersuchen in ihrem Beitrag aus dem Jahr 2011 ebenfalls die Lesbarkeit von Finanzberichten (10-K-Berichte). Dazu ziehen sie neben dem Gunning *Fog-Index* auch die Anzahl der Wörter in den Finanzberichten heran, um die Lesbarkeit zu quantifizieren.[305]

Während Stone in seiner Studie aus dem Jahr 2011 den *Flesch Reading Ease-Index* heranzieht, um Unterlagen von Prüfern, die für den Mandanten bestimmt

301 Vgl. Li (2008), Annual report readability, S. 225–226, 231.

302 Vgl. Li (2008), Annual report readability, S. 226. Dahinter steckt die Annahme, dass ein Unternehmen umso mehr einzelne finanzielle Angaben machen muss, je komplexer die individuelle finanzielle Situation ist.

303 Vgl. Lawrence (2011), Financial Disclosure, S. 2, 17, 37; Li (2008), Annual report readability, S. 225–226.

304 Vgl. Lehavy et al. (2011), Annual Report Readability, S. 1088–1089. Ebenso weisen die Autoren auf weitere Studien hin, die auch den Gunning *Fog-Index* heranziehen (vgl. Lehavy et al. (2011), Annual Report Readability, S. 1089, 1094 m. w. N.). Ferner zeigen sie die Vorteile des Index auf, die sie u. a. in der einfachen Anwendbarkeit und Objektivität durch die einheitliche technische Ermittlung sehen, und die Nachteile, die u. a. darin liegen, dass der Index nicht zwischen unterschiedlichen Schreibstilen differenzieren kann.

305 Vgl. Loughran/McDonald (2011), Measuring Readability, S. 2, 17, 26; vgl. ebenso Loughran/McDonald (2013), Measuring Readability. Im Übrigen führen auch diese Autoren weitere Studien auf, die die Lesbarkeit anhand des Gunning *Fog-Index* messen. Außerdem gehen die Autoren auf Defizite des Gunning *Fog-Index* ein. Dazu zählt, dass der Index komplexe Wörter, die 3 oder mehr Silben haben, einbezieht. Allerdings – so zeigen die Autoren auf – handelt es sich z. B. bei dem Wort „Unternehmen" (*Corporation*) zwar um ein komplexes Wort im Sinne des Gunning *Fog-Index*, jedoch auch um ein für jedermann verständliches Wort. Dementsprechend kann auch aus einem hohen Gunning *Fog-Indexwert* nicht ohne Weiteres die Schlussfolgerung gezogen werden, dass die Lesbarkeit abnimmt (vgl. Loughran/McDonald (2011), Measuring Readability, S. 1–4, 17, 24–26).

und zufällig ausgewählt sind, zu untersuchen,[306] greifen HSIEH/HUI in ihrer Studie im Jahr 2013 auf den GUNNING *Fog-Index* zurück, um die Lesbarkeit von Analystenberichten zu bestimmen.[307]

An dieser Stelle ist es notwendig, auf die Studie von STONE/PARKER hinzuweisen, die den *Flesch Reading Ease-Index* modifizieren und an die aktuellen Entwicklungen in der Rechnungslegungskommunikation anpassen, indem sie die Lesbarkeitsformel den zeitgemäßen Gegebenheiten, wie z. B. der Gewichtung hinsichtlich der Wortlänge, anpassen und um Aspekte, wie z. B. den Bildungsstand des Lesers, erweitern.[308]

Die Studie von BUSHEE, GOW und TAYLOR aus dem Jahr 2013 beleuchtet die Textkomplexität anhand des GUNNING *Fog-Index*. Die Autoren bedienen sich dazu Transkripten zu Telefonkonferenzen, die in der *Thomson-Reuter-StreetEvents*-Datenbank im Zeitraum von 2002 bis 2011 hinterlegt sind.[309]

Daneben wird die Studie von DE FRANCO, HOPE, VYAS und ZHOU aus dem Jahr 2013 bemüht, die die Lesbarkeit von Analystenberichten untersuchen, indem sie zum einen auf eine Kombination von Lesbarkeitsindizes (GUNNING *Fog-*, *Flesch Reading Ease-* und *Flesch-Kincaid-Index*) zurückgreifen und zum anderen auf die Anzahl der Wörter in den Finanzberichten abstellen, um die Länge zu ermitteln.[310]

GARCÍA-BENAU, ZORIO und NOVEJARQUE untersuchen in ihrem Beitrag aus dem Jahr 2013 u. a., ob sich die Lesbarkeit von fünf internationalen Prüfungsstandards (*International Standards on Auditing*, ISA) durch die Überarbeitung („*Clarity Project*“) des *International Auditing and Assurance Standards Boards* (IAASB), einem Gremium innerhalb der *International Federation of Accountants* (IFAC), verbessert hat. Dazu rekurrieren sie auf den *Flesch Reading Ease-Index*, ermitteln die Lesbarkeitswerte mittels einer Internetseite (vor und nach der Überarbeitung) und vergleichen die Ergebnisse miteinander. Sie kommen u. a. zu dem Ergebnis, dass sich lediglich bei einem Prüfungsstandard die Lesbarkeit verbessert (ISA 505: +109,30%); bei den restlichen vier hat sich die Lesbarkeit z. T. deutlich verschlechtert (ISA 402: -30,23%; ISA 540: -10,19%; ISA 620: -25,48%; ISA 700: -30,18%).[311]

Schließlich erforschen LANG/STICE-LAWRENCE in ihrer Studie aus dem Jahr 2014 die Textkomplexität von über 15.000 Finanzberichten aus 42 Ländern anhand des GUNNING *Fog-Index*. Die Finanzberichte entstammen der Datenbank „Osiris“

306 Vgl. STONE (2011), Readability of accountants' communications, S. 252–255.

307 Vgl. HSIEH/HUI (2013), Analyst Report Readability, S. 15.

308 Vgl. STONE/PARKER (2013), Developing the Flesch reading ease formula, S. 43–48; vgl. ebenso Dritter Teil: Kap. 4.3.1.1.

309 Vgl. BUSHEE ET AL. (2014), Linguistic Complexity in Firm Disclosures, S. 9–10.

310 Vgl. DE FRANCO ET AL. (2013), Analyst Report Readability, S. 11–12. Einschränkend muss erwähnt werden, dass die Autoren nicht von Textkomplexität sprechen. Aufgrund der Aktualität des Beitrags wird dieser aber dennoch in den Forschungsüberblick integriert.

311 Vgl. GARCÍA-BENAU ET AL. (2013), Are clarified ISAs readable?, S. 307–308, 314–321.

des Unternehmens Bureau van Dijk. Die Untersuchung betrifft den Zeitraum von 1998 bis 2011.[312]

Einen weiteren Aspekt zur Textkomplexität kann die sprachliche Analyse beitragen, die auf SYDSERFF/WEETMAN und das Jahr 1999 zurückgeht.[313] Darin stellen die Autoren fest, dass die Konsultation eines Lesbarkeitsindex zu oberflächlich sei, da dieser lediglich auf Wörter und Sätze rekurriere und aufgrund dessen nicht für die Analyse von z.B. Geschäftsberichten geeignet sei. Daher entwickeln die Autoren mit dem „texture index approach"[314] eine ergänzende Analysemethode, die mehrere Aspekte eines Textes, wie z.B. die Verwendung von Konjunktionen, berücksichtigt.[315] Dennoch bleibt die Haltung bestehen, dass trotz Schwächen, die auch im Rahmen des Forschungsüberblicks an ausgewählten Stellen (z.B. hinsichtlich der fraglichen Konstruktvalidität) aufgeführt sind, die Stärken, wie z.B. die einfache Anwendbarkeit und objektive, nachvollziehbare Ermittlung, der Lesbarkeitsindizes überwiegen und daher geeignet sind, um einen weiteren Indikator zur Komplexitätsmessung zu generieren.[316]

Im Zusammenhang mit der sprachlichen Analyse weist RENNEKAMP darauf hin, dass ein zentrales Element der Kommunikation die Sprache sei und demzufolge Wörter bewusst verwendet würden, um entsprechende Prozesse, Motive und Emotionen auszudrücken.[317] Dementsprechend können benutzte Wörter, wie z.B. Substantive und Verben, Hinweise auf bestimmte Themen geben.[318]

---

312 Vgl. LANG/STICE-LAWRENCE (2014), Textual Analysis and International Financial Reporting, S. 1, 5, 12.

313 Vgl. BEATTIE ET AL. (2004), A methodology for analyzing and evaluating narratives in annual reports, S. 212; SYDSERFF/WEETMAN (1999), A texture index for evaluating accounting narratives. Weitere Studien führen z. B. die Bezeichnung *Lingusitic Complexity* im Titel, stellen aber vielmehr auf die Lesbarkeit als die sprachliche Analyse ab (vgl. z. B. BROCHET ET AL. (2012), Causes and consequences of linguistic complexity, S. 15–17; GIBSON (1998), Lingusitic complexity). Gleichwohl sind sie nicht in diesem Kapitel aufgeführt, da sie keine weiteren Erkenntnisse zur Quantifizierung der Komplexität für die vorliegende Arbeit beinhalten.

314 SYDSERFF/WEETMAN (1999), A texture index for evaluating accounting narratives, S. 463.

315 Vgl. BEATTIE ET AL. (2004), A methodology for analyzing and evaluating narratives in annual reports, S. 212; SYDSERFF/WEETMAN (1999), A texture index for evaluating accounting narratives, S. 459–460, 463–472, 468–469.

316 Vgl. dazu die Ausführungen zu den Studien zur Textkomplexität in diesem Kapitel (Erster Teil: Kap. 2.3.1).

317 Vgl. RENNEKAMP (2012), Managers' Choice of Reporting Complexity in Disclosures, S. 3–5; TAUSCZIK/PENNEBAKER (2010), The Psychological Meaning of Words, S. 25.

318 Vgl. RENNEKAMP (2012), Managers' Choice of Reporting Complexity in Disclosures, S. 3; vgl. ebenso KIM/CHUNG (2014), Are Female CFOs better at improving the readability of the annual reports?, S. 1–2 m. w. N.

Die Studien zur Textkomplexität zeigen, dass eine Vielzahl von Lesbarkeitsindizes existiert (u.a. *Dale-Chall-*, *Flesch-*, *Flesch-Kincaid-*, *Fog-*, *Fry-*, *Kwolek-*, *Lix-*, *Reading Complexity Elicitation-*, *Rix-* und *Smog-Index*). Der *Flesch Reading Ease-Index* und der GUNNING *Fog-Index* nehmen angesichts der Häufigkeit ihrer Verwendung eine besondere Stellung ein, der modifizierte *Flesch Reading Ease-Index* nach STONE/PARKER aufgrund seiner Aktualität ebenfalls. Daneben bietet sich der *Lix-Index* an, mit dem Texte in verschiedenen Sprachen – darunter z.B. auch Deutsch – untersucht werden können.[319] Zur Ermittlung der Indizes ist es opportun, z.B. auf *MICROSOFT Word* (DAILY ET AL.) zurückzugreifen. Gleichwohl sind mit der Verwendung von Lesbarkeitsindizes sowohl Stärken (wie z.B. die relativ leichte Anwendbarkeit sowie die Vergleichbarkeit der verschiedenen Studien) als auch Schwächen (wie z.B. die fragliche Konstruktvalidität und die Vernachlässigung des Layouts der Geschäftsberichte) verbunden.[320]

---

319 Vgl. Dritter Teil: Kap. 4.3.1.1. Der *Flesch Reading Ease-Index* geht auf RUDOLF FLESCH und das Jahr 1948 zurück. Die Formel zur Berechnung des Index stellt sich wie folgt dar: *Flesch Reading Ease-Index* = 206,835 – (1,015 x Wörter pro Satz) – (84,6 x Silben pro Wort). Das Ergebnis nimmt in der Regel einen Wert zwischen „0“ und „100“ an. Dabei impliziert der *Flesch Reading Ease-Index*, je höher der Indexwert ist, desto leichter ist der untersuchte Text zu lesen (vgl. FLESCH (1948), A New Readability Yardstick, S. 229–230; GARCÍA-BENAU ET AL. (2013), Are clarified ISAs readable?, S. 314–315; JONES/SHOEMAKER (1994), Accounting Narratives, S. 176; LI (2008), Annual report readability, S. 225, Fn. 4; vgl. auch die Ausführungen von DUBAY (2007), The Classic Readability Studies, S. 222–225; vgl. ebenso den Beitrag von STONE/PARKER (2013), Developing the Flesch reading ease formula, S. 31, 43–48, 53; vgl. ebenfalls BACHMANN (2014), Flesch-Formel). Der GUNNING *Fog-Index* ist ein Index aus den Sprachwissenschaften, der die Textkomplexität anhand der Anzahl der Wörter pro Satz und der Anzahl der Silben pro Wort misst. Dabei fallen Wörter unter die Kategorie „komplex“, wenn sie aus drei oder mehr Silben bestehen (vgl. LI (2008), Annual report readability, S. 225 und S. 225, Fn. 4). Der *Lix-Index* wurde von BJÖRNSSON im Jahr 1968 entwickelt, um Aussagen über verschiedene Sprachen hinweg zu treffen. Der Index errechnet sich, indem die Wort- mit der Satzlänge des untersuchten Textes addiert wird. Dabei repräsentiert die Wortlänge die prozentuale Anzahl an Wörtern, die aus mehr als sechs Buchstaben bestehen. Die Satzlänge steht für die durchschnittliche Anzahl an Wörtern pro Satz (vgl. ANDERSON (1983), Lix and Rix: Variations on a little-known readability index, S. 490–491; JONES/SHOEMAKER (1994), Accounting Narratives, S. 176; vgl. LENHARD/LENHARD (2013), Lesbarkeitsindex; vgl. für eine Einordnung der Ergebnisse in englischer Sprache ANDERSON (1983), Lix and Rix: Variations on a little-known readability index, S. 494).

320 Vgl. auch z. B. JONES/SMITH (2013), Traditional and alternative methods of measuring the understandability of accounting narratives, S. 1–2.

2.3.2 *Organisationskomplexität*

Die Studien zur Rechnungslegungskomplexität illustrieren, dass dieselbige sowohl aus der Komplexität der Rechnungslegungsstandards selbst als auch aus der Komplexität der ökonomischen Transaktionen des Unternehmens (mit seiner Umwelt) resultiert.[321] Aus diesem Grund werden im Folgenden Studien in den Forschungsüberblick integriert, die sich mit der Komplexität von Unternehmen oder allgemeiner von Organisationen (Organisationskomplexität, *Organizational Complexity*) befassen. Dabei beschreibt der Begriff der Organisationskomplexität das Charakteristikum einer Organisation, das diese schwer durchschaubar und verständlich macht.[322]

Im Anschluss werden ausgewählte Studien zur Organisationskomplexität präsentiert,[323] um weitere Informationen hinsichtlich der Messung zu erhalten. Dabei erheben die Ausführungen keinen Anspruch auf Vollständigkeit und fokussieren im Wesentlichen auf die Quantifizierung. Erläuterungen, wie z. B. hinsichtlich der Forschungsfrage, der Untersuchungsbasis und der -ergebnisse, werden weitgehend vernachlässigt.

Beispielsweise befassen sich Collins/Holzmann im Jahr 1996 mit der Organisationskomplexität, die die Autoren u. a. anhand der Anzahl der Mitarbeiter, des Anteils des Auslandsgeschäfts und der Umsatzgröße bestimmen.[324]

Im Beitrag von Bushman, Chen, Engel und Smith (im Folgenden Bushman et al.) aus dem Jahr 2004 spielt die Organisationskomplexität eine wesentliche Rolle. Darin messen die Autoren diese, indem sie auf die industrielle und geografische Konzentration des Unternehmens zurückgreifen. Auf dieser Basis ermitteln sie den *Hirfindahl-Hirschman-Index*, der die Summe der Umsatzerlöse zum Quadrat für jede Industrie respektive jedes Segment ins Verhältnis zu den gesamten Umsatzerlösen des Unternehmens setzt. Demzufolge steht ein hoher Indexwert für eine hohe industrielle und/oder geografische Konzentration sowie eine geringe Komplexität.[325]

---

321 Vgl. Erster Teil: Kap. 2.1.1.

322 Vgl. Jennings et al. (2012), The effect of organizational complexity, S. 1; Perrow (1967), A framework for the comparative analysis of organizations, S. 194.

323 Sicherlich wäre es auch möglich, z. B. die Studie von Miller ((2010), Reporting Complexity) auch an dieser Stelle aufzuführen. Allerdings rekurriert der Autor ausdrücklich auf den Begriff der *Reporting Complexity*, sodass eine Nennung dieser Studie bereits unter Erster Teil: Kap. 2.1.2 erfolgt.

324 Vgl. Collins/Holzmann (1996), The Effect of Organizational Complexity, S. 199, 206.

325 Vgl. Bushman et al. (2004), Financial accounting information, S. 170, 174–176 und S. 176, Fn. 14 m. w. N.

Im Jahr 2006 beziehen sich BERRY, BIZJAK, LEMMON und NAVEEN ebenso auf die Organisationskomplexität.[326] Dazu ermitteln die Autoren als Maßgröße die Anzahl der verschiedenen Geschäftssegmente und ziehen den *Hirfindahl-Index* heran.[327]

HRASKY ET AL. tangieren in ihrem Beitrag aus dem Jahr 2009 auch die Organisationskomplexität, die sie anhand der Anzahl der Geschäfts- und der geografischen Segmente, über die das Unternehmen berichtet, messen.[328]

In ihrem Beitrag aus dem Jahr 2012 untersuchen JENNINGS, STOUMBOS und TANLU ebenso die Organisationskomplexität, differenzieren diese aber in strukturelle Komplexität (*Structural Complexity*), Kostenstrukturkomplexität (*Cost Structure Complexity*) und Qualität der Informationssysteme (*Information System Sophistication*). Diese Aspekte der Komplexität quantifizieren die Autoren.[329]

In ihrer Studie aus dem Jahr 2012 setzen sich LIU/LAI ebenso mit der Organisationskomplexität auseinander. Darin quantifizieren die Autoren die Komplexität anhand der industriellen und geografischen Diversifikation, die sich im Wesentlichen in Abhängigkeit der jeweilig generierten Umsatzerlöse ergibt.[330]

---

326 Vgl. BERRY ET AL. (2006), Organizational complexity, S. 798.

327 Vgl. BERRY ET AL. (2006), Organizational complexity, S. 800–801. Der *Hirfindahl-Index* basiert im Wesentlichen auf dem Verhältnis der Umsatzerlöse je Segment zu den gesamten Unternehmensumsatzerlösen, wobei sowohl Zähler als auch Nenner quadriert werden. Anschließend werden die einzelnen Ergebnisse je Segment aufsummiert und von „1“ subtrahiert. Demzufolge nimmt der Index den Wert „0“ an, wenn das Unternehmen lediglich über ein Segment verfügt, den Wert „0,9“, wenn das Unternehmen über zehn Segmente berichtet (vgl. BERRY ET AL. (2006), Organizational complexity, S. 801).

328 Vgl. HRASKY ET AL. (2009), Textual Complexity of Annual Report Narratives, S. 42. Auch RUTHERFORD wählt in seinem Beitrag aus dem Jahr 2003 ein analoges Vorgehen hinsichtlich der Messung von Komplexität (vgl. RUTHERFORD (2003), Textual Complexity, S. 196).

329 Vgl. JENNINGS ET AL. (2012), The effect of organizational complexity, S. 1, 8. Operationalisiert wird die strukturelle Komplexität anhand der industriellen und geografischen Verbreitung des Unternehmens. Dazu wird der *Hirfindahl-Hirschman-Index* genutzt (vgl. dazu auch BUSHMAN ET AL. (2004), Financial accounting information, S. 170, 174–176). Die Kostenstrukturkomplexität wird anhand des Quotienten der Umsatzerlöse und dem Ergebnis aus der gewöhnlichen Geschäftstätigkeit – vor außergewöhnlichen Einflüssen – ermittelt. Um die Qualität der Informationssysteme zu messen, bestimmen JENNINGS ET AL. den Zeitraum (in Tagen), der sich aus der Differenz zwischen dem Tag des Quartalsendes und dem Tag der Veröffentlichung des Gewinns ergibt. Dahinter steckt die Annahme, dass ein relativ langer Zeitraum für eine komplexe Organisation und eine niedrige Qualität des internen Rechnungslegungssystems spricht, da die Verarbeitung der Informationen relativ lange dauert (vgl. JENNINGS ET AL. (2012), The effect of organizational complexity, S. 14–15).

330 Vgl. LIU/LAI (2012), Organizational Complexity, S. 352, 355–356.

Die Autoren BALSAM, IRANI und YIN (im Folgenden BALSAM ET AL.) gehen im Jahr 2012 auf die Berufskomplexität (*Job Complexity*) ein, die in der vorliegenden Arbeit als ein Derivat der Organisationskomplexität aufgefasst wird. Sie drückt die Schwierigkeiten aus, die eine bestimmte Position, wie z.B. die eines *Chief Financial Officers* (CFO), in einem Unternehmen beinhaltet.[331] Die Autoren schätzen die Berufskomplexität anhand verschiedener Indikatoren. Zum einen greifen sie auf die Bilanzsumme (*Total Assets*), auf die Anzahl der Analystenschätzungen hinsichtlich der Gewinnprognosen (*Analyst Earnings Forecasts*) und auf die Anzahl der Geschäftssegmente eines Unternehmens (*Business Segments*) zurück. Zum anderen dienen auch der *Free Cash Flow*, die Fusions- und Übernahmeaktivitäten (*Mergers and Acquisitons*) sowie der Anteil der Außenfinanzierung (*External Financing*) als Indikatoren für die Berufskomplexität.[332]

HITZ, ERNSTBERGER und STICH (im Folgenden HITZ ET AL.) beleuchten in ihrer Studie aus dem Jahr 2012 das deutsche zweistufige *Enforcement*-System.[333] Dabei gehen sie am Rande ihrer Untersuchung auf die Firmenkomplexität (*Firm Complexity*) ein, die an dieser Stelle als ein Derivat der Organisationskomplexität aufgefasst wird. Diese messen die Autoren, indem sie – sehr vereinfachend ausgedrückt – u.a. auf die Anzahl der Geschäftssegmente abstellen.[334]

Schließlich untersuchen BLACK, DIKOLLI und DYRENG in ihrem Beitrag aus dem Jahr 2014 u.a. den Zusammenhang zwischen der Vergütung eines *Chief Executive Officers* (CEO) und der Organisationskomplexität (*Enterprise Complexity*). Um die Organisationskomplexität zu bestimmen, werden Stellvertretervariablen zur geografischen Verbreitung des Unternehmens herangezogen. Die Stellvertretervariablen repräsentieren Spezifika der Länder (wie z.B. das Steuer- und das Korruptionsniveau etc.), in denen das jeweilige Unternehmen tätig ist.[335]

Hinsichtlich der Organisationskomplexität wird die Forschung von keiner Methode dominiert. Lediglich die Quantifizierung der Komplexität mittels der Anzahl der Geschäftssegmente und der geografischen Verbreitung des Unternehmens stechen hervor (u.a. BLACK ET AL., BUSHMAN ET AL., HITZ ET AL.). Gleichwohl bieten sich aber auch andere Indikatoren, die auf die Unternehmensgröße rekurrieren, wie z.B. Mitarbeiterzahl, Bilanzsumme oder Umsatzerlöse (u.a. BALSAM ET AL., COLLINS/HOLZMANN), an, um die Unternehmenskomplexität zu erfassen.

---

331 Vgl. BALSAM ET AL. (2012), Impact of Job Complexity, S. 395–398.

332 Vgl. BALSAM ET AL. (2012), Impact of Job Complexity, S. 400–402. Der Anteil der Außenfinanzierung betrifft sowohl das Eigenkapital (*Common and Preferred Stock*) als auch das langfristige Fremdkapital (*Long-term Debt*) (vgl. BALSAM ET AL. (2012), Impact of Job Complexity, S. 401–402).

333 Vgl. HITZ ET AL. (2012), Enforcement of Accounting Standards in Europe, S. 253–256, 276.

334 Vgl. HITZ ET AL. (2012), Enforcement of Accounting Standards in Europe, S. 264.

335 Vgl. BLACK ET AL. (2014), CEO Pay-for-Complexity, S. 104–105, 114, 128.

3 Forschungsdefizit und -frage

Im Forschungsüberblick sind die wesentlichen Studien für die vorliegende Arbeit zusammengefasst. Das sind Studien, die sich mit dem Komplexitätsphänomen im Zusammenhang mit der Rechnungslegung (Rechnungslegungskomplexität) und der Berichterstattung (Berichterstattungskomplexität) auseinandersetzen. Danach werden Studien zur Rechts- sowie zur Steuerrechts- und zur Steuerkomplexität erörtert. Abschließend werden Studien zur Textkomplexität (insbesondere zur Lesbarkeit) und zur Organisationskomplexität behandelt. Die Studien bilden die Grundlage, um das Forschungsdefizit herauszuarbeiten und die Forschungsfrage abzuleiten.

Anhand der Studien zur Rechnungslegungskomplexität wird deutlich, dass es sich bei dem Phänomen um ein relativ junges und nahezu unbearbeitetes Forschungsgebiet handelt.[336] Im Hinblick auf die IFRS ist dieser Umstand nicht weiter überraschend. Erst durch die verpflichtende Einführung für den Konzernabschluss von kapitalmarktorientierten (Mutter-)Unternehmen durch die IAS-Verordnung in der EU ab dem Jahr 2005 und die Anerkennung durch die SEC im Rahmen des *Cross-Border Listings* im Jahr 2007 hat der wohl weltweite „Triumphzug" der IFRS begonnen.[337] Gleichwohl kristallisiert sich anhand der Literaturquellen heraus, dass das Phänomen der Komplexität immer mehr wahrgenommen wird.[338] Verstärkt wird diese Entwicklung durch die Praxis, die das Thema der Komplexität auch zunehmend problematisiert.[339]

---

336 Vgl. PETERSON (2012), Accounting complexity, S. 74.

337 Vgl. HAIL ET AL. (2010), Global Accounting Convergance and the Potential Adoption of IFRS by U.S. (Part I); NARKTABTEE/PATPANICHCHOT (2011), The Effectiveness Of IFRS Adoption, S. 79–81; PELLENS ET AL. (2014), Internationale Rechnungslegung, S. 35–46, 1008.

338 Vgl. z. B. DE GEORGE ET AL. (2013), IFRS Adoption and Audit Fees, S. 429, 451; FISCHER/KLÖPFER (2006), Umstellung der Rechnungslegung von HGB auf IFRS; FÜLBIER/KUSCHEL (2012), Komplexitätszunahme in der IFRS-Rechnungslegung, S. 929; LOITZ (2012), Audit of Tax, S. 247–258. Beispielsweise wird das Komplexitätsphänomen in der Rechnungslegungsforschung thematisiert, wenn Umstellungsprozesse von der nationalen Rechnungslegung auf die internationale Rechnungslegung IFRS untersucht werden (vgl. z. B. JERMAKOWICZ/GORNIK-TOMASZEWSKI (2006), Implementing IFRS, S. 188–189).

339 Vgl. Erster Teil: Kap. 2.1.1; vgl. ACCA (2009), Complexity in Financial Reporting; BARCKOW (2011), Causes of complexity in financial reporting; CANADIAN FINANCIAL EXECUTIVES RESEARCH FOUNDATION (2013), The Cost of IFRS Transition in Canada, S. 3, 12, 25, 27, 29; DEUTSCHE PRÜFSTELLE FÜR RECHNUNGSLEGUNG DPR E. V. (2011), Tätigkeitsbericht 2010, S. 6–8; DEUTSCHE PRÜFSTELLE FÜR RECHNUNGSLEGUNG DPR E. V. (2012), Tätigkeitsbericht 2011, S. 2; DEUTSCHE PRÜFSTELLE FÜR RECHNUNGSLEGUNG DPR E. V. (2013), Tätigkeitsbericht 2012, S. 8; KAJÜTER ET AL. (2007), Rechnungslegung nach IFRS im deutschen Mittelstand?, S. 1877–1884; LÜDENBACH/HOFFMANN (2005), Die „komplizierte" IFRS-Rechnungslegung, S. 884–885,

Mit dem Problem einer Komplexitätszunahme in der IFRS-Rechnungslegung befassen sich indes lediglich die Beiträge von FÜLBIER/KUSCHEL und KÜTING. Sie weisen einen relativ hohen inhaltlichen Deckungsgrad auf. KÜTINGS Ausführungen zur Systemtheorie erfolgen aber eher in einer allgemeinen, kondensierten Art und Weise. FÜLBIER/KUSCHEL präsentieren hingegen einen detaillierteren, systemtheoretischen Systematisierungsansatz der Rechnungslegungskomplexität in Verbindung mit empirischen Messversuchen.[340] Als wesentliche Ursachen der Rechnungslegungskomplexität identifizieren beide Studien die Komplexität der unternehmerischen Realität (Unternehmens- und allgemeine Umweltkomplexität) und die Komplexität der Rechnungslegungsregeln selbst (formelle und materielle Regelkomplexität).[341] Daneben setzen sich keine weiteren Forschungsarbeiten

---

890; MEYER (2010), Enforcement, S. 156; MEYER/BRAUN (2010), Komplexität, S. 1779–1780; MAYER-WEGELIN (2010), Enforcement, S. 2811, 2814–2815; OCHS/LEIBFRIED (2006), IFRS für den Mittelstand?, S. 187; VON KEITZ/STIBI (2004), Rechnungslegung nach IAS/IFRS, S. 429; VON KEITZ ET AL. (2007), Rechnungslegung nach (Full-)IFRS, S. 517, 518; VON KEITZ ET AL. (2011), IFRS – (auch) nach Verabschiedung des BilMoG ein Thema für den Mittelstand?, S. 13; WIRTSCHAFTSPRÜFERKAMMER KÖRPERSCHAFT DES ÖFFENTLICHEN RECHTS (2011), Presseinformation, S. 1; WIRTSCHAFTSPRÜFERKAMMER KÖRPERSCHAFT DES ÖFFENTLICHEN RECHTS (2011), Stellungnahme der Wirtschaftsprüferkammer zur IASB Agenda Consultation, S. 3–5; vgl. in diesem Zusammenhang zum einen die Untersuchung der Wirtschaftsprüfungsgesellschaft KPMG (2011), Disclosure overload and complexity, für den US-amerikanischen Raum und zum anderen die rudimentären, empirischen Studien von WEBER/KLAMAR ((2012), Umfang des Anhangs nach IFRS) und von WEBER/WENG ((2014), Umfang des Anhangs nach IFRS) zur Entwicklung des Umfangs des IFRS-Anhangs bei britischen, deutschen, französischen, italienischen und schweizerischen Unternehmen in den Jahren 2010, 2011 und 2012, die auch in diese Richtung deuten. Im Übrigen hat die Wirtschaftsprüfungsgesellschaft KPMG die Thematik sogar in ihr (Werbe-)Versprechen gegenüber Mandanten und Geschäftspartnern aufgenommen und spricht von „Cutting through complexity“ (o. V. (2013), KPMG kompakt; vgl. PAWSEY (2010), Complexity of IFRS, S. 6).

340 Vgl. Erster Teil: Kap. 2.1.1. Ebenso erwägt auch KÜTING einige der von FÜLBIER/KUSCHEL gewählten Indikatoren als Möglichkeiten, die IFRS-Rechnungslegungskomplexität zu quantifizieren. Darüber hinaus schlägt er – zusammen mit anderen Mitautoren – auch weitere Indikatoren vor, um die IFRS-Rechnungslegungskomplexität zu messen (wie z. B. anhand der Anzahl der initiierten IASB-Projekte pro Jahr im Zeitablauf) (vgl. KÜTING (2012), Komplexität der Rechnungslegungssysteme, S. 299; KÜTING ET AL. (2013), IFRS oder HGB, S. 147–151).

341 Vgl. FÜLBIER/KUSCHEL (2012), Komplexitätszunahme in der IFRS-Rechnungslegung, S. 933; KÜTING (2012), Komplexität der Rechnungslegungssysteme, S. 298–300. KÜTING geht in diesem Zusammenhang lediglich von zwei Systemen aus, durch die das Rechnungslegungssystem beeinflusst wird. Das ist neben dem System der „Realität des Unternehmens“ noch das System der „Regelwerke“ (KÜTING (2012), Komplexität der Rechnungslegungssysteme, S. 298). Eine eindeutige Separation der einzelnen Komplexitätsarten erscheint in beiden Beiträgen nahezu unmöglich.

mit dem Phänomen einer Komplexitätszunahme in der IFRS-Rechnungslegung im Zeitablauf auseinander. Auch im Rahmen der Berichterstattungskomplexität liegen zum momentanen Zeitpunkt keine derartigen Studien vor.

Vor diesem Hintergrund wird deutlich, dass das Phänomen einer Komplexitätszunahme im Zusammenhang mit der IFRS-Rechnungslegung nicht in ausreichendem Maße untersucht worden ist. So mangelt es nach bisherigem Erkenntnisstand in der Literatur an einem eingehenderen Systematisierungsversuch von Komplexität anhand der Systemtheorie. Es existiert lediglich ein diffuses und kein einheitliches Begriffsverständnis. Zudem fehlt es an einem Übertrag des systemtheoretischen Verständnisses der Komplexität auf dasselbige der Rechnungslegung.[342] Des Weiteren ist der allgegenwärtige Eindruck einer zunehmenden Komplexität des IFRS-Regelwerks immer noch unzureichend dokumentiert.[343] So ist eine Komplexitätszunahme der IFRS-Rechnungslegungsregeln noch für zu wenige Jahre mit zu wenig originären empirischen Daten in der deutsch- und englischsprachigen Literatur belegt.[344] In diese Forschungslücke versucht die vorliegende Arbeit zu stoßen, das Forschungsdefizit weitestgehend zu beheben und eine umfassendere Untersuchung hinsichtlich der Komplexitätszunahme in der IFRS-Rechnungslegung vorzulegen. Aus diesem Grund lautet die Forschungsfrage für die vorliegende Arbeit, ob die IFRS-Rechnungslegung von einer Komplexitätszunahme im Zeitablauf betroffen ist. Der Fokus liegt dabei auf einer Untersuchung der Komplexitätszunahme des IFRS-Regelwerks.

Die Forschungsfrage wird in einem zweistufigen Verfahren beantwortet. Neben einer theoretischen erfolgt noch eine empirische Untersuchung. Im ersten Schritt findet eine Theorieentwicklung von Komplexität in der Rechnungslegung statt. Studien im Forschungsüberblick belegen, dass zunächst ein begriffliches Verständnis von Komplexität notwendig ist, bevor eine Messung derselbigen erfolgen kann (u. a. Hoffjan et al., Küting, Ruhl). Die Systemtheorie dient zur Untersuchung der

---

Diese Auffassung vertritt auch Peterson (vgl. Erster Teil: Kap. 2.1.1 und Fülbier/Kuschel (2012), Komplexitätszunahme in der IFRS-Rechnungslegung, Küting (2012), Komplexität der Rechnungslegungssysteme, sowie Peterson (2012), Accounting complexity).

342 Erste Ansätze eines entsprechenden Systematisierungsversuchs der Rechnungslegungskomplexität auf Basis der Systemtheorie finden sich bei Fülbier/Kuschel (2012), Komplexitätszunahme in der IFRS-Rechnungslegung.

343 Vgl. Fülbier/Kuschel (2012), Komplexitätszunahme in der IFRS-Rechnungslegung, S. 929.

344 Vgl. dazu Fülbier/Kuschel ((2012), Komplexitätszunahme in der IFRS-Rechnungslegung), die ihre Datenbasis in ihrer Studie im Wesentlichen auf die Jahre 1995, 2000, 2005 und 2007–2011 stützen, wobei sich z. B. die Schlagwortsuche lediglich auf die Jahre 2000, 2005 und 2010 bezieht. Aus diesem Grund bietet sich eine Untersuchung mit einer umfangreicheren und aktuelleren Datenbasis an. Vgl. zur Originalität einer händischen Datenerhebung z. B. Di Vita (2012), Normative complexity, S. 199–204, der dies in seinem Beitrag herausstellt.

Rechnungslegungskomplexität, da sie die Berücksichtigung weiterer Komplexitätstreiber, wie z.B. der Unternehmens- und der allgemeinen Umweltkomplexität, ermöglicht (u.a. DILLER ET AL., FÜLBIER/KUSCHEL, OLIVER/BARTLEY). So erfolgt zunächst die Entwicklung eines begrifflichen Verständnisses von Komplexität auf Basis der Systemtheorie. Anschließend wird ein systemtheoretisches Verständnis der Rechnungslegungskomplexität entwickelt.

Der zweite Schritt stellt die empirische Untersuchung der Komplexitätszunahme der IFRS-Rechnungslegung dar. Die Studien im Forschungsüberblick zeigen verschiedene Ansätze zur Quantifizierung der Komplexität. So kommen sowohl empirische Studien, die auf Primär- (z.B. Fragebögen, Befragungen und Experimente, u.a. FISCHER/KLÖPFER, JERMAKOWICZ/GORNIK-TOMASZEWSKI, PAWSEY) und Sekundärdaten (z.B. Datenbanken, u.a. PLUMLEE/YOHN) zurückgreifen, als auch theoretisch-analytische Studien zum Einsatz (u.a. EGNER, MCCAFFERY). Dabei kommen neben relativ vielschichtigen Regressionsmodellen (u.a. DI VITA, OJALA ET AL.) auch einfachere Methoden zur Anwendung. Das betrifft z.B. die quantitative Inhaltsanalyse. Sie ermöglicht beispielsweise die Bestimmung der Seiten-, Paragrafen- und Methodenanzahl (u.a. CHLOTFELTER, KARLINSKY, KÜTING, PETERSON, SCHROEDER, SLEMROD, WITTE/WOODBURG).[345] Daneben ist es auch möglich, bestimmte Schlag- und Signalwörter zu ermitteln (u.a. LI (2006), RENNEKAMP).[346] Einen weiteren Ansatz stellt die Analyse der Lesbarkeit dar (u.a. BURTON/DIRKIS, DAVIDSON, LI (2008), MARTINDALE ET AL., MILLER, WEBER). Der *Flesch Reading Ease-Index*, der modifizierte *Flesch Reading Ease-Index* und der GUNNING *Fog-Index* sowie der *Lix-Index* bieten sich an (u.a. GARCÍA-BENAU ET AL., HRASKY ET AL., STONE/PARKER). Um die Unternehmens- und die allgemeine Umweltkomplexität zu quantifizieren, kommen z.B. die Anzahl der Konzernunternehmen, die Mitarbeiteranzahl, die Bilanzsummen und Umsatzerlöse in Betracht (u.a. BALSAM ET AL., BUSHMAN ET AL., COLLINS/HOLZMANN, HITZ ET AL.). Die Komplexitätszunahme ist im Zeitablauf als relative, nicht absolute Maßgröße zu untersuchen (u.a. HOFFJAN ET AL., PLUMLEE, SCHUCK, TOWIGH). Es bieten sich neben den IFRS-Standards noch Geschäftsberichte (u.a. MILLER, YOU/ZHANG) und eine Befragung als Primärdatengrundlage an.[347]

---

345 Vgl. z. B. auch GÜNTHER/WITZKY (2014), Influence of Standard Setters on the Properties of International Financial Reporting Standards, S. 5–8.

346 Vgl. z. B. LI (2006), Do Stock Market Investors Understand the Risk Sentiment of Corporate Annual Reports?, S. 7, der in seinem speziellen Fall die Bedeutung von Risiko und Unsicherheit in Geschäftsberichten anhand der Erscheinungshäufigkeit von risikobezogenen Wörtern misst und diese Methode als „einfach, aber effizient" beschreibt (vgl. ebenso FÜLBIER/KUSCHEL (2012), Komplexitätszunahme in der IFRS-Rechnungslegung; HOFFJAN ET AL. (2008), Einfachheit, S. 282–283; PETERSON (2012), Accounting complexity, S. 73, 79, 92–93; RENNEKAMP (2012), Managers' Choice of Reporting Complexity in Disclosures, S. 3–5; TAUSCZIK/PENNEBAKER (2010), The Psychological Meaning of Words, S. 25).

347 Die vorangegangenen, unterschiedlichen Messansätze sind im Zusammenhang mit einer Komplexitätszunahme der IFRS-Rechnungslegung noch nicht

Die empirische Untersuchung greift auf einen pluralistischen Ansatz zurück und setzt sich aus drei Teilanalysen zusammen. In der ersten Teilanalyse wird ein deutsches, mittelständisches Unternehmen anhand einer Einzelfallstudie analysiert. Auf Basis eines Experteninterviews erfolgt eine qualitative Inhaltsanalyse. In der zweiten Teilanalyse werden die IFRS-Abbildungsregeln der Jahre 1995, 2000 und 2005 bis 2012 im Zeitablauf untersucht. Es kommt neben einer quantitativen Inhaltsanalyse (z.B. die Seiten- und Paragrafenanzahl) eine Lesbarkeitsanalyse (*Flesch Reading Ease-Index*, modifizierter *Flesch Reading Ease-Index*, GUNNING *Fog-Index*) zum Einsatz. In der dritten Teilanalyse werden im Wesentlichen die deutschen Geschäftsberichte der DAX-30-Unternehmen der Jahre 2000 bis 2012 im Zeitablauf erforscht. Es wird auf eine quantitative Inhaltsanalyse, eine Schlag- und Signalwortsuche sowie eine Lesbarkeitsanalyse (*Lix-Index*) abgestellt.

zur Anwendung gekommen. Erste Ansätze finden sich lediglich bei FÜLBIER/KUSCHEL ((2012), Komplexitätszunahme in der IFRS-Rechnungslegung) und KÜTING ET AL. ((2011), IFRS oder HGB, S. 5, 38–41, 113–149, 171, 188–199).

Zweiter Teil: Theorieentwicklung von Komplexität in der Rechnungslegung

1 Überblick

Nachdem im Ersten Teil der vorliegenden Arbeit der Forschungsüberblick, das Forschungsdefizit und die Forschungsfrage dargestellt wurden, schließt sich im Zweiten Teil der erste Schritt zur Beantwortung der Forschungsfrage an. Nach diesem Überblick wird eine Theorie von Komplexität in der Rechnungslegung entwickelt.

Zunächst erfolgt die Ableitung einer systemtheoretischen Arbeitsdefinition von Komplexität (Zweiter Teil: Kap. 2). Die Systemtheorie bietet sich als theoretische Basis an, um ein Begriffsverständnis von Komplexität zu entwickeln. Diese stellt einen interdisziplinären Forschungsansatz dar, der universell einsetzbar und auf Systeme beliebiger Art übertragbar ist. Die Systemtheorie bestimmt Komplexität anhand der konstitutiven Merkmale Elemente und Relationen sowie anhand des Bezugsobjekts. Zuvor wird gezeigt, dass die Neue Institutionenökonomik nicht zweckmäßig ist, um das Komplexitätsphänomen zu analysieren.

Es folgt die Entwicklung eines systemtheoretischen Verständnisses von Rechnungslegungskomplexität (Zweiter Teil: Kap. 3). Aufgrund des Abbildungsziels der Rechnungslegung ist neben den ökonomischen Transaktionen des Unternehmens auch die Umwelt im systemtheoretischen Verständnis zu berücksichtigen. Als Ergebnis entsteht ein Systematisierungsversuch der Rechnungslegungskomplexität. Einen Teilaspekt der Rechnungslegungskomplexität bildet die Regelkomplexität, die der politisch-rechtlichen Umwelt zuzuordnen ist.

Abschließend wird die politisch-rechtliche Umwelt systemtheoretisch gedeutet (Zweiter Teil: Kap. 4). Hierzu gehört die Regulierung der Finanzberichterstattung. Eine Teilmenge bildet davon die Regulierung der Rechnungslegung. Aus der Regulierung der Rechnungslegung entsteht die Komplexität der Abbildungsregeln (Regelkomplexität). Die Regelkomplexität entstammt im Wesentlichen dem HGB und den IFRS. Zuvor wird gezeigt, dass der Geschäftsbericht ein zentrales Abbildungsergebnis der Finanzberichterstattung darstellt, das auch die Rechnungslegung (Jahres- und Konzernabschluss samt (Konzern-)Lagebericht) umfasst.

2 Entwicklung eines systemtheoretischen Verständnisses von Komplexität

2.1 Vorüberlegungen zu Komplexität und Unsicherheit

Vom Begriff der Komplexität liegt kein klares und vor allem trennscharfes Verständnis vor.[1] Der Begriff Komplexität besitzt zwar eine hohe Aussagekraft, gleichzeitig ist er aber schwer zu konkretisieren.[2] Er stellt einen jener unbestimmten Begriffe dar, deren Verständnis und Definition mit zu den Problemen gehören, die er selbst mit sich bringt.[3] Eine einheitliche Defintion von Komplexität zu entwickeln, gelingt selbst einer Vielzahl von sachkundigen Autoren nicht.[4] Dies wird mit der interdisziplinären Verwendung des Begriffs in einer Vielzahl von Fächern begründet.[5] So reicht die Spannweite „von ‚mikroskopischen' Fächern wie der Biologie bis zu ‚makroskopischen' Fächern wie der Soziologie"[6].

Umgangssprachlich kommt im Begriff der Komplexität „eine gewisse Ohnmacht des Menschen gegenüber den Vorgängen um ihn herum zum Ausdruck"[7]. Ergo spiegelt sich in ihm ein Gefühl des Menschen wider, bestimmte Situationen oder Sachverhalte nicht vollständig erfassen und durchdringen zu können, um sie dadurch verstehen und beeinflussen zu können.[8] Typischerweise werden diese

1 Vgl. Berentzen (2010), Bilanzierung von finanziellen Vermögenswerten, S. 35–36; Bronner (1992), Komplexität, Sp. 1121; Schaffer (2010), Komplexitätskosten, S. 59.

2 Vgl. Gomez (1999), Umgang mit Komplexität, S. 3.

3 Vgl. Nicolis/Prigogine (1987), Erforschung des Komplexen, S. 58.

4 Vgl. Ahlemeyer/Königswieser (1997), Vorwort, S. 9. In die gleiche Richtung geht Schmidt ((2009), Systeme, S. 83, Fn. 79), die darlegt, dass nahezu 30 verschiedene Definitionsversuche zur Komplexität existieren.

5 Beispielsweise geben Berentzen ((2010), Bilanzierung von finanziellen Vermögenswerten, S. 35, Fn. 237) und Bandte ((2007), Komplexität, S. 49–72) einen Überblick zu einzelnen Forschungsdisziplinen, die jeweils ein eigenes Komplexitätsverständnis anführen. Dazu zählt im Bereich der Naturwissenschaften z. B. Gell-Mann ((1995), Vom Einfachen zum Komplexen, S. 73) und im Bereich der Wirtschaftswissenschaften z. B. Batege ((1974), Betriebswirtschaftliche Systemtheorie und (1976), Möglichkeiten des Tests der dynamischen Eigenschaften).

6 Bronner (1992), Komplexität, S. 1121–1122. Vgl. ebenso Bandte (2007), Komplexität, S. 49–72; vgl. auch z. B. Kauffman ((1993), The Origins of Order; (1996), At Home in the Universe), der sich u. a. mit der Komplexität im Zusammenhang mit der Natur und der Gesellschaft auseinandersetzt und versucht, „ökonomische Problemstellungen mithilfe biologischer Theorieansätze" (Bandte (2007), Komplexität, S. 52) zu lösen; vgl. von Hayek ((1986), Recht, Gesetzgebung und Freiheit, S. 57–79, insbes. S. 60), der die Komplexität im Zusammenhang mit der Ordnung von Gesellschaften thematisiert.

7 Malik (2008), Strategie des Managements komplexer Systeme, S. 167.

8 Vgl. Fülbier/Kuschel (2012), Komplexitätszunahme in der IFRS-Rechnungslegung, S. 930; Hofmann/Küpper (2014), Komplexitätsreduktion als Problem der Betriebswirtschaftslehre, S. 325–326.

Situationen im Volksmund mit Wörtern wie kompliziert, undurchschaubar oder unverständlich beschrieben. Aus diesem Grund wird der Begriff im alltäglichen Sprachgebrauch eher inflationär verwendet, ohne eine konkrete Vorstellung von der eigentlichen, zugrunde liegenden Bedeutung zu vermitteln. Komplexität stellt mittlerweile vielmehr ein Modewort als die Beschreibung eines wissenschaftlichen Phänomens oder Problems dar.[9]

In der Wissenschaft existiert ebenso kein einheitliches Verständnis von Komplexität. Vielmehr erfolgt dort überwiegend eine undifferenzierte Auseinandersetzung mit der Begrifflichkeit.[10] So wird Komplexität z.B. als Worthülse missbraucht, um unter einem Vorwand Forschungsvorhaben schnell und einfach umzusetzen. Komplexität soll das eigene Vorgehen mit ihrer bloßen Existenz rechtfertigen. Beispielsweise fällt darunter die Modellbildung zur Vereinfachung der Realität.[11] Diese Art und Weise, Komplexität im Kontext der Forschung zu benutzen, erscheint allerdings nicht angemessen. Stattdessen scheint es angebracht, sich mit dem Komplexitätsphänomen eingehend zu befassen und es aus einer theoretischen Perspektive zu analysieren.

Einen ersten Anhaltspunkt bietet das lateinische Wort „complecti". Es bedeutet umfassen und umschlingen. Das Partizipialadjektiv von „complecti" (d.h. complexus), aus dem sich der Begriff Komplexität herleitet, wird am treffendsten mit zusammengeknüpft, verwoben oder vernetzt übersetzt.[12]

---

9 Vgl. Malik (2008), Strategie des Managements komplexer Systeme, S. 166–167; Rieger (2011), Steuerklientelunsicherheit, S. 23–24; Schmidt (2009), Diffusion komplexer Produkte und Systeme, S. 81–82.

10 Vgl. La Porte (1975), Complexity, S. 4–5; Luhmann (1980), Komplexität, Sp. 1064; Schoeneberg (2010), Komplexität, S. 480. So spricht bspw. Pellens ((2010), IFRS-Jubiläum, S. 12) im Zusammenhang mit der IFRS-Rechnungslegung von „der zunehmenden Komplexität der Abbildungsnormen". In die gleiche Richtung zielt die DPR, wenn sie als eine der wesentlichen Fehlerursachen die Komplexität der IFRS-Rechnungslegung anführt (vgl. z. B. Deutsche Prüfstelle für Rechnungslegung DPR e. V. (2011), Tätigkeitsbericht 2010, S. 6–8; vgl. ebenso o. V. (2010), Komplexität der IFRS-Rechnungslegung, S. 11). Gleiches gilt für internationale Studien, die zwar das Phänomen der Komplexität thematisieren, dieses jedoch begrifflich nicht weiter konkretisieren (vgl. z. B. ACCA (2009), Complexity in Financial Reporting; Meyer (2010), Enforcement, S. 156; Jermakowicz/Gornik-Tomaszewski (2006), Implementing IFRS; Nobes (2005), Accounting, S. 25, 32 und 33; Pawsey (2010), Complexity of IFRS, S. 1, 4–6).

11 Vgl. Luhmann (1980), Komplexität, S. 1065; Malik (2008), Strategie des Managements komplexer Systeme, S. 167; Rieger (2011), Steuerklientelunsicherheit, S. 23–24; Ulrich/Probst (2001), Denken und Handeln, S. 62.

12 Vgl. Kasper (2004), Komplexitätsmanagement, Sp. 619; Pfeiffle (2000), Komplexität, S. 7; Pfitzer et al. (2014), Informationsnutzen versus Informationskosten (Teil I), S. 348–349; Stüttgen (2003), Komplexitätsbewältigung, S. 16; vgl. auch z. B. Regn (2009), Strategisches Denken, S. 122; Schmidt (2009), Diffusion komplexer Produkte und Systeme, S. 81–82.

Streng von der Komplexität zu trennen ist der Begriff der Kompliziertheit,[13] der oft fälschlicherweise für Komplexität synonym verwendet wird. Komplexität umfasst aber mehr als nur Kompliziertheit.[14] So führt KÜTING aus, dass Komplexität im Vergleich zur Kompliziertheit den Aspekt der Zeit (Dynamik) berücksichtigt.[15]

Im Ergebnis zeigt sich, dass Komplexität ein technisches Konstrukt darstellt. Es ist in der Realität nicht unmittelbar wahrnehmbar. Auch liegt kein einheitliches Begriffsverständnis vor. Zudem gestaltet sich die Definition und Abgrenzung von anderen Begrifflichkeiten problematisch. Für eine Analyse ist es daher zweckmäßig, eine konzeptionelle Basis heranzuziehen, die ausschließlich das Komplexitätsphänomen betrachtet. Zur Quantifizierung bieten sich Hilfskonstrukte, wie z.B. Indikatoren, an.[16]

Unsicherheit ist eng mit Komplexität verbunden.[17] So stellt Komplexität einen zentralen Einflussfaktor dar, der beispielsweise im Rahmen von Entscheidungen

---

13 Vgl. im Einzelnen zu Kompliziertheit und zu Varietät, zu Dynamik und zu Intransparenz BRONNER (1992), Komplexität, Sp. 1122; vgl. ebenso Zweiter Teil: Kap. 2.4.

14 Vgl. ULRICH/PROBST (2001), Denken und Handeln, S. 58.

15 Vgl. KÜTING (2012), Komplexität der Rechnungslegungssysteme, S. 297; vgl. ebenso BRONNER (1992), Komplexität, Sp. 1122; RIEGER (2011), Steuerklientelunsicherheit, S. 24; SCHMIDT (2009), Diffusion komplexer Produkte und Systeme, S. 82; SCHOENEBERG (2010), Komplexität, S. 482; Zweiter Teil: Kap. 2.4. Dem Verhältnis zwischen Kompliziertheit und IFRS-Rechnungslegung widmen sich z. B. LÜDENBACH/HOFFMANN ((2005), Die „komplizierte" IFRS-Rechnungslegung, S. 884–885, 890).

16 Indikatoren sind „[e]mpirische Äquivalente für nicht direkt sinnlich wahrnehmbare Sachverhalte" (FRÜH (2011), Inhaltsanalyse, S. 88; vgl. zum Begriff Indikator z. B. auch LAMNEK (2010), Qualitative Sozialforschung, S. 85; STIER (1999), Empirische Forschungsmethoden, S. 27–30). Dabei erfassen diese ein theoretisches Konstrukt im Regelfall exklusiv, trennscharf und vollständig. Die Verwendung von Indikatoren bietet sich an, da Komplexität ein theoretisches Konstrukt darstellt und vielfältige Implikationen beinhaltet. Daher kann es auch nicht unmittelbar empirisch quantifiziert werden, wie auch der Forschungsüberblick belegt (vgl. Erster Teil: Kap. 2 und 3). Stattdessen ist ein Abstellen auf Indikatoren als Hilfskonstrukte zielführender, da auf diese Weise verschiedene Perspektiven auf das Komplexitätsphänomen gerichtet werden (vgl. FRÜH (2011), Inhaltsanalyse, S. 88–89). Letztendlich wird aber nur ein „[s]uboptimaler Bezug" (FRÜH (2011), Inhaltsanalyse, S. 89) der Indikatoren zum Komplexitätsphänomen hergestellt, da ein exklusiver, trennscharfer und vollständiger Bezug vor dem Hintergrund vielfältiger Rück- und Wechselwirkungen – wie nachfolgend gezeigt wird – unmöglich erscheint.

17 Vgl. Erster Teil: Kap. 2.1.1 und 2.1.2; BRONNER (1990), Umgang mit Komplexität, S. 215–232; DENK/PFNEISSL (2009), Komplexität, S. 18–19; FISCH/WOLF (1990), Handhabung von Komplexität beim Problemlösen und Entscheiden, S. 13; HAUSCHILDT (1977), Entscheidungsziele, S. 115–133; HAUSCHILDT ET AL. (1983), Entscheidungen, S. 230–231; LUHMANN (2000), Organisation und Entscheidung, S. 183–222, vor allem S. 222; RENN ET AL. (2007), Risiko, S. 164–165; RIEGER (2011), Steuerklientelunsicherheit, S. 14–34; SCHRAMM (1989), Ungewißheitsanalyse, S. 12; ULRICH/FLURI (1995), Management, S. 46, 114.

in letzter Konsequenz zu Unsicherheit führen kann.[18] Natürlich besteht auch die Möglichkeit zu argumentieren, dass nicht Komplexität Unsicherheit bedingt, sondern dass Unsicherheit einen Komplexitätstreiber darstellt.[19] Diese Auffassung vertritt auch BRONNER, der Unsicherheit als eine der Hauptdeterminanten für die Komplexität in Entscheidungsprozessen ausmacht.[20] An dieser Stelle kann keine eindeutige Ursache-Wirkungs-Beziehung festgestellt werden, da in der Realität zwischen Unsicherheit und Komplexität auch Rück- und Wechselwirkungen („zirkuläre Kausalitätsketten"[21]) bestehen können.[22] Letztendlich zeigt sich aber, dass Komplexität und Unsicherheit zusammenhängen. Unsicherheit deutet insofern auf Komplexität hin und stellt einen Anhaltspunkt für diese dar.

Wie schon vom Begriff der Komplexität liegt auch von dem der Unsicherheit kein einheitliches Verständnis vor. Einen hohen inhaltlichen Deckungsgrad weisen z. B. die Entscheidungs- und die Risikotheorie auf.[23] Diese subsumieren unter Unsicherheit eine Situation, die von einer unvollständigen Informationslage gekennzeichnet ist. Die Zukunft lässt sich aufgrund mangelnder Informationen nicht oder nur unzureichend vorhersagen.[24] Es handelt sich um eine Situation unvollkommener Information.

SCHNEIDER konkretisiert den Begriff der unvollkommenen Information. Er unterstellt, dass keine vollkommene Voraussicht existiert, aber ein Mindestmaß

---

18 Vgl. BICK/DREXL-WITTBECKER (2008), Komplexität, S. 16; BLOCKUS (2010), Komplexität, S. 1–3; DENK/PFNEISSL (2009), Komplexität, S. 18–19; RIEGER (2011), Steuerklientelunsicherheit, S. 14–34, insbesondere S. 27 und 32; SCHRAMM (1989), Ungewißheitsanalyse, S. 12. Auch im Kontext der Risikotheorie zeigt sich bspw. zumindest eine Verbindung zwischen Unsicherheit und Komplexität (vgl. z. B. RENN ET AL. (2007), Risiko, S. 164–165).

19 Vgl. z. B. BICK/DREXL-WITTBECKER (2008), Komplexität, S. 16; HAUSCHILDT (1977), Entscheidungsziele, S. 115–133.

20 Vgl. BRONNER (1982), Komplexität in Entscheidungsprozessen, S. 1.

21 BERENS/SCHMITTING (1998), Komplexitätsmanagement, S. 98. Vgl. ebenso BLOCKUS (2010), Komplexität, S. 15.

22 Vgl. im Zusammenhang mit komplexen Systemen BLISS (1999), Management von Komplexität, S. 73; vgl. auch RENN ET AL. (2007), Risiko, S. 164–165.

23 Vgl. EISENFÜHR ET AL. (2010), Rationales Entscheiden, S. 1–3, 23–24; FRESE ET AL. (2012), Organisation, S. 93–97; LAUX ET AL. (2012), Entscheidungstheorie, S. 22, 32–33; PERRIDON ET AL. (2012), Finanzwirtschaft, S. 108–111; SEIFERT (2011), Erfassung von Unsicherheit, S. 9 und S. 9, Fn. 32.

24 Vgl. DOBLER (2004), Risikoberichterstattung, S. 9–10; DUCH (2006), Risikoberichterstattung, S. 8–9; o. V. (2008), Unsicherheit, S. 848; NEUS (2013), Betriebswirtschaftslehre, S. 37–39; RIEGER (2011), Steuerklientelunsicherheit, S. 28; SEIFERT (2011), Erfassung von Unsicherheit, S. 10; vgl. dazu die ähnliche Auffassung von NEUS ((2007), Unsicherheitstheorie, S. 1771), der ebenfalls von einem „Mangel an Informationen über die Zukunft" spricht; vgl. zur normativen Entscheidungstheorie BAMBERG ((2007), Entscheidungstheorie, normative) und zur deskriptiven Entscheidungstheorie VON NITZSCH ((2007), Entscheidungstheorie, deskriptive).

an Wissen (Mindestwissen) vorliegt.[25] Dieses Mindestwissen ist notwendig, um Entscheidungen zu treffen. Es setzt sich aus den vier Kriterien (1) einer exakten Problembeschreibung, (2) einer Kenntnis der eigenen Ziele als auch (3) der eigenen Handlungsmöglichkeiten und eigenen Mittel sowie (4) einer teilweisen Kenntnis der Zukunftslagen zusammen. Im Falle unvollkommener Information werden die ersten drei Kriterien vorausgesetzt, während das letzte Kriterium, die mangelnde Kenntnis über Zukunftslagen, nicht gegeben ist. Dieses unvollständige Wissen (über die Zukunftslagen) wird von Schneider als Unsicherheit und als „Unterfall unvollkommener Information"[26] bezeichnet.[27] Diese Klarstellung impliziert, dass es sich bei Unsicherheit nicht vordergründig um einen Mangel an Informationen, sondern an Wissen handelt.[28] Angemessen erscheint daher die Schlagwortformulierung vom unvollständigen Wissen und damit die Interpretation von Information als „zweckorientiertes Wissen"[29]. Schneider folgt somit der Auffassung Wittmanns, der den Grund für Unsicherheit ebenfalls im „unsichere[n] Wissen"[30] vermutet.[31]

Einen Spezialfall von Unsicherheit stellt Risiko dar. So fasst Schneider Risiko als ein „Kürzel für ein Maß idealisierter Unsicherheit"[32] auf. Risiko ist seines Erachtens als entbehrlich anzusehen, da es sich unter bestimmten Annahmen in eine Situation unter „Quasi-Sicherheit"[33] überführen lässt.[34] Er interpretiert Risiko

---

25 Vgl. Schneider (1992), Investition, S. 427–430.

26 Schneider (1992), Investition, S. 429.

27 Vgl. Schneider (1992), Investition, S. 427–430.

28 „Unsicherheit benennt eine Einsicht in die Begrenztheit von Planungen: Zwar wird sich in irgendeinem künftigen, in Planungen beachteten Zeitpunkt nur eine einzige Zukunftslage verwirklichen, aber beim Wissensstand in einem Planungszeitpunkt stellt dieser künftige Istzustand entweder nur eine von mehreren denkbaren Zukunftslagen dar oder wird gar in der Planung übersehen bzw. konnte nicht gewußt (!) werden" (Schneider (1995), Informations- und Entscheidungstheorie, S. 27 (im Original in kursiver Schreibweise hervorgehoben)).

29 Wittmann (1975), Ungewissheit, S. 57 (im Original ist das Wort „zweckorientiertes" in kursiver Schreibweise hervorgehoben). Vgl. ebenso Seifert (2011), Erfassung von Unsicherheit, S. 9.

30 Wittmann (1959), Unternehmung und unvollkommene Information, S. 28.

31 Vgl. a. A. Knight (1921), Uncertainty, S. 197–232; vgl. ebenso Bamberg et al. (2012), Betriebswirtschaftliche Entscheidungslehre, S. 13–22; Perridon et al. (2012), Finanzwirtschaft, S. 109–110; Rieger (2011), Steuerklientelunsicherheit, S. 28.

32 Schneider (1995), Informations- und Entscheidungstheorie, S. 27; Schneider (1995), Grundlagen, S. 12. Vgl. ebenso Schneider (1973), Ungewißheit (I), S. 241; Schneider (1992), Investition, S. 35–36; vgl. ebenfalls Perridon et al. (2012), Finanzwirtschaft, S. 109–111.

33 Gottwald (1990), Entscheidung unter Unsicherheit, S. 123.

34 Vgl. Perridon et al. (2012), Finanzwirtschaft, S. 109–110. Unter der Annahme einer häufig wiederholbaren Entscheidung kann eine Häufigkeitsverteilung generiert werden, die sich letztendlich auch verwirklichen lässt (vgl. Gottwald (1990),

umgangssprachlich und sieht hierin eine „mangelnde Beherrschung dessen, was eintreten wird"[35]. In Risiko kommt somit auch ein Mangel an Wissen über zukünftige Entwicklungen zum Ausdruck. Das Verständnis von Risiko ähnelt somit demjenigen von Unsicherheit. Risiko deutet demnach auf Unsicherheit hin und stellt einen Anknüpfungspunkt für diese dar und vice versa.

Im Ergebnis gilt es festzuhalten, dass Komplexität, Unsicherheit und Risiko aufeinander hindeuten. Komplexität stellt einen zentralen Einflussfaktor dar, der zu Unsicherheit führen kann und vice versa. Unsicherheit bringt einen Mangel an Wissen über die Zukunft zum Ausdruck.[36] Dies gilt auch für Risiko, das einen Spezialfall von Unsicherheit darstellt. Unsicherheit und Risiko deuten demzufolge aufeinander hin. Insofern bildet nicht nur Unsicherheit, sondern auch Risiko einen Anknüpfungspunkt für Komplexität. Sie können zur Quantifizierung von Komplexität als Hilfskonstrukte herangezogen werden.

2.2 Theoretische Erklärung von Rechnungslegung

Der übergeordnete Zweck[37] (Metazweck) der Rechnungslegung ist es, Unsicherheit in Form einer asymmetrischen Informationsverteilung zwischen dem Rechnungsleger (Unternehmensinsider) und den Rechnungslegungsadressaten (Unternehmensoutsider) zu reduzieren (Informationsfunktion i. w. S.).[38] Der Rechnungsleger ist für die Leitung des unternehmerischen Gebildes, die rechnungslegende Einheit, verantwortlich und steht mit den Rechnungslegungsadressaten in vertraglichem Kontakt.[39] Der Rechnungsleger besitzt aufgrund seiner Stellung innerhalb

---

Entscheidung unter Unsicherheit, S. 123; PERRIDON ET AL. (2012), Finanzwirtschaft, S. 109–110). Allerdings lässt sich aus wissenschaftstheoretischer Sicht eine Entscheidung nicht völlig identisch wiederholen (vgl. KAHLE (2001), Betriebliche Entscheidungen, S. 115).

35 SCHNEIDER (1992), Investition, S. 35.

36 Vgl. SCHNEIDER (1992), Investition, S. 427–429.

37 Die Begriffe Zweck, Ziel und Funktion werden im Zusammenhang mit der Rechnungslegung synonym verwendet.

38 Vgl. FÜLBIER/GASSEN (2008), Bilanzrechtsregulierung, S. 138; vgl. grundlegend zur Thematik Rechnungslegung und Unsicherheit ALTENBURGER (1995), Rechnungslegung und Unsicherheit, S. 9; MOXTER (1962), Bilanzierung und unsichere Erwartungen, insbes. S. 611–612; ORDELHEIDE (1988), Unsicherheitsrepräsentation, S. 275–302; vgl. weiterhin KÖHLER ET AL. (2007), Betriebswirtschaftslehre, S. 137; SCHNEIDER (1997), Rechnungswesen, S. 5; SIGLOCH (2011), Rechnungslegung, S. 1, 13.

39 Vgl. PELLENS ET AL. (2014), Internationale Rechnungslegung, S. 4. Typischerweise werden Rechnungsleger mit dem Manager eines Unternehmens assoziiert. Zu den Rechnungslegungsadressaten zählen im Wesentlichen die interessierte Öffentlichkeit, der Staat und seine Gebietskörperschaften, Kunden, Lieferanten, Arbeitnehmer und Eigen- sowie Fremdkapitalgeber (vgl. FÜLBIER/WELLER (2008), Verwendung von Rechnungslegungsdaten, S. 806, Fn. 3).

des unternehmerischen Geflechts einen Informationsvorsprung gegenüber den Rechnungslegungsadressaten, die außerhalb des unternehmerischen Gebildes angesiedelt sind. Der Rechnungslegung kommt die Funktion zu, durch die Bereitstellung von Finanzinformationen die Informationsasymmetrien zwischen beiden Vertragsparteien zu vermindern.[40]

Der Metazweck differenziert sich in Abhängigkeit der unterschiedlichen Informationsbedürfnisse der Rechnungslegungsadressaten in die Bewertungs- und die Koordinationsfunktion (vgl. Abb. 1).[41]

Abb. 1: Funktionen der Rechnungslegung[42]

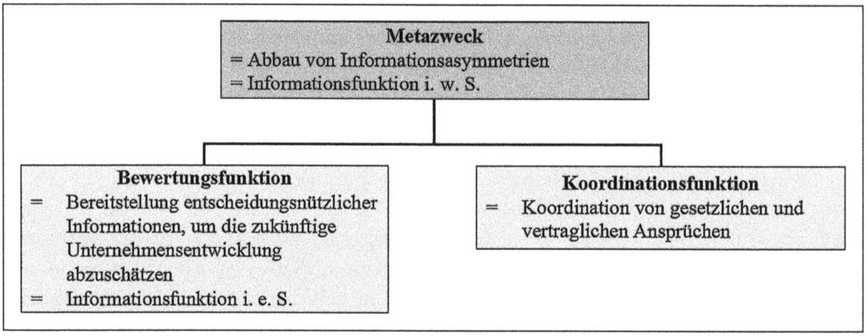

Die Bewertungsfunktion (Informationsfunktion i. e. S.) zielt auf die Bereitstellung entscheidungsnützlicher Informationen ab. Sie ermöglicht Adressaten eine Abschätzung der Unternehmensentwicklung, um (zukünftige) Entscheidungen treffen zu können. Dazu zählt beispielsweise die Entscheidung von potenziellen Investoren über den Kauf oder Verkauf von Unternehmensanteilen, wie z. B. Aktien.[43] Die Koordinationsfunktion begründet ebenfalls eine Nachfrage nach Informationen.[44] Sie dient aber nicht zur Prognose der zukünftigen Entwicklung

40 Vgl. FÜLBIER/GASSEN (2008), Bilanzrechtsregulierung, S. 138; PELLENS/FÜLBIER (2000), Differenzierung der Rechnungslegungsregulierung, S. 577.

41 Vgl. FÜLBIER/GASSEN (2008), Bilanzrechtsregulierung, S. 138–139; PELLENS ET AL. (2014), Internationale Rechnungslegung, S. 6–8; ähnlich auch KREHER ((2007), Komplexität und Dynamik der Rechnungslegung, S. 217), der ebenso die zwei Funktionen der Rechnungslegung identifiziert.

42 Quelle: Eigene Darstellung in enger Anlehnung an FÜLBIER/GASSEN (2008), Bilanzrechtsregulierung, S. 139; vgl. dazu auch FÜLBIER (2011), Familienunternehmen, S. 155.

43 Vgl. GJESDAL (1981), Accounting for Stewardship, S. 208; WAGENHOFER/EWERT (2007), Externe Unternehmensrechnung, S. 4–6; YJIRI (1975), Theory of Accounting Measurement.

44 Vgl. FÜLBIER/GASSEN (2008), Bilanzrechtsregulierung, S. 139–140. Synonym für die Koordinationsfunktion wird auch der Begriff der Rechenschaft (*Stewardship*)

des Unternehmens, sondern zur Ableitung von (Zahlungs-)Ansprüchen. Diese Ansprüche können entweder gesetzlicher (z.B. Dividenden) oder vertraglicher (z.B. Vergütung von Managern) Natur sein. Letztlich beruhen aber auch die gesetzlichen Ansprüche auf einen (Standard-)Vertrag und zum überwiegenden Teil auf Zahlungen. Aber auch weitere Ansprüche, die aus jedweder Art von Vertrag erwachsen, wie z.B. die Einhaltung bestimmter Bilanzkennzahlen im Rahmen von Kreditverträgen, können darunter gefasst werden.[45]

Mithilfe der Ökonomischen Theorie der Vertretung, die einen Teilbereich der Neuen Institutionenökonomik bildet, lässt sich die Notwendigkeit von Rechnungslegung erklären.[46] Die Ökonomische Theorie der Vertretung analysiert eine vertragliche Beziehung zwischen zwei Parteien, die miteinander in Interaktion treten. Dabei handelt es sich um den Auftraggeber (Prinzipal) und den Beauftragten (Agent). Der Agent wird vom Prinzipal vertraglich mit der Erledigung einer Aufgabe betraut. Allerdings müssen die Ziele des Agenten nicht mit denen des Prinzipals übereinstimmen. Ein Interessenkonflikt besteht dann, wenn der Agent zur Erreichung seines Ziels nicht im Sinne des Prinzipals, sondern opportunistisch handelt.[47] In der Folge kommt es zu einer asymmetrischen Informationsverteilung zwischen Prinzipal und Agent, da der Agent einen Informations- und Wissensvorsprung gegenüber dem Prinzipal besitzt und diesen zu seinen Gunsten nutzt.[48] An diesem Informationsproblem setzt Rechnungslegung an und vermindert

gebraucht (vgl. Gjesdal (1981), Accounting for Stewardship, S. 208; Fülbier/Gassen (2008), Bilanzrechtsregulierung, S. 139; Yjiri (1975), Theory of Accounting Measurement).

45 Vgl. Fülbier/Gassen (2008), Bilanzrechtsregulierung, S. 139–140; Wagenhofer/Ewert (2007), Externe Unternehmensrechnung, S. 7. Zu den gesetzlichen Zahlungsansprüchen zählen z. B. Dividendenausschüttungen an Aktionäre und Steuerzahlungen an den Fiskus, zu den vertraglichen Zahlungsansprüchen z. B. Erfolgsbeteiligungen von Managern, bei dem ein Teil der Vergütung an Rechnungslegungsdaten geknüpft ist (vgl. Wagenhofer/Ewert (2007), Externe Unternehmensrechnung, S. 7).

46 Erste Arbeiten zur Ökonomischen Theorie der Vertretung gehen auf Alchian, Demsetz, Ross und Stiglitz zurück (vgl. Thiele (1994), Neue Institutionenökonomik, S. 994–995; vgl. ebenso Alchian/Demsetz (1973), Property Right Paradigm). Synonym werden auch die Begriffe Vertretungstheorie, Prinzipal-Agent-Ansatz oder Agency-Theorie verwendet. Unter der Ökonomischen Theorie der Vertretung werden prinzipiell die Zweige der normativen und positiven Vertretungstheorie subsumiert, wobei lediglich letzterer zum Bereich der Neuen Institutionenökonomik zu zählen ist (vgl. Richter/Bindseil (1995), Neue Institutionenökonomik, S. 134).

47 Vgl. z. B. Arthurs/Busenitz (2003), Agency Theory, S. 147; Eisenhardt (1989), Agency Theory, S. 59; Hochhold/Rudolph (2009), Principal-Agent-Theorie, S. 135; Opper (2001), Neuen Institutionenökonomik, S. 606; Wöhe/Döring (2013), Allgemeine Betriebswirtschaftslehre, S. 20–24.

48 Vgl. Hochhold/Rudolph (2009), Principal-Agent-Theorie, S. 135.

Unsicherheit durch die Bereitstellung von (entscheidungsnützlichen) Informationen für den Prinzipal. Sie reduziert die asymmetrische Informationsverteilung zwischen Prinzipal und Agent.[49] Als ein typisches Beispiel für eine Prinzipal-Agenten-Beziehung wird in der Literatur häufig die Manager-Eigentümer-Verbindung bemüht.[50]

2.3 Hinführung zur Systemtheorie

Die Neue Institutionenökonomik bietet sich grundsätzlich als Ausgangspunkt an, um Komplexität in der Rechnungslegung zu untersuchen. Sie bezieht Unsicherheit in die Modellwelt ein und schafft somit einen Anknüpfungspunkt für Rechnungslegung.[51] Zudem berücksichtigt sie Komplexität, um Unsicherheit zu begründen.

Die Ökonomische Theorie der Vertretung, die *Property-Rights*-Theorie und die Transaktionskostentheorie bilden die drei wesentlichen Teilströmungen der Neuen Institutionenökonomik.[52] Die drei Ansätze überschneiden sich und sind nicht völlig trennscharf voneinander abzugrenzen.[53] Während die *Property-Rights*-Theorie die Grundlage für die beiden anderen Stränge bildet, knüpft die

---

49 Beispielsweise muss in der Realität der Manager (Agent) dem Unternehmenseigentümer (Prinzipal) Bericht über das vergangene Geschäftsjahr erstatten und sich auf diese Art und Weise für sein Tun und Handeln verantworten (*Stewardship*) (vgl. Gjesdal (1981), Accounting for Stewardship; Yjiri (1975), Theory of Accounting Measurement). Infolgedessen kann es dem Prinzipal durch die obligatorische Pflicht zur finanziellen Rechenschaftslegung (wie etwa Rechnungslegung) gelingen, negative Verhaltensweisen des Agenten zu unterbinden (*Monitoring*) (vgl. Jensen/Meckling (1976), Agency Costs, S. 308).

50 Vgl. dazu bspw. Dietl (1993), Institutionen, S. 133–135; Hochhold/Rudolph (2009), Principal-Agent-Theorie, S. 133; Jensen/Meckling (1976), Agency Costs, S. 308–309; Pellens et al. (2014), Internationale Rechnungslegung, S. 2–11; Rees (1985), Principal and Agent. Part I, S. 3; Ross (1973), Theory of Agency, S. 134; Schneider (1997), Rechnungswesen, S. 5; Sigloch (2011), Rechnungslegung, S. 16–18; Spremann (1989), Agent and Principal, S. 3; Thiele (1994), Neue Institutionenökonomik, S. 995.

51 Vgl. Zweiter Teil: Kap. 2.1 und 2.2.

52 Die Begrifflichkeit der Neuen Institutionenökonomik geht auf Williamson ((1975), Markets, S. 1) zurück. Synonym können auch die Begriffe Neuer Institutionalismus und Neoinstitutionalismus verwendet werden. Das dazugehörige Theoriegebäude geht auf das Jahr 1937 und Coase ((1937), Nature of the Firm) zurück, der in seinem (auch noch heute oft zitierten) Beitrag fragt, warum Unternehmen existieren.

53 Die Neue Institutionenökonomik stellt einen Teilbereich der Modernen Institutionenökonomik dar, die neben den drei angeführten auch weitere Gebiete umfasst (vgl. dazu weiterführend, allerdings ohne einen Anspruch auf Vollständigkeit zu erheben Leipold (1993), Neue Institutionenökonomik, S. 1521; Richter/Bindseil (1995), Neue Institutionenökonomik, S. 134).

Ökonomische Theorie der Vertretung an die Transaktionskostentheorie an. In der Transaktionskostentheorie stellt Unsicherheit eine zentrale Annahme dar, die wiederum auf Komplexität zurückzuführen ist.

Die Transaktionskostentheorie geht insbesondere auf die Beiträge von COASE und WILLIAMSON zurück.[54] Während COASE sich mit der Existenzberechtigung von Institutionen (z.B. Unternehmen) auf Märkten beschäftigt und deren Existenz auf die Reduktion von Transaktionskosten zurückführt,[55] geht WILLIAMSON einen Schritt weiter. Er untersucht, welche Koordinationsform der zwei Extreme – Markt und Unternehmen – in Abhängigkeit der Ausgestaltung einer Transaktion am effizientesten ist. Die Transaktionskosten dienen als Beurteilungskriterium.[56] Es erfolgt sowohl eine Analyse der Transaktion als auch deren institutioneller Rahmenbedingungen. Dies betrifft z.B. Märkte, Unternehmen, aber auch Verfassungen, Sprachen und Kulturen.[57]

In der Realität entstehen bei der Benutzung des Preismechanismus über den Markt Transaktionskosten. Diese lassen sich jedoch durch eine Koordinationsform wie z.B. ein Unternehmen reduzieren.[58] Im Hinblick auf die Transaktionskosten ist nun relevant, dass sich deren Höhe durch verschiedene Faktoren bestimmt. Diese Faktoren differenzieren sich in die Kategorien Verhaltensannahmen, Transaktionscharakteristika und Transaktionskostenatmosphäre.[59]

---

54 Vgl. COASE (1937), Nature of the Firm, S. 386–405; WILLIAMSON (1975), Markets and Hierarchies.

55 Vgl. FELDMANN (1999), Institutionenökonomik, S. 155; SCHRAMM (2005), Transaktionskostentheorie, S. 46–65; THIELE (1994), Neue Institutionenökonomik, S. 994.

56 Vgl. THIELE (1994), Neue Institutionenökonomik, S. 994; WIEGANDT (2009), Transaktionskostentheorie, S. 119. In der Realität reicht das Kontinuum der unterschiedlichen Koordinationsformen vom einzelnen Tauschgeschäft bis zur zentralisierten hierarchischen Organisation. In einer Marktwirtschaft beschränken sich die Koordinationsformen auf die zwei Institutionen Markt und Unternehmen, die die Ressourcenallokation und die Koordination wirtschaftlicher Aktivitäten übernehmen. Der Unterschied besteht lediglich darin, dass der Markt über den Preismechanismus und das Unternehmen mittels hierarchischer Anweisungen agieren (vgl. BÖSSMANN (1983), Transaktionskosten, S. 105–106; WIEGANDT (2009), Transaktionskostentheorie, S. 119; WILLIAMSON (1990), Institutionen, S. 18). Vgl. zum Begriff Transaktionskosten z. B. PICOT ET AL. (2012), Organisation, S. 70.

57 Vgl. PICOT/DIETL (1990), Transaktionskostentheorie, S. 178.

58 Vgl. FISCHER (1994), Theorie der Transaktionskosten, S. 582.

59 Vgl. PICOT ET AL. (2012), Organisation, S. 70–77; SAUTER (1985), Transaktionskostentheorie, S. 55; WIEGANDT (2009), Transaktionskostentheorie, S. 119; WILLIAMSON (1990), Institutionen, S. 40, 47. Die begrenzte Rationalität und der Opportunismus bilden zusammen die zentralen Verhaltensannahmen (vgl. DÖRING (1998), Leistungsfähigkeit des Transaktionskostenansatzes, S. 34–35; WILLIAMSON (1990), Institutionen, S. 54). Als weitere, dritte Annahme wird die Risikoneutralität genannt (vgl. z. B. WIEGANDT (2009), Transaktionskostentheorie, S. 120; WILLIAMSON (1985), Economic Institutions, S. 388). Die Transaktionskostenatmosphäre

An dieser Stelle gilt es, insbesondere die Transaktionscharakteristika herauszustellen. Diese machen die Transaktion individuell bestimmbar. Dazu gehören neben der Faktorspezifität noch die Transaktionshäufigkeit und die Unsicherheit.[60] Letztere, die Unsicherheit, lässt sich in zwei Arten unterteilen.[61] Neben der Markt- oder Umweltunsicherheit kommt noch die Verhaltensunsicherheit hinzu. Die exogene, auf der Umwelt basierende Unsicherheit, wird durch die endogene, auf dem Verhalten der Transaktionspartner basierende Unsicherheit, erweitert.[62]

Die umweltbezogene Unsicherheit zielt auf die äußeren Umstände und Rahmenbedingungen ab, unter denen eine Transaktion stattfindet.[63] Beispielsweise wird ein Unternehmen durch vielfältige Einflussfaktoren geprägt. Diese entstammen einem ökologischen, einem ökonomischen, einem technologischen und einem sozio-kulturellen sowie einem politisch-rechtlichen Umfeld, in dem das Unternehmen agiert. Es handelt sich um exogene Faktoren. Diese sind von keinem der betrachteten Individuen beeinflussbar. Durch das Zusammenspiel der unterschiedlichen Anzahl an Umweltfaktoren und deren Veränderung im Zeitablauf entsteht Komplexität.[64] Die Individuen schaffen es nicht, die verschiedenen

---

wird durch soziokulturelle und technologische Faktoren bestimmt (vgl. Picot et al. (2012), Organisation, S. 76; Wiegandt (2009), Transaktionskostentheorie, S. 120).

60 Vgl. Williamson (1990), Institutionen, S. 59. Unter dem Begriff der Faktorspezifität wird der Grad der Spezialisierung von Produktionsfaktoren für eine bestimmte Transaktion verstanden. Die wichtigsten Ausprägungen sind die Standort-, Sachkapital-, Humankapital-, Widmungs- und Markenartikelspezifität (vgl. Feldmann (1999), Institutionenökonomik, S. 157; Halin (1995), Eine transaktionskostentheoretische Analyse, S. 63; Kaas/Fischer (1993), Transaktionskostenansatz, S. 688; Picot/Dietl (1990), Transaktionskostentheorie, S. 179; Picot et al. (2012), Organisation, S. 73–75; Williamson (1990), Institutionen, S. 61–62).

61 Vgl. Kaas/Fischer (1993), Transaktionskostenansatz, S. 687–688. Bisweilen – allerdings äußerst selten – findet sich in der Literatur ein weiterer Aspekt der Unsicherheit, die objektbezogene Unsicherheit. Diese Form der Unsicherheit wird insbesondere ökonomisch interpretiert und deutet die Problematik bei Produktinnovationen an. Produktinnovationen sollen alte und bewährte Produkte ersetzen. Gleichwohl ist deren Erfolg keineswegs vorhersehbar und planbar. Diese sind dementsprechend mit Unsicherheit behaftet (vgl. z. B. Halin (1995), Eine transaktionskostentheoretische Analyse, S. 72–73; Williamson (1989), Transaction Cost Economics, S. 143–144).

62 Vgl. Dorr (2008), Neoklassik, S. 34; Haid (1984), Informationsökonomik, S. 9–10; Hirshleifer (1973), Theory of Information, S. 33; Hopf (1983), Informationen, S. 24, 30–46; Hopf (1983), Informationsökonomie, S. 313; Kunz (1985), Marktsystem und Information, S. 33–52; Schumacher (1994), Unvollkommene Information, S. 7; Wessling (1991), Individuum und Information, S. 72–73.

63 Williamson ((1985), Economic Institutions, S. 59) spricht in diesem Zusammenhang auch von der parametrischen Unsicherheit („parametric uncertainty").

64 Vgl. Kaas/Fischer (1993), Transaktionskostenansatz, S. 687–688.

Umweltentwicklungen und deren Zusammenhänge zu überblicken. Komplexität beschreibt demnach eine Situtation, die sicher, aber nicht überschaubar ist.[65] Unsicherheit ist die Folge. Die umweltbezogene Unsicherheit setzt Komplexität voraus.[66]

Im Ergebnis gilt es festzuhalten, dass es der Transaktionskostentheorie als Teilbereich der Neuen Institutionenökonomik gelingt, Unsicherheit anhand von Komplexität zu erklären und zu begründen. Komplexität bildet die Voraussetzung für die umweltbezogene Unsicherheit. Die Transaktionskostentheorie vermag insofern auch einen Zusammenhang zwischen Komplexität und Unsicherheit zu zeigen und Komplexität als Ausdruck von Unsicherheit zu erfassen. Im Fokus der Transaktionskostentheorie steht allerdings Unsicherheit. Das Komplexitätsphänomen spielt eine eher untergeordnete Rolle. Es wird nicht ausschließlich betrachtet.[67] Die Transaktionskostentheorie erscheint daher für eine Analyse der Komplexität nicht geeignet und wird nicht weiterverfolgt.

Neben der Neuen Institutionenökonomik stehen weitere Theoriegebäude zur Verfügung, die sich mit dem Komplexitätsphänomen auseinandersetzen. Die Systemtheorie dominiert an dieser Stelle die Literatur zur Komplexitätsforschung.[68] Diese wird daher näher betrachtet.

Die allgemeine Systemtheorie geht auf den Biologen von Bertalanffy und das Ende der ersten Hälfte des 20. Jahrhunderts zurück,[69] wobei sich erste Ansätze von Systemdenken bereits bei Aristoteles im 4. Jahrhundert vor Christus finden.[70] Die allgemeine Systemtheorie gewinnt, zusammen mit der Kybernetik[71], in

---

65 Vgl. Picot/Dietl (1990), Transaktionskostentheorie, S. 179.

66 Vgl. Dietl (1993), Institutionen, S. 123–127; Döring (1998), Leistungsfähigkeit des Transaktionskostenansatzes, S. 38; Feldmann (1999), Institutionenökonomik, S. 156; Halin (1995), Eine transaktionskostentheoretische Analyse, S. 72–73; Ruhnke/Simons (2012), Rechnungslegung nach IFRS und HGB, S. 93–95; Wiegandt (2009), Transaktionskostentheorie, S. 121; Williamson (1975), Markets and Hierarchies, S. 21–24.

67 Vgl. Zweiter Teil: Kap. 2.1.

68 Einen strukturierten Überblick über die Theorien der Komplexitätsforschung gibt z. B. Schoeneberg ((2010), Komplexität, S. 481–484) auf Basis der Arbeit von Weyer ((2009), Dimensionen der Komplexität, S. 6–7). Vgl. ebenso Erster Teil: Kap. 2.1.1 und 2.2.1.

69 Vgl. z. B. von Bertalanffy (1950), Theory of Open Systems; von Bertalanffy (1968), General System Theory; von Bertalanffy (1972), General Systems Theory; von Bertalanffy (2003), General System Theory; vgl. ebenso ausführlich zur (allgemeinen) Systemtheorie z. B. Ropohl (2012), Allgemeine Systemtheorie; Schwaninger (1996), Systemtheorie, Sp. 1946–1960; Tacke (2004), Systemtheorie, Sp. 1392–1400.

70 Vgl. Ropohl (2012), Allgemeine Systemtheorie, S. 18, 25–26, 35.

71 Die Kybernetik befasst sich mit der Steuerung technischer Systeme und geht insbesondere auf Wiener zurück (vgl. Wiener (1948), Cybernetics; vgl. z. B. ebenso Ashby (1956), Cybernetics).

den 1950er-Jahren zunehmend an Popularität.[72] Auf Basis der allgemeinen Systemtheorie und der Kybernetik bilden sich in der Folgezeit verschiedene Forschungsansätze heraus, die sich mit Systemen befassen. Das betrifft z. B. die Systemtechnik, die Organsiationstheorie und die Informatik.[73] In den 1970er- und 1980er-Jahren ist das z. B. die Chaos- und in den 1990er-Jahren die Komplexitätstheorie.[74] Ende der 1960er- und zu Beginn der 1970er-Jahre wird das Denken in Systemen auf soziale Gebilde übertragen. Dies trifft insbesondere auch auf Unternehmungen zu. Pinoierarbeit leistet an dieser Stelle Ulrich, der die Unternehmung systemtheoretisch auffasst und ganzheitlich betrachtet.[75] Zudem ist Luhmann hier zu nennen, der das soziale Gebilde „Gesellschaft" systemtheoretisch beleuchtet.[76]

Bei der Systemtheorie handelt es sich um einen interdisziplinären Forschungsansatz, der auf Problemstellungen aus verschiedenen Teildisziplinen übertragen werden kann.[77] Im Allgemeinen befasst sich die Systemtheorie mit dem Aufbau und der Organisation sowie mit dem Verhalten der Bestandteile von komplexen Systemen.[78] Die Bestandteile eines Systems sind die konstitutiven Merkmale Elemente und Verbindungen zwischen den einzelnen Elementen (Relationen).[79] Komplexität beschreibt die Eigenschaft eines Systems.[80] Diese variiert in Abhängigkeit

---

72 Vgl. Rühli (2002), Betriebswirtschaftslehre nach dem Zweiten Weltkrieg, S. 117.

73 Vgl. Ropohl (2012), Allgemeine Systemtheorie, S. 29–37; vgl. auch Schwaninger (1996), Systemtheorie, Sp. 1946.

74 Vgl. Kappelhoff (2002), Komplexitätstheorie, S. 49–101 in Verbindung mit Schreyögg (2002), Komplexität und Organisation, S. 103–111; Regn (2009), Strategisches Denken, S. 119–129; Rieger (2011), Steuerklientelunsicherheit, S. 24, Fn. 85 m. w. N.

75 Vgl. Meffert (2002), Betriebswirtschaftslehre in den Siebziger- und Achtzigerjahren, S. 140–142; Rühli (2002), Betriebswirtschaftslehre nach dem Zweiten Weltkrieg, S. 117, 127; Ulrich (1971), Der systemorientierte Ansatz in der Betriebswirtschaftslehre; Ulrich/Hill (1979), Wissenschaftstheoretische Aspekte ausgewählter betriebswirtschaftlicher Konzeptionen, S. 172–173.

76 Vgl. z. B. Luhmann (1980), Komplexität; Luhmann (1997), Die Gesellschaft der Gesellschaft; Luhmann (2009), Systemtheorie; vgl. ebenso Ropohl (2012), Allgemeine Systemtheorie, S. 37–44; vgl. auch Schwaninger (1996), Systemtheorie, Sp. 1946.

77 Vgl. Kirsch (1998), Handhabung von Entscheidungsproblemen, S. 140; Schwaninger (1996), Systemtheorie, Sp. 1946; Tacke (2004), Systemtheorie, Sp. 1393; Willke (2006), Systemtheorie I, S. 3.

78 Vgl. Schwaninger (1996), Systemtheorie, Sp. 1946; vgl. auch den einfachen Definitionsversuch eines komplexen Systems von Simon ((1965), Architecture of Complexity, S. 63), der hierunter ein System versteht, dass aus einer „large number of parts" besteht, „that interact in a nonsimple way".

79 Die Begriffe Verbindung und Relation werden im Folgenden synonym verwendet.

80 Vgl. Blockus (2010), Komplexität, S. 1.

des betrachteten Systems (Bezugsobjekt).[81] Komplexität ergibt sich erstens aus dem Zusammenspiel der Systemelemente und deren Vielfältigkeit, zweitens aus den Verbindungen zwischen den Elementen und deren Abhängigkeit untereinander und drittens aus der Veränderung der Elemente und Verbindungen im Zeitablauf.[82]

Im Ergebnis zeigt sich, dass das Komplexitätsphänomen im Fokus der Systemtheorie steht. Mithilfe der Systemtheorie gelingt es, Komplexität abzugrenzen und zu definieren. Zudem liegt mit der Systemtheorie ein theoretisches Konstrukt vor, um Komplexität in seine Bestandteile (Elemente und Relationen) zu zerlegen. So werden die Voraussetzungen für eine empirische, ggf. indikatorbasierte Quantifizierung geschaffen. Daneben lässt sich die Theorie auf Systeme beliebiger Art übertragen. Hierfür wird eine systemtheoretische Interpretation des Untersuchungsgegenstandes (z.B. Gesellschaft, Unternehmung oder Rechnungslegung) vorausgesetzt. Letztlich bleibt festzuhalten, dass sich die Systemtheorie für eine Analyse des Komplexitätsphänomens im Zusammenhang mit der Rechnungslegung eignet. Sie wird daher nachfolgend zugrunde gelegt.

2.4 Systemtheoretisches Verständnis von Komplexität anhand der konstitutiven Merkmale

Die Komplexität eines Systems ergibt sich anhand der konstitutiven Merkmale Element und Relation. Ein System ist als die Menge an Elementen definiert, zwischen denen verschiedene Relationen bestehen.[83] Ein Element kann entweder ideeller, materieller oder personeller Natur sein.[84] Das Zusammenspiel zwischen Element und Relation beschreibt einen Zustand.[85] Je nach Interaktion der einzelnen Elemente und Relationen ergeben sich verschiedenartige Zustände (Varietät), die sich im Zeitablauf verändern (Dynamik) können.[86] Abb. 2 veranschaulicht den Zusammenhang zwischen System, Element, Relation und Zustand anhand eines vereinfachten Beispiels.

81 Vgl. Luhmann (1980), Komplexität, Sp. 1064; Schwaninger (1996), Systemtheorie, Sp. 1946.

82 Vgl. Blockus (2010), Komplexität, S. 1; vgl. ebenso Kasper (2004), Komplexitätsmanagement, Sp. 619.

83 Vgl. Rieger (2011), Steuerklientelunsicherheit, S. 24; Schoeneberg (2010), Komplexität, S. 485.

84 Vgl. Bronner (1992), Komplexität, Sp. 1122.

85 Vgl. Grossmann (1992), Komplexitätsbewältigung, S. 25; Malik (2008), Strategie des Managements komplexer Systeme, S. 168.

86 Vgl. Bick/Drexl-Wittbecker (2008), Komplexität, S. 27.

Abb. 2: Zusammenhang zwischen den Begrifflichkeiten System, Element, Relation und Zustand[87]

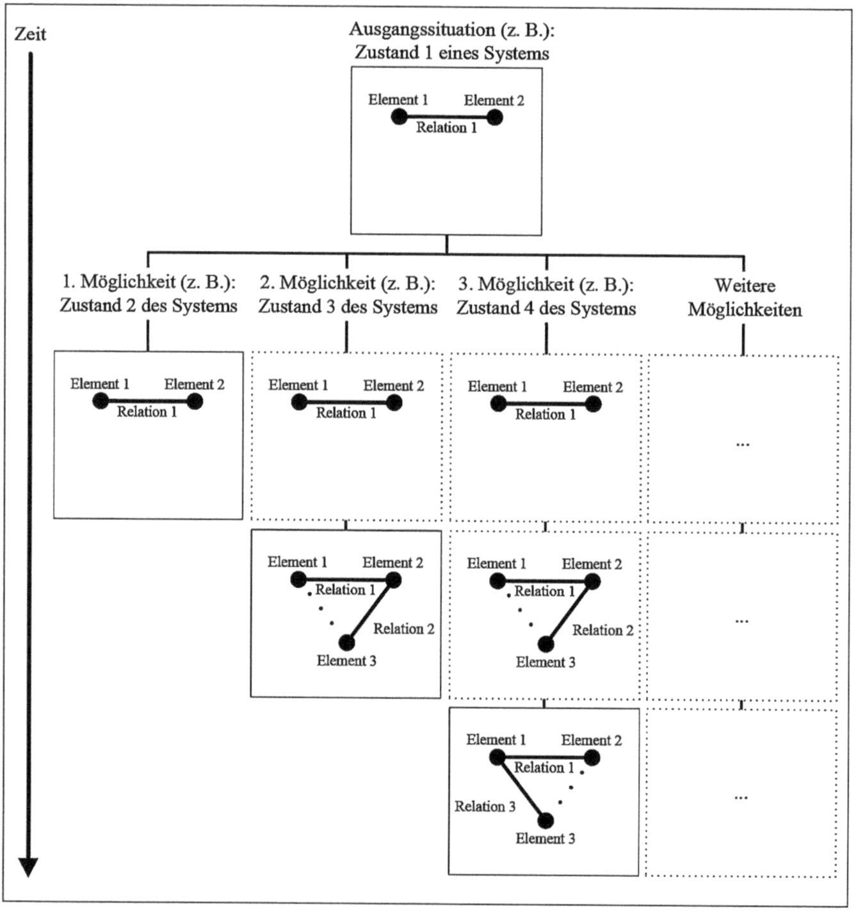

In Abb. 2 ist zu sehen, dass in der Ausgangssituation ein System mit zwei Elementen (Element 1 und Element 2) und einer Relation zwischen den beiden Elementen (Relation 1) vorliegt. Diese Elemente und Relationen ergeben den Zustand 1 des Systems. Im Zeitablauf können weitere Elemente und Relationen hinzukommen. Treten keine weiteren Elemente und Relationen hinzu, bleibt das System im Vergleich zur Ausgangssituation unverändert. Zustand 1 und Zustand 2 stimmen überein (1. Möglichkeit). Wenn z.B. ein weiteres Element

87 Quelle: Eigene Darstellung.

(Element 3) hinzukommt, dann können sich nach der Ausgangssituation verschiedene Zustände einstellen. Beispielsweise kann sich Zustand 3 im Zeitablauf herausbilden (2. Möglichkeit). Hier ergibt sich neben der ersten Relation zwischen Element 1 und Element 2 (Relation 1) noch eine weitere Relation. Diese verbindet Element 2 und Element 3 (Relation 2). Als 3. Möglichkeit kann sich auch der Zustand 4 des Systems entwickeln. Hier verändert sich das System von Zustand 1 über Zustand 3 zu Zustand 4 im Zeitablauf. Es ergibt sich neben der ersten Relation zwischen Element 1 und Element 2 (Relation 1) noch eine zweite Relation zwischen Element 1 und Element 3 (Relation 3). Alternativ können sich auch andere Zustände im Zeitablauf einstellen. So wäre es z. B. ebenfalls möglich, dass sich nicht Zustand 3, sondern Zustand 4 (2. Möglichkeit) bzw. nicht Zustand 4, sondern Zustand 3 des Systems (3. Möglichkeit) ergeben. Dies wird in Abb. 2 durch gepunktete Linien angedeutet.[88]

Deutlich wird die abstrakte Definition eines komplexen Systems anhand eines konkreten Beispiels: Ein bestimmtes System, z. B. eine Konzernunternehmung, wird durch eine Vielzahl und Vielfalt von Elementen, z. B. Mitarbeitern, Tochterunternehmungen, Abteilungen, Produkten etc., beschrieben. Diese Elemente stehen, z. B. durch (Arbeits-)Verträge, unter- und/oder miteinander in Verbindung (Relation). Sie können unterschiedlicher Natur sein, z. B. durch die Differenzierung zwischen Tarifverträgen und außertariflichen Verträgen. Außerdem können sich die einzelnen Zustände, die sich aus dem Zusammenspiel der Elemente und Relationen ergeben, innerhalb einer festgelegten Zeitperiode verändern. Beispielsweise entstehen neue Verträge o. Ä. durch den An- und/oder Verkauf von (neuen) Tochtergesellschaften. Demzufolge handelt es sich in diesem Fall um eine komplexe (Konzern-)Unternehmung.[89]

Die alleinige Betrachtung von Elementen und Verbindungen (Relationen) als konstitutive Merkmale hat ein relativ enges Begriffsverständnis von Komplexität zur Folge.[90] LUHMANN erweitert die charakteristischen Grundzüge und etabliert so ein zentrales Begriffsverständnis, auf das sich vor allem wirtschaftswissenschaftliche Studien beziehen.[91] Für LUHMANN ergibt sich Komplexität aus

---

88 Ferner könnten z. B. auch nach Hinzutreten des dritten Elements keine (weiteren) Relationen oder gleichzeitig zwei weitere Relationen entstehen (nicht in Abb. 2 illustriert).

89 Vgl. z. B. FÜLBIER/KUSCHEL (2012), Komplexitätszunahme in der IFRS-Rechnungslegung, S. 930; vgl. für ein weiteres Beispiel SCHMIDT (2009), Diffusion komplexer Produkte und Systeme, S. 83–84.

90 Vgl. BRONNER (1992), Komplexität, Sp. 1122; LUHMANN (2009), Systemtheorie, S. 173, 176; o. V. (1976), Komplexität, S. 314–315, vgl. ähnlich auch in der jüngeren Literatur z. B. BLOCKUS (2010), Komplexität, S. 6–7; BRONNER (1992), Komplexität, Sp. 1121–1122; RIEGER (2011), Steuerklientelunsicherheit, S. 23–26; SCHAFFER (2010), Komplexitätskosten, S. 59–60.

91 Vgl. RIEGER (2011), Steuerklientelunsicherheit, S. 25 m. w. N.; ROPOHL (2012), Allgemeine Systemtheorie, S. 43; vgl. z. B. auch FÜLBIER/KUSCHEL (2012),

der Anzahl der Elemente, der Anzahl der Verbindungen und der unterschiedlichen Art der Verbindungen zwischen den Elementen (Verschiedenartigkeit der Relationen). Die Komplexität nimmt aus der systemtheoretischen Perspektive von LUHMANN proportional zur Anzahl der Elemente sowie der Anzahl der Verbindungen zu.[92] Seine Interpretation von Komplexität stimmt weitgehend mit der von LA PORTE[93] überein.[94] Sie steht in Folge auch Pate für die ähnlich lautenden Definitionsversuche von FISCH/WOLF[95] sowie WILDEMANN. Letzterer berücksichtigt – im Gegensatz zu FISCH/WOLF – aber die Zeit (Dynamik) in seiner Begriffsauffassung.[96] Da LUHMANN diesen Aspekt zunächst nicht einbezieht, aber anschließend ausdrücklich darauf hinweist,[97] stimmt sein Begriffsverständnis von Komplexität mit dem von WILDEMANN überein.[98]

Ein ähnliches Begriffsverständnis zeigt sich auch in der wirtschaftswissenschaftlichen Literatur zur Unternehmensführung. In dieser Teildisziplin wird z.B. die Reduktion von Komplexität thematisiert.[99] Als deren Vertreter verstehen ULRICH/PROBST unter Kompliziertheit zunächst die Anzahl an unterschiedlichen Elementen und die Anzahl an unterschiedlichen Verbindungen zwischen den Elementen. Auf dieser Grundlage leiten sie auf Komplexität über, indem sie das

---

Komplexitätszunahme in der IFRS-Rechnungslegung; KÜTING (2012), Komplexität der Rechnungslegungssysteme.

92 Vgl. LUHMANN (1997), Die Gesellschaft der Gesellschaft, S. 136–137; vgl. ebenso KÜTING (2012), Komplexität der Rechnungslegungssysteme, S. 297.

93 LA PORTE ((1975), Complexity, S. 6) definiert den Grad der Komplexität eines organisierten sozialen Systems als eine Funktion der „number of system components (...), the relative differentiation or variety of these components (...), and the degree of interdependence among these components" (teilweise im Original in kursiver Schreibweise hervorgehoben).

94 Vgl. LUHMANN (1980), Komplexität, Sp. 1064–1065.

95 FISCH/WOLF ((1990), Handhabung von Komplexität beim Problemlösen und Entscheiden, S. 13) definieren die Komplexität eines Problems „erstens durch die Anzahl seiner Elemente, zweitens durch die Menge der Beziehungen zwischen diesen Elementen (Relationen) und drittens durch die Verschiedenartigkeit dieser Beziehungen".

96 Vgl. FISCH/WOLF (1990), Handhabung von Komplexität beim Problemlösen und Entscheiden, S. 13; LUHMANN (1980), Komplexität, Sp. 1065; RIEGER (2011), Steuerklientelunsicherheit, S. 26; WILDEMANN (1998), Komplexitätsmanagement, S. 48.

97 Vgl. LUHMANN (1980), Komplexität, Sp. 1065; LUHMANN (2009), Systemtheorie, S. 176.

98 Vgl. RIEGER (2011), Steuerklientelunsicherheit, S. 25. Hiermit lässt LUHMANN seine ältere, jetzt obsolete Auffassung von Komplexität (vgl. LUHMANN (1972), Rechtssoziologie 1, S. 6–7) fallen (vgl. KASPER (2004), Komplexitätsmanagement, Sp. 619; LUHMANN (1980), Komplexität, Sp. 1065).

99 Vgl. KÜTING (2012), Komplexität der Rechnungslegungssysteme, S. 297; ULRICH (1983), Management; ULRICH/FLURI (1995), Management, S. 46, 114.

Verständnis von Kompliziertheit erweitern. Sie berücksichtigen die Veränderlichkeit der Elemente und Verbindungen im Zeitablauf. Die Anzahl und die Vielfalt der Elemente und Verbindungen sind nicht konstant, sondern variieren im Zeitablauf. Es entstehen verschiedene Zustände des Systems. Demzufolge definiert sich Komplexität, neben der Anzahl und Verschiedenheit der Elemente und Verbindungen zwischen den Elementen, auch anhand der Entwicklung der Elemente und Verbindungen im Zeitablauf.[100] ULRICH/PROBST berücksichtigen somit auch ausdrücklich den Aspekt der Zeit (Dynamik). Sie verstehen unter Komplexität aber nicht nur die Eigenschaft, sondern auch die Fähigkeit eines Systems, selbst unterschiedliche Zustände herbeizuführen. Sie implizieren damit eine Eigendynamik der Elemente und Verbindungen.[101] Auf Basis ihres Verständnisses differenzieren sie vier Systemtypen. Dabei handelt es sich entweder um ein einfaches, ein kompliziertes, ein relativ komplexes oder ein äußerst komplexes System. Abb. 3 verdeutlicht, dass die Systeme in der Modellwelt von ULRICH/PROBST grundsätzlich die gleichen charakteristischen Merkmale aufweisen. Sie werden anhand ihrer Vielzahl und Vielfalt an Elementen und Relationen sowie deren Veränderlichkeit im Zeitablauf beschrieben.

---

100 Vgl. ULRICH/PROBST (2001), Denken und Handeln, S. 58–62. Eine ähnlich Auffassung vertritt z. B. auch BERENTZEN ((2010), Bilanzierung von finanziellen Vermögenswerten, S. 36–37), der sein Begriffsverständnis von Komplexität an die sog. Münchener Schule anlehnt und ebenso u. a. die Vielzahl und Varietät der Elemente als auch die Dynamik des Systems anführt, um Komplexität zu beschreiben (vgl. ähnlich dazu FREILING/RECKENFELDERBÄUMER (2010), Markt und Unternehmung, S. 21–22 oder SCHUH (2005), Produktkomplexität, S. 5).

101 Vgl. ULRICH/PROBST (2001), Denken und Handeln, S. 59; vgl. ähnlich auch z. B. MILLING (2002), Entscheiden in komplexen Systemen, S. 12.

Abb. 3: Unterscheidung verschiedener Systemtypen auf Basis der konstitutiven Merkmale[102]

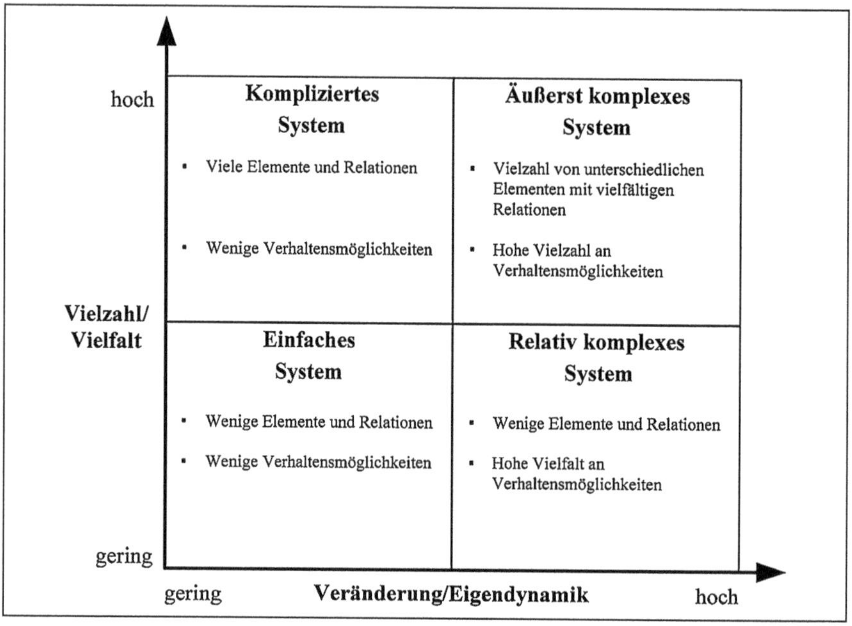

Einfache und komplizierte Systeme unterscheiden sich lediglich anhand der Vielzahl und Vielfalt der Elemente und Relationen. Während sich komplizierte Systeme durch eine hohe Vielzahl und Vielfalt an Elementen und Relationen auszeichnen, ist diese bei einfachen Systemen hingegen eher gering.[103] Abb. 4 veranschaulicht den Unterschied zwischen einem einfachen und einem komplizierten System anhand eines vereinfachten Beispiels.

102 Quelle: Eigene Darstellung in enger Anlehnung an Blockus (2010), Komplexität, S. 8; Denk/Pfneissl (2009), Komplexität, S. 18–19; Grossmann (1992), Komplexitätsbewältigung, S. 18–20; Ulrich/Probst (2001), Denken und Handeln, S. 59–62.

103 Vgl. Grossmann (1992), Komplexitätsbewältigung, S. 18–20; Stüttgen (2003), Komplexitätsbewältigung, S. 22; Ulrich/Probst (2001), Denken und Handeln, S. 59–61.

Abb. 4: Unterschied zwischen einem einfachen und einem komplizierten System[104]

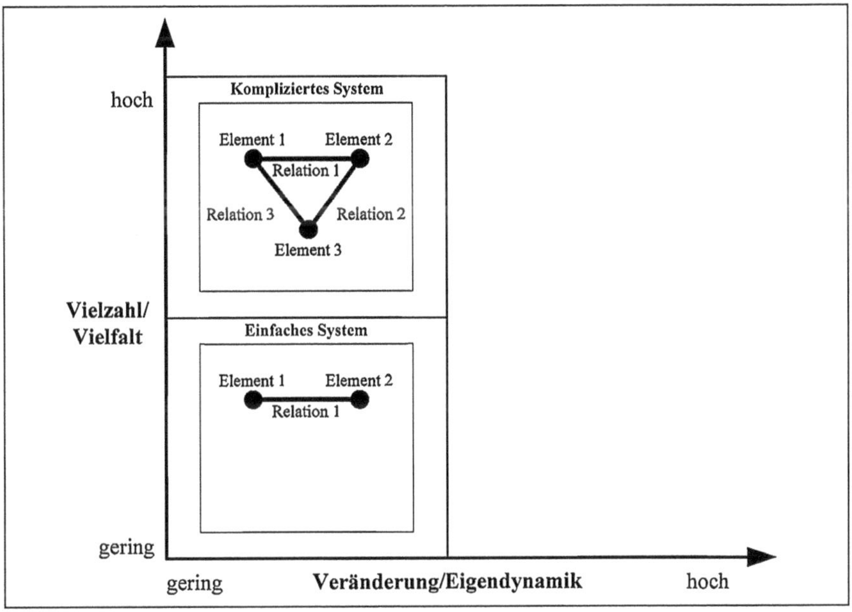

Relativ komplexe und äußerst komplexe Systeme zeichnen sich im Gegensatz dazu zusätzlich durch die Berücksichtigung des Faktors Zeit (Dynamik) aus.[105] Abb. 5 veranschaulicht den Unterschied zwischen einem relativ komplexen und einem äußerst komplexen System anhand eines vereinfachten Beispiels.

---

104 Quelle: Eigene Darstellung.

105 Vgl. BLOCKUS (2010), Komplexität, S. 7–8; GROSSMANN (1992), Komplexitätsbewältigung, S. 20–21; STÜTTGEN (2003), Komplexitätsbewältigung, S. 22; ULRICH/PROBST (2001), Denken und Handeln, S. 60–62.

Abb. 5: Unterschied zwischen einem relativ komplexen und einem äußerst komplexen System[106]

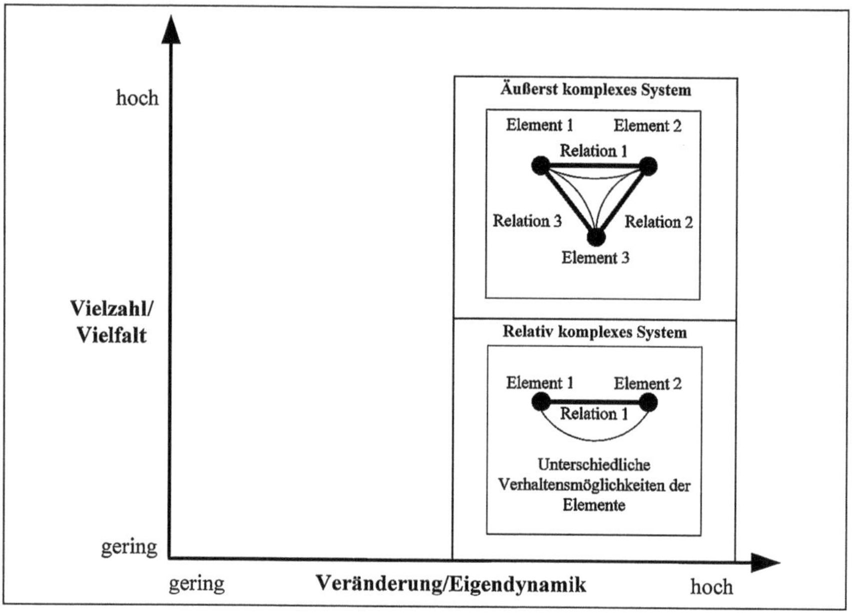

Durch die unterschiedlichen Verhaltensmöglichkeiten bleibt die Vielzahl und Vielfalt der Elemente und Relationen nicht konstant. Sie verändern sich im Zeitablauf. Das System ist nicht mehr als kompliziert, sondern als komplex zu charakterisieren. Nimmt die Vielzahl und Vielfalt der Elemente und Relationen zu, wird ein relativ komplexes System zu einem äußerst komplexen System.[107]

Abb. 6 fasst die verschiedenen Systemtypen nach Ulrich/Probst zusammen. Anhand deren Komplexitätsverständnisses wird deutlich, dass sowohl die Elemente und Relationen als auch die unterschiedlichen Verhaltensmöglichkeiten im Zeitablauf zu berücksichtigen sind. Sie bilden an dieser Stelle die konstitutiven Merkmale der Komplexität.

106 Quelle: Eigene Darstellung.

107 Vgl. Ulrich/Probst (2001), Denken und Handeln, S. 60–62.

Abb. 6: Übersicht über die verschiedenen Systemtypen nach ULRICH/PROBST[108]

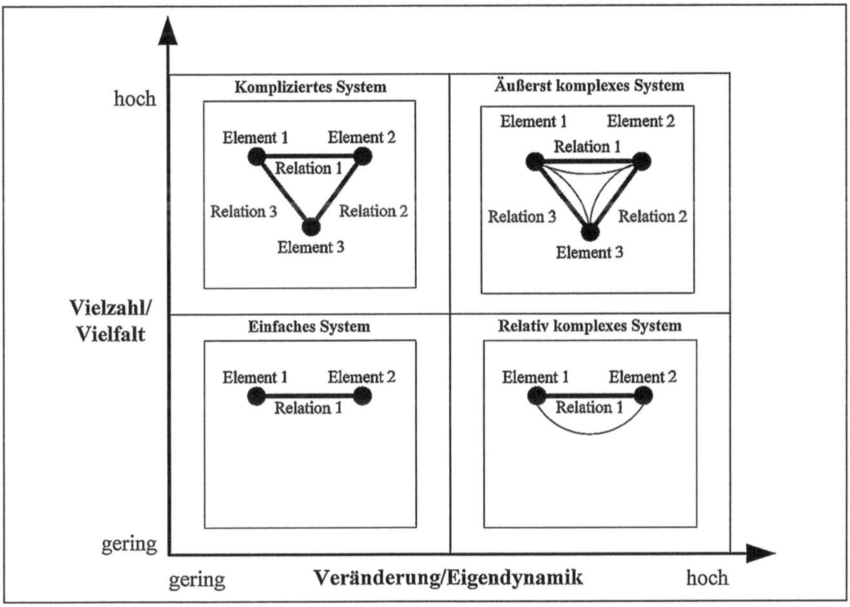

In der englischsprachigen Literatur zeichnet sich ein ähnliches Begriffsverständnis ab. Exemplarisch sei an dieser Stelle auf MCFARLAND und sein Verständnis von Komplexität verwiesen. Er stellt ebenfalls auf die Anzahl an unterschiedlichen Elementen, die Anzahl an unterschiedlichen Verbindungen zwischen den Elementen und deren Verschiedenartigkeit im Zeitablauf ab.[109]

In der deutschsprachigen Literatur legt WILLKE ein (noch) differenzierteres Verständnis von Komplexität vor. Er macht in ihr „den Grad der Vielschichtigkeit, Vernetzung und Folgelastigkeit eines Entscheidungsfeldes“[110] aus. Dabei versteht er unter Vielschichtigkeit, dass es grundsätzlich mehrere Systemebenen gibt, die untersucht werden können. Die Vernetzung beschreibt die Art und Weise der

---

108 Quelle: Eigene Darstellung.

109 „The complexity of a system varies directly, but non-additively, with (1) the number and variety of its components; (2) the extent and incidence of relational interdependence among the components; (3) the variability of the components and their relationships through time“ (MCFARLAND (1969), Power and Leadership, S. 16 (im Original in kursiver Schreibweise und teilweise in Kapitälchen hervorgehoben); vgl. auch RIEGER (2011), Steuerklientelunsicherheit, S. 26). Vgl. ebenso KIRSCH (1998), Handhabung von Entscheidungsproblemen, S. 140.

110 WILLKE (2006), Systemtheorie I, S. 23 (im Original in kursiver Schreibweise hervorgehoben).

Verbindungen zwischen den einzelnen Systemelementen. Die Folgelastigkeit spielt auf die Erscheinungen an, die sich in einem System, z. B. als Konsequenz einer getroffenen Entscheidung, ergeben. Sie nimmt einerseits Bezug auf die Erscheinungsformen[111] der Komplexität und andererseits auf deren ökonomische Wirkungen[112]. Schließlich verdeutlicht WILLKE anhand der letzten Komponente, dem Entscheidungsfeld, dass sich Komplexität immer auf ein bestimmtes Problem bezieht.[113] Abb. 7 stellt die Vielschichtigkeit der Komplexität an einem vereinfachten Beispiel grafisch dar.

111 Es lassen sich objektive und subjektive Erscheinungsformen der Komplexität unterscheiden. Die subjektive Komplexität hängt entscheidend vom Auge des Betrachters ab. Sie stellt gewissermaßen eine individuell wahrgenommene Komplexität dar, die von den Personen im System abhängt und mit ihnen auch variiert (vgl. BAECKER (1997), Komplexität, S. 24; BICK/DREXL-WITTBECKER (2008), Komplexität, S. 28, 32; BLOCKUS (2010), Komplexität, S. 15 und S. 15, Fn. 59; GELL-MANN (1995), Vom Einfachen zum Komplexen, S. 72–73; SCHWANINGER (1996), Systemtheorie, Sp. 1946). Die objektive Komplexität beschäftigt sich mit unumstößlichen Tatsachen, wie z. B. der Anzahl der Elemente und Verbindungen zwischen den Elementen (vgl. BAECKER (1997), Komplexität, S. 24; DÖRNER (1993), Logik des Mißlingens, S. 61–62; GELL-MANN (1995), Vom Einfachen zum Komplexen, S. 72–73; SCHWANINGER (1996), Systemtheorie, Sp. 1946; ähnlich auch z. B. DENK/PFNEISSL (2009), Komplexität, S. 15; GELL-MANN (1995), Vom Einfachen zum Komplexen, S. 73).

112 Die ökonomischen Wirkungen lassen sich in Form eines Kosten-Nutzen-Kalküls ausdrücken, wobei insbesondere die Komplexitätskosten häufig in der Literatur thematisiert werden. Die Komplexitätskosten lassen sich anhand von drei Merkmalen kennzeichnen. Sie wirken zeitverzögernd, funktionsübergreifend und zeichnen sie sich durch ein asymmetrisches, dynamisches Verhalten (Kostenremanenz) aus. Es lassen sich grundsätzlich direkte und indirekte Komplexitätskosten unterscheiden (vgl. z. B. ADAM/JOHANNWILLE (1998), Komplexitätsfalle, S. 10–12; BLOCKUS (2010), Komplexität, S. 24–27; DENK/PFNEISSL (2009), Komplexität, S. 21; HOMBURG/DAUM (1997), Komplexitätskostenfalle, S. 334; HUNGENBERG (2000), Komplexitätskosten, S. 542, 545–547; PICOT/FREUDENBERG (1998), Umgang mit Komplexität, S. 69; RATHNOW (1993), Variantenmanagement, S. 23–27; SCHUH (2005), Produktkomplexität, S. 22–28; vgl. zum Begriff der Komplexitätskosten z. B. MEYER (2007), Integration des Komplexitätsmanagements, S. 25; vgl. zum Begriff der Kostenremanenz z. B. o. V. (2011), Kostenremanenz, S. 512; SCHUH (2005), Produktkomplexität, S. 23–24).

113 Vgl. WILLKE (2006), Systemtheorie I, S. 23.

Abb. 7: Vielschichtigkeit der Komplexität anhand eines vereinfachten Beispiels[114]

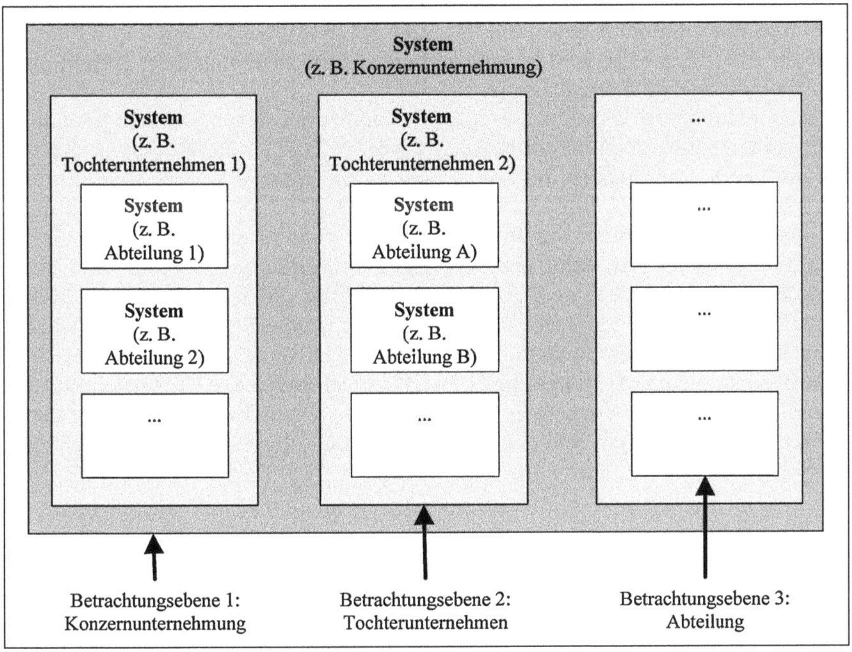

In Abb. 7 zeigt sich die Vielschichtigkeit in Form eines Baukastenprinzips. So lässt sich ein System in weitere, untergeordnete Systeme unterteilen. So zerfällt ein System, wie z.B. eine Konzernunternehmung, in mehrere Teilsysteme, wie z.B. Tochterunternehmen und Abteilungen. Es bedarf daher zur Untersuchung der Komplexität einer Festlegung des betrachteten Systems (Bezugsobjekts) (z.B. Konzerunternehmung, Tochterunternehmen 1 oder 2, Abteilung 1, 2, A oder B) anhand der Betrachtungsebenen (z.B. Konzernunternehmung, Tochterunternehmen, Abteilung).[115] Komplexität ergibt sich aus dem Zusammenspiel der Elemente und Relationen des jeweiligen Bezugsobjekts. Beispielsweise resultiert die Komplexität der „Abteilung B" aus der Interaktion der Elemente und Relationen dieses Systems. Aus dem Zusammenspiel der Elemente und Relationen der einzelnen Abteilungen des „Tochterunternehmens 1" (z.B. Abteilung 1, Abteilung 2 usw.) entsteht dessen Komplexität. Die Komplexität der Konzernunternehmung resultiert aus dem Zusammenwirken der Elemente und Relationen der einzelnen Abteilungen der verschiedenen Tochterunternehmen

114 Quelle: Eigene Darstellung.
115 Vgl. Zweiter Teil: Kap. 2.5.

(z. B. Abteilung 1, Abteilung 2, Abteilung A und Abteilung B usw.). Diese interagieren untereinander (wie etwa Elemente und Relationen der Abteilung 1 des Tochterunternehmens 1 usw.) und miteinander (wie etwa Elemente und Relationen der Abteilung 1 des Tochterunternehmens 1 mit denjenigen der Abteilung A des Tochterunternehmens 2 usw.).

Entscheidend an WILLKES Begriffsverständnis ist, dass neben der Dynamik noch zwei weitere Aspekte einbezogen werden. Zum einen handelt es sich dabei um die Notwendigkeit der Grenzziehung zwischen einem System und der Umwelt, zum anderen um die individuellen Handlungs- und Entscheidungsmöglichkeiten der einzelnen Systemelemente gegenüber der Umwelt. Somit erfahren Systeme nur dann eine Existenzberechtigung, wenn sie „von einer nicht dazugehörigen Umwelt“[116] abgegrenzt werden. WILLKE rekurriert in diesem Zusammenhang nicht nur auf *eine* Umwelt, sondern vielmehr auf mehrere Umwelten, die mit dem System interagieren. Es ist seines Erachtens unbedingt erforderlich, die das System umgebenden Umwelten bei der Untersuchung von Komplexität zu berücksichtigen.[117] Abb. 8 veranschaulicht den Zusammenhang zwischen einem System und der Umwelt anhand eines vereinfachten Beispiels grafisch.

116 WILLKE (2006), Systemtheorie I, S. 7.

117 Vgl. WILLKE (2006), Systemtheorie I, S. 25, 57; vgl. ebenso BRONNER (1992), Komplexität, Sp. 1122; CHMIELEWICZ (1994), Forschungskonzeptionen, S. 200. Im Folgenden wird vereinfachend von einer Umwelt, nicht von Umwelten gesprochen.

Abb. 8: Zusammenhang zwischen System und Umwelt[118]

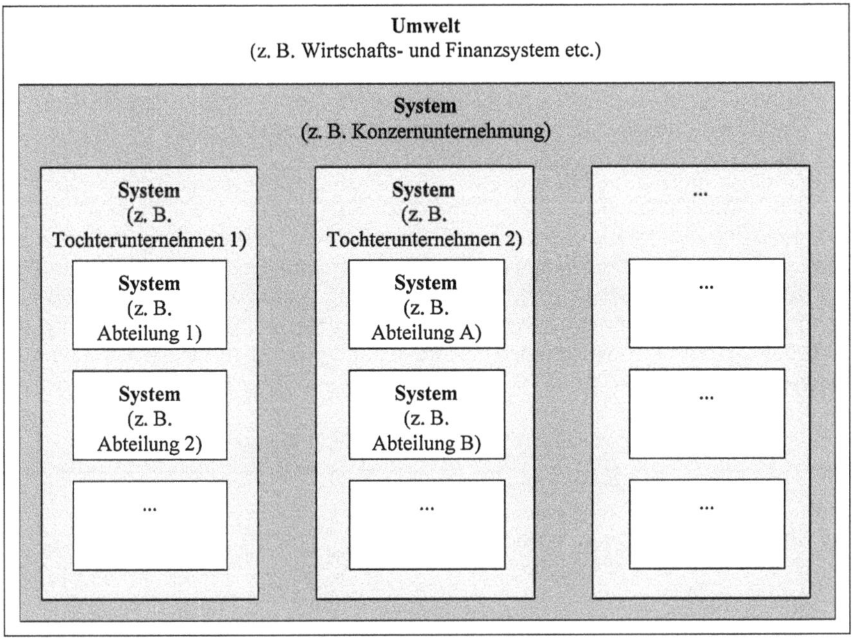

Daneben sind die individuellen Handlungs- und Entscheidungsmöglickeiten (Verhalten) der Systemelemente im Rahmen der „System-Umwelt-Theorie"[119] zu beachten. Insbesondere das Verhalten der Elemente von anderen Systemen in der Umwelt stellt ein Problem dar. Dieses strahlt auf das betrachtete System aus (Interdependenz) und führt insofern zu Unsicherheit hinsichtlich der sich einstellenden Handlungsalternativen.[120] Beispielsweise kann eine Konzernunternehmung (System) durch einen Wettbewerber (System in der Umwelt) beeinflusst werden, wenn sich Mitarbeiter zu einem Wechsel des Arbeitsplatzes entschließen und ein Stellenangebot der Konkurrenz annehmen.

Im Ergebnis zeigen sich die Elemente, die Verbindungen zwischen den Elementen (Relationen), die Verschiedenartigkeit der Elemente und Relationen, deren Veränderung im Zeitablauf (Dynamik) sowie die unterschiedlichen Handlungs- und

---

118 Quelle: Eigene Darstellung.

119 WILLKE (2006), Systemtheorie I, S. 6.

120 Vgl. BLOCKUS (2010), Komplexität, S. 9; BRONNER (1992), Komplexität, Sp. 1122–1123; WILLKE (2006), Systemtheorie I, S. 25, 30–31; vgl. dazu auch LIESSMANN ((2001), Komplexität in sozialen Systemen, S. 8), bei dem die Komplexität eines Systems mit seinen (Wahl-)Möglichkeiten steigt.

Entscheidungsmöglichkeiten der Systemelemente als konstitutive Merkmale. Systeme können wiederum im Baukastenprinzip veranschaulicht sein. Daher ist das betrachtete System (Bezugsobjekt) anhand der Betrachtungsebenen festzulegen. Zudem ist das System von der Umwelt abzugrenzen.

2.5 Systemtheoretisches Verständnis von Komplexität anhand des Bezugsobjekts

Um ein systemtheoretisches Verständnis von Komplexität zu erhalten, ist neben den konstitutiven Merkmalen noch das betrachtete System (Bezugsobjekt) zu bestimmen.[121] Das Referenzsystem bildet das Bezugsobjekt.[122] Es ist „ein aus Teilen bestehendes Ganzes“[123] (z. B. eine Konzernunternehmung) und setzt sich aus mehreren Teilsystemen zusammen (z. B. Tochterunternehmen und Abteilungen). Abb. 9 illustriert exemplarisch den Zusammenhang zwischen Referenzsystem und Teilsystemen.

Abb. 9: Zusammenhang zwischen Referenzsystem und Teilsystemen[124]

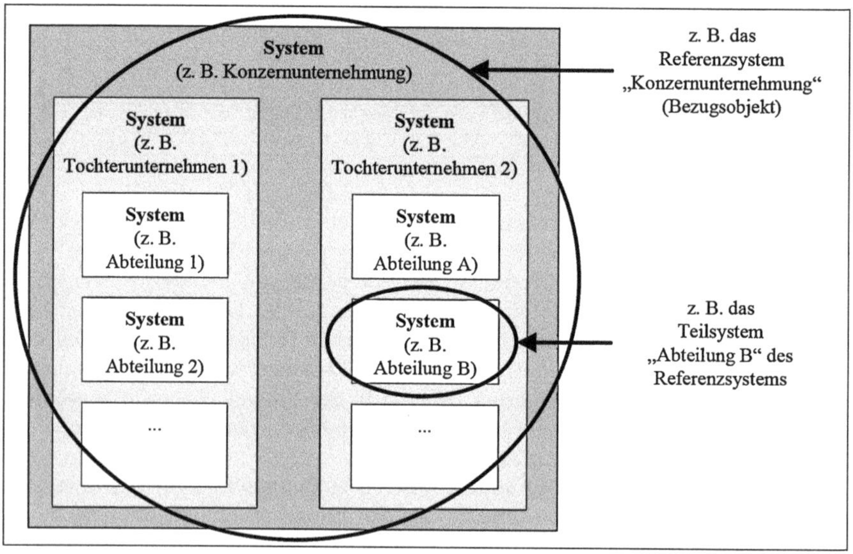

121 Vgl. hierzu und im Folgenden Blockus (2010), Komplexität, S. 10–14.

122 Willke ((2006), Systemtheorie I, S. 57) spricht in diesem Zusammenhang auch von einem „fokale[n] System“.

123 Ulrich/Probst (2001), Denken und Handeln, S. 31 (im Original in kursiver Schreibweise hervorgehoben).

124 Quelle: Eigene Darstellung.

Entsprechend der Auffassung von WILLKE ist eine Abgrenzung des Referenzsystems von der Umwelt vorzunehmen.[125] Dafür sind zwei Schritte notwendig. Zuerst wird das Referenzsystem anhand der Betrachtungsebenen bestimmt. Danach wird die Systemgrenze festgelegt, indem die Systeminnen- von der Systemaußenwelt abgegrenzt wird. So ergeben sich die Bestandteile, die zum Referenzsystem zu zählen sind, und diejenigen, die nicht dazu zu zählen sind (Umwelt).[126]

Das Referenzsystem ist Teil eines übergeordneten, umfassenderen Systems (sog. Supersystem). Gleichfalls zerfällt das Referenzsystem in untergeordnete Systeme (sog. Subsysteme).[127] Wenn sich ein Teilsystem nicht mehr in weitere Subsysteme unterteilen lässt, handelt es sich letztendlich um Elemente.[128] Die Komplexität des Referenzsystems ergibt sich aus dem Zusammenspiel der Elemente und Relationen seiner Subsysteme. Abb. 10 veranschaulicht den Zusammenhang zwischen den Betrachtungsebenen Super-, Referenz- und Subsystem.

Abb. 10: Zusammenhang zwischen Supersystem, Referenzsystem und Subsystem[129]

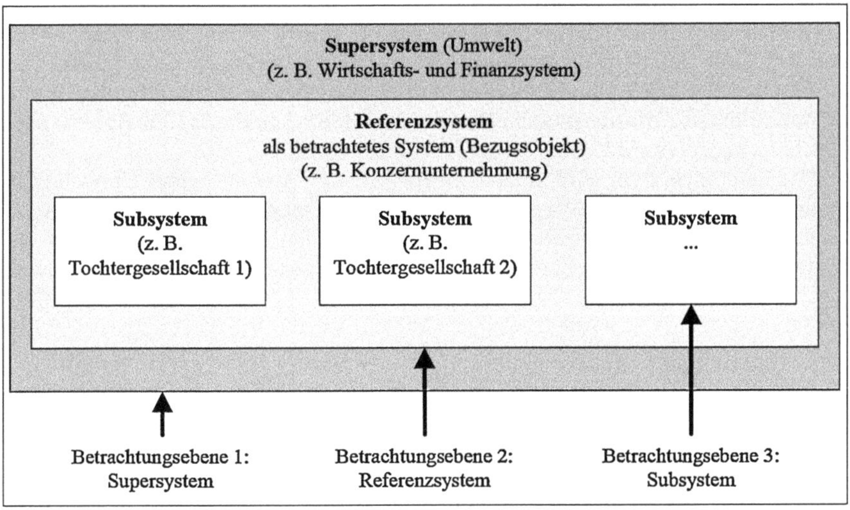

125 Vgl. WILLKE (2006), Systemtheorie I, S. 31.

126 Vgl. BLOCKUS (2010), Komplexität, S. 10–11.

127 Vgl. BICK/DREXL-WITTBECKER (2008), Komplexität, S. 27. HASENPUSCH ET AL. ((2004), Komplexität, S. 132) sprechen im Zusammenhang mit Unternehmen sogar von mehreren Supersystemen, in die das Unternehmen eingebunden sein kann.

128 Vgl. SCHWANINGER (1996), Systemtheorie, Sp. 1946.

129 Quelle: Eigene Darstellung.

Ein System repräsentiert einen Ausschnitt aus der Realität. Um untersucht zu werden, muss es klar abgegrenzt sein.[130] Es ist somit von zentraler Bedeutung zu wissen, welche Betrachtungsebene (Super-, Referenz- oder Subsystem) vorliegt.[131] Dies hat zwei Gründe.[132] Zum einen besteht ein Zusammenhang zwischen den einzelnen Teilsystemen (Super- und Referenzsystem sowie Subsystemen) und den Systembestandteilen (Elemente und Relationen). Aufgrund dessen ist es zur Erklärung des Verhaltens eines Systems notwendig, dieses nicht isoliert zu betrachten, sondern stattdessen auf das Zusammenwirken aller Teilsysteme sowie Systembestandteile abzustellen (Vernetzheit).[133] Denn erst eine Betrachtung des Zusammenwirkens aller Teilsysteme und Systembestandteile ermöglicht eine Deutung des Verhaltens des Referenzsystems auf einer übergeordneten Ebene. Folglich lässt sich zumindest eine (Teil-)Erklärung für das Verhalten des Referenzsystems auf Basis des Verhaltens seiner Teilsysteme (wie z. B. der Subsysteme) finden.[134] Beispielsweise lässt sich die Entwicklung der Mitarbeiteranzahl (Element) in einer Konzernunternehmung (Referenzsystem) auf Basis der Tochterunternehmen (Subsysteme) erklären. Zum anderen sind Aussagen über die Komplexität nur unter Angabe der jeweils betrachteten Systemebene möglich.[135] Komplexität ist also „ein systemrelativer Begriff"[136]. Sie hängt maßgeblich von der Tiefe der Betrachtungsebene ab.[137] Beispielsweise ist es möglich, dass die Anzahl der IFRS-Standards (Referenzsystem) per se nicht komplex wirkt, die inhaltlichen Anforderungen eines einzigen IFRS-Standards (Subsystem) aber durchaus komplex sind.[138]

Das Referenzsystem wird anhand einer Systemgrenze von seiner Umwelt (z. B. Supersystem) abgegrenzt. Was innerhalb der Systemgrenze liegt, bildet die Systeminnenwelt und ist dem Referenzsystem zuzurechnen. Was sich außerhalb der Systemgrenze befindet, gehört nicht zum Referenzsystem und bildet die Umwelt

130 Vgl. Schwaninger (1996), Systemtheorie, Sp. 1946.

131 Vgl. Berentzen (2010), Bilanzierung von finanziellen Vermögenswerten, S. 36; Blockus (2010), Komplexität, S. 5, 11.

132 Vgl. Blockus (2010), Komplexität, S. 11.

133 Vgl. Dörner (1993), Logik des Mißlingens, S. 61; Ulrich/Probst (2001), Denken und Handeln, S. 34.

134 Vgl. Blockus (2010), Komplexität, S. 11; Ulrich/Probst (2001), Denken und Handeln, S. 34.

135 Vgl. Berentzen (2010), Bilanzierung von finanziellen Vermögenswerten, S. 36; Blockus (2010), Komplexität, S. 11.

136 Baecker (1997), Komplexität, S. 24.

137 Luhmann ((1980), Komplexität, S. 1064) spricht in diesem Zusammenhang von der sog. „Tiefenschärfe, mit der der Begriff Realität aufnimmt". Blockus ((2010), Komplexität, S. 11) und Willke ((2006), Systemtheorie I, S. 55–60) sprechen von der „wahrgenommene[n] Komplexität" (subjektive Komplexität).

138 Vgl. Zweiter Teil: Kap. 4.4.

(Systemaußenwelt).[139] Die Systeminnenwelt betrifft die Beziehungen innerhalb des Referenzsystems, die Systemaußenwelt die Beziehungen zwischen dem Referenzsystem und der Umwelt.[140] Abb. 11 veranschaulicht den Zusammenhang zwischen Systeminnen- und Systemaußenwelt grafisch.

Abb. 11: Zusammenhang zwischen Systeminnen- und Systemaußenwelt[141]

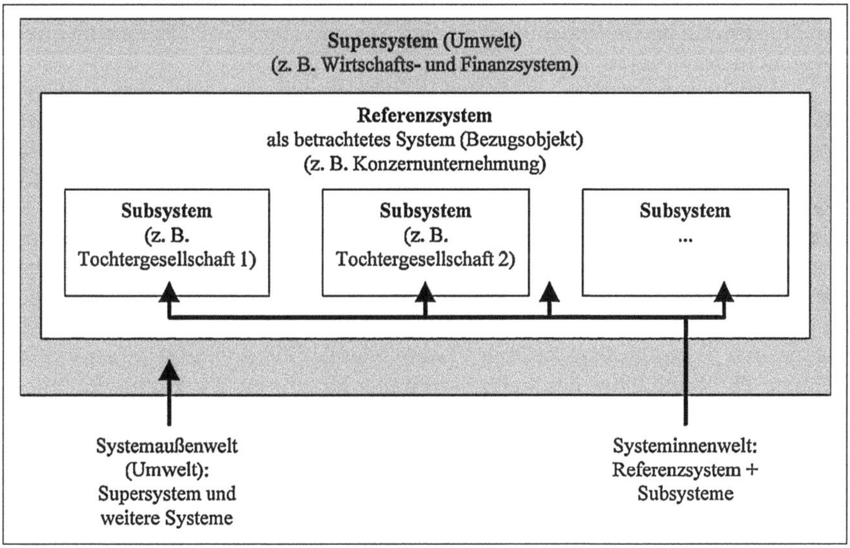

Als Bestandteil der Systeminnenwelt ist nur das anzusehen, was auch dem Sinn oder Zweck des übergeordneten Referenzsystems dient und unmittelbare Auswirkungen darauf entfaltet. Bestandteile, die nicht unmittelbar auf das übergeordnete Referenzsystem wirken, sind daher zu isolieren und nicht als ein Bestandteil der Systeminnenwelt zu interpretieren.[142] Sie gehören zur Umwelt (Systemaußenwelt). Ulrich/Probst führen als illustrierendes Beispiel ein Auto an, das aus mehreren Komponenten (wie z. B. Reifen, Motor und Getriebe) besteht und nur im Ganzen

139 Vgl. Blockus (2010), Komplexität, S. 11; Kirsch (1998), Handhabung von Entscheidungsproblemen, S. 143–144.

140 An dieser Stelle identifiziert Willke drei Arten von Beziehungen: erstens die Beziehungen zwischen einem Referenzsystem und den Subsystemen, zweitens zwischen einem Referenzsystem und einem Supersystem und drittens zwischen einem Referenzsystem und den an das Supersystem angrenzenden Systemen (vgl. Blockus (2010), Komplexität, S. 12 und S. 12, Fn. 48; Ulrich/Probst (2001), Denken und Handeln, S. 51–52; Willke (2006), Systemtheorie I, S. 59).

141 Quelle: Eigene Darstellung.

142 Vgl. Blockus (2010), Komplexität, S. 11.

(als System) funktioniert.[143] Problematisch ist in diesem Zusammenhang, dass z.B. keine eindeutige Trennung zwischen Referenzsystem (Systeminnenwelt) und Umwelt (Systemaußenwelt) zu leisten ist, da Systemelemente „nie mit ‚Haut und Haaren', sondern nur in bestimmten Hinsichten, mit bestimmten Rollen, Motiven und Aufmerksamkeiten"[144] einem System zugeordnet werden können.[145] Denn die Teilsysteme sind aufgrund der Vernetztheit nicht unabhängig voneinander, sondern hängen zusammen und beeinflussen sich gegenseitig. Es handelt sich demnach um eine hypothetische Grenzziehung zwschen Systeminnen- und Systemaußenwelt. Diese ist in der Realität nicht eindeutig zu leisten.[146]

Im Ergebnis zeigt sich, dass das Referenzsystem das betrachtete System (Bezugsobjekt) darstellt. Das Referenzsystem ist von der Umwelt abzugrenzen. Zunächst wird dazu das Referenzsystem anhand der Betrachtungsebenen festgelegt. Diese sind das Supersystem, das Referenzsystem und die Subsysteme. Die Komplexität des Referenzsystems ergibt sich aus dem Zusammenspiel der Elemente und Relationen seiner Subsysteme. Danach wird die Systemgrenze festgelegt, indem die Systeminnen- von der Systemaußenwelt (Umwelt) abgegrenzt wird. Problemtisch ist, dass es sich um eine theoretische Grenzziehung handelt. Sie erschwert die Untersuchung von Komplexität, da die Elemente (und Relationen) nicht klar dem Referenzsystem oder der Umwelt zugeordnet werden können. Die Festlegung des Referenzsystems hängt von der zugrunde liegenden Problemstellung ab.[147] Das systemtheoretische Verständnis von Komplexität muss sich aufgrund dieser Flexibilität den Vorwurf der Subjektivität gefallen lassen.

2.6 Ableitung einer Arbeitsdefintion auf Basis des systemtheoretischen Verständnisses von Komplexität

Der Komplexitätsbegriff wird anhand des systemtheoretischen Verständnisses zur Untersuchung der Rechnungslegung operationalisiert. Dazu dienen die konstitutiven Merkmale und das Bezugsobjekt. In einem ersten Schritt werden das Bezugsobjekt und in einem zweiten Schritt die konstitutiven Merkmale der Komplexität festgesetzt.

143 Vgl. Ulrich/Probst (2001), Denken und Handeln, S. 34–35.
144 Willke (2006), Systemtheorie I, S. 57.
145 Vgl. Blockus (2010), Komplexität, S. 12.
146 Vgl. Zweiter Teil: Kap. 3.
147 Vgl. Ulrich/Probst (2001), Denken und Handeln, S. 36–37; Willke (2006), Systemtheorie I, S. 56. Gell-Mann ((1995), Vom Einfachen zum Komplexen, S. 73) spricht in diesem Zusammenhang von „kontextabhängig", Willke ((2006), Systemtheorie I, S. 56) von einer „black-box-Methode".

Die Festlegung des Bezugsobjekts erfordert die Bestimmung der Betrachtungsebenen. Neben dem Referenzsystem sind noch das übergeordnete Supersystem und die untergeordneten Subsysteme festzulegen, da Aussagen zur Komplexität nur relativ zur Betrachtungsebene möglich sind. Zudem erfolgt eine Grenzziehung zwischen Referenzsystem (Systeminnenwelt) und Umwelt (Systemaußenwelt). Allerdings sind die Teilsysteme (Super- und Referenzsystem sowie Subsysteme) untereinander vernetzt und hängen zusammen. Aus diesem Grund beeinflusst das Verhalten eines (Teil-)Systems auch die anderen Teilsysteme und vice versa. Eine eindeutige Trennung zwischen Referenzsystem und Umwelt ist daher nur theoretisch zu leisten.

Im zweiten Schritt sind die konstitutiven Merkmale des Systems zu bestimmen.[148] In Abhängigkeit der Anzahl der einbezogenen konstitutiven Merkmale ergibt sich ein schwächeres oder ein stärkeres Verständnis von Komplexität. Die konstitutiven Merkmale bilden zusammen den „Grad an Komplexität"[149]. Dieser verändert sich im Sinne von „ist weniger komplex" bzw. „ist mehr komplex" im Zeitablauf.[150] Abb. 12 illustriert das Komplexitätsverständnis in Abhängigkeit der konstitutiven Merkmale grafisch.

148 Vgl. zur Entwicklung einer Arbeitsdefinition von Komplexität z. B. auch Berentzen ((2010), Bilanzierung von finanziellen Vermögenswerten, S. 37–44, 114–119, 180–182, 202–204), der im Wesentlichen ebenfalls die in der vorliegenden Arbeit herausgearbeiteten konstitutiven Merkmale von Komplexität darstellt (vgl. Erster Teil: Kap. 2.1.1 und Zweiter Teil: Kap. 2.4) und in Form eines positiven Forschungsabgleichs auf die Standards IAS 39 und IFRS 9 überträgt, um letztendlich eine Aussage über deren Komplexitätsniveau ableiten zu können.

149 Bick/Drexl-Wittbecker (2008), Komplexität, S. 28.

150 Vgl. Rieger (2011), Steuerklientelunsicherheit, S. 26; ähnlich auch Küting (2012), Komplexität der Rechnungslegungssysteme, S. 297; Luhmann (1997), Die Gesellschaft der Gesellschaft, S. 136; Weber (2012), Vereinfachung des Einkommensteuerrechts, S. 8.

Abb. 12: Begriffsverständnis von Komplexität in Abhängigkeit der konstitutiven Merkmale[151]

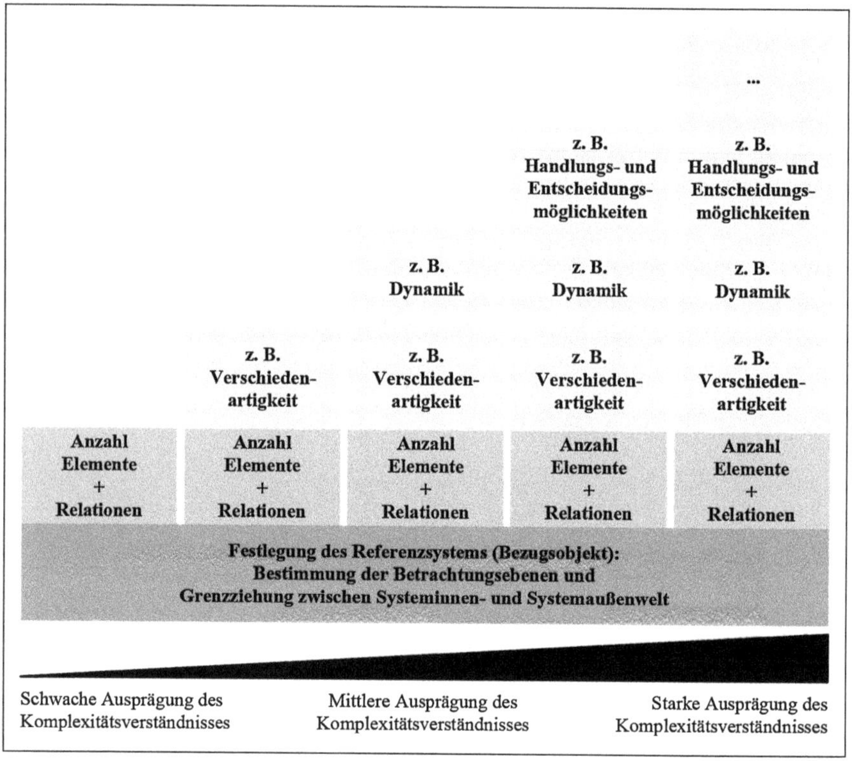

Abb. 12 verdeutlicht nochmals das in der Literatur vorherrschende Verständnis, wonach Elemente und Relationen die obligatorischen Kriterien für eine Definition von Komplexität sind.[152] So ist das Komplexitätsverständnis am schwächsten, wenn

151 Quelle: Eigene Darstellung. Die Reihenfolge der konstitutiven Merkmale der Komplexität ist in der Abbildung exemplarisch dargstellt.

152 Vgl. Zweiter Teil: Kap. 2.4. In der vorliegenden Arbeit wird die Auffassung vertreten, dass die formulierten Mindestanforderungen, ein System mit seinen Elementen und Relationen, ausreichend sind, um Komplexität zu messen (vgl. dazu z. B. auch Bliss ((1999), Management von Komplexität, S. 92–93), der in der Größe eines Systems (z. B. eines Unternehmens) einen geeigneten Indikator zur Messung von Komplexität sieht). Kritisch wird in der Literatur darauf hingewiesen (vgl. z. B. Kappelhoff (2002), Komplexitätstheorie, S. 49–101, insbesondere S. 86–91; Schreyögg (2002), Komplexität und Organisation, S. 107), dass zwar der Kern der Definition, nämlich die Elemente und Relationen, unbestritten ist, sich dieser

neben dem System lediglich die Elemente und Relationen festgelegt sind. Es ist am stärksten, wenn alle konstitutiven Merkmale belegt sind. Neben den Elementen und Relationen (Statik) kann Komplexität noch anhand deren Verschiedenartigkeit (Varietät) und Veränderung im Zeitablauf (Dynamik) sowie der unterschiedlichen Handlungs- und Entscheidungsmöglichkeiten der Systemelemente charakterisiert werden.[153] Hierfür bilden die Festlegung des Referenzsystems anhand der Betrachtungsebenen und dessen Abgrenzung von der Umwelt notwendige Voraussetzungen.[154] Ausgehend von einem schwachen Komplexitätsverständnis erhöht sich dieses durch das Hinzunehmen weiterer konstitutiver Merkmale. Die Reihenfolge des Hinzutretens der weiteren Merkmale – abgesehen von den Elementen und Relationen – und deren Kombination untereinander sind irrelevant. Folglich ist es mindestens notwendig, ein Referenzsystem und seine Teilsysteme (Supersystem, Subsysteme) festzulegen, das Referenzsystem von der Umwelt abzugrenzen sowie die jeweiligen Elemente und Relationen zu bestimmen, um Komplexität zu messen.[155] Vorliegend wird ein mehrstufiges Begriffsverständnis von Komplexität zugrunde gelegt. Dieses führt in Abhängigkeit der Anzahl der einbezogenen konstitutiven Merkmale zu unterschiedlichen Ausprägungen.

In der vorliegenden Arbeit definiert sich Komplexität anhand der Elemente und Relationen (Statik), deren Verschiedenartigkeit (Varietät) sowie deren Veränderung im Zeitablauf (Dynamik). Zudem wird das Bezugsobjekt anhand der Betrachtungsebenen festgelegt. Das sind das Supersystem, das Referenzsystem und die Subsysteme. Daneben wird das Referenzsystem von der Umwelt abgegrenzt.

(Mindest-)Maßstab für eine tiefer gehende Betrachtung von betriebswirtschaftlichen Problemstellungen allerdings oft nicht als zweckdienlich erweist, da die Formulierungen der Definitionskriterien von Komplexität zu allgemein sind (vgl. Blockus (2010), Komplexität, S. 4–5).

153 Vgl. Blockus (2010), Komplexität, S. 9; Bronner (1992), Komplexität, Sp. 1122; Willke (2006), Systemtheorie I, S. 23–26.

154 Vgl. Zweiter Teil: Kap. 2.4 und 2.5.

155 In eine ähnliche Richtung zur Messung von Komplexität geht die Auffassung von Malik, der vorschlägt, Komplexität anhand der Varietät zu messen (vgl. Malik (2008), Strategie des Managements komplexer Systeme, S. 168). Dabei bezieht sich die Varietät nicht nur auf die „unterscheidbaren Zustände eines Systems“, sondern auf „die Anzahl der unterscheidbaren Elemente einer Menge“ (Malik (2008), Strategie des Managements komplexer Systeme, S. 168). Übertragen auf die IFRS-Rechnungslegung besteht dementsprechend die Möglichkeit, die Komplexität der IFRS z. B. anhand einer einfachen Zählung der IFRS-Standards zu messen (vgl. Erster Teil: Kap. 2 und 3). Eine vergleichbare Auffassung vertreten auch Hoffjan et al. ((2008), Einfachheit, S. 282–283) im Zusammenhang mit der Rechtskomplexität. Ebenso schlägt Baecker ((1997), Komplexität, S. 24–25) vor, Komplexität durch Zählen der Elemente und Relationen zu messen. Schaffer ((2010), Komplexitätskosten, S. 61, Abb. 3–10) und Gess et al. ((2011), Komplexität, S. 257) hingegen begnügen sich lediglich mit der Anzahl der Elemente, um eine Komplexitätsänderung zu identifizieren.

Es entsteht eine Grenze zwischen Systeminnen- und Systemaußenwelt. Es ergibt sich demnach ein mittleres Verständnis von Komplexität (vgl. Abb. 12). Ferner wird davon ausgegangen, dass die konstitutiven Merkmale zusammen den Grad an Komplexität bilden. Dieser variiert mit der Anzahl der Elemente und der Relationen im Zeitablauf. Aus Vereinfachungsgründen entsprechen die Elemente den Relationen. So nimmt der Grad an Komplexität zu, wenn die Anzahl der Elemente (und Relationen) im Zeitablauf steigt und vice versa.

3 Entwicklung eines systemtheoretischen Verständnisses von Rechnungslegungskomplexität

3.1 Vorüberlegungen zum systemtheoretischen Verständnis von Rechnungslegung

Der Rechnungslegung obliegt die Aufgabe, die wirtschaftlichen Vorgänge und Handlungen (Geschäftsvorfälle) eines Unternehmens in einer transparenten, wirklichkeitsgetreuen und systematischen Art und Weise quantitativ und qualitativ abzubilden (Abbildungsziel der Rechnungslegung).[156] Dazu dienen Regeln, die eine standardisierte Abbildung sicherstellen (sog. Abbildungsregeln). Das Abbildungsergebnis der Rechnungslegung bilden Jahres- und Konzernabschlüsse sowie (Konzern-)Lageberichte.[157] Insofern handelt es sich bei der Rechnungslegung um ein Informationssystem zur Abbildung der wirtschaftlichen Unternehmenssituation zu einem bestimmten Zeitpunkt bzw. für einen konkreten Zeitraum, in dessen Rahmen im Wesentlichen ökonomische Transaktionen zu monetären Größen verdichtet werden.[158] Als Abbildungsgegenstand dienen die in finanziellen

---

156 Vgl. Chmielewicz (1973), Rechnungswesen, S. 13–14; Coenenberg et al. (2012), Rechnungswesen, S. 3; Kosiol (1976), Pagatorische Bilanz, S. 42, 45; Moxter (1984), Bilanzlehre, S. 81; o. V. (2011), Rechnungslegung, S. 652; Pellens et al. (2014), Internationale Rechnungslegung, S. 2; Schöttler/Spulak (2009), Technik des betrieblichen Rechnungswesens, S. 12; Sigloch (2011), Rechnungslegung, S. 1, 13, der auf Schneider (1997), Rechnungswesen, S. 5 verweist; Watrin/Pott (2008), Einfachheit versus Komplexität, S. 438; Wöhe/Döring (2013), Allgemeine Betriebswirtschaftslehre, S. 655.

157 Vgl. Baetge et al. (2012), Bilanzen, S. 1; Chmielewicz (1973), Rechnungswesen, S. 13–14; Coenenberg et al. (2014), Jahresabschluss, S. 3; Fülbier/Kuschel (2012), Komplexitätszunahme in der IFRS-Rechnungslegung, S. 931, 933; Kosiol (1976), Pagatorische Bilanz, S. 42, 45; Moxter (1984), Bilanzlehre, S. 81; o. V. (2011), Rechnungslegung, S. 652; Pellens et al. (2014), Internationale Rechnungslegung, S. 2; Ruhnke/Simons (2012), Rechnungslegung nach IFRS und HGB, S. 155–157; Schöttler/Spulak (2009), Technik des betrieblichen Rechnungswesens, S. 12; Wöhe/Döring (2013), Allgemeine Betriebswirtschaftslehre, S. 655–657, 818–821.

158 Vgl. Coenenberg et al. (2012), Rechnungswesen, S. 3; Watrin/Pott (2008), Einfachheit versus Komplexität, S. 438; vgl. hierzu und im Folgenden grundlegend

Einheiten bewerteten „güterwirtschaftlichen Umformungsprozesse innerhalb des Unternehmens“[159] sowie die Transaktionen zwischen dem Unternehmen und seiner Umwelt.[160] Die Umwelt setzt sich zunächst aus den Beschaffungs-, den Absatz-, den Kapital- und den öffentlichen Märkten zusammen, die allerdings wiederum von ökonomischen, ökologischen, sozio-kulturellen, technologischen und politisch-rechtlichen Einflussfaktoren (Umfeld) geprägt werden.[161] Das Unternehmen befindet sich demzufolge realgüter- wie finanzwirtschaftlich im interaktiven Austausch mit seiner Umwelt.[162] Folglich lässt sich das Unternehmen auch als „Bestandteil eines zirkulären Systems“[163] auffassen. Es ist demnach notwendig, bei der Entwicklung eines systemtheoretischen Verständnisses der Rechnungslegung das Unternehmen und dessen Umwelt zu berücksichtigen. Sowohl das Unternehmen als auch die Umwelt sind systemtheoretisch auszulegen.[164] Sie bilden die Grundlage für ein systemtheoretisches Verständnis der Rechnungslegungskomplexität.[165] Abb. 13 veranschaulicht das Unternehmen als Bestandteil eines zirkulären Systems grafisch.

ULRICH (1971), Der systemorientierte Ansatz in der Betriebswirtschaftslehre, S. 49–59; vgl. ebenso Zweiter Teil: Kap. 4.

159 SIGLOCH (2011), Rechnungslegung, S. 1.

160 Vgl. SIGLOCH (2011), Rechnungslegung, S. 1.

161 Vgl. HAMMANN ET AL. (2001), Markt und Unternehmung, S. 48–49; SIGLOCH (2011), Rechnungslegung, S. 14. Ein ähnliches Umfeld identifizieren z. B. auch DIERKES ET AL. ((1997), Das Unternehmen und sein Umfeld, S. 20–22).

162 Vgl. COENENBERG ET AL. (2012), Rechnungswesen, S. 3–4.

163 COENENBERG ET AL. (2012), Rechnungswesen, S. 3; vgl. weiterhin z. B. COENENBERG ET AL. ((2012), Rechnungswesen, S. 3–4), die das Rechnungswesen als „Informationssystem“ und „Subsystem“ interpretieren.

164 Vgl. Zweiter Teil: Kap. 3.2 und 3.3.

165 Vgl. Zweiter Teil: Kap. 3.4.

Abb. 13: Unternehmen als Bestandteil eines zirkulären Systems[166]

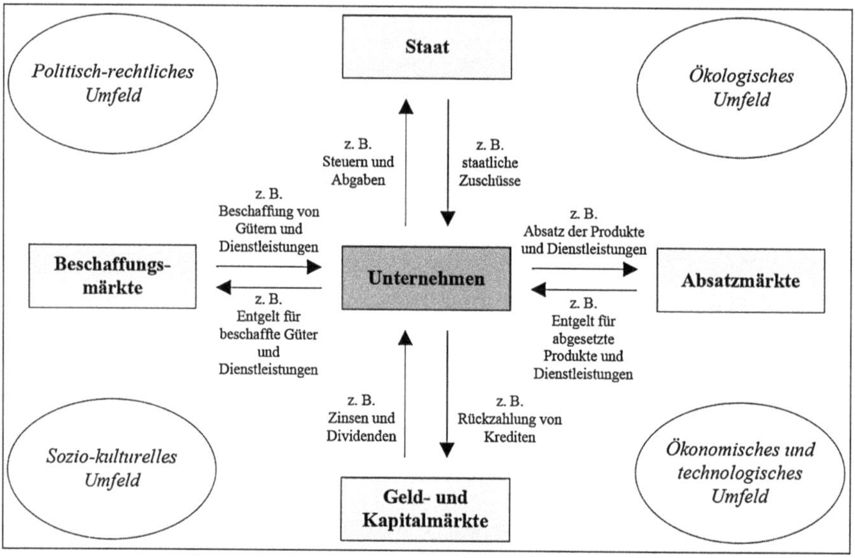

In Anlehnung an die Systemtheorie bildet die Rechnungslegung das Referenzsystem für die folgende Untersuchung.[167] Übergeordnetes Supersystem ist z.B. das Wirtschafts- und Finanzsystem, in das das Unternehmensgeschehen eingebettet ist und in dem sich die Rechnungslegung wiederfindet. Daneben kann auch eine Volkswirtschaft als übergeordnetes Supersystem angesehen werden.[168] Das Abbildungsziel der Rechnungslegung führt nun dazu, dass neben den Vorgängen innerhalb des Unternehmens (Systeminnenwelt) auch die Vorgänge zwischen dem Unternehmen und der Umwelt (Systemaußenwelt) berücksichtigt werden. Dementsprechend nimmt durch das Abbildungsziel der Rechnungslegung nicht nur das Unternehmen, sondern auch die Umwelt Einfluss auf das Abbildungsergebnis der Rechnungslegung. Das Unternehmen und die Umwelt werden somit zu Subsystemen. Abb. 14 verdeutlicht diesen Zusammenhang grafisch.

166 Quelle: Eigene Darstellung in enger Anlehnung an Coenenberg et al. (2012), Rechnungswesen, S. 4; Hahn (2006), Planung, S. 3; Hammann et al. (2001), Markt und Unternehmung, S. 48.

167 Vgl. Zweiter Teil: Kap. 2.

168 Vgl. Fülbier/Kuschel (2012), Komplexitätszunahme in der IFRS-Rechnungslegung, S. 933; Zweiter Teil: Kap. 2.5.

Abb. 14: Systemtheoretische Darstellung des Zusammenhangs zwischen der Rechnungslegung und dem Unternehmen sowie der Umwelt[169]

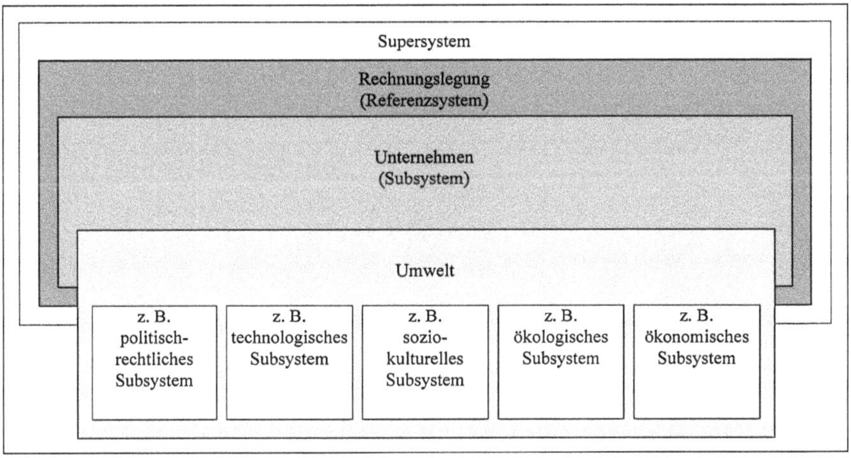

Im Folgenden wird ein systemtheoretisches Verständnis des Unternehmens und der Umwelt entwickelt.

3.2 Systemtheoretisches Verständnis des Unternehmens

Um das Abbildungsziel der Rechnungslegung zu erfüllen, werden die ökonomischen Transaktionen in einem Unternehmen auf Vermögens- und Kapital- sowie Aufwands- und Ertragskonten erfasst.[170] In diesem Zusammenhang stellt sich zum einen die Frage, wie die Geschäftsvorfälle technisch im Unternehmen erfasst werden, und zum anderen, welche inhaltlichen Aspekte des Unternehmens betroffen sind. In Anlehnung daran lassen sich zwei Arten von Subsystemen im Unternehmen bestimmen: die technischen und die inhaltlichen.[171] Die technischen und inhaltlichen Aspekte der einzelnen Subsysteme sind zeitlich vorgelagert und

169 Quelle: Eigene Darstellung.

170 Vgl. Eisele/Knobloch (2011), Technik des betrieblichen Rechnungswesens, S. 9; vgl. hierzu und im Folgenden grundlegend Ulrich (1971), Der systemorientierte Ansatz in der Betriebswirtschaftslehre, S. 49–59.

171 Vgl. Fülbier/Kuschel (2012), Komplexitätszunahme in der IFRS-Rechnungslegung, S. 933. Darüber hinaus sind natürlich auch weitere Differenzierungsalternativen denkbar. Beispielsweise fassen Eisele/Knobloch ((2011), Technik des betrieblichen Rechnungswesens, S. 3) das gesamte betriebliche Rechnungswesen als ein Subsystem auf. Allerdings widersprechen sich die Untergliederungsversuche nicht, sodass die Alternativen ohne Weiteres auch nebeneinander bestehen können.

bilden das Fundament, auf das sich das nachgelagerte Abbildungsergebnis der Rechnungslegung stützt. Abb. 15 veranschaulicht das systemtheoretische Verständnis des Unternehmens grafisch.

Abb. 15: Systemtheoretisches Verständnis des Unternehmens[172]

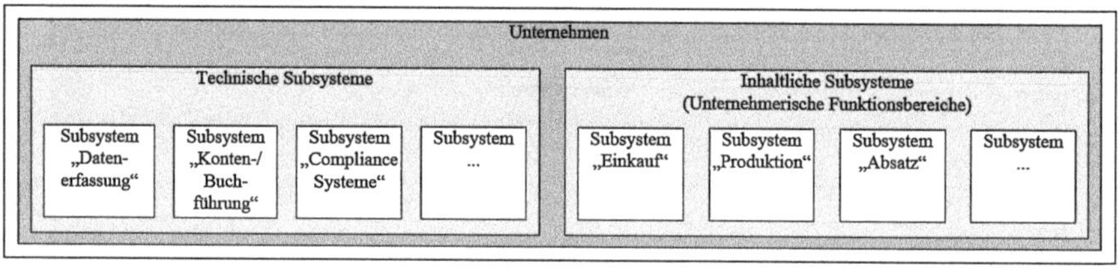

Die technischen Subsysteme befassen sich im Wesentlichen mit dem Prozess der organisatorischen und technischen Erfassung der Geschäftsvorfälle. Wichtigster Bestandteil dieses Prozesses ist die Buchführung, die die zentrale Datenbasis bildet. Sie erfasst die angefallenen Geschäftsvorfälle „chronologisch, systematisch, lückenlos und ordnungsmäßig“[173]. Die Organisation und die Technik der Buchführung lässt sich anhand verschiedener Kriterien charakterisieren.[174] Anhand der Techniken gelingt es, einen Überblick über den organisatorischen und technischen Ablauf der Buchführung im Gesamten zu liefern.[175] Hier ergeben sich einerseits die manuellen Techniken (z.B. Übertragungsbuchführung) und andererseits die maschinellen Techniken (z.B. Buchführung mittels elektronischer Datenverarbeitung (EDV-Buchführung[176])). In Anbetracht des elektronischen Zeitalters und weiterer Vorteile, wie z.B. Personal- und Kostenersparnisse, dominiert vor allem die

172 Quelle: Eigene Darstellung.

173 Eisele/Knobloch (2011), Technik des betrieblichen Rechnungswesens, S. 15 (im Original in fetter Schreibweise hervorgehoben). Vgl. ebenso Bähr et al. (2006), Buchführung und Jahresabschluss, S. 1; Heinhold (2010), Buchführung, S. 1; Kosiol (1976), Pagatorische Bilanz, S. 35.

174 Neben den Techniken besteht noch die Möglichkeit, die Buchführung anhand von Bestandteilen (z. B. Grundbücher, Hauptbuch, Nebenbücher), verschiedenen Systemen (z. B. einfache und doppelte Buchführung) und Formen (z. B. Offene-Posten-Buchführung) zu beschreiben (vgl. Eisele/Knobloch (2011), Technik des betrieblichen Rechnungswesens, S. 645, 649–652, 655, 656, 657–716; Schöttler/Spulak (2009), Technik des betrieblichen Rechnungswesens, S. 15).

175 Vgl. zu einem umfassenden Überblick über die Organisation und Technik der Buchführung z. B. Eisele/Knobloch (2011), Technik des betrieblichen Rechnungswesens, S. 672–673.

176 Vgl. für einen Überblick hinsichtlich möglicher Software für die EDV-gestützte Buchführung Eisele/Knobloch (2011), Technik des betrieblichen Rechnungswesens, S. 683–685.

Buchführung mittels EDV.[177] Aus dieser Art der Buchführung ergeben sich weitere Subsysteme, wie z.B. die Belegorganisation, die Inventur und die Datenerfassung sowie das eingesetzte Datenverarbeitungssystem als auch die notwendigen internen Kontrollen.[178]

Ein weiteres technisches Subsystem ist in der Kosten- und Leistungsrechnung zu sehen. Da zwischen dem internen (z.B. Kosten- und Leistungsrechnung) und externen (z.B. Rechnungslegung) Rechnungswesen Wechselwirkungen bestehen, kann letztendlich auch die Kosten- und Leistungsrechnung die Rechnungslegung beeinflussen und vice versa.[179] Beispielsweise bildet die Kosten- und Leistungsrechnung eine zentrale Basis bei der Ermittlung der Herstellungskosten zur bilanziellen Erstbewertung.[180] Weitere technische Subsysteme leiten sich z.B. aus der Tatsache ab, dass für die Erstellung eines Konzernabschlusses besondere Anforderungen an die Buchführung zu stellen sind, da grundsätzlich keine eigene (Konzern-)Buchführung existiert, obwohl das zweckmäßig wäre. Aus diesem Grund muss der Konzernabschluss aus den Einzelabschlüssen abgeleitet werden.[181]

---

177 Vgl. Eisele/Knobloch (2011), Technik des betrieblichen Rechnungswesens, S. 665, 669–670.

178 Vgl. Eisele/Knobloch (2011), Technik des betrieblichen Rechnungswesens, S. 665, 677–682; ähnlich z. B. auch Almeling et al. (2011), Erstellung von Abschlüssen, S. 1764–1766 sowie S. 1765, Abb. 1. Dabei umfasst die Belegorganisation u. a. das Sammeln und Erstellen von Belegen, die Belegprüfung, die Vorkontierung und die Belegaufbewahrung (vgl. Almeling et al. (2011), Erstellung von Abschlüssen, S. 1765; Eisele/Knobloch (2011), Technik des betrieblichen Rechnungswesens, S. 665). Vgl. zum Begriff und den Möglichkeiten der Inventurdurchführung z. B. Baetge et al. (2012), Bilanzen, S. 72–82.

179 Kosiol spricht im Zusammenhang mit dem Rechnungswesen und seinen Teilgebieten eines Unternehmens von einem „stufenförmig aufgebaute[n], hintereinandergeschaltete[n] Ordnungsgebilde“ (Kosiol (1976), Pagatorische Bilanz, S. 35), das sich durch einen „organischen Zusammenhang“ auszeichnet. Dieser Zusammenhang besteht nach Auffassung Kosiols z. B. auch zwischen der Buchführung sowie der Kosten- und Leistungsrechnung (vgl. ähnlich auch Kajüter (2008), Vereinfachung des Controllings, S. 347; Wöhe/Döring (2013), Allgemeine Betriebswirtschaftslehre, S. 197, 867–869).

180 Vgl. Coenenberg et al. (2012), Kostenrechnung und Kostenanalyse, S. 23; Schöttler/Spulak (2009), Technik des betrieblichen Rechnungswesens, S. 13; Weber/Weissenberger (2010), Rechnungswesen, S. 65.

181 Vgl. Küting/Weber (2012), Konzernabschluss, S. 84; vgl. grundlegend zur Konzernbuchführung Ruhnke (1995), Konzernbuchführung. Die Ableitung des Konzernabschlusses aus den Einzelabschlüssen erfolgt auf zwei Arten: Entweder erfolgt die Buchführung aller Konzernunternehmen auf Basis der konzerneinheitlichen Bilanzierungsregeln und zwar ungeachtet der nationalen Bilanzierungsvorschriften (originäre Konzernabschlusserstellung) oder sie erfolgt auf Basis der nationalen Bilanzierungsregeln und wird dann in die konzerneinheitliche Rechnungslegungssprache überführt (derivative Konzernabschlusserstellung) (vgl. Coenenberg et al. (2012), Rechnungswesen, S. 526). Konzerninterne

Diese Gegebenheiten verlangen eine entsprechende Organisation und Technik sowie eine – ggf. internationale – Abstimmung der Buchführung zwischen den Konzernunternehmen, um eine einheitliche Basis hinsichtlich Ansatz, Bewertung, Gliederung, Währung und Konsolidierung zu gewährleisten.[182] Außerdem existieren weitere technische Subsysteme, die in keinem unmittelbaren Zusammenhang mit der Buchführung stehen, wie z.B. in Form von *Compliance*- und Risiko-Managementsystemen sowie internen Kontrollsystemen.[183]

Im Gegensatz zu den technischen Subsystemen, die die technischen Aspekte der Rechnungslegung berücksichtigen, beziehen sich die inhaltlichen Subsysteme auf den Inhalt der im Rahmen der Rechnungslegung abzubildenden Geschäftsvorfälle. Dieser hängt dabei maßgeblich mit dem Unternehmensgeschehen zusammen, in dessen Zentrum der betriebliche Transformationsprozess steht.[184] Hiermit gehen zahlreiche Aktivitäten einher, die den unternehmerischen Funktionsbereichen zugeordnet werden können.[185] In Anlehnung an diese bestimmen sich die inhaltlichen Subsysteme. Aus den unternehmerischen Kernbereichen des betrieblichen Transformationsprozesses resultieren die Subsysteme Beschaffung, Produktion und Absatz.[186] Weitere (Kern-)Bereiche und somit Subsysteme bilden

---

Transaktionen müssen im Anschluss daran – ganz im Sinne der Fiktion der rechtlichen Einheit – korrigiert werden (vgl. Busse von Colbe et al. (2010), Konzernabschlüsse, S. 38–39). Unter der Korrektur von konzerninternen Transaktionen bei der Konzernabschlusserstellung sind eine Kapital- und Schuldenkonsolidierung, eine Zwischenerfolgs- sowie eine Aufwands- und Ertragseliminierung zu fassen (vgl. z. B. Coenenberg et al. (2012), Rechnungswesen, S. 530).

182 Vgl. Coenenberg et al. (2012), Rechnungswesen, S. 526–529; ähnlich auch Busse von Colbe et al. (2010), Konzernabschlüsse, S. 42.

183 Vgl. § 289 Abs. 5 HGB; DRS 5.9; DRS 15.100; Fülbier/Kuschel (2012), Komplexitätszunahme in der IFRS-Rechnungslegung, S. 931, 933; Gleissner (2011), Grundlagen des Risikomanagements, S. 12, 35; Köhler/Junc (2011), Qualität von Corporate-Compliance-Systemen; Kajüter (2011), §§ 289, 289a HGB, S. 44, Rn. 180–188.

184 Vgl. Eisele/Knobloch (2011), Technik des betrieblichen Rechnungswesens, S. 3–4, 8; Sigloch et al. (2011), Betriebswirtschaftslehre, S. 23–24. Zu den Geschäftsvorfällen zählen z. B. der Eingang und Ausgang von Rechnungen, Warenbestellungen sowie Steuer-, Zins- und Tilgungszahlungen (vgl. Heinhold (2010), Buchführung, S. 1).

185 Vgl. Schmalen/Pechtl (2013), Betriebswirtschaft, S. 4–8; Wöhe/Döring (2013), Allgemeine Betriebswirtschaftslehre, S. 42–44.

186 Vgl. Sigloch et al. (2011), Betriebswirtschaftslehre, S. 23–24; Wöhe/Döring (2013), Allgemeine Betriebswirtschaftslehre, S. 42–44. Alternativ würde sich auch die Unterteilung von Straub eignen, der die unternehmerischen Funktionsbereiche in primäre Aktivitäten (Marketing, Sales, Materialwirtschaft, Logistik und Supply Chain Management sowie Produktion und Finanzwirtschaft) und unterstützende Aktivitäten (Rechnungswesen, *Controlling*, Organisation, Wissensmanagement und Informationssysteme sowie *Human Resource Management* und *Leadership*) differenziert (vgl. Straub (2012), Allgemeine Betriebswirtschaftslehre, S. 14–16).

neben der Finanzierung und Investition das Marketing, das Rechnungswesen und die Unternehmensführung.[187] Diese wird wiederum in die Teilbereiche *Controlling*, Organisation, Planung und Entscheidung sowie Personalwirtschaft differenziert.[188] Unter den Teilbereich Organisation, der als eine Art „Residualkategorie" fungiert,[189] können letztendlich alle verbleibenden Teilbereiche gefasst werden. Dazu zählen z.B. sowohl eine Forschungs- und Entwicklungs-, eine IT- oder eine Rechtsabteilung als auch eine Verwaltung.[190]

Die Rechnungslegung wird sowohl von den technischen als auch von den inhaltlichen Subsystemen des Unternehmens beeinflusst. Ebenso interagieren die technischen und inhaltlichen Subsysteme unter- und miteinander. Eine eindeutige Trennung zwischen den Subsystemen ist theoretisch machbar. Empirisch erscheint die Trennung aufgrund der vielfältigen Interdependenzen wohl nicht realisierbar.[191] Erschwerend kommt hinzu, dass das Unternehmen sowie seine technischen und inhaltlichen Subsysteme mit der Umwelt interagieren, wie die nachfolgenden Ausführungen belegen.

3.3 Systemtheoretisches Verständnis der Umwelt

Da die Umwelt mit dem Unternehmen interagiert, bilden beide zusammen ein zirkuläres System.[192] Aus diesem Grund beeinflusst die Umwelt auch die technischen und inhaltlichen Subsysteme des Unternehmens und vice versa. Angesichts des Abbildungsziels der Rechnungslegung wird nun die vermeintliche Systemaußenwelt Umwelt auch zum inhaltlichen Subsystem des Unternehmens

---

187 Vgl. Wöhe/Döring (2013), Allgemeine Betriebswirtschaftslehre, S. 42–44; ähnlich auch z. B. Korndörfer (2003), Allgemeine Betriebswirtschaftslehre, S. 157 und Kuhlmann (2001), Betriebswirtschaftslehre, S. 51–53.

188 Vgl. Wöhe/Döring (2013), Allgemeine Betriebswirtschaftslehre, S. 42–44. Vgl. ebenso z. B. Kajüter ((2008), Vereinfachung des Controllings, S. 347), der zumindest komplexitätstreibende Auswirkungen der IFRS-Rechnungslegung auf das *Controlling* einräumt. Unter die Personalwirtschaft können z. B. auch die Familienstrukturen bei Familienunternehmen subsumiert werden. Denn auch Familien und ihre Mitglieder können beispielsweise durch Machtkämpfe und Bündnisse zu einer erheblichen Komplexität beitragen (vgl. Rüsen et al. (2012), Familienunternehmen, S. 93–95).

189 Vgl. dazu die Ausführungen bei Wöhe/Döring (2013), Allgemeine Betriebswirtschaftslehre, S. 100–121, aus denen sich diese Schlussfolgerung ergibt.

190 Vgl. Lechner et al. (2013), Allgemeine Betriebswirtschaftslehre, S. 577; Schmalen/Pechtl (2013), Betriebswirtschaft, S. 6–7; Schöttler/Spulak (2009), Technik des betrieblichen Rechnungswesens, S. 14.

191 Vgl. Zweiter Teil: Kap. 2.5.

192 Vgl. z. B. Eisele/Knobloch (2011), Technik des betrieblichen Rechnungswesens, S. 8; Haller (2006), Unternehmensberichterstattung, S. 12; Hammann et al. (2001), Markt und Unternehmung, S. 48.

(Systeminnenwelt).[193] Sie erhält „Subsystemcharakter“[194]. Ergo beeinflussen neben den technischen und inhaltlichen Subsystemen des Unternehmens auch die Subsysteme der Umwelt die Rechnungslegung.[195] Diese lassen sich in Anlehnung an das unternehmerische Umfeld, in das die Beschaffungs-, die Kapital-, die Absatz- und die öffentlichen Märkte integriert sind, bestimmen. Es ergeben sich das ökonomische, das ökologische, das sozio-kulturelle und das technologische sowie das politisch-rechtliche Subsystem.[196] Abb. 16 illustriert das systemtheoretische Verständnis der Umwelt grafisch.

Abb. 16: Systemtheoretisches Verständnis der Umwelt[197]

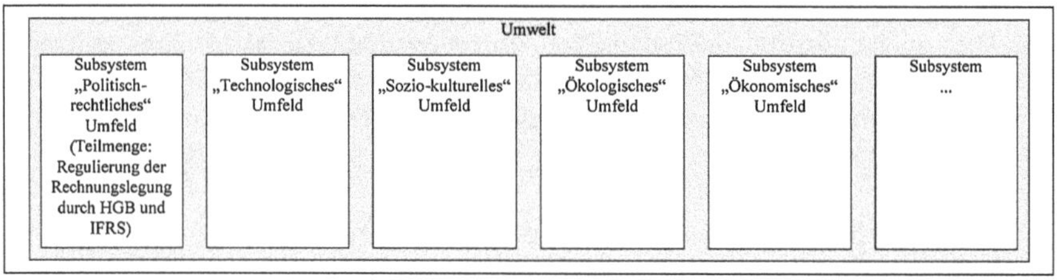

193 Vgl. Fülbier/Kuschel (2012), Komplexitätszunahme in der IFRS-Rechnungslegung, S. 933.

194 Fülbier/Kuschel (2012), Komplexitätszunahme in der IFRS-Rechnungslegung, S. 933.

195 Diese These stützt z. B. auch Wagenhofer ((2009), Internationale Rechnungslegungsstandards, S. 31–35), der verschiedene Einflussfaktoren aufführt, die ein Rechnungslegungssystem beeinflussen können. Dazu gehört auch und vor allem die Umwelt (z. B. in Form des politischen und rechtlichen Systems) (vgl. Wagenhofer ((2009), Internationale Rechnungslegungsstandards, S. 33, 615, der sich auf Choi/Meek ((2011), International Accounting, S. 30–36) und Flower/Ebbers ((2003), Global Financial Reporting, S. 28–62), – allerdings in älteren Auflagen – stützt. Vgl. ebenso Kleekämper et al. (2010), Ziele, Organisation, Entwicklung und Bedeutung des IASB, S. 6, Rn. 5, die auf Nobes/Parker (2010), Comparative International Accounting, S. 28–54 verweisen). Fülbier/Kuschel ((2012), Komplexitätszunahme in der IFRS-Rechnungslegung, S. 933) führen aus, dass Umweltaspekte, wie z. B. die Regulierung der Rechnungslegung und ihr *Enforcement*, die Rechnungslegung sowohl inhaltlich als auch im Rahmen des technischen Prozesses beeinflussen können.

196 Vgl. Zweiter Teil: Kap. 3.1; Freiling/Reckenfelderbäumer (2010), Markt und Unternehmung, S. 19–20. An dieser Stelle soll auch z. B. auf Nobes ((1998), Reasons for International Differences in Financial Reporting, S. 163–175) verwiesen werden, der Gründe aufführt, warum es Unterschiede in Rechnungslegungssystemen gibt. Daraus kann auch gefolgert werden, dass diese Faktoren generell Einfluss auf die Rechnungslegung haben.

197 Quelle: Eigene Darstellung.

Dem ökonomischen Subsystem sind die Einflussfaktoren zuzuordnen, die im Zusammenhang mit dem wirtschaftlichen Umfeld des Unternehmens stehen, wie z.B. die Entwicklung einer Volks- oder der Weltwirtschaft.[198] Hierzu zählt auch die Finanz- und Wirtschaftskrise, die ihren Ursprung im Jahr 2007 hat, und u.a. zu erheblichen Kreditengpässen bei Unternehmen geführt und deren unternehmerische Tätigkeit eingeschränkt hat.[199] Aber auch Rating-Agenturen, Aktienanalysten und Banken sind dem ökonomischen Subsystem der Umwelt zuzuordnen, da sie ebenso Einfluss auf das Unternehmen und die Rechnungslegung entfalten.[200] Rating-Agenturen[201] kommen auf Basis qualitativer und quantitativer Daten zu einem aggregierten Urteil, das Auskunft über die zukünftige Zahlungs(un)fähigkeit (Bonität) eines Schuldners liefern soll. Während die qualitativen Daten z.B. die Qualität des Managements berücksichtigen und eher subjektiven Charakter besitzen, stellen die quantitativen Daten im Rahmen der Urteilsfindung eher auf das objektivere Zahlenwerk ab. Demzufolge beruhen die quantitativen Daten im Wesentlichen auf der Rechnungslegung, wie z.B. der (Konzern-)Bilanz sowie der (Konzern-)Gewinn- und Verlustrechnung.[202] Aktienanalysten, die im Gegensatz zu Rating-Agenturen nicht die Bonität des Schuldners beurteilen, sondern vielmehr die zukünftige (Aktien-)Kursentwicklung des Unternehmens antizipieren wollen, greifen im Rahmen ihrer Beurteilung ebenfalls vornehmlich auf Rechnungslegungsdaten zurück und wirken aus diesem Grund auch auf selbige ein.[203] Bei Banken kommt der Rechnungslegung aufgrund der (noch) vorherrschenden Bankenfinanzierung von Unternehmen im Rahmen der Kreditwürdigkeitsprüfung eine zentrale Rolle in Deutschland zu.[204]

---

198 Vgl. Freiling/Reckenfelderbäumer (2010), Markt und Unternehmung, S. 20; Haller (2006), Unternehmensberichterstattung, S. 12; Hüser (1996), Theorie, S. 19.

199 Vgl. z. B. Kanning (2010), Kredite sind schwerer zu bekommen; vgl. z. B. auch Flower/Ebbers (2003), Global Financial Reporting, S. 51–52; zum Begriff Krise z. B. auch Küting/Lauer (2009), Fair Value, S. 547–549.

200 Vgl. Baetge et al. (2008), Bilanzratings, S. 300; Baetge et al. (2009), Bilanzanalyse, S. 144; Everling/Heinke (2001), Rating, Sp. 1762–1766; o. V. (2012), Rating-Agentur; Perridon et al. (2012), Finanzwirtschaft, S. 198–201; Weinrich/Jacobs (2007), Finanzanalyse und Finanzrating, S. 24–25; Wöhe/Döring (2013), Allgemeine Betriebswirtschaftslehre, S. 620–621.

201 Vgl. zum Begriff z. B. Everling (2007), Wesen und Bedeutung des Finanzratings, S. 6.

202 Vgl. Everling (2007), Wesen und Bedeutung des Finanzratings, S. 6; Everling/Heinke (2001), Rating, Sp. 1761; Ohlinger (2011), Rating, S. 645; Perridon et al. (2012), Finanzwirtschaft, S. 198–201; Schneck (2008), Rating, S. 43–45, 61 und 106–108; Wöhe/Döring (2013), Allgemeine Betriebswirtschaftslehre, S. 64–65, 772–774.

203 Vgl. Coenenberg et al. (2014), Jahresabschluss, S. 945–947; Weinrich/Jacobs (2007), Finanzanalyse und Finanzrating, S. 24–25; Wöhe/Döring (2013), Allgemeine Betriebswirtschaftslehre, S. 64–66, 772–774.

204 Vgl. z. B. § 18 KWG; Flower/Ebbers (2003), Global Financial Reporting, S. 39–42; Hauschildt/Leker (2001), Kreditwürdigkeitsprüfung, Sp. 1461, 1466–1467; Pellens et al. (2011), Internationale Rechnungslegung, S. 39–40; Wöhe/Döring (2013), Allgemeine Betriebswirtschaftslehre, S. 620–623.

Das ökologische Subsystem berücksichtigt Natur- und Umweltaspekte, die das Unternehmen und seine Rechnungslegung beeinflussen.[205] Exemplarisch seien an dieser Stelle die Nuklearkatastrophe von Fukushima sowie die Ausbrüche isländischer Vulkane, die für deutsche Unternehmen spürbare Auswirkungen zur Folge hatten,[206] erwähnt. Aber auch z. B. umweltrechtliche Aspekte tangieren das Unternehmen in seiner Tätigkeit.[207] Letztendlich wirken die ökologischen Faktoren auf das Unternehmen und somit auf die Rechnungslegung. Die Berücksichtigung eines ökologischen Subsystems ist daher notwendig.

Auf gesellschaftliche und kulturelle Aspekte der Umwelt zielt das sozio-kulturelle Subsystem der Umwelt ab.[208] Dabei stehen nicht Gesetze oder andere Regulierungsformen im Vordergrund, sondern vielmehr Normen und Werte, die sich in einer Gesellschaft entwickeln und etablieren.[209] Darunter fallen z. B. Verhaltensregeln, die durch die Familie oder Gesellschaft transportiert werden,[210] oder kulturelle Faktoren, die z. B. mit dem Bildungsstand, der Erziehung und der Religion zusammenhängen.[211] Auch diese Aspekte wirken auf das Unternehmen und damit die Rechnungslegung ein.[212] So weisen u. a. PELLENS ET AL. hinsichtlich unterschiedlicher Rechnungslegungssysteme darauf hin, dass z. B. ein Unterschied zwischen der westlichen Welt und dem Vorderen Orient in Bezug auf Handelssitten und -bräuche bestehen kann, der

205 Vgl. FREILING/RECKENFELDERBÄUMER (2010), Markt und Unternehmung, S. 20; HÜSER (1996), Theorie, S. 17–18. Seit den 1990er-Jahren beschäftigen sich Unternehmen mit Fragen „an der Schnittstelle zwischen Ökonomie, Ökologie und Gesellschaft" (SIGLOCH ET AL. (2011), Betriebswirtschaftslehre, S. 281 (im Original farbig und in fetter Schreibweise hervorgehoben)). Diese Entwicklung reicht sogar so weit, dass Unternehmen ein eigenes Umweltmanagement initiieren und z. B. Angaben zu CO2-Emissionen in ihren Geschäftsberichten publizieren. Gleichwohl handelt es sich bei der Tiefe und Detailliertheit des Umweltmanagements um eine philosophisch-ethische Frage, die jedes Unternehmen für sich selbst beantworten muss (vgl. SIGLOCH ET AL. (2011), Betriebswirtschaftslehre, S. 281–294).

206 Vgl. z. B. o. V. (2011), Deutsche Industrie klagt über Lieferengpässe; o. V. (2011), Vulkanasche: Airlines klagen wegen Luftraumsperrung, o. V. (2011), Ausbruch des Eyjafjallajökull.

207 Vgl. HAMMANN ET AL. (2001), Markt und Unternehmung, S. 49; SIGLOCH ET AL. (2011), Betriebswirtschaftslehre, S. 291–292.

208 Vgl. FLOWER/EBBERS (2003), Global Financial Reporting, S. 52–56; FREILING/RECKENFELDERBÄUMER (2010), Markt und Unternehmung, S. 20.

209 Vgl. z. B. HOFSTEDE (2002), Culture's Consequences; HOFSTEDE ET AL. (2010), Cultures and Organizations; vgl. in diesem Zusammenhang auch z. B. BASKERVILLE ((2003), Hofstede never studied culture), die sich kritisch gegenüber der Verwendung der kulturellen Dimensionen HOFSTEDES in Studien äußert, und dessen Replik (vgl. HOFSTEDE (2003), What is culture? A reply to Baskerville).

210 Vgl. HÜSER (1996), Theorie, S. 18.

211 Vgl. FLOWER/EBBERS (2003), Global Financial Reporting, S. 28; STRAUB (2012), Allgemeine Betriebswirtschaftslehre, S. 529.

212 Vgl. z. B. DOUPNIK/RICHTER (2004), Impact of Culture on the Interpretation.

sich aus einem unterschiedlichen geschichtlichen und/oder kulturellen Hintergrund ergibt.[213] Ein entsprechendes Subsystem ist daher geboten.

Das technologische Subsystem befasst sich mit Innovationen, wie z.B. dem Recycling, und neuen Technologien, wie z.B. dem Internet oder der Gentechnologie.[214] Auch hierdurch kann auf die Rechnungslegung Einfluss genommen werden. Ein entsprechendes Subsystem trägt diesem Aspekt Rechnung.

Das politisch-rechtliche Subsystem umfasst den Rechtsrahmen, der auch, nicht aber ausschließlich durch politische Entscheidungen konstituiert wird. Hierin bewegen sich die Unternehmen sowie alle Beteiligten (und auch Unbeteiligten).[215] Dabei nimmt das Rechtssystem eine zentrale Stellung ein, unter das im Wesentlichen jedwede Art von Regulierung, wie z. B. Gesetze, Standards und Empfehlungen, zu subsumieren ist.[216] Eine Teilmenge der Regulierung betrifft die Rechnungslegung (Abbildungsregeln).[217] In Deutschland gehören zu den zentralen Abbildungsregeln u.a. das HGB und, für kapitalmarktorientierte (Mutter-)Unternehmen, die IFRS.[218] Darüber hinaus existieren weitere Bereiche im politisch-gesetzlichen Umfeld, die Einfluss auf die Rechnungslegung nehmen.[219]

Die Subsysteme der Umwelt stehen nicht isoliert nebeneinander, sondern beeinflussen sich gegenseitig. Eine klare Trennung ist theoretisch möglich. Empirisch erscheint dies aufgrund der vielfältigen Interdependenzen nicht realisierbar.[220]

---

213 Vgl. Pellens et al. (2011), Internationale Rechnungslegung, S. 36–37; vgl. in diesem Zusammenhang auch z. B. Heintges (2005), Bilanzkultur und Bilanzpolitik, S. 29–30, 33–55, der die rechtlichen Rahmenbedingungen als Bilanzkultur auffasst und dahingehend u. a. Unterschiede zwischen Deutschland und den USA herausarbeitet.

214 Vgl. Flower/Ebbers (2003), Global Financial Reporting, S. 28–29; Freiling/Reckenfelderbäumer (2010), Markt und Unternehmung, S. 19–20; Hüser (1996), Theorie, S. 18–19.

215 Vgl. Freiling/Reckenfelderbäumer (2010), Markt und Unternehmung, S. 20.

216 Vgl. Almeling et al. (2011), Erstellung von Abschlüssen, S. 1761; Ebbers (2001), Regulatory Strategies in Accounting, S. 30, 45–47; Wagenhofer (2009), Internationale Rechnungslegungsstandards, S. 33–38; Wagenhofer/Ewert (2007), Externe Unternehmensrechnung, S. 27–29; vgl. auch Zeff ((2013), Review on „The Politics of Accounting Regulation: Organizing Transnational Standard Setting in Financial Reporting", S. 1490), der darauf hinweist, dass nicht nur Standardsetter, sondern auch andere Institutionen, wie z. B. der Gesetzgeber, zur Komplexität der Regulierung im Allgemeinen beitragen.

217 Vgl. ausführlich zur Regulierung der Rechnungslegung Zweiter Teil: Kap. 4.

218 Vgl. Ballwieser (2013), IFRS-Rechnungslegung, S. 1; Coenenberg et al. (2014), Jahresabschluss, S. 25, 51–52.

219 Vgl. ausführlich zur systemtheoretischen Deutung des politisch-rechtlichen Subsystems Zweiter Teil: Kap. 4. Darüber hinaus sind weitere Rechtsgebiete darunter zu fassen, wie z. B. das Steuerrecht (vgl. Flower/Ebbers (2003), Global Financial Reporting, S. 30, 34).

220 Vgl. Zweiter Teil: Kap. 2.5 und 2.6.

Nachfolgend wird anhand des systemtheoretischen Verständnisses des Unternehmens und der Umwelt ein Systematisierungsversuch der Rechnungslegungskomplexität entwickelt. Dabei werden das Supersystem, die technischen und inhaltlichen Subsysteme des Unternehmens als auch die Subsysteme der Umwelt berücksichtigt und zusammengeführt.

3.4 Ableitung eines systemtheoretischen Verständnisses von Rechnungslegungskomplexität

Im Folgenden wird ein systemtheoretisches Verständnis von Rechnungslegungskomplexität entwickelt. Es ist notwendig, in einem ersten Schritt das Bezugsobjekt festzulegen. Hierzu werden das Referenzsystem, das übergeordnete Supersystem sowie die untergeordneten Subsysteme determiniert. In einem zweiten Schritt erfolgt die Bestimmung der konstitutiven Merkmale. Gleichzeitig findet mit der Festlegung des Bezugsobjekts eine Trennung zwischen der Systeminnen- und der Systemaußenwelt statt. Die Teilsysteme hängen zusammen und dienen einem übergeordenten Sinn und Zweck.[221] Der erste Schritt wird anhand der folgenden Ausführungen zum systemtheoretischen Verständnis der Rechnungslegung realisiert.

Die Rechnungslegung hat die Aufgabe, die wirtschaftlichen Transaktionen eines Unternehmens, auch mit seiner Umwelt, anhand standardisierter Regeln quantitativ und qualitativ abzubilden.[222] Als Abbildungsgegenstand fungieren die in der Regel in monetären Einheiten bewerteten „güterwirtschaftlichen Umformungsprozesse innerhalb des Unternehmens“[223] sowie die Transaktionen zwischen dem Unternehmen und der Umwelt.[224] Das Unternehmen befindet sich im realgüter- und finanzwirtschaftlichen Austausch mit seiner Umwelt. Beide Sphären hängen zusammen.[225] Aus diesem Grund lässt sich das Unternehmen auch als „Bestandteil eines zirkulären Systems“[226] auffassen.[227] Auf Basis der Systemtheorie ergibt sich nun Folgendes: Die Rechnungslegung steht im Fokus der Untersuchung. Sie bildet das Referenzsystem, das in ein übergeordnetes Supersystem eingebettet ist, wie z.B. das Wirtschafts- und Finanzsystem. Das System des Unternehmens zerfällt wiederum in Subsysteme, wie die Ausführungen zum systemtheoretischen Verständnis des Unternehmens belegen.[228] Hier ergeben sich zum einen die technischen

221 Vgl. Zweiter Teil: Kap. 2.5 und 2.6.
222 Vgl. hierzu und im Folgenden Zweiter Teil: Kap. 3.1, 3.2 und 3.3.
223 Sigloch (2011), Rechnungslegung, S. 1.
224 Vgl. Sigloch (2011), Rechnungslegung, S. 1.
225 Vgl. Coenenberg et al. (2012), Rechnungswesen, S. 3–4.
226 Coenenberg et al. (2012), Rechnungswesen, S. 3. Vgl. dazu auch Coenenberg et al. ((2012), Rechnungswesen, S. 3–4), die in diesem Zusammenhang von „Informationssystem“ und „Subsystem“ sprechen.
227 Vgl. Zweiter Teil: Kap. 3.1.
228 Vgl. Zweiter Teil: Kap. 3.2.

Subsysteme, wie z. B. die Buchführung sowie die Kosten- und Leistungsrechnung, und zum anderen die inhaltlichen Subsysteme, wie z. B. die Beschaffung, die Produktion und der Absatz. Das Abbildungsziel der Rechnungslegung führt nun dazu, dass die vermeintliche Umwelt als Systemaußenwelt zur Systeminnenwelt wird, da die unternehmerischen Subsysteme mit ihr in Interaktion stehen und sich gegenseitig beeinflussen. Sie erhält „Subsystemcharakter"[229]. Dabei ergeben sich – wie die Ausführungen zum systemtheoretischen Verständnis der Umwelt zeigen – das ökonomische, das ökologische, das sozio-kulturelle und das technologische sowie das politisch-rechtliche Subsystem.[230] Eine Teilmenge des politisch-rechtlichen Subsystems bildet die Regulierung der Rechnungslegung durch das HGB und die IFRS. Es beeinflussen somit auch neben den technischen und inhaltlichen Subsystemen des Unternehmens noch die Subsysteme der Umwelt die Rechnungslegung. Die einzelnen Subsysteme stehen in Beziehung zueinander, beeinflussen sich gegenseitig und unterliegen Veränderungen im Zeitablauf.[231] Die folgende Abb. 17 veranschaulicht das systemtheoretische Verständnis der Rechnungslegung grafisch.

Abb. 17: Systemtheoretisches Verständnis der Rechnungslegung[232]

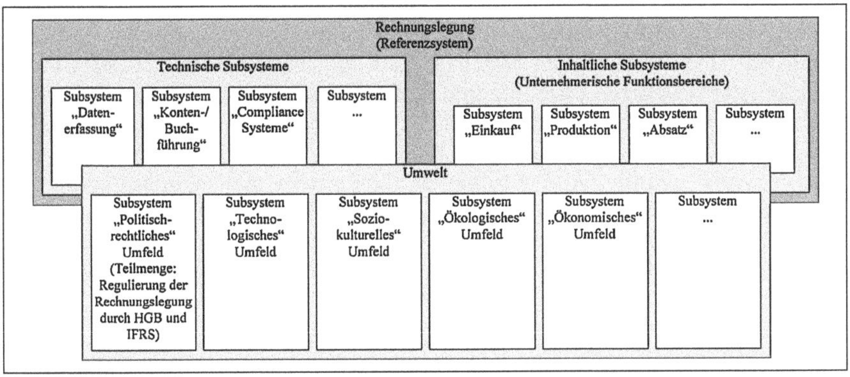

229 Fülbier/Kuschel (2012), Komplexitätszunahme in der IFRS-Rechnungslegung, S. 933.

230 Vgl. Freiling/Reckenfelderbäumer (2010), Markt und Unternehmung, S. 19–21. An dieser Stelle soll auch z. B. auf Nobes ((1998), Reasons for International Differences in Financial Reporting, S. 163–175) verwiesen werden, der Gründe aufführt, warum es Unterschiede in Rechnungslegungssystemen gibt. Daraus kann auch gefolgert werden, dass diese Faktoren generell Einfluss auf die Rechnungslegung haben.

231 Vgl. Fülbier/Kuschel (2012), Komplexitätszunahme in der IFRS-Rechnungslegung, S. 933.

232 Quelle: Eigene Darstellung. In enger Anlehung an Fülbier/Kuschel (2012), Komplexitätszunahme in der IFRS-Rechnungslegung, S. 931.

Nachdem das Bezugsobjekt anhand des systemtheoretischen Verständnisses der Rechnungslegung festgelegt ist, erfolgt die Entwicklung des systemtheoretischen Verständnisses von Rechnungslegungskomplexität. Der zweite Schritt wird anhand der konstitutiven Merkmale realisiert.[233]

Komplexität beschreibt die Eigenschaft eines Systems, die sich aus dem Zusammenspiel zwischen den jeweiligen Elementen und Relationen des Systems im Zeitablauf ergibt. Die Rechnungslegungskomplexität erwächst demnach aus dem Zusammenspiel der einzelnen Elemente und Relationen ihrer Subsysteme. Diese Elemente und Relationen interagieren sowohl im jeweiligen Subsystem miteinander als auch zwischen den Subsystemen untereinander. Demzufolge ergibt sich die Rechnungslegungskomplexität aus dem Zusammenspiel der Elemente und Relationen der technischen und inhaltlichen Subsysteme des Unternehmens sowie der Subsysteme der Umwelt. Die technische Komplexität resultiert im Wesentlichen aus dem Zusammenspiel der Elemente und Relationen der technischen Subsysteme (z.B. Datenerfassung, Buchführung etc.). Die inhaltliche Komplexität (Unternehmenskomplexität) entsteht aus dem Zusammenspiel der Elemente und Relationen der Subsysteme der unternehmerischen Funktionsbereiche (z.B. Einkauf, Produktion und Absatz etc.). Die Umweltkomplexität ergibt sich aus dem Zusammenspiel der Elemente und Relationen der Subsysteme der Umwelt (politisch-rechtliches, technologisches, sozio-kulturelles, ökologisches und ökonomisches Umfeld). Daneben bestehen die Komplexitäten, die sich aus der Interaktion der jeweiligen Elemente und Relationen der Subsysteme ergeben. Dies sind z.B. zum einen die Datenerfassungs- und die Buchführungskomplexität und zum anderen die Einkaufs-, die Produktions- und die Absatzkomplexität. Zudem lassen sich die ökonomische, die ökologische, die sozio-kulturelle und die technologische sowie die politisch-rechtliche Komplexität identifizieren. In Abb. 18 ist der Systematisierungsversuch der Rechnungslegungskomplexität grafisch aufgeführt.

233 Vgl. Zweiter Teil: Kap. 4.

Abb. 18: Systematisierung der Rechnungslegungskomplexität[234]

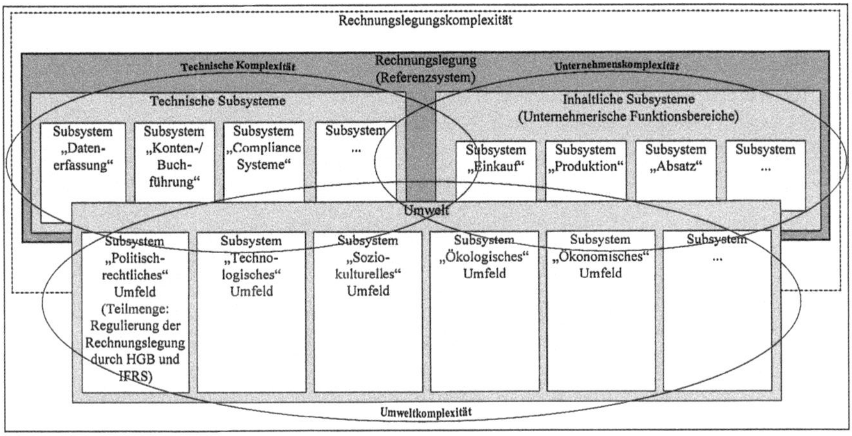

Einen, wenn auch zentralen Teilaspekt der Rechnungslegungskomplexität bildet die Komplexität der Abbildungsregeln (Regelkomplexität). Die Regelkomplexität entsteht aus dem Zusammenspiel der Elemente und Relationen im politisch-rechtlichen Subsystem, die der Regulierung der Rechnungslegung zuzuordnen sind. Zu diesen Elementen und Relationen gehören u.a. Gesetze (wie etwa das HGB) und Standards (wie etwa die IFRS). Es ergibt sich somit z.B. die HGB- und die IFRS-Regelkomplexität.[235] Die Regelkomplexität differenziert sich in einen formellen und einen materiellen Bereich. Während die formelle Regelkomplexität auf äußere Rahmenbedingungen der Abbildungsregeln, wie z.B. Aufbau, Struktur, Umfang und Verständlichkeit, fokussiert, stellt die materielle Regelkomplexität auf deren Inhalt ab.[236] Die Regelkomplexität stellt neben einer Facette der Rechnungslegungskomplexität noch eine Facette der politisch-rechtlichen Komplexität bzw. der Umweltkomplexität dar. Die Umweltkomplexität umfasst sowohl die Komplexität der Umwelt im Allgemeinen (allgemeine Umweltkomplexität) als auch die Regelkomplexität im Besonderen. Die allgemeine Umweltkomplexität schließt demnach nicht den Aspekt der Regelkomplexität mit ein.[237]

234 Quelle: Eigene Darstellung in enger Anlehnung an FÜLBIER/KUSCHEL (2012), Komplexitätszunahme in der IFRS-Rechnungslegung, S. 931.

235 Vgl. zum systemtheoretischen Verständnis des politisch-rechtlichen Subsystems, zu dem die Regulierung der Rechnungslegung gehört, Zweiter Teil: Kap. 4.

236 Vgl. KÜTING (2012), Komplexität der Rechnungslegungssysteme, S. 299; vgl. ebenso FÜLBIER/KUSCHEL (2012), Komplexitätszunahme in der IFRS-Rechnungslegung, S. 933.

237 Vgl. Einführung: Kap. 1.

Problematisch ist, dass die einzelnen (Sub-)Systeme in Interaktion stehen, untereinander verschachtelt sind, sich gegenseitig beeinflussen und im Zeitablauf verändern. Aus diesem Grund ist es theoretisch möglich, die einzelnen Komplexitäten voneinander zu trennen. Empirisch erscheint dies aufgrund der vielfältigen Interdependenzen nicht umsetzbar. Eine eindeutige Ursache-Wirkungs-Beziehung hinsichtlich der Rechnungslegungskomplexität ist somit wohl nicht festzustellen.

4 Systemtheoretisches Verständnis des politisch-rechtlichen Subsystems

4.1 Vorüberlegungen zum systemtheoretischen Zusammenhang von Rechnungslegung und Finanzberichterstattung

Die Unternehmensrechnung setzt „sich mit der konzeptionellen Gestaltung und den Einsatzbedingungen von Informationssystemen im Unternehmen“[238] auseinander. Die Informationssysteme lassen sich in Abhängigkeit des Adressatenkreises in die interne und die externe Unternehmensrechnung differenzieren. Unter der internen Unternehmensrechnung subsumieren sich die Informationssysteme, die sich an unternehmensinterne Adressaten, wie z. B. Manager und Eigentümer-Manager, richten.[239] Dazu zählen z. B. die Kosten- und Leistungs- oder Investitionsrechnung. Dagegen richten sich die Informationssysteme der externen Unternehmensrechnung an unternehmensexterne Adressaten, wie z. B. Investoren, Gläubiger und Kunden sowie Lieferanten. Ein solches Informationssystem stellt z. B. die Rechnungslegung (*Financial Accounting*) dar.[240] Synonym für die externe Unternehmensrechnung wird der Begriff der Finanzberichterstattung (*Financial Reporting*) verwendet. Tendenziell wird der Begriff weiter gefasst als die Rechnungslegung.[241]

---

238 Wagenhofer (2007), Unternehmensrechnung, Sp. 1849; Wagenhofer/Ewert (2007), Externe Unternehmensrechnung, S. 3; vgl. auch Busse von Colbe (2011), Rechnungswesen, S. 652; vgl. zum Rechnungswesen als Informationssystem Pfaff/Gabor (2004), Rechnungswesen und Organisation, Sp. 1244–1245.

239 Vgl. Ewert/Wagenhofer (2008), Interne Unternehmensrechnung, S. 3–6; Wagenhofer/Ewert (2007), Externe Unternehmensrechnung, S. 3.

240 Vgl. o. V. (2011), Rechnungslegung, S. 652; Wagenhofer (2007), Unternehmensrechnung, Sp. 1849–1850; Wagenhofer/Ewert (2007), Externe Unternehmensrechnung, S. 3–5. Synonym für den Begriff Rechnungslegung wird auch der Begriff des externen Rechnungswesens verwendet (vgl. Busse von Colbe (2011), Rechnungswesen, S. 654; o. V. (2011), Rechnungslegung, S. 652; Pellens et al. (2014), Internationale Rechnungslegung, S. 2; Wagenhofer/Ewert (2007), Externe Unternehmensrechnung, S. 4).

241 Vgl. Wagenhofer/Ewert (2007), Externe Unternehmensrechnung, S. 4, 385–390. Der Begriff Finanzberichterstattung findet sich in der Literatur häufig, ohne

Die Rechnungslegung fokussiert lediglich auf den Vorgang der quantitativen und qualitativen Abbildung der wirtschaftlichen Vorgänge anhand standardisierter Regeln (Abbildungsziel der Rechnungslegung).[242] Es handelt sich insofern um die Anwendung der Abbildungsregeln (Regelanwendung). Als Ergebnis resultieren Jahres- und Konzernabschlüsse einschließlich von (Konzern-)Lageberichten.[243] Beispielsweise umfasst bei kapitalmarktorientierten (Mutter-)Unternehmen ein Konzernabschluss neben einer Konzernbilanz und einer Konzern-Gewinn- und Verlustrechnung noch einen Konzernanhang, eine Konzern-Kapitalflussrechnung, einen Konzern-Eigenkapitalspiegel sowie eine Konzern-Segmentberichterstattung.[244] Hinter der Finanzberichterstattung verbirgt sich sowohl der Vorgang der Abbildung als auch der der Offenlegung (Publizität[245]) von aggregierten Informationen in Berichten für externe Adressaten.[246] Diese quantitativen

---

jedoch näher konkretisiert zu werden. (vgl. z. B. Brandt/Hütten (2003), Finanzberichterstattung, S. 707–711; Kirsch (2008), Exposure Draft des Conceptual Frameworks, S. 511; Knorr (2012), Finanzberichterstattung, S. I; Kormaier (2008), Unternehmensberichterstattung, S. 7; Philipps (2007), Halbjahresfinanzberichterstattung, S. 2329; Rabenhorst/Wiechens (2009), Halbjahresfinanzberichterstattung, S. 521–522; Wagenhofer (2008), Fair Value-Bewertung, S. 185; Weissenberger et al. (2011), Business Reporting, S. 2157–2158; Weissenberger et al. (2006), IFRS-Finanzberichterstattung).

242 Unter dem Begriff der Abbildung wird sowohl die Ermittlung, die Aufbereitung als auch die Darstellung von Informationen gefasst (vgl. Busse von Colbe (2011), Rechnungswesen, S. 652). Synonym für den Begriff Abbildung wird in der vorliegenden Arbeit der Begriff Erstellung verwendet.

243 Vgl. Zweiter Teil: Kap. 3.1.

244 Vgl. Busse von Colbe et al. (2010), Konzernabschlüsse, S. 2; vgl. grundlegend zum Jahres- bzw. Konzernabschluss Fülbier/Weiss (2011), Jahresabschluss, S. 410–415 und Lerchenmüller/Sellhorn (2011), Konzernabschluss, S. 473–479.

245 Grundsätzlich wird unter Publizität die „öffentliche Bereitstellung von Nachrichten“ verstanden (Pellens (2011), Publizität, S. 639; zum Begriff der Publizität z. B. Feldhoff/Feldhoff (2002), Publizität). Der Begriff der Unternehmenspublizität wird enger gefasst, da darunter lediglich die Veröffentlichung aller unternehmensbezogenen Daten verstanden wird (vgl. Merkt (2001), Unternehmenspublizität, S. 22; Pellens et al. (2014), Internationale Rechnungslegung, S. 942–944). In der vorliegenden Arbeit werden die Begriffe Publizität und Unternehmenspublizität synonym verwendet. Darunter wird die „Veröffentlichung von unternehmensbezogenen Daten im Rahmen der Finanzberichterstattung“ (Wagenhofer/Ewert (2007), Externe Unternehmensrechnung, S. 323 (im Original in fetter Schreibweise hervorgehoben)) verstanden, sodass insofern das zugrunde liegende Verständnis der Publizität weiter konkretisiert wird. Im Übrigen werden in diesem Zusammenhang die Begriffe Bekanntmachung, Offenlegung und Veröffentlichung synonym verwendet (vgl. Merkt (2001), Unternehmenspublizität, S. 6).

246 Vgl. Wagenhofer/Ewert (2007), Externe Unternehmensrechnung, S. 4, 385–390. Ein Abstellen auf den allgemeinen Terminus Berichterstattung zeigt, dass

und qualitativen Informationen werden standardisiert und nicht standardisiert ermittelt.[247] Der Geschäftsbericht stellt beispielsweise ein Abbildungsergebnis der Finanzberichterstattung dar.[248] Daneben können darunter auch Datenbanken subsumiert werden, die u.a. Rechnungslegungsdaten enthalten. Diesen werden als (elektronischer) Bericht interpretiert.[249] Die Rechnungslegung bildet einen zentralen Teil der Finanzberichterstattung.[250] Abb. 19 fasst den Zusammenhang zwischen Finanzberichterstattung und Rechnungslegung aus systemtheoretischer Sicht zusammen.

darunter sowohl der Vorgang der Abbildung als auch der der Offenlegung von aggregierten Informationen (in Form von Berichten) für interne und externe Adressaten verstanden wird. So sprechen FISCHER/BECKER ((2006), Unternehmensberichterstattung, S. 29) im Zusammenhang mit der Berichterstattung von der „Erzeugung, Aufbereitung und Übermittlung von relevanten Informationen", wobei dies „mittels formalisierter Berichte" erfolgt (ähnlich auch z. B. LEHR (2009), Finanzberichterstattung, S. 145; vgl. zum Begriff Bericht GÖPFERT (2002), Berichtswesen, Sp. 143–144, 147). Ein partielles Abstellen auf einen Teil des Begriffs der Finanzberichterstattung, nämlich der Berichterstattung per se, erscheint durchaus gerechtfertigt, da der Begriff Finanzberichterstattung auch irreführend sein kann. So wird oftmals vermutet, dass es sich im Rahmen der Finanzberichterstattung lediglich um finanzielle Informationen handelt. Dies ist allerdings nicht mehr zeit- und sachgerecht, da der Begriff mittlerweile neben finanziellen auch nicht finanzielle Informationen umfasst (vgl. WAGENHOFER/EWERT (2007), Externe Unternehmensrechnung, S. 4, 385–390).

247 Vgl. Zweiter Teil: Kap. 4.2, 4.3 und 4.4.

248 Vgl. z. B. OBERDÖRSTER (2009), Finanzberichterstattung, S. 51; ähnlich auch HÜTTEN (2000), Geschäftsbericht als Informationsinstrument, S. 74; KUHNLE/BANZHAF (2006), Finanzkommunikation, S. 58–80; PULHAM (2004), Investor Relations, S. 29–43.

249 Hierzu zählt z. B. die Datenbank „Amadeus" des Unternehmens *Bureau van Dijk Electronic Publishing GmbH.*

250 Vgl. GRÜNING (2010), Unternehmenspublizität, S. 526; OBERDÖRSTER (2009), Finanzberichterstattung, S. 51–57.

Abb. 19: Systemtheoretischer Zusammenhang zwischen Rechnungslegung und Finanzberichterstattung[251]

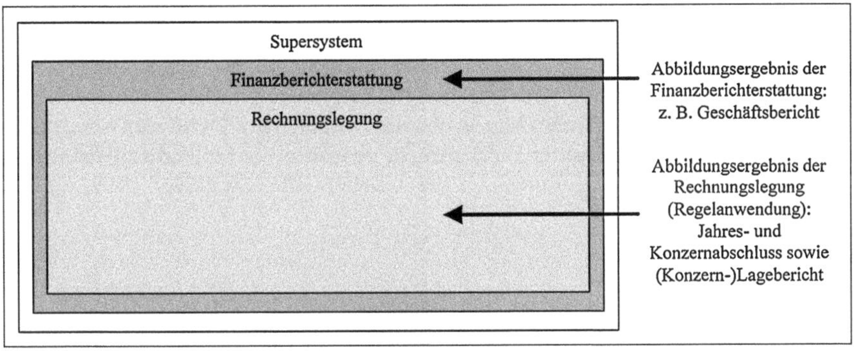

Eines der wichtigsten und zentralsten Informationsinstrumente im Rahmen der *Investor Relations* ist der Geschäftsbericht:[252] „[T]he annual report is the major channel for external financial reporting“[253]. Vor allem kapitalmarktorientierte

251 Quelle: Eigene Darstellung.

252 Vgl. zum Begriff *Investor Relations* z. B. GORR (2008), Investor Relations, S. 35–36; PULHAM (2004), Investor Relations, S. 13–18; WICHELS (2002), Kapitalmarktkommunikation, S. 7–9. Die *Investor Relations* umfassen die Kommunikation zwischen den Akteuren des Kapitalmarkts, insbesondere den Eigen- und Fremdkapitalgebern (vgl. BEAVER/DEMSKI (1974), Nature of Financial Accounting Objectives, S. 170–171), und dem Unternehmen (vgl. STREUER (2004), Investor Relations, S. 41).Vgl. zum Begriff Geschäftsbericht z. B. HÜTTEN/KÜTING (2001), Geschäftsbericht, S. 490; vgl. ebenso GAZDAR/KIRCHHOFF (2001), Geschäftsbericht, S. 5, 7; GRÜNING (2010), Unternehmenspublizität, S. 526–527 m. w. N.; HÜTTEN/KÜTING (2001), Geschäftsbericht, S. 491; OBERDÖRSTER (2009), Finanzberichterstattung, S. 53; PIWINGER (2009), Geschäftsberichte als Mittel der Information, S. 365; vgl. auch die empirische Studie von EISL ET AL. (2013), Reporting Design, die die besondere Bedeutung des Geschäftsberichts unterstreicht.

253 JEANJEAN ET AL. (2010), Why do you speak English (in your annual report), S. 204. Ähnlich sehen das z. B. auch BRÜGGEMANN (2007), Berichterstattung im Anhang des IFRS-Abschlusses, S. 1 m. w. N.; FÜLBIER/WELLER (2008), Verwendung von Rechnungslegungsdaten, S. 806; HUANG ET AL. (2008), Financial market communication, S. 93; HÜTTEN/KÜTING (2001), Geschäftsbericht, S. 491 m. w. N.; KIRCHHOFF/DÖBLER (1997), Bedeutung des Geschäftsberichts, S. 17–19; PELLENS ET AL. (2008), Wertmaßstäbe für die Ausgestaltung der Unternehmensberichterstattung, S. S83; PELLENS/LEHMANN (2012), Managementprognosen und Analystenschätzungen, S. 876 m. w. N.; ROGERS/GRANT (1997), Content Analysis of Information, S. 17–18; YUTHAS ET AL. (2002), Corporate Annual Reports, S. 141. Außerdem zeigt sich beispielsweise die Bedeutung des Geschäftsberichts auch an dem Wettbewerb „Der beste Geschäftsbericht“, den das „manager magazin“ unter der wissenschaftlichen

Unternehmen greifen auf den Geschäftsbericht (im praktischen Sinne) zur Kommunikation mit der *Financial Community* zurück und veröffentlichen diesen auf freiwilliger Basis. Seit dem Bilanzrichtliniengesetz (BiRiLiG) 1985 sind die entsprechenden Regelungen zur Aufstellung und Offenlegung eines Geschäftsberichts, die zuvor z.B. im AktG verankert waren, in die handelsrechtlichen Regelungen zum Anhang und Lagebericht integriert worden. Der Geschäftsbericht (im juristischen Sinne) wurde obsolet.[254] Gleichwohl wird ihm ein „quasi-obligatorisch[er]"[255] Charakter zuerkannt, da er trotz einer fehlenden juristischen Bindung dennoch zur Erfüllung von gesetzlichen Informationspflichten dienen kann.[256]

Leitung von Prof. Dr. Dr. h.c. Jörg Baetge seit 1995 jährlich ausrichtet (vgl. z. B. Palan (2012), Prämiert, S. 114–121; vgl. ebenso o. V. (2014), „Der beste Geschäftsbericht" im Porträt).

254 Vgl. Grüning (2010), Unternehmenspublizität, S. 526; Hütten/Küting (2001), Geschäftsbericht, S. 490; Küting/Busch (2003), Geschäftsbericht, S. 152–153; Oberdörster (2009), Finanzberichterstattung, S. 51–57; Sprenger (1976), Rechenschaft im Geschäftsbericht, S. 1–2. Oberdörster ((2009), Finanzberichterstattung, S. 48) versteht unter der *Financial Community* Informationsintermediäre sowie institutionelle Investoren; a. A. wohl Kuhnle/Banzhaf (2006), Finanzkommunikation, S. 23; Porák et al. (2006), Finanzkommunikation, S. 259, 266–269.

255 Grüning (2010), Unternehmenspublizität, S. 526.

256 Hierzu zählen z. B. für Aktiengesellschaften die Anforderungen von § 175 AktG und für börsennotierte Unternehmen im *Prime Standard* der Frankfurter Wertpapierbörse (FWB) die Anforderungen der dortigen Börsenordnung (vgl. z. B. Hütten (2000), Geschäftsbericht als Informationsinstrument, S. 34–53; Hütten/Küting (2001), Geschäftsbericht, S. 492–493; Oberdörster (2009), Finanzberichterstattung, S. 53–56, die auch weitere Beispiele anführen). Beispielsweise verlangt die Börsenordnung der FWB in § 50 BO von Unternehmen, die im Prime Standard notiert sind, dass ein Jahresfinanzbericht aufzustellen ist, der den Anforderungen von § 37v Abs. 2 und 3 WpHG oder, falls das Unternehmen verpflichtet ist, einen Konzernabschluss und -lagebericht zu erstellen, den Anforderungen von § 37y Nr. 1 WpHG genügt (vgl. Frankfurter Wertpapierbörse (2011), Börsenordnung, S. 33–34, § 50 Abs. 1). Weiter heißt es dort in Abs. 2, dass der entsprechende Jahresfinanzbericht in elektronischer Form an die FWB zu übermitteln ist, die diesen dem Publikum elektronisch oder in anderer geeigneter Weise zur Verfügung stellt. Oberdörster ((2009), Finanzberichterstattung, S. 55) kommt in einer eigenen empirischen Erhebung zu dem Ergebnis, dass 97% der DAX-Unternehmen, 90% der MDAX- und SDAX-Unternehmen sowie 83% der TecDAX-Unternehmen den elektronischen Geschäftsbericht bei der Frankfurter Wertpapierbörse einreichen, um ihren Informationspflichten zu entsprechen (Februar 2008). Eine eigene, aktualisierte Erhebung durch den Verfasser der vorliegenden Arbeit im Mai 2012 zeigt, dass mittlerweile die Prozentzahlen z. T. gestiegen sind und 97% der DAX-Unternehmen, 96% der MDAX- und 100% der SDAX-Unternehmen sowie 90% der TecDAX-Unternehmen den elektronischen Geschäftsbericht bei der Frankfurter Wertpapierbörse einreichen. Daraus geht

Problematisch bleibt aber, aufgrund der fehlenden gesetzlichen Bestimmungen, die inhaltliche Ausgestaltung des Geschäftsberichts, sodass eine Unterscheidung des Geschäftsberichts in notwendige und freiwillige Bestandteile erfolgt.[257] Abb. 20 veranschaulicht die Systematisierung grafisch.

Abb. 20: Notwendige und freiwillige Bestandteile eines Geschäftsberichts[258]

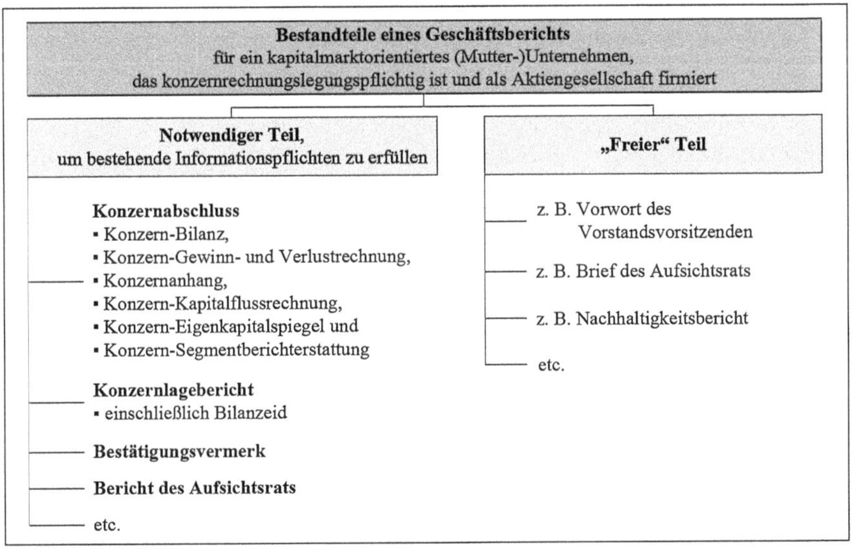

Der notwendige Teil enthält die „Kernelemente" des Geschäftsberichts. Dazu zählt die Rechnungslegung,[259] die bei kapitalmarktorientierten (Mutter-)Unternehmen im Wesentlichen aus einem Konzernabschluss und einem Konzernlagebericht besteht.[260] Im freien Teil des Geschäftsberichts finden sich die freiwilligen

hervor, dass der Geschäftsbericht eine zentrale Stellung im Rahmen der Finanzkommunikation einnimmt.

257 Vgl. Hütten (2000), Geschäftsbericht als Informationsinstrument, S. 91–96.

258 Quelle: Eigene Darstellung in enger Anlehnung an Grüning (2010), Unternehmenspublizität, S. 526; Hütten (2000), Geschäftsbericht als Informationsinstrument, S. 95; Küting/Busch (2003), Geschäftsbericht, S. 155; Oberdörster (2009), Finanzberichterstattung, S. 57.

259 Vgl. Grüning (2010), Unternehmenspublizität, S. 526; Oberdörster (2009), Finanzberichterstattung, S. 51–57.

260 Vgl. Grüning (2010), Unternehmenspublizität, S. 526; Hütten (2000), Geschäftsbericht als Informationsinstrument, S. 91–96; Oberdörster (2009), Finanzberichterstattung, S. 56–57. Oberdörster ((2009), Finanzberichterstattung, S. 55) merkt an, dass der Geschäftsbericht von kapitalmarktorientierten Mutterunternehmen im

Bestandteile, zu denen das Unternehmen nicht gesetzlich verpflichtet ist und die nicht dem notwendigen Teil zugeordnet werden können. Hierunter lassen sich z. B. ein Vorwort des Vorstandsvorsitzenden und ein Brief des Aufsichtsrats fassen. Eine abschließende Aufzählung ist an dieser Stelle aufgrund des dispositiven Charakters des Geschäftsberichts aber nicht möglich, da der Inhalt in Abhängigkeit der verfolgten Ziele des publizierenden Unternehmens variiert.[261]

Im Ergebnis zeigt sich, dass Rechnungslegung einen Teil der Finanzberichterstattung bildet. Rechnungslegung fokussiert auf den Vorgang der quantitativen und qualitativen Abbildung der wirtschaftlichen Vorgänge anhand standardisierter Regeln (sog. Abbildungsregeln). Das Abbildungsergebnis (Regelanwendung) stellen Jahres- und Konzernabschlüsse sowie (Konzern-)Lageberichte dar. Die Finanzberichterstattung umfasst neben der Abbildung von quantitativen und qualitativen Informationen auch deren Offenlegung. Der Geschäftsbericht stellt ein zentrales Abbildungsergebnis der Finanzberichterstattung dar, das auch die Rechnungslegung enthält. Dieser bietet sich insofern für eine Untersuchung der Rechnungslegungskomplexität an.

4.2 Systemtheoretisches Verständnis der Regulierung der Finanzberichterstattung

Die Regulierung der Finanzberichterstattung gehört zu dem politisch-rechtlichen Subsystem der Umwelt. Eine Teilmenge der Regulierung der Finanzberichterstattung bildet die Regulierung der Rechnungslegung.[262] Aus der Regulierung der Rechnungslegung (Abbildungsregeln) bildet sich die Komplexität der Abbildungsregeln (Regelkomplexität), die einen zentralen Aspekt der Rechnungslegungskomplexität darstellt.[263]

Die Regulierung der Finanzberichterstattung unterteilt sich grundsätzlich in einen regulierten und einen nicht regulierten Bereich.[264] Der regulierte Bereich der Finanzberichterstattung wird weiterhin in ein traditionellen und einen

---

Regelfall nur den Konzernabschluss und -lagebericht enthält und auf den Einzelabschluss regelmäßig verzichtet wird.

261 Vgl. Hütten (2000), Geschäftsbericht als Informationsinstrument, S. 91–96; Küting/Busch (2003), Geschäftsbericht, S. 154–155; Oberdörster (2009), Finanzberichterstattung, S. 56–57. Im Übrigen finden sich auch freie Elemente im Rahmen des Konzernlageberichts, da auch dort freiwillige, ergänzende Angaben durchaus üblich sind (vgl. Hippel (2011), Konzernlagebericht, S. 37–39). Begrenzt werden die freiwilligen Bestandteile sowohl im Konzernlagebericht als auch im Geschäftsbericht lediglich durch ein Verbot für unrichtige und/oder verschleiernde Angaben (vgl. Grüning (2010), Unternehmenspublizität, S. 526).

262 Vgl. Zweiter Teil: Kap. 3.3, 3.4 und 4.1.

263 Vgl. Zweiter Teil: Kap. 3.4.

264 Vgl. Wagenhofer/Ewert (2007), Externe Unternehmensrechnung, S. 4, 385–387.

kapitalmarktorientierten Abschnitt untergliedert.[265] Der traditionelle Abschnitt der Finanzberichterstattung beinhaltet im Wesentlichen die Regulierung der Rechnungslegung und deren Offenlegung. Die Regulierung der Rechnungslegung umfasst die Erstellung von Jahres- und Konzernabschlüssen einschließlich der (Konzern-)Lageberichte.[266] Neben einer regulierten, verpflichtenden Finanzberichterstattung lässt sich eine nicht regulierte, freiwillige Finanzberichterstattung unterscheiden. Unternehmen haben hierdurch die Möglichkeit, mehr Informationen bereitzustellen, als durch regulatorische Anforderungen erforderlich sind.[267] Der regulierte Bereich der Finanzberichterstattung umfasst die Regulierung der Rechnungslegung und steht im Folgenden im Fokus. Der nicht regulierte Bereich der Finanzberichterstattung wird daher nicht weiter verfolgt. Abb. 21 veranschaulicht das systemtheoretische Verständnis der Regulierung der Finanzberichterstattung.

---

265 Vgl. zum Begriff der traditionellen Finanzberichterstattung FISCHER/WENZEL ((2002), Value Reporting, S. 327), die den Begriff wohl weiter fassen, oder KLEINMANNS ((2003), Rechnungslegung, S. 1245–1248). Vgl. zum Begriff der kapitalmarktorientierten Finanzberichterstattung BRINCKMANN ((2009), Kapitalmarktrechtliche Finanzberichterstattung, S. 2–4, 91, 111, 121–136), der allerdings von kapitalmarktrechtlicher Finanzberichterstattung spricht.

266 Vgl. BUCK-HEEB (2013), Kapitalmarktrecht, S. 1–3, 7–10; FÜLBIER/KUSCHEL (2012), Komplexitätszunahme in der IFRS-Rechnungslegung, S. 933.

267 Zum einen können separate, nicht gesetzlich vorgeschriebene Instrumente (z. B. in Form eines Nachhaltigkeitsberichts (vgl. z. B. LACKMANN (2011), Nachhaltigkeitsbericht, S. 565–568)) und zum anderen zusätzliche Informationen in regulatorisch vorgeschriebenen Instrumenten (wie z. B. freie Angaben neben den Pflichtangaben im Lagebericht (vgl. BAETGE ET AL. (2012), Bilanzen, S. 763, 797–802)) veröffentlicht werden (vgl. WAGENHOFER/EWERT (2007), Externe Unternehmensrechnung, S. 324).

Abb. 21: Systemtheoretisches Verständnis der Regulierung der Finanzberichterstattung[268]

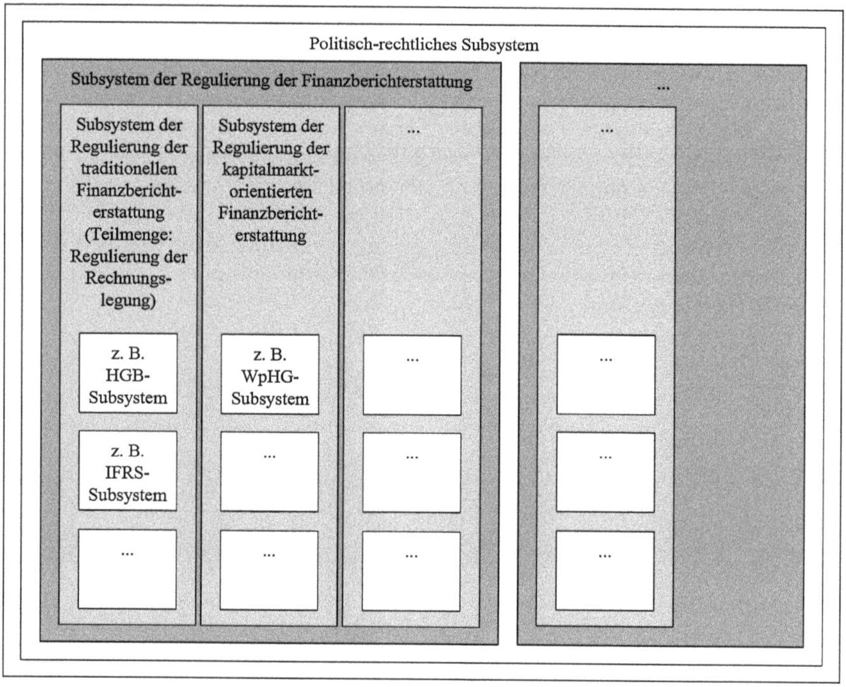

Grundsätzlich können mehrere Quellen der Regulierung der Finanzberichterstattung identifiziert werden. Dazu zählen gesetzliche Regelungen (wie etwa einfache Gesetze, Verordnungen und Gerichtsurteile etc.), Veröffentlichungen von öffentlichen oder privaten Gremien (wie etwa Standardsettern) und

268 Quelle: Eigene Darstellung. Da in kontinentaleuropäischen Rechtskreisen (wie z. B. Deutschland) die Regulierung der Rechnungslegung primär dem Gesellschafts- und nicht dem Kapitalmarktrecht entstammt, werden in der vorliegenden Arbeit sowohl das HGB als auch die IFRS der Regulierung der traditionellen Finanzberichterstattung zugeordnet. Gleichwohl wäre eine Einordnung des HGB und der IFRS unter der Regulierung der kapitalmarktorientierten Finanzberichterstattung vertretbar. Zum einen dienen beide Rechnungslegungssysteme dem Kapitalmarkt, indem diese das Vertrauen der Anleger durch Publizität stärken. Zum anderen gehen die IFRS auf den angelsächsischen Rechtskreis zurück und können daher auch dem Kapitalmarktrecht zugeordnet werden (vgl. z. B. Buck-Heeb (2013), Kapitalmarktrecht, S. 9–10; Wagenhofer (2009), Internationale Rechnungslegungsstandards, S. 33–38, 55).

Empfehlungen von z. B. Wirtschaftsprüfer- und Unternehmensverbänden sowie Experten.[269] Daneben ist auch die Kommentar- und Fachliteratur dazuzuzählen.[270] Die Regulierung der traditionellen Finanzberichterstattung umfasst die Regulierung der Rechnungslegung, die in Deutschland (noch) maßgeblich durch gesetzliche Regelungen geprägt wird. Zu diesen gesetzlichen Regelungen gehören hauptsächlich das HGB und die IFRS.[271] Aus dem Zusammenspiel der Elemente und Relationen (wie z. B. Gesetze, Standards, Paragrafen etc.) des HGB-Subsystems bzw. des IFRS-Subsystems resultiert die Regelkomplexität des HGB bzw. die Regelkomplexität der IFRS. Das HGB-Subsystem wird im nächsten Kapitel detailliert erörtert,[272] das IFRS-Subsystem im darauffolgenden Kapitel.[273] Es werden die zentralen formellen (Aufbau und Struktur) und inhaltlichen Aspekte der Regelkomplexität des HGB- und des IFRS-Subsystems beleuchtet.[274] Zudem werden Verbindungen zu anderen Subsystemen thematisiert.

Neben der Regulierung der traditionellen Finanzberichterstattung bildet die Regulierung der kapitalmarktorientierten Finanzberichterstattung ein weiteres Subsystem der Regulierung der Finanzberichterstattung. Es betrifft nur kapitalmarktorientierte (Konzern-)Unternehmen, die einen organisierten Markt, wie z. B. eine Börse, mit Eigen- (z. B. Aktien) oder Fremdkapitaltiteln (z. B. Schuldverschreibungen) in Anspruch nehmen, und stellt insofern eine Erweiterung der traditionellen Finanzberichterstattung dar.[275] Die Regulierung

---

269 Vgl. Ebbers (2001), Regulatory Strategies in Accounting, S. 30, 45–47; Wagenhofer/Ewert (2007), Externe Unternehmensrechnung, S. 27–29.

270 Vgl. Wagenhofer/Ewert (2007), Externe Unternehmensrechnung, S. 17, 18, 22–23, 28; ähnlich z. B. dazu Flower/Ebbers (2003), Global Financial Reporting, S. 49–50.

271 Vgl. Wagenhofer/Ewert (2007), Externe Unternehmensrechnung, S. 26–28. Die IFRS werden zwar von einer privaten Vereinigung (IASC bis 2001 bzw. IASB ab 2001) entwickelt. Allerdings werden die Standards durch die IAS-Verordnung aus dem Jahr 2002 und durch das *Endorsement*-Verfahren zu umittelbar geltendem europäischem Recht (vgl. Coenenberg et al. (2014), Jahresabschluss, S. 54–60; Pellens et al. (2014), Internationale Rechnungslegung, S. 46–47, 55–59, 70–73). Die Einordnung der IFRS als gesetzliche Regelungen erscheint insofern aus heutiger Sicht als sachgerecht.

272 Vgl. Zweiter Teil: Kap. 4.3.

273 Vgl. Zweiter Teil: Kap. 4.4.

274 In Bezug auf das IFRS-Subsystem wird sowohl der formelle als auch der materielle Bereich erörtert (vgl. Zweiter Teil: Kap. 4.4). Die dortigen Ausführungen zur formellen Regelkomplexität hinsichtlich Umfang und Verständlichkeit sind im Wesentlichen auf jedes Subsystem der Regulierung, wie z. B. das HGB-Subsystem, übertragbar.

275 So sprechen Coenenberg et al. ((2014), Jahresabschluss, S. 955 (im Original in fetter Schreibweise hervorgehoben)) in diesem Zusammenhang von der „[k]apitalmarktorientierte[n] Berichterstattung". Auch die Bundesanstalt für Finanzdienstleistungsaufsicht (BaFin) grenzt die traditionelle („herkömmliche") von der kapitalmarktorientierten Finanzberichterstattung ab (vgl. Bundesanstalt für

der kapitalmarktorientierten Finanzberichterstattung entstammt primär dem Kapitalmarktrecht[276], das sich ursprünglich aus dem Aktien- und Börsenrecht entwickelt hat,[277] und dort im Besonderen dem Wertpapierhandelsgesetz (WpHG-Subsystem).[278] Beispielsweise wird dort die Erstellung eines Jahres- (§ 37v WpHG) und Halbjahresfinanzberichts (§ 37w WpHG) geregelt.[279] Daneben finden sich weitere Regulierungspflichten z.B. im Börsengesetz (BörsG-Subsystem), im Wertpapierprospektgesetz (WpPG-Subsystem) und in den Börsenordnungen (BO-Subsystem) der nationalen Börsen, wie z.B. der Börsenordnung der Frankfurter Wertpapierbörse (FWB).[280]

Schließlich gilt es festzuhalten, dass die Regulierung der Finanzberichterstattung dem politisch-rechtlichen Subsystem der Umwelt zuzuordnen ist. Die Regulierung der Rechnungslegung bildet einen Teilbereich der Regulierung der Finanzberichterstattung. Die Regulierung der Rechnungslegung befasst sich im Wesentlichen mit der Erstellung von Jahres- und Konzernabschlüssen einschließlich der (Konzern-) Lageberichte. Aus der Regulierung der Rechnungslegung entsteht die Komplexität der Abbildungsregeln (Regelkomplexität). Die Regelkomplexität bildet einen zentralen Teilaspekt der Rechnungslegungskomplexität. Die Regelkomplexität entstammt u.a. dem HGB- (HGB-Regelkomplexität) und IFRS-Subsystem (IFRS-Regelkomplexität).

Finanzdienstleistungsaufsicht (2012), Finanzberichterstattung; Bundesanstalt für Finanzdienstleistungsaufsicht (2012), Häufig gestellte Fragen).

276 Vgl. zum Begriff z. B. Casper (2007), Kapitalmarktrecht, Sp. 867–876. Unter Kapitalmarktrecht versteht Casper „die Summe der Regelungen (...), die unmittelbar oder mittelbar Kapitalmärkte regeln" (Casper (2007), Kapitalmarktrecht, Sp. 867). Ähnlich sehen das auch Buck-Heeb ((2013), Kapitalmarktrecht, S. 1–3, 7–10) und Hopt ((1977), Vom Aktien- und Börsenrecht zum Kapitalmarktrecht, S. 433).

277 Vgl. dazu z. B. Hopt (1976), Vom Aktien- und Börsenrecht zum Kapitalmarktrecht, und Hopt (1977), Vom Aktien- und Börsenrecht zum Kapitalmarktrecht.

278 Vgl. Casper (2007), Kapitalmarktrecht, Sp. 867; Coenenberg et al. (2014), Jahresabschluss, S. 955–957; Hopt (1977), Vom Aktien- und Börsenrecht zum Kapitalmarktrecht. Durch das Transparenzrichtlinie-Umsetzungsgesetz (TUG) aus dem Jahr 2007 wurde die davor bestehende Vielzahl an Einzelgesetzen im WpHG zusammengefasst. Das WpHG bildet einen, wenn auch sehr zentralen Teil des Kapitalmarktrechts, genauer des materiellen Bereichs des Kapitalmarktrechts, der zusammen mit dem formellen Bereich das Kapitalmarktrecht komplementiert (vgl. Casper (2007), Kapitalmarktrecht, Sp. 867–872).

279 Vgl. Brinckmann (2009), Kapitalmarktrechtliche Finanzberichterstattung, S. 121–128; Matyschok (2009), Finanzberichterstattung, S. 1494.

280 Vgl. Coenenberg et al. (2014), Jahresabschluss, S. 955–957; Frankfurter Wertpapierbörse (2013), Börsenordnung, S. 38–39, §§ 50 und 51; Oberdörster (2009), Finanzberichterstattung, S. 43; Pellens et al. (2014), Internationale Rechnungslegung, S. 950–964.

4.3 Systemtheoretisches Verständnis des HGB-Subsystems

Die Regulierung der Rechnungslegung entstammt im Wesentlichen dem Dritten Buch des HGB-Subsystems, das die zentralen Vorschriften enthält.[281] Es zerfällt in weitere Subsysteme. Das sind die Subsysteme Jahresabschluss (einschließlich des Lageberichts) und Konzernabschluss (einschließlich des Konzernlageberichts) sowie Prüfung und Veröffentlichung.[282] Abb. 22 zeigt das systemtheoretische Verständnis des HGB-Subsystems.

281 Neben dem Handels- beeinflussen auch das Gesellschafts- und Steuerrecht die Rechnungslegung (vgl. Coenenberg et al. (2014), Jahresabschluss, S. 25–26, 36–37; Pellens et al. (2011), Internationale Rechnungslegung, S. 11–12; Pellens/Fülbier (2000), Differenzierung der Rechnungslegungsregulierung, S. 574). Beispielsweise greift das Subsystem Steuerrecht über den Maßgeblichkeitsgrundsatz auf die nach den Grundsätzen ordnungsmäßiger Buchführung zu erstellende HGB-Rechnungslegung zurück (vgl. z. B. Fülbier/Weiss (2011), Jahresabschluss, S. 410; vgl. allgemein zum Maßgeblichkeitsgrundsatz z. B. Schneider (1978), Maßgeblichkeit; Sigloch (2000), Maßgeblichkeitsprinzip; Sigloch (2004), Maßgeblichkeit). Zudem erlangt das Steuerrecht bei der Bilanzierung von latenten Steuern im HGB- und IFRS-Abschluss Bedeutung. Darüber hinaus existieren zahlreiche weitere Subsysteme, wie z. B. das Aktiengesetz (AktG), das Gesetz betreffend die Gesellschaften mit beschränkter Haftung (GmbHG), das Gesetz betreffend die Erwerbs- und Wirtschaftsgenossenschaften (Genossenschaftsgesetz, GenG), das Gesetz über die Rechnungslegung von bestimmten Unternehmen und Konzernen (Publizitätsgesetz, PublG), das Gesetz über das Kreditwesen (KWG) und das Gesetz über die Beaufsichtigung der Versicherungsunternehmen (VAG), die gesetzliche Vorschriften enthalten und sich an Unternehmen bestimmter Rechtsformen, Größen und Wirtschaftszweige richten (vgl. Baetge et al. (2012), Bilanzen, S. 30–33, 46–49) und die die Rechnungslegungskomplexität beeinflussen. Diese sind von untergeordneter Bedeutung für die vorliegende Arbeit und werden daher im Folgenden vernachlässigt.

282 Synonym zum Begriff Jahresabschluss wird der Terminus Einzelabschluss verwendet. Vgl. grundlegend zum Konzernabschluss Busse von Colbe et al. (2010), Konzernabschlüsse; Küting/Weber (2012), Konzernabschluss; Theisen (2000), Konzern; vgl. grundlegend zum Konzernbegriff z. B. Theisen (2000), Konzern, S. 27–61; vgl. grundlegend zum (Konzern-)Lagebericht z. B. Fülbier/Pellens (2013), Konzernlagebericht; Lange (2013), Lagebericht; vgl. zum Begriff des (Konzern-)Lageberichts z. B. Hachmeister (2011), Lagebericht, S. 527–531; o. V. (2011), Konzernlagebericht, S. 487.

Abb. 22: Systemtheoretisches Verständnis des HGB-Subsystems[283]

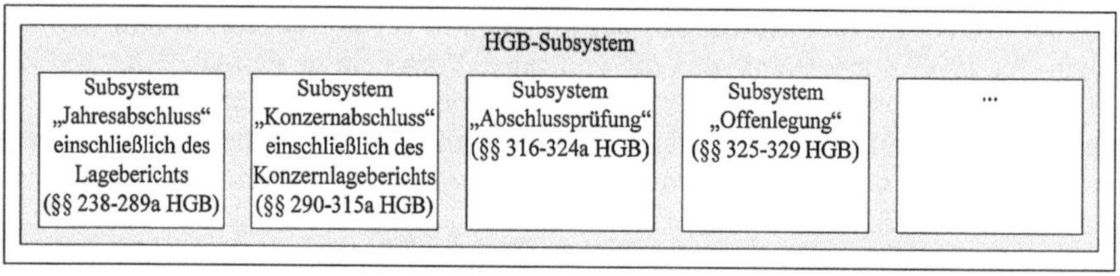

Das Subsystem Jahresabschluss beinhaltet die Vorschriften zur Erstellung eines Einzelabschlusses. Grundsätzlich sind alle Kaufleute verpflichtet, Bücher zu führen (§§ 238–241 HGB)[284] und einen Jahresabschluss (§§ 242–263 HGB), der sich aus einer Bilanz sowie einer Gewinn- und Verlustrechnung zusammensetzt, zu erstellen.[285] Darüber hinaus gelten für Kapitalgesellschaften (KapG), wie z.B. AG, GmbH, SE oder KGaA, und ihnen gleichgestellte, haftungsbeschränkte Personenhandelsgesellschaften (PersG), wie z.B. GmbH & Co. KG, ergänzende Vorschriften (§§ 264–289a HGB). Diese beinhalten die Erweiterung des Jahresabschlusses um einen Anhang sowie die Erstellung eines Lageberichts, wobei größenabhängige Erleichterungen bestehen.[286] Kapitalmarktorientierte Unternehmen, die nicht dazu verpflichtet sind, einen Konzernabschluss aufzustellen, müssen darüber hinaus eine Kapitalflussrechnung und einen Eigenkapitalspiegel zum Jahresabschluss ergänzend hinzufügen. Außerdem besitzen sie ein Wahlrecht für die Aufstellung einer Segmentberichterstattung (§ 264 Abs. 1 HGB).[287]

Das Subsystem Konzernabschluss enthält die gesetzlichen Rahmenbedingungen für die Konzernrechnungslegung. Diese beruhen vorwiegend auf handelsrechtlichen und internationalen Grundsätzen.[288] Während auf Basis

283 Quelle: Eigene Darstellung.

284 Grundsätzlich müssen alle Kaufleute (i. S. d. §§ 1–7 HGB) Bücher führen (vgl. §§ 238–241 HGB). Für Einzelkaufleute i. S. d. § 241a HGB gelten Erleichterungen in Abhängigkeit des Umsatzes und Jahresüberschusses.

285 Vgl. Baetge et al. (2012), Bilanzen, S. 32–33.

286 Beispielsweise können kleine KapG im Sinne des § 267 Abs. 1 HGB auf einen Lagebericht und Kleinstkapitalgesellschaften (Kleinst-KapG) im Sinne des § 267a Abs. 1 HGB unter bestimmten Voraussetzungen auf einen Anhang verzichten (vgl. § 264 Abs. 1 Satz 4 und 5 HGB).

287 Vgl. z. B. auch Baetge et al. (2012), Bilanzen, S. 30–47. Kapitalmarktorientierung i. S. d. HGB-Subsystems bedeutet, dass ein organisierter Markt i. S. d. § 2 Abs. 5 WpHG (z. B. i. d. R. Börsen) mit Wertpapieren i. S. d. § 2 Abs. 1 Satz 1 WpHG (z. B. Aktien, Zertifikate, Schuldverschreibungen etc.) in Anspruch genommen wird oder zumindest die Zulassung dieser Wertpapiere zum Handel an einem organisierten Markt im Inland oder einem EU-Mitgliedstaat beantragt ist (vgl. § 264d HGB und z. B. Ellerich (2010), § 264d HGB, S. 3–4, Rn. 7–12).

288 Vgl. Busse von Colbe et al. (2010), Konzernabschlüsse, S. 1–3. Im HGB wird die Konzernrechnungslegungspflicht für Mutterunternehmen begründet, die als

des HGB in einem ersten Schritt festzustellen ist, ob ein Konzernabschluss zu erstellen ist (Konzernaufstellungspflicht, §§ 290–293 HGB), wird in einem zweiten und dritten Schritt die Frage behandelt, welche Unternehmen in den Konsolidierungskreis einzubeziehen sind (§§ 294–296 HGB) und wie ein Konzernabschluss zu erstellen ist (§§ 297–314 HGB). Für kapitalmarktorientierte (Mutter-)Unternehmen richtet sich die Konzernabschlussaufstellungspflicht (erster Schritt) zwar auch nach dem HGB,[289] allerdings erfolgt die eigentliche Entwicklung des Konzernabschlusses auf Grundlage der IFRS (zweiter und dritter Schritt). So müssen kapitalmarktorientierte[290] (Mutter-)Unternehmen entsprechend der IAS-Verordnung den Konzernabschluss seit 2005 auf Grundlage der IFRS erstellen.[291] Hingegen haben alle anderen Unternehmen, die zur Erstellung eines Konzernabschlusses verpflichtet sind, ein Wahlrecht zwischen HGB und IFRS (§ 315a HGB).[292]

KapG (einschließlich haftungsbeschränkter Personenhandelsgesellschaften) formiert sind. Für andere Rechtsformen, wie bspw. die Kommanditgesellschaft (KG) oder die Offene Handelsgesellschaft (OHG), ist das PublG-Subsystem einschlägig (vgl. Busse von Colbe et al. (2010), Konzernabschlüsse, S. 61).

289 Die Konzernaufstellungspflicht im IFRS-Subsystem ist bis 2012 in IAS 27/SIC-12 geregelt. Ab 2013 bzw. in Europa ab 2014 ist IFRS 10 heranzuziehen, um den ersten Schritt zu klären (vgl. Pellens et al. (2014), Internationale Rechnungslegung, S. 116–121).

290 Kapitalmarktorientierung i. S. d. der Verordnung (EG) Nr. 1606/2002 (IAS-Verordnung) bedeutet, dass am jeweiligen Bilanzstichtag Wertpapiere in einem beliebigen Mitgliedstaat zum Handel in einem geregelten Markt i. S. d. Art. 4 Nr. 14 der Richtlinie 2004/39/EG des Europäischen Parlaments und des Rates vom 21. April 2004 zugelassen sind. In Deutschland stellt ein geregelter Markt einen organisierten Markt im Sinne des § 2 Abs. 5 WpHG dar und trifft somit an deutschen Börsenplätzen für den regulierten Markt gemäß § 38 BörsG zu (vgl. Theile (2012), Anwendung der EU-IFRS in Deutschland, S. 40–42, Rn. 111–116 und S. 40, Fn. 1). In Deutschland wird über § 315a Abs. 2 HGB die Kapitalmarktorientierung aber auch auf Mutterunternehmen ausgeweitet, die die Zulassung eines Wertpapiers i. S. d. § 2 Abs. 1 Satz 1 WpHG zum Handel an einem organisierten Markt i. S. d. § 2 Abs. 5 WpHG im Inland beantragt haben (vgl. Theile (2012), Anwendung der EU-IFRS in Deutschland, S. 42–43, Rn. 117–118). Aus Vereinfachungsgründen wird im Folgenden nicht mehr zwischen den unterschiedlichen Definitionen der Kapitalmarktorientierung, die sich aus dem HGB-Subsystem und der IAS-Verordnung ergeben, unterschieden; zumal sie auch inhaltlich übereinstimmen (vgl. Kozikowski/Ritter (2010), § 315a HGB, S. 1945, Rn. 13).

291 Vgl. Verordnung (EG) Nr. 1606/2002, S. 1, Tz. 2; vgl. ebenso Fülbier/Weiss (2011), Jahresabschluss, S. 410; Pellens et al. (2014), Internationale Rechnungslegung, S. 120; vgl. grundlegend zum Begriff der IFRS z. B. Pellens et al. (2014), Internationale Rechnungslegung; vgl. ebenso Rüthers (2011), IFRS, S. 382–383.

292 Vgl. Fülbier/Weiss (2011), Jahresabschluss, S. 410.

Die Bestandteile des Konzernabschlusses nach handelsrechtlichen Grundsätzen entsprechen denen nach IFRS.[293] So setzt sich ein handelsrechtlicher Konzernabschluss aus einer Konzernbilanz, einer Konzern-Gewinn- und Verlustrechnung, einem Konzernanhang, einer Konzern-Kapitalflussrechnung und einem Konzern-Eigenkapitalspiegel zusammen. Kapitalmarktorientierte Unternehmen können ihren Konzernabschluss um eine Konzern-Segmentberichterstattung erweitern.[294] In Deutschland wird der Konzernabschluss – unabhängig vom Rechnungslegungssystem – durch einen Konzernlagebericht ergänzt.[295]

Das Subsystem der Abschlussprüfung befasst sich vor allem mit der Kontrolle der Rechnungslegung durch einen Abschlussprüfer. Der Abschlussprüfung sind nur bestimmte Unternehmen unterworfen. Für Einzelunternehmen und PersG besteht grundsätzlich keine Prüfungspflicht, wobei eine Ausnahme für Einzelunternehmen und PersG existiert, sofern diese unter die Regelungen des Publizitätsgesetzes (PublG) fallen.[296] Für alle KapG und ihnen gleichgestellte PersG besteht – mit Ausnahme von Kleinst-KapG und kleinen KapG –[297] eine Prüfungspflicht, unter die u. a. der Jahres- sowie der Konzernabschluss und der Lagebericht bzw. Konzernlagebericht fallen.[298]

---

293 Vgl. Busse von Colbe et al. (2010), Konzernabschlüsse, S. 18 und IAS 1.10.

294 Vgl. Busse von Colbe et al. (2010), Konzernabschlüsse, S. 2. Durch DRS 3 wird die Segmentberichterstattung für kapitalmarktorientierte (Mutter-)Unternehmen verpflichtend (vgl. Oberdörster (2009), Finanzberichterstattung, S. 42). Im IFRS-Subsystem besteht kein Wahlrecht. Dort muss ein Unternehmen gemäß IFRS 8 eine Segmentberichterstattung verpflichtend erstellen (vgl. IFRS 8.2).

295 Im Übrigen ist auch z. B. das DRS-Subsystem zu beachten, das auf die Rechnungslegungskomplexität einwirkt. Es beinhaltet die für die Konzernrechnungslegung herausgegebenen Deutschen Rechnungslegungsstandards (DRS) des ehemaligen Deutschen Standardisierungsrats (DSR). Beim DSR handelte es sich um ein privates Rechnungslegungsgremium, dessen Trägerorganisation das Deutsche Rechnungslegungs Standards Committee e. V. (DRSC) war und dessen Arbeit im Zuge der Neuorganisation des DRSC zum Ende des Jahres 2011 eingestellt wurde (§ 342 HGB) (vgl. Baetge et al. (2012), Bilanzen, S. 50–51; Busse von Colbe et al. (2010), Konzernabschlüsse, S. 3). Der DSR und das Rechnungslegungs Interpretations Committee (RIC) wurden durch die beiden Fachausschüsse für IFRS und HGB abgelöst (vgl. Deutsches Rechnungslegungs Standards Committee e. V. (2012), Jahresbericht 2011, S. 4, 6–7, 96). Nach der Veröffentlichung der DRS durch das Bundesministerium der Justiz (BMJ) gilt für diese die Vermutung, dass sie zu den Grundsätzen ordnungsmäßiger Konzernrechnungslegung zu zählen sind (§ 342 Abs. 2 HGB) (vgl. Baetge et al. (2012), Bilanzen, S. 51; Busse von Colbe et al. (2010), Konzernabschlüsse, S. 3).

296 Vgl. §§ 6, 14 PublG.

297 Vgl. §§ 267a Abs. 2, 316 Abs. 1 Satz 1 HGB.

298 Vgl. § 317 Abs. 1, 2 HGB. Daneben existieren weitere rechtsformspezifische Prüfungsregelungen, wie z. B. für Kreditinstitute und Versicherungsunternehmen (vgl. §§ 340k, 341k HGB).

Der Abschlussprüfer hat neben gesetzlichen Anforderungen weitere Prüfungsnormen zu beachten, die den Maßstab hinsichtlich Art und Umfang der Prüfung bestimmen.[299] Dementsprechend wird der Abschlussprüfer sowohl durch die Rechnungslegung als auch durch die Prüfungsnormen beeinflusst, die sich wiederum auf die Rechnungslegungskomplexität auswirken.[300] Die Prüfungsnormen, die sich als weitere Subsysteme der Regulierung der traditionellen Finanzberichterstattung deuten lassen, werden insbesondere vom Gesetzgeber oder von berufsständischen Institutionen veröffentlicht. Dazu zählen z.B. die Stellungnahmen der Wirtschaftsprüferkammer (WPK), die Prüfungsstandards des Instituts der Wirtschaftsprüfer in Deutschland e. V. (IDW) und die internationalen Prüfungsgrundsätze (*International Standards on Auditing*, ISA) der *International Federation of Accoutants* (IFAC).[301] Zudem existieren neben der Abschlussprüfung weitere Instanzen, die die Rechnungslegung kontrollieren und Einfluss auf diese nehmen.[302] Zu den unternehmensinternen Instanzen zählen z.B. die interne Revision sowie der Verwaltungs- und Aufsichtsrat, zu den unternehmensexternen Instanzen das *Enforcement*.[303]

Das Subsystem der Veröffentlichung befasst sich mit der Offenlegung der Rechnungslegung. Die gesellschaftsrechtlichen Publizitätspflichten orientieren sich vordergründig an der Rechtsform, Größe und Branche eines (Konzern-)

---

299 Vgl. Marten et al. (2011), Wirtschaftsprüfung, S. 83, 87.

300 Vgl. dazu z. B. Küting (2012), Zum Schwierigkeitsgrad einer HGB- und IFRS-Abschlussprüfung, S. 1521.

301 Vgl. Coenenberg et al. (2014), Jahresabschluss, S. 978–981, 984–988; Marten et al. (2011), Wirtschaftsprüfung, S. 88. Einen detaillierten Überblick über die einzelnen Quellen der Normen und die entsprechenden Prüfungsnormen enthält z. B. Marten et al. (2011), Wirtschaftsprüfung, S. 88–100, vor allem S. 89. Darüber hinaus besteht für den Berufsstand der Wirtschaftsprüfer eine eigene *Enforcement*-Instanz, die Abschlussprüferaufsichtskommission (APAK), die weitreichende Informations- und Einsichtsbefugnisse bei der WPK besitzt (vgl. Coenenberg et al. (2014), Jahresabschluss, S. 987–988; Wagenhofer/Ewert (2007), Externe Unternehmensrechnung, S. 20). Diese nimmt Einfluss auf den Abschlussprüfer und damit auch indirekt auf die Rechnungslegungskomplexität.

302 Vgl. Eierle (2005), Differential Reporting, S. 648.

303 Vgl. Coenenberg et al. (2014), Jahresabschluss, S. 977–978. Kapitalmarktorientierte Unternehmen in Deutschland unterliegen einem zweistufigen *Enforcement*-Verfahren. Dahinter verbirgt sich ein Prüfverfahren zur Kontrolle und Umsetzung der Rechnungslegungsregeln. In Deutschland arbeiten dazu die Deutsche Prüfstelle für Rechnungslegung e. V. (DPR) – erste Stufe – und die Bundesanstalt für Finanzdienstleistungsaufsicht (BaFin) – zweite Stufe – zusammen (vgl. Hein (2010), Enforcement, S. 2265–2270; vgl. zur Arbeit der DPR z. B. Mayer-Wegelin (2010), Enforcement; Meyer/Braun (2010), Komplexität). Auch dieses nimmt letztendlich Einfluss auf den Abschlussprüfer und damit auch indirekt auf die Unternehmen und die Rechnungslegungskomplexität.

Unternehmens.[304] Demzufolge müssen grundsätzlich KapG und ihnen gleichgestellte PersG einen Jahresabschluss (inkl. der jeweiligen weiteren Berichtsinstrumente), einen Lagebericht, einen Bericht des Aufsichtsrats, einen Bestätigungsvermerk oder Vermerk über dessen Versagung, eine Entsprechungserklärung zum Deutschen *Corporate Governance* Kodex (§ 161 AktG)[305] und einen Ergebnisverwendungsvorschlag sowie -beschluss beim Betreiber des elektronischen Bundesanzeigers einreichen (§ 325 Abs. 1 HGB).[306] Ferner werden kapitalmarktorientierte Unternehmen bei der Offenlegungsfrist strenger behandelt.[307] Daneben existieren Erleichterungen für bestimmte Unternehmen.[308] Einzelunternehmen und PersG sind grundsätzlich von der Offenlegungspflicht befreit. Ausnahmen bestehen für Großunternehmen i. S. d. PublG[309] und für PersG i. S. d. § 264a HGB.[310] Diese Unternehmen werden mit großen KapG i. S. d. § 267 HGB gleichgestellt und zum gleichen Offenlegungsumfang verpflichtet.[311]

Die Offenlegung eines Konzernabschlusses, eines Konzernlageberichts, eines Berichts des Aufsichtsrats und eines Bestätigungsvermerks oder eines Vermerks

---

304 Vgl. Pellens et al. (2014), Internationale Rechnungslegung, S. 950–953; Pellens/Fülbier (2000), Differenzierung der Rechnungslegungsregulierung, S. 574. Vgl. z. B. für eingetragene Genossenschaften §§ 336, 339 HGB, für Kredit- und Finanzdienstleistungsinstitute § 340l HGB, für Versicherungsunternehmen und Pensionsfonds § 341l HGB. Darüber hinaus existieren weitere gesetzliche Vorschriften, z. B. im KWG-Subsystem (§ 26) oder VAG-Subsystem (§ 55) (vgl. Pellens et al. (2014), Internationale Rechnungslegung, S. 952–953).

305 Der Bereich der *Corporate Governance* beschäftigt sich im Allgemeinen mit den Regelungen einer verantwortungsvollen Unternehmensführung und Überwachung (vgl. z. B. von Werder (2011), Corporate Governance, S. 186; von Werder/Bartz (2012), Corporate Governance, S. 869).

306 Vgl. Pellens (2011), Publizität, S. 641. Darüber hinaus ist sowohl für den Jahres- als auch für den Konzernabschluss ein sog. Bilanzeid durch die gesetzlichen Vertreter der Gesellschaft abzugeben (§§ 264 Abs. 2 Satz 3, 297 Abs. 2 Satz 4 HGB).

307 Die reguläre Offenlegungsfrist beträgt laut § 325 Abs. 1 HGB zwölf Monate. Bei kapitalmarktorientierten KapG verkürzt sich diese Frist – unter Beachtung von § 327a HGB – auf vier Monate (vgl. § 325 Abs. 4 HGB).

308 Dazu zählen z.B. Erleichterungen für die GmbH (§ 325 Abs. 1 Satz 4 HGB), größenabhängige Erleichterungen für Kleinst-KapG, kleine und mittelgroße KapG (§§ 326–327 HGB) sowie Erleichterungen für bestimmte kapitalmarktorientierte KapG (§ 327a HGB).

309 Vgl. §§ 1, 3 i. V. m. § 9 PublG.

310 Vgl. Coenenberg et al. (2014), Jahresabschluss, S. 988–991.

311 Vgl. Pellens et al. (2014), Internationale Rechnungslegung, S. 952–953. Eine Ausnahmeregelung findet sich in § 9 Abs. 2 PublG, in der darauf hingewiesen wird, dass die Gewinn- und Verlustrechnung unter bestimmten Voraussetzungen nicht offengelegt werden muss. Außerdem müssen Einzelunternehmen und PersG i. S. d. PublG keinen Anhang und keinen Lagebericht erstellen (§ 5 Abs. 2 PublG) und folglich auch nicht offenlegen.

über dessen Versagung richtet sich für eine KapG als Mutterunternehmen – sofern sie nicht davon befreit ist (§§ 291–293 HGB) – nach den §§ 325 Abs. 3–5, 328 und 329 HGB. Für konzernrechnungslegungspflichtige Mutterunternehmen i. S. d. PublG ist § 15 PublG als Verweisnorm heranzuziehen.[312]

Als Ergebnis bleibt festzuhalten, dass das HGB-Subsystem in weitere Subsysteme zerfällt. Das sind vor allem die Subsysteme Jahresabschluss (einschließlich des Lageberichts) und Konzernabschluss (einschließlich des Konzernlageberichts) sowie Prüfung und Veröffentlichung. Es werden formelle und materielle Aspekte der HGB-Regelkomplexität rudimentär erläutert.

4.4 Systemtheoretisches Verständnis des IFRS-Subsystems

Das IFRS-Subsystem (im Folgenden: IFRS-Gesamtsystem) umfasst im Wesentlichen die verabschiedeten Standards des IASB bzw. des IASC und die Interpretationen des *International Financial Reporting Interpretations Committee* (IFRIC) bzw. des *Standing Interpretations Committee* (SIC).[313] Zu den Standards zählen die IFRS und die *International Accounting Standards* (IAS).[314] Die Standards und Interpretationen stellen wiederum Subsysteme des IFRS-Gesamtsystems dar. Beispielsweise zählen hierzu der Standard IFRS 1 „First-time Adoption of International Financial Reporting Standards" (IFRS 1-Subsystem) und die Interpretation IFRIC 1 „Changes in Existing Decommissioning, Restoration and Similar Liabilities" (IFRIC 1-Subsystem).[315] Abb. 23 veranschaulicht das systemtheoretische Verständnis des IFRS-Gesamtsystems.

312 Vgl. Busse von Colbe et al. (2010), Konzernabschlüsse, S. 649.

313 Notabene: Im Jahr 2001 wurde das SIC in IFRIC und im Jahr 2010 das IFRIC in *IFRS Interpretations Committee* umbenannt (vgl. Coenenberg et al. (2014), Jahresabschluss, S. 51–55; Pellens et al. (2014), Internationale Rechnungslegung, S. 51).

314 Vgl. Ballwieser (2013), IFRS-Rechnungslegung, S. 3; IAS 1.7. Notabene: Standards, die vom IASB erlassen werden, tragen die Bezeichnung *International Financial Reporting Standards* (IFRS). Standards, die noch von der Vorgängerorganisation, dem IASC, erlassen wurden, tragen die Bezeichnung *International Accounting Standards* (IAS). Diese begriffliche Unterscheidung dient nur dem Zweck, die Arbeit der beiden Organisationen klar voneinander abzugrenzen (vgl. Kleekämper et al. (2010), Ziele, Organisation, Entwicklung und Bedeutung des IASB, S. 26, Rn. 62). Die älteren IAS-Standards besitzen weiterhin ihre Gültigkeit und sind gleichwertig zu den neueren IFRS-Standards. Wenn im folgenden Verlauf der vorliegenden Arbeit von den IFRS gesprochen wird, dann impliziert das sowohl die IFRS- als auch die IAS-Standards und die Interpretationen des IFRIC sowie SIC.

315 Vgl. IFRS 1 und IFRIC 1.

Abb. 23: Systemtheoretisches Verständnis des IFRS-Gesamtsystems[316]

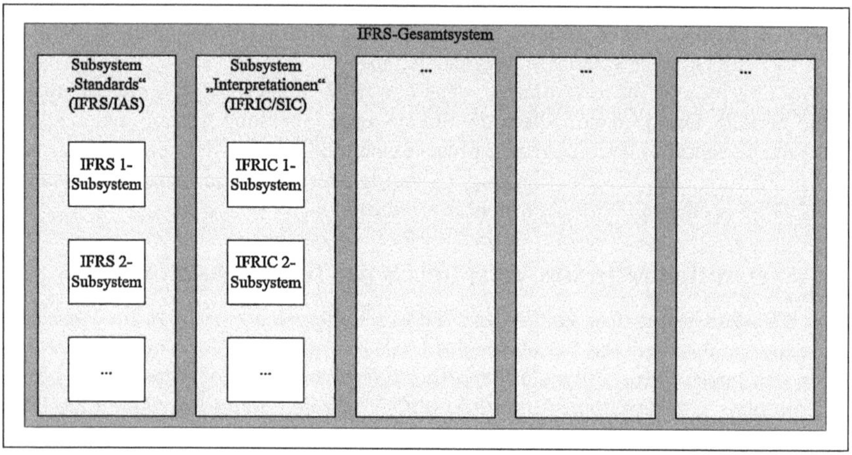

Dabei folgen die Subsysteme der Standards (im Folgenden: IFRS-Standards) grundsätzlich einer festen formellen Struktur. Nach einer Einleitung (*Introduction*) folgt im Regelfall die Zielsetzung (*Objective*), der Anwendungsbereich (*Scope*) und die inhaltlichen Vorschriften, wie z.B. zum Ansatz (*Recognition*) und zur Bewertung (*Measurement*), sowie etwaige Anhangangaben (*Disclosures*), bevor sich dann ggf. noch Übergangsvorschriften (*Transitional Provisions*), der Zeitpunkt des Inkrafttretens (*Effective Date*) sowie der Anhang (*Appendix*) anschließen.[317] Die (neuen) IFRS-Standards beinhalten zum Teil Erweiterungen, wie z. B. Anwendungsleitlinien (*Application Guidances*), Durchführungsleitlinien (*Guidances on Implementing*), Anschauungsbeispiele (*Illustrative Examples*) sowie dokumentierte Entscheidungsgrundlagen (*Basis for Conclusions*).[318] Von den angeführten Erweiterungen besitzen lediglich die *Application Guidances* einen verbindlichen Charakter und sind integraler Bestandteil des jeweiligen Standards. Bei den restlichen drei Erweiterungen (*Basis for Conclusions, Illustrative Examples, Guidances on Implementing*) handelt es sich lediglich um Ergänzungen, die nicht verbindlich anzuwenden sind.[319] Gleichwohl wird allen Erweiterungen eine gewisse Unterstützungsfunktion

316 Quelle: Eigene Darstellung.

317 Vgl. Baetge et al. (2011), Grundlagen der IFRS-Rechnungslegung, S. 12, Rn. 24.

318 Vgl. Baetge et al. (2011), Grundlagen der IFRS-Rechnungslegung, S. 12–13, Rn. 25; Fülbier/Kuschel (2012), Komplexitätszunahme in der IFRS-Rechnungslegung, S. 935–936. Lediglich in sachlich bedingten Ausnahmen entstehen Abweichungen und es können zwischen den älteren IAS- und den neueren IFRS-Standards Unterschiede, z. B. hinsichtlich der Verbindlichkeit des Anhangs, bestehen (vgl. Baetge et al. (2011), Grundlagen der IFRS-Rechnungslegung, S. 12, Rn. 24).

319 Vgl. Baetge et al. (2011), Grundlagen der IFRS-Rechnungslegung, S. 12–13, Rn. 25.

zugeschrieben, um das Verständnis für den Standard und seine Intention zu erlangen. Dies zeigt sich vor allem bei der *Guidances on Implementing*, die eingeführt wurden, um dem Bilanzersteller für komplexe Sachverhalte Handlungsanweisungen zu überlassen.[320] Gleiches gilt auch für die *Application Guidances* und die *Illustrative Examples*, die ebenfalls „komplexitätsreduzierend intendiert“[321] sein dürften. Ob sie ihr angestrebtes Ziel erreichen, sei dahingestellt.[322] Die bloße Existenz der drei Erweiterungen (*Application Guidances, Guidances on Implementing, Illustrative Examples*) kann jedenfalls als Komplexitätssignal interpretiert werden. Die *Basis for Conclusions* einschließlich der *Dissenting Opinion* (DO) können wohl nicht in diese Richtung gedeutet werden, weil hier andere Beweggründe als die Komplexitätsreduktion, nämlich z. B. die Transparenz und Nachvollziehbarkeit der Entscheidungen der IASB-Mitglieder, im Vordergrund stehen.[323] Dennoch kann durchaus die Möglichkeit bestehen, dass die Ausführungen im Rahmen der *Basis for Conclusions* im Zusammenhang mit den restlichen Darstellungen im Standard zu einer Komplexitätszunahme des Standards insgesamt führen können.

Die Regelkomplexität des IFRS-Gesamtsystems differenziert sich in einen formellen und einen materiellen Bereich.[324] Die formelle Regelkomplexität bezieht sich z. B. auf den Aufbau, die Struktur, den Umfang, die Verständlichkeit, die Vollständigkeit, die Eindeutigkeit und die Konsistenz des IFRS-Regelwerks.[325] Hierunter sind verschiedene Elemente zu fassen, die eine Quantifizierung der formellen Komplexität ermöglichen. Dies sind z. B. die Anzahl der Standards und Interpretationen, die jeweilige Seiten-, Paragrafen-, Absatz-, Zeilen-, Satz-, Wort-, Silben-, Buchstaben-/Nummern-, Satzzeichen- und Zeichenanzahl. Ferner gehören hierzu ebenso z. B. die Anzahl der Überschriften ersten Grades, die Anzahl der Anhänge und Beispiele je Standard sowie das generelle Vorkommen einer *Guidances on*

---

320 Vgl. Pellens et al. (2014), Internationale Rechnungslegung, S. 60–62; Pellens et al. (2011), Internationale Rechnungslegung, S. 101–102.

321 Fülbier/Kuschel (2012), Komplexitätszunahme in der IFRS-Rechnungslegung, S. 935.

322 Vgl. Baetge et al. (2011), Grundlagen der IFRS-Rechnungslegung, S. 12–13, Rn. 25; Fülbier/Kuschel (2012), Komplexitätszunahme in der IFRS-Rechnungslegung, S. 935; vgl. ebenso Capps et al. ((2014), Does Fact-Weighting Guidance Debias the Effect of Examples in Accounting Standards?), die die Bedeutung von Beispielen in Durchführungsleitlinien (*Implementation Guidances*) untersuchen und insofern deren besondere Stellung in einem US-GAAP-Rechnungslegungsstandard betonen.

323 Vgl. Fülbier/Kuschel (2012), Komplexitätszunahme in der IFRS-Rechnungslegung, S. 936; Pellens et al. (2014), Internationale Rechnungslegung, S. 60–62.

324 Vgl. Küting (2012), Komplexität der Rechnungslegungssysteme, S. 299; vgl. ebenso Fülbier/Kuschel (2012), Komplexitätszunahme in der IFRS-Rechnungslegung, S. 933; Pfitzer et al. (2014), Informationsnutzen versus Informationskosten (Teil I), S. 348–349.

325 Vgl. Knauer et al. (2012), Komplexität der Rechnungslegung, S. 284; Küting (2012), Komplexität der Rechnungslegungssysteme, S. 298.

Implementing oder von *Illustrative Examples* im Standard.[326] Die Elemente können sowohl für das IFRS-Gesamtsystem als auch für einzelne IFRS-Standards (z. B. IAS 17) ermittelt werden. Im Übrigen ist es aber auch möglich, die formelle Regelkomplexität in den Standards und Interpretationen anhand der Sprache, wie z. B. auf Basis eines Lesbarkeitsindex, zu untersuchen.[327] Hierbei fungieren u. a. die Sätze, Wörter und Silben als Elemente.

Aus den einzelnen Bilanzierungssachverhalten resultiert die materielle Regelkomplexität, die im Wesentlichen der Zukunftsorientierung des IFRS-Regelwerks geschuldet und nach Meinung der Literatur notwendig ist, um entscheidungsnützliche Informationen zur Verfügung zu stellen.[328] Diese Entscheidungsnützlichkeit ist aus Sicht eines potenziellen Investors nur gegeben, wenn anhand der Informationen die Abschätzung der künftigen Unternehmensentwicklung möglich ist.[329] Problematisch ist in diesem Zusammenhang, dass die Zukunft nicht antizipiert werden kann und die (prospektiven) Informationen mit Unsicherheit behaftet sind.[330] Vor diesem Hintergrund zeichnen sich die zentralen Auslöser der materiellen IFRS-Regelkomplexität, die im Folgenden dargestellt werden, durch einen Zukunfts- und/oder Unsicherheitsbezug aus. Diese deuten auf Komplexität hin.[331] Zu den Auslösern gehören vor allem die *Fair-Value*-Bewertung, die in den IFRS vorhandenen Freiräume, der Anhang und die Lageberichterstattung. Dabei gilt es zu beachten, dass die einzelnen Auslöser nicht in einer Einzelbetrachtung zu würdigen sind, sondern vielmehr im Rahmen einer Gesamtbetrachtung.[332]

---

326 Vgl. Erster Teil: Kap. 2 und 3; BASKERVILLE (2011), Translation Issues for accounting standards in the EU, S. 2, 4, 7–8; FÜLBIER/KUSCHEL (2012), Komplexitätszunahme in der IFRS-Rechnungslegung, S. 933; KÜTING (2012), Komplexität der Rechnungslegungssysteme, S. 299.

327 Vgl. BASKERVILLE (2011), Translation Issues for accounting standards in the EU, S. 2, 15; KÜTING (2012), Komplexität der Rechnungslegungssysteme, S. 299–300.

328 Vgl. KNAUER ET AL. (2012), Komplexität der Rechnungslegung, S. 285; KÜTING (2012), Komplexität der Rechnungslegungssysteme, S. 300.

329 Vgl. COENENBERG/STRAUB (2008), Rechenschaft versus Entscheidungsunterstützung, S. 20; KÜTING (2012), Komplexität der Rechnungslegungssysteme, S. 304; SCHILDBACH (2010a), Fair Value, S. 297; STREIM (2000), Vermittlung von entscheidungsnützlichen Informationen, S. 125, 128; STREIM ET AL. (2003), Vermittlung entscheidungsnützlicher Informationen durch Fair Values, S. 457–458, 470–475. Zwar besteht zweifelsohne auch ein Interesse an retrospektiven Informationen. Gleichwohl ist dieses Interesse begrenzt, da die prospektiven Informationen für die Abschätzung der zukünftigen Unternehmenslage entscheidend sind (vgl. COENENBERG/STRAUB (2008), Rechenschaft versus Entscheidungsunterstützung, S. 20).

330 Vgl. LÜDENBACH/HOFFMANN (2003), Zukunftswerte im IAS-Regelwerk, S. 5.

331 Vgl. Zweiter Teil: Kap. 2.1 und 2.2.

332 Vgl. KÜTING (2012), Komplexität der Rechnungslegungssysteme, S. 300.

An erster Stelle ist die *Fair-Value*-Bewertung anzuführen, die das „Flaggschiff des IFRS-Regelwerks“[333] darstellt und die zukunftsorientierte Bereitstellung von entscheidungsnützlichen Informationen für Investoren in den IFRS verkörpert.[334] Problematisch ist daran, dass das „theoretische Wunderland“[335] der vollkommenen und vollständigen (Güter- und Kapital-)Märkte nicht existiert.[336] In der Realität findet sich regelmäßig kein (aktiver) Markt, um einen *Fair Value* zu ermitteln oder ableiten zu können. Stattdessen kommen in der Praxis in aller Regel Vergleichs- und Hilfswerte in Form von *Fair-Value*-Surrogaten zum Einsatz.[337] Aufgrund der *Marking-to-Model*-Bewertung wird der *Fair Value* lediglich durch Annahmen, Schätzungen und Prognosen approximiert, sodass diese „Pseudoregulierung“[338] ihren Beitrag zur materiellen Komplexität der IFRS „leistet“.[339]

---

333 KÜTING (2012), Komplexität der Rechnungslegungssysteme, S. 299; ähnlich auch z. B. KÜTING ET AL. (2007), Fair Value-Bewertung, S. 500; KÜTING/LAUER (2009), Fair Value, S. 547.

334 Vgl. HITZ (2005), Rechnungslegung zum fair value, S. 1, 31–92; HITZ (2007), Fair Value Accounting, S. 327; HITZ/ZACHOW (2011), Fair Value Measurement, S. 969; PFITZER ET AL. (2014), Informationsnutzen versus Informationskosten (Teil I), S. 348–349; PFITZER ET AL. (2014), Informationsnutzen versus Informationskosten (Teil II), S. 385; SCHILDBACH (2006), Fair Value, S. 8. Der zentrale Standard zur *Fair-Value*-Bewertung ist IFRS 13, der heranzuziehen ist, wenn ein anderer Standard eine *Fair-Value*-Bewertung oder einen -Ausweis verlangt (vgl. HITZ/ZACHOW (2011), Fair Value Measurement, S. 965). Zahlreiche IFRS-Standards rekurrieren auf das *Fair-Value*-Konzept. Darunter sind u. a. die Standards IAS 16, IAS 36, IAS 38, IAS 39, IAS 40 und IAS 41 zu fassen (vgl. HITZ (2007), Fair Value Accounting, S. 331; KÜTING ET AL. (2013), IFRS oder HGB, S. 110–122). Der *Fair Value* stellt den Preis dar, „der erzielt würde (zu zahlen wäre), wenn man einen Vermögenswert (eine Schuld) in einer geordneten Transaktion zwischen Marktteilnehmern zum Bewertungszeitpunkt verkaufen (übertragen) würde“ (HITZ/ZACHOW (2011), Fair Value Measurement, S. 966; vgl. ebenso IFRS 13.9).

335 SCHILDBACH (2006), Fair Value, S. 10.

336 Vgl. BALLWIESER ET AL. (2004), Fair value, S. 529–530; SCHILDBACH (2006), Fair Value, S. 9–10.

337 Vgl. KÜTING ET AL. (2013), IFRS oder HGB, S. 99–100, 119–120; KÜTING/LAUER (2009), Fair Value, S. 552; MEYER/BRAUN (2010), Komplexität, S. 1780; SCHILDBACH (2006), Fair Value, S. 14–15; SCHILDBACH (2010a), Fair Value, S. 301.

338 SCHILDBACH (2010a), Fair Value, S. 302.

339 Vgl. BALLWIESER ET AL. (2004), Fair value, S. 539–541, 546; KÜTING/LAUER (2009), Fair Value, S. 551; SCHILDBACH (2010a), Fair Value, S. 302; SCHILDBACH (2010a), Fair Value, S. 310; STREIM ET AL. (2003), Vermittlung entscheidungsnützlicher Informationen durch Fair Values, S. 463, 471; vgl. ebenso, aber differenzierter zum *Fair Value* z. B. HITZ (2007), Fair Value Accounting; LAUX/LEUZ (2010), Fair-Value Accounting, S. 93–95; PELLENS ET AL. (2008), Fair Value-Bilanzierung und Ergebnisspaltung, S. 279–280 m. w. N.

An zweiter Stelle sind die in den IFRS verorteten Freiräume anzuführen, die u. a. auch zur materiellen Regelkomplexität bei der *Fair-Value*-Bewertung beitragen.[340] Auf Basis der Literatur eröffnen sich im Wesentlichen folgende Ausprägungen: Das sind die

- unterschiedlichen Rechtsstände in den IFRS,
- die verschiedenen Übersetzungen,[341]
- die expliziten und
- die impliziten Wahlrechte,
- die durch die offenen Regelungen sowie Regelungslücken und
- Ermessensfreiräume konkretisiert werden,[342]
- die Nutzungsmöglichkeit von Übergangs- und Erstanwendungsregeln[343] der IFRS sowie

340 Vgl. dazu z. B. auch Kramer (2010), Ermessensspielräume bei der Fair-Value-Ermittlung, S. 24–34.

341 Vgl. zu unterschiedlichen Rechtsständen z. B. Buchheim et al. (2008), Das neue Endorsement-Verfahren; Pellens et al. (2007), Anwendbarkeit nicht freigegebener IFRS innerhalb der EU, S. 2503; Theile (2012), IFRS als EU-Recht, S. 26, Rn. 55, 60. Vgl. zu verschiedenen Übersetzungen z. B. Doupnik/Richter (2004), Impact of Culture on the Interpretation, S. 1–20; Holthoff et al. (2014), Are we lost in Translation?; Jödicke (2009), Anwendung internationaler Rechnungslegungsregeln, S. 66; Küting (2012), Komplexität der Rechnungslegungssysteme, S. 298; Nobes (2006), The survival of international differences under IFRS, S. 237; Pfitzer et al. (2014), Informationsnutzen versus Informationskosten (Teil I), S. 348–349; Tanski (2006), Bilanzpolitik und Bilanzanalyse, S. 65–72. In der EU existieren 24 Amtssprachen (vgl. dazu Europäische Kommission (2013), Official Languages).

342 Vgl. Berentzen (2010), Bilanzierung von finanziellen Vermögenswerten, S. 41; Fülbier/Kuschel (2012), Komplexitätszunahme in der IFRS-Rechnungslegung, S. 933; Jödicke (2009), Anwendung internationaler Rechnungslegungsregeln, S. 69–73; Kirsch (2003), Gestaltungspotenzial durch verdeckte Bilanzierungswahlrechte, S. 1111–1116; Küting/Weber (2012), Bilanzanalyse, S. 40–41; Nobes (2006), The survival of international differences under IFRS, S. 237–241; Lüdenbach (2013), Stetigkeitsgebot, Änderung Bilanzierungsmethoden und Schätzungen, Bilanzberichtigung, S. 1332–1334, Rn. 8; Ordelheide (1999), Wertpotential und Objektivierung der IAS, S. 511; Tanski (2004), Bilanzpolitische Spielräume, S. 1844–1845; Tanski (2006), Bilanzpolitik und Bilanzanalyse, S. 38, 40–44; Teitler (2006), Schätzungsunsicherheiten, S. 179; Wohlgemuth (2007), Bilanzpolitik und Bilanzanalyse, S. 68–69.

343 Vgl. IFRS 1; Jödicke (2009), Anwendung internationaler Rechnungslegungsregeln, S. 74–75; Müller/Reinke (2008), IFRS-Erstanwendung, S. 27; Nobes (2006), The survival of international differences under IFRS, S. 242; Pellens/Detert (2003), IFRS 1, S. 370; Pellens et al. (2011), Internationale Rechnungslegung, S. 842, 844; Theile (2003), Erstmalige Anwendung der IAS/IFRS, S. 1745.

- eine unterschiedliche *Enforcement*-Struktur,[344] die für die entsprechende Rechtsdurchsetzung verantwortlich ist.[345]

Drittens ist der Anhang (*Notes*) zu nennen, der sowohl in den IFRS als auch im HGB eine Schlüsselrolle bei der Vermittlung von entscheidungsnützlichen Informationen einnimmt.[346] So sind im Anhang nach IFRS die Informationen über die Grundlagen der Abschlussaufstellung, die angewendeten Bilanzierungs- und Bewertungsmethoden sowie die von den IFRS-Standards geforderten Informationen aufzunehmen. Sie werden weder in einem anderen Abschlussbestandteil noch an anderer Stelle ausgewiesen, sind aber für das Verständnis der einzelnen Abschlussbestandteile relevant.[347] Die Angabepflichten ergeben sich nicht nur aus IAS 1, sondern sind in jedem Standard individuell geregelt.[348] Durch den Umstand, dass sich der Anhang direkt aus dem IFRS-Regelwerk respektive den einzelnen IFRS-Standards ergibt, spiegelt sich in ihm auch die materielle Regelkomplexität,

---

344 Vgl. CLAUSSEN (2007), Enforcement, S. 1422; COENENBERG ET AL. (2014), Jahresabschluss, S. 994–998; HEINZ (2010), Enforcement-Verfahren, S. 36–37; JÖDICKE (2009), Anwendung internationaler Rechnungslegungsregeln, S. 78; KVAAL/NOBES (2010), International differences in IFRS policy choice, S. 174, 175; NOBES (2006), The survival of international differences under IFRS, S. 242.

345 Vgl. JÖDICKE (2009), Anwendung internationaler Rechnungslegungsregeln, S. 63–64; NOBES (2006), The survival of international differences under IFRS, S. 234.

346 Vgl. KÜTING (2012), Komplexität der Rechnungslegungssysteme, S. 301; KÜTING ET AL. (2013), IFRS oder HGB, S. 130, 153–167; vgl. dazu auch die empirische Untersuchung mittels eines Fragebogens von BRÜGGEMANN ((2007), Berichterstattung im Anhang des IFRS-Abschlusses, S. 67–70), der auch zu dem Ergebnis kommt, dass der Anhang von wesentlicher Bedeutung ist und demzufolge eine Schlüsselrolle einnimmt. Hervorgehoben wird die Bedeutung des Anhangs auch noch durch die Auswahl der Prüfungsschwerpunkte der DPR, in deren Rahmen derselbige seit 2005 einen Schwerpunkt bildet (vgl. stellvertretend für die Jahre 2006–2010 DEUTSCHE PRÜFSTELLE FÜR RECHNUNGSLEGUNG DPR E. V. (2011), Prüfungsschwerpunkte 2012; vgl. dazu ähnlich KÜTING ET AL. (2013), IFRS oder HGB, S. 159–160; WEBER (2009), IFRS: Anhang, S. 144–145).

347 Vgl. IAS 1.112; COENENBERG ET AL. (2014), Jahresabschluss, S. 861–863; LEIBFRIED/WEBER (2009), Notes, S. 8; WEBER (2009), IFRS: Anhang, S. 18. Typischerweise ist dieser durch einen dreigliedrigen Aufbau gekennzeichnet: Im ersten Abschnitt finden sich u. a. allgemeine Angaben, Angaben zu Bilanzierungs- und Bewertungs- sowie Konsolidierungsmethoden und Angaben zum Konsolidierungskreis. Der zweite Abschnitt beinhaltet die Erläuterungen zu den Abschlussbestandteilen, wie z. B. zu Bilanz sowie Gewinn- und Verlustrechnung. Der dritte Abschnitt umfasst die sonstigen Pflichtangaben, die nicht schon in den vorhergehenden Abschnitten behandelt werden. Dazu zählen beispielsweise Angaben zu Haftungsverhältnissen oder die Segementberichterstattung (vgl. LEIBFRIED/WEBER (2009), Notes, S. 16–18; WEBER (2009), IFRS: Anhang, S. 21–22).

348 Vgl. COENENBERG ET AL. (2014), Jahresabschluss, S. 864.

wie z.B. die *Fair-Value*-Bewertung als auch die Freiräume, wider. Aus diesem Grund bietet sich der Anhang als Untersuchungsgegenstand der IFRS-Rechnungslegungskomplexität an.[349]

An vierter Stelle ist die (Konzern-)Lageberichterstattung anzuführen, obwohl die IFRS keine Pflicht dafür vorsehen.[350] Dennoch existiert dort mit dem *Practice Statement* „Management Commentary“[351] eine unverbindliche Anwendungsleitlinie, die in Form von Empfehlungen ausgestaltet ist und eine zusätzliche Informationsquelle – neben dem Anhang – darstellt, um weitere prospektive Informationen zur Vermögens-, Finanz- und Ertragslage bereitzustellen.[352] Allerdings sind die nationalen Regelungen zur (Konzern-)Lageberichterstattung vorrangig zu behandeln, die in Deutschland primär dem HGB entstammen.[353] Aufgrund dessen ist die Entwicklung der (Konzern-)Lageberichterstattung der HGB- und nicht der IFRS-Rechnungslegungs-komplexität zuzuschreiben.

Vor diesem Hintergrund bietet sich insbesondere eine Untersuchung des Anhangs zur IFRS-Rechnungslegungskomplexität an. Dort finden sich u.a. verschiedene Facetten der materiellen IFRS-Regelkomplexität, wie z.B. Informationen zu der *Fair-Value*-Bewertung und zu den Freiräumen. Im Rahmen einer Schlag- und Signalwortsuche und/oder Lesbarkeitsanalyse sind z.B. die verwendeten Wörter im Anhang als Elemente und Relationen geeignet, um die IFRS-Rechnungslegungskomplexität zu quantifizieren.[354] Die Untersuchung der

---

349 Vgl. Fülbier/Kuschel (2012), Komplexitätszunahme in der IFRS-Rechnungslegung, S. 936–937; Küting (2012), Komplexität der Rechnungslegungssysteme, S. 301–302; Pfitzer et al. (2014), Informationsnutzen versus Informationskosten (Teil I), S. 348–349; Pfitzer et al. (2014), Informationsnutzen versus Informationskosten (Teil II), S. 385–386.

350 Vgl. Baetge et al. (2011), Prognoseberichterstattung, S. 365. IAS 1.13 verlangt lediglich einen sog. *Financial Review by Management*, der allerdings nicht mit der deutschen Lageberichterstattung vergleichbar ist, aber eine Berichterstattung über die wichtigsten Unsicherheiten, mit denen sich das Unternehmen konfrontiert sieht, erfordert (vgl. IAS 1.13; Busse von Colbe et al. (2010), Konzernabschlüsse, S. 622; Krawitz (2005), Anhang und Lagebericht nach IFRS, S. 205; Küting/Weber (2012), Konzernabschluss, S. 689).

351 Vgl. dazu stellvertretend für viele z. B. Kajüter/Fink (2012), Management Commentary, S. 247–252.

352 Vgl. Melcher/Murer (2011), IFRS Practice Statement „Management Commentary“, S. 430; Müller et al. (2012), Risikoberichterstattung, S. 217.

353 Bemerkenswert ist in diesem Zusammenhang, dass nach §§ 289 Absatz 1 Satz 2 respektive 315 Absatz 1 Satz 2 HGB der (Konzern-)Lagebericht auch eine ausgewogene und umfassende Analyse des Geschäftsverlaufs und der Lage der/des Gesellschaft/Konzerns erfordert, die auch der Komplexität der Geschäftstätigkeit Sorge tragen soll (vgl. §§ 289 Absatz 1 Satz 2, 315 Absatz 1 Satz 2 HGB; Kajüter (2011), §§ 289, 289a HGB, S. 21, Rn. 75). Mit diesem Passus wird also ausdrücklich auf das Komplexitätsphänomen hingewiesen.

354 Vgl. Erster Teil: Kap. 3.

(Konzern-)Lageberichterstattung bietet sich als Vergleichsalternative an, um einen Eindruck von der Entwicklung der HGB-Rechnungslegungskomplexität zu erhalten.

Als Ergebnis bleibt festzuhalten, dass das IFRS-Subsystem (IFRS-Gesamtsystem) in weitere Subsysteme zerfällt. Das sind vor allem die Standards (IFRS und IAS) und Interpretationen (IFRIC und SIC). Es werden formelle und materielle Aspekte der IFRS-Regelkomplexität beleuchtet. Die IFRS-Regelkomplexität kann sowohl auf Ebene des IFRS-Gesamtsystems als auch auf Ebene von einzelnen IFRS-Standards erforscht werden. Der Anhang bietet sich zur Untersuchung der IFRS-Rechnungslegungskomplexität an, der Lagebericht zur Untersuchung der HGB-Rechnungslegungskomplexität.

5 Zusammenfassung

Der Zweite Teil stellt den ersten Schritt zur Beantwortung der Forschungsfrage dar. Hier erfolgt die Entwicklung einer Theorie von Komplexität in der Rechnungslegung.

Auf Basis der Systemtheorie wird eine Arbeitsdefinition von Komplexität abgeleitet. Da Komplexität die Eigenschaft eines Systems beschreibt, sind in einem ersten Schritt das betrachtete System (Bezugsobjekt) und in einem zweiten Schritt die konstitutiven Merkmale des Systems zu bestimmen. Das Bezugsobjekt bildet das Referenzsystem. Es wird anhand der Betrachtungsebenen festgelegt. Die Betrachtungsebenen sind das Supersystem, das Referenzsystem und die Subsysteme, die bis hin zu Elementen und Relationen zerfallen. Zudem wird das Referenzsystem von der Umwelt abgegrenzt. Es entsteht eine Systemgrenze zwischen Systeminnen- (Referenzsystem) und Systemaußenwelt (Umwelt, z.B. Supersystem). Anhand der konstitutiven Merkmale lässt sich ein System final beschreiben. Das sind die Elemente, die Verbindungen zwischen den Elementen (Relationen), die Verschiedenartigkeit der Elemente und Relationen (Varietät), deren Veränderung im Zeitablauf (Dynamik) sowie die unterschiedlichen Handlungs- und Entscheidungsmöglichkeiten der Systemelemente. Für die vorliegende Arbeit definiert sich Komplexität anhand der Elemente und Relationen (Statik), deren Verschiedenartigkeit sowie deren Veränderung im Zeitablauf (Dynamik). Zudem wird das Bezugsobjekt anhand der Betrachtungsebenen festgelegt. Daneben wird das Referenzsystem von der Umwelt abgegrenzt. Es ergibt sich demnach ein mittleres Verständnis von Komplexität. Ferner wird davon ausgegangen, dass die konstitutiven Merkmale zusammen den Grad an Komplexität bilden. Da aus Vereinfachungsgründen die Elemente den Relationen entsprechen, steigt der Grad an Komplexität mit einer zunehmenden Anzahl an Elementen (und Relationen) im Zeitablauf und vice versa.

Es folgt die Entwicklung eines systemtheoretischen Verständnisses von Rechnungslegungskomplexität. Die Rechnungslegung bildet das Referenzsystem. Aufgrund des Abbildungsziels der Rechnungslegung ist neben den ökonomischen Transaktionen des Unternehmens auch die Umwelt im systemtheoretischen

Verständnis zu berücksichtigen. Aus dem systemtheoretischen Verständnis des Unternehmens leiten sich die technischen und inhaltlichen Subsysteme ab, die mit der Umwelt als vermeintlicher Systemaußenwelt in Interaktion stehen. Die Umwelt wird daher zur Systeminnenwelt und erhält „Subsystemcharakter"[355]. Aus dem systemtheoretischen Verständnis der Umwelt leiten sich ein ökonomisches, ein ökologisches, ein sozio-kulturelles und ein technologisches sowie ein politisch-rechtliches Subsystem ab. Als Ergebnis ergibt sich ein Systematisierungsversuch der Rechnungslegungskomplexität. Die Rechnungslegungskomplexität resultiert aus dem Zusammenspiel der Elemente und Relationen der Subsysteme, die unter- und miteinander in Verbindung stehen. Problematisch ist an dieser Stelle, dass die einzelnen Teilsysteme (Super- und Referenzsystem sowie Subsysteme) ineinander verschachtelt sind, sich gegenseitig beeinflussen und im Zeitablauf verändern. Eine eindeutige Trennung zwischen den Teilsystemen ist vermutlich nur theoretisch möglich. Empirisch erscheint die Trennung aufgrund der vielfältigen Interdependenzen nicht realisierbar. Aus diesem Grund ist wohl eine eindeutige Ursache-Wirkungs-Beziehung hinsichtlich der Rechnungslegungskomplexität nicht festzustellen.

Die Regulierung der Finanzberichterstattung entstammt dem politisch-rechtlichen Subsystem der Umwelt. Die Regulierung der Rechnungslegung (Abbildungsregeln) bildet eine Teilmenge der Regulierung der Finanzberichterstattung. Die Regulierung der Rechnungslegung befasst sich im Wesentlichen mit der Erstellung von Jahres- und Konzernabschlüssen einschließlich der (Konzern-)Lageberichte (Abbildungsergebnis der Rechnungslegung). Der Geschäftsbericht stellt ein zentrales Abbildungsergebnis der Finanzberichterstattung dar, das auch die Rechnungslegung (Regelanwendung) enthält. Aus der Regulierung der Rechnungslegung entsteht die Komplexität der Abbildungsregeln (Regelkomplexität). Die Regelkomplexität differenziert sich in einen formellen und einen materiellen Bereich und entstammt u. a. dem IFRS-Subsystem (IFRS-Gesamtsystem) und dem HGB-Subsystem. Das Zusammenspiel der jeweiligen Elemente und Relationen dieser Subsysteme führt zur IFRS- und zur HGB-Regelkomplexität. Die Regelkomplexität bildet einen, wenn auch zentralen Teilaspekt der Rechnunglegungskomplexität.

---

355 Fülbier/Kuschel (2012), Komplexitätszunahme in der IFRS-Rechnungslegung, S. 933.

Dritter Teil: Empirische Untersuchung einer Komplexitätszunahme in der Rechnungslegung nach IFRS

1 Ziel und Vorgehen

Ziel der empirischen Untersuchung ist es, anhand ausgewählter Indikatoren zu untersuchen, ob die IFRS-Rechnungslegung von einer Komplexitätszunahme im Zeitablauf betroffen ist. Der Fokus liegt dabei auf einer Untersuchung der Komplexitätszunahme des IFRS-Regelwerks. Es finden drei Teilanalysen statt. Diese dokumentieren den Versuch, die einzelnen Komplexitäten getrennt voneinander zu erfassen. Zu den (Teil-)Komplexitäten zählen die IFRS- und die HGB-Rechnungslegungskomplexität, die IFRS-Regelkomplexität sowie die Unternehmens- und die allgemeine Umweltkomplexität.

Erstens erfolgt eine einzelfallstudienartige Untersuchung einer Komplexitätszunahme der IFRS-Rechnungslegung sowie anderer Komplexitätsformen (IFRS-Regel-, Unternehmens- und allgemeine Umweltkomplexität) bei einem mittelständischen Unternehmen. Hierzu kommt ein halbstandardisiertes Experteninterview zum Einsatz (Erste Teilanalyse; Dritter Teil: Kap. 3).

Zweitens erfolgt eine Analyse der IFRS-Standards (Abbildungsregeln) hinsichtlich einer Zunahme der IFRS-Regelkomplexität (Zweite Teilanalyse; Dritter Teil: Kap. 4). Die IFRS-Regelkomplexität wird sowohl anhand einer Lesbarkeitsanalyse als auch einer quantitativen Inhaltsanalyse beleuchtet. Einerseits erfolgt eine Untersuchung der einzelnen IFRS-Standards mittels Lesbarkeitsindizes (GUNNING *Fog*- und *Flesch Reading Ease-Index*) im Zeitablauf. Andererseits wird eine quantitative Inhaltsanalyse durchgeführt. Es werden sowohl für das IFRS-Gesamtsystem als auch für einzelne IFRS-Bilanzierungsbereiche Indikatoren, wie z. B. die Anzahl an Standards und Interpretationen sowie die Seiten- und Paragrafenanzahl, im Zeitablauf ermittelt.

Drittens dienen die Geschäftsberichte (Abbildungsergebnis) der DAX-30-Unternehmen als Untersuchungsgrundlage, um weitere Hinweise auf eine Komplexitätszunahme in der IFRS-Rechnungslegung zu erhalten (Dritte Teilanalyse; Dritter Teil: Kap. 4). Diese werden anhand einer Lesbarkeitsanalyse (*Lix-Index*) und einer quantitativen Inhaltsanalyse analysiert. Die Lesbarkeitsanalyse untersucht die IFRS-Rechnungslegungskomplexität. Sie bezieht sich auf die Darstellung wesentlicher Bilanzierungsbereiche im Anhang. Die quantitative Inhaltsanalyse wird herangezogen, um sowohl auf Basis der Seitenanzahl als auch einer Schlag- und Signalwortsuche Indikatoren für die IFRS- (Seitenanzahl und Anzahl der Schlag- und Signalwörter im Anhang) und HGB-Rechnungslegungskomplexität (Seitenanzahl und Anzahl der Schlag- und Signalwörter im Lagebericht) im Zeitablauf zu generieren. Dabei rekurriert die Schlag- und

Signalwortsuche auf Wörter, die auf Komplexität hindeuten und/oder Komplexität andeuten (komplexitätsinduzierende Begriffe). Darüber hinaus werden Indikatoren für die Unternehmens- (Mitarbeiteranzahl und Anzahl der Konzernunternehmen) und die allgemeine Umweltkomplexität (Bilanzsumme und Umsatzerlöse) im Zeitablauf ermittelt. Die Unternehmens- und insbesondere die allgemeine Umweltkomplexität bilden zentrale Aspekte bei der Untersuchung einer Komplexitätszunahme der IFRS-Rechnungslegung und des IFRS-Regelwerks.[1]

Die zweite und dritte Teilanalyse sind in einem Kapitel zusammengefasst. Ansonsten zeigt jede der drei Teilanalysen einen identischen Aufbau. Zunächst erfolgt die Festlegung des Untersuchungsgegenstandes. Auf Basis des Systematisierungsansatzes und der Arbeitsdefinition von Komplexität wird festgelegt, welche Komplexitätsformen (IFRS-Regel-, IFRS- und HGB-Rechnungslegungskomplexität sowie Unternehmens- und allgemeine Umweltkomplexität) untersucht werden und welche Elemente und Relationen (Indikatoren) hierzu dienen. Zudem wird die Auswahl sowohl der Einzelfallstudie als auch der Indikatoren begründet und gewürdigt (Dritter Teil: Kap. 3.1 und 4.1). Danach wird die Datenbasis beschrieben (Dritter Teil: Kap. 3.2 und 4.2), die Datenauswertung erläutert (Dritter Teil: Kap. 3.3 und 4.3) und die Güte der Forschung erörtert (Dritter Teil: Kap. 3.4 und 4.4). Schließlich werden die empirischen Ergebnisse präsentiert (Dritter Teil: Kap. 3.5 und 4.5) und gewürdigt (Dritter Teil: Kap. 3.6 und 4.6).

2 Messproblem und Lösungsansätze

Die empirische Untersuchung ist mit einem Messproblem belastet.[2] Bereits im Ersten und Zweiten Teil der vorliegenden Arbeit deutet sich eine solche Problematik an.[3] Dort zeigt sich, dass die Rechnungslegungskomplexität neben der Unternehmens- noch von der Umweltkomplexität – wovon die IFRS-Regelkomplexität einen zentralen Teilbereich darstellt – beeinflusst wird. Die Teilsysteme und die spezifischen Komplexitäten dieser Teilsysteme existieren nicht unabhängig voneinander, sondern beeinflussen sich gegenseitig, zeichnen sich durch ein verschachteltes In- und Nebeneinander sowie durch Rück- und Wechselwirkungen aus.[4]

1 Der Begriff „Umweltkomplexität" umfasst neben der Komplexität der Umwelt im Allgemeinen (allgemeine Umweltkomplexität) noch die Regelkomplexität im Besonderen. Der Begriff „allgemeine Umweltkomplexität" schließt demnach nicht den Aspekt der Regelkomplexität mit ein (vgl. Einführung: Kap. 1 und Zweiter Teil: Kap. 3.4).

2 Vgl. hierzu und im Folgenden Fülbier/Kuschel (2012), Komplexitätszunahme in der IFRS-Rechnungslegung, S. 933; Peterson (2012), Accounting complexity, S. 75.

3 Vgl. Erster Teil: Kap. 3, Zweiter Teil: Kap. 2, 3 und 4.

4 Vgl. Fülbier/Kuschel (2012), Komplexitätszunahme in der IFRS-Rechnungslegung, S. 933.

Eine eindeutige empirische Erfassung der einzelnen Komplexitätsformen erscheint aufgrund der Interdependenzen unmöglich.[5]

Die Problematik zeigt sich auch in der Datenbasis, die sich in zwei Teilanalysen aus den IFRS-Standards und den Geschäftsberichten der DAX-30-Unternehmen zusammensetzt.[6] So stehen die IFRS-Standards nicht unabhängig von den wirtschaftlichen Transaktionen des Unternehmens – auch mit seiner Umwelt – nebeneinander. Vielmehr werden die IFRS-Standards auf Grundlage der Inhalte der Transaktionen entwickelt. Insbesondere PETERSON ist in diesem Zusammenhang herauszustellen, der ausführt: „While it may be useful to separate the source of complexity into transactions and standards, isolating these two sources empirically is difficult (or impossible) because standards are written with transactions in mind“[7]. Weiter formuliert er: „Therefore, if we observe more complex accounting, it is difficult to attribute it to standards or transactions because it is a combination of both“[8]. Demzufolge wird die Regelkomplexität von der Unternehmens- und der allgemeinen Umweltkomplexität beeinflusst und vice versa. Entsprechendes gilt auch für die Geschäftsberichte. Allerdings wird dort nicht auf die Abbildungsregeln per se (d.h. die IFRS-Standards und das HGB), sondern auf das (veröffentlichte) Abbildungsergebnis der Abbildungsregeln (d.h. die Rechnungslegung) rekurriert. Das IFRS-Regelwerk wird nicht direkt, sondern indirekt untersucht. Die Rechnungslegung wird sowohl von den standardisierten Abbildungsregeln als auch von der Unternehmens- und der Umweltrealität beeinflusst.[9] Demzufolge wird die Rechnungslegungskomplexität von der Unternehmens- und von der allgemeinen Umweltkomplexität sowie der Regelkomplexität tangiert.[10]

Wenn sich die vorliegende Arbeit zum Ziel setzt, die Komplexitätszunahme der IFRS-Rechnungslegung im Allgemeinen und des IFRS-Regelwerks im Besonderen im Zeitablauf zu untersuchen, dann bedarf dies einer vorsichtigen

---

5 Vgl. Erster Teil: Kap. 3 und Zweiter Teil: Kap. 3.4.

6 Vgl. im Zusammenhang mit der empirischen Forschung z. B. CHMIELEWICZ ((1994), Forschungskonzeptionen, S. 142), der darauf hinweist, dass als Datenbasis, statt der Realität, „Beschaffungsakten“ (CHMIELEWICZ (1994), Forschungskonzeptionen, S. 142) über die Realität, wie z. B. Geschäftsberichte, herangezogen werden, die hinsichtlich der exakten Abbildung der Realität kritisch zu sehen sind.

7 PETERSON (2012), Accounting complexity, S. 75.

8 PETERSON (2012), Accounting complexity, S. 76.

9 Vgl. Zweiter Teil: Kap. 3.4; vgl. ebenso CHMIELEWICZ (1973), Rechnungswesen, S. 13–14; KOSIOL (1976), Pagatorische Bilanz, S. 42, 45; MOXTER (1984), Bilanzlehre, S. 81; o. V. (2011), Rechnungslegung, S. 652; PELLENS ET AL. (2014), Internationale Rechnungslegung, S. 2; SCHÖTTLER/SPULAK (2009), Technik des betrieblichen Rechnungswesens, S. 12; WÖHE/DÖRING (2013), Allgemeine Betriebswirtschaftslehre, S. 655–657.

10 Vgl. Zweiter Teil: Kap. 3.4; vgl. ebenso FÜLBIER/KUSCHEL (2012), Komplexitätszunahme in der IFRS-Rechnungslegung, S. 933; PETERSON (2012), Accounting complexity, S. 75.

und behutsamen Interpretation der Ergebnisse sowie einer Betonung der damit einhergehenden Limitationen.[11] Indikatoren, die Teilkomplexitäten (wie z.B. die Regelkomplexität) erfassen, greifen wohl auch Aspekte anderer Teilkomplexitäten (wie z.B. der allgemeinen Umweltkomplexität) ab.[12] Aus diesem Grund wird auf einen methodisch-pluralistischen Ansatz gesetzt,[13] um die IFRS-Rechnungslegungskomplexität zu analysieren. Durch eine qualitative (erste Teilanalyse) und eine quantitative (zweite und dritte Teilanalyse) Untersuchung werden verschiedene Schlaglichter auf das Komplexitätsphänomen geworfen. Diese ermitteln auf Basis unterschiedlicher Messversuche Indikatoren für die einzelnen Komplexitätsebenen. Dies sind die IFRS- und die HGB-Rechnungslegungskomplexität, die IFRS-Regelkomplexität sowie die Unternehmens- und die allgemeine Umweltkomplexität. Hierfür erfolgt ein Rückgriff auf unterschiedliche Datengrundlagen (Experteninterview, Abbildungsregeln und Abbildungsergebnis). Auf diese Weise entsteht zumindest ein Versuch, die einzelnen Komplexitätsformen separat zu messen und einen Eindruck von der Komplexitätsentwicklung in der IFRS-Rechnungslegung einschließlich des Unternehmens und der Umwelt sowie des IFRS-Regelwerks zu erhalten. Zudem werden Erkenntisse aus der qualitativen ersten Teilanalyse (Einzelfallstudie) im Rahmen der quantitativen zweiten und dritten Teilanalyse berücksichtigt. Dies betrifft u.a. Hinweise hinsichtlich einer Erfassung der einzelnen Komplexitäten. Daneben bietet es sich aufgrund der bisherigen Erkenntnisse an, die empirischen Ergebnisse nicht einzeln, sondern in einer Gesamtschau zu würdigen. Insbesondere die Resultate aus der zweiten und dritten Teilanalyse erscheinen hierfür prädestiniert. Zum Beispiel sind Aussagen hinsichtlich einer Zunahme der IFRS-Regelkomplexität (zweite Teilanalyse) erst nach einer Untersuchung der allgemeinen Umweltkomplexität und entsprechenden Bereinigungen (dritte Teilanalyse) möglich.

Die vorliegende empirische Untersuchung erweitert den Kenntnisstand hinsichtlich einer Komplexitätszunahme in der IFRS-Rechnungslegung in mehrfacher Hinsicht. Erstens fehlt bis dato ein Experteninterview, das auch Erfahrungen auf Unternehmensebene zur Frage der IFRS-Rechnungslegungskomplexität abgreift. Es werden somit neue, unternehmensinterne Einblicke geliefert, die die Forschung auf diesem Gebiet bereichern.[14] Zweitens belegen bis dato noch nicht ausreichend

---

11 Vgl. Fülbier/Kuschel (2012), Komplexitätszunahme in der IFRS-Rechnungslegung, S. 933; vgl. auch allgemein zum Kriterium Limitation z. B. Steinke (1999), Kriterien qualitativer Forschung, S. 227–231.

12 Vgl. Zweiter Teil: Kap. 3.4.

13 Vgl. Fülbier/Sellhorn (2008), Approaches to accounting research, S. 3.

14 Vgl. Erster Teil: Kap. 2.1 und Kap. 3. Der Vorteil einer Fallstudie besteht in der Generierung neuer Erkenntnisse zu einem relativ unbearbeiteten Forschungsproblem, der Nachteil in der relativ geringen Anzahl an Beobachtungen (n = 1). Aufgrund der fehlenden Repräsentativität und den Besonderheiten des untersuchten Unternehmens scheidet eine statistische Generalisierbarkeit der Ergeb-

empirische Primärdaten das weitverbreitete Gefühl einer Komplexitätszunahme der IFRS-Rechnungslegung und des IFRS-Regelwerks. Aus diesem Grund stellt diese Untersuchung die Daten auf eine umfangreichere Basis und einen aktuelleren Stand als bisherige Studien. Zudem weitet sie die Messung auf weitere Indikatoren aus.[15] Drittens existieren weder in der deutsch- noch englischsprachigen Literatur Studien,[16] die sich umfangreich und detailliert mit einer Komplexitätszunahme der IFRS-Rechnungslegung und des IFRS-Regelwerks auseinandersetzen. Auch dieses Defizit wird – zumindest in Teilen – behoben.

3 Qualitative Untersuchung der Regel-, der Rechnungslegungs- sowie der Unternehmens- und der allgemeinen Umweltkomplexität anhand einer Einzelfallstudie mittels Experteninterviews (Erste Teilanalyse)

3.1 Untersuchungsgegenstand und Auswahl der Einzelfallstudie

Als Bezugsrahmen für die vorliegende erste Teilanalyse dient der Systematisierungsversuch der Rechnungslegungskomplexität. Die Rechnungslegung bildet das Referenzsystem (Untersuchungsgegenstand).[17] Es werden sowohl die Rechnungslegung (Regelanwendung) als auch die technischen und inhaltlichen Subsysteme des Unternehmens sowie die Subsysteme der Umwelt analysiert. Neben der Rechnungslegungskomplexität steht noch die Regel- sowie die Unternehmens- und die allgemeine Umweltkomplexität im Fokus. Zu deren Analyse wird eine

nisse aus (vgl. SMITH (2011), Research Methods in Accounting, S. 127–129, 135–136). Jedoch handelt es sich dabei um kein besonderes Problem der vorliegenden empirischen Untersuchung, sondern um ein generelles von Fallstudien (vgl. BORCHARDT/GÖTHLICH (2009), Erkenntnisgewinnung durch Fallstudien, S. 45).

15 Zwischenzeitlich haben zwar FÜLBIER/KUSCHEL und KÜTING in diese Richtung Pionierarbeit geleistet. Allerdings präsentieren sie lediglich erste, rudimentäre Ergebnisse. Gleichwohl greift diese Untersuchung auch auf dort verwendete Indikatoren zurück (vgl. Erster Teil: Kap. 2.1.1 und Kap. 3; vgl. ebenso FÜLBIER/KUSCHEL (2012), Komplexitätszunahme in der IFRS-Rechnungslegung, S. 929; KÜTING ET AL. (2013), IFRS oder HGB, S. 5, 43–45, 123–167, 241; KÜTING (2012), Komplexität der Rechnungslegungssysteme; vgl. ebenfalls FÜLBIER/KUSCHEL ((2012), Komplexitätszunahme in der IFRS-Rechnungslegung), die ihre Datenbasis im Wesentlichen auf die Jahre 1995, 2000, 2005 und 2007–2011 stützen, wobei z. B. die Schlag- und Signalwortsuche lediglich die Jahre 2000, 2005 und 2010 analysiert).

16 Vgl. Erster Teil: Kap. 2.1 und Kap. 3.

17 Vgl. Zweiter Teil: Kap. 3.4. Der Begriff Untersuchungsgegenstand ersetzt an dieser Stelle den Begriff Bezugsobjekt, um sprachliche Verwirrungen im Folgenden zu vermeiden (vgl. Zweiter Teil: Kap. 2.5, 2.6, 3.1 und 3.4).

Einzelfallstudie,[18] aufbauend auf einem Experteninterview mit einem Vertreter eines mittelständischen Unternehmens, durchgeführt.

Nachdem der Untersuchungsgegenstand festgelegt ist, müssten die Elemente und Relationen bestimmt werden, um Komplexität zu untersuchen.[19] Es macht allerdings keinen Sinn, diese ex ante zu benennen, da dieses Vorgehen dem Sinn einer (explorativen) Einzelfallstudie widerspricht. Dieser besteht darin, neue Erkenntnisse zu bislang unerforschten Phänomen (wie z.B. einer Komplexitätszunahme) zu gewinnen.[20] Die vorherige Festlegung der Elemente und Relationen würde damit dem eigentlichen Clou einer Einzelfallstudie entgegenstehen. Denn die entsprechenden Elemente und Relationen sollen erst durch die einzelfallstudienartige Betrachtung ermittelt werden. Daher unterbleibt dieser Schritt in der vorliegenden Teilanalyse. Analog entfällt auch die Ermittlung des Komplexitätsverständnisses.

Ein bekanntes, begriffliches Verständnis einer Fallstudie geht auf Yin zurück.[21] Er versteht sinngemäß darunter ein empirisches Forschungsverfahren, das eine tief gehende Untersuchung eines aktuellen Phänomens in seiner realen Umgebung ermöglicht. Es bietet sich insbesondere an, wenn die Grenzen zwischen dem Phänomen und der Wirklichkeit fließend sind.[22] Es kann dabei von einer zugrunde liegenden Theorie im Rahmen der Datenerhebung und -auswertung profitiert werden.[23]

---

18 Vgl. dazu grundlegend z. B. Stake (1995), Case Study Research; Yin (2014), Case Study Research. Es werden grundsätzlich zwei Arten von Fallstudien unterschieden: zum einen eine Einzelfallstudie (*Single-case Design*) und zum anderen eine vergleichende Fallstudie (*Multiple-case Design*) (vgl. Flick (2009), Qualitative Sozialforschung, S. 177–180; Kraimer (2002), Einzelfallstudien; Smith (2011), Research Methods in Accounting, S. 136; Yin (2014), Case Study Research, S. 49–63; vgl. für eine vergleichende Fallstudie als konkretes Anwendungsbeispiel z. B. Spraul et al. (2012), Doppik und Produkthaushalte). Wichtig ist an dieser Stelle der Hinweis, dass eine klassische Fallstudie auf mehreren Datenquellen basiert (vgl. auch z. B. Smith (2011), Research Methods in Accounting, S. 135–138). Die vorliegende Arbeit basiert hingegen auf lediglich einem Experteninterview, weshalb keine (Einzel-)Fallstudie im literaturüblichen Sinn vorliegt. Gleichwohl wird aus Vereinfachungsgründen synonym der Begriff (Einzel-)Fallstudie verwendet (vgl. auch kritisch zur Verwendung des Begriffs Fallstudie (*Case Study*) per se Tight ((2010), The curious case of case study, S. 338)).

19 Vgl. Zweiter Teil: Kap. 2.6.

20 Vgl. Borchardt/Göthlich (2009), Erkenntnisgewinnung durch Fallstudien, S. 36.

21 Vgl. Tight (2010), The curious case of case study, S. 330–333; Yin (2014), Case Study Research.

22 Vgl. Yin (2014), Case Study Research, S. 16. „[A]n empirical inquiry that investigates a contemporary phenomenon (the ‚case') in depth and within its real-world context, especially when the boundaries between phenomenon and context may not be clearly evident" (Yin (2014), Case Study Research, S. 16). Vgl. ebenso Flyvbjerg (2010), Making Social Science Matter, S. 66.

23 Vgl. Yin (2014), Case Study Research, S. 16–17.

Der Einsatz einer Einzelfallstudie als Forschungsverfahren bietet sich aus mehreren Gründen an.[24] Erstens liegt der Vorteil einer Fallstudie in universellen Einsatzmöglichkeiten.[25] Insbesondere die Möglichkeit, sich neuen Forschungsphänomenen zu nähern,[26] stellt einen zentralen Vorteil dar, der bei der Untersuchung einer Komplexitätszunahme der IFRS-Rechnungslegung zum Tragen kommt. Zweitens besteht aufgrund des relativ offen ausgerichteten Charakters die Möglichkeit,[27] wesentliche neue, insbesondere auf Unternehmensebene auftretende Erkenntnisse hinsichtlich einer Komplexitätszunahme in der IFRS-Rechnungslegung zu erhalten. Drittens wird eine Überprüfung des in der vorliegenden Arbeit entwickelten Systematisierungsansatzes der Rechnungslegungskomplexität intendiert.[28] So werden neben Erkenntnissen zur Komplexitätsentwicklung der IFRS-Rechnungslegung im Allgemeinen auch Erkenntnisse zu den technischen und inhaltlichen Subsystemen sowie den Subsystemen der Umwelt einschließlich der Abbildungsregeln im Besonderen erwartet. Viertens bietet dieses Vorgehen die Möglichkeit zu untersuchen, ob eine Zunahme der IFRS-Rechnungslegungskomplexität im Allgemeinen und der IFRS-Regelkomplexität im Besonderen auf die IFRS-Standards oder den wirtschaftlichen Gehalt der abzubildenden Transaktionen der Unternehmen zurückzuführen ist. PETERSON antizipiert das Ergebnis, indem er es als „difficult (or impossible)“[29] einschätzt, die unterschiedlichen Komplexitäten, d.h. die Rechnungslegungs-, die Regel-, die Unternehmens- und die allgemeine Umweltkomplexität, zu trennen. Fünftens bleibt offen, inwiefern sich andere Unternehmensfälle akquirieren lassen,[30] um eine vergleichende Fallstudie – im Gegensatz zu einer Einzelfallstudie – durchführen zu können. Und letztlich werden die Kosten im Allgemeinen und die Zeitkosten im Besonderen gering gehalten.[31]

---

24 Vgl. zur Einordnung der Einzelfallstudie als Forschungsverfahren, nicht -methode z. B. BRÜSEMEISTER (2008), Qualitative Forschung, S. 55.

25 Vgl. BORCHARDT/GÖTHLICH (2009), Erkenntnisgewinnung durch Fallstudien, S. 35.

26 Vgl. BRÜSEMEISTER (2008), Qualitative Forschung, S. 56; COOPER/MORGAN (2008), Case Study Research in Accounting, S. 160; EISENHARDT (1989), Case Study Research, S. 532, 548–549.

27 Vgl. BORCHARDT/GÖTHLICH (2009), Erkenntnisgewinnung durch Fallstudien, S. 33, 35–36.

28 Vgl. COOPER/MORGAN (2008), Case Study Research in Accounting, S. 173; EISENHARDT (1989), Case Study Research, S. 535; SCHÄFFER/BRETTEL (2005), Plädoyer für Fallstudien, S. 44.

29 PETERSON (2012), Accounting complexity, S. 75.

30 Die Forschungsliteratur geht regelmäßig von vier bis zehn Fällen aus, um eine fundierte vergleichende Fallstudie zu erhalten (vgl. BORCHARDT/GÖTHLICH (2009), Erkenntnisgewinnung durch Fallstudien, S. 37; vgl. auch EISENHARDT (1989), Case Study Research, S. 534, 545).

31 Vgl. BORCHARDT/GÖTHLICH (2009), Erkenntnisgewinnung durch Fallstudien, S. 36–37; COOPER/MORGAN (2008), Case Study Research in Accounting, S. 173; LAMNEK (2010), Qualitative Sozialforschung, S. 290.

Natürlich gibt es zu diesem Forschungsansatz auch kritische Stimmen.[32] An erster Stelle wird hier die fehlende Objektivität genannt.[33] So kann der Interviewpartner beispielsweise durch Suggestivfragen in seinem Antwortverhalten beeinflusst werden. Extrem ist hier z.B. der Standpunkt, der inzwischen obsolet ist, von CAMPELL/STANLEY aus dem Jahr 1966, in dem die Autoren Fallstudien aufgrund einer fehlenden Kontrollmöglichkeit nahezu keinen wissenschaftlichen Wert attestieren.[34] Mittlerweile mehren sich jedoch die Stimmen, die, allen Unkenrufen zum Trotz, eine Lanze für Fallstudien brechen.[35] Zweitens gehört die fehlende Generalisierbarkeit der Ergebnisse zu den Kritikpunkten. Diese trifft aber auch auf andere Forschungsmethoden, wie z.B. Experimente, zu. Gleichwohl bieten sich Fallstudien insbesondere zur Überprüfung von theoretischen Aussagen an. Drittens wird der hohe Zeiteinsatz bemängelt. Zudem wird die Präsentation der Ergebnisse kritisiert, die in einer zu umfangreichen, zu unstrukturierten und unkondensierten Art und Weise erfolgt.[36]

3.2 Datenbasis

Als Einzelfall dient in der vorliegenden Teilanalyse ein mittelständisches Unternehmen aus der Automobilzulieferbranche, das seinen Stammsitz im süddeutschen Raum hat. Die Auswahl des Unternehmens erfolgt nicht zufällig, sondern lässt sich anhand mehrerer Argumente begründen. Erstens handelt es sich bei dem Unternehmen um einen IFRS-Anwender. Zweitens hat das Unternehmen seine Konzernrechnungslegung von HGB auf IFRS umgestellt. Es sind somit Erfahrung und Fachwissen vorhanden, um beide Bilanzierungswelten hinsichtlich der Komplexitätsentwicklung zu beleuchten. Drittens besteht aufgrund persönlicher Kontakte ein Zugang zu einem Entscheidungsträger im Unternehmen.[37] Dieser verfügt über relevante

---

32 Vgl. z. B. EISENHARDT (1989), Case Study Research, S. 546–547; TIGHT (2010), The curious case of case study, S. 333–336. Vgl. hierzu und im Folgenden ebenso FLYVBJERG ((2010), Making Social Science Matter, S. 66–87), der in Bezug auf eine Einzelfallstudie als Forschungsmethode fünf Missverständnisse (wie z. B. eine fehlende Generalisierbarkeit) thematisiert und richtigstellt.

33 Vgl. hierzu und im Folgenden YIN (2014), Case Study Research, S. 19–23.

34 Vgl. CAMPBELL/STANLEY (1966), Designs for Research, S. 6 (zitiert nach COOPER/MORGAN (2008), Case Study Research in Accounting, S. 173). Zumindest CAMPBELL revidiert 1975 seine damalige Auffassung hinsichtlich des wissenschaftlichen Gehalts von Fallstudien (vgl. CAMPBELL (1975), Case Study, S. 178–179 (zitiert nach COOPER/MORGAN (2008), Case Study Research in Accounting, S. 173)).

35 Vgl. z. B. COOPER/MORGAN (2008), Case Study Research in Accounting, m. w. N.; EISENHARDT (1989), Case Study Research, S. 533; HÄGG (1979), „Case Studies" in Accounting Research; SCHÄFFER/BRETTEL (2005), Plädoyer für Fallstudien; YIN (2014), Case Study Research.

36 Vgl. YIN (2014), Case Study Research, S. 19–23.

37 An dieser Stelle folgt die Selektion des Unternehmens für die Fallstudie keinem Zufallsprinzip und sieht sich insofern mit dem Vorwurf einer gewissen, nicht

Informationen, um Komplexität in der Rechnungslegung zu erörtern. Viertens bietet sich das Unternehmen aufgrund seiner Größe, seiner Internationalität und seines diversifizierten Adressatenkreises an. Im Jahr 2012 erwirtschaftete es einen Umsatz von ca. 4,5 Mrd. EUR und beschäftigte ca. 20.500 Mitarbeiter an über 50 Standorten in mehr als 20 Ländern auf vier Kontinenten. Es ist insofern gewährleistet, dass die technischen und inhaltlichen Subsysteme des Unternehmens sowie die Subsysteme der Umwelt von hoher Bedeutung sind. So können weitere Erkenntnisse hinsichtlich des Systematisierungsversuchs und einer Komplexitätszunahme in der IFRS-Rechnungslegung und des IFRS-Regelwerks gewonnen werden.

Zum Schutz des untersuchten Unternehmens als auch dessen Vertreter erfolgen die folgenden Darstellungen zur Einzelfallstudie anonymisiert.[38]

Zur Datenerhebung kommt ein Experteninterview zum Einsatz. Beim Experteninterview steht nicht, wie bei anderen qualitativen Interviews (wie z.B. bei einem persönlichen Interview), der Interviewpartner, sondern das Forschungsthema im Vordergrund. Es geht dementsprechend vielmehr um das Fachwissen und die Erfahrungen des Interviewpartners hinsichtlich der zu untersuchenden Thematik als um die Person an sich.[39] Vorliegend wurde ein (halbstrukturiertes) Experteninterview gewählt, das einen Mittelweg zwischen Offenheit und Strukturierung der Fragen erlaubt.[40] Für ein erfolgreiches Experteninterview sind neben fachlichem und methodischem Wissen des Interviewers auch eine alltägliche Situation des Interviewpartners und dessen Interesse an der Thematik sicherzustellen.[41] Zudem

---

zu negierenden Beliebigkeit konfrontiert, die aber durch eine entsprechende Erklärung plausibilisiert, offengelegt und objektiviert wird (vgl. BORCHARDT/GÖTHLICH (2009), Erkenntnisgewinnung durch Fallstudien, S. 37; FLICK (2009), Qualitative Sozialforschung, S. 379–385; LAMNEK (2010), Qualitative Sozialforschung, S. 288).

38 Vgl. GLÄSER/LAUDEL (2004), Experteninterviews und qualitative Inhaltsanalyse, S. 271–273.

39 Vgl. FLICK (2009), Qualitative Sozialforschung, S. 214, 217–218; LAMNEK (2002), Qualitative Interviews, S. 176. Vgl. allgemein zu Interviews z. B. KVALE (2009), Doing Interviews; vgl. zum Experteninterview FLICK (2009), Qualitative Sozialforschung, S. 214–219; LAMNEK (2002), Qualitative Interviews, S. 176. Als wesentliche Formen der Datenerhebung bei Fallstudien bieten sich sowohl die Befragung (z. B. persönliches Interview, Telefoninterview oder schriftliche Befragung), die Beobachtung und/oder die Inhaltsanalyse an (vgl. überblicksartig BORCHARDT/GÖTHLICH (2009), Erkenntnisgewinnung durch Fallstudien, S. 38; vgl. auch EISENHARDT (1989), Case Study Research, S. 534 m. w. N.; HOPF (2000), Qualitative Interviews; KRAIMER (2002), Einzelfallstudien, S. 221; LAMNEK (2002), Qualitative Interviews, S. 172–187; LAMNEK (2010), Qualitative Sozialforschung, S. 289, 301–371).

40 Vgl. BORCHARDT/GÖTHLICH (2009), Erkenntnisgewinnung durch Fallstudien, S. 38; vgl. auch allgemein zum Kontinuum der unterschiedlichen Interviewformen QU/DUMAY (2011), The qualitative research interview, S. 244–247.

41 Vgl. LAMNEK (2010), Qualitative Sozialforschung, S. 354; QU/DUMAY (2011), The qualitative research interview, S. 247–255.

sollte das Interview auf Basis eines Interviewleitfadens erfolgen,[42] um einen strukturierten und nachprüfbaren Ablauf zu gewährleisten.[43]

Der Unternehmensvertreter fungierte als Interviewpartner. Dieser ist als promovierter Diplom-Kaufmann im untersuchten Unternehmen angestellt und besetzt dort seit März 2010 die Position des stellvertretenden Leiters der Zentralabteilung Rechnungslegung. Zu seinem Verantwortungsbereich zählt u.a. die Koordination der IFRS-Rechnungslegung im Unternehmen. Es handelt sich somit um einen Entscheidungsträger, der eine Schlüsselposition an der Nahtstelle zwischen HGB- und IFRS-Welt innehat. Aufgrund dessen besitzt der Unternehmensvertreter auch die notwendige Expertise, um als kompetenter Ansprechpartner zu fungieren. Er ist daher im besonderen Maße als Interviewpartner geeignet. Daneben besitzt auch der Interviewer (i. e. der Verfasser der vorliegenden Arbeit) aufgrund seiner Qualifikation das fachliche Wissen. Der verwendete Interviewleitfaden, der sich aus theoretischen Vorüberlegungen und der bestehenden Literatur ergibt, findet sich im Anhang zur vorliegenden Arbeit.[44]

Das Interview findet am Arbeitsplatz des Interviewpartners statt.[45] Auf diese Weise wird eine relativ alltägliche Gesprächssituation simuliert. Es wird elektronisch mithilfe des „Digital Voice Tracers LFH880" des Unternehmens *PHILIPS* sowie dem Einverständnis des Interviewpartners aufgezeichnet. Im Gegenzug verpflichtet sich der Interviewer zur Verschwiegenheit, da die Veröffentlichung von Unternehmensdaten o. Ä. nicht gewünscht ist. Um eine zuverlässige und transparente Datenauswertung des Experteninterviews zu gewährleisten, wird es vom Interviewer im Zeitraum vom 03. bis zum 13. Januar 2013 unter Zuhilfenahme der Software „f4 plus" transkribiert.[46] Zusätzlich wird die Transkription von einem Dritten, der ebenfalls zur Verschwiegenheit verpflichtet wird, ein zweites Mal zur Korrektur durchgeführt (Zeitraum vom 22. bis zum 27. Januar 2013). Anschließend erhält der Interviewpartner das Transkript zur Genehmigung der Veröffentlichung vorgelegt. Dieser redigiert Passagen des Transkripts zum

---

42 Vgl. allgemein zum Interviewleitfaden GLÄSER/LAUDEL (2004), Experteninterviews und qualitative Inhaltsanalyse, S. 138–149; vgl. zu den verschiedenen Arten von Fragen und deren Einsatz im Rahmen eines Interviews QU/DUMAY (2011), The qualitative research interview, S. 249–252.

43 Vgl. BORCHARDT/GÖTHLICH (2009), Erkenntnisgewinnung durch Fallstudien, S. 39.

44 Vgl. Anhang 1. Vgl. zum Interviewleitfaden auch FEHR (2013), Leasingbilanzierung, S.443–454.

45 Vgl. Anhang 2.

46 Vgl. LAMNEK (2010), Qualitative Sozialforschung, S. 356; vgl. grundlegend zur Transkription FLICK (2009), Qualitative Sozialforschung, S. 379–385 m. w. N.; KOWAL/O'CONNELL (2000), Transkription von Gesprächen, m. w. N.; O'CONNELL/KOWAL (1995), Transcription Systems for Spoken Disclosure, m. w. N.; REDDER (2001), Aufbau und Gestaltung von Transkriptionssystemen, m. w. N.; RICHTER (2005), Transkriptionssysteme, m. w. N.; vgl. ebenso HANDLBAUER (2010), Qualitätssicherung, S. 27–29 und A1-A3.

Schutz des Unternehmens und seiner Person vor der Freigabe.[47] Die Konventionen der Transkription als auch das endgültige Transkript des Interviews finden sich im Anhang zur vorliegenden Arbeit.[48] Zudem befinden sich Skizzen, die der Interviewpartner im Rahmen des Interviews zur Verdeutlichung seiner Antworten anfertigt, ebenfalls im Anhang der vorliegenden Arbeit.[49] Daneben werden keine weiteren Datenquellen, wie z.B. die Internetseite des Unternehmens oder Geschäftsberichte, herangezogen, da das Unternehmen eine restriktive Informationspolitik aufgrund der Wettbewerbssituation am Markt vertritt.[50] Auf diese Weise bleiben die Anonymität des Unternehmens und dessen Vertreter gewahrt.

3.3 Datenauswertung

Um das Experteninterview im Rahmen einer Einzelfallstudie auszuwerten, ist grundsätzlich der Rückgriff auf eine qualitative Inhaltsanalyse notwendig.[51] MAYRING unterscheidet dazu drei Grundformen des Interpretierens: die Explikation, die Zusammenfassung und die Strukturierung.[52] Dabei sind die drei Analyseschritte nicht nacheinander zu durchlaufen, sondern stehen unabhängig voneinander und gleichwertig nebeneinander. In Abhängigkeit der Forschungsfrage

---

47 Dazu wird das Transkript (einschließlich aller angefertigten Skizzen) dem Interviewpartner am 28. Januar 2013 auf dem Postweg zugesendet. Nach einem Telefonat am 20. Februar 2013 sendet der Interviewpartner die Unterlagen mit seinen Anmerkungen am 07. März 2013 wieder zurück. Anschließend werden die Anmerkungen eingearbeitet und das überarbeitete Transkript dem Interviewpartner noch einmal zur Genehmigung der Veröffentlichung vorgelegt. Die Einwilligung erfolgt konkludent mit der Rücksendung des Transkripts am 07. Juni 2013.

48 Vgl. Anhang 3 (Konventionen der Transkription) und Anhang 4 (Transkript als Ergebnis der Transkription). Vgl. zu den Konventionen der Transkription FLICK (2009), Qualitative Sozialforschung, S. 379–385 m. w. N.; HANDLBAUER (2010), Qualitätssicherung, S. 27–29 und A1-A3; KOWAL/O'CONNELL (2000), Transkription von Gesprächen, m. w. N.; O'CONNELL/KOWAL (1995), Transcription Systems for Spoken Disclosure, m. w. N.; REDDER (2001), Aufbau und Gestaltung von Transkriptionssystemen, m. w. N.; RICHTER (2005), Transkriptionssysteme, m. w. N.

49 Vgl. Anhang 5 (Skizze 1), Anhang 6 (Skizze 2) und Anhang 7 (Skizze 3).

50 Vgl. BORCHARDT/GÖTHLICH (2009), Erkenntnisgewinnung durch Fallstudien, S. 42–43.

51 Vgl. ausführlich zur Auswertung von Experteninterviews mittels qualitativer Inhaltsanalyse z. B. GLÄSER/LAUDEL (2004), Experteninterviews und qualitative Inhaltsanalyse, vor allem S. 107–252; vgl. zur qualitativen Inhaltsanalyse Dritter Teil: Kap. 4.3.1.

52 Vgl. MAYRING (2010), Qualitative Inhaltsanalyse, S. 63–66. FEHR ((2013), Leasingbilanzierung, S. 176–177) sieht die Transkription als „Vorarbeit zur Inhaltsanalyse". Im Rahmen der vorliegenden Arbeit wird die Transkription zur Datenbasis gezählt und nicht zur Datenauswertung (vgl. BORCHARDT/GÖTHLICH (2009), Erkenntnisgewinnung durch Fallstudien, S. 40).

und der vorliegenden Datenbasis ist die adäquate Grundform herauszufiltern und anzuwenden.[53]

In der vorliegenden Arbeit empfiehlt sich die inhaltliche Strukturierung, um auf diese Weise Aussagen des Interviewpartners zu extrahieren und zusammenzufassen.[54] Dabei stützt sich die Art der Strukturierung ausdrücklich auf die theoretischen (Vor-)Überlegungen und ein theoriegeleitetes Kategoriensystem.[55] Aus diesem Grund erfolgt eine Zuordnung der inhaltlichen Aussagen des Interviewpartners zu den Systemen des Systematisierungsansatzes. Zum Schluss werden die Ergebnisse einschließlich der dazugehörigen Interpretationen dargestellt, wobei die Interpretationen bewusste Wertungen und Beurteilungen des Forschers beinhalten (können).[56]

Im Allgemeinen bewährt sich zur Präsentation der Ergebnisse in qualitativen Studien das Transkript,[57] aus dem insbesondere direkte Zitate wiedergegeben werden. Zum einen machen direkte Zitate die Präsentation des Einzelfalls nachvollziehbar und verständlich. Zum anderen unterstützen sie die Lesbarkeit des Textes und sorgen für eine verbesserte Aufnahmefähigkeit der Informationen.[58] Auch für die vorliegende Teilanalyse wird dieses Vorgehen gewählt.

Schließlich wird ein Fallstudienreport erstellt. Bei einer Einzelfallstudie handelt es sich im Regelfall um einen beschreibenden Report. Allerdings bietet die bestehende Literatur keine Anhaltspunkte für einen idealtypischen Aufbau und Inhalt, weshalb die Ausgestaltung abhängig von der zugrunde liegenden Forschungsfrage zu wählen ist.[59] In der vorliegenden Arbeit erfolgt eine pragmatische Vorgehensweise, indem die Ausführungen zur Datenbasis, zur Datenauswertung und zu den Ergebnissen der Fallstudie stellvertretend für einen Fallstudienreport stehen und an den Interviewpartner mit der Bitte versandt werden, diese zu validieren und für eine Veröffentlichung zu autorisieren. Letztendlich erklärt der Interviewpartner fernmündlich sein Einverständnis zu den Ergebnissen der fallstudienartigen Analyse und genehmigt deren Veröffentlichung.[60]

---

53 Vgl. Flick (2009), Qualitative Sozialforschung, S. 414; Mayring (2010), Qualitative Inhaltsanalyse, S. 64–65.

54 Bei einer Strukturierung ist es das Ziel, die Datenbasis nach formalen, inhaltlichen, typisierenden oder skalierenden Kriterien zu ordnen (vgl. Mayring (2010), Qualitative Inhaltsanalyse, S. 64–65).

55 Vgl. Mayring (2010), Qualitative Inhaltsanalyse, S. 94, 98.

56 Vgl. Lamnek (2010), Qualitative Sozialforschung, S. 368.

57 Vgl. Fehr (2013), Leasingbilanzierung, S. 183 m. w. N.

58 Vgl. Gläser/Laudel (2004), Experteninterviews und qualitative Inhaltsanalyse, vor allem S. 265–266.

59 Vgl. Borchardt/Göthlich (2009), Erkenntnisgewinnung durch Fallstudien, S. 43; vgl. ebenso Gassen/Günther (2014), Evidenzbasierte Rechnungslegungsregulierung, S. 187.

60 Vgl. Borchardt/Göthlich (2009), Erkenntnisgewinnung durch Fallstudien, S. 43. Eine entsprechende E-Mail mit den Ausführungen zur Datenbasis, zur

3.4 Güte der qualitativen Forschung

An dieser Stelle wird die Güte der Teilanalyse, d.h. die Datenbasis und Datenauswertung der qualitativen Inhaltsanalyse, evaluiert.[61] Als Beurteilungsmaßstab dienen die Gültigkeit (Validität) und Zuverlässigkeit (Reliabilität), die durch das Kriterium der Objektivität ergänzt werden.[62] Reliabilität stellt eine Voraussetzung für Validität dar. Umgekehrt gilt das nicht. Es kann dementsprechend etwas nicht Valides perfekt reliabel gemessen werden.[63] Validität und Reliabilität stellen die klassischen Bewertungskriterien der quantitativen Forschung dar. Sie sind aber auch zur Beurteilung der qualitativen Forschung geeignet.[64]

Die Validität stellt die Gültigkeit der Untersuchung sicher. Ihr liegt die Frage zugrunde, ob das, was gemessen werden soll, auch tatsächlich gemessen wird.[65] Dabei ist die Teilanalyse von dem im Dritten Teil: Kap. 2 beschriebenen Messproblem betroffen. Insofern ist die Validität der empirischen Untersuchung infrage gestellt. Daneben ist MERTEN der Auffassung, dass die Validität einer Untersuchung nur falsifiziert, nicht verifiziert werden kann.[66] Eine Einzelfallstudie bietet sich aufgrund

---

Datenauswertung und zu den Ergebnissen der Fallstudie wurde am 09. April 2014 an den Interviewpartner versandt.

61 Vgl. allgemein zur Güte (Grad der Angemessenheit) einer wissenschaftlichen Untersuchung z. B. LAMNEK (2010), Qualitative Sozialforschung, S. 127–167.

62 Vgl. ATTESLANDER (2010), Methoden der empirischen Sozialforschung, S. 205; BEATTIE ET AL. (2004), A methodology for analyzing and evaluating narratives in annual reports, S. 214; FLICK (2009), Qualitative Sozialforschung, S. 499; MAYRING (2010), Qualitative Inhaltsanalyse, S. 116; STEINKE (1999), Kriterien qualitativer Forschung, S. 131–204; STIER (1999), Empirische Forschungsmethoden, S. 51–62; vgl. zum Zusammenhang von Objektivität, Reliabilität und Validität z. B. LAMNEK (2010), Qualitative Sozialforschung, S. 159.

63 Vgl. ATTESLANDER (2010), Methoden der empirischen Sozialforschung, S. 206; MAYRING (2010), Qualitative Inhaltsanalyse, S. 118.

64 Vgl. FLICK (2009), Qualitative Sozialforschung, S. 488–489, 492; GIBBERT ET AL. (2008), What passes as a rigorous case study?, S. 1466–1468; KRIPPENDORFF (2013), Content Analysis, S. 24–25; LAMNEK (2010), Qualitative Sozialforschung, S. 127–167; MAYRING (2010), Qualitative Inhaltsanalyse, S. 116–122; SMITH (2011), Research Methods in Accounting, S. 33–36; STEINKE (1999), Kriterien qualitativer Forschung, S. 131, 206; YIN (2014), Case Study Research, S. 45–49; vgl. kritisch hinsichtlich der Verwendung der Gütekriterien Validität, Reliabilität und Objektivität in der qualitativen Forschung KRAIMER ((2002), Einzelfallstudien, S. 227) und STEINKE ((2000), Gütekriterien qualitativer Forschung).

65 Vgl. KVALE (2012), Validierung, S. 427; MERTEN (1995), Inhaltsanalyse, S. 310. KRIPPENDORFF ((2013), Content Analysis, S. 329) führt dazu aus, dass ein Messinstrument valide ist, „if it measures what its user claims it measures".

66 Vgl. MERTEN (1995), Inhaltsanalyse, S. 310; vgl. in diesem Zusammenhang auch POPPER (2005), Logik der Forschung, S. 3 und 77–78, Fn. 23, der die Auffassung vertritt, dass eine Theorie nur falsifiziert und nicht verifiziert werden kann (vgl. auch FLYVBJERG (2010), Making Social Science Matter, S. 76–77).

ihres beschreibenden und ausforschenden Charakters an, um erste Erkenntnisse hinsichtlich des Komplexitätsphänomens im Allgemeinen und dessen Quantifizierung im Besonderen zu erlangen.[67] Das gewählte Vorgehen ist vorläufig[68] als zweckmäßig und zielführend zu bezeichnen. Zumal der Forschungsüberblick verdeutlicht, dass unterschiedliche Methoden angewendet werden, um Komplexität zu untersuchen.[69]

Darüber hinaus bestehen Möglichkeiten, die Validität der Analyse zu erhöhen.[70] Erstens bietet sich eine Triangulation an. Diese beschreibt die Möglichkeit, ein Phänomen aus unterschiedlichen Perspektiven zu untersuchen.[71] Neben einer Daten-, Forscher- und Theorientriangulation besteht auch die Möglichkeit einer Methodentriangulation.[72] Bei Interviews wird insbesondere die Methodentriangulation gefordert, um verzerrende Fehler (*Bias*) zu vermeiden.[73] Eine Daten- und Methodentriangulation ist aufgrund des Anonymitätsschutzes des Unternehmens sowie dessen Vertreter und einem damit verbundenen Verzicht auf eine erweiterte Datenbasis nicht möglich. Zweitens kann eine Vorstrukturierung anhand der theoretischen Überlegungen durchgeführt werden, um zielgerichtet Themenbereiche abzufragen, Daten zu erheben und auszuwerten.[74] Vorliegend wird dies genutzt, indem der Interviewleitfaden auf Basis des Systematisierungsversuchs der Rechnungslegungskomplexität erstellt wird. Somit werden die Antworten des Interviewpartners vorstrukturiert. Drittens erfolgt eine kommunikative Validierung,[75] bei der eine erneute Kontaktaufnahme mit dem Interviewpartner erfolgt, um Feedback zu den Ergebnissen einschließlich der Interpretationen des Interviewers zu erhalten.[76] In der vorliegenden Teilanalyse erhält der Interviewpartner sowohl das Transkript als auch die finale Beschreibung des Einzelfalls zur Überprüfung. So werden auch inhaltliche Fehler korrigiert.[77]

---

67 Vgl. Yin (2014), Case Study Research, S. 18–19.

68 Vgl. Zimmermann (1972), Experiment in den Sozialwissenschaften, S. 79; vgl. ebenso Merten (1995), Inhaltsanalyse, S. 310.

69 Vgl. Erster Teil: Kap. 3.

70 Vgl. Borchardt/Göthlich (2009), Erkenntnisgewinnung durch Fallstudien, S. 44–45.

71 Vgl. Abdel-khalik/Ajinkya (1979), Empirical Research in Accounting, S. 47–48; Lamnek (2010), Qualitative Sozialforschung, S. 141–142.

72 Vgl. Flick (2000), Triangulation; Flick (2009), Qualitative Sozialforschung, S. 519–520; Gibbert et al. (2008), What passes as a rigorous case study?, S. 1468.

73 Vgl. Lamnek (2010), Qualitative Sozialforschung, S. 141–142, 290.

74 Vgl. Borchardt/Göthlich (2009), Erkenntnisgewinnung durch Fallstudien, S. 44–45.

75 Vgl. Flick (2009), Qualitative Sozialforschung, S. 495; Mayring (2010), Qualitative Inhaltsanalyse, S. 120; Steinke (2000), Gütekriterien qualitativer Forschung, S. 320.

76 Vgl. Lamnek (2010), Qualitative Sozialforschung, S. 139–140.

77 Vgl. Borchardt/Göthlich (2009), Erkenntnisgewinnung durch Fallstudien, S. 45.

Die Validität wird anhand der Konstruktvalidität und der externen Validität konkretisiert.[78] Die Konstruktvalidität gewährleistet, dass das theoretische Konstrukt plausibel operationalisiert ist.[79] Dies ist erforderlich, da es in der Realität (häufig) nicht direkt beobachtbar ist und ein Rückgriff auf Hilfskonstrukte notwendig wird.[80] Sie braucht nicht erörtert zu werden, da entsprechende Hilfskonstrukte zur Quantifizierung der Komplexität erst durch die Fallstudie ermittelt werden sollen.[81] Die externe Validität stellt sicher, dass die Ergebnisse der empirischen Untersuchung (Stichprobe) repräsentativ für die Grundgesamtheit sind und auf diese übertragen werden können (Verallgemeinerung der Untersuchungsergebnisse).[82] Die externe Validität stellt einen der zentralen Schwachpunkte von Fallstudien dar, da aufgrund der regelmäßig geringen Fallanzahl keine statistische Generalisierbarkeit der Ergebnisse, wie sie aus der quantitativen Forschung bekannt ist, möglich ist.[83] Das trifft auch auf die vorliegende Teilanalyse zu. Gleichwohl erlauben Fallstudien eine analytische Generalisierbarkeit der Ergebnisse. Hierbei werden Erkenntnisse der exemplarischen Fallstudie für die Entwicklung einer Theorie genutzt.[84] In der vorliegenden Teilanalyse ist die analytische Generalisierbarkeit gegeben, da wesentliche Erkenntnisse aus der Einzelfallstudie zur Untersuchung der IFRS-Rechnungslegungskomplexität verwendet werden. Insbesondere werden diese auch für die zweite und dritte Teilanalyse herangezogen.[85]

---

78 Vgl. Fehr (2013), Leasingbilanzierung, S. 186; Kvale (1989), To Validate Is to Question, S. 74–75; Smith (2011), Research Methods in Accounting, S. 34. Daneben lässt sich die Validität noch anhand der internen Validität näher bestimmen. Diese dient als Bewertungskriterium von Untersuchungen mit einem erklärenden Charakter. Da die vorliegende Teilanalyse beschreibender und ausforschender Natur ist, wird die interne Validität nicht zur Beurteilung herangezogen (vgl. Abdel-khalik/Ajinkya (1979), Empirical Research in Accounting, S. 33–34, 47; Lamnek (2010), Qualitative Sozialforschung, S. 134; Steinke (1999), Kriterien qualitativer Forschung, S. 160; Yin (2014), Case Study Research, S. 45–48).

79 Vgl. zum Begriff Operationalisierung z. B. Stier (1999), Empirische Forschungsmethoden, S. 30–33.

80 Vgl. Atteslander (2010), Methoden der empirischen Sozialforschung, S. 206; Fehr (2013), Leasingbilanzierung, S. 186; Flick (2009), Qualitative Sozialforschung, S. 493; Krippendorff (2013), Content Analysis, S. 331; Kvale (2012), Validierung, S. 427; Lamnek (2010), Qualitative Sozialforschung, S. 136; Ritsert (1975), Inhaltsanalyse, S. 73; Stier (1999), Empirische Forschungsmethoden, S. 59–60.

81 Vgl. Lamnek (2010), Qualitative Sozialforschung, S. 120–121.

82 Vgl. Abdel-khalik/Ajinkya (1979), Empirical Research in Accounting, S. 35, 47; Lamnek (2010), Qualitative Sozialforschung, S. 134; Steinke (1999), Kriterien qualitativer Forschung, S. 165.

83 Vgl. Gibbert et al. (2008), What passes as a rigorous case study?, S. 1468; Lamnek (2010), Qualitative Sozialforschung, S. 140; Schäffer/Brettel (2005), Plädoyer für Fallstudien, S. 45.

84 Vgl. Yin (2014), Case Study Research, S. 46, 48.

85 Vgl. Dritter Teil: Kap. 4.

Die Reliabilität „betrifft die Präzision und unmissverständliche Beschreibung des methodischen Instrumentariums einerseits sowie dessen korrekte Anwendung andererseits“[86]. Sie stellt sicher, dass sich bei einer Durchführung der Untersuchung durch andere Forscher unter identischen Rahmenbedingungen – hinsichtlich der Ausgangslage und des Analysematerials – das gleiche Ergebnis wie bei erstmaliger Durchführung einstellt (Reproduzierbarkeit).[87] Voraussetzung für eine Replizierbarkeit der Ergebnisse ist die Beständigkeit des Untersuchungsgegenstandes.[88] Die Reliabilität wird durch die Intra- und die Intercoderreliabilität sowie die prozedurale Reliabilität konkretisiert. So zielt die Intracoderreliabilität auf Unterschiede ab, die sich im Codiervorgang ergeben, wenn dieser von derselben Person zeitlich versetzt erfolgt. Die Intercoderreliabilität zielt auf Unterschiede ab, die sich im Codiervorgang ergeben, wenn dieser von zwei verschiedenen Personen erfolgt.[89] Die prozedurale Reliabilität versucht, den Forschungsprozess transparent und intersubjektiv nachvollziehbar zu gestalten.[90] Dazu wird das Vorgehen ausführlich und detailliert dargelegt.[91]

---

86 FRÜH (2011), Inhaltsanalyse, S. 120.

87 Vgl. ATTESLANDER (2010), Methoden der empirischen Sozialforschung, S. 206; FEHR (2013), Leasingbilanzierung, S. 188; KVALE (2012), Validierung, S. 427; FRÜH (2011), Inhaltsanalyse, S. 120; KRIPPENDORFF (2013), Content Analysis, S. 24; STEINKE (1999), Kriterien qualitativer Forschung, S. 207–215.

88 Vgl. FEHR (2013), Leasingbilanzierung, S. 188; vgl. zur Replizierbarkeit der Ergebnisse kritisch FLICK (2009), Qualitative Sozialforschung, S. 492.

89 Vgl. ATTESLANDER (2010), Methoden der empirischen Sozialforschung, S. 206; FLICK (2009), Qualitative Sozialforschung, S. 490–492; FRÜH (2011), Inhaltsanalyse, S. 120; KLEIN (1996), Inhaltsanalyse, S. 18; MAYRING (2010), Qualitative Inhaltsanalyse, S. 117. Die Zuverlässigkeit der Intercoderreliabilität wird vor allem bei Untersuchungen hergestellt, die auf einem simplen Kategoriensystem basieren. Sie kann auch anhand verschiedener Koeffizienten überprüft werden (vgl. dazu z. B. ATTESLANDER (2010), Methoden der empirischen Sozialforschung, S. 206; MAYRING (2010), Qualitative Inhaltsanalyse, S. 117, 120; RITSERT (1975), Inhaltsanalyse, S. 61–71).

90 Vgl. FLICK (2009), Qualitative Sozialforschung, S. 490–492; KIRK/MILLER (1986), Reliability and Validity, S. 72; STEINKE (1999), Kriterien qualitativer Forschung, S. 208.

91 In der Literatur wird dieses Vorgehen, die Überprüfung der Verlässlichkeit, auch mit der Buchführung im Finanzwesen und damit einem *Auditing Trail* (Überprüfungspfad) verglichen (vgl. FLICK (2009), Qualitative Sozialforschung, S. 490–492; STEINKE (1999), Kriterien qualitativer Forschung, S. 210). Zentrale Basis für die ausführliche und detaillierte Beschreibung des Vorgehens ist die Qualität der Dokumentation der Aufzeichnungen und Daten, die dem Kriterium der Verlässlichkeit genügen müssen (vgl. FLICK (2009), Qualitative Sozialforschung, S. 490–492; KIRK/MILLER (1986), Reliability and Validity, S. 51–57; STEINKE (1999), Kriterien qualitativer Forschung, S. 208–214). Hierunter fallen beispielsweise auch Transkriptionsregeln (vgl. FLICK (2009), Qualitative Sozialforschung, S. 491).

In der vorliegenden Teilanalyse ist die (prozedurale) Reliabilität gegeben. Es werden die Datenbasis (Dritter Teil: Kap. 3.2) und die Datenauswertung (Dritter Teil: Kap. 3.3) transparent und intersubjektiv nachvollziehbar dargelegt und erläutert.[92] So wird gewährleistet, dass andere Forscher zu den identischen Ergebnissen und Schlussfolgerungen kommen (können).[93] Gleichwohl ist die Wiederholbarkeit der empirischen Teilanalyse durch die Anonymität des untersuchten Unternehmens und dessen Vertreter für andere Forscher eingeschränkt. Zudem wird die Replizierbarkeit durch die immanente Individualität des Experteninterviews, das nicht identisch wiederholbar ist, begrenzt.[94] Trotzdem mindert diese Einzigartigkeit die Güte nicht, da dieses Alleinstellungsmerkmal die fallstudienartige Teilanalyse von anderen Methoden abhebt. Eine Art Inter- und Intracoderreliabilität der Auswertung des Experteninterviews ist gegeben. Bei einer unabhängigen und wiederholten Durchsicht der extrahierten, qualitativen Aussagen und deren Interpretation durch eine dritte Person und den Verfasser der vorliegenden Arbeit wurden keine wesentlichen Abweichungen hinsichtlich der Zuordnung zu den Teilkomplexitäten festgestellt.[95] Des Weiteren wird die qualitative Forschung durch subjektive Einflüsse des Forschers und dessen Illustrationen sowie Interpretationen geprägt. Diese treten der Objektivität entgegen.[96]

3.5 Ergebnisse

3.5.1 Vorbemerkungen

Im Folgenden werden die Ergebnisse der qualitativen Inhaltsanalyse des Experteninterviews präsentiert. Dabei orientiert sich der Aufbau am Interviewleitfaden und der Chronologie der Antworten des Interviewpartners. Lediglich sporadisch wird die chronologische zugunsten der inhaltlichen Ebene des Interviews verlassen, um eine nachvollziehbare Struktur der Ergebnisse zu gewährleisten. Zudem unterbleiben Angaben, die die Identität des untersuchten Unternehmens und dessen Vertreter offenlegen. Zunächst sind im Weiteren allgemeine Angaben und Ergebnisse aufgeführt. Es folgen die Ergebnisse zur allgemeinen Umweltkomplexität und Regelkomplexität und zur Unternehmenskomplexität einschließlich der

---

92 Vgl. Flick (2009), Qualitative Sozialforschung, S. 490–492; Yin (2014), Case Study Research, S. 48–49.

93 Vgl. Gibbert et al. (2008), What passes as a rigorous case study?, S. 1468; Schäffer/Brettel (2005), Plädoyer für Fallstudien, S. 45; Yin (2014), Case Study Research, S. 48–49.

94 Vgl. Borchardt/Göthlich (2009), Erkenntnisgewinnung durch Fallstudien, S. 46.

95 Vgl. Mayring (2010), Qualitative Inhaltsanalyse, S. 117.

96 Vgl. Borchardt/Göthlich (2009), Erkenntnisgewinnung durch Fallstudien, S. 46. Synonym wird auch der Begriff der „interindividuellen Zuverlässigkeit" (Lamnek (2010), Qualitative Sozialforschung, S. 154) bemüht.

Komplexität der technischen und inhaltlichen Subsysteme gefolgt von den Ergebnissen zur Rechnungslegungskomplexität.

Das Interview fand am Freitag, dem 02. November 2012, von ca. 15.15 bis 17.22 Uhr am Arbeitsplatz des Interviewpartners statt und dauerte zwei Stunden, sechs Minuten und 51 Sekunden.

Im Allgemeinen stimmt der Interviewparter dem theoretischen Systematisierungsansatz der IFRS-Rechnungslegung zu, wie auch der Differenzierung der Komplexität der IFRS-Rechnungslegung in verschiedene Teilkomplexitäten (Regel-, Unternehmens- und allgemeine Umweltkomplexität). Die Zustimmung des Interviewpartners wird auf Basis seiner Antworten zu den einzelnen Fragenkomplexen konkludent abgeleitet. Demzufolge vertritt der Interviewpartner auch die Auffassung, dass die Komplexität der IFRS-Rechnungslegung zum einen aus dem Unternehmen (Unternehmenskomplexität) und dort aus den technischen und inhaltlichen Subsystemen und zum anderen aus der Umwelt (Umweltkomplexität) resultiert. Einen zentralen Aspekt der Umweltkomplexität stellt die Regelkomplexität der IFRS-Standards dar. Dabei zeigt sich auch, dass die Entwicklungen der Rechnungslegung, des Unternehmens und der Umwelt zusammenhängen und nicht isoliert nebeneinanderstehen. Dies gilt auch für die Komplexität. Eine eindeutige Trennung der einzelnen Komplexitäten ist daher aufgrund der Rück- und Wechselwirkungen nur schwer mögich. Das zeigen die nachfolgenden Ergebnisse.

3.5.2 Allgemeine Umweltkomplexität und Regelkomplexität

Zunächst stellt der Interviewpartner klar, dass die Umwelt die Rechnungslegung des Unternehmens beeinflusst. Als Beispiel geht er auf die ökonomischen Rahmenbedingungen ein, in denen das untersuchte Unternehmen agiert. Er führt dazu die Globalisierung an und legt dar, dass es einen erheblichen Unterschied macht, ob ein Unternehmen seinen Umsatz in einem einzigen Land erwirtschaftet oder seinen Umsatz in 30 Ländern der Welt generiert.[97] Denn das – so die Argumentation des Interviewpartners weiter – bedeutet zwangsläufig, dass die zentrale Bilanzierungsabteilung die damit einhergehende Vielzahl „verschiedene[r] Landesrechte beachten“[98] muss. Folglich hat die Erschließung eines neuen Landes unmittelbare Implikationen für die Rechnungslegung des untersuchten Unternehmens. Aus diesem Grund hängt die Komplexität der Rechnungslegung auch maßgeblich von derjenigen der Umwelt ab.

Daran koppelt sich die Tatsache, dass aufgrund von verschiedenen Gesellschaften in verschiedenen Ländern die Abwicklung von Transaktionen zwischen dem Unternehmen und seiner Umwelt in einer Fremdwährung erfolgt. Dieser Aspekt betrifft beispielsweise die Fakturierung. Der Interviewpartner merkt in diesem Zusammenhang an, dass die Absicherung von Transaktionen in Fremdwährung

97 Vgl. Anhang 4, Interviewpartner, #00:16:08–1# – #00:17:18–1#.
98 Anhang 4, Interviewpartner, #00:16:08–1# – #00:17:18–1#.

(*Hedging*) ebenfalls die Rechnungslegung (*Hedge Accounting*) berührt.[99] Allerdings hängt die Schwierigkeit, das Währungsrisiko abzusichern, direkt mit der Anzahl und Art der Absicherungsgeschäfte zusammen. Hierzu führt er aus, dass ein Unterschied besteht, ob „ganz einfach[e] Termingeschäft[e]“[100] abgeschlossen werden oder komplizierte „Optionsgeschäfte“[101]. Im untersuchten Unternehmen hat sich die Anzahl von Absicherungsgeschäften in den letzten drei Jahren mindestens versechzehnfacht. So liegt die Anzahl derartiger Geschäfte nach Angaben des Interviewpartners im Jahr 2009 noch zwischen 30 und 50, während sie im Jahr 2012 auf ca. 800 ansteigt.[102] Das entspricht einer Zunahme von mindestens 750 Währungsabsicherungsgeschäften von 2009 bis 2012 (+1.500,0%). Als Ursache erläutert er, dass die Unternehmensleitung den Wunsch hat, „Ergebnisse planbarer zu machen“[103]. Daher werden z.B. zukünftige Umsatzerlöse hinsichtlich des Währungsrisikos in steigendem Maße abgesichert.[104] Die beiden dargestellten Beispiele lassen den Schluss zu, dass die Umwelt die Rechnungslegung beeinflusst, d.h. eine höhere Umweltkomplexität führt auch zu einer steigenden Rechnungslegungskomplexität.

Der Einfluss der Umwelt auf das Unternehmen zeigt sich auch an der Entwicklung der Anzahl der Kunden. Hierzu stellt der Interviewpartner klar, dass insbesondere die Kunden der Automobilzulieferbranche, wie z.B. die *VOLKSWAGEN AG*, von einem Konsolidierungsprozess betroffen sind. Dieser Trend führt u.a. beim untersuchten Unternehmen zu einer Vereinfachung von Entwicklungsprozessen und wirkt „komplexitätsreduzierend“[105].[106] Auch diese Aussage impliziert einen Zusammenhang der Komplexität der Umwelt mit der Komplexität des Unternehmens.

Des Weiteren zeigt der Interviewpartner anhand der Entwicklung der Seitenanzahl des (unveröffentlichten) Geschäftsberichts auf, dass die Abbildung der ökonomischen Transaktionen des Unternehmens – auch mit seiner Umwelt – im Rahmen der Rechnungslegung an die reale Entwicklung gekoppelt ist. So hängt die Entwicklung der Seitenanzahl des Geschäftsberichts von „Sonderthemen“[107], wie z.B. „Unternehmenskäufe[n]“[108], ab.[109] Durch einen Unternehmenszukauf im Jahr 2007 hat sich die Seitenanzahl von ca. 60 auf ca. 95 Seiten (ca. +35; ca. +58,3%)

---

99 Vgl. Anhang 4, Interviewpartner, #00:26:22-0# – #00:31:37-3#.
100 Anhang 4, Interviewpartner, #00:26:22-0# – #00:27:36-4#.
101 Anhang 4, Interviewpartner, #00:26:22-0# – #00:27:36-4#.
102 Vgl. Anhang 4, Interviewpartner, #00:29:02-7# – #00:30:09-5#.
103 Anhang 4, Interviewpartner, #00:29:02-7# – #00:30:09-5#.
104 Vgl. Anhang 4, Interviewpartner, #00:30:40-6# – #00:31:37-3#.
105 Anhang 4, Interviewpartner, #00:19:50-3# – #00:21:07-4#.
106 Vgl. Anhang 4, Interviewpartner, #00:19:50-3# – #00:21:07-4#.
107 Anhang 4, Interviewpartner, #01:09:38-7# – #01:10:02-0#.
108 Anhang 4, Interviewpartner, #01:09:38-7# – #01:10:02-0#.
109 Vgl. Anhang 4, Interviewpartner, #01:08:59-3# – #01:10:46-2#.

erhöht, weil das Unternehmen hierzu „Zusatzangaben“[110] tätigen musste. Anschließend pendelt sich das Niveau der Seitenanzahl konstant bei ca. 80 Seiten ein (ca. +20; ca. +33,3%).[111] Es wird erneut offensichtlich, dass die Rechnungslegung von der Umwelt- und Unternehmensentwicklung beeinflusst wird. Gleichwohl beeinflusst auch die Rechnungslegung der IFRS per se die Finanzberichterstattung. So weist der Interviewpartner darauf hin, dass Anhangangaben von unterschiedlicher Qualität bestehen. So existieren, nach seiner Auffassung, aber ohne Nennung konkreter Beispiele, Anhangangaben, die relativ leicht zu ermitteln sind, und Anhangangaben, die relativ aufwendig in der Ermittlung sind.[112]

3.5.3 Unternehmenskomplexität

In Bezug auf den Einfluss des Unternehmens auf die Rechnungslegung spricht der Interviewpartner die (interne) „Kommunikation“[113] an, die für ihn einen wesentlichen „Komplexitätstreiber“[114] darstellt. Insbesondere vor dem Hintergrund einer zunehmenden Internationalisierung der Unternehmenstätigkeit führt er am Beispiel Rückstellungen aus, dass die Informationsübermittlung zwischen Kollegen äußerst sensibel zu handhaben ist, um Missverständnisse, z.B. aufgrund von Sprachbarrieren, zu vermeiden. Dabei geht er auf einen chinesischen Kollegen ein, der unter Umständen einen anderen kulturellen Hintergrund hat und demzufolge in E-Mails verwendete Wörter anders als z.B. ein deutscher Kollege interpretiert.[115] Ein konkreteres Beispiel hinsichtlich der internen Kommunikation zwischen Kollegen aus verschiedenen Ländern benennt er allerdings nicht. Gleichwohl räumt der Interviewpartner in diesem Zusammenhang ein, dass die Implementierung einer einheitlichen Rechnungslegungssprache, wie z.B. die IFRS, „Standardisierungsvorteile“[116] generiert und auf diese Weise zum Abbau von kommunikationsbedingten Hürden im Unternehmen beiträgt.[117] Demzufolge verbessert sich auf Basis der IFRS die Kommunikation im Unternehmen. Es wird somit deutlich, dass die Unternehmensentwicklung Einfluss auf die Rechnungslegung nimmt und vice versa.

Als einen weiteren Faktor des Unternehmens, der ebenfalls Einfluss auf die Rechnungslegung hat, identifiziert der Interviewpartner die „Unternehmensgröße“[118]. Dazu führt er aus, dass für die Rechnungslegungsabteilung ein Unterschied besteht, ob nur das lokale Landesrecht beachtet werden muss, oder ob

110 Anhang 4, Interviewpartner, #01:09:38–7# – #01:10:02–0#.
111 Vgl. Anhang 4, Interviewpartner, #01:08:59–3# – #01:10:46–2#.
112 Vgl. Anhang 4, Interviewpartner, #01:47:03–3# – #01:50:59–4#.
113 Anhang 4, Interviewpartner, #00:21:42–5# – #00:24:04–4#.
114 Anhang 4, Interviewpartner, #00:21:42–5# – #00:24:04–4#.
115 Vgl. Anhang 4, Interviewpartner, #00:21:42–5# – #00:24:04–4#.
116 Anhang 4, Interviewpartner, #01:22:17–9# – #01:24:58–4#.
117 Vgl. Anhang 4, Interviewpartner, #01:22:17–9# – #01:24:58–4#.
118 Anhang 4, Interviewpartner, #00:16:08–1# – #00:17:18–1#.

das Landesrecht mehrerer Länder relevant ist.[119] Um diesen Aspekt zu quantifizieren, besteht z.B. die Möglichkeit, auf die Anzahl der Konzernunternehmen oder die Anzahl der Länder, in denen das Unternehmen auf der Welt präsent ist, abzustellen.[120]

Des Weiteren geht der Interviewpartner auf die technischen Subsysteme des Unternehmens ein. In diesem Zusammenhang zeigt sich erneut, dass die Entwicklungen in der Umwelt als auch im Unternehmen zusammenhängen und Implikationen für die Rechnungslegung haben. Eine eindeutige und trennscharfe Abgrenzung hinsichtlich der Systeme ist indes nicht möglich. Dazu skizziert der Interviewpartner, inwiefern sich die Umwelt und die Internationalisierung der Unternehmenstätigkeit auf die Rechnungslegung auswirken. Er führt aus, dass „jede Gesellschaft in einem neuen Land“[121] zusätzlich technische Ansprüche an das (Mutter-)Unternehmen stellt. Hierzu fokussiert der Interviewpartner insbesondere auf das IT-System, das die entsprechenden Entwicklungen technisch abbilden muss. Weiter arbeitet er heraus, dass durch eine Gesellschaft in einem neuen Land vor allem die Implementierung einer entsprechenden neuen Kontenstruktur sowohl für das lokale Handels- als auch Steuerrecht notwendig wird, wobei sich aufgrund landesspezifischer Eigenheiten, wie das laut Interviewpartner z.B. in Russland, Indien oder Brasilien der Fall ist, besondere Kontenanforderungen ergeben.[122] Durch die Internationalisierung der Unternehmenstätigkeit halten dementsprechend Kennzeichen der jeweils landesspezifischen Umwelten Einzug.

Außerdem stellt der Interviewpartner heraus, dass sich die Komplexität der technischen Systeme des Unternehmens durch die Einführung der IFRS reduziert hat. So hat die Harmonisierung des externen und internen Rechnungswesens durch die IFRS, nach Aussage des Interviewpartners, zu einer Komplexitätsreduktion geführt. Dadurch müssen die Konten nicht mehr vier, sondern nur noch „drei Welten“[123] abbilden. Dazu gehört neben der lokalen, d.h. handelsrechtlichen und steuerlichen Welt, (nur) noch die IFRS-Welt.[124] Allerdings deutet diese Entwicklung nicht auf eine Komplexitätszu- oder -abnahme der IFRS im Zeitablauf hin. Vielmehr handelt es sich um einen einmaligen Umstellungseffekt, der Komplexität im Unternehmen reduziert.

Des Weiteren zeigt sich bei der Konsolidierung im Rahmen des Konzernabschlusses, dass dieser mit einer steigenden Anzahl einzubeziehender Unternehmen komplexer wird. Einen entsprechenden Indikator stellt das IT-System dar, in dem sich die Zunahme der Komplexität des Konsolidierungsprozesses widerspiegelt. So stellt der Interviewpartner heraus, das die Konsolidierung zunächst mit

119 Vgl. Anhang 4, Interviewpartner, #00:16:08-1# – #00:17:18-1#.
120 Vgl. Dritter Teil: Kap. 4.5.2.3.
121 Anhang 4, Interviewpartner, #00:17:19-3# – #00:18:37-7#.
122 Vgl. Anhang 4, Interviewpartner, #00:16:08-1# – #00:18:37-7#.
123 Anhang 4, Interviewpartner, #01:19:23-0# – #01:20:31-3#.
124 Vgl. Anhang 4, Interviewpartner, #01:18:41-5# – #01:21:52-8#.

dem Tabellenkalkulationsprogramm *Microsoft Excel 2007* erfolgte und bei einer Anzahl von ca. sechs zu konsolidierenden Gesellschaften an seine Grenzen stieß. Der Einsatz eines alternativen IT-Systems ist notwendig und wird vom Unternehmen entsprechend umgesetzt.[125]

Hinsichtlich der inhaltlichen Subsysteme des Unternehmens erklärt der Interviewpartner, dass sich die Komplexität der IT-Systeme in Abhängigkeit der zunehmenden Anzahl der Geschäftsbereiche verstärkt, da für die Unternehmensleitung nicht die externe, sondern die interne Sichtweise auf das Unternehmen relevant ist. Demzufolge müssen im Rahmen der Buchführung beispielsweise „Zusatzkontierungsmerkmale"[126] vergeben werden, um eine entsprechende Konsolidierung auf Basis der Geschäftsbereiche sicherzustellen,[127] da die externe Sichtweise (auf Basis der rechtlichen Gesellschaften) für die Unternehmensleitung von untergeordneter Bedeutung ist.[128] Folglich hängt die Rechnungslegungs- und Unternehmenskomplexität von der „Fertigungsbreite"[129] des Unternehmens ab. Je höher die Anzahl der Geschäftsbereiche ist, desto höher sind auch die technischen und inhaltlichen Anforderungen an die IT-Systeme.

3.5.4 Rechnungslegungskomplexität

In Bezug auf die Rechnungslegung führt der Interviewpartner aus, dass aus Sicht seines Unternehmens insbesondere die Themenbereiche Wertminderungstest nach IAS 36 und *Hedge Accounting* nach IAS 39 äußerst aufwendig sind. Vor allem „Ineffektivitäten"[130] beim „Cash-Flow-Hedge"[131] sind laut Interviewpartner „IFRS-spezifisch getrieben"[132] und unter „Wesentlichkeitsgedanken"[133], obgleich sie theoretisch richtig sind,[134] für das Unternehmen nicht umsetzbar.[135] So ist nach Auffassung des Interviewpartners der Umgang der IFRS mit der bilanziellen Abbildung derartiger Geschäfte „deutlich komplexer"[136] als nach HGB.[137]

---

125 Vgl. Anhang 4, Interviewpartner, #00:33:44-6# – #00:44:44-7#.
126 Anhang 4, Interviewpartner, #00:40:17-9# – #00:44:44-7#.
127 Vgl. Anhang 4, Interviewpartner, #00:40:17-9# – #00:44:44-7#.
128 Vgl. Anhang 4, Interviewpartner, #00:45:02-1# – #00:47:42-1#.
129 Anhang 4, Interviewpartner, #00:45:02-1# – #00:47:42-1#.
130 Anhang 4, Interviewpartner, #01:27:46-7# – #01:29:54-8#.
131 Anhang 4, Interviewpartner, #01:27:46-7# – #01:29:54-8#.
132 Anhang 4, Interviewpartner, #01:27:46-7# – #01:29:54-8#.
133 Anhang 4, Interviewpartner, #01:27:46-7# – #01:29:54-8#.
134 Vgl. Anhang 4, Interviewpartner, #01:27:46-7# – #01:29:54-8#.
135 Vgl. Anhang 4, Interviewpartner, #01:25:29-7# – #01:30:42-3#.
136 Anhang 4, Interviewpartner, #01:29:56-9# – #01:30:42-3#.
137 Vgl. Anhang 4, Interviewpartner, #01:29:56-9# – #01:30:42-3#.

3.6 Würdigung der ersten Teilanalyse

Im Ergebnis kommen aus der qualitativen Inhaltsanalyse des Experteninterviews keine klaren Aussagen hinsichtlich einer Komplexitätszunahme der IFRS-Rechnungslegung und des IFRS-Regelwerks im Zeitablauf zustande. Lediglich an einzelnen Stellen finden sich vorsichtige Anzeichen, die die These einer Komplexitätszunahme zumindest erst einmal nicht zu widerlegen scheinen. Dazu zählt z. B. der vom Interviewpartner aufgegriffene Themenkomplex des *Hedge Accountings.* Es zeigt sich aber, dass die (Sub-)Systeme der Rechnungslegung, des Unternehmens und der Umwelt einschließlich der Rechnungslegungsregeln miteinander in Interaktion stehen und nicht unabhängig voneinander betrachtet werden können. So belegt der Interviewpartner am Beispiel des untersuchten Unternehmens, dass sowohl Aspekte der Umwelt (z. B. die Globalisierung oder die Anzahl der Kunden) als auch des Unternehmens (z. B. die Anzahl der Landesgesellschaften oder die IT-Systeme) Einfluss auf die Rechnungslegung (z. B. im Rahmen der Konsolidierung) nehmen. Weitere Aspekte, wie z. B. die Unternehmenskommunikation, spielen aber ebenfalls eine wichtige Rolle. Es bestätigt sich somit der Systematisierungsansatz der Rechnungslegungskomplexität. Die Rechnungslegungskomplexität wird von der Unternehmens- und Umweltkomplexität einschließlich der Regelkomplexität beeinflusst. Dies gilt ebenfalls für die Regelkomplexität, die mit der (allgemeinen) Umweltkomplexität zusammenhängt und von deren Entwicklung mitgeprägt wird.

Als Schlussfolgerung ergibt sich, dass die Teilkomplexitäten in einem Zusammenhang stehen und nicht isoliert nebeneinander. Natürlich ist es möglich, Indikatoren für die einzelnen Komplexitätsebenen getrennt voneinander zu erheben, wie dies in der zweiten und der dritten Teilanalyse stattfindet. So wird in der zweiten Teilanalyse die IFRS-Regelkomplexität anhand der Abbildungsregeln und in der dritten Teilanalyse die IFRS- und die HGB-Rechnungslegungs- (Regelanwendung) sowie die Unternehmens- und die allgemeine Umweltkomplexität anhand des Abbildungsergebnisses untersucht. Allerdings sind die Resultate aus den Teilanalysen anschließend zu verzahnen und in einen Kontext zu stellen. Eine sorgfältige und definitive Aussage hinsichtlich einer Komplexitätszunahme der IFRS-Rechnungslegung und des IFRS-Regelwerks ist somit, wenn überhaupt, erst nach Ermittlung der einzelnen Indikatoren für die Teilkomplexitäten möglich. Die empirischen Befunde sind insofern im Rahmen einer Gesamt- und nicht einer Einzelwürdigung zu betrachten. Das gilt insbesondere für die Rechnungslegungs- (Regelanwendung) und Regelkomplexität, die anscheinend mit der Entwicklung der Unternehmens- und der allgemeinen Umweltkomplexität zusammenhängen. Dies verdeutlicht das Beispiel zum Unternehmenserwerb. Dort zeigt sich indirekt, dass der wirtschaftliche Gehalt der Transaktion (Unternehmens- und allgemeine Umweltkomplexität) durch die Abbildungsregeln (Regelkomplexität) erfasst wird und sich im Abbildungsergebnis (Rechnungslegungskomplexität) niederschlägt. Die Folgen des Unternehmenskaufs lassen sich anhand des Geschäftsberichts nachvollziehen. So erhöht sich die Seitenanzahl zuächst von 60 auf 95 (+35; +58,3%), bevor sie sich danach auf einem konstanten Niveau von 80 einpendelt (-15; -15,8%).

Die empirischen Resultate erfordern demnach eine vorsichtige und behutsame Interpretation sowie eine Nennung der Limitationen, da Indikatoren wohl auch Aspekte anderer Komplexitätsformen abgreifen. So bietet sich z. B. die Ermittlung der Seitenanzahl des Anhangs im Geschäftsbericht an, um die IFRS-Rechnungslegungskomplexität zu analysieren. Gleichwohl werden damit vermutlich nicht nur die Rechnungslegungskomplexität, sondern auch andere Komplexitätsformen, wie z. B. die Unternehmens- und die Umweltkomplexität einschließlich der Regelkomplexität, abgegriffen. Dies gilt es auch bei der Untersuchung der IFRS-Regelkomplexität zu berücksichtigen, die von der (allgemeinen) Umweltkomplexität beeinflusst wird.

Als weitere Konsequenz ergibt sich, dass Teilkomplexitäten anhand eines stark vereinfachenden Szenarios zu betrachten sind. Durch das Treffen von Annahmen kann einerseits von der Realität abstrahiert werden. Andererseits lassen sich Bereinigungen von verzerrenden Einflüssen durch andere Komplexitäten vornehmen. Die einzelnen Komplexitätsebenen werden dabei beachtet und berücksichtigt. Zum Beispiel lassen sich vorsichtige Schlussfolgerungen zu einer Zu- oder Abnahme der IFRS-Regelkomplexität anhand eines Vergleichs ziehen. Hierzu werden die Entwicklung der IFRS-Rechnungslegungskomplexität und diejenige der HGB-Rechnungslegungskomplexität gegenübergestellt. Zudem wird unterstellt, dass sich die HGB-Rechnungslegungskomplexität lediglich durch die Entwicklung der Unternehmens- und der allgemeinen Umweltkomplexität bestimmt. Differenzen zwischen der IFRS- und der HGB-Rechnungslegungskomplexität können insofern auf die IFRS-Abbildungsregeln zurückgeführt werden. Eine weitere Möglichkeit besteht darin, die Entwicklung der IFRS-Regelkomplexität von derjenigen der allgemeinen Umweltkomplexität zu bereinigen, um Hinweise auf eine Komplexitätszu- oder -abnahme der IFRS-Abbildungsregeln zu erhalten.

Darüber hinaus bietet es sich an, Indikatoren in zwei Zeitreihen darzustellen. Neben einer kurzfristigen Betrachtung, die die Entwicklung von Jahr zu Jahr zeigt, wird noch eine langfristige Betrachtung herangezogen. Diese stellt die Entwicklung von Zeiträumen über mehrere Jahre dar. Auf diese Weise können zum einen kurzfristige Einmal- und/oder Sondereffekte, wie sie sich z. B. aufgrund einer Unternehmensakquisition ergeben, festgestellt werden. Zum anderen lassen sich kurz- und langfristige Entwicklungen erkennen.

4 Quantitative Untersuchung der IFRS-Regelkomplexität (Zweite Teilanalyse) und der IFRS- und der HGB-Rechnungslegungskomplexität sowie der Unternehmens- und der allgemeinen Umweltkomplexität (Dritte Teilanalyse)

4.1 Untersuchungsgegenstand und Auswahl der Indikatoren

4.1.1 Konkretisierung des Untersuchungsgegenstandes

Im Folgenden findet ein Versuch statt, eine Komplexitätszunahme der IFRS-Rechnungslegung im Allgemeinen und des IFRS-Regelwerks im Besonderen zu untersuchen. Hierzu werden die einzelnen Komplexitätsebenen anhand verschiedener Indikatoren getrennt voneinander erfasst. Die Indikatoren greifen neben der IFRS-Regelkomplexität noch die IFRS- und die HGB-Rechnungslegungskomplexität sowie die Unternehmens- und die allgemeine Umweltkomplexität ab. Zur Untersuchung dienen in der zweiten Teilanalyse die Abbildungsregeln (IFRS-Regelkomplexität) und in der dritten Teilanalyse das Abbildungsergebnis (IFRS- und HGB-Rechnungslegungskomplexität sowie Unternehmens- und allgemeine Umweltkomplexität). Die IFRS stellen die Abbildungsregeln dar. Das Abbildungsergebnis ist der Finanzberichterstattung zuzuordnen. Es enthält die Rechnungslegung (Regelanwendung) und setzt sich in der vorliegenden Arbeit aus den Geschäftsberichten der DAX-30-Unternehmen und Daten aus der Datenbank „Amadeus" des Unternehmens *Bureau van Dijk Electronic Publishing GmbH* zusammen.[138] In beiden Teilanalysen finden sowohl eine Lesbarkeitsanalyse als auch eine quantitative Inhaltsanalyse statt. Darüber hinaus werden stark vereinfachende Szenarien benutzt, um verzerrende Einflüsse durch andere Teilkomplexitäten auszublenden und erste, vorsichtige Aussagen hinsichtich einer Komplexitätszunahme des IFRS-Regelwerks zu erhalten.[139]

Als Bezugsrahmen für die vorliegende zweite und dritte Teilanalyse dient der Systematisierungsversuch der Rechnungslegungskomplexität. Die Rechnungslegung bildet das Referenzsystem (Untersuchungsgegenstand) (vgl. Abb. 24).[140]

138 Vgl. Zweiter Teil: Kap. 4.
139 Vgl. Dritter Teil: Kap. 4.5.2.2, 4.5.2.3 und 4.5.2.4.
140 Vgl. Zweiter Teil: Kap. 3.4.

Abb. 24: Systematisierung der Rechnungslegungskomplexität[141]

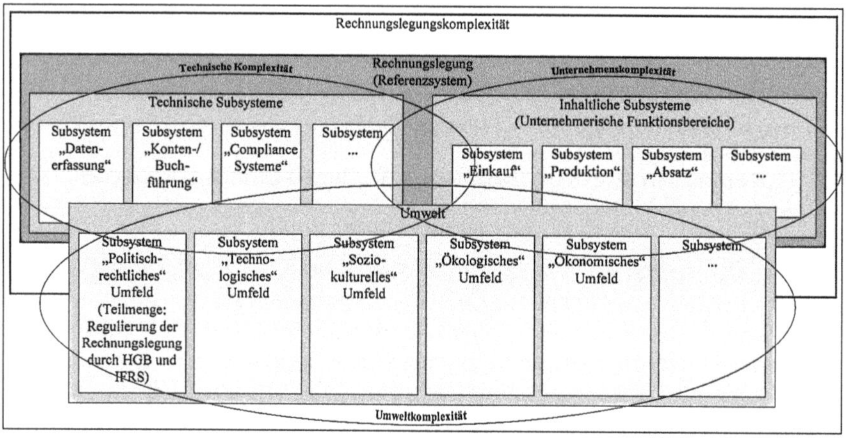

Nachdem der Untersuchungsgegenstand festgelegt ist, müssen die Elemente und Relationen bestimmt werden, um die Teilkomplexitäten zu erfassen.[142] Hierzu sind drei Annahmen zu treffen. Erstens bilden die Elemente und Relationen die Indikatoren. Zweitens entsprechen aus Vereinfachungsgründen die Elemente den Relationen. Demzufolge werden im Weiteren lediglich die Elemente bestimmt. Die Festlegung der Relationen ergibt sich dadurch indirekt. Drittens nimmt grundsätzlich der Grad an Komplexität zu, wenn die Anzahl der Elemente (und Relationen) im Zeitablauf steigt (Komplexitätszunahme) und vice versa (Komplexitätsabnahme). Eine Komplexitätszunahme respektive -abnahme ergibt sich dementsprechend durch eine Veränderung zwischen zwei Zeitpunkten, also im Zeitablauf. Es gilt allerdings, in diesem Zusammenhang das Messproblem zu beachten. Die Teilkomplexitäten beeinflussen sich gegenseitig und stehen nicht unabhängig nebeneinander. Vorsichtige Aussagen zu einer Komplexitätszunahme des IFRS-Regelwerks sind insofern erst nach beiden Teilanalysen möglich. Die empirischen Befunde zu den einzelnen Komplexitätsebenen sind in einen Kontext zu stellen und im Ganzen zu würdigen.[143]

4.1.2 Konkretisierung der zweiten Teilanalyse zur IFRS-Regelkomplexität

In der zweiten Teilanalyse wird die IFRS-Regelkomplexität anhand der Abbildungsregeln untersucht. Hierzu wird auf das IFRS-Gesamtsystem und auf einzelne

141 Quelle: Eigene Darstellung in enger Anlehnung an Fülbier/Kuschel (2012), Komplexitätszunahme in der IFRS-Rechnungslegung, S. 931. Vgl. ebenso Zweiter Teil: Kap. 3.4.

142 Vgl. hierzu und im Folgenden Zweiter Teil: Kap. 2.6.

143 Vgl. Dritter Teil: Kap. 2 und 3.6.

IFRS-Bilanzierungsbereiche abgestellt.[144] Ein Bilanzierungsbereich setzt sich entweder aus einem oder mehreren IFRS-Standards zusammen. Es erfolgt zum einen eine Lesbarkeitsanalyse der IFRS-Standards, um die Textkomplexität zu erfassen.[145] Zum anderen wird eine quantitative Inhaltsanalyse des IFRS-Gesamtsystems und der IFRS-Standards durchgeführt, um die formelle Regelkomplexität abzugreifen.[146] Sowohl die Textkomplexität als auch die formelle Regelkomplexität werden als Facette der Regelkomplexität der IFRS aufgefasst.

Um die IFRS-Regelkomplexität zu quantifizieren, werden nachfolgend die Indikatoren aufgeführt. Dies findet aus Übersichtlichkeitsgründen für die Lesbarkeitsanalyse, für die quantitative Inhaltsanalyse des IFRS-Gesamtsystems und für die quantitative Inhaltsanalyse der IFRS-Bilanzierungsbereiche getrennt statt. Anschließend erfolgt eine Würdigung der Auswahl der Indikatoren.

Hinsichtlich der Lesbarkeitsanalyse dienen die Sätze, (komplexen) Wörter und Silben in den IFRS-Standards als Indikatoren, die unter Zuhilfenahme von Lesbarkeitsindizes ermittelt werden. Komplexe Wörter bestehen aus drei oder mehr Silben.[147]

Hinsichtlich der quantitativen Inhaltsanalyse des IFRS-Gesamtsystems werden als Indikatoren die Anzahl der *Bound Volumes* bzw. *Red Books* als auch die Standards (IAS, IFRS) und Interpretationen (IFRIC, SIC) festgelegt.[148] Zudem erfolgt eine Differenzierung zwischen Standards, die einen oder mehrere Anhänge (*Appendix/Appendices*), eine Anwendungsleitlinie (*Application Guidances*), Beispiele (*Example(s)*), eine Durchführungsleitlinie (*Implementation Guidance, Guidances on Implementing*) oder mindestens ein Anschauungsbeispiel (*Illustrative Example*) enthalten. Ferner werden die Seiten-, Satz-, Wort-, Silben-, Zeichen-, Buchstaben-/Nummern-, Zeilen-, Absatz- und Satzzeichenanzahl sowie die Anzahl an komplexen Wörtern[149] und die verwendete Anzahl an Fachtermini (im Glossar) als Indikatoren definiert. Die Seitenanzahl wird auch bestimmten Bereichen des Standards,

144 Vgl. Zweiter Teil: Kap. 4.4.

145 Vgl. Dritter Teil: Kap. 4.5.1.3.

146 Vgl. Dritter Teil: Kap. 4.5.1.1 und 4.5.1.2.

147 Vgl. dazu auch Erster Teil: Kap. 2.3.1; Martindale et al. (1992), Tax Law Complexity, S. 383.

148 Vgl. Erster Teil: Kap. 2.1.1 und 2.2.1; Hoffjan et al. (2008), Einfachheit, S. 282–283; Knauer et al. (2012), Komplexität der Rechnungslegung, S. 284; Lassila/Smith (1997), Tax Complexity and Compliance Costs, S. 208–210; Ojala et al. (2011), Accounting Regulation Complexity, S. 2, die sich auf Palmrose (2009), Science, Politics, and Accounting, S. 283–284, beziehen; Schuck (1992), Legal Complexity, S. 6; Slemrod (2005), Tax Complexity, S. 279, 283; kritisch dazu Egner (2009), Überlegungen zur Komplexität des deutschen Steuersystems, S. 70.

149 Vgl. Erster Teil: Kap. 2.3.1. In Analogie zum Lesbarkeitsindex Gunning *Fog-Index*, der Wörter mit drei oder mehr Silben als komplexe Wörter definiert, werden komplexe Wörter als Element respektive Relation definiert und als Indikator erhoben.

wie z.B. dem Inhaltsverzeichnis, dem Glossar und dem Stichwortverzeichnis, zugeteilt.[150]

Hinsichtlich der quantitativen Inhaltsanalyse der IFRS-Bilanzierungsbereiche werden die Seiten- und Paragrafenanzahl sowie die Satz-, Wort-, Silben-, Zeichen-, Buchstaben-/Nummern-, Zeilen-, Absatz- und Satzzeichenanzahl als auch die Anzahl an komplexen Wörtern als Indikatoren determiniert. Die Seitenanzahl wird auch bestimmten Bereichen des Standards, wie z.B. dem *Appendix*, der *Guidances on Implementing* oder den *Illustrative Example*, zugeteilt. Als weitere Indikatoren dienen die Anzahl an Überschriften ersten Grades, an Anhängen und an Beispielen.

Die Auswahl der Indikatoren für die Lesbarkeitsanalyse und die quantitative Inhaltsanalyse lässt sich anhand mehrere Argumente begründen. Erstens stellen Studien im Forschungsüberblick verschiedene Möglichkeiten dar, um Komplexität zu quantifizieren. Hierunter fallen einerseits Lesbarkeitsindizies, die die Textkomplexität anhand von Sätzen, (komplexen) Wörtern und Silben erfassen. Andererseits sind das einfache, quantitative Inhaltsanalysen, die die (Regel-)Komplexität auch z.B. anhand der Seiten- und Paragrafenanzahl bestimmen.[151] Zweitens zeigt sich die formelle Regelkomplexität anhand verschiedener Aspekte. Hierzu gehören die Verständlichkeit und der Umfang. Diese lassen sich z.B. durch Lesbarkeitsindizies, die Anzahl der Standards und Interpretationen, die jeweiligen Seiten-, Paragrafen-, Absatz-, Zeilen-, Satz-, Wort-, Silben-, Buchstaben-/Nummern-, Satzzeichen- und Zeichenanzahlen als auch die Anzahl an komplexen Wörtern sowie die Anzahl an Fachtermini (im Glossar) abgreifen. Ferner bieten sich dazu ebenso z.B. die Anzahl der Überschriften ersten Grades, die Anzahl der Anhänge und Beispiele je Standard sowie die Fachtermini (im Glossar) an.[152] Drittens werden die *Application Guidances*, die *Guidances on Implementing*, die allgemeinen Beispiele im Standard (*Examples*), die *Illustrative Examples* sowie das Inhaltsverzeichnis, das Glossar und das Stichwortverzeichnis herangezogen. Der Standardsetter verfolgt

---

150 Vgl. Erster Teil: Kap. 2.1.1, 2.1.2, 2.2.1, 2.2.2, 2.3.1 und 3; vgl. z. B. auch CHAND ET AL. (2010), Interpretation and application, S. 282; LONG/SWINGEN (1987), Measurement of Tax Law Complexity, S. 23; RUTHERFORD (2003), Textual Complexity, S. 189; ähnlich auch z. B. SUBRAMANIAN ET AL. (1993), Performance and Readability, S. 49.

151 Vgl. Erster Teil: Kap. 2.1.1, 2.1.2, 2.2.1, 2.2.2, 2.3.1 und 3.

152 Vgl. Erster Teil: Kap. 2.3.1 und 3 sowie Zweiter Teil: Kap. 4.4. Vgl. in diesem Zusammenhang z. B. auch die rudimentären, empirischen Studien von WEBER/KLAMAR ((2012), Umfang des Anhangs nach IFRS) und von WEBER/WENG ((2014), Umfang des Anhangs nach IFRS), die bei Unternehmen in Deutschland (DAX 30), Frankreich (CAC 40), Großbritannien (FT 30), Italien (MIB 40) und der Schweiz (SMI 20) die Entwicklung des Umfangs des IFRS-Anhangs in englischsprachigen Abschlüssen in den Jahren 2010, 2011 und 2012 untersuchen. Interessant ist dabei, dass sie aufgrund unterschiedlicher Layouts, Schriftgröße etc. nicht auf die Seitenanzahl des Anhangs, sondern die Zeichenanzahl rekurrieren.

mit den Erweiterungen die Absicht, dem Bilanzersteller für komplexe Sachverhalte Handlungsanweisungen und Hilfestellungen zu überlassen. Dies zeigt sich vor allem bei der *Guidances on Implementing*. Gleiches gilt aber auch für die *Application Guidances*, die allgemeinen Beispiele im Standard, die *Illustrative Examples* sowie das Inhaltsverzeichnis, das Stichwortverzeichnis, das Glossar und die Fachtermini im Glossar, die ebenfalls „komplexitätsreduzierend intendiert“[153] sein dürften. Ob sie ihr Ziel erreichen, bleibt allerdings offen. Deren bloße Existenz im Standard wird insofern als Komplexitätssignal gedeutet.[154] Viertens geht ceteris paribus annahmegemäß eine zunehmende Regelkomplexität mit einer ansteigenden Regulierungsdichte einher. Diese drückt sich z. B. in Form von mehr Standards, Interpretationen, Paragrafen etc. aus. Diese formellen Aspekte werden durch die Indikatoren erfasst.[155] Fünftens können die Indikatoren relativ leicht, z. B. manuell und/oder mithilfe eines computergestützten Programms, erhoben werden. Diese sind insofern einzigartig, da es sich um Primärdaten handelt. Zudem sind sie objektiv ermittelbar und für Dritte nachvollziehbar. So ermöglichen sie eine Vergleichbarkeit im Zeitablauf.[156]

Gleichwohl ist die Auswahl auch kritisch zu sehen. An erster Stelle sind hier die Indikatoren selbst zu nennen. Diese versuchen zwar, die IFRS-Regelkomplexität zu erfassen. Allerdings greifen sie wohl auch Aspekte anderer Teilkomplexitäten, wie z. B. der allgemeinen Umweltkomplexität, ab. Denn die Teilkomplexitäten hängen zusammen und sind nicht unabhängig voneinander (Messproblem).[157] Insofern sei dahingestellt, ob sie ihr Ziel tatsächlich auch erreichen, die IFRS-Regelkomplexität zu beleuchten. Zweitens vernachlässigen die Indikatoren materielle Aspekte. Diese greifen lediglich auf formelle Merkmale des IFRS-Regelwerks zurück. Zudem bleiben auch weitere formelle Kriterien unberücksichtigt. Hierzu gehören u. a. Layout (z. B. Papiergröße, Abbildungen, Tabellen etc.) und Schrifteigenschaften

---

153 Fülbier/Kuschel (2012), Komplexitätszunahme in der IFRS-Rechnungslegung, S. 935.

154 Vgl. Zweiter Teil: Kap. 4.4; Fülbier/Kuschel (2012), Komplexitätszunahme in der IFRS-Rechnungslegung, S. 935; Pellens et al. (2014), Internationale Rechnungslegung, S. 60–62; Pellens et al. (2011), Internationale Rechnungslegung, S. 101–102. Die *Basis for Conclusions* (BC) einschließlich der *Dissenting Opinion* (DO) kann wohl nicht als Komplexitätssignal interpretiert werden, da die dokumentierte Entscheidungsgrundlage vielmehr dazu dient, die Motive und Intentionen der einzelnen Boardmitglieder transparent nachzuweisen (vgl. Pellens et al. (2014), Internationale Rechnungslegung, S. 60; Pellens et al. (2011), Internationale Rechnungslegung, S. 101–102). Gleichwohl bleibt aber auch nach Ansicht des Verfassers offen, ob sie tatsächlich das Ziel einer besseren Verständlichkeit und Nachvollziehbarkeit erreicht oder vielleicht doch eher selbiges konterkariert.

155 Vgl. Erster Teil: Kap. 2.1.1; Ojala et al. (2011), Accounting Regulation Complexity, S. 2, die sich auf Palmrose (2009), Science, Politics, and Accounting, S. 283–284, beziehen.

156 Vgl. Erster Teil: Kap. 2.3.1.

157 Vgl. Zweiter Teil: Kap. 2.6, 3.4 und Dritter Teil: Kap. 2.

(z. B. Art, Größe etc.). Drittens ist der Indikator „komplexe Wörter“ kritisch zu sehen. So können auch Wörter mit ein oder zwei Silben komplex oder Wörter mit drei oder mehr Silben, wie z. B. Unternehmen (*Company*), nicht komplex sein.[158] Viertens werden die Indikatoren auch nicht entsprechend ihres Umfangs und/oder ihres Inhalts gewichtet. So ist es beispielsweise möglich, dass ein Paragraf lediglich aus einem Satz besteht, während hingegen sich ein anderer aus mehreren Sätzen zusammensetzt. Beide werden ungewichtet als ein Paragraf erfasst. Fünftens kann eine zunehmende Regulierungsdichte auch als Signal einer Komplexitätsabnahme und nicht einer Komplexitätszunahme interpretiert werden. So kann eine zunehmende Anzahl an formellen Aspekten (wie z. B. in Form von mehr Seiten und Paragrafen) den Bilanzersteller auch unterstützen, da er zusätzliche Hilfestellungen an die Hand bekommt. Dies gilt ebenso für die Erweiterungen der Standards (*Application Guidances, Guidances on Implementing, Illustrative Examples,* allgemeinen Beispiele im Standard, Inhalts- und Stichwortverzeichnis, Glossar). Sie können ebenfalls zu einem klareren Verständnis beitragen, sodass deren Existenz auch als Komplexitätsabnahme gedeutet werden kann. Sechstens kann eine manuelle Erhebung von Indikatoren – im Unterschied zu anderen Methoden – fehleranfälliger sein. So sind beispielsweise Doppelerfassungen o. Ä. möglich. Dies kann die Datenqualität beeinträchtigen.

4.1.3 Konkretisierung der dritten Teilanalyse zur IFRS- und zur HGB-Rechnungslegungskomplexität sowie zur Unternehmens- und zur allgemeinen Umweltkomplexität

Nachdem in der zweiten Teilanalyse die Untersuchung der IFRS-Regelkomplexität anhand der Abbildungsregeln erfolgt, findet nun ein Wechsel der Perspektive statt. In der dritten Teilanalyse wird die IFRS-Rechnungslegung anhand des Abbildungsergebnisses (Regelanwendung) erforscht, indem weitere Teilkomplexitäten ermittelt werden. Dies sind die IFRS- und die HGB-Rechnungslegungskomplexität (Regelanwendung) sowie die Unternehmens- und die allgemeine Umweltkomplexität. Die Ergebnisse aus der zweiten und dritten Teilanalyse werden verzahnt, um Indizien hinsichtlich einer Komplexitätszunahme des IFRS-Regelwerks zu erhalten. Als Abbildungsergebnis dient die Finanzberichterstattung, die die Rechnungslegung enthält. Hierzu zählen in der vorliegenden Arbeit im Wesentlichen die Geschäftsberichte der DAX-30-Unternehmen und Daten aus der Datenbank „Amadeus“ des Unternehmens *Bureau van Dijk Electronic Publishing GmbH*.[159] Es erfolgt einerseits eine Lesbarkeitsanalyse, um die Textkomplexität von ausgewählten Bilanzierungsbereichen im Anhang der Geschäftsberichte zu analysie-

158 Vgl. Hrasky et al. (2009), Textual Complexity of Annual Report Narratives, S. 39; Loughran/McDonald (2011), Measuring Readability, S. 3–4.

159 Vgl. Zweiter Teil: Kap. 4.1.

ren.[160] Diese wird als Facette der IFRS-Rechnungslegungskomplexität interpretiert. Zum anderen findet eine quantitative Inhaltsanalyse der Geschäftsberichte statt, um die IFRS-Rechnungslegungskomplexität anhand des Anhangs zu beleuchten und die HGB-Rechnungslegungskomplexität anhand des Lageberichts.[161] Hierfür wird sowohl auf die Seitenanzahl als auch auf ausgewählte Schlag- und Signalwörter (Schlag- und Signalwortsuche) abgestellt. Darüber hinaus erfolgt eine quantitative Inhaltsanalyse der Geschäftsberichte und der Daten aus der Datenbank, um die Unternehmens- und die allgemeine Umweltkomplexität zu untersuchen.[162]

Um die Teilkomplexitäten zu quantifizieren, werden nachfolgend die Indikatoren aufgeführt. Dies findet aus Übersichtlichkeitsgründen für die Lesbarkeitsanalyse und für die quantitative Inhaltsanalyse getrennt statt. Bei der quantitativen Inhaltsanalyse findet zudem eine Unterscheidung im Hinblick auf die Teilkomplexitäten statt. Anschließend erfolgt eine Würdigung der Auswahl der Indikatoren. In diesem Zusammenhang wird die Auswahl der Suchbegriffe für die Schlag- und Signalwortsuche separat dargelegt.

Hinsichtlich der Lesbarkeitsanalyse dienen die Sätze, (komplexen) Wörter und Silben ausgewählter IFRS-Bilanzierungsbereiche im Anhang der Geschäftsberichte der DAX-30-Unternehmen als Indikatoren, die unter Zuhilfenahme eines Lesbarkeitsindex ermittelt werden.

Hinsichtlich der quantitativen Inhaltsanalyse werden die Seitenanzahl und komplexitätsinduzierenden Wörter in den Geschäftsberichten als Indikatoren benutzt, um die IFRS- und HGB-Rechnungslegungskomplexität zu untersuchen. Dabei dienen die Seitenanzahl des Anhangs als Indikator für die IFRS-Rechnungslegungskomplexität, die Seitenanzahl des Lageberichts für die HGB-Rechnungslegungskomplexität. Daneben werden Wörter, die auf Komplexität hindeuten und/oder diese andeuten, definiert und mittels einer Schlag- und Signalwortsuche ermittelt. Komplexitätsinduzierende Wörter im Anhang werden – im Einklang mit der Literatur – als Indikator für die IFRS-Rechnungslegungskomplexität verwendet, komplexitätsinduzierende Wörter im Lagebericht für die HGB-Rechnungslegungskomplexität.[163]

Hinsichtlich der quantitativen Inhaltsanalyse werden zudem die Anzahl an Mitarbeitern und die Anzahl an Konzernunternehmen als Indikatoren für die Unternehmenskomplexität ermittelt, die Bilanzsumme und die Umsatzerlöse für die allgemeine Umweltkomplexität.

Die Auswahl der Indikatoren für die Lesbarkeitsanalyse und die quantitative Inhaltsanalyse lässt sich anhand mehrerer Argumente begründen. Erstens stellen Studien im Forschungsüberblick verschiedene Möglichkeiten dar, um Komplexität zu quantifizieren. Hierunter fallen einerseits Lesbarkeitsindizies, die die

---

160 Vgl. Dritter Teil: Kap. 4.5.2.1.
161 Vgl. Dritter Teil: Kap. 4.5.2.2.
162 Vgl. Dritter Teil: Kap. 4.5.2.3 und 4.5.2.4.
163 Vgl. Erster Teil: Kap. 2.1.1.

Textkomplexität anhand von Sätzen, (komplexen) Wörtern und Silben erfassen. Andererseits sind das einfache, quantitative Inhaltsanalysen, die die (Rechnungslegungs-)Komplexität z. B. anhand der Seitenanzahl von Finanzberichten bestimmen.[164] Dies gilt auch für eine Schlag- und Signalwortsuche.[165] Zudem unterstützt die Literatur die Quantifizierung der Unternehmenskomplexität anhand der Anzahl der Mitarbeiter und der Anzahl der Konzernunternehmen sowie der allgemeinen Umweltkomplexität anhand der Bilanzsummen und der Umsatzerlöse.[166] Zweitens bestärken Erkenntnisse aus der ersten Teilanalyse die Auswahl der Indikatoren. Zum einen verbindet der Interviewpartner die Auswirkungen einer Transaktion mit dem Geschäftsbericht. Die Seitenanzahl bietet sich insofern als Indikator für die IFRS- und die HGB-Rechnungslegungskomplexität an. Zum anderen regt er die Messung der Unternehmenskomplexität anhand der „Unternehmensgröße"[167] an. Hierfür ist sowohl die Anzahl an Konzernunternehmen als auch die Mitarbeiteranzahl prädestiniert.[168] Gleiches zeigt sich auch für die allgemeine Umweltkomplexität, die er an der Globalisierung und der Anzahl der Kunden festmacht.[169] Diese lassen sich (indirekt) mithilfe der

164 Vgl. Erster Teil: Kap. 2.1.1, 2.1.2, 2.2.1, 2.2.2, 2.3.1 und 3. Im Forschungsüberblick wird u. a. auf die Länge der Finanzberichte (z. B. durch die Anzahl der Wörter) zurückgegriffen, um Komplexität zu quantifizieren (vgl. Erster Teil: Kap. 2.1.2). Das hier gewählte Vorgehen, z. B. die Anzahl der Seiten des Anhangs als Indikator für die Komplexität der IFRS-Rechnungslegung zu bestimmen, kann dementsprechend als Simplifizierung interpretiert werden, zumal Komplexität auch anhand der Seitenanzahl gemessen wird (vgl. Erster Teil: Kap. 2.1.1 und 2.3.1).

165 Vgl. Erster Teil: Kap. 2.1.2 und 2.3.1.

166 Vgl. Erster Teil: Kap. 2.3.2 und 3. Im Forschungsüberblick zeigt sich, dass die Organsiationskomplexität z. B. anhand der geografischen Segmente bestimmt werden kann (vgl. Erster Teil: Kap. 2.3.2). In der vorliegenden Arbeit wird durch das Rekurrieren auf die Anzahl der Konzernunternehmen eine ähnliche Maßgröße, die ebenfalls auf eine nationale und internationale Verbreitung des Unternehmens hindeutet, generiert. Zudem werden die Bilanzssumme und die Umsatzerlöse als Indikator für die Unternehmenskomplexität herangezogen (vgl. Erster Teil: Kap. 2.3.2). Allerdings muss dieser Auffassung nicht zwingend gefolgt werden. Stattdessen wird vorliegend die Auffassung vertreten, dass die Bilanzsumme respektive die Umsatzerlöse gerade mit der Umwelt zusammenhängen. So resultieren z. B. die Umsatzerlöse aus dem Verkauf von für die gewöhnliche Geschäftstätigkeit typischen Erzeugnissen, Waren oder Dienstleistungen (vgl. § 277 Abs. 1 HGB; IAS 18) von Unternehmen (Verkäufer) an unternehmensexterne Dritte (Käufer). Dementsprechend vermag es durchaus zu überzeugen, die Umsatzerlöse als Näherungswert für die allgemeine Umweltkomplexität in Anspruch zu nehmen. Auch die Bilanzssumme wird entsprechend interpretiert und verwendet.

167 Anhang 4, Interviewpartner, #00:16:08-1# – #00:17:18-1#.

168 Vgl. Dritter Teil: Kap. 3.5.3 und 3.6.

169 Vgl. Dritter Teil: Kap. 3.5.2 und 3.6.

Bilanzsummen und der Umsatzerlöse abgreifen. Drittens geht ceteris paribus annahmegemäß eine zunehmende Regelkomplexität mit einer ansteigenden Rechnungslegungskomplexität einher. So kann sich beispielsweise eine zunehmende Regelkomplexität in einer Verschlechterung der Lesbarkeit der Anhangangaben zu IAS 17 (Rechnungslegungskomplexität) zeigen und vice versa. Die Rechnungslegungskomplexität trägt wiederum zu einer wachsenden Finanzberichterstattungskomplexität bei (z. B. in Form von mehr Seiten im Geschäftsbericht). Analog gilt dies auch für ein immer mehr an Unternehmens- und allgemeiner Umweltkomplexität, die sich – qua Annahme – in einem ansteigenden Indikatorwert (Anzahl an Mitarbeitern und Konzernunternehmen sowie Bilanzsumme und Umsatzerlöse) widerspiegeln können. Viertens besitzt der Anhang im Hinblick auf die IFRS-Rechnungslegungskomplexität eine besondere Stellung in der Literatur und der Lagebericht hinsichtlich der HGB-Rechnungslegungskomplexität.[170] Fünftens können die Indikatoren relativ leicht, z. B. manuell und/

170 Vgl. Zweiter Teil: Kap. 4.4; vgl. ebenso in diesem Zusammenhang Li ((2008), Annual report readability, S. 226), der ebenfalls den Anhang als Untersuchungsgegenstand identifiziert, oder Peterson ((2012), Accounting complexity, S. 73, 79, 92–93). Vgl. ebenso zur Bedeutung des Anhangs Brüggemann (2007), Berichterstattung im Anhang des IFRS-Abschlusses, S. 2, 3, 4–8; Ernst et al. (2009), Verhalten und Präferenzen deutscher Aktionäre; Pellens/Schmidt (2014), Verhalten und Präferenzen deutscher Aktionäre. So widmet sich z. B. die kapitalmarktempirische Forschung der Frage, ob Informationen im Anhang (*Disclosure*) den gleichen Stellenwert für die Adressaten besitzen wie identische Informationen in den Rechenwerken (*Recognition*) (vgl. grundlegend zur Thematik *Recognition* vs. *Disclosure* Bernard/Schipper ((1994), Recognition and disclosure in financial reporting), die ein heterogenes Bild hinsichtlich der *Value Relevance* von *Recognition*- und *Disclosure*-Informationen zeigen; vgl. ebenso Wagenhofer/Ewert (2007), Externe Unternehmensrechnung, S. 94; vgl. beispielhaft auch die Thematik einer *On*- oder *Off-Balance*-Bilanzierung von Leasingtransaktionen sowie die Wahrnehmung von Anhangangaben durch die Adressaten in diesem Zusammenhang stellvertretend für viele Fülbier/Pferdehirt ((2005), Leasingbilanzierung, S. 278 und 278, Fn. 15 m. w. N.) und Sigloch ((2006), Leasing-Transaktionen in der Rechnungslegung, S. 423). Die Kontroverse bleibt aber ergebnisoffen und „unanswered" (Davis-Friday et al. (1999), Value Relevance of Financial Statement Recognition vs. Disclosure, S. 405)). Weitestgehender Konsens besteht hinsichtlich des zentralen Stellenwerts des Anhangs, da die Rechenwerke ohne den Anhang nicht vollständig zu verstehen sind (vgl. Brüggemann (2007), Berichterstattung im Anhang des IFRS-Abschlusses, S. 2, 3, 4–8 jeweils m. w. N.; Ernst et al. (2009), Verhalten und Präferenzen deutscher Aktionäre, S. 32, 57; Libby et al. (2014), Financial Accounting, S. 15–16; Pellens/Schmidt (2014), Verhalten und Präferenzen deutscher Aktionäre, S. 16, 18, 39–42, 65–66). Der Anhang bietet sich daher auch für eine Untersuchung an (vgl. in diesem Zusammenhang z. B. auch die rudimentären, empirischen Studien von Weber/Klamar ((2012), Umfang des Anhangs nach IFRS) und von Weber/Weng ((2014), Umfang des Anhangs nach IFRS), die bei Unternehmen in Deutschland (DAX 30),

oder mithilfe eines computergestützten Programms, erhoben werden. Sie sind insofern einzigartig, da es sich im Wesentlichen um Primärdaten aus den Geschäftsberichten der DAX-30-Unternehmen handelt. Zudem sind sie objektiv ermittelbar und für Dritte nachvollziehbar. So ermöglichen sie eine Vergleichbarkeit im Zeitablauf.[171]

Einer quantitativen Inhaltsanalyse mittels Schlag- und Signalwortsuche liegt die Annahme zugrunde, dass Wörter gezielt eingesetzt werden, um entsprechende Prozesse, Motive, Emotionen oder auch Absichten zu kommunizieren.[172] Dies gilt auch für das Komplexitätsphänomen. Dementsprechend leitet sich daraus die These ab, dass Unternehmensinsider – sofern sie im Rahmen der Rechnungslegung Komplexität berichten – auch entsprechende Begrifflichkeiten, die zumindest auf Komplexität hindeuten und/oder diese andeuten, einsetzen, um Informationen an Unternehmensoutsider zu übermitteln.[173] Eine Schlag- und Signalwortsuche bietet sich insofern zur Untersuchung der IFRS- und HGB-Rechnungslegungskomplexität an.

Die verwendeten Schlag- und Signalwörter (Suchbegriffe) leiten sich aus der konzeptionellen Analyse des Komplexitätsphänomens ab. Es zeigt sich dort, dass Komplexität ein theoretisches Konstrukt darstellt. Es ist in der Realität nicht unmittelbar wahrnehmbar und, aufgrund von Rück- und Wechselwirkungen, empirisch schwer zu erfassen. Da Unsicherheit und Risiko mit Komplexität zusammenhängen und auf diese hindeuten, werden sie als Hilfskonstrukte zur Quantifizierung herangezogen.[174] Zudem wird dargelegt, dass sich die materielle Regelkomplexität im Wesentlichen aus dem Unsicherheits-/Zukunftsbezug der IFRS ergibt. Dieser schlägt sich zum einen in Schätzungen (*Fair-Value*-Bewertung) und zum anderen in Ermessensspielräumen nieder.[175] Vor diesem Hintergrund ergeben sich somit die Suchbegriffe „Komplexität", „Unsicherheit",

---

Frankreich (CAC 40), Großbritannien (FT 30), Italien (MIB 40) und der Schweiz (SMI 20) die Entwicklung des Umfangs des IFRS-Anhangs in englischsprachigen Abschlüssen in den Jahren 2010, 2011 und 2012 untersuchen. Interessant ist dabei, dass sie aufgrund unterschiedlicher Layouts, Schriftgröße etc. nicht auf die Seitenanzahl des Anhangs, sondern die Zeichenanzahl rekurrieren. Sie kommen für die Jahre 2010 und 2011 u. a. zu dem Ergebnis, dass IFRS-Anhänge von deutschen Industrieunternehmen durchschnittlich um ca. 20% umfangreicher sind als die von vergleichbaren Unternehmen in Großbritannien).

171 Vgl. Erster Teil: Kap. 2.3.1.

172 Vgl. Erster Teil: Kap. 2.3.1; RENNEKAMP (2012), Managers' Choice of Reporting Complexity in Disclosures, S. 3; TAUSCZIK/PENNEBAKER (2010), The Psychological Meaning of Words, S. 25.

173 Vgl. dazu z. B. PETERSON ((2012), Accounting complexity, S. 73, 79, 92–93), der den Anhang von 10-K-Berichten nach Wortstämmen durchsucht; vgl. ebenso z. B. LI (2006), Do Stock Market Investors Understand the Risk Sentiment of Corporate Annual Reports?

174 Vgl. Zweiter Teil: Kap. 2.1, 2.2 und 2.3.

175 Vgl. Zweiter Teil: Kap. 4.4.

„Risiko", „Schätzung", „Ermessen" und „Spielraum" (einschließlich ihrer jeweiligen Derivate). Im Übrigen greifen auch andere Studien auf die ausgewählten Suchbegriffe zurück.[176]

Gleichwohl ist die Auswahl der Indikatoren für die Lesbarkeitsanalyse und die quantitative Inhaltsanalyse auch kritisch zu sehen. An erster Stelle sind hier die Indikatoren selbst zu nennen. Diese versuchen zwar, die IFRS- und die HGB-Rechnungslegungskomplexität (Regelanwendung) sowie die Unternehmens- und die allgemeine Umweltkomplexität zu erfassen. Allerdings greifen sie wohl auch Aspekte der jeweils anderen Teilkomplexitäten ab. Denn diese hängen zusammen und sind nicht unabhängig voneinander (Messproblem).[177] So wird etwa die Rechnungslegungskomplexität sowohl von der Unternehmens- als auch von der Umweltkomplexität beeinflusst. Es können daher z.B. anhand der Schlag- und Signalwortsuche auch andere Aspekte als die Rechnungslegungskomplexität beleuchtet werden. Das trifft beispielsweise auf das Wort „Gebäudekomplex" zu, das unzweifelhaft von den Suchbegriffen erfasst wird. Ob es allerdings einen Indikator für Rechnungslegungskomplexität darstellt, darf zumindest bezweifelt werden. Insofern sei dahingestellt, ob die Indikatoren ihr Ziel tatsächlich erreichen, immer die einzelnen Komplexitäten abzugreifen. Zweitens bleiben formelle Kriterien unberücksichtigt. Hierzu gehören u.a. Layout (wie z.B. Papiergröße, Abbildungen, Tabellen etc.) und Schrifteigenschaften (wie z.B. Art, Größe etc.). Zudem wird u.a. auch das Abstellen auf komplexe Wörter in Lesbarkeitsformeln kritisch gesehen, da diese in der Realität zwar in Texten vorkommen, aber deswegen nicht unbedingt komplex im Sinne von schwer verständlich sein müssen. Ein

176 Vgl. Erster Teil: Kap. 2.1.1 und 3. Beispielsweise sei an dieser Stelle auf die Studien von Li ((2006), Do Stock Market Investors Understand the Risk Sentiment of Corporate Annual Reports?) und Fülbier/Kuschel ((2012), Komplexitätszunahme in der IFRS-Rechnungslegung) verwiesen. Li ((2006), Do Stock Market Investors Understand the Risk Sentiment of Corporate Annual Reports?, S. 7) bezeichnet seinen Ansatz als „simple but effective" und arbeitet die Bedeutung von Risiko und Unsicherheit in englischsprachigen Geschäftsberichten heraus, in dem er auf die Erscheinungshäufigkeit von risiko bezogenen Wörtern, wie „*Risk*" (einschließlich der Derivate „*Risk*", „*Risks*" und „*Risky*") und „*Uncertainty*" (einschließlich der Derivate „*Uncertain*", „*Uncertainty*" und „*Uncertainties*"), abstellt. Analog gehen auch Fülbier/Kuschel ((2012), Komplexitätszunahme in der IFRS-Rechnungslegung, S. 935, 936–937) vor, die die Bedeutung von Komplexität in deutschsprachigen Geschäftsberichten von DAX-30-Unternehmen im Zeitablauf untersuchen und sich dazu auf die Erscheinungshäufigkeit von komplexitätsbezogenen Wortstämmen, wie „Komplexität" (einschließlich „komplex"), „Unsicherheit" (einschließlich „unsicher"), „Schätzung" (einschließlich „schätz") und „Ermessen" sowie „Spielraum", stützen (vgl. darüber hinaus z. B. Peterson ((2012), Accounting complexity, S. 73, 79, 92–93), der den Anhang von 10-K-Berichten nach Wortstämmen durchsucht).

177 Vgl. Vgl. Zweiter Teil: Kap. 2.6, 3.4 und Dritter Teil: Kap. 2.

Beispiel bildet das Wort Unternehmen (*Company*).[178] Drittens kann eine steigende Finanzberichterstattungskomplexität (z.B. in Form von mehr Seiten im Geschäftsbericht) auch als eine Abnahme der Rechnungslegungskomplexität gedeutet werden. So wird ein Bilanzadressat durch einen umfänglicheren Geschäftsbericht unter Umständen unterstützt, da er zusätzliche Informationen an die Hand bekommt. Der Geschäftsbericht wird insofern als Nachschlagewerk aufgefasst. Viertens werden die Indikatoren nicht entsprechend ihres Umfangs, ihres Inhalts und ihrer Bedeutung für den Abschluss des Unternehmens gewichtet. Dies gilt sowohl für die Seitenanzahl als auch für die Suchbegriffe. Beispielsweise werden bei der Ermittlung der Seitenanzahl des Anhangs die Seiten in gleichem Maße berücksichtigt. Diese werden als jeweils eine Seite gezählt. Zudem werden die Suchbegriffe nicht nach Kriterien, wie z.B. Wortarten (wie etwa Substantiv, Verb etc.) o. Ä., differenziert und gewichtet. Auch wird das Auffinden von Wörtern wie etwa „Komplexität" und „Unsicherheit" gleichermaßen erfasst. Diese zählen jeweils als ein Wort. Fünftens ist die Auswahl der Suchbegriffe problematisch. Zwar wird diese anhand einer konzeptionellen Analyse begründet. Allerdings verläuft die Grenze zwischen einbezogenen und nicht einbezogenen Suchbegriffen stark subjektiv. Sechstens ist es möglich zu argumentieren, dass die Bilanzsumme und die Umsatzerlöse nicht die allgemeine Umwelt-, sondern die Unternehmenskomplexität erfassen.[179] Daneben können auch die Anzahl der Konzernunternehmen und die Anzahl der Mitarbeiter als Indikator für die allgemeine Umweltkomplexität und nicht für die Unternehmenskomplexität dienen. Siebtens kann eine manuelle Erhebung von Indikatoren – im Unterschied zu anderen Methoden – fehleranfälliger sein. So sind beispielsweise Doppelerfassungen o. Ä. möglich. Dies kann die Datenqualität beeinträchtigen.

4.2 Datenbasis

4.2.1 IFRS-Abbildungsregeln (Zweite Teilanalyse)

Für die zweite Teilanalyse der IFRS-Regelkomplexität werden die IFRS-Abbildungsregeln als Datenbasis genutzt. Das sind zum einen die analogen, in Papierform vorliegenden IFRS-Standards. Zum anderen werden die digitalen, in elektronischer Form erhältlichen IFRS-Standards (z.B. als Download *Microsoft-Word-2007-* und/ oder *Portable-Document-Format*-Dokument (PDF-Dokument) von *Adobe Systems*) herangezogen, da die analogen IFRS-Standards z.B. für die Analyse der Lesbarkeit ungeeignet sind.

---

178 Vgl. Hrasky et al. (2009), Textual Complexity of Annual Report Narratives, S. 39; Loughran/McDonald (2011), Measuring Readability, S. 3–4.

179 Im Forschungsüberblick zeigt sich beispielsweise, dass die Bilanzssumme und die Umsatzerlöse auch als Indikator für die Unternehmenskomplexität herangezogen werden (vgl. Erster Teil: Kap. 2.3.2).

Es werden einerseits die offiziellen vom IASC und IASB herausgegebenen IFRS-Standards in der gebundenen, englischsprachigen Originalausgabe (*Bound Volume* bis 2008, *Red Book* ab 2009) analysiert.[180] Dies betrifft für die Jahre 1995 und 2000 die Standards des IASC und für die Jahre 2005, 2006, 2007, 2008, 2009, 2010, 2011 und 2012 die Standards des IASB. Dabei ist herauszustellen, dass unterschiedliche Papierformate in den *Bound Volumes* bzw. *Red Books* des IASC und des IASB in den Untersuchungsjahren zum Einsatz kommen. Neben dem Außenformat ist auch der Druckbereich im Zeitablauf größer geworden. Damit verknüpft ist ein Anstieg der Wortanzahl pro Seite im Zeitablauf.[181]

Andererseits werden die IFRS-Standards für die Jahre 1995, 2000, 2005, 2006, 2007, 2008, 2009, 2010, 2011 und 2012 in englischer Sprache von der Homepage des IASB unter www.ifrs.org heruntergeladen.[182] Neben den Standards (IAS, IFRS) und Interpretationen (IFRIC, SIC) werden auch zusätzliche Dokumente heruntergeladen. Gleichwohl spielen diese im Rahmen der Datenauswertung eine untergeordnete Rolle. Hierzu gehören z.B. die *Changes in this edition*, die *Introduction to this edition*, die *IFRS Foundation Constitution*, das *Preface to International Financial Reporting Standards* als auch das *Conceptual Framework for Financial Reporting*, die *History of International Accounting Standards*, das *Due Process Handbook for the IASB*, das *Due Process Handbook for IFRS Interpretations Committee*, das *Glossary*

180 Vgl. Fülbier/Kuschel (2012), Komplexitätszunahme in der IFRS-Rechnungslegung, S. 935.

181 Eine Überprüfung der Außenformate und eine stichprobenhafte Überprüfung der Druckbereiche (ohne Kopf- und Fußzeilen) der *Bound Volumes* bzw. *Red Book* in den Untersuchungsjahren belegt dies. Die Außenformate unterscheiden sich 1995 und 2000 (ca. 15,0 cm Breite, ca. 21,0 cm Höhe) von den restlichen Untersuchungsjahren (2005–2012: ca. 15,5 cm Breite, ca. 24,8 cm Höhe). Die Druckbereiche befinden sich in den Jahr 1995 und 2000 noch auf einer Fläche mit den Abmessungen von ca. 11,0 cm Breite und ca. 17,0 cm Höhe, hingegen dehnen sie sich in den Jahren 2005 bis 2012 auf einer Fläche von ca. 12,2 cm Breite und ca. 19,8–20,0 cm Höhe aus. Auch ist damit ein Anstieg der Anzahl der Wörter pro Seite verbunden (1995 ca. 317, 2000 ca. 362, 2005 ca. 464 und 2010 ca. 467 Wörter pro Seite) (vgl. Fülbier/Kuschel (2012), Komplexitätszunahme in der IFRS-Rechnungslegung, S. 935, Fn. 45). Im Übrigen erscheint eine stichprobenhafte Überprüfung, wie im vorliegenden Fall zur Ermittlung der Anzahl der Wörter pro Seite, als opportun, zumal beispielsweise auch Davidson ((2005), Complexity of Writing used in Accounting Textbooks, S. 60) im Rahmen seiner Untersuchung von Lehrbüchern auf eine stichprobenhafte Auswahl von Seiten rekurriert und keine Vollerhebung vornimmt (vgl. ausführlich Erster Teil: Kap. 2.3.1). Daneben hat sich ebenso die Schriftart und -größe sowie der Absatz- und Zeilenabstand im Zeitablauf verändert.

182 Für die Jahre 1995, 2000, 2005, 2006, 2007 und 2008 finden sich die entsprechenden Standards unter URL: http://eifrs.ifrs.org/eifrs/PDFArchive?id=333 (eingesehen am 31.01.2013), für die Jahre 2009, 2010, 2011 und 2012 unter URL: http://eifrs.ifrs.org/eifrs/PDFArchive?id=248 (eingesehen am 31.01.2013).

of Terms, der *Index* und die *List of Standards*. Allerdings variieren die zusätzlichen Dokumente in den Untersuchungsjahren und nehmen im Zeitablauf zu, sodass nahezu in jedem Jahr unterschiedliche Dokumente die IFRS-Standards begleiten. Zudem divergieren die Bezeichnungen der zusätzlichen Dokumente im Zeitablauf. Beispielsweise spricht das IASC im Jahr 2000 von der *Constitution*, das IASB im Jahr 2012 von der *IFRS Foundation Constitution*. Daneben wird z.B. im Jahr 2005 ein Abschnitt mit *Changes to this Edition* bezeichnet, hingegen im Jahr 2012 mit *Changes in this edition*.

Diese Heterogenität und Inkonsistenz in der formalen Ausgestaltung der IFRS-Standards setzt sich in den unterschiedlichen Formaten fort, in denen die Dokumente zum Download auf der Homepage des IASB bereitgestellt sind (*Microsoft-Word-2007-* und PDF-Dokument).[183] So steht für das Jahr 1995 lediglich ein einziges PDF-Dokument zur Verfügung, das alle Standards und Interpretationen sowie die zusätzlichen Dokumente enthält. Hingegen werden für das Jahr 2000 zwar die Standards und Interpretationen sowie die zusätzlichen Dokumente einzeln zum Download bereitgestellt, allerdings jetzt in *Microsoft-Word-2007-* anstelle eines PDF-Formats. Im Jahr 2005 werden die Dokumente wiederum einzeln im *Microsoft-Word-2007*-Format bereitgestellt, wobei Ausnahmen z.B. für IAS 2 und IFRS 7 bestehen, die lediglich im PDF-Format zur Verfügung stehen. In den folgenden Jahren des Untersuchungszeitraums (2006 bis 2012) werden die Standards, Interpretationen und zusätzlichen Dokumente wieder einzeln, aber im PDF-Format zum Download angeboten.

Die analogen IFRS-Standards in den *Bound Volumes* bzw. *Red Books* des IASC und IASB und die digitalen IFRS-Standards dienen als Datenbasis für die quantitative Inhaltsanalyse, die digitalen IFRS-Standards als Datenbasis für die Lesbarkeitsanalyse.

---

183 Vgl. hierzu und im Folgenden für das Jahr 1995 unter URL: http://eifrs.ifrs.org/eifrs/PDFArchive?id=94 (eingesehen am 31.01.2013), für das Jahr 2000 unter URL: http://eifrs.ifrs.org/eifrs/PDFArchive?id=72 (eingesehen am 31.01.2013), für das Jahr 2005 unter URL: http://eifrs.ifrs.org/eifrs/PDFArchive?id=12 (eingesehen am 31.01.2013), für das Jahr 2006 unter URL: http://eifrs.ifrs.org/eifrs/PDFArchive?id=11 (eingesehen am 31.01.2013), für das Jahr 2007 unter URL: http://eifrs.ifrs.org/eifrs/PDFArchive?id=67 (eingesehen am 31.01.2013), für das Jahr 2008 unter URL: http://eifrs.ifrs.org/eifrs/PDFArchive?id=90 (eingesehen am 31.01.2013), für das Jahr 2009 unter URL: http://eifrs.ifrs.org/eifrs/PDFArchive?id=115 (eingesehen am 31.01.2013), für das Jahr 2010 unter URL: http://eifrs.ifrs.org/eifrs/PDFArchive?id=134 (eingesehen am 31.01.2013), für das Jahr 2011 unter URL: http://eifrs.ifrs.org/eifrs/PDFArchive?id=164 (eingesehen am 31.01.2013) und für das Jahr 2012 unter URL: http://eifrs.ifrs.org/eifrs/PDFArchive?id=237 (eingesehen am 31.01.2013).

4.2.2 *Abbildungsergebnis der Finanzberichterstattung der DAX-30-Unternehmen (Dritte Teilanalyse)*

Für die dritte Teilanalyse der IFRS- und der HGB-Rechnungslegungskomplexität sowie der Unternehmens- und der allgemeinen Umweltkomplexität wird als Datenbasis das Abbildungsergebnis der Finanzberichterstattung von kapitalmarktorientierten (Konzern-)Unternehmen genutzt. Es wird vereinfachend auf die 30 größten und umsatzstärksten Unternehmen an der FWB zurückgegriffen, die zum 31. Dezember 2012 im Deutschen Aktienindex (DAX) zusammengefasst sind (im Folgenden: DAX-30-Unternehmen).[184] Dies sind die *adidas AG, Allianz SE, BASF SE, Bayer AG, Beiersdorf Aktiengesellschaft, Bayerische Motoren Werke Aktiengesellschaft, Commerzbank AG, Continental AG, Daimler AG, Deutsche Bank AG, Deutsche Börse AG, Deutsche Lufthansa AG, Deutsche Post AG, Deutsche Telekom AG, E.ON SE, Fresenius Medical Care AG & Co. KGaA, Fresenius SE & Co. KGaA, HeidelbergCement AG, Henkel AG & Co. KGaA, Infineon Technologies AG, K+S Aktiengesellschaft, LANXESS AG, Linde AG, Merck KGaA, Münchener Rückversicherungs-Gesellschaft Aktiengesellschaft, RWE Aktiengesellschaft, SAP AG, Siemens Aktiengesellschaft, ThyssenKrupp AG* und *VOLKSWAGEN AG*.[185] Als primäre Datenquelle dient der Geschäftsbericht in der deutschsprachigen PDF-Version, der von der Homepage der Unternehmen für die Jahre 2000 bis 2012 (jeweils einschließlich) heruntergeladen wird. Fehlende bzw. aufgrund von technischen Mängeln ungenügende Geschäftsberichte wurden via E-Mail von den Unternehmen (erneut) angefordert. Als weitere Datenbasis wird die Datenbank „Amadeus“ des Unternehmens *Bureau van Dijk Electronic Publishing GmbH* herangezogen.[186] Allerdings lassen sich aufgrund lizenzrechtlicher Einschränkungen lediglich Daten für die Jahre 2003 bis 2012 extrahieren. Daher werden fehlende Daten, wie z. B. für die Jahre 2000 bis 2002, händisch nacherhoben. Gleiches erfolgt für fehlende Einzeldaten. Dazu gehören auch

---

184 Vgl. Deutsche Börse (2013), Leitfaden zu den Aktienindizes, S. 8; vgl. ebenso z. B. Fehr ((2013), Leasingbilanzierung, S. 150) und Pferdehirt ((2007), Leasingbilanzierung nach IFRS, S. 229–230), die ein ähnliches Vorgehen wählen. Streng genommen ist der 28. Dezember als Stichtag heranzuziehen, da es sich dabei um den letzten Handelstag im Jahr 2012 handelt. Die Unternehmen, die am 28.12.2012 im DAX gelistet sind, sind auf einer Informationsseite der Deutschen Börse AG einsehbar (vgl. unter URL: http://dax-indices.com/DE/index.aspx?pageID=4 (eingesehen am 01.02.2013)).

185 Die Firmenbezeichnung (vgl. § 17 HGB) mit dem entsprechenden Firmenzusatz (vgl. § 19 HGB) ist der Internetseite der Deutschen Börse AG (vgl. unter URL:http://www.boerse-frankfurt.de/de/aktien/indizes/dax+DE0008469008/zugehoerige+werte (eingesehen am 01.02.2013)) jeweils unter der Rubrik „Unternehmensdaten“ entnommen.

186 Die Auswahl der Datenbank „Amadeus“ von dem Unternehmen *Bureau van Dijk Electronic Publishing GmbH* als Datenbasis für die vorliegende Teilanalyse erfolgt vor dem Hintergrund, dass diese im Jahr 2013 an der Universität Bayreuth verfügbar ist. Der Export der Daten erfolgte am 04. April 2013.

die Daten von Unternehmen bestimmter Branchen, wie etwa Banken (*Commerzbank AG*; *Deutsche Bank AG*) und Versicherungen (*Allianz SE*; *Münchener Rückversicherungs-Gesellschaft Aktiengesellschaft*), die nicht in der „Amadeus"-Datenbank hinterlegt sind.

Die Informationen zur Seitenanzahl, zur Anzahl der Schlag- und Signalwörter und zur Mitarbeiteranzahl zum Stichtag werden grundsätzlich dem Geschäftsbericht entnommen. Daneben werden die Daten für die Anzahl der Konzernunternehmen sowohl für jedes Unternehmen als auch für den angegebenen Zeitraum (2000–2012) händisch erhoben. Dazu erfolgt ein Rückgriff auf die Anteilsbesitzlisten nach § 313 Abs. 2 HGB. Diese finden sich entweder in den Geschäftsberichten, wurden aus dem elektronischen Bundesanzeiger entnommen oder via E-Mail von den Unternehmen angefordert. Ansonsten werden Informationen zum Konsolidierungskreis aus den Geschäftsberichten herangezogen, um die Anzahl der Konzernunternehmen zu ermitteln. Die Daten zum angewandten Rechnungslegungssystem im Konzernabschluss (HGB, IFRS oder US-GAAP),[187] zur Anzahl der durchschnittlichen Mitarbeiter, zur Bilanzsumme und zu den Umsatzerlösen werden primär der Datenbank „Amadeus" entnommen.[188] Fehlenden Angaben werden auf Basis der Geschäftsberichte nachträglich erhoben.

4.3 Datenauswertung

4.3.1 Lesbarkeitsanalysen (Zweite und Dritte Teilanalyse)

4.3.1.1 Auswahl und Funktionsweise der Lesbarkeitsindizes

Es erfolgt eine Lesbarkeitsanalyse der (digitalen) englischsprachigen IFRS-Standards in der zweiten Teilanalyse (IFRS-Regelkomplexität) und der deutschsprachigen Anhänge der im Untersuchungszeitraum nach IFRS bilanzierenden DAX-30-Unternehmen in der dritten Teilanalyse (IFRS-Rechnungslegungskomplexität).

Im Forschungsüberblick werden unterschiedliche Lesbarkeitsindizes vorgestellt. Dazu gehören z.B. neben dem *Dale-Chall-*, *Flesch-*, *Flesch-Kincaid-*,

---

187 Die Erhebung der Daten zum Rechnungslegungssystem ist relevant, da sich lediglich die Unternehmen und Jahre zur Untersuchung der IFRS-Rechnungslegungskomplexität eignen, in denen der offengelegte Abschluss auch auf Basis der IFRS erstellt wurde. Dies sind die 14 Unternehmen *adidas AG, Allianz SE, Bayer AG, Beiersdorf Aktiengesellschaft, Commerzbank AG, Deutsche Börse AG, Deutsche Lufthansa AG, Deutsche Post AG, HeidelbergCement AG, Henkel AG &Co. KGaA, LANXESS AG, Merck KGaA,* Münchener Rückversicherungs-Gesellschaft Aktiengesellschaft und RWE Aktiengesellschaft.

188 Der Bureau van Dijk-Code (BvD-Code) (Global format) in der Datenbank „Amadeus" lautet für das Rechnungslegungssystem „ACCPRA" (*Accounting Practice*), für die durchschnittliche Mitarbeiteranzahl „EMPL" (*Number of Employees*), für die Bilanzsumme „TOAS" (*Total Assets*) und für die Umsatzerlöse „OPRE" (*Operating Revenue/Turnover*).

Fry-, Kwolek-, Lix-, Reading Complexity Elicitation-, Rix-, Smog- auch der GUNNING *Fog-Index*.[189] Eine besondere Stellung nehmen der GUNNING *Fog-Index* und der *Flesch Reading Ease-Index*, der durch STONE/PARKER modifiziert wurde (im Folgenden: *Flesch Reading Ease-Index 2013*), ein. Diese Indizes zeichnen sich durch ihre Popularität, Klarheit und Verständlichkeit aus.[190] Da diese ebenso zur Analyse der Lesbarkeit von englischsprachigen Texten dienen, werden sie zur Untersuchung der IFRS-Standards herangezogen.[191] Für eine Lesbarkeitsanalyse der deutschsprachigen Anhänge in den Geschäftsberichten sind sie hingegen nicht geeignet. Hierfür bietet sich der *Lix-Index* an, der von BJÖRNSSON 1968 entwickelt wurde, um Texte in verschiedenen Sprachen (u. a. Deutsch und Französisch) zu analysieren. Dieser wird zur Analyse der Lesbarkeit der deutschsprachigen Anhänge benutzt.[192]

---

189 Vgl. hierzu und zur Einordnung und zum Inhalt einer Lesbarkeitsanalyse Erster Teil: Kap. 2.3.1 und 3; vgl. allgemein zu Lesbarkeitsformeln z. B. COURTIS (1986), Annual Report Readability, S. 285; JONES/SHOEMAKER (1994), Accounting Narratives, S. 153–159; vgl. kritisch zum Einsatz von Lesbarkeitsformeln z. B. BEST (2006), Lesbarkeit von Texten. In der Literatur und in der vorliegenden Arbeit wird synonym von einer Lesbarkeitsformel (*Readability Formula*) gesprochen.

190 Vgl. Erster Teil: Kap. 2.3.1 und 3; vgl. ebenso DUBAY (2007), The Classic Readability Studies, S. 224; LI (2008), Annual report readability, S. 225 und S. 255, Fn. 4; LOUGHRAN/MCDONALD (2011), Measuring Readability, S. 1 m. w. N., S. 3 und 6; MILLER (2010), Reporting Complexity, S. 2114 und S. 2114, Fn. 7 m. w. N.; RENNEKAMP (2012), Managers' Choice of Reporting Complexity in Disclosures, S. 16; STONE/PARKER (2013), Developing the Flesch reading ease formula, S. 43–48. Beispielsweise sprechen auch BIDDLE ET AL. ((2009), How does financial reporting quality relate to investment efficiency?, S. 113) im Zusammenhang mit dem GUNNING *Fog-Index* von einem Maß „of financial statement readability".

191 Vgl. Erster Teil: Kap. 2.3.1 und 3.

192 Vgl. ANDERSON (1983), Lix and Rix: Variations on a little-known readability index, S. 490; JONES/SHOEMAKER (1994), Accounting Narratives, S. 176. Eine entsprechende Internetseite zur Untersuchung deutscher Texte anhand des GUNNING *Fog-Index* ist auch nach einer ausführlichen Recherche nach Auffassung des Verfassers nicht verfügbar. Hingegen ist eine Internetseite, die deutschsprachige Texte anhand des *Flesch Reading Ease-Index* untersucht, verfügbar (vgl. BACHMANN (2014), Flesch-Formel), wobei diese Programmversion Endsilben auf „-e" nicht zählt. Trotzdem erfolgt – in Analogie zum *Lix-Index* – die Ermittlung des *Flesch Reading Ease-Index* anhand der o. a. Internetseite. Die Präsentation der Ergebnisse erfolgt aus Platzgründen nicht in der vorliegenden Arbeit. Diese können jedoch beim Verfasser der vorliegenden Arbeit eingesehen werden.

Der GUNNING *Fog-Index* misst die Lesbarkeit von englischsprachigen Texten.[193] Er zeigt, wie viele Jahre ein Leser mit einer durchschnittlichen Intelligenz an (amerikanischer) Schulbildung benötigt, um den Text einmal zu lesen und seinen Inhalt zu verstehen.[194] Für die Berechnung des GUNNING *Fog-Index* wird eine Formel mit zwei Variablen genutzt: GUNNING *Fog-Index* = 0,4 x [Wörter pro Satz + 100 x (Komplexe Wörter pro Wörter)].[195] Zum einen fließt die durchschnittliche Satzlänge (Wörter pro Satz) ein, die sich aus der Anzahl an Wörtern im Verhältnis zur Anzahl der Sätze des zu untersuchenden Textes zusammensetzt.[196] Zum anderen wird die Anzahl an komplexen Wörtern, die aus drei oder mehr Silben bestehen, pro 100 Wörter ermittelt.[197] Die beiden Werte werden addiert und mit 0,4 multipliziert. Als Ergebnis entsteht der GUNNING *Fog-Index*. Dabei könnte ein GUNNING *Fog-Indexwert* folgendermaßen gedeutet werden, wobei die Grenzwerte nicht unumstößlich sind. Ein Wert von 8 bis 10 könnte signalisieren, dass es sich um einen Text für Kinder handelt, der relativ leicht gelesen und verstanden werden kann. Ein GUNNING *Fog-Indexwert* könnte akzeptabel erscheinen, wenn er einen Wert zwischen 10 und 12 annimmt, und ideal, wenn er zwischen 12 und 14 liegt. Ergibt sich ein GUNNING *Fog-Indexwert* zwischen 14 und 18, könnte es sich vermutlich um einen schwer zu lesenden Text handeln,[198] der wohl auch schwer zu verstehen wäre. An dieser Stelle könnte von einem Fachtext ausgegangen werden, der allerdings lediglich von Fachleuten mit einer entsprechenden Expertise gelesen und verstanden werden kann.[199] Nimmt der GUNNING *Fog-Index* einen Wert von 18 oder mehr an, könnte allem Anschein nach von einem Text ausgegangen werden,

---

193 Vgl. LEHAVY ET AL. (2011), Annual Report Readability, S. 1088–1089; MILLER (2010), Reporting Complexity, S. 2114. Der GUNNING *Fog-Index* geht auf ROBERT GUNNING zurück, der im Jahr 1944 den Lesbarkeitsindex entwickelt hat (vgl. GUNNING (1969), Fog Index, S. 4–5; LI (2008), Annual report readability, S. 225; vgl. grundlegend zum GUNNING *Fog-Index* GUNNING (1952), The Technique of CLEAR WRITING; vgl. ferner GUNNING ((1969), Fog Index), der 20 Jahre nach der Entwicklung des GUNNING *Fog-Index* eine Art Zwischenfazit zieht; vgl. außerdem z. B. die Internetseite von BOND ((2013), GUNNING Fog Index), der darauf eine Möglichkeit bietet, den GUNNING *Fog-Index* auf relativ einfache und schnelle Art und Weise zu ermitteln).

194 Vgl. LI (2008), Annual report readability, S. 225; LOUGHRAN/MCDONALD (2011), Measuring Readability, S. 6.

195 Vgl. dazu z. B. COURTIS (1986), Annual Report Readability, S. 287; JONES/SHOEMAKER (1994), Accounting Narratives, S. 176; LI (2008), Annual report readability, S. 225.

196 Vgl. COURTIS (1986), Annual Report Readability, S. 287; LI (2008), Annual report readability, S. 225; LOUGHRAN/MCDONALD (2011), Measuring Readability, S. 3.

197 Vgl. LI (2008), Annual report readability, S. 225; LOUGHRAN/MCDONALD (2011), Measuring Readability, S. 3.

198 Vgl. LI (2008), Annual report readability, S. 225.

199 Vgl. COURTIS (1986), Annual Report Readability, S. 287.

der als nahezu nicht lesbar einzustufen wäre.[200] Die Grenzwerte (10, 12, 14 und 18) sollten nicht als Tatsachen aufgefasst werden, sondern als Anhaltspunkte für eine Art ordinale Klassifikation.[201] Bei einer Interpretation des GUNNING *Fog-Index* können sie als (grobe) Orientierung dienen.

Auch der *Flesch Reading Ease-Index* misst die Lesbarkeit von englischsprachigen Texten.[202] Die Lesbarkeitsformel des *Flesch Reading Ease-Index* lautet: *Flesch Reading Ease-Index* = 206,835 – (1,015 x Wörter pro Satz) – (84,6 x Silben pro Wort).[203] Das Ergebnis nimmt in der Regel einen Wert zwischen 0 (am schwersten zu lesen) und 100 (am leichtesten zu lesen) an. Dabei impliziert der *Flesch Reading Ease-Index*, dass der untersuchte Text umso leichter zu lesen ist, je höher der Indexwert ist.[204] Die festgelegten Grenzwerte sind dabei nicht unumstößlich; zumal wohl auch unterschiedliche Interpretationen existieren.[205] Typischerweise könnte ein *Flesch Reading Ease-Indexwert* von 0 bis 30 (*Very difficult*) bedeuten, dass es sich um einen sehr schwer zu lesenden Text handelt und mindestens z.B. ein Hochschulabschluss o. Ä. zum Verständnis erforderlich wäre (*Scientific*). Bei einem Wert zwischen 30 und 50 (*Difficult*) könnte die Lesbarkeit des untersuchten Textes als schwierig eingestuft und z.B. eine höhere Ausbildung, wie etwa die allgemeine Hochschulreife o. Ä., gefordert werden (*Academic*). Ein *Flesch Reading Ease-Indexwert* zwischen 50 und 60 (*Fairly difficult*) könnte etwas schwieriger zu lesen sein und z.B. nach einer Mittleren Reife o. Ä. verlangen (*Quality*). Zwischen 60 und 70 könnte die Lesbarkeit als durchschnittlich eingestuft werden (*Standard*) und z.B. einen Berufsschulabschluss o. Ä. bedingen (*Digests*). Zwischen 70 und 80 könnte die Lesbarkeit als etwas leicht eingeordnet (*Fairly easy*) werden und z.B. einen Hauptschulabschluss o. Ä. verlangen (*Shock-fiction*). Zwischen 80 und 90 könnte die Lesbarkeit als leicht eingestuft (*Easy*) werden und z.B. zumindest den Besuch der 6. bis 8. Schulklasse o. Ä. voraussetzen (*Pulp-fiction*). Schließlich könnte die Lesbarkeit zwischen 90 bis

---

200 Vgl. LI (2008), Annual report readability, S. 225; LOUGHRAN/MCDONALD (2011), Measuring Readability, S. 6.

201 Vgl. zur Messung anhand einer Ordinalskala z. B. BACKHAUS ET AL. (2011), Multivariate Analysemethoden, S. 11.

202 Er geht auf RUDOLF FLESCH und das Jahr 1948 zurück (vgl. FLESCH (1948), A New Readability Yardstick, S. 229; JONES/SHOEMAKER (1994), Accounting Narratives, S. 176; vgl. dazu auch die Ausführungen von DUBAY (2007), The Classic Readability Studies, S. 222–225).

203 Vgl. GARCÍA-BENAU ET AL. (2013), Are clarified ISAs readable?, S. 314–315; JONES/SHOEMAKER (1994), Accounting Narratives, S. 176; LI (2008), Annual report readability, S. 225, Fn. 4.

204 Vgl. GARCÍA-BENAU ET AL. (2013), Are clarified ISAs readable?, S. 314–315; LI (2008), Annual report readability, S. 225, Fn. 4.

205 Vgl. z. B. DUBAY ((2007), The Classic Readability Studies, S. 223), der die Interpretation des *Flesch Reading Ease-Index* leicht modifiziert und eine weiteren Grenzwert berücksichtigt; vgl. im Unterschied dazu z. B. FLESCH ((1948), A New Readability Yardstick, S. 230) und GARCÍA-BENAU ET AL. ((2013), Are clarified ISAs readable?, S. 314–315).

100 als sehr leicht (*Very easy*) eingeordnet werden und z.B. zumindest den Besuch der 5. Schulklasse o. Ä. erfordern (*Comics*).[206] Die Grenzwerte (30, 50, 60, 70, 80 und 90) sollten auch an dieser Stelle nicht als Tatsachen aufgefasst werden, sondern als Anhaltspunkte für eine Art ordinale Klassifikation. Bei einer Interpretation des *Flesch Reading Ease-Index* können sie als (grobe) Orientierung dienen.

Gleiches gilt für den *Flesch Reading Ease-Index 2013*, der ebenfalls die Lesbarkeit von englischsprachigen Texten misst. Der *Flesch Reading Ease-Index 2013* unterscheidet sich vom *Flesch Reading Ease-Index* durch die Gewichtung der Variable „Wörter pro Satz" mit dem Faktor 1,25 und durch den Einbezug eines Faktors, der die Eigenschaften (*Attributes*) des Lesers berücksichtigt (Leser-Attribute-Score; *Readers Attribute Score*). Demzufolge ergibt sich für die Lesbarkeitsformel des *Flesch Reading Ease-Index 2013*: *Flesch Reading Ease-Index 2013* = Leser-Attribute-Score x [206,835 – 1,25 x (1,015 x Wörter pro Satz) – (84,6 x Silben pro Wort)].[207] Dabei berücksichtigt der Leser-Attribute-Score die Eigenschaften Interesse (*Interest*), Erfahrung (*Experience/Familiarity*), Wissen (*Knowlegde*) und Bildungsstand (*Education*). Die vier Eigenschaften werden jeweils in eine 5-Punkte-Likertskala eingeordnet. Diese reicht von sehr niedrig (*Very Low*; 0,5) über niedrig (*Low*; 0,75), durchschnittlich (*Average*; 1,0), hoch (*High*; 1,25) bis sehr hoch (*Very High*; 1,5).[208] Die Interpretation des *Flesch-Reading-Ease-Index-2013*-Werts ergibt sich analog zum *Flesch Reading Ease-Index*.

Der *Lix-Index* misst die Lesbarkeit von Texten in unterschiedlichen Sprachen. Er errechnet sich, indem die Wortlänge mit der Satzlänge des untersuchten Textes addiert wird. Dabei gibt die Wortlänge die prozentuale Anzahl an Wörtern an, die aus mehr als sechs Buchstaben bestehen. Die Satzlänge steht für die durchschnittliche Anzahl an Wörter pro Satz.[209] Dabei könnte ein *Lix-Indexwert* folgendermaßen gedeutet werden, wobei die Grenzwerte nicht unumstößlich sind. Ein *Lix-Indexwert* zwischen 0 und 40 könnte bedeuten, dass der Text als Kinder- und Jugendliteratur einzustufen wäre. Er wäre vermutlich relativ einfach zu lesen und zu verstehen. Zwischen 40 und 50 könnte der Text als Belletristik klassifiziert werden und sich

---

206 Vgl. García-Benau et al. (2013), Are clarified ISAs readable?, S. 314–315. Die angeführten Angaben und den Wert zeigt die Internetseite nach einer entsprechenden Eingabe des zu untersuchenden Textes und dessen Überprüfung an (vgl. Bachmann (2014), Flesch-Formel; vgl. dazu auch die ursprüngliche Interpretation von Flesch ((1948), A New Readability Yardstick, S. 230) hinsichtlich seines Index.

207 Vgl. Stone/Parker (2013), Developing the Flesch reading ease formula, S. 47.

208 Vgl. Stone/Parker (2013), Developing the Flesch reading ease formula, S. 46. Beispielsweise führen Stone/Parker ((2013), Developing the Flesch reading ease formula, S. 46) aus, dass bei einem Partner einer Wirtschaftsprüfungsgesellschaft die vier Merkmale jeweils sehr hoch ausgeprägt sind. Demzufolge ergibt sich für den Partner ein Leser-Attribute-Score von 1,5 (= (1,5 [Interesse] + 1,5 [Erfahrung] + 1,5 [Wissen] + 1,5 [Ausbildung])/4).

209 Vgl. Anderson (1983), Lix and Rix: Variations on a little-known readability index, S. 490–491; Jones/Shoemaker (1994), Accounting Narratives, S. 176.

schwierig lesen. Ein Wert zwischen 50 und 60 könnte auf Sachliteratur hindeuten. Der Text wäre schwieriger zu lesen und zu verstehen. Ab einem *Lix-Indexwert* von 60 könnte es sich um Fachliteratur handeln, sodass dieser Text als sehr schwierig zu lesen und zu verstehen einzustufen wäre.[210] Die Grenzwerte (40, 50 und 60) sollten auch an dieser Stelle nicht als Tatsachen aufgefasst werden, sondern als Anhaltspunkte für eine Art ordinale Klassifikation. Bei einer Interpretation des *Lix-Index* können sie als (grobe) Orientierung dienen.

4.3.1.2 Aufbereitungsmaßnahmen und Erhebung der Lesbarkeitsindizes

Zur Ermittlung des Gunning *Fog-*, *Flesch Reading Ease-* und *Flesch Reading Ease-Index 2013* für jeden einzelnen IFRS-Standard ist es notwendig, die Datenbasis aufzubereiten. Dazu muss der Text in einer zweckdienlichen Form, d.h. als Fließtext, einem logischem Aufbau folgend, vorliegen.[211] Grundsätzlich liegen die IFRS-Standards als Fließtext vor und folgen einem logischen Aufbau, der durch Überschriften und Paragrafen strukturiert wird.

Dennoch sind Aufbereitungshandlungen notwendig.[212] Zunächst werden die digitalen IFRS-Standards, die als PDF-Dokument vorliegen, einzeln in ein erstes *Microsoft-Word-2007*-Dokument überführt. Danach wird auf Basis des ersten *Microsoft-Word-2007*-Dokuments ein weiteres *Microsoft-Word-2007*-Dokument erstellt, das lediglich den Hauptteil des Standards enthält.[213] Hierzu werden die anderen Bereiche des Standards, wie z.B. die *Introduction* etc., aus dem ersten *Microsoft-Word-2007*-Dokument gelöscht und eine neue Datei abgespeichert. Das erste und zweite *Microsoft-Word-2007*-Dokument (Standard und Hauptteil des Standards) dienen zur Ermittlung der Indikatoren Seiten-, Wort-, Zeichen- (mit und ohne Leerzeichen) und Absatz- sowie Zeichenanzahl. Sie werden mithilfe der Funktion „Wörter zählen" in *Microsoft-Word-2007* im Rahmen der quantitativen Inhaltsanalyse ermittelt.[214] Schließlich wird der Text des Hauptteils des Standards in die jeweilige Eingabemaske im Internet übertragen, um den Gunning *Fog-* (vgl. unter URL: http://gunning-fog-index.com/index.html (eingesehen am 06.03.2013)) und den *Flesch Reading Ease-Index* (vgl. unter URL: http://www.editcentral.com/gwt1/EditCentral.html

---

210 Vgl. Lenhard/Lenhard (2013), Lesbarkeitsindex; vgl. für eine Einordnung der Ergebnisse in englischer Sprache Anderson (1983), Lix and Rix: Variations on a little-known readability index, S. 494.

211 Vgl. Li (2008), Annual report readability, S. 225.

212 Vgl. dazu auch Lehavy et al. (2011), Annual Report Readability, S. 1093, Fn. 10, die analog für ihre Untersuchung der 10-K-Berichte ebenfalls Aufbereitungsmaßnahmen vornehmen, um den Gunning *Fog-Index* berechnen zu können; ähnlich auch Hrasky et al. (2009), Textual Complexity of Annual Report Narratives, S. 41.

213 Der Hauptteil eines IFRS-Standards umfasst grundsätzlich die Abschnitte vom *Objective* bis zum *Disclosure* (jeweils einschließlich).

214 Vgl. Dritter Teil: Kap. 4.3.2.2.

(eingesehen am 06.03.2013)) zu berechnen.[215] Der Hauptteil des Standards enthält die zentralen, inhaltlichen Vorschriften, wie z. B. zum Ansatz (*Recognition*) und zur Bewertung (*Measurement*). Dieser bietet sich daher für eine Untersuchung im Allgemeinen und eine Lesbarkeitsanalyse im Besonderen an.[216] Neben dem GUNNING *Fog-Index* ermittelt die erste Internetseite (vgl. URL: http://gunning-fog-index.com/index.html (eingesehen am 06.03.2013)) auch die Anzahl an Satzzeichen, Wörtern und Wörtern, die aus drei oder mehr Silben bestehen. Die zweite Internetseite (vgl. URL: http://www.editcentral.com/gwt1/EditCentral.html (eingesehen am 06.03.2013)) ermittelt neben dem *Flesch Reading Ease-Index* u. a. die Zeichen- (mit (*Characters*) und ohne Leerzeichen (*Non-space Characters*)), Buchstaben-/Nummern- (*Letters/Numbers*), Wort- (*Words*), Satz- (*Sentences*) und Silbenanzahl (*Syllables*) sowie die Anzahl an Wörtern, die aus drei oder mehr Silben bestehen (*Complex Words*; Komplexe Wörter). Daneben wird auch die durchschnittliche Anzahl an Wörtern pro Satz (*Words per Sentence*) berechnet.[217] Diese dient allerdings nicht als Indikator im Rahmen der quantitativen Inhaltsanalyse, sondern wird zusammen mit der Wort- (*Words*) und Silbenanzahl (*Syllables*) genutzt, um mit MICROSOFT *Excel 2007* den *Flesch Reading Ease-Index 2013* selbst zu berechnen. Dabei erfolgt die Berechnung des *Flesch Reading Ease-Index 2013* exemplarisch für einen Leser-Attribute-Score von „0,5“, „0,75“, „1,0“, „1,25“ und „1,5“.

Zur Ermittlung des *Lix-Index* ist ebenso eine Aufbereitung der Datenbasis notwendig.[218] Dazu wird aus dem zweiten Abschnitt des jeweiligen Anhangs die Erläuterung zu den ausgewählten Bilanzpositionen in ein MICROSOFT-*Word-2007*-Dokument kopiert, wobei lediglich der Fließtext ohne Abbildungen, Grafiken, Tabellen o. Ä. extrahiert wird. Der zweite Abschnitt des Anhangs enthält die Erläuterungen

---

215 Die Verwendung einer Internetseite ist grundsätzlich kritisch zu sehen, da deren wissenschaftliche Qualität und Zuverlässigkeit zumindest zweifelhaft ist. Ein Abstellen auf wissenschaftliche Programme, wie z. B. OleanderSoftware (http://oleandersolutions.com/ReadabilityStudioFeatures.html), ist empfehlenswert. Gleichwohl wird in der vorliegenden Arbeit die Komplexitätszunahme nicht in absoluten, sondern in relativen Werten, also zwischen zwei Zeitpunkten im Zeitablauf quantifiziert, sodass ein Abstellen auf Internetseiten vertretbar ist, da mögliche auftretende Fehler systematischer Art wären und somit die relative Betrachtung der Untersuchungsergebnisse nicht beeinträchtigen und verzerren. Zudem bieten die Internetseiten Vorteile, wie z. B. die einfache, kostengünstige Nutzung und die Möglichkeit der Nachprüfbarkeit durch andere Forscher (vgl. z. B auch GARCÍA-BENAU ET AL. (2013), Are clarified ISAs readable?, S. 317, die auch auf eine Internetseite rekurrieren, um den *Flesch Reading Ease*-Index zu ermitteln).

216 Vgl. Zweiter Teil: Kap. 4.4.

217 Vgl. Dritter Teil: Kap. 4.3.2.

218 Vgl. dazu auch LEHAVY ET AL. (2011), Annual Report Readability, S. 1093, Fn. 10, die analog für ihre Untersuchung der 10-K-Berichte ebenfalls Aufbereitungsmaßnahmen vornehmen, um den GUNNING *Fog-Index* berechnen zu können; ähnlich auch HRASKY ET AL. (2009), Textual Complexity of Annual Report Narratives, S. 41.

zu den Rechenwerken, insbesondere zur Bilanz sowie zur Gewinn- und Verlustrechnung.[219] Dieser bietet sich daher für eine Untersuchung im Allgemeinen und eine Lesbarkeitsanalyse im Besonderen an. Schließlich wird der Text in die Eingabemaske zur Berechnung des *Lix-Index* übertragen. Das Programm wird aus dem Internet (vgl. unter: URL: http://www.psychometrica.de/lix.html (eingesehen am 06.03.2013)) heruntergeladen und auf dem lokalen Computer installiert.[220] Die Aufbereitung der Datenbasis und die Ermittlung des Lesbarkeitsindex *Lix* erfolgt durch Dritte und den Verfasser der vorliegenden Arbeit, der diese in das Vorgehen der Teilanalyse ausführlich einweist, mit ihnen einen Probedurchgang durchläuft und die Ergebnisse stichprobenhaft überprüft.

4.3.1.3 Präsentation und Auswertung der Ergebnisse

Die Lesbarkeitsanalyse anhand des GUNNING *Fog-*, *Flesch Reading Ease-* und *Flesch Reading Ease-Index 2013* erfolgt für jeden IFRS-Standard (Vollerhebung). Es werden allerdings nur zu ausgewählten IFRS-Standards die empirischen Befunde präsentiert. Dies betrifft Finanzinstrumente (IAS 39, IFRS 9), Ertragsteuern (IAS 12), Leasingverhältnisse (IAS 17), Leistungen an Arbeitnehmer (IAS 19) sowie Rückstellungen, Eventualverbindlichkeiten und Eventualforderungen (IAS 37).[221]

---

219 Der Anhang ist durch einen dreigliedrigen Aufbau gekennzeichnet: Im ersten Abschnitt finden sich u. a. allgemeine Angaben, Angaben zu Bilanzierungs- und Bewertungs- sowie Konsolidierungsmethoden und Angaben zum Konsolidierungskreis. Der zweite Abschnitt beinhaltet die Erläuterungen zu den Abschlussbestandteilen, wie z. B. zu Bilanz sowie Gewinn- und Verlustrechnung. Der dritte Abschnitt umfasst die sonstigen Pflichtangaben, die nicht schon die vorhergehenden Abschnitte behandeln. Dazu zählen beispielsweise Angaben zu Haftungsverhältnissen oder die Segmentberichterstattung (vgl. LEIBFRIED/WEBER (2009), Notes, S. 16–18; WEBER (2009), IFRS: Anhang, S. 21–22). Die allgemeinen Erklärungen und Erläuterungen zum Bilanzierungsvorgehen, die überwiegend zu Beginn des Anhangs aufgeführt sind, werden ausgeblendet (erster Abschnitt).

220 Vgl. LENHARD/LENHARD (2013), Lesbarkeitsindex. Neben dem *Lix-Indexwert* ermittelt das Programm auch die Anzahl an Wörtern und Sätzen sowie die Satzlänge und die Prozentzahl an langen Wörtern, wobei diese Ergebnisse für die vorliegende Teilanalyse nicht weiter relevant sind und daher unberücksichtigt bleiben.

221 Vgl. Dritter Teil: Kap. 4.5.1.3. Die aus Platzgründen nicht dargestellten Ergebnisse der anderen IFRS-Standards zur Lesbarkeitsanalyse liegen vor und können beim Verfasser der vorliegenden Arbeit angefordert werden. Dies betrifft IFRS 1, IFRS 2, IFRS 3, IFRS 4, IFRS 5, IFRS 6, IFRS 7, IFRS 8, IFRS 9, IFRS 10, IFRS 11, IFRS 12, IFRS 13, IAS 1, IAS 2, IAS 3, IAS 4, IAS 5, IAS 6, IAS 7, IAS 8, IAS 9, IAS 10, IAS 11, IAS 13, IAS 14, IAS 15, IAS 16, IAS 18, IAS 20, IAS 21, IAS 22, IAS 23, IAS 24, IAS 25, IAS 26, IAS 27, IAS 28, IAS 29, IAS 30, IAS 31, IAS 32, IAS 33, IAS 34, IAS 35, IAS 36, IAS 38, IAS 39, IAS 40 und IAS 41. Da sich die Lesbarkeitsanalyse auf Einzelstandards bezieht, der Bilanzierungsbereich Finanzinstrumente aber mehrere Standards (IFRS 7, IFRS 9, IAS 30, IAS 32 und IAS 39)

Die Auswahl begründet sich zum einen anhand der Literatur. Diese hebt zentrale Bilanzierungssachverhalte heraus, die mit dem Komplexitätsphänomen verknüpft werden. Hierzu gehören u.a. Finanzinstrumente, Ertragsteuern, Leasingverhältnisse und Pensionsrückstellungen.[222] Zum anderen wird der Standard Rückstellungen, Eventualverbindlichkeiten und Eventualforderungen aus Vollständigkeitsgründen herangezogen, um das Thema Rückstellungen umfassender zu beleuchten. Die Ergebnisse aus der Lesbarkeitsanalyse der IFRS-Standards werden mit denjenigen aus der quantitativen Inhaltsanalyse einzelner IFRS-Bilanzierungsbereiche verknüpft. Dies erfolgt im Rahmen der Präsentation der Ergebnisse aus der Lesbarkeitsanalyse für jeden Bilanzierungsbereich getrennt.

Die Lesbarkeitsanalyse anhand des *Lix-Index* erfolgt für ausgewählte Bilanzierungsbereiche in den deutschsprachigen Anhängen von 14 DAX-30-Unternehmen. Diese Unternehmen stellen im Untersuchungszeitraum von 2000 bis 2012 durchgängig ihren Konzernabschluss nach IFRS auf.[223] Sie bieten sich für eine Untersuchung der IFRS-Rechnungslegung an, da sie eine Vergleichbarkeit im Zeitablauf gewährleisten. Verzerrende Einflüsse, wie z.B. durch andere Rechnungslegungssysteme (wie etwa die US-GAAP) werden ausgeblendet. Die ausgewählten Bilanzierungsbereiche betreffen Finanzinstrumente (IFRS 7, IFRS 9, IAS 30, IAS 32, IAS 39), Ertragsteuern (IAS 12), Leasingverhältnisse (IAS 17) und Leistungen an Arbeitnehmer (IAS 19) sowie Rückstellungen, Eventualverbindlichkeiten und

umfasst, werden an dieser Stelle IAS 39 und IFRS 9 exemplarisch ausgewählt und präsentiert. Bei IAS 39 handelt es sich um den zentralen Standard, der sich im Wesentlichen mit Ansatz und Bewertung von finanziellen Vermögenswerten und finanziellen Verbindlichkeiten befasst. 2009 und 2010 sind zentrale Vorschriften von IAS 39 durch IFRS 9 ersetzt worden (vgl. IAS 39.1; Pellens et al. (2014), Internationale Rechnungslegung, S. 562–564). Insofern bieten sich beide Standards für die Lesbarkeitsanalyse an. Hinsichtlich der Untersuchung des Bilanzierungsbereichs Finanzinstrumente im Gesamten wird auf die empirischen Befunde aus der quantitativen Inhaltsanalyse verwiesen (vgl. Dritter Teil: Kap. 4.5.1.2.1 und 4.5.2.1.1).

222 Vgl. Einführung: Kap. 1, Erster Teil: Kap. 2.1.1 und Dritter Teil: Kap. 4.5.1.1.2; vgl. z. B. Fülbier et al. (2013), Überarbeiteter Entwurf zu „Leases" liegt vor, S. 853–858 m. w. N.; Fülbier/Kuschel (2012), Komplexitätszunahme in der IFRS-Rechnungslegung, S. 929; Küting et al. (2013), IFRS oder HGB?, S. 134–145, 139, 188–196; Oldewurtel et al. (2012), Bilanzierung von Pensionsverpflichtungen, S. 1145; Peterson/Zwirner (2008), Die deutsche Rechnungslegung und Prüfung im Umbruch, S. 1; Pfitzer et al. (2014), Informationsnutzen versus Informationskosten (Teil I), S. 348–349; Zülch/Nellessen (2008), Reduzierung der Komplexität bei der Bilanzierung von Finanzinstrumenten nach IFRS, S. 204, 206.

223 Vgl. Anhang 8. Dies sind adidas AG, Allianz SE, Bayer AG, Beiersdorf Aktiengesellschaft, Commerzbank AG, Deutsche Börse AG, Deutsche Lufthansa AG, Deutsche Post AG, HeidelbergCement AG, Henkel AG &Co. KGaA, LANXESS AG, Merck KGaA, Münchener Rückversicherungs-Gesellschaft Aktiengesellschaft und RWE Aktiengesellschaft.

Eventualforderungen (IAS 37).[224] Die Auswahl stützt sich auf mehrere Kriterien. Einerseits müssen verlässliche Daten zu einem Bilanzierungsbereich von allen 14 Unternehmen im Untersuchungszeitraum vorliegen. Dies wird von den ausgewählten Bilanzierungsbereichen im Wesentlichen erfüllt.[225] Andererseits hebt die Literatur bestimmte Bilanzierungssachverhalte heraus, die mit dem Komplexitätsphänomen verknüpft werden. Hierzu gehören u. a. Finanzinstrumente, Ertragsteuern, Leasingverhältnisse und Pensionsrückstellungen.[226] Zudem wird der Standard Rückstellungen, Eventualverbindlichkeiten und Eventualforderungen aus Vollständigkeitsgründen herangezogen, um das Thema Rückstellungen umfassender zu beleuchten. Die Ergebnisse aus der Lesbarkeitsanalyse der deutschsprachigen Anhänge werden mit denjenigen aus der Lesbarkeitsanalyse der IFRS-Standards und mit denjeningen aus der quantitativen Inhaltsanalyse der IFRS-Bilanzierungsbereiche verknüpft. Dies erfolgt im Rahmen der Präsentation der Ergebnisse aus der Lesbarkeitsanalyse der deutschsprachigen Anhänge für jeden Bilanzierungsbereich getrennt.

Die Präsentation der empirischen Befunde zur Lesbarkeitsanalyse anhand des *Lix-Index* erfolgt selektiv. Die Ergebnisse werden jeweils nur von drei der 14 von 2000 bis 2012 nach IFRS bilanzierenden Unternehmen dargestellt.[227] Die Auswahl

---

224 Vgl. Dritter Teil: Kap. 4.5.2.1. Die aus Platzgründen nicht dargestellten Ergebnisse anderer Anhangangaben zur Lesbarkeitsanalyse liegen vor und können beim Verfasser der vorliegenden Arbeit angefordert werden. Dies betrifft Sachanlagevermögen (IAS 16), Ergebnis je Aktie (IAS 33) und Immaterielle Vermögenswerte (IAS 38).

225 Ausnahmen bilden von den untersuchten Bilanzierungsbereichen der Geschäfts- oder Firmenwert (Goodwill; IFRS 3, IAS 22) und die Fertigungsaufträge (IAS 11). Hierzu können keine Ergebnisse präsentiert werden. Dort werden von zu wenigen Unternehmen Anhangangaben gemacht, die einer Lesbarkeitsanalyse im Zeitablauf unterzogen werden können. Sie werden daher im Weiteren vernachlässigt. Als Positivbeispiele sind lediglich adidas AG, Deutsche Börse AG und Münchener Rückversicherungs-Gesellschaft AG (Geschäfts- oder Firmenwert) sowie RWE Aktiengesellschaft (Fertigungsaufträge) zu nennen.

226 Vgl. Einführung: Kap. 1, Erster Teil: Kap. 2.1.1 und Dritter Teil: Kap. 4.5.1.1.2; vgl. z. B. FÜLBIER ET AL. (2013), Überarbeiteter Entwurf zu „Leases“ liegt vor, S. 853–858 m. w. N.; FÜLBIER/KUSCHEL (2012), Komplexitätszunahme in der IFRS-Rechnungslegung, S. 929; KÜTING ET AL. (2013), IFRS oder HGB?, S. 134–145, 139, 188–196; OLDEWURTEL ET AL. (2012), Bilanzierung von Pensionsverpflichtungen, S. 1145; PETERSON/ZWIRNER (2008), Die deutsche Rechnungslegung und Prüfung im Umbruch, S. 1; PFITZER ET AL. (2014), Informationsnutzen versus Informationskosten (Teil I), S. 348–349; ZÜLCH/NELLESSEN (2008), Reduzierung der Komplexität bei der Bilanzierung von Finanzinstrumenten nach IFRS, S. 204, 206.

227 Die vollständigen, detaillierten Untersuchungsergebnisse der 14 von 2000 bis 2012 nach IFRS bilanzierenden DAX-Unternehmen finden sich differenziert nach den ausgewählten Bilanzierungsbereichen in Anhang 11 (Finanzinstrumente), Anhang 12 (Ertragsteuern), Anhang 13 (Leasingverhältnisse), Anhang

der drei Unternehmen richtet sich danach, welches Unternehmen den stärksten (Unternehmen 1) und zweitstärksten Anstieg (Unternehmen 2) des Indexwertes im Zeitraum von 2000 bis 2012 verzeichnet. Daneben wird zu Vergleichszwecken das Unternehmen mit dem stärksten Rückgang des Indexwertes berücksichtigt (Unternehmen 3).

Abschließend werden die Ergebnisse aus beiden Lesbarkeitsanalysen im Rahmen von zwei Zeitreihenbetrachtungen ausgewertet. Bei der Lesbarkeitsanalyse der IFRS-Standards handelt es sich zum einen um eine kurzfristige Zeitspanne mit acht Zeitpunkten (2005–2012) und zum anderen um einen langfristigen 15-Jahres-Zeitraum mit vier Zeitpunkten (1995, 2000, 2005 und 2010). Bei der Lesbarkeitsanalyse der deutschsprachigen Anhänge in den Geschäftsberichten werden einerseits zwei kurzfristige Zeitspannen mit je sieben Zeitpunkten (2000–2006 und 2006–2012) und andererseits ein langfristiger 12-Jahres-Zeitraum mit jeweils vier Zeitpunkten (2000, 2005, 2010 und 2012) herangezogen. Als Begründung für diese Herangehensweise dient an erster Stelle die Literatur. Dort wählen Studien einen ähnlichen Ansatz.[228] Die gewählten Zeitreihen und Zeitpunkte lehnen sich daran an. Zweitens legen Erkenntnisse aus der ersten Teilanalyse dieses Vorgehen nahe, um die Entwicklung des Komplexitätsphänomens genauer analysieren zu können. Dort wird deutlich, dass es durch unterschiedliche Betrachtungszeiträume gelingen kann, kurzfristige Einmal- und/oder Sondereffekte aufzudecken sowie kurz- und langfristige Entwicklungen zu erkennen.[229] Hieraus lässt sich die Notwendigkeit ableiten, zum einen auf kurzfristige Ein-Jahres-Betrachtungen abzustellen und zum anderen langfristige Mehr-Jahres-Betrachtungszeiträume zu verwenden. Zum Beispiel können auf diese Weise Trendwenden o. Ä. aufgedeckt und Fehlinterpretationen vermieden werden. Im Übrigen bietet sich ein Ein-Jahres-Betrachtungszeitraum alleine schon deshalb an, weil die IFRS-Standards und die Geschäftsberichte im Jahresrhythmus veröffentlicht werden. Drittens orientieren sich die ausgewählten Startpunkte (1995, 2000 und 2005) und die zentralen ausgesuchten Zeitpunkte der Mehr-Jahres-Betrachtung (1995, 2000, 2005 und 2010) an Phasen der Internationalisierung der IFRS-Rechnungslegung in Deutschland. So repräsentiert das Jahr 1995 die Phase von 1993 bis 1998, das Jahr 2000 die Phase von 1998 bis 2004 und das Jahr 2005 die Phase von 2005 bis 2009 sowie das Jahr 2010 die (vorerst) letzte Phase ab 2010.[230] Der 5-Jahres-Rhythmus bei der langfristigen Mehr-Jahres-Betrachtung leitet sich aus der Phase von 2005 bis 2009 ab. Dieser Abschnitt bietet sich insbesondere an, da alle kapitalmarktorientierten (Mutter-) Unternehmen in der EU ab 2005 ihren Konzernabschluss nach IFRS aufstellen

14 (Leistungen an Arbeitnehmer) und Anhang 15 (Rückstellungen, Eventualverbindlichkeiten und Eventualforderungen).

228 Vgl. Erster Teil: Kap. 2.1.1.

229 Vgl. Dritter Teil: Kap. 3.6.

230 Vgl. im Einzelnen zu den verschiedenen Phasen der Internationalisierung der Rechnungslegung Pellens et al. (2014), Internationale Rechnungslegung, S. 35–46.

müssen (IAS-Verordnung).[231] Es ergeben sich hieraus die weiteren Zeitpunkte der anderen Phasen (1995, 2000 und 2010), sodass die Zeiträume jeweils fünf Jahre umfassen (1995–2000, 2000–2005, 2005–2010).[232] So wird eine Vergleichbarkeit gewährleistet.[233]

Eine Komplexitätszu- oder -abnahme wird grundsätzlich anhand einer relativen Häufigkeitsveränderung zwischen zwei Zeitpunkten (im Zeitablauf) quantifiziert.[234] Die Ergebnisse werden ordinal skaliert und auf diese Weise in eine Rangordnung gebracht („größer als" oder „kleiner als").[235] Beispielsweise wird die Lesbarkeit von IAS 19 (2011) mit derjenigen von IAS 19 (2012) anhand des Gunning *Fog-*, *Flesch Reading Ease-* und *Flesch Reading Ease-Index 2013* verglichen. Eine entsprechende Zunahme (Abnahme) des Gunning *Fog-Index* bzw. Abnahme (Zunahme) des *Flesch Reading Ease-* und *Flesch Reading Ease-Index 2013* bedeutet einen Verschlechterung (Verbesserung) der Lesbarkeit. Diese könnte als Zunahme (Abnahme) der IFRS-Regelkomplexität gedeutet werden. Analog zum Gunning *Fog-Index* bedeutet eine Zunahme (Abnahme) des *Lix-Index* ebenfalls eine Verschlechterung (Verbesserung) der Lesbarkeit. Diese könnte auf eine zunehmende (abnehmende) IFRS-Rechnungslegungskomplexität (Regelanwendung) hinweisen. Es gilt aber, bei der jeweiligen Ergebnisinterpretation die einzelnen Komplexitätsebenen und Limitationen im Auge zu behalten. So sind etwa bei der Betrachtung der IFRS-Regelkomplexität anhand der empirischen Befunde aus der Lesbarkeitsanalyse auch diejenigen aus der quantitativen Inhaltsanalyse zu berücksichtigen. Zudem ist die Entwicklung der allgemeinen Umweltkomplexität ins Kalkül einzubeziehen. Denn die Teilkomplexitäten hängen zusammen und beeinflussen sich gegenseitig. Die Resultate sind dementsprechend zu bereinigen sowie behutsam und vorsichtig auszulegen. Aus diesem Grund erfolgt die Würdigung der empirischen Befunde zur Lesbarkeitsanalyse und zur quantitativen Inhaltsanalyse im Gesamten. Die Ergebnisse aus der zweiten und dritten Teilanalyse zur IFRS-Regel-, zur IFRS- und zur HGB-Rechnungslegungskomplexität sowie zur Unternehmens- und zur allgemeinen Umweltkomplexität werden in einen Kontext gestellt und gemeinsam betrachtet. Einen besonderen Schwerpunkt bildet bei der Untersuchung

---

231 Vgl. Pellens et al. (2014), Internationale Rechnungslegung, S. 39–40; vgl. ebenso Verordnung (EG) Nr. 1606/2002.

232 Beispielsweise ist es notwendig, um im Zeitraum von 2005 bis 2009 auch das Jahr 2009 im Zeitablauf untersuchen zu können, das Jahr 2010 zu berücksichtigen. Aus diesem Grund bildet die Phase von 2005 bis 2010 den Ausgangspunkt.

233 In der dritten Teilanalyse wird das Jahr 1995 bzw. der Zeitraum von 1995 bis 2000 nicht untersucht, da eine Vergleichbarkeit der Geschäftsberichte bis zum Jahr 2000, u. a. aufgrund der Heterogenität des angewendeten Rechnungslegungssystems im Konzernabschluss (HGB, US-GAAP und IAS), eingeschränkt erscheint. Stattdessen wird das letzte Untersuchungsjahr (2012) herangezogen.

234 Vgl. Erster Teil: Kap. 3.

235 Vgl. Backhaus et al. (2011), Multivariate Analysemethoden, S. 11; Mayring (2010), Qualitative Inhaltsanalyse, S. 18.

der IFRS-Regelkomplexität die Berücksichtigung der empirischen Befunde zur allgemeinen Umweltkomplexität.

4.3.2 Quantitative Inhaltsanalysen (Zweite und Dritte Teilanalyse)

4.3.2.1 Methodik und Anwendung

Neben einer Lesbarkeitsanalyse werden die Abbildungsregeln (zweite Teilanalyse) und das Abbildungsergebnis (dritte Teilanalyse) noch von einer quantitativen Inhaltsanalyse (*Content Analysis*) ausgewertet.[236] Hierzu dienen in der zweiten Teilanalyse die analogen und digitalen IFRS-Standards (IFRS-Regelkomplexität). In der dritten Teilanalyse werden vor allem die Geschäftsberichte der DAX-30-Unternehmen herangezogen. Zudem wird die Datenbank „Amadeus" benutzt (IFRS- und HGB-Rechnungslegungskomplexität sowie Unternehmens- und allgemeine Umweltkomplexität).[237]

Von einer Inhaltsanalyse existieren aufgrund ihrer breiten Anwendungsmöglichkeiten in verschiedenen Disziplinen zahlreiche Definitionsversuche.[238] Für die vorliegende Arbeit dient das Verständnis von KRIPPENDORFF als Grundlage. Laut ihm handelt es sich bei einer Inhaltsanalyse um eine „research technique for making replicable and valid inferences from texts (or other meaningful matter) to the contexts of their use"[239]. Demzufolge bildet die Untersuchung von Texten einen Schwerpunkt der Inhaltsanalyse, die quantitativer oder qualitativer Art sein kann.[240] Im Zusammenhang mit der quantitativen Inhaltsanalyse unterscheidet

---

236 Vgl. grundlegend zur Inhaltsanalyse z. B. BERELSON (1952), Content Analysis; KRIPPENDORFF (2013), Content Analysis. Die Inhaltsanalyse entstammt den sozialwissenschaftlichen Untersuchungsmethoden und wurde zu Beginn des 20. Jahrhunderts in den USA entwickelt, um in der Publizistik auf systematische Art und Weise Zeitungsartikel zu analysieren (vgl. ATTESLANDER (2010), Methoden der empirischen Sozialforschung, S. 198; vgl. zur Geschichte der Inhaltsanalyse z. B. BERELSON (1952), Content Analysis, S. 21–25; MERTEN (1995), Inhaltsanalyse, S. 35–47). In der Folgezeit erlangte sie u. a. aufgrund von technischem Fortschritt, z. B. durch Massenmedien wie Radio und Zeitungen, zusehends an Popularität. Als Ergebnis steht als zentraler Meilenstein die Monografie von BERELSON ((1952), Content Analysis), der sich als einer der Ersten mit der Methode der Inhaltsanalyse dezidiert auseinandersetzt (vgl. MAYRING (2010), Qualitative Inhaltsanalyse, S. 26).

237 Vgl. Dritter Teil: Kap. 4.2.1 und 4.2.2.

238 Vgl. MERTEN (1995), Inhaltsanalyse, S. 47.

239 KRIPPENDORFF (2013), Content Analysis, S. 24 (im Original in kursiver Schreibweise hervorgehoben).

240 Vgl. ATTESLANDER (2010), Methoden der empirischen Sozialforschung, S. 195; LAMNEK (2010), Qualitative Sozialforschung, S. 447, 459–497; MERTEN (1995), Inhaltsanalyse, S. 14–16. Im Allgemeinen versucht quantitative Forschung, eine klare Isolierung von Ursachen und Wirkungen zu erreichen. Dazu werden theoretische Konstrukte operationalisiert und gemessen. Auf diese Weise sollen

SMITH zwischen einer „meaning-orientated (subjective)“[241] und einer „form-orientated (objective)“[242] Variante der Inhaltsanalyse. So bezieht sich die subjektive Form der Inhaltsanalyse auf inhaltliche Aspekte von Texten und die objektive Form knüpft an konkret messbare Ausprägungen von Texten an.[243] Der Autor nimmt insofern keine Beschränkung des Untersuchungsgegenstandes auf den Inhalt vor. Es bieten sich dementsprechend auch formale Aspekte von Texten, wie z. B. die Seiten-, Paragrafen- oder Wortanzahl, zur Untersuchung an.[244]

Häufigkeiten und Verteilungen der theoretischen Konstrukte ermittelt werden, um daraus allgemeine Aussagen abzuleiten (vgl. FLICK (2009), Qualitative Sozialforschung, S. 23–24; MAYRING (2010), Qualitative Inhaltsanalyse, S. 17–18). Die quantitative Inhaltsanalyse versucht demzufolge, Merkmale von Untersuchungsobjekten, wie z. B. Texten etc., in Häufigkeiten (z. B. im Rahmen einer Frequenzanalyse) zu überführen (vgl. FRÜH (2011), Inhaltsanalyse, S. 39; vgl. LAMNEK (2010), Qualitative Sozialforschung, S. 456, 459). Voraussetzung für diese Art der Forschung ist aber, dass Ursache-Wirkungs-Zusammenhänge eindeutig identifiziert und isoliert werden. Dies scheitert aber regelmäßig an den vielschichtigen Phänomenen der Realität, die untersucht werden. An dieser Stelle setzt die qualitative Forschung an. Qualitative Forschung versucht, die in der Realität auftretenden Phänomene in ihrer Ganzheit zu erfassen. Dieses Vorgehen ist von einer Offenheit der Methoden gegenüber dem Untersuchungsgegenstand und einer gewissen Subjektivität geprägt (vgl. FLICK (2009), Qualitative Sozialforschung, S. 27–28). Die qualitative Inhaltsanalyse hat zum Ziel, inhaltliche Aussagen – unter Berücksichtigung des Kontexts – interpretativ zu untersuchen (vgl. FEHR (2013), Leasingbilanzierung, S. 175). Allerdings ist die Differenzierung in eine quantitative und qualitative Inhaltsanalyse irreführed, weil die quantitative Inhaltsanalyse lediglich eine „Scheinalternative“ (FRÜH (2011), Inhaltsanalyse, S. 38) darstellt. Zumal eine reine, quantitative Inhaltsanalyse illusorisch erscheint, da schon jede einzelne Beobachtung einen qualitativen Aspekt beinhaltet (vgl. FRÜH (2011), Inhaltsanalyse, S. 38, 67). Demzufolge bedingt eine quantitative Inhaltsanalyse eine qualitative Inhaltsanalyse, da nicht „die Quantität per se im Vordergrund der Analyse [steht], sondern die Bedeutung der Quantität“ (FEHR (2013), Leasingbilanzierung, S. 176). Folglich stehen die quantitative und qualitative Inhaltsanalyse nicht isoliert nebeneinander, sondern ergänzen sich gegenseitig (vgl. MERTEN (1995), Inhaltsanalyse, S. 50).

241 SMITH (2011), Research Methods in Accounting, S. 148.

242 SMITH (2011), Research Methods in Accounting, S. 148.

243 Vgl. SMITH (2011), Research Methods in Accounting, S. 148.

244 Vgl. ATTESLANDER (2010), Methoden der empirischen Sozialforschung, S. 196; MAYRING (2010), Qualitative Inhaltsanalyse, S. 11; MERTEN (1995), Inhaltsanalyse, S. 14–16; vgl. dazu auch ähnlich KRIPPENDORFF (2013), Content Analysis, S. 25. Diese Unterscheidung zwischen Inhalt und Form trifft auch FRÜH. Allerdings empfindet er die Fokussierung auf formale Aspekte als „trivial“ (FRÜH (2011), Inhaltsanalyse, S. 50) und schlägt vor, sie nicht weiter zu verfolgen (vgl. FRÜH (2011), Inhaltsanalyse, S. 50). Auch MERTEN ((1995), Inhaltsanalyse, S. 16) geht in diese Richtung, wenn er die Auffassung vertritt, dass die Beschreibung des Inhalts nach

Die Teilanalysen der Abbildungsregeln und des Abbildungsergebnisses stützen sich grundsätzlich auf eine quantitativ objektive Inhaltsanalyse, um diese anhand von formalen Kriterien zu beschreiben (Deskription) („form-orientated").[245] Lediglich die Untersuchung des Abbildungsergebnisses anhand einer Schlag- und Signalwortsuche stellt auf eine quantitativ subjektive Inhaltsanalyse ab. Diese versucht, inhaltliche Aspekte des Abbildungsergebnisses abzugreifen („meaning-orientated").[246] Ferner fließen auch qualitativ subjektive Aspekte, insbesondere bei der Ausgestaltung der Inhaltsanalyse, in die Untersuchung ein.

Bei einer klassischen Inhaltsanalyse werden Kommunikations- respektive Textinhalte in numerische Informationen überführt. Dazu ist die Bildung eines Katgeoriensystems, das aus Haupt- und Nebenkategorien besteht, vorzunehmen. Das Kategoriensystem bildet die Gesamtheit aller Kategorien der Inhaltsanalyse und erfüllt gewisse Anforderungen. Die Zuordnung der Textinhalte erfolgt auf Basis von Codierregeln.[247] Der Vorgang an sich wird als Codierung bezeichnet. Im Rahmen dieses Prozesses stellt die Bildung der einzelnen Kategorien die Achillesverse der inhaltsanalytischen Methodik dar.[248] Berelson führt in diesem Zusammenhang aus: „Content analysis stands or falls by its categories"[249]. Die Bildung der Kategorien kann entweder induktiv oder deduktiv erfolgen. Die induktive Vorgehensweise leitet die Kategorien direkt aus dem Textinhalt ab (empiriegeleitet) und verzichtet auf eine entsprechende theoretische Herleitung. Insofern können die Kategorien erst

---

relevanten Merkmalsausprägungen, wie z. B. Paragrafen, „eine notwendige, aber nicht hinreichende Voraussetzung" einer Inhaltsanalyse darstelle. Diesen Auffassungen schließt sich die vorliegende Arbeit nicht an. Vielmehr folgt diese Weber ((2008), Basic Content Analysis, S. 62, 79–80), der die Auffassung vertritt, dass die Inhaltsanalyse eine Kunst sei und vom Ermessen sowie der Interpretation des Forschers abhänge (vgl. Smith (2011), Research Methods in Accounting, S. 150). Daher bietet sich eine formorientierte Inhaltsanalyse im Smith'schen Sinne der IFRS-Standards anhand von relativ objektiv nachvollziehbaren Kriterien an, sodass an dieser Stelle auch von einer „kategoriengeleitete[n] Textanalyse" (Mayring (2010), Qualitative Inhaltsanalyse, S. 13 (im Original in kursiver Schreibweise hervorgehoben)) gesprochen werden kann.

245 Vgl. Früh (2011), Inhaltsanalyse, S. 44; Gassen/Günther (2014), Evidenzbasierte Rechnungslegungsregulierung, S. 187–188; Merten (1995), Inhaltsanalyse, S. 19; Smith (2011), Research Methods in Accounting, S. 148.

246 Vgl. Smith (2011), Research Methods in Accounting, S. 148.

247 Vgl. Atteslander (2010), Methoden der empirischen Sozialforschung, S. 203–205; Holsti (1969), Content Analysis, S. 94–96; Merten (1995), Inhaltsanalyse, S. 98–105; Ritsert (1975), Inhaltsanalyse, S. 51–53.

248 Vgl. Atteslander (2010), Methoden der empirischen Sozialforschung, S. 203–205; Fehr (2013), Leasingbilanzierung, S. 179; Holsti (1969), Content Analysis, S. 94–96; Lisch (1978), Kategorien, S. 69; Merten (1995), Inhaltsanalyse, S. 98–105; Ritsert (1975), Inhaltsanalyse, S. 51–53.

249 Berelson (1952), Content Analysis, S. 147 (im Original teilweise durch Großschreibung hervorgehoben).

während der Inhaltsanalyse gebildet werden. Bei der deduktiven Methode werden die Kategorien aus einem theoretischen Rahmen abgeleitet (theoriegeleitet).[250] Die Kategorienbildung erfolgt vor der Auswertung, sodass die Kategorien während der empirischen Erhebung nicht mehr geändert werden können.[251]

Aufgrund der Tatsache, dass die quantitativen Inhaltsanalysen der Abbildungsregeln (IFRS-Regelkomplexität) und des Abbildungsergebnisses (IFRS- und HGB-Rechnungslegungskomplexität sowie Unternehmens- und allgemeine Umweltkomplexität) nicht auf inhaltliche, sondern formale Aspekte rekurrieren, ergeben sich für diese Modifikationen hinsichtlich des Modus Operandi im Vergleich zu einer klassischen Inhaltsanalyse. Auf ein umfassendes Kategoriensystem wird verzichtet, da Kategorien, die im Regelfall durch ein oder mehrere Variablen (Merkmale) in unterschiedlichen Ausprägungen charakterisiert werden,[252] in diesen Teilanalysen nicht auftreten. Stattdessen erfolgt eine Fokussierung auf formale Aspekte, die eindeutig, klar und nachvollziehbar sind; diese müssen nicht weiter spezifiziert werden. Folglich entfällt auch der Codiervorgang in Teilen. Vielmehr stellt die vorliegende Teilanalyse auf Indikatoren ab, die in den vorausgegangenen Ausführungen bestimmt sind und als Kategorien fungieren.[253] Insofern erfolgt die Kategorienbildung deduktiv.

Zur Auswertung des Abbildungsergebnisses anhand einer Schlag- und Signalwortsuche dient eine quantitative, subjektive Inhaltsanalyse (IFRS- und HGB-Rechnungslegungskomplexität).[254] Die Indikatoren, die in den vorausgegangenen Ausführungen bestimmt sind, fungieren als Kategorien.[255] Insofern erfolgt die Kategorienbildung deduktiv. Zudem findet eine Festlegung von Haupt- und Nebenkategorien statt, um die (Such-)Begriffe und deren Derviate mittels einer Wortsuche zu identifizieren und in numerische Informationen zu überführen.[256]

---

250 Vgl. Fehr (2013), Leasingbilanzierung, S. 179; Früh (2011), Inhaltsanalyse, S. 72–74; Mayring (2010), Qualitative Inhaltsanalyse, S. 83.

251 Vgl. Fehr (2013), Leasingbilanzierung, S. 179.

252 Vgl. Atteslander (2010), Methoden der empirischen Sozialforschung, S. 204.

253 Vgl. Dritter Teil: Kap. 4.1.

254 Smith ist der Auffassung, dass das Zählen von Wörtern eher der „form-orientated“- als der „meaning orientated“-Inhaltsanalyse zuzuordnen ist (vgl. Smith (2011), Research Methods in Accounting, S. 148–149). Dieser Auffassung wird in der vorliegenden Arbeit nicht gefolgt. Vielmehr wird die Meinung vertreten, dass das Durchsuchen der Geschäftsberichte nach bestimmten Schlag- und Signalwörtern vor allem inhaltliche Aspekte abgreift. Beispielsweise sei an dieser Stelle auf die Studien von Li ((2006), Do Stock Market Investors Understand the Risk Sentiment of Corporate Annual Reports?) und Fülbier/Kuschel ((2012), Komplexitätszunahme in der IFRS-Rechnungslegung) verwiesen (vgl. ebenso Erster Teil: Kap. 2.1.1, 2.2.2, 2.2.2 und 3; Dritter Teil: Kap. 4.1.3).

255 Vgl. Dritter Teil: Kap. 4.1.3.

256 Vgl. Atteslander (2010), Methoden der empirischen Sozialforschung, S. 204; Fehr (2013), Leasingbilanzierung, S. 179; Früh (2011), Inhaltsanalyse, S. 72–74; Mayring (2010), Qualitative Inhaltsanalyse, S. 83.

4.3.2.2 Aufbereitung und Erhebung der Indikatoren

Die Aufbereitung und Erhebung der Indikatoren wird für die quantitative Inhaltsanalyse der Abbildungsregeln (IFRS-Regelkomplexität) und für die quantitative Inhaltsanalyse des Abbildungsergebnisses (IFRS- und HGB-Rechnungslegungskomplexität sowie Unternehmens- und allgemeine Umweltkomplexität) separat dargestellt. Zudem erfolgt hinsichtlich des Abbildungsergebnisses eine getrennte Darstellung zwischen der quantitativ objektiven und der quantitativ subjektiven Inhaltsanalyse.

Im Rahmen der quantitativen Inhaltsanalyse zur IFRS-Regelkomplexität anhand der Abbildungsregeln werden zunächst die Indikatoren der analogen IFRS-Standards aufbereitet, indem sie hinsichtlich des IFRS-Gesamtsystems und einzelner IFRS-Bilanzierungsbereiche konkretisiert werden. Danach folgen die digitalen IFRS-Standards.[257] Es schließen sich die Ausführungen zur Erhebung der Indikatoren an. Die Unterscheidung zwischen IFRS-Gesamtsystem und einzelnen Bilanzierungsbereichen findet statt, um die Entwicklung der IFRS-Regelkomplexität detaillierter untersuchen zu können. So ist es beispielsweise möglich, dass das IFRS-Gesamtsystem per se nicht komplexer wird, einzelne Bilanzierungsbereiche hingegen schon.[258]

Hinsichtlich des IFRS-Gesamtsystems gehören zu den Indikatoren auf Basis der analogen IFRS-Standards die Anzahl der *Bound Volumes* bzw. *Red Books* als auch der Standards (IAS, IFRS) und Interpretationen (IFRIC, SIC). Zudem wird zwischen Standards differenziert, die entweder einen oder mehrere Anhänge (*Appendix/ Appendices*), eine *Application Guidance*, eine *Guidances on Implementing*, mindestens ein *Illustrative Example* oder Beispiele (*Example(s)*) enthalten. Daneben dienen die Seitenanzahl – differenziert nach *Bound Volumes* bzw. *Red Books*, Standards, Interpretationen, Glossar und Stichwortverzeichnis – und die verwendete Anzahl an Fachtermini (im Glossar) als Indikator.

Hinsichtlich einzelner Bilanzierungsbereiche dienen die Anzahl der Standards, die Seiten- und Paragrafenanzahl sowie die Anzahl an Überschriften ersten Grades, an Anhängen und an Beispielen als Indikatoren für die analogen IFRS-Standards. Dabei wird die Seitenanzahl sowohl insgesamt als auch differenziert nach Einführungsseiten, Inhaltsverzeichnis, Einführung (*Introduction*), Standard (Hauptteil), Anhang, *Basis for Conclusions, Guidances on Implementing, Illustrative Example* und Sonstige Seiten aufgeführt, die Paragrafenanzahl differenziert nach Einführung (*Introduction*), Hauptteil des Standards (Gesamtanzahl als auch die Anzahl an fettgedruckten Paragrafen), Anhang, *Basis for Conclusions, Guidances on Implementing* und *Illustrative Example.*[259]

257 Vgl. im Folgenden Dritter Teil: Kap. 4.1.

258 Vgl. Zweiter Teil: Kap. 2.5 und 4.4.

259 Der Hauptteil eines IFRS-Standards umfasst grundsätzlich die Abschnitte vom *Objective* bis zum *Disclosure* (jeweils einschließlich).

Hinsichtlich einer quantitativen Inhaltsanalyse der digitalen IFRS-Standards werden weitere Indikatoren herangezogen. Diese werden sowohl für das IFRS-Gesamtsystem als auch für einzelne Bilanzierungsbereiche bestimmt. Hierzu werden auf Basis von *MICROSOFT-Word-2007*[260] die Seiten-, Wort-, Zeichen- (mit und ohne Leerzeichen) und Absatzanzahl sowohl insgesamt als auch nur für den Hauptteil des/der Standards ermittelt. Zudem werden im Rahmen der Ermittlung des GUNNING *Fog-Index* und des *Flesch Reading Ease-Index* Indikatoren generiert, die nebenbei – quasi als „Nebenprodukte"[261] in einer „Kuppelproduktion"[262] – entstehen.[263] Dies sind die Satzzeichen- und Wortanzahl sowie die Anzahl an Wörtern mit drei oder mehr Silben (Komplexe Wörter) im Rahmen der Ermittlung des GUNNING *Fog-Index*. Im Rahmen der Ermittlung des *Flesch Reading Ease-Index* werden die Zeichen- (mit und ohne Leerzeichen), Buchstaben-/Nummern-, Wort-, Silben- und Satzanzahl sowie die Anzahl an komplexen Wörtern festgestellt. Die Erhebung dieser Indikatoren erfolgt jeweils lediglich für den Hauptteil des/der Standards.

Die Entwicklung der Standards im Gesamten und die Entwicklung der Hauptteile der Standards stehen bei der Untersuchung der IFRS-Abbildungsregeln im Fokus. Denn dort finden sich die zentralen, inhaltlichen Vorschriften, wie z. B. zum Ansatz (*Recognition*) und zur Bewertung (*Measurement*), die für eine Zunahme der (materiellen) IFRS-Regelkomplexität verantwortlich sein könnten. Diese Bereiche bieten sich daher für eine Untersuchung im Allgemeinen und eine quantitative Inhaltsanalyse im Besonderen an.[264] Aus diesem Grund werden z. B. die Seitenanzahl des IFRS-Gesamtsystems sowie die Seiten- und Paragrafenanzahl einzelner Bilanzierungsbereiche auf verschiedene Bereiche verteilt. Beispielsweise wird die Seitenanzahl des IFRS-Gesamtsystems nach *Bound Volumes* bzw. *Red Books*, Standards, Interpretationen, Glossar und Stichwortverzeichnis differenziert. Auf diese Weise wird eine detailliertere Analyse des Indikators (wie etwa der Seitenanzahl) ermöglicht. Gleiches gilt auch für die Ermittlung der fettgedruckten Paragrafen (*bold type*). Da diese die wesentlichen Grundsätze (*main principles*) eines IFRS-Standards enthalten,[265] bieten sie sich ebenso für eine genauere Analyse der IFRS-Regelkomplexität an.

Die Erhebung der Daten aus den analogen IFRS-Standards wird händisch (originär) durch den Verfasser der vorliegenden Arbeit vorgenommen, der bei

---

260 Vgl. zur Benutzung von *MICROSOFT-Word* im Rahmen der Forschung z. B. DAILY ET AL. (2010), Readability, S. 177.

261 COENENBERG ET AL. (2012), Kostenrechnung, S. 155.

262 COENENBERG ET AL. (2012), Kostenrechnung, S. 155 (im Original in fetter Schreibweise hervorgehoben).

263 Vgl. zur Ermittlung des GUNNING *Fog-* und *Flesch Reading Ease-Index* Dritter Teil: Kap. 4.3.1.2. Dort findet sich auch die Beschreibung der Vorgehensweise zum Erhalt der Untersuchungsgrundlage für *MICROSOFT-Word-2007* als auch für den GUNNING *Fog-* und *Flesch Reading Ease-Index*.

264 Vgl. Zweiter Teil: Kap. 4.4.

265 Vgl. z. B. IFRS 1.

Vorarbeiten unterstützt wird (Februar 2012 bis Februar 2013). Die dritte Person arbeitet in enger Abstimmung mit dem Verfasser zusammen, ist im Voraus ausführlich in die Thematik eingeführt und mit entsprechenden Anweisungen vertraut gemacht. Zudem werden die Ergebnisse stichprobenhaft überprüft. Die erhobenen Daten werden in eine Datei des Tabellenkalkulationsprogramms *Microsoft Excel 2007* eingetragen. Die Rohdatenmenge wird entsprechend der Betrachtungsebenen, d. h. des IFRS-Gesamtsystems und einzelner Bilanzierungsbereiche, aggregiert und ausgewertet. Dieser Vorgang wird zweimal, jeweils zeitlich versetzt, durchgeführt. Die Rohdatendatei wird stichprobenhaft nachvollzogen und mehrfach überprüft.

Die Anzahl der IFRS-Standards und -Interpretationen wird auf Basis des Inhaltsverzeichnisses (*Contents*) des *Bound Volumes* bzw. *Red Books* (*Part* A) des jeweiligen Untersuchungsjahrs bestimmt.

Bei der Ermittlung der Seitenanzahl wird ein Blatt in den *Bound Volumes* bzw. *Red Books* als zwei einzelne Seiten erfasst. Das Front- und Backcover des jeweiligen *Bound Volumes* bzw. *Red Books* wird nicht gezählt. Es erfolgt lediglich eine Erfassung der Seiten, die in die Seitennummerierung sowohl mit römischen als auch arabischen Ziffern einbezogen sind. Leerseiten, wie z. B. am Ende des *Red Books* 2012, bleiben unberücksichtigt – sofern sie nicht mit einer Seitenzahl nummeriert sind.

Die Anzahl der Paragrafen wird ermittelt, indem die Paragrafen in jedem Standard gezählt werden. Dabei werden allerdings nur Paragrafen berücksichtigt, die sich in der *Introduction*, im Hauptteil des Standards, im Anhang, in der *Basis for Conclusion*, in der *Guidances on Implementing* und den *Illustrative Examples* befinden. Denn diese stellen die zentralen Bereiche eines IFRS-Standards dar, die sich durch eine Bezug zum Komplexitätsphänomen kennzeichnen.[266] Jedoch sind Modifikationen notwendig, da sich der Aufbau und die Struktur der Standards im Zeitablauf ändern. Die Paragrafen sind regelmäßig mit arabischen Ziffern nummeriert. Vereinzelt erhalten einige Paragrafen noch Zusätze wie z. B. „35*A*" im IFRS 8. Auch diese Paragrafen werden berücksichtigt. Aus Vereinfachungsgründen wird jede Paragrafennummer als ein Paragraf gewertet. Dementsprechend werden der Umfang von einzelnen Paragrafen und/oder weitere Untergliederungen nicht berücksichtigt. Paragrafen, die zwar nummeriert, aber keinen Text o. Ä. enthalten, werden nicht gezählt.

Die Anzahl der Fachtermini wird auf Basis des Glossars (*Glossary of Terms*) des *Bound Volumes* bzw. *Red Books* (*Part* A) des jeweiligen Untersuchungsjahrs bestimmt. Dabei wird jeder fettgedruckte Begriff, wenn nötig auch doppelt (wie z. B. *Fair Value*), gezählt. Die Anzahl der Standards, die entweder einen oder mehrere Anhänge (*Appendix/Appendices*), eine *Application Guidance*, eine *Guidances on Implementing*, mindestens ein *Illustrative Example* oder Beispiele (*Example(s)*) enthält, wird auf Basis des Inhaltsverzeichnisses auf Ebene der einzelnen Standards (*Contents*) bestimmt. Bei der Ermittlung der Anzahl der betroffenen Standards

266 Vgl. Zweiter Teil: Kap. 4.4 und Dritter Teil: Kap. 4.1.2.

werden diejenigen Standards berücksichtigt, bei denen der Begriff, wie z. B. *Illustrative Example*, wortwörtlich im Inhaltsverzeichnis sichtbar ist. Ist dies lediglich an einer anderen Stelle, wie z. B. im Anhang, gegeben, erfolgt keine Berücksichtigung.

Die Ermittlung der Anzahl der Überschriften ersten Grades erfolgt ebenfalls anhand des Inhaltsverzeichnisses auf Ebene der einzelnen Standards. Hierzu erfolgt eine Zählung der Überschriften mit der größten Schriftgröße im Inhaltsverzeichnis, wobei die Überschrift des Standards (*Contents*) und die Bezeichnung des Standards davon ausgenommen sind. Die Anzahl der Anhänge ermittelt sich ebenso auf Basis des jeweiligen Inhaltsverzeichnisses auf Ebene der einzelnen Standards. Hierzu wird auf die Anzahl der Nummerierungen der Anhänge rekurriert. Beispielsweise zeigt IAS 36 in seinem Inhaltsverzeichnis im Jahr 2012, dass der Anhang aus drei Teilen besteht, die mit „A“, „B“ und „C“ nummeriert sind. Die Anzahl der Beispiele im jeweiligen Standard ermittelt sich durch die Zählung von mit „*Example*“ überschriebenen Absätzen.

Die Indikatoren auf Basis der digitalen IFRS-Standards werden zum einen unter Zuhilfenahme von *Microsoft-Word-2007* und der Funktion „Wörter zählen“ generiert. Zum anderen werden die Indikatoren im Rahmen der Ermittlung des Gunning *Fog-Index* und des *Flesch Reading Ease-Index* gebildet. Als Untersuchungsgrundlage dient dazu sowohl der jeweilige vollständige IFRS-Standardtext (*Microsoft-Word-2007*) als auch lediglich der jeweilige IFRS-Standardtext des Hauptteils (*Microsoft-Word-2007*, Gunning *Fog-* und *Flesch Reading Ease-Index*).[267]

Im Rahmen der quantitativen objektiven Inhaltsanalyse anhand des Abbildungsergebnisses werden in erster Linie die Geschäftsberichte der DAX-30-Unternehmen ausgewertet. Als Indikatoren dienen die Seitenanzahl des Anhangs (primär IFRS-getrieben; IFRS-Rechnungslegungskomplexität) und des Lageberichts (primär HGB-getrieben; HGB-Rechnungslegungskomplexität). Die Gesamtseitenanzahl des Geschäftsberichts wird auf den Anhang, den Lagebericht und die sonstigen Bereiche aufgeschlüsselt. Der Anhang und Lagebericht werden auf Basis des Inhaltsverzeichnisses und der entsprechenden Überschriften, die eindeutig die Abschnitte im Geschäftsbericht ausweisen, von den sonstigen Bereichen getrennt und in einzelnen PDF-Dokumenten gespeichert. Die Seitenanzahl wird mithilfe des Programms „Adobe Acrobat Pro“ bestimmt. Zudem dienen als Indikatoren die Anzahl der Mitarbeiter zum Stichtag und im Durchschnitt wie auch die Anzahl der Konzernunternehmen (Unternehmenskomplexität) sowie die Bilanzsumme und die Umsatzerlöse (allgemeine Umweltkomplexität). Diese werden nach der Datenerhebung (Geschäftsberichte und Datenbank) im Tabellenkalkulationsprogramm *Microsoft Excel 2007* eingearbeitet. Die Anzahl der Konzernunternehmen wird im Wesentlichen auf Basis der Anteilsbesitzlisten nach § 313 Abs. 2 HGB händisch

---

267 Vgl. zur Ermittlung des Gunning *Fog-* und *Flesch Reading Ease-Index* Dritter Teil: Kap. 4.3.1.2. Dort findet sich auch die Beschreibung der Vorgehensweise zum Erhalt der Untersuchungsgrundlage für *Microsoft-Word-2007* als auch für den Gunning *Fog-* und *Flesch Reading Ease-Index*.

ausgezählt. Ansonsten werden die Angaben zum Konsolidierungskreis herangezogen und zusammengefasst. Die Ergebnisse werden stichprobenhaft überprüft.

Im Rahmen der quantitativen subjektiven Inhaltsanalyse werden die Geschäftsberichte, der Anhang und der Lagebericht der DAX-30-Unternehmen nach Schlag- und Signalwörtern durchsucht, die auf Komplexität hin- und/oder diese andeuten.[268] Gefundene Schlag- und Signalwörter im Anhang dienen als Hinweiszeichen für die IFRS-Rechnungslegungskomplexität, im Lagebericht für die HGB-Rechnungslegungskomplexität. Die Begriffe „Komplexität", „Unsicherheit", „Risiko", „Schätzung", „Ermessen" und „Spielraum" stellen die Indikatoren dar und fungieren als Hauptkategorien.[269] Als Nebenkategorien werden die Derivate der Schlag- und Signalwörter definiert. Zusammen bilden die Haupt- und Nebenkategorien das Kategoriensystem. Dies sind die Schlag- und Signalwörter „Komplexität" (einschließlich des Derivats „komplex"), „Unsicherheit" (einschließlich des Derivats „unsicher"), „Risiko" (einschließlich des Derivats „risik"), „Schätzung" (einschließlich des Derivats „schätz") und „Ermessen" sowie „Spielraum". Die identifizierten Schlag- und Signalwörter im Rahmen der Wortsuche werden in numerische Informationen überführt.[270]

Die Geschäftsberichte, der Anhang und der Lagebericht werden anhand der aufgeführten Schlag- und Signalwörter durchsucht. Die Daten werden stichprobenhaft überprüft. Die Schlag- und Signalwörter, d.h. Komplexität, Unsicherheit und Schätzung, finden bei der praktischen Wortsuche keine Berücksichtigung, da sie über ihre Derivate erfasst werden. Hierdurch werden auch weitere Derivate, wie z.B. die gebeugten (konjugierten) Formen des Verbs „schätzen", erfasst. Als Suchbegriffe ergeben sich demnach die Wortstämme „komplex", „unsicher", „risik", „schätz" und „Ermessen" sowie „Spielraum", wobei die Suchfunktion im Programmn „Adobe Acrobat Pro" als technische Hilfe fungiert. Die Bearbeitung und Auswertung erfolgt im Tabellenkalkulationsprogramm *Microsoft Excel 2007*, um z.B. Doppelerfassungen von Schlag- und Signalwörtern sowie deren Derivate zu vermeiden. Als Ergebnis steht die Anzahl der Treffer des entsprechenden

---

268 Smith ist der Auffassung, dass das Zählen von Wörtern eher der „form-orientated"- als der „meaning orientated"-Inhaltsanalyse zuzuordnen ist (vgl. Smith (2011), Research Methods in Accounting, S. 148–149). Dieser Auffassung wird in der vorliegenden Arbeit nicht gefolgt. Vielmehr wird die Meinung vertreten, dass das Durchsuchen der Geschäftsberichte nach bestimmten Schlag- und Signalwörtern vor allem inhaltliche Aspekte abgreift. Beispielsweise sei an dieser Stelle auf die Studien von Li ((2006), Do Stock Market Investors Understand the Risk Sentiment of Corporate Annual Reports?) und Fülbier/Kuschel ((2012), Komplexitätszunahme in der IFRS-Rechnungslegung) verwiesen (vgl. ebenso Erster Teil: Kap. 2.1.1, 2.2.2, 2.2.2 und 3; Dritter Teil: Kap. 4.1.3 und 4.3.2.1).

269 Vgl. Dritter Teil: Kap. 4.1.3.

270 Vgl. Atteslander (2010), Methoden der empirischen Sozialforschung, S. 203–205; Fehr (2013), Leasingbilanzierung, S. 179; Früh (2011), Inhaltsanalyse, S. 72–74; Mayring (2010), Qualitative Inhaltsanalyse, S. 83.

Suchbegriffs, wobei ebenso die Fundstelle (Anhang, Lagebericht, sonstiger Bereich) im Geschäftsbericht Berücksichtigung findet. Die Ergebnisse werden stichprobenhaft überprüft.

4.3.2.3 Präsentation und Auswertung der Ergebnisse

Die quantitative Inhaltsanalyse der IFRS-Abbildungsregeln (IFRS-RRegelkomplexität) erfolgt für das IFRS-Gesamtsystem und für jeden einzelnen Bilanzierungsbereich (Vollerhebung).[271] Es werden allerdings nur zu ausgewählten Bilanzierungsbereichen die empirischen Befunde präsentiert. Dies betrifft Finanzinstrumente (IFRS 7, IFRS 9, IAS 30, IAS 32 und IAS 39), Ertragsteuern (IAS 12), Leasingverhältnisse (IAS 17) und Leistungen an Arbeitnehmer (IAS 19) sowie Rückstellungen, Eventualverbindlichkeiten und Eventualforderungen (IAS 37).[272] Die Auswahl begründet sich anhand der Literatur. Dort werden die ausgewählten Bilanzierungsbereiche mit dem Komplexitätsphänomen assoziiert. Hierzu gehören u. a. Finanzinstrumente, Ertragsteuern, Leasingverhältnisse und Pensionsrückstellungen.[273]

---

271 Vgl. Dritter Teil: Kap. 4.5.1.1 und 4.5.1.2.

272 Die aus Platzgründen nicht dargestellten Ergebnisse der anderen IFRS-Bilanzierungsbereiche zur quantitativen Inhaltsanalyse liegen vor und können beim Verfasser der vorliegenden Arbeit angefordert werden. Dies betrifft zum einen Bilanzierungsbereiche, die auf einem Standard basieren. Dies sind die Standards IFRS 1, IFRS 2, IFRS 3, IFRS 4, IFRS 5, IFRS 6, IFRS 7, IFRS 8, IFRS 9, IFRS 10, IFRS 11, IFRS 12, IFRS 13, IAS 1, IAS 2, IAS 3, IAS 4, IAS 5, IAS 6, IAS 7, IAS 8, IAS 10, IAS 11, IAS 13, IAS 14, IAS 15, IAS 16, IAS 18, IAS 20, IAS 21, IAS 22, IAS 23, IAS 24, IAS 25, IAS 26, IAS 27, IAS 28, IAS 29, IAS 30, IAS 31, IAS 32, IAS 33, IAS 34, IAS 35, IAS 36, IAS 38, IAS 39, IAS 40 und IAS 41. Zum anderen gehören auch Bilanzierungsbereiche dazu, die sich aus mehreren Standards zusammensetzen. Dies sind Konzernabschluss (IFRS 3, IFRS 10, IFRS 11, IFRS 12, IAS 3, IAS 22, IAS 27, IAS 28 und IAS 31), Unternehmenszusammenschlüsse (IFRS 3 und IAS 22), zur Veräußerung gehaltene langfristige Vermögenswerte und aufgegebene Geschäftsbereiche (IFRS 5 und IAS 35), Finanzinstrumente (IFRS 7, IFRS 9, IAS 30, IAS 32, IAS 39 einschließlich IFRS 13), Geschäftssegmente (IFRS 8 und IAS 14), Konsolidierungskreis (IFRS 10, IFRS 11, IFRS 12, IAS 3, IAS 27, IAS 28 und IAS 31) und Darstellung des Abschlusses (IAS 1, IAS 5 und IAS 13) sowie Immaterielle Vermögenswerte (IAS 9 und IAS 38). Für die Erstellung eines Konzernabschlusses nach IFRS sind vor allem die Standards IFRS 3, IFRS 10, IFRS 11, IFRS 12, IAS 3, IAS 22, IAS 27, IAS 28 und IAS 31 zu beachten. Dabei befassen sich die Standards IFRS 10, IFRS 11, IFRS 12, IAS 3, IAS 27, IAS 28 und IAS 31 mit der Ermittlung des Konsolidierungskreises und die restlichen Standards (IAS 22 und IFRS 3) mit der bilanziellen Abbildung von Unternehmenszusammenschlüssen nach IFRS. Aufgrund dessen ist es auch möglich, die beiden Unterthemen – Konsolidierungskreis und Unternehmenszusammenschlüsse – zu einem Oberthema – z. B. Konzernabschluss – zusammenzufassen.

273 Vgl. Einführung: Kap. 1, Erster Teil: Kap. 2.1.1, Dritter Teil: Kap. 4.3.1.3 und Dritter Teil: Kap. 4.5.1.1.2.

Zudem wird der Standard Rückstellungen, Eventualverbindlichkeiten und Eventualforderungen aus Vollständigkeitsgründen herangezogen, um das Thema Rückstellungen umfassender zu beleuchten. Die Ergebnisse aus der quantitativen Inhaltsanalyse einzelner IFRS-Bilanzierungsbereiche werden mit denjenigen aus der Lesbarkeitsanalyse der IFRS-Standards verknüpft. Dies erfolgt im Rahmen der Präsentation der Ergebnisse aus der Lesbarkeitsanalyse für jeden Bilanzierungsbereich getrennt.

Die Präsentation der empirischen Befunde aus der quantitativen Inhaltsanalyse des Abbildungsergebnisses (IFRS- und HGB-Rechnungslegungskomplexität) gestaltet sich wie folgt: Die Seitenanzahl und die Schlag- und Signalwortsuche werden sowohl auf Basis der DAX-30-Unternehmen als auch auf Basis der 14 von 2000 bis 2012 nach IFRS bilanzierenden DAX-30-Unternehmen ausgewertet. Allerdings werden nur die Ergebnisse auf Basis der 14 von 2000 bis 2012 nach IFRS bilanzierenden DAX-30-Unternehmen präsentiert.[274] Hierbei wird nach der Fundstelle (Anhang, Lagebericht, sonstiger Bereich) im Geschäftsbericht differenziert (IFRS- und HGB-Rechnungslegungskomplexität). Die Ergebnisse zur IFRS- und HGB-Rechnungslegungskomplexität werden gegenübergestellt und miteinander verglichen. Auf diese Weise lassen sich rudimentäre Bereinigungen vornehmen sowie vorsichtige und behutsame Schlussfolgerungen hinsichtlich einer Zunahme der IFRS-Rechnungslegungskomplexität respektive IFRS-Regelkomplexität ziehen.

Die Präsentation und Auswertung der Bilanzsumme und der Umsatzerlöse erfolgt sowohl auf Basis der DAX-30-Unternehmen als auch auf Basis der 14 von 2000 bis 2012 nach IFRS bilanzierenden DAX-30-Unternehmen (allgemeine Umweltkomplexität).[275] Die Auswertung der Anzahl der Mitarbeiter und der Konzernunternehmen findet auf Basis der DAX-30-Unternehmen statt (Unternehmenskomplexität).[276] Die Entwicklung der allgemeinen Umweltkomplexität wird derjenigen der IFRS-Regelkomplexität gegenübergestellt. So können einerseits rudimentäre Bereinigungen vorgenommen werden. Andererseits lassen sich vorsichtige und behutsame Schlussfolgerungen ableiten, ob die IFRS-Regelkomplexität zugenommen hat. Dies erfolgt sowohl für das IFRS-Gesamtsystem als auch für die dargestellten IFRS-Bilanzierungsbereiche.

Die Ergebnisse aus beiden quantitativen Inhaltsanalysen werden im Rahmen von zwei Zeitreihenbetrachtungen ausgewertet. Bei der quantitativen Inhaltsanalyse der IFRS-Standards handelt es sich zum einen um eine kurzfristige Zeitspanne mit acht Zeitpunkten (2005–2012) und zum anderen um einen langfristigen

---

274 Vgl. Dritter Teil: Kap. 4.5.2.2.1 und 4.5.2.2.2. Vgl. zur Begründung der Auswahl der 14 von 2000 bis 2012 nach IFRS bilanzierenden DAX-30-Unternehmen Dritter Teil: Kap. 4.3.1.3. Die aus Platzgründen nicht dargestellten Ergebnisse auf Basis der DAX-30-Unternehmen finden sich in Anhang 16.

275 Vgl. Dritter Teil: Kap. 4.5.2.4. Vgl. zur Begründung der Auswahl der 14 von 2000 bis 2012 nach IFRS bilanzierenden DAX-30-Unternehmen Dritter Teil: Kap. 4.3.1.3.

276 Vgl. Dritter Teil: Kap. 4.5.2.3.

15-Jahres-Zeitraum mit vier Zeitpunkten (1995, 2000, 2005 und 2010). Bei der quantitativen Inhaltsanalyse des Abbildungsergebnisses (Geschäftsbericht und Datenbank) werden einerseits zwei kurzfristige Zeitspannen mit je sieben Zeitpunkten (2000–2006 und 2006–2012) und andererseits ein langfristiger 12-Jahres-Zeitraum mit jeweils vier Zeitpunkten (2000, 2005, 2010 und 2012) herangezogen.[277]

Eine Komplexitätszu- oder -abnahme wird grundsätzlich anhand einer relativen Häufigkeitsveränderung zwischen zwei Zeitpunkten (im Zeitablauf) quantifiziert.[278] Die Ergebnisse werden ordinal skaliert und auf diese Weise in eine Rangordnung gebracht („größer als" oder „kleiner als").[279] Beispielsweise wird die Seitenanzahl von IAS 12 (2011) mit derjenigen von IAS 12 (2012) verglichen. Steigt (sinkt) die Seitenanzahl von IAS 12 zwischen den zwei Untersuchungszeitpunkten, dann könnte diese Entwicklung in der vorliegenden Arbeit auf eine Zunahme (Abnahme) der IFRS-Regelkomplexität hindeuten. Analog sind die anderen Indikatoren aus der quantitativen Inhaltsanalyse zur IFRS- und zur HGB-Rechnungslegungskomplexität (Regelanwendung) sowie zur Unternehmens- und zur allgemeinen Umweltkomplexität auszulegen. Es gilt aber, bei der jeweiligen Ergebnisinterpretation die einzelnen Komplexitätsebenen und Limitationen im Auge zu behalten. So sind etwa bei der Betrachtung der IFRS-Regelkomplexität anhand der empirischen Befunde aus der Lesbarkeitsanalyse auch diejenigen aus der quantitativen Inhaltsanalyse zu berücksichtigen. Zudem ist die Entwicklung der allgemeinen Umweltkomplexität ins Kalkül einzubeziehen. Denn die Teilkomplexitäten hängen zusammen und beeinflussen sich gegenseitig. Die Resultate sind dementsprechend behutsam und vorsichtig auszulegen. Aus diesem Grund erfolgt die Würdigung der empirischen Befunde zur Lesbarkeitsanalyse und zur quantitativen Inhaltsanalyse im Gesamten. Die Ergebnisse aus der zweiten und dritten Teilanalyse zur IFRS-Regel-, zur IFRS- und zur HGB-Rechnungslegungskomplexität sowie zur Unternehmens- und zur allgemeinen Umweltkomplexität werden in einen Kontext gestellt und gemeinsam betrachtet. Einen besonderen Schwerpunkt bildet bei der Untersuchung der IFRS-Regelkomplexität die Berücksichtigung der empirischen Befunde zur allgemeinen Umweltkomplexität.

4.4 Güte der quantitativen Forschung

4.4.1 Validität, Reliabilität und Objektivität der Lesbarkeitsanalysen

An dieser Stelle wird die Güte der zweiten und dritten Teilanalyse, d.h. die Datenbasis und die Datenauswertung der Lesbarkeitsanalysen, evaluiert. Dazu

277 Vgl. zur Begründung der ausgewählten Zeitreihenbetrachtungen Dritter Teil: Kap. 4.3.1.3.

278 Vgl. Erster Teil: Kap. 3 und Zweiter Teil: Kap. 2.6.

279 Vgl. Backhaus et al. (2011), Multivariate Analysemethoden, S. 11; Mayring (2010), Qualitative Inhaltsanalyse, S. 18.

dienen die Validität und Reliabilität, die durch das Kriterium der Objektivität ergänzt werden.[280]

In der zweiten und dritten Teilanalyse wird die Textkomplexität anhand von Lesbarkeitsindizes gemessen. Sie dienen als Indikatoren und erfassen zum einen eine Facette der IFRS-Regelkomplexität anhand der Abbildungsregeln und zum anderen die IFRS-Rechnungslegungskomplexität anhand des Abbildungsergebnisses. Dabei sind die Lesbarkeitsanalysen von dem im Dritten Teil: Kap. 2 beschriebenen Messproblem betroffen. Insofern ist an dieser Stelle die Validität der empirischen Untersuchungen im Allgemeinen infrage gestellt. Gleichwohl scheint die Konstruktvalidität gegeben, da die Lesbarkeit anhand der Indizes plausibel operationalisiert ist. Das belegen auch Studien im Forschungsüberblick,[281] in denen Lesbarkeitsindizes als Hilfskonstrukte opportun sind. Die externe Validität der zweiten Teilanalyse ist erfüllt, da die Lesbarkeitsindikatoren für jedes untersuchte Jahr vollständig erhoben werden (Vollerhebung). Zudem sind die Variablen klar und bekannt. Daneben wird die Validität durch die Ermittlung von drei Lesbarkeitsindizes erhöht. Die externe Validität der dritten Teilanalyse ist erfüllt, da die Lesbarkeitsindikatoren klar, bekannt und repräsentativ sind. Sie können auch auf andere Stichproben übertragen werden.[282]

In der zweiten und dritten Teilanalyse ist die Reliabilität ebenfalls gegeben. So werden die Datenbasis (Dritter Teil: Kap. 4.2.1 und 4.2.2) und die Datenauswertung (Dritter Teil: Kap. 4.3.1 und 4.3.2) transparent und intersubjektiv nachvollziehbar dargelegt und erläutert. Eine Replizierbarkeit der Ergebnisse ist somit für fachkundige Dritte gegeben. Die Reliabilität wird durch die Beständigkeit des Untersuchungsgegenstandes, d.h. die digitalen IFRS-Standards und die Anhänge der Geschäftsberichte der DAX-30-Unternehmen, erhöht. Diese verändern sich retrospektiv nicht mehr. Daneben trägt die stabile Datenbasis zu einer Replizierbarkeit der Ergebnisse bei der Datenauswertung bei. Demzufolge ist die prozedurale Reliabilität erfüllt. Außerdem wird der Intra- und Intercoderreliabilität Genüge getan. Die Lesbarkeitsanalyse anhand der Abbildungsregeln wird von derselben Person zeitlich versetzt erneut vorgenommen. Bei der Untersuchung

---

280 Vgl. ausführlich zu den einzelnen Beurteilungskriterien Dritter Teil: Kap. 3.4.

281 Vgl. Erster Teil: Kap. 2.3.1.

282 Vgl. hierzu z. B. Courtis ((1986), Annual Report Readability, S. 286–287), Li ((2008), Annual report readability, S. 225, Fn. 4) und Loughran/McDonald ((2011), Measuring Readability, S. 3, Fn. 2), die die Validität ihrer Untersuchung erhöhen, indem sie weitere Indizes bemühen. Daneben lässt sich die Validität noch anhand der internen Validität näher bestimmen. Diese dient als Bewertungskriterium von Untersuchungen mit einem erklärenden Charakter. Da die vorliegende Teilanalyse beschreibender und ausforschender Natur ist, wird die interne Validität nicht zur Beurteilung herangezogen (vgl. Abdel-khalik/Ajinkya (1979), Empirical Research in Accounting, S. 33–34, 47; Lamnek (2010), Qualitative Sozialforschung, S. 134; Steinke (1999), Kriterien qualitativer Forschung, S. 160; Yin (2014), Case Study Research, S. 45–49).

des Abbildungsergebnisses wird die Lesbarkeitsanalyse von fachkundigen Dritten zeitlich versetzt vorgenommen. Die Ergebnisse beider Analysen werden mehrfach stichprobenhaft überprüft. Daneben wird auch der Objektivität entsprochen, da subjektive Einflüsse durch Transparenz und intersubjektive Nachprüfbarkeit objektiviert werden.

Die Validität der zweiten und dritten Teilanalyse lässt sich durch eine Triangulation erhöhen.[283] Triangulation beschreibt im Allgemeinen die Möglichkeit, ein Phänomen aus unterschiedlichen Perspektiven zu untersuchen.[284] Die zweite Teilanalyse erlaubt eine Daten- und eine Methodentriangulation. Die Datentriangulation wird durch das Abstellen auf die analogen und die digitalen IFRS-Standards als Datenbasis erreicht. Die Methodentriangulation wird durch die Verwendung einer Lesbarkeitsanalyse und einer quantitativen Inhaltsanalyse als Datenauswertungsmethoden gewährleistet. In der dritten Teilanalyse wird eine Methodentriangulation ebenfalls durch den Einsatz einer Lesbarkeitsanalyse und einer quantitativen Inhaltsanalyse sichergestellt. Gleichwohl ist es möglich, die Datentriangulation aufgrund der hohen Ähnlichkeit zwischen den analogen und digitalen IFRS-Standards zu kritisieren. Dieser Nachteil wird aber abgeschwächt, da die Ergebnisse aus der zweiten Teilanalyse durch weitere Resultate ergänzt werden. Neben den qualitativen Ergebnissen aus der Einzelfallstudie (erste Teilanalyse) gehören hierzu noch (weitere) quantitative Befunde aus der dritten Teilanalyse des Abbildungsergebnisses.[285] Die Methodentriangulation wird in der zweiten und dritten Teilanalyse erfüllt, sodass durch den Einsatz verschiedener Methoden Schwächen der jeweils einen Methode durch Stärken der jeweils anderen kompensiert werden (können). Limitationen verbleiben dennoch.[286]

4.4.2 Validität, Reliabilität und Objektivität der quantitativen Inhaltsanalysen

An dieser Stelle wird die Güte der zweiten und dritten Teilanalyse, d.h. die Datenbasis und die Datenauswertung der quantitativen Inhaltsanalysen, evaluiert. Dazu dienen die Validität und Reliabilität, die durch das Kriterium der Objektivität ergänzt werden.[287]

In der zweiten und dritten Teilanalyse werden Indikatoren ermittelt, um die IFRS-Regelkomplexität anhand der Abbildungsregeln und die IFRS- und HGB-Rechnungslegungskomplexität sowie die Unternehmens- und die allgemeine Umweltkomplexität anhand des Abbildungsergebnisses zu quantifizieren. Dabei

---

283 Vgl. Dritter Teil: Kap. 3.4.

284 Vgl. Abdel-khalik/Ajinkya (1979), Empirical Research in Accounting, S. 47–48; Lamnek (2010), Qualitative Sozialforschung, S. 141–142; vgl. ebenso Dritter Teil: Kap. 3.4.

285 Vgl. Dritter Teil: Kap. 3, 4.1.3 und 4.5.2.

286 Vgl. Dritter Teil: Kap. 4.1.2 und 4.1.3.

287 Vgl. ausführlich zu den einzelnen Beurteilungskriterien Dritter Teil: Kap. 3.4.

sind diese von dem im Dritten Teil: Kap. 2 beschriebenen Messproblem betroffen. Insofern ist an dieser Stelle die Validität der empirischen Untersuchung infrage gestellt. Vorliegend wird dies durch den zweistufigen Aufbau der Untersuchung sowie durch die bereits dargelegten theoretischen und empirischen Erkenntnisse adressiert.[288] Daneben ist MERTEN der Auffassung, dass die Validität einer Untersuchung nur falsifiziert, nicht aber verifiziert werden kann.[289] Aus Mangel an Alternativen zur Quantifizierung der Teilkomplexitäten ist das gewählte Vorgehen daher vorläufig[290] als zweckmäßig und zielführend zu bezeichnen. Zudem wird die Validität erhöht, da das Komplexitätsphänomen aus unterschiedlichen Perspektiven beleuchtet wird. Die Konstruktvalidität ist durch das Abstellen auf Indikatoren als Hilfskonstrukte und die Ableitung aus der Theorie in beiden Teilanalysen gegeben. Die externe Validität ist in der zweiten Teilanalyse gegeben, da die Indikatoren für jedes untersuchte Jahr vollständig erhoben werden (Vollerhebung). Die externe Validität der dritten Teilanalyse ist ebenfalls erfüllt, da die Indikatoren klar, bekannt und repräsentativ sind. Sie können somit auch auf andere Stichproben übertragen werden.[291]

In der zweiten und dritten Teilanalyse ist die Reliabilität gegeben. So werden die Datenbasis (Dritter Teil: Kap. 4.2.1 und 4.2.2) und die Datenauswertung (Dritter Teil: Kap. 4.3.1 und 4.3.2) transparent und intersubjektiv nachvollziehbar dargelegt und erläutert. Die Reliabilität wird durch die Beständigkeit des Untersuchungsgegenstandes, d. h. die analogen und digitalen IFRS-Standards sowie die Geschäftsberichte der DAX-30-Unternehmen und die Datenbank „Amadeus", erhöht. Diese verändern sich retrospektiv nicht mehr. Daneben trägt die stabile Datenbasis zu einer Replizierbarkeit der Ergebnisse bei der Datenauswertung bei. An dieser Stelle erfolgt eine Kategorienbildung auf Basis der Indikatoren, sodass auch der Codiervorgang – die Anzahl der Indikatoren durch Zählen zu erheben (zweite Teilanalyse) sowie die Seitenanzahl, die Schlag- und Signalwörter, die Mitarbeiteranzahl und die Konzernunternehmen sowie die Bilanzsumme und die Umsatzerlöse zu ermitteln (dritte Teilanalyse) – klar, nachvollziehbar und wiederholbar für Dritte ist. LISCH ist sogar der Auffassung, dass bei einer exakten Definition der Kategorien keine Probleme mit der Zuverlässigkeit auftreten.[292] Außerdem wird

---

288 Vgl. Zweiter Teil und Dritter Teil.

289 Vgl. MERTEN (1995), Inhaltsanalyse, S. 310.

290 Vgl. Zimmermann (1972), Experiment in den Sozialwissenschaften, S. 79; vgl. ebenso MERTEN (1995), Inhaltsanalyse, S. 310.

291 Daneben lässt sich die Validität noch anhand der internen Validität näher bestimmen. Diese dient als Bewertungskriterium von Untersuchungen mit einem erklärenden Charakter. Da die vorliegende Teilanalyse beschreibender und ausforschender Natur ist, wird die interne Validität nicht zur Beurteilung herangezogen (vgl. ABDEL-KHALIK/AJINKYA (1979), Empirical Research in Accounting, S. 33–34, 47; LAMNEK (2010), Qualitative Sozialforschung, S. 134; STEINKE (1999), Kriterien qualitativer Forschung, S. 160; YIN (2014), Case Study Research, S. 45–49).

292 Vgl. dazu auch LISCH (1978), Richtung und Intensität, S. 124–125.

der Intra- und Intercoderreliabilität Genüge getan. Die quantitative Inhaltsanalyse anhand der Abbildungsregeln wird von derselben Person zeitlich versetzt erneut vorgenommen. Bei der Untersuchung des Abbildungsergebnisses wird die quantitative Inhaltsanalyse von fachkundigen Dritten zeitlich versetzt vorgenommen. Die Ergebnisse beider Analysen werden mehrfach stichprobenhaft überprüft.

Die Objektivität, die hauptsächlich zur Beurteilung von empirisch-quantitativen Ansätzen herangezogen wird,[293] stellt sicher, dass die Untersuchungsergebnisse von anderen Einflüssen (zumindest weitestgehend) unbeeinflusst sind. Insbesondere die Subjektivität des Forschers soll dadurch neutralisiert werden.[294] Bei qualitativen Untersuchungen ist es nahezu unmöglich, die inhärente Subjektivität auszublenden, sodass diese dort mit Transparenz objektiviert wird.[295] Da die quantitativen Inhaltsanalysen in der vorliegenden Arbeit auch nicht frei von subjektiven Einflüssen (wie etwa bei der Auswahl der Schlag- und Signalwörter) sind, erfolgt eine vollständige Offenlegung des Forschungsprozesses, um auf diese Weise fachkundigen Dritten eine angemessene Evaluation des Vorgehens und der Ergebnisse zu ermöglichen sowie Kritik, wie z. B. den Vorwurf von Beliebigkeit, zu antizipieren und zu entkräften.[296] Limitationen verbleiben dennoch.[297]

4.5 Ergebnisse

4.5.1 Zweite Teilanalyse zur IFRS-Regelkomplexität

4.5.1.1 Quantitative Inhaltsanalyse des IFRS-Gesamtsystems

Im Folgenden werden die Ergebnisse der zweiten Teilanalyse zur IFRS-Regelkomplexität präsentiert (Dritter Teil: Kap. 4.5.1). Es folgen zunächst die empirischen Befunde der quantitativen Inhaltsanalyse des IFRS-Gesamtsystems (Dritter Teil: Kap. 4.5.1.1) und einzelner IFRS-Bilanzierungsbereiche (Dritter Teil: Kap. 4.5.1.2), bevor sich die Resultate der Lesbarkeitsanalyse zu einzelnen IFRS-Standards anschließen (Dritter Teil: Kap. 4.5.1.3). Nachstehend finden sich die Ergebnisse aus der quantitativen Inhaltsanalyse des IFRS-Gesamtsystems. Dort werden zuerst die Ergebnisse auf Basis der analogen IFRS-Standards präsentiert (Dritter Teil: Kap. 4.5.1.1.1), bevor die Ergebnisse auf Basis der digitalen IFRS-Standards dargestellt werden (Dritter Teil: Kap. 4.5.1.1.2).

---

293 Vgl. FLICK (2009), Qualitative Sozialforschung, S. 499; ausführlich dazu STEINKE (1999), Kriterien qualitativer Forschung, S. 131–144.

294 Vgl. FLICK (2009), Qualitative Sozialforschung, S. 24; LAMNEK (2010), Qualitative Sozialforschung, S. 154.

295 Vgl. FEHR (2013), Leasingbilanzierung, S. 189; STEINKE (1999), Kriterien qualitativer Forschung, S. 231.

296 Vgl. ATTESLANDER (2010), Methoden der empirischen Sozialforschung, S. 198; FLICK (2009), Qualitative Sozialforschung, S. 499.

297 Vgl. Dritter Teil: Kap. 4.1.2 und 4.1.3.

4.5.1.1.1 Analoge IFRS-Standards

Die Indikatoren versuchen, die formelle IFRS-Regelkomplexität zu erfassen, die eine Facette der IFRS-Regelkomplexität bildet. Annahmegemäß nimmt die Regelkomplexität mit einem zunehmenden Regulierungsumfang zu. Ein ansteigender Indikatorwert kann – unter Berücksichtigung einer vorsichtigen und behutsamen Ergebnisinterpretation sowie einer Betonung der Limitationen – als erstes Indiz für eine Komplexitätszunahme dienen, ein abnehmender Indikatorwert für eine Komplexitätsabnahme.[298] Endgültige Aussagen zu einer Zu- oder Abnahme der Regelkomplexität des IFRS-Gesamtsystems sind an dieser Stelle allerdings (noch) nicht möglich. Es muss die Entwicklung der allgemeinen Umweltkomplexität beachtet werden.[299]

Es folgen die Ergebnisse auf Basis der analogen IFRS-Standards zur IFRS-Regelkomplexität des IFRS-Gesamtsystems. Als erster Indikator dient die Anzahl der *Bound Volumes* bzw. *Red Books* (vgl. Tab. 1). Es zeigt sich, dass die Anzahl der *Bound Volumes* bzw. *Red Books* über 15 Jahre (1995–2010) konstant geblieben ist. Erst im Jahr 2010 findet ein sprunghafter Anstieg (+1; +100,0%) statt und die Anzahl der *Bound Volumes* bzw. *Red Books* verdoppelt sich von einem auf zwei Exemplare. Dieses Bild zeichnet sich sowohl kurz- als auch langfristig bei der Betrachtung der kumulierten Veränderungen ab (2005–2012 und 1995–2010: +1; +100,0%). Demzufolge deutet sich schon an dieser Stelle ein vorsichtiger, zunehmender Entwicklungstrend bei den Indikatoren an. Der Regulierungsumfang scheint im Zeitablauf zuzunehmen. Dies belegt auch die Entwicklung nachfolgender Indikatoren (wie etwa die Anzahl der Standards und Interpretationen sowie deren Seitenanzahl).[300]

---

298 Vgl. zur Auswahl und Begründung der Indikatoren Dritter Teil: Kap. 4.1.2.

299 Vgl. Dritter Teil: Kap. 4.5.2.4.

300 Verstärkt wird diese Entwicklung durch die Ausweitung des Papierformats der *Bound Volumes* bzw. *Red Books* im Zeitablauf. Eine eigene Messung der *Bound Volumes* bzw. *Red Books* für die Untersuchungsjahre führt zu dem Ergebnis, dass sich die verwendeten Papierformate vergrößert haben. So hat sich das Volumen der *Bound Volumes* bzw. *Red Books* von 1995 (870,24 cm3) bis 2012 (Teil A: 1.062,43 cm3, Teil B: 1.593,65 cm3, insgesamt: 2.656,08 cm3) um ca. 1.785,84 cm3 (+205,21%) erhöht (1995: Breite x Länge x Höhe (jeweils in cm) 14,8 x 21,0 x 2,8 (870,24 cm3); 2000: 15,0 x 21,0 x 4,8 (1.512,00 cm3); 2005: 15,3 x 24,8 x 5,5 (2.086,92 cm3); 2006: 15,3 x 24,8 x 5,8 (2.200,75 cm3); 2007: 15,3 x 24,8 x 5,8 (2.200,75 cm3); 2008: 15,3 x 24,8 x 6,0 (2.276,64 cm3); 2009: 15,3 x 24,8 x 6,1 (2.314,58 cm3); 2010: 15,3 x 24,8 x 2,5 (Teil A) (1.479,82 cm3), 15,3 x 24,8 x 3,9 (Teil B) (1.479,82 cm3); 2011: 15,3 x 24,8 x 2,5 (Teil A) (948,60 cm3), 15,3 x 24,8 x 3,7 (Teil B) (1.403,93 cm3); 2012: 15,3 x 24,8 x 2,8 (Teil A) (1.062,43 cm3), 15,3 x 24,8 x 4,2 (Teil B) (1.593,65 cm3)).

Tab. 1: Anzahl der Bound Volumes/Red Books im Zeitablauf

	Kurzfristige Entwicklung								
	2005	**2006**	**2007**	**2008**	**2009**	**2010**	**2011**	**2012**	**kumulierte Veränderung 2005–2012**
Anzahl Bound Volumes	1	1	1	1	1	2	2	2	
absolute Veränderung zur Vorperiode	–	0	0	0	0	+1	0	0	+1
relative Veränderung zur Vorperiode	–	0,0%	0,0%	0,0%	0,0%	+100,0%	0,0%	0,0%	+100,0%

	Langfristige Entwicklung				
	1995	**2000**	**2005**	**2010**	**kumulierte Veränderung 1995–2010**
Anzahl Bound Volumes	1	1	1	2	
absolute Veränderung zur Vorperiode	–	0	0	+1	+1
relative Veränderung zur Vorperiode	–	0,0%	0,0%	+100,0%	+100,0%

Auch in Bezug auf die Entwicklung der Anzahl der Standards (IFRS/IAS) zeichnet sich im Zeitablauf ein ähnliches Bild ab (vgl. Tab. 2). Eine Zunahme der Messwerte ist festzustellen. Ein Anstieg des Regulierungsumfangs liegt demnach nahe.

Tab. 2: Anzahl der Standards im Zeitablauf

	Kurzfristige Entwicklung								
	2005	**2006**	**2007**	**2008**	**2009**	**2010**	**2011**	**2012**	**kumulierte Veränderung 2005–2012**
Anzahl Standards (IFRS/IAS)	37	37	37	37	37	38	38	41	
absolute Veränderung zur Vorperiode	–	0	0	0	0	+1	0	+3	+4
relative Veränderung zur Vorperiode	–	0,0%	0,0%	0,0%	0,0%	+2,7%	0,0%	+7,9%	+10,8%

	Langfristige Entwicklung				
	1995	**2000**	**2005**	**2010**	**kumulierte Veränderung 1995–2010**
Anzahl Standards (IFRS/IAS)	29	34	37	38	
absolute Veränderung zur Vorperiode	–	+5	+3	+1	+9
relative Veränderung zur Vorperiode	–	+17,2%	+8,8%	+2,7%	+31,0%

So zeigt sich zwar im Rahmen der kurzfristigen Entwicklung, dass sich im siebenjährigen Betrachtungszeitraum der Indikator nur in geringem Maße ändert (2005–2012: +4; +10,8%). Im Rahmen der langfristigen Betrachtung zeichnet sich hingegen ein stärkerer Anstieg der Anzahl an Standards ab. So steigt die Anzahl in den betrachteten 15 Jahren von anfänglich 29 (1995) auf mittlerweile 38 (2010). Das entspricht einer absoluten Zunahme von neun Standards (+31,0%). Werden zudem die Jahre 1995 und 2012 miteinander verglichen, so ist dabei eine Erhöhung der Standards um zwölf (+41,4% (nicht tabelliert)) auszumachen.

Gleiches zeigt sich auch bei der Entwicklung der Interpretationen (IFRIC/SIC) im Zeitablauf. Wie in Tab. 3 ersichtlich ist, steigt die Anzahl an Interpretationen sowohl kurz- (2005–2012: +8; +50,0%) als auch langfristig (1995–2010: +27; -%) an.

Tab. 3: Anzahl der Interpretationen im Zeitablauf

	Kurzfristige Entwicklung								
	2005	**2006**	**2007**	**2008**	**2009**	**2010**	**2011**	**2012**	**kumulierte Veränderung 2005–2012**
Anzahl Interpretationen (IFRIC/SIC)	16	19	22	27	27	27	25	24	
absolute Veränderung zur Vorperiode	–	+3	+3	+5	0	0	–2	–1	+8
relative Veränderung zur Vorperiode	–	+18,8%	+15,8%	+22,7%	0,0%	0,0%	–7,4%	–4,0%	+50,0%

	Langfristige Entwicklung				
	1995	**2000**	**2005**	**2010**	**kumulierte Veränderung 1995–2010**
Anzahl Interpretationen (IFRIC/SIC)	0	17	16	27	
absolute Veränderung zur Vorperiode	–	+17	–1	+11	+27
relative Veränderung zur Vorperiode	–	–	–5,9%	+68,8%	–

Bei einer genaueren Analyse wird aber gleichzeitig deutlich, dass die Anzahl an Interpretationen in jüngerer Vergangenheit abgenommen hat. So reduziert sich in den Jahren 2011 (-2; -7,4%) und 2012 (-1; -4,0%) die Anzahl an Interpretationen. Demzufolge ist an dieser Stelle keine klare Auslegung der Ergebnisse möglich. Dass der Regelungsgegenstand von einzelnen Interpretationen in Standards überführt wurde, könnte eine mögliche Erklärung für die Entwicklung der Anzahl an Standards und Interpretationen sein.[301] Beide Effekte heben sich nahezu auf (Standards 2010–2012: +3; +7,9% (nicht tabelliert) und Interpretationen 2010–2012: -3; -11,1% (nicht tabelliert)). Darüber hinaus handelt es sich bei dem IFRS-Regelwerk um ein relativ junges und dynamisches System, in dem (noch) nicht jeder Bereich von Bilanzierungsvorschriften erfasst wird. Regelungslücken existieren. Zudem sind Regelungen an aktuelle Entwicklungen in der Praxis anzupassen. Unter anderem diesen Anforderungen versucht der Standardsetter gerecht zu werden, indem er neue Standards und Interpretationen herausgibt, alte Regelungen aufhebt sowie bestehende Vorschriften überarbeitet und/oder ergänzt.[302] Auch durch diese Maßnahmen könnten sich die Veränderungen erklären. Beispielsweise ergäbe sich

301 Beispielsweise wurde im Jahr 2010 die Interpretation SIC 21 aufgehoben und Teilbereiche davon in den Standard IAS 12 integriert (vgl. IAS 12).

302 Vgl. BAETGE ET AL. (2012), Bilanzen, S. 54–63; WAGENHOFER/EWERT (2007), Externe Unternehmensrechnung, S. 23–26.

eine Zunahme im Zeitablauf, wenn (neue) Standards und/oder Interpretationen zu bestehenden (alten) Regelungen hinzukämen. In diesem Fall blieben (alte) Regelungen bestehen und würden nicht ausgetauscht. Zu einer Abnahme käme es hingegen, wenn zum Beispiel (alte) Vorschriften aufgehoben und nicht durch neue ersetzt würden. Im Übrigen ist dieser Argumentationsstrang auch geeignet, um die Entwicklung nachfolgender Indikatoren, wie etwa die Seitenanzahl, zu erörtern. Denn diese müssten sich ceteris paribus mit einer zunehmenden (abnehmenden) Anzahl an Standards und/oder Interpretationen erhöhen (reduzieren).

Einen weiteren Indikator stellt die Seitenanzahl der *Bound Volumes* bzw. *Red Books* dar. Hier zeichnet sich wieder ein deutlicheres Bild der Entwicklung im Zeitablauf ab. Wie Tab. 4 belegt, findet in den Jahren von 2005 bis 2012 ein kontinuierlicher Anstieg der Seitenanzahl statt (absolute Veränderungen zwischen +84 und +360; relative Veränderungen zwischen +3,6% und +10,9%), wobei die Zunahme von 2011 auf 2012 besonders hervorzuheben ist (+360; +10,9%).

Tab. 4: Seitenanzahl der Bound Volumes/Red Books im Zeitablauf

	Kurzfristige Entwicklung								
	2005	**2006**	**2007**	**2008**	**2009**	**2010**	**2011**	**2012**	**kumulierte Veränderung 2005–2012**
Seitenanzahl Bound Volumes	2.311	2.395	2.521	2.727	2.863	3.086	3.292	3.652	
absolute Veränderung zur Vorperiode	–	+84	+126	+206	+136	+223	+206	+360	+1.341
relative Veränderung zur Vorperiode	–	+3,6%	+5,3%	+8,2%	+5,0%	+7,8%	+6,7%	+10,9%	+58,0%

	Langfristige Entwicklung				
	1995	**2000**	**2005**	**2010**	**kumulierte Veränderung 1995–2010**
Seitenanzahl Bound Volumes	791	1.265	2.311	3.086	
absolute Veränderung zur Vorperiode	–	+474	+1.046	+775	+2.295
relative Veränderung zur Vorperiode	–	+59,9%	+82,7%	+33,5%	+290,1%

Im Rahmen der langfristigen Betrachtung sind die absoluten und relativen Veränderung im Zeitablauf ebenso offenkundig. Zum Teil ergeben sich dort Zunahmen von deutlich über 50% (2000: +59,9%; 2005: +82,7%). Allerdings scheint der Zuwachs in den Jahren von 2005 auf 2010 zurückzugehen, da sich die Wachstumsrate nun deutlich unter 50% bewegt (+33,5%). Besonders bemerkenswert ist in diesem Zusammenhang sowohl die kumulierte Veränderung im Rahmen der langfristigen Betrachtung von 1995 bis 2010 als auch im Rahmen der kurzfristigen Betrachtung von 2005 bis 2012. Langfristig vervierfacht sich die Seitenanzahl in den letzten 15 Jahren nahezu (1995: 791; 2010: 3.086). Das entspricht einer Wachstumsrate von +290,1% (+2.295 Seiten). Zum anderen erhöht sich die Seitenanzahl kurzfristig etwas mehr als um die Hälfte (+1.341; +58,0%). Die zunehmende Seitenanzahl legt nahe, dass sich die Anzahl der *Bound Volumes* bzw. *Red Books* nicht wegen grafischer, struktureller oder anderer Veränderungen erhöht (vgl. Tab. 1: 2005–2012 und 1995–2010: +1; +100%), sondern wegen des gestiegenen Regulierungsumfangs. Diese Erklärung deckt sich mit der Entwicklung der Anzahl der Standards und Interpretationen, die auch im Zeitablauf ansteigen (vgl. Tab. 2: 2005–2012: +4; +10,8%, 1995–2010: +9; +31,0% und Tab. 3: 2005–2012: +8; +50,0%; 1995–2010: +27; -%).[303]

Auch eine Aufschlüsselung der Gesamtseitenanzahl auf einzelne Bereiche der *Bound Volumes* bzw. *Red Books* liefert ein ähnliches Bild. So verdeutlicht Tab. 5 die Entwicklung der Seitenanzahl in den *Bound Volumes* bzw. *Red Books*, die ausschließlich auf die Standards entfällt.

Tab. 5: Seitenanzahl der Standards in den Bound Volumes/Red Books im Zeitablauf

	Kurzfristige Entwicklung								
	2005	**2006**	**2007**	**2008**	**2009**	**2010**	**2011**	**2012**	**kumulierte Veränderung 2005–2012**
Seitenanzahl Standards	1.976	2.042	2.076	2.228	2.290	2.444	2.506	2.854	
absolute Veränderung zur Vorperiode	–	+66	+34	+152	+62	+154	+62	+348	+878
relative Veränderung zur Vorperiode	–	+3,3%	+1,7%	+7,3%	+2,8%	+6,7%	+2,5%	+13,9%	+44,4%

	Langfristige Entwicklung				
	1995	**2000**	**2005**	**2010**	**kumulierte Veränderung 1995–2010**
Seitenanzahl Standards	478	1.042	1.976	2.444	
absolute Veränderung zur Vorperiode	–	+564	+934	+468	+1.966
relative Veränderung zur Vorperiode	–	+118,0%	+89,6%	+23,7%	+411,3%

Hier zeigt sich, dass sich im 15-Jahres-Betrachtungszeitraum die Seitenanzahl der Standards nahezu verfünffacht (1995: 478; 2010: 2.444). Das enspricht einer Zunahme von 1.966 Seiten (+411,3%). Kurzfristig zeichnet sich auch ein entsprechender Aufwärtstrend ab (2005–2012: +878; +44,4%). An dieser Stelle wird auch die Entwicklung der Anzahl der Standards erkennbar. Allerdings zeigt dieser Indikator im Vergleich zu der entsprechenden Seitenanzahl ein moderateres Wachstum im Zeitablauf (vgl. Tab. 2: 2005–2012: +4; +10,8%, 1995–2010: +9; +31,0%).

303 Vgl. hierzu auch Dritter Teil: Kap. 4.2.1.

Ein differenzierteres Ergebnis ergibt sich bei der Entwicklung der Seitenanzahl der Interpretationen in den *Bound Volumes* bzw. *Red Books* (vgl. Tab. 6).

Tab. 6: Seitenanzahl der Interpretationen in den Bound Volumes/Red Books im Zeitablauf

	Kurzfristige Entwicklung								
	2005	**2006**	**2007**	**2008**	**2009**	**2010**	**2011**	**2012**	**kumulierte Veränderung 2005–2012**
Seitenanzahl Interpretationen	164	190	254	294	360	420	402	398	
absolute Veränderung zur Vorperiode	–	+26	+64	+40	+66	+60	–18	–4	+234
relative Veränderung zur Vorperiode	–	+15,9%	+33,7%	+15,7%	+22,4%	+16,7%	–4,3%	–1,0%	+142,7%
	Langfristige Entwicklung				
	1995	**2000**	**2005**	**2010**	**kumulierte Veränderung 1995–2010**
Seitenanzahl Interpretationen	0	80	164	420	
absolute Veränderung zur Vorperiode	–	+80	+84	+256	+420
relative Veränderung zur Vorperiode	–	–	+105,0%	+156,1%	–

Dort zeigt sich auch im Rahmen der kumulierten Betrachtung, dass sowohl kurz- (2005–2012: +234; +142,7%) als auch langfristig (1995–2010: +420; -%) ein Anstieg stattfindet. Gleichzeitig ist in den Jahren 2010 bis 2012 eine Abnahme zu verzeichnen (-22; -5,2% (nicht tabelliert)), sodass letztendlich keine klare Aussage hinsichtlich einer Entwicklungsrichtung möglich ist. Hier spiegelt sich die Entwicklung der Anzahl der Interpretationen wider (vgl. Tab. 3). Im Zeitablauf kommt es dort ebenfalls zu einem Rückgang (2010–2012: -3; -11,1% (nicht tabelliert)). Möglicherweise sind Interpretationen aufgehoben und/oder Regelungsinhalte von Interpretationen in Standards überführt worden.

Darüber hinaus wird die Gesamtseitenanzahl neben den Standards und Interpretationen noch in weitere Bereiche aufgeteilt, die als weitere Indikatoren dienen. Dabei handelt es sich um das Inhaltsverzeichnis (*Contents*), das Glossar (*Glossary*) und das Stichwortverzeichnis (*Index*). Die dazugehörigen Ergebnisse sind in den drei nachfolgenden Tabellen (Tab. 7, Tab. 8 und Tab. 9) dargestellt.[304] Mit diesen Indikatoren ist die gleiche Annahme verbunden wie etwa mit den Anhängen (*Appendix*), den in den Anhang integrierten Anwendungsleitlinien (*Application Guidance*), den „einfachen" Beispielen im Standard (*Example*) und den Anschauungsbeispielen (*Illustrative Example*) sowie den Durchführungsleitlinien (*Guidances on Implementing*). Sie sind vom Standardsetter initiiert, um die Komplexität der Standards zu reduzieren und das Verständnis zu fördern. Ihre bloße Existenz kann insofern als Komplexitätssignal aufgefasst werden. Offen bleibt allerdings, ob sie ihr Ziel tatsächlich auch erreichen. Es ist aber durchaus denkbar, dass es dem Standardsetter in der Realität gelingt, sein Ziel zu erreichen und Komplexität zu reduzieren. Insofern sind die Indikatoren vorsichtig zu interpretieren. Gleichwohl können die Indikatoren als Anhaltspunkte für einen steigenden Regulierungsumfang benutzt werden. Dieser kann auf eine zunehmende Regelkomplexität hindeuten. Beispielsweise dienen Fachtermini im Glossar dazu, Unklarheiten zu beseitigen und ein einheitliches, begriffliches Verständnis bei den Anwendern zu schaffen. Die Fachbegriffe deuten demnach auf Komplexität hin. Eine zunehmende Anzahl impliziert nun einerseits einen ansteigenden Regulierungsumfang, der auf eine anwachsende Regelkomplexität hinweisen kann. Andererseits verdeutlicht diese Entwicklung auch ein gestiegenes Bedürfnis des Standardsetters, bestehende Komplexität abzubauen und zu vereinfachen sowie einer steigenden Komplexität entgegenzuwirken.

Hinsichtlich der Entwicklung der Seitenanzahl des Inhaltsverzeichnisses (vgl. Tab. 7) zeigt sich zunächst, dass eine Erhöhung der Seitenanzahl sowohl kurz- als auch langfristig zu verzeichnen ist (2005–2012 und 1995–2010: +6; +300,0%).

Tab. 7: Seitenanzahl des Inhaltsverzeichnisses im Zeitablauf

	Kurzfristige Entwicklung								
	2005	**2006**	**2007**	**2008**	**2009**	**2010**	**2011**	**2012**	**kumulierte Veränderung 2005–2012**
Seitenanzahl Inhaltsverzeichnis	2	4	4	4	4	8	8	8	
absolute Veränderung zur Vorperiode	–	+2	0	0	0	+4	0	0	+6
relative Veränderung zur Vorperiode	–	+100,0%	0,0%	0,0%	0,0%	+100,0%	0,0%	0,0%	+300,0%

304 Vgl. hierzu und im Folgenden Erster Teil: Kap. 2.1.1; Zweiter Teil: Kap. 4.4 und Dritter Teil: Kap. 4.1.2; vgl. ebenso Fülbier/Kuschel (2012), Komplexitätszunahme in der IFRS-Rechnungslegung, S. 935–936.

	Langfristige Entwicklung				
	1995	**2000**	**2005**	**2010**	**kumulierte Veränderung 1995–2010**
Seitenanzahl Inhaltsverzeichnis	2	4	2	8	
absolute Veränderung zur Vorperiode	–	+2	–2	+6	+6
relative Veränderung zur Vorperiode	–	+100,0%	–50,0%	+300,0%	+300,0%

Allerdings wird diese Entwicklungstendenz durch den Umstand relativiert, dass durch die Veröffentlichung der *Red Books* in zwei Teilen (Teil A und B) in den Jahren ab 2010 eine Doppelberücksichtigung des Inhaltsverzeichnisses stattfindet. Gleichwohl sind die Inhaltsverzeichnisse in beiden Teilen nicht vollständig deckungsgleich, sondern weichen in Nuancen voneinander ab, sodass die Seitenanzahl nicht naiv durch eine Halbierung in den betroffenen Jahren korrigiert werden kann. Demzufolge sind die Daten sowohl bei der kurz- als auch langfristigen Entwicklung – zumindest in Teilen – verzerrt.

Ähnlich diffizil gestaltet sich auf den ersten Blick die Interpretation der Ergebnisse hinsichtlich der Entwicklung der Seitenanzahl des Glossars im Zeitablauf, die in Tab. 8 abgetragen ist.

Tab. 8: Seitenanzahl des Glossars im Zeitablauf

	Kurzfristige Entwicklung								
	2005	**2006**	**2007**	**2008**	**2009**	**2010**	**2011**	**2012**	**kumulierte Veränderung 2005–2012**
Seitenanzahl Glossar	46	50	50	50	50	52	100	92	
absolute Veränderung zur Vorperiode	–	+4	0	0	0	+2	+48	–8	+46
relative Veränderung zur Vorperiode	–	+8,7%	0,0%	0,0%	0,0%	+4,0%	+92,3%	–8,0%	+100,0%

	Langfristige Entwicklung				
	1995	**2000**	**2005**	**2010**	**kumulierte Veränderung 1995–2010**
Seitenanzahl Glossar	0	40	46	52	
absolute Veränderung zur Vorperiode	–	+40	+6	+6	+52
relative Veränderung zur Vorperiode	–	–	+15,0%	+13,0%	–

Auch hier findet eine Doppelberücksichtigung des Glossars in den Jahren 2011 (50 Seiten + 50 Seiten = 100 Seiten) und 2012 (46 + 46 = 92) statt. Im Unterschied zur Bestimmung der Seitenanzahl des Inhaltsverzeichnisses ist die Situation aber insofern einfacher zu lösen, als dass in beiden Teilen der *Red Books* das identische Glossar abgedruckt ist. Aus diesem Grund ist eine Korrekur der Ergebnisse durch eine Halbierung der Seitenanzahl in den Jahren 2011 (50) und 2012 (46) möglich. Es hat somit keine kumulierte Veränderung der Seitenanzahl im Rahmen der kurzfristigen Entwicklung stattgefunden (2005–2012: 0; 0,0% (nicht tabelliert)). Die Seitenanzahl ist in den Jahren 2005 und 2012 (nach Korrektur des Jahres 2012) identisch (46 Seiten in 2005 und 46 Seiten in 2012 anstatt 46 Seiten in 2005 und 92 Seiten in 2012). Daneben zeigt aber die langfristige Betrachtung, dass sich die Zunahme des Umfangs des IFRS-Regelwerks fortsetzt: Ist im Jahr 1995 noch kein Glossar vorhanden, existiert im Jahr 2000 eines, das 40 Seiten umfasst und in der Folge bis auf 52 Seiten (2010) anwächst. Das entspricht einem Anstieg von +12 Seiten oder +30,0% (nicht tabelliert).

Ein ähnliches Bild wie bei der Seitenanzahl des Glossars ergibt sich bei der Betrachtung der Seitenanzahl des Stichwortverzeichnisses im Zeitablauf. Hier ist ebenso zu konstatieren, dass in 2011 und 2012 in beiden Bänden das identische Stichwortverzeichnis abgedruckt wird. Insofern müssen die Ergebnisse in Tab. 9 um die Hälfte nach unten korrigiert werden (2011: 56 (statt 112); 2012: 58 (statt 116)). Obwohl im Anschluss an diese Korrektur die kumulierte kurzfristige Entwicklung (2005–2012) als eher konstant zu bezeichnen ist (-1; -1,7% (nicht tabelliert)), zeichnet sich langfristig (1995–2010) eine anderer Trend ab. Hier ist eine kumulierte, positive Veränderung von +116,0% zu verzeichnen (absolute Veränderung: +29).

Tab. 9: Seitenanzahl des Stichwortverzeichnisses im Zeitablauf

	Kurzfristige Entwicklung								
	2005	**2006**	**2007**	**2008**	**2009**	**2010**	**2011**	**2012**	**kumulierte Veränderung 2005–2012**
Seitenanzahl Stichwortverzeichnis	59	51	51	53	55	54	112	116	
absolute Veränderung zur Vorperiode	–	−8	0	+2	+2	−1	+58	+4	+57
relative Veränderung zur Vorperiode	–	−13,6%	0,0%	+3,9%	+3,8%	−1,8%	+107,4%	+3,6%	+96,6%

	Langfristige Entwicklung				
	1995	**2000**	**2005**	**2010**	**kumulierte Veränderung 1995–2010**
Seitenanzahl Stichwortverzeichnis	25	21	59	54	
absolute Veränderung zur Vorperiode	–	−4	+38	−5	+29
relative Veränderung zur Vorperiode	–	−16,0%	+181,0%	−8,5%	+116,0%

Bevor weitere Indikatoren bemüht werden, gilt es, die Doppelberücksichtigung der Seitenanzahl des Glossars und des Stichwortverzeichnisses in der Gesamtseitenanzahl zu korrigieren. Exemplarisch wird das Jahr 2012 herangezogen, um die kumulierte Veränderung von 2005 bis 2012 anzupassen. Das Glossar wird 2012 nicht mit 92 Seiten in die Gesamtseitenanzahl erfasst, sondern nur mit der Hälfte (46 Seiten; vgl. Tab. 8). Entsprechend wird das Stichwortverzeichnis mit 58 Seiten (anstatt mit 116 Seiten) berücksichtigt (vgl. Tab. 9). Die Gesamtseitenanzahl ist insgesamt um 104 Seiten (= 46 Seiten + 58 Seiten) im Jahr 2012 zu reduzieren. Ursprünglich kommt es in den *Bound Volumes* bzw. *Red Books* zu einem Anstieg von 2.311 auf 3.652 Seiten (vgl. Tab. 4: 2005–2012: +1.341; +58,0%). Nach Korrektur des Jahres 2012 um die doppelt erfassten 104 Seiten steigt die Gesamtseitenanzahl von

2.311 auf 3.548 (+1.237; +53,5% (nicht tabelliert)). Das (relative) Ergebnis nach Korrektur der Doppelberücksichtigung (+53,5%) reduziert sich im Vergleich zu demjenigen vor Korrektur (+58,0%) um weniger als fünf Prozentpunkte (-4,5%-Punkte). Die kurzfristige Entwicklung zeigt somit immer noch einen zunehmenden Trend von über +50,0%.

Tab. 10 stellt auf die Entwicklung der Anzahl der Fachtermini im Glossar im Zeitablauf ab. Wie bereits bei der Beschreibung der Ergebnisse zur Entwicklung der Seitenanzahl des Glossars dargelegt ist, müssen die Daten – so auch an dieser Stelle – aufgrund einer Doppelberücksichtigung in den Jahren 2011 und 2012 angepasst werden (2011: 376 (statt 752); 2012: 322 (statt 644)). Dementsprechend wird zwar deutlich, dass langfristig eine Zunahme der Fachtermini zu verzeichnen ist (1995–2010: +376; -%), jedoch zeichnet sich kurzfristig ein gegenläufiger Trend ab (2005–2012 (nach Korrektur des Jahres 2012): -34; -9,6% (nicht tabelliert)), sodass letztendlich keine eindeutige Aussage möglich ist.

Tab. 10: Anzahl der Fachtermini im Glossar im Zeitablauf

	Kurzfristige Entwicklung								
	2005	**2006**	**2007**	**2008**	**2009**	**2010**	**2011**	**2012**	**kumulierte Veränderung 2005–2012**
Anzahl Fachtermini im Glossar	356	372	367	375	373	376	752	644	
absolute Veränderung zur Vorperiode	–	+16	−5	+8	−2	+3	+376	−108	+288
relative Veränderung zur Vorperiode	–	+4,5%	−1,3%	+2,2%	−0,5%	+0,8%	+100,0%	−14,4%	+80,9%

	Langfristige Entwicklung				
	1995	**2000**	**2005**	**2010**	**kumulierte Veränderung 1995–2010**
Anzahl Fachtermini im Glossar	0	299	356	376	
absolute Veränderung zur Vorperiode	–	+299	+57	+20	+376
relative Veränderung zur Vorperiode	–	–	+19,1%	+5,6%	–

Als weitere Indikatoren dienen die Anhänge, die *Application Guidances* (APG), die „einfachen" Beispiele im Standard und die *Illustrative Examples* (IE) sowie die *Guidances on Implementing* (IG) (vgl. Tab. 12, Tab. 13, Tab. 14 und Tab. 15).[305] Auch diese stützen im Wesentlichen den bisher gewonnenen Eindruck, dass die Messwerte im Zeitablauf zunehmen. Der Gedanke, die aufgeführten Elemente als Indikatoren heranzuziehen, resultiert – wie bereits angedeutet – letztendlich aus dem Zweck der aufgeführten Elemente. So sollen diese dazu beitragen, das Verständnis für den Inhalt der Standards zu fördern und die Komplexität zu reduzieren. Aus diesem Grund kann die Existenz eines entsprechenden Elements in einem Standard auch als Komplexitätssignal interpretiert werden. Offen bleibt allerdings, inwiefern die Elemente ihr Ziel, die Komplexität der IFRS-Standards zu reduzieren, auch tatsächlich erreichen. Gleichwohl kann der Standardsetter in der Praxis durchaus Erfolg haben und sein Ziel erreichen, indem er Komplexität reduziert. Insofern sind die Indikatoren vorsichtig zu interpretieren. Im Folgenden sind die entsprechenden Ergebnistabellen aufgeführt, die jeweils die Entwicklung der Anzahl der Standards im Zeitablauf zeigen, die das jeweilige Element beinhalten.[306]

Tab. 11 zeigt die Entwicklung der Anzahl der Standards mit Anhang im Zeitablauf. Bemerkenswert ist in diesem Zusammenhang einerseits die kumulierte langfristige Entwicklung, die eine deutliche Zunahme der Standards mit Anhang von 1995 bis 2010 belegt (+20; +333,3%). Andererseits zeigt die kumulierte kurzfristige Entwicklung einen Rückgang der Anhänge in den Standards auf (2005–2012: -3; -10,0%).

305 Vgl. hierzu und im Folgenden Erster Teil: Kap. 2.1.1; Zweiter Teil: Kap. 4.4 und Dritter Teil: Kap. 4.1.2; vgl. ebenso FÜLBIER/KUSCHEL (2012), Komplexitätszunahme in der IFRS-Rechnungslegung, S. 935–936.

306 Eine entsprechende detaillierte Übersicht, welcher Standard in welchem Jahr welches Element beinhaltet, findet sich im Anhang 9. Dort ist auch aufgeführt, welcher Standard in welchem Jahr eine *Basis for Conclusions* (BC) einschließlich der *Dissenting Opinion* (DO) enthält. Allerdings kann die *Basis for Conclusions* wohl nicht als Komplexitätssignal interpretiert werden, da die dokumentierte Entscheidungsgrundlage vielmehr dazu dient, die Motive und Intentionen der einzelnen Boardmitglieder transparent nachzuweisen (vgl. Zweiter Teil: Kap. 4.4; PELLENS ET AL. (2014), Internationale Rechnungslegung, S. 60; PELLENS ET AL. (2011), Internationale Rechnungslegung, S. 101–102). Gleichwohl bleibt aber auch nach Ansicht des Verfassers offen, ob sie tatsächlich das Ziel einer besseren Verständlichkeit und Nachvollziehbarkeit erreicht oder vielleicht doch eher selbiges konterkariert.

Tab. 11: Anzahl der Standards mit Anhang im Zeitablauf

	Kurzfristige Entwicklung								
	2005	**2006**	**2007**	**2008**	**2009**	**2010**	**2011**	**2012**	**kumulierte Veränderung 2005–2012**
Anzahl Standards mit Anhang	30	31	31	32	32	26	26	27	
absolute Veränderung zur Vorperiode	–	+1	0	+1	0	–6	0	+1	–3
relative Veränderung zur Vorperiode	–	+3,3%	0,0%	+3,2%	0,0%	–18,8%	0,0%	+3,8%	–10,0%

	Langfristige Entwicklung				
	1995	**2000**	**2005**	**2010**	**kumulierte Veränderung 1995–2010**
Anzahl Standards mit Anhang	6	14	30	26	
absolute Veränderung zur Vorperiode	–	+8	+16	–4	+20
relative Veränderung zur Vorperiode	–	+133,3%	+114,3%	–13,3%	+333,3%

Die Entwicklung der Standards mit einer *Application Guidance* (APG) zeigt sowohl in der kumulierten kurz- (2005–2012: +7; +175,0%) als auch langfristigen (1995–2010: +7; -%) Entwicklung einen klaren Aufwärtstrend, wie Tab. 12 zu entnehmen ist. Insbesondere im Jahr 2012 zeigt sich ein deutlicher Anstieg im Vergleich zum Vorjahr (+4; +57,1%).

Tab. 12: Anzahl der Standards mit Application Guidance im Zeitablauf

	Kurzfristige Entwicklung								
	2005	**2006**	**2007**	**2008**	**2009**	**2010**	**2011**	**2012**	**kumulierte Veränderung 2005–2012**
Anzahl Standards mit APG	4	5	4	6	6	7	7	11	
absolute Veränderung zur Vorperiode	–	+1	−1	+2	0	+1	0	+4	+7
relative Veränderung zur Vorperiode	–	+25,0%	−20,0%	+50,0%	0,0%	+16,7%	0,0%	+57,1%	+175,0%

	Langfristige Entwicklung				
	1995	**2000**	**2005**	**2010**	**kumulierte Veränderung 1995–2010**
Anzahl Standards mit APG	0	0	4	7	
absolute Veränderung zur Vorperiode	–	0	+4	+3	+7
relative Veränderung zur Vorperiode	–	0,0%	–	+75,0%	–

In die gleiche Richtung zeigt auch die Entwicklung der Anzahl der Standards, die Beispiele zur Illustration der Sachverhalte beinhalten. Wie aus Tab. 13 hervorgeht, ist auch dort eine klare Aufwärtsbewegung erkennbar (2005–2012: +6; +42,9%; 1995–2010: +18; –%). Dementsprechend beinhalten im Jahr 2010 nunmehr dreimal so viele Standards (18) ein oder mehrere Beispiele wie noch zehn Jahre zuvor (2000: 6).

Tab. 13: Anzahl der Standards mit Beispielen im Zeitablauf

	Kurzfristige Entwicklung								
	2005	**2006**	**2007**	**2008**	**2009**	**2010**	**2011**	**2012**	**kumulierte Veränderung 2005–2012**
Anzahl Standards mit Beispielen	14	14	15	16	16	18	18	20	
absolute Veränderung zur Vorperiode	–	0	+1	+1	0	+2	0	+2	+6
relative Veränderung zur Vorperiode	–	0,0%	+7,1%	+6,7%	0,0%	+12,5%	0,0%	+11,1%	+42,9%

	Langfristige Entwicklung				
	1995	**2000**	**2005**	**2010**	**kumulierte Veränderung 1995–2010**
Anzahl Standards mit Beispielen	0	6	14	18	
absolute Veränderung zur Vorperiode	–	+6	+8	+4	+18
relative Veränderung zur Vorperiode	–	–	+133,3%	+28,6%	–

Ein ähnliches Bild zeigt Tab. 14, in der die Ergebnisse hinsichtlich der Entwicklung der Anzahl der Standards mit *Illustrative Example(s)* (IE) im Zeitablauf abgebildet sind. Dort wird offenkundig, dass 1995 noch kein Standard ein veranschaulichendes Beispiel enthält, während 17 Jahre später 17 von 41 Standards (relativer Anteil: 41,4% (nicht tabelliert)) ein ebensolches enthalten. Besonders deutlich wird diese Entwicklung seit der verpflichtenden Einführung der IFRS im Rahmen der Konzernrechnungslegung für kapitalmarktorientierte (Mutter-)Unternehmen im Jahr 2005. Seitdem hat sich die Anzahl der Standards mit *Illustrative Examples* nahezu verdoppelt (2005–2012: +8; +88,9%).

Tab. 14: Anzahl der Standards mit Illustrative Examples im Zeitablauf

	Kurzfristige Entwicklung								
	2005	**2006**	**2007**	**2008**	**2009**	**2010**	**2011**	**2012**	**kumulierte Veränderung 2005–2012**
Anzahl Standards mit IE	9	10	10	10	10	15	15	17	
absolute Veränderung zur Vorperiode	–	+1	0	0	0	+5	0	+2	+8
relative Veränderung zur Vorperiode	–	+11,1%	0,0%	0,0%	0,0%	+50,0%	0,0%	+13,3%	+88,9%

	Langfristige Entwicklung				
	1995	**2000**	**2005**	**2010**	**kumulierte Veränderung 1995–2010**
Anzahl Standards mit IE	0	2	9	15	
absolute Veränderung zur Vorperiode	–	+2	+7	+6	+15
relative Veränderung zur Vorperiode	–	–	+350,0%	+66,7%	–

Ein diffenzierteres Ergebnis präsentiert Tab. 15. Darin ist die Entwicklung der Standards mit einer *Guidances on Implementing* (IG) im Zeitablauf abgebildet. Auch dort deutet die kumulierte kurz- und langfristige Entwicklung auf einen zunehmenden Trend bei den Messwerten hin. So steigt die Anzahl der Standards von 2005 bis 2012 um 2 (+22,2%) und von 1995 bis 2010 um 14 (-%). Allerdings lässt insbesondere die Entwicklung von 2011 auf 2012 auf einen abnehmenden Trend schließen (-3; -21,4%), sodass letztlich keine klare Aussage möglich ist.

Tab. 15: Anzahl der Standards mit Guidances on Implementing im Zeitablauf

	Kurzfristige Entwicklung								
	2005	**2006**	**2007**	**2008**	**2009**	**2010**	**2011**	**2012**	**kumulierte Veränderung 2005–2012**
Anzahl Standards mit IG	9	10	11	11	11	14	14	11	
absolute Veränderung zur Vorperiode	–	+1	+1	0	0	+3	0	–3	+2
relative Veränderung zur Vorperiode	–	+11,1%	+10,0%	0,0%	0,0%	+27,3%	0,0%	–21,4%	+22,2%

	Langfristige Entwicklung				
	1995	**2000**	**2005**	**2010**	**kumulierte Veränderung 1995–2010**
Anzahl Standards mit IG	0	0	9	14	
absolute Veränderung zur Vorperiode	–	0	+9	+5	+14
relative Veränderung zur Vorperiode	–	0,0%	–	+55,6%	–

Im Ergebnis zeigt sich für das IFRS-Gesamtsystem, dass die Indikatoren auf Basis der analogen IFRS-Standards zur IFRS-Regelkomplexität nahezu ausschließlich zunehmen. Insbesondere im Rahmen einer langfristigen Betrachtung zeichnen sich z. T. deutliche Zunahmen bei den Messwerten ab (1995–2010). So erhöhen sich neben der Anzahl der *Bound Volumes* bzw. *Red Books* (+1; +100,0%) auch die Anzahl der Standards (+9; +31,0%) und Interpretationen (+27; -%), die Gesamtseitenanzahl (+2.295; +290,1%), die Seitenanzahl der Standards (+1.966; +411,3%) und Interpretationen (+420; -%) sowie die Seitenanzahl des Inhaltsverzeichnisses (+6; +300,0%) im Zeitablauf. Ferner steigen auch die Anzahl der Termini im Glossar (+376; -%), die Standards mit Anhang (+20; +333,3%), mit *Application Guidance* (+7; -%), mit Beispielen (+18; -%), mit *Guidances on Implementing* (+14; -%) und mit *Illustrative Examples* (+15; -%) von 1995 bis 2010 an. Lediglich kurzfristig sind vereinzelte Ausnahmen festzustellen, die auf eine abnehmenden Trend bei den Messwerten schließen lassen. Hierzu zählen z.B. die Indikatoren Anzahl der Fachtermini (2005–2012 (nach Korrektur des Jahres 2012): -34; -9,6% (nicht tabelliert)), Anzahl der Interpretationen (2010–2012: -3; -11,1% (nicht tabelliert)) und Seitenanzahl der Interpretationen (2010–2012: -22; -5,2% (nicht tabelliert)) sowie Anzahl der Standards mit Anhang (2005–2012: -3; -10,0%).

4.5.1.1.2 Digitale IFRS-Standards

Es folgen die Ergebnisse auf Basis der digitalen IFRS-Standards zur IFRS-Regelkomplexität des IFRS-Gesamtsystems. Hier erfolgt eine Unterscheidung hinsichtlich der Ergebnisse, die sich auf die Standards insgesamt beziehen (Tab. 16), und der Ergebnisse, die sich auf den Hauptteil der Standards beziehen (Tab. 17, Tab. 18 und Tab. 19).[307]

In Tab. 16 ist die kurz- und langfristige Entwicklung der Indikatoren Seiten-, Wort-, Zeichen-, Absatz- und Zeilenanzahl abgetragen. Es zeigt sich, dass alle Indikatoren sowohl kurz- als auch langfristig deutlich angewachsen sind. Die Seitenanzahl ist von 1.789 um 1.065 auf 2.854 Seiten von 2005 bis 2012 gestiegen (+59,5%). Im selben Zeitraum hat sich die Wortanzahl um 339.662 erhöht (+45,9%). Ebenso stellt sich die Entwicklung der Zeichenanzahl dar, die einerseits ohne die Berücksichtigung von Leerzeichen („Zeichenanzahl insgesamt") und andererseits mit Berücksichtigung der Leerzeichen („Zeichenanzahl insgesamt (Leerzeichen)") aufgeführt ist. In beiden Fällen ist eine Zunahme der Zeichen festzustellen (2005–2012: +1.832.890; +46,7% bzw. +2.207.506; +47,6%). Auch die Anzahl der Absätze (+5.775; +17,2%) und Zeilen (+68.991; +81,5%) hat von 2005 bis 2012 z. T. deutlich zugenommen.

Langfristig ist das Ergebnisbild ebenfalls relativ klar. Im Zeitraum von 1995 bis 2010 zeigen sich vermutlich deutliche Anzeichen einer Zunahme des Regulierungsumfangs im IFRS-Regelwerk. Neben der Seiten- (+1.976; +416,9%) ist auch die Wort- (+810.393; +750,2%), Zeichen- (+4.315.206; +742,8% (ohne Leerzeichen) bzw. +5.144.790; +749,7% (mit Leerzeichen)), Absatz- (+28.497; +450,0%) und Zeilenanzahl (+109.843; +529,2%) im Zeitablauf gestiegen. So wird offensichtlich, dass im Bereich der Seitenanzahl langfristig über 15 Jahre mindestens eine Verfünffachung stattgefunden hat. Die restlichen Bereiche sind noch deutlicher gewachsen, wie z. B. die Wortanzahl in den Standards belegt (+810.393; +750,2%).

---

307 Um Unklarheiten zu vermeiden, sei an dieser Stelle der folgende Hinweis gestattet: Die Indikatoren in Tab. 18 und Tab. 19 werden im Zusammenhang mit der Untersuchung der Lesbarkeit der IFRS-Standards ermittelt. Dennoch handelt es sich bei den dort abgebildeten Messwerten ausdrücklich um keine Ergebnisse einer Lesbarkeitsanalyse. Diese bilden z. T. lediglich die Grundlage, um den Gunning *Fog-*, den *Flesch Reading Ease-* und *Flesch Reading Ease-Index 2013* zu berechnen (vgl. Dritter Teil: Kap. 4.3.1.2). Analog gilt diese Klarstellung für die entsprechenden Tabellen in den einzelnen IFRS-Bilanzierungsbereichen (vgl. Dritter Teil: Kap. 4.5.1.2).

Tab. 16: Indikatoren hinsichtlich der gesamten IFRS-Standards auf Basis von MICROSOFT-Word 2007 im Zeitablauf

Standards insgesamt	Kurzfristige Entwicklung								
	2005	**2006**	**2007**	**2008**	**2009**	**2010**	**2011**	**2012**	**kumulierte Veränderung 2005–2012**
Seitenanzahl insgesamt	**1.789**	**2.026**	**2.082**	**2.217**	**2.294**	**2.450**	**2.512**	**2.854**	
absolute Veränderung zur Vorperiode	–	+237	+56	+135	+77	+156	+62	+342	+1.065
relative Veränderung zur Vorperiode	–	+13,2%	+2,8%	+6,5%	+3,5%	+6,8%	+2,5%	+13,6%	+59,5%
Wortanzahl insgesamt	**739.492**	**764.234**	**783.287**	**850.083**	**877.237**	**918.413**	**946.901**	**1.079.154**	
absolute Veränderung zur Vorperiode	–	+24.742	+19.053	+66.796	+27.154	+41.176	+28.488	+132.253	+339.662
relative Veränderung zur Vorperiode	–	+3,3%	+2,5%	+8,5%	+3,2%	+4,7%	+3,1%	+14,0%	+45,9%
Zeichenanzahl insgesamt	**3.926.117**	**4.053.373**	**4.159.999**	**4.532.765**	**4.673.296**	**4.896.125**	**5.032.218**	**5.759.007**	
absolute Veränderung zur Vorperiode	–	+127.256	+106.626	+372.766	+140.531	+222.829	+136.093	+726.789	+1.832.890
relative Veränderung zur Vorperiode	–	+3,2%	+2,6%	+9,0%	+3,1%	+4,8%	+2,8%	+14,4%	+46,7%
Zeichenanzahl insgesamt (Leerzeichen)	**4.639.018**	**4.828.964**	**4.955.288**	**5.387.014**	**5.557.652**	**5.831.055**	**5.987.090**	**6.846.524**	
absolute Veränderung zur Vorperiode	–	+189.946	+126.324	+431.726	+170.638	+273.403	+156.035	+859.434	+2.207.506
relative Veränderung zur Vorperiode	–	+4,1%	+2,6%	+8,7%	+3,2%	+4,9%	+2,7%	+14,4%	+47,6%
Absatzanzahl insgesamt	**33.503**	**28.409**	**29.166**	**32.276**	**33.179**	**34.829**	**35.902**	**39.278**	
absolute Veränderung zur Vorperiode	–	–5.094	+757	+3.110	+903	+1.650	+1.073	+3.376	+5.775
relative Veränderung zur Vorperiode	–	–15,2%	+2,7%	+10,7%	+2,8%	+5,0%	+3,1%	+9,4%	+17,2%

	Kurzfristige Entwicklung (Fortsetzung)								
	2005	**2006**	**2007**	**2008**	**2009**	**2010**	**2011**	**2012**	**kumulierte Veränderung 2005–2012**
Zeilenanzahl insgesamt	**84.605**	**107.050**	**110.137**	**122.079**	**125.743**	**130.599**	**135.477**	**153.596**	
absolute Veränderung zur Vorperiode	–	+22.445	+3.087	+11.942	+3.664	+4.856	+4.878	+18.119	+68.991
relative Veränderung zur Vorperiode	–	+26,5%	+2,9%	+10,8%	+3,0%	+3,9%	+3,7%	+13,4%	+81,5%

	Langfristige Entwicklung				
	1995	**2000**	**2005**	**2010**	**kumulierte Veränderung 1995–2010**
Seitenanzahl insgesamt	**474**	**536**	**1.789**	**2.450**	
absolute Veränderung zur Vorperiode	–	+62	+1.253	+661	+1.976
relative Veränderung zur Vorperiode	–	+13,1%	+233,8%	+36,9%	+416,9%
Wortanzahl insgesamt	**108.020**	**235.455**	**739.492**	**918.413**	
absolute Veränderung zur Vorperiode	–	+127.435	+504.037	+178.921	+810.393
relative Veränderung zur Vorperiode	–	+118,0%	+214,1%	+24,2%	+750,2%
Zeichenanzahl insgesamt	**580.919**	**1.259.786**	**3.926.117**	**4.896.125**	
absolute Veränderung zur Vorperiode	–	+678.867	+2.666.331	+970.008	+4.315.206
relative Veränderung zur Vorperiode	–	+116,9%	+211,6%	+24,7%	+742,8%
Zeichenanzahl insgesamt (Leerzeichen)	**686.265**	**1.492.507**	**4.639.018**	**5.831.055**	
absolute Veränderung zur Vorperiode	–	+806.242	+3.146.511	+1.192.037	+5.144.790
relative Veränderung zur Vorperiode	–	+117,5%	+210,8%	+25,7%	+749,7%

	Langfristige Entwicklung (Fortsetzung)				
	1995	**2000**	**2005**	**2010**	**kumulierte Veränderung 1995–2010**
Absatzanzahl insgesamt	**6.332**	**10.263**	**33.503**	**34.829**	
absolute Veränderung zur Vorperiode	–	+3.931	+23.240	+1.326	+28.497
relative Veränderung zur Vorperiode	–	+62,1%	+226,4%	+4,0%	+450,0%
Zeilenanzahl insgesamt	**20.756**	**35.040**	**84.605**	**130.599**	
absolute Veränderung zur Vorperiode	–	+14.284	+49.565	+45.994	+109.843
relative Veränderung zur Vorperiode	–	+68,8%	+141,5%	+54,4%	+529,2%

Hinsichtlich der Entwicklung der Indikatoren, die sich auf den Hauptteil des Standards beziehen, zeichnet sich eine ähnliche Entwicklung ab. Die Ergebnisse sind Tab. 17 zu entnehmen. Dort sind die Indikatoren Seiten-, Wort-, Zeichen-, Absatz- und Zeilenanzahl im Zeitablauf abgetragen. Im Rahmen der kurzfristigen Entwicklung von 2005 bis 2012 zeigt sich, dass zwar alle Indikatoren einen Anstieg aufweisen, allerdings nicht in der gleichen Stärke wie zuvor bei den Indikatoren, die sich auf die gesamten IFRS-Standards beziehen. Die Seitenanzahl steigt kurzfristig von 424 um 141 auf 565 (2005–2012: +33,3%), langfristig von 347 um 192 auf 539 Seiten (1995–2010: +55,3%). Ein Anstieg zeigt sich darüber hinaus sowohl kurz- als auch langfristig für die Wort- (kurzfristig: +19.054; +8,8% bzw. langfristig: +130.785; +136,8%), Zeichen- (ohne Leerzeichen: +94.607; +8,3% bzw. +676.496; +130,7% und mit Leerzeichen: +118.950; +8,8% bzw. +807.569; +131,7%), Absatz- (+898; +13,6% bzw. +4.112; +131,9%) und Zeilenanzahl (+10.888; +55,6% bzw. +15.758; +115,6%).

Tab. 17: Indikatoren hinsichtlich der gesamten Hauptteile der IFRS-Standards auf Basis von Microsoft Word 2007 im Zeitablauf

Standards Hauptteil	Kurzfristige Entwicklung								
	2005	2006	2007	2008	2009	2010	2011	2012	kumulierte Veränderung 2005–2012
Seitenanzahl insgesamt	**424**	**525**	**521**	**536**	**532**	**539**	**550**	**565**	
absolute Veränderung zur Vorperiode	–	+101	–4	+15	–4	+7	+11	+15	+141
relative Veränderung zur Vorperiode	–	+23,8%	–0,8%	+2,9%	–0,7%	+1,3%	+2,0%	+2,7%	+33,3%
Wortanzahl insgesamt	**216.137**	**219.911**	**215.917**	**220.718**	**222.493**	**226.421**	**229.649**	**235.191**	
absolute Veränderung zur Vorperiode	–	+3.774	–3.994	+4.801	+1.775	+3.928	+3.228	+5.542	+19.054
relative Veränderung zur Vorperiode	–	+1,7%	–1,8%	+2,2%	+0,8%	+1,8%	+1,4%	+2,4%	+8,8%
Zeichenanzahl insgesamt	**1.143.280**	**1.162.713**	**1.139.518**	**1.166.301**	**1.173.610**	**1.194.222**	**1.211.522**	**1.237.887**	
absolute Veränderung zur Vorperiode	–	+19.433	–23.195	+26.783	+7.309	+20.612	+17.300	+26.365	+94.607
relative Veränderung zur Vorperiode	–	+1,7%	–2,0%	+2,4%	+0,6%	+1,8%	+1,4%	+2,2%	+8,3%
Zeichenanzahl insgesamt (Leerzeichen)	**1.354.992**	**1.383.051**	**1.355.820**	**1.387.156**	**1.396.456**	**1.420.876**	**1.440.991**	**1.473.942**	
absolute Veränderung zur Vorperiode	–	+28.059	–27.231	+31.336	+9.300	+24.420	+20.115	+32.951	+118.950
relative Veränderung zur Vorperiode	–	+2,1%	–2,0%	+2,3%	+0,7%	+1,7%	+1,4%	+2,3%	+8,8%
Absatzanzahl insgesamt	**6.609**	**6.941**	**6.877**	**7.113**	**7.056**	**7.230**	**7.364**	**7.507**	
absolute Veränderung zur Vorperiode	–	+332	–64	+236	–57	+174	+134	+143	+898
relative Veränderung zur Vorperiode	–	+5,0%	–0,9%	+3,4%	–0,8%	+2,5%	+1,9%	+1,9%	+13,6%

Standards Hauptteil	**Kurzfristige Entwicklung (Fortsetzung)**								
	2005	**2006**	**2007**	**2008**	**2009**	**2010**	**2011**	**2012**	**kumulierte Veränderung 2005–2012**
Zeilenanzahl insgesamt	**19.587**	**28.402**	**28.114**	**28.887**	**28.840**	**29.395**	**29.844**	**30.475**	
absolute Veränderung zur Vorperiode	–	+8.815	−288	+773	−47	+555	+449	+631	+10.888
relative Veränderung zur Vorperiode	–	+45,0%	−1,0%	+2,7%	−0,2%	+1,9%	+1,5%	+2,1%	+55,6%

	Langfristige Entwicklung				
	1995	**2000**	**2005**	**2010**	**kumulierte Veränderung 1995–2010**
Seitenanzahl insgesamt	**347**	**490**	**424**	**539**	
absolute Veränderung zur Vorperiode	–	+143	−66	+115	+192
relative Veränderung zur Vorperiode	–	+41,2%	−13,5%	+27,1%	+55,3%
Wortanzahl insgesamt	**95.636**	**184.206**	**216.137**	**226.421**	
absolute Veränderung zur Vorperiode	–	+88.570	+31.931	+10.284	+130.785
relative Veränderung zur Vorperiode	–	+92,6%	+17,3%	+4,8%	+136,8%
Zeichenanzahl insgesamt	**517.726**	**987.391**	**1.143.280**	**1.194.222**	
absolute Veränderung zur Vorperiode	–	+469.665	+155.889	+50.942	+676.496
relative Veränderung zur Vorperiode	–	+90,7%	+15,8%	+4,5%	+130,7%
Zeichenanzahl insgesamt (Leerzeichen)	**613.307**	**1.170.704**	**1.354.992**	**1.420.876**	
absolute Veränderung zur Vorperiode	–	+557.397	+184.288	+65.884	+807.569
relative Veränderung zur Vorperiode	–	+90,9%	+15,7%	+4,9%	+131,7%

	Langfristige Entwicklung (Fortsetzung)				
	1995	**2000**	**2005**	**2010**	**kumulierte Veränderung 1995–2010**
Absatzanzahl insgesamt	**3.118**	**5.806**	**6.609**	**7.230**	
absolute Veränderung zur Vorperiode	–	+2.688	+803	+621	+4.112
relative Veränderung zur Vorperiode	–	+86,2%	+13,8%	+9,4%	+131,9%
Zeilenanzahl insgesamt	**13.637**	**18.684**	**19.587**	**29.395**	
absolute Veränderung zur Vorperiode	–	+5.047	+903	+9.808	+15.758
relative Veränderung zur Vorperiode	–	+37,0%	+4,8%	+50,1%	+115,6%

In Tab. 18 sind weitere Indikatoren abgebildet, um die Hauptteile der IFRS-Standards zu untersuchen. Das sind neben der Anzahl der Satzzeichen auch die Anzahl der Wörter und die Anzahl der Wörter, die aus drei oder mehr Silben bestehen (komplexe Wörter). Es wird deutlich, dass diese Indikatoren sowohl kurz- als auch langfristig auf eine Zunahme des Regulierungsumfangs der IFRS hinweisen. So kommt es neben einem kurzfristigen Anstieg der Anzahl der Satzzeichen (2005–2012: +1.522; +17,8%), der Anzahl der Wörter (+18.631; +8,6%) und der Anzahl der komplexen Wörter (+5.454; +11,1%) auch zu einem langfristigen Anstieg der Indikatoren. Von 1995 bis 2010 steigt u. a. die Satzzeichenanzahl um 4.026 auf 9.349 an (+75,6%). Noch deutlicher präsentiert sich das Wachstum bei der Anzahl der Wörter (+130.374; +136,3%) und der komplexen Wörter (+31.523; +147,9%) im gleichen Zeitraum.

Tab. 18: Indikatoren hinsichtlich der gesamten Hauptteile der IFRS-Standards auf Basis der GUNNING Fog-Index-Maske im Zeitablauf

Standards Hauptteil GUNNING	**Kurzfristige Entwicklung**								
	2005	**2006**	**2007**	**2008**	**2009**	**2010**	**2011**	**2012**	**kumulierte Veränderung 2005–2012**
Satzzeichenanzahl insgesamt	**8.559**	**8.779**	**8.666**	**8.926**	**9.004**	**9.349**	**9.901**	**10.081**	
absolute Veränderung zur Vorperiode	–	+220	−113	+260	+78	+345	+552	+180	+1.522
relative Veränderung zur Vorperiode	–	+2,6%	−1,3%	+3,0%	+0,9%	+3,8%	+5,9%	+1,8%	+17,8%
Wortanzahl insgesamt	**216.106**	**219.586**	**215.598**	**220.331**	**222.148**	**226.033**	**229.253**	**234.737**	
absolute Veränderung zur Vorperiode	–	+3.480	−3.988	+4.733	+1.817	+3.885	+3.220	+5.484	+18.631
relative Veränderung zur Vorperiode	–	+1,6%	−1,8%	+2,2%	+0,8%	+1,7%	+1,4%	+2,4%	+8,6%
Wortanzahl mit drei oder mehr Silben	**49.259**	**50.778**	**49.741**	**51.498**	**51.930**	**52.834**	**53.579**	**54.713**	
absolute Veränderung zur Vorperiode	–	+1.519	−1.037	+1.757	+432	+904	+745	+1.134	+5.454
relative Veränderung zur Vorperiode	–	+3,1%	−2,0%	+3,5%	+0,8%	+1,7%	+1,4%	+2,1%	+11,1%

	Langfristige Entwicklung				
	1995	**2000**	**2005**	**2010**	**kumulierte Veränderung 1995–2010**
Satzzeichenanzahl insgesamt	**5.323**	**9.583**	**8.559**	**9.349**	
absolute Veränderung zur Vorperiode	–	+4.260	−1.024	+790	+4.026
relative Veränderung zur Vorperiode	–	+80,0%	−10,7%	+9,2%	+75,6%
Wortanzahl insgesamt	**95.659**	**184.463**	**216.106**	**226.033**	
absolute Veränderung zur Vorperiode	–	+88.804	+31.643	+9.927	+130.374
relative Veränderung zur Vorperiode	–	+92,8%	+17,2%	+4,6%	+136,3%
Wortanzahl mit drei oder mehr Silben	**21.311**	**41.338**	**49.259**	**52.834**	
absolute Veränderung zur Vorperiode	–	+20.027	+7.921	+3.575	+31.523
relative Veränderung zur Vorperiode	–	+94,0%	+19,2%	+7,3%	+147,9%

In Tab. 19 finden sich weitere Indikatoren, um die Hauptteile der IFRS-Standards zu untersuchen. Das sind neben der Zeichenanzahl (ohne und mit Leerzeichen) die Anzahl der Buchstaben bzw. Nummern, der Wörter, der komplexen Wörter und der Silben sowie der Sätze. Auch an dieser Stelle zeigen die einzelnen Indikatoren einen klaren Aufwärtstrend. Beispielsweise steigt die Zeichenanzahl (ohne Leerzeichen) kurzfristig von 2005 bis 2012 um +8,8% (+100.343). Langfristig ist ebenfalls eine Zunahme zu verzeichnen (1995–2010: +569.457; +91,1%). Eine ähnliche Entwicklung zeigt sich auch bei den komplexen Wörtern, die kurzfristig um +4.370 (+9,6%) und langfristig um +28.661 Wörter (+145,9%) ansteigen. Außerdem zeigen auch die restlichen Indikatoren sowohl kurz- als auch langfristig einen klaren Aufwärtstrend (Zeichenanzahl mit Leerzeichen (2005–2012: +134.270; +9,9%, 1995–2010: +921.099; +177,9%), Anzahl an Buchstaben bzw. Nummern (2005–2012: +95.091; +8,6%, 1995–2010: +658.801; +130,2%), Anzahl an Wörtern (2005–2012: +18.640; +8,6%, 1995–2010: +130.413; +136,4%), Anzahl an Silben (2005–2012: +30.520; +8,7%, 1995–2010: +209.031; +132,5%) und Anzahl an Sätzen (2005–2012: +798; +10,4%, 1995–2010: +3.233; +64,8%)).

Tab. 19: Indikatoren hinsichtlich der gesamten Hauptteile der IFRS-Standards auf Basis der Flesch Reading Ease-Index-Maske im Zeitablauf

Standards Hauptteil ***Flesch***	**Kurzfristige Entwicklung**								
	2005	**2006**	**2007**	**2008**	**2009**	**2010**	**2011**	**2012**	**kumulierte Veränderung 2005–2012**
Zeichenanzahl insgesamt	**1.137.652**	**1.167.981**	**1.139.789**	**1.166.572**	**1.173.881**	**1.194.321**	**1.211.630**	**1.237.995**	
absolute Veränderung zur Vorperiode	–	+30.329	-28.192	+26.783	+7.309	+20.440	+17.309	+26.365	+100.343
relative Veränderung zur Vorperiode	–	+2,7%	-2,4%	+2,3%	+0,6%	+1,7%	+1,4%	+2,2%	+8,8%
Zeichenanzahl insgesamt (Leerzeichen)	**1.358.254**	**1.400.540**	**1.373.185**	**1.405.067**	**1.414.236**	**1.438.825**	**1.459.288**	**1.492.524**	
absolute Veränderung zur Vorperiode	–	+42.286	-27.355	+31.882	+9.169	+24.589	+20.463	+33.236	+134.270
relative Veränderung zur Vorperiode	–	+3,1%	-2,0%	+2,3%	+0,7%	+1,7%	+1,4%	+2,3%	+9,9%
Buchstaben-/ Nummernanzahl insgesamt	**1.111.588**	**1.134.718**	**1.111.898**	**1.373.256**	**1.145.041**	**1.164.717**	**1.181.257**	**1.206.679**	
absolute Veränderung zur Vorperiode	–	+23.130	-22.820	+261.358	-228.215	+19.676	+16.540	+25.422	+95.091
relative Veränderung zur Vorperiode	–	+2,1%	-2,0%	+23,5%	-16,6%	+1,7%	+1,4%	+2,2%	+8,6%

Standards Hauptteil ***Flesch***	**Kurzfristige Entwicklung (Fortsetzung)**								
	2005	**2006**	**2007**	**2008**	**2009**	**2010**	**2011**	**2012**	**kumulierte Veränderung 2005–2012**
Wortanzahl insgesamt	**216.105**	**219.633**	**215.645**	**220.370**	**222.193**	**226.041**	**229.264**	**234.745**	
absolute Veränderung zur Vorperiode	–	+3.528	−3.988	+4.725	+1.823	+3.848	+3.223	+5.481	+18.640
relative Veränderung zur Vorperiode	–	+1,6%	−1,8%	+2,2%	+0,8%	+1,7%	+1,4%	+2,4%	+8,6%
Anzahl an komplexen Wörtern	**45.705**	**47.126**	**46.144**	**47.231**	**47.607**	**48.303**	**48.917**	**50.075**	
absolute Veränderung zur Vorperiode	–	+1.421	−982	+1.087	+376	+696	+614	+1.158	+4.370
relative Veränderung zur Vorperiode	–	+3,1%	−2,1%	+2,4%	+0,8%	+1,5%	+1,3%	+2,4%	+9,6%
Silbenanzahl insgesamt	**349.478**	**357.263**	**349.974**	**358.507**	**360.889**	**366.832**	**371.622**	**379.998**	
absolute Veränderung zur Vorperiode	–	+7.785	−7.289	+8.533	+2.382	+5.943	+4.790	+8.376	+30.520
relative Veränderung zur Vorperiode	–	+2,2%	−2,0%	+2,4%	+0,7%	+1,6%	+1,3%	+2,3%	+8,7%
Satzanzahl insgesamt	**7.652**	**7.829**	**7.720**	**7.951**	**8.032**	**8.225**	**8.344**	**8.450**	
absolute Veränderung zur Vorperiode	–	+177	−109	+231	+81	+193	+119	+106	+798
relative Veränderung zur Vorperiode	–	+2,3%	−1,4%	+3,0%	+1,0%	+2,4%	+1,4%	+1,3%	+10,4%

	Langfristige Entwicklung				
	1995	**2000**	**2005**	**2010**	**kumulierte Veränderung 1995–2010**
Zeichenanzahl insgesamt	**624.864**	**1.184.009**	**1.137.652**	**1.194.321**	
absolute Veränderung zur Vorperiode	–	+559.145	−46.357	+56.669	+569.457
relative Veränderung zur Vorperiode	–	+89,5%	−3,9%	+5,0%	+91,1%

	Langfristige Entwicklung (Fortsetzung)				
	1995	2000	2005	2010	kumulierte Veränderung 1995–2010
Zeichenanzahl insgesamt (Leerzeichen)	**517.726**	**988.907**	**1.358.254**	**1.438.825**	
absolute Veränderung zur Vorperiode	–	+471.181	+369.347	+80.571	+921.099
relative Veränderung zur Vorperiode	–	+91,0%	+37,3%	+5,9%	+177,9%
Buchstaben-/ Nummernanzahl insgesamt	**505.916**	**963.761**	**1.111.588**	**1.164.717**	
absolute Veränderung zur Vorperiode	–	+457.845	+147.827	+53.129	+658.801
relative Veränderung zur Vorperiode	–	+90,5%	+15,3%	+4,8%	+130,2%
Wortanzahl insgesamt	**95.628**	**184.455**	**216.105**	**226.041**	
absolute Veränderung zur Vorperiode	–	+88.827	+31.650	+9.936	+130.413
relative Veränderung zur Vorperiode	–	+92,9%	+17,2%	+4,6%	+136,4%
Anzahl an komplexen Wörtern	**19.642**	**38.332**	**45.705**	**48.303**	
absolute Veränderung zur Vorperiode	–	+18.690	+7.373	+2.598	+28.661
relative Veränderung zur Vorperiode	–	+95,2%	+19,2%	+5,7%	+145,9%
Silbenanzahl insgesamt	**157.801**	**299.748**	**349.478**	**366.832**	
absolute Veränderung zur Vorperiode	–	+141.947	+49.730	+17.354	+209.031
relative Veränderung zur Vorperiode	–	+90,0%	+16,6%	+5,0%	+132,5%

	Langfristige Entwicklung (Fortsetzung)				
	1995	2000	2005	2010	kumulierte Veränderung 1995–2010
Satzanzahl insgesamt	**4.992**	**8.786**	**7.652**	**8.225**	
absolute Veränderung zur Vorperiode	–	+3.794	–1.134	+573	+3.233
relative Veränderung zur Vorperiode	–	+76,0%	–12,9%	+7,5%	+64,8%

Im Ergebnis zeigt sich für das IFRS-Gesamtsystem, dass die Indikatoren auf Basis der digitalen IFRS-Standards zur IFRS-Regelkomplexität ausschließlich zunehmen. Hierbei ist die langfristige Entwicklung einzelner Indikatoren aufgrund der Deutlichkeit besonders in den Fokus zu stellen. Hierzu zählen die Indikatoren, die sich auf die gesamten Standards beziehen, wie z. B. die Seiten- (+1.976; +416,9%), Wort- (+810.393; +750,2%) und Zeichenanzahl (mit Leerzeichen: +5.144.790; +749,7% bzw. ohne Leerzeichen: +4.315.206; +742,8%), die allesamt deutliche Steigerungsraten von 1995 bis 2010 verzeichnen (vgl. Tab. 16). Bei Betrachtung der gleichen Indikatoren für die Hauptteile der Standards zeigt sich zwar ein gemäßigteres, im Grundtenor aber ähnliches Bild. So nehmen auch hier die Seiten- (+192; +55,3%), Wort- (+130.785; +136,8%) und Zeichenanzahl (mit Leerzeichen: +807.569; +131,7% bzw. ohne Leerzeichen: +676.496; +130,7%) zu (vgl. z. B. Tab. 17).

Ferner sind neben den bereits getätigten Anmerkungen weitere Hinweise zu den Indikatoren geboten. Diese Hinweise beziehen sich zwar in erster Linie auf die analogen IFRS-Standards, gelten im Wesentlichen aber auch für die digitalen IFRS-Standards. Zum Beispiel ist der Umstand hervorzuheben, dass einige Standards ein oder mehrere Elemente (z. B. *Application Guidance*, *Illustrative Example* und *Guidances on Implementing*) enthalten, die als Komplexitätssignal interpretiert werden können (vgl. Tab. 11, Tab. 12, Tab. 13, Tab. 14 und Tab. 15). Dazu zählen z. B. im Jahr 2012 die Standards IAS 12, IAS 17 und IAS 19.[308] Eine exponierte Stellung nimmt in diesem Zusammenhang der Standard IAS 39 ein, der als einziger alle aufgeführten Elemente in den Jahren von 2008 bis 2012 aufweist.[309] Außerdem gilt es zu erwähnen, dass das IASC bereits im Jahr 2000 die immanente Komplexität des Standards zu Finanzinstrumenten erkannt hat und in die „Fußstapfen" des US-amerikanischen Vorbilds *Financial Accounting Standards Board* (FASB) getreten ist, indem es nach dessen Vorbild ein *Implementation Guidance Committee* eingerichtet hat. Der als zu komplex empfundene IAS 39 wurde mit einer *Implementation Guidance* im Frage-Antwort-Stil ausgestattet, die allerdings

308 Vgl. Anhang 9.

309 Vgl. Fülbier/Kuschel (2012), Komplexitätszunahme in der IFRS-Rechnungslegung, S. 936.

noch nicht im *Bound Volume* 2000 enthalten ist.[310] Im Gegensatz dazu stehen z.B. die Standards IAS 11 und IAS 18, die jeweils nur ein Element (*Illustrative Example*) in 2012 beinhalten. Andere Standards, wie beispielweise IAS 17, IAS 19 und IAS 38, bewegen sich zwischen diesen (Extrem-)Werten (fünf, vier bzw. vier Elemente in 2012).

Ferner bestehen Inkonsistenzen zwischen den einzelnen Standards, insbesondere hinsichtlich der Begrifflichkeiten und deren Verortung in den Standards. Die fehlende Beständigkeit wirkt verwirrend und komplexitätssteigernd.[311] Im Folgenden sind einzelne exemplarische Inkonsistenzen des IFRS-Regelwerks aufgeführt.

Beispielsweise spricht IAS 1 im Jahr 2000 nicht von einem *Illustrative Example*, sondern von einem *Appendix*, der eine *Illustrative Financial Statement Structure* beinhaltet, die letztendlich aber nichts anderes darstellt als ein veranschaulichendes Beispiel, das nicht als solches bezeichnet wird. Ähnliches gilt z.B. auch für IAS 12, IAS 14, IAS 32, IAS 34 und IAS 35 im Jahr 2000. Dort spricht der Standard im Anhang jeweils von *Examples of Temporary Differences* und *Illustrative Computations and Presentation* (IAS 12), von *Illustrative Segment Disclosures* (IAS 14), von *Examples of the Application of the Standard* (IAS 32), von *Illustration of Periods required to be presented*, *Examples of applying the Recognition and Measurement Principles* und *Examples of the Use of Estimates* (IAS 34) sowie von *Illustrative Disclosures* (IAS 35). Daneben werden für IAS 36 *Illustrative Examples* und IAS 37 einfache *Examples* im *Bound Volume* 2000 aufgeführt.

Darüber hinaus werden beispielsweise in IAS 17 die *Illustrative Examples of Sale and Leaseback Transactions that result in Operating Leases* nicht separat unter einem eigenen Gliederungspunkt oder im Anhang verortet, sondern in der *Implementation Guidance*. Bei IAS 41 (2005) und IAS 11 (2006) werden die *Illustrative Examples* wiederum im Anhang aufgeführt.

Des Weiteren ist in diesem Zusammenhang auch IAS 19 zu nennen, der z.B. im Jahr 2005 im Anhang neben einem *Illustrative Example* weitere veranschaulichende Elemente, wie die *Illustrative Disclosures* als auch die auf einen einzigen Paragrafen zielende *Illustration of the Application of Paragraph 58A*, enthält.[312] Gleiches gilt für die Jahre 2006, 2007, 2008, 2009, 2010 und 2011. Im Jahr 2012 fehlen indes die angeführten Gliederungspunkte, was unmittelbar Ausdruck der Reform der Bilanzierung der Pensionsverpflichtungen im Jahr 2011 ist, die u.a.

---

310 Vgl. Camfferman/Zeff (2009), Financial Reporting and Global Capital Markets, S. 376 und S. 625, Fn. 149; Fülbier/Kuschel (2012), Komplexitätszunahme in der IFRS-Rechnungslegung, S. 936. Camfferman/Zeff ((2009), Financial Reporting and Global Capital Markets, S. 376 und S. 625, Fn. 149) führen hierzu aus, dass die *Implementation Guidance* bereits im Jahr 2000 erschienen ist. Allerdings findet sich im Internet nur noch die Version aus dem Jahr 2001 (vgl. International Accounting Standards Board (2001), IAS 39 Implementation Guidance Questions and Answers).

311 Vgl. Fülbier/Kuschel (2012), Komplexitätszunahme in der IFRS-Rechnungslegung, S. 936.

312 Vgl. Fülbier/Kuschel (2012), Komplexitätszunahme in der IFRS-Rechnungslegung, S. 936.

zu einer Abschaffung der Korridormethode geführt hat. Da die Korridormethode durch die genannten Elemente illustriert wird, werden diese obsolet und im Nachgang entfernt.[313] Auch hier zeigt sich wieder die Intention des Standardsetters, durch zusätzliche Erklärungen und Hilfestellungen Komplexität zu reduzieren und einer zunehmenden Komplexität entgegenzuwirken. Dass die Elemente, wie z.B. *Application Guidance, Illustrative Example* und *Guidances on Implementing*, als Indikatoren dienen, scheint insofern gerechtfertigt.

Außerdem führt beispielsweise IAS 19 weitere einfache Beispiele zur besseren Verständlichkeit und Illustration der jeweiligen Thematik im Hauptteil des Standards auf, wohingegen einfache Beispiele in IAS 37 im Jahr 2010 z.B. zum Großteil in der *Implementation Guidance* enthalten sind. Allerdings sind dort die Seiten nicht mit dem Signum „IG" (für *Implementation Guidance*), sondern mit „IE" (wohl für *Illustrative Examples*) gekennzeichnet, sodass durchaus zusätzliches Verwirrungspotenzial entsteht, da dem Inhaltsverzeichnis keinerlei Hinweise auf entsprechende *Illustrative Examples* zu entnehmen sind.

Daneben können die einzelnen Elemente in den Standards im Zeitablauf variieren. Beispielsweise beinhaltet IAS 19 im Jahr 2010 und 2011 noch eine *Guidances on Implementing*, in die die *Illustrative Examples* eingebettet sind, während sich hingegen ein Jahr später (2012) beide Elemente nicht mehr in den *Red Books* (Teil B) befinden.[314] Die Begründung hierfür liefert wohl ebenfalls die Bilanzierungsreform der Pensionsverpflichtungen in 2011. Als weiteres Beispiel lässt sich IFRS 3 anführen, der erst ab dem Jahr 2008 über eine *Application Guidance* verfügt, in den Jahren 2005 bis 2007 hingegen lediglich ein *Application Supplement* aufgeführt wird. Ähnliches gilt für IFRS 9, der erst seit 2012 einen Hinweis auf *Illustrative Examples* im *Red Book* (Teil A) enthält.[315]

Auch die Bezeichnungen der Anhangelemente sind über die Standards und Jahre hinweg nicht konsistent. Als Beispiel bietet sich u.a. das Jahr 2012 an, da in IFRS 11 eine *Basis for Conclusion* (ohne Plural „-s") angeführt ist (Teil A), während hingegen der gleiche Standard im selben Jahr eine *Basis for Conclusions* (mit Plural „-s") beinhaltet (Teil B). Möglichweise handelt es sich an dieser Stelle auch lediglich um einen Druckfehler; zumal in allen anderen Standards der Plural zur Anwendung kommt. In eine ähnliche Richtung zielt die Tatsache, dass der Begriff der *Dissenting Opinion* sowohl im Singular (ohne „-s") als auch im Plural (mit „-s") Verwendung findet. Hier lassen sich z.B. die Standards IAS 24 und IAS 39 im Jahr 2012 (Teil B) anführen. Während bei IAS 24 der Singular tatsächlich auch angebracht ist, da lediglich die abweichende Meinung einer einzigen Person (ROBERT P. GARNETT) zum Ausdruck kommt, erscheint der Singular bei IAS 39 nicht korrekt zu sein, da dort mehrere abweichende Meinungen präsentiert werden (u.a. von

313 Im Übrigen enthält IAS 19 in den Jahren 2005 bis 2012 auch weitere einfache, erläuternde Beispiele im Kernbereich des eigentlichen Standards.

314 Vgl. Anhang 9.

315 Vgl. Anhang 9.

Anthony T. Cope, James J. Leisenring und Warren J. McGregor als auch von Mary E. Barth, Robert P. Garnett und Geoffrey Whittington). Demzufolge kann eine unterschiedliche Schreibweise der Bezeichnungen für den Anwender irritierend wirken und somit zu einer von ihm wahrgenommenen zunehmenden Komplexität des IFRS-Regelwerks beitragen.

Zusammenfassend kann festgehalten werden, dass die Ergebnisse auf Basis der analogen IFRS-Standards zur IFRS-Regelkomplexität des IFRS-Gesamtsystems durch die Resultate auf Basis der digitalen IFRS-Standards (weitestgehend) bestätigt werden. Sowohl kurz- als auch langfristig steigt die überwiegende Anzahl der Messwerte im Zeitablauf an. Limitationen bleiben dennoch bestehen. Eine Aussage hinsichtlich einer Zu- oder Abnahme der IFRS-Regelkomplexität ist (noch) nicht möglich. Hierfür ist die Entwicklung der allgemeinen Umweltkomplexität zu berücksichtigen und mit derjenigen der Indikatoren des IFRS-Gesamtsystems abzugleichen.[316] Die vorliegende Analyse des IFRS-Gesamtsystems zeigt wohl auch, dass u. a. die Standards IAS 12, IAS 17, IAS 19 und IAS 39 mit dem Komplexitätsphänomen assoziiert werden. Sie bieten sich insbesondere für eine detailliertere Untersuchung an.[317]

4.5.1.2 Quantitative Inhaltsanalyse ausgewählter IFRS-Bilanzierungsbereiche

In diesem Kapitel folgen die Ergebnisse aus der quantitativen Inhaltsanalyse zur IFRS-Regelkomplexität einzelner IFRS-Bilanzierungsbereiche. Ein Bilanzierungsbereich setzt sich entweder aus einem oder mehreren IFRS-Standards zusammen. Nachstehend finden sich die Resultate zu Finanzinstrumenten (Dritter Teil: Kap. 4.5.1.2.1), Ertragsteuern (IAS 12; Dritter Teil: Kap. 4.5.1.2.2), Leasingverhältnissen (IAS 17; Dritter Teil: Kap. 4.5.1.2.3) und Leistungen an Arbeitnehmer (IAS 19; Dritter Teil: Kap. 4.5.1.2.4) sowie Rückstellungen, Eventualverbindlichkeiten und Eventualforderungen (IAS 37; Dritter Teil: Kap. 4.5.1.2.5).

4.5.1.2.1 Finanzinstrumente

Die quantitative Inhaltsanalyse erfasst die formelle IFRS-Regelkomplexität, die eine Facette der IFRS-Regelkomplexität darstellt. Annahmegemäß nimmt die Regelkomplexität mit einem zunehmenden Regulierungsumfang zu. Ein ansteigender Indikatorwert kann – unter Berücksichtigung einer vorsichtigen und behutsamen Ergebnisinterpretation sowie einer Betonung der Limitationen – als erstes Indiz für eine Komplexitätszunahme dienen, ein abnehmender Indikatorwert für eine Komplexitätsabnahme.[318] Endgültige Aussagen zu einzelnen Bilanzierungsbereichen hinsichtlich einer Zu- oder Abnahme der IFRS-Regelkomplexität sind an dieser Stelle allerdings (noch) nicht möglich. Zum einen müssen die (Teil-)

---

316 Vgl. Dritter Teil: Kap. 4.5.2.4.1 und 4.5.2.4.2.
317 Vgl. Dritter Teil: Kap. 4.3.1.3 und 4.3.2.3.
318 Vgl. zur Auswahl und Begründung der Indikatoren Dritter Teil: Kap. 4.1.2.

Ergebnisse zur IFRS-Regelkomplexität aus der Lesbarkeitsanalyse berücksichtigt und mit denjenigen aus der quantitativen Inhaltsanalyse einzelner Bilanzierungsbereiche verknüpft werden.[319] Zum anderen ist die Entwicklung der allgemeinen Umweltkomplexität zu beachten.[320]

An dieser Stelle wird die Bilanzierung von Finanzinstrumenten (*Financial Instruments*) nach IFRS betrachtet. Dieser Bereich befasst sich hauptsächlich mit der bilanziellen Behandlung von finanziellen Vermögenswerten und finanziellen Verbindlichkeiten.[321] Regelungen finden sich hierzu in den Standards IFRS 7, IFRS 9, IAS 30, IAS 32 und IAS 39, wobei IFRS 7 von 2006 bis 2012, IFRS 9 von 2010 bis 2012, IAS 30 1995, 2000 und 2005 sowie IAS 32 und IAS 39 im Jahr 2000 sowie von 2005 bis 2012 gültig sind.[322] 2009 und 2010 sind zentrale Vorschriften von IAS 39 durch IFRS 9 ersetzt worden. Für Unternehmen, die IAS 39 anwenden (müssen), gilt weiterhin eine Version von IAS 39, die die vorgenommenen Änderungen durch die Einführung von IFRS 9 nicht enthält.[323]

Die Anzahl der Standards hat im Zeitablauf zugenommen (vgl. Tab. 20). Befasst sich im Jahr 1995 lediglich ein Standard mit der Thematik (IAS 30), sind es fünf Jahre später schon drei (IAS 30, IAS 32 und IAS 39). Das entspricht einem relativen Anstieg von +200,0% (+2). Letztendlich erhöht sich die Anzahl von 1995 bis 2012 von einem auf vier Standards (+300,0% (nicht tabelliert)). Kurzfristig zeichnet sich diese Entwicklung eher nicht ab (2005–2012: +1; +33,3%). Der Bilanzierungsbereich Finanzinstrumente entspricht somit dem allgemeinen Trend innerhalb der IFRS und scheint zumindest eine (Teil-)Erklärung für die Zunahme der IFRS-Standards im Gesamten zu liefern. Denn bereits bei der Analyse des IFRS-Gesamtsystems zeigt sich ein Anstieg bei der Anzahl der Standards (vgl. Tab. 2). Diese steigt von 2005 bis 2012 um +10,8% (+4) und von 1995 bis 2012 um +41,4% (+12 (nicht tabelliert)).

---

319 Vgl. Dritter Teil: Kap. 4.5.1.3.

320 Vgl. Dritter Teil: Kap. 4.5.2.4.

321 Vgl. IAS 39.1.

322 Darüber hinaus wäre es ebenfalls möglich, im Rahmen des Bilanzierungsbereichs der Finanzinstrumente den Standard IFRS 13 zu berücksichtigen. Das entsprechende modifizierte Ergebnis liegt vor und kann beim Verfasser der vorliegenden Arbeit angefordert werden.

323 Vgl. Pellens et al. (2014), Internationale Rechnungslegung, S. 562–564.

Tab. 20: Anzahl der Standards zu Finanzinstrumenten im Zeitablauf

IFRS 7, IFRS 9, IAS 30, IAS 32 und IAS 39	**Kurzfristige Entwicklung**								
	2005	**2006**	**2007**	**2008**	**2009**	**2010**	**2011**	**2012**	**kumulierte Veränderung 2005–2012**
Anzahl Standards	3	3	3	3	3	4	4	4	
absolute Veränderung zur Vorperiode	–	0	0	0	0	+1	0	0	+1
relative Veränderung zur Vorperiode	–	0,0%	0,0%	0,0%	0,0%	+33,3%	0,0%	0,0%	+33,3%

	Langfristige Entwicklung				
	1995	**2000**	**2005**	**2010**	**kumulierte Veränderung 1995–2010**
Anzahl Standards	1	3	3	4	
absolute Veränderung zur Vorperiode	–	+2	0	+1	+3
relative Veränderung zur Vorperiode	–	200,0%	0,0%	+33,3%	+300,0%

Die Zunahme bei der Anzahl der Standards spiegelt sich auch in der Entwicklung des Indikators Seitenanzahl wider (vgl. Tab. 21). Dieser zeigt sowohl insgesamt (+204; +52,6%) als auch nur die Hauptteile der Standards betreffend eine Aufwärtsbewegung (+5; +7,2%) von 2005 bis 2012. Erwähnenswert erscheint an dieser Stelle die kurzfristige Entwicklung des Anhangs, der im gleichen Zeitraum um +39 Seiten zunimmt (+70,9%).

Tab. 21: Seitenanzahl von Finanzinstrumenten im Zeitablauf (I)

IFRS 7, IFRS 9, IAS 30, IAS 32 und IAS 39	**Kurzfristige Entwicklung**								
	2005	**2006**	**2007**	**2008**	**2009**	**2010**	**2011**	**2012**	**kumulierte Veränderung 2005–2012**
Seitenanzahl insgesamt	**388**	**446**	**446**	**446**	**478**	**528**	**554**	**592**	
absolute Veränderung zur Vorperiode	–	+58	0	0	+32	+50	+26	+38	+204
relative Veränderung zur Vorperiode	–	+14,9%	0,0%	0,0%	+7,2%	+10,5%	+4,9%	+6,9%	+52,6%
Seitenanzahl Einführungsseiten	**3**	**3**	**4**	**4**	**5**	**10**	**11**	**8**	
absolute Veränderung zur Vorperiode	–	0	+1	0	+1	+5	+1	−3	+5
relative Veränderung zur Vorperiode	–	0,0%	+33,3%	0,0%	+25,0%	+100,0%	+10,0%	−27,3%	+166,7%
Seitenanzahl Inhaltsverzeichnis	**6**	**6**	**6**	**6**	**7**	**8**	**7**	**7**	
absolute Veränderung zur Vorperiode	–	0	0	0	+1	+1	−1	0	+1
relative Veränderung zur Vorperiode	–	0,0%	0,0%	0,0%	+16,7%	+14,3%	−12,5%	0,0%	+16,7%
Seitenanzahl Einführung	**9**	**12**	**12**	**12**	**12**	**10**	**10**	**11**	
absolute Veränderung zur Vorperiode	–	+3	0	0	0	−2	0	+1	+2
relative Veränderung zur Vorperiode	–	+33,3%	0,0%	0,0%	0,0%	−16,7%	0,0%	+10,0%	+22,2%
Seitenanzahl Standard	**69**	**59**	**59**	**61**	**68**	**72**	**73**	**74**	
absolute Veränderung zur Vorperiode	–	−10	0	+2	+7	+4	+1	+1	+5
relative Veränderung zur Vorperiode	–	−14,5%	0,0%	+3,4%	+11,5%	+5,9%	+1,4%	+1,4%	+7,2%
Seitenanzahl Anhang	**55**	**75**	**74**	**73**	**76**	**87**	**93**	**94**	
absolute Veränderung zur Vorperiode	–	+20	−1	−1	+3	+11	+6	+1	+39
relative Veränderung zur Vorperiode	–	+36,4%	−1,3%	−1,4%	+4,1%	+14,5%	+6,9%	+1,1%	+70,9%
Seitenanzahl BC	**83**	**114**	**114**	**114**	**125**	**163**	**176**	**204**	
absolute Veränderung zur Vorperiode	–	+31	0	0	+11	+38	+13	+28	+121
relative Veränderung zur Vorperiode	–	+37,3%	0,0%	0,0%	+9,6%	+30,4%	+8,0%	+15,9%	+145,8%

IFRS 7, IFRS 9, IAS 30, IAS 32 und IAS 39	Kurzfristige Entwicklung (Fortsetzung)								
	2005	2006	2007	2008	2009	2010	2011	2012	kumulierte Veränderung 2005–2012
Seitenanzahl IG	**113**	**129**	**129**	**129**	**129**	**116**	**122**	**127**	
absolute Veränderung zur Vorperiode	–	+16	0	0	0	−13	+6	+5	+14
relative Veränderung zur Vorperiode	–	+14,2%	0,0%	0,0%	0,0%	−10,1%	+5,2%	+4,1%	+12,4%
Seitenanzahl IE	**35**	**36**	**36**	**36**	**36**	**36**	**38**	**39**	
absolute Veränderung zur Vorperiode	–	+1	0	0	0	0	+2	+1	+4
relative Veränderung zur Vorperiode	–	+2,9%	0,0%	0,0%	0,0%	0,0%	+5,6%	+2,6%	+11,4%
Seitenanzahl Sonstige Seiten	**15**	**12**	**12**	**11**	**20**	**26**	**24**	**28**	
absolute Veränderung zur Vorperiode	–	−3	0	−1	+9	+6	−2	+4	+13
relative Veränderung zur Vorperiode	–	−20,0%	0,0%	−8,3%	+81,8%	+30,0%	−7,7%	+16,7%	+86,7%

Ein Blick auf die langfristige Entwicklung der Seitenanzahl liefert ein bemerkenswertes Ergebnis (vgl. Tab. 22). Dort zeigt sich ein Zuwachs der Gesamtseitenanzahl bei den relevanten Standards von +506 Seiten im 15-Jahres-Untersuchungszeitraum von 1995 bis 2010. Das entspricht einem relativen Anstieg von +2.300,0%. Die Gesamtseitenanzahl der *Bound Volumes* bzw. *Red Books* steigt im gleichen Zeitraum um +2.295 Seiten (+290,1%; vgl. Tab. 4). Somit lässt sich fast ein Viertel des langfristigen (Netto-)Anstiegs der Gesamtseitenanzahl mit der Entwicklung der Finanzinstrumente erklären (+506 Seiten/+2.295Seiten x 100,0% = 22,0%). Kurzfristig sind es hingegen nur 15,2% (2005–2012: +204 Seiten (vgl. Tab. 21)/+1.341 Seiten (vgl. Tab. 4) x 100,0%). Auch die Seitenanzahl des Hauptteils des Standards wächst von 1995 bis 2010 mit +55 Seiten (+323,5%) stark an. Erwähnenswert ist auch, dass in den Jahren 1995 und 2000 noch keiner der Standards über eine *Guidances on Implementing* verfügt. Im Jahr 2005 hingegen umfasst diese schon 113 und im Jahr 2010 116 Seiten (1995–2010: +116; -%). Gleiches gilt für die *Illustrative Examples.* Hier steigt im gleichen Zeitraum die Seitenanzahl um +36.

Tab. 22: Seitenanzahl von Finanzinstrumenten im Zeitablauf (II)

IFRS 7, IFRS 9, IAS 30, IAS 32 und IAS 39	**Langfristige Entwicklung**				
	1995	**2000**	**2005**	**2010**	**kumulierte Veränderung 1995–2010**
Seitenanzahl insgesamt	22	158	388	528	
absolute Veränderung zur Vorperiode	–	+136	+230	+140	+506
relative Veränderung zur Vorperiode	–	+618,2%	+145,6%	+36,1%	+2.300,0%
Seitenanzahl Einführungsseiten	1	4	3	10	
absolute Veränderung zur Vorperiode	–	+3	–1	+7	+9
relative Veränderung zur Vorperiode	–	+300,0%	–25,0%	+233,3%	+900,0%
Seitenanzahl Inhaltsverzeichnis	1	6	6	8	
absolute Veränderung zur Vorperiode	–	+5	0	+2	+7
relative Veränderung zur Vorperiode	–	+500,0%	0,0%	+33,3%	+700,0%
Seitenanzahl Einführung	0	7	9	10	
absolute Veränderung zur Vorperiode	–	+7	+2	+1	+10
relative Veränderung zur Vorperiode	–	–	+28,6%	+11,1%	–
Seitenanzahl Standard	17	119	69	72	
absolute Veränderung zur Vorperiode	–	+102	–50	+3	+55
relative Veränderung zur Vorperiode	–	+600,0%	–42,0%	+4,3%	+323,5%
Seitenanzahl Anhang	0	14	55	87	
absolute Veränderung zur Vorperiode	–	+14	+41	+32	+87
relative Veränderung zur Vorperiode	–	–	+292,9%	+58,2%	–
Seitenanzahl BC	0	0	83	163	
absolute Veränderung zur Vorperiode	–	0	+83	+80	+163
relative Veränderung zur Vorperiode	–	–	–	+96,4%	–
Seitenanzahl IG	0	0	113	116	
absolute Veränderung zur Vorperiode	–	0	+113	+3	+116
relative Veränderung zur Vorperiode	–	–	–	+2,7%	–
Seitenanzahl IE	0	0	35	36	
absolute Veränderung zur Vorperiode	–	0	+35	+1	+36
relative Veränderung zur Vorperiode	–	–	–	+2,9%	–
Seitenanzahl Sonstige Seiten	3	8	15	26	
absolute Veränderung zur Vorperiode	–	+5	+7	+11	+23
relative Veränderung zur Vorperiode	–	+166,7%	+87,5%	+73,3%	+766,7%

Die kurzfristige Entwicklung der Paragrafen weist in die gleiche Richtung wie die Entwicklung der Seitenanzahl. Die Paragrafenanzahl nimmt demnach im Hauptteil des Standards im Zeitablauf zu (2005–2012: +44; +16,3%). Allerdings nimmt die Anzahl der Paragrafen, die durch Fettdruck hervorgehoben sind und die wesentlichen Grundätze des Standards beinhalten, im gleichen Zeitraum ab (-22; -20,6%). Gleichzeitig kommt es wiederum im Anhang zu einer Zunahme der Paragrafenanzahl, die um mehr als die Hälfte steigt (2005–2012: +120; +67,4%).

Tab. 23: Paragrafenanzahl von Finanzinstrumenten im Zeitablauf (I)

IFRS 7, IFRS 9, IAS 30, IAS 32 und IAS 39	Kurzfristige Entwicklung								
	2005	2006	2007	2008	2009	2010	2011	2012	kumulierte Veränderung 2005–2012
Paragrafenanzahl Einführung	**47**	**51**	**52**	**52**	**57**	**44**	**40**	**43**	
absolute Veränderung zur Vorperiode	–	+4	+1	0	+5	–13	–4	+3	–4
relative Veränderung zur Vorperiode	–	+8,5%	+2,0%	0,0%	+9,6%	–22,8%	–9,1%	+7,5%	–8,5%
Paragrafenanzahl Standard	**270**	**218**	**218**	**225**	**252**	**292**	**295**	**314**	
absolute Veränderung zur Vorperiode	–	–52	0	+7	+27	+40	+3	+19	+44
relative Veränderung zur Vorperiode	–	–19,3%	0,0%	+3,2%	+12,0%	+15,9%	+1,0%	+6,4%	+16,3%
Paragrafenanzahl Standard fettgedruckt	**107**	**88**	**88**	**74**	**74**	**86**	**85**	**85**	
absolute Veränderung zur Vorperiode	–	–19	0	–14	0	+12	–1	0	–22
relative Veränderung zur Vorperiode	–	–17,8%	0,0%	–15,9%	0,0%	+16,2%	–1,2%	0,0%	–20,6%
Paragrafenanzahl Anhang	**178**	**192**	**221**	**221**	**236**	**265**	**290**	**298**	
absolute Veränderung zur Vorperiode	–	+14	+29	0	+15	+29	+25	+8	+120
relative Veränderung zur Vorperiode	–	+7,9%	+15,1%	0,0%	+6,8%	+12,3%	+9,4%	+2,8%	+67,4%
Paragrafenanzahl BC	**296**	**377**	**377**	**377**	**434**	**607**	**659**	**687**	
absolute Veränderung zur Vorperiode	–	+81	0	0	+57	+173	+52	+28	+391
relative Veränderung zur Vorperiode	–	+27,4%	0,0%	0,0%	+15,1%	+39,9%	+8,6%	+4,2%	+132,1%
Paragrafenanzahl IG	**131**	**172**	**172**	**172**	**172**	**146**	**146**	**139**	
absolute Veränderung zur Vorperiode	–	+41	0	0	0	–26	0	–7	+8
relative Veränderung zur Vorperiode	–	+31,3%	0,0%	0,0%	0,0%	–15,1%	–	–4,8%	+6,1%
Paragrafenanzahl IE	**81**	**81**	**81**	**81**	**81**	**81**	**86**	**87**	
absolute Veränderung zur Vorperiode	–	0	0	0	0	0	+5	+1	+6
relative Veränderung zur Vorperiode	–	0,0%	0,0%	0,0%	0,0%	0,0%	+6,2%	+1,2%	+7,4%

Langfristig zeichnet sich ein eindeutigeres Bild ab (vgl. Tab. 24). Die Paragrafenanzahl ist in allen aufgeführten Kategorien stetig von 1995 bis 2010 gestiegen. Ins Auge fallen hier insbesondere die Paragrafenanzahl im Hauptteil des Standards (+233; +394,9%) als auch die Anzahl der durch Fettdruck hervorgehobenen Paragrafen (+70; +437,5%) sowie die Anzahl an Paragrafen im Anhang (+265; -%). Aber auch die Entwicklung der Paragrafen in der *Guidances on Implementing* (+146; -%) oder den *Illustrative Examples* (+81; -%) zeigen einen deutlichen Aufwärtstrend.

Tab. 24: Paragrafenanzahl von Finanzinstrumenten im Zeitablauf (II)

IFRS 7, IFRS 9, IAS 30, IAS 32 und IAS 39	**Langfristige Entwicklung**				
	1995	**2000**	**2005**	**2010**	**kumulierte Veränderung 1995–2010**
Paragrafenanzahl Einführung	**0**	**23**	**47**	**44**	
absolute Veränderung zur Vorperiode	–	+23	+24	–3	+44
relative Veränderung zur Vorperiode	–	–	+104,3%	–6,4%	–
Paragrafenanzahl Standard	**59**	**327**	**270**	**292**	
absolute Veränderung zur Vorperiode	–	+268	–57	+22	+233
relative Veränderung zur Vorperiode	–	+454,2%	–17,4%	+8,1%	+394,9%
Paragrafenanzahl Standard fettgedruckt	**16**	**93**	**107**	**86**	
absolute Veränderung zur Vorperiode	–	+77	+14	–21	+70
relative Veränderung zur Vorperiode	–	+481,3%	+15,1%	–19,6%	+437,5%
Paragrafenanzahl Anhang	**0**	**27**	**178**	**265**	
absolute Veränderung zur Vorperiode	–	+27	+151	+87	+265
relative Veränderung zur Vorperiode	–	–	+559,3%	+48,9%	–
Paragrafenanzahl BC	**0**	**0**	**296**	**607**	
absolute Veränderung zur Vorperiode	–	0	+296	+311	+607
relative Veränderung zur Vorperiode	–	–	–	+105,1%	–
Paragrafenanzahl IG	**0**	**0**	**131**	**146**	
absolute Veränderung zur Vorperiode	–	0	+131	+15	+146
relative Veränderung zur Vorperiode	–	–	–	+11,5%	–
Paragrafenanzahl IE	**0**	**0**	**81**	**81**	
absolute Veränderung zur Vorperiode	–	0	+81	0	+81
relative Veränderung zur Vorperiode	–	–	–	0,0%	–

Die Analyse anhand weiterer Indikatoren liefert sowohl kurz- als auch langfristig ein ähnliches Bild wie die bisherigen empirischen Befunde (vgl. Tab. 25). Auch hier zeigen die Indikatoren Aufwärtstrends. Neben den Überschriften ersten Grades (+23; +53,5%) steigen auch die Anzahl der Anhänge (+6; +200,0%) und die Anzahl der Beispiele (+4; +33,3%) von 2005 bis 2012 an. Langfristig sticht insbesondere die Entwicklung der Überschriften ersten Grades hervor, die sich mit einem Anstieg von 14 auf 60 mehr als vervierfachen (1995–2010: +46; +328,6%).

Tab. 25: Sonstige Indikatoren von Finanzinstrumenten im Zeitablauf

IFRS 7, IFRS 9, IAS 30, IAS 32 und IAS 39	**Kurzfristige Entwicklung**								
	2005	**2006**	**2007**	**2008**	**2009**	**2010**	**2011**	**2012**	**kumulierte Veränderung 2005–2012**
Anzahl Überschriften 1. Grades	**43**	**30**	**43**	**43**	**45**	**60**	**59**	**66**	
absolute Veränderung zur Vorperiode	–	−13	+13	0	+2	+15	−1	+7	+23
relative Veränderung zur Vorperiode	–	−30,2%	+43,3%	0,0%	+4,7%	+33,3%	−1,7%	+11,9%	+53,5%
Anzahl Anhänge	**3**	**7**	**7**	**7**	**7**	**9**	**9**	**9**	
absolute Veränderung zur Vorperiode	–	+4	0	0	0	+2	0	0	+6
relative Veränderung zur Vorperiode	–	+133,3%	0,0%	0,0%	0,0%	+28,6%	0,0%	0,0%	+200,0%
Anzahl Beispiele	**12**	**12**	**12**	**13**	**13**	**16**	**16**	**16**	
absolute Veränderung zur Vorperiode	–	0	0	+1	0	+3	0	0	+4
relative Veränderung zur Vorperiode	–	0,0%	0,0%	+8,3%	0,0%	+23,1%	0,0%	0,0%	+33,3%

	Langfristige Entwicklung				
	1995	**2000**	**2005**	**2010**	**kumulierte Veränderung 1995–2010**
Anzahl Überschriften 1. Grades	**14**	**30**	**43**	**60**	
absolute Veränderung zur Vorperiode	–	+16	+13	+17	+46
relative Veränderung zur Vorperiode	–	+114,3%	+43,3%	+39,5%	+328,6%
Anzahl Anhänge	**0**	**1**	**3**	**9**	
absolute Veränderung zur Vorperiode	–	+1	+2	+6	+9
relative Veränderung zur Vorperiode	–	–	+200,0%	+200,0%	–
Anzahl Beispiele	**0**	**0**	**12**	**16**	
absolute Veränderung zur Vorperiode	–	0	+12	+4	+16
relative Veränderung zur Vorperiode	–	–	–	+33,3%	–

Wie Tab. 26 zu entnehmen ist, zeigen ebenso weitere Indikatoren sowohl kurz- als auch langfristig einen Aufwärtstrend. Im Rahmen der langfristigen Betrachtung zeigt sich, dass bei allen Indikatoren mindestens eine Steigerung mit dem Faktor 24 stattfindet, was insofern eine drastische Zunahme impliziert. Die überproportionale Steigerung betrifft die Seitenanzahl, die sich von 1995 bis 2010 um +506 auf 528 erhöht (+2.300,0%) und die geringste (!) Steigerung verzeichnet. Das Maximum wird von der Zeichenanzahl (unter Berücksichtigung der Leerzeichen) markiert, die von 1995 bis 2010 von 32.728 auf 1.405.348 steigt (+1.372.620; +4.194,0%). Auch die Anzahl der Wörter hat sich im gleichen Zeitraum von 5.201 um +208.499 auf 213.700 erhöht. Das entspricht einem relativen Anstieg von +4.008,8%. Ein erneuter Vergleich der langfristigen Entwicklung des Bilanzierungsbereichs Finanzinstrumente mit der des IFRS-Gesamtsystems stützt die bisherigen Befunde. Etwa ein Viertel der (Netto-)Zunahmen der weiteren Indikatoren des IFRS-Gesamtsystems in Tab. 16 ist wohl auf Finanzinstrumente zurückzuführen. Beispielsweise steigt von 1995 bis 2010 die Zeichenanzahl (unter Berücksichtigung der Leerzeichen) des IFRS-Gesamtsystems von 686.265 auf 5.831.055 (+5.144.790; +749,7%; vgl. Tab. 16). Bei den Finanzinstrumenten erhöht sich dieser Indikator im gleichen Zeitraum um +1.372.620 (+4.194,0%; vgl. Tab. 26). In diesem Fall sind somit mehr als 25,0% der Entwicklung des IFRS-Gesamtsystems durch Finanzinstrumente plausibilisierbar (+1.372.620 Zeichen/+5.144.790 Zeichen x 100,0% = 26,7%). Kurzfristig sind es z.B. 22,4% (2005–2012: +494.821 Zeichen (vgl. Tab. 26)/+2.207.506 Zeichen (vgl. Tab. 16) x 100,0%).

Tab. 26: Indikatoren von Finanzinstrumenten auf Basis von MICROSOFT Word 2007 im Zeitablauf

Standards insgesamt IFRS 7, IFRS 9, IAS 30, IAS 32 und IAS 39	**Kurzfristige Entwicklung**								
	2005	**2006**	**2007**	**2008**	**2009**	**2010**	**2011**	**2012**	**kumulierte Veränderung 2005–2012**
Seitenanzahl insgesamt	**345**	**426**	**448**	**446**	**478**	**528**	**554**	**592**	
absolute Veränderung zur Vorperiode	–	+81	+22	–2	+32	+50	+26	+38	+247
relative Veränderung zur Vorperiode	–	+23,5%	+5,2%	–0,4%	+7,2%	+10,5%	+4,9%	+6,9%	+71,6%

Standards insgesamt IFRS 7, IFRS 9, IAS 30, IAS 32 und IAS 39	**Kurzfristige Entwicklung (Fortsetzung)**								
	2005	**2006**	**2007**	**2008**	**2009**	**2010**	**2011**	**2012**	**kumulierte Veränderung 2005–2012**
Wortanzahl insgesamt	**164.826**	**181.094**	**183.346**	**184.747**	**197.708**	**213.700**	**224.481**	**239.988**	
absolute Veränderung zur Vorperiode	–	+16.268	+2.252	+1.401	+12.961	+15.992	+10.781	+15.507	+75.162
relative Veränderung zur Vorperiode	–	+9,9%	+1,2%	+0,8%	+7,0%	+8,1%	+5,0%	+6,9%	+45,6%
Zeichenanzahl insgesamt	**851.823**	**940.963**	**952.568**	**961.053**	**1.029.197**	**1.117.852**	**1.176.849**	**1.262.153**	
absolute Veränderung zur Vorperiode	–	+89.140	+11.605	+8.485	+68.144	+88.655	+58.997	+85.304	+410.330
relative Veränderung zur Vorperiode	–	+10,5%	+1,2%	+0,9%	+7,1%	+8,6%	+5,3%	+7,2%	+48,2%
Zeichenanzahl insgesamt (Leerzeichen)	**1.009.715**	**1.123.673**	**1.139.845**	**1.147.275**	**1.229.262**	**1.341.083**	**1.405.348**	**1.504.536**	
absolute Veränderung zur Vorperiode	–	+113.958	+16.172	+7.430	+81.987	+111.821	+64.265	+99.188	+494.821
relative Veränderung zur Vorperiode	–	+11,3%	+1,4%	+0,7%	+7,1%	+9,1%	+4,8%	+7,1%	+49,0%
Absatzanzahl insgesamt	**7.152**	**6.278**	**6.468**	**6.501**	**6.859**	**7.398**	**8.059**	**8.634**	
absolute Veränderung zur Vorperiode	–	−874	+190	+33	+358	+539	+661	+575	+1.482
relative Veränderung zur Vorperiode	–	−12,2%	+3,0%	+0,5%	+5,5%	+7,9%	+8,9%	+7,1%	+20,7%
Zeilenanzahl insgesamt	**17.576**	**23.680**	**24.520**	**24.736**	**26.348**	**28.588**	**30.639**	**33.275**	

Standards insgesamt IFRS 7, IFRS 9, IAS 30, IAS 32 und IAS 39	**Kurzfristige Entwicklung (Fortsetzung)**								
	2005	**2006**	**2007**	**2008**	**2009**	**2010**	**2011**	**2012**	**kumulierte Veränderung 2005–2012**
absolute Veränderung zur Vorperiode	–	+6.104	+840	+216	+1.612	+2.240	+2.051	+2.636	+15.699
relative Veränderung zur Vorperiode	–	+34,7%	+3,5%	+0,9%	+6,5%	+8,5%	+7,2%	+8,6%	+89,3%

	Langfristige Entwicklung				
	1995	**2000**	**2005**	**2010**	**kumulierte Veränderung 1995–2010**
Seitenanzahl insgesamt	22	80	345	528	
absolute Veränderung zur Vorperiode	–	+58	+265	+183	+506
relative Veränderung zur Vorperiode	–	+263,6%	+331,3%	+53,0%	+2.300,0%
Wortanzahl insgesamt	5.201	46.757	164.826	213.700	
absolute Veränderung zur Vorperiode	–	+41.556	+118.069	+48.874	+208.499
relative Veränderung zur Vorperiode	–	+799,0%	+252,5%	+29,7%	+4.008,8%
Zeichenanzahl insgesamt	27.727	248.166	851.823	1.117.852	
absolute Veränderung zur Vorperiode	–	+220.439	+603.657	+266.029	+1.090.125
relative Veränderung zur Vorperiode	–	+795,0%	+243,2%	+31,2%	+3.931,6%

	Langfristige Entwicklung (Fortsetzung)				
	1995	**2000**	**2005**	**2010**	**kumulierte Veränderung 1995–2010**
Zeichen-anzahl insgesamt (Leerzeichen)	32.728	**295.266**	**1.009.715**	**1.405.348**	
absolute Veränderung zur Vorperiode	–	+262.538	+714.449	+395.633	+1.372.620
relative Veränderung zur Vorperiode	–	+802,2%	+242,0%	+39,2%	+4.194,0%
Absatzanzahl insgesamt	**306**	**1.281**	**7.152**	**8.059**	
absolute Veränderung zur Vorperiode	–	+975	+5.871	+907	+7.753
relative Veränderung zur Vorperiode	–	+318,6%	+458,3%	+12,7%	+2.533,7%
Zeilenanzahl insgesamt	**933**	**5.708**	**17.576**	**28.588**	
absolute Veränderung zur Vorperiode	–	+4.775	+11.868	+11.012	+27.655
relative Veränderung zur Vorperiode	–	+511,8%	+207,9%	+62,7%	+2.964,1%

In Tab. 27 sind nun Indikatoren für die Hauptteile der Standards (ohne Anhänge) aufgeführt, um eine detaillierte Analyse vornehmen zu können. Dort zeigt die kurzfristige ebenso wie die langfristige Entwicklung bei allen Indikatoren einen Aufwärtstrend. Deutliche Zunahmen zeigen von 2005 bis 2012 insbesondere die Zeilen- (+1.513; +59,2%), Seiten- (+21; +39,6%) und Absatzanzahl (+188; +24,9%). Weniger dynamisch präsentieren sich im gleichen Zeitraum die restlichen Indikatoren wie die Wort- (+1.620; +5,2%) und Zeichenanzahl ohne (+7.202; +4,4%) und mit Berücksichtigung der Leerzeichen (+9.510; +4,9%). Langfristig offenbart sich wiederum ein relativ konsistentes Bild. Von 1995 bis 2010 verzeichnen die Indikatoren Zunahmen, die alle mindestens über 300,0% liegen. Am deutlichsten zeigt sich die langfristige Entwicklung an der Wortzahl, die von 4.828 auf 31.915 ansteigt (+27.087; +561,0%).

Tab. 27: Indikatoren des Hauptteils von Finanzinstrumenten auf Basis von MICROSOFT *Word 2007 im Zeitablauf*

Standards Hauptteil IFRS 7, IFRS 9, IAS 30, IAS 32 und IAS 39	**Kurzfristige Entwicklung**								
	2005	**2006**	**2007**	**2008**	**2009**	**2010**	**2011**	**2012**	**kumulierte Veränderung 2005–2012**
Seitenanzahl insgesamt	**53**	**56**	**59**	**61**	**68**	**72**	**73**	**74**	
absolute Veränderung zur Vorperiode	–	+3	+3	+2	+7	+4	+1	+1	+21
relative Veränderung zur Vorperiode	–	+5,7%	+5,4%	+3,4%	+11,5%	+5,9%	+1,4%	+1,4%	+39,6%
Wortanzahl insgesamt	**30.968**	**26.151**	**26.135**	**26.687**	**30.366**	**31.915**	**31.898**	**32.588**	
absolute Veränderung zur Vorperiode	–	–4.817	–16	+552	+3.679	+1.549	–17	+690	+1.620
relative Veränderung zur Vorperiode	–	–15,6%	–0,1%	+2,1%	+13,8%	+5,1%	–0,1%	+2,2%	+5,2%
Zeichenanzahl insgesamt	**162.306**	**136.179**	**136.085**	**138.987**	**157.643**	**165.475**	**166.201**	**169.508**	
absolute Veränderung zur Vorperiode	–	–26.127	–94	+2.902	+18.656	+7.832	+726	+3.307	+7.202
relative Veränderung zur Vorperiode	–	–16,1%	–0,1%	+2,1%	+13,4%	+5,0%	+0,4%	+2,0%	+4,4%
Zeichenanzahl insgesamt (Leerzeichen)	**192.860**	**162.547**	**162.641**	**165.941**	**188.343**	**197.731**	**198.213**	**202.370**	
absolute Veränderung zur Vorperiode	–	–30.313	+94	+3.300	+22.402	+9.388	+482	+4.157	+9.510
relative Veränderung zur Vorperiode	–	–15,7%	+0,1%	+2,0%	+13,5%	+5,0%	+0,2%	+2,1%	+4,9%
Absatzanzahl insgesamt	**754**	**723**	**724**	**738**	**813**	**884**	**906**	**942**	
absolute Veränderung zur Vorperiode	–	–31	+1	+14	+75	+71	+22	+36	+188
relative Veränderung zur Vorperiode	–	–4,1%	+0,1%	+1,9%	+10,2%	+8,7%	+2,5%	+4,0%	+24,9%
Zeilenanzahl insgesamt	**2.555**	**3.088**	**3.228**	**3.294**	**3.701**	**3.935**	**3.974**	**4.068**	
absolute Veränderung zur Vorperiode	–	+533	+140	+66	+407	+234	+39	+94	+1.513
relative Veränderung zur Vorperiode	–	+20,9%	+4,5%	+2,0%	+12,4%	+6,3%	+1,0%	+2,4%	+59,2%

	Langfristige Entwicklung				
	1995	**2000**	**2005**	**2010**	**kumulierte Veränderung 1995–2010**
Seitenanzahl insgesamt	17	72	53	72	
absolute Veränderung zur Vorperiode	–	+55	–19	+19	+55
relative Veränderung zur Vorperiode	–	+323,5%	–26,4%	+35,8%	+323,5%

	Langfristige Entwicklung (Fortsetzung)				
	1995	**2000**	**2005**	**2010**	**kumulierte Veränderung 1995–2010**
Wortanzahl insgesamt	**4.828**	**36.810**	**30.968**	**31.915**	
absolute Veränderung zur Vorperiode	–	+31.982	–5.842	+947	+27.087
relative Veränderung zur Vorperiode	–	+662,4%	–15,9%	+3,1%	+561,0%
Zeichenanzahl insgesamt	**26.075**	**194.930**	**162.306**	**165.475**	
absolute Veränderung zur Vorperiode	–	+168.855	–32.624	+3.169	+139.400
relative Veränderung zur Vorperiode	–	+647,6%	–16,7%	+2,0%	+534,6%
Zeichenanzahl insgesamt (Leerzeichen)	**30.867**	**232.028**	**192.860**	**198.213**	
absolute Veränderung zur Vorperiode	–	+201.161	–39.168	+5.353	+167.346
relative Veränderung zur Vorperiode	–	+651,7%	–16,9%	+2,8%	+542,2%
Absatzanzahl insgesamt	**140**	**946**	**754**	**884**	
absolute Veränderung zur Vorperiode	–	+806	–192	+130	+744
relative Veränderung zur Vorperiode	–	+575,7%	–20,3%	+17,2%	+531,4%
Zeilenanzahl insgesamt	**660**	**3.377**	**2.555**	**3.935**	
absolute Veränderung zur Vorperiode	–	+2.717	–822	+1.380	+3.275
relative Veränderung zur Vorperiode	–	+411,7%	–24,3%	+54,0%	+496,2%

Auch die kurz- und langfristige Entwicklung der Indikatoren, die in Tab. 28 abgebildet sind, zeigen eine Steigerung im Zeitablauf. Hervorzuheben ist an dieser Stelle die langfristige Entwicklung der Indikatoren Satzzeichen- (+957; +341,8%), Wort- (+26.962; +558,3%) und Wortanzahl mit drei oder mehr Silben (+6.566; +643,1%).

Tab. 28: Indikatoren des Hauptteils von Finanzinstrumenten auf Basis der GUNNING *Fog-Index-Maske im Zeitablauf*

Standards Hauptteil GUNNING IFRS 7, IFRS 9, IAS 30, IAS 32 und IAS 39	**Kurzfristige Entwicklung**								
	2005	**2006**	**2007**	**2008**	**2009**	**2010**	**2011**	**2012**	**kumulierte Veränderung 2005–2012**
Satzzeichenanzahl insgesamt	**1.070**	**879**	**879**	**900**	**1.019**	**1.237**	**1.644**	**1.703**	
absolute Veränderung zur Vorperiode	–	–191	0	+21	+119	+218	+407	+59	+633
relative Veränderung zur Vorperiode	–	–17,9%	0,0%	+2,4%	+13,2%	+21,4%	+32,9%	+3,6%	+59,2%
Wortanzahl insgesamt	**31.016**	**26.068**	**26.052**	**26.599**	**30.272**	**31.791**	**31.781**	**32.451**	
absolute Veränderung zur Vorperiode	–	–4.948	–16	+547	+3.673	+1.519	–10	+670	+1.435
relative Veränderung zur Vorperiode	–	–16,0%	–0,1%	+2,1%	+13,8%	+5,0%	–0,0%	+2,1%	+4,6%
Wortanzahl mit drei oder mehr Silben	**7.208**	**6.193**	**6.186**	**6.339**	**7.287**	**7.587**	**7.566**	**7.751**	
absolute Veränderung zur Vorperiode	–	–1.015	–7	+153	+948	+300	–21	+185	+543
relative Veränderung zur Vorperiode	–	–14,1%	–0,1%	+2,5%	+15,0%	+4,1%	–0,3%	+2,4%	+7,5%

	Langfristige Entwicklung				
	1995	**2000**	**2005**	**2010**	**kumulierte Veränderung 1995–2010**
Satzzeichenanzahl insgesamt	**280**	**1.623**	**1.070**	**1.237**	
absolute Veränderung zur Vorperiode	–	+1.343	–553	+167	+957
relative Veränderung zur Vorperiode	–	+479,6%	–34,1%	+15,6%	+341,8%
Wortanzahl insgesamt	**4.829**	**36.997**	**31.016**	**31.791**	
absolute Veränderung zur Vorperiode	–	+32.168	–5.981	+775	+26.962
relative Veränderung zur Vorperiode	–	+666,1%	–16,2%	+2,5%	+558,3%

	Langfristige Entwicklung (Fortsetzung)				
	1995	**2000**	**2005**	**2010**	**kumulierte Veränderung 1995–2010**
Wortanzahl mit drei oder mehr Silben	**1.021**	**8.324**	**7.208**	**7.587**	
absolute Veränderung zur Vorperiode	–	+7.303	−1.116	+379	+6.566
relative Veränderung zur Vorperiode	–	+715,3%	−13,4%	+5,3%	+643,1%

Ähnliches gilt auch für die Indikatoren, die in Tab. 29 dargstellt sind. Dort bewegen sich die kurzfristigen Zunahmen der Indikatoren von 2005 bis 2012 in einem Korridor zwischen +1,9% (Satzanzahl: +18) und +5,8% (Zeichenanzahl (mit Leerzeichen): +11.211). Langfristig manifestiert sich eine offensichtlichere Entwicklung. Von 1995 bis 2010 ergibt sich ein Korridor zwischen +263,7% (Satzanzahl: +704) und +640,8% (Anzahl an komplexen Wörtern: +6.120).

Tab. 29: Indikatoren des Hauptteils von Finanzinstrumenten auf Basis der Flesch Reading Ease-Index-Maske im Zeitablauf

Standards Hauptteil *Flesch* **IFRS 7, IFRS 9, IAS 30, IAS 32 und IAS 39**	**Kurzfristige Entwicklung**								
	2005	**2006**	**2007**	**2008**	**2009**	**2010**	**2011**	**2012**	**kumulierte Veränderung 2005–2012**
Zeichenanzahl insgesamt	**161.952**	**136.179**	**136.085**	**138.987**	**157.643**	**165.475**	**166.309**	**169.616**	
absolute Veränderung zur Vorperiode	–	−25.773	−94	+2.902	+18.656	+7.832	+834	+3.307	+7.664
relative Veränderung zur Vorperiode	–	−15,9%	−0,1%	+2,1%	+13,4%	+5,0%	+0,5%	+2,0%	+4,7%
Zeichenanzahl insgesamt (Leerzeichen)	**193.688**	**164.357**	**164.521**	**167.858**	**190.443**	**199.984**	**200.664**	**204.899**	
absolute Veränderung zur Vorperiode	–	−29.331	+164	+3.337	+22.585	+9.541	+680	+4.235	+11.211
relative Veränderung zur Vorperiode	–	−15,1%	+0,1%	+2,0%	+13,5%	+5,0%	+0,3%	+2,1%	+5,8%
Buchstaben-/Nummernanzahl insgesamt	**158.329**	**132.634**	**132.541**	**135.324**	**153.601**	**161.052**	**161.539**	**164.669**	
absolute Veränderung zur Vorperiode	–	−25.695	−93	+2.783	+18.277	+7.451	+487	+3.130	+6.340
relative Veränderung zur Vorperiode	–	−16,2%	−0,1%	+2,1%	+13,5%	+4,9%	+0,3%	+1,9%	+4,0%

Standards Hauptteil *Flesch* **IFRS 7, IFRS 9, IAS 30, IAS 32 und IAS 39**	**Kurzfristige Entwicklung (Fortsetzung)**								
	2005	**2006**	**2007**	**2008**	**2009**	**2010**	**2011**	**2012**	**kumulierte Veränderung 2005–2012**
Wortanzahl insgesamt	**31.016**	**26.068**	**26.052**	**26.598**	**30.271**	**31.790**	**31.796**	**32.466**	
absolute Veränderung zur Vorperiode	–	−4.948	−16	+546	+3.673	+1.519	+6	+670	+1.450
relative Veränderung zur Vorperiode	–	−16,0%	−0,1%	+2,1%	+13,8%	+5,0%	+0,0%	+2,1%	+4,7%
Anzahl an komplexen Wörtern	**6.871**	**5.897**	**5.890**	**5.977**	**6.858**	**7.075**	**7.040**	**7.214**	
absolute Veränderung zur Vorperiode	–	−974	−7	+87	+881	+217	−35	+174	+343
relative Veränderung zur Vorperiode	–	−14,2%	−0,1%	+1,5%	+14,7%	+3,2%	−0,5%	+2,5%	+5,0%
Silbenanzahl insgesamt	**50.312**	**42.242**	**42.214**	**43.082**	**48.853**	**51.026**	**50.984**	**51.906**	
absolute Veränderung zur Vorperiode	–	−8.070	−28	+868	+5.771	+2.173	−42	+922	+1.594
relative Veränderung zur Vorperiode	–	−16,0%	−0,1%	+2,1%	+13,4%	+4,4%	−0,1%	+1,8%	+3,2%
Satzanzahl insgesamt	**964**	**766**	**766**	**786**	**894**	**971**	**959**	**982**	
absolute Veränderung zur Vorperiode	–	−198	0	+20	+108	+77	−12	+23	+18
relative Veränderung zur Vorperiode	–	−20,5%	0,0%	+2,6%	+13,7%	+8,6%	−1,2%	+2,4%	+1,9%

	Langfristige Entwicklung				
	1995	**2000**	**2005**	**2010**	**kumulierte Veränderung 1995–2010**
Zeichenanzahl insgesamt	**26.075**	**195.813**	**161.952**	**165.475**	
absolute Veränderung zur Vorperiode	–	+169.738	−33.861	+3.523	+139.400
relative Veränderung zur Vorperiode	–	+651,0%	−17,3%	+2,2%	+534,6%
Zeichenanzahl insgesamt (Leerzeichen)	**31.345**	**234.970**	**193.688**	**199.984**	
absolute Veränderung zur Vorperiode	–	+203.625	−41.282	+6.296	+168.639
relative Veränderung zur Vorperiode	–	+649,6%	−17,6%	+3,3%	+538,0%
Buchstaben-/Nummernanzahl insgesamt	**25.506**	**190.964**	**158.329**	**161.052**	
absolute Veränderung zur Vorperiode	–	+165.458	−32.635	+2.723	+135.546
relative Veränderung zur Vorperiode	–	+648,7%	−17,1%	+1,7%	+531,4%

	Langfristige Entwicklung (Fortsetzung)				
	1995	**2000**	**2005**	**2010**	**kumulierte Veränderung 1995–2010**
Wortanzahl insgesamt	**4.828**	**36.995**	**31.016**	**31.790**	
absolute Veränderung zur Vorperiode	–	+32.167	–5.979	+774	+26.962
relative Veränderung zur Vorperiode	–	+666,3%	–16,2%	+2,5%	+558,5%
Anzahl an komplexen Wörtern	**955**	**7.950**	**6.871**	**7.075**	
absolute Veränderung zur Vorperiode	–	+6.995	–1.079	+204	+6.120
relative Veränderung zur Vorperiode	–	+732,5%	–13,6%	+3,0%	+640,8%
Silbenanzahl insgesamt	**7.931**	**59.941**	**50.312**	**51.026**	
absolute Veränderung zur Vorperiode	–	+52.010	–9.629	+714	+43.095
relative Veränderung zur Vorperiode	–	+655,8%	–16,1%	+1,4%	+543,4%
Satzanzahl insgesamt	**267**	**1.504**	**964**	**971**	
absolute Veränderung zur Vorperiode	–	+1.237	–540	+7	+704
relative Veränderung zur Vorperiode	–	+463,3%	–35,9%	+0,7%	+263,7%

Abschließend bleibt festzuhalten, dass die gewonnenen empirischen Ergebnisse ein klares Bild zeigen. Im Bilanzierungsbereich Finanzinstrumente ist fast jeder Indikator von einer Zunahme betroffen. Die Aufwärtstrends zeigen sich sowohl kurz- als auch langfristig. Besonders offenkundig wird dies bei der langfristigen Betrachtung der Indikatoren in Tab. 26 und Tab. 27, die sich teilweise durch extreme Steigerungsraten im Zeitablauf auszeichnen. Hierzu gehören u. a. die Wort- und die Zeichenanzahl (mit und ohne Leerzeichen). Gegenläufige Trends, wie z. B. die Entwicklung der durch Fettdruck hervorgehobenen Paragrafen (wie in Tab. 23), fallen nur marginal ins Gewicht und verzerren das Gesamtbild im Wesentlichen nicht.

Problematisch ist die Interpretation der Indikatoren. Denn diese deuten nicht zweifelsfrei auf eine Zunahme (Abnahme) der IFRS-Regelkomplexität hin. Die Indikatoren untersuchen zwar die IFRS-Abbildungsregeln hinsichtlich einer Komplexitätszunahme. Allerdings bleibt dabei offen, ob die IFRS-Standards selbst, oder die zugrunde liegenden Transaktionen in der Realität für eine Zunahme der Indikatoren respektive eine zunehmende Komplexität verantwortlich sind.[324] Beispielsweise ist es möglich, dass nicht die IFRS-Standards zu Finanzinstrumenten komplexer werden, sondern die dahinter stehenden Vertragskonstruktionen (wie

324 Vgl. Einführung: Kap. 1 sowie Dritter Teil: Kap. 2 und 4.1.2.

etwa für Sicherungsgeschäfte). Da Abbildungsregeln den wirtschaftlichen Gehalt einer Transaktion einfangen, um entscheidungsnützliche Informationen bereitzustellen,[325] erfassen sie auch deren zunehmende Komplexität. Diese Komplexität der Umwelt trägt somit zu einer zunehmenden Komplexität der Abbildungsregeln bei. Hiervon sind etwa die Regelungen zum *Hedge Accounting* betroffen.[326] Dies belegen auch Erkenntnisse aus der ersten Teilanalyse (Einzelfallstudie). Dort weist der Interviewpartner indirekt darauf hin, dass die Komplexität der Umwelt diejenige der Abbildungsregeln beeinflusst. Als illustrierendes Beispiel bemüht er den Bilanzierungsbereich Finanzinstrumente.[327] Es ist daher zumindest notwendig, die Entwicklung der allgemeinen Umweltkomplexität zu berücksichtigen und von derjenigen der Regelkomplexität zu trennen. Erst danach ist eine erste, vorsichtige Aussage hinsichtlich einer Zu- oder Abnahme der IFRS-Regelkomplexität anhand der Indikatoren zu leisten. Dies gilt insbesondere für den Bilanzierungsbereich Finanzinstrumente, der wahrscheinlich drastisch von einer Komplexitätszunahme in der Realität betroffen ist.[328] So hat sich z.B. die Anzahl der Kontrakte börsengehandelter Finanzderivate von circa 500 Mio. Kontrakten im Jahr 1990 auf etwa 10 Mrd. Kontrakte im Jahr 2008 verzwanzigfacht (+9,5 Mrd.; +1.900,0%).[329] Aber auch andere Bilanzierungsbereiche sind mit der Entwicklung der Umwelt abzugleichen.[330] Zum einen werden auf diese Weise verzerrende Einflüsse bereinigt. Zum anderen werden die einzelnen Komplexitätsebenen beachtet. Entsprechende Versuche, die allgemeine Umweltkomplexität zu erfassen und Bereinigungen vorzunehmen, finden sich am Ende der vorliegenden Arbeit.[331] Die weiteren Limitationen der Indikatoren bleiben dennoch bestehen.[332]

---

325 Vgl. Zweiter Teil: Kap. 2.2 und Dritter Teil: Kap. 2.

326 Vgl. European Financial Reporting Advisory Group et al. ((2014), Getting a Better Framework COMPLEXITY Bulletin, S. 4–9), die ausführen, dass die Komplexität der IFRS sowohl aus den wirtschaftlichen Transaktionen (*unavoidable complexity*) als auch aus dem Standardsetting per se (*avoidable complexity*) resultiert.

327 Vgl. Dritter Teil: Kap. 3.5.2 und 3.6.

328 Vgl. European Financial Reporting Advisory Group et al. (2014), Getting a Better Framework COMPLEXITY Bulletin, S. 12, 14–15.

329 Vgl. Rudolph/Schäfer (2010), Derivative Finanzmarktinstrumente, S. 59.

330 Hierzu zählen u. a. wohl auch Ertragsteuern, Leasingverhältnisse, Leistungen an Arbeitnehmer und Immaterielle Vermögenswerte. So ist es z. B. Schmidt ((2014), Abbildung pharmazeutischer Forschung und Entwicklung in der HGB- und Steuerbilanz, S. 448 und 551), der die „Komplexität des F&E-Prozesses" in der Realität herausstellt (vgl. ebenso European Commission (2013), Intellectual Property Valuation, S. 6, 8, 14 und 25).

331 Vgl. Dritter Teil: Kap. 4.5.2.4.

332 Vgl. Dritter Teil: Kap. 4.1.2.

4.5.1.2.2 Ertragsteuern

Als nächstes werden die Ergebnisse zum Bilanzierungsbereich Ertragsteuern (IAS 12) vorgestellt. Dieser befasst sich mit der bilanziellen Behandlung von tatsächlichen und latenten Steuerschulden und Steuer(erstattungs)ansprüchen.[333] Tab. 30 veranschaulicht die Entwicklung des Indikators Seitenanzahl. Dieser erhöht sich kurzfristig. So steigt neben der Gesamtseitenanzahl (2005–2012: +14; +24,1%) auch die Seitenanzahl im Hauptteil des Standards (2005–2012: +2; +6,9%) im Zeitablauf. Außerdem fällt der Rückgang des Anhangs auf (2005–2012: -22; -100,0%). Gleichzeitig kommt es aber zu einer Zunahme bei den *Illustrative Examples* (2005–2012: +22; -%), sodass sich letztendlich beide Effekte gegenseitig aufheben.

Tab. 30: Seitenanzahl von IAS 12 im Zeitablauf (I)

IAS 12	Kurzfristige Entwicklung								
	2005	**2006**	**2007**	**2008**	**2009**	**2010**	**2011**	**2012**	**kumulierte Veränderung 2005–2012**
Seitenanzahl insgesamt	**58**	**54**	**54**	**58**	**58**	**58**	**70**	**72**	
absolute Veränderung zur Vorperiode	–	–4	0	+4	0	0	+12	+2	+14
relative Veränderung zur Vorperiode	–	–6,9%	0,0%	+7,4%	0,0%	0,0%	+20,7%	+2,9%	+24,1%
Seitenanzahl Einführungsseiten	**1**	**1**	**1**	**1**	**1**	**2**	**2**	**2**	
absolute Veränderung zur Vorperiode	–	0	0	0	0	+1	0	0	+1
relative Veränderung zur Vorperiode	–	0,0%	0,0%	0,0%	0,0%	+100,0%	0,0%	0,0%	+100,0%
Seitenanzahl Inhaltsverzeichnis	**1**	**1**	**1**	**1**	**1**	**1**	**2**	**2**	
absolute Veränderung zur Vorperiode	–	0	0	0	0	0	+1	0	+1
relative Veränderung zur Vorperiode	–	0,0%	0,0%	0,0%	0,0%	0,0%	+100,0%	0,0%	+100,0%
Seitenanzahl Einführung	**4**	**4**	**4**	**4**	**4**	**4**	**4**	**4**	
absolute Veränderung zur Vorperiode	–	0	0	0	0	0	0	0	0
relative Veränderung zur Vorperiode	–	0,0%	0,0%	0,0%	0,0%	0,0%	0,0%	0,0%	0,0%
Seitenanzahl Standard	**29**	**28**	**28**	**29**	**29**	**29**	**31**	**31**	
absolute Veränderung zur Vorperiode	–	–1	0	+1	0	0	+2	0	+2
relative Veränderung zur Vorperiode	–	–3,4%	0,0%	+3,6%	0,0%	0,0%	+6,9%	0,0%	+6,9%

333 Vgl. IAS 12.12–14 und IAS 12.15–48.

IAS 12	**Kurzfristige Entwicklung (Fortsetzung)**								
	2005	**2006**	**2007**	**2008**	**2009**	**2010**	**2011**	**2012**	**kumulierte Veränderung 2005–2012**
Seitenanzahl Anhang	22	19	19	21	21	**0**	**0**	**0**	
absolute Veränderung zur Vorperiode	–	−3	0	+2	0	−21	0	0	−22
relative Veränderung zur Vorperiode	–	−13,6%	0,0%	+10,5%	0,0%	−100,0%	0,0%	–	−100,0%
Seitenanzahl BC	**0**	**0**	**0**	**0**	**0**	**0**	7	**8**	
absolute Veränderung zur Vorperiode	–	0	0	0	0	0	+7	+1	+8
relative Veränderung zur Vorperiode	–	–	–	–	–	–	–	+14,3%	–
Seitenanzahl IG	nicht vorhanden								
absolute Veränderung zur Vorperiode									–
relative Veränderung zur Vorperiode									–
Seitenanzahl IE	**0**	**0**	**0**	**0**	**0**	21	21	22	
absolute Veränderung zur Vorperiode	–	0	0	0	0	+21	0	+1	+22
relative Veränderung zur Vorperiode	–	–	–	–	–	–	0,0%	+4,8%	–
Seitenanzahl Sonstige Seiten	1	1	1	2	2	1	3	3	
absolute Veränderung zur Vorperiode	–	0	0	+1	0	−1	+2	0	+2
relative Veränderung zur Vorperiode	–	–	–	+100,0%	0,0%	−50,0%	+200,0%	0,0%	+200,0%

Im Rahmen der langfristigen Betrachtung tritt die eben aufgezeigte Entwicklung im Bereich von IAS 12 deutlicher hervor. Wie aus Tab. 31 zu entnehmen ist, steigt die Seitenanzahl in den wesentlichen Kategorien von 1995 bis 2010 an. Das betrifft die Gesamtseitenanzahl (+42; +262,5%), die Seitenanzahl im Hauptteil des Standards (+17; +141,7%) und die Seitenanzahl der *Illustrative Examples* (+21; -%).

Tab. 31: Seitenanzahl von IAS 12 im Zeitablauf (II)

IAS 12	Langfristige Entwicklung				
	1995	**2000**	**2005**	**2010**	**kumulierte Veränderung 1995–2010**
Seitenanzahl insgesamt	**16**	**68**	**58**	**58**	
absolute Veränderung zur Vorperiode	–	+52	−10	0	+42
relative Veränderung zur Vorperiode	–	+325,0%	−14,7%	0,0%	+262,5%
Seitenanzahl Einführungsseiten	**1**	**1**	**1**	**2**	
absolute Veränderung zur Vorperiode	–	0	0	+1	+1
relative Veränderung zur Vorperiode	–	0,0%	0,0%	+100,0%	+100,0%
Seitenanzahl Inhaltsverzeichnis	**1**	**2**	**1**	**1**	
absolute Veränderung zur Vorperiode	–	+1	−1	0	0
relative Veränderung zur Vorperiode	–	+100,0%	−50,0%	0,0%	0,0%
Seitenanzahl Einführung	**0**	**5**	**4**	**4**	
absolute Veränderung zur Vorperiode	–	+5	−1	0	+4
relative Veränderung zur Vorperiode	–	–	−20,0%	0,0%	–
Seitenanzahl Standard	**12**	**36**	**29**	**29**	
absolute Veränderung zur Vorperiode	–	+24	−7	0	+17
relative Veränderung zur Vorperiode	–	+200,0%	−19,4%	0,0%	+141,7%
Seitenanzahl Anhang	**0**	**24**	**22**	**0**	
absolute Veränderung zur Vorperiode	–	+24	−2	−22	0
relative Veränderung zur Vorperiode	–	–	−8,3%	−100,0%	–
Seitenanzahl BC	**0**	**0**	**0**	**0**	
absolute Veränderung zur Vorperiode	–	0	0	0	0
relative Veränderung zur Vorperiode	–	–	–	–	–
Seitenanzahl IG	nicht vorhanden				
absolute Veränderung zur Vorperiode					–
relative Veränderung zur Vorperiode					–
Seitenanzahl IE	**0**	**0**	**0**	**21**	
absolute Veränderung zur Vorperiode	–	0	0	+21	+21
relative Veränderung zur Vorperiode	–	–	–	–	–
Seitenanzahl Sonstige Seiten	**2**	**0**	**1**	**1**	
absolute Veränderung zur Vorperiode	–	−2	+1	0	−1
relative Veränderung zur Vorperiode	–	−100,0%	–	0,0%	−50,0%

Ein ähnliches Bild zeichnet sich auch bei der kurz- und langfristigen Entwicklung der Paragrafenanzahl ab. In Tab. 32 ist die kurzfristige Entwicklung der Paragrafenanzahl in IAS 12 aufgeführt. Dort ist zu sehen, dass die Paragrafenanzahl im Hauptteil des Standards von 99 auf 113 Paragrafen anwächst (2005–2012: +14; +14,1%). Gleichwohl zeigt sich an dieser Stelle auch der Effekt eines abnehmenden

Anhangs (2005–2012: -34; -100,0%), der wiederum durch einen Anstieg der *Illustrative Examples* kompensiert wird (2005–2012: +34; -%).

Tab. 32: Paragrafenanzahl von IAS 12 im Zeitablauf (I)

IAS 12	Kurzfristige Entwicklung								
	2005	**2006**	**2007**	**2008**	**2009**	**2010**	**2011**	**2012**	**kumulierte Veränderung 2005–2012**
Paragrafenanzahl Einführung	**14**	**14**	**14**	**14**	**14**	**14**	**14**	**14**	
absolute Veränderung zur Vorperiode	–	0	0	0	0	0	0	0	0
relative Veränderung zur Vorperiode	–	0,0%	0,0%	0,0%	0,0%	0,0%	0,0%	0,0%	0,0%
Paragrafenanzahl Standard	**99**	**97**	**97**	**104**	**104**	**104**	**112**	**113**	
absolute Veränderung zur Vorperiode	–	−2	0	+7	0	0	+8	+1	+14
relative Veränderung zur Vorperiode	–	−2,0%	0,0%	+7,2%	0,0%	0,0%	+7,7%	+0,9%	+14,1%
Paragrafenanzahl Standard fettgedruckt	**25**	**25**	**25**	**24**	**24**	**24**	**24**	**22**	
absolute Veränderung zur Vorperiode	–	0	0	−1	0	0	0	−2	−3
relative Veränderung zur Vorperiode	–	0,0%	0,0%	−4,0%	0,0%	0,0%	0,0%	−8,3%	−12,0%
Paragrafenanzahl Anhang	**34**	**35**	**34**	**34**	**34**	**0**	**0**	**0**	
absolute Veränderung zur Vorperiode	–	+1	−1	0	0	−34	0	0	−34
relative Veränderung zur Vorperiode	–	+2,9%	−2,9%	0,0%	0,0%	−100,0%	–	–	−100,0%

IAS 12	Kurzfristige Entwicklung (Fortsetzung)								
	2005	2006	2007	2008	2009	2010	2011	2012	kumulierte Veränderung 2005–2012
Paragrafenanzahl BC	**0**	**0**	**0**	**0**	**0**	**0**	**36**	**36**	
absolute Veränderung zur Vorperiode	–	0	0	0	0	0	+36	0	+36
relative Veränderung zur Vorperiode	–	–	–	–	–	–	–	0,0%	–
Paragrafenanzahl IG	nicht vorhanden								
absolute Veränderung zur Vorperiode									–
relative Veränderung zur Vorperiode									–
Paragrafenanzahl IE	**0**	**0**	**0**	**0**	**0**	**34**	**34**	**34**	
absolute Veränderung zur Vorperiode	–	0	0	0	0	+34	0	0	+34
relative Veränderung zur Vorperiode	–	–	–	–	–	–	0,0%	0,0%	–

Hinsichtlich der langfristigen Entwicklung der Paragrafenanzahl (vgl. Tab. 33) sind in allen Kategorien Zuwächse zu verzeichnen. So erhöht sich neben der Paragrafenananzahl im Hauptteil des Standards, die sich verdoppelt (1995–2010: +52; +100,0%), auch die Anzahl der dort durch Fettdruck hervorgehobenen Paragrafen, allerdings in einem geringeren Ausmaß (1995–2010: +6; +33,3%). Zusätzlich zeigt auch die Entwicklung der *Illustrative Examples* in diese Richtung. So fehlen diese in den Jahren 1995, 2000 und 2005, während hingegen im Jahr 2010 bereits 21 Seiten und 34 Paragrafen vorhanden sind.

Tab. 33: Paragrafenanzahl von IAS 12 im Zeitablauf (II)

IAS 12	**Langfristige Entwicklung**				
	1995	**2000**	**2005**	**2010**	**kumulierte Veränderung 1995–2010**
Paragrafenanzahl Einführung	**0**	**13**	**14**	**14**	
absolute Veränderung zur Vorperiode	–	+13	+1	0	+14
relative Veränderung zur Vorperiode	–	–	7,7%	0,0%	–
Paragrafenanzahl Standard	**52**	**90**	**99**	**104**	
absolute Veränderung zur Vorperiode	–	+38	+9	+5	+52
relative Veränderung zur Vorperiode	–	+73,1%	10,0%	+5,1%	+100,0%
Paragrafenanzahl Standard fettgedruckt	**18**	**24**	**25**	**24**	
absolute Veränderung zur Vorperiode	–	+6	+1	−1	+6
relative Veränderung zur Vorperiode	–	+33,3%	4,2%	−4,0%	+33,3%
Paragrafenanzahl Anhang	**0**	**35**	**34**	**0**	
absolute Veränderung zur Vorperiode	–	+35	−1	−34	0
relative Veränderung zur Vorperiode	–	–	−2,9%	−100,0%	–
Paragrafenanzahl BC	**0**	**0**	**0**	**0**	
absolute Veränderung zur Vorperiode	–	0	0	0	0
relative Veränderung zur Vorperiode	–	–	–	–	–
Paragrafenanzahl IG	nicht vorhanden				
absolute Veränderung zur Vorperiode					–
relative Veränderung zur Vorperiode					–
Paragrafenanzahl IE	**0**	**0**	**0**	**34**	
absolute Veränderung zur Vorperiode	–	0	0	+34	+34
relative Veränderung zur Vorperiode	–	–	–	–	–

Auch die kurzfristige und langfristige Entwicklung der sonstigen Indikatoren, die in Tab. 34 abgetragen sind, bestätigt die aufgezeigten Trends im Bereich der bilanziellen Behandlung von Ertragsteuern. Dort steigt sowohl kurz- als auch langfristig die Anzahl der Überschriften ersten Grades. Von 2005 bis 2012 erhöht sich diese um +3 von 11 auf 14. Das entspricht einer relativen Zunahme von +27,3%. Von 1995 bis 2010 geht die Anzahl der Überschriften ersten Grades zurück (-2; -15,4%). Allerdings ist dies zu relativieren, wenn das Jahr 2012 berücksichtigt wird. Auf diese Weise zeigt sich, dass es von 1995 bis 2012 wiederum zu einer Zunahme kommt (+1; +7,7% (nicht tabelliert)). Auch die Anzahl der Beispiele im Standard hat sich erhöht (1995–2010: +16; -%).

Tab. 34: Sonstige Indikatoren von IAS 12 im Zeitablauf

IAS 12	Kurzfristige Entwicklung								
	2005	**2006**	**2007**	**2008**	**2009**	**2010**	**2011**	**2012**	**kumulierte Veränderung 2005–2012**
Anzahl Überschriften 1. Grades	**11**	**11**	**11**	**11**	**11**	**11**	**14**	**14**	
absolute Veränderung zur Vorperiode	–	0	0	0	0	0	+3	0	+3
relative Veränderung zur Vorperiode	–	0,0%	0,0%	0,0%	0,0%	0,0%	+27,3%	0,0%	+27,3%
Anzahl Anhänge	**2**	**2**	**2**	**2**	**2**	**0**	**0**	**0**	
absolute Veränderung zur Vorperiode	–	0	0	0	0	−2	0	0	−2
relative Veränderung zur Vorperiode	–	0,0%	0,0%	0,0%	0,0%	−100,0%	0,0%	0,0%	−100,0%
Anzahl Beispiele	**16**	**16**	**16**	**16**	**16**	**16**	**25**	**17**	
absolute Veränderung zur Vorperiode	–	0	0	0	0	0	+9	−8	+1
relative Veränderung zur Vorperiode	–	0,0%	0,0%	0,0%	0,0%	0,0%	+56,3%	−32,0%	+6,3%

	Langfristige Entwicklung				
	1995	**2000**	**2005**	**2010**	**kumulierte Veränderung 1995–2010**
Anzahl Überschriften 1. Grades	**13**	**11**	**11**	**11**	
absolute Veränderung zur Vorperiode	–	−2	0	0	−2
relative Veränderung zur Vorperiode	–	−15,4%	0,0%	0,0%	−15,4%
Anzahl Anhänge	**0**	**2**	**2**	**0**	

	Langfristige Entwicklung (Fortsetzung)				
	1995	**2000**	**2005**	**2010**	**kumulierte Veränderung 1995–2010**
absolute Veränderung zur Vorperiode	–	+2	0	−2	0
relative Veränderung zur Vorperiode	–	–	0,0%	−100,0%	–
Anzahl Beispiele	**0**	**14**	**16**	**16**	
absolute Veränderung zur Vorperiode	–	+14	+2	0	+16
relative Veränderung zur Vorperiode	–	–	+14,3%	0,0%	–

Hinsichtlich weiterer Indikatoren zeigen die nachfolgenden Tabellen eine eindeutige Entwicklungstendenz auf und stützen die bisherigen Erkenntnisse. Wie u.a. auch aus Tab. 35 hervorgeht, nehmen die aufgeführten Indikatoren sowohl kurz- als auch langfristig zu. Exemplarisch sei an dieser Stelle die kurzfristige Entwicklung der Zeichenanzahl herausgegriffen (2005–2012). So erhöht sich die Anzahl zum einen um +31.467 auf 136.012 (ohne Leerzeichen: +30,1%) und zum anderen um +39.427 auf 163.005 (mit Leerzeichen: +31,9%). Langfristig lässt sich der Anstieg der Indikatoren an der Absatz- und Wortanzahl illustrieren. Die Absatzanzahl steigt von 185 auf 1.432 (1995–2010: +1.247; +674,1%) und die Wortanzahl erhöht sich von 3.871 auf 21.552 (1995–2010: +17.681; +456,8%).

Tab. 35: Indikatoren von IAS 12 auf Basis von MICROSOFT Word 2007 im Zeitablauf

Standards insgesamt IAS 12	**Kurzfristige Entwicklung**								
	2005	**2006**	**2007**	**2008**	**2009**	**2010**	**2011**	**2012**	**kumulierte Veränderung 2005–2012**
Seitenanzahl insgesamt	**51**	**54**	**54**	**57**	**58**	**58**	**70**	**72**	
absolute Veränderung zur Vorperiode	–	+3	0	+3	+1	0	+12	+2	+21
relative Veränderung zur Vorperiode	–	+5,9%	0,0%	+5,6%	+1,8%	0,0%	+20,7%	+2,9%	+41,2%
Wortanzahl insgesamt	**20.281**	**20.318**	**20.490**	**21.427**	**21.438**	**21.552**	**26.293**	**26.109**	
absolute Veränderung zur Vorperiode	–	+37	+172	+937	+11	+114	+4.741	−184	+5.828
relative Veränderung zur Vorperiode	–	+0,2%	+0,8%	+4,6%	+0,1%	+0,5%	+22,0%	−0,7%	+28,7%
Zeilenanzahl insgesamt	**104.545**	**105.201**	**106.142**	**111.407**	**111.459**	**112.134**	**136.970**	**136.012**	
absolute Veränderung zur Vorperiode	–	+656	+941	+5.265	+52	+675	+24.836	−958	+31.467
relative Veränderung zur Vorperiode	–	+0,6%	+0,9%	+5,0%	+0,0%	+0,6%	+22,1%	−0,7%	+30,1%

Standards insgesamt IAS 12	**Kurzfristige Entwicklung (Fortsetzung)**								
	2005	**2006**	**2007**	**2008**	**2009**	**2010**	**2011**	**2012**	**kumulierte Veränderung 2005–2012**
Zeilenanzahl insgesamt (Leerzeichen)	**123.578**	**128.389**	**129.491**	**131.859**	**134.171**	**134.917**	**164.388**	**163.005**	
absolute Veränderung zur Vorperiode	–	+4.811	+1.102	+2.368	+2.312	+746	+29.471	−1.383	+39.427
relative Veränderung zur Vorperiode	–	+3,9%	+0,9%	+1,8%	+1,8%	+0,6%	+21,8%	−0,8%	+31,9%
Absatzanzahl insgesamt	**1.389**	**1.240**	**1.252**	**1.382**	**1.300**	**1.332**	**1.432**	**1.441**	
absolute Veränderung zur Vorperiode	–	−149	+12	+130	−82	+32	+100	+9	+52
relative Veränderung zur Vorperiode	–	−10,7%	+1,0%	+10,4%	−5,9%	+2,5%	+7,5%	+0,6%	+3,7%
Zeilenanzahl insgesamt	**2.849**	**3.574**	**3.599**	**3.889**	**3.720**	**3.770**	**4.314**	**4.322**	
absolute Veränderung zur Vorperiode	–	+725	+25	+290	−169	+50	+544	+8	+1.473
relative Veränderung zur Vorperiode	–	+25,4%	+0,7%	+8,1%	−4,3%	+1,3%	+14,4%	+0,2%	+51,7%

	Langfristige Entwicklung				
	1995	**2000**	**2005**	**2010**	**kumulierte Veränderung 1995–2010**
Seitenanzahl insgesamt	**16**	**35**	**51**	**58**	
absolute Veränderung zur Vorperiode	–	+19	+16	+7	+42
relative Veränderung zur Vorperiode	–	+118,8%	+45,7%	+13,7%	+262,5%
Wortanzahl insgesamt	**3.871**	**18.307**	**20.281**	**21.552**	
absolute Veränderung zur Vorperiode	–	+14.436	+1.974	+1.271	+17.681
relative Veränderung zur Vorperiode	–	+372,9%	+10,8%	+6,3%	+456,8%
Zeilenanzahl insgesamt	**19.804**	**95.517**	**104.545**	**112.134**	
absolute Veränderung zur Vorperiode	–	+75.713	+9.028	+7.589	+92.330
relative Veränderung zur Vorperiode	–	+382,3%	+9,5%	+7,3%	+466,2%

	Langfristige Entwicklung (Fortsetzung)				
	1995	**2000**	**2005**	**2010**	**kumulierte Veränderung 1995–2010**
Zeilenanzahl insgesamt (Leerzeichen)	**23.573**	**113.604**	**123.578**	**164.388**	
absolute Veränderung zur Vorperiode	–	+90.031	+9.974	+40.810	+140.815
relative Veränderung zur Vorperiode	–	+381,9%	+8,8%	+33,0%	+597,4%
Absatzanzahl insgesamt	**185**	**1.309**	**1.389**	**1.432**	
absolute Veränderung zur Vorperiode	–	+1.124	+80	+43	+1.247
relative Veränderung zur Vorperiode	–	+607,6%	+6,1%	+3,1%	+674,1%
Zeilenanzahl insgesamt	**705**	**3.114**	**2.849**	**3.770**	
absolute Veränderung zur Vorperiode	–	+2.409	–265	+921	+3.065
relative Veränderung zur Vorperiode	–	+341,7%	–8,5%	+32,3%	+434,8%

Auch die Indikatoren in Tab. 36, die lediglich auf den Hauptteil des Standards IAS 12 rekurrieren, zeigen einen Aufwärtstrend. Von 2005 bis 2012 vollziehen z. B. die Seiten- (+7; +29,2%), die Wort- (+1.497; +12,0%), die Absatz- (+36; +10,1%) und die Zeilenanzahl (+491; +41,2%) eine Aufwärtsbewegung. Auch die langfristige Entwicklung der Indikatoren weist in diese Richtung. Beispielsweise steigen von 1995 bis 2010 die Wort- (+9.240; +256,0%) und die Absatzzahl (+283; +283,0%) an. Aber auch die Zeichenanzahl erhöht sich deutlich (ohne Leerzeichen: +47.503; +256,1% bzw. mit Leerzeichen: +62.949; +284,4%).

Tab. 36: Indikatoren des Hauptteils von IAS 12 auf Basis von MICROSOFT Word 2007 im Zeitablauf

Standards Hauptteil IAS 12	**Kurzfristige Entwicklung**								
	2005	**2006**	**2007**	**2008**	**2009**	**2010**	**2011**	**2012**	**kumulierte Veränderung 2005–2012**
Seitenanzahl insgesamt	**24**	**28**	**28**	**29**	**29**	**29**	**31**	**31**	
absolute Veränderung zur Vorperiode	–	+4	0	+1	0	0	+2	0	+7
relative Veränderung zur Vorperiode	–	+16,7%	0,0%	+3,6%	0,0%	0,0%	+6,9%	0,0%	+29,2%
Wortanzahl insgesamt	**12.465**	**12.439**	**12.408**	**12.831**	**12.831**	**12.849**	**13.909**	**13.962**	
absolute Veränderung zur Vorperiode	–	−26	−31	+423	0	+18	+1.060	+53	+1.497
relative Veränderung zur Vorperiode	–	−0,2%	−0,2%	+3,4%	0,0%	+0,1%	+8,2%	+0,4%	+12,0%
Zeichenanzahl insgesamt	**63.790**	**63.645**	**63.452**	**65.975**	**65.976**	**66.048**	**71.258**	**71.533**	
absolute Veränderung zur Vorperiode	–	−145	−193	+2.523	+1	+72	+5.210	+275	+7.743
relative Veränderung zur Vorperiode	–	−0,2%	−0,3%	+4,0%	+0,0%	+0,1%	+7,9%	+0,4%	+12,1%
Zeichenanzahl insgesamt (Leerzeichen)	**75.944**	**76.037**	**75.816**	**78.771**	**78.773**	**78.860**	**85.081**	**85.568**	
absolute Veränderung zur Vorperiode	–	+93	−221	+2.955	+2	+87	+6.221	+487	+9.624
relative Veränderung zur Vorperiode	–	+0,1%	−0,3%	+3,9%	+0,0%	+0,1%	+7,9%	+0,6%	+12,7%
Absatzanzahl insgesamt	**355**	**355**	**355**	**371**	**382**	**383**	**413**	**391**	
absolute Veränderung zur Vorperiode	–	0	0	+16	+11	+1	+30	−22	+36
relative Veränderung zur Vorperiode	–	0,0%	0,0%	+4,5%	+3,0%	+0,3%	+7,8%	−5,3%	+10,1%
Zeilenanzahl insgesamt	**1.192**	**1.516**	**1.514**	**1.590**	**1.591**	**1.594**	**1.717**	**1.683**	
absolute Veränderung zur Vorperiode	–	+324	−2	+76	+1	+3	+123	−34	+491
relative Veränderung zur Vorperiode	–	+27,2%	−0,1%	+5,0%	+0,1%	+0,2%	+7,7%	−2,0%	+41,2%

	Langfristige Entwicklung				
	1995	2000	2005	2010	kumulierte Veränderung 1995–2010
Seitenanzahl insgesamt	**12**	**22**	**24**	**29**	
absolute Veränderung zur Vorperiode	–	+10	+2	+5	+17
relative Veränderung zur Vorperiode	–	+83,3%	+9,1%	+20,8%	+141,7%
Wortanzahl insgesamt	**3.609**	**11.202**	**12.465**	**12.849**	
absolute Veränderung zur Vorperiode	–	+7.593	+1.263	+384	+9.240
relative Veränderung zur Vorperiode	–	+210,4%	+11,3%	+3,1%	+256,0%
Zeichenanzahl insgesamt	**18.545**	**57.980**	**63.790**	**66.048**	
absolute Veränderung zur Vorperiode	–	+39.435	+5.810	+2.258	+47.503
relative Veränderung zur Vorperiode	–	+212,6%	+10,0%	+3,5%	+256,1%
Zeichenanzahl insgesamt (Leerzeichen)	**22.132**	**69.228**	**75.944**	**85.081**	
absolute Veränderung zur Vorperiode	–	+47.096	+6.716	+9.137	+62.949
relative Veränderung zur Vorperiode	–	+212,8%	+9,7%	+12,0%	+284,4%
Absatzanzahl insgesamt	**100**	**303**	**355**	**383**	
absolute Veränderung zur Vorperiode	–	+203	+52	+28	+283
relative Veränderung zur Vorperiode	–	+203,0%	+17,2%	+7,9%	+283,0%
Zeilenanzahl insgesamt	**473**	**946**	**1.192**	**1.594**	
absolute Veränderung zur Vorperiode	–	+473	+246	+402	+1.121
relative Veränderung zur Vorperiode	–	+100,0%	+26,0%	+33,7%	+237,0%

Ebenso deutet die Entwicklung weiterer Indikatoren einen Aufwärtstrend an (vgl. Tab. 37). Hier kommt es sowohl kurz- als auch langfristig zu einem Anstieg der einzelnen Indikatoren. Neben der Satzzeichenanzahl (kurzfristig: +85; +17,5% bzw. langfristig: +330; +175,5%) nimmt auch z. B. die Anzahl der Wörter, die aus drei oder mehr Silben bestehen, zu (kurzfristig: +386; +15,6% bzw. langfristig: +2.019; +324,1%).

Tab. 37: Indikatoren des Hauptteils von IAS 12 auf Basis der Gunning *Fog-Index-Maske im Zeitablauf*

Standards Hauptteil Gunning IAS 12	**Kurzfristige Entwicklung**								
	2005	**2006**	**2007**	**2008**	**2009**	**2010**	**2011**	**2012**	**kumulierte Veränderung 2005–2012**
Satzzeichenanzahl insgesamt	**485**	**492**	**491**	**517**	**517**	**518**	**562**	**570**	
absolute Veränderung zur Vorperiode	–	+7	−1	+26	0	+1	+44	+8	+85
relative Veränderung zur Vorperiode	–	+1,4%	−0,2%	+5,3%	0,0%	+0,2%	+8,5%	+1,4%	+17,5%
Wortanzahl insgesamt	**12.351**	**12.439**	**12.408**	**12.831**	**12.831**	**12.849**	**13.910**	**13.962**	
absolute Veränderung zur Vorperiode	–	+88	−31	+423	0	+18	+1.061	+52	+1.611
relative Veränderung zur Vorperiode	–	+0,7%	−0,2%	+3,4%	0,0%	+0,1%	+8,3%	+0,4%	+13,0%
Wortanzahl mit drei oder mehr Silben	**2.468**	**2.500**	**2.492**	**2.639**	**2.639**	**2.642**	**2.838**	**2.854**	
absolute Veränderung zur Vorperiode	–	+32	−8	+147	0	+3	+196	+16	+386
relative Veränderung zur Vorperiode	–	+1,3%	−0,3%	+5,9%	0,0%	+0,1%	+7,4%	+0,6%	+15,6%

	Langfristige Entwicklung				
	1995	**2000**	**2005**	**2010**	**kumulierte Veränderung 1995–2010**
Satzzeichenanzahl insgesamt	**188**	**547**	**485**	**518**	
absolute Veränderung zur Vorperiode	–	+359	−62	+33	+330
relative Veränderung zur Vorperiode	–	+191,0%	−11,3%	+6,8%	+175,5%
Wortanzahl insgesamt	**3.610**	**11.115**	**12.351**	**12.849**	
absolute Veränderung zur Vorperiode	–	+7.505	+1.236	+498	+9.239
relative Veränderung zur Vorperiode	–	+207,9%	+11,1%	+4,0%	+255,9%

	Langfristige Entwicklung (Fortsetzung)				
	1995	2000	2005	2010	kumulierte Veränderung 1995–2010
Wortanzahl mit drei oder mehr Silben	**623**	**2.180**	**2.468**	**2.642**	
absolute Veränderung zur Vorperiode	–	+1.557	+288	+174	+2.019
relative Veränderung zur Vorperiode	–	+249,9%	+13,2%	+7,1%	+324,1%

In die gleiche Richtung lassen sich auch die Ergebnisse interpretieren, die sich in Tab. 38 finden. Die aufgeführten Indikatoren sind sowohl kurz- als auch langfristig von einem Anstieg betroffen. Als Beleg können an dieser Stelle – stellvertretend für die anderen Indikatoren – u.a. die Entwicklung der Anzahl der komplexen Wörter, der Silben- und der Satzanzahl geführt werden. Diese drei Indikatoren wachsen von 2005 bis 2012 von 2.293 auf 2.611 (+318; +13,9%) bzw. von 19.356 auf 21.903 (+2.547; +13,2%) bzw. von 440 auf 503 (+63; +14,3%) und von 1995 bis 2010 von 534 auf 2.416 (+1.882; +352,4%) bzw. von 5.581 auf 20.329 (+14.748; +264,3%) bzw. von 178 auf 465 (+287; +161,2%) an.

Tab. 38: Indikatoren des Hauptteils von IAS 12 auf Basis der Flesch Reading Ease-Index-Maske im Zeitablauf

Standards Hauptteil *Flesch* **IAS 12**	Kurzfristige Entwicklung								
	2005	2006	2007	2008	2009	2010	2011	2012	kumulierte Veränderung 2005–2012
Zeichenanzahl insgesamt	**63.108**	**63.916**	**63.723**	**66.246**	**66.247**	**66.125**	**71.258**	**71.533**	
absolute Veränderung zur Vorperiode	–	+808	−193	+2.523	+1	−122	+5.133	+275	+8.425
relative Veränderung zur Vorperiode	–	+1,3%	−0,3%	+4,0%	+0,0%	−0,2%	+7,8%	+0,4%	+13,4%
Zeichenanzahl insgesamt (Leerzeichen)	**75.565**	**77.197**	**76.977**	**79.977**	**79.992**	**79.846**	**86.047**	**86.488**	
absolute Veränderung zur Vorperiode	–	+1.632	−220	+3.000	+15	−146	+6.201	+441	+10.923
relative Veränderung zur Vorperiode	–	+2,2%	−0,3%	+3,9%	+0,0%	−0,2%	+7,8%	+0,5%	+14,5%

Standards Hauptteil *Flesch* **IAS 12**	**Kurzfristige Entwicklung (Fortsetzung)**								
	2005	**2006**	**2007**	**2008**	**2009**	**2010**	**2011**	**2012**	**kumulierte Veränderung 2005–2012**
Buchstaben-/Nummernanzahl insgesamt	**61.640**	**62.383**	**62.197**	**64.608**	**64.609**	**64.495**	**69.494**	**69.748**	
absolute Veränderung zur Vorperiode	–	+743	−186	+2.411	+1	−114	+4.999	+254	+8.108
relative Veränderung zur Vorperiode	–	+1,2%	−0,3%	+3,9%	+0,0%	−0,2%	+7,8%	+0,4%	+13,2%
Wortanzahl insgesamt	**12.350**	**12.488**	**12.457**	**12.880**	**12.880**	**12.861**	**13.908**	**13.958**	
absolute Veränderung zur Vorperiode	–	+138	−31	+423	0	−19	+1.047	+50	+1.608
relative Veränderung zur Vorperiode	–	+1,1%	−0,2%	+3,4%	0,0%	−0,1%	+8,1%	+0,4%	+13,0%
Anzahl an komplexen Wörtern	**2.293**	**2.334**	**2.324**	**2.423**	**2.423**	**2.416**	**2.596**	**2.611**	
absolute Veränderung zur Vorperiode	–	+41	−10	+99	0	−7	+180	+15	+318
relative Veränderung zur Vorperiode	–	+1,8%	−0,4%	+4,3%	+0,0%	−0,3%	+7,5%	+0,6%	+13,9%
Silbenanzahl insgesamt	**19.356**	**19.604**	**19.548**	**20.366**	**20.366**	**20.329**	**21.832**	**21.903**	
absolute Veränderung zur Vorperiode	–	+248	−56	+818	0	−37	+1.503	+71	+2.547
relative Veränderung zur Vorperiode	–	+1,3%	−0,3%	+4,2%	0,0%	−0,2%	+7,4%	+0,3%	+13,2%
Satzanzahl insgesamt	**440**	**448**	**448**	**465**	**465**	**465**	**500**	**503**	
absolute Veränderung zur Vorperiode	–	+8	0	+17	0	0	+35	+3	+63
relative Veränderung zur Vorperiode	–	+1,8%	0,0%	+3,8%	0,0%	0,0%	+7,5%	+0,6%	+14,3%

	Langfristige Entwicklung				
	1995	**2000**	**2005**	**2010**	**kumulierte Veränderung 1995–2010**
Zeichenanzahl insgesamt	**18,545**	**57.553**	**63.108**	**66.125**	
absolute Veränderung zur Vorperiode	–	+39.008	+5.555	+3.017	+47.580
relative Veränderung zur Vorperiode	–	+210,3%	+9,7%	+4,8%	+256,6%
Zeichenanzahl insgesamt (Leerzeichen)	**22.513**	**69.202**	**75.565**	**79.846**	
absolute Veränderung zur Vorperiode	–	+46.689	+6.363	+4.281	+57.333

	Langfristige Entwicklung (Fortsetzung)				
	1995	2000	2005	2010	kumulierte Veränderung 1995–2010
relative Veränderung zur Vorperiode	–	+207,4%	+9,2%	+5,7%	+254,7%
Buchstaben-/Nummernanzahl insgesamt	**18.214**	**56.051**	**61.640**	**64.495**	
absolute Veränderung zur Vorperiode	–	+37.837	+5.589	+2.855	+46.281
relative Veränderung zur Vorperiode	–	+207,7%	+10,0%	+4,6%	+254,1%
Wortanzahl insgesamt	**3.609**	**11.115**	**12.350**	**12.861**	
absolute Veränderung zur Vorperiode	–	+7.506	+1.235	+511	+9.252
relative Veränderung zur Vorperiode	–	+208,0%	+11,1%	+4,1%	+256,4%
Anzahl an komplexen Wörtern	**534**	**2.018**	**2.293**	**2.416**	
absolute Veränderung zur Vorperiode	–	+1.484	+275	+123	+1.882
relative Veränderung zur Vorperiode	–	+277,9%	+13,6%	+5,4%	+352,4%
Silbenanzahl insgesamt	**5.581**	**17.444**	**19.356**	**20.329**	
absolute Veränderung zur Vorperiode	–	+11.863	+1.912	+973	+14.748
relative Veränderung zur Vorperiode	–	+212,6%	+11,0%	+5,0%	+264,3%
Satzanzahl insgesamt	**178**	**502**	**440**	**465**	
absolute Veränderung zur Vorperiode	–	+324	–62	+25	+287
relative Veränderung zur Vorperiode	–	+182,0%	–12,4%	+5,7%	+161,2%

Als Zwischenfazit bleibt festzuhalten, dass im Bilanzierungsbereich der tatsächlichen und latenten Steuern nach IAS 12 im Trend eine Zunahme der Messwerte zu verzeichnen ist. Die aufgeführten Indikatoren steigen sowohl kurz- als auch langfristig. Exemplarisch seien die Seiten- und Paragrafenanzahl erwähnt, die im Zeitablauf anwachsen. Allerdings nimmt die Seiten- und Paragrafenanzahl des Anhangs ab und diejeninge der *Illustrative Examples* in gleichem Maße zu. Die beiden gegenläufigen Effekte gleichen sich aus. Es werden wohl Inhalte innerhalb des Standards verlagert. Des Weiteren zeigen andere Indikatoren bei Betrachtung der langfristigen Entwicklung z. T. deutliche Zuwachsraten. Hierzu gehören z.B. die Wortanzahl und die Anzahl an komplexen Wörtern (vgl. Tab. 35, Tab. 36, Tab. 37 und Tab. 38).

4.5.1.2.3 Leasingverhältnisse

Die bilanzielle Behandlung von Leasingverhältnissen wird in IAS 17 geregelt. Dabei befasst sich der Standard mit der bilanziellen Behandlung von zur Nutzung überlassenen Vermögenswerten und deren Abbildung beim Leasingnehmer und -geber. Grundsätzlich werden in IAS 17 fremdfinanzierte, kaufähnliche (Finanzierungsleasing) und mietähnliche Leasingverträge (Operating-Leasing) unterschieden. Beim Finanzierungsleasing wird der Leasingnehmer wirtschaftlicher Eigentümer und muss sowohl den Vermögenswert als auch die korrespondierende Schuld in seiner Bilanz aufnehmen, während beim Operating-Leasing der Leasinggeber der wirtschaftliche Eigentümer bleibt und auch der Vermögenswert in seinen Büchern verbleibt.[334]

Nachfolgend finden sich die empirischen Befunde zu IAS 17. Die kurzfristige Entwicklung des Indikators Seitenanzahl ist in Tab. 39 abgetragen. Dort zeigt sich ein Anstieg in der Gesamtseitenanzahl des Standards von 2005 bis 2012 (+4; +14,3%). Allerdings basiert dieses Wachstum primär auf der *Basis for Conclusions*, die allein um +75,0% gestiegen ist (+3). Die *Basis for Conclusions* wird jedoch nicht als Komplexitätssignal interpretiert, da hier die Transparenz und Nachvollziehbarkeit der Entscheidungen der IASB-Mitglieder im Vordergrund steht und nicht die Komplexitätsreduktion (wie etwa bei der *Guidances on Implementing*). In diesem Zusammenhang ist aber auf die Existenz von *Illustrative Examples* ab dem Jahr 2010 hinzuweisen (2005–2012: +2; -%), die wiederum als Indikator dienen.[335] Der Hauptteil des Standards ist im Zeitablauf konstant geblieben (0; 0,0%).

---

334 Vgl. IAS 17, Fülbier/Fehr (2013), Bilanzwirksamkeit und -unwirksamkeit von Leasingverhältnissen aus Sicht der empirischen Forschung und Pellens et al. (2014), Internationale Rechnungslegung, S. 660–662.

335 Vgl. Zweiter Teil: Kap. 4.4 und Dritter Teil: Kap. 4.1.2.

Tab. 39: Seitenanzahl von IAS 17 im Zeitablauf (I)

IAS 17	Kurzfristige Entwicklung								
	2005	**2006**	**2007**	**2008**	**2009**	**2010**	**2011**	**2012**	**kumulierte Veränderung 2005–2012**
Seitenanzahl insgesamt	**28**	**28**	**28**	**28**	**28**	**32**	**32**	**32**	
absolute Veränderung zur Vorperiode	–	0	0	0	0	+4	0	0	+4
relative Veränderung zur Vorperiode	–	0,0%	0,0%	0,0%	0,0%	+14,3%	0,0%	0,0%	+14,3%
Seitenanzahl Einführungs-seiten	**1**	**1**	**1**	**1**	**1**	**2**	**2**	**2**	
absolute Veränderung zur Vorperiode	–	0	0	0	0	+1	0	0	+1
relative Veränderung zur Vorperiode	–	0,0%	0,0%	0,0%	0,0%	+100,0%	0,0%	0,0%	+100,0%
Seitenanzahl Inhaltsver-zeichnis	**1**	**1**	**1**	**1**	**1**	**1**	**1**	**1**	
absolute Veränderung zur Vorperiode	–	0	0	0	0	0	0	0	0
relative Veränderung zur Vorperiode	–	0,0%	0,0%	0,0%	0,0%	0,0%	0,0%	0,0%	0,0%
Seitenanzahl Einführung	**2**	**2**	**2**	**2**	**2**	**2**	**2**	**2**	
absolute Veränderung zur Vorperiode	–	0	0	0	0	0	0	0	0
relative Veränderung zur Vorperiode	–	0,0%	0,0%	0,0%	0,0%	0,0%	0,0%	0,0%	0,0%

IAS 17	Kurzfristige Entwicklung (Fortsetzung)								
	2005	**2006**	**2007**	**2008**	**2009**	**2010**	**2011**	**2012**	**kumulierte Veränderung 2005–2012**
Seitenanzahl Standard	**14**	**14**	**14**	**14**	**14**	**14**	**14**	**14**	
absolute Veränderung zur Vorperiode	–	0	0	0	0	0	0	0	0
relative Veränderung zur Vorperiode	–	0,0%	0,0%	0,0%	0,0%	0,0%	0,0%	0,0%	0,0%
Seitenanzahl Anhang	**1**	**1**	**1**	**1**	**1**	**1**	**1**	**1**	
absolute Veränderung zur Vorperiode	–	0	0	0	0	0	0	0	0
relative Veränderung zur Vorperiode	–	0,0%	0,0%	0,0%	0,0%	0,0%	0,0%	0,0%	0,0%
Seitenanzahl BC	**4**	**5**	**5**	**5**	**5**	**7**	**7**	**7**	
absolute Veränderung zur Vorperiode	–	+1	0	0	0	+2	0	0	+3
relative Veränderung zur Vorperiode	–	+25,0%	0,0%	0,0%	0,0%	+40,0%	0,0%	0,0%	+75,0%
Seitenanzahl IG	**0**	**0**	**0**	**0**	**0**	**0**	**0**	**0**	
absolute Veränderung zur Vorperiode	–	0	0	0	0	0	0	0	0
relative Veränderung zur Vorperiode	–	–	–	–	–	–	–	–	–
Seitenanzahl IE	**0**	**0**	**0**	**0**	**0**	**2**	**2**	**2**	
absolute Veränderung zur Vorperiode	–	0	0	0	0	+2	0	0	+2
relative Veränderung zur Vorperiode	–	–	–	–	–	–	0,0%	0,0%	–

IAS 17	Kurzfristige Entwicklung (Fortsetzung)								
	2005	**2006**	**2007**	**2008**	**2009**	**2010**	**2011**	**2012**	**kumulierte Veränderung 2005–2012**
Seitenanzahl Sonstige Seiten	**5**	**4**	**4**	**4**	**4**	**3**	**3**	**3**	
absolute Veränderung zur Vorperiode	–	–1	0	0	0	–1	0	0	–2
relative Veränderung zur Vorperiode	–	–20,0%	0,0%	0,0%	0,0%	–25,0%	0,0%	0,0%	–40,0%

Die langfristige Entwicklung der Seitenanzahl von IAS 17 zeigt in die gleiche Richtung, wie Tab. 40 veranschaulicht. Hier ist auch grundsätzlich ein Zuwachs der Gesamtseitenanzahl festzustellen (1995–2010: +8; +33,3%). Allerdings beruht dieser im Wesentlichen auf dem Anstieg der *Basis for Conclusions* (1995–2010: +7; -%). Ansonsten kommt es in zentralen Bereichen des Standards von 1995–2010 zu Rückgängen in der Seitenanzahl (Hauptteil des Standards: -2; -12,5% und Anhang: -2; -66,7%). Gleichwohl wirkt die Zunahme bei den *Illustrative Examples* (1995–2010: +2; -%) gegenüber dem Rückgang des Anhangs neutralisierend.

Tab. 40: Seitenanzahl von IAS 17 im Zeitablauf (II)

IAS 17	Langfristige Entwicklung				
	1995	2000	2005	2010	kumulierte Veränderung 1995–2010
Seitenanzahl insgesamt	**24**	**26**	**28**	**32**	
absolute Veränderung zur Vorperiode	–	+2	+2	+4	+8
relative Veränderung zur Vorperiode	–	+8,3%	+7,7%	+14,3%	+33,3%
Seitenanzahl Einführungsseiten	**1**	**1**	**1**	**2**	
absolute Veränderung zur Vorperiode	–	0	0	+1	+1
relative Veränderung zur Vorperiode	–	0,0%	0,0%	+100,0%	+100,0%
Seitenanzahl Inhaltsverzeichnis	**1**	**1**	**1**	**1**	
absolute Veränderung zur Vorperiode	–	0	0	0	0
relative Veränderung zur Vorperiode	–	0,0%	0,0%	0,0%	0,0%
Seitenanzahl Einführung	**0**	**3**	**2**	**2**	
absolute Veränderung zur Vorperiode	–	+3	−1	0	+2
relative Veränderung zur Vorperiode	–	–	−33,3%	0,0%	–
Seitenanzahl Standard	**16**	**18**	**14**	**14**	
absolute Veränderung zur Vorperiode	–	+2	−4	0	−2
relative Veränderung zur Vorperiode	–	+12,5%	−22,2%	0,0%	−12,5%
Seitenanzahl Anhang	**3**	**2**	**1**	**1**	
absolute Veränderung zur Vorperiode	–	−1	−1	0	−2
relative Veränderung zur Vorperiode	–	−33,3%	−50,0%	0,0%	−66,7%
Seitenanzahl BC	**0**	**0**	**4**	**7**	
absolute Veränderung zur Vorperiode	–	0	+4	+3	+7
relative Veränderung zur Vorperiode	–	–	–	+75,0%	–
Seitenanzahl IG	**0**	**0**	**0**	**0**	
absolute Veränderung zur Vorperiode	–	0	0	0	0
relative Veränderung zur Vorperiode	–	–	–	–	–
Seitenanzahl IE	**0**	**0**	**0**	**2**	
absolute Veränderung zur Vorperiode	–	0	0	+2	+2
relative Veränderung zur Vorperiode	–	–	–	–	–
Seitenanzahl Sonstige Seiten	**3**	**1**	**5**	**3**	
absolute Veränderung zur Vorperiode	–	−2	+4	−2	0
relative Veränderung zur Vorperiode	–	−66,7%	+400,0%	−40,0%	0,0%

Ein differenzierteres Bild vermag die kurzfristige und langfristige Entwicklung der Paragrafenanzahl in IAS 17 zu zeichnen. Wie Tab. 41 für die kurzfristige Entwicklung zu entnehmen ist, ist neben der Zunahme der Paragrafen in der *Basis for*

Conclusions (2005–2012: +9; +42,9%) auch ein Anstieg der Paragrafen im Hauptteil des Standards (2005–2012: +2; +2,8%) zu verzeichnen. Dies ist umso verwunderlicher, da – wie bereits dargelegt – die Seitenanzahl in IAS 17 konstant geblieben ist (vgl. dazu auch Tab. 39).

Tab. 41: Paragrafenanzahl von IAS 17 im Zeitablauf (I)

IAS 17	Kurzfristige Entwicklung								
	2005	**2006**	**2007**	**2008**	**2009**	**2010**	**2011**	**2012**	**kumulierte Veränderung 2005–2012**
Paragrafenanzahl Einführung	**13**	**13**	**13**	**13**	**13**	**13**	**13**	**13**	
absolute Veränderung zur Vorperiode	–	0	0	0	0	0	0	0	0
relative Veränderung zur Vorperiode	–	0,0%	0,0%	0,0%	0,0%	0,0%	0,0%	0,0%	0,0%
Paragrafenanzahl Standard	**71**	**71**	**71**	**71**	**71**	**72**	**72**	**73**	
absolute Veränderung zur Vorperiode	–	0	0	0	0	+1	0	+1	+2
relative Veränderung zur Vorperiode	–	0,0%	0,0%	0,0%	0,0%	+1,4%	0,0%	+1,4%	+2,8%
Paragrafenanzahl Standard fettgedruckt	**24**	**24**	**24**	**23**	**23**	**24**	**24**	**23**	
absolute Veränderung zur Vorperiode	–	0	0	−1	0	+1	0	−1	−1
relative Veränderung zur Vorperiode	–	0,0%	0,0%	−4,2%	0,0%	+4,3%	0,0%	−4,2%	−4,2%
Paragrafenanzahl Anhang	**0**	**0**	**0**	**0**	**0**	**0**	**0**	**0**	
absolute Veränderung zur Vorperiode	–	0	0	0	0	0	0	0	0
relative Veränderung zur Vorperiode	–	–	–	–	–	–	–	–	–
Paragrafenanzahl BC	**21**	**21**	**21**	**21**	**21**	**30**	**30**	**30**	
absolute Veränderung zur Vorperiode	–	0	0	0	0	+9	0	0	+9
relative Veränderung zur Vorperiode	–	0,0%	0,0%	0,0%	0,0%	+42,9%	0,0%	0,0%	+42,9%
Paragrafenanzahl IG	**0**	**0**	**0**	**0**	**0**	**0**	**0**	**0**	
absolute Veränderung zur Vorperiode	–	0	0	0	0	0	0	0	0
relative Veränderung zur Vorperiode	–	–	–	–	–	–	–	–	–

IAS 17	Kurzfristige Entwicklung (Fortsetzung)								
	2005	**2006**	**2007**	**2008**	**2009**	**2010**	**2011**	**2012**	**kumulierte Veränderung 2005–2012**
Paragrafenanzahl IE	**0**	**0**	**0**	**0**	**0**	**0**	**0**	**0**	
absolute Veränderung zur Vorperiode	–	0	0	0	0	0	0	0	0
relative Veränderung zur Vorperiode	–	–	–	–	–	–	–	–	–

Dieser Widerspruch besteht auch bei langfristiger Betrachtung (vgl. Tab. 42). So ist festzustellen, dass die Entwicklung der Seitenanzahl im Hauptteil des Standards (vgl. Tab. 40: -2; -12,5%) der Entwicklung der Paragrafenanzahl (vgl. Tab. 42: 1995–2010: +8; +12,5%) von 1995 bis 2010 entgegensteht.

Tab. 42: Paragrafenanzahl von IAS 17 im Zeitablauf (II)

IAS 17	Langfristige Entwicklung				
	1995	**2000**	**2005**	**2010**	**kumulierte Veränderung 1995–2010**
Paragrafenanzahl Einführung	**0**	**10**	**13**	**13**	
absolute Veränderung zur Vorperiode	–	+10	+3	0	+13
relative Veränderung zur Vorperiode	–	–	+30,0%	0,0%	–
Paragrafenanzahl Standard	**64**	**60**	**71**	**72**	
absolute Veränderung zur Vorperiode	–	−4	+11	+1	+8
relative Veränderung zur Vorperiode	–	−6,3%	+18,3%	+1,4%	+12,5%
Paragrafenanzahl Standard fettgedruckt	**24**	**21**	**24**	**24**	
absolute Veränderung zur Vorperiode	–	−3	+3	0	0
relative Veränderung zur Vorperiode	–	−12,5%	+14,3%	0,0%	0,0%
Paragrafenanzahl Anhang	**0**	**0**	**0**	**0**	
absolute Veränderung zur Vorperiode	–	0	0	0	0
relative Veränderung zur Vorperiode	–	–	–	–	–
Paragrafenanzahl BC	**0**	**0**	**21**	**30**	
absolute Veränderung zur Vorperiode	–	0	+21	+9	+30
relative Veränderung zur Vorperiode	–	–	–	+42,9%	–
Paragrafenanzahl IG	**0**	**0**	**0**	**0**	
absolute Veränderung zur Vorperiode	–	0	0	0	0
relative Veränderung zur Vorperiode	–	–	–	–	–
Paragrafenanzahl IE	**0**	**0**	**0**	**0**	
absolute Veränderung zur Vorperiode	–	0	0	0	0
relative Veränderung zur Vorperiode	–	–	–	–	–

Tab. 43 veranschaulicht die Entwicklung der sonstigen Indikatoren im Zeitablauf. Auffällig ist dort die langfristige Entwicklung der Anzahl der Überschriften ersten Grades, die um +6 von 9 auf 15 (+6; +66,7%) von 1995 bis 2010 ansteigt. Die anderen Indikatoren bleiben nahezu unverändert.

Tab. 43: Sonstige Indikatoren von IAS 17 im Zeitablauf

IAS 17	Kurzfristige Entwicklung								
	2005	**2006**	**2007**	**2008**	**2009**	**2010**	**2011**	**2012**	**kumulierte Veränderung 2005–2012**
Anzahl Überschriften 1. Grades	**15**	**14**	**14**	**14**	**14**	**15**	**15**	**15**	
absolute Veränderung zur Vorperiode	–	−1	0	0	0	+1	0	0	0
relative Veränderung zur Vorperiode	–	−6,7%	0,0%	0,0%	0,0%	+7,1%	0,0%	0,0%	0,0%
Anzahl Anhänge	**1**	**1**	**1**	**1**	**1**	**1**	**1**	**1**	
absolute Veränderung zur Vorperiode	–	0	0	0	0	0	0	0	0
relative Veränderung zur Vorperiode	–	0,0%	0,0%	0,0%	0,0%	0,0%	0,0%	0,0%	0,0%
Anzahl Beispiele	**1**	**1**	**1**	**0**	**0**	**0**	**0**	**0**	
absolute Veränderung zur Vorperiode	–	0	0	−1	0	0	0	0	−1
relative Veränderung zur Vorperiode	–	–	–	−100,0%	–	–	–	–	−100,0%

	Langfristige Entwicklung				
	1995	**2000**	**2005**	**2010**	**kumulierte Veränderung 2005–2012**
Anzahl Überschriften 1. Grades	**9**	**10**	**15**	**15**	
absolute Veränderung zur Vorperiode	–	+1	+5	0	+6
relative Veränderung zur Vorperiode	–	+11,1%	+50,0%	0,0%	+66,7%
Anzahl Anhänge	**1**	**1**	**1**	**1**	
absolute Veränderung zur Vorperiode	–	0	0	0	0
relative Veränderung zur Vorperiode	–	0,0%	0,0%	0,0%	0,0%
Anzahl Beispiele	**0**	**0**	**1**	**0**	
absolute Veränderung zur Vorperiode	–	0	+1	–1	0
relative Veränderung zur Vorperiode	–	–	–	–100,0%	–

Die Resultate zu den nachfolgenden Indikatoren vermögen einen deutlicheren Trend als die bisherigen Ergebnisse zu zeichnen (vgl. Tab. 44). Demzufolge zeigen die Indikatoren sowohl im Rahmen der kurz- als auch der langfristigen Betrachtung eine Aufwärtsbewegung. Kurzfristig sind an dieser Stelle die Entwicklung der Zeilen- (2005–2012: +446; +44,4%), Seiten- (2005–2012: +5; +18,5%) und Wortanzahl (2005–2012: +1.019; +10,6%) zu nennen. Langfristig gilt es, vor allem die Wort- (1995–2010: +4.953; +85,1%) und Zeichenanzahl (1995–2010: ohne Leerzeichen: +25.566; +88,1% bzw. mit Leerzeichen: +30.983; +89,5%) herauszustellen, die sich von der schwach positiven Entwicklung der restlichen Indikatoren (z. B. Absatz- (+15; +3,9%) und Zeilenanzahl (+113; +8,1%) von 1995 bis 2010) deutlich nach oben abheben. Eine Ausnahme bildet die Entwicklung der Absatzanzahl, die sich von 2005 bis 2012 von 499 auf 379 reduziert (-120; -24,0%).

Tab. 44: Indikatoren von IAS 17 auf Basis von MICROSOFT Word 2007 im Zeitablauf

Standards insgesamt IAS 17	**Kurzfristige Entwicklung**								
	2005	**2006**	**2007**	**2008**	**2009**	**2010**	**2011**	**2012**	**kumulierte Veränderung 2005–2012**
Seitenanzahl insgesamt	27	28	28	28	28	32	32	32	
absolute Veränderung zur Vorperiode	–	+1	0	0	0	+4	0	0	+5
relative Veränderung zur Vorperiode	–	+3,7%	0,0%	0,0%	0,0%	+14,3%	0,0%	0,0%	+18,5%
Wortanzahl insgesamt	**9.656**	**9.476**	**9.664**	**9.727**	**9.747**	**10.774**	**10.837**	**10.675**	
absolute Veränderung zur Vorperiode	–	−180	+188	+63	+20	+1.027	+63	−162	+1.019
relative Veränderung zur Vorperiode	–	−1,9%	+2,0%	+0,7%	+0,2%	+10,5%	+0,6%	−1,5%	+10,6%
Zeichenanzahl insgesamt	**48.085**	**47.524**	**48.619**	**49.005**	**49.107**	**54.593**	**54.916**	**53.938**	
absolute Veränderung zur Vorperiode	–	−561	+1.095	+386	+102	+5.486	+323	−978	+5.853
relative Veränderung zur Vorperiode	–	−1,2%	+2,3%	+0,8%	+0,2%	+11,2%	+0,6%	−1,8%	+12,2%
Zeichenanzahl insgesamt (Leerzeichen)	**57.276**	**56.921**	**58.172**	**59.741**	**58.720**	**65.226**	**65.611**	**64.512**	
absolute Veränderung zur Vorperiode	–	−355	+1.251	+1.569	−1.021	+6.506	+385	−1.099	+7.236
relative Veränderung zur Vorperiode	–	−0,6%	+2,2%	+2,7%	−1,7%	+11,1%	+0,6%	−1,7%	+12,6%
Absatzanzahl insgesamt	**499**	**333**	**349**	**361**	**362**	**399**	**402**	**379**	
absolute Veränderung zur Vorperiode	–	−166	+16	+12	+1	+37	+3	−23	−120
relative Veränderung zur Vorperiode	–	−33,3%	+4,8%	+3,4%	+0,3%	+10,2%	+0,8%	−5,7%	−24,0%
Zeilenanzahl insgesamt	**1.005**	**1.275**	**1.313**	**1.335**	**1.336**	**1.507**	**1.500**	**1.451**	
absolute Veränderung zur Vorperiode	–	+270	+38	+22	+1	+171	−7	−49	+446
relative Veränderung zur Vorperiode	–	+26,9%	+3,0%	+1,7%	+0,1%	+12,8%	−0,5%	−3,3%	+44,4%

	Langfristige Entwicklung				
	1995	**2000**	**2005**	**2010**	**kumulierte Veränderung 1995–2010**
Seitenanzahl insgesamt	**24**	**13**	**27**	**32**	
absolute Veränderung zur Vorperiode	–	–11	+14	+5	+8
relative Veränderung zur Vorperiode	–	–45,8%	+107,7%	+18,5%	+33,3%
Wortanzahl insgesamt	**5.821**	**6.302**	**9.656**	**10.774**	
absolute Veränderung zur Vorperiode	–	+481	+3.354	+1.118	+4.953
relative Veränderung zur Vorperiode	–	+8,3%	+53,2%	+11,6%	+85,1%
Zeichenanzahl insgesamt	**29.027**	**31.911**	**48.085**	**54.593**	
absolute Veränderung zur Vorperiode	–	+2.884	+16.174	+6.508	+25.566
relative Veränderung zur Vorperiode	–	+9,9%	+50,7%	+13,5%	+88,1%
Zeichenanzahl insgesamt (Leerzeichen)	**34.628**	**38.042**	**57.276**	**65.611**	
absolute Veränderung zur Vorperiode	–	+3.414	+19.234	+8.335	+30.983
relative Veränderung zur Vorperiode	–	+9,9%	+50,6%	+14,6%	+89,5%
Absatzanzahl insgesamt	**387**	**258**	**499**	**402**	
absolute Veränderung zur Vorperiode	–	–129	+241	–97	+15
relative Veränderung zur Vorperiode	–	–33,3%	+93,4%	–19,4%	+3,9%
Zeilenanzahl insgesamt	**1.394**	**906**	**1.005**	**1.507**	
absolute Veränderung zur Vorperiode	–	–488	+99	+502	+113
relative Veränderung zur Vorperiode	–	–35,0%	+10,9%	+50,0%	+8,1%

Eine ähnliches Bild vermittelt auch Tab. 45, in der die Entwicklung der einzelnen Indikatoren für den Hauptteil des Standards dargestellt ist. Langfristig weisen diese nahezu vollständig einen Anstieg der Messwerte auf. Einen Ausnahmefall bildet lediglich die Seitenanzahl, die von 16 (1995) auf 14 (2010) sinkt (-2; -12,5%).

Eine mögliche Erklärung hierfür könnten die unterschiedlichen Papierformate des *Bound Volumes* bzw. der *Red Books* in diesen Jahren sein.[336] Kurzfristig ergibt sich ein vergleichbares Bild. Hier steigen die Indikatoren im Zeitablauf an. Exemplarisch sei an dieser Stelle auf die Entwicklung der Seiten- und Zeilenanzahl verwiesen, die von 2005 bis 2012 um +3 auf 14 (+27,3%) bzw. um +282 auf 765 (+58,4%) ansteigt.

Tab. 45: Indikatoren des Hauptteils von IAS 17 auf Basis von MICROSOFT Word 2007 im Zeitablauf

Standards Hauptteil IAS 17	**Kurzfristige Entwicklung**								
	2005	**2006**	**2007**	**2008**	**2009**	**2010**	**2011**	**2012**	**kumulierte Veränderung 2005–2012**
Seitenanzahl insgesamt	**11**	**14**	**14**	**14**	**14**	**14**	**14**	**14**	
absolute Veränderung zur Vorperiode	–	+3	0	0	0	0	0	0	+3
relative Veränderung zur Vorperiode	–	+27,3%	0,0%	0,0%	0,0%	0,0%	0,0%	0,0%	+27,3%
Wortanzahl insgesamt	**6.018**	**6.019**	**6.019**	**6.047**	**6.049**	**6.047**	**6.047**	**6.093**	
absolute Veränderung zur Vorperiode	–	+1	0	+28	+2	−2	0	+46	+75
relative Veränderung zur Vorperiode	–	+0,0%	0,0%	+0,5%	+0,0%	−0,0%	0,0%	+0,8%	+1,2%
Zeichenanzahl insgesamt	**29.774**	**29.760**	**29.762**	**29.947**	**29.963**	**30.057**	**30.057**	**30.258**	
absolute Veränderung zur Vorperiode	–	−14	+2	+185	+16	+94	0	+201	+484
relative Veränderung zur Vorperiode	–	−0,0%	+0,0%	+0,6%	+0,1%	+0,3%	0,0%	+0,7%	+1,6%
Zeichenanzahl insgesamt (Leerzeichen)	**35.654**	**35.782**	**35.808**	**35.998**	**36.015**	**36.124**	**36.124**	**36.393**	
absolute Veränderung zur Vorperiode	–	+128	+26	+190	+17	+109	0	+269	+739
relative Veränderung zur Vorperiode	–	+0,4%	+0,1%	+0,5%	+0,0%	+0,3%	+0,0%	+0,7%	+2,1%
Absatzanzahl insgesamt	**187**	**193**	**193**	**197**	**197**	**203**	**203**	**202**	
absolute Veränderung zur Vorperiode	–	+6	0	+4	0	+6	0	−1	+15
relative Veränderung zur Vorperiode	–	+3,2%	0,0%	+2,1%	0,0%	+3,0%	0,0%	−0,5%	+8,0%

336 Vgl. Dritter Teil: Kap. 4.2.1.

Standards Hauptteil IAS 17	**Kurzfristige Entwicklung (Fortsetzung)**								
	2005	**2006**	**2007**	**2008**	**2009**	**2010**	**2011**	**2012**	**kumulierte Veränderung 2005–2012**
Zeilenanzahl insgesamt	**483**	**759**	**765**	**767**	**768**	**776**	**776**	**765**	
absolute Veränderung zur Vorperiode	–	+276	+6	+2	+1	+8	0	−11	+282
relative Veränderung zur Vorperiode	–	+57,1%	+0,8%	+0,3%	+0,1%	+1,0%	0,0%	−1,4%	+58,4%

	Langfristige Entwicklung				
	1995	**2000**	**2005**	**2010**	**kumulierte Veränderung 1995–2010**
Seitenanzahl insgesamt	**16**	**12**	**11**	**14**	
absolute Veränderung zur Vorperiode	–	−4	−1	+3	−2
relative Veränderung zur Vorperiode	–	−25,0%	−8,3%	+27,3%	−12,5%
Wortanzahl insgesamt	**4.961**	**5.060**	**6.018**	**6.047**	
absolute Veränderung zur Vorperiode	–	+99	+958	+29	+1.086
relative Veränderung zur Vorperiode	–	+2,0%	+18,9%	+0,5%	+21,9%
Zeichenanzahl insgesamt	**25.033**	**25.504**	**29.774**	**30.057**	
absolute Veränderung zur Vorperiode	–	+471	+4,270	+283	+5.024
relative Veränderung zur Vorperiode	–	+1,9%	+16,7%	+1,0%	+20,1%
Zeichenanzahl insgesamt (Leerzeichen)	**30.016**	**30.451**	**35.654**	**36.124**	
absolute Veränderung zur Vorperiode	–	+435	+5,203	+470	+6.108
relative Veränderung zur Vorperiode	–	+1,4%	+17,1%	+1,3%	+20,3%
Absatzanzahl insgesamt	**143**	**168**	**187**	**203**	
absolute Veränderung zur Vorperiode	–	+25	+19	+16	+60
relative Veränderung zur Vorperiode	–	+17,5%	+11,3%	+8,6%	+42,0%

	Langfristige Entwicklung (Fortsetzung)				
	1995	**2000**	**2005**	**2010**	**kumulierte Veränderung 1995–2010**
Zeilenanzahl insgesamt	**635**	**468**	**483**	**776**	
absolute Veränderung zur Vorperiode	–	−167	+15	+293	+141
relative Veränderung zur Vorperiode	–	−26,3%	+3,2%	+60,7%	+22,2%

In Tab. 46 ist die Entwicklung weiterer Indikatoren dargestellt, deren Messwerte auch kurz- und langfristig zunehmen. Ausgenommen hiervon ist lediglich die langfristige Entwicklung der Satzzeichenanzahl, die rückläufig ist (-9; -3,5%).

Tab. 46: Indikatoren des Hauptteils von IAS 17 auf Basis der GUNNING Fog-Index-Maske im Zeitablauf

Standards Hauptteil GUNNING IAS 17	Kurzfristige Entwicklung								
	2005	**2006**	**2007**	**2008**	**2009**	**2010**	**2011**	**2012**	**kumulierte Veränderung 2005–2012**
Satzzeichenanzahl insgesamt	**238**	**241**	**241**	**241**	**241**	**246**	**246**	**248**	
absolute Veränderung zur Vorperiode	–	+3	0	0	0	+5	0	+2	+10
relative Veränderung zur Vorperiode	–	+1,3%	0,0%	0,0%	0,0%	+2,1%	0,0%	+0,8%	+4,2%
Wortanzahl insgesamt	**6.005**	**6.014**	**6.014**	**6.042**	**6.044**	**6.042**	**6.042**	**6.088**	
absolute Veränderung zur Vorperiode	–	+9	0	+28	+2	−2	0	+46	+83
relative Veränderung zur Vorperiode	–	+0,1%	0,0%	+0,5%	+0,0%	−0,0%	0,0%	+0,8%	+1,4%
Wortanzahl mit drei oder mehr Silben	**1.012**	**1.020**	**1.020**	**1.050**	**1.053**	**1.065**	**1.065**	**1.070**	
absolute Veränderung zur Vorperiode	–	+8	0	+30	+3	+12	0	+5	+58
relative Veränderung zur Vorperiode	–	+0,8%	0,0%	+2,9%	+0,3%	+1,1%	0,0%	+0,5%	+5,7%

	Langfristige Entwicklung				
	1995	**2000**	**2005**	**2010**	**kumulierte Veränderung 1995–2010**
Satzzeichenanzahl insgesamt	**255**	**267**	**238**	**246**	
absolute Veränderung zur Vorperiode	–	+12	–29	+8	–9
relative Veränderung zur Vorperiode	–	+4,7%	–10,9%	+3,4%	–3,5%
Wortanzahl insgesamt	**4.962**	**5.044**	**6.005**	**6.042**	
absolute Veränderung zur Vorperiode	–	+82	+961	+37	+1.080
relative Veränderung zur Vorperiode	–	+1,7%	+19,1%	+0,6%	+21,8%
Wortanzahl mit drei oder mehr Silben	**823**	**851**	**1.012**	**1.065**	
absolute Veränderung zur Vorperiode	–	+28	+161	+53	+242
relative Veränderung zur Vorperiode	–	+3,4%	+18,9%	+5,2%	+29,4%

In Tab. 47 ist die Entwicklung weiterer Indikatoren abgetragen. Hier zeigen sowohl die kurz- als auch die langfristige Entwicklung der einzelnen Indikatoren einen Aufwärtstrend. Beispielsweise erhöht sich von 2005 bis 2012 die Anzahl an komplexen Wörtern von 923 auf 971 (+48; +5,2%). Von 1995 bis 2010 verzeichnet dieser Indikator einen Anstieg von +28,5% (+214). Außerdem steigt z.B. auch die Zeichenanzahl ohne (2005–2012: +666; +2,3% bzw. 1995–2010: +5.024; +20,1%) und mit Leerzeichen (2005–2012: +1.190; +3,3% bzw. 1995–2010: +6.160; +20,2%) an. Lediglich die Satzanzahl reduziert sich von 1995 bis 2010 von 240 auf 216 (-24; -10,0%). Diese Entwicklung korrespondiert mit dem bereits festgestellten Rückgang der Satzzeichenanzahl (vgl. Tab. 46: 1995–2010: -9; -3,5%). Insofern ist die an dieser Stelle auszumachende Reduzierung der Satzanzahl nur folgerichtig und plausibel.

Tab. 47: Indikatoren des Hauptteils von IAS 17 auf Basis der Flesch Reading Ease-Index-Maske im Zeitablauf

Standards Hauptteil *Flesch* **IAS 17**	**Kurzfristige Entwicklung**								
	2005	**2006**	**2007**	**2008**	**2009**	**2010**	**2011**	**2012**	**kumulierte Veränderung 2005–2012**
Zeichenanzahl insgesamt	**29.592**	**29.760**	**29.762**	**29.947**	**29.963**	**30.057**	**30.057**	**30.258**	
absolute Veränderung zur Vorperiode	–	+168	+2	+185	+16	+94	0	+201	+666
relative Veränderung zur Vorperiode	–	+0,6%	+0,0%	+0,6%	+0,1%	+0,3%	0,0%	+0,7%	+2,3%
Zeichenanzahl insgesamt (Leerzeichen)	**35.714**	**36.291**	**36.318**	**36.509**	**36.527**	**36.646**	**36.647**	**36.904**	
absolute Veränderung zur Vorperiode	–	+577	+27	+191	+18	+119	+1	+257	+1.190
relative Veränderung zur Vorperiode	–	+1,6%	+0,1%	+0,5%	+0,0%	+0,3%	+0,0%	+0,7%	+3,3%
Buchstaben-/Nummernanzahl insgesamt	**28.927**	**29.064**	**29.066**	**29.251**	**29.267**	**29.351**	**29.351**	**29.552**	
absolute Veränderung zur Vorperiode	–	+137	+2	+185	+16	+84	0	+201	+625
relative Veränderung zur Vorperiode	–	+0,5%	+0,0%	+0,6%	+0,1%	+0,3%	0,0%	+0,7%	+2,2%
Wortanzahl insgesamt	**6.005**	**6.014**	**6.014**	**6.042**	**6.044**	**6.042**	**6.042**	**6.088**	
absolute Veränderung zur Vorperiode	–	+9	0	+28	+2	−2	0	+46	+83
relative Veränderung zur Vorperiode	–	+0,1%	0,0%	+0,5%	+0,0%	−0,0%	0,0%	+0,8%	+1,4%
Anzahl an komplexen Wörtern	**923**	**931**	**931**	**953**	**956**	**966**	**966**	**971**	
absolute Veränderung zur Vorperiode	–	+8	0	+22	+3	+10	0	+5	+48
relative Veränderung zur Vorperiode	–	+0,9%	0,0%	+2,4%	+0,3%	+1,0%	0,0%	+0,5%	+5,2%
Silbenanzahl insgesamt	**8.789**	**8.831**	**8.830**	**8.906**	**8.913**	**8.951**	**8.951**	**9.006**	
absolute Veränderung zur Vorperiode	–	+42	−1	+76	+7	+38	0	+55	+217
relative Veränderung zur Vorperiode	–	+0,5%	−0,0%	+0,9%	+0,1%	+0,4%	0,0%	+0,6%	+2,5%

Standards Hauptteil *Flesch* **IAS 17**	**Kurzfristige Entwicklung (Fortsetzung)**								
	2005	**2006**	**2007**	**2008**	**2009**	**2010**	**2011**	**2012**	**kumulierte Veränderung 2005–2012**
Satzanzahl insgesamt	**212**	**212**	**212**	**212**	**212**	**216**	**216**	**218**	
absolute Veränderung zur Vorperiode	–	0	0	0	0	+4	0	+2	+6
relative Veränderung zur Vorperiode	–	0,0%	0,0%	0,0%	0,0%	+1,9%	0,0%	+0,9%	+2,8%

	Langfristige Entwicklung				
	1995	**2000**	**2005**	**2010**	**kumulierte Veränderung 1995–2010**
Zeichenanzahl insgesamt	**25.033**	**25.418**	**29.592**	**30.057**	
absolute Veränderung zur Vorperiode	–	+385	+4.174	+465	+5.024
relative Veränderung zur Vorperiode	–	+1,5%	+16,4%	+1,6%	+20,1%
Zeichenanzahl insgesamt (Leerzeichen)	**30.486**	**30.678**	**35.714**	**36.646**	
absolute Veränderung zur Vorperiode	–	+192	+5.036	+932	+6.160
relative Veränderung zur Vorperiode	–	+0,6%	+16,4%	+2,6%	+20,2%
Buchstaben-/Nummernanzahl insgesamt	**24.469**	**24.767**	**28.927**	**29.351**	
absolute Veränderung zur Vorperiode	–	+298	+4.160	+424	+4.882
relative Veränderung zur Vorperiode	–	+1,2%	+16,8%	+1,5%	+20,0%
Wortanzahl insgesamt	**4.961**	**5.044**	**6.005**	**6.042**	
absolute Veränderung zur Vorperiode	–	+83	+961	+37	+1.081
relative Veränderung zur Vorperiode	–	+1,7%	+19,1%	+0,6%	+21,8%
Anzahl an komplexen Wörtern	**752**	**773**	**923**	**966**	
absolute Veränderung zur Vorperiode	–	+21	+150	+43	+214
relative Veränderung zur Vorperiode	–	+2,8%	+19,4%	+4,7%	+28,5%

	Langfristige Entwicklung (Fortsetzung)				
	1995	**2000**	**2005**	**2010**	**kumulierte Veränderung 1995–2010**
Silbenanzahl insgesamt	**7.369**	**7.465**	**8.789**	**8.951**	
absolute Veränderung zur Vorperiode	–	+96	+1.324	+162	+1.582
relative Veränderung zur Vorperiode	–	+1,3%	+17,7%	+1,8%	+21,5%
Satzanzahl insgesamt	**240**	**239**	**212**	**216**	
absolute Veränderung zur Vorperiode	–	–1	–27	+4	–24
relative Veränderung zur Vorperiode	–	–0,4%	–11,3%	+1,9%	–10,0%

Schließlich kann an dieser Stelle festgehalten werden, dass vor allem der Indikator Seitenanzahl weder kurz- noch langfristig ein klares Bild im Bilanzierungsbereich Leasing zeichnet (vgl. Tab. 39 und Tab. 40). Auch die Konsultation weiterer Indikatoren trägt vorerst nicht zu einem klaren Gesamtbild bei. So zeigen zwar z.B. die Indikatoren Paragrafenanzahl und Anzahl der Überschriften ersten Grades moderate Anzeichen eines Aufwärtstrends (vgl. Tab. 41, Tab. 42 und Tab. 43). Aber erst weitere Indikatoren, die auf den Hauptteil der Standards rekurrieren, belegen sowohl kurz- als auch langfristig einen relativ klaren Anstieg bei den Messwerten. Exemplarisch seien die Indikatoren der Zeilenanzahl und der Anzahl an komplexen Wörter erwähnt (vgl. Tab. 45, Tab. 46 und Tab. 47).

4.5.1.2.4 Leistungen an Arbeitnehmer

An dieser Stelle werden die Ergebnisse zur bilanziellen Behandlung von Leistungen an Arbeitnehmer (IAS 19) präsentiert. IAS 19 unterscheidet dabei beitrags- und leistungsorientierte Versorgungspläne, wobei für die Bilanzierung insbesondere die leistungsorientierten Pläne relevant sind. Diese führen beim Unternehmen zu einer Verpflichtung, die versprochenen Leistungen an aktuelle oder ehemalige Arbeitnehmer zu gewähren. Dieses ist Träger des entsprechenden Risikos. Demzufolge ergibt sich für dieses unweigerlich die Verpflichtung zur Bilanzierung einer (ungewissen) Verbindlichkeit.[337]

In Tab. 48 ist die kurzfristige Entwicklung der Seitenanzahl von IAS 19 abgetragen. Dort zeigt sich, dass sich die Gesamtseitenanzahl von 2005 bis 2012 erhöht (+14; +11,7%). Gleichzeitig wird auch deutlich, dass dieser Anstieg zum überwiegenden Teil auf die Entwicklung der *Basis for Conclusions* zurückzuführen ist, die

337 Vgl. IAS 19.24–27 und Pellens et al. (2014), Internationale Rechnungslegung, S. 470–472.

im gleichen Zeitraum von 46 auf 78 Seiten steigt. Das entspricht einer Zunahme von +32 Seiten (+69,6%). Die wesentlichen komplexitätsinduzierenden Bereiche, wie der Hauptteil des Standards (-3; -6,8%), der Anhang (-17; -94,4%) als auch die *Illustrative Examples* (-4; -100,0%) sind rückläufig, sodass an dieser Stelle Anzeichen für einen Abwärtstrend bei den Messwerten vorliegen. Lediglich das Hinzukommen einer *Guidances on Implementing* im Jahr 2012 deutet auf eine Aufwärtsbewegung hin (+4; -%). Der Grund hierfür dürfte in der Überarbeitung des Standards IAS 19 durch das IASB im Jahr 2011 liegen, bei der u. a. die kontrovers diskutierte Korridormethode weggefallen ist.[338]

Tab. 48: Seitenanzahl von IAS 19 im Zeitablauf (I)

IAS 19	Kurzfristige Entwicklung								
	2005	2006	2007	2008	2009	2010	2011	2012	kumulierte Veränderung 2005–2012
Seitenanzahl insgesamt	**120**	**120**	**120**	**122**	**122**	**124**	**124**	**134**	
absolute Veränderung zur Vorperiode	–	0	0	+2	0	+2	0	+10	+14
relative Veränderung zur Vorperiode	–	0,0%	0,0%	+1,7%	0,0%	+1,6%	0,0%	+8,1%	+11,7%
Seitenanzahl Einführungsseiten	**1**	**1**	**1**	**1**	**1**	**2**	**2**	**2**	
absolute Veränderung zur Vorperiode	–	0	0	0	0	+1	0	0	+1
relative Veränderung zur Vorperiode	–	0,0%	0,0%	0,0%	0,0%	+100,0%	0,0%	0,0%	+100,0%
Seitenanzahl Inhaltsverzeichnis	**2**	**2**	**2**	**2**	**2**	**2**	**2**	**2**	
absolute Veränderung zur Vorperiode	–	0	0	0	0	0	0	0	0
relative Veränderung zur Vorperiode	–	0,0%	0,0%	0,0%	0,0%	0,0%	0,0%	0,0%	0,0%
Seitenanzahl Einführung	**3**	**3**	**3**	**3**	**3**	**3**	**3**	**2**	
absolute Veränderung zur Vorperiode	–	0	0	0	0	0	0	–1	–1
relative Veränderung zur Vorperiode	–	0,0%	0,0%	0,0%	0,0%	0,0%	0,0%	–33,3%	–33,3%
Seitenanzahl Standard	**44**	**44**	**44**	**45**	**45**	**45**	**45**	**41**	
absolute Veränderung zur Vorperiode	–	0	0	+1	0	0	0	–4	–3
relative Veränderung zur Vorperiode	–	0,0%	0,0%	+2,3%	0,0%	0,0%	0,0%	–8,9%	–6,8%

338 Vgl. z. B. Pellens et al. (2011), Reform der Bilanzierung von leistungsorientierten Pensionsverpflichtungen nach IFRS.

IAS 19	Kurzfristige Entwicklung (Fortsetzung)								
	2005	**2006**	**2007**	**2008**	**2009**	**2010**	**2011**	**2012**	**kumulierte Veränderung 2005–2012**
Seitenanzahl Anhang	**18**	**17**	**17**	**17**	**12**	**1**	**1**	**1**	
absolute Veränderung zur Vorperiode	–	-1	0	0	-5	-11	0	0	-17
relative Veränderung zur Vorperiode	–	-5,6%	0,0%	0,0%	-29,4%	-91,7%	0,0%	0,0%	-94,4%
Seitenanzahl BC	**46**	**48**	**48**	**48**	**52**	**52**	**52**	**78**	
absolute Veränderung zur Vorperiode	–	+2	0	0	+4	0	0	+26	+32
relative Veränderung zur Vorperiode	–	+4,3%	0,0%	0,0%	+8,3%	0,0%	0,0%	+50,0%	+69,6%
Seitenanzahl IG	**0**	**0**	**0**	**0**	**0**	**0**	**0**	**4**	
absolute Veränderung zur Vorperiode	–	0	0	0	0	0	0	+4	+4
relative Veränderung zur Vorperiode	–	–	–	–	–	–	–	–	–
Seitenanzahl IE	**4**	**4**	**4**	**4**	**4**	**15**	**15**	**0**	
absolute Veränderung zur Vorperiode	–	0	0	0	0	+11	0	-15	-4
relative Veränderung zur Vorperiode	–	0,0%	0,0%	0,0%	0,0%	+275,0%	0,0%	-100,0%	-100,0%
Seitenanzahl Sonstige Seiten	**2**	**1**	**1**	**2**	**3**	**4**	**4**	**4**	
absolute Veränderung zur Vorperiode	–	-1	0	+1	+1	+1	0	0	+2
relative Veränderung zur Vorperiode	–	-50,0%	0,0%	+100,0%	+50,0%	+33,3%	0,0%	0,0%	+100,0%

Bei Betrachtung der langfristigen Entwicklung der Seitenanzahl im Zeitablauf (vgl. Tab. 49) zeigt sich ein anderes Bild. Durch die Wahl der Zeitpunkte im 5-Jahres-Abstand (1995, 2000, 2005 und 2010) fällt das Jahr 2012, das aus Sicht der Entwicklung von IAS 19 aufgrund der wesentlichen inhaltlichen Überarbeitungen in 2011 von Bedeutung ist, aus der Betrachtungszeitreihe heraus. Ohne Brücksichtigung der Überarbeitung ergibt sich ein klares Bild. Sowohl die Gesamtseitenanzahl (+100; +416,7%) und die Seitenanzahl im Hauptteil des Standards (+28; +164,7%) als auch die *Illustrative Examples* (+15; -%) haben von 1995 bis 2010 zugenommen. Lediglich der Anhang ist zurückgegangen (-3; -75,0%). Unter der gebotenen Berücksichtigung des Jahres 2012 zeigt sich folgendes Ergebnis (nicht tabelliert): Die Gesamtseitenanzahl erhöht sich weiter von 24 auf 134 (1995–2012: +110; +458,3%) und die Seitenanzahl im Hauptteil des Standards von 17 auf 41 (1995–2012: +24; +141,2%). Anhang (1995–2012: -3; -75,0%) und *Illustrative Examples* (1995–2012: 0; -%) bleiben konstant. Letztendlich lassen die Ergebnisse den Schluss zu, dass klare Anzeichen eines (langfristigen) Aufwärtstrends der Indikatoren im Bilanzierungsbereich von IAS 19 vorliegen.

Tab. 49: Seitenanzahl von IAS 19 im Zeitablauf (II)

IAS 19	**Langfristige Entwicklung**				
	1995	**2000**	**2005**	**2010**	**kumulierte Veränderung 1995–2010**
Seitenanzahl insgesamt	**24**	**82**	**120**	**124**	
absolute Veränderung zur Vorperiode	–	+58	+38	+4	+100
relative Veränderung zur Vorperiode	–	+241,7%	+46,3%	+3,3%	+416,7%
Seitenanzahl Einführungsseiten	**1**	**1**	**1**	**2**	
absolute Veränderung zur Vorperiode	–	0	0	+1	+1
relative Veränderung zur Vorperiode	–	0,0%	0,0%	+100,0%	+100,0%
Seitenanzahl Inhaltsverzeichnis	**2**	**4**	**2**	**2**	
absolute Veränderung zur Vorperiode	–	+2	−2	0	0
relative Veränderung zur Vorperiode	–	+100,0%	−50,0%	0,0%	0,0%
Seitenanzahl Einführung	**0**	**3**	**3**	**3**	
absolute Veränderung zur Vorperiode	–	+3	0	0	+3
relative Veränderung zur Vorperiode	–	–	0,0%	0,0%	–
Seitenanzahl Standard	**17**	**64**	**44**	**45**	
absolute Veränderung zur Vorperiode	–	+47	−20	+1	+28
relative Veränderung zur Vorperiode	–	+276,5%	−31,3%	+2,3%	+164,7%
Seitenanzahl Anhang	**4**	**5**	**18**	**1**	
absolute Veränderung zur Vorperiode	–	+1	+13	−17	−3
relative Veränderung zur Vorperiode	–	+25,0%	+260,0%	−94,4%	−75,0%
Seitenanzahl BC	**0**	**0**	**46**	**52**	
absolute Veränderung zur Vorperiode	–	0	+46	+6	+52
relative Veränderung zur Vorperiode	–	–	–	+13,0%	–
Seitenanzahl IG	**0**	**0**	**0**	**0**	
absolute Veränderung zur Vorperiode	–	0	0	0	0
relative Veränderung zur Vorperiode	–	–	–	–	–
Seitenanzahl IE	**0**	**4**	**4**	**15**	
absolute Veränderung zur Vorperiode	–	+4	0	+11	+15
relative Veränderung zur Vorperiode	–	–	0,0%	+275,0%	–
Seitenanzahl Sonstige Seiten	**0**	**1**	**2**	**4**	
absolute Veränderung zur Vorperiode	–	+1	+1	+2	+4
relative Veränderung zur Vorperiode	–	–	+100,0%	+100,0%	–

Auch die kurzfristige Paragrafenentwicklung deutet – zumindest in Teilen – in diese Richtung (vgl. Tab. 50), da die Paragrafenanzahl im Hauptteil des Standards zunimmt (2005–2012: +6; +3,6%). Allerdings kommt es bei der Entwicklung der durch Fettdruck hervorgehobenen Paragrafen gleichzeitig zu einem Rückgang (2005–2012: -8; -16,3%).

Tab. 50: Paragrafenanzahl von IAS 19 im Zeitablauf (I)

IAS 19	**Kurzfristige Entwicklung**								
	2005	**2006**	**2007**	**2008**	**2009**	**2010**	**2011**	**2012**	**kumulierte Veränderung 2005–2012**
Paragrafenanzahl Einführung	**11**	**11**	**11**	**11**	**11**	**11**	**11**	**8**	
absolute Veränderung zur Vorperiode	–	0	0	0	0	0	0	–3	–3
relative Veränderung zur Vorperiode	–	0,0%	0,0%	0,0%	0,0%	0,0%	0,0%	–27,3%	–27,3%
Paragrafenanzahl Standard	**168**	**168**	**168**	**170**	**171**	**172**	**171**	**174**	
absolute Veränderung zur Vorperiode	–	0	0	+2	+1	+1	–1	+3	+6
relative Veränderung zur Vorperiode	–	0,0%	0,0%	+1,2%	+0,6%	+0,6%	–0,6%	+1,8%	+3,6%
Paragrafenanzahl Standard fettgedruckt	**49**	**49**	**49**	**44**	**44**	**43**	**43**	**41**	
absolute Veränderung zur Vorperiode	–	0	0	–5	0	–1	0	–2	–8
relative Veränderung zur Vorperiode	–	0,0%	0,0%	–10,2%	0,0%	–2,3%	0,0%	–4,7%	–16,3%
Paragrafenanzahl Anhang	**0**	**0**	**10**	**10**	2	**0**	**0**	**0**	
absolute Veränderung zur Vorperiode	–	0	+10	0	–8	–2	0	0	0
relative Veränderung zur Vorperiode	–	–	–	0,0%	–80,0%	–100,0%	–	–	–
Paragrafenanzahl BC	**169**	**169**	**170**	**170**	**187**	**186**	**187**	**309**	
absolute Veränderung zur Vorperiode	–	0	+1	0	+17	–1	+1	+122	+140
relative Veränderung zur Vorperiode	–	–	+0,6%	0,0%	+10,0%	–0,5%	+0,5%	+65,2%	+82,8%
Paragrafenanzahl IG	**0**	**0**	**0**	**0**	**0**	**0**	**0**	**0**	
absolute Veränderung zur Vorperiode	–	0	0	0	0	0	0	0	0
relative Veränderung zur Vorperiode	–	–	–	–	–	–	–	–	–
Paragrafenanzahl IE	**0**	**0**	**0**	**0**	**0**	**0**	**0**	**0**	
absolute Veränderung zur Vorperiode	–	0	0	0	0	0	0	0	0
relative Veränderung zur Vorperiode	–	–	–	–	–	–	–	–	–

Langfristig ist die Entwicklung der Paragrafenanzahl in allen Bereichen eindeutig (vgl. Tab. 51). So steigt neben der Paragrafenanzahl im Hauptteil des Standards (+118; +218,5%) auch die Anzahl der durch Fettdruck hervorgehobenen Paragrafen (+28; +186,7%) von 1995 bis 2010 an. Ein Abstellen auf die kumulierte, angepasste

Veränderung von 1995 bis 2012 (wie zuvor im Rahmen der langfristigen Betrachtung der Seitenanzahl) führt zu identischen Ergebnissen (nicht tabelliert). So steigt die Paragrafenanzahl im Hauptteil des Standards von 54 auf 174 (+120; +222,2%) und die Anzahl der durch Fettdruck hervorgehobenen Paragrafen von 15 auf 41 (+26; +173,3%).

Tab. 51: Paragrafenanzahl von IAS 19 im Zeitablauf (II)

IAS 19	**Langfristige Entwicklung**				
	1995	**2000**	**2005**	**2010**	**kumulierte Veränderung 1995–2010**
Paragrafenanzahl Einführung	**0**	**12**	**11**	**11**	
absolute Veränderung zur Vorperiode	–	+12	–1	0	+11
relative Veränderung zur Vorperiode	–	–	–8,3%	0,0%	–
Paragrafenanzahl Standard	**54**	**158**	**168**	**172**	
absolute Veränderung zur Vorperiode	–	+104	+10	+4	+118
relative Veränderung zur Vorperiode	–	+192,6%	+6,3%	+2,4%	+218,5%
Paragrafenanzahl Standard fettgedruckt	**15**	**40**	**49**	**43**	
absolute Veränderung zur Vorperiode	–	+25	+9	–6	+28
relative Veränderung zur Vorperiode	–	+166,7%	+22,5%	–12,2%	+186,7%
Paragrafenanzahl Anhang	**0**	**0**	**0**	**0**	
absolute Veränderung zur Vorperiode	–	0	0	0	0
relative Veränderung zur Vorperiode	–	–	–	–	–
Paragrafenanzahl BC	**0**	**0**	**169**	**186**	
absolute Veränderung zur Vorperiode	–	0	+169	+17	+186
relative Veränderung zur Vorperiode	–	–	–	+10,1%	–
Paragrafenanzahl IG	**0**	**0**	**0**	**0**	
absolute Veränderung zur Vorperiode	–	0	0	0	0
relative Veränderung zur Vorperiode	–	–	–	–	–
Paragrafenanzahl IE	**0**	**0**	**0**	**0**	
absolute Veränderung zur Vorperiode	–	0	0	0	0
relative Veränderung zur Vorperiode	–	–	–	–	–

Die Ergebnisse zur kurz- und langfristigen Entwicklung der sonstigen Indikatoren, die in Tab. 52 abgetragen sind, deuten ebenso einen Aufwärtstrend der Messwerte im Bereich der Bilanzierung von Leistungen an Arbeitnehmer an. So erhöht sich neben der Anzahl der Überschriften ersten Grades (2005–2012: +8; +80,0% bzw. 1995–2010: +13; +433,3%) auch die Anzahl der Beispiele (1995–2010: +21; -%). Ebenso nach Berücksichtigung des Jahres 2012 deutet sich im Rahmen der langfristigen Betrachtung ein Zunahmetrend bei den Indikatoren an (nicht tabelliert). So steigt neben der Anzahl der Überschriften ersten Grades von 3 auf 18 (1995–2012: +15; +500,0%) auch die Anzahl der Beispiele von 0 auf 12 (1995–2012: +12; -%). Der Anhang bleibt unverändert. Allerdings relativiert die kurzfristige Entwicklung des Anhangs (2005–2012: -7; -87,5%) und die Anzahl der Beispiele (2005–2012: -11; -47,8%) diese Behauptung.

Tab. 52: Sonstige Indikatoren von IAS 19 im Zeitablauf

IAS 19	Kurzfristige Entwicklung								
	2005	**2006**	**2007**	**2008**	**2009**	**2010**	**2011**	**2012**	**kumulierte Veränderung 2005–2012**
Anzahl Überschriften 1. Grades	**10**	**13**	**13**	**13**	**15**	**16**	**16**	**18**	
absolute Veränderung zur Vorperiode	–	+3	0	0	+2	+1	0	+2	+8
relative Veränderung zur Vorperiode	–	+30,0%	0,0%	0,0%	+15,4%	+6,7%	0,0%	+12,5%	+80,0%
Anzahl Anhänge	**8**	**8**	**8**	**8**	**4**	**1**	**1**	**1**	
absolute Veränderung zur Vorperiode	–	0	0	0	–4	–3	0	0	–7
relative Veränderung zur Vorperiode	–	0,0%	0,0%	0,0%	–50,0%	–75,0%	0,0%	0,0%	–87,5%
Anzahl Beispiele	**23**	**23**	**23**	**22**	**21**	**21**	**21**	**12**	
absolute Veränderung zur Vorperiode	–	0	0	–1	–1	0	0	–9	–11
relative Veränderung zur Vorperiode	–	0,0%	0,0%	–4,3%	–4,5%	0,0%	0,0%	–42,9%	–47,8%

	Langfristige Entwicklung				
	1995	**2000**	**2005**	**2010**	**kumulierte Veränderung 1995–2010**
Anzahl Überschriften 1. Grades	**3**	**12**	**10**	**16**	
absolute Veränderung zur Vorperiode	–	+9	–2	+6	+13
relative Veränderung zur Vorperiode	–	+300,0%	–16,7%	+60,0%	+433,3%
Anzahl Anhänge	**1**	**2**	**8**	**1**	
absolute Veränderung zur Vorperiode	–	+1	+6	–7	0
relative Veränderung zur Vorperiode	–	+100,0%	+300,0%	–87,5%	0,0%
Anzahl Beispiele	**0**	**13**	**23**	**21**	
absolute Veränderung zur Vorperiode	–	+13	+10	–2	+21
relative Veränderung zur Vorperiode	–	–	+76,9%	–8,7%	–

Die in Tab. 53 abgetragenen Indikatoren, die sich auf den vollständigen Standard beziehen, bringen sowohl kurz- als auch langfristig eine Zunahme zum Ausdruck. Kurzfristig geht die Anzahl an Absätzen zwar zunächst zurück (2005–2012: -376; -16,5%). Gleichwohl bleibt bei langfristiger Betrachtung ein deutlicher Anstieg zu erkennen (1995–2010: +2.011; +962,2%). Auch die restlichen Indikatoren weisen einen Anstieg ihrer Messwerte auf. Beispielsweise steigt die Anzahl an Zeichen von 2005 bis 2012 um +36.759 auf 280.788 (ohne Leerzeichen) und um 43.985 auf 332.454 (mit Leerzeichen). Das entspricht einem relativen Anstieg im Zeitablauf von +15,1% bzw. +15,2%. Aber auch langfristig zeigt sich ein deutlicher Anstieg der Zeichenanzahl (1995–2010: +219.559; +645,9% (ohne Leerzeichen) bzw. +263.640; +655,7% (mit Leerzeichen)). Ähnlich präsentiert sich auch die Entwicklung der Wortanzahl, die kurzfristig von 46.469 auf 52.253 (+5.784; +12,4%) und langfristig von 6.275 auf 48.193 (+41.918; +668,0%) anwächst.

Tab. 53: Indikatoren von IAS 19 auf Basis von MICROSOFT Word 2007 im Zeitablauf

Standards insgesamt IAS 19	**Kurzfristige Entwicklung**								
	2005	**2006**	**2007**	**2008**	**2009**	**2010**	**2011**	**2012**	**kumulierte Veränderung 2005–2012**
Seitenanzahl insgesamt	**108**	**120**	**120**	**121**	**124**	**124**	**124**	**134**	
absolute Veränderung zur Vorperiode	–	+12	0	+1	+3	0	0	+10	+26
relative Veränderung zur Vorperiode	–	+11,1%	0,0%	+0,8%	+2,5%	0,0%	0,0%	+8,1%	+24,1%
Wortanzahl insgesamt	**46.469**	**46.539**	**46.692**	**46.929**	**47.892**	**48.193**	**48.452**	**52.253**	
absolute Veränderung zur Vorperiode	–	+70	+153	+237	+963	+301	+259	+3.801	+5.784
relative Veränderung zur Vorperiode	–	+0,2%	+0,3%	+0,5%	+2,1%	+0,6%	+0,5%	+7,8%	+12,4%
Zeichenanzahl insgesamt	**244.029**	**244.391**	**245.151**	**247.140**	**252.140**	**253.554**	**254.824**	**280.788**	
absolute Veränderung zur Vorperiode	–	+362	+760	+1.989	+5.000	+1.414	+1.270	+25.964	+36.759
relative Veränderung zur Vorperiode	–	+0,1%	+0,3%	+0,8%	+2,0%	+0,6%	+0,5%	+10,2%	+15,1%
Zeichenanzahl insgesamt (Leerzeichen)	**288.469**	**289.851**	**290.710**	**294.798**	**300.635**	**302.316**	**303.845**	**332.454**	
absolute Veränderung zur Vorperiode	–	+1.382	+859	+4.088	+5.837	+1.681	+1.529	+28.609	+43.985
relative Veränderung zur Vorperiode	–	+0,5%	+0,3%	+1,4%	+2,0%	+0,6%	+0,5%	+9,4%	+15,2%

Standards insgesamt IAS 19	**Kurzfristige Entwicklung (Fortsetzung)**								
	2005	**2006**	**2007**	**2008**	**2009**	**2010**	**2011**	**2012**	**kumulierte Veränderung 2005–2012**
Absatzanzahl insgesamt	**2.273**	**2.143**	**2.159**	**2.156**	**2.180**	**2.210**	**2.220**	**1.897**	
absolute Veränderung zur Vorperiode	–	−130	+16	−3	+24	+30	+10	−323	−376
relative Veränderung zur Vorperiode	–	−5,7%	+0,7%	−0,1%	+1,1%	+1,4%	+0,5%	−14,5%	−16,5%
Zeilenanzahl insgesamt	**5.509**	**7.049**	**7.078**	**7.163**	**7.236**	**7.317**	**7.323**	**7.056**	
absolute Veränderung zur Vorperiode	–	+1.540	+29	+85	+73	+81	+6	−267	+1.547
relative Veränderung zur Vorperiode	–	+28,0%	+0,4%	+1,2%	+1,0%	+1,1%	+0,1%	−3,6%	+28,1%

	Langfristige Entwicklung				
	1995	**2000**	**2005**	**2010**	**kumulierte Veränderung 1995–2010**
Seitenanzahl insgesamt	**24**	**37**	**108**	**124**	
absolute Veränderung zur Vorperiode	–	+13	+71	+16	+100
relative Veränderung zur Vorperiode	–	+54,2%	+191,9%	+14,8%	+416,7%
Wortanzahl insgesamt	**6.275**	**17.813**	**46.469**	**48.193**	
absolute Veränderung zur Vorperiode	–	+11.538	+28.656	+1.724	+41.918
relative Veränderung zur Vorperiode	–	+183,9%	+160,9%	+3,7%	+668,0%
Zeichenanzahl insgesamt	**33.995**	**95.866**	**244.029**	**253.554**	
absolute Veränderung zur Vorperiode	–	+61.871	+148.163	+9.525	+219.559
relative Veränderung zur Vorperiode	–	+182,0%	+154,6%	+3,9%	+645,9%

	Langfristige Entwicklung (Fortsetzung)				
	1995	**2000**	**2005**	**2010**	**kumulierte Veränderung 1995–2010**
Zeichenanzahl insgesamt (Leerzeichen)	**40.205**	**113.389**	**288.469**	**303.845**	
absolute Veränderung zur Vorperiode	–	+73.184	+175.080	+15.376	+263.640
relative Veränderung zur Vorperiode	–	+182,0%	+154,4%	+5,3%	+655,7%
Absatzanzahl insgesamt	**209**	**756**	**2.273**	**2.220**	
absolute Veränderung zur Vorperiode	–	+547	+1.517	–53	+2.011
relative Veränderung zur Vorperiode	–	+261,7%	+200,7%	–2,3%	+962,2%
Zeilenanzahl insgesamt	**957**	**2.486**	**5.509**	**7.317**	
absolute Veränderung zur Vorperiode	–	+1.529	+3.023	+1.808	+6.360
relative Veränderung zur Vorperiode	–	+159,8%	+121,6%	+32,8%	+664,6%

Tab. 54 beinhaltet Resultate, die sich auf den Hauptteil des Standards beziehen. Hier zeigt sich eine vergleichbare Entwicklung wie bei den anderen Standards. Die Indikatoren sind bei langfristiger Betrachtung von einer Zunahme und bei kurzfristiger Betrachtung – zumindest teilweise – von einer Abnahme betroffen. Beispielsweise steigt von 1995 bis 2010 neben der Seiten- (+28; +164,7%) noch die Absatz- (+621; +489,0%) und Zeilenanzahl (+1.935; +299,5%). Gleichzeitig reduzieren sich aber die gleichen Indikatoren im Zeitraum von 2005 bis 2012: So sinkt die Seitenanzahl von 42 auf 41 (-1; -2,4%) und die Absatzanzahl von 745 auf 648 (-97; -13,0%). Lediglich die Zeilenanzahl ist von einer Zunahme betroffen (+238; +11,4%) und konterkariert den angeführten Interpretationsstrang.

Tab. 54: Indikatoren des Hauptteils von IAS 19 auf Basis von MICROSOFT Word 2007 im Zeitablauf

Standards Hauptteil IAS 19	**Kurzfristige Entwicklung**								
	2005	**2006**	**2007**	**2008**	**2009**	**2010**	**2011**	**2012**	**kumulierte Veränderung 2005–2012**
Seitenanzahl insgesamt	42	44	44	52	45	45	45	41	
absolute Veränderung zur Vorperiode	–	+2	0	+8	−7	0	0	−4	−1
relative Veränderung zur Vorperiode	–	+4,8%	0,0%	+18,2%	−13,5%	0,0%	0,0%	−8,9%	−2,4%
Wortanzahl insgesamt	17.870	17.849	17.808	19.750	18.080	18.101	18.096	16.638	
absolute Veränderung zur Vorperiode	–	−21	−41	+1.942	−1.670	+21	−5	−1.458	−1.232
relative Veränderung zur Vorperiode	–	−0,1%	−0,2%	+10,9%	−8,5%	+0,1%	−0,0%	−8,1%	−6,9%
Zeichenanzahl insgesamt	93.864	93.849	93.547	104.337	94.979	95.120	95.083	87.680	
absolute Veränderung zur Vorperiode	–	−15	−302	+10.790	−9.358	+141	−37	−7.403	−6.184
relative Veränderung zur Vorperiode	–	−0,0%	−0,3%	+11,5%	−9,0%	+0,1%	−0,0%	−7,8%	−6,6%
Zeichenanzahl insgesamt (Leerzeichen)	111.180	111.450	111.080	123.738	112.860	113.030	112.990	104.240	
absolute Veränderung zur Vorperiode	–	+270	−370	+12.658	−10.878	+170	−40	−8.750	−6.940
relative Veränderung zur Vorperiode	–	+0,2%	−0,3%	+11,4%	−8,8%	+0,2%	−0,0%	−7,7%	−6,2%
Absatzanzahl insgesamt	745	749	749	863	746	748	747	648	
absolute Veränderung zur Vorperiode	–	+4	0	+114	−117	+2	−1	−99	−97
relative Veränderung zur Vorperiode	–	+0,5%	0,0%	+15,2%	−13,6%	+0,3%	−0,1%	−13,3%	−13,0%
Zeilenanzahl insgesamt	2.093	2.549	2.542	2.896	2.580	2.581	2.581	2.331	
absolute Veränderung zur Vorperiode	–	+456	−7	+354	−316	+1	0	−250	+238
relative Veränderung zur Vorperiode	–	+21,8%	−0,3%	+13,9%	−10,9%	+0,0%	0,0%	−9,7%	+11,4%

	Langfristige Entwicklung				
	1995	**2000**	**2005**	**2010**	**kumulierte Veränderung 1995–2010**
Seitenanzahl insgesamt	17	45	42	45	
absolute Veränderung zur Vorperiode	–	+28	−3	+3	+28
relative Veränderung zur Vorperiode	–	+164,7%	−6,7%	+7,1%	+164,7%

	Langfristige Entwicklung (Fortsetzung)				
	1995	**2000**	**2005**	**2010**	**kumulierte Veränderung 1995–2010**
Wortanzahl insgesamt	**4.803**	**16.113**	**17.870**	**18.101**	
absolute Veränderung zur Vorperiode	-	+11.310	+1.757	+231	+13.298
relative Veränderung zur Vorperiode	-	+235,5%	+10,9%	+1,3%	+276,9%
Zeichenanzahl insgesamt	**26.276**	**86.599**	**93.864**	**95.120**	
absolute Veränderung zur Vorperiode	-	+60.323	+7.265	+1.256	+68.844
relative Veränderung zur Vorperiode	-	+229,6%	+8,4%	+1,3%	+262,0%
Zeichenanzahl insgesamt (Leerzeichen)	**31.097**	**102.490**	**111.180**	**112.990**	
absolute Veränderung zur Vorperiode	-	+71.393	+8.690	+1.810	+81.893
relative Veränderung zur Vorperiode	-	+229,6%	+8,5%	+1,6%	+263,3%
Absatzanzahl insgesamt	**127**	**652**	**745**	**748**	
absolute Veränderung zur Vorperiode	-	+525	+93	+3	+621
relative Veränderung zur Vorperiode	-	+413,4%	+14,3%	+0,4%	+489,0%
Zeilenanzahl insgesamt	**646**	**1.762**	**2.093**	**2.581**	
absolute Veränderung zur Vorperiode	-	+1.116	+331	+488	+1.935
relative Veränderung zur Vorperiode	-	+172,8%	+18,8%	+23,3%	+299,5%

In der nächsten Tabelle finden sich weitere Indikatoren, die sich auf den Hauptteil des Standards beziehen (vgl. Tab. 55). Hier zeigen die Indikatoren von 1995 bis 2010 einen Anstieg und von 2005 bis 2012 einen Rückgang an. Langfristig steigen die Satzzeichen- (+602; +258,4%) und die Wortanzahl (+13.258; +276,0%) sowie die Anzahl an Wörtern, die aus drei oder mehr Silben bestehen (+3.044; +249,3%). Kurzfristig nehmen die entsprechenden Indikatoren ab. Sie fallen von 808 auf 755 (Satzzeichenanzahl: -53; -6,6%), von 17.935 auf 16.600 (Wortanzahl: -1.335; -7,4%) und von 4.125 auf 3.971 (Wortanzahl mit drei oder mehr Silben: -154; -3,7%).

Tab. 55: Indikatoren des Hauptteils von IAS 19 auf Basis der GUNNING Fog-Index-Maske im Zeitablauf

Standards Hauptteil GUNNING IAS 19	**Kurzfristige Entwicklung**								
	2005	**2006**	**2007**	**2008**	**2009**	**2010**	**2011**	**2012**	**kumulierte Veränderung 2005–2012**
Satzzeichenanzahl insgesamt	**808**	**819**	**819**	**899**	**835**	**835**	**835**	**755**	
absolute Veränderung zur Vorperiode	–	+11	0	+80	−64	0	0	−80	−53
relative Veränderung zur Vorperiode	–	+1,4%	0,0%	+9,8%	−7,1%	0,0%	0,0%	−9,6%	−6,6%
Wortanzahl insgesamt	**17.935**	**17.814**	**17.773**	**19.666**	**18.041**	**18.062**	**18.057**	**16.600**	
absolute Veränderung zur Vorperiode	–	−121	−41	+1.893	−1.625	+21	−5	−1.457	−1.335
relative Veränderung zur Vorperiode	–	−0,7%	−0,2%	+10,7%	−8,3%	+0,1%	−0,0%	−8,1%	−7,4%
Wortanzahl mit drei oder mehr Silben	**4.125**	**4.165**	**4.146**	**4.705**	**4.259**	**4.265**	**4.262**	**3.971**	
absolute Veränderung zur Vorperiode	–	+40	−19	+559	−446	+6	−3	−291	−154
relative Veränderung zur Vorperiode	–	+1,0%	−0,5%	+13,5%	−9,5%	+0,1%	−0,1%	−6,8%	−3,7%

	Langfristige Entwicklung				
	1995	**2000**	**2005**	**2010**	**kumulierte Veränderung 1995–2010**
Satzzeichenanzahl insgesamt	**233**	**908**	**808**	**835**	
absolute Veränderung zur Vorperiode	–	+675	−100	+27	+602
relative Veränderung zur Vorperiode	–	+289,7%	−11,0%	+3,3%	+258,4%
Wortanzahl insgesamt	**4.804**	**16.256**	**17.935**	**18.062**	
absolute Veränderung zur Vorperiode	–	+11.452	+1.679	+127	+13.258
relative Veränderung zur Vorperiode	–	+238,4%	+10,3%	+0,7%	+276,0%
Wortanzahl mit drei oder mehr Silben	**1.221**	**3.793**	**4.125**	**4.265**	
absolute Veränderung zur Vorperiode	–	+2.572	+332	+140	+3.044
relative Veränderung zur Vorperiode	–	+210,6%	+8,8%	+3,4%	+249,3%

Eine identische Entwicklung zeigen auch die folgenden Indikatoren (vgl. Tab. 56). Auch diese Indikatoren sind langfristig von einer Steigerung und kurzfristig von einer Verringerung betroffen. So liegen die langfristigen, relativen Wertzuwächse bei den aufgeführten Indikatoren bei jeweils über +200,0%, wobei der geringste Anstieg die Satzanzahl (+474; +210,7%) betrifft und die höchste Wachstumsrate auf die Wortanzahl entfällt (+13.257; +276,0%). Kurzfristig reduzieren sich die Indikatoren. Beispielsweise kommt es bei der Buchstaben-/Nummernanzahl (-5.604; -6,2%) und der Satzanzahl (-53; -7,8%) zu einem Rückgang von 2005 bis 2012.

Tab. 56: Indikatoren des Hauptteils von IAS 19 auf Basis der Flesch Reading Ease-Index-Maske im Zeitablauf

Standards Hauptteil *Flesch* **IAS 19**	**Kurzfristige Entwicklung**								
	2005	**2006**	**2007**	**2008**	**2009**	**2010**	**2011**	**2012**	**kumulierte Veränderung 2005–2012**
Zeichenanzahl insgesamt	**93.335**	**93.849**	**93.547**	**104.337**	**94.979**	**95.120**	**95.083**	**87.680**	
absolute Veränderung zur Vorperiode	–	+514	-302	+10.790	-9.358	+141	-37	-7.403	-5.655
relative Veränderung zur Vorperiode	–	+0,6%	-0,3%	+11,5%	-9,0%	+0,1%	-0,0%	-7,8%	-6,1%
Zeichenanzahl insgesamt (Leerzeichen)	**111.533**	**113.052**	**112.680**	**125.597**	**114.484**	**114.648**	**114.608**	**105.681**	
absolute Veränderung zur Vorperiode	–	+1.519	-372	+12.917	-11.113	+164	-40	-8.927	-5.852
relative Veränderung zur Vorperiode	–	+1,4%	-0,3%	+11,5%	-8,8%	+0,1%	-0,0%	-7,8%	-5,2%
Buchstaben-/Nummernanzahl insgesamt	**90.721**	**90.987**	**90.688**	**101.139**	**92.080**	**92.221**	**92.185**	**85.117**	
absolute Veränderung zur Vorperiode	–	+266	-299	+10.451	-9.059	+141	-36	-7.068	-5.604
relative Veränderung zur Vorperiode	–	+0,3%	-0,3%	+11,5%	-9,0%	+0,2%	-0,0%	-7,7%	-6,2%
Wortanzahl insgesamt	**17.935**	**17.812**	**17.771**	**19.664**	**18.039**	**18.060**	**18.055**	**16.598**	
absolute Veränderung zur Vorperiode	–	-123	-41	+1.893	-1.625	+21	-5	-1.457	-1.337
relative Veränderung zur Vorperiode	–	-0,7%	-0,2%	+10,7%	-8,3%	+0,1%	-0,0%	-8,1%	-7,5%
Anzahl an komplexen Wörtern	**3.603**	**3.659**	**3.640**	**4.082**	**3.708**	**3.711**	**3.708**	**3.469**	
absolute Veränderung zur Vorperiode	–	+56	-19	+442	-374	+3	-3	-239	-134
relative Veränderung zur Vorperiode	–	+1,6%	-0,5%	+12,1%	-9,2%	+0,1%	-0,1%	-6,4%	-3,7%

Standards Hauptteil *Flesch* **IAS 19**	**Kurzfristige Entwicklung (Fortsetzung)**								
	2005	**2006**	**2007**	**2008**	**2009**	**2010**	**2011**	**2012**	**kumulierte Veränderung 2005–2012**
Silbenanzahl insgesamt	**28.073**	**28.159**	**28.066**	**31.282**	**28.527**	**28.566**	**28.554**	**26.617**	
absolute Veränderung zur Vorperiode	–	+86	−93	+3.216	−2.755	+39	−12	−1.937	−1.456
relative Veränderung zur Vorperiode	–	+0,3%	−0,3%	+11,5%	−8,8%	+0,1%	−0,0%	−6,8%	−5,2%
Satzanzahl insgesamt	**682**	**685**	**685**	**749**	**699**	**699**	**698**	**629**	
absolute Veränderung zur Vorperiode	–	+3	0	+64	−50	0	−1	−69	−53
relative Veränderung zur Vorperiode	–	+0,4%	0,0%	+9,3%	−6,7%	0,0%	−0,1%	−9,9%	−7,8%

	Langfristige Entwicklung				
	1995	**2000**	**2005**	**2010**	**kumulierte Veränderung 1995–2010**
Zeichenanzahl insgesamt	**26.276**	**87.397**	**93.335**	**95.120**	
absolute Veränderung zur Vorperiode	–	+61.121	+5.938	+1.785	+68.844
relative Veränderung zur Vorperiode	–	+232,6%	+6,8%	+1,9%	+262,0%
Zeichenanzahl insgesamt (Leerzeichen)	**31.551**	**104.483**	**111.533**	**114.648**	
absolute Veränderung zur Vorperiode	–	+72.932	+7.050	+3.115	+83.097
relative Veränderung zur Vorperiode	–	+231,2%	+6,7%	+2,8%	+263,4%
Buchstaben-/Nummernanzahl insgesamt	**25.753**	**84.603**	**90.721**	**92.221**	
absolute Veränderung zur Vorperiode	–	+58.850	+6.118	+1.500	+66.468
relative Veränderung zur Vorperiode	–	+228,5%	+7,2%	+1,7%	+258,1%
Wortanzahl insgesamt	**4.803**	**16.256**	**17.935**	**18.060**	
absolute Veränderung zur Vorperiode	–	+11.453	+1.679	+125	+13.257
relative Veränderung zur Vorperiode	–	+238,5%	+10,3%	+0,7%	+276,0%

	Langfristige Entwicklung (Fortsetzung)				
	1995	2000	2005	2010	kumulierte Veränderung 1995–2010
Anzahl an komplexen Wörtern	**1.094**	**3.339**	**3.603**	**3.711**	
absolute Veränderung zur Vorperiode	–	+2.245	+264	+108	+2.617
relative Veränderung zur Vorperiode	–	+205,2%	+7,9%	+3,0%	+239,2%
Silbenanzahl insgesamt	**8.078**	**25.785**	**28.073**	**28.566**	
absolute Veränderung zur Vorperiode	–	+17.707	+2.288	+493	+20.488
relative Veränderung zur Vorperiode	–	+219,2%	+8,9%	+1,8%	+253,6%
Satzanzahl insgesamt	**225**	**791**	**682**	**699**	
absolute Veränderung zur Vorperiode	–	+566	–109	+17	+474
relative Veränderung zur Vorperiode	–	+251,6%	–13,8%	+2,5%	+210,7%

Als Fazit kann an dieser Stelle konstatiert werden, dass die Indikatoren im Bilanzierungsbereich Leistungen an Arbeitnehmer (IAS 19) langfristig zunehmen. Die Messwerte der Indikatoren, wie z. B. der Seiten- und der Paragrafenanzahl als auch der Wort- und der Zeichenanzahl, belegen diese Entwicklung deutlich (vgl. Tab. 49, Tab. 51, Tab. 54, Tab. 55 und Tab. 56). Lediglich kurzfristig zeigen sich Anzeichen einer Abnahme bei den Messwerten. Beispielsweise sinken die Indikatoren Wort- und Zeichenanzahl (mit und ohne Leerzeichen) im Hauptteil des Standards im Zeitablauf (vgl. Tab. 54, Tab. 55 und Tab. 56). Hierbei dürfte wohl die Reform aus dem Jahr 2011 gewirkt haben.

4.5.1.2.5 Rückstellungen, Eventualverbindlichkeiten und Eventualforderungen

Es folgen die Ergebnisse zu Rückstellungen, Eventualverbindlichkeiten und Eventualforderungen (IAS 37). IAS 37 befasst sich mit der Bilanzierung von Rückstellungen, Eventualverbindlichkeiten und Eventualforderungen. Besonderes Augenmerk liegt dabei auf der Angemessenheit im Rahmen des Ansatzes und der Bewertung sowie des Ausweises der Informationen.[339]

Da IAS 37 erst im Jahr 1998 eingeführt wurde, fehlen entsprechende Resultate im Jahr 1995. Tab. 57 enthält die kurzfristige Entwicklung der Seitenanzahl von IAS 37. Die Gesamtseitenanzahl (+2; +5,9%) und die Seitenanzahl im Hauptteil des Standards (+1; +6,7%) zeigen sich von 2005 bis 2012 nahezu unverändert. Ebenso zeigt die Seitenanzahl im Anhang (-12; -100,0%) von 2005 bis 2012 keine Tendenzen einer Zunahme. Lediglich die Implementierung von einer *Guidances on*

339 Vgl. IAS 37. OBJECTIVE und IAS 37.1.

Implementing und von *Illustrative Examples* im Jahr 2010 können an dieser Stelle als Zunahme interpretiert werden (2005–2012: +3; -% bzw. +7; -%).

Tab. 57: Seitenanzahl von IAS 37 im Zeitablauf (I)

IAS 37	Kurzfristige Entwicklung								
	2005	**2006**	**2007**	**2008**	**2009**	**2010**	**2011**	**2012**	**kumulierte Veränderung 2005–2012**
Seitenanzahl insgesamt	**34**	**34**	**34**	**34**	**34**	**36**	**36**	**36**	
absolute Veränderung zur Vorperiode	–	0	0	0	0	+2	0	0	+2
relative Veränderung zur Vorperiode	–	0,0%	0,0%	0,0%	0,0%	+5,9%	0,0%	0,0%	+5,9%
Seitenanzahl Einführungs-seiten	**1**	**1**	**1**	**2**	**2**	**3**	**3**	**2**	
absolute Veränderung zur Vorperiode	–	0	0	+1	0	+1	0	−1	+1
relative Veränderung zur Vorperiode	–	0,0%	0,0%	+100,0%	0,0%	+50,0%	0,0%	−33,3%	+100,0%
Seitenanzahl Inhaltsver-zeichnis	**1**	**1**	**1**	**1**	**1**	**1**	**1**	**2**	
absolute Veränderung zur Vorperiode	–	0	0	0	0	0	0	+1	+1
relative Veränderung zur Vorperiode	–	0,0%	0,0%	0,0%	0,0%	0,0%	0,0%	+100,0%	+100,0%
Seitenanzahl Einführung	**4**	**4**	**4**	**4**	**4**	**4**	**4**	**4**	
absolute Veränderung zur Vorperiode	–	0	0	0	0	0	0	0	0
relative Veränderung zur Vorperiode	–	0,0%	0,0%	0,0%	0,0%	0,0%	0,0%	0,0%	0,0%
Seitenanzahl Standard	**15**	**16**	**16**	**16**	**16**	**16**	**16**	**16**	
absolute Veränderung zur Vorperiode	–	+1	0	0	0	0	0	0	+1
relative Veränderung zur Vorperiode	–	+6,7%	0,0%	0,0%	0,0%	0,0%	0,0%	0,0%	+6,7%
Seitenanzahl Anhang	**12**	**10**	**10**	**10**	**10**	**0**	**0**	**0**	
absolute Veränderung zur Vorperiode	–	−2	0	0	0	−10	0	0	−12
relative Veränderung zur Vorperiode	–	−16,7%	0,0%	0,0%	0,0%	−100,0%	–	–	−100,0%
Seitenanzahl BC	nicht vorhanden								
absolute Veränderung zur Vorperiode									–
relative Veränderung zur Vorperiode									–
Seitenanzahl IG	**0**	**0**	**0**	**0**	**0**	3	3	3	

IAS 37	Kurzfristige Entwicklung (Fortsetzung)								
	2005	2006	2007	2008	2009	2010	2011	2012	kumulierte Veränderung 2005–2012
absolute Veränderung zur Vorperiode	–	0	0	0	0	+3	0	0	+3
relative Veränderung zur Vorperiode	–	–	–	–	–	–	0,0%	0,0%	–
Seitenanzahl IE	**0**	**0**	**0**	**0**	**0**	7	7	7	
absolute Veränderung zur Vorperiode	–	0	0	0	0	+7	0	0	+7
relative Veränderung zur Vorperiode	–	–	–	–	–	–	0,0%	0,0%	–
Seitenanzahl Sonstige Seiten	1	2	2	1	1	2	2	2	
absolute Veränderung zur Vorperiode	–	+1	0	–1	0	+1	0	0	+1
relative Veränderung zur Vorperiode	–	+100,0%	0,0%	–50,0%	0,0%	+100,0%	0,0%	0,0%	+100,0%

Langfristig zeigen sich in den wesentlichen Bereichen deutliche Rückgänge der Messwerte (vgl. Tab. 58). Neben der Gesamtseitenanzahl (von 48 auf 36 Seiten: -12; -25,0% (nicht tabelliert)) nehmen auch die Seitenanzahl im Hauptteil des Standards (von 24 auf 16 Seiten: -8; -33,3% (nicht tabelliert)) als auch im Anhang (von 15 auf 0 Seiten: -15; -100,0% (nicht tabelliert)) von 2000 bis 2010 ab.

Tab. 58: Seitenanzahl von IAS 37 im Zeitablauf (II)

IAS 37	Langfristige Entwicklung				
	1995	2000	2005	2010	kumulierte Veränderung 1995–2010
Seitenanzahl insgesamt		**48**	**34**	**36**	
absolute Veränderung zur Vorperiode	–	–	–14	+2	–
relative Veränderung zur Vorperiode	–	–	–29,2%	+5,9%	–
Seitenanzahl Einführungsseiten		**1**	**1**	**3**	
absolute Veränderung zur Vorperiode	–	–	0	+2	–
relative Veränderung zur Vorperiode	–	–	0,0%	+200,0%	–
Seitenanzahl Inhaltsverzeichnis		**2**	**1**	**1**	
absolute Veränderung zur Vorperiode	–	–	–1	0	–
relative Veränderung zur Vorperiode	–	–	–50,0%	0,0%	–
Seitenanzahl Einführung		**6**	**4**	**4**	
absolute Veränderung zur Vorperiode	–	–	–2	0	–
relative Veränderung zur Vorperiode	–	–	–33,3%	0,0%	–
Seitenanzahl Standard		**24**	**15**	**16**	
absolute Veränderung zur Vorperiode	–	–	–9	+1	–

IAS 37	Langfristige Entwicklung (Fortsetzung)				
	1995	2000	2005	2010	kumulierte Veränderung 1995–2010
relative Veränderung zur Vorperiode	–	–	–37,5%	+6,7%	–
Seitenanzahl Anhang		**15**	**12**	**0**	
absolute Veränderung zur Vorperiode	–	–	–3	–12	–
relative Veränderung zur Vorperiode	–	–	–20,0%	–100,0%	–
Seitenanzahl BC	nicht vorhanden				
absolute Veränderung zur Vorperiode					–
relative Veränderung zur Vorperiode					–
Seitenanzahl IG		**0**	**0**	**3**	
absolute Veränderung zur Vorperiode	–	–	0	+3	–
relative Veränderung zur Vorperiode	–	–	–	–	–
Seitenanzahl IE		**0**	**0**	**7**	
absolute Veränderung zur Vorperiode	–	–	0	+7	–
relative Veränderung zur Vorperiode	–	–	–	–	–
Seitenanzahl Sonstige Seiten		**0**	**1**	**2**	
absolute Veränderung zur Vorperiode	–	–	+1	+1	–
relative Veränderung zur Vorperiode	–	–	–	+100,0%	–

Bei der kurzfristigen Entwicklung der Paragrafenanzahl von IAS 37, die sich in Tab. 59 findet, ist keine klare Entwicklung zu erkennen. Zwar erhöht sich die Paragrafenanzahl im Hauptteil des Standards von 2005 bis 2012 marginal (+1; +1,1%), gleichzeitig reduziert sich aber auch die Anzahl der durch Fettdruck hervorgehobenen Paragrafen (-1; -3,4%).

Tab. 59: Paragrafenanzahl von IAS 37 im Zeitablauf (I)

IAS 37	Kurzfristige Entwicklung								
	2005	2006	2007	2008	2009	2010	2011	2012	kumulierte Veränderung 2005–2012
Paragrafenanzahl Einführung	23	23	23	23	23	23	23	23	
absolute Veränderung zur Vorperiode	–	0	0	0	0	0	0	0	0
relative Veränderung zur Vorperiode	–	0,0%	0,0%	0,0%	0,0%	0,0%	0,0%	0,0%	0,0%
Paragrafenanzahl Standard	93	93	93	93	93	93	95	94	
absolute Veränderung zur Vorperiode	–	0	0	0	0	0	+2	–1	+1
relative Veränderung zur Vorperiode	–	0,0%	0,0%	0,0%	0,0%	0,0%	+2,2%	–1,1%	+1,1%

IAS 37	Kurzfristige Entwicklung (Fortsetzung)								
	2005	2006	2007	2008	2009	2010	2011	2012	kumulierte Veränderung 2005–2012
Paragrafenanzahl Standard fettgedruckt	**29**	**29**	**29**	**28**	**28**	**28**	**28**	**28**	
absolute Veränderung zur Vorperiode	–	0	0	−1	0	0	0	0	−1
relative Veränderung zur Vorperiode	–	0,0%	0,0%	−3,4%	0,0%	0,0%	0,0%	0,0%	−3,4%
Paragrafenanzahl Anhang	**0**	**0**	**0**	**0**	**0**	**0**	**0**	**0**	
absolute Veränderung zur Vorperiode	–	0	0	0	0	0	0	0	0
relative Veränderung zur Vorperiode	–	–	–	–	–	–	–	–	–
Paragrafenanzahl BC	nicht vorhanden								
absolute Veränderung zur Vorperiode									–
relative Veränderung zur Vorperiode									–
Paragrafenanzahl IG	**0**	**0**	**0**	**0**	**0**	**0**	**0**	**0**	
absolute Veränderung zur Vorperiode	–	0	0	0	0	0	0	0	0
relative Veränderung zur Vorperiode	–	–	–	–	–	–	–	–	–
Paragrafenanzahl IE	**0**	**0**	**0**	**0**	**0**	**0**	**0**	**0**	
absolute Veränderung zur Vorperiode	–	0	0	0	0	0	0	0	0
relative Veränderung zur Vorperiode	–	–	–	–	–	–	–	–	–

Langfristig deutet sich wiederum ein Rückgang der Messwerte an (vgl. Tab. 60). So nehmen die Paragrafen sowohl im Hauptteil des Standards von 96 auf 93 (-3; -3,1% (nicht tabelliert)) als auch die durch Fettdruck hervorgehobenen Paragrafen von 29 auf 28 (-1; -3,4% (nicht tabelliert)) von 2000 bis 2010 ab.

Tab. 60: Paragrafenanzahl von IAS 37 im Zeitablauf (II)

IAS 37	**Langfristige Entwicklung**				
	1995	**2000**	**2005**	**2010**	**kumulierte Veränderung 1995–2010**
Paragrafenanzahl Einführung		**23**	**23**	**23**	
absolute Veränderung zur Vorperiode	–	–	0	0	–
relative Veränderung zur Vorperiode	–	–	0,0%	0,0%	–
Paragrafenanzahl Standard		**96**	**93**	**93**	
absolute Veränderung zur Vorperiode	–	–	–3	0	–
relative Veränderung zur Vorperiode	–	–	–3,1%	0,0%	–
Paragrafenanzahl Standard fettgedruckt		**29**	**29**	**28**	
absolute Veränderung zur Vorperiode	–	–	0	–1	–
relative Veränderung zur Vorperiode	–	–	0,0%	–3,4%	–
Paragrafenanzahl Anhang		**0**	**0**	**0**	
absolute Veränderung zur Vorperiode	–	–	0	0	–
relative Veränderung zur Vorperiode	–	–	–	–	–
Paragrafenanzahl BC	nicht vorhanden				
absolute Veränderung zur Vorperiode					–
relative Veränderung zur Vorperiode					–
Paragrafenanzahl IG		**0**	**0**	**0**	
absolute Veränderung zur Vorperiode	–	–	0	0	–
relative Veränderung zur Vorperiode	–	–	–	–	–
Paragrafenanzahl IE		**0**	**0**	**0**	
absolute Veränderung zur Vorperiode	–	–	0	0	–
relative Veränderung zur Vorperiode	–	–	–	–	–

Auch die sonstigen Indikatoren liefern keine Hinweise auf einen (klaren) Anstieg der Messwerte. So veranschaulicht Tab. 61, dass kurzfristig die sonstigen Indikatoren entweder konstant bleiben (Anzahl der Überschriften ersten Grades: 0; 0,0% bzw. der Beispiele: 0; 0,0%) oder abnehmen (Anzahl der Anhänge: -4; -100,0%). Langfristig zeigt sich eine vergleichbare Situation. So bleibt die Anzahl der Anhänge von 2000 bis 2010 konstant (0; 0,0% (nicht tabelliert)) und die Anzahl der Überschriften ersten Grades geht zurück (-1; -7,7% (nicht tabelliert)). Einen Ausreiser stellt an dieser Stelle lediglich die Anzahl der Beispiele dar, die im Zeitablauf leicht steigt (+3; +18,8% (nicht tabelliert)).

Tab. 61: Sonstige Indikatoren von IAS 37 im Zeitablauf

IAS 37	Kurzfristige Entwicklung								
	2005	**2006**	**2007**	**2008**	**2009**	**2010**	**2011**	**2012**	**kumulierte Veränderung 2005–2012**
Anzahl Überschriften 1. Grades	**13**	**13**	**12**	**12**	**13**	**12**	**13**	**13**	
absolute Veränderung zur Vorperiode	–	0	−1	0	+1	−1	+1	0	0
relative Veränderung zur Vorperiode	–	0,0%	−7,7%	0,0%	+8,3%	−7,7%	+8,3%	0,0%	0,0%
Anzahl Anhänge	**4**	**4**	**4**	**4**	**4**	**4**	**0**	**0**	
absolute Veränderung zur Vorperiode	–	0	0	0	0	0	−4	0	−4
relative Veränderung zur Vorperiode	–	0,0%	0,0%	0,0%	0,0%	0,0%	−100,0%	–	−100,0%
Anzahl Beispiele	**19**	**19**	**19**	**19**	**19**	**19**	**19**	**19**	
absolute Veränderung zur Vorperiode	–	0	0	0	0	0	0	0	0
relative Veränderung zur Vorperiode	–	0,0%	0,0%	0,0%	0,0%	0,0%	0,0%	0,0%	0,0%

	Langfristige Entwicklung				
	1995	**2000**	**2005**	**2010**	**kumulierte Veränderung 1995–2010**
Anzahl Überschriften 1. Grades		**13**	**13**	**12**	
absolute Veränderung zur Vorperiode	–	–	0	−1	–
relative Veränderung zur Vorperiode	–	–	0,0%	−7,7%	–
Anzahl Anhänge		**4**	**4**	**4**	
absolute Veränderung zur Vorperiode	–	–	0	0	–
relative Veränderung zur Vorperiode	–	–	0,0%	0,0%	–
Anzahl Beispiele		**16**	**19**	**19**	
absolute Veränderung zur Vorperiode	–	–	+3	0	–
relative Veränderung zur Vorperiode	–	–	+18,8%	0,0%	–

Anhand weiterer Indikatoren, die sich auf den ganzen Standard IAS 37 beziehen, wird deutlich, dass die Messwerte sowohl kurz- als auch langfristig ansteigen (vgl. Tab. 62). Für die Jahre 2000 bis 2010 kommt es beispielsweise zu einem Anstieg der Seitenanzahl (+11; +44,0%), der Wort- (+347; +2,9%) und der Absatz- (+64; +14,0%) sowie der Zeilenanzahl (+203; +12,1%) (jeweils nicht tabelliert). Auch kurzfristig zeigen die jeweiligen Indikatoren eine Zunahme. So steigen von 2005 bis 2012 neben der Seiten- (+5; +16,1%) auch die Wort- (+346; +2,9%) sowie die Absatz- (+8; +1,7%) und die Zeichenanzahl (+706; +65,0%).

Tab. 62: Indikatoren von IAS 37 auf Basis von MICROSOFT Word 2007 im Zeitablauf

Standards insgesamt IAS 37	**Kurzfristige Entwicklung**								
	2005	**2006**	**2007**	**2008**	**2009**	**2010**	**2011**	**2012**	**kumulierte Veränderung 2005–2012**
Seitenanzahl insgesamt	**31**	**34**	**34**	**34**	**34**	**36**	**36**	**36**	
absolute Veränderung zur Vorperiode	–	+3	0	0	0	+2	0	0	+5
relative Veränderung zur Vorperiode	–	+9,7%	0,0%	0,0%	0,0%	+5,9%	0,0%	0,0%	+16,1%
Wortanzahl insgesamt	**11.754**	**11.878**	**12.133**	**12.272**	**12.297**	**12.387**	**12.420**	**12.100**	
absolute Veränderung zur Vorperiode	–	+124	+255	+139	+25	+90	+33	–320	+346
relative Veränderung zur Vorperiode	–	+1,1%	+2,1%	+1,1%	+0,2%	+0,7%	+0,3%	–2,6%	+2,9%
Zeichenanzahl insgesamt	**61.282**	**61.809**	**63.336**	**63.905**	**64.049**	**64.626**	**64.773**	**63.056**	
absolute Veränderung zur Vorperiode	–	+527	+1.527	+569	+144	+577	+147	–1.717	+1.774
relative Veränderung zur Vorperiode	–	+0,9%	+2,5%	+0,9%	+0,2%	+0,9%	+0,2%	–2,7%	+2,9%
Zeichenanzahl insgesamt (Leerzeichen)	**72.680**	**73.465**	**75.208**	**75.892**	**76.088**	**76.722**	**76.900**	**74.900**	
absolute Veränderung zur Vorperiode	–	+785	+1.743	+684	+196	+634	+178	–2.000	+2.220
relative Veränderung zur Vorperiode	–	+1,1%	+2,4%	+0,9%	+0,3%	+0,8%	+0,2%	–2,6%	+3,1%
Absatzanzahl insgesamt	**481**	**478**	**499**	**506**	**509**	**519**	**522**	**489**	
absolute Veränderung zur Vorperiode	–	–3	+21	+7	+3	+10	+3	–33	+8
relative Veränderung zur Vorperiode	–	–0,6%	+4,4%	+1,4%	+0,6%	+2,0%	+0,6%	–6,3%	+1,7%
Zeilenanzahl insgesamt	**1.086**	**1.735**	**1.781**	**1.782**	**1.823**	**1.874**	**1.877**	**1.792**	
absolute Veränderung zur Vorperiode	–	+649	+46	+1	+41	+51	+3	–85	+706
relative Veränderung zur Vorperiode	–	+59,8%	+2,7%	+0,1%	+2,3%	+2,8%	+0,2%	–4,5%	+65,0%

	Langfristige Entwicklung				
	1995	**2000**	**2005**	**2010**	**kumulierte Veränderung 1995–2010**
Seitenanzahl insgesamt		**25**	**31**	**36**	
absolute Veränderung zur Vorperiode	–	–	+6	+5	–
relative Veränderung zur Vorperiode	–	–	+24,0%	+16,1%	–
Wortanzahl insgesamt		**12.040**	**11.754**	**12.387**	
absolute Veränderung zur Vorperiode	–	–	−286	+633	–
relative Veränderung zur Vorperiode	–	–	−2,4%	+5,4%	–
Zeichenanzahl insgesamt		**63.056**	**61.282**	**64.626**	
absolute Veränderung zur Vorperiode	–	–	−1.774	+3.344	–
relative Veränderung zur Vorperiode	–	–	−2,8%	+5,5%	–
Zeichenanzahl insgesamt (Leerzeichen)		**75.101**	**72.680**	**76.900**	
absolute Veränderung zur Vorperiode	–	–	−2.421	+4.220	–
relative Veränderung zur Vorperiode	–	–	−3,2%	+5,8%	–
Absatzanzahl insgesamt		**458**	**481**	**522**	
absolute Veränderung zur Vorperiode	–	–	+23	+41	–
relative Veränderung zur Vorperiode	–	–	+5,0%	+8,5%	–
Zeilenanzahl insgesamt		**1.671**	**1.086**	**1.874**	
absolute Veränderung zur Vorperiode	–	–	−585	+788	–
relative Veränderung zur Vorperiode	–	–	−35,0%	+72,6%	–

Ein differenzierteres Bild vermittlen die Indikatoren, die sich auf den Hauptteil von IAS 37 beziehen (vgl. Tab. 63). Dort zeigt sich kurzfristig wieder ein Wachstum der einzelnen Indikatoren. Neben der Seitenanzahl (+4; +33,3%) erhöht sich z. B. auch die Absatz- (+4; +1,9%) und Zeilenanzahl (+294; +53,7%) von 2005 bis 2012. Langfristig kommt es hingegen zu einem Rückgang einzelner Indikatoren (jeweils nicht tabelliert): Die Seitenanzahl fällt von 18 auf 16 (-2; -11,1%), die Wortanzahl von 6.624 auf 6.476 (-148; -2,2%), die Zeichenanzahl ohne Leerzeichen von 34.945 auf 33.510 (-1.435; -4,1%) und mit Leerzeichen von 41.594 auf 40.040 (-1.554; -3,7%). Ausnahmen stellen lediglich die Absatz- (+1; +0,5% (nicht tabelliert)) und Zeilenanzahl (+202; +31,4% (nicht tabelliert)) dar, die beide langfristig ansteigen.

Tab. 63: Indikatoren des Hauptteils von IAS 37 auf Basis von MICROSOFT Word 2007 im Zeitablauf

Standards Hauptteil IAS 37	**Kurzfristige Entwicklung**								
	2005	**2006**	**2007**	**2008**	**2009**	**2010**	**2011**	**2012**	**kumulierte Veränderung 2005–2012**
Seitenanzahl insgesamt	**12**	**16**	**16**	**16**	**16**	**16**	**16**	**16**	
absolute Veränderung zur Vorperiode	-	+4	0	0	0	0	0	0	+4
relative Veränderung zur Vorperiode	-	+33,3%	0,0%	0,0%	0,0%	0,0%	0,0%	0,0%	+33,3%
Wortanzahl insgesamt	**6.471**	**6.471**	**6.459**	**6.480**	**6.477**	**6.476**	**6.499**	**6.499**	
absolute Veränderung zur Vorperiode	-	0	−12	+21	−3	−1	+23	0	+28
relative Veränderung zur Vorperiode	-	0,0%	−0,2%	+0,3%	−0,0%	−0,0%	+0,4%	0,0%	+0,4%
Zeichenanzahl insgesamt	**33.535**	**33.538**	**33.467**	**33.510**	**33.510**	**33.510**	**33.601**	**33.601**	
absolute Veränderung zur Vorperiode	-	+3	−71	+43	0	0	+91	0	+66
relative Veränderung zur Vorperiode	-	+0,0%	−0,2%	+0,1%	0,0%	0,0%	+0,3%	0,0%	+0,2%
Zeichenanzahl insgesamt (Leerzeichen)	**39.902**	**39.965**	**39.866**	**39.922**	**39.928**	**39.927**	**40.040**	**40.045**	
absolute Veränderung zur Vorperiode	-	+63	−99	+56	+6	−1	+113	+5	+143
relative Veränderung zur Vorperiode	-	+0,2%	−0,2%	+0,1%	+0,0%	−0,0%	+0,3%	+0,0%	+0,4%

Standards Hauptteil IAS 37	**Kurzfristige Entwicklung (Fortsetzung)**								
	2005	**2006**	**2007**	**2008**	**2009**	**2010**	**2011**	**2012**	**kumulierte Veränderung 2005–2012**
Absatzanzahl insgesamt	**206**	**211**	**211**	**211**	**211**	**211**	**212**	**210**	
absolute Veränderung zur Vorperiode	–	+5	0	0	0	0	+1	–2	+4
relative Veränderung zur Vorperiode	–	+2,4%	0,0%	0,0%	0,0%	0,0%	+0,5%	–0,9%	+1,9%
Zeilenanzahl insgesamt	**547**	**841**	**841**	**846**	**845**	**845**	**848**	**841**	
absolute Veränderung zur Vorperiode	–	+294	0	+5	–1	0	+3	–7	+294
relative Veränderung zur Vorperiode	–	+53,7%	0,0%	+0,6%	–0,1%	0,0%	+0,4%	–0,8%	+53,7%

	Langfristige Entwicklung				
	1995	**2000**	**2005**	**2010**	**kumulierte Veränderung 1995–2010**
Seitenanzahl insgesamt		**18**	**12**	**16**	
absolute Veränderung zur Vorperiode	–	–	–6	+4	–
relative Veränderung zur Vorperiode	–	–	–33,3%	+33,3%	–
Wortanzahl insgesamt		**6.624**	**6.471**	**6.476**	
absolute Veränderung zur Vorperiode	–	–	–153	+5	–
relative Veränderung zur Vorperiode	–	–	–2,3%	+0,1%	–
Zeichenanzahl insgesamt		**34.945**	**33.535**	**33.510**	
absolute Veränderung zur Vorperiode	–	–	–1.410	–25	–
relative Veränderung zur Vorperiode	–	–	–4,0%	–0,1%	–

	Langfristige Entwicklung (Fortsetzung)				
	1995	**2000**	**2005**	**2010**	**kumulierte Veränderung 1995–2010**
Zeichenanzahl insgesamt (Leerzeichen)		**41.594**	**39.902**	**40.040**	
absolute Veränderung zur Vorperiode	–	–	−1.692	+138	–
relative Veränderung zur Vorperiode	–	–	−4,1%	+0,3%	–
Absatzanzahl insgesamt		**210**	**206**	**211**	
absolute Veränderung zur Vorperiode	–	–	−4	+5	–
relative Veränderung zur Vorperiode	–	–	−1,9%	+2,4%	–
Zeilenanzahl insgesamt		**643**	**547**	**845**	
absolute Veränderung zur Vorperiode	–	–	−96	+298	–
relative Veränderung zur Vorperiode	–	–	−14,9%	+54,5%	–

Ein ähnliches Bild vermögen die Indikatoren zu zeichnen, die in Tab. 64 abgebildet sind. Diese erhöhen sich im Rahmen einer kurzfristigen Betrachtung von 2005 bis 2012. Allerdings sind die Zuwachsraten eher als moderat einzustufen, da sie sich in einer Bandbreite von +0,4% (Satzzeichenanzahl) bis +2,0% (Anzahl der Wörter, die aus drei oder mehr Silben bestehen) bewegen. Langfristig zeigen zwei von drei Indikatoren sogar Anzeichen einer Abnahme im Zeitablauf. So reduziert sich neben der Satzzeichenanzahl, die von 397 auf 281 sinkt (2000–2010: -116; -29,2% (nicht tabelliert)), auch die Wortanzahl, die von 6.577 auf 6.472 sinkt (2000–2010: -105; -1,6% (nicht tabelliert)). Der dritte Indikator, die Anzahl an Wörtern, die aus drei oder mehr Silben bestehen, stellt in diesem Zusammenhang eine Ausnahme dar, da er sich von 2000 bis 2010 marginal erhöht (+2; +0,1% (nicht tabelliert)).

Tab. 64: Indikatoren des Hauptteils von IAS 37 auf Basis der GUNNING Fog-Index-Maske im Zeitablauf

Standards Hauptteil GUNNING IAS 37	**Kurzfristige Entwicklung**								
	2005	**2006**	**2007**	**2008**	**2009**	**2010**	**2011**	**2012**	**kumulierte Veränderung 2005–2012**
Satzzeichenanzahl insgesamt	**281**	**282**	**282**	**281**	**281**	**281**	**282**	**282**	
absolute Veränderung zur Vorperiode	–	+1	0	−1	0	0	+1	0	+1
relative Veränderung zur Vorperiode	–	+0,4%	0,0%	−0,4%	0,0%	0,0%	+0,4%	0,0%	+0,4%
Wortanzahl insgesamt	**6.457**	**6.467**	**6.455**	**6.476**	**6.473**	**6.472**	**6.495**	**6.495**	
absolute Veränderung zur Vorperiode	–	+10	−12	+21	−3	−1	+23	0	+38
relative Veränderung zur Vorperiode	–	+0,2%	−0,2%	+0,3%	−0,0%	−0,0%	+0,4%	0,0%	+0,6%
Wortanzahl mit drei oder mehr Silben	**1.388**	**1.392**	**1.388**	**1.410**	**1.410**	**1.411**	**1.416**	**1.416**	
absolute Veränderung zur Vorperiode	–	+4	−4	+22	0	+1	+5	0	+28
relative Veränderung zur Vorperiode	–	+0,3%	−0,3%	+1,6%	0,0%	+0,1%	+0,4%	0,0%	+2,0%

	Langfristige Entwicklung				
	1995	**2000**	**2005**	**2010**	**kumulierte Veränderung 1995–2010**
Satzzeichenanzahl insgesamt		**397**	**281**	**281**	
absolute Veränderung zur Vorperiode	–	–	−116	0	–
relative Veränderung zur Vorperiode	–	–	−29,2%	0,0%	–
Wortanzahl insgesamt		**6.577**	**6.457**	**6.472**	
absolute Veränderung zur Vorperiode	–	–	−120	+15	–
relative Veränderung zur Vorperiode	–	–	−1,8%	+0,2%	–
Wortanzahl mit drei oder mehr Silben		**1.409**	**1.388**	**1.411**	
absolute Veränderung zur Vorperiode	–	–	−21	+23	–
relative Veränderung zur Vorperiode	–	–	−1,5%	+1,7%	–

Auch Tab. 65 vermittelt den bereits zuvor gewonnenen Eindruck, dass die dort abgebildeten Indikatoren kurzfristig von einer Zunahme und langfristig von einer Abnahme betroffen sind. So steigen von 2005 bis 2012 Indikatoren im Zeitablauf an. Allerdings bewegen sich die Zuwachsraten eher in einem moderaten Korridor, der am unteren Ende durch die Anzahl an komplexen Wörtern (+0,2%) und am oberen Ende durch die Zeichenanzahl (einschließlich der Leerzeichen (+1,4%)) begrenzt wird. Langfristig zeigt sich wiederum ein Abwärtstrend (jeweils nicht tabelliert). So reduziert sich von 2000 bis 2010 die Zeichenanzahl ohne Leerzeichen von 34.691 auf 33.510 (-1.181; -3,4%) und mit Leerzeichen von 41.786 auf 40.536 (-1.250; -3,0%), die Buchstaben-/Nummernanzahl von 33.814 auf 32.756 (-1.058; -3,1%), die Wortanzahl von 6.577 auf 6.472 (-105; -1,6%), die Anzahl an komplexen Wörtern von 1.305 auf 1.288 (-17; -1,3%), die Silbenanzahl von 10.656 auf 10.471 (-185; -1,7%) und die Satzanzahl von 365 auf 256 (-109; -29,9%).

Tab. 65: Indikatoren des Hauptteils von IAS 37 auf Basis der Flesch Reading Ease-Index-Maske im Zeitablauf

Standards Hauptteil *Flesch* IAS 37	**Kurzfristige Entwicklung**								
	2005	**2006**	**2007**	**2008**	**2009**	**2010**	**2011**	**2012**	**kumulierte Veränderung 2005–2012**
Zeichenanzahl insgesamt	**33.420**	**33.538**	**33.467**	**33.510**	**33.510**	**33.510**	**33.601**	**33.601**	
absolute Veränderung zur Vorperiode	–	+118	–71	+43	0	0	+91	0	+181
relative Veränderung zur Vorperiode	–	+0,4%	–0,2%	+0,1%	0,0%	0,0%	+0,3%	0,0%	+0,5%
Zeichenanzahl insgesamt (Leerzeichen)	**40.106**	**40.567**	**40.469**	**40.531**	**40.536**	**40.536**	**40.652**	**40.649**	
absolute Veränderung zur Vorperiode	–	+461	–98	+62	+5	0	+116	–3	+543
relative Veränderung zur Vorperiode	–	+1,1%	–0,2%	+0,2%	+0,0%	0,0%	+0,3%	–0,0%	+1,4%
Buchstaben-/Nummernanzahl insgesamt	**32.683**	**32.782**	**32.711**	**32.756**	**32.756**	**32.756**	**32.844**	**32.846**	
absolute Veränderung zur Vorperiode	–	+99	–71	+45	0	0	+88	+2	+163
relative Veränderung zur Vorperiode	–	+0,3%	–0,2%	+0,1%	0,0%	0,0%	+0,3%	+0,0%	+0,5%
Wortanzahl insgesamt	**6.457**	**6.467**	**6.455**	**6.473**	**6.473**	**6.472**	**6.495**	**6.495**	
absolute Veränderung zur Vorperiode	–	+10	–12	+18	0	–1	+23	0	+38
relative Veränderung zur Vorperiode	–	+0,2%	–0,2%	+0,3%	0,0%	–0,0%	+0,4%	0,0%	+0,6%

Standards Hauptteil *Flesch* **IAS 37**	**Kurzfristige Entwicklung (Fortsetzung)**								
	2005	**2006**	**2007**	**2008**	**2009**	**2010**	**2011**	**2012**	**kumulierte Veränderung 2005–2012**
Anzahl an komplexen Wörtern	**1.289**	**1.293**	**1.289**	**1.288**	**1.288**	**1.288**	**1.291**	**1.291**	
absolute Veränderung zur Vorperiode	–	+4	–4	–1	0	0	+3	0	+2
relative Veränderung zur Vorperiode	–	+0,3%	–0,3%	–0,1%	0,0%	0,0%	+0,2%	0,0%	+0,2%
Silbenanzahl insgesamt	**10.426**	**10.459**	**10.436**	**10.471**	**10.471**	**10.471**	**10.497**	**10.497**	
absolute Veränderung zur Vorperiode	–	+33	–23	+35	0	0	+26	0	+71
relative Veränderung zur Vorperiode	–	+0,3%	–0,2%	+0,3%	0,0%	0,0%	+0,2%	0,0%	+0,7%
Satzanzahl insgesamt	**256**	**257**	**257**	**256**	**256**	**256**	**257**	**257**	
absolute Veränderung zur Vorperiode	–	+1	0	–1	0	0	+1	0	+1
relative Veränderung zur Vorperiode	–	+0,4%	0,0%	–0,4%	0,0%	0,0%	+0,4%	0,0%	+0,4%

	Langfristige Entwicklung				
	1995	**2000**	**2005**	**2010**	**kumulierte Veränderung 1995–2010**
Zeichenanzahl insgesamt		**34.691**	**33.420**	**33.510**	
absolute Veränderung zur Vorperiode	–	–	–1.271	+90	–
relative Veränderung zur Vorperiode	–	–	–3,7%	+0,3%	–
Zeichenanzahl insgesamt (Leerzeichen)		**41.786**	**40.106**	**40.536**	
absolute Veränderung zur Vorperiode	–	–	–1.680	+430	–
relative Veränderung zur Vorperiode	–	–	–4,0%	+1,1%	–
Buchstaben-/Nummernanzahl insgesamt		**33.814**	**32.683**	**32.756**	
absolute Veränderung zur Vorperiode	–	–	–1.131	+73	–
relative Veränderung zur Vorperiode	–	–	–3,3%	+0,2%	–

	Langfristige Entwicklung (Fortsetzung)				
	1995	**2000**	**2005**	**2010**	**kumulierte Veränderung 1995–2010**
Wortanzahl insgesamt		**6.577**	**6.457**	**6.472**	
absolute Veränderung zur Vorperiode	–	–	−120	+15	–
relative Veränderung zur Vorperiode	–	–	−1,8%	+0,2%	–
Anzahl an komplexen Wörtern		**1.305**	**1.289**	**1.288**	
absolute Veränderung zur Vorperiode	–	–	−16	−1	–
relative Veränderung zur Vorperiode	–	–	−1,2%	−0,1%	–
Silbenanzahl insgesamt		**10.656**	**10.426**	**10.471**	
absolute Veränderung zur Vorperiode	–	–	−230	+45	–
relative Veränderung zur Vorperiode	–	–	−2,2%	+0,4%	–
Satzanzahl insgesamt		**365**	**256**	**256**	
absolute Veränderung zur Vorperiode	–	–	−109	0	–
relative Veränderung zur Vorperiode	–	–	−29,9%	0,0%	–

Im Ergebnis zeigt sich, dass keine eindeutige Entwicklungsrichtung anhand der Ergebnisse zum Bilanzierungsbereich Rückstellungen, Eventualverbindlichkeiten und Eventualforderungen nach IAS 37 auszumachen ist. Wie die einzelnen Indikatoren, insbesondere im langfristigen Zeitablauf, darlegen, sind die Messwerte in diesem Bilanzierungsbereich eher von einer Abnahme als einer Zunahme betroffen. Beispielsweise reduziert sich neben der Seiten- auch die Paragrafenanzahl (vgl. Tab. 58 und Tab. 60). Lediglich kurzfristig lassen sich einzelne ausgewählte Indikatoren identifizieren, die eine (deutliche) Zunahme der Messwerte belegen können. Hierzu zählt z.B. die Entwicklung der Zeilenanzahl im Hauptteil des Standards (vgl. Tab. 63).

Zusammenfassend vermitteln die Ergebnisse aus der quantitativen Inhaltsanalyse zur IFRS-Regelkomplexität ein überwiegend klares Bild. Die Indikatoren der einzelnen Bilanzierungsbereiche zeigen nahezu ausschließlich Zunahmen. Das betrifft insbesondere Finanzinstrumente (IFRS 7, IFRS 9, IAS 30, IAS 32 und IAS 39), Ertragsteuern (IAS 12) und Leasingverhältnisse (IAS 17). Dort steigen die Messwerte sowohl im Rahmen der kurz- als auch langfristigen Betrachtung an. Ein gemischtes Bild liefert die Untersuchung von Leistungen an Arbeitnehmer (IAS 19). Die Resultate zeigen langfristig einen Anstieg der Indikatoren und kurzfristig einen Rückgang. Vermutlich ist diese Entwicklung auf das Reformprojekt von IAS 19 im Jahr 2011 zurückzuführen, das materielle Erleichterungen zur Folge hatte. Im Bilanzierungsbereich Rückstellungen, Eventualverbindlichkeiten und Eventualforderungen (IAS 37) sind die empirischen Befunde nicht eindeutig. Langfristig sind die Indikatoren zu IAS 37 von Zu- und Abnahmen annähernd gleichermaßen betroffen, wobei Rückgänge wohl überwiegen. Kurzfristig lässt sich anhand einzelner ausgewählter Messwerte ein vorsichtiger, zunehmender Entwicklungstrend zumindest nicht widerlegen. Um die empirischen Befunde zu den ausgewählten Bilanzierungsbereichen zu stützen und/oder klarzustellen, werden weitere Analysen durchgeführt.

Eine Aussage hinsichtlich einer Zu- oder Abnahme der IFRS-Regelkomplexität ist (noch) nicht möglich. Hierfür ist die Entwicklung der allgemeinen Umweltkomplexität zu berücksichtigen und mit derjenigen der Indikatoren der einzelnen Bilanzierungsbereiche abzugleichen.[340] Zudem sind die Untersuchungen der Abbildungsregeln (IFRS-Regelkomplexität) und des Abbildungsergebnisses (IFRS-Rechnungslegungskomplexität) anhand einer Lesbarkeitsanalyse abzuwarten.[341]

4.5.1.3 Lesbarkeitsanalyse ausgewählter IFRS-Bilanzierungsbereiche

Nachstehend finden sich die Ergebnisse aus der Lesbarkeitsanalyse zur IFRS-Regelkomplexität von Finanzinstrumenten (IAS 39; Dritter Teil: Kap. 4.5.1.3.1), Ertragsteuern (IAS 12; Dritter Teil: Kap. 4.5.1.3.2), Leasingverhältnissen (IAS 17; Dritter Teil: Kap. 4.5.1.3.3) und Leistungen an Arbeitnehmer (IAS 19; Dritter Teil: Kap. 4.5.1.3.4) sowie Rückstellungen, Eventualverbindlichkeiten und Eventualforderungen (IAS 37; Dritter Teil: Kap. 4.5.1.3.5).

4.5.1.3.1 Finanzinstrumente

Die Lesbarkeitsanalyse erfasst die Textkomplexität, die als eine Facette der IFRS-Regelkomplexität aufgefasst wird. Eine Verschlechterung der Lesbarkeit kann – unter Berücksichtigung einer vorsichtigen und behutsamen Ergebnisinterpretation sowie einer Betonung der Limitationen – als erstes Indiz für eine Komplexitätszunahme dienen, eine Verbesserung der Lesbarkeit als Komplexitätsabnahme.[342] Endgültige Aussagen zu den einzelnen Standards hinsichtlich einer Zu- oder Abnahme der IFRS-Regelkomplexität sind an dieser Stelle allerdings (noch) nicht möglich. Es werden zwar die (Teil-)Ergebnisse zur IFRS-Regelkomplexität aus der Lesbarkeitsanalyse mit denjenigen aus der quantitativen Inhaltsanalyse einzelner Bilanzierungsbereiche verknüpft. Allerdings muss dabei auch die Entwicklung der allgemeinen Umweltkomplexität berücksichtigt werden.[343]

Als Lesbarkeitsindizes dienen an dieser Stelle der GUNNING *Fog*-, der *Flesch Reading Ease*- und der *Flesch Reading Ease-Index 2013*. Eine Zunahme des GUNNING

---

340 Vgl. Dritter Teil: Kap. 4.5.1.3.1 und 4.5.2.4.

341 Vgl. Dritter Teil: Kap. 4.5.1.3 und 4.5.2.1.

342 Vgl. zur Auswahl und Begründung der Lesbarkeitsindizes Dritter Teil: Kap. 4.1.2.

343 Vgl. Dritter Teil: Kap. 4.5.2.4.

Fog-Index bzw. eine Abnahme des *Flesch Reading Ease-* und des *Flesch Reading Ease-Index 2013* bedeuten eine Verschlechterung der Lesbarkeit im Zeitablauf und vice versa. Wichtig ist nochmals zu betonen, dass sich die Lesbarkeitsanalyse lediglich auf den Hauptteil, nicht auf den vollumfänglichen IFRS-Standard bezieht.[344]

IAS 39 befasst sich im Wesentlichen mit der bilanziellen Behandlung von finanziellen Vermögenswerten und finanziellen Verbindlichkeiten. 2009 und 2010 sind zentrale Vorschriften von IAS 39 durch IFRS 9 ersetzt worden.[345] Die untersuchten Versionen von IAS 39 berücksichtigen die vorgenommenen Änderungen durch die Einführung von IFRS 9.

In Tab. 66 finden sich die empirischen Befunde zur Lesbarkeitsanalyse des Standards IAS 39. Dort zeichnen sich zwei Entwicklungen ab. Einerseits kommt es kurzfristig zu einer Verbesserung der Lesbarkeit und andererseits langfristig zu einer Verschlechterung derselbigen. Sowohl von 2000 bis 2010 als auch von 2000 bis 2012 (langfristige Betrachtung) zeigen die Lesbarkeitsindizes eine Verschlechterung. Der GUNNING *Fog-Index* erhöht sich von 18,07 auf 21,51 (+3,44; +19,0% (nicht tabelliert)) bzw. von 18,07 auf 20,73 (+2,66; +14,7% (nicht tabelliert)). Mit Bezug zur ordinalen Klassifikation des Index ergäben sich keine Veränderungen. Der Text würde sowohl im Jahr 2000 als auch in den Jahren 2010 und 2012 in die Kategorie als nahezu unlesbar eingestuft werden. Auch die Resultate des herkömmlichen (*Flesch Reading Ease-Index*) und des modifizierten (*Flesch Reading Ease-Index 2013*) *Flesch Reading Ease-Index* bestätigen den langfristigen Trend einer Verschlechterung der Lesbarkeit von IAS 39. Diese Indizes drücken aber eine Verschlechterung der Lesbarkeit – im Gegensatz zum GUNNING *Fog-Index* – nicht durch eine Zunahme des Indexwertes aus, sondern durch eine Abnahme desselbigen. So sinkt der herkömmliche *Flesch Reading Ease-Index* von 46,7 auf 36,6 (2000–2010: -10,1; -21,6% (nicht tabelliert)) und von 46,7 auf 39,4 (2000–2012: -7,3; -15,6% (nicht tabelliert)). Der *Flesch Reading Ease-Index 2013* (1,25) nimmt ebenfalls in diesen Zeiträumen ab (2000–2010: -15,26; -30,6% bzw. 2000–2012: -11,19; -22,4% (jeweils nicht tabelliert)). Mit Bezug zu der ordinalen Klassifiaktion des (herkömmlichen und modifizierten) *Flesch Reading Ease-Index* ergäben sich für dieses Beispiel ebenfalls keine Änderungen. Es würde sich in den betrachteten Jahren 2000, 2010 und 2012 um einen schwierigen Text handeln, der wohl z.B. erst nach dem Besuch eines Gymnasiums gelesen und auch verstanden werden könnte.

Kurzfristig deutet sich eine Trendwende an, da die empirischen Befunde der drei Indizes eine Verbesserung der Lesbarkeit anzeigen. So fällt der GUNNING

---

344 Vgl. Dritter Teil: Kap. 4.3.1.

345 Vgl. PELLENS ET AL. (2014), Internationale Rechnungslegung, S. 562–564; vgl. ebenso Dritter Teil: Kap. 4.5.1.2.1. Für Unternehmen, die IAS 39 anwenden (müssen), gilt weiterhin eine Version von IAS 39, die die vorgenommenen Änderungen durch die Einführung von IFRS 9 nicht enthält (vgl. PELLENS ET AL. (2014), Internationale Rechnungslegung, S. 562–564).

Fog-Index von 22,28 auf 20,73 (2005–2012: -1,55; -7,0%) und impliziert eine Vereinfachung der Lesbarkeit von IAS 39 im Zeitablauf. In die gleiche Richtung zeigt auch die Entwicklung des (herkömmlichen und modifizierten) *Flesch Reading Ease-Index*, die eine verbesserte Lesbarkeit durch eine Zunahme des Indexwertes zum Ausdruck bringen. Von 2005 bis 2012 erhöht sich der *Flesch Reading Ease-Index* von 34,4 auf 39,4 (+5,0; +14,5%) und der *Flesch Reading Ease-Index 2013* (1,5) von 37,41 auf 46,51 (+9,10; +24,3%). Gleichwohl würde die Entwicklung der dargestellten Indexwerte sowohl für den Gunning *Fog-Index* als auch für den *Flesch Reading Ease-Index* keine Veränderung der ordinalen Klassifikation bewirken. Zum einen würde der Text in den Jahren 2005 und 2012 als nahezu unlesbar eingestuft werden (Gunning *Fog-Index*). Zum anderen würde die Lesbarkeit des Standardtextes im Hinblick auf den (herkömmlichen und modifizierten) *Flesch Reading Ease-Index* in die Kategorie eines schwierig zu lesenden Textes fallen (2005) und auch dort verbleiben (2012).

Tab. 66: Lesbarkeit des Hauptteils von IAS 39 im Zeitablauf

Lesbarkeit IAS 39	**Kurzfristige Entwicklung**								
	2005	**2006**	**2007**	**2008**	**2009**	**2010**	**2011**	**2012**	**kumulierte Veränderung 2005–2012**
Gunning *Fog-Index*	**22,28**	**22,29**	**22,28**	**22,25**	**22,16**	**21,51**	**20,81**	**20,73**	
absolute Veränderung zur Vorperiode	–	+0,01	–0,01	–0,03	–0,09	–0,65	–0,70	–0,08	–1,55
relative Veränderung zur Vorperiode	–	+0,0%	–0,0%	–0,1%	–0,4%	–2,9%	–3,3%	–0,4%	–7,0%
Flesch Reading Ease-Index	**34,4**	**33,6**	**33,6**	**33,7**	**34,4**	**36,6**	**38,9**	**39,4**	
absolute Veränderung zur Vorperiode	–	–0,8	0	+0,1	+0,7	+2,2	+2,3	+0,5	+5,0
relative Veränderung zur Vorperiode	–	–2,3%	0,0%	+0,3%	+2,1%	+6,4%	+6,3%	+1,3%	+14,5%
***Flesch Reading Ease-Index 2013* (0,5)**	**12,47**	**12,17**	**12,19**	**12,23**	**12,65**	**13,88**	**15,23**	**15,50**	
absolute Veränderung zur Vorperiode	–	–0,30	+0,02	+0,04	+0,43	+1,22	+1,35	+0,28	+3,03
relative Veränderung zur Vorperiode	–	–2,4%	+0,2%	+0,3%	+3,5%	+9,7%	+9,7%	+1,8%	+24,3%
***Flesch Reading Ease-Index 2013* (0,75)**	**18,70**	**18,25**	**18,28**	**18,34**	**18,98**	**20,81**	**22,84**	**23,25**	
absolute Veränderung zur Vorperiode	–	–0,46	+0,03	+0,06	+0,64	+1,83	+2,02	+0,42	+4,55
relative Veränderung zur Vorperiode	–	–2,4%	+0,2%	+0,3%	+3,5%	+9,7%	+9,7%	+1,8%	+24,3%

Lesbarkeit IAS 39	**Kurzfristige Entwicklung (Fortsetzung)**								
	2005	**2006**	**2007**	**2008**	**2009**	**2010**	**2011**	**2012**	**kumulierte Veränderung 2005–2012**
Flesch Reading Ease-Index 2013 **(1,0)**	**24,94**	**24,33**	**24,37**	**24,46**	**25,31**	**27,75**	**30,45**	**31,01**	
absolute Veränderung zur Vorperiode	–	−0,61	+0,04	+0,08	+0,85	+2,45	+2,70	+0,55	+6,07
relative Veränderung zur Vorperiode	–	−2,4%	+0,2%	+0,3%	+3,5%	+9,7%	+9,7%	+1,8%	+24,3%
Flesch Reading Ease-Index 2013 **(1,25)**	**31,17**	**30,42**	**30,46**	**30,57**	**31,63**	**34,69**	**38,06**	**38,76**	
absolute Veränderung zur Vorperiode	–	−0,76	+0,05	+0,11	+1,06	+3,06	+3,37	+0,69	+7,58
relative Veränderung zur Vorperiode	–	−2,4%	+0,2%	+0,3%	+3,5%	+9,7%	+9,7%	+1,8%	+24,3%
Flesch Reading Ease-Index 2013 **(1,5)**	**37,41**	**36,50**	**36,56**	**36,68**	**37,96**	**41,63**	**45,68**	**46,51**	
absolute Veränderung zur Vorperiode	–	−0,91	+0,06	+0,13	+1,28	+3,67	+4,05	+0,83	+9,10
relative Veränderung zur Vorperiode	–	−2,4%	+0,2%	+0,3%	+3,5%	+9,7%	+9,7%	+1,8%	+24,3%

	Langfristige Entwicklung				
	1995	**2000**	**2005**	**2010**	**kumulierte Veränderung 1995–2010**
GUNNING ***Fog-Index***		**18,07**	**22,28**	**21,51**	
absolute Veränderung zur Vorperiode	–	–	+4,21	−0,77	–
relative Veränderung zur Vorperiode	–	–	+23,3%	−3,5%	–
Flesch Reading Ease-Index		**46,7**	**34,4**	**36,6**	
absolute Veränderung zur Vorperiode	–	–	−12,3	+2,2	–
relative Veränderung zur Vorperiode	–	–	−26,3%	+6,4%	–
Flesch Reading Ease-Index 2013 **(0,5)**		**19,98**	**12,47**	**13,88**	
absolute Veränderung zur Vorperiode	–	–	−7,51	+1,41	–
relative Veränderung zur Vorperiode	–	–	−37,6%	+11,3%	–

	Langfristige Entwicklung (Fortsetzung)				
	1995	**2000**	**2005**	**2010**	**kumulierte Veränderung 1995–2010**
***Flesch Reading Ease-Index 2013* (0,75)**		**29,97**	**18,70**	**22,84**	
absolute Veränderung zur Vorperiode	–	–	−11,27	+4,13	–
relative Veränderung zur Vorperiode	–	–	−37,6%	+22,1%	–
***Flesch Reading Ease-Index 2013* (1,0)**		**39,96**	**24,94**	**30,45**	
absolute Veränderung zur Vorperiode	–	–	−15,02	+5,51	–
relative Veränderung zur Vorperiode	–	–	−37,6%	+22,1%	–
***Flesch Reading Ease-Index 2013* (1,25)**		**49,95**	**31,17**	**34,69**	
absolute Veränderung zur Vorperiode	–	–	−18,78	+3,52	–
relative Veränderung zur Vorperiode	–	–	−37,6%	+11,3%	–
***Flesch Reading Ease-Index 2013* (1,5)**		**59,93**	**37,41**	**41,63**	
absolute Veränderung zur Vorperiode	–	–	−22,52	+4,22	–
relative Veränderung zur Vorperiode	–	–	−37,6%	+11,3%	–

Im Ergebnis deutet sich eine Trendwende bei der Lesbarkeit von IAS 39 an. Langfristig zeigen die empirischen Befunde eine Verschlechterung der Lesbarkeit. Kurzfristig kommt es allerdings zu einer Verbesserung, da die Indexwerte im Zeitablauf abnehmen (GUNNING *Fog-Index*) bzw. zunehmen (*Flesch Reading Ease-Index*, *Flesch Reading Ease-Index 2013*). Vermutlich spiegelt sich in dieser Entwicklung auch die Überarbeitung von IAS 39 wider, in deren Rahmen u. a. wesentliche Bilanzierungsvorschriften auf IFRS 9 übertragen wurden. Im Übrigen sind die Ergebnisse aus der Lesbarkeitsanalyse zu IFRS 9 zweigeteilt. Während die Entwicklung des GUNNING *Fog-Index* eine Verbesserung der Lesbarkeit von 2010 bis 2012 impliziert (-0,98; -7,0% (nicht im Anhang tabelliert)), deuten der herkömmliche und der modifizierte *Flesch Reading Ease-Index* eine Verschlechterung derselbigen im gleichen Zeitraum an (-4,5; -11,3% bzw. -12,71; -50,0% mit Lesereigenschaften von 0,5 (nicht im Anhang tabelliert)).[346]

346 Vgl. Anhang 10.

Die Ergebnisse aus der quantitativen Inhaltsanalyse zu Finanzinstrumente können durch die Lesbarkeitsanalyse (weitgehend) gestützt werden. Die Resultate aus der quantitativen Inhaltsanalyse zeigen z. T. drastische Zunahmen bei den Indikatoren. Die überwiegende Anzahl der Messwerte steigt kurz- und langfristig an.[347] Diese Entwicklung dokumentiert sich auch an dieser Stelle. Hierfür sind die Ergebnisse zur Lesbarkeit von IAS 39 gemeinsam mit den Resultaten zur Lesbarkeit von IFRS 9 zu betrachten. So zeigen die Resultate zu IAS 39 eine langfristige Verschlechterung der Lesbarkeit des Standards. Kurzfristig kommt es – zumindest auf den ersten Blick – zu einer Verbesserung der Lesbarkeit von IAS 39. Allerdings wird diese durch die Verschlechterung der Lesbarkeit von IFRS 9 aufgehoben, sodass sich im Endeffekt die Lesbarkeit auch kurzfristig in diesem Bilanzierungsbereich verschlechtert. Eine Trendwende, wie eine alleinige Betrachtung der Lesbarkeitsanalyse zu IAS 39 nahelegt, bestätigt sich somit letztlich nicht.

4.5.1.3.2 Ertragsteuern

Tab. 67 illustriert die Ergebnisse hinsichtlich der Lesbarkeit des Standards IAS 12 im Zeitablauf. Dort zeigen sich zwei Entwicklungen. Langfristig kommt es zu einem Anstieg des Schwierigkeitsgrads bei der Lesbarkeit von IAS 12, kurzfristig zu einer Vereinfachung desselbigen. Von 1995 bis 2010 (langfristige Betrachtung) steigt der GUNNING *Fog-Index* von 14,58 auf 18,15 an (+3,57; +24,5%). Auch eine Anlehnung an den Zeitraum von 1995 bis 2012 zeigt eine ähnlich starke Zunahme des Lesbarkeitsindex von 14,58 (1995) auf 17,97 (2012) im Zeitablauf (+3,39; +23,3% (nicht tabelliert)). Mit Bezug zu der ordinalen Klassifikation des GUNNING *Fog-Index* könnte davon gesprochen werden, dass sich der Hauptteil des IAS 12 von einem Fachtext (1995) zu einem nahezu unlesbaren Text (2010) entwickelt. Die langfristige Entwicklung bestätigt auch der *Flesch Reading Ease-Index*, der – im Gegensatz zum GUNNING *Fog-Index* – eine Zunahme des Schwierigkeitsgrads bei der Lesbarkeit nicht durch eine Zunahme des Indexwertes ausdrückt, sondern durch eine Abnahme desselbigen. Die Reduzierung des *Flesch Reading Ease-Index* von 55,4 im Jahr 1995 auf 45,0 im Jahr 2010 (-10,4; -18,8%) bedeutet demnach eine Verschlechterung der Lesbarkeit des Textes. Mit Bezug zu der ordinalen Klassifikation des *Flesch Reading Ease-Index* würde es sich um einen schwierigen Text handeln, der wohl z. B. erst nach dem Besuch eines Gymnasiums gelesen und auch verstanden werden könnte (2010). In die gleiche Richtung weist auch die langfristige Entwicklung des *Flesch Reading Ease-Index 2013*. Im Zusammenhang mit IAS 12 zeigt der Index einen klaren zunehmenden Trend im Zeitablauf. Von 1995 bis 2010 weist der *Flesch Reading Ease-Index 2013* einen Anstieg von +23,0% (0,75 und 1,0) bzw. von +24,4% (0,5, 1,25 und 1,5) auf.[348]

347 Vgl. Dritter Teil: Kap. 4.5.1.2.1.
348 Vgl. Dritter Teil: Kap. 4.3.1.1.

Tab. 67: Lesbarkeit des Hauptteils von IAS 12 im Zeitablauf

Lesbarkeit IAS 12	**Kurzfristige Entwicklung**								
	2005	**2006**	**2007**	**2008**	**2009**	**2010**	**2011**	**2012**	**kumulierte Veränderung 2005–2012**
GUNNING *Fog-Index*	**18,18**	**18,15**	**18,14**	**18,15**	**18,15**	**18,15**	**18,06**	**17,97**	
absolute Veränderung zur Vorperiode	–	−0,03	−0,01	+0,01	0	0	−0,09	−0,09	−0,21
relative Veränderung zur Vorperiode	–	−0,2%	−0,1%	+0,1%	0,0%	0,0%	−0,5%	−0,5%	−1,2%
Flesch Reading Ease-Index	**45,8**	**45,7**	**45,9**	**45,0**	**45,0**	**45,0**	**45,8**	**45,9**	
absolute Veränderung zur Vorperiode	–	−0,1	+0,2	−0,9	0	0	+0,8	+0,1	+0,1
relative Veränderung zur Vorperiode	–	−0,2%	+0,4%	−2,0%	0,0%	0,0%	+1,8%	+0,2%	+0,2%
***Flesch Reading Ease-Index 2013* (0,5)**	**19,31**	**19,33**	**19,40**	**18,96**	**18,96**	**19,01**	**19,37**	**19,44**	
absolute Veränderung zur Vorperiode	–	+0,01	+0,07	−0,44	0	+0,05	+0,36	+0,07	+0,12
relative Veränderung zur Vorperiode	–	+0,1%	+0,4%	−2,3%	0,0%	+0,3%	+1,9%	+0,3%	+0,6%
***Flesch Reading Ease-Index 2013* (0,75)**	**28,97**	**28,99**	**29,10**	**28,44**	**28,44**	**28,51**	**29,05**	**29,15**	
absolute Veränderung zur Vorperiode	–	+0,02	+0,10	−0,66	0	+0,07	+0,54	+0,10	+0,18
relative Veränderung zur Vorperiode	–	+0,1%	+0,4%	−2,3%	0,0%	+0,3%	+1,9%	+0,3%	+0,6%
***Flesch Reading Ease-Index 2013* (1,0)**	**38,63**	**38,65**	**38,79**	**37,92**	**37,92**	**38,02**	**38,74**	**38,87**	
absolute Veränderung zur Vorperiode	–	+0,03	+0,14	−0,87	0	+0,10	+0,72	+0,13	+0,24
relative Veränderung zur Vorperiode	–	+0,1%	+0,4%	−2,3%	0,0%	+0,3%	+1,9%	+0,3%	+0,6%
***Flesch Reading Ease-Index 2013* (1,25)**	**48,29**	**48,32**	**48,49**	**47,40**	**47,40**	**47,52**	**48,42**	**48,59**	
absolute Veränderung zur Vorperiode	–	+0,03	+0,17	−1,09	0	+0,12	+0,90	+0,17	+0,30
relative Veränderung zur Vorperiode	–	+0,1%	+0,4%	−2,3%	0,0%	+0,3%	+1,9%	+0,3%	+0,6%

Lesbarkeit IAS 12	**Kurzfristige Entwicklung (Fortsetzung)**								
	2005	**2006**	**2007**	**2008**	**2009**	**2010**	**2011**	**2012**	**kumulierte Veränderung 2005–2012**
***Flesch Reading Ease-Index 2013* (1,5)**	**57,94**	**57,98**	**58,19**	**56,88**	**56,88**	**57,03**	**58,11**	**58,31**	
absolute Veränderung zur Vorperiode	–	+0,04	+0,21	−1,31	0	+0,14	+1,08	+0,20	+0,37
relative Veränderung zur Vorperiode	–	+0,1%	+0,4%	−2,3%	0,0%	+0,3%	+1,9%	+0,3%	+0,6%

	Langfristige Entwicklung				
	1995	**2000**	**2005**	**2010**	**kumulierte Veränderung 1995–2010**
Gunning *Fog-Index*	**14,58**	**15,97**	**18,18**	**18,15**	
absolute Veränderung zur Vorperiode	–	+1,39	+2,21	−0,03	+3,57
relative Veränderung zur Vorperiode	–	+9,5%	+13,8%	−0,2%	+24,5%
Flesch Reading Ease-Index	**55,4**	**51,6**	**45,8**	**45,0**	
absolute Veränderung zur Vorperiode	–	−3,8	−5,8	−0,8	−10,4
relative Veränderung zur Vorperiode	–	−6,9%	−11,2%	−1,7%	−18,8%
***Flesch Reading Ease-Index 2013* (0,5)**	**25,14**	**22,99**	**19,31**	**19,01**	
absolute Veränderung zur Vorperiode	–	−2,15	−3,68	−0,31	−6,13
relative Veränderung zur Vorperiode	–	−8,6%	−16,0%	−1,6%	−24,4%
***Flesch Reading Ease-Index 2013* (0,75)**	**37,71**	**34,48**	**28,97**	**29,05**	
absolute Veränderung zur Vorperiode	–	−3,23	−5,51	+0,08	−8,66
relative Veränderung zur Vorperiode	–	−8,6%	−16,0%	+0,3%	−23,0%
***Flesch Reading Ease-Index 2013* (1,0)**	**50,28**	**45,97**	**38,63**	**38,74**	
absolute Veränderung zur Vorperiode	–	−4,31	−7,34	+0,11	−11,54
relative Veränderung zur Vorperiode	–	−8,6%	−16,0%	+0,3%	−23,0%

	Langfristige Entwicklung (Fortsetzung)				
	1995	**2000**	**2005**	**2010**	**kumulierte Veränderung 1995–2010**
***Flesch Reading Ease-Index 2013* (1,25)**	**62,85**	**57,47**	**48,29**	**47,52**	
absolute Veränderung zur Vorperiode	–	−5,38	−9,18	−0,76	−15,33
relative Veränderung zur Vorperiode	–	−8,6%	−16,0%	−1,6%	−24,4%
***Flesch Reading Ease-Index 2013* (1,5)**	**75,42**	**68,96**	**57,94**	**57,03**	
absolute Veränderung zur Vorperiode	–	−6,46	−11,02	−0,92	−18,39
relative Veränderung zur Vorperiode	–	−8,6%	−16,0%	−1,6%	−24,4%

Kurzfristig stellt sich die Situation hingegen umgekehrt dar. So zeigt der GUNNING *Fog-Index* von 2005 bis 2012 eine Abnahme von 18,18 auf 17,97 (-0,21; -1,2%) und impliziert somit eine Vereinfachung der Lesbarkeit. Ähnliches gilt auch für den herkömmlichen und den modifizierten *Flesch Reading Ease-Index*, die jeweils im gleichen Zeitraum ansteigen (+0,2% bzw. +0,6%) und deswegen ebenfalls eine Vereinfachung der Lesbarkeit signalisieren. Beispielsweise steigt der *Flesch Reading Ease-Index* von 45,8 auf 45,9 (+0,1; +0,2%) und der *Flesch Reading Ease-Index 2013* mit Lesereigenschaften von 1,5 um 0,37 auf 58,31 (+0,6) an. Dabei würde der Text, sofern der ordinalen Klassifikation des Index gefolgt wird, in der Kategorie eines etwas schwierigen Textes verbleiben.

Im Ergebnis implizieren die Indizes zu IAS 12 eine langfristige Zunahme des Schwierigkeitsgrads bei der Lesbarkeit des Standards. Somit verschlechtert sich wohl ebenso das Verständnis des Lesers in Bezug auf die Regelungen zur Bilanzierung von tatsächlichen und latenten Steuern. Gleichwohl zeigen sich kurzfristig auch Anzeichen einer Verbesserung der Lesbarkeit von IAS 12. Diese deuten ggf. auf eine Trendwende hin. Um letztlich ein klare Aussage treffen zu können, ist es notwendig, die Ergebnisse aus der quantitativen Inhaltsanalyse zu IAS 12 zu berücksichtigen.

Die Ergebnisse aus der quantitativen Inhaltsanalyse zu Ertragsteuern können durch die Lesbarkeitsanalyse (weitgehend) gestützt werden. Eine Trendwende, wie die Lesbarkeitsanalyse nahelegt, bestätigt sich aber nicht. Die Resultate aus der quantitativen Inhaltsanalyse zeichnen im Trend eine Zunahme bei den Messwerten. Die Indikatoren nehmen sowohl kurz- als auch langfristig zu.[349] Die Lesbarkeitsanalyse zu IAS 12 bestätigt den Trend für die langfristige Entwicklung.

349 Vgl. Dritter Teil: Kap. 4.5.1.2.2.

Dort kommt es zu einer Verschlechterung der Lesbarkeit. Die Resultate aus der Lesbarkeitsanalyse zur kurzfristigen Entwicklung widersprechen allerdings denjenigen aus der quantitativen Inhaltsanalyse. Kurzfristig findet eine Verbesserung der Lesbarkeit statt.

4.5.1.3.3 Leasingverhältnisse

Die Ergebnisse zur Lesbarkeit des Standards IAS 17 sind in Tab. 68 abgetragen. Dort zeigt sich sowohl kurz- als auch langfristig eine Verschlechterung der Lesbarkeit in diesem Bereich. So erhöht sich der GUNNING *Fog-Index* langfristig von 14,42 (1995) auf 16,88 (2010), was einer Zunahme von +2,46 (+17,1%) entspricht. Von 2005 bis 2012 steigt der Index lediglich marginal, aber dennoch von 16,83 auf 16,85 (+0,02; +0,1%) an. Mit Bezug zu der ordinalen Klassifikation des Index würde es sich sowohl kurz- als auch langfristig um einen schwer zu lesenden Text handeln. Eine ähnliche Entwicklung zeigt sich auch für den herkömmlichen *Flesch Reading Ease-Index*, der langfristig von 60,2 auf 53,1 (1995–2010: -7,1; -11,8%) sinkt. An der Einordnung als etwas schwieriger Text würde sich, sofern der ordinalen Klassifikation des Index gefolgt wird, jedoch nichts ändern. Dennoch bleibt festzuhalten, dass sich auch hier der Schwierigkeitsgrad der Lesbarkeit von IAS 17 erhöht. In die gleiche Richtung verläuft der *Flesch Reading Ease-Index 2013*, der sich – z.B. bei einer Annahme der Lesereigenschaften von 0,75 – um -6,70 auf 34,51 reduziert (1995–2010: -16,3%) und folglich auch auf eine Verschlechterung der Lesbarkeit hindeutet.

Tab. 68: Lesbarkeit des Hauptteils von IAS 17 im Zeitablauf

Lesbarkeit IAS 17	**Kurzfristige Entwicklung**								
	2005	**2006**	**2007**	**2008**	**2009**	**2010**	**2011**	**2012**	**kumulierte Veränderung 2005–2012**
GUNNING *Fog-Index*	**16,83**	**16,77**	**16,77**	**16,98**	**17,00**	**16,88**	**16,88**	**16,85**	
absolute Veränderung zur Vorperiode	–	−0,06	0	+0,21	+0,02	−0,12	0	−0,03	+0,02
relative Veränderung zur Vorperiode	–	−0,4%	0,0%	+1,3%	+0,1%	−0,7%	0,0%	−0,2%	+0,1%
Flesch Reading Ease-Index	**54,3**	**53,8**	**53,8**	**53,2**	**53,1**	**53,1**	**53,1**	**53,3**	
absolute Veränderung zur Vorperiode	–	−0,5	0	−0,6	−0,1	0	0	+0,2	−1,0
relative Veränderung zur Vorperiode	–	−0,9%	0,0%	−1,1%	−0,2%	0,0%	0,0%	+0,4%	−1,8%

Lesbarkeit IAS 17	Kurzfristige Entwicklung (Fortsetzung)								
	2005	**2006**	**2007**	**2008**	**2009**	**2010**	**2011**	**2012**	**kumulierte Veränderung 2005–2012**
***Flesch Reading Ease-Index 2013* (0,5)**	**23,53**	**23,31**	**23,31**	**22,99**	**22,95**	**23,01**	**23,01**	**23,12**	
absolute Veränderung zur Vorperiode	–	−0,23	+0,01	−0,33	−0,03	+0,06	0	+0,12	−0,41
relative Veränderung zur Vorperiode	–	−1,0%	+0,0%	−1,4%	−0,2%	+0,2%	0,0%	+0,5%	−1,7%
***Flesch Reading Ease-Index 2013* (0,75)**	**35,30**	**34,96**	**34,97**	**34,48**	**34,43**	**34,51**	**34,51**	**34,69**	
absolute Veränderung zur Vorperiode	–	−0,34	+0,01	−0,49	−0,05	+0,08	0	+0,18	−0,61
relative Veränderung zur Vorperiode	–	−1,0%	+0,0%	−1,4%	−0,2%	+0,2%	0,0%	+0,5%	−1,7%
***Flesch Reading Ease-Index 2013* (1,0)**	**47,07**	**46,61**	**46,63**	**45,97**	**45,90**	**46,02**	**46,02**	**46,25**	
absolute Veränderung zur Vorperiode	–	−0,46	+0,01	−0,65	−0,07	+0,11	0	+0,23	−0,82
relative Veränderung zur Vorperiode	–	−1,0%	+0,0%	−1,4%	−0,2%	+0,2%	0,0%	+0,5%	−1,7%
***Flesch Reading Ease-Index 2013* (1,25)**	**58,84**	**58,27**	**58,28**	**57,47**	**57,38**	**57,52**	**57,52**	**57,81**	
absolute Veränderung zur Vorperiode	–	−0,57	+0,02	−0,82	−0,09	+0,14	0	+0,29	−1,02
relative Veränderung zur Vorperiode	–	−1,0%	+0,0%	−1,4%	−0,2%	+0,2%	0,0%	+0,5%	−1,7%
***Flesch Reading Ease-Index 2013* (1,5)**	**70,60**	**69,92**	**69,94**	**68,96**	**68,86**	**69,02**	**69,02**	**69,37**	
absolute Veränderung zur Vorperiode	–	−0,68	+0,02	−0,98	−0,10	+0,17	0	+0,35	−1,23
relative Veränderung zur Vorperiode	–	−1,0%	+0,0%	−1,4%	−0,2%	+0,2%	0,0%	+0,5%	−1,7%

	Langfristige Entwicklung				
	1995	**2000**	**2005**	**2010**	**kumulierte Veränderung 1995–2010**
Gunning *Fog-Index*	**14,42**	**14,31**	**16,83**	**16,88**	
absolute Veränderung zur Vorperiode	–	−0,11	+2,52	+0,05	+2,46
relative Veränderung zur Vorperiode	–	−0,8%	+17,6%	+0,3%	+17,1%

	Langfristige Entwicklung (Fortsetzung)				
	1995	**2000**	**2005**	**2010**	**kumulierte Veränderung 1995–2010**
Flesch Reading Ease-Index	**60,2**	**60,2**	**54,3**	**53,1**	
absolute Veränderung zur Vorperiode	–	0	–5,9	–1,2	–7,1
relative Veränderung zur Vorperiode	–	–	–9,8%	–2,2%	–11,8%
***Flesch Reading Ease-Index 2013* (0,5)**	**27,47**	**27,43**	**23,53**	**23,01**	
absolute Veränderung zur Vorperiode	–	–0,04	–3,90	–0,53	–4,46
relative Veränderung zur Vorperiode	–	–0,1%	–14,2%	–2,2%	–16,2%
***Flesch Reading Ease-Index 2013* (0,75)**	**41,21**	**41,14**	**35,30**	**34,51**	
absolute Veränderung zur Vorperiode	–	–0,07	–5,84	–0,79	–6,70
relative Veränderung zur Vorperiode	–	–0,2%	–14,2%	–2,2%	–16,3%
***Flesch Reading Ease-Index 2013* (1,0)**	**54,95**	**54,86**	**47,07**	**46,02**	
absolute Veränderung zur Vorperiode	–	–0,09	–7,79	–1,05	–8,93
relative Veränderung zur Vorperiode	–	–0,2%	–14,2%	–2,2%	–16,3%
***Flesch Reading Ease-Index 2013* (1,25)**	**68,68**	**68,57**	**58,84**	**57,52**	
absolute Veränderung zur Vorperiode	–	–0,11	–9,73	–1,32	–11,16
relative Veränderung zur Vorperiode	–	–0,2%	–14,2%	–2,2%	–16,2%
***Flesch Reading Ease-Index 2013* (1,5)**	**82,42**	**82,29**	**70,60**	**69,02**	
absolute Veränderung zur Vorperiode	–	–0,13	–11,69	–1,58	–13,40
relative Veränderung zur Vorperiode	–	–0,2%	–14,2%	–2,2%	–16,3%

Kurzfristig bestätigt sich die bereits langfristig identifizierte Entwicklung des (herkömmlichen und modifizierten) *Flesch Reading Ease-Index*. Der herkömmliche *Flesch Reading Ease-Index* geht im 7-Jahres-Betrachtungszeitraum von 54,3 auf 53,3 zurück (2005–2012: -1,0; -1,8%). Die ordinale Klassifikation des Textes als etwas schwierig würde davon unberührt bleiben. Gleiches gilt für den *Flesch Reading Ease-Index 2013*, der ebenfalls einen Rückgang in diesem Bilanzierungsbereich im Zeitablauf anzeigt. Bei angenommenen Lesereigenschaften von 1,5 sinkt der Index beispielsweise von 70,60 (2005) auf 69,37 (2012). Das entspricht einer Abnahme von -1,23 oder -1,7%. Allerdings wäre die ordinale Klassifikation des Textes in Abhängigkeit der Lesereigenschaften unterschiedlich. Im konkreten Fall, bei dem Lesereigenschaften mit 1,5 bewertet würden, käme es bei der angeführten Abnahme zu einer Herunterstufung des Textes. Die Kategorie würde sich ändern. Der Standardtext wäre nun nicht mehr als (etwas) leicht zu lesen einzustufen, sondern als durchschnittlich (schwierig) zu lesen.

Letztendlich sprechen die drei angeführten Lesbarkeitsindikatoren eine einheitliche Sprache. Der Hauptteil des Standards IAS 17 wird im Zeitverlauf schwieriger zu lesen. Sowohl kurz- als auch langfristig erhöht sich (GUNNING *Fog-Index*) bzw. sinkt (*Flesch Reading Ease-Index*) der jeweilige Lesbarkeitsindikator.

Zusammen mit der quantitativen Inhaltsanalyse ergibt die Lesbarkeitsanalyse ein klares Bild von IAS 17. Die Ergebnisse aus beiden Teilanalysen deuten kurz- und langfristig auf eine ähnliche Entwicklung in diesem Bilanzierungsbereich hin. So kommt es bei der quantitativen Inhaltsanalyse zu einem Anstieg der Messwerte, die sich vor allem auf den Hauptteil des Standards beziehen.[350] Bei der Lesbarkeitsanalyse deuten die empirischen Befunde eine Verschlechterung der Lesbarkeit im Zeitablauf an.

4.5.1.3.4 Leistungen an Arbeitnehmer

Im Folgenden finden sich in Tab. 69 die Ergebnisse hinsichtlich der Lesbarkeit des Hauptteils des Standards IAS 19. Langfristig ist dort eine Verbesserung der Lesbarkeit von 1995 bis 2010 festzustellen. Zum einen sinkt der GUNNING *Fog-Index* (-0,31; -1,7%). Dabei fällt auf, dass die Klassifikation im Zeitraum von 1995 bis 2012 unverändert bestehen bliebe. Der Text würde als nahezu unlesbar eingestuft werden. Einzige Ausnahme bildet hierbei das Jahr 2000, in dem der Index einen temporären Wert von 16,49 annimmt und damit in die Kategorie eines schwer lesbaren Textes fallen würde. Zum anderen nehmen der herkömmliche (1995–2010: +3,9; +9,1%) und der modifizierte *Flesch Reading Ease-Index*, z.B. bei einer angenommenen Lesereigenschaft von 1,25, im Zeitablauf zu (1995–2010: +3,47; +7,4%), was einer Einstufung als schwieriger Text auf Basis des herkömmlichen *Flesch Reading Ease-Index* entspräche (Ausnahme 2000: Einstufung in die Kategorie als etwas schwierig zu lesen).

350 Vgl. Dritter Teil: Kap. 4.5.1.2.3.

Tab. 69: Lesbarkeit des Hauptteils von IAS 19 im Zeitablauf

Lesbarkeit IAS 19	**Kurzfristige Entwicklung**								
	2005	**2006**	**2007**	**2008**	**2009**	**2010**	**2011**	**2012**	**kumulierte Veränderung 2005–2012**
Gunning *Fog-Index*	**18,08**	**18,05**	**18,01**	**18,32**	**18,09**	**18,10**	**18,09**	**18,36**	
absolute Veränderung zur Vorperiode	–	−0,03	−0,04	+0,31	−0,23	+0,01	−0,01	+0,27	+0,28
relative Veränderung zur Vorperiode	–	−0,2%	−0,2%	+1,7%	−1,3%	+0,1%	−0,1%	+1,5%	+1,5%
Flesch Reading Ease-Index	**47,7**	**46,7**	**46,9**	**45,6**	**46,9**	**46,8**	**46,8**	**44,4**	
absolute Veränderung zur Vorperiode	–	−1,0	+0,2	−1,3	+1,3	−0,1	0	−2,4	−3,3
relative Veränderung zur Vorperiode	–	−2,1%	+0,4%	−2,8%	+2,9%	−0,2%	0,0%	−5,1%	−6,9%
***Flesch Reading Ease-Index 2013* (0,5)**	**20,52**	**20,05**	**20,16**	**19,47**	**20,15**	**20,12**	**20,11**	**18,84**	
absolute Veränderung zur Vorperiode	–	−0,47	+0,11	−0,68	+0,68	−0,03	−0,01	−1,27	−1,68
relative Veränderung zur Vorperiode	–	−2,3%	+0,5%	−3,4%	+3,5%	−0,2%	−0,0%	−6,3%	−8,2%
***Flesch Reading Ease-Index 2013* (0,75)**	**30,78**	**30,08**	**30,24**	**29,21**	**30,23**	**30,18**	**30,16**	**28,26**	
absolute Veränderung zur Vorperiode	–	−0,71	+0,16	−1,03	+1,02	−0,05	−0,01	−1,90	−2,52
relative Veränderung zur Vorperiode	–	−2,3%	+0,5%	−3,4%	+3,5%	−0,2%	−0,0%	−6,3%	−8,2%
***Flesch Reading Ease-Index 2013* (1,0)**	**41,05**	**40,10**	**40,31**	**38,95**	**40,30**	**40,24**	**40,22**	**37,69**	
absolute Veränderung zur Vorperiode	–	−0,94	+0,21	−1,37	+1,36	−0,07	−0,02	−2,53	−3,36
relative Veränderung zur Vorperiode	–	−2,3%	+0,5%	−3,4%	+3,5%	−0,2%	−0,0%	−6,3%	−8,2%
***Flesch Reading Ease-Index 2013* (1,25)**	**51,31**	**50,13**	**50,39**	**48,68**	**50,38**	**50,30**	**50,27**	**47,11**	
absolute Veränderung zur Vorperiode	–	−1,18	+0,26	−1,71	+1,69	−0,08	−0,02	−3,16	−4,20
relative Veränderung zur Vorperiode	–	−2,3%	+0,5%	−3,4%	+3,5%	−0,2%	−0,0%	−6,3%	−8,2%
***Flesch Reading Ease-Index 2013* (1,5)**	**61,57**	**60,15**	**60,47**	**58,42**	**60,45**	**60,35**	**60,33**	**56,53**	
absolute Veränderung zur Vorperiode	–	−1,41	+0,32	−2,05	+2,03	−0,10	−0,03	−3,80	−5,04
relative Veränderung zur Vorperiode	–	−2,3%	+0,5%	−3,4%	+3,5%	−0,2%	−0,0%	−6,3%	−8,2%

	Langfristige Entwicklung				
	1995	**2000**	**2005**	**2010**	**kumulierte Veränderung 1995–2010**
GUNNING ***Fog-Index***	**18,41**	**16,49**	**18,08**	**18,10**	
absolute Veränderung zur Vorperiode	–	−1,92	+1,59	+0,02	−0,31
relative Veränderung zur Vorperiode	–	−10,4%	+9,6%	+0,1%	−1,7%
Flesch Reading Ease-Index	**42,9**	**51,8**	**47,7**	**46,8**	
absolute Veränderung zur Vorperiode	–	+8,9	−4,1	−0,9	+3,9
relative Veränderung zur Vorperiode	–	+20,7%	−7,9%	−1,9%	+9,1%
Flesch Reading Ease-Index 2013 **(0,5)**	**18,73**	**23,29**	**20,52**	**20,12**	
absolute Veränderung zur Vorperiode	–	+4,56	−2,77	−0,40	+1,39
relative Veränderung zur Vorperiode	–	+24,3%	−11,9%	−2,0%	+7,4%
Flesch Reading Ease-Index 2013 **(0,75)**	**28,10**	**34,93**	**30,78**	**30,16**	
absolute Veränderung zur Vorperiode	–	+6,83	−4,15	−0,62	+2,06
relative Veränderung zur Vorperiode	–	+24,3%	−11,9%	−2,0%	+7,3%
Flesch Reading Ease-Index 2013 **(1,0)**	**37,46**	**46,57**	**41,05**	**40,22**	
absolute Veränderung zur Vorperiode	–	+9,11	−5,52	−0,83	+2,76
relative Veränderung zur Vorperiode	–	+24,3%	−11,9%	−2,0%	+7,4%
Flesch Reading Ease-Index 2013 **(1,25)**	**46,83**	**58,21**	**51,31**	**50,30**	
absolute Veränderung zur Vorperiode	–	+11,38	−6,90	−1,01	+3,47
relative Veränderung zur Vorperiode	–	+24,3%	−11,9%	−2,0%	+7,4%
Flesch Reading Ease-Index 2013 **(1,5)**	**56,19**	**69,86**	**61,57**	**60,35**	
absolute Veränderung zur Vorperiode	–	+13,67	−8,29	−1,21	+4,16
relative Veränderung zur Vorperiode	–	+24,3%	−11,9%	−2,0%	+7,4%

Kurzfristig zeigt sich demgegenüber eher eine Verschlechterung der Lesbarkeit des Hauptteils des Standards IAS 19 von 2005 bis 2012. Der GUNNING *Fog-Index* steigt von 2005 bis 2012 von 18,08 auf 18,36 (+0,28; +1,5%) und der herkömmliche *Flesch Reading Ease-Index* sinkt im gleichen Zeitraum von 47,7 auf 44,4 (-3,3; -6,9%). Ähnlich gestaltet sich auch die Entwicklung des *Flesch Reading Ease-Index 2013*, der in dem angeführten 7-Jahres-Zeitraum ebenso, und unabhängig von den Lesereigenschaften, zurückgeht (-8,2%).

Im Ergebnis deuten die Lesbarkeitsindizes bei der Bilanzierung von Leistungen an Arbeitnehmer nach IAS 19 eine langfristige Verbesserung der Lesbarkeit an. Im Gegensatz dazu steht die kurzfristige Entwicklung. Hier legen die Messwerte eine Verschlechterung der Lesbarkeit nahe. Insbesondere die im Jahr 2011 endgültig umgesetzte Reform von IAS 19 scheint in Bezug auf die Lesbarkeit keine positive Wirkung gehabt zu haben. Beispielsweise steigt der GUNNING *Fog-Index* von 2011 auf 2012 um +0,27 (+1,5%). Unabhängig von der kurz- und langfristigen Entwicklung des GUNNING *Fog-* und des (herkömmlichen) *Flesch Reading Ease-Index* würde sich die ordinale Klassifikation – sofern dieser gefolgt wird – nicht ändern. Anhand der Messwerte der Indizes ergäbe sich die Schlussfolgerung, dass es sich (immer noch) um einen nahezu unlesbaren (GUNNING *Fog-Index*) bzw. schwierig zu lesenden Text handeln würde (*Flesch Reading Ease-Index*).

Die Ergebnisse aus der quantitativen Inhaltsanalyse stehen denen aus der Lesbarkeitsanalyse entgegen. Die langfristige Entwicklung bestätigt sich ebenso wenig wie die kurzfristige. Langfristig steigen die Indikatoren aus der quantitativen Inhaltsanalyse. Kurzfristig kommt es hingegen zu einer Abnahme bei den Messwerten.[351] Unter der Annahme, dass sich die Ergebnisse aus der quantitativen Inhaltsanalyse und aus der Lesbarkeitsanalyse gegenseitig stützen, ergäbe sich folgende Schlussfolgerung: Die Lesbarkeit von IAS 19 müsste sich langfristig verschlechtern und kurzfristig verbessern. Das Gegenteil ist aber der Fall. Langfristig kommt es zu einer Verbesserung der Lesbarkeit von IAS 19 und kurzfristig zu einer Verschlechterung. Das Reformprojekt aus dem Jahr 2011 hat anscheinend zu materiellen Vereinfachungen und Kürzungen geführt. Auf die Lesbarkeit hat sich die Überarbeitung des Standards allerdings negativ ausgewirkt. Denn diese hat sich seitdem verschlechtert.[352]

4.5.1.3.5 Rückstellungen, Eventualverbindlichkeiten und Eventualforderungen

In Tab. 70 sind die Ergebnisse zur Lesbarkeit des Hauptteils von IAS 37 dargestellt. Da IAS 37 erst im Jahr 1998 eingeführt wurde, fehlen entsprechende Resultate im Jahr 1995. Insgesamt zeigt sich kurz- und langfristig ein Trend zu einer schlechteren Lesbarkeit. Langfristig nehmen die aufgeführten Lesbarkeitsindizes von 2000 bis 2010 zu (GUNNING *Fog-Index*) bzw. ab (*Flesch Reading Ease-Index*). Der GUNNING *Fog-Index* steigt in den betrachteten zehn Jahren von 15,20 auf 17,93

351 Vgl. Dritter Teil: Kap. 4.5.1.2.4.
352 Vgl. Dritter Teil: Kap. 4.5.1.2.4.

(+2,73; +18,0% (nicht tabelliert)). Darüber hinaus zeigt die ordinale Klassifikation der Messwerte, sofern dieser gefolgt wird, dass kein Wechsel der Textkategorisierung stattfinden würde. Der untersuchte Hauptteil des Standards würde sowohl 2000 als auch 2010 bzw. 2012 als schwer zu lesen eingestuft. Auch die langfristige Entwicklung des herkömmlichen *Flesch Reading Ease-Index* ist in diese Richtung zu deuten, da der Index von 51,5 auf 44,3 sinkt (-7,2; -14,0% (nicht tabelliert)). Dadurch würde sich mit Bezug zur ordinalen Klassifikation die Lesbarkeit des Textes von etwas schwierig zu schwierig entwickeln. Gleiches gilt für den modifizierten *Flesch Reading Ease-Index 2013*, der von 2000 bis 2010 sinkt. Bei einer Lesereigenschaft von 1,0 sinkt der Index beispielsweise um -8,85 (-18,9% (nicht tabelliert)) und geht von 46,90 auf 38,05 zurück.

Tab. 70: Lesbarkeit des Hauptteils von IAS 37 im Zeitablauf

Lesbarkeit IAS 37	**Kurzfristige Entwicklung**								
	2005	**2006**	**2007**	**2008**	**2009**	**2010**	**2011**	**2012**	**kumulierte Veränderung 2005–2012**
GUNNING *Fog-Index*	**17,79**	**17,78**	**17,76**	**17,93**	**17,93**	**17,93**	**17,93**	**17,93**	
absolute Veränderung zur Vorperiode	–	−0,01	−0,02	+0,17	0	0	0	0	+0,14
relative Veränderung zur Vorperiode	–	−0,1%	−0,1%	+1,0%	0,0%	0,0%	0,0%	0,0%	+0,8%
Flesch Reading Ease-Index	**44,6**	**44,5**	**44,6**	**44,3**	**44,3**	**44,3**	**44,5**	**44,5**	
absolute Veränderung zur Vorperiode	–	−0,1	+0,1	−0,3	0	0	+0,2	0	−0,1
relative Veränderung zur Vorperiode	–	−0,2%	+0,2%	−0,7%	0,0%	0,0%	+0,5%	0,0%	−0,2%
***Flesch Reading Ease-Index 2013* (0,5)**	**19,12**	**19,05**	**19,09**	**18,95**	**18,95**	**18,94**	**19,02**	**19,02**	
absolute Veränderung zur Vorperiode	–	−0,07	+0,05	−0,15	0	−0,00	+0,08	0	−0,09
relative Veränderung zur Vorperiode	–	−0,4%	+0,3%	−0,8%	0,0%	−0,0%	+0,4%	0,0%	−0,5%
***Flesch Reading Ease-Index 2013* (0,75)**	**28,68**	**28,57**	**28,64**	**28,42**	**28,42**	**28,42**	**28,53**	**28,53**	
absolute Veränderung zur Vorperiode	–	−0,11	+0,07	−0,22	0	−0,01	+0,12	0	−0,14
relative Veränderung zur Vorperiode	–	−0,4%	+0,3%	−0,8%	0,0%	−0,0%	+0,4%	0,0%	−0,5%

Lesbarkeit IAS 37	**Kurzfristige Entwicklung (Fortsetzung)**								
	2005	**2006**	**2007**	**2008**	**2009**	**2010**	**2011**	**2012**	**kumulierte Veränderung 2005–2012**
***Flesch Reading Ease-Index 2013* (1,0)**	**38,24**	**38,09**	**38,19**	**37,90**	**37,90**	**37,89**	**38,05**	**38,05**	
absolute Veränderung zur Vorperiode	–	−0,14	+0,10	−0,29	0	−0,01	+0,16	0	−0,19
relative Veränderung zur Vorperiode	–	−0,4%	+0,3%	−0,8%	0,0%	−0,0%	+0,4%	0,0%	−0,5%
***Flesch Reading Ease-Index 2013* (1,25)**	**47,79**	**47,61**	**47,74**	**47,37**	**47,37**	**47,36**	**47,56**	**47,56**	
absolute Veränderung zur Vorperiode	–	−0,18	+0,12	−0,37	0	−0,01	+0,20	0	−0,24
relative Veränderung zur Vorperiode	–	−0,4%	+0,3%	−0,8%	0,0%	−0,0%	+0,4%	0,0%	−0,5%
***Flesch Reading Ease-Index 2013* (1,5)**	**57,35**	**57,14**	**57,28**	**56,84**	**56,84**	**56,83**	**57,07**	**57,07**	
absolute Veränderung zur Vorperiode	–	−0,22	+0,15	−0,44	0	−0,01	+0,24	0	−0,28
relative Veränderung zur Vorperiode	–	−0,4%	+0,3%	−0,8%	0,0%	−0,0%	+0,4%	0,0%	−0,5%

	Langfristige Entwicklung				
	1995	**2000**	**2005**	**2010**	**kumulierte Veränderung 1995–2010**
GUNNING *Fog-Index*		**15,20**	**17,79**	**17,93**	
absolute Veränderung zur Vorperiode	–	–	+2,59	+0,14	–
relative Veränderung zur Vorperiode	–	–	+17,0%	+0,8%	–
Flesch Reading Ease-Index		**51,5**	**44,6**	**44,3**	
absolute Veränderung zur Vorperiode	–	–	−6,9	−0,3	–
relative Veränderung zur Vorperiode	–	–	−13,4%	−0,7%	–
***Flesch Reading Ease-Index 2013* (0,5)**		**23,45**	**19,12**	**18,94**	
absolute Veränderung zur Vorperiode	–	–	−4,33	−0,17	–
relative Veränderung zur Vorperiode	–	–	−18,5%	−0,9%	–
***Flesch Reading Ease-Index 2013* (0,75)**		**35,18**	**28,68**	**28,53**	

	Langfristige Entwicklung (Fortsetzung)				
	1995	**2000**	**2005**	**2010**	**kumulierte Veränderung 1995–2010**
absolute Veränderung zur Vorperiode	–	–	–6,50	–0,14	–
relative Veränderung zur Vorperiode	–	–	–18,5%	–0,5%	–
***Flesch Reading Ease-Index 2013* (1,0)**		**46,90**	**38,24**	**38,05**	
absolute Veränderung zur Vorperiode	–	–	–8,66	–0,19	–
relative Veränderung zur Vorperiode	–	–	–18,5%	–0,5%	–
***Flesch Reading Ease-Index 2013* (1,25)**		**58,63**	**47,79**	**47,36**	
absolute Veränderung zur Vorperiode	–	–	–10,84	–0,43	–
relative Veränderung zur Vorperiode	–	–	–18,5%	–0,9%	–
***Flesch Reading Ease-Index 2013* (1,5)**		**70,36**	**57,35**	**56,83**	
absolute Veränderung zur Vorperiode	–	–	–13,01	–0,52	–
relative Veränderung zur Vorperiode	–	–	–18,5%	–0,9%	–

Kurzfristig zeigen die Lesbarkeitsindikatoren eine identische Entwicklung. Der GUNNING *Fog-Index* erhöht sich marginal von 2005 (17,79) bis 2012 (17,93) um +0,14 (+0,8%). Dementsprechend würde der Indexwert in der Kategorie eines schwer zu lesenden Textes verbleiben. Der herkömmliche *Flesch Reading Ease-Index* reduziert sich im 7-Jahres-Betrachtungszeitraum von 44,6 auf 44,5 (-0,1; -0,2%) und impliziert damit ebenfalls eine Verschlechterung der Lesbarkeit. Gleiches trifft auch auf die Entwicklung des modifizierten *Flesch Reading Ease-Index 2013* zu, der – unabhängig von der Lesereigenschaft – jeweils einen relativen Rückgang von -0,5% aufweist. Demzufolge unterstützt auch dieser Index die Annahme einer Verschlechterung der Lesbarkeit von IAS 37.

Letztlich implizieren die aufgeführten Lesbarkeitsindikatoren eine Verschlechterung der Lesbarkeit des Hauptteils von IAS 37 im Zeitablauf. Dies deuten die empirische Befunde des GUNNING *Fog-*, des herkömmlichen und des modifizierte *Flesch Reading Ease-Index* sowohl kurz- als auch langfristig an.

Die Ergebnisse aus der Lesbarkeitsanalyse zeigen im Vergleich zu denen aus der quantitativen Inhaltsanalyse zu IAS 37 klare Entwicklungen auf. Die Resultate aus der quantitativen Inhaltsanalyse zeichnen hingegen im Rahmen der langfristigen Betrachtung keinen klaren Trend. Zu- und Abnahmen sind bei den Messwerten der Indikatoren gleichermaßen festzustellen, wobei wohl Rückgänge überwiegen. Kurzfristig lässt sich anhand einzelner, ausgewählter Messwerte ein (leicht) zunehmender Entwicklungstrend erkennen.[353]

Zusammenfassend lässt sich an dieser Stelle festhalten, dass die Ergebnisse zur IFRS-Regelkomplexität aus der quantitativen Inhaltsanalyse und aus der Lesbarkeitsanalyse ein heterogenes Bild ergeben, wie Abb. 25 vereinfachend veranschaulicht. Die empirischen Befunde aus der quantitativen Inhaltsanalyse für Finanzinstrumente (IFRS 7, IFRS 9, IAS 30, IAS 32 und IAS 39), Ertragsteuern (IAS 12) und Leasingverhältnisse (IAS 17) sind klar. Dort zeigen die Indikatoren überwiegend eine Zunahme. Die Messwerte steigen sowohl kurz- als auch langfristig an. Dieser Trend bestätigt sich auch bei der Lesbarkeitsanalyse von Finanzinstrumenten und Leasingverhältnissen. Hier kommt es zu einer kurz- und langfristigen Verschlechterung. Im Gegensatz dazu unterstützt die Lesbarkeitsanalyse von IAS 12 lediglich den langfristigen Entwicklungstrend. Es kommt zu einer Verschlechterung der Lesbarkeit des entsprechenden Standards. Kurzfristig kommt es jedoch zu einer Verbesserung, sodass die Ergebnisse der Lesbarkeitsanalyse von Ertragsteuern denen aus der quantitativen Inhaltsanalyse widersprechen. Ein gemischtes Bild liefert die Untersuchung von Leistungen an Arbeitnehmer (IAS 19). Die Resultate aus der quantitativen Inhaltsanalyse zeigen langfristig einen Anstieg der Indikatoren und kurzfristig einen Rückgang. Allerdings steht das Lesbarkeitsergebnis zu IAS 19 den Ergebnissen aus der quantitativen Inhaltsanalyse entgegen: So kommt es kurzfristig zu einer Verschlechterung und langfristig zu einer Verbesserung der Lesbarkeit. Demzufolge liegen Anzeichen vor, dass das Reformprojekt von IAS 19 aus dem Jahr 2011 zwar materielle Erleichterungen bringt, diese aber keinen Niederschlag in der Lesbarkeit finden. Die quantitative Inhaltsanalyse von Rückstellungen, Eventualverbindlichkeiten und Eventualforderungen (IAS 37) liefert kein klares Ergebnis. Während sich langfristig zunehmende und abnehmende Indikatoren nahezu die Waage halten, ist kurzfristig durchaus ein Anstieg einzelner Messwerte festzustellen. Dass sich die Lesbarkeit des Hauptteils des Standards sowohl kurz- als auch langfristig verschlechtert, trägt insofern zu einer Klarstellung der Ergebnisse bei.

353 Vgl. Dritter Teil: Kap. 4.5.1.2.5.

Abb. 25: Zusammenfassung der Ergebnisse zur IFRS-Regelkomplexität aus der quantitativen Inhaltsanalyse und der Lesbarkeitsanalyse[354]

	IFRS-Regelkomplexität (Abbildungsregeln)			
	Quantitative Inhaltsanalyse		**Lesbarkeitsanalyse**	
	kurzfristiger Entwicklungstrend	**langfristiger Entwicklungstrend**	**kurzfristiger Entwicklungstrend**	**langfristiger Entwicklungstrend**
Finanz-instrumente (IFRS 7, IFRS 9, IAS 30, IAS 32, IAS 39)	**Zunahme** der Indikatoren	**Zunahme** der Indikatoren	**Verschlechterung**[1] der Lesbarkeit	**Verschlechterung**[2] der Lesbarkeit
Ertragsteuern (IAS 12)	**Zunahme** der Indikatoren	**Zunahme** der Indikatoren	**Verbesserung** der Lesbarkeit	**Verschlechterung** der Lesbarkeit
Leasing-verhältnisse (IAS 17)	**Zunahme** der Indikatoren	**Zunahme** der Indikatoren	**Verschlechterung** der Lesbarkeit	**Verschlechterung** der Lesbarkeit
Leistungen an Arbeitnehmer (IAS 19)	**Abnahme** der Indikatoren	**Zunahme** der Indikatoren	**Verschlechterung** der Lesbarkeit	**Verbesserung** der Lesbarkeit
Rückstellungen, Eventualver-bindlichkeiten und -forderungen (IAS 37)	**Zunahme** der Indikatoren	**Zu-/Abnahme** der Indikatoren	**Verschlechterung** der Lesbarkeit	**Verschlechterung** der Lesbarkeit

1 Das Ergebnis bezieht sich auf IFRS 9 und IAS 39.
2 Das Ergebnis bezieht sich lediglich auf IAS 39, da Resultate zu einem langfristigen Entwicklungstrend von IFRS 9 nicht vorliegen.

Eine Aussage hinsichtlich einer Zu- oder Abnahme der IFRS-Regelkomplexität ist (noch) nicht möglich. Hierfür ist die Entwicklung der allgemeinen Umweltkomplexität zu berücksichtigen und mit derjenigen der Indikatoren der einzelnen Bilanzierungsbereiche abzugleichen.[355] Zudem ist die Untersuchung des Abbildungsergebnisses abzuwarten. Durch die Analyse der Regelanwendung (IFRS-Rechnungslegungskomplexität) entstehen unter Umständen (neue) Erkenntnisse zu den Abbildungsregeln (IFRS-Regelkomplexität).[356]

354 Quelle: Eigene Darstellung.
355 Vgl. Dritter Teil: Kap. 4.5.1.3.1 und 4.5.2.4.
356 Vgl. Dritter Teil: Kap. 4.5.2.1.

4.5.2 Dritte Teilanalyse zur IFRS- und HGB-Rechnungslegungskomplexität sowie zur Unternehmens- und allgemeinen Umweltkomplexität

4.5.2.1 Lesbarkeitsanalyse ausgewählter IFRS-Bilanzierungsbereiche zur IFRS-Rechnungslegungskomplexität

Im Folgenden werden die Ergebnisse der dritten Teilanalyse zur IFRS- und zur HGB-Rechnungslegungskomplexität (Regelanwendung) sowie zur Unternehmens- und zur allgemeinen Umweltkomplexität präsentiert (Dritter Teil: Kap. 4.5.2). Als Erstes folgen die empirischen Befunde aus der Lesbarkeitsanalyse der deutschsprachigen Anhänge ausgewählter IFRS-Bilanzierungsbereiche der Geschäftsberichte (IFRS-Rechnungslegungskomplexität; Dritter Teil: Kap. 4.5.2.1). Die Resultate aus der quantitativen Inhaltsanalyse der Geschäftsberichte schließen sich an (Dritter Teil: Kap. 4.5.2.2, 4.5.2.3 und 4.5.2.4). Hierzu gehören einerseits die quantitative Inhaltsanalyse anhand der Seitenanzahl (Dritter Teil: Kap. 4.5.2.2.1) und der Schlag- und Signalwortsuche (Dritter Teil: Kap. 4.5.2.2.2). Diese untersuchen die IFRS- und die HGB-Rechnungslegungskomplexität. Andererseits wird anhand einer quantitativen Inhaltsanalyse die Unternehmens- (Dritter Teil: Kap. 4.5.2.3) und die allgemeine Umweltkomplexität (Dritter Teil: Kap. 4.5.2.4) erforscht. Nachstehend finden sich die Ergebnisse aus der Lesbarkeitsanalyse der Anhangangaben zur IFRS-Rechnungslegungskomplexität von Finanzinstrumenten (Dritter Teil: Kap. 4.5.2.1.1), Ertragsteuern (Dritter Teil: Kap. 4.5.2.1.2), Leasingverhältnissen (Dritter Teil: Kap. 4.5.2.1.3) und Leistungen an Arbeitnehmer (Dritter Teil: Kap. 4.5.2.1.4) sowie Rückstellungen, Eventualverbindlichkeiten und Eventualforderungen (Dritter Teil: Kap. 4.5.2.1.5).

4.5.2.1.1 Finanzinstrumente

Die Lesbarkeitsanalyse erfasst die Textkomplexität von ausgewählten Bilanzierungsbereichen im Anhang der Geschäftsberichte. Diese wird als Facette der IFRS-Rechnungslegungskomplexität interpretiert. Durch die Untersuchung der Regelanwendung (IFRS-Rechnungslegungskomplexität) lassen sich unter Umständen vorsichtige Schlussfolgerungen zu den Abbildungsregeln (IFRS-Regelkomplexität) ziehen. Annahmegemäß drückt sich (auch) die Regelkomplexität in der Lesbarkeit der entsprechenden Anhangangaben aus.[357] Eine Verschlechterung der Lesbarkeit kann – unter Berücksichtigung einer vorsichtigen und behutsamen Ergebnisinterpretation sowie einer Betonung der Limitationen – als erstes Indiz für eine Komplexitätszunahme dienen, eine Verbesserung der Lesbarkeit als Komplexitätsabnahme.[358] Endgültige Aussagen zu den einzelnen Bilanzierungsbereichen hinsichtlich einer Zu- oder Abnahme der IFRS-Regelkomplexität sind an dieser Stelle allerdings (noch) nicht möglich. Es werden zwar die (Teil-)Ergebnisse zur IFRS-Regelkomplexität aus der quantitativen Inhaltsanalyse einzelner

357 Vgl. Dritter Teil: Kap. 4.1.3.

358 Vgl. zur Auswahl und Begründung des Lesbarkeitsindex Dritter Teil: Kap. 4.1.3.

IFRS-Bilanzierungsbereiche und aus der Lesbarkeitsanalyse einzelner IFRS-Standards mit denen aus der Lesbarkeitsanalyse der deutschsprachigen Anhänge verknüpft. Allerdings muss dabei auch die Entwicklung der Teilkomplexitäten, wie z. B. der allgemeinen Umweltkomplexität, berücksichtigt werden.[359] Als Lesbarkeitsindex dient an dieser Stelle der *Lix-Index*, der – im Gegensatz zu den bisher verwendeten Lesbarkeitsindizes (Gunning *Fog-*, *Flesch Reading Ease-* und *Flesch Reading Ease-Index 2013*) – für deutschsprachige Texte prädestiniert ist. Eine Zunahme des *Lix-Index* bedeutet eine Verschlechterung der Lesbarkeit im Zeitablauf und vice versa.[360]

Als Erstes werden die empirischen Befunde der Lesbarkeit der Anhangangaben zu den Finanzinstrumenten (IFRS 7, IFRS 9, IAS 32, IAS 39) vorgestellt. Auf Grundlage des Anhangs zeigt sich, dass es lediglich bei drei der 14 Unternehmen im Rahmen einer langfristigen Betrachtung von 2000 bis 2012 zu einem Rückgang des Lesbarkeitsindex *Lix* und damit zu einer Verbesserung der Lesbarkeit kommt.[361] Die Ergebnisse zur kurzfristigen Entwicklung der drei ausgewählten Unternehmen sind Tab. 71 zu entnehmen.[362] Eines dieser drei Unternehmen stellt die *Münchener Rückversicherungs-Gesellschaft Aktiengesellschaft* dar. Dort nimmt die Lesbarkeit der Anhangangaben zu den Finanzinstrumenten zu (2000–2006: -5,9; -8,5%), auch wenn es von 2006 bis 2012 zu einem marginalen Anstieg des Indexwertes und damit einer Verschlechterung der Lesbarkeit kommt (+0,7; +1,1%). Daneben werden die *adidas AG* und die *Beiersdorf Aktiengesellschaft* herangezogen, bei denen sich die Lesbarkeit im Zeitablauf verschlechtert. So kommt es sowohl von 2000 bis 2006 (+1,4; +2,3% bzw. +16,0; +33,8%) als auch von 2006 bis 2012 (+7,9; +13,0% bzw. +4,2; +6,6%) zu einem Anstieg des *Lix-Index*. Zudem repräsentiert die Entwicklung der beiden Unternehmen diejenige der restlichen, an dieser Stelle nicht aufgeführten Unternehmen, bei denen der Indexwert ebenfalls zunimmt (Ausnahmen: *LANXESS AG* 2004–2012 und *Merck KGaA* 2001–2012).

359 Vgl. Dritter Teil: Kap. 4.5.2.4.

360 Vgl. Dritter Teil: Kap. 4.3.1.1.

361 Vgl. Anhang 11. Dies sind die *Deutsche Börse AG*, *HeidelbergCement AG* und *Münchener Rückversicherungs-Gesellschaft Aktiengesellschaft.*

362 Bei einzelnen Unternehmen sind Textpassagen zu den Finanzinstrumenten aus verschiedenen Bereichen des Anhangs zusammengeführt, um auf dieser Basis den Lesbarkeitsindex *Lix* zu ermitteln. Dazu zählen *Münchener Rückversicherungs-Gesellschaft Aktiengesellschaft* und *Merck KGaA*. Von der *LANXESS AG* liegen erst ab 2004 Werte vor (*Spin-off*). Von der *Merck KGaA* fehlen entsprechende Angaben aus dem Jahr 2001 aufgrund eines Rumpfgeschäftsjahres. Eine Analyse wäre somit nicht sachgerecht. Diese Einschränkungen betreffen auch die nachfolgenden Bilanzierungsbereiche und werden dort nicht mehr ausdrücklich erwähnt.

Tab. 71: Lesbarkeit von Anhangangaben zu Finanzinstrumenten von ausgewählten DAX-Unternehmen im Zeitablauf (I)

Lesbarkeit Geschäftsberichte Finanzinstrumente Lesbarkeitsindex *Lix*	**Kurzfristige Entwicklung 2000–2006**							
	2000	**2001**	**2002**	**2003**	**2004**	**2005**	**2006**	**kumulierte Veränderung 2000–2006**
adidas AG	**59,6**	**58,1**	**66,2**	**60,8**	**61,5**	**59,3**	**61,0**	
absolute Veränderung zur Vorperiode		−1,5	+8,1	−5,4	+0,7	−2,2	+1,7	+1,4
relative Veränderung zur Vorperiode		−2,5%	+13,9%	−8,2%	+1,2%	−3,6%	+2,9%	+2,3%
Beiersdorf Aktiengesellschaft	**47,4**	**67,5**	**67,9**	**66,0**	**63,8**	**65,1**	**63,4**	
absolute Veränderung zur Vorperiode		+20,1	+0,4	−1,9	−2,2	+1,3	−1,7	+16,0
relative Veränderung zur Vorperiode		+42,4%	+0,6%	−2,8%	−3,3%	+2,0%	−2,6%	+33,8%
Münchener Rückversicherungs-Gesell. AG	**69,1**	**64,8**	**65,0**	**66,3**	**64,7**	**65,4**	**63,2**	
absolute Veränderung zur Vorperiode		−4,3	+0,2	+1,3	−1,6	+0,7	−2,2	−5,9
relative Veränderung zur Vorperiode		−6,2%	+0,3%	+2,0%	−2,4%	+1,1%	−3,4%	−8,5%
	Kurzfristige Entwicklung 2006–2012							
	2006	**2007**	**2008**	**2009**	**2010**	**2011**	**2012**	**kumulierte Veränderung 2006–2012**
adidas AG	**61,0**	**65,5**	**66,3**	**67,9**	**67,4**	**68,2**	**68,9**	
absolute Veränderung zur Vorperiode		+4,5	+0,8	+1,6	−0,5	+0,8	+0,7	+7,9
relative Veränderung zur Vorperiode		+7,4%	+1,2%	+2,4%	−0,7%	+1,2%	+1,0%	+13,0%
Beiersdorf Aktiengesellschaft	**63,4**	**66,4**	**67,0**	**67,3**	**67,2**	**67,9**	**67,6**	
absolute Veränderung zur Vorperiode		+3,0	+0,6	+0,3	−0,1	+0,7	−0,3	+4,2
relative Veränderung zur Vorperiode		+4,7%	+0,9%	+0,4%	−0,1%	+1,0%	−0,4%	+6,6%
Münchener Rückversicherungs-Gesell. AG	**63,2**	**61,3**	**62,6**	**62,7**	**62,9**	**64,0**	**63,9**	
absolute Veränderung zur Vorperiode		−1,9	+1,3	+0,1	+0,2	+1,1	−0,1	+0,7
relative Veränderung zur Vorperiode		−3,0%	+2,1%	+0,2%	+0,3%	+1,7%	−0,2%	+1,1%

Langfristig werden diese Entwicklungstendenzen ebenfalls deutlich (vgl. Tab. 72). Hier zeigt sich, dass bei der *adidas AG* und der *Beiersdorf Aktiengesellschaft* eine Verschlechterung der Lesbarkeit bei den Angaben im Anhang zu den Finanzinstrumenten im Zeitablauf zu verzeichnen ist. Beispielsweise erhöht sich der Lesbarkeitsindex bei der *adidas AG* von 59,3 auf 68,9 (2005–2012: +9,6; +16,2%) und bei der *Beiersdorf Aktiengesellschaft* von 47,4 auf 67,6 (2000–2012: +20,2; +42,6%). Im Gegensatz dazu erhöht sich die Lesbarkeit im Bereich der Finanzinstrumente der *Münchener Rückversicherungs-Gesellschaft Aktiengesellschaft* von 2000 bis 2005, da sich der Index von 69,1 auf 65,4 (-3,7; -5,4%) reduziert. Von 2005 bis 2010 sinkt der Index weiter von 65,4 auf 62,9 (-2,5; -3,8%). Lediglich von 2010 bis 2012 kommt es zu einer Verschlechterung der Lesbarkeit, da der Index von 62,9 auf 63,9 ansteigt (+1,0; +1,6%). Langfristig, d. h. von 2000 bis 2010 (-6,2; -9,0%) und von 2000 bis 2012 (-5,2; -7,5%), zeigen sich ebenfalls positive Entwicklungen bei der Lesbarkeit der Anhangangaben zu den Finanzinstrumenten.

Tab. 72: Lesbarkeit von Anhangangaben zu Finanzinstrumenten von ausgewählten DAX-Unternehmen im Zeitablauf (II)

Lesbarkeit Geschäftsberichte Finanzinstrumente Lesbarkeitsindex *Lix*	**Langfristige Entwicklung**						
	2000	**2005**	**2010**	**2012**	**kumulierte Veränderung 2000–2010**	**kumulierte Veränderung 2000–2012**	**kumulierte Veränderung 2005–2012**
adidas AG	**59,6**	**59,3**	**67,4**	**68,9**			
absolute Veränderung zur Vorperiode		−0,3	+8,1	+1,5	+7,8	+9,3	+9,6
relative Veränderung zur Vorperiode		−0,5%	+13,7%	+2,2%	+13,1%	+15,6%	+16,2%
Beiersdorf Aktiengesellschaft	**47,4**	**65,1**	**67,2**	**67,6**			
absolute Veränderung zur Vorperiode		+17,7	+2,1	+0,4	+19,8	+20,2	+2,5
relative Veränderung zur Vorperiode		+37,3%	+3,2%	+0,6%	+41,8%	+42,6%	+3,8%
Münchener Rückversicherungs-Gesell. AG	**69,1**	**65,4**	**62,9**	**63,9**			
absolute Veränderung zur Vorperiode		−3,7	−2,5	+1,0	−6,2	−5,2	−1,5
relative Veränderung zur Vorperiode		−5,4%	−3,8%	+1,6%	−9,0%	−7,5%	−2,3%

Demzufolge liegen an dieser Stelle Anzeichen vor, die eine kurz- und langfristige Verschlechterung der Lesbarkeit im Bereich der Finanzinstrumente andeuten. Gleichwohl bestehen Ausnahmen wie bei der *Münchener Rückversicherungs-Gesellschaft Aktiengesellschaft.*

Die bisherigen Ergebnisse aus der quantitativen Inhaltsanalyse und aus der Lesbarkeitsanalyse zu Finanzinstrumente spiegeln sich an dieser Stelle in den empirischen Befunden zur Lesbarkeitsanalyse der Anhänge wider. Zum einen zeigen die Ergebnisse aus der quantitativen Inhaltsanalyse kurz- und langfristig eine Zunahme bei der überwiegenden Anzahl der Messwerte. Zum anderen verschlechtert sich die Lesbarkeit der IFRS-Standards in diesem Bilanzierungsbereich im Zeitablauf.[363]

Problematisch ist die Interpretation der Indikatoren. Denn diese deuten nicht zweifelsfrei auf eine Zunahme (Abnahme) der IFRS-Regelkomplexität hin. Die Indikatoren untersuchen zwar das IFRS-Abbildungsergebnis hinsichtlich einer Komplexitätszunahme (IFRS-Rechnungslegungskomplexität). Allerdings bleibt dabei offen, ob die IFRS-Standards oder die zugrunde liegenden Transaktionen in der Realität für eine Zunahme der Indikatoren respektive eine zunehmende Komplexität verantwortlich sind.[364] Es ist daher notwendig, die Entwicklung der Unternehmens- und der allgemeinen Umweltkomplexität zu berücksichtigen und von derjenigen der IFRS-Rechnungslegungskomplexität zu trennen. Erst danach ist eine Aussage hinsichtlich einer Zu- oder Abnahme der IFRS-Regelkomplexität anhand der Indikatoren zu leisten. Dies gilt insbesondere für den Bilanzierungsbereich Finanzinstrumente, der wahrscheinlich von einer drastischen Komplexitätszunahme in der Realität betroffen ist.[365] Aber auch die anderen Bilanzierungsbereiche sind mit der Entwicklung des Unternehmens und der Umwelt abzugleichen. Zum einen werden auf diese Weise verzerrende Einflüsse bereinigt. Zum anderen werden die einzelnen Komplexitätsebenen beachtet. In der vorliegenden Arbeit werden die Ergebnisse zur Regelanwendung der einzelnen Bilanzierungsbereiche (IFRS-Rechnungslegungskomplexität) lediglich als weiteres, vorsichtiges Indiz für die Analyse der Abbildungsregeln (IFRS-Regelkomplexität) herangezogen. Bereinigungen erfolgen daher nicht. Die Ergebnisse aus der Lesbarkeitsanalyse der Anhänge scheinen den bisherigen Resultaten aus der quantitativen Inhaltsanalyse und der Lesbarkeitsanalyse der Finanzinstrumente – bei aller Vorsicht – zumindest nicht zu widersprechen. Die weiteren Limitationen der Indikatoren bleiben bestehen.[366]

4.5.2.1.2 Ertragsteuern

Im Zusammenhang mit den Ertragsteuern (IAS 12) kommt es, wie der Anhang verdeutlicht, bei vier der 14 von 2000 bis 2012 nach IFRS bilanzierenden DAX-Unternehmen zu einer Verbesserung der Lesbarkeit im Zeitablauf (2000–2012). Deren *Lix-Index* reduziert sich jeweils im Zeitablauf. Das betrifft die *Allianz SE*, *Deutsche Börse AG*, *Deutsche Lufthansa AG* und *RWE Aktiengesellschaft*.[367] Die

363 Vgl. Dritter Teil: Kap. 4.5.1.2.1, 4.5.1.3.1 und 4.5.1.3.5.

364 Vgl. Einführung: Kap. 1 und Dritter Teil: Kap. 2 und 4.1.3.

365 Vgl. European Financial Reporting Advisory Group et al. (2014), Getting a Better Framework COMPLEXITY Bulletin, S. 12, 14–15.

366 Vgl. Dritter Teil: Kap. 4.1.2.

367 Vgl. Anhang 12. Die Lesbarkeitsanalyse beschränkt sich im Wesentlichen auf latente Steuern. In Ausnahmen, wie z. B. bei der *RWE Aktiengesellschaft*, können

Ergebnisse der *Deutsche Börse AG* – im Hinblick auf die kurzfristige Entwicklung – sind in Tab. 73 abgetragen. Es zeigt sich ein Rückgang des *Lix-Index* im Zeitablauf (2000–2006: -0,3; -0,5% und 2006–2012: -4,2; -6,6%). In die entgegengesetzte Richtung zeigt die (kurzfristige) Entwicklung bei der *HeidelbergCement AG* und der *LANXESS AG*, die beide zu den zehn Unternehmen zählen, bei denen sich die Lesbarkeit der Anhangangaben zu Ertragsteuern verschlechtert hat. Bei der *HeidelbergCement AG* ist von 2000 bis 2006 (+4,8; +8,1%) eine Zunahme und von 2006 bis 2012 eine Abnahme (-0,7; -1,1%) des *Lix-Indexwertes* festzustellen. Bei der *LANXESS AG* ist von 2004 bis 2006 eine Abnahme (-0,5; -0,8% (nicht tabelliert)) und von 2006 bis 2012 eine Zunahme (+5,0; +8,0%) des Indexwertes zu erkennen.

Tab. 73: Lesbarkeit von Anhangangaben zu Latenten Steuern von ausgewählten DAX-Unternehmen im Zeitablauf (I)

Lesbarkeit Geschäftsberichte Latente Steuern Lesbarkeitsindex *Lix*	**Kurzfristige Entwicklung 2000–2006**							
	2000	**2001**	**2002**	**2003**	**2004**	**2005**	**2006**	**kumulierte Veränderung 2000–2006**
Deutsche Börse AG	**63,5**	**68,3**	**63,9**	**65,6**	**65,5**	**64,6**	**63,2**	
absolute Veränderung zur Vorperiode		+4,8	−4,4	+1,7	−0,1	−0,9	−1,4	−0,3
relative Veränderung zur Vorperiode		+7,6%	−6,4%	+2,7%	−0,2%	−1,4%	−2,2%	−0,5%
HeidelbergCement AG	**59,4**	**62,5**	**59,6**	**63,9**	**64,2**	**59,8**	**64,2**	
absolute Veränderung zur Vorperiode		+3,1	−2,9	+4,3	+0,3	−4,4	+4,4	+4,8
relative Veränderung zur Vorperiode		+5,2%	−4,6%	+7,2%	+0,5%	−6,9%	+7,4%	+8,1%
LANXESS AG	**k.A.**	**k.A.**	**k.A.**	**k.A.**	**62,9**	**62,2**	**62,4**	
absolute Veränderung zur Vorperiode		–	–	–	–	−0,7	+0,2	–
relative Veränderung zur Vorperiode		–	–	–	–	−1,1%	+0,3%	–
	Kurzfristige Entwicklung 2006–2012							
	2006	**2007**	**2008**	**2009**	**2010**	**2011**	**2012**	**kumulierte Veränderung 2006–2012**
Deutsche Börse AG	**63,2**	**61,1**	**61,1**	**60,1**	**61,6**	**60,9**	**59,0**	
absolute Veränderung zur Vorperiode		−2,1	0,0	−1,0	+1,5	−0,7	−1,9	−4,2
relative Veränderung zur Vorperiode		−3,3%	0,0%	−1,6%	+2,5%	−1,1%	−3,1%	−6,6%
HeidelbergCement AG	**64,2**	**62,6**	**61,3**	**59,9**	**62,8**	**62,4**	**63,5**	
absolute Veränderung zur Vorperiode		−1,6	−1,3	−1,4	+2,9	−0,4	+1,1	−0,7
relative Veränderung zur Vorperiode		−2,5%	−2,1%	−2,3%	+4,8%	−0,6%	+1,8%	−1,1%
LANXESS AG	**62,4**	**62,7**	**63,1**	**62,0**	**63,2**	**65,5**	**67,4**	
absolute Veränderung zur Vorperiode		+0,3	+0,4	−1,1	+1,2	+2,3	+1,9	+5,0
relative Veränderung zur Vorperiode		+0,5%	+0,6%	−1,7%	+1,9%	+3,6%	+2,9%	+8,0%

die entsprechenden Informationen zwischen latenten Steuern und Ertragsteuern nicht getrennt werden, da diese im Anhang zusammenhängend dargestellt werden. Diese Textpassagen werden im Gesamten untersucht.

Die langfristige Entwicklung des Lesbarkeitsindex zu den Anhangangaben zu Ertragsteuern enthält Tab. 74. Hier zeigen sich die Entwicklungstendenzen deutlicher. Die Verbesserung der Lesbarkeit deutet sich bei der *Deutsche Börse AG* an. Dort kommt es z. B. von 2000 bis 2010 (-1,9; -3,0%) als auch von 2005 bis 2012 (-5,6; -8,7%) zu einem Rückgang des *Lix-Index*. Ebenso zeigen die *Lix-Indexwerte* eine langfristige Verschlechterung der Lesbarkeit bei der *HeidelbergCement AG* und der *LANXESS AG*, da der *Lix-Index* steigt (2005–2012: +3,7; +6,2% bzw. +5,2; +8,4%).

Tab. 74: Lesbarkeit von Anhangangaben zu Latenten Steuern von ausgewählten DAX-Unternehmen im Zeitablauf (II)

Lesbarkeit Geschäftsberichte Latente Steuern Lesbarkeitsindex *Lix*	**Langfristige Entwicklung**						
	2000	**2005**	**2010**	**2012**	**kumulierte Veränderung 2000–2010**	**kumulierte Veränderung 2000–2012**	**kumulierte Veränderung 2005–2012**
Deutsche Börse AG	**63,5**	**64,6**	**61,6**	**59,0**			
absolute Veränderung zur Vorperiode		+1,1	−3,0	−2,6	−1,9	−4,5	−5,6
relative Veränderung zur Vorperiode		+1,7%	−4,6%	−4,2%	−3,0%	−7,1%	−8,7%
HeidelbergCement AG	**59,4**	**59,8**	**62,8**	**63,5**			
absolute Veränderung zur Vorperiode		+0,4	+3,0	+0,7	+3,4	+4,1	+3,7
relative Veränderung zur Vorperiode		+0,7%	+5,0%	+1,1%	+5,7%	+6,9%	+6,2%
LANXESS AG	**k.A.**	**62,2**	**63,2**	**67,4**			
absolute Veränderung zur Vorperiode		–	+1,0	+4,2	–	–	+5,2
relative Veränderung zur Vorperiode		–	+1,6%	+6,6%	–	–	+8,4%

Schließlich bleibt das Fazit, dass sich die Lesbarkeit der Anhangangaben zu Ertragsteuern in der IFRS-Rechnungslegung verschlechtert. Das belegen sowohl die kurz- als auch die langfristigen empirischen Befunde anhand des *Lix-Index*.

Der Entwicklungstrend, der sich bereits bei der quantitativen Inhaltsanalyse von IAS 12 abzeichnet, setzt sich im Rahmen der Lesbarkeitsanalyse der Anhangangaben fort. Die Indikatoren aus der quantitativen Inhaltsanalyse nehmen sowohl kurz- als auch langfristig zu. Bei der Lesbarkeitsanalyse von IAS 12 hat sich diese Entwicklung allerdings noch nicht angedeutet. Die Lesbarkeitsanalyse des Standards zeigt langfristig eine Verschlechterung und kurzfristig eine Verbesserung. Die kurzfristige Verbesserung der Lesbarkeit des Standards wirkt sich offenbar nicht auf diejenige der entsprechenden Anhangangaben aus, da sich diese im Zeitablauf verschlechtert.[368]

368 Vgl. Dritter Teil: Kap. 4.5.1.2.2, 4.5.1.3.2 und 4.5.1.3.5.

4.5.2.1.3 Leasingverhältnisse

Es folgt die Präsentation der empirischen Befunde hinsichtlich des Lesbarkeitsindex *Lix* zu den Anhangangaben zu Leasingverhältnissen.[369] In Tab. 75 finden sich die empirischen Resultate zur Lesbarkeit von Angaben zu Leasingverhältnissen im Anhang. In Bezug auf die kurzfristige Entwicklung zeigt sich, dass sich sowohl bei der *Allianz SE* (+28,2; +55,5%) als auch bei der *Commerzbank AG* (+17,1; +31,4%) die Lesbarkeit von 2000 bis 2006 verschlechtert. Lediglich bei der *Bayer AG* kündigt sich im gleichen Zeitraum eine Verbesserung der Lesbarkeit an, da der *Lix-Indexwert* von 63,0 auf 55,9 sinkt (-7,1; -11,3%). Von 2006 bis 2012 zeigt sich diese Verbesserung nicht nur bei der *Bayer AG*, deren Indexwert von 55,9 auf 53,8 weiter absinkt (-2,1; -3,8%), sondern auch bei der *Allianz SE* (-6,2; -7,8%). Lediglich der bei der *Commerzbank AG* eingeschlagene Trend, der eine Verschlechterung der Lesbarkeit vermittelt, setzt sich, wenn auch marginal fort (2006–2012: +0,2; +0,3%).

---

369 Neben Angaben bei der *LANXESS AG* und der *Merck KGaA* fehlen auch Angaben bei der *Beiersdorf Aktiengesellschaft* (2000–2012), *Deutsche Börse AG* (2000–2001) und *HeidelbergCement AG* (2000–2002). Bei der *Beiersdorf Aktiengesellschaft* liegen lediglich Tabellen in den entsprechenden Jahren vor, die im Rahmen einer Lesbarkeitsanalyse nicht ausgewertet werden können. Bei der *Deutsche Börse AG* wird zwar an wenigen Stellen auf Leasingverhältnisse eingegangen, allerdings existiert kein eigener Abschnitt – wie in den Folgejahren –, der sich ausdrücklich mit dieser Thematik befasst. Bei der *HeidelbergCement AG* liegen keine Angaben im Anhang vor, die sich ausdrücklich mit Leasing befassen. Lediglich an einzelnen Stellen, z. B. Tabellen, erfolgt ein Hinweis auf Leasingzahlungen, die allerdings im Rahmen einer Lesbarkeitsanalyse nicht nutzbar sind (vgl. Anhang 13). Im Folgenden fällt lediglich die *Beiersdorf Aktiengesellschaft* aus der Untersuchung heraus, da von ihr in keinem Jahr verwertbare Daten vorliegen. Folglich verbleiben 13 Unternehmen, wobei sich bei zehn Unternehmen die Lesbarkeitswerte von 2000 bis 2012 verschlechtern und bei drei Unternehmen verbessern. Dies sind die drei Unternehmen *Bayer AG*, *Deutsche Börse AG* und *Henkel AG &Co. KGaA* (vgl. Anhang 13). Bei einzelnen Unternehmen wurden Textpassagen zum Leasing aus verschiedenen Bereichen zusammengeführt, um den Lesbarkeitsindex *Lix* zu ermitteln. Dazu zählen *Allianz SE*, *Bayer AG*, *Deutsche Lufthansa AG*, *Deutsche Post AG*, *LANXESS AG*, *Merck KGaA* und *RWE Aktiengesellschaft*.

Tab. 75: Lesbarkeit von Anhangangaben zu Leasingverhältnissen von ausgewählten DAX-Unternehmen im Zeitablauf (I)

Lesbarkeit Geschäftsberichte Leasing Lesbarkeitsindex *Lix*	**Kurzfristige Entwicklung 2000–2006**							
	2000	**2001**	**2002**	**2003**	**2004**	**2005**	**2006**	**kumulierte Veränderung 2000–2006**
Allianz SE	**50,8**	**65,7**	**61,2**	**68,9**	**89,5**	**63,8**	**79,0**	
absolute Veränderung zur Vorperiode		+14,9	-4,5	+7,7	+20,6	-25,7	+15,2	+28,2
relative Veränderung zur Vorperiode		+29,3%	-6,8%	+12,6%	+29,9%	-28,7%	+23,8%	+55,5%
Bayer AG	**63,0**	**60,9**	**60,6**	**61,6**	**62,2**	**58,8**	**55,9**	
absolute Veränderung zur Vorperiode		-2,1	-0,3	+1,0	+0,6	-3,4	-2,9	-7,1
relative Veränderung zur Vorperiode		-3,3%	-0,5%	+1,7%	+1,0%	-5,5%	-4,9%	-11,3%
Commerzbank AG	**54,4**	**54,4**	**72,6**	**72,6**	**72,6**	**72,6**	**71,5**	
absolute Veränderung zur Vorperiode		0,0	+18,2	0,0	0,0	0,0	-1,1	+17,1
relative Veränderung zur Vorperiode		0,0%	+33,5%	0,0%	0,0%	0,0%	-1,5%	+31,4%
	Kurzfristige Entwicklung 2006–2012							
	2006	**2007**	**2008**	**2009**	**2010**	**2011**	**2012**	**kumulierte Veränderung 2006–2012**
Allianz SE	**79,0**	**76,8**	**114,7**	**89,8**	**85,8**	**68,4**	**72,8**	
absolute Veränderung zur Vorperiode		-2,2	+37,9	-24,9	-4,0	-17,4	+4,4	-6,2
relative Veränderung zur Vorperiode		-2,8%	+49,3%	-21,7%	-4,5%	-20,3%	+6,4%	-7,8%
Bayer AG	**55,9**	**54,4**	**54,3**	**55,1**	**50,6**	**57,1**	**53,8**	
absolute Veränderung zur Vorperiode		-1,5	-0,1	+0,8	-4,5	+6,5	-3,3	-2,1
relative Veränderung zur Vorperiode		-2,7%	-0,2%	+1,5%	-8,2%	+12,8%	-5,8%	-3,8%
Commerzbank AG	**71,5**	**72,7**	**71,7**	**71,1**	**70,7**	**72,3**	**71,7**	
absolute Veränderung zur Vorperiode		+1,2	-1,0	-0,6	-0,4	+1,6	-0,6	+0,2
relative Veränderung zur Vorperiode		+1,7%	-1,4%	-0,8%	-0,6%	+2,3%	-0,8%	+0,3%

Langfristig sind die Entwicklungstendenzen deutlicher (vgl. Tab. 76). So zeigt sich bei der *Allianz SE* von 2000 bis 2010 (+35,0; +68,9%), von 2000 bis 2012 (+22,0; +43,3%) und von 2005 bis 2012 (+9,0; +14,1%) jeweils eine Zunahme des *Lix-Index*. Demzufolge verschlechtert sich die Lesbarkeit z. T. deutlich. Auch bei der *Commerzbank AG* deutet sich diese Entwicklung an. So kommt es von 2000 bis 2010 (+16,3; +30,0%) und von 2000 bis 2012 (+17,3; +31,8%) zu einem Anstieg des Indexwertes *Lix*, während sich kurzfristig von 2005 bis 2012 ein umgekehrter Trend andeutet (-0,9; -1,2%). Im Gegensatz dazu zeigt sich bei der *Bayer AG* in den entsprechenden Zeiträumen eine Verbesserung der Lesbarkeit. Beispielsweise sinkt der Indexwert von 63,0 (2000) über 58,8 (2005) auf 50,6 (2010). Das entspricht einem Rückgang von -12,4 bzw. -19,7% (2000–2010). Lediglich von 2010 bis 2012 zeigt sich eine marginale Verschlechterung der Lesbarkeit (+3,2; +6,3%).

Tab. 76: Lesbarkeit von Anhangangaben zu Leasingverhältnissen von ausgewählten DAX-Unternehmen im Zeitablauf (II)

Lesbarkeit Geschäftsberichte Leasing Lesbarkeitsindex *Lix*	**Langfristige Entwicklung**						
	2000	**2005**	**2010**	**2012**	**kumulierte Veränderung 2000–2010**	**kumulierte Veränderung 2000–2012**	**kumulierte Veränderung 2005–2012**
Allianz SE	**50,8**	**63,8**	**85,8**	**72,8**			
absolute Veränderung zur Vorperiode		+13,0	+22,0	−13,0	+35,0	+22,0	+9,0
relative Veränderung zur Vorperiode		+25,6%	+34,5%	−15,2%	+68,9%	+43,3%	+14,1%
Bayer AG	**63,0**	**58,8**	**50,6**	**53,8**			
absolute Veränderung zur Vorperiode		−4,2	−8,2	+3,2	−12,4	−9,2	−5,0
relative Veränderung zur Vorperiode		−6,7%	−13,9%	+6,3%	−19,7%	−14,6%	−8,5%
Commerzbank AG	**54,4**	**72,6**	**70,7**	**71,7**			
absolute Veränderung zur Vorperiode		+18,2	−1,9	+1,0	+16,3	+17,3	−0,9
relative Veränderung zur Vorperiode		+33,5%	−2,6%	+1,4%	+30,0%	+31,8%	−1,2%

Insgesamt unterstützen die empirischen Befunde die These einer Verschlechterung der Lesbarkeit der Angaben zu Leasingverhältnissen. Insbesondere im Rahmen einer langfristigen Betrachtung wird dies deutlich.

Die Trends aus der Lesbarkeitsanalyse der Anhangangaben zeigen sich bereits bei der quantitativen Inhaltsanalyse und der Lesbarkeitsanalyse von IAS 17. So kommt es zum einen zu einer kurz- und langfristigen Zunahme der Messwerte aus der quantitativen Inhaltsanalyse von IAS 17. Zum anderen verschlechtert sich kurz- und langfristig die Lesbarkeit von IAS 17 im Zeitablauf.[370]

370 Vgl. Dritter Teil: Kap. 4.5.1.2.3, 4.5.1.3.3 und 4.5.1.3.5.

4.5.2.1.4 Leistungen an Arbeitnehmer

Es schließt sich die Präsentation der Ergebnisse der Lesbarkeitsanalyse zu den Leistungen an Arbeitnehmer an.[371] Die entsprechenden Regelungen finden sich in IAS 19. Im Folgenden ist die kurzfristige Entwicklung des Lesbarkeitsindex *Lix* der drei ausgewählten Unternehmen zu finden (vgl. Tab. 77). Zunächst ist die *Beiersdorf Aktiengesellschaft* zu den acht Unternehmen zu zählen, bei denen sich eine Verbesserung der Lesbarkeit der Anhangangaben zu den Leistungen an Arbeitnehmer einstellt. Von 2000 bis 2006 sinkt der *Lix-Indexwert* von 77,3 auf 66,0 (-11,3; -14,6%). Hingegen ist von 2006 bis 2012 eine schwache Zunahme zu verzeichnen (+2,7; +4,1%). Anders verläuft die Entwicklung bei der *Commerzbank AG* und der *Deutsche Börse AG*. Bei diesen Unternehmen kommt es jeweils zu einem Anstieg im Zeitablauf (2000–2006: +9,1; +13,9% bzw. +9,6; +16,8%). In den Jahren von 2006 bis 2012 ist nur bei der *Commerzbank AG* ein Anstieg zu verzeichnen (+2,7; +3,6%), während sich der Index bei der *Deutsche Börse AG* marginal reduziert (-0,5; -0,7%).

Tab. 77: Lesbarkeit von Anhangangaben zu Leistungen an Arbeitnehmer von ausgewählten DAX-Unternehmen im Zeitablauf (I)

Lesbarkeit Geschäftsberichte Pensionsverpflichtungen Lesbarkeitsindex *Lix*	**Kurzfristige Entwicklung 2000–2006**							
	2000	**2001**	**2002**	**2003**	**2004**	**2005**	**2006**	**kumulierte Veränderung 2000–2006**
Beiersdorf Aktiengesellschaft	**77,3**	**65,1**	**64,2**	**64,1**	**65,0**	**62,9**	**66,0**	
absolute Veränderung zur Vorperiode		−12,2	−0,9	−0,1	+0,9	−2,1	+3,1	−11,3
relative Veränderung zur Vorperiode		−15,8%	−1,4%	−0,2%	+1,4%	−3,2%	+4,9%	−14,6%
Commerzbank AG	**65,4**	**67,1**	**66,1**	**65,7**	**68,4**	**71,6**	**74,5**	
absolute Veränderung zur Vorperiode		+1,7	−1,0	−0,4	+2,7	+3,2	+2,9	+9,1
relative Veränderung zur Vorperiode		+2,6%	−1,5%	−0,6%	+4,1%	+4,7%	+4,1%	+13,9%
Deutsche Börse AG	**57,3**	**63,8**	**66,9**	**68,3**	**68,3**	**69,1**	**66,9**	
absolute Veränderung zur Vorperiode		+6,5	+3,1	+1,4	0,0	+0,8	−2,2	+9,6
relative Veränderung zur Vorperiode		+11,3%	+4,9%	+2,1%	0,0%	+1,2%	−3,2%	+16,8%

371 Bei acht der 14 aufgeführten Unternehmen kommt es zu einer Senkung des Lesbarkeitsindex im Zeitraum von 2000 bis 2012 (vgl. Anhang 14). Lediglich bei sechs Unternehmen ist eine Verschlechterung der Lesbarkeit im Zeitablauf zu diagnostizieren, da der *Lix-Index* bei diesen Unternehmen im gleichen Zeitraum zunimmt. Dies sind die sechs Unternehmen *Commerzbank AG*, *Deutsche Börse AG*, *Deutsche Lufthansa AG*, *Deutsche Post AG*, *LANXESS AG* und *RWE Aktiengesellschaft*.

	Kurzfristige Entwicklung 2006–2012							
	2006	**2007**	**2008**	**2009**	**2010**	**2011**	**2012**	**kumulierte Veränderung 2006–2012**
Beiersdorf Aktiengesellschaft	**66,0**	**66,1**	**70,7**	**71,2**	**69,5**	**67,8**	**68,7**	
absolute Veränderung zur Vorperiode		+0,1	+4,6	+0,5	−1,7	−1,7	+0,9	+2,7
relative Veränderung zur Vorperiode		+0,2%	+7,0%	+0,7%	−2,4%	−2,4%	+1,3%	+4,1%
Commerzbank AG	**74,5**	**61,9**	**68,6**	**70,9**	**77,3**	**72,9**	**77,2**	
absolute Veränderung zur Vorperiode		−12,6	+6,7	+2,3	+6,4	−4,4	+4,3	+2,7
relative Veränderung zur Vorperiode		−16,9%	+10,8%	+3,4%	+9,0%	−5,7%	+5,9%	+3,6%
Deutsche Börse AG	**66,9**	**62,7**	**66,9**	**66,8**	**66,3**	**66,8**	**66,4**	
absolute Veränderung zur Vorperiode		−4,2	+4,2	−0,1	−0,5	+0,5	−0,4	−0,5
relative Veränderung zur Vorperiode		−6,3%	+6,7%	−0,1%	−0,7%	+0,8%	−0,6%	−0,7%

Langfristig kristallisieren sich deutlichere Entwicklungstendenzen heraus (vgl. Tab. 78). So zeigt sich bei der *Beiersdorf Aktiengesellschaft*, dass es sowohl von 2000 bis 2010 (-7,8; -10,1%) als auch von 2000 bis 2012 (-8,6; -11,1%) zu einer Verbesserung der Lesbarkeit kommt, die sich in einem Anstieg des *Lix-Indexwertes* ausdrückt. Lediglich von 2005 bis 2012 zeichnet sich eine Verschlechterung der Lesbarkeit ab (+5,8; +9,2%). Bei der *Commerzbank AG* und der *Deutsche Börse AG* bestätigen sich die kurzfristigen Trends im Rahmen einer langfristigen Betrachtung. So kommt es bei der *Commerzbank AG* von 2000 bis 2010 (+11,9; +18,2%), von 2000 bis 2012 (+11,8; +18,0%) und von 2005 bis 2012 (+5,6; +7,8%) zu einem Anstieg des Lesbarkeitsindex. Ähnlich gestaltet sich auch die Entwicklung des *Lix-Index* bei der *Deutsche Börse AG*, welcher sowohl von 2000 bis 2010 (+9,0; +15,7%) als auch von 2000 bis 2012 (+9,1; +15,9%) ansteigt. Nur in den sieben Jahren von 2005 bis 2012 reduziert sich der Index von 69,1 auf 66,4 (-2,7; -3,9%).

Tab. 78: Lesbarkeit von Anhangangaben zu Leistungen an Arbeitnehmer von ausgewählten DAX-Unternehmen im Zeitablauf (II)

Lesbarkeit Geschäftsberichte Pensionsverpflichtungen Lesbarkeitsindex *Lix*	**Langfristige Entwicklung**						
	2000	**2005**	**2010**	**2012**	**kumulierte Veränderung 2000–2010**	**kumulierte Veränderung 2000–2012**	**kumulierte Veränderung 2005–2012**
Beiersdorf Aktiengesellschaft	77,3	62,9	69,5	68,7			
absolute Veränderung zur Vorperiode		−14,4	+6,6	−0,8	−7,8	−8,6	+5,8
relative Veränderung zur Vorperiode		−18,6%	+10,5%	−1,2%	−10,1%	−11,1%	+9,2%
Commerzbank AG	65,4	71,6	77,3	77,2			
absolute Veränderung zur Vorperiode		+6,2	+5,7	−0,1	+11,9	+11,8	+5,6
relative Veränderung zur Vorperiode		+9,5%	+8,0%	−0,1%	+18,2%	+18,0%	+7,8%
Deutsche Börse AG	57,3	69,1	66,3	66,4			
absolute Veränderung zur Vorperiode		+11,8	−2,8	+0,1	+9,0	+9,1	−2,7
relative Veränderung zur Vorperiode		+20,6%	−4,1%	+0,2%	+15,7%	+15,9%	−3,9%

Schließlich bleibt zu konstatieren, dass, wenn überhaupt, langfristig eine Verschlechterung der Lesbarkeit bei der Untersuchung der Anhangangaben zu Leistungen an Arbeitnehmer festzustellen ist. Dies trifft allerdings nur auf sechs von 14 der DAX-30-Unternehmen im Zeitraum von 2000 bis 2012 zu. Ansonsten mehren sich kurzfristig die Anzeichen einer Verbesserung der Lesbarkeit in diesem Bilanzierungsbereich.

Die Ergebnisse aus der quantitativen Inhaltsanalyse zu IAS 19 bestätigen an dieser Stelle die kurz- und langfristige Entwicklungstendenzen aus der Lesbarkeitsanalyse der Anhangangaben. So kommt es zu einer Zunahme der Indikatoren im Rahmen einer langfristigen Betrachtung und kurzfristig zu einer Abnahme der Messwerte aus der quantitativen Inhaltsanalyse. Demgegenüber steht die Entwicklung der Lesbarkeitsanalyse von IAS 19. Langfristig verbessert sich die Lesbarkeit des Standards, während hingegen sich diese kurzfristig verschlechtert. Es zeigt sich somit, dass das Reformprojekt von IAS 19 aus dem Jahr 2011 offenbar materielle Erleichterungen des Regelwerks hervorgebracht hat. Diese wirken sich jedoch – entgegen den Erwartungen – kurzfristig nicht positiv auf die Lesbarkeit des Standards aus. Denn diese verschlechtert sich im Zeitablauf. Allerdings schlagen die kurzfristigen Veränderungen auf die Regelanwendung durch, da sich die Lesbarkeit der Anhangangaben zu IAS 19 verbessert.[372]

372 Vgl. Dritter Teil: Kap. 4.5.1.2.4, 4.5.1.3.4 und 4.5.1.3.5.

4.5.2.1.5 Rückstellungen, Eventualverbindlichkeiten und Eventualforderungen

Die Ergebnisse hinsichtlich der Lesbarkeitsanalyse mittels des *Lix-Index* zu den Rückstellungen, Eventualverbindlichkeiten und Eventualforderungen, die IAS 37 regelt, finden sich nachfolgend.[373] In Tab. 79 zeigt sich bei der *adidas AG*, dass sich die Lesbarkeit von 2000 bis 2006 verschlechtert (+15,6; +24,7%) und von 2006 bis 2012 verbessert (-6,6; -8,4%). Bei der *Beiersdorf Aktiengesellschaft* kommt es in beiden Zeitspannen zu einem Anstieg des Lesbarkeitsindex im Zeitablauf (2000–2006: +30,5; +73,0% bzw. 2006–2012: +4,3; +5,9%). Hingegen zeigt sich bei der *Deutsche Börse AG* sowohl von 2000 bis 2006 (-12,4; -18,5%) als auch von 2006 bis 2012 (-2,1; -3,8%) eine Abnahme des *Lix-Indexwertes* und somit eine bessere Lesbarkeit.

Tab. 79: Lesbarkeit von Anhangangaben zu Rückstellungen, Eventualverbindlichkeiten und Eventualforderungen von ausgewählten DAX-Unternehmen im Zeitablauf (I)

Lesbarkeit Geschäftsberichte Sonstige Rückstellungen Lesbarkeitsindex *Lix*	**Kurzfristige Entwicklung 2000–2006**							
	2000	**2001**	**2002**	**2003**	**2004**	**2005**	**2006**	**kumulierte Veränderung 2000–2006**
adidas AG	**63,2**	**65,6**	**71,7**	**75,5**	**75,5**	**73,5**	**78,8**	
absolute Veränderung zur Vorperiode		+2,4	+6,1	+3,8	0,0	−2,0	+5,3	+15,6
relative Veränderung zur Vorperiode		+3,8%	+9,3%	+5,3%	0,0%	−2,6%	+7,2%	+24,7%
Beiersdorf Aktiengesellschaft	**41,8**	**68,2**	**67,4**	**68,3**	**67,4**	**65,4**	**72,3**	
absolute Veränderung zur Vorperiode		+26,4	−0,8	+0,9	−0,9	−2,0	+6,9	+30,5
relative Veränderung zur Vorperiode		+63,2%	−1,2%	+1,3%	−1,3%	−3,0%	+10,6%	+73,0%
Deutsche Börse AG	**67,0**	**64,0**	**60,6**	**53,6**	**53,7**	**53,6**	**54,6**	
absolute Veränderung zur Vorperiode		−3,0	−3,4	−7,0	+0,1	−0,1	+1,0	−12,4
relative Veränderung zur Vorperiode		−4,5%	−5,3%	−11,6%	+0,2%	−0,2%	+1,9%	−18,5%

373 Bei neun von 14 Unternehmen kommt es zu einer Verbesserung der Lesbarkeit der Angaben, sofern der Zeitraum von 2000 bis 2012 betrachtet wird. Lediglich bei fünf Unternehmen ist eine Verschlechterung der Lesbarkeit in diesem Zeitraum festzustellen. Dies sind die Unternehmen *adidas AG, Beiersdorf Aktiengesellschaft, Deutsche Lufthansa AG, Henkel AG &Co. KGaA* und *RWE Aktiengesellschaft* (vgl. Anhang 15).

	Kurzfristige Entwicklung 2006–2012							
	2006	**2007**	**2008**	**2009**	**2010**	**2011**	**2012**	**kumulierte Veränderung 2006–2012**
adidas AG	**78,8**	**75,9**	**76,0**	**72,4**	**72,8**	**72,5**	**72,2**	
absolute Veränderung zur Vorperiode		−2,9	+0,1	−3,6	+0,4	−0,3	−0,3	−6,6
relative Veränderung zur Vorperiode		−3,7%	+0,1%	−4,7%	+0,6%	−0,4%	−0,4%	−8,4%
Beiersdorf Aktiengesellschaft	**72,3**	**72,3**	**65,8**	**72,1**	**73,6**	**75,0**	**76,6**	
absolute Veränderung zur Vorperiode		0,0	−6,5	+6,3	+1,5	+1,4	+1,6	+4,3
relative Veränderung zur Vorperiode		0,0%	−9,0%	+9,6%	+2,1%	+1,9%	+2,1%	+5,9%
Deutsche Börse AG	**54,6**	**51,0**	**50,3**	**49,5**	**51,4**	**50,7**	**52,5**	
absolute Veränderung zur Vorperiode		−3,6	−0,7	−0,8	+1,9	−0,7	+1,8	−2,1
relative Veränderung zur Vorperiode		−6,6%	−1,4%	−1,6%	+3,8%	−1,4%	+3,6%	−3,8%

Die empirischen Befunde zur langfristigen Entwicklung finden sich in Tab. 80. Bei der *adidas AG* geht die Lesbarkeit im Zeitablauf zurück. So erhöht sich der Wert des *Lix-Index* von 63,2 auf 72,8 von 2000 bis 2010 (+9,6; +15,2%) und von 63,2 auf 72,2 von 2000 bis 2012 (+9,0; +14,2%). Lediglich in der jüngeren Vergangenheit zeigen sich Anzeichen einer Verbesserung der Lesbarkeit (z.B. 2005–2012: -1,3; -1,8%). Anders präsentiert sich die langfristige Entwicklung bei der *Beiersdorf Aktiengesellschaft.* Hier zeigt sich ein eindeutiger Trend zur Verschlechterung der Lesbarkeit. So erhöht sich der *Lix-Index* von 41,8 (2000) über 65,4 (2005) und 73,6 (2010) auf 76,6 (2012). Am deutlichsten zeigt sich die Entwicklung im Zeitraum von 2000 bis 2012, in dem es zu einem relativen Anstieg von +83,3% (+34,8) kommt. Im Gegensatz dazu steht die Entwicklung der Ergebnisse der *Deutsche Börse AG.* Hier kommt es zu einer Reduktion des Lesbarkeitsindex *Lix* von 67,0 (2000) über 53,6 (2005) auf 51,4 (2010). Das entspricht einer relativen Abnahme von -20,0% (2000–2005) bzw. von -23,3% (2000–2010). Danach nimmt der *Lix-Indexwert* marginal zu (2010–2012: +1,1; +2,1%).

Tab. 80: Lesbarkeit von Anhangangaben zu Rückstellungen, Eventualverbindlichkeiten und Eventualforderungen von ausgewählten DAX-Unternehmen im Zeitablauf (II)

Lesbarkeit Geschäftsberichte Sonstige Rückstellungen Lesbarkeitsindex *Lix*	**Langfristige Entwicklung**						
	2000	**2005**	**2010**	**2012**	**kumulierte Veränderung 2000–2010**	**kumulierte Veränderung 2000–2012**	**kumulierte Veränderung 2005–2012**
adidas AG	63,2	73,5	72,8	72,2			
absolute Veränderung zur Vorperiode		+10,3	−0,7	−0,6	+9,6	+9,0	−1,3
relative Veränderung zur Vorperiode		+16,3%	−1,0%	−0,8%	+15,2%	+14,2%	−1,8%
Beiersdorf Aktiengesellschaft	41,8	65,4	73,6	76,6			
absolute Veränderung zur Vorperiode		+23,6	+8,2	+3,0	+31,8	+34,8	+11,2
relative Veränderung zur Vorperiode		+56,5%	+12,5%	+4,1%	+76,1%	+83,3%	+17,1%
Deutsche Börse AG	67,0	53,6	51,4	52,5			
absolute Veränderung zur Vorperiode		−13,4	−2,2	+1,1	−15,6	−14,5	−1,1
relative Veränderung zur Vorperiode		−20,0%	−4,1%	+2,1%	−23,3%	−21,6%	−2,1%

Als Fazit bleibt, dass es bei den Anhangangaben zu Rückstellungen, Eventualverbindlichkeiten und Eventualforderungen zu keiner (langfristigen) Verschlechterung der Lesbarkeit kommt. Für neun der 14 ausgewählten Unternehmen ist eine Abnahme des *Lix-Index* und somit eine Verbesserung der Lesbarkeit im Zeitraum von 2000 bis 2012 festzustellen. Zudem liegen auch kurzfristig nur schwache empirische Befunde vor, die für eine Verschlechterung sprechen.

Die Ergebnisse aus der Lesbarkeitsanalyse und der quantitativen Inhaltsanalyse von IAS 37 und aus der Lesbarkeitsanalyse der Anhangangaben vermitteln ein uneinheitliches Bild. Während die Lesbarkeitsanalyse des Standards die empirischen Befunde aus der quantitativen Inhaltsanalyse zu IAS 37 stützt und eine Verschlechterung der Lesbarkeit festzustellen ist, zeigen die Ergebnisse zu den Anhangangaben eine andere Entwicklung auf. Dort kommt es nicht zu einer Verschlechterung, sondern zu einer lang- und wohl auch kurzfristigen Verbesserung der Lesbarkeit der Anhangangaben in diesem Bilanzierungsbereich.[374]

Zusammenfassend lässt sich auch an dieser Stelle festhalten, dass die Ergebnisse aus der quantitativen Inhaltsanalyse und aus der Lesbarkeitsanalyse der IFRS-Standards (IFRS-Regelkomplexität) sowie aus der Lesbarkeitsanalyse der Anhangangaben (IFRS-Rechnungslegungskomplexität) ein heterogenes Bild ergeben, wie Abb. 26 vereinfachend veranschaulicht.

374 Vgl. Dritter Teil: Kap. 4.5.1.2.5 und 4.5.1.3.5.

Abb. 26: Zusammenfassung der Ergebnisse zu den ausgewählten Bilanzierungsbereichen[375]

	IFRS-Regelkomplexität (Abbildungsregeln)				**IFRS-Rechnungslegungskomplexität (Abbildungsergebnis)**	
	Quantitative Inhaltsanalyse		**Lesbarkeitsanalyse**		**Lesbarkeitsanalyse**	
	kurzfristiger Entwicklungstrend	**langfristiger Entwicklungstrend**	**kurzfristiger Entwicklungstrend**	**langfristiger Entwicklungstrend**	**kurzfristiger Entwicklungstrend**	**langfristiger Entwicklungstrend**
Finanz-instrumente	**Zunahme** der Indikatoren	**Zunahme** der Indikatoren	**Verschlechterung**[1] der Lesbarkeit	**Verschlechterung**[2] der Lesbarkeit	**Verschlechterung** der Lesbarkeit	**Verschlechterung** der Lesbarkeit
Ertragsteuern	**Zunahme** der Indikatoren	**Zunahme** der Indikatoren	**Verbesserung** der Lesbarkeit	**Verschlechterung** der Lesbarkeit	**Verschlechterung** der Lesbarkeit	**Verschlechterung** der Lesbarkeit
Leasing-verhältnisse	**Zunahme** der Indikatoren	**Zunahme** der Indikatoren	**Verschlechterung** der Lesbarkeit	**Verschlechterung** der Lesbarkeit	**Verschlechterung** der Lesbarkeit	**Verschlechterung** der Lesbarkeit
Leistungen an Arbeitnehmer	**Abnahme** der Indikatoren	**Zunahme** der Indikatoren	**Verschlechterung** der Lesbarkeit	**Verbesserung** der Lesbarkeit	**Verbesserung** der Lesbarkeit	**Verbesserung/ Verschlechterung** der Lesbarkeit
Rückstellungen, Eventual-verbindlichkeiten und Eventual-forderungen	**Zunahme** der Indikatoren	**Zu–/Abnahme** der Indikatoren	**Verschlechterung** der Lesbarkeit	**Verschlechterung** der Lesbarkeit	**Verbesserung/ Verschlechterung** der Lesbarkeit	**Verbesserung** der Lesbarkeit

1 Das Ergebnis bezieht sich auf IFRS 9 und IAS 39.
2 Das Ergebnis bezieht sich lediglich auf IAS 39, da Resultate zu einem langfristigen Entwicklungstrend von IFRS 9 nicht vorliegen.

375 Quelle: Eigene Darstellung.

Die Ergebnisse zur Regelanwendung der einzelnen Bilanzierungsbereiche (IFRS-Rechnungslegungskomplexität) werden lediglich als weiteres vorsichtiges Indiz für die Analyse der Abbildungsregeln (IFRS-Regelkomplexität) herangezogen. Bereinigungen erfolgen an dieser Stelle nicht. Die Ergebnisse aus der Lesbarkeitsanalyse der Anhänge scheinen denjenigen aus der quantitativen Inhaltsanalyse und der Lesbarkeitsanalyse der Standards – bei aller Vorsicht – im Großen und Ganzen zumindest nicht zu widersprechen. Für die Bilanzierungsbereiche Finanzinstrumente, Leasingverhältnisse, Ertragsteuern und Leistungen an Arbeitnehmer lassen sich im Wesentlichen die gewonnenen Erkenntnisse aus der Analyse der Abbildungsregeln (IFRS-Regelkomplexität) im Rahmen der Untersuchung der Regelanwendung (IFRS-Rechnungslegungskomplexität) bestätigen. Lediglich die empirischen Befunde aus der Lesbarkeitsanalyse der Anhangangaben von Rückstellungen, Eventualverbindlichkeiten und Eventualforderungen spiegeln die Resultate aus der quantitativen Inhaltsanalyse und aus der Lesbarkeitsanalyse nicht eindeutig wider.

Eine Aussage hinsichtlich einer Zu- oder Abnahme der IFRS-Regelkomplexität ist (noch) nicht möglich. Hierfür ist die Entwicklung der allgemeinen Umweltkomplexität zu berücksichtigen und mit derjenigen der Indikatoren der einzelnen Bilanzierungsbereiche zur IFRS-Regelkomplexität abzugleichen.[376]

4.5.2.2 Quantitative Inhaltsanalyse zur IFRS- und HGB-Rechnungslegungskomplexität

Im Folgenden werden die Ergebnisse aus der quantitativen Inhaltsanalyse des Abbildungsergebnisses der DAX-30-Unternehmen vorgestellt. Es folgen die Resultate zum einen aus der quantitativen Inhaltsanalyse anhand der Seitenanzahl der Geschäftsberichte (Dritter Teil: Kap. 4.5.2.2.1) und zum anderen zur Schlag- und Signalwortsuche in den Geschäftsberichten (Dritter Teil: Kap. 4.5.2.2.2). Diese untersuchen die IFRS- und die HGB-Rechnungslegungskomplexität im Gesamten. Den Abschluss bilden die Ergebnisse zur Unternehmens- (Dritter Teil: Kap. 4.5.2.3) und zur allgemeinen Umweltkomplexität (Dritter Teil: Kap. 4.5.2.4). Dies erfolgt einerseits anhand der Mitarbeiterzahl im Durchschnitt des Geschäftsjahres und der kumulierten Mitarbeiterzahl zum jeweiligen Stichtag sowie der kumulierten Anzahl der Konzernunternehmen (Unternehmenskomplexität) und andererseits anhand der kumulierten Bilanzsummen und der kumulierten Umsatzerlöse (allgemeine Umweltkomplexität). Hierzu dienen die Geschäftsberichte der DAX-30-Unternehmen und die Datenbank „Amadeus".

376 Vgl. Dritter Teil: Kap. 4.5.2.1.1 und 4.5.2.4.

4.5.2.2.1 Seitenanzahl

Nachstehend finden sich die Ergebnisse der quantitativen Inhaltsanalyse zur IFRS- und zur HGB-Rechnungslegungskomplexität (Regelanwendung). Die Seitenanzahl des Geschäftsberichts wird an dieser Stelle als Indikator herangezogen.[377] Dazu

---

377 Es bestehen Besonderheiten in Bezug auf die Geschäftsberichte der Unternehmen, die sich in den Ergebnissen niederschlagen. Bei der *Allianz SE* setzt sich die Gesamtseitenanzahl der Geschäftsberichte in den Jahren 2000 und 2001 aus dem Bericht zur *Allianz*-Gruppe und dem Bericht zum Konzernabschluss der *Allianz*-Gruppe zusammen. Im Jahr 2012 ergibt sich die Gesamtseitenanzahl des Geschäftsberichts der *Beiersdorf Aktiengesellschaft* aus der Seitenanzahl des *Finanz*-Geschäftsberichts zuzüglich des *Image*-Geschäftsberichts. In den Jahren 2000, 2001 und 2002 ergeben sich Erschwernisse bei der *Continental AG*. So ist im Jahr 2000 der Lagebericht aufgrund einer fehlenden einheitlichen Bezeichnung nicht eindeutig im Geschäftsbericht abgrenzbar, sodass sich die Seitenanzahl letztendlich auf Basis eigener Berechnungen der einzelnen Seitenanzahlen der Kategorien „Das Geschäftsjahr im Überblick", „Ausblick", „Die Konzernbereiche", „Mitarbeiter und Mitarbeiterinnen" und „Analyse der wirtschaftlichen Situtation" zusammensetzt. Im Jahr 2001 ist nur der Konzernabschluss, nicht aber der Geschäftsbericht der *Continental AG* verfügbar. 2002 ist der Geschäftsbericht der *Continental AG* auf Doppelseiten dargestellt, sodass die im Rahmen des PDF-Dokuments ermittelte Seitenanzahl verdoppelt werden muss, um die Gesamtseitenanzahl bzw. die Seitenanzahlen, die auf den Lagebericht und Anhang entfallen, zu erhalten. Gleiches gilt auch für die *Deutsche Telekom AG* im Jahr 2000, deren Geschäftsbericht ebenso auf Doppelseiten zur Verfügung gestellt ist. Des Weiteren dient in den Geschäftsberichten der *Deutsche Bank AG* in den Jahren 2000 bis 2002 die Rubrik „Managment Discussion" als Basis für die Bestimmung der Seitenanzahl des Lageberichts. Bei der *Fresenius Medical Care AG &Co. KGaA* setzt sich im Geschäftsbericht des Jahres 2012 die Seitenanzahl für den Lagebericht aus der Seitenanzahl der Rubrik „Unser Geschäftsjahr" des Unternehmensberichts und aus der Seitenanzahl der Rubrik „Darstellung und Analyse" des Finanzberichts zusammen. Die Seitenanzahl für den Anhang bezieht sich auf die Rubrik, die mit „Anmerkungen zum Konzernabschluss" überschrieben ist. Darüber hinaus ist zu erwähnen, dass bei Friktionen jeglicher Art zwischen Daten aus der Datenbank „Amadeus" und den selbstständig generierten Daten den Datenbankdaten stets der Vorzug eingeräumt wird. Exemplarisch sei hierzu die *Fresenius Medical Care AG & Co. KGaA* herausgegriffen, die in den Jahren 2007 bis 2012 im Geschäftsbericht den Konzernabschluss nach US-GAAP veröffentlicht. Obwohl im Wesentlichen auch auf die Geschäftsberichte rekurriert wird, werden für die vorliegende Analyse als Konzernrechnungslegungssprache von 2007 bis 2012 nicht die US-GAAP, sondern die IFRS herangezogen. Dieser Umstand ist der Tatsache geschuldet, dass die Daten zunächst aus der Datenbank „Amadeus" ausgelesen sind und dort die IFRS – als Konzernrechnungslegungssprache der *Fresenius Medical Care AG &Co. KGaA* – hinterlegt sind, da das Unternehmen seinen Adressaten seit 2007 – neben dem Geschäftsbericht mit dem US-GAAP-Konzernabschluss – auch einen Konzernabschluss nach IFRS zur Verfügung stellt. Bei der *HeidelbergCement AG* wird in den Jahren 2003 und 2004 für die

wird die Seitenanzahl sowohl insgesamt als auch für den Anhang, den Lagebericht und den sonstigen Bereich für die 14 von 2000 bis 2012 nach IFRS bilanzierenden Unternehmen im Zeitablauf dargestellt.[378] Die Seitenanzahl für den Anhang dient zur Untersuchung der IFRS-Rechnungslegungskomplexität, die Seitenanzahl für den Lagebericht der HGB-Rechnungslegungskomplexität. Dahinter steckt die Annahme, dass der Anhang primär von den IFRS getrieben wird und der Lagebericht vom HGB. Zudem geht annahmegemäß eine zunehmende Rechnungslegungskomplexität mit einer steigenden Finanzberichterstattungskomplexität einher. Diese drückt sich in einem Anstieg der Seitenanzahl aus. Ein ansteigender Indikatorwert kann – unter Berücksichtigung einer vorsichtigen und behutsamen Ergebnisinterpretation sowie einer Betonung der Limitationen – als erstes Indiz für eine Komplexitätszunahme dienen, ein abnehmender Indikatorwert für eine Komplexitätsabnahme.[379]

Aussagen hinsichtlich einer Zu- oder Abnahme der IFRS-Regelkomplexität sind an dieser Stelle bedingt möglich. Grundsätzlich sollte hierzu die Entwicklung der Unternehmens- und der Umweltkomplexität bei der Betrachtung der IFRS-Rechnungslegungskomplexität berücksichtigt und entsprechend bereinigt werden. Denn die IFRS-Rechnungslegungskomplexität wird sowohl von der Unternehmens- als auch von der Umweltkomplexität (einschließlich der Regelkomplexität) beeinflusst. Zudem hängen die Teilkomplexitäten zusammen und wirken aufeinander ein (Messproblem).[380] Alternativ ist es auch möglich, die IFRS-Regelkomplexität in einem stark vereinfachenden Szenario zu beleuchten. Dazu wird unterstellt, dass die IFRS- und HGB-Rechnungslegungskomplexität in gleichem Maße von der

---

Untersuchung ein manuell zusammengefügter Lagebericht verwendet, da der Lagebericht im jeweiligen Geschäftsbericht in zwei Teile – „Lagebericht Teil I" und „Lagebericht Teil II" – aufgespalten ist. Daneben liegt von der *Merck KGaA* im Jahr 2000 lediglich eine Kurzfassung (40 Seiten) des Geschäftsberichts vor, die im Rahmen der vorliegenden Analyse unberücksichtigt bleibt. Bei der *RWE Aktiengesellschaft* handelt es sich im Jahr 2001 um ein Rumpfgeschäftsjahr (Juli bis Dezember 2001), da das Geschäfts- dem Kalenderjahr angepasst wurde.

378 Die aus Platzgründen nicht dargstellten Ergebnisse auf Basis der DAX-30-Unternehmen finden sich in Anhang 16. Die ebenfalls aus Platzgründen nicht dargestellte detaillierte Entwicklung der Gesamtseitenanzahl, der Seitenanzahl des Lageberichts und des Anhangs sowie der sonstigen Seiten je Unternehmen liegen vor und können vom Verfasser der vorliegenden Arbeit angefordert werden. Beispielsweise zeigt sich dort, dass die *Deutsche Bank AG* von den 30 untersuchten Unternehmen im Zeitraum von 2000 bis 2012 neben dem umfangreichsten Geschäftsbericht (2012: 580 Seiten) auch den umfangreichsten Lagebericht (2012: 269 Seiten) und Anhang (2011: 218 Seiten) veröffentlicht. Den Geschäftsbericht mit dem geringsten Umfang publiziert hingegen die *Continental AG* (2001: 74 Seiten), hinsichtlich des Lageberichts die *Deutsche Börse AG* (2000: 6 Seiten) und hinsichtlich des Anhangs die *Linde AG* (2000: 12 Seiten).

379 Vgl. zur Auswahl und Begründung der Indikatoren Dritter Teil: Kap. 4.1.3.

380 Vgl. Dritter Teil: Kap. 2.

Unternehmens- und von der allgemeinen Umweltkomplexität im Zeitablauf betroffen sind. Zudem wird die HGB-Rechnungslegungskomplexität lediglich durch die Entwicklung der Unternehmens- und der allgemeinen Umweltkomplexität bestimmt. Die Entwicklung der HGB-Regelkomplexität wird vernachlässigt bzw. in der allgemeinen Umweltkomplexität berücksichtigt. Anhand eines Vergleichs der Indikatoren lässt sich die Differenz zwischen der Entwicklung der relativen Veränderungen der Seitenanzahl des Anhangs (IFRS-Rechnungslegungskomplexität) und derjeningen des Lageberichts (HGB-Rechnungslegungskomplexität) ermitteln. Der Unterschiedsbetrag zwischen den relativen Veränderungen könnte durch die Abbildungsregeln (IFRS-Regelkomplexität) erklärt werden. Voraussetzung ist dabei, dass die Entwicklung der IFRS-Rechnungslegungskomplexität über derjenigen der HGB-Rechnungslegungskomplexität liegt. Eine positive Differenz könnte als erstes, vorsichtiges Anzeichen einer Zunahme der IFRS-Regelkomplexität gewertet werden, eine negative Differenz als eine entsprechende Abnahme. Beispielsweise erhöht sich der Indikator Seitenanzahl des Anhangs in Tab. 81 von 2006 auf 2007 um +12,9% (IFRS-Rechnungslegungskomplexität). Gleichzeitig steigt der Indikator für die HGB-Rechnungslegungskomplexität (Seitenanzahl des Lageberichts) um +10,4%. Die Differenz in Höhe von +2,5 Prozentpunkten (%-Punkten) könnte auf eine Zunahme der IFRS-Regelkomplexität bzw. der IFRS-Rechnungslegungskomplexität hindeuten. Abb. 27 illustriert das beispielhaft dargestellte Szenario grafisch.

Abb. 27: Entwicklung der IFRS- und HGB-Rechnungslegungskomplexität im Vergleich[381]

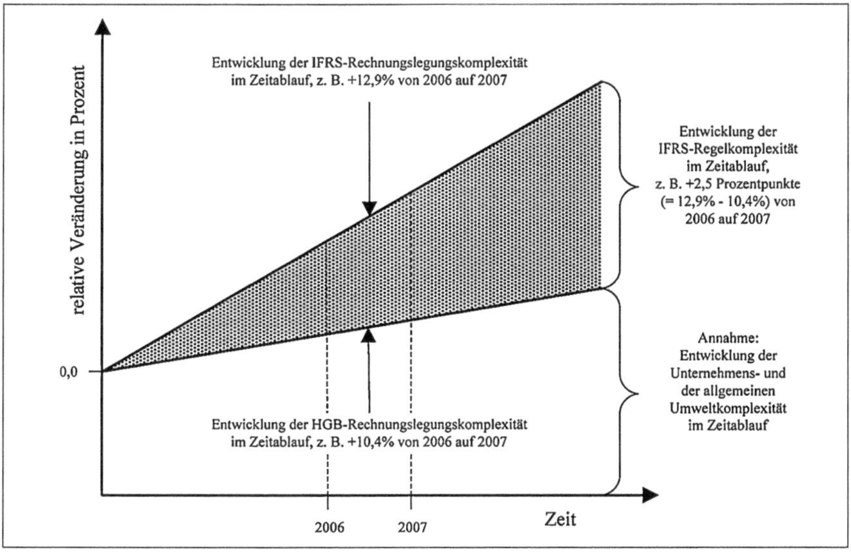

381 Quelle: Eigene Darstellung.

Das stark vereinfachende Szenario kommt sowohl an dieser Stelle anhand der Seitenanzahl als auch im nächsten Kapitel anhand der Schlag- und Signalwörter (Dritter Teil: Kap. 4.5.2.2.2) zur Anwendung, um vorsichtige und behutsame Aussagen hinsichtlich der IFRS-Regelkomplexität zu tätigen.

Ein Vergleich zwischen den Indikatoren erfolgt nur auf Basis der Ergebnisse für die 14 von 2000 bis 2012 nach IFRS bilanzierenden Unternehmen. Eine Gegenüberstellung auf Basis der Ergebnisse der DAX-30-Unternehmen unterbleibt, da aufgrund der angewandten, divergierenden Rechnungslegungssysteme im Zeitablauf keine klaren Aussagen hinsichtlich der IFRS-Rechnungslegungskomplexität respektive IFRS-Regelkomplexität möglich wären.[382] Gleichwohl kommt es zu keiner Verzerrung wegen des Rechnungslegungssystems bei der HGB-Rechnungslegungskomplexität. Die Lageberichterstattung der Unternehmen ist an das HGB gekoppelt und insofern einheitlich geregelt.[383]

Tab. 81 beinhaltet die kurzfristige Entwicklung der Ergebnisse hinsichtlich der Seitenanzahl der Geschäftsberichte der 14 von 2000 bis 2012 nach IFRS bilanzierenden DAX-Unternehmen. Dort zeichnen sich die Trends ab, die sich auch bei Betrachtung der DAX-30-Unternehmen zeigen (vgl. Anhang 16). Die Indikatoren nehmen, wenn auch überwiegend in einem moderateren Maße, zu. Es zeigt sich, dass der Umfang der einzelnen Bereiche sowohl von 2000 bis 2006 als auch von 2006 bis 2012 zunimmt. Die Gesamtseitenanzahl der Geschäftsberichte steigt von 2000 bis 2006 um +970 auf 2.677 (+56,8%) und von 2006 bis 2012 um +1.029 auf 3.706 Seiten (+38,4%) an. Die Seitenanzahl der Anhänge der nach IFRS bilanzierenden Unternehmen erhöht sich ebenso von 2000 bis 2006 (+391; +83,2%) und von 2006 bis 2012 (+345; +40,1%). Auch ein Abstellen auf eine Ein-Jahres-Betrachtung zeigt, dass ausnahmslos ein Anstieg der Seitenanzahl der Anhänge zu verzeichnen ist. Ein Rückgang der Seitenanzahl der Anhänge von 2011 auf 2012, wie er in Anhang 16 zu finden ist, ist an dieser Stelle nicht festzustellen.

---

382 Vgl. Anhang 8.

383 Vgl. Zweiter Teil: Kap. 4.4.

Tab. 81: Kumulierte Seitenanzahl der Geschäftsberichte der nach IFRS bilanzierenden Unternehmen des DAX im Zeitablauf (I)

Seitenanzahl Geschäftsberichte UN IFRS	**Kurzfristige Entwicklung 2000–2006**							
	2000	**2001**	**2002**	**2003**	**2004**	**2005**	**2006**	**kumulierte Veränderung 2000–2006**
Seitenanzahl Geschäftsberichte insgesamt	**1.707**	**1.933**	**2.135**	**2.199**	**2.357**	**2.444**	**2.677**	
absolute Veränderung zur Vorperiode		+226	+202	+64	+158	+87	+233	+970
relative Veränderung zur Vorperiode		+13,2%	+10,5%	+3,0%	+7,2%	+3,7%	+9,5%	+56,8%
Seitenanzahl Geschäftsberichte Lagebericht	**352**	**378**	**458**	**506**	**533**	**674**	**827**	
absolute Veränderung zur Vorperiode		+26	+80	+48	+27	+141	+153	+475
relative Veränderung zur Vorperiode		+7,4%	+21,2%	+10,5%	+5,3%	+26,5%	+22,7%	+134,9%
Seitenanzahl Geschäftsberichte Anhang	**470**	**591**	**613**	**673**	**744**	**858**	**861**	
absolute Veränderung zur Vorperiode		+121	+22	+60	+71	+114	+3	+391
relative Veränderung zur Vorperiode		+25,7%	+3,7%	+9,8%	+10,5%	+15,3%	+0,3%	+83,2%
Seitenanzahl Geschäftsberichte Sonstige	**885**	**964**	**1.064**	**1.020**	**1.080**	**912**	**989**	
absolute Veränderung zur Vorperiode		+79	+100	−44	+60	−168	+77	+104
relative Veränderung zur Vorperiode		+8,9%	+10,4%	−4,1%	+5,9%	−15,6%	+8,4%	+11,8%
	Kurzfristige Entwicklung 2006–2012							
	2006	**2007**	**2008**	**2009**	**2010**	**2011**	**2012**	**kumulierte Veränderung 2006–2012**
Seitenanzahl Geschäftsberichte insgesamt	**2.677**	**2.840**	**3.054**	**3.335**	**3.545**	**3.633**	**3.706**	
absolute Veränderung zur Vorperiode		+163	+214	+281	+210	+88	+73	+1.029
relative Veränderung zur Vorperiode		+6,1%	+7,5%	+9,2%	+6,3%	+2,5%	+2,0%	+38,4%
Seitenanzahl Geschäftsberichte Lagebericht	**827**	**913**	**1.037**	**1.203**	**1.180**	**1.175**	**1.247**	
absolute Veränderung zur Vorperiode		+86	+124	+166	−23	−5	+72	+420
relative Veränderung zur Vorperiode		+10,4%	+13,6%	+16,0%	−1,9%	−0,4%	+6,1%	+50,8%
Seitenanzahl Geschäftsberichte Anhang	**861**	**972**	**1.036**	**1.061**	**1.139**	**1.197**	**1.206**	
absolute Veränderung zur Vorperiode		+111	+64	+25	+78	+58	+9	+345
relative Veränderung zur Vorperiode		+12,9%	+6,6%	+2,4%	+7,4%	+5,1%	+0,8%	+40,1%
Seitenanzahl Geschäftsberichte Sonstige	**989**	**955**	**981**	**1.071**	**1.226**	**1.261**	**1.253**	
absolute Veränderung zur Vorperiode		−34	+26	+90	+155	+35	−8	+264
relative Veränderung zur Vorperiode		−3,4%	+2,7%	+9,2%	+14,5%	+2,9%	−0,6%	+26,7%

Um die IFRS-Regelkomplexität zu untersuchen, dient das eingangs beschriebene, stark vereinfachende Szenario. Es findet ein Vergleich zwischen der Entwicklung der IFRS- und der HGB-Rechnungslegungskomplexität anhand der relativen Veränderungen der Indikatoren statt. In Abb. 28 sind die relativen Veränderungen der Seitenanzahl des Anhangs (IFRS-Rechnungslegungskomplexität) und des Lageberichts (HGB-Rechnungslegungskomplexität) aus Tab. 81 von 2000 bis 2012 grafisch dargestellt.

Abb. 28: Kurzfristiger Vergleich zwischen den relativen Veränderungen der Seitenanzahl des Anhangs und des Lageberichts[384]

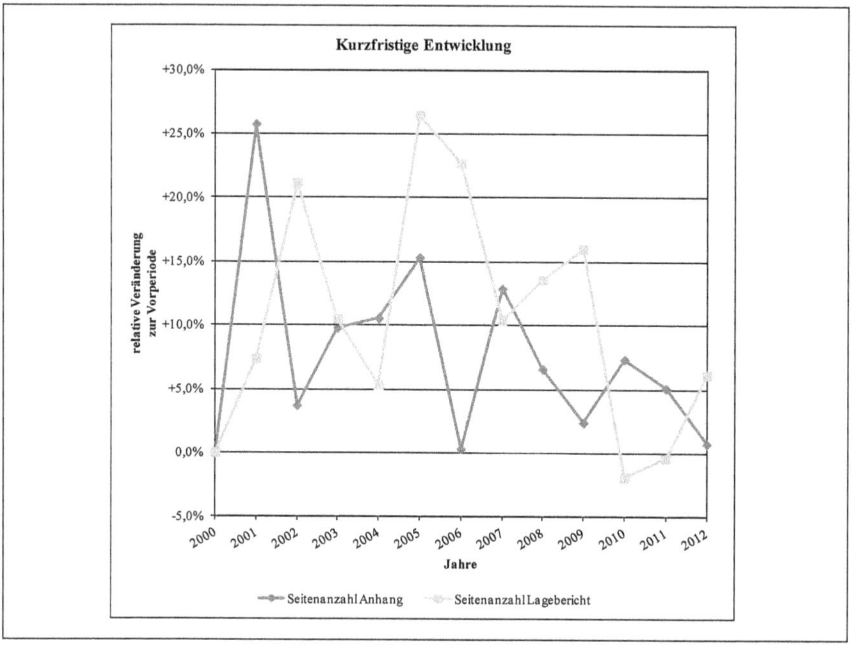

Unter der Annahme, dass sowohl die IFRS- als auch die HGB-Rechnungslegungskomplexität gleichermaßen von der Unternehmens- und der allgemeinen Umweltkomplexität beeinflusst werden, finden sich kaum Anzeichen einer Zunahme der IFRS-Regelkomplexität. So liegt die Entwicklung der relativen Veränderung der Seitenanzahl des Anhangs (IFRS-Rechnungslegungskomplexität) in den Jahren 2001, 2004, 2007, 2010 und 2011 über derjenigen der Seitenanzahl des Lageberichts (HGB-Rechnungslegungskomplexität). Diese Entwicklung deutet – bei aller Vorsicht – auf eine Zunahme der IFRS-Regelkomplexität hin. Allerdings ist dieser Trend in den anderen Jahren nicht zu erkennen (2002, 2003, 2005, 2006, 2008, 2009, 2012). Hier liegt offenkundig die relative Veränderung der Seitenanzahl des Lageberichts über derjenigen des Anhangs. Insgesamt scheint die Entwicklung somit eher die These einer Komplexitätsab- als -zunahme der IFRS-Abbildungsregeln zu unterstützen.

Neben einem grafischen Vergleich unterstützt noch ein quantitativer Vergleich der relativen Veränderungen die bisherigen Erkenntnisse. Dazu findet sich in Tab. 82 eine zahlenmäßige Gegenüberstellung der relativen Veränderungen der Seitenanzahl des Anhangs und des Lageberichts aus Tab. 81. Zudem werden dort auch die

384 Quelle: Eigene Darstellung.

Differenzen zwischen den relativen Veränderungen des Anhangs und den relativen Veränderungen des Lageberichts (in Prozentpunkten) angegeben. Bei einer positiven Differenz ist die relative Veränderung der Seitenanzahl des Anhangs größer als die des Lageberichts, bei einer negativen Differenz kleiner als die des Lageberichts. Im Falle einer positiven Differenz ergeben sich erste, vorsichtige Anzeichen, die auf eine Zunahme der IFRS-Regelkomplexität hindeuten können. Bei einer negative Differenz liegen entsprechende Hinweise für eine Abnahme vor. Beispielsweise steigt die Seitenanzahl des Lageberichts von 2000 auf 2001 um +7,4%. Die Seitenanzahl des Anhangs nimmt im gleichen Zeitraum um +25,7% zu und liegt somit um +18,4%-Punkte über der Entwicklung der Seitenanzahl des Lageberichts. Eine positive Differenz zeichnet sich auch für die empirischen Befunde in den Jahren 2004 (+5,2%-Punkte), 2007 (+2,5%-Punkte), 2010 (+9,3%-Punkte) und 2011 (+5,5%-Punkte) ab. Diese Entwicklung deutet – bei aller Vorsicht – auf eine Komplexitätszunahme des IFRS-Regelwerks hin. Demgegenüber stehen die Resultate aus den Jahren 2002 (-17,4%-Punkte), 2003 (-0,7%-Punkte), 2005 (-11,1%-Punkte), 2006 (-22,4%-Punkte), 2008 (-7,0%-Punkte), 2009 (-13,6%-Punkte) und 2012 (-5,4%-Punkte), in denen die Differenz ein negatives Vorzeichen trägt. Hier sind die relativen Veränderungen der Seitenanzahl des Lageberichts größer als die relativen Veränderungen der Seitenanzahl des Anhangs. Interessant ist in diesem Zusammenhang auch der Vergleich zwischen den relativen kumulierten Veränderungen, die nicht in Abb. 28 enthalten sind. Sowohl von 2000 bis 2006 als auch von 2006 bis 2012 liegt die Entwicklung der Seitenanzahl des Lageberichts (+134,9% bzw. +50,8%) über der des Anhangs (+83,2% bzw. +40,1%). Die Differenzen sind dementsprechend negativ (-51,8%-Punkte bzw. -10,7%-Punkte) und stehen wohl der These einer Komplexitätszunahme des IFRS-Regelwerks insgesamt entgegen.

Tab. 82: Kurzfristiger Vergleich zwischen den relativen Veränderungen der Seitenanzahl des Anhangs und des Lageberichts

	Kurzfristige Entwicklung 2000–2006							
	2000	**2001**	**2002**	**2003**	**2004**	**2005**	**2006**	**kumulierte Veränderung 2000–2006**
Seitenanzahl Geschäftsberichte Anhang relative Veränderung zur Vorperiode		+25,7%	+3,7%	+9,8%	+10,5%	+15,3%	+0,3%	+83,2%
Seitenanzahl Geschäftsberichte Lagebericht relative Veränderung zur Vorperiode		+7,4%	+21,2%	+10,5%	+5,3%	+26,5%	+22,7%	+134,9%
Differenz zwischen den relativen Veränderungen Anhang – Lagebericht in Prozentpunkten		**+18,4**	**–17,4**	**–0,7**	**+5,2**	**–11,1**	**–22,4**	**–51,8**

	Kurzfristige Entwicklung 2006–2012 (Fortsetzung)							
	2006	**2007**	**2008**	**2009**	**2010**	**2011**	**2012**	**kumulierte Veränderung 2006–2012**
Seitenanzahl Geschäftsberichte Anhang relative Veränderung zur Vorperiode	+0,3%	+12,9%	+6,6%	+2,4%	+7,4%	+5,1%	+0,8%	+40,1%
Seitenanzahl Geschäftsberichte Lagebericht relative Veränderung zur Vorperiode	+22,7%	+10,4%	+13,6%	+16,0%	−1,9%	−0,4%	+6,1%	+50,8%
Differenz zwischen den relativen Veränderungen Anhang – Lagebericht in Prozentpunkten	**−22,4**	**+2,5**	**−7,0**	**−13,6**	**+9,3**	**+5,5**	**−5,4**	**−10,7**

Wichtig ist an dieser Stelle, die Limitationen zu betonen.[385] So abstrahiert das Szenario durch die getroffenen Annahmen stark von der Realität. Zu nennen ist insbesondere die Unterstellung, die Differenz zwischen den relativen Veränderungen sei auf die IFRS-Abbildungsregeln (IFRS-Regelkomplexität) zurückzuführen. Damit verbunden ist die Mutmaßung, dass der Anhang (IFRS-Rechnungslegungskomplexität) und der Lagebericht (HGB-Rechnungslegungskomplexität) in gleicher Weise vom Unternehmen und seiner Umwelt (Unternehmens- und allgemeine Umweltkomplexität) geprägt werden. In realiter werden vermutlich der Anhang, der Lagebericht und deren Seitenanzahl von verschiedenen Faktoren inner- und außerhalb des Unternehmens unterschiedlich stark beeinflusst. Zum Beispiel können hierfür neben den Abbildungsregeln noch die unterschiedlichen Inhalte der Berichtsinstrumente verantwortlich sein. Während der Anhang die Rechenwerke erläutert, stellt der Lagebericht u. a. Informationen zu den wirtschaftlichen Rahmenbedingungen (Wirtschaftsbericht) bereit. Im Wirtschaftsbericht würdigt das Unternehmen die Umwelt. Neben der gesamtwirtschaftlichen Situation betrifft das etwa noch die Branchensituation. Der Anhang hat diese Verpflichtung nicht. Änderungen der volkswirtschaftlichen Rahmenbedingungen o. Ä. wirken sich demnach wohl anders auf den Lagebericht aus als auf den Anhang und auf die jeweilige Seitenanzahl. Eine Differenz wäre in diesem Fall negativ, da die relative Veränderung des Lageberichts (> 0) ceteris paribus größer als die des Anhangs (= 0) sein würde. Gleichwohl wäre diese (negative) Differenz nicht den IFRS-Abbildungsregeln, sondern den Entwicklungen in der Umwelt zuzuschreiben.

385 Vgl. hierzu auch Dritter Teil: Kap. 4.1.3.

Eine Aussage auf dieser Basis hinsichtlich der IFRS-Regelkomplexität wäre somit irreführend. Ferner dürfen in beiden Rechenwerken freiwillige Angaben getätigt werden. Unternehmen werden diese Möglichkeit unterschiedlich stark nutzen. Dies schlägt sich vermutlich auch in der Entwicklung der jeweiligen Seitenanzahl des Anhangs und des Lageberichts nieder.[386] Ergäbe sich in diesem Fall z. B. ceteris paribus eine positive Differenz, d. h. die relative Veränderung der Seitenanzahl des Anhangs (> 0) ist größer als die des Lageberichts (= 0), dann wäre keine Aussage hinsichtlich einer Zunahme der IFRS-Regelkomplexität möglich. Denn die relativen Veränderungen der Seitenanzahl des Anhangs und des Lageberichts wären nicht anhand der IFRS-Abbildungsregeln festzumachen. Letztlich sind in beiden Beispielfällen die relativen Veränderungen und Differenzen zwischen diesen relativen Veränderungen nicht auf die IFRS-Abbildungsregeln zurückzuführen. Aussagen hinsichtlich einer Komplexitätszu- oder -abnahme wären demnach verzerrt. Gleichwohl könnte dennoch eine Komplexitätszu- oder -abnahme der IFRS-Abbildungsregeln in der Realität stattgefunden haben. Darüber hinaus verbleiben weitere Limitationen und Risiken in der Interpretation.

Wie Tab. 83 veranschaulicht, setzen sich die kurzfristig festgestellten Entwicklungstrends im Rahmen einer langfristigen Betrachtung fort. Dort ist zu sehen, dass neben der Gesamtseitenanzahl auch die Seitenanzahl, die auf die Lageberichte und Anhänge entfällt, zunimmt. So steigt die Seitenanzahl der Anhänge von 470 (2000) über 858 (2005) und 1.139 (2010) auf 1.206 im Jahr 2012. Das entspricht einer absoluten Zunahme von +736 Seiten oder einem relativen Anstieg von +156,6% von 2000 bis 2012. Im gleichen Zeitraum nimmt die Seitenanzahl der Lageberichte von 352 um +895 auf 1.247 zu (2000–2012: +254,3%). Die Gesamtseitenanzahl erhöht sich indes nur um +117,1% (2000–2012: +1.999).

Tab. 83: Kumulierte Seitenanzahl der Geschäftsberichte der nach IFRS bilanzierenden Unternehmen des DAX im Zeitablauf (II)

Seitenanzahl Geschäftsberichte UN IFRS	**Langfristige Entwicklung**						
	2000	**2005**	**2010**	**2012**	**kumulierte Veränderung 2000–2010**	**kumulierte Veränderung 2000–2012**	**kumulierte Veränderung 2005–2012**
Seitenanzahl Geschäftsberichte insgesamt	**1.707**	**2.444**	**3.545**	**3.706**			
absolute Veränderung zur Vorperiode		+737	+1.101	+161	+1.838	+1.999	+1.262
relative Veränderung zur Vorperiode		+43,2%	+45,0%	+4,5%	+107,7%	+117,1%	+51,6%

386 Vgl. Zweiter Teil: Kap. 4.4; Baetge et al. (2012), Bilanzen, S. 715–716, 750–752, 753–756,763, 774–784.

Seitenanzahl Geschäftsberichte UN IFRS	Langfristige Entwicklung (Fortsetzung)						
	2000	2005	2010	2012	kumulierte Veränderung 2000–2010	kumulierte Veränderung 2000–2012	kumulierte Veränderung 2005–2012
Seitenanzahl Geschäftsberichte Lagebericht	**352**	**674**	**1.180**	**1.247**			
absolute Veränderung zur Vorperiode		+322	+506	+67	+828	+895	+573
relative Veränderung zur Vorperiode		+91,5%	+75,1%	+5,7%	+235,2%	+254,3%	+85,0%
Seitenanzahl Geschäftsberichte Anhang	**470**	**858**	**1.139**	**1.206**			
absolute Veränderung zur Vorperiode		+388	+281	+67	+669	+736	+348
relative Veränderung zur Vorperiode		+82,6%	+32,8%	+5,9%	+142,3%	+156,6%	+40,6%
Seitenanzahl Geschäftsberichte Sonstige	**885**	**912**	**1.226**	**1.253**			
absolute Veränderung zur Vorperiode		+27	+314	+27	+341	+368	+341
relative Veränderung zur Vorperiode		+3,1%	+34,4%	+2,2%	+38,5%	+41,6%	+37,4%

Ein quantitativer Vergleich zwischen den relativen Veränderungen aus Tab. 83 unterstützt die bereits im Rahmen der kurzfristigen Entwicklung gewonnenen Erkenntnisse auch langfristig. So lassen sich im Wesentlichen keine Hinweise auf eine Komplexitätszunahme der IFRS-Abbildungsregeln feststellen. Anhand des angenommenen Szenarios zeigt Tab. 84, dass die relativen Veränderungen der Seitenanzahl des Anhangs (IFRS-Rechnungslegungskomplexität) kleiner sind als die des Lageberichts (HGB-Rechnungslegungskomplexität). In den Jahren 2005 (-8,9%-Punkte) und 2010 (-42,3%-Punkte) sind die Differenzen negativ. Lediglich für das Jahr 2012 ergibt sich eine leicht positive Differenz (+0,2%-Punkte). Deutlicher zeigt sich die Entwicklung anhand der relativen kumulierten Veränderungen im Zeitablauf. Die Differenzen sind sowohl von 2000 bis 2010 (-92,9%-Punkte) als auch von 2000 bis 2012 (-97,7%-Punkte) und von 2005 bis 2012 (-44,5%-Punkte) stark negativ.

Tab. 84: Langfristiger Vergleich zwischen den relativen Veränderungen der Seitenanzahl des Anhangs und des Lageberichts

	Langfristige Entwicklung						
	2000	**2005**	**2010**	**2012**	**kumulierte Veränderung 2000–2010**	**kumulierte Veränderung 2000–2012**	**kumulierte Veränderung 2005–2012**
Seitenanzahl Geschäftsberichte Anhang relative Veränderung zur Vorperiode		+82,6%	+32,8%	+5,9%	+142,3%	+156,6%	+40,6%
Seitenanzahl Geschäftsberichte Lagebericht relative Veränderung zur Vorperiode		+91,5%	+75,1%	+5,7%	+235,2%	+254,3%	+85,0%
Differenz zwischen den relativen Veränderungen Anhang – Lagebericht in Prozentpunkten		**–8,9**	**–42,3**	**+0,2**	**–92,9**	**–97,7**	**–44,5**

Abb. 29 illustriert die relativen Veränderungen der Seitenanzahl des Anhangs und des Lageberichts für die Jahre 2000, 2005, 2010 und 2012 aus Tab. 84 im Zeitablauf. Dort zeigt sich, dass die Entwicklung des Lageberichts über der des Anhangs nahezu parallel verläuft. Nur im Jahr 2012 ist das nicht der Fall, wobei dies aus der Grafik aufgrund der geringen Differenz (+0,2%-Punkte) und der groben Skalierung nicht hervorgeht. Diesen Zusammenhang bestätigt auch eine (einfache) Berechnung des Korrelationskoeffizienten. Auf Basis der relativen Veränderungen der Seitenanzahl des Anhangs und des Lageberichts der Jahre 2005, 2010 und 2012 ergibt sich ein positiver Wert von 0,87. Kurzfristig zeigt sich dieser positive Zusammenhang im Übrigen nicht. Eine entsprechende Berechnung ergibt auf Basis der Werte für die Jahre von 2001 bis 2012 einen Korrelationskoeffizienten von -0,08. Es ist somit kein Zusammenhang zwischen der (kurzfristigen) Entwicklung der relativen Veränderungen der Seitenanzahl des Anhangs und der des Lageberichts festzustellen.

Abb. 29: Langfristiger Vergleich zwischen den relativen Veränderungen der Seitenanzahl des Anhangs und des Lageberichts[387]

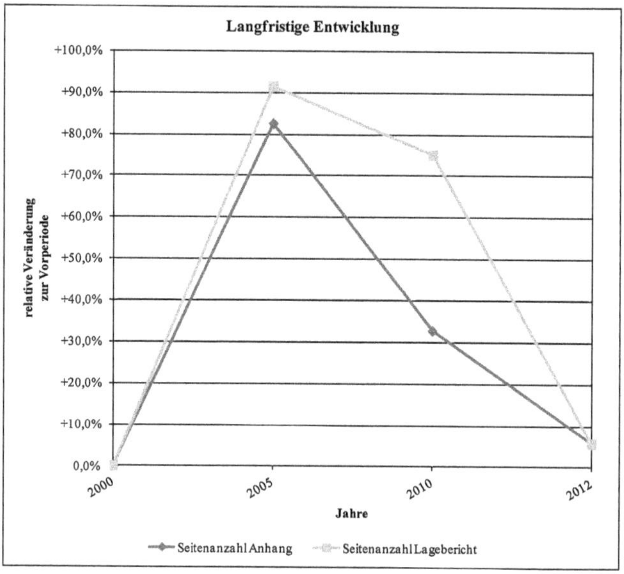

Zusammenfassend zeigen die empirischen Befunde auf Basis der 14 von 2000 bis 2012 nach IFRS bilanzierenden DAX-Unternehmen eine Zunahme bei den Indikatoren. Neben der Gesamtseitenanzahl des Geschäftsberichts nehmen noch die Seitenanzahl des Anhangs und des Lageberichts sowohl kurz- als auch langfristig zu. Ein Vergleich auf Basis eines stark vereinfachenden Szenarios wird zur Untersuchung der IFRS-Regelkomplexität herangezogen. Die Differenz zwischen der relativen Veränderung der Seitenanzahl des Anhangs (IFRS-Rechnungslegungskomplexität) und der des Lageberichts (HGB-Rechnungslegungskomplexität) dient als Beurteilungsmaßstab. Dabei wird unterstellt, dass die IFRS- und die HGB-Rechnungslegungskomplexität in gleicher Weise von der Unternehmens- und der allgemeinen Umweltkomplexität betroffen sind. Eine positive Differenz deutet auf eine Komplexitätszunahme der IFRS-Abbildungsregeln hin, eine negative Differenz auf eine Abnahme. Die empirischen Befunde scheinen erst einmal – bei aller Vorsicht – keine Anzeichen einer Komplexitätszunahme der IFRS-Abbildungsregeln zu unterstützen. Sowohl kurz- als auch langfristig sind die berechneten Differenzen zwischen den relativen Veränderungen zum überwiegenden Teil negativ.

387 Quelle: Eigene Darstellung.

Lediglich kurzfristig kann einer leichten Zunahme der IFRS-Regelkomplexität aufgrund einzelner positiver Differenzen zumindest nicht widersprochen werden.[388] Limitationen und Risiken in der Interpretation verbleiben dennoch.

Es werden die unterschiedlichen Komplexitätsebenen berücksichtigt. Das sind die IFRS- und die HGB-Rechnungslegungskomplexität, die IFRS-Regelkomplexität sowie die Unternehmens- und die allgemeine Umweltkomplexität. Die IFRS-Rechnungslegungskomplexität wird sowohl von der IFRS-Regelkomplexität als auch von der Unternehmens- und der allgemeinen Umweltkomplexität geprägt. Allerdings bleibt offen, wie die unterschiedlichen Teilkomplexitäten zusammenhängen und sich beeinflussen. Zudem ist die Erfassung der einzelnen Komplexitäten anhand der ausgewählten Indikatoren problematisch. Diese greifen vermutlich auch Aspekte der jeweils anderen Teilkomplexitäten ab. Zudem ist die Entwicklung in der Realität in die Überlegungen einzubeziehen. Die Unternehmens- und die allgemeine Umweltkomplexität werden zwar beachtet, aber nur vereinfachend simuliert. Es sind daher weitere Untersuchungen zur Unternehmens- und zur allgemeinen Umweltkomplexität anzustrengen.[389] Vor diesem Hintergrund sind die Ergebnisse behutsam und vorsichtig zu interpretieren. So wäre es beispielsweise möglich, obwohl auf Basis der empirischen Befunde keine Anzeichen vorliegen, dass dennoch eine Zunahme der IFRS-Regelkomplexität in der Wirklichkeit festzustellen ist.[390]

4.5.2.2.2 Schlag- und Signalwortsuche

Nachstehend finden sich die Ergebnisse der quantitativen Inhaltsanalyse mittels Schlag- und Signalwortsuche zur IFRS- und zur HGB-Rechnungslegungskomplexität (Regelanwendung).[391] Es wird die Anzahl der Schlag- und

388 Vgl. auch Dritter Teil: Kap. 4.5.2.4.

389 Vgl. hierzu Dritter Teil: Kap. 4.5.2.3 und 4.5.2.4.

390 Vgl. Dritter Teil: Kap. 2; vgl. zu den Vor- und Nachteilen der ausgewählten Indikatoren Dritter Teil: Kap. 4.1.3.

391 Es bestehen Besonderheiten hinsichtlich der Analyse der Geschäftsberichte mittels einer Schlag- und Signalwortsuche, die sich in den Ergebnissen niederschlagen. Im Jahr 2012 wird von der *Beiersdorf Aktiengesellschaft* nur der Finanz-Geschäftsbericht zur Wortsuche herangezogen; der Image-Geschäftsbericht bleibt hier unberücksichtigt. Ferner ist von der *Continental AG* im Jahr 2001 nicht der Geschäftsbericht, sondern lediglich der Konzernabschluss verfügbar. Demzufolge kann der fehlende Lagebericht nicht in die Untersuchung einbezogen werden. Die *LANXESS AG* ist erst ab dem Jahr 2004 in die Untersuchung einbezogen. Bei der *Linde AG* lassen sich aufgrund technischer Hürden (sog. nicht eingebettete Schriften) die Geschäftsberichte der Jahre 2005 und 2012 nicht nach den angeführten Wortstämmen durchsuchen. Sie bleiben daher unberücksichtigt. Für das Jahr 2001 steht von der *Merck KGaA* nur eine Kurzfassung des Geschäftsberichts zur Verfügung, der nicht in die Untersuchung einbezogen wird. Darüber hinaus wurden die Ergebnisse der Wortsuche teilweise manuell modifziert. So ist z. B. bei der

Signalwörter sowohl insgesamt als auch für den Anhang, den Lagebericht und den sonstigen Bereich für die 14 von 2000 bis 2012 nach IFRS bilanzierenden Unternehmen im Zeitablauf dargestellt.[392] Die Anzahl der Schlag- und Signalwörter im Anhang dient zur Untersuchung der IFRS-Rechnungslegungskomplexität, die Anzahl der Schlag- und Signalwörter im Lagebericht zur Untersuchung der HGB-Rechnungslegungskomplexität. Dahinter steckt die Annahme, dass der Anhang primär von den IFRS getrieben wird und der Lagebericht vom HGB. Zudem setzen annahmegemäß Unternehmen in der Rechnungslegung gezielt Wörter ein, um über Komplexität zu berichten. Eine zunehmende Rechnungslegungskomplexität geht mit einer steigenden Finanzberichterstattungskomplexität einher. Diese drückt sich in einem Anstieg der Anzahl der Schlag- und Signalwörter in den Geschäftsberichten aus.[393] Ein ansteigender Indikatorwert kann – unter Berücksichtigung einer vorsichtigen und behutsamen Ergebnisinterpretation sowie einer Betonung der Limitationen – als erstes Indiz für eine Komplexitätszunahme dienen, ein abnehmender Indikatorwert für eine Komplexitätsabnahme.[394]

RWE Aktiengesellschaft im Jahr 2012 achtmal der Begriff „Oschatz", der ein Dorf im Bundesland Sachsen bezeichnet, in den originären Untersuchungsergebnissen enthalten, da bei der Wortsuche mit dem „Adobe Acrobat Reader" Umlaute (z. B. „ä" bei „schätz") unberücksichtigt bleiben. Derartige Verwerfungen werden korrigiert und aus den Untersuchungsergebnissen entfernt. Weiterhin zeigt sich in den Untersuchungsergebnissen, dass z. B. im Geschäftsbericht 2011 der *Bayer AG* das Wort „unsicher" insgesamt 31,5-mal und das Wort „schätz" 62,5-mal enthalten ist. Die gewählte Darstellung einer natürlichen Zahl mit einer Dezimalstelle („X,5") resultiert aus dem Umstand, dass Wörter in den Untersuchungsergebnissen auftauchen, die von mehreren Suchbegriffen erfasst werden. Im Fall der *Bayer AG* ist das z. B das Wort „Schätzungsunsicherheiten", das sowohl vom Wortstamm „unsicher" als auch vom Wortstamm „schätz" inkludiert ist. Da aber aufgrund der technischen Gegebenheiten des „Adobe Acrobat Reader" das Suchergebnis lediglich einmal und nicht – wie es richtigerweise erfolgen müsste – zweimal aufgelistet wird, und die Aufbereitung der Daten mit einer *Microsoft-Excel-2007*-Formel diesen Aspekt nicht zu korrigieren vermag, wird diese Einschränkung durch die gewählte Darstellung – zumindest partiell – behoben. Eine manuelle Korrektur scheidet aufgrund der Datenmenge aus. Demzufolge wird der Begriff „Schätzungsunsicherheiten" aufgeteilt und je zur Hälfte bei dem Wortstamm „unsicher" (0,5) und „schätz" (0,5) gezählt.

392 Dabei sind die empirischen Befunde in den nachfolgenden Tabellen zusammengefasst und nach der Fundstelle differenziert. Die detaillierte Entwicklung der Ergebnisse hinsichtlich der Differenzierung nach der Fundstelle, dem entsprechenden Wortstamm und dem jeweiligen Unternehmen des DAX liegen vor und können vom Verfasser der vorliegenden Arbeit angefordert werden. Die aus Platzgründen nicht dargestellten, kondensierten Ergebnisse auf Basis der DAX-30-Unternehmen finden sich in Anhang 17.

393 Vgl. Dritter Teil: Kap. 4.1.3.

394 Vgl. zur Auswahl und Begründung der Indikatoren Dritter Teil: Kap. 4.1.3.

Aussagen hinsichtlich einer Zu- oder Abnahme der IFRS-Regelkomplexität sind an dieser Stelle bedingt möglich. Dazu dient das bereits eingesetzte stark vereinfachende Vergleichszenario aus der quantitativen Inhaltsanalyse anhand der Seitenanzahl.[395] Es wird auch an dieser Stelle angenommen, dass die IFRS- und die HGB-Rechnungslegungskomplexität in gleichem Maße von der Unternehmens- und von der allgemeinen Umweltkomplexität im Zeitablauf betroffen sind. Zudem wird die HGB-Rechnungslegungskomplexität lediglich durch die Entwicklung der Unternehmens- und der allgemeinen Umweltkomplexität bestimmt. Die Entwicklung der HGB-Regelkomplexität wird demnach vernachlässigt bzw. in der allgemeinen Umweltkomplexität berücksichtigt. Die Differenz zwischen der relativen Veränderung der Anzahl der Schlag- und Signalwörter im Anhang (IFRS-Rechnungslegungskomplexität) und der relativen Veränderung der Anzahl der Schlag- und Signalwörter im Lagebericht (HGB-Rechnungslegungskomplexität) dient als Beurteilungsmaßstab. Eine positive Differenz könnte als erstes, vorsichtiges Anzeichen einer Zunahme der IFRS-Regelkomplexität gewertet werden, eine negative Differenz als eine entsprechende Abnahme. Ein Vergleich zwischen den Indikatoren erfolgt nur auf Basis der Ergebnisse für die 14 von 2000 bis 2012 nach IFRS bilanzierenden Unternehmen.[396]

In Tab. 85 finden sich die Resultate zur kurzfristigen Entwicklung der Anzahl der Schlag- und Signalwörter in den Geschäftsberichten der 14 von 2000 bis 2012 nach IFRS bilanzierenden Unternehmen. Dort sind die einzelnen Bereiche von einem Anstieg betroffen. So kommt es sowohl in den kompletten Geschäftsberichten (2000–2006: +3.169; +243,8% bzw. 2006–2012: +3.545; +79,3%) als auch in den Lageberichten (2000–2006: +1.768; +256,6% bzw. 2006–2012: +2.524; +102,7%) zu einem Zuwachs im Zeitablauf. Auch der Anhang ist hiervon betroffen. Dort steigt die Wortanzahl von 2000 (387) bis 2006 (1.424) um +1.037. Dies entspricht einer relativen Zunahme von 268,0%. Von 2006 bis 2012 erhöht sich die Wortanzahl der gesuchten Begriffe im Anhang der Geschäftsberichte von 1.424 auf 2.018 (+594; +41,7%). Lediglich von 2008 auf 2009 erfährt der Anhang eine (marginale) Abnahme (-28; -1,6%).

395 Vgl. hierzu und im Folgenden Dritter Teil: Kap. 4.5.2.2.1.
396 Vgl. Zweiter Teil: Kap. 4.4.

Tab. 85: Gesamtanzahl der Schlag- und Signalwörter in den Geschäftsberichten der nach IFRS bilanzierenden Unternehmen aus dem DAX im Zeitablauf (I)

Wortsuche Geschäftsberichte UN IFRS	**Kurzfristige Entwicklung 2000–2006**							
	2000	**2001**	**2002**	**2003**	**2004**	**2005**	**2006**	**kumulierte Veränderung 2000–2006**
Wortanzahl Geschäftsbericht insgesamt	**1.300**	**2.014**	**2.538**	**2.742**	**3.367**	**3.935**	**4.469**	
absolute Veränderung zur Vorperiode		+714	+524	+204	+625	+568	+534	+3.169
relative Veränderung zur Vorperiode		+54,9%	+26,0%	+8,0%	+22,8%	+16,9%	+13,6%	+243,8%
Wortanzahl Lagebericht	**689**	**1.074**	**1.353**	**1.490**	**1.854**	**2.176**	**2.457**	
absolute Veränderung zur Vorperiode		+385	+279	+137	+364	+322	+281	+1.768
relative Veränderung zur Vorperiode		+55,9%	+26,0%	+10,1%	+24,4%	+17,4%	+12,9%	+256,6%
Wortanzahl Anhang	**387**	**586**	**631**	**711**	**827**	**1.132**	**1.424**	
absolute Veränderung zur Vorperiode		+199	+45	+80	+116	+305	+292	+1.037
relative Veränderung zur Vorperiode		+51,4%	+7,7%	+12,7%	+16,3%	+36,9%	+25,8%	+268,0%
Wortanzahl Sonstiger Bereich	**224**	**354**	**554**	**541**	**686**	**627**	**588**	
absolute Veränderung zur Vorperiode		+130	+200	−13	+145	−59	−39	+364
relative Veränderung zur Vorperiode		+58,0%	+56,5%	−2,3%	+26,8%	−8,6%	−6,2%	+162,5%
Wortsuche Geschäftsberichte UN IFRS	**Kurzfristige Entwicklung 2006–2012**							
	2006	**2007**	**2008**	**2009**	**2010**	**2011**	**2012**	**kumulierte Veränderung 2006–2012**
Wortanzahl Geschäftsbericht insgesamt	**4.469**	**5.107**	**5.756**	**6.196**	**7.000**	**7.219**	**8.014**	
absolute Veränderung zur Vorperiode		+638	+649	+440	+804	+219	+795	+3.545
relative Veränderung zur Vorperiode		+14,3%	+12,7%	+7,6%	+13,0%	+3,1%	+11,0%	+79,3%
Wortanzahl Lagebericht	**2.457**	**2.978**	**3.323**	**3.771**	**4.251**	**4.358**	**4.981**	
absolute Veränderung zur Vorperiode		+521	+345	+448	+480	+107	+623	+2.524
relative Veränderung zur Vorperiode		+21,2%	+11,6%	+13,5%	+12,7%	+2,5%	+14,3%	+102,7%

Wortsuche Geschäftsberichte UN IFRS	Kurzfristige Entwicklung 2006–2012 (Fortsetzung)							
	2006	**2007**	**2008**	**2009**	**2010**	**2011**	**2012**	**kumulierte Veränderung 2006–2012**
Wortanzahl Anhang	**1.424**	**1.611**	**1.724**	**1.696**	**1.883**	**1.991**	**2.018**	
absolute Veränderung zur Vorperiode		+187	+113	−28	+187	+108	+27	+594
relative Veränderung zur Vorperiode		+13,1%	+7,0%	−1,6%	+11,0%	+5,7%	+1,4%	+41,7%
Wortanzahl Sonstiger Bereich	**588**	**518**	**709**	**729**	**866**	**870**	**1.015**	
absolute Veränderung zur Vorperiode		−70	+191	+20	+137	+4	+145	+427
relative Veränderung zur Vorperiode		−11,9%	+36,9%	+2,8%	+18,8%	+0,5%	+16,7%	+72,6%

Das bereits dargelegte und stark vereinfachende Szenario dient an dieser Stelle erneut zur Untersuchung der IFRS-Regelkomplexität. Es findet ein Vergleich zwischen der IFRS- und der HGB-Rechnungslegungskomplexität anhand der relativen Veränderungen der Indikatoren statt. In Abb. 30 sind die relativen Veränderungen der Wortanzahl der gesuchten Begriffe im Anhang (IFRS-Rechnungslegungskomplexität) und im Lagebericht (HGB-Rechnungslegungskomplexität) aus Tab. 85 von 2000 bis 2012 grafisch abgetragen. Unter der Annahme, dass sowohl die IFRS- als auch die HGB-Rechnungslegungskomplexität gleichermaßen von der Unternehmens- und von der allgemeinen Umweltkomplexität beeinflusst werden, finden sich kaum Anzeichen einer kurzfristigen Zunahme der IFRS-Regelkomplexität. An einzelnen Stellen deutet sich aber eine Komplexitätszunahme an. So liegt die relative Veränderung der Anzahl der gesuchten Begriffe im Anhang in den Jahren 2003, 2005, 2006 und 2011 über derjenigen im Lagebericht. Allerdings überwiegen die Jahre, in denen Anzeichen einer Komplexitätsabnahme des IFRS-Regelwerks vorzuliegen scheinen. In den Jahren 2001, 2002, 2004, 2007, 2008, 2009, 2010 und 2012 liegt die relative Veränderung der Anzahl der gesuchten Begriffe des Lageberichts über derjenigen des Anhangs. Die empirischen Befunde unterstützen insgesamt eher die These einer Komplexitätsab- als -zunahme der IFRS-Abbildungsregeln.

Abb. 30: Kurzfristiger Vergleich zwischen den relativen Veränderungen der Anzahl der Schlag- und Signalwörter im Anhang und im Lagebericht[397]

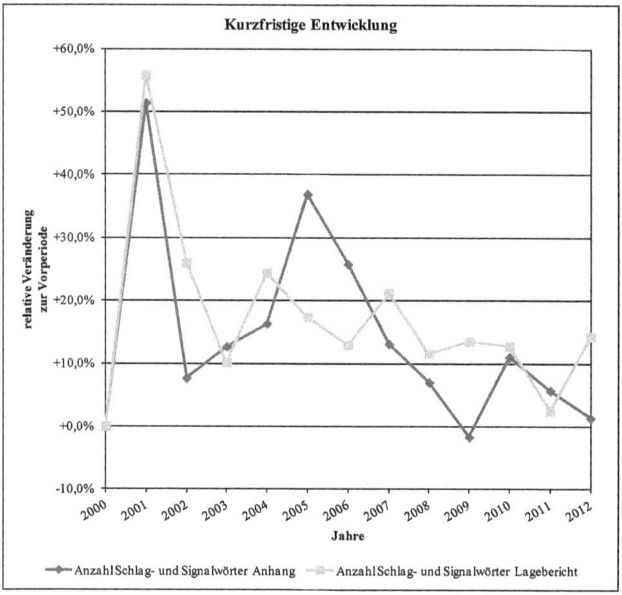

Tab. 86 enthält eine quantitative Gegenüberstellung der relativen Veränderungen der Anzahl der gesuchten Begriffe im Anhang und im Lagebericht aus Tab. 85. Dort sind auch die Differenzen zwischen den relativen Veränderungen (in Prozentpunkten) angegeben. Bei einer positiven Differenz ist die relative Veränderung der Anzahl der gesuchten Begriffe im Anhang größer als die im Lagebericht, bei einer negativen Differenz kleiner als die im Lagebericht. Im Falle einer positiven Differenz ergeben sich erste, vorsichtige Anzeichen, die auf eine Zunahme der IFRS-Regelkomplexität hindeuten (können). Bei einer negativen Differenz liegen entsprechend Hinweise einer Abnahme vor. Eine positive Differenz zeigt sich in den Jahren 2003 (+2,6%-Punkte), 2005 (+19,5%-Punkte), 2006 (+12,9%-Punkte) und 2011 (+3,2%-Punkte). Zudem ist in diesem Zusammenhang auf die relative kumulierte Veränderung hinzuweisen, die in Abb. 30 nicht dargestellt ist. Hier ergibt sich von 2000 bis 2006 eine positive Differenz (+11,4%-Punkte). Diese Entwicklungen deuten – bei aller Vorsicht – auf eine Komplexitätszunahme des IFRS-Regelwerks hin.

397 Quelle: Eigene Darstellung.

Tab. 86: Kurzfristiger Vergleich zwischen den relativen Veränderungen der Anzahl der Schlag- und Signalwörter im Anhang und im Lagebericht

	Kurzfristige Entwicklung 2000–2006							
	2000	**2001**	**2002**	**2003**	**2004**	**2005**	**2006**	**kumulierte Veränderung 2000–2006**
Wortanzahl Geschäftsberichte Anhang relative Veränderung zur Vorperiode		+51,4%	+7,7%	+12,7%	+16,3%	+36,9%	+25,8%	+268,0%
Wortanzahl Geschäftsberichte Lagebericht relative Veränderung zur Vorperiode		+55,9%	+26,0%	+10,1%	+24,4%	+17,4%	+12,9%	+256,6%
Differenz zwischen den relativen Veränderungen Anhang – Lagebericht in Prozentpunkten		**–4,5**	**–18,3**	**+2,6**	**–8,1**	**+19,5**	**+12,9**	**+11,4**
	Kurzfristige Entwicklung 2006–2012							
	2006	**2007**	**2008**	**2009**	**2010**	**2011**	**2012**	**kumulierte Veränderung 2006–2012**
Wortanzahl Geschäftsberichte Anhang relative Veränderung zur Vorperiode	+25,8%	+13,1%	+7,0%	–1,6%	+11,0%	+5,7%	+1,4%	+41,7%
Wortanzahl Geschäftsberichte Lagebericht relative Veränderung zur Vorperiode	+12,9%	+21,2%	+11,6%	+13,5%	+12,7%	+2,5%	+14,3%	+102,7%
Differenz zwischen den relativen Veränderungen Anhang – Lagebericht in Prozentpunkten	**+12,9**	**–8,1**	**–4,6**	**–15,1**	**–1,7**	**+3,2**	**–12,9**	**–61,0**

Demgegenüber stehen die Jahre mit einer negativen Differenz (vgl. Tab. 86). Hierzu zählen 2001 (-4,5%-Punkte), 2002 (-18,3%-Punkte), 2004 (-8,1%-Punkte), 2007 (-8,1%-Punkte), 2008 (-4,6%-Punkte), 2009 (-15,1%-Punkte), 2010 (-1,7%-Punkte) und 2012 (-12,9%-Punkte). Diese Entwicklungen deuten eher auf eine Abnahme der IFRS-Regelkomplexität hin. In diese Richtung zeigt auch die relative kumulierte Veränderung von 2006 bis 2012. Die relative kumulierte Veränderung der Anzahl der gesuchten Begriffe im Anhang erhöht sich in diesem Zeitraum um +41,7%. Gleichzeitig nimmt die relative kumulierte Veränderung der Anzahl der gesuchten Begriffe im Anhang um +102,7% zu. Es zeigt sich eine negative Differenz von

-61,0%-Punkten. Eine (einfache) Berechnung des Korrelationskoeffizienten ergibt einen positiven Zusammenhang. Auf Basis der relativen Veränderungen der Anzahl der gesuchten Begriffe im Anhang und im Lagebericht ergibt sich ein Wert von 0,71 (2001–2012).

An dieser Stelle bestätigen sich im Wesentlichen die Ergebnisse aus der Untersuchung der IFRS-Regelkomplexität anhand der Seitenanzahl.[398] Auch dort überwiegen die Jahre, in denen die kurzfristige Entwicklung der relativen Veränderungen des Lageberichts über derjenigen des Anhangs verläuft. Die Differenzen zwischen den relativen Veränderungen der Seitenanzahl des Lageberichts und derjenigen des Anhangs sind zum überwiegenden Teil negativ. Lediglich von 2000 bis 2006 stehen die empirischen Befunde aus der Schlag- und Signalwortsuche den Resultaten aus der Analyse anhand der Seitenanzahl entgegen. Denn die Ergebnisse aus der Schlag- und Signalwortsuche scheinen einer kurzfristigen Zunahme der IFRS-Regelkomplexität zumindest nicht zu widersprechen (vgl. Tab. 86: +11,4%-Punkte). Letztendlich können aber sowohl anhand der Schlag- und Signalwörter als auch anhand der Seitenanzahl keine klaren Anzeichen einer kurzfristigen Komplexitätszunahme des IFRS-Regelwerks gefunden werden, sofern den Annahmen des stark vereinfachenden Szenarios gefolgt wird.

Wichtig ist an dieser Stelle – wie bei der quantitativen Inhaltsanalyse der Seitenanzahl der Geschäftsberichte –, die Limitationen zu betonen.[399] So abstrahiert das Szenario durch die getroffenen Annahmen stark von der Realität. Zu nennen ist insbesondere die Unterstellung, die Differenz zwischen den relativen Veränderungen sei auf die IFRS-Abbildungsregeln (IFRS-Regelkomplexität) zurückzuführen. Damit verbunden ist die Mutmaßung, dass der Anhang (IFRS-Rechnungslegungskomplexität) und der Lagebericht (HGB-Rechnungslegungskomplexität) in gleicher Weise vom Unternehmen und seiner Umwelt (Unternehmens- und allgemeine Umweltkomplexität) geprägt werden. In realiter werden wahrscheinlich der Anhang, der Lagebericht und die darin verwendeten Schlag- und Signalwörter von verschiedenen Faktoren inner- und außerhalb des Unternehmens unterschiedlich stark beeinflusst.[400] Neben den Abbildungsregeln kommen hierfür z. B. bestandsgefährdende Entwicklungen (Risiken) in der Umwelt infrage. Im Lagebericht muss das Unternehmen u. a. über wesentliche, zukünftige Risiken berichten (Risikoberichterstattung im Prognosebericht).[401] Der Anhang hat diese Verpflichtung nicht. Entwicklungen in der Umwelt spiegeln sich demnach vermutlich auch unterschiedlich stark in den Berichtsinstrumenten und den dort verwendeten Begriffen wider. Die Ergebnisse könnten insofern verzerrt sein. So geht beispielsweise eine Berichterstattung über neue Risiken

---

398 Vgl. hierzu und im Folgenden Dritter Teil: Kap. 4.5.2.2.1.

399 Vgl. hierzu auch Dritter Teil: Kap. 4.1.3.

400 Vgl. Dritter Teil: Kap. 4.5.2.2.1.

401 Vgl. §§ 289 Abs. 1 Satz 4, 315 Abs. 1 Satz 5 HGB; BAETGE ET AL. (2012), Bilanzen, S. 778–782.

auch notwendigerweise mit der Verwendung der entsprechenden Begrifflichkeiten einher. Folglich würde bei einer Schlag- und Signalwortsuche höchstwahrscheinlich das Wort „Risiko“ respektive das Derivat „risik“ im Lagebericht häufiger gezählt werden als im Anhang. Bei einer Betrachtung der Ergebnisse zu dem Suchbegriff „risik“ wäre die relative Veränderung des Lageberichts (> 0) ceteris paribus größer als die des Anhangs (= 0). Eine Differenz zwischen den relativen Veränderungen würde in diesem Fall negativ sein. Eine Komplexitätsabnahme der IFRS-Abbildungsregeln wäre unter den getroffenen Annahmen die entsprechende Schlussfolgerung. Gleichwohl wäre diese (negative) Differenz nicht auf eine Komplexitätsabnahme der IFRS-Abbildungsregeln, sondern u. a. auf die Entwicklung in der Umwelt zurückzuführen. Eine Aussage auf dieser Basis hinsichtlich der IFRS-Regelkomplexität wäre somit irreführend. Eine Komplexitätszu- oder -abnahme der IFRS-Abbildungsregeln könnte dennoch in der Realität stattgefunden haben. Darüber hinaus verbleiben weitere Limitationen und Risiken in der Interpretation.

Hinsichtlich der langfristigen Entwicklung der Wortanzahl der gesuchten Begriffe finden sich die zusammengefassten Ergebnisse in Tab. 87. Dort wird deutlich, dass in allen aufgeführten Bereichen ausnahmslos eine Zunahme bei den 14 von 2000 bis 2012 nach IFRS bilanzierenden Unternehmen zu verzeichnen ist. Die empirischen Befunde stützen somit die Resultate der kurzfristigen Entwicklung. So erhöht sich langfristig sowohl in den gesamten Geschäftsberichten (z. B. 2000–2012: +6.714; +516,5%) als auch in den Lageberichten (z. B. 2000–2012: +4.292; +622,9%) die Anzahl der gesuchten Begriffe im Zeitablauf. Ähnliches ergibt sich für die Anhänge, die ebenfalls von einem Anstieg betroffen sind. Von 2000 bis 2010 steigt die Anzahl der gefundenen Wörter in den Anhängen der Geschäftsberichte von 387 auf 1.883 (+1.493; +386,6%), von 2005 bis 2012 von 1.132 auf 2.018 (+886; +78,3%) und von 2000 bis 2012 von 387 auf 2.018 (+1.631; +421,4%).

Tab. 87: Gesamtanzahl der Schlag- und Signalwörter in den Geschäftsberichten der nach IFRS bilanzierenden Unternehmen aus dem DAX im Zeitablauf (II)

Wortsuche Geschäftsberichte UN IFRS	**Langfristige Entwicklung**						
	2000	**2005**	**2010**	**2012**	**kumulierte Veränderung 2000–2010**	**kumulierte Veränderung 2000–2012**	**kumulierte Veränderung 2005–2012**
Wortanzahl Geschäftsbericht insgesamt	**1.300**	**3.935**	**7.000**	**8.014**			
absolute Veränderung zur Vorperiode		+2.635	+3.065	+1.014	+5.700	+6.714	+4.079
relative Veränderung zur Vorperiode		+202,7%	+77,9%	+14,5%	+438,5%	+516,5%	+103,7%
Wortanzahl Lagebericht	**689**	**2.176**	**4.251**	**4.981**			
absolute Veränderung zur Vorperiode		+1.487	+2.075	+730	+3.562	+4.292	+2.805
relative Veränderung zur Vorperiode		+215,8%	+95,4%	+17,2%	+517,0%	+622,9%	+128,9%
Wortanzahl Anhang	**387**	**1.132**	**1.883**	**2.018**			
absolute Veränderung zur Vorperiode		+745	+751	+135	+1.496	+1.631	+886
relative Veränderung zur Vorperiode		+192,5%	+66,3%	+7,2%	+386,6%	+421,4%	+78,3%
Wortanzahl Sonstiger Bereich	**224**	**627**	**866**	**1.015**			
absolute Veränderung zur Vorperiode		+403	+239	+149	+642	+791	+388
relative Veränderung zur Vorperiode		+179,9%	+38,1%	+17,2%	+286,6%	+353,1%	+61,9%

Eine quantitative Gegenüberstellung der relativen Veränderungen unterstützt im Wesentlichen die bereits im Rahmen der kurzfristigen Entwicklung gewonnenen Erkenntnisse auch langfristig. Dort lassen sich unter den getroffenen Annahmen keine Hinweise auf eine Komplexitätszunahme der IFRS-Abbildungsregeln feststellen. Die Differenzen zwischen den relativen Veränderungen der Anzahl der gesuchten Begriffe im Anhang und im Lagebericht sind negativ (vgl. Tab. 88). 2005 beträgt die Differenz -23,3%-Punkte zwischen der relative Veränderung der Anzahl der gesuchten Wörter im Lagebericht (+215,8%) und derjeningen im Anhang (+192,5%). 2010 liegt der Unterschied zwischen beiden Entwicklungen bei -29,0%-Punkten und 2012 bei -10,0%-Punkten. In die gleiche Richtung zeigen die relativen kumulierten Veränderungen. Die Differenzen tragen ebenfalls ein negatives Vorzeichen. Die höchste Differenz ergibt sich von 2000 bis 2012 mit -201,5%-Punkten. In diesem Zeitraum steigt die Anzahl der gesuchten Begriffe im Anhang um

+421,4% und im Lagebericht um +622,9%. In den anderen Betrachtungszeiträumen sind die Differenzen ebenso negativ. Von 2000 bis 2010 beträgt die Abweichung -130,4%-Punkte und von 2005 bis 2012 -50,6%-Punkte.

Tab. 88: Langfristiger Vergleich zwischen den relativen Veränderungen der Anzahl der Schlag- und Signalwörter im Anhang und im Lagebericht

	Langfristige Entwicklung						
	2000	**2005**	**2010**	**2012**	**kumulierte Veränderung 2000–2010**	**kumulierte Veränderung 2000–2012**	**kumulierte Veränderung 2005–2012**
Wortanzahl Geschäftsberichte Anhang relative Veränderung zur Vorperiode		+192,5%	+66,3%	+7,2%	+386,6%	+421,4%	+78,3%
Wortanzahl Geschäftsberichte Lagebericht relative Veränderung zur Vorperiode		+215,8%	+95,4%	+17,2%	+517,0%	+622,9%	+128,9%
Differenz zwischen den relativen Veränderungen Anhang – Lagebericht in Prozentpunkten		**–23,3**	**–29,0**	**–10,0**	**–130,4**	**–201,5**	**–50,6**

In Abb. 31 sind die relativen Veränderungen der Anzahl der gesuchten Begriffe im Anhang und im Lagebericht aus Tab. 87 grafisch abgetragen. Es zeigt sich, dass die relativen Veränderungen der Anzahl der gesuchten Begriffe im Lagebericht über den relativen Veränderungen der Anzahl der gesuchten Begriffe des Anhangs liegen. Der Verlauf zwischen beiden Entwicklungen ist nahezu parallel. Dies bestätigt auch eine (einfache) Berechnung des Korrelationskoeffizieten auf Basis der relativen Veränderungen von 2005, 2010 und 2012. Das Resultat von 1,0 impliziert einen perfekt positiven Zusammenhang zwischen der Entwicklung der Anzahl der gesuchten Begriffe im Lagebericht und im Anhang.

Abb. 31: Langfristiger Vergleich zwischen den relativen Veränderungen der Anzahl der Schlag- und Signalwörter im Anhang und im Lagebericht[402]

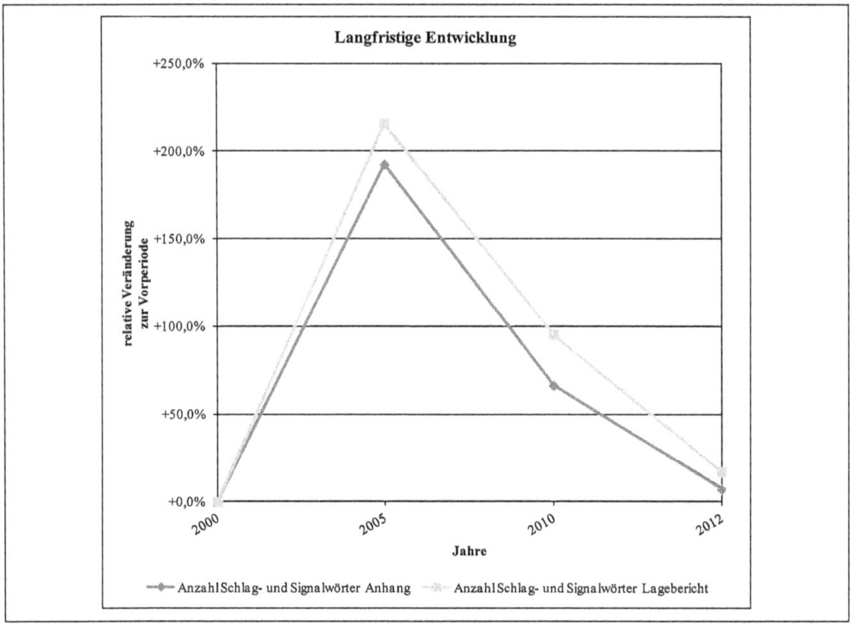

Im Ergebnis zeigen sich an dieser Stelle keine Anzeichen, die die These einer langfristigen Komplexitätszunahme der IFRS-Abbildungsregeln unterstützen. Die Entwicklung der relativen Veränderungen der Anzahl der gesuchten Begriffe im Lagebericht (HGB-Rechnungslegungskomplexität) verläuft über derjenigen im Anhang (IFRS-Rechnungslegungskomplexität). Die Differenzen zwischen den relativen Veränderungen sind ausschließlich negativ. Die empirischen Befunde aus der Untersuchung der IFRS-Regelkomplexität anhand der Seitenanzahl werden insofern bestätigt.[403] Auch dort überwiegen die Jahre, in denen die langfristige Entwicklung der relativen Veränderungen des Lageberichts über derjenigen des Anhangs verläuft. Die Differenzen zwischen den relativen Veränderungen der Seitenanzahl des Lageberichts und derjenigen des Anhangs sind im Wesentlichen negativ.

Zusammenfassend bleibt festzuhalten, dass die Ergebnisse aus der Schlag- und Signalwortsuche auf eine Zunahme der gesuchten Wörter in den Geschäftsberichten der 14 von 2000 bis 2012 nach IFRS bilanzierenden DAX-Unternehmen hinweisen. Sowohl kurz- als auch langfristig nimmt die Anzahl der gesuchten Begriffe im

402 Quelle: Eigene Darstellung.
403 Vgl. hierzu und im Folgenden Dritter Teil: Kap. 4.5.2.2.1.

Geschäftsbericht insgesamt, im Anhang und im Lagebericht zu. Es bestätigen sich die empirischen Befunde aus der quantitativen Inhaltsanalyse der Geschäftsberichte anhand der Seitenanzahl. Sowohl die Seitenanzahl der Geschäftsberichte als auch der Anhänge und der Lageberichte nehmen kurz- und langfristig zu. Die Zunahme der Schlag- und Signalwörter erscheint insofern eine logische Konsequenz zu sein.

Die empirischen Befunde aus dem stark vereinfachenden Szenario scheinen an dieser Stelle – bei aller Vorsicht – keine klaren Anzeichen einer Komplexitätszunahme der IFRS-Abbildungsregeln zu belegen. Die Differenzen zwischen den relativen Veränderungen der Anzahl der gesuchten Wörter im Anhang und im Lagebericht sind kurz- und langfristig zum überwiegenden Teil negativ. Langfristig ergeben sich ausschließlich Differenzen mit einem negativen Vorzeichen, d.h. die relativen Veränderungen der Anzahl der gesuchten Begriffe im Lagebericht sind im Zeitablauf größer als die relativen Veränderungen der Anzahl der gesuchten Begriffe im Anhang. Diese empirischen Befunde stellen die Ergebnisse aus der quantitativen Inhaltsanalyse anhand der Seitenanzahl insofern klar.[404] Dort ergeben sich ebenso fast ausschließlich negative Differenzen bei der langfristigen Betrachtung der Entwicklung. Lediglich im Jahr 2012 ist eine positive Differenz festzustellen. Dabei handelt es sich allerdings um die einzige Ausnahme. Kurzfristig überwiegen in beiden Szenarien die Jahre mit einer negativen Differenz zwischen den relativen Veränderungen. Die Entwicklung der relativen Veränderungen der Anzahl der gesuchten Begriffe im Lagebericht verläuft über derjenigen im Anhang. Die Ergebnisse stimmen im Wesentlichen mit denjenigen aus der quantitativen Inhaltsanalyse anhand der Seitenanzahl überein. Dort überwiegen auch die Jahre mit einer negativen Differenz, d.h. die relativen Veränderungen der Seitenanzahl des Lageberichts sind im Zeitablauf größer als die relativen Veränderungen der Seitenanzahl des Anhangs. Lediglich vereinzelt finden sich in beiden Analysen positive Differenzen. Von 2000 bis 2006 ist dieser Trend verstärkt in den Ergebnissen aus der Schlag- und Signalwortsuche feszustellen. Klare Hinweise auf eine Zunahme der IFRS-Regelkomplexität liegen indes an dieser Stelle erst einmal nicht vor, sofern den Annahmen des stark vereinfachenden Szenarios gefolgt wird.[405] Limitationen und Risiken in der Interpretation verbleiben dennoch.

Es werden die unterschiedlichen Komplexitätsebenen berücksichtigt. Das sind die IFRS- und die HGB-Rechnungslegungskomplexität, die IFRS-Regelkomplexität sowie die Unternehmens- und die allgemeine Umweltkomplexität. Die IFRS-Rechnungslegungskomplexität wird sowohl von der IFRS-Regelkomplexität als auch von der Unternehmens- und der allgemeinen Umweltkomplexität geprägt. Allerdings bleibt offen, wie die unterschiedlichen Teilkomplexitäten zusammenhängen und sich beeinflussen. Zudem ist die Erfassung der einzelnen Komplexitäten anhand der ausgewählten Indikatoren problematisch. Diese greifen vermutlich auch Aspekte der jeweils anderen Teilkomplexitäten ab. Zudem ist die Entwicklung in der Realität in die Überlegungen einzubeziehen. Die Unternehmens- und die allgemeine

---

404 Vgl. Dritter Teil: Kap. 4.5.2.2.1.
405 Vgl. auch Dritter Teil: Kap. 4.5.2.4.

Umweltkomplexität werden zwar beachtet, aber nur vereinfachend simuliert. Es sind daher weitere Untersuchungen zur Unternehmens- und zur allgemeinen Umweltkomplexität anzustrengen.[406] Vor diesem Hintergrund sind die Ergebnisse behutsam und vorsichtig zu interpretieren. So wäre es beispielsweise möglich, obwohl auf Basis der empirischen Befunde keine Anzeichen vorliegen, dass dennoch eine Zunahme der IFRS-Regelkomplexität in der Wirklichkeit festzustellen ist.[407]

4.5.2.3 Quantitative Inhaltsanalyse zur Unternehmenskomplexität

Nachstehend finden sich die Ergebnisse aus der quantitativen Inhaltsanalyse zur Unternehmenskomplexität. Als Indikatoren dienen – jeweils auf Basis der DAX-30-Unternehmen – die kumulierte Mitarbeiterzahl im Durchschnitt des Geschäftsjahres, die kumulierte Mitarbeiterzahl zum jeweiligen Stichtag und die kumulierte Anzahl der Konzernunternehmen.[408] Dahinter steckt die Annahme, dass sich in einer steigenden

406 Vgl. hierzu Dritter Teil: Kap. 4.5.2.3 und 4.5.2.4.

407 Vgl. Dritter Teil: Kap. 2; vgl. zu den Vor- und Nachteilen der ausgewählten Indikatoren Dritter Teil: Kap. 4.1.3.

408 Die aus Platzgründen nicht dargestellte detaillierte Entwicklung für jedes einzelne DAX-Unternehmen liegt vor und kann vom Verfasser der vorliegenden Arbeit angefordert werden. Eine Unterscheidung bei den Konzernunternehmen hinsichtlich der DAX-30-Unternehmen und der 14 von 2000 bis 2012 nach IFRS bilanzierenden Unternehmen unterbleibt an dieser Stelle, da die entsprechenden Angaben im Wesentlichen den Anteilsbesitzlisten nach § 313 Abs. HGB entstammen und somit für die Unternehmen einheitlich sind. Eine Differenzierung hinsichtlich des Rechnungslegungssystems ist hinfällig. Besonderheiten hinsichtlich der Indikatoren zur Unternehmenskomplexität, die sich in den Ergebnissen niederschlagen, bestehen dennoch. Auf Basis der Anteilsbesitzlisten werden ca. 75% der notwendigen Daten zur Anzahl der Konzernunternehmen erhoben. Die vollständigen Informationen von 2000 bis 2012 liegen von der *adidas AG, BASF SE, Continental AG, Daimler AG, Deutsche Bank AG, Deutsche Börse AG, Henkel AG &Co. KGaA, K+S Aktiengesellschaft, SAP AG, Siemens Aktiengesellschaft, ThyssenKrupp AG* und *VOLKSWAGEN AG* vor. Bei den restlichen Unternehmen fehlen Daten, wobei das im Wesentlichen Jahre vor 2007 und damit die Zeit vor Einführung des elektronischen Bundesanzeigers betrifft. So fehlen die Anteilsbesitzlisten von der *Allianz SE* (2000), *Bayer AG* (2000 und 2001), *Beiersdorf Aktiengesellschaft* (2000–2006), *Bayerische Motoren Werke Aktiengesellschaft* (2000–2004), *Commerzbank AG* (2000–2005), *Deutsche Lufthansa AG* (2000–2005), *Deutsche Post AG* (2000–2006), *Deutsche Telekom AG* (2000–2005), *E.ON SE* (2000), *Fresenius Medical Care AG & Co. KGaA* (2000–2005), *Fresenius SE & Co. KGaA* (2000–2006), *HeidelbergCement AG* (2000–2006), *Infineon Technologies AG* (2000–2012), *LANXESS AG* (2005), *Linde AG* (2000–2005), *Merck KGaA* (2000–2006), *Münchener Rückversicherungs-Gesellschaft Aktiengesellschaft* (2000) und *RWE Aktiengesellschaft* (2000–2005). Da die Daten auch nicht auf Nachfrage von den betroffenen Unternehmen bereitgestellt werden, erfolgt ein Rückgriff auf die Angaben zum Konsolidierungskreis im Geschäftsbericht, um die Lücken – zumindest näherungsweise – zu schließen. Bei der *Bayer AG* (2000 und 2001),

Mitarbeiteranzahl und einer wachsenden Anzahl an Konzernunternehmen eine zunehmende Unternehmenskomplexität ausdrückt. Ein ansteigender Indikatorwert kann – unter Berücksichtigung einer vorsichtigen und behutsamen Ergebnisinterpretation

---

Beiersdorf Aktiengesellschaft (2000–2005), *Bayerische Motoren Werke Aktiengesellschaft* (2000–2004), *Commerzbank AG* (2000–2005), *Deutsche Post AG* (2000–2004), *Deutsche Telekom AG* (2000–2004), *Fresenius SE & Co. KGaA* (2000–2001), *Infineon Technologies AG* (2000–2005), *Linde AG* (2000–2001), *Merck KGaA* (2001–2006) und *Münchener Rückversicherungs-Gesellschaft Aktiengesellschaft* (2000) werden Angaben zu nicht konsolidierten Unternehmen berücksichtigt. Es zeigt sich, dass bei der *Fresenius Medical Care AG &Co. KGaA* für die Jahre 2000 bis 2005 keine Informationen zur Anzahl der Konzernunternehmen vorliegen. Ebenso fehlen von der *Merck KGaA* – wohl aufgrund der Kurzfassung des Geschäftsberichts – die Angaben hinsichtlich der Anzahl der Konzernunternehmen im Jahr 2000. Auch für die Jahre 2000 bis 2003 liegen von der *LANXESS AG* keine entsprechenden Angaben vor. Vorbildlich ist an dieser Stelle die *Deutsche Telekom AG*, die sowohl die Anzahl der Konzerunternehmen als auch die Anzahl der wesentlichen Konzerunternehmen in ihren Geschäftsberichten von 2000 bis 2012 ausweist. Sie stellt aber einen Einzelfall dar. Hinsichtlich der Mitarbeiterangaben zeigen sich in den Geschäftsberichten der Unternehmen heterogene Vorgehensweisen. So führen elf Unternehmen sowohl die Mitarbeiterzahl im Durchschnitt des Geschäftsjahres als auch die Mitarbeiterzahl zum jeweiligen Stichtag vollständig von 2000 bis 2012 im Geschäftsbericht auf. Dies sind die *adidas AG, BASF SE, Bayer AG, Bayerische Motoren Werke Aktiengesellschaft, Commerzbank AG, Deutsche Börse AG, Deutsche Lufthansa AG, Deutsche Post AG, E.ON SE, Fresenius Medical Care AG & Co. KGaA* und *ThyssenKrupp AG*. Vier Unternehmen führen nur die Anzahl der Mitarbeiter zum Stichtag in den Geschäftsberichten auf und verzichten vollständig auf die Angabe hinsichtlich der durchschnittlichen Mitarbeiteranzahl im jeweiligen Geschäftsjahr. Dabei handelt es sich um die *Continental AG, Deutsche Bank AG, LANXESS AG* und *Münchener Rückversicherungs-Gesellschaft Aktiengesellschaft*. Die restlichen Unternehmen entscheiden sich zur vollständigen Angabe von einem der beiden Indikatoren und geben den Wert des jeweils anderen Indikators nur sporadisch an. Beispielsweise betrifft das die *VOLKSWAGEN AG*, die für die Jahre 2000 bis 2012 die Anzahl der durchschnittlich beschäftigten Mitarbeiter in den Geschäftsberichten lückenlos aufführt. Die Informationen, die die Anzahl der Mitarbeiter zum Stichtag betreffen, finden sich hingegen nur in den Jahren 2000, 2005, 2007, 2008, 2009 und 2010 in den Geschäftsberichten. In den übrigen Jahren fehlen diese Angaben. Die Datenreihen wären also lückenhaft. Aus diesem Grund finden sich in entsprechenden Tabellen nur die Datenreihen, die aus den Geschäftsberichten der jeweiligen Unternehmen für den kompletten Untersuchungszeitraum von 2000 bis 2012 entnommen werden können. Die unvollständigen Datenreihen sind aus den Tabellen entfernt. Ansonsten liegen wiederum von der *Fresenius Medical Care AG &Co. KGaA* in den Jahren 2000 bis 2002 keinerlei Informationen zur durchschnittlichen Mitarbeiteranzahl im jeweiligen Geschäftsjahr vor. Auch hier brachte eine Nachfrage bei der *Investor Relations*-Abteilung keine zusätzlichen Erkenntnisse.

sowie einer Betonung der Limitationen – als erstes Indiz für eine Komplexitätszunahme dienen, ein abnehmender Indikatorwert für eine Komplexitätsabnahme.[409]

Die nächsten Tabellen zeigen die zusammengefassten Ergebnisse, in denen sich die Entwicklung der Indikatoren im Zeitablauf widerspiegelt. Die kurzfristigen empirischen Befunde finden sich in Tab. 89. Dort zeigt sich, dass sowohl die kumulierte Anzahl der Konzernunternehmen als auch die der Mitarbeiteranzahl der DAX-30-Unternehmen im Zeitablauf ansteigen. So nimmt die kumulierte Anzahl der Konzernunternehmen von 2000 bis 2006 von 13.896 auf 19.004 (+5.108; +36,8%) und von 2006 bis 2012 von 19.004 auf 20.676 (+1.672; +8,8%) zu. Gleiches ergibt sich bei der Entwicklung der kumulierten Mitarbeiteranzahl zum Stichtag und im Durchschnitt. Die Mitarbeiteranzahl zum Stichtag steigt von 1,994 Mio. im Jahr 2000 über 2,095 Mio. im Jahr 2006 (2000–2006: +0,101 Mio.; +5,1%) auf 2,123 Mio. im Jahr 2012 (2006–2012: +0,027 Mio.; +1,3%). Die durchschnittliche Mitarbeiteranzahl erhöht sich von 2,491 Mio. über 2,608 Mio (2000–2006: +0,117 Mio.; +4,7%) auf 2,995 Mio. (2006–2012: +0,386 Mio.; +14,8%).

Tab. 89: Kumulierte Anzahl aller Konzernunternehmen und der Mitarbeiter im Durchschnitt sowie der Mitarbeiter zum jeweiligen Stichtag der DAX-30-Unternehmen im Zeitablauf (I)

Unternehmen DAX 30	**Kurzfristige Entwicklung 2000–2006**							
	2000	**2001**	**2002**	**2003**	**2004**	**2005**	**2006**	**kumulierte Veränderung 2000–2006**
Anzahl Konzern-unternehmen insgesamt	**13.896**	**17.952**	**18.433**	**18.191**	**17.724**	**16.844**	**19.004**	
absolute Veränderung zur Vorperiode		+4.056	+481	-242	-467	-880	+2.160	+5.108
relative Veränderung zur Vorperiode		+29,2%	+2,7%	-1,3%	-2,6%	-5,0%	+12,8%	+36,8%
Anzahl Mitarbeiter Stichtag	**1.994.751**	**1.825.214**	**1.928.842**	**1.898.677**	**1.908.182**	**2.053.344**	**2.095.751**	
absolute Veränderung zur Vorperiode		-169.537	+103.628	-30.165	+9.505	+145.162	+42.407	+101.000
relative Veränderung zur Vorperiode		-8,5%	+5,7%	-1,6%	+0,5%	+7,6%	+2,1%	+5,1%
Anzahl Mitarbeiter Durchschnitt	**2.491.324**	**2.517.740**	**2.542.716**	**2.526.702**	**2.492.259**	**2.485.040**	**2.608.754**	
absolute Veränderung zur Vorperiode		+26.416	+24.976	-16.014	-34.443	-7.219	+123.714	+117.430
relative Veränderung zur Vorperiode		+1,1%	+1,0%	-0,6%	-1,4%	-0,3%	+5,0%	+4,7%

409 Vgl. zur Auswahl und Begründung der Indikatoren Dritter Teil: Kap. 4.1.3.

	Kurzfristige Entwicklung 2006–2012							
	2006	**2007**	**2008**	**2009**	**2010**	**2011**	**2012**	**kumulierte Veränderung 2006–2012**
Anzahl Konzernunternehmen insgesamt	**19.004**	**20.572**	**20.834**	**20.096**	**20.477**	**20.044**	**20.676**	
absolute Veränderung zur Vorperiode		+1.568	+262	−738	+381	−433	+632	+1.672
relative Veränderung zur Vorperiode		+8,3%	+1,3%	−3,5%	+1,9%	−2,1%	+3,2%	+8,8%
Anzahl Mitarbeiter Stichtag	**2.095.751**	**2.104.091**	**2.123.096**	**2.049.392**	**2.081.916**	**2.119.764**	**2.123.734**	
absolute Veränderung zur Vorperiode		+8.340	+19.005	−73.704	+32.524	+37.848	+3.970	+27.983
relative Veränderung zur Vorperiode		+0,4%	+0,9%	−3,5%	+1,6%	+1,8%	+0,2%	+1,3%
Anzahl Mitarbeiter Durchschnitt	**2.608.754**	**2.691.989**	**2.805.306**	**2.826.227**	**2.801.907**	**2.834.873**	**2.995.424**	
absolute Veränderung zur Vorperiode		+83.235	+113.317	+20.921	−24.320	+32.966	+160.551	+386.670
relative Veränderung zur Vorperiode		+3,2%	+4,2%	+0,7%	−0,9%	+1,2%	+5,7%	+14,8%

In Tab. 90 ist die langfristige Entwicklung der Indikatoren abgebildet. Dort zeigt sich ebenfalls, dass die drei Indikatoren ansteigen. So erhöht sich die kumulierte Anzahl der Konzernunternehmen z.B. von 2000 bis 2012 um 13.896 auf 20.676. Dies entspricht an dieser Stelle der höchsten langfristigen Zuwachsrate unter den Indikatoren und ist – in Anbetracht des 12-Jahres-Zeitraums – mit einem Wert in Höhe von +48,8% als moderat zu bezeichnen. Auch die kumulierte Anzahl der Mitarbeiter zum Stichtag und im Durchschnitt nimmt im Zeitablauf zu. Die kumulierte Anzahl der Mitarbeiter zum Stichtag erhöht sich von 2000 bis 2012 von 1,994 Mio. auf 2,123 Mio. (+0,128 Mio.; +6,5%) und die durchschnittliche Anzahl der Mitarbeiter steigt von 2,491 Mio. auf 2,995 Mio. (+0,504 Mio.; +20,2%).

Tab. 90: Kumulierte Anzahl aller Konzernunternehmen und der Mitarbeiter im Durchschnitt sowie der Mitarbeiter zum jeweiligen Stichtag der DAX-30-Unternehmen im Zeitablauf (II)

Unternehmen DAX 30	Langfristige Entwicklung						
	2000	2005	2010	2012	kumulierte Veränderung 2000–2010	kumulierte Veränderung 2000–2012	kumulierte Veränderung 2005–2012
Anzahl Konzernunternehmen insgesamt	**13.896**	**16.844**	**20.477**	**20.676**			
absolute Veränderung zur Vorperiode		+2.948	+3.633	+199	+6.581	+6.780	+3.832
relative Veränderung zur Vorperiode		+21,2%	+21,6%	+1,0%	+47,4%	+48,8%	+22,7%
Anzahl Mitarbeiter Stichtag	**1.994.751**	**2.053.344**	**2.081.916**	**2.123.734**			
absolute Veränderung zur Vorperiode		+58.593	+28.572	+41.818	+87.165	+128.983	+70.390
relative Veränderung zur Vorperiode		+2,9%	+1,4%	+2,0%	+4,4%	+6,5%	+3,4%
Anzahl Mitarbeiter Durchschnitt	**2.491.324**	**2.485.040**	**2.801.907**	**2.995.424**			
absolute Veränderung zur Vorperiode		−6.284	+316.867	+193.517	+310.583	+504.100	+510.384
relative Veränderung zur Vorperiode		−0,3%	+12,8%	+6,9%	+12,5%	+20,2%	+20,5%

Zusammenfassend bleibt, dass die kumulierte Anzahl der Konzernunternehmen sowie die Anzahl der Mitarbeiter zum Stichtag und im Durchschnitt sowohl kurz- als auch langfristig zunehmen. Den stärksten relativen Anstieg zeigt die kumulierte Anzahl der Konzernunternehmen von 2000 bis 2012 (+48,8%). Die Ergebnisse scheinen somit – bei aller Vorsicht – einer Zunahme der Unternehmenskomplexität nicht zu widersprechen. Allerdings sind die empirischen Befunde behutsam zu interpretieren. Zum einen hängen die einzelnen Komplexitätsebenen zusammen, beeinflussen sich gegenseitig und zeichnen sich durch ein verschachteltes In- und Nebeneinander aus (Messproblem). Es bleibt offen, ob und, wenn ja, wie stark die Entwicklung der Unternehmenskomplexität diejenige der Umweltkomplexität (einschließlich der Regelkomplexität) prägt. Zum anderen greifen Indikatoren zur Unternehmenskomplexität vermutlich auch Aspekte anderer Teilkomplexitäten, wie z. B. der Umweltkomplexität, ab.[410]

Die empirischen Befunde scheinen erst einmal zumindest nicht zu widerlegen, dass die Unternehmenskomplexität eine (Teil-)Erklärung für die Entwicklung der

410 Vgl. Dritter Teil: Kap. 2 und 4.5.2.4.

Rechnungslegungskomplexität liefert.[411] Dies soll eine stark vereinfachende und beispielhafte Gegenüberstellung zwischen der Unternehmenskomplexität und der IFRS- bzw. HGB-Rechnungslegungskomplexität verdeutlichen. Von 2000 bis 2012 zeigt sich eine Zunahme der Unternehmenskomplexität. Die kumulierte Anzahl der Konzernunternehmen nimmt um +48,8% zu (vgl. Tab. 90). Im gleichen Zeitraum erhöht sich auch die IFRS- und HGB-Rechnungslegungskomplexität. Zum einen nimmt die Seitenanzahl der Anhänge in den Geschäftsberichten um +156,6% (IFRS-Rechnungslegungskomplexität) und der Lageberichte um +254,3% (HGB-Rechnungslegungskomplexität) zu (vgl. Tab. 83). Zum anderen erhöht sich die Anzahl der gesuchten Begriffe in den Anhängen der Geschäftsberichte um +421,4% (IFRS-Rechnungslegungskomplexität) und in den Lageberichten um +622,9% (HGB-Rechnungslegungskomplexität; vgl. Tab. 87). Es zeigt sich anhand des Vergleichs, dass die Entwicklung der Unternehmenskomplexität (+48,8%) eine (Teil-) Erklärung liefert. Diese kann die Entwicklung der IFRS- (+156,6% bzw. +421,4%) und HGB-Rechnungslegungskomplexität (+254,3% bzw. +622,9%) teilweise plausibilisieren. Sowohl die Unternehmens- als auch die IFRS- und die HGB-Rechnungslegungskomplexität steigen im Zeitablauf an. Allerdings findet der Anstieg nicht in gleichem Maße statt. Die Zunahme der IFRS- bzw. der HGB-Rechnungslegungskomplexität ist deutlich größer als diejenige der Unternehmenskomplexität. Es zeigt sich somit auch, dass die Unternehmenskomplexität keine umfassende Erklärung für die Entwicklung der IFRS- und der HGB-Rechnungslegungskomplexität darstellt. Es nehmen offenkundig neben der Unternehmenskomplexität noch weitere Faktoren, wie etwa die Umweltkomplexität oder die Rechnungslegungskomplexität selbst, Einfluss auf die Entwicklung der Rechnungslegungskomplexität.[412]

Die Entwicklung der Unternehmenskomplexität liefert eine (Teil-)Erklärung für die Entwicklung der IFRS- und HGB-Rechnungslegungskomplexität. Die Entwicklung der Seitenanzahl der Anhänge (IFRS-Rechnungslegungskomplexität) und Lageberichte (HGB-Rechnungslegungskomplexität) in den Geschäftsberichten ist insofern wohl z. T. auf die Entwicklungen in der unternehmerischen Realität zurückzuführen. Auch die Anzahl der gesuchten Wörter in den Anhängen (IFRS-Rechnungslegungskomplexität) und in den Lageberichten (HGB-Rechnungslegungskomplexität) der Geschäftberichte hängt höchstwahrscheinlich u. a. von der Unternehmensentwicklung ab. Eine weitere (Teil-)Erklärung können neben der Unternehmenskomplexität noch die allgemeine Umweltkomplexität und die IFRS- und die HGB-Regelkomplexität sowie die Rechnungslegungskomplexität selbst darstellen. Limitationen und Risiken in der Interpretation verbleiben dennoch.[413]

Die Ergebnisse unterstützen an dieser Stelle im Wesentlichen die bisher gewonnenen Erkenntnisse aus der qualitativen (erste Teilanalyse) und quantitativen

411 Vgl. Zweiter Teil: Kap. 3.4 und Dritter Teil: Kap. 3.6.
412 Vgl. Dritter Teil: Kap. 2, 3.6 und 4.5.2.2.
413 Vgl. Dritter Teil: Kap. 4.1.2 und 4.1.3.

Untersuchung (dritte Teilanalyse zur IFRS- und zur HGB-Rechnungslegungskomplexität). Dort wird dargelegt, dass die Unternehmens- und die Umweltkomplexität (einschließlich der Regelkomplexität) die Rechnungslegungskomplexität beeinflussen. Zudem geht wohl eine ansteigende Rechnungslegungskomplexität mit einer zunehmenden Unternehmenskomplexität einher.[414]

Es lassen sich im Wesentlichen zwei Schlussfolgerungen ziehen: Zum einen können sich andere Teilkomplexitäten auf die Unternehmenskomplexität auswirken. So ist z. B. eine Zunahme der Unternehmenskomplexität wohl auch auf eine ansteigende Umweltkomplexität zurückzuführen. Zum anderen können sich Implikationen für andere Teilkomplexitäten aus der Unternehmenskomplexität ergeben. Beispielsweise resultiert eine ansteigende IFRS-Rechnungslegungskomplexität höchstwahrscheinlich auch aus einer zunehmenden Unternehmenskomplexität. Zudem wird vermutlich ebenso die Komplexität der Abbildungsregeln von der Unternehmenskomplexität beeinflusst.

4.5.2.4 Quantitative Inhaltsanalyse zur allgemeinen Umweltkomplexität

Im Folgenden finden sich die Ergebnisse aus der quantitativen Inhaltsanalyse zur allgemeinen Umweltkomplexität. Es werden zunächst die Ergebnisse zur allgemeinen Umweltkomplexität präsentiert. Anschließend werden die Resultate zur allgemeinen Umweltkomplexität herangezogen, um Aussagen zur IFRS-Regelkomplexität zu erhalten. Dies erfolgt sowohl für das IFRS-Gesamtsystem (Dritter Teil: Kap. 4.5.2.4.2) als auch für die ausgewählten IFRS-Bilanzierungsbereiche. Zu den IFRS-Bilanzierungsbereichen gehören Finanzinstrumente (Dritter Teil: Kap. 4.5.2.4.3), Ertragsteuern (Dritter Teil: Kap. 4.5.2.4.4), Leasingverhältnisse (Dritter Teil: Kap. 4.5.2.4.5) und Leistungen an Arbeitnehmer (Dritter Teil: Kap. 4.5.2.4.6) sowie Rückstellungen, Eventualverbindlichkeiten und Eventualforderungen (Dritter Teil: Kap. 4.5.2.4.7).

4.5.2.4.1 Allgemeine Umweltkomplexität

Nachstehend werden die Ergebnisse der quantitativen Inhaltsanalyse zur allgemeinen Umweltkomplexität präsentiert. Als Indikatoren dienen – jeweils auf Basis der DAX-30-Unternehmen und der 14 von 2000 bis 2012 nach IFRS bilanzierenden DAX-Unternehmen – die kumulierten Bilanzsummen und die kumulierten Umsatzerlöse.[415] Dahinter steckt die Annahme, dass sich eine steigende allgemeine

---

414 Vgl. Dritter Teil: Kap. 2, 3.6 und 4.5.2.2.

415 Die aus Platzgründen nicht dargestellte detaillierte Entwicklung für jedes einzelne DAX-Unternehmen liegt vor und kann vom Verfasser der vorliegenden Arbeit angefordert werden. Es bestehen Besonderheiten hinsichtlich der Indikatoren zur allgemeinen Umweltkomplexität, die sich in den Ergebnissen niederschlagen: Bei den Werten hinsichtlich der Bilanzsummen und Umsatzerlöse der *Fresenius Medical Care AG & Co. KGaA* in den Jahren 2000, 2001 und 2002 handelt

Umweltkomplexität in zunehmenden Bilanzsummen und Umsatzerlösen niederschlägt. Ein ansteigender Indikatorwert kann – unter Berücksichtigung einer vorsichtigen und behutsamen Ergebnisinterpretation sowie einer Betonung der Limitationen – als erstes Indiz für eine Komplexitätszunahme dienen, ein abnehmender Indikatorwert für eine Komplexitätsabnahme.[416]

In Tab. 91 finden sich die zusammengefassten Ergebnisse zur kurzfristigen Entwicklung der kumulierten Bilanzsummen sowie Umsatzerlöse der DAX-30-Unternehmen. Von 2000 bis 2006 steigen die Bilanzsummen von 3.088 Mrd. EUR (2000) auf 4.446 Mrd. EUR (2006) (+1.358 Mrd. EUR; +44,0%) und die Umsatzerlöse von 901 Mrd. EUR auf 1.002 Mrd. EUR (+100 Mrd. EUR; +11,2%). In den Jahren von 2006 bis 2012 setzt sich dieser Trend fort. So erhöhen sich die Bilanzsummen von 4.446 Mrd. EUR (2006) auf 5.325 Mrd. EUR (2012) und die Umsatzerlöse von 1.002 Mrd. EUR auf 1.315 Mrd. EUR. Das entspricht einer Zunahme von 878 Mrd. EUR (+19,8%) bei den Bilanzsummen und 313 Mrd. EUR (+31,3%) bei den Umsatzerlösen. Auffällig sind die moderaten relativen Zuwachsraten der Bilanzsummen und Umsatzerlöse zwischen den einzelnen Jahren, die nahezu ausschließlich im einstelligen Bereich liegen. Ausnahmen stellen hier bei den Bilanzsummen lediglich die Jahre 2001 (+21,5%), 2006 (+12,2%) und 2007 (+20,6%) sowie bei den Umsatzerlösen die Jahre 2010 (+11,1%) und 2011 (+10,0%) dar. Zwischendurch sind vereinzelte Rückgänge festzustellen. Beispielsweise kommt es zu einem Rückgang der Bilanzsummen von 2008 auf 2009 (-1.051 Mrd. EUR; -18,7%) und zu einer Verringerung der Umsatzerlöse von 2002 auf 2003 um 14 Mrd. EUR (-1,5%). Insbesondere der Einbruch von 2008 auf 2009 dürfte wohl unmittelbar mit der weltweiten Finanz- und Wirtschaftskrise zusammenhängen, die auch deutsche Unternehmen zu spüren bekamen.

---

es sich um Angaben in US-Dollar. Aus diesem Grund sind die entsprechenden Werte zum jeweiligen Stichtagskurs (jeweils 31.12.) in EUR umgerechnet. Für das Jahr 2000 beträgt der Umrechnungskurs 1,0615 EUR/1 US-Dollar, für 2001 1,1287 EUR/1 US-Dollar und für 2002 0,9539 EUR/1 US-Dollar. Die Umrechnungskurse sind der Internetseite OANDA entnommen (vgl. o. V. (2013), Währungsrechner). Bei der *VOLKSWAGEN AG* finden sich im Geschäftsbericht des Jahres 2000 DM-Werte hinsichtlich der Bilanzsumme und Umsatzerlöse. Auch diese sind entsprechend mit einem Kurs von 1 EUR/1,95583 DM umgerechnet.

416 Vgl. zur Auswahl und Begründung der Indikatoren Dritter Teil: Kap. 4.1.3.

Tab. 91: Kumulierte Bilanzsummen und Umsatzerlöse der DAX-30-Unternehmen im Zeitablauf (I)

Umwelt DAX 30	Kurzfristige Entwicklung 2000–2006 (Angaben in TEUR)							
	2000	**2001**	**2002**	**2003**	**2004**	**2005**	**2006**	**kumulierte Veränderung 2000–2006**
Summe Bilanzssumme	**3.088.045.277**	**3.750.750.169**	**3.382.785.789**	**3.481.309.856**	**3.641.949.697**	**3.961.908.095**	**4.446.399.541**	
absolute Veränderung zur Vorperiode		+662.704.893	−367.964.380	+98.524.067	+160.639.841	+319.958.398	+484.491.446	+1.358.354.264
relative Veränderung zur Vorperiode		+21,5%	−9,8%	+2,9%	+4,6%	+8,8%	+12,2%	+44,0%
Summe Umsatzerlöse	**901.249.784**	**891.334.258**	**895.394.163**	**881.774.412**	**917.592.617**	**968.954.281**	**1.002.173.006**	
absolute Veränderung zur Vorperiode		−9.915.526	+4.059.905	−13.619.751	+35.818.205	+51.361.664	+33.218.725	+100.923.222
relative Veränderung zur Vorperiode		−1,1%	+0,5%	−1,5%	+4,1%	+5,6%	+3,4%	+11,2%
Umwelt DAX 30	**Kurzfristige Entwicklung 2006–2012 (Angaben in TEUR)**							
	2006	**2007**	**2008**	**2009**	**2010**	**2011**	**2012**	**kumulierte Veränderung 2006–2012**
Summe Bilanzssumme	**4.446.399.541**	**5.363.415.513**	**5.625.319.706**	**4.574.228.971**	**5.021.763.055**	**5.379.091.162**	**5.325.162.072**	
absolute Veränderung zur Vorperiode		+917.015.972	+261.904.193	−1.051.090.735	+447.534.084	+357.328.107	−53.929.090	+878.762.531
relative Veränderung zur Vorperiode		+20,6%	+4,9%	−18,7%	+9,8%	+7,1%	−1,0%	+19,8%
Summe Umsatzerlöse	**1.002.173.006**	**1.034.579.579**	**1.089.583.694**	**1.013.576.646**	**1.125.779.598**	**1.238.174.754**	**1.315.822.308**	
absolute Veränderung zur Vorperiode		+32.406.573	+55.004.115	−76.007.048	+112.202.952	+112.395.156	+77.647.554	+313.649.302
relative Veränderung zur Vorperiode		+3,2%	+5,3%	−7,0%	+11,1%	+10,0%	+6,3%	+31,3%

Langfristig zeichnet sich eine ähnliche Entwicklung der kumulierten Bilanzsummen und Umsatzerlöse ab, wie Tab. 92 zeigt. Auch sie illustriert eine Zunahme der Indikatoren zur allgemeinen Umweltkomplexität. So kommt es bei den Bilanzsummen und Umsatzerlösen zu einem Anstieg. Besonders offensichtlich wird dies bei der Betrachtung des 12-Jahres-Zeitraums von 2000 bis 2012. Hier steigen die Bilanzsummen von 3.088 Mrd. EUR auf 5.325 Mrd. EUR (+2.237 Mrd. EUR; +72,4%) und die Umsatzerlöse von 901 Mrd. EUR auf 1.315 Mrd. EUR (+414 Mrd. EUR; +46,0%). Im Vergleich zu vorausgegangenen Ergebnissen, wie etwa aus der quantitativen Inhaltsanalyse der IFRS-Abbildungsregeln (IFRS-Regelkomplexität), sind die Zuwachsraten an dieser Stelle moderat.[417] So steigen beispielsweise dort die Indikatoren bei den Finanzinstrumenten z. T. um mehr als +500,0%.[418]

417 Vgl. Dritter Teil: Kap. 4.5.1.
418 Vgl. Dritter Teil: Kap. 4.5.1.2.1.

Tab. 92: Kumulierte Bilanzsummen und Umsatzerlöse der DAX-30-Unternehmen im Zeitablauf (II)

Umwelt DAX 30	Langfristige Entwicklung (Angaben in TEUR)						
	2000	**2005**	**2010**	**2012**	**kumulierte Veränderung 2000–2010**	**kumulierte Veränderung 2000–2012**	**kumulierte Veränderung 2005–2012**
Summe Bilanzssumme	**3.088.045.277**	**3.961.908.095**	**5.021.763.055**	**5.325.162.072**			
absolute Veränderung zur Vorperiode		+873.862.818	+1.059.854.960	+303.399.017	+1.933.717.778	+2.237.116.795	+1.363.253.977
relative Veränderung zur Vorperiode		+28,3%	+26,8%	+6,0%	+62,6%	+72,4%	+34,4%
Summe Umsatzerlöse	**901.249.784**	**968.954.281**	**1.125.779.598**	**1.315.822.308**			
absolute Veränderung zur Vorperiode		+67.704.497	+156.825.317	+190.042.710	+224.529.814	+414.572.524	+346.868.027
relative Veränderung zur Vorperiode		+7,5%	+16,2%	+16,9%	+24,9%	+46,0%	+35,8%

Die Ergebnisse zur kurzfristigen Entwicklung der kumulierten Bilanzsummen und Umsatzerlöse der 14 von 2000 bis 2012 nach IFRS bilanzierenden DAX-Unternehmen sind in Tab. 93 abgetragen.

Tab. 93: Kumulierte Bilanzsummen und Umsatzerlöse der nach IFRS bilanzierenden Unternehmen aus dem DAX 30 im Zeitablauf (I)

Umwelt UN IFRS	Kurzfristige Entwicklung 2000–2006 (Angaben in TEUR)							
	2000	**2001**	**2002**	**2003**	**2004**	**2005**	**2006**	**kumulierte Veränderung 2000–2006**
Summe Bilanzssumme	**1.398.306.362**	**1.988.646.111**	**1.835.645.839**	**1.876.114.536**	**1.983.191.091**	**2.084.206.292**	**2.378.777.046**	
absolute Veränderung zur Vorperiode		+590.339.749	−153.000.272	+40.468.697	+107.076.555	+101.015.201	+294.570.754	+980.470.684
relative Veränderung zur Vorperiode		+42,2%	−7,7%	+2,2%	+5,7%	+5,1%	+14,1%	+70,1%
Summe Umsatzerlöse	**266.222.505**	**267.499.862**	**289.752.789**	**284.829.799**	**293.506.992**	**292.988.690**	**327.907.392**	
absolute Veränderung zur Vorperiode		+1.277.357	+22.252.927	−4.922.990	+8.677.193	−518.302	+34.918.702	+61.684.887
relative Veränderung zur Vorperiode		+0,5%	+8,3%	−1,7%	+3,0%	−0,2%	+11,9%	+23,2%
Umwelt UN IFRS	**Kurzfristige Entwicklung 2006–2012 (Angaben in TEUR)**							
	2006	**2007**	**2008**	**2009**	**2010**	**2011**	**2012**	**kumulierte Veränderung 2006–2012**
Summe Bilanzssumme	**2.378.777.046**	**2.437.547.270**	**2.450.070.418**	**2.095.106.185**	**2.064.787.200**	**2.073.877.700**	**2.101.405.200**	
absolute Veränderung zur Vorperiode		+58.770.224	+12.523.148	−354.964.233	−30.318.985	+9.090.500	+27.527.500	−277.371.846
relative Veränderung zur Vorperiode		+2,5%	+0,5%	−14,5%	−1,4%	+0,4%	+1,3%	−11,7%
Summe Umsatzerlöse	**327.907.392**	**348.024.372**	**354.733.347**	**336.573.649**	**367.594.500**	**380.144.800**	**393.429.400**	
absolute Veränderung zur Vorperiode		+20.116.980	+6.708.975	−18.159.698	+31.020.851	+12.550.300	+13.284.600	+65.522.008
relative Veränderung zur Vorperiode		+6,1%	+1,9%	−5,1%	+9,2%	+3,4%	+3,5%	+20,0%

Es wird deutlich, dass die Bilanzssummen der 14 einbezogenen Unternehmen von 2000 bis 2006 zunehmen (+980 Mrd. EUR; +70,1%) und von 2006 bis 2012 abnehmen (-277 Mrd. EUR; -11,7%). Im Wesentlichen ist der Rückgang, der sich ab dem Jahr 2009 ankündigt (-354 Mrd. EUR; -14,5%), wohl mit der damals beginnenden weltweiten Finanz- und Wirtschaftskrise erklärbar. Dieser Abwärtstrend zeigt sich im Rahmen der Umsatzerlöse nicht in einem derartigen Ausmaß. Lediglich von 2008 auf 2009 sind geringfügige Anzeichen erkennbar, da die Umsatzerlöse von 354 Mrd. EUR auf 336 Mrd. EUR sinken (-18 Mrd. EUR; -5,1%). Aber bereits im Folgejahr 2010 wird das Niveau bei den Umsatzerlösen aus dem Jahr 2008 (354 Mrd. EUR) wieder erreicht bzw. sogar überschritten (367 Mrd. EUR). Ansonsten befinden sich die Umsatzerlöse in einem Aufwärtstrend. Von 2000 bis 2006 steigen sie von 266 Mrd. EUR auf 327 Mrd. EUR (+61 Mrd. EUR; +23,2%) und von 2006 bis 2012 von 327 Mrd. EUR auf 393 Mrd. EUR (+65 Mrd. EUR; +20,0%).

In Tab. 94 sind die langfristigen Ergebnisse zu den kumulierten Bilanzsummen und Umsatzerlösen der 14 von 2000 bis 2012 nach IFRS bilanzierenden Unternehmen abgetragen. Sowohl die Bilanzsummen als auch die Umsatzerlöse nehmen im Zeitablauf nahezu ausschließlich zu. Lediglich bei den Bilanzsummen zeigt sich im Jahr 2010 ein marginaler Rückgang (2005–2010: -19 Mrd. EUR; -0,9%). Davon abgesehen nimmt die Bilanzsumme z.B. von 2000 bis 2010 (+666 Mrd. EUR; +47,7%), von 2000 bis 2012 (+703 Mrd. EUR; +50,3%) und von 2005 bis 2012 (+17 Mrd. EUR; +0,8%) zu. Gleiches gilt auch für die Umsatzerlöse, die in den betrachteten Zeiträumen ausnahmslos ansteigen. Von 2000 bis 2010 steigen sie um +38,1% (+101 Mrd. EUR), von 2000 bis 2012 um +47,8% (+127 Mrd. EUR) und von 2005 bis 2012 um +34,3% (+100 Mrd. EUR). Auffällig sind an dieser Stelle wiederum die relativ moderaten Zuwachsraten im Zeitablauf, die bereits bei der Betrachtung der Entwicklung der Indikatoren auf Basis der DAX-30-Unternehmen aufgefallen sind.

Tab. 94: Kumulierte Bilanzsummen und Umsatzerlöse der nach IFRS bilanzierenden Unternehmen aus dem DAX 30 im Zeitablauf (II)

Umwelt UN IFRS	**Langfristige Entwicklung (Angaben in TEUR)**						
	2000	**2005**	**2010**	**2012**	**kumulierte Veränderung 2000–2010**	**kumulierte Veränderung 2000–2012**	**kumulierte Veränderung 2005–2012**
Summe Bilanzssumme	**1.398.306.362**	**2.084.206.292**	**2.064.787.200**	**2.101.405.200**			
absolute Veränderung zur Vorperiode		+685.899.930	−19.419.092	+36.618.000	+666.480.838	+703.098.838	+17.198.908
relative Veränderung zur Vorperiode		+49,1%	−0,9%	+1,8%	+47,7%	+50,3%	+0,8%
Summe Umsatzerlöse	**266.222.505**	**292.988.690**	**367.594.500**	**393.429.400**			
absolute Veränderung zur Vorperiode		+26.766.185	+74.605.810	+25.834.900	+101.371.995	+127.206.895	+100.440.710
relative Veränderung zur Vorperiode		+10,1%	+25,5%	+7,0%	+38,1%	+47,8%	+34,3%

Zusammenfassend bleibt, dass die kumulierten Bilanzsummen und Umsatzerlöse im Wesentlichen sowohl kurz- als auch langfristig ansteigen. Die Zunahmen der Indikatoren sind unabhängig davon, welche Unternehmen – nämlich entweder die DAX-30-Unternehmen oder die 14 von 2000 bis 2012 nach IFRS bilanzierenden Unternehmen – betrachtet werden. Die höchste Steigerungsrate eines Indikators für die allgemeine Umweltkomplexität in der vorliegenden Arbeit zeigt Tab. 92 auf. So erhöhen sich die Bilanzsummen der DAX-30-Unternehmen von 2000 bis 2012 um +2.237 Mrd. EUR. Das entspricht einem relativen Zuwachs von 72,4%. Die Ergebnisse scheinen somit – bei aller Vorsicht – einer Zunahme der allgemeinen Umweltkomplexität nicht zu widersprechen. Allerdings sind die empirischen Befunde behutsam zu interpretieren. Zum einen hängen die einzelnen Komplexitätsebenen zusammen, beeinflussen sich gegenseitig und zeichnen sich durch ein verschachteltes In- und Nebeneinander aus (Messproblem). Es bleibt offen, ob und, wenn ja, wie stark die Entwicklung der allgemeinen Umweltkomplexität diejenige der Regelkomplexität und der Unternehmenskomplexität prägt. Zum anderen greifen Indikatoren zur allgemeinen Umweltkomplexität vermutlich auch Aspekte anderer Teilkomplexitäten, wie z. B. der Unternehmenskomplexität, ab.[419]

Die empirischen Befunde scheinen erst einmal zumindest nicht zu widerlegen, dass die allgemeine Umweltkomplexität – in Analogie zur Unternehmenskomplexität – eine (Teil-)Erklärung für die Entwicklung der IFRS- und der HGB-Rechnungslegungskomplexität liefert. Die Entwicklung der Seitenanzahl der Anhänge (IFRS-Rechnungslegungskomplexität) und Lageberichte (HGB-Rechnungslegungskomplexität) in den Geschäftsberichten ist insofern wohl z. T. auf die Entwicklungen in der Umwelt zurückzuführen. Auch die Anzahl der gesuchten Wörter in den Anhängen (IFRS-Rechnungslegungskomplexität) und Lageberichten (HGB-Rechnungslegungskomplexität) in den Geschäftsberichten hängt höchstwahrscheinlich u. a. von der Umweltentwicklung ab. Eine weitere (Teil-)Erklärung können neben der allgemeinen Umweltkomplexität noch die Unternehmenskomplexität und die IFRS- und die HGB-Regelkomplexität sowie die Rechnungslegungskomplexität selbst darstellen. Limitationen und Risiken in der Interpretation verbleiben dennoch.[420]

Die Ergebnisse unterstützen an dieser Stelle im Wesentlichen die bisher gewonnenen Erkenntnisse aus der qualitativen (erste Teilanalyse) und quantitativen Untersuchung (dritte Teilanalyse zur IFRS- und zur HGB-Rechnungslegungskomplexität). Dort wird dargelegt, dass die Unternehmens- und die Umweltkomplexität (einschließlich der Regelkomplexität) die Rechnungslegungskomplexität beeinflussen. Zudem geht wohl eine ansteigende Rechnungslegungskomplexität mit einer zunehmenden Umweltkomplexität einher.[421]

---

419 Vgl. Dritter Teil: Kap. 2 und 4.5.2.3.

420 Vgl. Dritter Teil: Kap. 4.1.2 und 4.1.3.

421 Vgl. Dritter Teil: Kap. 2, 3.6 und 4.5.2.2.

Es lassen sich im Wesentlichen zwei Schlussfolgerungen ziehen: Zum einen können sich andere Teilkomplexitäten auf die allgemeine Umweltkomplexität auswirken. So ist z.B. eine Zunahme der allgemeinen Umweltkomplexität wohl auch auf eine ansteigende Unternehmenskomplexität zurückzuführen. Zum anderen können sich Implikationen für andere Teilkomplexitäten aus der allgemeinen Umweltkomplexität ergeben. Beispielsweise resultiert eine ansteigende IFRS-Regelkomplexität höchstwahrscheinlich nicht nur aus den Abbildungsregeln, sondern auch aus einer zunehmenden allgemeinen Umweltkomplexität. Zudem wird vermutlich die Rechnungslegungskomplexität neben der Unternehmens- auch von der Umweltkomplexität beeinflusst.

Vorsichtige und behutsame Aussagen zur Entwicklung der IFRS-Regelkomplexität sind lediglich unter bestimmten Voraussetzungen zu leisten. Zum einen beziehen sich Aussagen entweder auf das IFRS-Gesamtsystem oder auf einzelne IFRS-Bilanzierungsbereiche. Zum anderen ist dabei zumindest die Entwicklung der allgemeinen Umweltkomplexität zu berücksichtigen und, sofern möglich, zu bereinigen. Aussagen sind kritisch zu sehen, sofern diese lediglich auf Basis der Indikatoren zur IFRS-Regelkomplexität getroffen werden, ohne die Entwicklung der allgemeinen Umweltkomplexität zu beachten.

4.5.2.4.2 Regelkomplexität des IFRS-Gesamtsystems unter Berücksichtigung der allgemeinen Umweltkomplexität

Nachfolgend finden sich weitere Ansätze, um Indizien einer Zu- oder Abnahme der IFRS-Regelkomplexität zu ermitteln. Die Entwicklung der IFRS-Regelkomplexität wird dazu von der Entwicklung der allgemeinen Umweltkomplexität bereinigt. Dies erfolgt an dieser Stelle für das IFRS-Gesamtsystem und, in den nächsten Kapiteln, für die ausgewählten IFRS-Bilanzierungsbereiche. Hierzu zählen Finanzinstrumente (Dritter Teil: Kap. 4.5.2.4.3), Ertragsteuern (Dritter Teil: Kap. 4.5.2.4.4), Leasingverhältnisse (Dritter Teil: Kap. 4.5.2.4.5) und Leistungen an Arbeitnehmer (Dritter Teil: Kap. 4.5.2.4.6) sowie Rückstellungen, Eventualverbindlichkeiten und Eventualforderungen (Dritter Teil: Kap. 4.5.2.4.7). Die Entwicklung der IFRS-Regelkomplexität wird anhand eines stark vereinfachenden Szenarios beleuchtet (vgl. Abb. 32).

Abb. 32: Veranschaulichung des Szenarios zur Untersuchung der IFRS-Regelkomplexität[422]

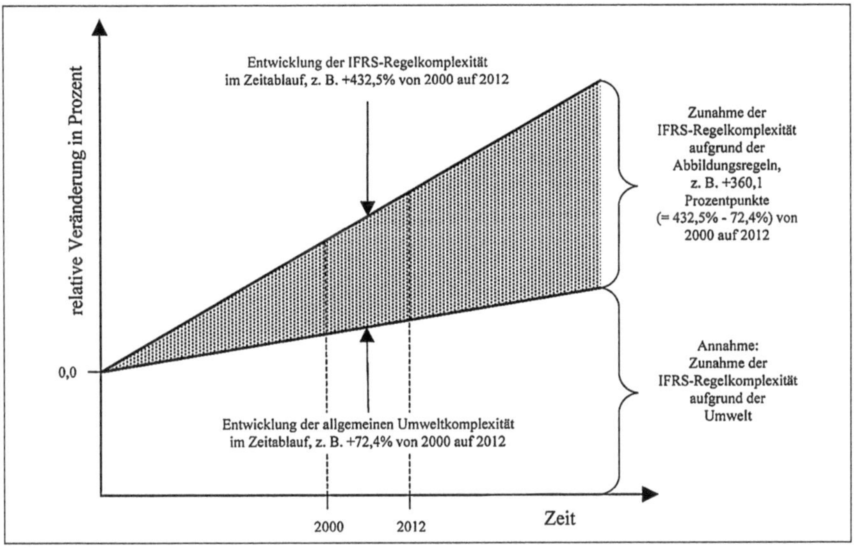

Es wird in diesem Szenario angenommen, dass die IFRS-Regelkomplexität von der allgemeinen Umweltkomplexität im Zeitablauf beeinflusst wird. Die Entwicklung der Unternehmenskomplexität wird vernachlässigt bzw. von der allgemeinen Umweltkomplexität erfasst. Die Entwicklung der IFRS-Regelkomplexität wird derjenigen der allgemeinen Umweltkomplexität gegenübergestellt und auf diese Weise von deren Entwicklung bereinigt. Die Entwicklung der jeweiligen Teilkomplexität wird anhand einer relativen Veränderung eines Indikators zwischen zwei Zeitpunkten (in Prozent) abgegriffen. Einerseits werden die relativen Veränderungen der Indikatoren des IFRS-Gesamtsystems bzw. der ausgewählten Bilanzierungsbereiche aus der zweiten Teilanalyse (IFRS-Regelkomplexität) angeführt.[423] Andererseits wird die relative Veränderung eines Indikators zur allgemeinen Umweltkomplexität aus der dritten Teilanalyse als Vergleichsmaßstab herangezogen.[424] Anhand eines Vergleichs zwischen den relativen Veränderungen der Indikatoren zur IFRS-Regelkomplexität und dem Indikator zur allgemeinen Umweltkomplexität lassen sich Differenzen (in Prozentpunkten) ermitteln. Diese Unterschiedsbeträge zwischen den relativen Veränderungen könnten durch die IFRS-Abbildungsregeln erklärt werden. Im Falle einer positiven Differenz ist die relative Veränderung eines Indikators zur IFRS-Regelkomplexität größer als

422 Quelle: Eigene Darstellung.
423 Vgl. Dritter Teil: Kap. 4.5.1.1, 4.5.1.2 und 4.5.1.3.
424 Vgl. Dritter Teil: Kap. 4.5.2.4.1.

diejenige des Indikators zur allgemeinen Umweltkomplexität und vice versa. Eine positive Differenz könnte darauf hindeuten, dass eine relative Veränderung eines Indikators zur IFRS-Regelkomplexität neben der Umwelt noch auf die IFRS-Abbildungsregeln zurückzuführen ist. Eine positive Differenz kann – bei aller Vorsicht – als ein erstes Indiz für eine Zunahme der IFRS-Regelkomplexität gedeutet werden, eine negative Differenz als Abnahme.

Die detaillierten Ergebnisse für die einzelnen Indikatoren finden sich sowohl für das IFRS-Gesamtsystem (37 Indikatoren) als auch für die ausgewählten IFRS-Bilanzierungsbereiche (40 Indikatoren) im Anhang.[425] In den nachfolgenden Tabellen werden lediglich die Resultate zu vier exemplarisch ausgewählten Indikatoren jeweils für das IFRS-Gesamtsystem (vgl. Tab. 95) und für die ausgewählten IFRS-Bilanzierungsbereiche (vgl. Tab. 96, Tab. 97, Tab. 98, Tab. 99, Tab. 100) präsentiert. Im Regelfall handelt es sich zum einen um die zwei Indikatoren mit der größten bzw. zweitgrößten positiven Differenz und zum anderen um die zwei Indikatoren mit der größten bzw. zweitgrößten negativen Differenz. Ausnahmen sind hiervon möglich. Die finale Beurteilung hinsichtlich einer Zu- oder Abnahme der IFRS-Regelkomplexität erfolgt nicht nur jeweils anhand der vier präsentierten Indikatoren, sondern anhand der Gesamtanzahl der Indikatoren. Die relativen Veränderungen werden exemplarisch zwischen den Jahren 2000

425 Vgl. Anhang 18 (IFRS-Gesamtsystem) und für die ausgewählten Bilanzierungsbereiche Anhang 19 (Finanzinstrumente), Anhang 20 (Ertragsteuern), Anhang 21 (Leasingverhältnisse), Anhang 22 (Leistungen an Arbeitnehmer) und Anhang 23 (Rückstellungen, Eventualverbindlichkeiten und Eventualforderungen). Aus der quantitativen Inhaltsanalyse zur IFRS-Regelkomplexität des IFRS-Gesamtsystems werden alle dort aufgeführten Indikatoren (Anzahl: 37) herangezogen (vgl. Dritter Teil: Kap. 4.5.1.1). Aus der quantitativen Inhaltsanalyse zur IFRS-Regelkomplexität ausgewählter IFRS-Bilanzierungsbereiche werden bis auf sechs Ausnahmen alle dort aufgeführten Indikatoren (Anzahl: 43 - 6 = 37) benutzt. Lediglich auf die Indikatoren „Seitenanzahl Einführungsseiten", „Seitenanzahl Einführung", Seitenanzahl BC", „Seitenanzahl Sonstige Seiten", „Paragrafenanzahl Einführung" und „Paragrafenanzahl BC" wird aufgrund deren fehlender Bedeutung für die Untersuchung der IFRS-Regelkomplexität verzichtet (vgl. Dritter Teil: Kap. 4.1.2, 4.3.2 und 4.5.1.2). Aus der Lesbarkeitsanalyse zur IFRS-Regelkomplexität ausgewählter Bilanzierungsbereiche werden der GUNNING *Fog-Index*, der *Flesch Reading Ease-Index* und der *Flesch Reading Ease-Index 2013* (exemplarisch mit einem Leser-Attribute-Score von „0,5") als Indikatoren (Anzahl: 3) herangezogen (vgl. Dritter Teil: Kap. 4.5.1.3). Im Bilanzierungsbereich Finanzinstrumente werden aus der Lesbarkeitsanalyse zur IFRS-Regelkomplexität nur die Lesbarkeitsindizes zu IAS 39 als Indikatoren berücksichtigt (vgl. Dritter Teil: Kap. 4.5.1.3.1). Die entsprechenden Lesbarkeitsindizes zu IAS 30, IAS 32, IFRS 7 und IFRS 9 werden vernachlässigt, um ein einheitliches Vorgehen zwischen den ausgewählten Bilanzierungsbereichen zu gewährleisten und die identische Anzahl an Indikatoren zu verwenden. Zudem liegen keine Daten aus den Jahren 2000 und 2005 für IFRS 7 und IFRS 9 vor, da die Standards (noch) nicht existierten.

und 2012 sowie 2005 und 2012 berechnet. Für die allgemeine Umweltkomplexität wird für den jeweiligen Zeitraum der Indikator mit der höchsten Steigerungsrate als Benchmark benutzt (vgl. Tab. 92). Dies sind von 2000 bis 2012 die kumulierten Bilanzsummen (+72,4%) und von 2005 bis 2012 die kumulierten Umsatzerlöse (+35,8%). So wird gewährleistet, dass die Entwicklungen in der Realität entsprechend stark berücksichtigt werden. Es werden allerdings nur die ausgewählten (Teil-)Ergebnisse zu den relativen Veränderungen zwischen den Jahren 2000 und 2012 präsentiert. Dies erfolgt aus zwei Gründen. Zum einen wird diese Periode bereits im Rahmen des stark vereinfachenden Szenarios zur Untersuchung der IFRS- und HGB-Rechnungslegungskomplexität herangezogen.[426] Zum anderen ergibt sich in dieser Zeitspanne die höchste Steigerungsrate (+72,4%) anhand der kumulierten Bilanzsummen.

In Tab. 95 finden sich die (Teil-)Ergebnisse zur Untersuchung einer Zunahme der Regelkomplexität des IFRS-Gesamtsystems. Dort sind die vier exemplarisch ausgewählten Indikatoren aufgeführt. Hierzu zählen die Anzahl der Standards mit *Illustrative Examples* (IE), die Seitenanzahl des Standards insgesamt und die Satzanzahl sowie die Zeichenanzahl. Am deutlichsten zeigt sich höchstwahrscheinlich ein erstes Indiz für eine Zunahme der Regelkomplexität des IFRS-Gesamtsystems an der Entwicklung der Anzahl der Standards mit *Illustrative Examples.* Diese erhöht sich von 2000 bis 2012 am stärksten (+750,0%). Gleichzeitig steigt die allgemeine Umweltkomplexität um +72,4%. Im Ergebnis ist die relative Veränderung des Indikators zur IFRS-Regelkomplexität +677,6%-Punkte größer als diejenige des Indikators zur allgemeinen Umweltkomplexität. Die Differenz zwischen den relativen Veränderungen ist positiv. Die größte negative Differenz zeigt sich hingegen bei der Satzanzahl in den Hauptteilen der Standards. Während diese im Betrachtungszeitraum von 2000 bis 2012 leicht abnimmt (-3,8%), steigt die allgemeine Umweltkomplexität gleichzeitig an (+72,4%). Der Unterschiedsbetrag ist negativ und beläuft sich auf -76,3%-Punkte. An dieser Stelle liegt vermutlich ein erstes Indiz für eine Abnahme der Regelkomplexität des IFRS-Gesamtsystems vor.

426 Vgl. Dritter Teil: Kap. 4.5.2.2.

Tab. 95: Ausgewählte Indikatoren der Regelkomplexität zum IFRS-Gesamtsystem im Vergleich zur allgemeinen Umweltkomplexität[427]

IFRS-Gesamtsystem	**Indikatoren IFRS-Regelkomplexität**		**> (größer als) bzw. < (kleiner als)**	**Indikator allgemeine Umweltkomplexität (Bilanzsummen in TEUR)**		**Differenz zwischen den relativen Veränderungen in Prozentpunkten**	**Indiz für eine Komplexitätszunahme des IFRS-Regelwerks?**
	2000	**2012**		**2000**	**2012**		
Anzahl Standards mit IE	2	17		3.088.045.277	5.325.162.072		
absolute Veränderung zur Vorperiode		+15			+2.237.116.795		
relative Veränderung zur Vorperiode		**+750,0%**	>		**+72,4%**	**+677,6**	**tendenziell ja**
Seitenanzahl insgesamt	536	2.854		3.088.045.277	5.325.162.072		
absolute Veränderung zur Vorperiode		+2.318			+2.237.116.795		
relative Veränderung zur Vorperiode		**+432,5%**	>		**+72,4%**	**+360,0**	**tendenziell ja**
Satzanzahl insgesamt	8.786	8.450		3.088.045.277	5.325.162.072		
absolute Veränderung zur Vorperiode		−336			+2.237.116.795		
relative Veränderung zur Vorperiode		**−3,8%**	<		**+72,4%**	**−76,3**	**tendenziell nein**
Zeichenanzahl insgesamt	1.184.009	1.237.995		3.088.045.277	5.325.162.072		
absolute Veränderung zur Vorperiode		+53.986			+2.237.116.795		
relative Veränderung zur Vorperiode		**+4,6%**	<		**+72,4%**	**−67,9**	**tendenziell nein**

427 Notabene: Es können sich bei der Ermittlung der Differenzen zwischen den relativen Veränderungen Rundungsfehler ergeben. *Microsoft Excel 2007* führt die Berechnung nicht auf Basis der gerundeten relativen Veränderungen durch, sondern auf Basis der ungerundeten relativen Veränderungen.

Im Ergebnis scheinen die empirischen Befunde im Wesentlichen die These einer Zunahme der Regelkomplexität des IFRS-Gesamtsystems von 2000 bis 2012 erst einmal nicht zu unterstützen. Allerdings sind die Ergebnisse vorsichtig auszulegen und behutsam zu interpretieren. Ingesamt liegen 37 Indikatoren zur Untersuchung der Regelkomplexität des IFRS-Gesamtsystems vor.[428] Bei 17 Indikatoren ergibt sich eine positive Differenz zwischen den relativen Veränderungen von 2000 bis 2012. Das entspricht einem relativen Anteil von 46,0%. 18 Indikatoren zeigen im gleichen Zeitraum hingegen eine negative Differenz (relativer Anteil: 48,6%). Zwei Indikatoren (5,4%) erlauben keine Differenzbetrachtung, da eine relative Veränderung zur IFRS-Regelkomplexität aufgrund mathematischer Regelungen nicht möglich ist.[429] Im Übrigen ist ein ähnliches Bild von 2005 bis 2012 festzustellen. Hier ermittelt sich bei 18 Indikatoren eine positive Differenz (relativer Anteil: 48,6%) und bei 19 Indikatoren eine negative Differenz (relativer Anteil: 51,4%).[430]

Die Ergebnisse zur Untersuchung der IFRS-Regelkomplexität anhand der Entwicklung der IFRS- und der HGB-Rechnungslegungskomplexität werden an dieser Stelle durch die Resultate zur IFRS-Regelkomplexität des IFRS-Gesamtsystems gestützt.[431] Anhand des stark vereinfachenden Szenarios zur Untersuchung der IFRS- und der HGB-Rechnungslegungskomplexität finden sich – bei aller Vorsicht – auch keine klaren Anzeichen einer Komplexitätszunahme der IFRS-Abbildungsregeln. Die Differenzen zwischen den relativen Veränderungen der Anzahl der gesuchten Wörter im Anhang und im Lagebericht bzw. der Seitenanzahl des Anhangs und des Lageberichts sind im Wesentlichen kurz- und langfristig negativ.

Wichtig ist an dieser Stelle, die Limitationen zu betonen.[432] So abstrahiert das Szenario durch die getroffenen Annahmen stark von der Realität. Zu nennen ist insbesondere die Unterstellung, die Differenz zwischen den relativen Veränderungen sei auf die IFRS-Abbildungsregeln (IFRS-Regelkomplexität) zurückzuführen. Die einzelnen Komplexitätsebenen hängen zusammen, beeinflussen sich gegenseitig und zeichnen sich durch ein verschachteltes In- und Nebeneinander aus. Es bleibt offen, ob und, wenn ja, wie stark die Entwicklung der allgemeinen Umweltkomplexität diejenige der Regelkomplexität prägt. Die allgemeine Umweltkomplexität wird nur vereinfachend simuliert. Zudem wird die Regelkomplexität wohl neben der allgemeinen Umwelt- auch von der Unternehmenskomplexität geprägt und vice versa. Ferner sind die Indikatoren problematisch. Diese greifen vermutlich auch Aspekte der jeweils anderen Teilkomplexitäten ab. In realiter werden die Indikatoren vermutlich neben den Abbildungsregeln noch von verschiedenen anderen Faktoren inner- und außerhalb des Unternehmens unterschiedlich stark

428 Vgl. Dritter Teil: Kap. 4.5.1.1.

429 Die Division durch Null ist in der Mathematik nicht definiert (vgl. Luderer et al. (2008), Mathematische Formeln für Wirtschaftswissenschaftler, S. 16).

430 Vgl. Anhang 18.

431 Vgl. hierzu und im Folgenden Dritter Teil: Kap. 4.5.2.2.1 und 4.5.2.2.2.

432 Vgl. hierzu auch Dritter Teil: Kap. 2, 3.6, 4.1.2 und 4.1.3.

beeinflusst. Ferner könnte die Auswahl der Untersuchungszeiträume von 2000 bis 2012 und von 2005 bis 2012 die Interpretation der empirischen Befunde einschränken. Möglicherweise würde die Wahl anderer Zeitspannen und Vergleichsmaßstäbe zu abweichenden Ergebnissen führen. Letztlich wäre es beispielsweise möglich, obwohl auf Basis der empirischen Befunde keine Anzeichen vorliegen, dass dennoch eine Zunahme der IFRS-Regelkomplexität des Gesamtsystems in der Wirklichkeit festzustellen ist. Weitere Limitationen und Risiken in der Interpretation der Ergebnisse verbleiben darüber hinaus.[433]

4.5.2.4.3 IFRS-Regelkomplexität der Finanzinstrumente unter Berücksichtigung der allgemeinen Umweltkomplexität

Die (Teil-)Ergebnisse zur Untersuchung einer Zunahme der IFRS-Regelkomplexität des Bilanzierungsbereichs Finanzinstrumente finden sich in Tab. 96. Die Indikatoren Paragrafenanzahl des Anhangs und die Anzahl der Anhänge weisen eine positive Differenz auf, die Seitenanzahl des Standards und die Satzanzahl insgesamt eine negative Differenz. Die Paragrafenanzahl des Anhangs zeigt die größte positive Differenz von 2000 bis 2012. Diese beträgt +931,3%-Punkte. Der Unterschiedsbetrag ergibt sich aus der relativen Veränderung des Indikators zur IFRS-Regelkomplexität (+1.003,7%) und dem Indikator zur allgemeinen Umweltkomplexität (+72,4%). Die zweitgrößte positive Differenz bildet sich anhand der Anzahl der Anhänge heraus. Hier ist ein Wert in Höhe von +727,6%-Punkten festzustellen. Die größte negative Differenz (-110,3%- Punkte) resultiert aus der relativen Veränderung der Seitenanzahl des Standards, die sich von 119 um 45 auf 74 (-37,8%) reduziert, und der relativen Veränderung der allgemeinen Umweltkomplexität (+72,4%).

---

433 Vgl. hierzu auch Dritter Teil: Kap. 2, 3.6, 4.1.2, 4.1.3, 4.5.1.1.1, 4.5.1.1.2, 4.5.2.2.1 und 4.5.2.2.2.

Tab. 96: Ausgewählte Indikatoren der Regelkomplexität zu Finanzinstrumente im Vergleich zur allgemeinen Umweltkomplexität[434]

Finanzinstrumente	Indikatoren IFRS-Regelkomplexität		> (größer als) bzw. < (kleiner als)	Indikator allgemeine Umweltkomplexität (Bilanzsummen in TEUR)		Differenz zwischen den relativen Veränderungen in Prozentpunkten	Indiz für eine Komplexitätszunahme des IFRS-Regelwerks?
	2000	**2012**		**2000**	**2012**		
Paragrafenanzahl Anhang	27	298		3.088.045.277	5.325.162.072		
absolute Veränderung zur Vorperiode		+271			+2.237.116.795		
relative Veränderung zur Vorperiode		**+1.003,7%**	>		**+72,4%**	**+931,3**	**tendenziell ja**
Anzahl Anhänge	1	9		3.088.045.277	5.325.162.072		
absolute Veränderung zur Vorperiode		+8			+2.237.116.795		
relative Veränderung zur Vorperiode		**+800,0%**	>		**+72,4%**	**+727,6**	**tendenziell ja**
Seitenanzahl Standard	119	74		3.088.045.277	5.325.162.072		
absolute Veränderung zur Vorperiode		−45			+2.237.116.795		
relative Veränderung zur Vorperiode		**−37,8%**	<		**+72,4%**	**−110,3**	**tendenziell nein**
Satzanzahl insgesamt	1.504	982		3.088.045.277	5.325.162.072		
absolute Veränderung zur Vorperiode		−522			+2.237.116.795		
relative Veränderung zur Vorperiode		**−34,7%**	<		**+72,4%**	**−107,2**	**tendenziell nein**

434 Notabene: Es können sich bei der Ermittlung der Differenzen zwischen den relativen Veränderungen Rundungsfehler ergeben. *MICROSOFT Excel 2007* führt die Berechnung nicht auf Basis der gerundeten relativen Veränderungen durch, sondern auf Basis der ungerundeten relativen Veränderungen.

Im Ergebnis scheinen erst einmal keine klaren Anzeichen vorzuliegen, die auf eine Komplexitätszunahme der IFRS-Abbildungsregeln im Bilanzierungsbereich Finanzinstrumente von 2000 bis 2012 schließen lassen. Von den 40 herangezogenen Indikatoren zeigen lediglich elf eine positive Differenz. Das entspricht einem relativen Anteil von 27,5%. Die relativen Veränderungen der Indikatoren zur IFRS-Regelkomplexität sind größer als diejenigen zur allgemeinen Umweltkomplexität. Die Entwicklung dieser Indikatoren kann zwar als erster, vorsichtiger Hinweis einer Zunahme der IFRS-Regelkomplexität gedeutet werden. Allerdings ergibt sich bei 24 Indikatoren (relativer Anteil: 60,0%) eine negative Differenz, d.h. die relativen Veränderungen der Indikatoren zur IFRS-Regelkomplexität sind kleiner als diejenigen zur allgemeinen Umweltkomplexität. Es überwiegen somit vermutlich nicht die Anzeichen einer Komplexitätszunahme, sondern einer -abnahme. Fünf Indikatoren, die einen relativen Anteil von 12,5% an der Gesamtanzahl (40) repräsentieren, können nicht zur Interpretation herangezogen werden. Die empirischen Befunde von 2005 bis 2012 scheinen die bisherigen Erkenntnisse zu unterstützen, da diese keine klaren Hinweise auf eine Komplexitätszunahme der IFRS-Abbildungsregeln zeigen. Dort kommt es lediglich bei dreizehn von 40 Indikatoren zu einer positiven Differenz zwischen den relativen Veränderungen (relativer Anteil: 32,5%). Beim überwiegenden Teil der Indikatoren (27) liegt hingegen eine negative Differenz vor (relativer Anteil: 67,5%).[435] Limitationen und Risiken in der Interpretation der Ergebnisse verbleiben dennoch.[436]

4.5.2.4.4 IFRS-Regelkomplexität der Ertragsteuern unter Berücksichtigung der allgemeinen Umweltkomplexität

Die (Teil-)Ergebnisse zur Untersuchung einer Zunahme der IFRS-Regelkomplexität des Bilanzierungsbereichs Ertragsteuern finden sich in Tab. 97.

435 Vgl. Anhang 19.

436 Vgl. hierzu auch Dritter Teil: Kap. 2, 3.6, 4.1.2, 4.1.3, 4.5.1.2.1, 4.5.1.3.1 und 4.5.2.1.1.

Tab. 97: Ausgewählte Indikatoren der Regelkomplexität zu Ertragsteuern im Vergleich zur allgemeinen Umweltkomplexität[437]

Ertragsteuern	**Indikatoren IFRS-Regelkomplexität**		**> (größer als) bzw. < (kleiner als)**	**Indikator allgemeine Umweltkomplexität (Bilanzsummen in TEUR)**		**Differenz zwischen den relativen Veränderungen in Prozentpunkten**	**Indiz für eine Komplexitätszunahme des IFRS-Regelwerks?**
	2000	**2012**		**2000**	**2012**		
Seitenanzahl insgesamt	35	72		3.088.045.277	5.325.162.072		
absolute Veränderung zur Vorperiode		+37			+2.237.116.795		
relative Veränderung zur Vorperiode		**+105,7%**	>		**+72,4%**	**+33,3**	**tendenziell ja**
Zeilenanzahl Hauptteil insgesamt	946	1.683		3.088.045.277	5.325.162.072		
absolute Veränderung zur Vorperiode		+737			+2.237.116.795		
relative Veränderung zur Vorperiode		**+77,9%**	>		**+72,4%**	**+5,5**	**tendenziell ja**
Seitenanzahl Anhang	24	0		3.088.045.277	5.325.162.072		
absolute Veränderung zur Vorperiode		−24			+2.237.116.795		
relative Veränderung zur Vorperiode		**−100,0%**	<		**+72,4%**	**−172,4**	**tendenziell nein**
Paragrafenanzahl Anhang	35	0		3.088.045.277	5.325.162.072		
absolute Veränderung zur Vorperiode		−35			+2.237.116.795		
relative Veränderung zur Vorperiode		**−100,0%**	<		**+72,4%**	**−172,4**	**tendenziell nein**

437 Notabene: Es können sich bei der Ermittlung der Differenzen zwischen den relativen Veränderungen Rundungsfehler ergeben. MICROSOFT *Excel 2007* führt die Berechnung nicht auf Basis der gerundeten relativen Veränderungen durch, sondern auf Basis der ungerundeten relativen Veränderungen.

Die Seitenanzahl insgesamt und die Zeilenanzahl im Hauptteil des Standards stellen die einzigen beiden Indikatoren dieses Bilanzierungsbereichs dar, die eine positive Differenz zwischen den relativen Veränderungen aufzeigen (relativer Anteil: 5,0%). Von 2000 bis 2012 steigt die Seitenanzahl von 35 um +37 auf 72 (+105,7%) und die Zeilenanzahl von 946 um +737 auf 1.683 (+77,9%). Da die kumulierten Bilanzsummen (allgemeinen Umweltkomplexität) auch ansteigen, aber nicht in gleichem Maße (+72,4%), ergeben sich Differenzen mit einem positiven Vorzeichen von +33,3%-Punkten (Seitenzahl) und +5,5%-Punkten (Zeilenanzahl). Diese Indikatoren können als Indiz für eine Komplexitätszunahme der IFRS-Abbildungsregeln in diesem Bilanzierungsbereich dienen. Gleichwohl ist bei 34 der 40 Indikatoren der Unterschiedsbetrag negativ (relativer Anteil: 85,0%). Die Differenz zwischen den relativen Veränderungen der Indikatoren zur IFRS-Regelkomplexität ist demnach kleiner als die relative Veränderung des Indikators zur allgemeinen Umweltkomplexität. Diese Indikatoren liefern erste Indizien, die wohl die These einer Zunahme der IFRS-Regelkomplexität in diesem Bilanzierungsbereich nicht unterstützen. Die größte negative Differenz zeigt sich bei der Seitenanzahl des Anhangs und der Paragrafenanzahl des Anhangs. Diese beträgt jeweils -172,4%-Punkte. Vier Indikatoren können nicht zur Untersuchung der IFRS-Regelkomplexität herangezogen werden (relativer Anteil: 10,0%).

Im Ergebnis wird deutlich, dass erst einmal keine klaren Hinweise auf eine Zunahme der IFRS-Regelkomplexität im Bilanzierungsbereich Ertragsteuern von 2000 bis 2012 vorzuliegen scheinen. Die bisher gewonnenen Erkenntnisse werden wohl durch die Ergebnisse von 2005 bis 2012 bekräftigt. Hier ergibt sich bei 80,0% oder 32 Indikatoren eine negative Differenz zwischen den relativen Veränderungen der Indikatoren zur IFRS-Regelkomplexität und der relativen Veränderung des Indikators zur allgemeinen Umweltkomplexität. Vier Indikatoren zeigen eine positive Differenz bzw. können nicht zur Untersuchung herangezogen werden (relativer Anteil: jeweils 10,0%).[438] Limitationen und Risiken in der Interpretation der Ergebnisse verbleiben dennoch.[439]

4.5.2.4.5 IFRS-Regelkomplexität der Leasingverhältnisse unter Berücksichtigung der allgemeinen Umweltkomplexität

Die (Teil-)Ergebnisse zur Untersuchung einer Zunahme der IFRS-Regelkomplexität des Bilanzierungsbereichs Leasingverhältnisse finden sich in Tab. 98. An dieser Stelle ist eine Besonderheit zu beachten. Lediglich anhand eines Indikators ergibt sich eine positive Differenz zwischen den relativen Veränderungen. Es handelt sich dabei um die Seitenanzahl des Standards insgesamt (IFRS-Regelkomplexität). Diese steigt von 2000 bis 2012 von 13 um +19 auf 32 Seiten an (+146,2%). Anhand eines Vergleichs zwischen der relativen Veränderung des Indikators zur IFRS-Regelkomplexität (+146,2%) und demjenigen zur allgemeinen Umweltkomplexität

438 Vgl. Anhang 20.

439 Vgl. hierzu auch Dritter Teil: Kap. 2, 3.6, 4.1.2, 4.1.3, 4.5.1.2.2, 4.5.1.3.2 und 4.5.2.1.2.

(+72,4%) ergibt sich ein Unterschiedsbetrag von +73,7%-Punkten. Diese Entwicklung stellt vermutlich den einzigen Hinweis einer Komplexitätszunahme in diesem Bilanzierungsbereich im Rahmen der vorliegenden Arbeit dar. Die drei weiteren Indikatoren scheinen einer Komplexitätszunahme eher zu widersprechen. Die Seitenanzahl im Standard und im Anhang sowie die Satzanzahl nehmen von 2000 bis 2012 ab. Es ergeben sich negative relative Veränderungen in Höhe von -50,0% (Seitenanzahl Anhang), -22,2% (Seitenananzahl Standard) und -8,8% (Satzanzahl). Da die Entwicklung der allgemeinen Umweltkomplexität im gleichen Zeitraum positiv ist (+72,4%), entstehen negative Differenzen zwischen den relativen Veränderungen. Bei der Seitenanzahl im Anhang ergibt sich ein negativer Unterschiedsbetrag von -122,4%-Punkten, bei der Seitenanzahl im Standard von -94,7%-Punkten und bei der Satzanzahl von -81,2%-Punkten.

Tab. 98: Ausgewählte Indikatoren der Regelkomplexität zu Leasingverhältnisse im Vergleich zur allgemeinen Umweltkomplexität[440]

Leasingverhältnisse	**Indikatoren IFRS-Regelkomplexität**		**> (größer als) bzw. < (kleiner als)**	**Indikator allgemeine Umweltkomplexität (Bilanzsummen in TEUR)**		**Differenz zwischen den relativen Veränderungen in Prozentpunkten**	**Indiz für eine Komplexitäts-zunahme des IFRS-Regelwerks?**
	2000	**2012**		**2000**	**2012**		
Seitenanzahl insgesamt	13	32		3.088.045.277	5.325.162.072		
absolute Veränderung zur Vorperiode		+19			+2.237.116.795		
relative Veränderung zur Vorperiode		**+146,2%**	>		**+72,4%**	**+73,7**	**tendenziell ja**
Seitenanzahl Anhang	2	1		3.088.045.277	5.325.162.072		
absolute Veränderung zur Vorperiode		−1			+2.237.116.795		
relative Veränderung zur Vorperiode		**−50,0%**	<		**+72,4%**	**−122,4**	**tendenziell nein**
Seitenanzahl Standard	18	14		3.088.045.277	5.325.162.072		
absolute Veränderung zur Vorperiode		−4			+2.237.116.795		
relative Veränderung zur Vorperiode		**−22,2%**	<		**+72,4%**	**−94,7**	**tendenziell nein**
Satzanzahl insgesamt	239	218		3.088.045.277	5.325.162.072		
absolute Veränderung zur Vorperiode		−21			+2.237.116.795		
relative Veränderung zur Vorperiode		**−8,8%**	<		**+72,4%**	**−81,2**	**tendenziell nein**

440 Notabene: Es können sich bei der Ermittlung der Differenzen zwischen den relativen Veränderungen Rundungsfehler ergeben. *Microsoft Excel 2007* führt die Berechnung nicht auf Basis der gerundeten relativen Veränderungen durch, sondern auf Basis der ungerundeten relativen Veränderungen.

Im Ergebnis gilt es festzuhalten, dass sich im Bilanzierungsbereich Leasingverhältnisse erst einmal keine klaren Indizien einer Zunahme der IFRS-Regelkomplexität von 2000 bis 2012 anzudeuten scheinen. Nur ein Indikator würde die These einer Komplexitätzunahme der IFRS-Abbildungsregeln wohl an dieser Stelle unterstützen (relativer Anteil: 2,5%). Bei der Seitenanzahl insgesamt ergibt sich eine positive Differenz zwischen den relativen Veränderungen. Bei 33 von 40 Indikatoren liegt hingegen eine negative Differenz vor. Die relativen Veränderungen zwischen den Indikatoren zur IFRS-Regelkomplexität sind kleiner als die relative Veränderung des Indikators zur allgemeinen Umweltkomplexität. Diese Indikatoren überwiegen und repräsentieren einen relativen Anteil an der Gesamtanzahl von 82,5%. Sechs Indikatoren können nicht zur Untersuchung der IFRS-Regelkomplexität herangezogen werden (relativer Anteil: 15,0%). Die Resultate von 2005 bis 2012 scheinen die bisherigen Erkenntnisse zu stützen. Dort finden sich wohl ebenso keine klaren Anzeichen einer Komplexitätszunahme. Lediglich zwei Indikatoren weisen eine positive Differenz zwischen den relativen Veränderungen aus (relativer Anteil: 5,0%). 33 Indikatoren führen hingegen zu einer negativen Differenz (relativer Anteil: 82,5%). 5 Indikatoren können keinen (Mehr-)Beitrag zur Untersuchung der IFRS-Regelkomplexität liefern (relativer Anteil: 12,5%).[441] Limitationen und Risiken in der Interpretation der Ergebnisse verbleiben dennoch.[442]

4.5.2.4.6 IFRS-Regelkomplexität der Leistungen an Arbeitnehmer unter Berücksichtigung der allgemeinen Umweltkomplexität

Nachstehend finden sich die (Teil-)Ergebnisse zur Untersuchung einer Zunahme der IFRS-Regelkomplexität des Bilanzierungsbereichs Leistungen an Arbeitnehmer (vgl. Tab. 99). Die größte positive Differenz zwischen den relativen Veränderungen ergibt sich anhand des Indikators Seitenanzahl insgesamt (IFRS-Regelkomplexität). Dieser steigt von 37 um +97 auf 134 Seiten von 2000 bis 2012 an. Dies entspricht einer relativen Veränderung von +262,2%. Ein Vergleich der relativen Veränderungen zwischen dem Indikator zur IFRS-Regelkomplexität und demjenigen zur allgemeinen Umweltkomplexität (+72,4%) ergibt einen positiven Unterschiedsbetrag von +189,7%-Punkten. Die zweitgrößte positive Differenz entsteht anhand des Indikators Wortanzahl insgesamt (IFRS-Regelkomplexität). Im gleichen Zeitraum kommt es hier zu einer Zunahme der Wortanzahl von 17.813 um +34.440 auf 52.253 Wörter (+193,3%). Ein Vergleich der relativen Veränderungen ergibt einen Differenzbetrag von +120,9%-Punkten, der sich aus der Subtraktion der relativen Veränderung des Indikators zur IFRS-Regelkomplexität (+193,3%) und des Indikators zur allgemeinen Umweltkomplexität ergibt (+72,4%). Die Indikatoren Seitenanzahl der *Illustrative Examples* (IE) und Seitenanzahl des Anhangs zeigen eine negative Differenz zwischen den relativen Veränderungen. Da sich der Indikator der

441 Vgl. Anhang 21.
442 Vgl. hierzu auch Dritter Teil: Kap. 2, 3.6, 4.1.2, 4.1.3, 4.5.1.2.3, 4.5.1.3.3 und 4.5.2.1.3.

kumulierten Bilanzsummen (allgemeinen Umweltkomplexität) von 2000 bis 2012 erhöht (+72,4%) und die Indikatoren sinken (-100,0% bzw. -80,0%), entstehen negative Unterschiedsbeträge von -172,4%-Punkten (Seitenanzahl der *Illustrative Examples*) bzw. -152,4%-Punkten (Seitenanzahl des Anhang).

Tab. 99: Ausgewählte Indikatoren der Regelkomplexität zu Leistungen an Arbeitnehmer im Vergleich zur allgemeinen Umweltkomplexität[443]

Leistungen an Arbeitnehmer	Indikatoren IFRS-Regelkomplexität		> (größer als) bzw. < (kleiner als)	Indikator allgemeine Umweltkomplexität (Bilanzsummen in TEUR)		Differenz zwischen den relativen Veränderungen in Prozentpunkten	Indiz für eine Komplexitäts-zunahme des IFRS-Regelwerks?
	2000	2012		2000	2012		
Seitenanzahl insgesamt	37	**134**		3.088.045.277	5.325.162.072		
absolute Veränderung zur Vorperiode		+97			+2.237.116.795		
relative Veränderung zur Vorperiode		**+262,2%**	>		**+72,4%**	**+189,7**	**tendenziell ja**
Wortanzahl insgesamt	17.813	**52.253**		3.088.045.277	5.325.162.072		
absolute Veränderung zur Vorperiode		+34.440			+2.237.116.795		
relative Veränderung zur Vorperiode		**+193,3%**	>		**+72,4%**	**+120,9**	**tendenziell ja**
Seitenanzahl IE	4	0		3.088.045.277	5.325.162.072		
absolute Veränderung zur Vorperiode		−4			+2.237.116.795		
relative Veränderung zur Vorperiode		**−100,0%**	<		**+72,4%**	**−172,4**	**tendenziell nein**
Seitenanzahl Anhang	5	1		3.088.045.277	5.325.162.072		
absolute Veränderung zur Vorperiode		−4			+2.237.116.795		
relative Veränderung zur Vorperiode		**−80,0%**	<		**+72,4%**	**−152,4**	**tendenziell nein**

443 Notabene: Es können sich bei der Ermittlung der Differenzen zwischen den relativen Veränderungen Rundungsfehler ergeben. *MICROSOFT Excel 2007* führt die Berechnung nicht auf Basis der gerundeten relativen Veränderungen durch, sondern auf Basis der ungerundeten relativen Veränderungen.

Im Ergebnis scheinen die empirischen Befunde die These einer Komplexitätszunahme der IFRS-Abbildungsregeln im Bilanzierungsbereich Leistungen an Arbeitnehmer von 2000 bis 2012 erst einmal nicht zu unterstützen. So zeigen lediglich sechs Indikatoren eine positive Differenz zwischen den relativen Veränderungen im Zeitablauf. Das entspricht einem relativen Anteil von 15,0%. Im Gegensatz dazu stehen 30 Indikatoren, die einen relativen Anteil von 75,0% ausmachen. Diese weisen eine negative Differenz zwischen den relativen Veränderungen aus und überwiegen an dieser Stelle. Vier Indikatoren bleiben bei der Betrachtung der IFRS-Regelkomplexität unberücksichtigt (relativer Anteil: 10,0%). Die Ergebnisse von 2005 bis 2012 bekräftigen die bisher gewonnenen Erkenntnisse. Dort ist bei 87,5% oder 35 Indikatoren eine negative Differenz zwischen den relativen Veränderungen festzustellen. Nur ein Indikator führt zu einer positiven Differenz (relativer Anteil: 2,5%). Vier Indikatoren können nicht zur Untersuchung der IFRS-Regelkomplexität herangezogen werden (relativer Anteil: 10,0%).[444] Limitationen und Risiken in der Interpretation der Ergebnisse verbleiben dennoch.[445]

4.5.2.4.7 IFRS-Regelkomplexität der Rückstellungen, Eventualverbindlichkeiten und Eventualforderungen unter Berücksichtigung der allgemeinen Umweltkomplexität

Es folgen die (Teil-)Ergebnisse zur Untersuchung einer Zunahme der IFRS-Regelkomplexität des Bilanzierungsbereichs Rückstellungen, Eventualverbindlichkeiten und Eventualforderungen (vgl. Tab. 100).

444 Vgl. Anhang 22.

445 Vgl. hierzu auch Dritter Teil: Kap. 2, 3.6, 4.1.2, 4.1.3, 4.5.1.2.4, 4.5.1.3.4 und 4.5.2.1.4.

Tab. 100: Ausgewählte Indikatoren der Regelkomplexität zu Rückstellungen, Eventualverbindlichkeiten und Eventualforderungen im Vergleich zur allgemeinen Umweltkomplexität[446]

Rückstellungen, Eventualverbindlichkeiten und Eventualforderungen	**Indikatoren IFRS-Regelkomplexität**		**> (größer als) bzw. < (kleiner als)**	**Indikator allgemeine Umweltkomplexität (Bilanzsummen in TEUR)**		**Differenz zwischen den relativen Veränderungen in Prozentpunkten**	**Indiz für eine Komplexitätszunahme des IFRS-Regelwerks?**
	2000	**2012**		**2000**	**2012**		
Seitenanzahl Anhang	15	0		3.088.045.277	5.325.162.072		
absolute Veränderung zur Vorperiode		–15			+2.237.116.795		
relative Veränderung zur Vorperiode		**–100,0%**	<		**+72,4%**	**–172,4**	**tendenziell nein**
Anzahl Anhänge	4	0		3.088.045.277	5.325.162.072		
absolute Veränderung zur Vorperiode		–4			+2.237.116.795		
relative Veränderung zur Vorperiode		**–100,0%**	<		**+72,4%**	**–172,4**	**tendenziell nein**
Seitenanzahl Standard	24	16		3.088.045.277	5.325.162.072		
absolute Veränderung zur Vorperiode		–8			+2.237.116.795		
relative Veränderung zur Vorperiode		**–33,3%**	<		**+72,4%**	**–105,8**	**tendenziell nein**
Satzanzahl insgesamt	365	257		3.088.045.277	5.325.162.072		
absolute Veränderung zur Vorperiode		–108			+2.237.116.795		
relative Veränderung zur Vorperiode		**–29,6%**	<		**+72,4%**	**–102,0**	**tendenziell nein**

446 Notabene: Es können sich bei der Ermittlung der Differenzen zwischen den relativen Veränderungen Rundungsfehler ergeben. *Microsoft Excel 2007* führt die Berechnung nicht auf Basis der gerundeten relativen Veränderungen durch, sondern auf Basis der ungerundeten relativen Veränderungen.

In Tab. 100 finden sich zumindest vorerst keine Indizien einer Komplexitätszunahme der IFRS-Abbildungsregeln. Positive Differenzen zwischen den relativen Veränderungen liegen nicht vor. Es ergeben sich ausschließlich negative Differenzen zwischen den relativen Veränderungen. Die relativen Veränderungen der Indikatoren zur IFRS-Regelkomplexität sind kleiner als die relative Veränderung des Indikators zur allgemeinen Umweltkomplexität. Die dargestellten Indikatoren zur IFRS-Regelkomplexität nehmen von 2000 bis 2012 ab. Die Seitenanzahl des Anhangs sinkt von 15 auf 0 (-15; -100,0%), die Anzahl der Anhänge von 4 auf 0 (-4; -100,0%), die Seitenanzahl des Standards von 24 auf 16 (-8; -33,3%) sowie die Satzanzahl insgesamt von 365 auf 257 (-108; -29,6%). Da im gleichen Zeitraum die kumulierten Bilanzsummen (allgemeinen Umweltkomplexität) steigen (+72,4%), ergeben sich negative Differenzen von -172,4%-Punkten (Seitenanzahl des Anhangs und Anzahl des Anhangs) bzw. -105,8%-Punkten (Seitenanzahl des Standards) bzw. -102,0%-Punkten (Satzanzahl).

Im Ergebnis scheinen erst einmal keinen Anzeichen einer Zunahme der IFRS-Regelkomplexität im Bereich der Rückstellungen, Eventualverbindlichkeiten und Eventualforderungen von 2000 bis 2012 vorzuliegen. Es lässt sich auf Basis des stark vereinfachenden Szenarios kein Indikator mit einer positiven Differenz zwischen den relativen Veränderungen der Indikatoren zur IFRS-Regelkomplexität und dem Indikator zur allgemeinen Umweltkomplexität ermitteln (relativer Anteil: 0,0%). 35 von 40 Indikatoren weisen hingegen eine negative Differenz zwischen den relativen Veränderungen aus (relativer Anteil: 87,5%). Die anderen fünf Indikatoren können nicht zur Untersuchung der IFRS-Regelkomplexität herangezogen werden (relativer Anteil: 12,5%). Ein nahezu ähnliches Bild ergeben die empirischen Befunde von 2005 bis 2012. Diese scheinen wohl einer Komplexitätszunahme der IFRS-Abbildungsregeln in diesem Bilanzierungsbereich zu widersprechen. So tragen dort 32 Differenzen ein negatives Vorzeichen (relativer Anteil: 80,0%). Drei Differenzen sind positiv (relativer Anteil: 7,5%). Fünf Indikatoren können nicht zur Untersuchung der IFRS-Regelkomplexität herangezogen werden (relativer Anteil: 12,5%).[447] Limitationen und Risiken in der Interpretation der Ergebnisse verbleiben dennoch.[448]

Zusammenfassend bleibt festzuhalten, dass die Ergebnisse die These einer Zunahme der IFRS-Regelkomplexität erst einmal nicht zu unterstützen scheinen. Dies gilt sowohl für das IFRS-Gesamtsystem als auch für die ausgewählten IFRS-Bilanzierungsbereiche Finanzinstrumente, Ertragsteuern, Leasingverhältnisse, Leistungen an Arbeitnehmer sowie Rückstellungen, Eventualverbindlichkeiten und Eventualforderungen. Weder auf Basis der Indikatoren des IFRS-Gesamtsystems noch auf Basis der Indikatoren der ausgewählten Bilanzierungsbereiche finden sich klare Indizien anhand des stark vereinfachenden Szenarios. Die empirischen Befunde zeigen im Wesentlichen negative Differenzen zwischen den

447 Vgl. Anhang 23.

448 Vgl. hierzu auch Dritter Teil: Kap. 2, 3.6, 4.1.2, 4.1.3, 4.5.1.2.5, 4.5.1.3.5 und 4.5.2.1.5.

relativen Veränderungen von 2000 bis 2012 sowie von 2005 bis 2012 auf. So sind die relativen Veränderungen der Indikatoren zur IFRS-Regelkomplexität kleiner als diejenigen Indikatoren zur allgemeinen Umweltkomplexität. Allerdings sind die empirischen Befunde vorsichtig und behutsam zu interpretieren sowie die Limitationen zu beachten. Zum einen sind an dieser Stelle die stark vereinfachenden Annahmen des Szenarios zu nennen. Zum anderen hängen die einzelnen Komplexitätsebenen zusammen und beeinflussen sich gegenseitig (Messproblem). Indikatoren greifen vermutlich auch Aspekte anderer Teilkomplexitäten ab und sind insofern wahrscheinlich verzerrt.[449] Letztlich wäre es beispielsweise möglich, obwohl auf Basis der empirischen Befunde keine Anzeichen vorliegen, dass dennoch eine Zunahme der IFRS-Regelkomplexität des Gesamtsystems und/oder einzelner Bilanzierungsbereiche in der Realität festzustellen ist. Weitere Limitationen und Risiken in der Interpretation der Ergebnisse verbleiben dennoch. Abb. 33 fasst die Ergebnisse zur Untersuchung der IFRS-Regelkomplexität unter Berücksichtigung der allgemeinen Umweltkomplexität für das IFRS-Gesamtsystem und die ausgewählten Bilanzierungsbereiche grafisch zusammen.

449 Vgl. hierzu auch Dritter Teil: Kap. 2, 3.6, 4.1.2, 4.1.3, 4.5.2.2.1, 4.5.2.2.2, 4.5.2.3, 4.5.2.4.1 und 4.5.2.4.2.

Abb. 33: Zusammenfassung der Ergebnisse zur IFRS-Regelkomplexität unter Berücksichtigung der allgemeinen Umweltkomplexität[450]

		Übersicht über die jeweilige Anzahl der Indikatoren mit einer positiven/negativen Differenz zwischen den relativen Veränderungen der Indikatoren zur IFRS-Regelkomplexität und dem Indikator zur allgemeinen Umweltkomplexität							
		2000–2012 (langfristig)				**2005–2012 (kurzfristig)**			
		Anzahl der Indikatoren mit einer positiven Differenz zwischen den relativen Veränderungen[1]	**Anzahl der Indikatoren mit einer negativen Differenz zwischen den relativen Veränderungen[1]**	**Anzahl der Indikatoren ohne Aussagegehalt[1]**	**Indizien für eine Komplexitätszunahme des IFRS-Regelwerks?**	**Anzahl der Indikatoren mit einer positiven Differenz zwischen den relativen Veränderungen[1]**	**Anzahl der Indikatoren mit einer negativen Differenz zwischen den relativen Veränderungen[1]**	**Anzahl der Indikatoren ohne Aussagegehalt[1]**	**Indizien für eine Komplexitätszunahme des IFRS-Regelwerks?**
IFRS-Gesamtsystem		17 (46,0%)	18 (48,6%)	2 (5,4%)	tendenziell (eher) nein	18 (48,6%)	19 (51,4%)	0 (0,0%)	tendenziell (eher) nein
Ausgewählte IFRS-Bilanzierungsbereiche	**Finanzinstrumente**	11 (27,5%)	24 (60,0%)	5 (12,5%)	tendenziell nein	13 (32,5%)	27 (67,5%)	0 (0,0%)	tendenziell nein
	Ertragsteuern	2 (5,0%)	34 (85,0%)	4 (10,0%)	tendenziell nein	4 (10,0%)	32 (80,0%)	4 (10,0%)	tendenziell nein
	Leasingverhältnisse	1 (2,5%)	33 (82,5%)	6 (15,0%)	tendenziell nein	2 (5,0%)	33 (82,5%)	5 (12,5%)	tendenziell nein
	Leistungen an Arbeitnehmer	6 (15,0%)	30 (75,0%)	4 (10,0%)	tendenziell nein	1 (2,5%)	35 (87,5%)	4 (10,0%)	tendenziell nein
	Rückstellungen, Eventualverbindlichkeiten und Eventualforderungen	0 (0,0%)	35 (87,5%)	5 (12,5%)	tendenziell nein	3 (7,5%)	32 (80,0%)	5 (12,5%)	tendenziell nein

1 In Klammern steht der relative Anteil der Anzahl der Indikatoren an der jeweiligen Gesamtanzahl der Indikatoren.
Die Gesamtanzahl der Indikatoren beträgt für das IFRS–Gesamtsystem 37 (100,0%) und für die ausge wählten IFRS–Bilanzierungsbereiche jeweils 40 (100,0%).

450 Quelle: Eigene Darstellung.

4.6 Gesamtwürdigung der zweiten und dritten Teilanalyse

Zusammmenfassend bleibt festzuhalten, dass die Ergebnisse aus der zweiten und dritten Teilanalyse die These einer Komplexitätszunahme des IFRS-Regelwerks wohl erst einmal nicht zu unterstützen scheinen. Dies deuten sowohl die Ergebnisse für das IFRS-Gesamtsystem als auch diejenigen für die ausgewählten IFRS-Bilanzierungsbereiche an. Hierzu gehören die Bilanzierungsbereiche Finanzinstrumente, Ertragsteuern, Leasingverhältnisse, Leistungen an Arbeitnehmer sowie Rückstellungen, Eventualverbindlichkeiten und Eventualforderungen.

In der zweiten Teilanalyse wird die IFRS-Regelkomplexität anhand der Abbildungsregeln untersucht. Es werden Indikatoren zur IFRS-Regelkomplexität des Gesamtsystems und ausgewählter Bilanzierungsbereiche ermittelt. Aussagen zur IFRS-Regelkomplexität sind dort (noch) nicht möglich. Die IFRS-Regelkomplexität wird vermutlich von der Unternehmens- und der allgemeinen Umweltkomplexität beeinflusst. Erste, vorsichtige Aussagen zur IFRS-Regelkomplexität sind demnach erst nach einer Bereinigung der verzerrenden Einflüssen dieser Teilkomplexitäten möglich. In der dritten Teilanalyse wird die IFRS-Regelkomplexität anhand des Abbildungsergebnisses erforscht. Hierzu werden Indikatoren zu weiteren Teilkomplexitäten ermittelt. Dies betrifft die IFRS- und die HGB-Rechnungslegungskomplexität sowie die Unternehmens- und die allgemeine Umweltkomplexität. Aussagen zur IFRS-Regelkomplexität sind anhand von stark vereinfachenden Szenarien bedingt möglich.

Einerseits dienen die Ergebnisse zur IFRS- und zur HGB-Rechnungslegungskomplexität zur Untersuchung der Entwicklung der IFRS-Regelkomplexität. Anhand eines Vergleichs lässt sich die Differenz zwischen der Entwicklung der relativen Veränderungen der Indikatoren zur IFRS-Rechnungslegungskomplexität und derjenigen zur HGB-Rechnungslegungskomplexität ermitteln. Der Unterschiedsbetrag zwischen den relativen Veränderungen lässt sich annahmegemäß durch die Abbildungsregeln (IFRS-Regelkomplexität) erklären. Andererseits werden die Ergebnisse zu den Indikatoren zur IFRS-Regelkomplexität aus der zweiten Teilanalyse benutzt und den Ergebnissen zur allgemeinen Umweltkomplexität gegenübergestellt. Dies erfolgt sowohl für das IFRS-Gesamtsystem als auch für die einzelnen Bilanzierungsbereiche. Die Entwicklung der IFRS-Regelkomplexität wird von der Entwicklung der allgemeinen Umweltkomplexität bereinigt. Eine Differenz zwischen der relativen Veränderung eines Indikators zur IFRS-Regelkomplexität und dem Indikator zur allgemeinen Umweltkomplexität lässt sich annahmegemäß auf die IFRS-Abbildungsregeln zurückführen. Im Ergebnis scheinen – bei aller Vorsicht – die empirischen Befunde aus beiden Szenarien im Wesentlichen die These einer Zunahme der Regelkomplexität des IFRS-Gesamtsystems und der ausgewählten IFRS-Bilanzierungsbereiche in den untersuchten Zeiträumen erst einmal nicht zu unterstützen.

Allerdings sind die empirischen Befunde vorsichtig und behutsam auszulegen sowie Limitationen zu betonen. Risiken in der Interpretation der Ergebnisse bleiben bestehen. Zum einen sind hier u. a. die stark vereinfachenden Annahmen der

Szenarien anzuführen. Zu nennen ist insbesondere die Unterstellung, die Differenz zwischen den relativen Veränderungen sei auf die IFRS-Abbildungsregeln (IFRS-Regelkomplexität) zurückzuführen. In realiter werden vermutlich die Differenzen von verschiedenen Faktoren innerhalb und außerhalb des Unternehmens unterschiedlich stark beeinflusst. Die Entwicklungen in der Realität werden zwar durch die Unternehmens- und die allgemeine Umweltkomplexität berücksichtigt. Diese werden jedoch nur vereinfachend simuliert. Zum anderen hängen die einzelnen Komplexitätsebenen zusammen, beeinflussen sich gegenseitig und zeichnen sich durch ein verschachteltes In- und Nebeneinander aus. Indikatoren greifen vermutlich auch Aspekte der jeweils anderen Teilkomplexitäten ab und sind insofern wahrscheinlich verzerrt (Messproblem). So wäre es beispielsweise möglich, obwohl auf Basis der empirischen Befunde keine Anzeichen vorliegen, dass dennoch eine Zunahme der IFRS-Regelkomplexität in der Wirklichkeit festzustellen ist. Zudem verbleiben weitere Limitationen.

Die Ergebnisse zur Unternehmens- und zur allgemeinen Umweltkomplexität scheinen – bei aller Vorsicht – im Wesentlichen zwei Schlussfolgerungen zuzulassen. Zum einen können sich die Unternehmens- und die allgemeine Umweltkomplexität aufeinander auswirken. So ist z.B. eine Zunahme der Unternehmenskomplexität wohl auch auf eine ansteigende allgemeine Umweltkomplexität zurückzuführen und vice versa. Zum anderen können sich Implikationen für andere Teilkomplexitäten aus der Unternehmens- und der allgemeinen Umweltkomplexität ergeben. Beispielsweise resultiert eine ansteigende IFRS-Rechnungslegungskomplexität höchstwahrscheinlich auch aus einer zunehmenden Unternehmens- und allgemeinen Umweltkomplexität. Zudem wird vermutlich die Komplexität der Abbildungsregeln von der Unternehmens- und der allgemeinen Umweltkomplexität beeinflusst. Die Ergebnisse zur Unternehmens- und zur allgemeinen Umweltkomplexität liefern insofern eine (Teil-)Erklärung für die Entwicklung der Rechnungslegungskomplexität bzw. die allgemeine Umweltkomplexität für die Entwicklung der Regelkomplexität. Eine umfassende Erklärung stellen diese jedoch nicht bereit. Es bleibt offen, ob und, wenn ja, wie stark die Entwicklung der Unternehmens- und der allgemeinen Umweltkomplexität die jeweils anderen Teilkomplexitäten tatsächlich beeinflussen und vice versa. Es bedarf hierzu weiterer Forschung.

Schlussbetrachtung

1 Thesenförmige Zusammenfassung

Die Rechnungslegung nach IFRS sieht sich derzeit mit dem Vorwurf einer zunehmenden Komplexität konfrontiert. Neben der DPR und dem Berufsstand der Wirtschaftsprüfer äußern sich auch Stimmen in der Literatur kritisch in diese Richtung. Gleichwohl existiert kein eingehender Systematisierungsversuch von Komplexität im Zusammenhang mit der IFRS-Rechnungslegung. Auch ist der allgegenwärtige Eindruck einer zunehmenden Komplexität des IFRS-Regelwerks kaum mit empirischen Daten belegt. In diese Lücke stößt die vorliegende Arbeit und setzt sich zum Ziel, Komplexität in der IFRS-Rechnungslegung theoretisch und eine Komplexitätszunahme in der IFRS-Rechnungslegung empirisch zu untersuchen.

Nachfolgend sind die wesentlichen Inhalte und Erkenntnisse der vorliegenden Arbeit in Thesenform zusammengefasst:

- In der Rechnungslegung wird das IFRS-Regelwerk immer mehr mit dem Vorwurf einer zunehmenden Komplexität konfrontiert. Diese Einschätzung wird durch drei Indizien erhärtet. So bemängelt neben der DPR und dem Berufsstand der Wirtschaftsprüfer auch die wissenschaftliche Literatur, dass die IFRS in ihrer Komplexität zunehmen. Problematisch ist dabei, dass eine empirische Trennung der Komplexität, die den wirtschaftlichen Transaktionen zugrunde liegt, und der Komplexität, die aus den Rechnungslegungsstandards resultiert, zumindest schwierig erscheint.

- Der Forschungsüberblick orientiert sich hinsichtlich Aufbau und Inhalt an zwei Leitfragen. Zum einen handelt es sich um die Frage, welche Komplexitätsformen durch vorhergehende Studien untersucht werden. Zum anderen ist das die Fragestellung, wie diese unterschiedlichen Komplexitätsformen quantifiziert werden können. Zentral für die Herausarbeitung des Forschungsdefizits sind Studien, die sich mit der Rechnungslegungs- und der Berichterstattungskomplexität auseinandersetzen. Daneben dienen Studien zur Rechts- sowie zur Steuerrechts- und Steuerkomplexität als Literaturbasis. Es schließen sich weitere Studien zur Text- und zur Organisationskomplexität an.

- Eine Vielzahl von Studien rekurriert auf ein systemtheoretisches Verständnis, um Komplexität theoretisch zu erfassen. In der Empirie kommen sowohl Primär- (z.B. Befragungen) als auch Sekundärdaten (z.B. Datenbanken) zum Einsatz. Dabei dominiert keine Methode in den einzelnen Studien zu den Komplexitätsformen. Vielmehr ist ein Methodenpluralismus zu erkennen. Es zeigt sich aber im Rahmen der Studien zur Berichterstattungs-, zur Rechts- sowie zur Steuerrechts- und Steuerkomplexität, dass häufig auf eine quantitative Inhaltsanalyse und eine Lesbarkeitsanalyse abgestellt wird. Zur Ermittlung der

Lesbarkeit dienen vor allem der herkömmliche und der modifizierte *Flesch Reading Ease-Index* sowie der GUNNING *Fog-Index*. Daneben bietet sich für die deutsche Sprache der *Lix-Index* an. Um die Organisationskomplexität zu erfassen, wird die Unternehmensgröße, z.B. anhand der Mitarbeiterzahl, als Indikator herangezogen.

- Eine zunehmende Anzahl an Studien setzt sich mit der Rechnungslegungskomplexität auseinander. Mit einer Komplexitätszunahme in der IFRS-Rechnungslegung im Besonderen befassen sich hingegen lediglich die Studien von FÜLBIER/KUSCHEL und KÜTING. Beide Beiträge weisen einen hohen inhaltlichen Deckungsgrad hinsichtlich des systemtheoretischen Komplexitätsverständnisses auf. Sie unterscheiden sich aber materiell in der Herangehensweise. KÜTING wählt einen theoretisch-analytischen Weg zur Systematisierung des Komplexitätsphänomens, während FÜLBIER/KUSCHEL auf eine erste empirische Quantifizierung abstellen.

- Auf Basis des Forschungsüberblicks zeigt sich, dass ein eingehender Systematisierungsversuch der Rechnungslegungskomplexität fehlt. Zudem ist der allgegenwärtige Eindruck einer zunehmenden Komplexität der IFRS-Rechnungslegungsregeln in der deutsch- und englischsprachigen Literatur noch immer unzureichend mit empirischen Daten dokumentiert. Dieses Forschungsdefizit versucht die vorliegende Arbeit weitestgehend zu beheben und eine umfassendere Untersuchung vorzulegen. Die Forschungsfrage der vorliegenden Arbeit lautet, ob die IFRS-Rechnungslegung von einer Komplexitätszunahme im Zeitablauf betroffen ist. Der Fokus liegt dabei auf einer Untersuchung der Komplexitätszunahme des IFRS-Regelwerks. Die Beantwortung erfolgt in zwei Schritten. Der erste Schritt dient der Entwicklung eines systemtheoretischen Systematisierungsversuchs der Rechnungslegungskomplexität. Der zweite Schritt stellt die empirische Untersuchung der Komplexitätszunahme der IFRS-Rechnungslegung dar.

- Der Zweite Teil stellt den ersten Schritt zur Beantwortung der Forschungsfrage dar. Die Darlegung des begrifflichen Verständnisses von Komplexität erfolgt anhand der Systemtheorie. Komplexität beschreibt die Eigenschaft eines Systems. Dieses lässt sich auf Basis der konstitutiven Merkmale und des Bezugsobjekts beschreiben. Als konstitutive Merkmale zeigen sich die Elemente, die Verbindungen zwischen den Elementen (Relationen), die Verschiedenartigkeit der Elemente und Relationen (Varietät), deren Veränderung im Zeitablauf (Dynamik) sowie die unterschiedlichen Handlungs- und Entscheidungsmöglichkeiten der Systemelemente. Das Referenzsystem stellt das betrachtete System dar (Bezugsobjekt). Das Referenzsystem ist von der Umwelt abzugrenzen. Hierzu wird zunächst das Referenzsystem anhand der Betrachtungsebenen festgelegt. Dies sind das Supersystem, das Referenzsystem und die Subsysteme, die bis hin zu Elementen und Relationen zerfallen. Die Systeme dienen einem übergeordneten Sinn und Zweck, sind untereinander vernetzt und beeinflussen sich gegenseitig.

Aussagen sind lediglich relativ zur Betrachtungsebene möglich. Danach wird die Systemgrenze festgelegt, indem die Systeminnen- von der Systemaußenwelt (Umwelt) abgegrenzt wird. Problematisch ist, dass es sich um eine theoretische Grenzziehung handelt. Das Referenzsystem steht mit der Systemumwelt in Interaktion. Hierdurch wird die Untersuchung von Komplexität erschwert, da die Elemente (und Relationen) nicht klar dem Referenzsystem zugeordnet werden können. Die Komplexität des Referenzsystems ergibt sich aus dem Zusammenspiel der Elemente und Relationen seiner Subsysteme.

- In der vorliegenden Arbeit ergibt sich ein mittleres Verständnis von Komplexität. Komplexität definiert sich anhand der Elemente und Relationen (Statik), deren Verschiedenartigkeit (Varietät) sowie deren Veränderung im Zeitablauf (Dynamik). Zudem wird das Bezugsobjekt anhand der Betrachtungsebenen festgelegt. Das sind das Supersystem, das Referenzsystem und die Subsysteme. Daneben wird das Referenzsystem von der Umwelt abgegrenzt. Es entsteht eine Grenze zwischen Systeminnen- und Systemaußenwelt. Ferner wird davon ausgegangen, dass die konstitutiven Merkmale zusammen den Grad an Komplexität bilden. Dieser variiert mit der Anzahl der Elemente und der Relationen im Zeitablauf. Aus Vereinfachungsgründen wird nicht zwischen Elementen und Relationen unterschieden. So nimmt der Grad an Komplexität zu, wenn die Anzahl der Elemente (und Relationen) im Zeitablauf steigt und vice versa. Es werden in einem ersten Schritt das Bezugsobjekt und in einem zweiten Schritt die konstitutiven Merkmale festgelegt.

- Die Rechnungslegung dient als Referenzsystem zur Entwicklung eines systemtheoretischen Verständnisses von Rechnungslegungskomplexität. Diese ist in ein übergeordnetes Supersystem, wie z.B. die Finanzberichterstattung oder das Wirtschafts- und Finanzsystem, eingebettet. Durch das Abbildungsziel der Rechnungslegung werden neben den ökonomischen Vorgängen innerhalb des Unternehmens (Systeminnenwelt) auch die ökonomischen Transaktionen des Unternehmens mit seiner Umwelt (Systemaußenwelt) erfasst. Die Umwelt erhält de facto „Subsystemcharakter“[451]. So werden das Unternehmen und die Umwelt zu Subsystemen des Referenzsystems. Aus dem systemtheoretischen Verständnis des Unternehmens leiten sich die technischen und die inhaltlichen Subsysteme ab, aus dem systemtheoretischen Verständnis der Umwelt ein ökonomisches, ein ökologisches, ein sozio-kulturelles und ein technologisches sowie ein politisch-gesetzliches Subsystem.

- Die Rechnungslegungskomplexität erwächst aus dem Zusammenspiel der einzelnen Elemente und Relationen ihrer Subsysteme. Diese Elemente und Relationen interagieren sowohl im jeweiligen Subsystem miteinander als auch zwischen den Subsystemen untereinander. Die Rechnungslegungskomplexität

451 FÜLBIER/KUSCHEL (2012), Komplexitätszunahme in der IFRS-Rechnungslegung, S. 933.

ergibt sich demzufolge aus dem Zusammenspiel der Elemente und Relationen der technischen und der inhaltlichen Subsysteme des Unternehmens sowie der Subsysteme der Umwelt. Die technische Komplexität resultiert aus dem Zusammenspiel der Elemente und Relationen der technischen Subsysteme. Hierzu zählen z.B. die Subsysteme Datenerfassung und Buchführung. Die inhaltliche Komplexität (Unternehmenskomplexität) entsteht aus dem Zusammenspiel der Elemente und Relationen der Subsysteme der unternehmerischen Funktionsbereiche. Dazu gehören z.B. die Subsysteme Einkauf, Produktion und Absatz. Die Umweltkomplexität ergibt sich aus dem Zusammenspiel der Elemente und Relationen der Subsysteme der Umwelt. Es wird ein ökonomisches, ein ökologisches, ein sozio-kulturelles und ein technologisches sowie ein politisch-rechtliches Subsystem unterschieden. Daneben bestehen die Komplexitäten, die sich aus der Interaktion der jeweiligen Elemente und Relationen der Subsysteme ergeben. Das sind zum einen z.B. die Datenerfassungs- und die Buchführungskomplexität und zum anderen z.B. die Einkaufs-, die Produktions- und die Absatzkomplexität. Zudem lassen sich die ökonomische, die ökologische, die sozio-kulturelle und die technologische sowie die politisch-rechtliche Komplexität identifizieren. Problematisch ist, dass die einzelnen (Sub-)Systeme in Interaktion stehen, untereinander verschachtelt sind, sich gegenseitig beeinflussen und im Zeitablauf verändern.

- Rechnungslegung bildet einen Teil der Finanzberichterstattung. Rechnungslegung fokussiert auf den Vorgang der quantitativen und qualitativen Abbildung der wirtschaftlichen Vorgänge anhand standardisierter Regeln (sog. Abbildungsregeln). Das Abbildungsergebnis (Regelanwendung) stellen Jahres- und Konzernabschlüsse sowie (Konzern-)Lageberichte dar. Die Finanzberichterstattung umfasst neben der Abbildung von quantitativen und qualitativen Informationen auch deren Offenlegung. Der Geschäftsbericht, der auch die Rechnungslegung enthält, stellt ein zentrales Ergebnis der Finanzberichterstattung dar. Die Regulierung der Finanzberichterstattung gehört zum politisch-rechtlichen Subsystem der Umwelt. Eine Teilmenge der Regulierung der Finanzberichterstattung bildet die Regulierung der Rechnungslegung, die sich im Wesentlichen mit der Erstellung von Jahres- und Konzernabschlüssen einschließlich der (Konzern-)Lageberichte befasst. Aus der Regulierung der Rechnungslegung entsteht die Komplexität der Abbildungsregeln (Regelkomplexität). Die Regelkomplexität bildet einen zentralen Teilaspekt der Rechnungslegungskomplexität. Es lässt sich eine formelle und eine materielle Form der Regelkomplexität unterscheiden. Die Regelkomplexität entstammt u.a. dem HGB- (HGB-Regelkomplexität) und dem IFRS-Subsystem (IFRS-Regelkomplexität). Das IFRS-Subsystem (IFRS-Gesamtsystem) zerfällt in weitere Subsysteme. Das sind vor allem die IFRS- und die IAS-Standards sowie die IFRIC- und die SIC-Interpretationen. Die IFRS-Regelkomplexität kann sowohl auf Ebene des IFRS-Gesamtsystems als auch auf Ebene von einzelnen IFRS-Standards analysiert werden.

- Der Dritte Teil stellt den zweiten Schritt zur Beantwortung der Forschungsfrage dar. Ziel der empirischen Untersuchung ist es, anhand ausgewählter Indikatoren zu untersuchen, ob die IFRS-Rechnungslegung von einer Komplexitätszunahme im Zeitablauf betroffen ist. Der Fokus liegt dabei auf einer Untersuchung der Komplexitätszunahme des IFRS-Regelwerks. Es finden drei Teilanalysen statt. Diese dokumentieren den Versuch, die einzelnen Komplexitäten getrennt voneinander zu erfassen. Zu den (Teil-)Komplexitäten zählen die IFRS- und die HGB-Rechnungslegungskomplexität, die IFRS-Regelkomplexität sowie die Unternehmens- und die allgemeine Umweltkomplexität.

- Die Teilanalysen sind jeweils mit einem Messproblem belastet. Die Rechnungslegungskomplexität wird sowohl von der Unternehmens- als auch von der Umweltkomplexität beeinflusst, wobei die IFRS-Regelkomplexität einen zentralen Aspekt der Umweltkomplexität bildet. Eine klare Trennung der einzelnen Teilkomplexitäten ist theoretisch zwar möglich. Empirisch erscheint dies aber aufgrund der vielfältigen Interdependenzen wohl nicht praktikabel. Die Teilsysteme und ihre Teilkomplexitäten sind miteinander vernetzt. Sie stehen nicht unabhängig nebeneinander, sondern beeinflussen sich gegenseitig. Es bedarf daher einer vorsichtigen und behutsamen Interpretation der empirischen Befunde sowie einer Betonung der damit verbundenen Limitationen. Indikatoren, die versuchen Teilkomplexitäten (wie etwa die IFRS-Regelkomplexität) zu erfassen, greifen wohl auch Aspekte anderer Teilkomplexitäten (wie etwa der allgemeinen Umweltkomplexität) ab. Diese Problematik zeigt sich ebenfalls in der Datenbasis. So werden die Abbildungsregeln auf Basis der ökonomischen Transaktionen des Unternehmens – auch mit der Umwelt – entwickelt. Neben dem wirtschaftlichen Gehalt der Transaktionen spiegelt sich somit auch die damit einhergehende Komplexität in den Abbildungsregeln wider. PETERSON stellt heraus: „While it may be useful to separate the source of complexity into transactions and standards, isolating these two sources empirically is difficult (or impossible) because standards are written with transactions in mind“[1]. Weiter führt er aus: „Therefore, if we observe more complex accounting, it is difficult to attribute it to standards or transactions because it is a combination of both“[2]. Die Abbildungsregeln werden demnach von den Unternehmen und der Umwelt geprägt. Analog wird auch die Regelkomplexität von der Unternehmens- und der allgemeinen Umweltkomplexität beeinflusst und vice versa. Dies trifft in ähnlicher Form auch auf die Geschäftsberichte zu. Dort findet sich das Abbildungsergebnis der standardisierten Abbildungsregeln. Hierzu zählen die IFRS- und die HGB-Rechnungslegung. Entsprechend wird auch die IFRS-Rechnungslegungskomplexität von der Unternehmens- und der Umweltkomplexität einschließlich der IFRS-Regelkomplexität bestimmt.

---

1 PETERSON (2012), Accounting complexity, S. 75.
2 PETERSON (2012), Accounting complexity, S. 76.

- In der ersten Teilanalyse findet eine einzelfallstudienartige Untersuchung einer Komplexitätszunahme der IFRS-Rechnungslegung sowie anderer Komplexitätsformen statt. Hierzu zählen neben der Rechnungslegungskomplexität auch die Regel-, die Unternehmens- und die allgemeine Umweltkomplexität. Ein Experteninterview mit einem leitenden Angestellten eines mittelständischen Automobilzulieferers aus Süddeutschland wird durchgeführt und analysiert. Im Ergebnis ergeben sich aus der qualitativen Inhaltsanalyse des Experteninterviews keine klaren Aussagen hinsichtlich einer Komplexitätszunahme der IFRS-Rechnungslegung im Allgemeinen und des IFRS-Regelwerks im Besonderen im Zeitablauf. Lediglich an einzelnen Stellen finden sich erste Anzeichen, die die These einer Komplexitätszunahme zumindest erst einmal nicht zu widerlegen scheinen. Beispielsweise unterstützt der Themenkomplex des *Hedge Accountings* diese Ansicht. Es bestätigt sich im Großen und Ganzen der Systematisierungsansatz der Rechnungslegungskomplexität. Anhand der Aussagen des Interviewpartners wird deutlich, dass die (Sub-)Systeme der Rechnungslegung miteinander interagieren und nicht unabhängig nebeneinander stehen. Die Rechnungslegung wird sowohl vom Unternehmen als auch von der Umwelt einschließlich der Abbildungsregeln geprägt. Als Konsequenz ergibt sich, dass auch die spezifischen Teilkomplexitäten der (Sub-)Systeme zusammenhängen und gegenseitig aufeinander wirken. So wird die Rechnungslegungskomplexität von der Unternehmens- und der Umweltkomplexität einschließlich der Regelkomplexität beeinflusst. Die Regelkomplexität hängt mit der Unternehmens- und insbesondere mit der allgemeinen Umweltkomplexität zusammen und wird demzufolge von deren Entwicklungen mitgeprägt.
- In der zweiten Teilanalyse wird die IFRS-Regelkomplexität anhand der Abbildungsregeln (IFRS-Standards) quantitativ untersucht. Hierzu wird auf das IFRS-Gesamtsystem und auf einzelne IFRS-Bilanzierungsbereiche abgestellt. Ein Bilanzierungsbereich setzt sich entweder aus einem oder mehreren IFRS-Standards zusammen. Dies sind die Bilanzierungsbereiche Finanzinstrumente (IFRS 7, IFRS 9, IAS 30, IAS 32 und IAS 39), Ertragsteuern (IAS 12), Leasingverhältnisse (IAS 17), Leistungen an Arbeitnehmer (IAS 19) sowie Rückstellungen, Eventualverbindlichkeiten und Eventualforderungen (IAS 37). Die Bilanzierungsbereiche werden primär aufgrund der in der Literatur thematisierten Nähe zum Komplexitätsphänomen ausgewählt. Die Datenbasis bilden die analogen, in Papierform vorliegenden IFRS-Standards und die digitalen, in elektronischer Form erhältlichen IFRS-Standards. Es findet zum einen eine quantitative Inhaltsanalyse des IFRS-Gesamtsystems und der IFRS-Standards statt, um die formelle Regelkomplexität zu erfassen. Als Indikatoren zur Untersuchung des IFRS-Gesamtsystems dienen u. a. die Anzahl der *Bound Volumes* bzw. *Red Books* und die Standards (IAS, IFRS) sowie Interpretationen (IFRIC, SIC). Für die ausgewählten Bilanzierungsbereiche werden z. B. die Seiten- und Paragrafenanzahl sowie die Satz-, Wort-, Silben-, Zeichen-, Buchstaben-/Nummern-, Zeilen-, Absatz- und Satzzeichenanzahl als auch die Anzahl an komplexen Wörtern

als Indikatoren bestimmt. Zum anderen erfolgt eine Lesbarkeitsanalyse der IFRS-Standards, um die Textkomplexität abzugreifen. Dies betrifft die Standards IFRS 9, IAS 39, IAS 12, IAS 17 und IAS 19 sowie IAS 37. Als Lesbarkeitsindizes werden der GUNNING *Fog-Index* und der *Flesch Reading Ease-Index* sowie der *Flesch Reading Ease-Index* nach STONE/PARKER herangezogen. Diese Indizes zeichnen sich neben ihrer Einfachheit vor allem durch ihre Verständlichkeit und Popularität in der Literatur aus. Sowohl die formelle Regelkomplexität als auch die Textkomplexität werden als Facette der IFRS-Regelkomplexität aufgefasst. Aussagen hinsichtlich einer Komplexitätszunahme sind dort (noch) nicht möglich. Die IFRS-Regelkomplexität wird vermutlich von der Unternehmens- und der allgemeinen Umweltkomplexität beeinflusst. Erste, vorsichtige Aussagen zur Entwicklung der IFRS-Regelkomplexität sind demnach erst nach einer Bereinigung der verzerrenden Einflüsse dieser Teilkomplexitäten möglich.

- In der dritten Teilanalyse findet ein Wechsel der Perspektive statt. Nachdem in der zweiten Teilanalyse die Untersuchung der IFRS-Regelkomplexität anhand der Abbildungsregeln erfolgt, wird in der dritten Teilanalyse die IFRS-Regelkomplexität anhand des Abbildungsergebnisses (Regelanwendung) quantitativ erforscht. Hierzu werden weitere Teilkomplexitäten wie die IFRS- und die HGB-Rechnungslegungskomplexität sowie die Unternehmens- und die allgemeine Umweltkomplexität ermittelt. Als Datenbasis dienen die Geschäftsberichte der DAX-30-Unternehmen und Daten aus der Datenbank „Amadeus" des Unternehmens *Bureau van Dijk Electronic Publishing GmbH.* Zudem erfolgt ein Rückgriff auf die Anteilsbesitzlisten nach § 313 Abs. 2 HGB. Es findet einerseits eine Lesbarkeitsanalyse statt, um die Textkomplexität von ausgewählten Bilanzierungsbereichen im Anhang der Geschäftsberichte zu analysieren. Es werden hierzu die Bilanzierungsbereiche Finanzinstrumente, Ertragsteuern, Leasingverhältnisse, Leistungen an Arbeitnehmer sowie Rückstellungen, Eventualverbindlichkeiten und Eventualforderungen der 14 von 2000 bis 2012 nach IFRS bilanzierenden DAX-Unternehmen herangezogen. Als Lesbarkeitsindex wird der *Lix-Index* von BJÖRNSSON benutzt. Diese Lesbarkeitsformel ist im Gegensatz zum GUNNING *Fog-* und *Flesch Reading Ease-Index* dazu geeignet, Texte in verschiedenen Sprachen (wie etwa Deutsch) zu untersuchen. Die Textkomplexität wird als Facette der IFRS-Rechnungslegungskomplexität aufgefasst. Andererseits erfolgt eine quantitative Inhaltsanalyse der Geschäftsberichte, um die IFRS-Rechnungslegungskomplexität anhand des Anhangs und die HGB-Rechnungslegungskomplexität anhand des Lageberichts zu analysieren. Dahinter steckt die Annahme, dass der Anhang primär von den IFRS beeinflusst wird und der Lagebericht vom HGB. Es kommt neben der Seitenanzahl auch eine Schlag- und Signalwortsuche zum Einsatz. Als Indikatoren dienen zum einen die Seitenanzahl des Anhangs (IFRS-Rechnungslegungskomplexität) und des Lageberichts (HGB-Rechnungslegungskomplexität). Zum anderen wird auf die Anzahl an Schlag- und Signalwörtern im Anhang (IFRS-Rechnungslegungskomplexität) und Lagebericht (HGB-Rechnungslegungskomplexität) abgestellt.

Die komplexitätsinduzierenden Begriffe „Komplexität", „Unsicherheit", „Risiko", „Schätzung", „Ermessen" und „Spielraum" stellen die Indikatoren für die Schlag- und Signalwortsuche dar. Die Wortstämme „komplex", „unsicher", „risik", „schätz" und „Ermessen" sowie „Spielraum" kommen im Rahmen der praktischen Wortsuche zur Anwendung, um auch die Derivate der Begriffe zu erfassen. Darüber hinaus wird eine quantitative Inhaltsanalyse der Geschäftsberichte und der Daten aus der Datenbank durchgeführt, um die Unternehmens- und die allgemeine Umweltkomplexität zu untersuchen. Die Anzahl der Mitarbeiter zum Stichtag und im Durchschnitt sowie die Konzernunternehmen werden als Indikatoren für die Unternehmenskomplexität herangezogen. Für die allgemeine Umweltkomplexität dienen die Bilanzsummen und die Umsatzerlöse als Indikatoren. Die Ergebnisse aus der zweiten Teilanalyse zur IFRS-Regelkomplexität und aus der dritten Teilanalyse zur allgemeinen Umweltkomplexität werden verknüpft, um Hinweise hinsichtlich einer Komplexitätszunahme des IFRS-Regelwerks zu bekommen. Zudem werden auch die Ergebnisse aus der dritten Teilanalyse zur IFRS- und HGB-Rechnungslegungskomplexität genutzt, um Indizien hinsichtlich einer Zunahme der IFRS-Regelkomplexität zu erhalten.

- Die Ergebnisse aus der zweiten Teilanalyse zur IFRS-Regelkomplexität des IFRS-Gesamtsystems sind weitgehend klar. Die Resultate aus der quantitativen Inhaltsanalyse auf Basis der analogen IFRS-Standards werden durch die empirischen Befunde auf Basis der digitalen IFRS-Standards im Großen und Ganzen bestätigt. Sowohl kurz- als auch langfristig steigt die überwiegende Anzahl der Messwerte im Zeitablauf an. Dies zeigt sich besonders deutlich an ausgewählten Indikatoren wie z. B. der Seiten-, Wort- und Zeichenanzahl.
- Die Ergebnisse aus der zweiten Teilanalyse zur IFRS-Regelkomplexität der ausgewählten Bilanzierungsbereiche Finanzinstrumente, Ertragsteuern, Leasingverhältnisse, Leistungen an Arbeitnehmer sowie Rückstellungen, Eventualverbindlichkeiten und Eventualforderungen zeigen ein gemischtes Bild. So sind die empirischen Befunde aus der quantitativen Inhaltsanalyse der Finanzinstrumente, Ertragsteuern und Leasingverhältnisse klar. Dort ist im Wesentlichen ein Anstieg bei den Messwerten der Indikatoren festzustellen. Diese nehmen sowohl kurz- als auch langfristig zu. Diesen Entwicklungstrend bestätigt auch die Lesbarkeitsanalyse zu IFRS 9, IAS 39 (Finanzinstrumente) und IAS 17 (Leasingverhältnisse). Es kommt bei den entsprechenden Standards zu einer Verschlechterung der Lesbarkeit im Zeitablauf. Sowohl kurz- als auch langfristig deuten die Messwerte eine solche Entwicklung an. Es gilt aber in diesem Zusammenhang, die Ergebnisse der Lesbarkeitsanalyse zu IFRS 9 und IAS 39 gemeinsam zu betrachten, da sich ansonsten ein anderer Interpretationsstrang ergäbe. Die Lesbarkeitsanalyse zu Ertragsteuern (IAS 12) kann die Ergebnisse aus der quantitativen Inhaltsanalyse weitgehend unterstützen. Die Lesbarkeit von IAS 12 verschlechtert sich langfristig. Kurzfristig kann der Entwicklungstrend hingegen nicht bestätigt werden, da es zu einer Verbesserung der Lesbarkeit des entsprechenden Standards kommt. Die Ergebnisse aus der Lesbarkeitsanalyse

zu Ertragsteuern widersprechen an dieser Stelle denen aus der quantitativen Inhaltsanalyse. Ein heterogenes Bild liefert die Untersuchung von Leistungen an Arbeitnehmer (IAS 19). Die Ergebnisse aus der quantitativen Inhaltsanalyse zu IAS 19 stehen denen aus der Lesbarkeitsanalyse entgegen. Die Resultate aus der quantitative Inhaltsanalyse zeigen langfristig eine Zunahme der Indikatoren und kurzfristig eine Abnahme. Die Messwerte aus der Lesbarkeitsanalyse deuten hingegen kurzfristig eine Verschlechterung und langfristig eine Verbesserung an. Demzufolge liegen Hinweise vor, dass das Reformprojekt von IAS 19 aus dem Jahr 2011 inhaltliche Erleichterungen hervorgebracht haben könnte. Gleichwohl trägt die Überarbeitung des Standards wohl nicht zu einer Verbesserung der Lesbarkeit bei. Denn diese hat sich seitdem verschlechtert. Im Bilanzierungsbereich Rückstellungen, Eventualverbindlichkeiten und Eventualforderungen (IAS 37) sind die Ergebnisse ebenfalls nicht eindeutig. So liefern die empirischen Befunde aus der quantitativen Inhaltsanalyse ein heterogenes Bild. Dort nehmen lediglich kurzfristig einzelne Indikatoren zu. Langfristig ist diese Entwicklung nicht zu erkennen. Zu- und abnehmende Indikatoren gleichen sich nahezu aus. Allerdings erfahren die empirischen Befunde aus der quantitativen Inhaltsanalyse durch diejenigen aus der Lesbarkeitsanalyse eine Klarstellung. Die Lesbarkeit des Hauptteils des Standards IAS 37 verschlechtert sich sowohl kurz- als auch langfristig.

- Die Ergebnisse aus der dritten Teilanalyse zur IFRS-Rechnungslegungskomplexität der ausgewählten Bilanzierungsbereiche werden zur Klarstellung der Resultate aus der zweiten Teilanalyse herangezogen. Diese dienen lediglich zur Unterstützung und als vorsichtiges Indiz zur Untersuchung der IFRS-Regelkomplexität der ausgewählten Bilanzierungsbereiche Finanzinstrumente, Ertragsteuern, Leasingverhältnisse, Leistungen an Arbeitnehmer sowie Rückstellungen, Eventualverbindlichkeiten und Eventualforderungen. Die Ergebnisse aus der Lesbarkeitsanalyse der Anhänge scheinen denjenigen aus der quantitativen Inhaltsanalyse und der Lesbarkeitsanalyse der Standards – bei aller Vorsicht – zum überwiegenden Teil zumindest nicht zu widersprechen. Für die Bilanzierungsbereiche Finanzinstrumente, Leasingverhältnisse, Ertragsteuern und Leistungen an Arbeitnehmer lassen sich im Wesentlichen die gewonnenen Erkenntnisse zur IFRS-Regelkomplexität im Rahmen der Untersuchung der IFRS-Rechnungslegungskomplexität bestätigen. Die Lesbarkeit der Anhangangaben zu Finanzinstrumenten, Leasingverhältnissen und Ertragsteuern verschlechtert sich sowohl kurz- als auch langfristig. Im Bilanzierungbereich Leistungen an Arbeitnehmer kommt es kurzfristig zu einer Verbesserung der Lesbarkeit der Anhangangaben. Langfristig ist dort kein klarer Trend zu erkennen. Es werden somit die Ergebnisse aus der quantitativen Inhaltsanalyse zu IAS 19 weitgehend bestätigt. Die Resultate aus der Lesbarkeitsanalyse des entsprechenden Standards können hingegen nicht unterstützt werden. Das Reformprojekt von IAS 19 hat demzufolge wohl zu einer Verbesserung der Lesbarkeit der Anhangangaben, aber nicht des Standards geführt. Lediglich die empirischen Befunde aus der Lesbarkeitsanalyse der Anhangangaben von

Rückstellungen, Eventualverbindlichkeiten und Eventualforderungen vermitteln ein uneinheitliches Bild. Diese spiegeln die Resultate aus der quantitativen Inhaltsanalyse und aus der Lesbarkeitsanalyse zur IFRS-Regelkomplexität nicht klar wider.

- Die Ergebnisse aus der dritten Teilanalyse zur allgemeinen Umwelt- und zur Unternehmenskomplexität scheinen – bei aller Vorsicht – folgende Konsequenzen zu haben. Die Resultate unterstützen die bisher gewonnenen theoretischen und empirischen Erkenntnisse. Im Zweiten Teil wird der Systematisierungsversuch der Rechnungslegungskomplexität entwickelt und im Dritten Teil durch die qualitative und quantitative Untersuchung weitgehend bestätigt. Es zeigt sich, dass zum einen die Rechnungslegungskomplexität von der Unternehmens- und der Umweltkomplexität einschließlich der Regelkomplexität beeinflusst wird. Eine ansteigende IFRS-Rechnungslegungskomplexität resultiert demnach höchstwahrscheinlich auch aus einer zunehmenden Unternehmens- und Umweltkomplexität (einschließlich der IFRS-Regelkomplexität). Zudem wird vermutlich die Komplexität der Abbildungsregeln von der Unternehmens- und der allgemeinen Umweltkomplexität beeinflusst. Es ergeben sich somit Auswirkungen von der Unternehmens- und der allgemeinen Umweltkomplexität auf andere Teilkomplexitäten. Zum anderen wirken wohl die Unternehmens- und die allgemeine Umweltkomplexität aufeinander ein. So ist zum Beispiel ein Anstieg der Unternehmenskomplexität wahrscheinlich auch auf eine zunehmende allgemeine Umweltkomplexität zurückzuführen und vice versa. Die Ergebnisse zur Unternehmens- und zur allgemeinen Umweltkomplexität liefern insofern eine (Teil-)Erklärung für die Entwicklung der Rechnungslegungskomplexität und der Regelkomplexität. Eine umfassende Erklärung stellen diese jedoch nicht bereit. Es bleibt offen, ob und, wenn ja, wie stark die Entwicklung der Unternehmens- und der allgemeinen Umweltkomplexität die jeweils anderen Teilkomplexitäten in der Realität beeinflussen. Aussagen hinsichtlich einer Zu- oder Abnahme einer spezifischen Teilkomplexität sind demzufolge nur möglich, wenn diese von den anderen verzerrenden Teilkomplexitäten bereinigt werden.
- Aussagen zur Entwicklung der IFRS-Regelkomplexität sind anhand von zwei stark vereinfachenden Szenarien bedingt möglich. Einerseits werden hierzu die Ergebnisse aus der dritten Teilanalyse zur IFRS- und zur HGB-Rechnungslegungskomplexität herangezogen (Szenario 1). Dazu wird unterstellt, dass die IFRS- und HGB-Rechnungslegungskomplexität in gleichem Maße von der Unternehmens- und der allgemeinen Umweltkomplexität im Zeitablauf betroffen sind. Zudem wird die HGB-Rechnungslegungskomplexität lediglich durch die Entwicklung der Unternehmens- und der allgemeinen Umweltkomplexität bestimmt. Die Entwicklung der HGB-Regelkomplexität wird demnach vernachlässigt bzw. in der allgemeinen Umweltkomplexität berücksichtigt. Anhand eines Vergleichs lässt sich die Differenz zwischen der Entwicklung der relativen Veränderungen der Indikatoren zur IFRS-Rechnungslegungskomplexität und derjenigen Indikatoren zur HGB-Rechnungslegungskomplexität ermitteln.

Als Indikatoren dienen die Seitenanzahl des Anhangs bzw. die Anzahl der Schlag- und Signalwörter im Anhang (IFRS-Rechnungslegungskomplexität) und die Seitenanzahl des Lageberichts bzw. die Anzahl der Schlag- und Signalwörter im Lagebericht (HGB-Rechnungslegungskomplexität). Der Unterschiedsbetrag zwischen den relativen Veränderungen könnte durch die Abbildungsregeln (IFRS-Regelkomplexität) erklärt werden. Eine positive Differenz wird als erstes, vorsichtiges Anzeichen einer Zunahme der IFRS-Regelkomplexität gewertet.

- Andererseits werden die Ergebnisse aus der zweiten Teilanalyse zur Entwicklung der IFRS-Regelkomplexität den Ergebnissen aus der dritten Teilanalyse zur Entwicklung der allgemeinen Umweltkomplexität gegenübergestellt (Szenario 2). Es wird in diesem Szenario angenommen, dass die IFRS-Regelkomplexität von der allgemeinen Umweltkomplexität im Zeitablauf beeinflusst wird. Die Entwicklung der Unternehmenskomplexität wird vernachlässigt bzw. von der allgemeinen Umweltkomplexität erfasst. Anhand eines Vergleichs zwischen der relativen Veränderungen der Indikatoren zur IFRS-Regelkomplexität und dem Indikator zur allgemeinen Umweltkomplexität lassen sich Differenzen ermitteln. Diese Unterschiedsbeträge zwischen den relativen Veränderungen könnten durch die IFRS-Abbildungsregeln erklärt werden. Eine positive Differenz deutet darauf hin, dass eine relative Veränderung eines Indikators zur IFRS-Regelkomplexität neben der Umwelt noch auf die IFRS-Abbildungsregeln zurückzuführen ist. Dies wird – bei aller Vorsicht – als ein erstes Indiz für eine Zunahme der IFRS-Regelkomplexität gedeutet.

- Im Ergebnis scheinen – bei aller Vorsicht – die empirischen Befunde aus beiden stark vereinfachenden Szenarien im Wesentlichen die These einer Zunahme der Regelkomplexität des IFRS-Gesamtsystems und der ausgewählten IFRS-Bilanzierungsbereiche in den untersuchten Zeiträumen erst einmal nicht zu unterstützen. Die Ergebnisse aus dem Szenario zur IFRS- und zur HGB-Rechnungslegungskomplexität zeigen zum überwiegenden Teil negative Differenzen zwischen den relativen Veränderungen der Indikatoren (Szenario 1). Diese Entwicklung ist sowohl kurz- als auch langfristig für den Indikator der Seitenanzahl sowie für den Indikator der Anzahl der gesuchten Wörter (Schlag- und Signalwortsuche) festzustellen. Die Ergebnisse aus dem Szenario zur IFRS-Regelkomplexität und zur allgemeinen Umweltkomplexität zeigen im Wesentlichen auch negative Differenzen auf (Szenario 2). Weder auf Basis der Indikatoren des IFRS-Gesamtsystems noch auf Basis der Indikatoren der ausgewählten Bilanzierungsbereiche finden sich klare Indizien zwischen den relativen Veränderungen von 2000 bis 2012 sowie von 2005 bis 2012. Die relativen Veränderungen der Indikatoren zur IFRS-Regelkomplexität sind zum überwiegenden Teil kleiner als diejenigen der Indikatoren zur allgemeinen Umweltkomplexität.

Vor dem Hintergrund der empirischen Untersuchung zeigt sich, dass der in der Einleitung aufgeworfene Vorwurf einer zunehmenden Komplexität des

IFRS-Regelwerks sich wohl nicht zu bestätigen scheint. Die Ergebnisse aus den Teilanalysen unterstützen die These einer Komplexitätszunahme des IFRS-Regelwerks erst einmal nicht. Dies deuten sowohl die Ergebnisse für das IFRS-Gesamtsystem als auch diejenigen für die ausgewählten IFRS-Bilanzierungsbereiche an. Allerdings sind die empirischen Befunde vorsichtig und behutsam auszulegen sowie Limitationen zu betonen. Risiken in der Interpretation der Ergebnisse bleiben bestehen. So wäre es beispielsweise möglich, obwohl auf Basis der empirischen Befunde keine Anzeichen vorliegen, dass dennoch eine Zunahme der IFRS-Regelkomplexität in der Wirklichkeit festzustellen ist. Zudem verbleiben weitere Limitationen. Die Resultate zur IFRS-Regelkomplexität, zur IFRS- und zur HGB-Rechnungslegungskomplexität sowie zur Unternehmens- und zur allgemeinen Umweltkomplexität werden durch das Messproblem relativiert. Auf theoretischer Ebene kann das Messproblem im Rahmen des Systematisierungsansatzes der Rechnungslegungskomplexität adressiert werden. So deutet die vorliegende Arbeit an, dass die Rechnungslegungskomplexität nicht ausschließlich durch die Regelkomplexität getrieben wird. Die Unternehmens- und die allgemeine Umweltkomplexität beeinflussen ebenfalls die Rechnungslegungskomplexität. Gleiches gilt für die Regelkomplexität, die wohl von der Unternehmens- und der allgemeinen Umweltkomplexität beeinflusst wird. Im Rahmen der empirischen Untersuchung wird das Messproblem jedoch – ungeachtet der Tatsache, dass es unmöglich zu sein scheint – rudimentär gelöst. Stark vereinfachende Szenarien werden herangezogen, um Aussagen zur IFRS-Regelkomplexität zu erhalten. Die Ergebnisse können insofern verzerrt sein.

Die empirische Untersuchung in der vorliegenden Arbeit versucht zu erklären, ob die IFRS-Rechnungslegung von einer Komplexitätszunahme im Zeitablauf betroffen ist. Der Fokus liegt dabei auf einer Untersuchung der Komplexitätszunahme des IFRS-Regelwerks. Hierzu wird zunächst die Entwicklung der Teilkomplexitäten beschrieben. Die vorliegende Arbeit ist somit der positiven ex-post-Forschung zuzuordnen, als deskriptiv zu charakterisieren und als „policy-relevant"[3] einzuordnen.[4] Die vorliegende Arbeit erweitert den Kenntnisstand hinsichtlich einer Komplexitätszunahme in der IFRS-Rechnungslegung in mehrfacher Hinsicht. Erstens existieren bis dato nur wenige empirische Studien, die eine Komplexitätszunahme in der IFRS-Rechnungslegung dokumentieren. Zwischenzeitlich haben zwar Fülbier/Kuschel und Küting erste Schritte in diese Richtung unternommen und rudimentäre Ergebnisse präsentiert. Allerdings greift die vorliegende empirische Untersuchung auf einen umfangreicheren und aktuelleren Datenbestand zurück und dehnt die Messversuche auf weitere Indikatoren aus. Zweitens existieren

---

3 Schipper (1994), Academic Accounting Research, S. 61-62.

4 Vgl. Coenenberg et al. (2014), Jahresabschluss, S. 1310-1311; Fülbier/Sellhorn (2008), Approaches to accounting research, S. 12-14; Gassen/Günther (2014), Evidenzbasierte Rechnungslegungsregulierung, S. 187; Watts/Zimmerman (1986), Positive Accounting Theory, S. 7-9.

keine Studien dieser Art – mit der Ausnahme der erwähnten – weder in der deutsch- noch englischsprachigen Literatur, die sich derartig detailliert mit dem Phänomen einer Komplexitätszunahme in der IFRS-Rechnungslegung auseinandersetzen. So ist die vorliegende Arbeit wohl die erste Studie, die einen systematischen Überblick zu Quantifizierungsversuchen verschiedener Komplexitätsformen liefert. Zudem wird in der vorliegenden Arbeit ein umfassender theoretischer Systematisierungsansatz der Rechnungslegungskomplexität entwickelt und, sofern möglich, empirisch überprüft. Drittens existiert bis dato kein Interview mit einem Experten eines deutschen, mittelständischen Unternehmens, das sich ausdrücklich mit einer Komplexitätszunahme in der IFRS-Rechnungslegung befasst. Dementsprechend liefert das Experteninterview neue, unternehmensinterne Einblicke, die die Forschung hinsichtlich einer Komplexitätszunahme in der IFRS-Rechnungslegung bereichern. Insofern weitet die vorliegende Untersuchung die Erkenntnisse hinsichtlich einer Komplexitätszunahme in der IFRS-Rechnungslegung deutlich aus und leistet einen wesentlichen Beitrag zur Forschung auf diesem Gebiet.

2 Ausblick

Es bleibt abzuwarten, wie das IASB mit dem in der Einleitung aufgeworfenen Vorwurf einer zunehmenden Komplexität in der IFRS-Rechnungslegung im Allgemeinen und des IFRS-Regelwerks im Besonderen zukünftig umgeht. Vor dem Hintergrund der vorliegenden Arbeit scheint sich zwar die Kritik erst einmal nicht zu bestätigen. Allerdings bleibt das Messproblem bestehen. Unmittelbare Handlungsempfehlungen für die praktische Tätigkeit des Standardsetters abzuleiten, erscheint aufgrunddessen zumindest schwierig. Es wäre daher wünschenswert, wenn sich auch zukünftige Forschungsvorhaben verstärkt einer Komplexitätszunahme des IFRS-Regelwerks und der damit verbundenen Messproblematik widmen würden. So könnten weiterführende Untersuchungen zum einen neue Erkenntnisse hinsichtlich einer empirischen Trennung der einzelnen Komplexitätsformen liefern. Zum anderen könnten diese darlegen, welche Treiber die IFRS-Rechnungslegungskomplexität im Allgemeinen und die IFRS-Regelkomplexität im Besonderen in welcher Art und Weise und welchem Umfang beeinflussen. Darüber hinaus bleibt die Frage unbeantwortet, wie sich die HGB-Rechnungslegungskomplexität – auch im Vergleich zur IFRS-Rechnungslegungskomplexität – entwickelt. Zwar bringt die vorliegende Arbeit erste Resultate hervor. Eine vollumfängliche empirische Untersuchung zu dieser Thematik fehlt aber bis dato in der Forschungsliteratur. So wäre es beispielsweise interessant, die Entwicklung von Komplexitätsindikatoren zwischen IFRS-Bilanzierern (z. B. aus dem MDAX, TecDAX und SDAX) und HGB-Bilanzierern (z. B. Mittelständler in der gleichen Größenklasse) im Zeitablauf zu vergleichen. Auf diese Weise entstünden ggf. neue Erkenntnisse hinsichtlich einzelner Komplexitätstreiber. Auch wäre es aufschlussreich, die Lesbarkeitsanalyse der Anhänge auf weitere Bilanzierungsbereiche in den Geschäftsberichten und Unternehmen auszuweiten. Des Weiteren wäre es spannend, die qualitative Forschung zur

Komplexitätszunahme in der IFRS-Rechnungslegung zu intensivieren. Die vorliegende Arbeit unternimmt einen ersten Schritt in diese Richtung. Gleichwohl könnte die Stichprobe ausgeweitet und Interviews mit (weiteren) Vertretern desselben Unternehmens und/oder anderer Unternehmen initiiert werden. Schließlich fehlt in der Literatur eine länderübergreifende, vergleichende Analyse des Komplexitätsphänomens im Zusammenhang mit der IFRS-Rechnungslegung. Hier besteht ebenfalls weiteres Forschungspotenzial für zukünftige Projekte.

Anhang

Anhang 1: Interviewleitfaden

Allgemeine Informationen

Allgemeine Angaben

- Unternehmen
- Ort/Raum
- Datum/Zeit
- Dauer des Interviews

Allgemeine Angaben zum Gesprächspartner

- Name
- Alter
- Qualifikation
- Position im Unternehmen/Abteilung
- Zeitraum der Unternehmenszugehörigkeit
- Zeitraum in der aktuellen Position

Allgemeine Angaben zum Unternehmen

- Branche
- Unternehmensstruktur
- Konzernumsatz 1995/2000/2005–2012
- Konzernunternehmen (Tochtergesellschaften) 1995/2000/2005–2012
- Anzahl Mitarbeiter 1995/2000/2005–2012
- Anzahl Auslandsniederlassungen 1995/2000/2005–2012

Fragen zur Unternehmensumwelt

- Welche Komplexitätstreiber in der Umwelt können Sie identifizieren?
- Welche rechtlich-politischen (z.B. Gesetze, Verordnungen etc.) Entwicklungen können Sie beobachten und inwiefern betreffen diese Ihr Unternehmen?
- Welche ökonomischen (z.B. Wettbewerber, Nachfrage etc.) Sachverhalte tangieren Ihr Unternehmen? Inwiefern?
- Welche sozio-kulturellen (z.B. Religionen, Sprachen etc.) Entwicklungen berühren Ihre unternehmerischen Aktivitäten? Inwiefern?
- Welche technologischen (z.B. Patente etc.) Fortentwicklungen können Sie feststellen und inwiefern sind diese für Ihr Unternehmen interessant und beeinflussen Ihre Aktivitäten?
- Welche ökologischen (z.B. Umweltkatastrophe in Japan etc.) Entwicklungen können Sie in Ihrer Umwelt beobachten? Inwiefern tangiert das Ihr Unternehmen?

- In welchen Bereichen haben sich Verträge in Ihrem Unternehmen aufgrund von Umweltentwicklungen geändert? Mussten Sie bestehende Verträge anpassen? Welche Auswirkungen ergeben sich dadurch auf Ihre Arbeit im Rechnungswesen?
- Können Sie Auswirkungen der verschiedenen Umweltaspekte auf Ihre Arbeit im Rechnungswesen feststellen? Inwiefern?

Fragen zu technischen Aspekten

- Welche Komplexitätstreiber können Sie in den technischen Prozessen des Rechnungswesens identifizieren?
- Auf welches technische System greifen Sie im Rechnungswesen zurück? Warum?
- Können Sie Veränderungen im Umgang mit dem technischen System feststellen, die Sie im Rahmen Ihrer Arbeit im Rechnungswesen beeinflussen? Z. B. bei Datenerfassung, bei der Buchführung oder bei der Kostenrechnung oder im Rahmen Ihrer Compliance-Systeme?
- Haben Sie technische Probleme bei der Umsetzung von Rechnungslegungsregeln (z. B. auch bei Standardänderungen etc.)? Welche? Inwiefern?

Fragen zum Unternehmen

- Welche Komplexitätstreiber können Sie in Ihrem Unternehmen identifizieren?
- Welche Entwicklungen können Sie in den einzelnen Funktionsbereichen, wie Beschaffung, Produktion, Absatz, Finanzierung, Personal etc. feststellen? Gibt es Auswirkungen auf das Rechnungswesen?
- Können Sie Bereiche (z. B. Pensions, Leasing, Patente etc.) identifizieren, in denen sich Verträge geändert haben (z. B. Angabe der Seitenzahlen etc.)? Inwiefern?
- Gab es Unternehmenszu- und/oder -verkäufe? In welchen Bereichen? Welche Auswirkungen ergaben sich aus diesen Transaktionen im Allgemeinen? Welche Auswirkungen ergaben sich für das Rechnungswesen im Besonderen?

Fragen zur Rechnungslegung

Allgemeines

- Können Sie Komplexitätstreiber im Rahmen der Rechnungslegung identifizieren? Woran machen Sie Komplexität fest? Wo zeigt sich Ihrer Meinung nach Komplexität?
- Erstellen Sie für interne Zwecke eine Art Geschäfts- und/oder Finanzbericht? Hat sich dessen Inhalt und/oder Umfang verändert?
- Können Sie die Budgetentwicklung Ihrer Abteilung für jedes Jahr im Zeitablauf quantifizieren (z. B. nicht in absoluten, aber in relativen Angaben)? Warum?

- Wie ist die Budgetentwicklung in anderen Abteilungen? Z.B. in der Steuerabteilung?

Rechnungslegungssystem

- Sehen Sie in einem Rechnungslegungssystem einen Komplexitätstreiber? In welchem? Inwiefern?
- Erstellen und veröffentlichen Sie einen Konzernabschluss? Warum (nicht)?
- In welcher Rechnungslegungssprache erstellen Sie Ihren Konzernabschluss? Warum?
- Welche Vorteile und welche Nachteile sehen Sie jeweils in einem Konzernabschluss nach HGB und nach IFRS im Allgemeinen und für Ihr Unternehmen?
- Inwiefern beschäftigen Sie sich in Ihrem Unternehmen neben der handelsrechtlichen Rechnungslegung auch mit den Anforderungen der internationalen Rechnungslegungsstandards IFRS? Warum? Seit wann?
- In welcher Rechnungslegungssprache kommunizieren Sie intern? Welche Kennzahlen nutzen Sie zur Steuerung? In welcher Rechnungslegungssprache berichten Sie an die Entscheidungsträger (z.B. Geschäftsführung, Gesellschafter)? Welche Rückmeldungen erhalten Sie an dieser Stelle? Besteht Ihrer Meinung nach das Bewusstsein bei den Entscheidungsträgern, dass Unterschiede zwischen HGB und IFRS existieren?

Rechnungslegungsumstellung

- Können Sie im Rahmen der Rechnungslegungsumstellung Treiber von Komplexität identifizieren?
- Welche Veränderungen sind mit der Rechnungslegungsumstellung verbunden gewesen? Worin und/oder wodurch kamen die Veränderungen zum Ausdruck? Probleme bei der Umstellung?
- Waren Probleme mit der Rechnungslegungssystemumstellung verbunden? Welcher Art waren diese Probleme (z.B. technischer, personeller, zeitlicher Natur etc.)?
- Haben sich nach der Rechnungslegungssystemumstellung Arbeitsschritte oder Arbeitsprozesse verändert? Inwiefern? Können Sie das vielleicht an einem Beispiel belegen?
- Wurden neue Mitarbeiter aufgrund der Rechnungslegungssystemumstellung eingestellt? Warum? Wie viele?

Bilanzierung

- Können Sie in Ihrem Unternehmen Bilanzierungsbereiche identifizieren, mit denen Sie Komplexität verbinden? Wie äußert sich diese Komplexität?
- Mit welchen Bilanzierungssachverhalten haben Sie in Ihrem Unternehmen in Abhängigkeit des Rechnungslegungssystems die größten Schwierigkeiten bei

der praktischen Umsetzung? Welche Auswirkungen ergeben sich aufgrund dieser Probleme? Warum?
- Wie haben sich z. B. Leasing- oder Patentverträge in Ihrem Unternehmen entwickelt? Hat sich der Umfang (z. B. die Seitenzahl) der Verträge verändert? Inwiefern?

Abschlusserstellung

- Müssen Ihre Abschlüsse von einem Wirtschaftsprüfer attestiert werden? Wer hat die Abschlussprüfung durchgeführt?
- Können Sie Angaben zu den Honoraren machen? Wie haben sich die Honorare in den letzten Jahren entwickelt (z. B. relative Angaben)? Warum?
- Wie lange dauert eine Abschlussprüfung bei Ihnen und wie hat sich der Zeitraum dafür in den letzten Jahren entwickelt?
- Können Sie den Arbeitseinsatz, den Ihre Abteilung für die Abschlusserstellung benötigt, quantifizieren (z. B. Zeitraum, Mitarbeiter etc.)? Wie hat sich dieser im Zeitablauf entwickelt?
- Haben Sie den Abschlussprüfer in den letzten Jahren gewechselt? Warum?
- Greifen Sie in Ihrer Abteilung z. B. im Rahmen der Jahresabschlusserstellung auf externe Expertise (z. B. Wirtschaftsprüfer etc.) zurück (z. B. im Rahmen der Pensionsrückstellungen)? Wenn ja, in welchen Fällen? Warum? Welche Kosten entstehen Ihnen dabei? Seit wann? Wie hat sich dieser Sachverhalt in den letzten Jahren entwickelt?

Mitarbeiter

- Wie viele Mitarbeiter hat Ihre Abteilung? Wie hat sich die Mitarbeiterzahl in Ihrer Abteilung im Zeitablauf entwickelt? Inwiefern lässt sich diese Entwicklung begründen?
- An wie vielen Standorten sitzen Mitarbeiter, die dem Rechnungswesen zugeordnet werden? Oder gibt es nur eine zentrale Abteilung? Hat sich das in den letzten Jahren verändert?
- Wie sieht es in Ihrer Abteilung mit Fortbildungen aus? Wie oft im Jahr? Wie lange? Wer? Kosten? Wo finden diese Fortbildungen statt?
- Wie gestalten sich Fortbildungen in anderen Abteilungen (z. B. Marketing)?
- Wie halten Sie sich auf dem aktuellen Wissensstand hinsichtlich der Rechnungslegung? Wie viel Zeit müssen Sie dafür aufwenden? Hat sich das in den letzten Jahren geändert? Inwiefern?
- Inwiefern antizipieren Sie zukünftige Regeländerungen im Rechnungslegungssystem? Welchen Aufwand betreiben Sie dazu? Hat sich dieser Aufwand in den letzten Jahren verändert?

Abschlussfragen

- Würden Sie bitte die wesentlichen Aspekte unseres Gesprächs unter Berücksichtigung der Besonderheiten Ihres vertretenen Unternehmens noch einmal zusammenfassen!
- Welche Aspekte wurden im Rahmen der Fragestellung Ihres Erachtens in diesem Interview nicht berücksichtigt? Gibt es weitere Punkte, die zu beachten wären?

Anhang 2: Skizze des Arbeitsplatzes des Interviewpartners

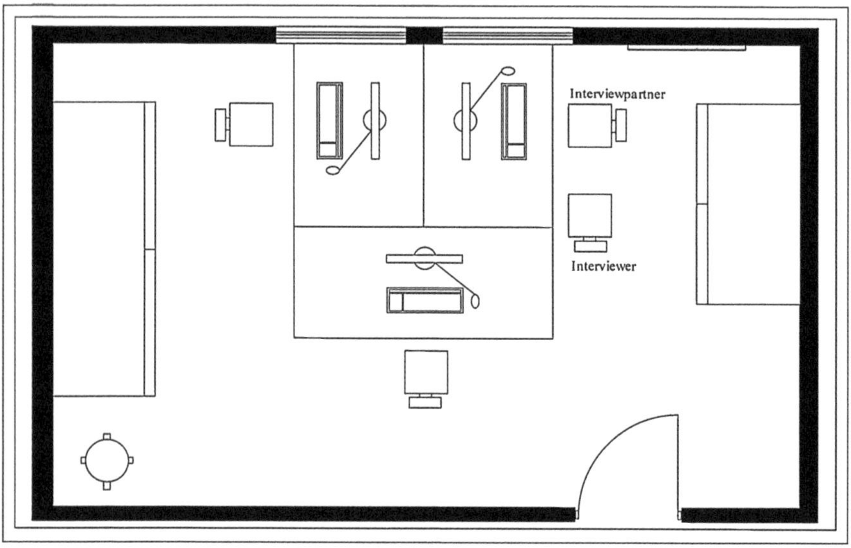

Anhang 3: Konventionen der Transkription

Allgemeine Angaben zum Interview

Interviewer:	Dipl.-Kfm. Patrick Kuschel (im Folgenden: „Interviewer“)
Interviewpartner:	XXX (im Folgenden: „Interviewpartner“)
Datum/Zeit:	2. November 2012, ca. 15.15 Uhr bis ca. 17.22 Uhr
Dauer des Interviews:	2 Stunden 6 Minuten 51 Sekunden
Aufzeichnung erwünscht:	Ja
Verschwiegenheitsverpflichtung:	Ja

Besonderheiten des Interviewverlaufs:

- Das Interview basiert auf einem Interviewleitfaden.
- Erläuterungen sind teilweise auf Konzeptpapier erfasst und dann in eine Skizze übertragen worden.
- Erläuterungen sind teilweise mithilfe eines Computers und abgelegten Dateien gemacht worden.

Allgemeine Angaben zur Transkription

Transkription:	Dipl.-Kfm. Patrick Kuschel, 3. Januar 2013 bis 13. Januar 2013
Korrektur der Transkription:	Barbara Palutzki, B. Sc., 22. Januar 2013 bis 27. Januar 2013
Aufnahmemedium:	Philips Digital Voice Tracer LFH880
Transkriptionssoftware:	Software „f4 plus“

Konventionen der Transkription

Allgemeine Konventionen

- Aufgrund der gewünschten Anonymität des Unternehmens und des Experten und der Verschwiegenheitsverpflichtung des Interviewers werden keine detaillierten Angaben zum Unternehmen und der interviewten Person gemacht. Die entsprechende Aufzeichnung bleibt unter Verschluss.

- Hinweise auf das Unternehmen, den Interviewpartner etc. werden im Rahmen der Transkription ausgeblendet. Der Unternehmensname wird durch das Wort „UNTERNEHMEN“ ersetzt.
- Die Verschriftung des Interviews erfolgt grundsätzlich in Standardorthografie. Diese orientiert sich an den Normen der geschriebenen Sprache und vereinfacht auf diese Weise die Arbeit des Transkribierenden. So werden Besonderheiten der gesprochenen Sprache überwiegend ausgeblendet. Allerdings werden die grammatikalischen Elemente der gesprochenen Sprache, wie z.B. der Satzbau etc., weitestgehend beibehalten; auch wenn sie nicht korrekt sind.
- Das gesprochene Wort wird in dialektfreier und hochdeutscher Schrift ausgedrückt. Verbale Einheiten, wie z.B. Wortfragmente, Verzögerungssignale (z.B. „äh“) und Rezeptionssignale sowie prosodische Elemente (z.B. Tempo, Rhythmik, Akzente, nonverbale Ereignisse, wie z.B. Schreien, Husten, Lachen, Trinken oder hörbares Atmen), werden – sofern keine fachliche Bedeutung gegeben ist – vernachlässigt.
- Verständnissignale des gerade nicht Sprechenden wie „mhm“, „aha“, „ja“, „genau“, „ähm“ etc. werden nicht transkribiert. Ausnahme: Eine Antwort besteht nur aus dem Verständnissignal „mhm“ ohne jegliche weitere Ausführung. Dies wird in Abhängigkeit der Interpretation als „mhm (bejahend)“ oder „mhm (verneinend)“ erfasst.
- Außersprachliche Merkmale, wie z.B. sichtbare (z.B. Gestik, Mimik) und hörbare Verhaltensweisen (z.B. Applaus), werden im Rahmen dieser Transkription – sofern keine fachliche Bedeutung gegeben ist – nicht berücksichtigt.
- Unverständliche Passagen, z.B. durch sprachliche Überlappungen, werden – sofern keine fachliche Bedeutung gegeben ist – nicht transkribiert.
- Die Transkription beginnt erst ab dem Fragenblock im Interviewleitfaden, der sich mit der Umweltkomplexität auseinandersetzt („Fragen zur Unternehmensumwelt“). Sie beinhaltet darüber hinaus die Bereiche „Fragen zu technischen Aspekten“, „Fragen zum Unternehmen“, „Fragen zur Rechnungslegung“ und „Abschlussfragen“.
- Der vorgelagerte Fragenblock zu den „Allgemeinen Informationen“ (Allgemeine Angaben, Angaben zum Gesprächspartner, Angaben zum Unternehmen) wird lediglich stichpunktartig transkribiert. In diesem Zusammenhang fehlende Angaben werden auf Basis von Informationen der Internetpräsenz des Unternehmens vervollständigt.
- Die Identität des Interviewers stimmt mit der Identität des Verfassers der vorliegenden Arbeit überein. Die interviewte Person (Interviewpartner) bleibt anonym. Der Interviewpartner ist Angestellter in einem mittelständischen Unternehmen in der Automobilbranche in Süddeutschland und dort in einer leitenden Funktion im kaufmännischen Bereich (Rechnungslegung) tätig.

Spezielle Konventionen

- Der Redebeitrag beginnt am Zeilenanfang und hört bei Beginn des nächsten Redebeitrags, der durch einen Zeilenabsatz und eine entsprechende anonymisierte Bezeichnung für den neuen Redner („Interviewer" oder „Interviewpartner") gekennzeichnet ist, auf.
- Überlagerungen von Redebeiträgen werden durch „[„ (Anfang) und „]" (Ende) gekennzeichnet.
- Wortfragmente werden – falls notwendig – durch „-" gekennzeichnet.
- Besonderheiten wie etwa eine spezielle Aussprache und Betonungen werden durch Unterstreichen gekennzeichnet.
- Unterbrechungen während des Sprechens werden mit „..." gekennzeichnet.
- Sprechbegleitende Geräusche werden durch Klammern gekennzeichnet (z.B. „(TRINKT AUS KAFFEETASSE)").
- Handlungen, Vorgänge und Aktivitäten werden durch doppelte Klammern „((...))" gekennzeichnet (z. B. „((TRINKT AUS SEINER KAFFEETASSE))").
- Kommentare, Erklärungen, Anmerkungen, Erläuterungen, Illustrationen und Vermutungen werden entsprechend durch eine besondere Kennzeichnung hervorgehoben (z. B. „Skizze").
- Nicht transkribierte Passagen o.Ä. werden durch „(...)" gekennzeichnet.

Anhang 4: Transkription

Interviewer: #00:15:29–3# So, also so viel erst einmal zu den allgemeinen Angaben. Jetzt geht es mal darum, mal zu schauen, welche ja Gründe, Treiber kann man denn aus deiner Sicht für UNTERNEHMEN identifizieren, insbesondere zunächst einmal in der Umwelt identifizieren, die sich unmittelbar auf euer Geschäft auswirken? Also, wir hatten ja schon einmal angesprochen. Ich habe das jetzt ganz allgemein formuliert, welche Komplexitätstreiber in der Umwelt können identifiziert werden? Und das hängt natürlich meines Erachtens unmittelbar mit dem zusammen, mit dieser ja globalisierten Welt auch. Möglichweise ist das auch schon ein wichtiger Grund für euch? #00:16:08–1#

Interviewpartner: Also, ich sage mal von der Umwelt her natürlich das Thema verschiedene, also mit der Globalisierung selbst, gehst du halt auf verschiedene Rechtskreise ein. Also sprich, es ist natürlich eine Funktion von der Unternehmensgröße, wobei Unternehmensgröße insoweit meines Erachtens das Problem ist, als du in unterschiedlichen Ländern tätig bist. Unternehmen, das in Deutschland 4 Mrd. Umsatz erwirtschaftet, ist jetzt alleine aus Sicht der Rechnungslegungsanforderungen deutlich weniger komplex als ein Unternehmen, was in 30 Ländern 4 Mrd. Umsatz erwirtschaftet. Weil du natürlich immer neben deinen eigenen IFRS, die dann vergleichsweise sogar einfach sind, weil sie standardisiert und immer gleich sind, deutlich Komplexität hinein bekommst, verschiedene Landesrechte beachten zu müssen, die eigene Spezialitäten haben. So, und diese Landesrechte, die müssen bei uns in unserem System, so wie wir uns entschieden haben, diesem SAP-System, ein Einmandantensystem, musst du das Landesrecht ja auch abbilden. Also, sprich wir haben im System die Handelsbilanz nach Landesrecht. #00:17:18–1#

Interviewer: Einzelabschluss, ja? #00:17:19–3#

Interviewpartner: Genau. Den IFRS-Abschluss standardisiert, losgelöst vom Landesrecht, und dann haben wir darunter noch einmal zum Landesrecht die jeweilige Steuerbilanz gegebenenfalls, wobei wir das nicht durchgängig haben. So, lassen wir mal die Steuerbilanz außen vor. Dann hast du also in 50 Ländern oder bei 50 Gesellschaften in 50 Ländern zum Beispiel, 50 verschiedene Landesrechte, die du abbilden können musst. So und das heißt, dann kommen dir Kontenanforderungen herein, weil beispielsweise Russland, Indien, China, Brasilien, die ehemaligen GUS-Staaten – sage ich mal – sehr, sehr restriktiv sind mit ihren Anforderungen. Die wollen Aufrisse sehen ja, also, Tabellen über bestimmte Zahlen, die wir in Deutschland gar nicht brauchen. So, und das kannst du jetzt mit der vorhandenen Kontenstruktur, die mit der du in Deutschland dann HGB- und IFRS-Abschluss erstellen kannst, kannst du das gar nicht machen. Sondern du hast dann Sondersachverhalte, um das Landesrecht Indien abbilden zu können. Was für alle anderen dann zwar nicht mehr – sage ich mal – relevant ist, die du aber als Holding natürlich überblicken musst. Also, es bringt für uns als Zentralabteilung natürlich ganz klar, jedes neue Land und jede Gesellschaft in einem neuen Land bringt Komplexität. #00:18:37–7#

Interviewer: Also durch zusätzliche Verwaltungsschritte, die notwendig sind, zusätzliche Konten, die angelegt werden müssen, um dem überhaupt gerecht zu werden und zusätzlich natürlich auch deine Arbeitszeit und die der Kollegen, um das auch entsprechend umzusetzen. (...). Also, damit hängt es natürlich auch zusammen, wenn ich jetzt auf die einzelnen Faktoren in der Umwelt eingehe. Also, das hast du schon angesprochen, rechtlich-politisch, das sich das natürlich auswirkt in den Einzelabschluss, den Anforderungen gerecht zu werden, die ihr dann abbilden müsst. Ökonomisch in der Umwelt ist mir spontan jetzt eingefallen und da wollte ich mal fragen, wie es aussieht mit Wettbewerbern und Nachfrage. (...). Im Bereich der Kunden gab es eine Konsolidierung (...) als Beispiel jetzt einmal der Volkswagen-Konzern und Porsche, MAN gehört auch schon dazu. Gibt es da irgendwie Einflüsse von Wettbewerberseite, von Nachfrageseite, die sich unmittelbar auf euch auswirken oder ist euch das relativ egal, weil das eh immer dieselben Buchungssätze sind? #00:19:50–3#

Interviewpartner: Ja – sagen wir mal – ich würde es eigentlich eher umgekehrt sehen. (...) Diese Automobilindustrie, das hast du ja richtig gesagt, ist ja, also es gibt ja Konsolidierungsprozesse. Es werden Firmen dicht gemacht und es schließen sich manche zusammen. Und wenn du Unternehmen hast, die vorher unterschiedliche Formen der Zahlung hatten, Formen der Werkzeugabwicklung oder ähnliche Dinge und die jetzt zusammengehen und das vereinheitlichen, dann ist das für uns eher komplexitätsreduzierend. Also, das heißt, das wären eher gegenläufige Effekte, die du da hereinbekommst. Wenn jetzt VW Porsche früher völlig unterschiedliche Entwicklungsanforderungen hatten und vereinheitlichen das jetzt, was natürlich nicht sofort passiert, das würde jetzt immer noch parallel laufen, aber langfristig vereinheitlicht, dann wird es eher für uns einfacher. Klar! Je mehr Kunden, (...) desto mehr Möglichkeiten unterschiedlicher Anforderungen, desto mehr Komplexität bei Abwicklung von bestimmten Werkzeugthemen oder Lieferthemen, die ansonsten vereinheitlicht werden. Von daher eher aus meiner Sicht umgekehrter Effekt, was wir da sehen. #00:21:07–4#

Interviewer: Wir haben jetzt kurz eingangs schon einmal darüber gesprochen, (...) mit den Landesgesellschaften und der Sprachbarriere, die ein Hemmnis letztendlich auch darstellt. Weil man ja im Deutschen ganz andere Begriffe für Rückstellung möglicherweise hat als im Englischen und ganz andere Bedeutungen, die Leute damit verbinden und möglicherweise ja auch ganz andere Folgen daraus ziehen. Ist da irgendetwas von UNTERNEHMEN-Seite feststellbar, wie sich das entwickelt hat? (...). #00:21:42–5#

Interviewpartner: Also, da hast du einen sehr guten Punkt. Es ist also absolut richtig. Was bei uns natürlich – was wir auch merken – was – glaube ich – bei jedem großen Unternehmen normal ist, ist, dass du Kommunikation als

Komplexitätstreiber hast. Ich sage mal, wenn du in der Muttersprache, wenn wir zwei kommunizieren, dann kannst du in dem Sender-Empfänger-Modell voraussetzen, das, was ich schicke kommt bei dir auch an, wird verarbeitet und du verstehst auch das, was ich meine. Wenn ich mit einem Engländer spreche, dann reicht mein Englisch sehr gut aus, um mit dem mich verständlich zu machen, weil ich dann wirklich das IFRS-Englisch spreche und wir da auf sehr – sage ich mal – relativ als Deutsche ausgebildet sind. Wir sprechen recht gut Englisch. D.h. mit dem Engländer könnten wir uns sehr, sehr gut verständlich machen. Wo es dann wirklich schwierig wird, wenn du dann in andere Länder gehst, weil dann die Semantik vielleicht auch anders ist. Also, im europäischen Sprachgebrauch, wenn du über Rückstellungen sprichst, wissen die Leute in der Regel auch, was eine Rückstellung ist und was du damit meinst. Wenn du allerdings jemanden eine komplexe Buchung über Unterschied Verbrauch und Auflösung ja – das sind ganz einfache Themen – aber wenn du so etwas einem Chinesen erklärst, der vielleicht einen ganzen anderen Hintergrund hat. Ich meine damit jetzt nicht einmal Bildungshintergrund. Die sind sehr gut ausgebildet, die Leute. Aber von der Interpretation, was die darunter verstehen, einen anderen Hintergrund haben, dann werden selbst einfache Themen zum Teil, bis du die wirklich so transportierst, dass das auch auf der Gegenseite verstanden wird. Und das heißt jetzt nicht nur, wenn wir mit denen sprechen, dass wir transportieren, was wir meinen, sondern dass auch die transportieren, was sie meinen. Dass es – sage ich mal – die Komplexität natürlich zunimmt, weil du musst jetzt immer noch bedenken bei jeder E-Mail, die du schreibst ja, wo du früher auf Deutsch einfach auf Senden gedrückt hast, musst du jetzt bei jeder E-Mail eigentlich genau drüber nachdenken, welches Wort verwendest du und gibst du vielleicht für das gleiche Wort verschiedene Bedeutungen an oder für die gleiche Bedeutung, die du eigentlich im Hinterkopf hast, Synonyme an, damit derjenige wirklich eines von denen hoffnungsfroherweise aufgreift und damit etwas anfangen kann. Also das ist schon ein ganz wichtiges Thema, was auch – sage ich mal – bei uns und was auch in der Praxis ein ganz großes Thema ist. #00:24:04–4#

Interviewer: Gab es irgendwie in den letzten Jahren jetzt, beispielsweise Fukushima ist ja das Atomkraftwerk hochgegangen, hat sich das unmittelbar auf eure Firma (...), auf den japanischen Markt und/oder auf euch im Rechnungswesen? Habt ihr davon irgendetwas zu spüren bekommen (...)? #00:24:26–2#

Interviewpartner: Ja, (...) also wir haben halt jetzt realwirtschaftlich nichts davon gemerkt. Also unser Werk war weder betroffen noch waren wir also im nennenswerten Umfang große Themen, die jetzt irgendwie beeinträchtigt gewesen wären. Was allerdings natürlich ein Thema ist, ist, was nicht im Accounting aufschlägt, aber das Unternehmen tangiert, ist natürlich die Frage, Lieferketten reißen im Zweifel dann ab. Was dann natürlich extreme Anstrengungen im Einkauf und solchen Abteilungen natürlich auslöst. Was jetzt aber direkt in der Rechnungslegungsabteilung eigentlich eher untergeordnet ist. Ich meine, das Einzige, was hier vorkommt ist, dass du vielleicht mal einen Zuschuss bekommst, weil die Regierung jetzt den Leuten helfen will und gewisse Zuschüsse gewährt temporär, zinsgünstige Darlehen. Dass man sich mit so etwas beschäftigt. Aber das sind eigentlich – sage ich mal – Standardsachverhalte, die in einem großen Unternehmen an der Tagesordnung sind. Also du hast eigentlich alle zwei, drei, vier Wochen ständig etwas auf dem Tisch mit Zuwendungen oder Investitionszulagen (...), so dass du das in der Regel nach Schema „F“ relativ schnell abgearbeitet hast. (...) Es kommen mehr Themen herein, aber ich sage mal, du musst auch sagen, wenn du ein großes Unternehmen hast, sind auch vermeintliche Sonderthemen regelmäßig wiederkehrend da, die du ständig beurteilen musst und die hast du dann in der Schublade und die musst du einmal erarbeiten. (...) Von daher eher weniger spektakulär für uns im Rechnungswesen. #00:26:02–8#

Interviewer: Gibt es noch irgendwelche Punkte, die wir vielleicht jetzt nicht angesprochen haben, die dir aber spontan oder unspontan noch einfallen, zur Umwelt jetzt erst einmal? (...). #00:26:22–0#

Interviewpartner: Also ich sage mal die Thematik, was ich nicht weiß, ob sie später kommt, ich weiß nicht, ob ich vorgreife, ist natürlich die Frage zum Beispiel, Notwendigkeit, Währungsrisiken zu sichern. Das ist ein Thema, was aus meiner Sicht auch mit der Größe/mit den verschiedenen Ländern und den verschiedenen Währungen, mit denen zu tun hast, natürlich zusammenhängt. Es ist nicht notwendig, wenn ich in Deutschland isoliert meine vier Mrd. erwirtschafte, muss man über – sage ich mal – Währungssicherung nur dann Gedanken machen, wenn ich wirklich ins Ausland verkaufe. Aber sobald ich ins Ausland verkaufe, muss ich mir schon Gedanken machen, wie sichere ich die Ströme. Also das heißt durch diese Globalisierung, durch die Verknüpfungen mit dem Ausland, ist natürlich immer die Frage, wie sicherst du dein Ergebnis auch ab. So, dann kommst du natürlich relativ schnell in das Thema herein. Du musst dich mit Hedge Accounting beschäftigen, mit dem Standard, der vielleicht oder mit diesem Abschnitt im Standard, der vielleicht vorher nicht relevant war. Dann ist die Frage, welche Geschäfte werden gemacht. Die kann man ja auch in verschiedenen Komplexitätsgraden machen – also von ganz einfachen Termingeschäften bis zu den abgefahrensten Optionsgeschäften (...). #00:27:36–4#

Interviewpartner: Wie stellt es sich bei UNTERNEHMEN dar? (...) Wie hat sich es entwickelt besser gesagt? #00:27:43–1#

Interviewer: Also, das hat natürlich enorm zugenommen, ganz klar. #00:27:46–3#

Interviewpartner: Also allein schon von der Menge her? #00:27:47–8#

Interviewer: Hauptsächlich die Menge, ja. Also wir haben ein Modell, das wir einsetzen. Das hat einen gewissen Komplexitätsgrad logischerweise. Aber die Komplexität, die man nicht unterschätzen darf, ist auch, wenn das Ganze von einem Prototypenstatus, also ich hedge jetzt mal fünf Prozent des Umsatzes, um das mal zu testen, wenn sich das – sage ich mal – ins Massengeschäft – sage ich mal – irgendwann umkehrt, weil dann hast du auch im Zweifel nach Anwendung des Modells würdest du ja nie den Umsatz für das nächste Jahr in einem Schlag sichern, das wäre ja fahrlässig, sondern du würdest ja rollierend anfangen. So durch das Rollierende hast du jetzt aber nicht mehr ein Geschäft, sondern hast ständig verschiedene Geschäfte zu verschiedenen Zeitpunkten. Und je feiner du wirst, umso effektiver wird die Absicherung. Also, hängt immer davon ab, was ich absichern will. Aber: Gegeben ich möchte einen Planwert absichern, dann versuche ich natürlich möglichst einen durchschnittlichen Verlauf hereinzubekommen, was dafür spricht, tendenziell die Intervalle zwischen den Geschäften relativ kurz zu wählen. So dadurch hast du eine sehr hohe Anzahl an Geschäften, die du überwachen musst. So und ich denke mal, das ist das eine. #00:28:57–4#

Interviewer: Hast du vielleicht mal so einen Wert, was man da sagen kann? Wie sich die Zahl vielleicht verändert hat in den letzten Jahren? #00:29:02–7#

Interviewpartner: Ich sage mal im Jahr 2009 von wahrscheinlich 30, 40, 50 Geschäften zu inzwischen über 800 Geschäften, wobei wir da noch recht – ich sage mal – wir sind da noch sehr ja zurückhaltend. Also für unsere Größe ist das eigentlich schon noch o. k., aber ich meine tendenziell wächst das weiter. (...) Mit einem gewissen Standard und einer gewissen Größe wächst der Wunsch, die Ergebnisse planbarer zu machen, weil ich halt nicht mehr ad hoc einkaufen kann, sondern standardisierte Verträge habe. Und dann muss ich halt überlegen, wie ich meine Marge sichere. Und dann wird auf der einen Seite nicht nur die Währung gehedgt, was über das Thema Globalisierung kommt, sondern dann geht es in die Richtung, wenn man den – sage ich mal – Appetit auf Sicherung geweckt hat, dann geht es halt in andere Bereiche herein. Dann sichert man halt Rohstoffe (...). #00:30:09–5#

Interviewer: Wenn sich die Anzahl der Geschäfte erhöht hat, dann hat sich sicherlich auch die Form, die Art des Geschäfts verändert, oder? Also, wenn ich möglicherweise am Anfang habe ich vielleicht nur Lieferbeziehungen abgesichert, mittlerweile habe ich nicht nur Lieferbeziehungen, sondern möglichweise auch Absatzbeziehungen (...) oder möglichweise auch irgendwie meinen eigenen Bestand an verschiedenen Währungen, das ich da Absicherungsvorkehrungen treffe. Also hat auch praktisch das, wie ich das mache, hat sich verändert. (...). #00:30:40–6#

Interviewpartner: Natürlich. Also ich sage mal, das ist wie immer, wenn du in ein neues Thema einsteigst, wächst natürlich die Komplexität auch überproportional, weil wenn du die ersten paar Geschäfte machst, machst du Termingeschäfte für einen abgeschlossenen Sachverhalt und dann wird der gebucht und gut ist es. Und je länger ich mich damit beschäftige, umso mehr durchdringe ich eigentlich erst die Feinheiten. So und die Feinheiten, je tiefer ich einsteige – das habt ihr auch in eurem Artikel geschrieben – ist ja genauso: Je tiefer ich einsteige, umso komplexer wird halt die Welt. Und genauso ist es da auch. Also, wenn ich halt anfange und sichere zukünftige Umsätze, als Forecast Transaction, dann ist es das Erste und dann muss ich aber einsteigen ja, wie mache ich das eigentlich für das gesamte Jahr. Wenn ich jetzt nicht mehr ein Geschäft oder einen Monat, sondern jetzt mal wirklich das Ganze von der Testphase in ein richtig rollierendes Modell umsetze, dann ist natürlich klar, dann wird das immer komplexer und man muss immer mehr Parameter auch beachten. #00:31:37–3#

Interviewer: Du hast einen wichtigen, aber einen – finde ich – interessanten Punkt angesprochen. Das war der Punkt mit den Verträgen, mit den Lieferverträgen. Dass ihr da standardisierte Verträge habt. Wie haben sich denn solche Verträge in den letzten Jahren entwickelt? Kann man sagen, dass die einfach, also jetzt mal rein vom Umfang her, sind das zehn Seiten gewesen und sind zehn Seiten geblieben oder haben die Verträge sich geändert und sind möglicherweise mehr geworden oder sind sie sogar weniger geworden? #00:32:02–3#

Interviewpartner: Noch mal: Standardisierte Verträge!? Was meinst du jetzt damit? #00:32:06–8#

Interviewer: Du hast jetzt gerade angesprochen, dass ihr standardisierte Verträge habt, die ihr mit euren Lieferanten abschließt oder bei Beschaffungsvorgängen im Unternehmen einfach habt. #00:32:16–3#

Interviewpartner: Nein, das sind unsere Termingeschäfte, die wir abschließen. Das sind standardisierte Termingeschäfte, die auf Basis eines rollierenden Modells immer wieder neu abgeschlossen und dann auch gesettelt werden, sodass du praktisch im Settlement ständig in einem Monat verschiedene Ergebniseinwirkungen hast – sage ich jetzt mal. Aber natürlich haben wir auch im Einkauf standardisierte Lieferverträge. Klar! Auch so etwas kann man absichern. Aber das hängt mehr oder weniger schon auch davon ab, wie das der Einkauf strickt. Und da ist halt Flexibilität versus Komplexität. Also, wenn ich sage, ich will flexibel bleiben, dann kann ich nicht immer den gleichen Kontrakt nehmen, der es mir dann vereinfacht, dann mache ich einen Rahmenvertrag und nach dem nudele ich jetzt alle Geschäfte repetierend immer wieder nach dem gleichen Muster. Das ist – sage ich mal – unter einer gegebenen Komplexität aber zumindest gleichbleibend, dann nehme ich die Dynamik heraus. Aber wenn ich natürlich flexibel bleiben will und auf Möglichkeiten reagieren will, wird es natürlich schwierig, weil dann muss ich Vertrag A da einsetzen und Vertrag B dort. Und dann kann das natürlich je nach Situation – nimmst du verschiedene Verträge – und dann geht natürlich die Komplexität noch einmal durch die Decke, weil du dann halt nicht Schema F anwenden kannst, sondern langsam aber sicher in Richtung Einzelfallwürdigung kommst. Und – ich sage mal – das ist natürlich dann auch noch einmal zusätzlich erschwerend. #00:33:44–6#

Interviewer: (...). So, jetzt, du hast es schon einmal vorhin kurz angesprochen, das technische System, welches ihr verwendet: das SAP-System, um das abzubilden. Verwendet ihr das schon immer oder ist das erst seit Neustem, oder? #00:33:59–3#

Interviewpartner: Also, wir hatten, da muss ich jetzt auch mal spitzen. (PAUSE UND SUCHT WÄHRENDDESSEN ENTSPRECHENDE INFORMATION AM PC HERAUS). (...). Wir verwenden das meines Wissens seit 2006. Davor hatten wir das SAP EC-CS (ANMERKUNG: „Enterprise Controlling – Consolidation System") und seit 2006 oder 2007 haben wir SEM-BCS. Also, Strategic Enterprise Management heißt SEM und BCS heißt Business Consolidation Services (ANMERKUNG: Interviewpartner spricht von „System" statt „Services"). Also, das ist ein Konsolidierungssystem, in dem die Tochtergesellschaften selbstständig ihre Zahlen eingeben oder wenn du SAP als Vorsystem verwendest, die Daten automatisch hochgeladen werden. Dann hast du schon einmal die Einzelabschlüsse und die werden dann aggregiert zur Summenbilanz und dann setzen halt die Konsolidierungsmaßnahmen ein. #00:34:49–4#

Interviewer: Also, das heißt, ihr verwendet nicht nur SAP, sondern ihr habt praktisch SAP als Grundlage und habt darauf aufbauend noch ein anderes System? #00:34:55–9#

Interviewpartner: Warte mal, ich zeige es dir mal. (SUCHT AM PC NACH EINER ÜBERSICHT, UM DEN ZUSAMMENHANG EINGÄNGIGER ERLÄUTERN ZU KÖNNEN). (...). #00:35:00–8#

Interviewer: Hat das einen Grund, warum ihr nicht nur einfach SAP verwendet, sondern noch ein anderes System dahinter? (...). (PAUSE). #00:35:28–8#

Interviewpartner: Wir hatten seit 2000 in EXCEL konsolidiert bis 2003. Dann haben wir immer überlappende – sage ich mal – Phasen, wo man das einführt. Dann hatten wir das EC-CS. Das war der Vorgänger von dem BCS-System. (...). Und seit 2007 (...) haben wir das BCS-System (...). Und das ganze läuft im Wesentlichen so ab. (...). (ERKLÄRT DEN ZUSAMMENHANG ANHAND SKIZZE 1). (...). Du hast hier. Das ist das BCS-System. Und hier hast du Vorsysteme. Bei unserem Unternehmen haben wir das P01-System, das ist im Endeffekt ein SAP R/3, in der allerletzten Ausführung. Also, jedes Mal geupdatet, wann immer möglich. Und daneben gibt es Gesellschaften, die aufgrund strategischer Überlegungen kein SAP bekommen, weil sobald – wir haben ja ein Einmandantensystem – sobald du das SAP hast, kennst du unsere Prozesse komplett. Das ist praktisch eine Blaupause und das wird erst einmal genommen und auf eine neue SAP-Gesellschaft ausgerollt. Und dann hängen sämtliche Logistikprozesse, Materialbeschaffungsprozesse, (...) also Eingangs-/Ausgangslogistik, alles in dieser Blaupause drin. Und danach werden dann Customizing-Aktionen durchgeführt. Also, sprich, zum Beispiel bei FI-Modul im Landesrecht Spanien gibt es dann Anpassungen im Vergleich zu Deutschland. Aber die Blaupause ist immer die gleiche. (...). Die Ausprägung von dem System wird einfach kopiert (...) auf eine neue Gesellschaft übergestülpt. Und dann wird mit dieser Blaupause, dann wird die gecustomized und dann sozusagen auf die spezifischen Bedürfnisse eingestellt. (...) Jetzt gibt es praktisch zwei Themen. Die SAP-Gesellschaften (ERLÄUTERT SEINE AUSFÜHRUNGEN ANHAND

DER ANGEFERTIGTEN SKIZZE 1) Das ist ein SAP-System und das ist ein SAP-System. Kann man sich vorstellen wie Office. Das ist Excel, das ist oder das ist Powerpoint, das ist Excel. Dadurch, dass die beiden in der gleichen Familie sind, kannst du direkt automatisch die Daten aus dem R/3 in das BCS laden, ohne dass einer Zahlen eingeben muss. Es gibt strategische Überlegungen, warum Gesellschaften kein SAP bekommen. Das haben wir ja gerade gesagt. Die haben dann ihr eigenes System. Also, Oracle oder was weiß ich. Irgendein anderes System, aber halt nicht SAP oder SAP, aber nicht unseren Standard. Und die können nicht automatisch uploaden, sondern die müssen das jetzt manuell hier hereinbringen. So und hier in dem Element hier hast du das erste Mal die Möglichkeit, die komplette Gruppe zu sehen. Alle Gesellschaften. Logisch! Weil hier hast du zwar die Möglichkeit, wenn das (...). Also wir arbeiten bei ZFI mit dem hier für alle SAP-Gesellschaften und mit einem Zusatzthema, was die hier anschaut. Das geht aber nicht direkt. Also der Pfeil ist eigentlich nicht richtig, sondern wenn die konsolidiert werden, die Daten, dann werden die in einem sogenannten Business Warehouse abgelegt. Das ist auch SAP. So, das heißt, das ist praktisch Input, Transformation, Output. Das ist das Lager. Und wenn ich mir jetzt eine Gesellschaft anschauen will, dann kann ich entweder ins SAP schauen und schaue mir die Buchungen an oder für eine non-SAP-Gesellschaft, schaue ich hier in diesen Data Cube und schaue mir praktisch an, was hat der hier für spezielle Daten. Ich könnte rein theoretisch auch die SAP-Gesellschaften logischerweise hier anschauen, weil die natürlich als Bestandsmenge, weil hier ja auch alle gefasst werden [reinkommen], hier auch drinstecken. Da wäre ich aber – sage ich mal – nicht besonders clever, weil wenn ich mir die anschaue, kriege ich halt nur die Monatszahlen aggregiert und wenn ich mir die anschauen will, kann ich neben den Monatszahlen auch noch einen Drilldown machen auf die Einzelbuchung. Deswegen schauen wir, wenn wir schauen, bei den SAP-Gesellschaften gleich hier. Das ist unsinnig. Und wenn ich eine Nicht-SAP-Gesellschaft anschauen will, dann schaue ich hier. Da habe ich eine standardisierte Ablage. #00:39:53–5#

Interviewer: Und gibt es Gründe, warum ihr da immer weiter gegangen seid? (...). #00:39:58–2#

Interviewpartner: Ja, ja. Na klar, also das hier ist halt Prozesssicherheitsthema. Irgendwann stößt du an die Grenze. #00:40:05–4#

Interviewer: Das hängt dann also einfach mit UNTERNEHMEN zusammen, dadurch dass die gewachsen sind und dass man es nicht mehr 100%ig sicher abbilden kann. #00:40:11–4#

Interviewpartner: Mit Excel kannst du 4, 5, 6 Gesellschaften noch konsolidieren, sobald du bei 20, 30 bist... #00:40:17–4#

Interviewer: ...ist es vorbei. O. k., ja. #00:40:17–9#

Interviewpartner: So, dann hat man sich hier über das EC-CS gemacht, was ja auch sinnvoll ist. Aber das EC-CS – das kann ich dir aber bloß sagen, weil ich mich auch damit schon einmal beschäftigt habe – sonst müsste ich jetzt leider abbrechen. Aber so kann ich dir noch einen Ausblick geben. Das EC-CS war der Vorläufer und der kann nur die externe Konsolidierung durchführen. Bedeutet: Wenn du dir einen Konzern anschaust, dann wird der nach externen Regeln konsolidiert, nämlich auf legaler Einheitenebene, so wie wir das gemeinhin immer gelernt haben. So, das ist aber aus Sicht vom Management eigentlich eher unspektakulär, weil mich interessiert eigentlich weniger die Gesamtgruppensicht, sondern ich habe eine organisatorische Gliederung, die nicht der legalen Einheit entspricht oder nur in den allerseltensten Fällen. Nämlich zufällig dann, wenn du Geschäftsbereichskonzerne hast. Das haben wir aber nicht. Sondern bei uns ist die Organisation unabhängig zur legalen Einheit. Beispiel: Du hast in unserer Gruppe die Geschäftsbereiche Fensterheber, Sitzsysteme und Motoren. (...). Wenn du jetzt drei Teilkonzerne hättest: ein Teilkonzern „X“, ein Teilkonzern „Y“, ein Teilkonzern „Z“, dann wäre das identisch. Dann könntest du auch Geschäftsbereichsbilanzen und Geschäftsbereichs-GuVs anschauen, konsolidiert auf Managementsicht. Das ist bei uns aber nicht so. Wir können die legale Einheit nicht so strukturieren, wie jetzt gerade unsere Geschäftsbereiche definiert sind. Zumal die Geschäftsbereiche deutlich schneller sich ändern – da kommt mal einer hinzu oder geht mal einer heraus – als sich die legale Sicht ändert. Das heißt, es gibt die sogenannte Matrixkonsolidierung und die konsolidiert auf (...) dem Ast – sozusagen gedanklich (ERKLÄRT ANHAND DER SKIZZE 1) – nach legalen Einheiten und auf dem Ast hierunter nach Geschäftsbereichen – also interner Logik –, sodass du mit einem Konsolidierungslauf zwei Sichten gleichzeitig herstellen kannst. Also, sprich, konsolidierte Sicht auf den Geschäftsbereich – interne Sicht, Controlling-Sicht – und konsolidierte Sicht über die legalen Einheiten – externe Sicht, Rechnungslegungssicht. Und das kann dieses System hier und das hier kann es nicht. Und deswegen ist das hier eingeführt worden, um nicht nur – sage ich mal – die Konsolidierung nach Legal-Sicht zu haben, sondern wirklich auch prozesssicher, sauber und nicht einfach aufaddiert. Stichwort: Innenumsatzerlöse und solche Geschichten. Sondern richtig vollkonsolidiert nach externen Anforderungen, aber für die interne Sicht. Und das kann dieses System hier und das kann dieses hier nicht. (...). Das macht natürlich, wie du dir vorstellen kannst, jetzt haben wir nämlich gleich das Nächste. Wenn wir schon über die Systemsicht sprechen, kannst du dir vorstellen, dass die Handhabung von so einem System, was in eine Richtung konsolidiert, natürlich deutlich weniger komplex ist als eines, das in zwei Dimensionen konsolidiert, weil du dann für jeden Buchungssatz Zusatzkontierungsmerkmale brauchst. Weil die Frage ist ja, du kannst ja definieren, nach welchen Regeln wird denn konsolidiert. Du musst ja Beziehungen herstellen. (...) Aufwandskonto A gegen Ertragskonto B. Die zwei müssen sich matchen. Dann definierst du eine Beziehung in deinem Konsolidierungssystem, die zwei Konten, wenn auf denen etwas draufsteht, dann müssen die gekürzt werden. Das ist die relativ einfache Sicht – externe Sicht, Kontensicht. Das Gleiche musst du aber für Geschäftsbereiche jetzt intern abbilden.

Und das geht natürlich nur, wenn du in dem Buchungssatz ein Kennzeichen mitgibst, nach welchen Regeln wird denn dort auf der anderen Dimension konsolidiert. Und das funktioniert halt über Profit Center und Kostenstellen, die werden dann mit kontiert und kürzen sich dann auch wieder heraus, sodass du – sage ich mal – für dieses ganze Thema ständig beide Richtungen als FI-Leiter oder als Buchhalter musst du ständig beide Logiken gleichzeitig beachten. Und was natürlich auch nicht weniger komplex ist. #00:44:44-7#

Interviewer: Und wenn du dann hier einen Abschluss erstellst auf Basis der Geschäftsbereiche dann, sind die Zahlen nach HGB, nach IFRS? #00:44:52-4#

Interviewpartner: Nach IFRS! #00:44:52-9#

Interviewer: Die sind dann auch nach IFRS. Das heißt also, wenn ich so einen Abschluss erstellen möchte, wird es eigentlich allein die Umsetzung schwieriger bedingt durch die Unternehmensstruktur. #00:45:02-1#

Interviewpartner: Genau! (...) Ich sage mal, solange du es nicht schaffst – und das wird in der Regel nie sein, weil das wäre einfach unternehmerisch fahrlässig; ich kann einmal gleich ein Beispiel machen – solange du es nicht schaffst, legale Sicht und Organisationsstruktur 1:1 zu matchen, wirst du immer solche Themen haben. Und je größer die werden, umso größer wird der Wunsch, in beide Richtungen zu konsolidieren. So und das Thema, warum so etwas notwendig ist, kann ich dir auch gleich mitliefern. Je größer dein Laden wird, umso mehr wird natürlich auch die Frage sein, wie du deine OEMs (ANMERKUNG: „OEM = Original Equipment Manufacturer") belieferst. (...). Jetzt haben wir mal folgendes Beispiel: Jetzt hast du hier AUDI in Brasilien. So und jetzt hast du zwei Geschäftsbereiche zufällig. Wir sind im gleichen Land. Und wir beliefern AUDI mit Produkt A aus dem Geschäftsbereich I und aus dem Geschäftsbereich II. (FERTIGT SKIZZE 2 AN, UM DAS BEISPIEL ZU ERLÄUTERN). Jetzt könnte man auf das schmale Brett kommen, zu sagen, da gründen wir halt zwei Gesellschaften. Und jede wird hineingehalten und jede hat nur einen Geschäftsbereich. Das macht aber gar keinen Sinn, weil (...) eine Gesellschaft zu gründen, kostet Geld, kostet, da muss die Buchhaltung für jede Gesellschaft einzeln gemacht werden, verdoppelt dir die Kosten usw. Deswegen macht man so etwas natürlich in einer Gesellschaft und beliefert aus der Gesellschaft aus zwei internen Geschäftsbereichen. Und so etwas nennt man ein Zebrawerk. (...). Ist ein stehender Begriff bei SAP, so nennt man das. Ist ein Werk, das nicht sortenrein aus einem Geschäftsbereich besteht, sondern aus zwei Geschäftsbereichen. So und jetzt hast du, wenn du nach legaler Einheit konsolidierst, addierst du ja zwei Geschäftsbereiche. Und das macht natürlich keinen Sinn. Von daher gehst du hin und addierst jetzt, also konsolidierst in die eine Richtung aus der Sicht und in der anderen Sicht so (ZEICHNET IN DER SKIZZE 2 WEITERE DETAILS EIN) quer über den Geschäftsbereich Motoren. Also das bringt auch noch einmal zusätzlich Komplexität. Ich würde mal sagen, der Treiber, der hier dahintersteckt, ist eher weniger die Lieferbeziehung, sondern deine Fertigungsbreite.

Oder die Produktbreite, die du hast. Wenn du viele Produkte anbietest und die segregierst in verschiedene Geschäftsbereiche, damit du noch den Überblick behältst und damit du jemanden hast, der verantwortlich für diesen Bereich ist, dann steigt die Komplexität dadurch, dass du einen Überblick brauchst über verschiedene Produktfamilien. #00:47:42-1#

Interviewer: Und wie hat sich das – weißt du das – wie sich das bei UNTERNEHMEN entwickelt hat? Wie viele Geschäftsbereiche ihr jetzt habt? (...) #00:47:53-8#

Interviewpartner: (...) Eigentlich gibt es vier. Also, davon sind zwei organisch und zwei durch Zukauf. (...) #00:48:40-6#

Interviewer: O. k.! Und hast du da auch – weiß ich jetzt nicht – wenn du die Geschäftsbereiche so im Kopf hast, auch Informationen über die Produkte, die UNTERNEHMEN anbietet? Wie die sich entwickelt haben? Die sind ja dann dementsprechend wahrscheinlich auch nach oben gegangen ohne Ende? Also, ich weiß es nicht, in welchen Bereichen man sich da bewegt. #00:48:57-5#

Interviewpartner: Ja, ich sage mal, früher hatte man halt wirklich Produkt A aus Geschäftsbereich I und Produkt B aus Geschäftsbereich II und davon halt Varianten. Und jetzt kamen halt durch diese zwei neuen Themen noch einmal zusätzliche Produkte dazu, die dann auch wieder differenziert werden in verschiedene Subsegmente usw. Also, ich denke, von den Produktanzahlen ist es ohnehin sehr schwer. Weil die Frage ist, wie definierst du ein Produkt. (...). #00:49:29-5#

Interviewer: Ja, o. k.! (...) Ich verstehe dich. Das reicht ja dann schon, dass die Geschäftsbereiche zugenommen haben und dadurch das Ganze natürlich auch schon extrem auseinandergegangen ist. Fällt dir zu dem Thema, zu den technischen Systemen, irgendetwas noch ein. Wir haben ja schon ziemlich viel abgedeckt, insbesondere ja auch jetzt über die Daten, die Datenerfassung. Wir hatten jetzt auch die Datenauswertung. Fallen dir da noch Punkte ein? (...). #00:50:23-1#

Interviewpartner: Also, ich sage mal, was natürlich immer, technische Systeme, was noch einmal zusätzlich Komplexität hereinbringt, ist für uns das ganze Thema Wertschöpfungstiefe. Also, gerade dann, je mehr Produkte du bei dir im Haus entwickelst und nicht zukaufst, desto mehr F&E-Themen hast du, was auch allein vom Thema her, egal wie es abgebildet wird, ob das jetzt aktiviert oder passiviert wird – ja, mein Gott, ja – das ist natürlich noch einmal ein Thema, was im kaufmännischen Bereich dann zu händeln ist. Und was muss ich aktivieren und wie rechne ich das durch, aber da lässt sich auch sehr, sehr viel automatisieren. Aber die schiere Anzahl an Themen, die du dir anschauen musst und wo du dann wirklich im Zweifel auch einmal im Einzelfall einsteigen musst, die nimmt natürlich zu mit der Fertigungstiefe. Je mehr Produkte du entwickelst, umso mehr unterschiedliche Projekte bekommst du und die können sich in verschiedenste Richtungen entwickeln. Dementsprechend musst du dann aus kaufmännischer Sicht natürlich auch wieder einsteigen und in manchen Fällen sind halt Einzelfallbetrachtungen notwendig. Und Einzelfallbetrachtungen sind ja per Definition schon extrem komplex. Das ist ja klar. (...). #00:51:58-7#

Interviewer: Dann zum Unternehmen: Da hatten wir ja jetzt auch schon ziemlich viel immer angesprochen, was im Unternehmen relevant ist. Also, wir haben von den Landesgesellschaften ja schon gesprochen, die gewachsen sind. Was mich natürlich jetzt interessiert, die klassischen Bereiche wie Beschaffung, Absatz, Personal. Gibt es da irgendwelche – ich meine klar –, wenn mehr Leute dazu kommen, dann muss man vielleicht auch mehr Gehälter bezahlen. Aber für die Rechnungslegung an sich bedeutet das ja jetzt relativ wenig, ob da jetzt ein oder zwei Leute dazukommen; ist egal. Wie gesagt, Lieferantenbeziehungen, das war noch ein Gedanke, ob sich da Verträge, ob ihr da mehr Verträge durchsehen müsst. (...). Vor 5 Jahren, da hat man einfach noch einen Zettel bekommen und mittlerweile muss man jetzt 20 Seiten Lieferantenverträge durchackern, um dann zu schauen, was da drin steht. #00:52:51-4#

Interviewpartner: Also, das ist eine Sache, was auch wieder am Ende des Tages, also, ich denke mal, man kann wirklich sehr viel auf das Thema Globalisierung zurückführen – was man nicht unterschätzen darf und was bei UNTERNEHMEN – glaube ich – auch wirklich ein sehr wichtiges Thema ist, was wir alle versuchen hier zu leben, ist, so einfach wie möglich die Themen zu halten. Wenn es komplex wird und du kannst es nicht anders händeln, dann musst du dich der Komplexität stellen. Aber was man nicht unterschätzen darf, ist, wenn man Themen umrissen hat und tief eingestiegen ist, dann lassen sich sehr viele Sachen auch standardisieren. Also es ist auch (...) bei uns ein ehernes Prinzip im Geschäftsbereich, Standardkomponenten zu machen. Und den Spirit haben wir hier auch. Wir versuchen wirklich Themen, die sich clustern lassen, als Standard zu definieren. Und das kann man auch bei hoch komplexen Themen wie Anlagenbuchhaltung mit Abschreibungen und sonstigen Dingen, kann man in der Tat standardisieren. Und kann dann, wenn man das einmal komplett von vorne bis Ende durchdacht hat, per Knopfdruck immer wieder reproduzierbar gleich machen. Und so etwas hast du zum Beispiel im Bereich Personalabrechnung. Da ist auch wieder, wenn du das einmal in einem Land entwickelt hast, dann stellt sich eigentlich nur noch die Frage, was ist in einem anderen Land anders. Dann machst du noch die zwei, drei, vier, fünf – lass es mal manchmal – zehn Modifikationen sein. Und dann drückst du auf den Knopf und dann funktioniert die Abrechnung in China genauso wie in Deutschland wie in Russland; das ist machbar. Also, ob du dann einen abrechnest, das sind dann sogar Fixkostenthemen, oder ob du dann 10.000 im gleichen System abrechnest. Das ist nicht mehr relevant, weil die Grenzkosten bei so einem Informationsthema halt nahe Null sind. Das sind alles Fixkostenthemen, wenn es customized ist, dann reproduzierst du das. Bis zur nächsten Gesetzesänderung – und dann sind wir schon wieder in dem gleichen Schnittpunkt – bis zur nächsten Gesetzesänderung, wo dein Customizing nicht mehr hält, kommst du zum nächsten Fixkostenblock und da musst du nämlich customizen. Und ob einer da ist oder 100 ist egal, in der Personalabrechnung als Beispiel. Wenn sich da etwas ändert, ob ich jetzt einen abrechne oder 100, ich muss den Standard erreichen. Da muss ich Geld hineingeben, damit das System geupdatet wird. Und ab dann sind sämtliche Themen, die hinten dran sind, kostenlos. Weil das System immer das Gleiche produziert. Bis zur nächsten Änderung. Also so läuft das ja. (...). Das wird eher daher getrieben, dass du die Komplexität halt über verschiedene Länder hast. Also Komplexität in dem Bereich würde ich immer wieder sehen, unterschiedliche Anforderungen in unterschiedlichen Ländern. Und da kannst du auch mit nicht IFRS argumentieren, weil das ist landesspezifisch. (...). #00:55:48–2#

Interviewer: Das ist völlig unabhängig von der Rechnungslegungssprache: (...). HGB oder Local-GAAP oder IFRS. #00:55:56–2#

Interviewpartner: Genau! Das sind Anforderungen, die kommen aus gesetzlichen Anforderungen heraus. Also da kannst du gar nichts dagegen machen. Also die bekommst du unabhängig vom Rechnungslegungssystem. #00:56:08–4#

Interviewer: O. k. (...). Jetzt machen wir uns mal an die Rechnungslegung heran. (...). Wir haben ja jetzt schon gesehen, es gibt sehr wohl neben der Rechnungslegung viele Faktoren, die euch im Rechnungslegungsprozess beschäftigen, die völlig losgelöst sind von den IFRS. (...). Ganz generell, ganz allgemein, möchte ich dich jetzt einfach einmal fragen: Siehst du Treiber oder Gründe für die Komplexität der Rechnungslegung, ganz allgemein. Fällt dir da etwas ein, was dir in der Praxis bei UNTERNEHMEN aufgefallen ist, warum die Rechnungslegung so komplex ist. Also (...) drei Punkte haben wir ja bereits schon besprochen: die Technik ganz allgemein, das Unternehmen an sich, wie das dasteht und was natürlich die Umwelt mit dem Unternehmen auch noch macht. (...). Noch einmal die Frage: Habt ihr vielleicht Patente, die ihr durcharbeiten müsst, die sich geändert haben, die von der Anzahl der Seiten zugenommen haben? Oder beschäftigt dich das gar nicht so? #00:57:23–5#

Interviewpartner: Nein, also, ich denke mal das Thema bei Patenten, da würde man halt Anforderungen definieren. Also das würde man als Rechnungslegungsabteilung eigentlich eher delegieren. Das ist jetzt nicht so, dass ich als Rechnungsleger, ich kann das zum Teil auch nicht beurteilen, ob ein Patent nach links oder nach rechts gehört. Sondern du musst eigentlich eher definieren, was ist der Anforderungskatalog, welche Checks sind durchzuführen. (...) Wir würden es immer so angehen: Es gibt in den IFRS gewisse Bilanzierungsklassen, egal in welchem Standard ich bin. Es gibt immer – lass uns zum Beispiel mal Leasing nehmen – es gibt Operate Lease, Finance Lease. Das heißt für mich, es gibt eine digitale Entscheidung: Null oder Eins. (...). Oder sagen wir besser A und B. Und dann kann ich das vergleichen, entweder du kommst ins linke Töpfchen und dann geht ein standardisierter Prozess los. Wenn du Operate Lease bist, dann sind Anhangangaben, dann ist das Konto anzubuchen, dann ist das. Oder du kommst ins andere Töpfchen Finance Lease und dann läuft auch ein standardisierter Prozess ab. Du aktivierst in dem Konto, du passivierst dort und dann schreibst du hier ab usw. Also von daher – sage ich mal – wir würden es eigentlich eher so machen, dass wir sagen, wir definieren die Klassen, die Töpfchen, arbeiten die sauber bis zum Ende durch. Und die entscheidende Frage findet vorne statt, in welches Töpfchen ist das einzusortieren. #00:59:00–7#

Interviewer: Und seid ihr daran auch beteiligt? #00:59:02–1#

Interviewpartner: Natürlich! Weil das sind ja IFRS-Anforderungen. So, und die musst du – und das ist aus meiner Sicht eines der Komplexitätstreiber, (...) aber auch die würde man aber im Zweifel im HGB haben – wie bekommst du diesen abstrakten Sprachgebrauch, der zum Teil völlig inhaltsleer und – sage ich mal – undifferenziert ist, wie bekommst du den herunter, sodass es jemand außerhalb der Rechnungslegungsabteilung versteht. Das ist die Kunst. (...). Jetzt machen wir mal folgendes Beispiel: Wer würde denn in einem Unternehmen die Entscheidung treffen können, ist das Operate Lease oder Finance Lease? Das kann entweder die Rechnungslegungsabteilung, dann bin ich aber sehr weit hinten im Prozess. Oder es kann ganz vorne derjenige, der die Beschaffung – sage ich mal – antriggert. Und – sage ich mal – jetzt gibt es halt zwei Ansätze. Entweder du machst eine sehr späte Klassifikation, dann überlastest du die Buchhalter. Oder du versuchst, die Klassifikation ganz am Anfang bei demjenigen, der das initiiert, hereinzunehmen. Der weiß es auch am besten, was er verhandelt, weil zwischen dem Prozess triggern und in der Buchhaltung landest, geht im Zweifel noch einmal Information verloren. Also versuchst du weit vorne im Prozess diese Klassifikation herbeizuführen. Und da ist es aus meiner Sicht halt extrem schwierig, diese Listen und diese Themen, was da abgeklappert werden, so zu strukturieren und zu programmieren, zum Beispiel im Barwerttest, dass wenn der seine Parameter eingibt, dass dann unten systemtechnisch herausfällt, das ist jetzt Operate Lease oder Finance Lease. Wenn du das anders machen würdest, und das ist halt das, was du in jedem großen Unternehmen dann finden wirst, und verlangst von jemanden, dass er eine Einzelfallentscheidung macht, dann müsste sich theoretisch für jede Beschaffung, bei der du dir nicht sicher bist, ob die jetzt Operate oder Finance Lease ist, jemand hinsetzen, den ganzen Vertrag durchlesen und dann vor allem, und jetzt wird es schwierig, in einer Einzelfallentscheidung ohne konkrete Leitlinien sagen, ja geht tendenziell eher links oder rechts, ja!? Aber am Ende des Tages ist das eine harte Entscheidung: links oder rechts. Also da hast du entweder Willkür. Oder du hast – sage ich mal – einen harten Graben hineingehauen, wohl wissend, dass du nicht immer 100%ig diese Einzelfallentscheidung triffst, aber dass du zumindest in einem Industrieunternehmen einen wiederholbaren Prozess hast. #01:01:38–7#

Interviewer: Das heißt also, ihr habt das praktisch vorgelagert, auf denjenigen, der entsprechend den Vertrag abschließt? Dass der die Parameter in das System eingibt. (...). #01:01:52–0#

Interviewpartner: Im Hintergrund wird dann der Barwerttest gerechnet anhand der Vertragslaufzeit. Also wenn der eingibt die Anschaffungskosten, die Leasingrate und die Kaufoption – ist sie günstig ja oder nein und falls sie günstig ist, dass die Kaufoption beziffert wird, Klammer auf, im Zweifel approximiert durch lineare Abschreibung bis zu dem Zeitpunkt, dann kannst du ja ausrechnen, was ist der Barwert Kauf, was ist der Barwert Leasing, dann gibst du Stammdaten an, Zinssatz usw. So und dann kannst du relativ klar entscheiden, bist du im Operate oder im Finance Lease. Wenn du das anders machen würdest, was in der reinen Theorie – sage ich mal – richtig wäre, dann könntest du das nie so programmtechnisch machen. Sondern da müsste sich jedes Mal einer hinsetzen und müsste das machen. Und das hättest du im HGB genauso, weil auch dort wäre ja im Endeffekt die Forderung oder nach Steuerrecht die Forderung, Einzelfallentscheidung. #01:02:46–4#

Interviewer: Und wenn ihr jetzt das macht, hat sich da seitdem ihr euch mit IFRS beschäftigt, jetzt mal speziell mit IFRS, hat sich da irgendetwas geändert bei euch im Unternehmen? Weil der Standard IAS 17 ist ja beispielsweise schon ewig gleich geblieben. Da hat sich ja an sich nichts geändert. Ist da bei euch irgendetwas im System passiert, was ihr umgestellt habt, geändert habt? #01:03:09–8#

Interviewpartner: °Nein°. Also, wir würden das – also ich sage mal – man scannt halt, wenn jetzt Überarbeitungen kommen: betreffen die einen, welche Auswirkungen haben sie? Man macht halt eine Abschätzung. Sind das jetzt Themen, die wirklich notwendig sind und die – sage ich mal – einen wesentlichen Fehler in den Statements produzieren würden, dann muss ich mich des Themas annehmen. Oder sind sie von so untergeordneter Bedeutung, dass ich sagen kann: und selbst wenn ich halt danebenliege, dann liege ich halt im unwesentlichen Rahmen daneben. Dann würde ich da kein Geld hineinstecken. Das ist eine Wirtschaftlichkeitsentscheidung natürlich. #01:03:42–9#

Interviewer: Das heißt dann jetzt auch, keiner von euch schaut sich überhaupt einmal einen Leasingvertrag an!? #01:03:47–2#

Interviewpartner: Natürlich schauen wir uns stichprobenhaft die an! Du würdest natürlich ab und zu durchgehen und du hast ja auch die Prüfung. Das heißt, du würdest natürlich ab und zu durch Schwerpunktsetzung durch den Wirtschaftsprüfer überprüfen lassen, sind die richtig einklassifiziert. #01:04:01–5#

Interviewer: (...). #01:04:15–9#

Interviewpartner: (...). #01:06:38–4#

Interviewer: Also, das machen dann die Automobilfirmen? #01:06:40–9#

Interviewpartner: Das machen die OEMs. #01:06:43–6#

Interviewer: Die kaufen sich praktisch von UNTERNEHMEN, den Zulieferern ... #01:06:47–2#

Interviewpartner: (...). #01:08:15–3#

Interviewer: Gab es die Verträge vor langer Zeit nicht? Es ist wohl jetzt erst im Kommen? #01:08:20–0#

Interviewpartner: Das hat zugenommen. #01:08:21–9#

Interviewer: Hast du mal einfach eine Hausnummer, dass man mal sagt, wie viele Verträge 2011, wie viel 2012? #01:08:28–9#

Interviewpartner: Schwierig! #01:08:29–3#

Interviewer: Schwierig? #01:08:29–8#

Interviewpartner: Also, das machen wir hier zentral nicht. Sondern das ist auch wieder delegiert in die Geschäftsbereiche. Deswegen können wir ja auch den Workload, den wir haben, mit unserer Mannschaft – das ist ja für einen großen Konzern, sind wir ja sehr schlank aufgestellt – das können wir nur deswegen machen, weil wir halt Standards setzen und die Vorgaben machen und Tools entwickeln. Aber das konkrete Doing usw., also wirklich hineinzugehen und zu sagen, wie viele Verträge haben wir und wie komplex ist der. Das läuft dann an anderer Stelle. Das macht dann wirklich operativ der Geschäftsbereich. #01:08:59–3#

Interviewer: O. k. Dann generell mal eine Frage nur, habt ihr irgendwie so eine Art Geschäftsbericht, was man aus großen DAX-Unternehmen kennt? Habt ihr so etwas intern auch? #01:09:08–3#

Interviewpartner: Ja. Wir haben das sehr vereinfacht. Also, wir haben einen Geschäftsbericht für die Gruppe, der ist relativ schlank. Und wir haben einen Pflichtanhang für den Konzern. Das ist die volle IFRS-Breitseite. #01:09:22–4#

Interviewer: Und hast du da mal eine Übersicht, wie viele Seiten der hatte? #01:09:26–0#

Interviewpartner: 80. #01:09:27–6#

Interviewer: 80! Und wie hat er sich in den letzten Jahren entwickelt? Kannst du dazu etwas sagen? Also, wann habt ihr das letzte gekauft? 2007 glaube ich. Seitdem, wie hat er sich seitdem entwickelt? Ist er (...) gleich geblieben? #01:09:38–7#

Interviewpartner: Nein, der schwankt natürlich. Wenn du Sonderthemen darin hast, wie Unternehmenskäufe usw. Dann musst du ja für diesen Zeitraum Zusatzangaben machen. Der schwankt. Also, ich sage mal zwischen 100 Seiten und vielleicht 70, 75. (...). #01:10:02–0#

Interviewer: Hat das dann eher zugenommen, die Tendenz? Ging das nach oben? Oder war das wirklich so wellenartig? (...). #01:10:10–0#

Interviewpartner: Ja. Es waren eher 70. Ich würde jetzt mal sagen eher 60 ganz am Anfang, wobei das sehr, sehr schlank war. Eher 60. Dann auf das Normalmaß.

Dann ist es hochgeschnellt erst einmal durch den Unternehmenskauf auf – ich würde mal sagen – so round about, ja, 90, 95. Und jetzt ist es wieder heruntergefahren auf stabil 80. #01:10:32–6#

Interviewer: Und ist es dann wie so ein Geschäftsbericht wie man das kennt mit Lagebericht, Anhang, auch Brief der Geschäftsführung (...)? #01:10:38–1#

Interviewpartner: Genau! #01:10:46–2#

Interviewer: Was mich natürlich jetzt mal interessieren würde, die Rechnungslegung, wir sprechen schon die ganze Zeit drüber. Seit wann spielen denn die IFRS hier überhaupt eine Rolle? Wie es denn das gekommen? Warum kommt das denn überhaupt? #01:10:57–8#

Interviewpartner: Ziemlich genau 2007 meines Wissens sind die hier ein Thema. Also, woher das genau kommt, das ist ganz interessant bei UNTERNEHMEN, ist eigentlich unklar. Das hat jemand initiiert. Und hat sich damit aber auch relativ schnell durchgesetzt. Ich sage mal, was wohl eines der Hauptargumente war, war die Vereinheitlichung von internem und externem Rechnungswesen. Hintergrund ist der, bei UNTERNEHMEN gab es früher – da war ich auch noch nicht da – gab es früher zwei Welten. Das ist in Deutschland – sage ich mal – traditionell so. Das kennen die Ausländer eigentlich eher weniger. Aber wir Deutsche sind da irgendwie strange unterwegs. Wir denken in internem Rechnungswesen – Controlling – und in externem Rechnungswesen – Bilanzierung HGB – sage ich jetzt mal vor IFRS-Zeit. So dann hat man im HGB konservativ bilanziert, so wie sich das halt gehört, kurze Abschreibungsfristen, im Zweifel eher Rückstellung mehr, tendenziell Impairments usw., keine Aktivierung von F&E usw. So und dann haben die Controller allerdings eine andere Sicht gehabt und haben neben den ganzen – sage ich mal – Schweinereien von kalkulatorischen Zinsen und ähnlichen Dingen auch betriebswirtschaftliche Nutzungsdauern bei Abschreibungsverläufen angelegt, um besser zu steuern. Um zu sagen: Wenn ich einen Stapler über acht Jahre nutzen kann, dann sollte ich ihn ja auch über acht Jahre abschreiben und nicht über fünf. Weil ansonsten habe ich auch in der Preiskalkulation, wenn ich eine Vollkostenkalkulation mache, was man in der Automobilindustrie sogar muss. Also da ist es nicht so, dass man sagt, ich gehe zum Markt. Da funktioniert dieses Teilkosten-Denken nicht. Ich gehe zum Markt und frage, was ist der zum Zahlen bereit. Sondern dort ist es eigentlich eher so, du kalkulierst deine Kosten unter Vollkostengesichtspunkten und sagst deinem OEM, das sind meine Kosten und darauf gibt er dir dann eine Gewinnmarge. Und das ist dann das, was du verdienen darfst. Und von daher – sage ich mal – wenn du unter der Prämisse hineingehst, kalkulierst du dich natürlich, wenn du jetzt zum Beispiel mal bei dem Beispiel Stapler, fünf Jahre unterstellst, kalkulierst du dich am Anfang aus dem Markt, weil du zu hoch abschreibst und zu teuer bist. Und am Ende ruinierst du dir die Preise irgendwann mal, weil du dann auf abgeschriebenen nicht mehr kostenverursachenden Staplern produzierst, die dann nicht mehr drin sind. Also, das heißt, du hast ja für die

Kalkulation keinen korrekten Abschreibungspfad. Das ist jetzt natürlich theoretisch angreifbar das Thema. (...). Und jetzt hat man gesagt, dann kam es aber noch witzigerweise – logischerweise aufgrund dieser beschriebenen Sichtweisen – zu dem Thema: Jetzt hat man der Geschäftsführung zwei verschiedene Zahlen vorgelegt. Die einen haben gesagt intern, das Betriebsergebnis ist gesunken, weil die Einkaufserfolge anders berechnet haben (...) und dann kam die Bilanzierungsabteilung und hat gesagt, das Ergebnis ist gestiegen, weil die ja keine kalkulatorischen Zinsen und ähnliche Dinge drin haben. Und dann hat natürlich irgendwann einmal einer zu viel bekommen und hat gesagt, das versteht kein Mensch mehr, die einen sagen links, die anderen sagen rechts. Ich will eine Zahl und nach der haben sich alle zu richten. Das gibt nur eine Wahrheit und das ist das Betriebsergebnis. Und das muss gleich sein. Und das ist auch einer der schlagenden Gründe, also nach betriebswirtschaftlichen Gründen oder betriebswirtschaftlichen Grundsätzen ermittelte Zahl. Und da war in der Zeit vor BilMoG die Welt in IFRS natürlich schon eine andere als im alten HGB. Und das war natürlich einer der Haupttreiber, die auch das Thema wirklich gepushed haben, dass man internes und externes Rechnungswesen verzahnen kann, sodass die beiden die gleiche Zahl berichten. (...). Und das gilt bei uns immer noch. (...). Und das ist der Haupttreiber gewesen eigentlich, warum sich die IFRS bei uns dann auch wirklich so eingepflanzt haben. #01:15:53–6#

Interviewer: (...). #01:16:13–5#

Interviewpartner: (...). #01:16:14–1#

Interviewer: (...). #01:16:16–9#

Interviewpartner: (...). #01:16:21–0#

Interviewpartner: Und steuert ihr praktisch auch nach IFRS-Zahlen? #01:16:23–1#

Interviewer: Na klar! Klar! #01:16:26–2#

Interviewpartner: Also, ThyssenKrupp zum Beispiel, von denen weiß ich es, die haben den Value Added. Die vergleichen immer ihre durchschnittlichen Kapitalkosten mit ihrem ROCE, also Return on Capital Employed, EBIT durch betriebsnotwendiges Vermögen. Habt ihr auch so eine Kennzahl? #01:16:40–2#

Interviewpartner: Ja, wir haben auch R-O-C-E. Wir steuern auch danach. (...). #01:16:51–9#

Interviewer: Und das auf Basis der IFRS? #01:16:54–0#

Interviewpartner: Genau. #01:16:56–2#

Interviewer: Das interessiert mich jetzt einfach einmal. Wenn ihr an die Geschäftsführung berichtet, ist das dann, gebt ihr denen dann so einen Bericht oder gebt ihr denen einen IFRS-Abschluss oder gebt ihr denen ...? #01:17:07–7#

Interviewpartner: Na es gibt standardisierte Berichte, in denen die GuV darin ist, mit Ist, Vorschau, Plan. Und dann noch einmal mit Kennzahlen versehen. Sind wir on Track, sind wir nicht on Track. Bezogen auf die Gewinn- und Verlustrechnung, bezogen auf andere Kennzahlen. #01:17:28–6#

Interviewer: (...). #01:17:36–5#

Interviewpartner: (...). #01:18:17–4#

Interviewer: Wegen der Rechnungslegungsumstellung. Also davor ist das Ganze dann auf HGB-Basis passiert vor 2007? #01:18:23–7#

Interviewpartner: Genau. #01:18:24–1#

Interviewer: Kannst du da irgendetwas dazu sagen, welche Effekte das mit sich gebracht hat, dass man in 2007 auf IFRS umgestellt hat? Also, musste man dann auch noch mal ein neues technisches System anlegen, musste man dann Unterkonten anlegen (...)? #01:18:41–5#

Interviewpartner: Neben dem gesamten Kontenrahmen, der neu eingeführt werden musste. (...). Also, wenn du so willst, haben wir eigentlich die ganz interessante Situation, dass wir im Rechnungswesen, wenn wir jetzt mal über die Infrastruktur sprechen, eigentlich weniger komplex geworden sind, dadurch, dass wir IFRS eingeführt haben. Weil früher gab es zwei Welten mit zwei Abschreibungskonten/-läufen. Es gab wirklich zwei parallele Welten. Und jetzt wurden die zwangsvereinigt. Es gibt nur noch eine Wirklichkeit. Das heißt ... #01:19:17–5#

Interviewer: Aber jetzt muss ich trotzdem mal dumm fragen. Ihr müsst doch trotzdem noch einen Einzelabschluss nach HGB erstellen. Da kommt ihr doch gar nicht drum herum! #01:19:23–0#

Interviewpartner: Ja, natürlich. (...). Pass auf! (...). Machen wir mal an der Anlagenbuchhaltung (FERTIGT SKIZZE 3 AN). Also, was wir haben, ist zum Beispiel in der Anlagenbuchhaltung einen führenden Bereich, wir berichten führend nach IFRS. (ERWEITERT SKIZZE 3) Das ist extern und Controlling-Sicht. Daneben haben wir dann einen HGB-Bereich. Und daneben haben wir einen Steuerbereich. Die werden immer nur am Jahresende hergestellt, weil unterjährig interessiert sich kein Mensch für HGB-Bilanz, sondern nur für IFRS-Bilanz. Früher gab es ja diese Einheitlichkeit nicht. Das heißt, da hattest du einen Controlling-Bereich, einen HGB-Lokal-Bereich, einen HGB-Konzern-Bereich und einen Steuerbilanzbereich. Da hattest du vier Welten nebeneinander. Jetzt hast du nur noch drei Welten, wovon das hier ständig lebt und das sowieso nur am Jahresende. Also hast du dadurch die Komplexität sogar reduziert. (...). Du hast intern, extern in dem Bereich vereinheitlicht. #01:20:31–3#

Interviewer: Und wenn ihr dann jetzt bucht. Also, nehmen wir jetzt mal an, ihr kauft eine Maschine: Maschine an Bank. Bucht ihr das einmal? Oder wie läuft das rein technisch, dass das dann auch in den drei Systemen abgebildet wird? (...). Also, das heißt, jetzt buche ich IFRS Maschine an Bank, dann buche ich HGB Maschine an Bank mit den Werten und dann buche ich noch das Steuerrecht. #01:20:53–2#

Interviewpartner: Ja, so ganz einfach ist es nicht. Das können wir dann ... Ich weiß nicht, ob es dich jetzt für das Interview interessiert. Das ist genau das, was mein Chef dann in einem Vortrag erläutert. Das funktioniert dann halt mit dieser parallelen Buchhaltung. Also, das ist nicht ganz so einfach. Du buchst dann praktisch (...) A-Konto, das ist das IFRS-Konto Maschine an Gemeinschaftskonto Bank. Und dann buchst noch einmal B-Konto Maschine an Y-Konto Bank. Das ist in der Tat komplex. Das ist wirklich komplex. (...). #01:21:30–3#

Interviewer: Hat das mit den IFRS dann was zu tun? #01:21:31–6#

Interviewpartner: Nein. Das hättest du, wenn du einen HGB-Konzernabschluss machen würdest, genauso. (ZEIGT AUF DIE SKIZZE 3) Weil hier steht ja nicht nur HGB, sondern hier steht ja Local-GAAP, also sprich Spain, UK usw. Diese Logik parallele Buchführung mit A und B, die hast du immer. (...). Das ist nicht IFRS-spezifisch. #01:21:52–8#

Interviewer: O. k. Ansonsten irgendwelche Aspekte oder Treiber, die du noch mit der Rechnungslegungsumstellung verbindest? Wärst du praktisch ein Beispiel als IFRS-Koordinator dafür, der dazugekommen ist, was die IFRS letztendlich bei euch im Unternehmen bewirkt haben? Dass einer dazu gekommen ist, der Fachexpertise nur auf dem Gebiet der IFRS besitzt? #01:22:17–9#

Interviewpartner: Ja. Also ich würde jetzt mal sagen, meine Position wäre so oder so notwendig, weil du brauchst jemanden, der ein Bilanzierungshandbuch betreut, ob das nach IFRS geschrieben ist oder nach HGB, ist egal. Du brauchst jemanden, der die Financial Statements erstellt. Du brauchst jemanden, der Grundsatzprojekte bearbeitet. (...). Aber man hat natürlich sich jemanden geholt, der neben diesen Themen, insbesondere IFRS-Wissen hat, um – sage ich mal – das Thema IFRS auch ausrollen zu können und zu händeln. Aber – ich sage einmal – das würde ich heutzutage eher so sehen. Das Thema ist viel zu vielschichtig, um das so zu beschreiben, du wärst nicht notwendig. Also das ganze Thema IFRS hat halt einen Nachteil: Die Sprache, die verwendet wird, ist komplex und die Regeln, die aufgebaut werden, sind zum Teil auch wirklich vom Doing her, von der Umsetzung sehr komplex. Du hast aber einen großen Vorteil: Du hast ein standardisiertes Vorgehen, was überall auf der Welt – zumindest halbwegs – bekannt ist. Wenn ich mit einem Brasilianer über IFRS spreche, dann versteht er mich. Dann weiß er das. Dann hat er auch ein Buch, in dem er nachschlagen kann auf Englisch – sofern der des Englischen mächtig ist – und eine halbwegs anständige Accounting-Ausbildung genossen hat, wird der sich durch das Buch kämpfen können. Vielleicht manchmal mehr schlecht als recht, aber mit gewisser Unterstützung bringst du den on Track. Wenn ich jemanden im HGB auf Spur setzen soll in Brasilien, der vielleicht einen ganz anderen Accounting-Hintergrund hat, mit vorsichtiger Bilanzierung und ähnlichen Dingen, dann wird es dunkel. Dann wird es wirklich dunkel. Und von daher ist das nicht so ganz easy – sage ich mal – zu beantworten, weil du dem natürlichen Thema Komplexität, was dem Thema innewohnt, steht halt entgegen, dass du Standardisierungsvorteile gewinnst. Du gewinnst auch Leute, die sich mit IFRS auskennen und dann die Handelsbilanz III – sage ich mal – dezentral erstellen können, findest du deutlich leichter in Brasilien als jemand, der eine HGB-Handelsbilanz III erstellen kann. Das müsstest du dann wieder insourcen. Dann bräuchtest du hier mehr Kapazität. Und die Leute hier wären wahrscheinlich deutlich teurer als die, die irgendwo anders die HB III erstellen. Also, ist so einfach nicht zu beantworten. #01:24:58–4#

Interviewer: Was sind deiner Meinung nach richtig aufwendige, komplexe Bilanzierungsthemen in der internationalen Rechnungslegung, also in den IFRS für euch bei UNTERNEHMEN? An welchen Standards würdest du das festmachen? (...). #01:25:19–2#

Interviewpartner: Nein, es gibt natürlich leichte und schwere. Also, es gibt wirklich ... #01:25:22–1#

Interviewer: Und vor allem, würde ich dich dann auch noch fragen, an was machst du das fest? Wo zeigt sich das? Einfach an der Zeit, die du aufwendest? (...). #01:25:29–7#

Interviewpartner: Ich sage einmal, was natürlich das Paradebeispiel ist, sind zum Beispiel Unternehmenszusammenschlüsse. (...). Die Vorschriften sind extrem kompliziert. Auch vom Doing her. (...) Es scheint immer auf den ersten Blick, so schlimm ist es ja gar nicht, wenn man das Prinzip versteht. Aber wenn du hineinschaust in das konkrete Doing, dann geht es ja erst richtig durch die Decke: Kaufpreisallokation. Solche Themen. Das ist ein riesen Thema, wobei das eher selten vorkommt. Von daher extrem komplex, aber vorkommen bei uns – jetzt muss ich für uns sprechen, weil bei einem anderen Konzern, bei dem das Tagesgeschäft ist, die haben das natürlich voll an der Backe kleben, die müssen sich ständig mit sehr komplexen Themen beschäftigen – wir haben ab und zu komplexe Themen, was aber für uns die Upfront-Kosten, sich wieder einzuarbeiten, extrem erhöht. Also wir haben eher Wellen. Dann das Thema, was ziemlich komplex ist: Impairment-Test. Kann man standardisieren, haben wir getan, Excel-Sheet gebaut, in dem die wichtigsten Themen alle drin sind. Aber enorme Einmalkosten, so ein Sheet prüfungssicher mal herzustellen. IAS 17 umsetzen. Thema Barwerttest. Und zwar – ich sage mal –, wenn man sich darauf verlässt zu sagen, meinetwegen, du lässt es an diesen Kriterien machen. Dann bleibt das ja an der Oberfläche, das konkret herunterzubringen ins Doing, damit ein Barwerttest gerechnet wird. Der ist vielleicht bei anderen Shortcuts, die dann sagen, mir reicht die 40/90-Regel im Steuerrecht. Ich mache das an der Nutzungsdauer fest. Die ist da vielleicht weniger genau, trifft aber im Großteil der Fälle wahrscheinlich genau das Gleiche, was auch die IFRS treffen, nur machen die halt einen riesen Aufriss mit Barwerttest, den du berechnen musst. #01:27:25–3#

Interviewer: Das heißt, also wenn du das so willst, die Standards an sich, sind die ganze Zeit über gleich geblieben und sind theoretisch vielleicht auch sauber und verständlich für jemanden, der sich mit der Thematik auskennt. Aber die dann praktisch im realen Leben anzuwenden ... #01:27:39–0#

Interviewpartner: ... das ist die Komplexität. Das ist die Kunst. (...). #01:27:43–4#

Interviewer: Also kommen die Schwierigkeiten möglichweise gar nicht aus dem Standard? #01:27:46–7#

Interviewpartner: Ja, doch. Ich denke mal, natürlich hast du verschiedene Themen. IAS 39 Beispiel. Natürlich ist alleine das Thema Forecast-Transaction zu hedgen ein Thema, was du ganz wenigen Leuten schon einmal, die sich nicht damit beschäftigt haben und die jetzt keine große Ausbildung in dem Bereich haben, das denen überhaupt erst einmal beizubiegen. So dann ist das Thema, wie reagiert eine Option oder wie reagiert ein Termingeschäft bei verschiedenen realen Bedingungen. So das ist das Erste. So und dann hast du aber Themen darin aus meiner Sicht, die IFRS-spezifisch sind. Die vielleicht richtig sein mögen aus theoretischer Sicht, die aber das Thema so extrem verkomplizieren und die dann wirklich im kleinsten Detail – wenn ich so diese 80/20-Regel anwende – dann sprechen wir nicht mehr über die 80 Prozent, sondern dann sprechen wir über die siebte Verästelung in der achten Unterkategorie. Und da wollen die immer noch genau sein. Und da ist halt in der Tat die Frage, wenn man da auf eine harte Umsetzung pocht und – sage ich mal – eine richtig krasse Umsetzung fordert: so, wie es im Standard steht. Das wirst du wahrscheinlich auch nirgendwo finden, sondern viele werden sich Wesentlichkeitsgedanken machen. Beispiel, was du halt hast, beim Cash-Flow-Hedge Ineffektivitäten. Sich allein in das Thema einzuarbeiten, Hedge Accouting, ist viel Zeit. Dann das Modell, einen Cash-Flow-Hedge zu verstehen, inklusive latenter Steuern und Aufspaltung. Das ist das Nächste. Und dann noch in die Ineffektivität hereinzugehen, in die Messung, die theoretisch natürlich völlig richtig ist. Das noch einmal zu spalten. Aber das ist dann des Guten zu viel. (...). Und – ich sage mal – das ist aus meiner Sicht IFRS-spezifisch getrieben. #01:29:54–8#

Interviewer: Hat das etwas mit der Realität zu tun? #01:29:56–9#

Interviewpartner: Das hat mit der Realität ... Also das würde nach HGB, würde das Geschäft genauso laufen wie nach IFRS. An der Realität ändert sich nichts. Aber die Abbildung in IFRS ist deutlich komplexer als zum Beispiel nach HGB, wenn ich mir vorstelle, ich habe eine Einfrierungsmethode – off-balance. Natürlich ist das dann von der Information nicht so genial, aber der Aufwand, der dahintersteckt, um das Plus an Information zu erzeugen, das ist halt die Frage, ob (...) da nicht – sage ich mal – für einen Sachkundigen, der sich mit dem Thema beschäftigt (...), ob der nicht lieber in den Anhang schaut. (...). #01:30:42–3#

Interviewer: Absolut. Was mich auch noch interessiert. Im Rahmen der Abschlusserstellung, habt ihr Abschlüsse, die ihr prüfen müsst, die geprüft werden von einem Wirtschaftsprüfer? (...). #01:30:54-0#

Interviewpartner: Ausnahmslos alle. #01:30:54-6#

Interviewer: Also auch das, was ihr über die Gruppe macht, wird geprüft? #01:30:57-0#

Interviewpartner: (...). #01:31:13-6#

Interviewer: Und seitdem ihr die IFRS (...) eingeführt habt, habt ihr da den Prüfer gewechselt? Oder ist das noch der identische? #01:31:20-2#

Interviewpartner: Haben wir gewechselt. #01:31:21-4#

Interviewer: In (...) mit der Umstellung? #01:31:23-2#

Interviewpartner: Nein, danach. #01:31:24-5#

Interviewer: Und hat das irgendwelche Gründe gehabt, dass ihr den geändert habt? (...). #01:31:35-3#

Interviewpartner: Das sollte früher (...) gewesen sein und müsste jetzt (...) sein. #01:31:39-3#

Interviewer: Und jetzt (...). Und wann habt ihr den gewechselt? #01:31:41-4#

Interviewpartner: 2010. Das lag aber daran, dass die Kosten sehr hoch waren – sage ich mal – im Vergleich. Und das, das auch wieder UNTERNEHMEN-Spezifikum ist (...). #01:32:26-4#

Interviewer: Seit 2010, seitdem ihr den Prüfer habt. Wie haben sich da die Kosten entwickelt? Sind die gleich geblieben? #01:32:31-6#

Interviewpartner: Sind rückläufig gewesen. (...). Nach dem Wechsel sehr stark rückläufig gewesen. Und die Kosten, also was wir zum Beispiel überhaupt nicht bestätigen können (...), dass die Kosten durch die IFRS-Einführung gestiegen sein. Das ist ganz im Gegenteil bei uns. Bei uns sind sie durch die IFRS-Einführung eher gefallen, weil wir dieses Standardisierungsthema einfach haben. Also wenn du einen HGB-Abschluss prüfen lässt im Ausland, dann muss ein deutscher Prüfer dort hinfahren. Oder du musst erst einmal den Leuten erklären, was müssen sie prüfen, was alles kostentreibend ist. Wenn ich einen IFRS-Abschluss prüfe, dann hat der ein Arbeitsprogramm, was er in jedem Land verwenden kann, die sind dort standardisiert. (...). #01:33:34-4#

Interviewer: Und der Zeitraum, den der Abschlussprüfer bei euch jetzt sich befindet. Hat der sich irgendwie verändert? Also seitdem ihr die IFRS habt. Sind das irgendwie fünf Wochen, sind das jetzt mittlerweile acht Wochen oder hat das eher abgenommen? #01:33:48-0#

Interviewpartner: Es hat abgenommen, was aber auch – sage ich mal – zwei Effekte hat, dass wir in der Vergangenheit wahrscheinlich Optimierungspotenzial hatten. (...). Der ist rechnungslegungsunabhängig. Da waren wir im Prozess – sage ich mal – verbesserungswürdig und diese Verbesserung selbst lief halt gerade in den IFRS-Abschluss hinein. Und von daher sind wir eigentlich eher schneller geworden, was ich jetzt aber nicht den IFRS zurechnen würde. #01:34:16–3#

Interviewer: Hast du da mal eine Angabe? #01:34:19–4#

Interviewpartner: Früher waren wir ... #01:34:20–9#

Interviewer: Früher heißt vor 2007 oder ab 2007? #01:34:22–9#

Interviewpartner: Vor 2007 hat das relativ lange gedauert. Also – ich sage mal – es gibt eine Gesellschafterversammlung, bis dahin müssen die Zahlen vorliegen. Und da war es im Prozess tendenziell eher spät. Und jetzt sind wir, jetzt haben wir also keinen fast close wie das wirklich bei den großen Börsennotierten ist, aber wir sind eigentlich Ende März mit unseren Zahlen komplett fertig. Also das heißt, wir beginnen unseren Abschluss im Dezember. Vorbereitende Tätigkeiten. Und fertig inklusive Anhang und Notes usw. ist er im März. Also das heißt, wir schaffen das in drei Monaten. #01:34:58–6#

Interviewer: Und der Abschlussprüfer, wie lange ist der dann bei euch? #01:35:01–1#

Interviewpartner: Der ist da zwischen Ende Januar und – sage ich mal – Mitte März. #01:35:07–4#

Interviewer: (...). Sechs Wochen? #01:35:09–2#

Interviewpartner: Sowas ja. #01:35:10–3#

Interviewer: Und hat sich das seit 2007 geändert? Oder sind das seitdem immer sechs Wochen? #01:35:13–1#

Interviewpartner: Kann man für uns wirklich sehr schlecht vergleichen. Das kannst du nur vergleichen, wenn du einen stabilen Prozess hast und dieser stabile Prozess über fünf Jahre läuft, das Unternehmen unverändert ist und dann sich die Rechnungslegungswelt ändern würde. Das kannst du bei uns nicht, weil sich quasi die Rechnungslegungswelt geändert hat und Optimierungspotenzial war. Das heißt es könnte sein, dass durch die IFRS tendenziell sogar ein bisschen mehr dazugekommen ist, dass wir aber aus dem Effekt Optimierung eine deutliche Überkompensation haben, sodass wir im Gesamteffekt schneller geworden sind. (...). Ich kann dir sagen, der Gesamteffekt ist, wir sind schneller. Aber, ob es am Rechnungslegungssystem hängt, kann ich dir nicht sagen. #01:35:59–6#

Interviewer: Und greift ihr generell für eure Abschlusserstellung auf externe Expertise zurück? (...). Thema Pensionsrückstellungen? (...). #01:36:22–0#

Interviewpartner: Klar! Das ist ausgelagert. #01:36:22–6#

Interviewer: Habt ihr das schon immer oder ist das neu? #01:36:23–8#

Interviewpartner: Schon immer. #01:36:25–0#

Interviewer: (...). Also das war auch schon zu HGB-Zeiten ausgelagert? Und das ist jetzt immer noch ausgelagert? #01:36:31–4#

Interviewpartner: Gerade bei Thema Pensionsverpflichtungen wüsste ich nicht (...). Kenne ich keinen, aus dem, was ich jetzt weiß, der wirklich selber rechnet. Vor allem wenn mal irgendetwas wäre. Rechtsstreit oder irgendetwas. Dann bist du insoweit, wenn das ein Sachverständiger gerechnet hat, kannst du sagen, das Thema ist von einem Sachverständigen gerechnet. Sobald du selber rechnest, machst du dich in sämtlichen Parametern halt angreifbar. (...). Also wir machen das natürlich, Pensionsverpflichtungen extern. Rest aber eigentlich zum allergrößten Teil intern. #01:37:06–3#

Interviewer: Und seitdem ihr die IFRS habt, seit 2007, ist da auch nicht irgendetwas dazugekommen, was ihr gesagt habt, da brauchen wir jetzt externe Expertise? Leasing (...)? (...). #01:37:19–3#

Interviewpartner: Haben wir Gott sei Dank bislang alles noch selber stemmen können. Also auch das Thema Hedge Accounting. Aber – ich sage einmal – ausgeschlossen ist so etwas nicht. (...). Aber was natürlich ein Thema wäre, was man hier bei uns verwenden könnte, wäre, wenn wir einen Unternehmenskauf machen würden, dann würden wir dann auch wieder extern Unterstützung holen. Weil wir a) gar nicht die Kapa (Anmerkung: „Kapa = Kapazität") haben, das zu stemmen, und b) – obwohl ich mich auch mit dem Thema beschäftigt habe – ist dann, dass du nicht so schnell in die Tiefe hineingehen kannst, um das dann wirklich sicher abzuschließen. #01:37:50–8#

Interviewer: Also, das heißt bei eurem letzten Unternehmenskauf 2009 (...). #01:37:53–3#

Interviewpartner: ... war eine Wirtschaftsprüfungsgesellschaft da, die neben der Due Diligence auch die – sage ich mal – die PPA (Anmerkung: „PPA = Purchase Price Allocation") gemacht hat. Also so etwas lagert man dann aus. #01:38:04–3#

Interviewer: Also die PPA, die ist dann ausgelagert worden im Rahmen des Unternehmenskaufs. Aber das ist jetzt das Einzige, was dir jetzt eingefallen ist. (...). Und lag das spezifisch an den IFRS, dass ihr da externe Expertise gebraucht habt? Oder kann man das gar nicht sagen? #01:38:16–9#

Interviewpartner: Weiß ich nicht, war ich nicht dabei. (...). Ich kann es mir nicht vorstellen, dass es an den IFRS liegt, weil es ein Asset-Deal war und insoweit hätte man auch nach HGB die PPA genauso gehabt. (...). #01:39:06–0#

Interviewer: (...). Wie haben sich denn die Mitarbeiter in der Abteilung hier entwickelt? Du hast vorhin schon ein schönes Tableau dazu gezeigt. (...). Wie hat sich denn die Thematik verändert? Gibt es die beiden Abteilungen Reporting Accounting schon immer, oder!? #01:39:31–4#

Interviewpartner: Nein. Also das ist relativ neu – sage ich mal. Früher bestand, glaube ich, gab es diese Sub-Teams gar nicht. Sondern es gab ein ZFI und da waren meines Wissens so um die fünf oder sechs Leute. Inzwischen sind wir in Vollbesetzung – ich glaube – 16. #01:39:52–5#

Interviewer: Und speziell hier im Bereich Accounting? #01:39:55–8#

Interviewpartner: Im Bereich Accounting waren es früher zwei. #01:39:58–3#

Interviewer: Was heißt früher? #01:39:59–9#

Interviewpartner: (...). Bis 2007. (...). Und inzwischen sind wir allein in dem Bereich hier zu siebt. #01:40:19–5#

Interviewer: Wo meinst du das jetzt? #01:40:20–5#

Interviewpartner: Also, hier im Bereich Accounting und Reporting. Früher war Accounting und Reporting eine Abteilung und da gab es zwei Leute. (TELEFON KLINGELT). (...). Also, was jetzt auch bei uns daran liegt, dass wir halt sehr, sehr stark expandiert haben. (...). Das kann man jetzt auch nicht an IFRS festmachen bei uns alleine isoliert, sondern da hängt immer dieses Riesenwachstum dahinter. (...). #01:42:24–3#

Interviewer: Wie sieht es generell aus mit Fortbildungen? Macht ihr so etwas? Gibt es so etwas bei euch? #01:42:28–8#

Interviewpartner: Ja. #01:42:28–8#

Interviewer: Kannst du da mal eine Zahl sagen? Macht ihr das einmal im Jahr? Oder wie sieht das aus, Fortbildungen bei euch? Gibt es die unternehmensintern, oder? #01:42:36–5#

Interviewpartner: Was wir machen ist, wir ... Also ich persönlich mache in der Regel vier Fortbildungen im Jahr, indem ich erst einmal die Roundtables bei Ernst & Young besuche, um mich auf dem Laufenden zu halten, weil da sieht man relativ gut in komprimierter Form, was gibt es für Neuigkeiten, ohne dass ich mich jetzt selber in ellenlange Dokumente einlesen muss, was ist neu passiert. Ist es für uns relevant, ja oder nein, dann kann ich partiell einsteigen. (...). #01:43:03–2#

Interviewer: Wo finden die statt? #01:43:05–8#

Interviewpartner: In Frankfurt. (...). Und dann fahre ich halt hin. Und dann ist das – sage ich mal – von 14 Uhr bis abends um halb sieben oder so. Und dann hast du einen Überblick einmal im Vierteljahr, was hat sich in der letzten Zeit getan. Und dann habe ich in der Regel ein größeres Seminar, wo ich mir dann aussuche, die letzten Entwicklungen IFRS, Pensionsverpflichtungenneuerungen, Hedge

Accouting. Was halt gerade so ist, da nehme ich mir eines. Und bei den Kollegen sieht es im Wesentlichen genauso aus. (...). #01:43:52–6#

Interviewer: Kann man das mit anderen Abteilungen irgendwie vergleichen? #01:43:57–1#

Interviewpartner: Ja. In der Steuerabteilung ist es ähnlich. Also auch die machen das, nutzen sehr intensiv solche Roundtables (...). Treasury ist auch sehr fleißig in dem Bereich; auch Reporting. Also es ist ganz generell in dem Bereich ZFI, für den Rest kann ich ja nicht sprechen. (...). #01:44:13–8#

Interviewer: Hat sich das verändert in den letzten Jahren? Ist es, seitdem du hier bist, hat es zugenommen? Oder hast du das Gefühl, du musst mehr machen? #01:44:22–2#

Interviewpartner: Ja. Also ich denke schon, dass es zunimmt, wobei – ich sage einmal ... Die Zunahme kannst eher daran messen, dass die Vorträge, wenn du dort bist, länger werden. Also wenn du viermal im Jahr ohnehin das Thema machst – sage ich mal – dann bist du ohnehin dort quartalsmäßig. Und dann kann es dir im schlimmsten Fall passieren, du kommst hin und jemand sagt dir, heute haben wir keine Neuerungen. Dann kannst du wieder heimfahren. (...). Was man merkt ist, die Vorträge werden komprimierter und du musst halt nachbereiten. Und du merkst halt schon – ich sage mal – wenn wirklich was von Interesse dabei ist, dass auch die Themen komplex sind. Was man sehen kann, es wird ja immer proklamiert, man will ein bisschen Komplexitätsreduktion. Aber – ich denke mal – es gibt einige Beispiele, wo man genau ins Gegenteil verkehrt. #01:45:22–7#

Interviewer: Woran würdest du das festmachen? (...). #01:45:28–0#

Interviewpartner: Ja, ich sage einmal, ich weiß nicht, an was es liegt, aber das ganze Beispiel, nehmen wir die Umsatzrealisation. (MARTINSHORN IM HINTERGRUND UND KOMMT NÄHER UND WIRD LAUTER) Oder nehmen wir das Thema Leasing Right-of-Use-Model. Würde ich als, auch von der Rechnungslegung her, inzwischen komplexer ansehen als das Altmodell. #01:45:47–1#

Interviewer: Weil die reale Welt hat sich bei euch eigentlich ... #01:45:50–3#

Interviewpartner: ... hat sich nicht geändert. (MARTINSHORN IM HINTERGRUND UND ENTFERNT SICH UND WIRD LEISER). Der Vertrag ist der gleiche. Und jetzt muss ein Operate Lease on balance. Das Problem – ich meine – so etwas würdest du wegbekommen, wenn du sagen würdest, jetzt machen wir nur noch Finance Lease. Es gibt nur noch ein Modell accountingtechnisch. Das ist ja aber nicht der Fall. Du musst nach wie vor immer noch unterscheiden, ist es ein in Anführungszeichen „Operate“ oder „Finance Lease“. Und jetzt hast du aber halt in dem Strukturprozess, was wir vorhin besprochen haben, hast du halt jetzt noch anstatt das in die Kosten zu buchen, hast du jetzt noch Aktivierung/Passivierung. Also das heißt, früher hattest du ein Modell oder zwei Verästelungen: Ein sehr einfaches Modell und ein etwas komplexeres Modell. Und jetzt hast du ... die Unterscheidung ist nicht weggefallen, aber hast zwei tendenziell komplexere Modelle. Und – ich finde – da merkst du halt schon, dass dieser Vereinfachungsgedanke halt gerade nicht eingehalten wurde. #01:46:46–5#

Interviewer: (...). Trefft ihr auf solche Entwicklungen irgendwelche Vorkehrungen? Also Beispiel Leasing: Würdet ihr dann ein Leasingcontrolling der Verträge einführen? Oder sagt ihr, das haben wir eh schon? Das ändert sich für uns dann gar nichts in so einem Fall. #01:47:03–3#

Interviewpartner: (...). Daneben sind auch insbesondere das Thema Anhangangaben natürlich immer eine Riesenfreude. (...). Und das ist in der Tat auch etwas, was du nicht über Zahlen messen kannst im Sinne von du zählst Seiten im Anhang. Sondern aus meiner Sicht, was ich bei der Anhangserstellung festgestellt habe, was auch eine Binsenweisheit ist, (...) eine Seite selber, du kannst auch 80 Seiten befüllen mit ganz einfachen Zahlen, die immer wieder standardisiert aufgerissen werden und die werden zusatzkontiert. Die Arbeit machen manchmal, eine Tabelle ist im Zweifel sehr einfach herzustellen, wenn du immer wieder die gleichen Angaben hast. Was dann wirklich Arbeit macht, sind dann zum Teil Zahlen, die du nicht im System jedes Mal komplett reproduzierbar darin hast, sondern die du erst in elend langen manuellen Prozessen selber erstellen musst. Und da hast du manchmal in der Anhangserstellung vier, fünf Seiten, die sind relativ schnell hergestellt, weil die Zahlen einfach da sind und du die nur Copy – Paste verwenden musst. Und dann hast du Zahlen, da stehen einmal in einem Satz drei, vier Zahlen darin. Und um die herzustellen, sitzt du drei Tage da. #01:50:07–1#

Interviewer: Hast du mal ein Beispiel dafür auf der Hand? (...). #01:50:09–9#

Interviewpartner: Was bei uns zum Beispiel ein Thema ist, ist... (ÜBERLEGT). (...). Müsste ich mal nachschauen. (...). Das ist schon wieder eine Zeit her. Wir machen ja keine Quartalsabschlüsse. Von daher ist das schon wieder seit März. Aber ich kann bestimmt noch mal ein Beispiel finden. Das reiche ich nach. (...). #01:50:59–4#

Interviewer: Jetzt nur noch eine Frage zu dir. Hast sich das bei dir irgendwie verändert, die – sage ich mal –, dass du auf dem aktuellen Stand bleibst bei den IFRS? Hat sich da bei dir etwas verändert in Sachen Vorbereitung, in Sachen Nachbereitung, Wissensvermittlung? Hast du davor vielleicht dich eine Stunde am Tag mit den IFRS beschäftigt und hast gewusst, was Sache ist. Und hat sich das jetzt mittlerweile verändert? Oder ist das immer noch gleich? (...). #01:51:27–9#

Interviewpartner: (...). Frage ist: Meinst du jetzt die Lehrstuhlzeit im Vergleich zu hier oder seitdem ich hier arbeite? #01:51:34–0#

Interviewer: Seitdem du hier arbeitest! (...). #01:51:40–5#

Interviewpartner: Ja, ich sage mal, ich habe halt den Vorteil, dass ich einen sehr, sehr aktuellen großen Stand mitgenommen habe und dass ich dann eher nur punktuell mich mal vorbereiten muss. Aber, klar, je länger du natürlich weg bist, umso höher werden die Themen. Was ich gut finde ist, (...) dass sich die Schlagzahl von den Veröffentlichungen der neu anzuwenden Standards deutlich verringert hat. Also das, meine ich, ist schon ein Vorteil. Da gab es ja mal eine ganze Zeit lang, in der du ständig überarbeitete Standards hattest und nicht nur kleine, redaktionelle Änderungen, sondern richtig materielle Änderungen. Das war aber schon vor der Zeit, als ich hier angefangen habe. (...). Aber ich habe aber nicht bemerkt, dass ich mich deswegen weniger mit beschäftige. (...). #01:52:54–8#

Interviewer: Kannst du das irgendwie in Zeit bemessen? #01:52:58–4#

Interviewpartner: Ja, schwer. Also, ich sage einmal, wenn ich jetzt mal überlege, wenn ich mich aktuell halte, verwende ich zum Beispiel von Ernst & Young den IFRS-Outlook. Der hat um die 40 Seiten, in dem die die wichtigsten Neuerungen – sage ich mal – immer ansprechen. Dann bist du halbwegs on Track. Die zu lesen, das kannst du selber einschätzen, sind im Quartal, es wird schon ein Tag sein, bis du dich da durchgearbeitet hast. #01:53:27–1#

Interviewer: Und das ist aber gleichbleibend für dich? Ein Tag im Quartal? #01:53:30–6#

Interviewpartner: Das ist gleichbleibend. #01:53:32–0#

Interviewer: O. k. So nun die vorletzte Frage. Wenn wir uns jetzt über die ganzen Sachen unterhalten haben, über Komplexität in der Technik, im Unternehmen, in der Umwelt, in der Rechnungslegung. Was sind für dich noch einmal – kurz und prägnant – die wesentlichen Punkte, die dir wichtig sind, die du gerne noch einmal festhalten würdest? #01:53:52–4#

Interviewpartner: Also, für das Thema Komplexität – denke ich mal – hast du erst einmal das Realgeschehen. (...). Also die Fertigungstiefe, die Fertigungsprozesse, die Kundenbeziehungen – das sind für mich erst einmal Komplexitätstreiber. Die wirken zum Teil auf die Rechnungslegung zurück – ich sage mal – das hängt aber eher davon ab, in welcher Branche du auch tätig bist. Wenn du jetzt in der Telekom-Branche bist und verkaufst Handyverträge, – sage ich mal – dann hast du Millionen Kunden, hast aber einen Standardvertrag. Wir haben nicht so viele Kunden. Wir haben Autobauer, die sind überschaubar. Aber da hat halt jeder seine Sonderanforderungen. Also, deswegen, sage ich an der Stelle, ist das für uns ein Komplexitätstreiber, weil wenn die Jungs uns ein Entwicklungsvertrag bringen, den sie updaten, dann muss ich mir den genau anschauen. Und wenn ich Pech habe, dann ist es noch nicht einmal ein standardisierter Entwicklungsvertrag, sondern wird der modifiziert und dann habe ich eine Einzelfallbetrachtung. Und das geht nicht. Also, von daher: Kundenbeziehung und Kundenanforderung ist ein riesen Komplexitätstreiber bei uns. #01:55:03–8#

Interviewer: Also hat das erst einmal viel überhaupt nichts mit der Rechnungslegung an sich zu tun, sondern die Rechnungslegung – jetzt IAS 38 ist unverändert – muss es abbilden. Und für euch ist erst einmal die Realität, was die Anwendung letztendlich des Standards erschwert. #01:55:18–5#

Interviewpartner: So und dann hast du Themen aufgrund reiner Diversifizierung geografisch. Das Thema FX-Hedging hatten wir mal besprochen. Und auch mit Kundenbeziehungen, also wo sind die lokalisiert. Einfaches Beispiel: Produktion, Gesellschaft selbst, die anbietet und Hauptverwaltung und derjenige, der das Geld auch noch ausgibt, sitzen alle im gleichen Land, dann habe ich keine Schmerzen. Wenn ich das aber auf zig verschiedene Länder verteile, dann kriege ich halt daraus Riesenkomplexität, die dann noch einmal in IFRS abzubilden ist. Und das dann aber auch noch nach einem komplexen Modell. Und ich sage einmal und das potenziert sich halt dann ganz einfach. #01:55:59–1#

Interviewer: Würdest du dann sagen, dass dieses komplexe Modell in den Standards, aus der komplexen Welt kommt? #01:56:05–5#

Interviewpartner: Ja, klar! (...). Ich sage einmal, das reflektiert sich natürlich immer. (...). Das Thema Hedging ist halt nun einmal komplex. Und Ineffektivitäten gibt es ja nicht aus der Rechnungslegung heraus, sondern die kommen ja aus der Hedging-Strategie. Oder aus den Instrumenten. Von daher hat das natürlich alles seinen realwirtschaftlichen Hintergrund, der da abgebildet wird. (...) Inwieweit die Komplexität in der Rechnungslegung überhaupt vermeidbar ist, wenn ich – sage ich mal – ist halt immer ein Anspruchsniveau. Und die Frage ist eine Philosophiefrage. Will ich sehr genaue Informationen, dann gehe ich sehr tief hinein und schaue es mir genau an, wobei ich mir dann klar sein muss, morgen sind die Informationen im Zweifel schon wieder überholt, weil sich die Welt weiter gedreht hat. Oder gehe ich eher in die Richtung und sage, ich mache es ein bisschen gröber und stecke nicht so viel Zeit hinein, wohl wissend dass morgen die Info sich ohnehin schon wieder anders entwickelt hat. Also das ist für mich so ein Philosophiethema. (...). #01:58:00–5#

Interviewer: Letzte Frage: Sind irgendwelche Sachen in dem Gespräch deines Erachtens noch nicht berücksichtigt, die ich, wir auf jeden Fall noch berücksichtigen sollten? #01:58:14–6#

Interviewpartner: Ich glaube, wir haben sehr umfangreich alles komplett besprochen. (...). Mir fällt nichts mehr ein. Ich hoffe, dass wir alle Fragen erwischt haben, die du auch daraufgeschrieben hast!? #01:58:31–7#

Interviewer: (...). In Anbetracht der Zeit habe ich manches auch übersprungen und habe aber viele Sachen auch angerissen. Aber wenn irgendetwas Wichtiges noch wäre, dann könnten wir das noch immer ansprechen. (...). #01:58:46–7#

Interviewpartner: Also mir fällt nichts mehr ein, muss ich dir sagen. (...). #02:06:50–7#

Anhang 5: Skizze 1 des Interviewpartners

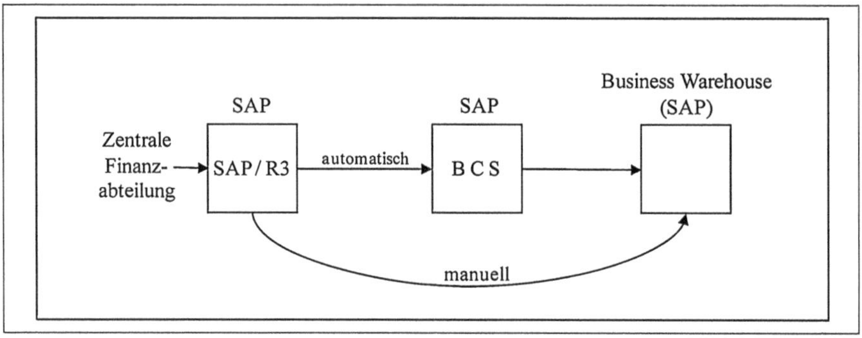

Anhang 6: Skizze 2 des Interviewpartners

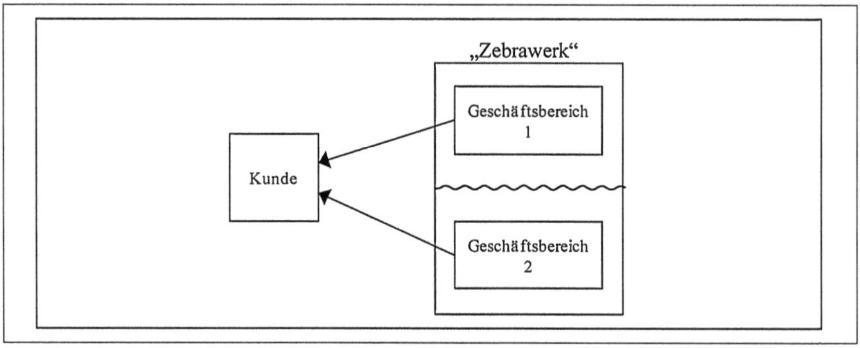

Anhang 7: Skizze 3 des Interviewpartners

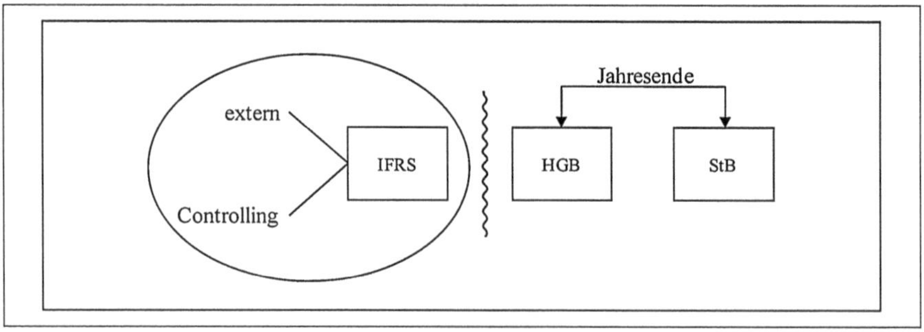

Anhang 8: Kurz- und langfristige Entwicklung der Anzahl der DAX-30-Unternehmen differenziert nach dem angewendeten Rechnungslegungssystem im Konzernabschluss[1190]

Rechnungslegungssystem DAX 30	Kurzfristige Entwicklung 2000–2006							
	2000	2001	2002	2003	2004	2005	2006	kumulierte Veränderung 2000–2006
Summe Anzahl Unternehmen mit IAS/IFRS	**14**	**15**	**16**	**16**	**19**	**21**	**22**	
absolute Veränderung zur Vorperiode		+1	+1	0	+3	+2	+1	+8
relative Veränderung zur Vorperiode		+7,1%	+6,7%	0,0%	+18,8%	+10,5%	+4,8%	+57,1%
relativer Anteil von IAS/IFRS im DAX	48,3%	51,7%	55,2%	55,2%	63,3%	70,0%	73,3%	
Summe Anzahl Unternehmen mit US-GAAP	**7**	**9**	**10**	**10**	**9**	**9**	**8**	
absolute Veränderung zur Vorperiode		+2	+1	0	−1	0	−1	+1
relative Veränderung zur Vorperiode		+28,6%	+11,1%	0,0%	−10,0%	0,0%	−11,1%	+14,3%
relativer Anteil von US-GAAP im DAX	24,1%	31,0%	34,5%	34,5%	30,0%	30,0%	26,7%	
Summe Anzahl Unternehmen mit HGB	**8**	**5**	**3**	**3**	**2**	**0**	**0**	
absolute Veränderung zur Vorperiode		−3	−2	0	−1	−2	0	−8
relative Veränderung zur Vorperiode		−37,5%	−40,0%	0,0%	−33,3%	−100,0%	–	−100,0%
relativer Anteil von HGB im DAX	27,6%	17,2%	10,3%	10,3%	6,7%	0,0%	0,0%	
Summe Anzahl Unternehmen insgesamt	**29**	**29**	**29**	**29**	**30**	**30**	**30**	
absolute Veränderung zur Vorperiode		0	0	0	+1	0	0	+1
relative Veränderung zur Vorperiode		0,0%	0,0%	0,0%	0,0%	0,0%	0,0%	+3,4%
Summe relativer Anteil insgesamt	100,0%	100,0%	100,0%	100,0%	100,0%	100,0%	100,0%	

1190 In den Jahren 2000, 2001, 2002 und 2003 existieren von der LANXESS AG noch keine entsprechenden Geschäftsberichte, da das Unternehmen erst aus einer strategischen Neuausrichtung des Bayer-Konzerns im Jahr 2003 (Aufsichtsrats-beschluss) und 2004 (Hauptversammlung der Bayer AG) sowie aus einem *Spin-off* im Jahr 2005 (Börsengang) hervorgeht (vgl. dazu ausführlich Lanxess AG (2013), Historie).

	Kurzfristige Entwicklung 2006–2012							
	2006	2007	2008	2009	2010	2011	2012	kumulierte Veränderung 2006–2012
Summe Anzahl Unternehmen mit IAS/IFRS	22	28	29	29	29	29	29	
absolute Veränderung zur Vorperiode		+6	+1	0	0	0	0	+7
relative Veränderung zur Vorperiode		+27,3%	+3,6%	0,0%	0,0%	0,0%	0,0%	+31,8%
relativer Anteil von IAS/IFRS im DAX	73,3%	93,3%	96,7%	96,7%	96,7%	96,7%	96,7%	
Summe Anzahl Unternehmen mit US-GAAP	**8**	2	**1**	**1**	**1**	**1**	**1**	
absolute Veränderung zur Vorperiode		−6	−1	0	0	0	0	−7
relative Veränderung zur Vorperiode		−75,0%	−50,0%	0,0%	0,0%	0,0%	0,0%	−87,5%
relativer Anteil von US-GAAP im DAX	26,7%	6,7%	3,3%	3,3%	3,3%	3,3%	3,3%	
Summe Anzahl Unternehmen mit HGB	**0**	**0**	**0**	**0**	**0**	**0**	**0**	
absolute Veränderung zur Vorperiode		0	0	0	0	0	0	0
relative Veränderung zur Vorperiode		–	–	–	–	–	–	–
relativer Anteil von HGB im DAX	0,0%	0,0%	0,0%	0,0%	0,0%	0,0%	0,0%	
Summe Anzahl Unternehmen insgesamt	**30**	**30**	**30**	**30**	**30**	**30**	**30**	
absolute Veränderung zur Vorperiode		0	0	0	0	0	0	0
relative Veränderung zur Vorperiode		0,0%	0,0%	0,0%	0,0%	0,0%	0,0%	–
Summe relativer Anteil insgesamt	100,0%	100,0%	100,0%	100,0%	100,0%	100,0%	100,0%	

Rechnungslegungssystem DAX 30	Langfristige Entwicklung						
	2000	2005	2010	2012	kumulierte Veränderung 2000–2010	kumulierte Veränderung 2000–2012	kumulierte Veränderung 2005–2012
Summe Anzahl Unternehmen mit IAS/IFRS	14	21	29	29			
absolute Veränderung zur Vorperiode		+7	+8	0	+15	+15	+8
relative Veränderung zur Vorperiode		+50,0%	0,0%	0,0%	+107,1%	+107,1%	+38,1%
relativer Anteil von IAS/IFRS im DAX	48,3%	70,0%	96,7%	96,7%			
Summe Anzahl Unternehmen mit US-GAAP	7	9	**1**	**1**			
absolute Veränderung zur Vorperiode		+2	−8	0	−6	−6	−8
relative Veränderung zur Vorperiode		+28,6%	−88,9%	0,0%	−85,7%	−85,7%	−88,9%
relativer Anteil von US-GAAP im DAX	24,1%	30,0%	3,3%	3,3%			
Summe Anzahl Unternehmen mit HGB	**8**	**0**	**0**	**0**			
absolute Veränderung zur Vorperiode		−8	0	0	−8	−8	0
relative Veränderung zur Vorperiode		−100,0%	–	–	−100,0%	−100,0%	–
relativer Anteil von HGB im DAX	27,6%	0,0%	0,0%	0,0%			
Summe Anzahl Unternehmen insgesamt	29	**30**	**30**	**30**			
absolute Veränderung zur Vorperiode		+1	0	0	+1	+1	0
relative Veränderung zur Vorperiode		+3,4%	0,0%	0,0%	+3,4%	+3,4%	0,0%
Summe relativer Anteil insgesamt	100,0%	100,0%	100,0%	100,0%			

Anhang 9: Übersicht der IFRS-Standards hinsichtlich *Appendix/Appendices, Application Guidance, Basis for Conclusions, Dissenting Opinion(s), Guidance(s) on Implementing/Implementation Guidance, Illustrative Example(s)* und *Example(s)*

IFRS 1	**1995**	**2000**	**2005**	**2006**	**2007**	**2008**	**2009**	**2010**	**2011**	**2012**
Appendix/Appendices			ja	ja	ja	ja	ja	ja	ja	ja
Application Guidance										
Basis for Conclusions			ja	ja	ja	ja	ja	ja	ja	ja
Dissenting Opinion(s)										
Guidance on Implementing/ Implementation Guidance			ja	ja	ja	ja	ja	ja	ja	ja
Illustrative Example(s)										
Example(s)			ja	ja	ja	ja	ja	ja	ja	ja
IFRS 2	**1995**	**2000**	**2005**	**2006**	**2007**	**2008**	**2009**	**2010**	**2011**	**2012**
Appendix/Appendices			ja	ja	ja	ja	ja	ja	ja	ja
Application Guidance			ja	ja	ja	ja	ja	ja	ja	ja
Basis for Conclusions			ja	ja	ja	ja	ja	ja	ja	ja
Dissenting Opinion(s)										
Guidance on Implementing/ Implementation Guidance			ja	ja	ja	ja	ja	ja	ja	ja
Illustrative Example(s)										
Example(s)			ja	ja	ja	ja	ja	ja	ja	ja
IFRS 3	**1995**	**2000**	**2005**	**2006**	**2007**	**2008**	**2009**	**2010**	**2011**	**2012**
Appendix/Appendices			ja	ja	ja	ja	ja	ja	ja	ja
Application Guidance						ja	ja	ja	ja	ja
Basis for Conclusions			ja	ja	ja	ja	ja	ja	ja	ja
Dissenting Opinion(s)				ja	ja	ja	ja	ja	ja	ja
Guidance on Implementing/ Implementation Guidance										
Illustrative Example(s)			ja	ja	ja	ja	ja	ja	ja	ja
Example(s)						ja	ja	ja	ja	ja
IFRS 4	**1995**	**2000**	**2005**	**2006**	**2007**	**2008**	**2009**	**2010**	**2011**	**2012**
Appendix/Appendices			ja	ja	ja	ja	ja	ja	ja	ja
Application Guidance										
Basis for Conclusions			ja	ja	ja	ja	ja	ja	ja	ja
Dissenting Opinion(s)										ja
Guidance on Implementing/ Implementation Guidance			ja	ja	ja	ja	ja	ja	ja	ja
Illustrative Example(s)										
Example(s)			ja	ja	ja	ja	ja	ja	ja	ja

IFRS 5	**1995**	**2000**	**2005**	**2006**	**2007**	**2008**	**2009**	**2010**	**2011**	**2012**
Appendix/Appendices			ja	ja	ja	ja	ja	ja	ja	ja
Application Guidance										
Basis for Conclusions			ja	ja	ja	ja	ja	ja	ja	ja
Dissenting Opinion(s)						ja	ja	ja	ja	ja
Guidance on Implementing/ Implementation Guidance			ja	ja	ja	ja	ja	ja	ja	ja
Illustrative Example(s)										
Example(s)			ja	ja	ja	ja	ja	ja	ja	ja
IFRS 6	**1995**	**2000**	**2005**	**2006**	**2007**	**2008**	**2009**	**2010**	**2011**	**2012**
Appendix/Appendices			ja	ja	ja	ja	ja	ja	ja	ja
Application Guidance										
Basis for Conclusions			ja	ja	ja	ja	ja	ja	ja	ja
Dissenting Opinion(s)						ja	ja	ja	ja	ja
Guidance on Implementing/ Implementation Guidance										
Illustrative Example(s)										
Example(s)										
IFRS 7	**1995**	**2000**	**2005**	**2006**	**2007**	**2008**	**2009**	**2010**	**2011**	**2012**
Appendix/Appendices				ja	ja	ja	ja	ja	ja	ja
Application Guidance				ja	ja	ja	ja	ja	ja	ja
Basis for Conclusions				ja	ja	ja	ja	ja	ja	ja
Dissenting Opinion(s)										
Guidance on Implementing/ Implementation Guidance				ja	ja	ja	ja	ja	ja	ja
Illustrative Example(s)										
Example(s)										
IFRS 8	**1995**	**2000**	**2005**	**2006**	**2007**	**2008**	**2009**	**2010**	**2011**	**2012**
Appendix/Appendices					ja	ja	ja	ja	ja	ja
Application Guidance										
Basis for Conclusions					ja	ja	ja	ja	ja	ja
Dissenting Opinion(s)						ja	ja	ja	ja	ja
Guidance on Implementing/ Implementation Guidance					ja	ja	ja	ja	ja	ja
Illustrative Example(s)										
Example(s)										

IFRS 9	**1995**	**2000**	**2005**	**2006**	**2007**	**2008**	**2009**	**2010**	**2011**	**2012**
Appendix/Appendices								ja	ja	ja
Application Guidance								ja	ja	ja
Basis for Conclusions								ja	ja	ja
Dissenting Opinion(s)								ja	ja	ja
Guidance on Implementing/ Implementation Guidance								ja	ja	
Illustrative Example(s)										ja
Example(s)								ja	ja	ja
IFRS 10	**1995**	**2000**	**2005**	**2006**	**2007**	**2008**	**2009**	**2010**	**2011**	**2012**
Appendix/Appendices										ja
Application Guidance										ja
Basis for Conclusions										ja
Dissenting Opinion(s)										
Guidance on Implementing/ Implementation Guidance										
Illustrative Example(s)										
Example(s)										ja
IFRS 11	**1995**	**2000**	**2005**	**2006**	**2007**	**2008**	**2009**	**2010**	**2011**	**2012**
Appendix/Appendices										ja
Application Guidance										ja
Basis for Conclusions										ja
Dissenting Opinion(s)										
Guidance on Implementing/ Implementation Guidance										
Illustrative Example(s)										ja
Example(s)										ja
IFRS 12	**1995**	**2000**	**2005**	**2006**	**2007**	**2008**	**2009**	**2010**	**2011**	**2012**
Appendix/Appendices										ja
Application Guidance										ja
Basis for Conclusions										ja
Dissenting Opinion(s)										
Guidance on Implementing/ Implementation Guidance										
Illustrative Example(s)										
Example(s)										

IFRS 13	**1995**	**2000**	**2005**	**2006**	**2007**	**2008**	**2009**	**2010**	**2011**	**2012**
Appendix/Appendices										ja
Application Guidance										ja
Basis for Conclusions										ja
Dissenting Opinion(s)										
Guidance on Implementing/ Implementation Guidance										
Illustrative Example(s)										ja
Example(s)										ja
IAS 1	**1995**	**2000**	**2005**	**2006**	**2007**	**2008**	**2009**	**2010**	**2011**	**2012**
Appendix/Appendices		ja	ja	ja	ja	ja	ja	ja	ja	ja
Application Guidance										
Basis for Conclusions			ja	ja	ja	ja	ja	ja	ja	ja
Dissenting Opinion(s)				ja	ja	ja	ja	ja	ja	ja
Guidance on Implementing/ Implementation Guidance			ja	ja	ja	ja	ja	ja	ja	ja
Illustrative Example(s)										
Example(s)										
IAS 2	**1995**	**2000**	**2005**	**2006**	**2007**	**2008**	**2009**	**2010**	**2011**	**2012**
Appendix/Appendices			ja	ja	ja	ja	ja	ja	ja	ja
Application Guidance										
Basis for Conclusions			ja	ja	ja	ja	ja	ja	ja	ja
Dissenting Opinion(s)										
Guidance on Implementing/ Implementation Guidance										
Illustrative Example(s)										
Example(s)										
IAS 3	**1995**	**2000**	**2005**	**2006**	**2007**	**2008**	**2009**	**2010**	**2011**	**2012**
Appendix/Appendices										
Application Guidance										
Basis for Conclusions										
Dissenting Opinion(s)										
Guidance on Implementing/ Implementation Guidance										
Illustrative Example(s)										
Example(s)										

IAS 4	**1995**	**2000**	**2005**	**2006**	**2007**	**2008**	**2009**	**2010**	**2011**	**2012**
Appendix/Appendices										
Application Guidance										
Basis for Conclusions										
Dissenting Opinion(s)										
Guidance on Implementing/ Implementation Guidance										
Illustrative Example(s)										
Example(s)										
IAS 5	**1995**	**2000**	**2005**	**2006**	**2007**	**2008**	**2009**	**2010**	**2011**	**2012**
Appendix/Appendices										
Application Guidance										
Basis for Conclusions										
Dissenting Opinion(s)										
Guidance on Implementing/ Implementation Guidance										
Illustrative Example(s)										
Example(s)										
IAS 6	**1995**	**2000**	**2005**	**2006**	**2007**	**2008**	**2009**	**2010**	**2011**	**2012**
Appendix/Appendices										
Application Guidance										
Basis for Conclusions										
Dissenting Opinion(s)										
Guidance on Implementing/ Implementation Guidance										
Illustrative Example(s)										
Example(s)										
IAS 7	**1995**	**2000**	**2005**	**2006**	**2007**	**2008**	**2009**	**2010**	**2011**	**2012**
Appendix/Appendices	ja	ja	ja	ja	ja	ja	ja			
Application Guidance										
Basis for Conclusions								ja	ja	ja
Dissenting Opinion(s)										
Guidance on Implementing/ Implementation Guidance										
Illustrative Example(s)								ja	ja	ja
Example(s)										

IAS 8	**1995**	**2000**	**2005**	**2006**	**2007**	**2008**	**2009**	**2010**	**2011**	**2012**
Appendix/Appendices	ja	ja	ja	ja	ja	ja	ja	ja	ja	ja
Application Guidance										
Basis for Conclusions			ja	ja	ja	ja	ja	ja	ja	ja
Dissenting Opinion(s)										
Guidance on Implementing/ Implementation Guidance			ja	ja	ja	ja	ja	ja	ja	ja
Illustrative Example(s)										
Example(s)			ja	ja	ja	ja	ja	ja	ja	ja
IAS 9	**1995**	**2000**	**2005**	**2006**	**2007**	**2008**	**2009**	**2010**	**2011**	**2012**
Appendix/Appendices										
Application Guidance										
Basis for Conclusions										
Dissenting Opinion(s)										
Guidance on Implementing/ Implementation Guidance										
Illustrative Example(s)										
Example(s)										
IAS 10	**1995**	**2000**	**2005**	**2006**	**2007**	**2008**	**2009**	**2010**	**2011**	**2012**
Appendix/Appendices			ja	ja	ja	ja	ja	ja	ja	ja
Application Guidance										
Basis for Conclusions			ja	ja	ja	ja	ja	ja	ja	ja
Dissenting Opinion(s)										
Guidance on Implementing/ Implementation Guidance										
Illustrative Example(s)										
Example(s)		ja	ja	ja	ja	ja	ja	ja	ja	ja
IAS 11	**1995**	**2000**	**2005**	**2006**	**2007**	**2008**	**2009**	**2010**	**2011**	**2012**
Appendix/Appendices	ja	ja	ja	ja	ja	ja	ja			
Application Guidance										
Basis for Conclusions										
Dissenting Opinion(s)										
Guidance on Implementing/ Implementation Guidance										
Illustrative Example(s)				ja	ja	ja	ja	ja	ja	ja
Example(s)										

IAS 12	1995	2000	2005	2006	2007	2008	2009	2010	2011	2012
Appendix/Appendices		ja	ja	ja	ja	ja	ja			
Application Guidance										
Basis for Conclusions									ja	ja
Dissenting Opinion(s)										
Guidance on Implementing/ Implementation Guidance										
Illustrative Example(s)								ja	ja	ja
Example(s)		ja	ja	ja	ja	ja	ja	ja	ja	ja

IAS 13	1995	2000	2005	2006	2007	2008	2009	2010	2011	2012
Appendix/Appendices										
Application Guidance										
Basis for Conclusions										
Dissenting Opinion(s)										
Guidance on Implementing/ Implementation Guidance										
Illustrative Example(s)										
Example(s)										

IAS 14	1995	2000	2005	2006	2007	2008	2009	2010	2011	2012
Appendix/Appendices		ja	ja	ja						
Application Guidance										
Basis for Conclusions										
Dissenting Opinion(s)										
Guidance on Implementing/ Implementation Guidance										
Illustrative Example(s)										
Example(s)										

IAS 15	1995	2000	2005	2006	2007	2008	2009	2010	2011	2012
Appendix/Appendices										
Application Guidance										
Basis for Conclusions										
Dissenting Opinion(s)										
Guidance on Implementing/ Implementation Guidance										
Illustrative Example(s)										
Example(s)										

IAS 16	**1995**	**2000**	**2005**	**2006**	**2007**	**2008**	**2009**	**2010**	**2011**	**2012**
Appendix/Appendices			ja	ja	ja	ja	ja	ja	ja	ja
Application Guidance										
Basis for Conclusions			ja	ja	ja	ja	ja	ja	ja	ja
Dissenting Opinion(s)										
Guidance on Implementing/ Implementation Guidance										
Illustrative Example(s)										
Example(s)										
IAS 17	**1995**	**2000**	**2005**	**2006**	**2007**	**2008**	**2009**	**2010**	**2011**	**2012**
Appendix/Appendices	ja	ja	ja	ja	ja	ja	ja	ja	ja	ja
Application Guidance										
Basis for Conclusions			ja	ja	ja	ja	ja	ja	ja	ja
Dissenting Opinion(s)								ja	ja	ja
Guidance on Implementing/ Implementation Guidance			ja	ja	ja	ja	ja	ja	ja	ja
Illustrative Example(s)			ja	ja	ja	ja	ja	ja	ja	ja
Example(s)			ja	ja	ja					
IAS 18	**1995**	**2000**	**2005**	**2006**	**2007**	**2008**	**2009**	**2010**	**2011**	**2012**
Appendix/Appendices	ja	ja	ja	ja	ja	ja	ja			
Application Guidance										
Basis for Conclusions										
Dissenting Opinion(s)										
Guidance on Implementing/ Implementation Guidance										
Illustrative Example(s)								ja	ja	ja
Example(s)										
IAS 19	**1995**	**2000**	**2005**	**2006**	**2007**	**2008**	**2009**	**2010**	**2011**	**2012**
Appendix/Appendices	ja	ja	ja	ja	ja	ja	ja	ja	ja	ja
Application Guidance										
Basis for Conclusions			ja	ja	ja	ja	ja	ja	ja	ja
Dissenting Opinion(s)			ja	ja	ja	ja	ja	ja	ja	ja
Guidance on Implementing/ Implementation Guidance								ja	ja	
Illustrative Example(s)		ja	ja	ja	ja	ja	ja	ja	ja	
Example(s)		ja	ja	ja	ja	ja	ja	ja	ja	ja

IAS 20	**1995**	**2000**	**2005**	**2006**	**2007**	**2008**	**2009**	**2010**	**2011**	**2012**
Appendix/Appendices										
Application Guidance										
Basis for Conclusions							ja	ja	ja	ja
Dissenting Opinion(s)										
Guidance on Implementing/ Implementation Guidance										
Illustrative Example(s)										
Example(s)										
IAS 21	**1995**	**2000**	**2005**	**2006**	**2007**	**2008**	**2009**	**2010**	**2011**	**2012**
Appendix/Appendices			ja	ja	ja	ja	ja	ja	ja	ja
Application Guidance										
Basis for Conclusions			ja	ja	ja	ja	ja	ja	ja	ja
Dissenting Opinion(s)										
Guidance on Implementing/ Implementation Guidance										
Illustrative Example(s)										
Example(s)										
IAS 22	**1995**	**2000**	**2005**	**2006**	**2007**	**2008**	**2009**	**2010**	**2011**	**2012**
Appendix/Appendices										
Application Guidance										
Basis for Conclusions										
Dissenting Opinion(s)										
Guidance on Implementing/ Implementation Guidance										
Illustrative Example(s)										
Example(s)										
IAS 23	**1995**	**2000**	**2005**	**2006**	**2007**	**2008**	**2009**	**2010**	**2011**	**2012**
Appendix/Appendices						ja	ja	ja	ja	ja
Application Guidance										
Basis for Conclusions						ja	ja	ja	ja	ja
Dissenting Opinion(s)						ja		ja	ja	ja
Guidance on Implementing/ Implementation Guidance										
Illustrative Example(s)										
Example(s)										

IAS 24	**1995**	**2000**	**2005**	**2006**	**2007**	**2008**	**2009**	**2010**	**2011**	**2012**
Appendix/Appendices			ja	ja	ja	ja	ja	ja	ja	ja
Application Guidance										
Basis for Conclusions			ja	ja	ja	ja	ja	ja	ja	ja
Dissenting Opinion(s)								ja	ja	ja
Guidance on Implementing/ Implementation Guidance										
Illustrative Example(s)								ja	ja	ja
Example(s)								ja	ja	ja

IAS 25	**1995**	**2000**	**2005**	**2006**	**2007**	**2008**	**2009**	**2010**	**2011**	**2012**
Appendix/Appendices										
Application Guidance										
Basis for Conclusions										
Dissenting Opinion(s)										
Guidance on Implementing/ Implementation Guidance										
Illustrative Example(s)										
Example(s)										

IAS 26	**1995**	**2000**	**2005**	**2006**	**2007**	**2008**	**2009**	**2010**	**2011**	**2012**
Appendix/Appendices										
Application Guidance										
Basis for Conclusions										
Dissenting Opinion(s)										
Guidance on Implementing/ Implementation Guidance										
Illustrative Example(s)										
Example(s)										

IAS 27	**1995**	**2000**	**2005**	**2006**	**2007**	**2008**	**2009**	**2010**	**2011**	**2012**
Appendix/Appendices			ja	ja	ja	ja	ja	ja	ja	
Application Guidance										
Basis for Conclusions			ja	ja	ja	ja	ja	ja	ja	ja
Dissenting Opinion(s)				ja	ja	ja	ja	ja	ja	ja
Guidance on Implementing/ Implementation Guidance			ja	ja	ja	ja	ja	ja	ja	
Illustrative Example(s)										
Example(s)			ja	ja	ja	ja	ja	ja	ja	

IAS 28	**1995**	**2000**	**2005**	**2006**	**2007**	**2008**	**2009**	**2010**	**2011**	**2012**
Appendix/Appendices			ja	ja	ja	ja	ja	ja	ja	
Application Guidance										
Basis for Conclusions			ja	ja	ja	ja	ja	ja	ja	ja
Dissenting Opinion(s)							ja	ja	ja	ja
Guidance on Implementing/ Implementation Guidance										
Illustrative Example(s)										
Example(s)										
IAS 29	**1995**	**2000**	**2005**	**2006**	**2007**	**2008**	**2009**	**2010**	**2011**	**2012**
Appendix/Appendices										
Application Guidance										
Basis for Conclusions							ja	ja	ja	ja
Dissenting Opinion(s)										
Guidance on Implementing/ Implementation Guidance										
Illustrative Example(s)										
Example(s)										
IAS 30	**1995**	**2000**	**2005**	**2006**	**2007**	**2008**	**2009**	**2010**	**2011**	**2012**
Appendix/Appendices										
Application Guidance										
Basis for Conclusions										
Dissenting Opinion(s)										
Guidance on Implementing/ Implementation Guidance										
Illustrative Example(s)										
Example(s)										
IAS 31	**1995**	**2000**	**2005**	**2006**	**2007**	**2008**	**2009**	**2010**	**2011**	**2012**
Appendix/Appendices			ja	ja	ja	ja	ja	ja	ja	
Application Guidance										
Basis for Conclusions			ja	ja	ja	ja	ja	ja	ja	
Dissenting Opinion(s)										
Guidance on Implementing/ Implementation Guidance										
Illustrative Example(s)										
Example(s)										

IAS 32	**1995**	**2000**	**2005**	**2006**	**2007**	**2008**	**2009**	**2010**	**2011**	**2012**
Appendix/Appendices		ja	ja	ja	ja	ja	ja	ja	ja	ja
Application Guidance			ja	ja	ja	ja	ja	ja	ja	ja
Basis for Conclusions			ja	ja	ja	ja	ja	ja	ja	ja
Dissenting Opinion(s)			ja	ja	ja	ja	ja	ja	ja	ja
Guidance on Implementing/ Implementation Guidance										
Illustrative Example(s)			ja	ja	ja	ja	ja	ja	ja	ja
Example(s)			ja	ja	ja	ja	ja	ja	ja	ja
IAS 33	**1995**	**2000**	**2005**	**2006**	**2007**	**2008**	**2009**	**2010**	**2011**	**2012**
Appendix/Appendices			ja	ja	ja	ja	ja	ja	ja	ja
Application Guidance			ja	ja		ja	ja	ja	ja	ja
Basis for Conclusions			ja	ja	ja	ja	ja	ja	ja	ja
Dissenting Opinion(s)										
Guidance on Implementing/ Implementation Guidance										
Illustrative Example(s)			ja	ja	ja	ja	ja	ja	ja	ja
Example(s)		ja								
IAS 34	**1995**	**2000**	**2005**	**2006**	**2007**	**2008**	**2009**	**2010**	**2011**	**2012**
Appendix/Appendices		ja	ja	ja	ja	ja	ja			
Application Guidance										
Basis for Conclusions									ja	ja
Dissenting Opinion(s)										
Guidance on Implementing/ Implementation Guidance										
Illustrative Example(s)								ja	ja	ja
Example(s)										
IAS 35	**1995**	**2000**	**2005**	**2006**	**2007**	**2008**	**2009**	**2010**	**2011**	**2012**
Appendix/Appendices		ja								
Application Guidance										
Basis for Conclusions										
Dissenting Opinion(s)										
Guidance on Implementing/ Implementation Guidance										
Illustrative Example(s)										
Example(s)										

IAS 36	**1995**	**2000**	**2005**	**2006**	**2007**	**2008**	**2009**	**2010**	**2011**	**2012**
Appendix/Appendices		ja	ja	ja	ja	ja	ja	ja	ja	ja
Application Guidance										
Basis for Conclusions			ja	ja	ja	ja	ja	ja	ja	ja
Dissenting Opinion(s)			ja	ja	ja	ja	ja	ja	ja	ja
Guidance on Implementing/ Implementation Guidance										
Illustrative Example(s)		ja	ja	ja	ja	ja	ja	ja	ja	ja
Example(s)		ja	ja	ja	ja	ja	ja	ja	ja	ja
IAS 37	**1995**	**2000**	**2005**	**2006**	**2007**	**2008**	**2009**	**2010**	**2011**	**2012**
Appendix/Appendices		ja	ja	ja	ja	ja	ja			
Application Guidance										
Basis for Conclusions										
Dissenting Opinion(s)										
Guidance on Implementing/ Implementation Guidance								ja	ja	ja
Illustrative Example(s)										
Example(s)		ja	ja	ja	ja	ja	ja	ja	ja	ja
IAS 38	**1995**	**2000**	**2005**	**2006**	**2007**	**2008**	**2009**	**2010**	**2011**	**2012**
Appendix/Appendices										
Application Guidance										
Basis for Conclusions			ja	ja	ja	ja	ja	ja	ja	ja
Dissenting Opinion(s)			ja	ja	ja	ja	ja	ja	ja	ja
Guidance on Implementing/ Implementation Guidance										
Illustrative Example(s)			ja	ja	ja	ja	ja	ja	ja	ja
Example(s)					ja	ja	ja	ja	ja	ja
IAS 39	**1995**	**2000**	**2005**	**2006**	**2007**	**2008**	**2009**	**2010**	**2011**	**2012**
Appendix/Appendices			ja	ja	ja	ja	ja	ja	ja	ja
Application Guidance			ja	ja	ja	ja	ja	ja	ja	ja
Basis for Conclusions			ja	ja	ja	ja	ja	ja	ja	ja
Dissenting Opinion(s)			ja	ja	ja	ja	ja	ja	ja	ja
Guidance on Implementing/ Implementation Guidance			ja	ja	ja	ja	ja	ja	ja	ja
Illustrative Example(s)			ja	ja	ja	ja	ja	ja	ja	ja
Example(s)						ja	ja	ja	ja	ja

IAS 40	**1995**	**2000**	**2005**	**2006**	**2007**	**2008**	**2009**	**2010**	**2011**	**2012**
Appendix/Appendices										
Application Guidance										
Basis for Conclusions			ja	ja	ja	ja	ja	ja	ja	ja
Dissenting Opinion(s)										
Guidance on Implementing/ Implementation Guidance										
Illustrative Example(s)										
Example(s)										
IAS 41	**1995**	**2000**	**2005**	**2006**	**2007**	**2008**	**2009**	**2010**	**2011**	**2012**
Appendix/Appendices			ja	ja	ja	ja	ja			
Application Guidance										
Basis for Conclusions			ja	ja	ja	ja	ja	ja	ja	ja
Dissenting Opinion(s)										
Guidance on Implementing/ Implementation Guidance										
Illustrative Example(s)			ja	ja	ja	ja	ja	ja	ja	ja
Example(s)			ja	ja	ja	ja	ja	ja	ja	ja
Insgesamt	**1995**	**2000**	**2005**	**2006**	**2007**	**2008**	**2009**	**2010**	**2011**	**2012**
Appendix/Appendices	6	14	30	31	31	32	32	26	26	27
Application Guidance	0	0	4	5	4	6	6	7	7	11
Basis for Conclusions	0	0	25	26	27	28	30	32	34	37
Dissenting Opinion(s)	0	0	5	8	8	12	12	16	16	17
Guidance on Implementing/ Implementation Guidance	0	0	9	10	11	11	11	14	14	11
Illustrative Example(s)	0	2	9	10	10	10	10	15	15	17
Example(s)	0	6	14	14	15	16	16	18	18	20

Anhang 10: Lesbarkeit des Hauptteils von IFRS 9 im Zeitablauf

Lesbarkeit IFRS 9	Kurzfristige Entwicklung								
	2005	**2006**	**2007**	**2008**	**2009**	**2010**	**2011**	**2012**	**kumulierte Veränderung 2005–2012**
GUNNING *Fog-Index*						**14,09**	**13,41**	**13,11**	
absolute Veränderung zur Vorperiode	–	–	–	–	–	–	–0,68	–0,30	–
relative Veränderung zur Vorperiode	–	–	–	–	–	–	–4,8%	–2,2%	–
Flesch Reading Ease-Index						**40,0**	**34,9**	**35,5**	
absolute Veränderung zur Vorperiode	–	–	–	–	–	–	–5,1	+0,6	–
relative Veränderung zur Vorperiode	–	–	–	–	–	–	–12,8%	+1,7%	–
Flesch Reading Ease-Index 2013 **(0,5)**						**25,65**	**12,69**	**12,94**	
absolute Veränderung zur Vorperiode	–	–	–	–	–	–	–12,97	+0,25	–
relative Veränderung zur Vorperiode	–	–	–	–	–	–	–50,5%	+2,0%	–
Flesch Reading Ease-Index 2013 **(0,75)**						**38,48**	**19,03**	**19,41**	
absolute Veränderung zur Vorperiode	–	–	–	–	–	–	–19,45	+0,38	–
relative Veränderung zur Vorperiode	–	–	–	–	–	–	–50,5%	+2,0%	–
Flesch Reading Ease-Index 2013 **(1,0)**						**51,30**	**25,37**	**25,88**	
absolute Veränderung zur Vorperiode	–	–	–	–	–	–	–25,93	+0,51	–
relative Veränderung zur Vorperiode	–	–	–	–	–	–	–50,5%	+2,0%	–
Flesch Reading Ease-Index 2013 **(1,25)**						**64,13**	**31,71**	**32,35**	
absolute Veränderung zur Vorperiode	–	–	–	–	–	–	–32,42	+0,64	–
relative Veränderung zur Vorperiode	–	–	–	–	–	–	–50,5%	+2,0%	–
Flesch Reading Ease-Index 2013 **(1,5)**						**76,95**	**38,06**	**38,82**	
absolute Veränderung zur Vorperiode	–	–	–	–	–	–	–38,90	+0,76	–
relative Veränderung zur Vorperiode	–	–	–	–	–	–	–50,5%	+2,0%	–

	Langfristige Entwicklung				
	1995	2000	2005	2010	kumulierte Veränderung 1995–2010
GUNNING *Fog-Index*				14,09	
absolute Veränderung zur Vorperiode	–	–	–	–	–
relative Veränderung zur Vorperiode	–	–	–	–	–
Flesch Reading Ease-Index				40,0	
absolute Veränderung zur Vorperiode	–	–	–	–	–
relative Veränderung zur Vorperiode	–	–	–	–	–
Flesch Reading Ease-Index 2013 (0,5)				25,65	
absolute Veränderung zur Vorperiode	–	–	–	–	–
relative Veränderung zur Vorperiode	–	–	–	–	–
Flesch Reading Ease-Index 2013 (0,75)				19,03	
absolute Veränderung zur Vorperiode	–	–	–	–	–
relative Veränderung zur Vorperiode	–	–	–	–	–
Flesch Reading Ease-Index 2013 (1,0)				25,37	
absolute Veränderung zur Vorperiode	–	–	–	–	–
relative Veränderung zur Vorperiode	–	–	–	–	–
Flesch Reading Ease-Index 2013 (1,25)				64,13	
absolute Veränderung zur Vorperiode	–	–	–	–	–
relative Veränderung zur Vorperiode	–	–	–	–	–
Flesch Reading Ease-Index 2013 (1,5)				76,95	
absolute Veränderung zur Vorperiode	–	–	–	–	–
relative Veränderung zur Vorperiode	–	–	–	–	–

Anhang 11: Lesbarkeitsindex *Lix* auf Basis der Angaben im Anhang zu Finanzinstrumenten von den 14 von 2000 bis 2012 nach IFRS bilanzierenden DAX-30-Unternehmen im Zeitablauf

Lesbarkeit Geschäftsberichte Finanzinstrumente Lesbarkeitsindex *Lix*	**2000**	**2001**	**2002**	**2003**	**2004**	**2005**	**2006**	**2007**	**2008**	**2009**	**2010**	**2011**	**2012**
adidas AG	**59,6**	**58,1**	**66,2**	**60,8**	**61,5**	**59,3**	**61,0**	**65,5**	**66,3**	**67,9**	**67,4**	**68,2**	**68,9**
absolute Veränderung zur Vorperiode		−1,5	+8,1	−5,4	+0,7	−2,2	+1,7	+4,5	+0,8	+1,6	−0,5	+0,8	+0,7
relative Veränderung zur Vorperiode		−2,5%	+13,9%	−8,2%	+1,2%	−3,6%	+2,9%	+7,4%	+1,2%	+2,4%	−0,7%	+1,2%	+1,0%
Allianz SE	**64,0**	**66,9**	**67,5**	**66,2**	**66,3**	**69,3**	**67,7**	**69,0**	**71,1**	**68,0**	**67,8**	**65,1**	**68,9**
absolute Veränderung zur Vorperiode		+2,9	+0,6	−1,3	+0,1	+3,0	−1,6	+1,3	+2,1	−3,1	−0,2	−2,7	+3,8
relative Veränderung zur Vorperiode		+4,5%	+0,9%	−1,9%	+0,2%	+4,5%	−2,3%	+1,9%	+3,0%	−4,4%	−0,3%	−4,0%	+5,8%
Bayer AG	**64,4**	**64,0**	**65,0**	**62,1**	**62,5**	**66,8**	**65,7**	**68,2**	**67,0**	**69,3**	**57,0**	**69,3**	**69,3**
absolute Veränderung zur Vorperiode		−0,4	+1,0	−2,9	+0,4	+4,3	−1,1	+2,5	−1,2	+2,3	−12,3	+12,3	0,0
relative Veränderung zur Vorperiode		−0,6%	+1,6%	−4,5%	+0,6%	+6,9%	−1,6%	+3,8%	−1,8%	+3,4%	−17,7%	+21,6%	0,0%
Beiersdorf Aktiengesellschaft	**47,4**	**67,5**	**67,9**	**66,0**	**63,8**	**65,1**	**63,4**	**66,4**	**67,0**	**67,3**	**67,2**	**67,9**	**67,6**
absolute Veränderung zur Vorperiode		+20,1	+0,4	−1,9	−2,2	+1,3	−1,7	+3,0	+0,6	+0,3	−0,1	+0,7	−0,3
relative Veränderung zur Vorperiode		+42,4%	+0,6%	−2,8%	−3,3%	+2,0%	−2,6%	+4,7%	+0,9%	+0,4%	−0,1%	+1,0%	−0,4%

	2000	2001	2002	2003	2004	2005	2006	2007	2008	2009	2010	2011	2012
Commerz-bank AG	**60,8**	**62,7**	**65,8**	**65,8**	**64,2**	**62,2**	**65,6**	**62,9**	**65,4**	**66,4**	**66,9**	**66,1**	**66,8**
absolute Veränderung zur Vorperiode		+1,9	+3,1	0,0	−1,6	−2,0	+3,4	−2,7	+2,5	+1,0	+0,5	−0,8	+0,7
relative Veränderung zur Vorperiode		+3,1%	+4,9%	0,0%	−2,4%	−3,1%	+5,5%	−4,1%	+4,0%	+1,5%	+0,8%	−1,2%	+1,1%
Deutsche Börse AG	**62,0**	**62,6**	**60,9**	**61,7**	**63,1**	**65,5**	**61,2**	**57,5**	**59,9**	**60,9**	**61,9**	**61,8**	**61,5**
absolute Veränderung zur Vorperiode		+0,6	−1,7	+0,8	+1,4	+2,4	−4,3	−3,7	+2,4	+1,0	+1,0	−0,1	−0,3
relative Veränderung zur Vorperiode		+1,0%	−2,7%	+1,3%	+2,3%	+3,8%	−6,6%	−6,0%	+4,2%	+1,7%	+1,6%	−0,2%	−0,5%
Deutsche Lufthansa AG	**64,2**	**66,3**	**65,4**	**65,6**	**67,1**	**65,7**	**63,3**	**65,7**	**66,2**	**66,4**	**65,2**	**67,8**	**66,4**
absolute Veränderung zur Vorperiode		+2,1	−0,9	+0,2	+1,5	−1,4	−2,4	+2,4	+0,5	+0,2	−1,2	+2,6	−1,4
relative Veränderung zur Vorperiode		+3,3%	−1,4%	+0,3%	+2,3%	−2,1%	−3,7%	+3,8%	+0,8%	+0,3%	−1,8%	+4,0%	−2,1%
Deutsche Post AG	**60,6**	**66,4**	**64,5**	**63,6**	**66,1**	**65,3**	**67,4**	**65,0**	**64,3**	**59,9**	**60,5**	**61,0**	**61,5**
absolute Veränderung zur Vorperiode		+5,8	−1,9	−0,9	+2,5	−0,8	+2,1	−2,4	−0,7	−4,4	+0,6	+0,5	+0,5
relative Veränderung zur Vorperiode		+9,6%	−2,9%	−1,4%	+3,9%	−1,2%	+3,2%	−3,6%	−1,1%	−6,8%	+1,0%	+0,8%	+0,8%
Heidelberg-Cement AG	**62,9**	**62,2**	**62,8**	**64,0**	**63,8**	**65,8**	**63,8**	**61,3**	**61,0**	**60,7**	**60,3**	**59,7**	**60,0**
absolute Veränderung zur Vorperiode		−0,7	+0,6	+1,2	−0,2	+2,0	−2,0	−2,5	−0,3	−0,3	−0,4	−0,6	+0,3
relative Veränderung zur Vorperiode		−1,1%	+1,0%	+1,9%	−0,3%	+3,1%	−3,0%	−3,9%	−0,5%	−0,5%	−0,7%	−1,0%	+0,5%

	2000	2001	2002	2003	2004	2005	2006	2007	2008	2009	2010	2011	2012
Henkel AG & Co. KGaA	**62,6**	**62,0**	**59,9**	**65,0**	**65,6**	**65,1**	**65,7**	**63,9**	**63,3**	**63,8**	**64,1**	**63,9**	**65,1**
absolute Veränderung zur Vorperiode		−0,6	−2,1	+5,1	+0,6	−0,5	+0,6	−1,8	−0,6	+0,5	+0,3	−0,2	+1,2
relative Veränderung zur Vorperiode		−1,0%	−3,4%	+8,5%	+0,9%	−0,8%	+0,9%	−2,7%	−0,9%	+0,8%	+0,5%	−0,3%	+1,9%
LANXESS AG	**k.A.**	**k.A.**	**k.A.**	**k.A.**	**68,0**	**64,4**	**63,9**	**66,1**	**67,0**	**69,4**	**69,1**	**70,9**	**69,4**
absolute Veränderung zur Vorperiode		–	–	–	–	−3,6	−0,5	+2,2	+0,9	+2,4	−0,3	+1,8	−1,5
relative Veränderung zur Vorperiode		–	–	–	–	−5,3%	−0,8%	+3,4%	+1,4%	+3,6%	−0,4%	+2,6%	−2,1%
Merck KGaA	**k.A.**	**62,1**	**63,8**	**63,4**	**63,2**	**63,0**	**64,3**	**62,1**	**61,0**	**61,9**	**61,5**	**62,0**	**65,1**
absolute Veränderung zur Vorperiode		–	+1,7	−0,4	−0,2	−0,2	+1,3	−2,2	−1,1	+0,9	−0,4	+0,5	+3,1
relative Veränderung zur Vorperiode		–	+2,7%	−0,6%	−0,3%	−0,3%	+2,1%	−3,4%	−1,8%	+1,5%	−0,6%	+0,8%	+5,0%
Münchener Rückv.-Gesell. AG	**69,1**	**64,8**	**65,0**	**66,3**	**64,7**	**65,4**	**63,2**	**61,3**	**62,6**	**62,7**	**62,9**	**64,0**	**63,9**
absolute Veränderung zur Vorperiode		−4,3	+0,2	+1,3	−1,6	+0,7	−2,2	−1,9	+1,3	+0,1	+0,2	+1,1	−0,1
relative Veränderung zur Vorperiode		−6,2%	+0,3%	+2,0%	−2,4%	+1,1%	−3,4%	−3,0%	+2,1%	+0,2%	+0,3%	+1,7%	−0,2%
RWE Aktiengesellschaft	**59,6**	**59,7**	**56,5**	**62,1**	**63,2**	**61,4**	**60,5**	**59,5**	**60,5**	**60,7**	**59,8**	**59,3**	**59,9**
absolute Veränderung zur Vorperiode		+0,1	−3,2	+5,6	+1,1	−1,8	−0,9	−1,0	+1,0	+0,2	−0,9	−0,5	+0,6
relative Veränderung zur Vorperiode		+0,2%	−5,4%	+9,9%	+1,8%	−2,8%	−1,5%	−1,7%	+1,7%	+0,3%	−1,5%	−0,8%	+1,0%

Anhang 12: Lesbarkeitsindex *Lix* auf Basis der Angaben im Anhang zu Ertragsteuern von den 14 von 2000 bis 2012 nach IFRS bilanzierenden DAX-30-Unternehmen im Zeitablauf

Lesbarkeit Geschäfts-berichte Ertragsteuern Lesbarkeits-index *Lix*	**2000**	**2001**	**2002**	**2003**	**2004**	**2005**	**2006**	**2007**	**2008**	**2009**	**2010**	**2011**	**2012**
adidas AG	**65,5**	**63,2**	**63,8**	**66,1**	**68,8**	**70,2**	**63,1**	**68,0**	**68,8**	**68,8**	**67,3**	**66,7**	**66,7**
absolute Veränderung zur Vorperiode		−2,3	+0,6	+2,3	+2,7	+1,4	−7,1	+4,9	+0,8	0,0	−1,5	−0,6	0,0
relative Veränderung zur Vorperiode		−3,5%	+0,9%	+3,6%	+4,1%	+2,0%	−10,1%	+7,8%	+1,2%	0,0%	−2,2%	−0,9%	0,0%
Allianz SE	**71,8**	**70,6**	**66,7**	**65,9**	**69,7**	**65,7**	**62,3**	**69,3**	**75,0**	**67,0**	**66,2**	**66,6**	**68,3**
absolute Veränderung zur Vorperiode		−1,2	−3,9	−0,8	+3,8	−4,0	−3,4	+7,0	+5,7	−8,0	−0,8	+0,4	+1,7
relative Veränderung zur Vorperiode		−1,7%	−5,5%	−1,2%	+5,8%	−5,7%	−5,2%	+11,2%	+8,2%	−10,7%	−1,2%	+0,6%	+2,6%
Bayer AG	**64,0**	**67,6**	**66,3**	**67,5**	**67,8**	**71,1**	**70,2**	**69,1**	**68,0**	**67,9**	**58,0**	**68,5**	**67,0**
absolute Veränderung zur Vorperiode		+3,6	−1,3	+1,2	+0,3	+3,3	−0,9	−1,1	−1,1	−0,1	−9,9	+10,5	−1,5
relative Veränderung zur Vorperiode		+5,6%	−1,9%	+1,8%	+0,4%	+4,9%	−1,3%	−1,6%	−1,6%	−0,1%	−14,6%	+18,1%	−2,2%
Beiersdorf Aktien-gesellschaft	**68,9**	**66,2**	**67,4**	**69,8**	**71,0**	**68,9**	**67,4**	**65,9**	**66,5**	**69,0**	**69,5**	**69,8**	**70,7**
absolute Veränderung zur Vorperiode		−2,7	+1,2	+2,4	+1,2	−2,1	−1,5	−1,5	+0,6	+2,5	+0,5	+0,3	+0,9
relative Veränderung zur Vorperiode		−3,9%	+1,8%	+3,6%	+1,7%	−3,0%	−2,2%	−2,2%	+0,9%	+3,8%	+0,7%	+0,4%	+1,3%

	2000	2001	2002	2003	2004	2005	2006	2007	2008	2009	2010	2011	2012
Commerzbank AG	**70,4**	**73,5**	**74,4**	**74,4**	**71,2**	**69,9**	**70,9**	**65,6**	**68,3**	**70,1**	**72,3**	**74,0**	**73,0**
absolute Veränderung zur Vorperiode		+3,1	+0,9	0,0	−3,2	−1,3	+1,0	−5,3	+2,7	+1,8	+2,2	+1,7	−1,0
relative Veränderung zur Vorperiode		+4,4%	+1,2%	0,0%	−4,3%	−1,8%	+1,4%	−7,5%	+4,1%	+2,6%	+3,1%	+2,4%	−1,4%
Deutsche Börse AG	**63,5**	**68,3**	**63,9**	**65,6**	**65,5**	**64,6**	**63,2**	**61,1**	**61,1**	**60,1**	**61,6**	**60,9**	**59,0**
absolute Veränderung zur Vorperiode		+4,8	−4,4	+1,7	−0,1	−0,9	−1,4	−2,1	0,0	−1,0	+1,5	−0,7	−1,9
relative Veränderung zur Vorperiode		+7,6%	−6,4%	+2,7%	−0,2%	−1,4%	−2,2%	−3,3%	0,0%	−1,6%	+2,5%	−1,1%	−3,1%
Deutsche Lufthansa AG	**67,5**	**63,8**	**60,4**	**59,5**	**64,7**	**63,1**	**59,8**	**63,5**	**65,3**	**62,1**	**66,9**	**68,2**	**66,4**
absolute Veränderung zur Vorperiode		−3,7	−3,4	−0,9	+5,2	−1,6	−3,3	+3,7	+1,8	−3,2	+4,8	+1,3	−1,8
relative Veränderung zur Vorperiode		−5,5%	−5,3%	−1,5%	+8,7%	−2,5%	−5,2%	+6,2%	+2,8%	−4,9%	+7,7%	+1,9%	−2,6%
Deutsche Post AG	**60,6**	**66,4**	**64,5**	**63,6**	**66,1**	**65,3**	**67,4**	**65,0**	**64,3**	**59,9**	**60,5**	**61,0**	**61,5**
absolute Veränderung zur Vorperiode		+5,8	−1,9	−0,9	+2,5	−0,8	+2,1	−2,4	−0,7	−4,4	+0,6	+0,5	+0,5
relative Veränderung zur Vorperiode		+9,6%	−2,9%	−1,4%	+3,9%	−1,2%	+3,2%	−3,6%	−1,1%	−6,8%	+1,0%	+0,8%	+0,8%
Heidelberg-Cement AG	**59,4**	**62,5**	**59,6**	**63,9**	**64,2**	**59,8**	**64,2**	**62,6**	**61,3**	**59,9**	**62,8**	**62,4**	**63,5**
absolute Veränderung zur Vorperiode		+3,1	−2,9	+4,3	+0,3	−4,4	+4,4	−1,6	−1,3	−1,4	+2,9	−0,4	+1,1
relative Veränderung zur Vorperiode		+5,2%	−4,6%	+7,2%	+0,5%	−6,9%	+7,4%	−2,5%	−2,1%	−2,3%	+4,8%	−0,6%	+1,8%

	2000	2001	2002	2003	2004	2005	2006	2007	2008	2009	2010	2011	2012
Henkel AG & Co. KGaA	**65,4**	**66,9**	**65,1**	**68,8**	**68,5**	**63,8**	**66,4**	**65,8**	**65,6**	**67,6**	**67,9**	**66,7**	**65,8**
absolute Veränderung zur Vorperiode		+1,5	−1,8	+3,7	−0,3	−4,7	+2,6	−0,6	−0,2	+2,0	+0,3	−1,2	−0,9
relative Veränderung zur Vorperiode		+2,3%	−2,7%	+5,7%	−0,4%	−6,9%	+4,1%	−0,9%	−0,3%	+3,0%	+0,4%	−1,8%	−1,3%
LANXESS AG	**k.A.**	**k.A.**	**k.A.**	**k.A.**	**62,9**	**62,2**	**62,4**	**62,7**	**63,1**	**62,0**	**63,2**	**65,5**	**67,4**
absolute Veränderung zur Vorperiode		–	–	–	–	−0,7	+0,2	+0,3	+0,4	−1,1	+1,2	+2,3	+1,9
relative Veränderung zur Vorperiode		–	–	–	–	−1,1%	+0,3%	+0,5%	+0,6%	−1,7%	+1,9%	+3,6%	+2,9%
Merck KGaA	**k.A.**	**63,9**	**63,1**	**64,1**	**66,3**	**71,4**	**71,0**	**71,3**	**66,4**	**69,0**	**66,7**	**70,0**	**67,8**
absolute Veränderung zur Vorperiode		–	−0,8	+1,0	+2,2	+5,1	−0,4	+0,3	−4,9	+2,6	−2,3	+3,3	−2,2
relative Veränderung zur Vorperiode		–	−1,3%	+1,6%	+3,4%	+7,7%	−0,6%	+0,4%	−6,9%	+3,9%	−3,3%	+4,9%	−3,1%
Münchener Rückv.-Gesell. AG	**69,7**	**70,1**	**70,5**	**65,9**	**68,9**	**67,7**	**68,3**	**64,2**	**65,7**	**63,7**	**69,6**	**69,0**	**69,8**
absolute Veränderung zur Vorperiode		+0,4	+0,4	−4,6	+3,0	−1,2	+0,6	−4,1	+1,5	−2,0	+5,9	−0,6	+0,8
relative Veränderung zur Vorperiode		+0,6%	+0,6%	−6,5%	+4,6%	−1,7%	+0,9%	−6,0%	+2,3%	−3,0%	+9,3%	−0,9%	+1,2%
RWE Aktiengesellschaft	**67,0**	**61,8**	**54,6**	**51,6**	**63,6**	**59,6**	**52,9**	**61,9**	**63,7**	**64,1**	**63,8**	**64,5**	**62,7**
absolute Veränderung zur Vorperiode		−5,2	−7,2	−3,0	+12,0	−4,0	−6,7	+9,0	+1,8	+0,4	−0,3	+0,7	−1,8
relative Veränderung zur Vorperiode		−7,8%	−11,7%	−5,5%	+23,3%	−6,3%	−11,2%	+17,0%	+2,9%	+0,6%	−0,5%	+1,1%	−2,8%

Anhang 13: Lesbarkeitsindex *Lix* auf Basis der Angaben im Anhang zu Leasingverhältnisse von den 14 von 2000 bis 2012 nach IFRS bilanzierenden DAX-30-Unternehmen im Zeitablauf

Lesbarkeit Geschäftsberichte Leasingverhältnisse Lesbarkeitsindex *Lix*	**2000**	**2001**	**2002**	**2003**	**2004**	**2005**	**2006**	**2007**	**2008**	**2009**	**2010**	**2011**	**2012**
adidas AG	**55,5**	**51,4**	**50,9**	**45,5**	**50,7**	**52,3**	**53,2**	**53,6**	**56,4**	**56,5**	**57,5**	**57,0**	**56,8**
absolute Veränderung zur Vorperiode		−4,1	−0,5	−5,4	+5,2	+1,6	+0,9	+0,4	+2,8	+0,1	+1,0	−0,5	−0,2
relative Veränderung zur Vorperiode		−7,4%	−1,0%	−10,6%	+11,4%	+3,2%	+1,7%	+0,8%	+5,2%	+0,2%	+1,8%	−0,9%	−0,4%
Allianz SE	**50,8**	**65,7**	**61,2**	**68,9**	**89,5**	**63,8**	**79,0**	**76,8**	**114,7**	**89,8**	**85,8**	**68,4**	**72,8**
absolute Veränderung zur Vorperiode		+14,9	−4,5	+7,7	+20,6	−25,7	+15,2	−2,2	+37,9	−24,9	−4,0	−17,4	+4,4
relative Veränderung zur Vorperiode		+29,3%	−6,8%	+12,6%	+29,9%	−28,7%	+23,8%	−2,8%	+49,3%	−21,7%	−4,5%	−20,3%	+6,4%
Bayer AG	**63,0**	**60,9**	**60,6**	**61,6**	**62,2**	**58,8**	**55,9**	**54,4**	**54,3**	**55,1**	**50,6**	**57,1**	**53,8**
absolute Veränderung zur Vorperiode		−2,1	−0,3	+1,0	+0,6	−3,4	−2,9	−1,5	−0,1	+0,8	−4,5	+6,5	−3,3
relative Veränderung zur Vorperiode		−3,3%	−0,5%	+1,7%	+1,0%	−5,5%	−4,9%	−2,7%	−0,2%	+1,5%	−8,2%	+12,8%	−5,8%
Beiersdorf Aktiengesellschaft	**k.A.**	**k.A.**	**k.A.**	**k.A.**	**k.A.**	**k.A.**	**k.A.**	**k.A.**	**k.A.**	**k.A.**	**k.A.**	**k.A.**	**k.A.**
absolute Veränderung zur Vorperiode		–	–	–	–	–	–	–	–	–	–	–	–
relative Veränderung zur Vorperiode		–	–	–	–	–	–	–	–	–	–	–	–

	2000	2001	2002	2003	2004	2005	2006	2007	2008	2009	2010	2011	2012
Commerz-bank AG	54,4	54,4	72,6	72,6	72,6	72,6	71,5	72,7	71,7	71,1	70,7	72,3	71,7
absolute Veränderung zur Vorperiode		0	+18,2	0	0	0	−1,1	+1,2	−1,0	−0,6	−0,4	+1,6	−0,6
relative Veränderung zur Vorperiode		0,0%	+33,5%	0,0%	0,0%	0,0%	−1,5%	+1,7%	−1,4%	−0,8%	−0,6%	+2,3%	−0,8%
Deutsche Börse AG	k.A.	k.A.	55,4	52,0	51,8	54,6	56,2	51,3	50,5	52,5	52,5	49,7	52,0
absolute Veränderung zur Vorperiode		–	–	−3,4	−0,2	+2,8	+1,6	−4,9	−0,8	+2,0	0	−2,8	+2,3
relative Veränderung zur Vorperiode		–	–	−6,1%	−0,4%	+5,4%	+2,9%	−8,7%	−1,6%	+4,0%	0,0%	−5,3%	+4,6%
Deutsche Lufthansa AG	54,9	58,2	59,5	59,5	61,9	60,9	59,8	60,0	58,9	60,2	61,4	61,8	61,1
absolute Veränderung zur Vorperiode		+3,3	+1,3	0	+2,4	−1,0	−1,1	+0,2	−1,1	+1,3	+1,2	+0,4	−0,7
relative Veränderung zur Vorperiode		+6,0%	+2,2%	+0,0%	+4,0%	−1,6%	−1,8%	+0,3%	−1,8%	+2,2%	+2,0%	+0,7%	−1,1%
Deutsche Post AG	57,5	60,0	65,0	64,8	63,8	65,0	67,3	68,9	69,5	66,1	72,2	70,3	75,6
absolute Veränderung zur Vorperiode		+2,5	+5,0	−0,2	−1,0	+1,2	+2,3	+1,6	+0,6	−3,4	+6,1	−1,9	+5,3
relative Veränderung zur Vorperiode		+4,3%	+8,3%	−0,3%	−1,5%	+1,9%	+3,5%	+2,4%	+0,9%	−4,9%	+9,2%	−2,6%	+7,5%
Heidelberg-Cement AG	k.A.	k.A.	k.A.	58,5	58,5	60,0	58,5	62,3	64,0	64,0	62,2	62,1	62,1
absolute Veränderung zur Vorperiode		–	–	–	0	+1,5	−1,5	+3,8	+1,7	0	−1,8	−0,1	0
relative Veränderung zur Vorperiode		–	–	–	0,0%	+2,6%	−2,5%	+6,5%	+2,7%	0,0%	−2,8%	−0,2%	0,0%

	2000	2001	2002	2003	2004	2005	2006	2007	2008	2009	2010	2011	2012
Henkel AG & Co. KGaA	**52,8**	**52,0**	**45,3**	**46,3**	**46,3**	**47,4**	**46,3**	**49,5**	**49,5**	**49,5**	**52,7**	**52,2**	**52,7**
absolute Veränderung zur Vorperiode		−0,8	−6,7	+1,0	0	+1,1	−1,1	+3,2	0	0	+3,2	−0,5	+0,5
relative Veränderung zur Vorperiode		−1,5%	−12,9%	+2,2%	–	+2,4%	−2,3%	+6,9%	0,0%	0,0%	+6,5%	−0,9%	+1,0%
LANXESS AG	**k.A.**	**k.A.**	**k.A.**	**k.A.**	**60,0**	**59,5**	**60,6**	**61,7**	**63,0**	**65,1**	**66,8**	**66,8**	**67,1**
absolute Veränderung zur Vorperiode		–	–	–	–	−0,5	+1,1	+1,1	+1,3	+2,1	+1,7	0	+0,3
relative Veränderung zur Vorperiode		–	–	–	–	−0,8%	+1,8%	+1,8%	+2,1%	+3,3%	+2,6%	0,0%	+0,4%
Merck KGaA	**k.A.**	**56,4**	**61,0**	**66,0**	**59,9**	**63,9**	**58,9**	**57,7**	**57,7**	**59,9**	**69,9**	**64,4**	**64,1**
absolute Veränderung zur Vorperiode		–	+4,6	+5,0	−6,1	+4,0	−5,0	−1,2	0	+2,2	+10,0	−5,5	−0,3
relative Veränderung zur Vorperiode		–	+8,2%	+8,2%	−9,2%	+6,7%	−7,8%	−2,0%	0,0%	+3,8%	+16,7%	−7,9%	−0,5%
Münchener Rückv.-Gesell. AG	**55,2**	**53,8**	**56,7**	**48,0**	**50,7**	**70,4**	**64,2**	**62,3**	**62,9**	**67,0**	**66,2**	**67,9**	**68,2**
absolute Veränderung zur Vorperiode		−1,4	+2,9	−8,7	+2,7	+19,7	−6,2	−1,9	+0,6	+4,1	−0,8	+1,7	+0,3
relative Veränderung zur Vorperiode		−2,5%	+5,4%	−15,3%	+5,6%	+38,9%	−8,8%	−3,0%	+1,0%	+6,5%	−1,2%	+2,6%	+0,4%
RWE Aktiengesellschaft	**63,2**	**73,6**	**70,3**	**66,4**	**72,8**	**68,3**	**67,4**	**68,3**	**69,9**	**67,6**	**67,7**	**68,8**	**67,7**
absolute Veränderung zur Vorperiode		+10,4	−3,3	−3,9	+6,4	−4,5	−0,9	+0,9	+1,6	−2,3	+0,1	+1,1	−1,1
relative Veränderung zur Vorperiode		+16,5%	−4,5%	−5,5%	+9,6%	−6,2%	−1,3%	+1,3%	+2,3%	−3,3%	+0,1%	+1,6%	−1,6%

Anhang 14: Lesbarkeitsindex *Lix* auf Basis der Angaben im Anhang zu Leistungen an Arbeitnehmer von den 14 von 2000 bis 2012 nach IFRS bilanzierenden DAX-30-Unternehmen im Zeitablauf

Lesbarkeit Geschäftsberichte Leistungen an Arbeitnehmer Lesbarkeitsindex *Lix*	2000	2001	2002	2003	2004	2005	2006	2007	2008	2009	2010	2011	2012
adidas AG	**61,5**	**61,9**	**63,9**	**62,9**	**62,9**	**64,6**	**63,4**	**61,7**	**64,3**	**60,0**	**61,9**	**61,9**	**61,4**
absolute Veränderung zur Vorperiode		+0,4	+2,0	−1,0	0,0	+1,7	−1,2	−1,7	+2,6	−4,3	+1,9	0,0	−0,5
relative Veränderung zur Vorperiode		+0,7%	+3,2%	−1,6%	0,0%	+2,7%	−1,9%	−2,7%	+4,2%	−6,7%	+3,2%	0,0%	−0,8%
Allianz SE	**65,3**	**67,2**	**69,9**	**66,9**	**81,1**	**78,0**	**76,2**	**77,3**	**75,3**	**67,9**	**68,9**	**65,7**	**64,4**
absolute Veränderung zur Vorperiode		+1,9	+2,7	−3,0	+14,2	−3,1	−1,8	+1,1	−2,0	−7,4	+1,0	−3,2	−1,3
relative Veränderung zur Vorperiode		+2,9%	+4,0%	−4,3%	+21,2%	−3,8%	−2,3%	+1,4%	−2,6%	−9,8%	+1,5%	−4,6%	−2,0%
Bayer AG	**66,9**	**67,4**	**67,9**	**65,2**	**66,8**	**68,5**	**71,6**	**72,8**	**74,7**	**71,5**	**65,5**	**72,5**	**65,2**
absolute Veränderung zur Vorperiode		+0,5	+0,5	−2,7	+1,6	+1,7	+3,1	+1,2	+1,9	−3,2	−6,0	+7,0	−7,3
relative Veränderung zur Vorperiode		+0,7%	+0,7%	−4,0%	+2,5%	+2,5%	+4,5%	+1,7%	+2,6%	−4,3%	−8,4%	+10,7%	−10,1%
Beiersdorf Aktiengesellschaft	**77,3**	**65,1**	**64,2**	**64,1**	**65,0**	**62,9**	**66,0**	**66,1**	**70,7**	**71,2**	**69,5**	**67,8**	**68,7**
absolute Veränderung zur Vorperiode		−12,2	−0,9	−0,1	+0,9	−2,1	+3,1	+0,1	+4,6	+0,5	−1,7	−1,7	+0,9
relative Veränderung zur Vorperiode		−15,8%	−1,4%	−0,2%	+1,4%	−3,2%	+4,9%	+0,2%	+7,0%	+0,7%	−2,4%	−2,4%	+1,3%

	2000	2001	2002	2003	2004	2005	2006	2007	2008	2009	2010	2011	2012
Commerzbank AG	**65,4**	**67,1**	**66,1**	**65,7**	**68,4**	**71,6**	**74,5**	**61,9**	**68,6**	**70,9**	**77,3**	**72,9**	**77,2**
absolute Veränderung zur Vorperiode		+1,7	−1,0	−0,4	+2,7	+3,2	+2,9	−12,6	+6,7	+2,3	+6,4	−4,4	+4,3
relative Veränderung zur Vorperiode		+2,6%	−1,5%	−0,6%	+4,1%	+4,7%	+4,1%	−16,9%	+10,8%	+3,4%	+9,0%	−5,7%	+5,9%
Deutsche Börse AG	**57,3**	**63,8**	**66,9**	**68,3**	**68,3**	**69,1**	**66,9**	**62,7**	**66,9**	**66,8**	**66,3**	**66,8**	**66,4**
absolute Veränderung zur Vorperiode		+6,5	+3,1	+1,4	0,0	+0,8	−2,2	−4,2	+4,2	−0,1	−0,5	+0,5	−0,4
relative Veränderung zur Vorperiode		+11,3%	+4,9%	+2,1%	0,0%	+1,2%	−3,2%	−6,3%	+6,7%	−0,1%	−0,7%	+0,8%	−0,6%
Deutsche Lufthansa AG	**67,0**	**66,2**	**62,6**	**65,2**	**62,2**	**64,9**	**66,6**	**66,2**	**65,6**	**66,3**	**68,6**	**66,6**	**67,3**
absolute Veränderung zur Vorperiode		−0,8	−3,6	+2,6	−3,0	+2,7	+1,7	−0,4	−0,6	+0,7	+2,3	−2,0	+0,7
relative Veränderung zur Vorperiode		−1,2%	−5,4%	+4,2%	−4,6%	+4,3%	+2,6%	−0,6%	−0,9%	+1,1%	+3,5%	−2,9%	+1,1%
Deutsche Post AG	**63,4**	**71,7**	**70,7**	**61,0**	**65,9**	**63,7**	**68,7**	**72,6**	**66,8**	**65,4**	**69,5**	**70,7**	**67,3**
absolute Veränderung zur Vorperiode		+8,3	−1,0	−9,7	+4,9	−2,2	+5,0	+3,9	−5,8	−1,4	+4,1	+1,2	−3,4
relative Veränderung zur Vorperiode		+13,1%	−1,4%	−13,7%	+8,0%	−3,3%	+7,8%	+5,7%	−8,0%	−2,1%	+6,3%	+1,7%	−4,8%
HeidelbergCement AG	**61,1**	**60,6**	**60,5**	**61,6**	**60,2**	**66,6**	**66,3**	**65,1**	**65,7**	**63,7**	**59,0**	**59,2**	**58,4**
absolute Veränderung zur Vorperiode		−0,5	−0,1	+1,1	−1,4	+6,4	−0,3	−1,2	+0,6	−2,0	−4,7	+0,2	−0,8
relative Veränderung zur Vorperiode		−0,8%	−0,2%	+1,8%	−2,3%	+10,6%	−0,5%	−1,8%	+0,9%	−3,0%	−7,4%	+0,3%	−1,4%
Henkel AG & Co. KGaA	**62,2**	**66,7**	**65,7**	**68,3**	**67,0**	**60,7**	**63,6**	**63,6**	**62,5**	**59,0**	**59,4**	**58,0**	**61,0**
absolute Veränderung zur Vorperiode		+4,5	−1,0	+2,6	−1,3	−6,3	+2,9	0,0	−1,1	−3,5	+0,4	−1,4	+3,0
relative Veränderung zur Vorperiode		+7,2%	−1,5%	+4,0%	−1,9%	−9,4%	+4,8%	0,0%	−1,7%	−5,6%	+0,7%	−2,4%	+5,2%

	2000	2001	2002	2003	2004	2005	2006	2007	2008	2009	2010	2011	2012
LANXESS AG	**k.A.**	**k.A.**	**k.A.**	**k.A.**	**67,7**	**70,4**	**70,3**	**69,2**	**68,9**	**68,4**	**69,7**	**69,6**	**69,0**
absolute Veränderung zur Vorperiode		–	–	–	–	+2,7	−0,1	−1,1	−0,3	−0,5	+1,3	−0,1	−0,6
relative Veränderung zur Vorperiode		–	–	–	–	+4,0%	−0,1%	−1,6%	−0,4%	−0,7%	+1,9%	−0,1%	−0,9%
Merck KGaA	**k.A.**	**66,2**	**66,3**	**71,6**	**69,0**	**71,7**	**72,5**	**73,2**	**68,9**	**68,4**	**66,8**	**67,1**	**64,9**
absolute Veränderung zur Vorperiode		–	+0,1	+5,3	−2,6	+2,7	+0,8	+0,7	−4,3	−0,5	−1,6	+0,3	−2,2
relative Veränderung zur Vorperiode		–	+0,2%	+8,0%	−3,6%	+3,9%	+1,1%	+1,0%	−5,9%	−0,7%	−2,3%	+0,4%	−3,3%
Münchener Rückv.-Gesell. AG	**64,2**	**70,8**	**70,8**	**64,8**	**67,0**	**61,6**	**63,7**	**66,7**	**64,4**	**63,4**	**63,0**	**62,9**	**62,5**
absolute Veränderung zur Vorperiode		+6,6	0,0	−6,0	+2,2	−5,4	+2,1	+3,0	−2,3	−1,0	−0,4	−0,1	−0,4
relative Veränderung zur Vorperiode		+10,3%	0,0%	−8,5%	+3,4%	−8,1%	+3,4%	+4,7%	−3,4%	−1,6%	−0,6%	−0,2%	−0,6%
RWE Aktiengesellschaft	**57,2**	**58,3**	**56,3**	**57,7**	**60,2**	**60,7**	**64,3**	**65,5**	**65,0**	**66,7**	**65,5**	**64,1**	**65,0**
absolute Veränderung zur Vorperiode		+1,1	−2,0	+1,4	+2,5	+0,5	+3,6	+1,2	−0,5	+1,7	−1,2	−1,4	+0,9
relative Veränderung zur Vorperiode		+1,9%	−3,4%	+2,5%	+4,3%	+0,8%	+5,9%	+1,9%	−0,8%	+2,6%	−1,8%	−2,1%	+1,4%

Anhang 15: Lesbarkeitsindex *Lix* auf Basis der Angaben im Anhang zu Rückstellungen, Eventualverbindlichkeiten und Eventualforderungen von den 14 von 2000 bis 2012 nach IFRS bilanzierenden DAX-30-Unternehmen im Zeitablauf

Lesbarkeit Geschäftsberichte Sonstige Rückstellungen Lesbarkeitsindex *Lix*	**2000**	**2001**	**2002**	**2003**	**2004**	**2005**	**2006**	**2007**	**2008**	**2009**	**2010**	**2011**	**2012**
adidas AG	**63,2**	**65,6**	**71,7**	**75,5**	**75,5**	**73,5**	**78,8**	**75,9**	**76,0**	**72,4**	**72,8**	**72,5**	**72,2**
absolute Veränderung zur Vorperiode		+2,4	+6,1	+3,8	0,0	−2,0	+5,3	−2,9	+0,1	−3,6	+0,4	−0,3	−0,3
relative Veränderung zur Vorperiode		+3,8%	+9,3%	+5,3%	0,0%	−2,6%	+7,2%	−3,7%	+0,1%	−4,7%	+0,6%	−0,4%	−0,4%
Allianz SE	**66,7**	**68,6**	**75,5**	**68,2**	**67,7**	**66,6**	**67,4**	**69,2**	**68,8**	**65,4**	**65,5**	**61,9**	**64,7**
absolute Veränderung zur Vorperiode		+1,9	+6,9	−7,3	−0,5	−1,1	+0,8	+1,8	−0,4	−3,4	+0,1	−3,6	+2,8
relative Veränderung zur Vorperiode		+2,8%	+10,1%	−9,7%	−0,7%	−1,6%	+1,2%	+2,7%	−0,6%	−4,9%	+0,2%	−5,5%	+4,5%
Bayer AG	**63,5**	**64,3**	**63,3**	**64,9**	**63,2**	**62,7**	**62,2**	**61,0**	**60,0**	**61,7**	**57,5**	**60,5**	**62,6**
absolute Veränderung zur Vorperiode		+0,8	−1,0	+1,6	−1,7	−0,5	−0,5	−1,2	−1,0	+1,7	−4,2	+3,0	+2,1
relative Veränderung zur Vorperiode		+1,3%	−1,6%	+2,5%	−2,6%	−0,8%	−0,8%	−1,9%	−1,6%	+2,8%	−6,8%	+5,2%	+3,5%
Beiersdorf Aktiengesellschaft	**41,8**	**68,2**	**67,4**	**68,3**	**67,4**	**65,4**	**72,3**	**72,3**	**65,8**	**72,1**	**73,6**	**75,0**	**76,6**
absolute Veränderung zur Vorperiode		+26,4	−0,8	+0,9	−0,9	−2,0	+6,9	0,0	−6,5	+6,3	+1,5	+1,4	+1,6
relative Veränderung zur Vorperiode		+63,2%	−1,2%	+1,3%	−1,3%	−3,0%	+10,6%	0,0%	−9,0%	+9,6%	+2,1%	+1,9%	+2,1%

	2000	2001	2002	2003	2004	2005	2006	2007	2008	2009	2010	2011	2012
Commerzbank AG	**76,0**	**66,9**	**65,3**	**63,8**	**79,4**	**66,6**	**66,6**	**66,6**	**63,5**	**63,2**	**65,4**	**65,4**	**68,8**
absolute Veränderung zur Vorperiode		−9,1	−1,6	−1,5	+15,6	−12,8	0,0	0,0	−3,1	−0,3	+2,2	0,0	+3,4
relative Veränderung zur Vorperiode		−12,0%	−2,4%	−2,3%	+24,5%	−16,1%	0,0%	0,0%	−4,7%	−0,5%	+3,5%	0,0%	+5,2%
Deutsche Börse AG	**67,0**	**64,0**	**60,6**	**53,6**	**53,7**	**53,6**	**54,6**	**51,0**	**50,3**	**49,5**	**51,4**	**50,7**	**52,5**
absolute Veränderung zur Vorperiode		−3,0	−3,4	−7,0	+0,1	−0,1	+1,0	−3,6	−0,7	−0,8	+1,9	−0,7	+1,8
relative Veränderung zur Vorperiode		−4,5%	−5,3%	−11,6%	+0,2%	−0,2%	+1,9%	−6,6%	−1,4%	−1,6%	+3,8%	−1,4%	+3,6%
Deutsche Lufthansa AG	**74,8**	**74,2**	**74,1**	**74,1**	**75,6**	**76,8**	**78,3**	**76,8**	**79,4**	**75,1**	**79,3**	**79,2**	**78,5**
absolute Veränderung zur Vorperiode		−0,6	−0,1	0,0	+1,5	+1,2	+1,5	−1,5	+2,6	−4,3	+4,2	−0,1	−0,7
relative Veränderung zur Vorperiode		−0,8%	−0,1%	0,0%	+2,0%	+1,6%	+2,0%	−1,9%	+3,4%	−5,4%	+5,6%	−0,1%	−0,9%
Deutsche Post AG	**72,4**	**70,1**	**85,0**	**72,0**	**76,5**	**71,1**	**65,5**	**60,6**	**70,9**	**71,3**	**68,7**	**68,6**	**70,1**
absolute Veränderung zur Vorperiode		−2,3	+14,9	−13,0	+4,5	−5,4	−5,6	−4,9	+10,3	+0,4	−2,6	−0,1	+1,5
relative Veränderung zur Vorperiode		−3,2%	+21,3%	−15,3%	+6,3%	−7,1%	−7,9%	−7,5%	+17,0%	+0,6%	−3,6%	−0,1%	+2,2%
HeidelbergCement AG	**65,8**	**64,8**	**68,0**	**71,3**	**67,1**	**70,5**	**71,0**	**60,6**	**65,9**	**66,5**	**65,3**	**64,6**	**64,3**
absolute Veränderung zur Vorperiode		−1,0	+3,2	+3,3	−4,2	+3,4	+0,5	−10,4	+5,3	+0,6	−1,2	−0,7	−0,3
relative Veränderung zur Vorperiode		−1,5%	+4,9%	+4,9%	−5,9%	+5,1%	+0,7%	−14,6%	+8,7%	+0,9%	−1,8%	−1,1%	−0,5%
Henkel AG & Co. KGaA	**62,1**	**64,7**	**66,8**	**65,4**	**64,6**	**65,7**	**70,2**	**66,9**	**70,2**	**72,4**	**64,7**	**63,2**	**65,3**
absolute Veränderung zur Vorperiode		+2,6	+2,1	−1,4	−0,8	+1,1	+4,5	−3,3	+3,3	+2,2	−7,7	−1,5	+2,1
relative Veränderung zur Vorperiode		+4,2%	+3,2%	−2,1%	−1,2%	+1,7%	+6,8%	−4,7%	+4,9%	+3,1%	−10,6%	−2,3%	+3,3%

	2000	2001	2002	2003	2004	2005	2006	2007	2008	2009	2010	2011	2012
LANXESS AG	**k.A.**	**k.A.**	**k.A.**	**k.A.**	**72,4**	**65,5**	**64,5**	**64,9**	**64,9**	**67,8**	**67,2**	**65,9**	**65,7**
absolute Veränderung zur Vorperiode		–	–	–	–	−6,9	−1,0	+0,4	0,0	+2,9	−0,6	−1,3	−0,2
relative Veränderung zur Vorperiode		–	–	–	–	−9,5%	−1,5%	+0,6%	0,0%	+4,5%	−0,9%	−1,9%	−0,3%
Merck KGaA	**k.A.**	**69,3**	**66,8**	**62,5**	**61,0**	**67,8**	**70,7**	**68,8**	**72,0**	**62,5**	**61,0**	**64,3**	**63,5**
absolute Veränderung zur Vorperiode		–	−2,5	−4,3	−1,5	+6,8	+2,9	−1,9	+3,2	−9,5	−1,5	+3,3	−0,8
relative Veränderung zur Vorperiode		–	−3,6%	−6,4%	−2,4%	+11,1%	+4,3%	−2,7%	+4,7%	−13,2%	−2,4%	+5,4%	−1,2%
Münchener Rückv.-Gesell. AG	72,2	**66,7**	**64,6**	**65,8**	**66,9**	**63,1**	**66,2**	**65,0**	**66,6**	**67,8**	**69,3**	**68,0**	**66,5**
absolute Veränderung zur Vorperiode		−5,5	−2,1	+1,2	+1,1	−3,8	+3,1	−1,2	+1,6	+1,2	+1,5	−1,3	−1,5
relative Veränderung zur Vorperiode		−7,6%	−3,1%	+1,9%	+1,7%	−5,7%	+4,9%	−1,8%	+2,5%	+1,8%	+2,2%	−1,9%	−2,2%
RWE Aktiengesellschaft	**62,1**	**62,2**	**56,5**	**54,0**	**59,4**	**53,8**	**45,6**	**63,4**	**63,4**	**61,7**	**61,8**	**62,6**	**65,8**
absolute Veränderung zur Vorperiode		+0,1	−5,7	−2,5	+5,4	−5,6	−8,2	+17,8	0,0	−1,7	+0,1	+0,8	+3,2
relative Veränderung zur Vorperiode		+0,2%	−9,2%	−4,4%	+10,0%	−9,4%	−15,2%	+39,0%	0,0%	−2,7%	+0,2%	+1,3%	+5,1%

Anhang 16: Kumulierte Seitenanzahl der Geschäftsberichte der DAX-30-Unternehmen im Zeitablauf

Seitenanzahl Geschäftsberichte DAX 30	Kurzfristige Entwicklung 2000–2006							
	2000	**2001**	**2002**	**2003**	**2004**	**2005**	**2006**	**kumulierte Veränderung 2000–2006**
Seitenanzahl Geschäftsberichte insgesamt	**3.733**	**4.292**	**5.065**	**5.184**	**5.320**	**5.720**	**6.270**	
absolute Veränderung zur Vorperiode		+559	+773	+119	+136	+400	+550	+2.537
relative Veränderung zur Vorperiode		+15,0%	+18,0%	+2,3%	+2,6%	+7,5%	+9,6%	+68,0%
Seitenanzahl Geschäftsberichte Lagebericht	**731**	**878**	**1.065**	**1.081**	**1.146**	**1.448**	**1.742**	
absolute Veränderung zur Vorperiode		+147	+187	+16	+65	+302	+294	+1.011
relative Veränderung zur Vorperiode		+20,1%	+21,3%	+1,5%	+6,0%	+26,4%	+20,3%	+138,3%
Seitenanzahl Geschäftsberichte Anhang	**1.030**	**1.283**	**1.459**	**1.534**	**1.653**	**1.888**	**1.926**	
absolute Veränderung zur Vorperiode		+253	+176	+75	+119	+235	+38	+896
relative Veränderung zur Vorperiode		+24,6%	+13,7%	+5,1%	+7,8%	+14,2%	+2,0%	+87,0%
Seitenanzahl Geschäftsberichte Sonstige	**1.972**	**2.131**	**2.541**	**2.569**	**2.521**	**2.384**	**2.602**	
absolute Veränderung zur Vorperiode		+159	+410	+28	−48	−137	+218	+630
relative Veränderung zur Vorperiode		+8,1%	+19,2%	+1,1%	−1,9%	−5,4%	+9,1%	+31,9%
	Kurzfristige Entwicklung 2006–2012							
	2006	**2007**	**2008**	**2009**	**2010**	**2011**	**2012**	**kumulierte Veränderung 2006–2012**
Seitenanzahl Geschäftsberichte insgesamt	**6.270**	**6.924**	**7.226**	**7.754**	**8.191**	**8.460**	**8.577**	
absolute Veränderung zur Vorperiode		+654	+302	+528	+437	+269	+117	+2.307
relative Veränderung zur Vorperiode		+10,4%	+4,4%	+7,3%	+5,6%	+3,3%	+1,4%	+36,8%

	Kurzfristige Entwicklung 2006–2012 (Fortsetzung)							
	2006	**2007**	**2008**	**2009**	**2010**	**2011**	**2012**	**kumulierte Veränderung 2006–2012**
Seitenanzahl Geschäftsberichte Lagebericht	**1.742**	**2.035**	**2.225**	**2.555**	**2.610**	**2.759**	**3.018**	
absolute Veränderung zur Vorperiode		+293	+190	+330	+55	+149	+259	+1.276
relative Veränderung zur Vorperiode		+16,8%	+9,3%	+14,8%	+2,2%	+5,7%	+9,4%	+73,2%
Seitenanzahl Geschäftsberichte Anhang	**1.926**	**2.268**	**2.322**	**2.409**	**2.561**	**2.653**	**2.620**	
absolute Veränderung zur Vorperiode		+342	+54	+87	+152	+92	−33	+694
relative Veränderung zur Vorperiode		+17,8%	+2,4%	+3,7%	+6,3%	+3,6%	−1,2%	+36,0%
Seitenanzahl Geschäftsberichte Sonstige	**2.602**	**2.621**	**2.679**	**2.790**	**3.020**	**3.048**	**2.939**	
absolute Veränderung zur Vorperiode		+19	+58	+111	+230	+28	−109	+337
relative Veränderung zur Vorperiode		+0,7%	+2,2%	+4,1%	+8,2%	+0,9%	−3,6%	+13,0%

Seitenanzahl Geschäftsberichte DAX 30	Langfristige Entwicklung						
	2000	**2005**	**2010**	**2012**	**kumulierte Veränderung 2000–2010**	**kumulierte Veränderung 2000–2012**	**kumulierte Veränderung 2005–2012**
Seitenanzahl Geschäftsberichte insgesamt	**3.733**	**5.720**	**8.191**	**8.577**			
absolute Veränderung zur Vorperiode		+1.987	+2.471	+386	+4.458	+4.844	+2.857
relative Veränderung zur Vorperiode		+53,2%	+43,2%	+4,7%	+119,4%	+129,8%	+49,9%
Seitenanzahl Geschäftsberichte Lagebericht	**731**	**1.448**	**2.610**	**3.018**			
absolute Veränderung zur Vorperiode		+717	+1.162	+408	+1.879	+2.287	+1.570
relative Veränderung zur Vorperiode		+98,1%	+80,2%	+15,6%	+257,0%	+312,9%	+108,4%
Seitenanzahl Geschäftsberichte Anhang	**1.030**	**1.888**	**2.561**	**2.620**			
absolute Veränderung zur Vorperiode		+858	+673	+59	+1.531	+1.590	+732
relative Veränderung zur Vorperiode		+83,3%	+35,6%	+2,3%	+148,6%	+154,4%	+38,8%

	Langfristige Entwicklung (Fortsetzung)						
	2000	**2005**	**2010**	**2012**	**kumulierte Veränderung 2000–2010**	**kumulierte Veränderung 2000–2012**	**kumulierte Veränderung 2005–2012**
Seitenanzahl Geschäftsberichte Sonstige	**1.972**	**2.384**	**3.020**	**2.939**			
absolute Veränderung zur Vorperiode		+412	+636	−81	+1.048	+967	+555
relative Veränderung zur Vorperiode		+20,9%	+26,7%	−2,7%	+53,1%	+49,0%	+23,3%

Anhang 17: Gesamtanzahl der ausgewählten Wörter in den Geschäftsberichten der DAX-30-Unternehmen im Zeitablauf

Wortsuche Geschäftsberichte DAX 30	Kurzfristige Entwicklung 2000–2006							
	2000	**2001**	**2002**	**2003**	**2004**	**2005**	**2006**	**kumulierte Veränderung 2000–2006**
Wortanzahl Geschäftsbericht insgesamt	**2.877**	**4.200**	**5.240**	**5.976**	**6.734**	**7.755**	**8.832**	
absolute Veränderung zur Vorperiode		+1.323	+1.040	+736	+758	+1.021	+1.077	+5.955
relative Veränderung zur Vorperiode		+46,0%	+24,8%	+14,0%	+12,7%	+15,2%	+13,9%	+207,0%
Wortanzahl Lagebericht	**1.175**	**1.910**	**2.405**	**2.799**	**3.382**	**3.930**	**4.449**	
absolute Veränderung zur Vorperiode		+735	+495	+394	+583	+548	+519	+3.274
relative Veränderung zur Vorperiode		+62,6%	+25,9%	+16,4%	+20,8%	+16,2%	+13,2%	+278,6%
Wortanzahl Anhang	**823**	**1.211**	**1.312**	**1.515**	**1.708**	**2.233**	**2.733**	
absolute Veränderung zur Vorperiode		+388	+101	+203	+193	+525	+500	+1.910
relative Veränderung zur Vorperiode		+47,1%	+8,3%	+15,5%	+12,7%	+30,7%	+22,4%	+232,1%
Wortanzahl Sonstiger Bereich	**879**	**1.079**	**1.523**	**1.662**	**1.644**	**1.592**	**1.650**	
absolute Veränderung zur Vorperiode		+200	+444	+139	−18	−52	+58	+771
relative Veränderung zur Vorperiode		+22,8%	+41,1%	+9,1%	−1,1%	−3,2%	+3,6%	+87,7%
Wortsuche Geschäftsberichte DAX 30	**Kurzfristige Entwicklung 2006–2012**							
	2006	**2007**	**2008**	**2009**	**2010**	**2011**	**2012**	**kumulierte Veränderung 2006–2012**
Wortanzahl Geschäftsbericht insgesamt	**8.832**	**10.712**	**12.128**	**13.185**	**14.752**	**15.702**	**17.599**	
absolute Veränderung zur Vorperiode		+1.880	+1.416	+1.057	+1.567	+950	+1.897	+8.767
relative Veränderung zur Vorperiode		+21,3%	+13,2%	+8,7%	+11,9%	+6,4%	+12,1%	+99,3%
Wortanzahl Lagebericht	**4.449**	**5.796**	**6.629**	**7.568**	**8.532**	**9.174**	**11.097**	
absolute Veränderung zur Vorperiode		+1.347	+833	+939	+964	+642	+1.923	+6.648
relative Veränderung zur Vorperiode		+30,3%	+14,4%	+14,2%	+12,7%	+7,5%	+21,0%	+149,4%

	Kurzfristige Entwicklung 2006–2012 (Fortsetzung)							
	2006	**2007**	**2008**	**2009**	**2010**	**2011**	**2012**	**kumulierte Veränderung 2006–2012**
absolute Veränderung zur Vorperiode		+958	+338	+20	+392	+184	−19	+1.873
relative Veränderung zur Vorperiode		+35,1%	+9,2%	+0,5%	+9,7%	+4,1%	−0,4%	+68,5%
Wortanzahl Sonstiger Bereich	**1.650**	**1.225**	**1.470**	**1.568**	**1.779**	**1.903**	**1.896**	
absolute Veränderung zur Vorperiode		−425	+245	+98	+211	+124	−7	+246
relative Veränderung zur Vorperiode		−25,8%	+20,0%	+6,7%	+13,5%	+7,0%	−0,4%	+14,9%

Wortsuche Geschäftsberichte DAX 30	Langfristige Entwicklung						
	2000	**2005**	**2010**	**2012**	**kumulierte Veränderung 2000–2010**	**kumulierte Veränderung 2000–2012**	**kumulierte Veränderung 2005–2012**
Wortanzahl Geschäftsbericht insgesamt	**2.877**	**7.755**	**14.752**	**17.599**			
absolute Veränderung zur Vorperiode		+4.878	+6.997	+2.847	+11.875	+14.722	+9.844
relative Veränderung zur Vorperiode		+169,6%	+90,2%	+19,3%	+412,8%	+511,7%	+126,9%
Wortanzahl Lagebericht	**1.175**	**3.930**	**8.532**	**11.097**			
absolute Veränderung zur Vorperiode		+2.755	+4.602	+2.565	+7.357	+9.922	+7.167
relative Veränderung zur Vorperiode		+234,5%	+117,1%	+30,1%	+626,1%	+844,4%	+182,4%
Wortanzahl Anhang	**823**	**2.233**	**4.441**	**4.606**			
absolute Veränderung zur Vorperiode		+1.410	+2.208	+165	+3.618	+3.783	+2.373
relative Veränderung zur Vorperiode		+171,3%	+98,9%	+3,7%	+439,6%	+459,7%	+106,3%
Wortanzahl Sonstiger Bereich	**879**	**1.592**	**1.779**	**1.896**			
absolute Veränderung zur Vorperiode		+713	+187	+117	+900	+1.017	+304
relative Veränderung zur Vorperiode		+81,1%	+11,7%	+6,6%	+102,4%	+115,7%	+19,1%

Anhang 18: Indikatoren der IFRS-Regelkomplexität zum IFRS-Gesamtsystem im Vergleich zur allgemeinen Umweltkomplexität[1191]

IFRS-Gesamtsystem		Indikatoren IFRS-Regelkomplexität		> (größer als) bzw. < (kleiner als)	Indikator allgemeine Umweltkomplexität (Bilanzsummen in TEUR)		Differenz zwischen den relativen Veränderungen in Prozentpunkten	Indiz für eine Komplexitäts-zunahme des IFRS-Regelwerks?
		2000	2012		2000	2012		
Analoge IFRS-Standards	Anzahl Bound Volumes	1	2		3.088.045.277	5.325.162.072		
	absolute Veränderung zur Vorperiode		+1			+2.237.116.795		
	relative Veränderung zur Vorperiode		**+100,0%**	>		**+72,4%**	+27,6	**tendenziell ja**
	Anzahl Standards (IFRS/IAS)	34	41		3.088.045.277	5.325.162.072		
	absolute Veränderung zur Vorperiode		+7			+2.237.116.795		
	relative Veränderung zur Vorperiode		**+20,6%**	<		**+72,4%**	−51,9	**tendenziell nein**
	Anzahl Interpretationen (IFRIC/SIC)	17	24		3.088.045.277	5.325.162.072		
	absolute Veränderung zur Vorperiode		+7			+2.237.116.795		
	relative Veränderung zur Vorperiode		**+41,2%**	<		**+72,4%**	−31,3	**tendenziell nein**

1191 Notabene: Es können sich bei der Ermittlung der Differenzen zwischen den relativen Veränderungen Rundungsfehler ergeben. *MICROSOFT Excel 2007* führt die Berechnung nicht auf Basis der gerundeten relativen Veränderungen durch, sondern auf Basis der ungerundeten relativen Veränderungen.

IFRS-Gesamtsystem		Indikatoren IFRS-Regelkomplexität 2000	Indikatoren IFRS-Regelkomplexität 2012	> (größer als) bzw. < (kleiner als)	Indikator allgemeine Umweltkomplexität (Bilanzsummen in TEUR) 2000	Indikator allgemeine Umweltkomplexität (Bilanzsummen in TEUR) 2012	Differenz zwischen den relativen Veränderungen in Prozentpunkten	Indiz für eine Komplexitätszunahme des IFRS-Regelwerks?
Analoge IFRS-Standards	Seitenanzahl Bound Volumes	1.265	3.652		3.088.045.277	5.325.162.072		
	absolute Veränderung zur Vorperiode		+2.387			+2.237.116.795		
	relative Veränderung zur Vorperiode		**+188,7%**	>		+72,4%	**+116,3**	**tendenziell ja**
	Seitenanzahl Standards	1.042	2.854		3.088.045.277	5.325.162.072		
	absolute Veränderung zur Vorperiode		+1.812			+2.237.116.795		
	relative Veränderung zur Vorperiode		**+173,9%**	>		+72,4%	**+101,5**	**tendenziell ja**
	Seitenanzahl Interpretationen	80	398		3.088.045.277	5.325.162.072		
	absolute Veränderung zur Vorperiode		+318			+2.237.116.795		
	relative Veränderung zur Vorperiode		**+397,5%**	>		+72,4%	**+325,1**	**tendenziell ja**
	Seitenanzahl Inhaltsverzeichnis	4	8		3.088.045.277	5.325.162.072		
	absolute Veränderung zur Vorperiode		+4			+2.237.116.795		
	relative Veränderung zur Vorperiode		**+100,0%**	>		+72,4%	**+27,6**	**tendenziell ja**
	Seitenanzahl Glossar	40	92		3.088.045.277	5.325.162.072		
	absolute Veränderung zur Vorperiode		+52			+2.237.116.795		
	relative Veränderung zur Vorperiode		**+130,0%**	>		+72,4%	**+57,6**	**tendenziell ja**
	Seitenanzahl Stichwortverzeichnis	21	116		3.088.045.277	5.325.162.072		
	absolute Veränderung zur Vorperiode		+95			+2.237.116.795		
	relative Veränderung zur Vorperiode		**+452,4%**	>		+72,4%	**+379,9**	**tendenziell ja**

IFRS-Gesamtsystem		Indikatoren IFRS-Regelkomplexität		> (größer als) bzw. < (kleiner als)	Indikator allgemeine Umweltkomplexität (Bilanzsummen in TEUR)		Differenz zwischen den relativen Veränderungen in Prozentpunkten	Indiz für eine Komplexitätszunahme des IFRS-Regelwerks?
		2000	**2012**		**2000**	**2012**		
Analoge IFRS-Standards	Anzahl Fachtermini im Glossar	299	644		3.088.045.277	5.325.162.072		
	absolute Veränderung zur Vorperiode		+345			+2.237.116.795		
	relative Veränderung zur Vorperiode		**+115,4%**	>		**+72,4%**	**+42,9**	**tendenziell ja**
	Anzahl Standards mit Anhang	14	27		3.088.045.277	5.325.162.072		
	absolute Veränderung zur Vorperiode		+13			+2.237.116.795		
	relative Veränderung zur Vorperiode		**+92,9%**	>		**+72,4%**	**+20,4**	**tendenziell ja**
	Anzahl Standards mit APG	0	11		3.088.045.277	5.325.162.072		
	absolute Veränderung zur Vorperiode		+11			+2.237.116.795		
	relative Veränderung zur Vorperiode		–			**+72,4%**		
	Anzahl Standards mit Beispielen	6	20		3.088.045.277	5.325.162.072		
	absolute Veränderung zur Vorperiode		+14			+2.237.116.795		
	relative Veränderung zur Vorperiode		**+233,3%**	>		**+72,4%**	**+160,9**	**tendenziell ja**
	Anzahl Standards mit IE	2	17		3.088.045.277	5.325.162.072		
	absolute Veränderung zur Vorperiode		+15			+2.237.116.795		
	relative Veränderung zur Vorperiode		**+750,0%**	>		**+72,4%**	**+677,6**	**tendenziell ja**
	Anzahl Standards mit IG	0	11		3.088.045.277	5.325.162.072		
	absolute Veränderung zur Vorperiode		+11			+2.237.116.795		
	relative Veränderung zur Vorperiode		–			**+72,4%**		

IFRS-Gesamtsystem			Indikatoren IFRS-Regelkomplexität		> (größer als) bzw. < (kleiner als)	Indikator allgemeine Umweltkomplexität (Bilanzsummen in TEUR)		Differenz zwischen den relativen Veränderungen in Prozentpunkten	Indiz für eine Komplexitätszunahme des IFRS-Regelwerks?
			2000	2012		2000	2012		
Digitale IFRS-Standards	Standards insgesamt	Seitenanzahl insgesamt	536	2.854		3.088.045.277	5.325.162.072		
		absolute Veränderung zur Vorperiode		+2.318			+2.237.116.795		
		relative Veränderung zur Vorperiode		**+432,5%**	>		**+72,4%**	**+360,0**	**tendenziell ja**
		Wortanzahl insgesamt	235.455	1.079.154		3.088.045.277	5.325.162.072		
		absolute Veränderung zur Vorperiode		+843.699			+2.237.116.795		
		relative Veränderung zur Vorperiode		**+358,3%**	>		**+72,4%**	**+285,9**	**tendenziell ja**
		Zeichenanzahl insgesamt	1.259.786	5.759.007		3.088.045.277	5.325.162.072		
		absolute Veränderung zur Vorperiode		+4.499.221			+2.237.116.795		
		relative Veränderung zur Vorperiode		**+357,1%**	>		**+72,4%**	**+284,7**	**tendenziell ja**
		Zeichenanzahl insgesamt (Leerzeichen)	1.492.507	6.846.524		3.088.045.277	5.325.162.072		
		absolute Veränderung zur Vorperiode		+5.354.017			+2.237.116.795		
		relative Veränderung zur Vorperiode		**+358,7%**	>		**+72,4%**	**+286,3**	**tendenziell ja**
		Absatzanzahl insgesamt	10.263	39.278		3.088.045.277	5.325.162.072		
		absolute Veränderung zur Vorperiode		+29.015			+2.237.116.795		
		relative Veränderung zur Vorperiode		**+282,7%**	>		**+72,4%**	**+210,3**	**tendenziell ja**
		Zeilenanzahl insgesamt	35.040	153.596		3.088.045.277	5.325.162.072		
		absolute Veränderung zur Vorperiode		+118.556			+2.237.116.795		
		relative Veränderung zur Vorperiode		**+338,3%**	>		**+72,4%**	**+265,9**	**tendenziell ja**

IFRS-Gesamtsystem			Indikatoren IFRS-Regelkomplexität		> (größer als) bzw. < (kleiner als)	Indikator allgemeine Umweltkomplexität (Bilanzsummen in TEUR)		Differenz zwischen den relativen Veränderungen in Prozentpunkten	Indiz für eine Komplexitäts-zunahme des IFRS-Regelwerks?
			2000	2012		2000	2012		
Digitale IFRS-Standards	Standards Hauptteil	Seitenanzahl Hauptteil insgesamt	490	565		3.088.045.277	5.325.162.072		
		absolute Veränderung zur Vorperiode		+75			+2.237.116.795		
		relative Veränderung zur Vorperiode		**+15,3%**	<		**+72,4%**	**–57,1**	**tendenziell nein**
		Wortanzahl Hauptteil insgesamt	184.206	235.191		3.088.045.277	5.325.162.072		
		absolute Veränderung zur Vorperiode		+50.985			+2.237.116.795		
		relative Veränderung zur Vorperiode		**+27,7%**	<		**+72,4%**	**–44,8**	**tendenziell nein**
		Zeichenanzahl Hauptteil insgesamt	987.391	1.237.887		3.088.045.277	5.325.162.072		
		absolute Veränderung zur Vorperiode		+250.496			+2.237.116.795		
		relative Veränderung zur Vorperiode		**+25,4%**	<		**+72,4%**	**–47,1**	**tendenziell nein**
		Zeichenanzahl Hauptteil insgesamt (Leerzeichen)	1.170.704	1.473.942		3.088.045.277	5.325.162.072		
		absolute Veränderung zur Vorperiode		+303.238			+2.237.116.795		
		relative Veränderung zur Vorperiode		**+25,9%**	<		**+72,4%**	**–46,5**	**tendenziell nein**
		Absatzanzahl Hauptteil insgesamt	5.806	7.507		3.088.045.277	5.325.162.072		
		absolute Veränderung zur Vorperiode		+1.701			+2.237.116.795		
		relative Veränderung zur Vorperiode		**+29,3%**	<		**+72,4%**	**–43,1**	**tendenziell nein**
		Zeilenanzahl Hauptteil insgesamt	18.684	30.475		3.088.045.277	5.325.162.072		
		absolute Veränderung zur Vorperiode		+11.791			+2.237.116.795		
		relative Veränderung zur Vorperiode		**+63,1%**	<		**+72,4%**	**–9,3**	**tendenziell nein**

IFRS-Gesamtsystem			Indikatoren IFRS-Regelkomplexität		> (größer als) bzw. < (kleiner als)	Indikator allgemeine Umweltkomplexität (Bilanzsummen in TEUR)		Differenz zwischen den relativen Veränderungen in Prozentpunkten	Indiz für eine Komplexitätszunahme des IFRS-Regelwerks?
			2000	**2012**		**2000**	**2012**		
Digitale IFRS-Standards	Standards Hauptteil GUNNING	Satzzeichenanzahl insgesamt	9.583	10.081		3.088.045.277	5.325.162.072		
		absolute Veränderung zur Vorperiode		+498			+2.237.116.795		
		relative Veränderung zur Vorperiode		+5,2%	<		+72,4%	–67,2	**tendenziell nein**
		Wortanzahl insgesamt	184.463	234.737		3.088.045.277	5.325.162.072		
		absolute Veränderung zur Vorperiode		+50.274			+2.237.116.795		
		relative Veränderung zur Vorperiode		**+27,3%**	<		**+72,4%**	**–45,2**	**tendenziell nein**
		Wortanzahl mit drei oder mehr Silben	41.338	54.713		3.088.045.277	5.325.162.072		
		absolute Veränderung zur Vorperiode		+13.375			+2.237.116.795		
		relative Veränderung zur Vorperiode		**+32,4%**	<		**+72,4%**	**–40,1**	**tendenziell nein**
	Standards Hauptteil Flesch	Zeichenanzahl insgesamt	1.184.009	1.237.995		3.088.045.277	5.325.162.072		
		absolute Veränderung zur Vorperiode		+53.986			+2.237.116.795		
		relative Veränderung zur Vorperiode		**+4,6%**	<		**+72,4%**	**–67,9**	**tendenziell nein**
		Zeichenanzahl insgesamt (Leerzeichen)	988.907	1.492.524		3.088.045.277	5.325.162.072		
		absolute Veränderung zur Vorperiode		+503.617			+2.237.116.795		
		relative Veränderung zur Vorperiode		**+50,9%**	<		**+72,4%**	**–21,5**	**tendenziell nein**
		Buchstaben-/Nummernanzahl insgesamt	963.761	1.206.679		3.088.045.277	5.325.162.072		
		absolute Veränderung zur Vorperiode		+242.918			+2.237.116.795		
		relative Veränderung zur Vorperiode		**+25,2%**	<		**+72,4%**	**–47,2**	**tendenziell nein**

IFRS-Gesamtsystem			Indikatoren IFRS-Regelkomplexität		> (größer als) bzw. < (kleiner als)	Indikator allgemeine Umweltkomplexität (Bilanzsummen in TEUR)		Differenz zwischen den relativen Veränderungen in Prozentpunkten	Indiz für eine Komplexitätszunahme des IFRS-Regelwerks?
			2000	2012		2000	2012		
Digitale IFRS-Standards	Standards Hauptteil Flesch	Wortanzahl insgesamt	184.455	234.745		3.088.045.277	5.325.162.072		
		absolute Veränderung zur Vorperiode		+50.290			+2.237.116.795		
		relative Veränderung zur Vorperiode		**+27,3%**	<		**+72,4%**	**−45,[illegible]**	**tendenziell nein**
		Anzahl an komplexen Wörtern	38.332	50.075		3.088.045.277	5.325.162.072		
		absolute Veränderung zur Vorperiode		+11.743			+2.237.116.795		
		relative Veränderung zur Vorperiode		**+30,6%**	<		**+72,4%**	**−41,8**	**tendenziell nein**
		Silbenanzahl insgesamt	299.748	379.998		3.088.045.277	5.325.162.072		
		absolute Veränderung zur Vorperiode		+80.250			+2.237.116.795		
		relative Veränderung zur Vorperiode		**+26,8%**	<		**+72,4%**	**−45,[illegible]**	**tendenziell nein**
		Satzanzahl insgesamt	8.786	8.450		3.088.045.277	5.325.162.072		
		absolute Veränderung zur Vorperiode		−336			+2.237.116.795		
		relative Veränderung zur Vorperiode		**−3,8%**	<		**+72,4%**	**−76,[illegible]**	**tendenziell nein**

IFRS-Gesamtsystem		Indikatoren IFRS-Regelkomplexität		> (größer als) bzw. < (kleiner als)	Indikator allgemeine Umweltkomplexität (Umsatzerlöse in TEUR)		Differenz zwischen den relativen Veränderungen in Prozentpunkten	Indiz für eine Komplexitätszunahme des IFRS-Regelwerks?
		2005	2012		2005	2012		
Analoge IFRS-Standards	Anzahl Bound Volumes	1	2		968.954.281	1.315.822.308		
	absolute Veränderung zur Vorperiode		+1			+346.868.027		
	relative Veränderung zur Vorperiode		**+100,0%**	>		**+35,8%**	**+64,2**	**tendenziell ja**
	Anzahl Standards (IFRS/IAS)	37	41		968.954.281	1.315.822.308		
	absolute Veränderung zur Vorperiode		+4			+346.868.027		
	relative Veränderung zur Vorperiode		**+10,8%**	<		**+35,8%**	**−25,0**	**tendenziell nein**
	Anzahl Interpretationen (IFRIC/SIC)	16	24		968.954.281	1.315.822.308		
	absolute Veränderung zur Vorperiode		+8			+346.868.027		
	relative Veränderung zur Vorperiode		**+50,0%**	>		**+35,8%**	**+14,2**	**tendenziell ja**
	Seitenanzahl Bound Volumes	2.311	3.652		968.954.281	1.315.822.308		
	absolute Veränderung zur Vorperiode		+1.341			+346.868.027		
	relative Veränderung zur Vorperiode		**+58,0%**	>		**+35,8%**	**+22,2**	**tendenziell ja**
	Seitenanzahl Standards	1.976	2.854		968.954.281	1.315.822.308		
	absolute Veränderung zur Vorperiode		+878			+346.868.027		
	relative Veränderung zur Vorperiode		**+44,4%**	>		**+35,8%**	**+8,6**	**tendenziell ja**
	Seitenanzahl Interpretationen	164	398		968.954.281	1.315.822.308		
	absolute Veränderung zur Vorperiode		+234			+346.868.027		
	relative Veränderung zur Vorperiode		**+142,7%**	>		**+35,8%**	**+106,9**	**tendenziell ja**

IFRS-Gesamtsystem		Indikatoren IFRS-Regelkomplexität		> (größer als) bzw. < (kleiner als)	Indikator allgemeine Umweltkomplexität (Umsatzerlöse in TEUR)		Differenz zwischen den relativen Veränderungen in Prozentpunkten	Indiz für eine Komplexitäts-zunahme des IFRS-Regelwerks?
		2005	**2012**		**2005**	**2012**		
Analoge IFRS-Standards	Seitenanzahl Inhaltsverzeichnis	2	8		968.954.281	1.315.822.308		
	absolute Veränderung zur Vorperiode		+6			+346.868.027		
	relative Veränderung zur Vorperiode		**+300,0%**	>		**+35,8%**	**+264,2**	**tendenziell ja**
	Seitenanzahl Glossar	46	92		968.954.281	1.315.822.308		
	absolute Veränderung zur Vorperiode		+46			+346.868.027		
	relative Veränderung zur Vorperiode		**+100,0%**	>		**+35,8%**	**+64,2**	**tendenziell ja**
	Seitenanzahl Stichwortverzeichnis	59	116		968.954.281	1.315.822.308		
	absolute Veränderung zur Vorperiode		+57			+346.868.027		
	relative Veränderung zur Vorperiode		**+96,6%**	>		**+35,8%**	**+60,8**	**tendenziell ja**
	Anzahl Fachtermini im Glossar	356	644		968.954.281	1.315.822.308		
	absolute Veränderung zur Vorperiode		+288			+346.868.027		
	relative Veränderung zur Vorperiode		**+80,9%**	>		**+35,8%**	**+45,1**	**tendenziell ja**
	Anzahl Standards mit Anhang	30	27		968.954.281	1.315.822.308		
	absolute Veränderung zur Vorperiode		−3			+346.868.027		
	relative Veränderung zur Vorperiode		**−10,0%**	<		**+35,8%**	**−45,8**	**tendenziell nein**

IFRS-Gesamtsystem		Indikatoren IFRS-Regelkomplexität		> (größer als) bzw. < (kleiner als)	Indikator allgemeine Umweltkomplexität (Umsatzerlöse in TEUR)		Differenz zwischen den relativen Veränderungen in Prozentpunkten	Indiz für eine Komplexitäts-zunahme des IFRS-Regelwerks?
		2005	**2012**		**2005**	**2012**		
Analoge IFRS-Standards	Anzahl Standards mit APG	4	11		968.954.281	1.315.822.308		
	absolute Veränderung zur Vorperiode		+7			+346.868.027		
	relative Veränderung zur Vorperiode		**+175,0%**	>		**+35,8%**	**+139,2**	**tendenziell ja**
	Anzahl Standards mit Beispielen	14	20		968.954.281	1.315.822.308		
	absolute Veränderung zur Vorperiode		+6			+346.868.027		
	relative Veränderung zur Vorperiode		**+42,9%**	>		**+35,8%**	**+7,1**	**tendenziell ja**
	Anzahl Standards mit IE	9	17		968.954.281	1.315.822.308		
	absolute Veränderung zur Vorperiode		+8			+346.868.027		
	relative Veränderung zur Vorperiode		**+88,9%**	>		**+35,8%**	**+53,1**	**tendenziell ja**
	Anzahl Standards mit IG	9	11		968.954.281	1.315.822.308		
	absolute Veränderung zur Vorperiode		+2			+346.868.027		
	relative Veränderung zur Vorperiode		**+22,2%**	<		**+35,8%**	**−13,6**	**tendenziell nein**

IFRS-Gesamtsystem		Indikatoren IFRS-Regelkomplexität 2005	Indikatoren IFRS-Regelkomplexität 2012	> (größer als) bzw. < (kleiner als)	Indikator allgemeine Umweltkomplexität (Umsatzerlöse in TEUR) 2005	Indikator allgemeine Umweltkomplexität (Umsatzerlöse in TEUR) 2012	Differenz zwischen den relativen Veränderungen in Prozentpunkten	Indiz für eine Komplexitätszunahme des IFRS-Regelwerks?
Digitale IFRS-Standards – Standards insgesamt	Seitenanzahl insgesamt	1.789	2.854		968.954.281	1.315.822.308		
	absolute Veränderung zur Vorperiode		+1.065			+346.868.027		
	relative Veränderung zur Vorperiode		**+59,5%**	>		**+35,8%**	**+23,7**	**tendenziell ja**
	Wortanzahl insgesamt	739.492	1.079.154		968.954.281	1.315.822.308		
	absolute Veränderung zur Vorperiode		+339.662			+346.868.027		
	relative Veränderung zur Vorperiode		**+45,9%**	>		**+35,8%**	**+10,1**	**tendenziell ja**
	Zeichenanzahl insgesamt	3.926.117	5.759.007		968.954.281	1.315.822.308		
	absolute Veränderung zur Vorperiode		+1.832.890			+346.868.027		
	relative Veränderung zur Vorperiode		**+46,7%**	>		**+35,8%**	**+10,9**	**tendenziell ja**
	Zeichenanzahl insgesamt (Leerzeichen)	4.639.018	6.846.524		968.954.281	1.315.822.308		
	absolute Veränderung zur Vorperiode		+2.207.506			+346.868.027		
	relative Veränderung zur Vorperiode		**+47,6%**	>		**+35,8%**	**+11,8**	**tendenziell ja**
	Absatzanzahl insgesamt	33.503	39.278		968.954.281	1.315.822.308		
	absolute Veränderung zur Vorperiode		+5.775			+346.868.027		
	relative Veränderung zur Vorperiode		**+17,2%**	<		**+35,8%**	**−18,6**	**tendenziell nein**
	Zeilenanzahl insgesamt	84.605	153.596		968.954.281	1.315.822.308		
	absolute Veränderung zur Vorperiode		+68.991			+346.868.027		
	relative Veränderung zur Vorperiode		**+81,5%**	>		**+35,8%**	**+45,7**	**tendenziell ja**

IFRS-Gesamtsystem			Indikatoren IFRS-Regelkomplexität		> (größer als) bzw. < (kleiner als)	Indikator allgemeine Umweltkomplexität (Umsatzerlöse in TEUR)		Differenz zwischen den relativen Veränderungen in Prozentpunkten	Indiz für eine Komplexitäts-zunahme des IFRS-Regelwerks?
			2005	**2012**		**2005**	**2012**		
Digitale IFRS-Standards	Standards Hauptteil	Seitenanzahl Hauptteil insgesamt	424	565		968.954.281	1.315.822.308		
		absolute Veränderung zur Vorperiode		+141			+346.868.027		
		relative Veränderung zur Vorperiode		**+33,3%**	<		**+35,8%**	**−2,5**	**tendenziell nein**
		Wortanzahl Hauptteil insgesamt	216.137	235.191		968.954.281	1.315.822.308		
		absolute Veränderung zur Vorperiode		+19.054			+346.868.027		
		relative Veränderung zur Vorperiode		**+8,8%**	<		**+35,8%**	**−27,0**	**tendenziell nein**
		Zeichenanzahl Hauptteil insgesamt	1.143.280	1.237.887		968.954.281	1.315.822.308		
		absolute Veränderung zur Vorperiode		+94.607			+346.868.027		
		relative Veränderung zur Vorperiode		**+8,3%**	<		**+35,8%**	**−27,5**	**tendenziell nein**
		Zeichenanzahl Hauptteil insgesamt (Leerzeichen)	1.354.992	1.473.942		968.954.281	1.315.822.308		
		absolute Veränderung zur Vorperiode		+118.950			+346.868.027		
		relative Veränderung zur Vorperiode		**+8,8%**	<		**+35,8%**	**−27,0**	**tendenziell nein**
		Absatzanzahl Hauptteil insgesamt	6.609	7.507		968.954.281	1.315.822.308		
		absolute Veränderung zur Vorperiode		+898			+346.868.027		
		relative Veränderung zur Vorperiode		**+13,6%**	<		**+35,8%**	**−22,2**	**tendenziell nein**
		Zeilenanzahl Hauptteil insgesamt	19.587	30.475		968.954.281	1.315.822.308		
		absolute Veränderung zur Vorperiode		+10.888			+346.868.027		
		relative Veränderung zur Vorperiode		**+55,6%**	>		**+35,8%**	**+19,8**	**tendenziell ja**

IFRS-Gesamtsystem			Indikatoren IFRS-Regelkomplexität 2005	Indikatoren IFRS-Regelkomplexität 2012	> (größer als) bzw. < (kleiner als)	Indikator allgemeine Umweltkomplexität (Umsatzerlöse in TEUR) 2005	Indikator allgemeine Umweltkomplexität (Umsatzerlöse in TEUR) 2012	Differenz zwischen den relativen Veränderungen in Prozentpunkten	Indiz für eine Komplexitätszunahme des IFRS-Regelwerks?
Digitale IFRS-Standards	Standards Hauptteil GUNNING	Satzzeichenanzahl insgesamt	8.559	10.081		968.954.281	1.315.822.308		
		absolute Veränderung zur Vorperiode		+1.522			+346.868.027		
		relative Veränderung zur Vorperiode		**+17,8%**	<		**+35,8%**	−18,0	**tendenziell nein**
		Wortanzahl insgesamt	216.016	234.737		968.954.281	1.315.822.308		
		absolute Veränderung zur Vorperiode		+18.721			+346.868.027		
		relative Veränderung zur Vorperiode		**+8,7%**	<		**+35,8%**	−27,1	**tendenziell nein**
		Wortanzahl mit drei oder mehr Silben	49.259	54.713		968.954.281	1.315.822.308		
		absolute Veränderung zur Vorperiode		+5.454			+346.868.027		
		relative Veränderung zur Vorperiode		**+11,1%**	<		**+35,8%**	−24,7	**tendenziell nein**
	Standards Hauptteil Flesch	Zeichenanzahl insgesamt	1.137.652	1.237.995		968.954.281	1.315.822.308		
		absolute Veränderung zur Vorperiode		+100.343			+346.868.027		
		relative Veränderung zur Vorperiode		**+8,8%**	<		**+35,8%**	−27,0	**tendenziell nein**
		Zeichenanzahl insgesamt (Leerzeichen)	1.358.254	1.492.524		968.954.281	1.315.822.308		
		absolute Veränderung zur Vorperiode		+134.270			+346.868.027		
		relative Veränderung zur Vorperiode		**+9,9%**	<		**+35,8%**	−25,9	**tendenziell nein**
		Buchstaben-/Nummernanzahl insgesamt	1.111.588	1.206.679		968.954.281	1.315.822.308		
		absolute Veränderung zur Vorperiode		+95.091			+346.868.027		
		relative Veränderung zur Vorperiode		**+8,6%**	<		**+35,8%**	−27,2	**tendenziell nein**

IFRS-Gesamtsystem			Indikatoren IFRS-Regelkomplexität		> (größer als) bzw. < (kleiner als)	Indikator allgemeine Umweltkomplexität (Umsatzerlöse in TEUR)		Differenz zwischen den relativen Veränderungen in Prozentpunkten	Indiz für eine Komplexitäts-zunahme des IFRS-Regelwerks?
			2005	2012		2005	2012		
Digitale IFRS-Standards	Standards Hauptteil Flesch	Wortanzahl insgesamt	216.105	234.745		968.954.281	1.315.822.308		
		absolute Veränderung zur Vorperiode		+18.640			+346.868.027		
		relative Veränderung zur Vorperiode		**+8,6%**	<		**+35,8%**	**−27,2**	**tendenziell nein**
		Anzahl an komplexen Wörtern	45.705	50.075		968.954.281	1.315.822.308		
		absolute Veränderung zur Vorperiode		+4.370			+346.868.027		
		relative Veränderung zur Vorperiode		**+9,6%**	<		**+35,8%**	**−26,2**	**tendenziell nein**
		Silbenanzahl insgesamt	349.478	379.998		968.954.281	1.315.822.308		
		absolute Veränderung zur Vorperiode		+30.520			+346.868.027		
		relative Veränderung zur Vorperiode		**+8,7%**	<		**+35,8%**	**−27,1**	**tendenziell nein**
		Satzanzahl insgesamt	7.652	8.450		968.954.281	1.315.822.308		
		absolute Veränderung zur Vorperiode		+798			+346.868.027		
		relative Veränderung zur Vorperiode		**+10,4%**	<		**+35,8%**	**−25,4**	**tendenziell nein**

Anhang 19: Indikatoren der IFRS-Regelkomplexität zu Finanzinstrumente im Vergleich zur allgemeinen Umweltkomplexität[1192]

Finanzinstrumente		Indikatoren IFRS-Regelkomplexität		> (größer als) bzw. < (kleiner als)	Indikator allgemeine Umweltkomplexität (Bilanzsummen in TEUR)		Differenz zwischen den relativen Veränderungen in Prozentpunkten	Indiz für eine Komplexitätszunahme des IFRS-Regelwerks?
		2000	2012		2000	2012		
Analoge IFRS-Standards	Anzahl Standards	3	4		3.088.045.277	5.325.162.072		
	absolute Veränderung zur Vorperiode		+1			+2.237.116.795		
	relative Veränderung zur Vorperiode		**+33,3%**	<		**+72,4%**	**−39,1**	**tendenziell nein**
	Seitenanzahl insgesamt	158	592		3.088.045.277	5.325.162.072		
	absolute Veränderung zur Vorperiode		+434			+2.237.116.795		
	relative Veränderung zur Vorperiode		**+274,7%**	>		**+72,4%**	**+202,2**	**tendenziell ja**
	Seitenanzahl Inhaltsverzeichnis	6	7		3.088.045.277	5.325.162.072		
	absolute Veränderung zur Vorperiode		+1			+2.237.116.795		
	relative Veränderung zur Vorperiode		**+16,7%**	<		**+72,4%**	**−55,8**	**tendenziell nein**
	Seitenanzahl Standard	119	74		3.088.045.277	5.325.162.072		
	absolute Veränderung zur Vorperiode		−45			+2.237.116.795		
	relative Veränderung zur Vorperiode		**−37,8%**	<		**+72,4%**	**−110,3**	**tendenziell nein**

1192 Notabene: Es können sich bei der Ermittlung der Differenzen zwischen den relativen Veränderungen Rundungsfehler ergeben. *MICROSOFT Excel 2007* führt die Berechnung nicht auf Basis der gerundeten relativen Veränderungen durch, sondern auf Basis der ungerundeten relativen Veränderungen.

	Finanzinstrumente	Indikatoren IFRS-Regelkomplexität		> (größer als) bzw. < (kleiner als)	Indikator allgemeine Umweltkomplexität (Bilanzsummen in TEUR)		Differenz zwischen den relativen Veränderungen in Prozentpunkten	Indiz für eine Komplexitätszunahme des IFRS-Regelwerks?
		2000	2012		2000	2012		
Analoge IFRS-Standards	Seitenanzahl Anhang	14	94		3.088.045.277	5.325.162.072		
	absolute Veränderung zur Vorperiode		+80			+2.237.116.795		
	relative Veränderung zur Vorperiode		+571,4%	>		+72,4%	+499,0	tendenziell ja
	Seitenanzahl IG	0	127		3.088.045.277	5.325.162.072		
	absolute Veränderung zur Vorperiode		+127			+2.237.116.795		
	relative Veränderung zur Vorperiode		–			+72,4%		
	Seitenanzahl IE	0	39		3.088.045.277	5.325.162.072		
	absolute Veränderung zur Vorperiode		+39			+2.237.116.795		
	relative Veränderung zur Vorperiode		–			+72,4%		
	Paragrafenanzahl Standard	327	314		3.088.045.277	5.325.162.072		
	absolute Veränderung zur Vorperiode		−13			+2.237.116.795		
	relative Veränderung zur Vorperiode		−4,0%	<		+72,4%	−76,4	tendenziell nein
	Paragrafenanzahl Standard fettgedruckt	93	85		3.088.045.277	5.325.162.072		
	absolute Veränderung zur Vorperiode		−8			+2.237.116.795		
	relative Veränderung zur Vorperiode		−8,6%	<		+72,4%	−81,0	tendenziell nein

Finanzinstrumente		Indikatoren IFRS-Regelkomplexität 2000	Indikatoren IFRS-Regelkomplexität 2012	> (größer als) bzw. < (kleiner als)	Indikator allgemeine Umweltkomplexität (Bilanzsummen in TEUR) 2000	Indikator allgemeine Umweltkomplexität (Bilanzsummen in TEUR) 2012	Differenz zwischen den relativen Veränderungen in Prozentpunkten	Indiz für eine Komplexitätszunahme des IFRS-Regelwerks?
Analoge IFRS-Standards	Paragrafenanzahl Anhang	27	298		3.088.045.277	5.325.162.072		
	absolute Veränderung zur Vorperiode		+271			+2.237.116.795		
	relative Veränderung zur Vorperiode		**+1.003,7%**	>		**+72,4%**	+931,3	**tendenziell ja**
	Paragrafenanzahl IG	0	139		3.088.045.277	5.325.162.072		
	absolute Veränderung zur Vorperiode		+139			+2.237.116.795		
	relative Veränderung zur Vorperiode		–			**+72,4%**		
	Paragrafenanzahl IE	0	87		3.088.045.277	5.325.162.072		
	absolute Veränderung zur Vorperiode		+87			+2.237.116.795		
	relative Veränderung zur Vorperiode		–			**+72,4%**		
	Anzahl Überschriften 1. Grades	30	66		3.088.045.277	5.325.162.072		
	absolute Veränderung zur Vorperiode		+36			+2.237.116.795		
	relative Veränderung zur Vorperiode		**+120,0%**	>		**+72,4%**	+47,6	**tendenziell ja**
	Anzahl Anhänge	1	9		3.088.045.277	5.325.162.072		
	absolute Veränderung zur Vorperiode		+8			+2.237.116.795		
	relative Veränderung zur Vorperiode		**+800,0%**	>		**+72,4%**	+727,6	**tendenziell ja**
	Anzahl Beispiele	0	16		3.088.045.277	5.325.162.072		
	absolute Veränderung zur Vorperiode		+16			+2.237.116.795		
	relative Veränderung zur Vorperiode		–			**+72,4%**		

Finanzinstrumente			Indikatoren IFRS-Regelkomplexität		> (größer als) bzw. < (kleiner als)	Indikator allgemeine Umweltkomplexität (Bilanzsummen in TEUR)		Differenz zwischen den relativen Veränderungen in Prozentpunkten	Indiz für eine Komplexitätszunahme des IFRS-Regelwerks?
			2000	2012		2000	2012		
Digitale IFRS-Standards	Standards insgesamt	Seitenanzahl insgesamt	80	592		3.088.045.277	5.325.162.072		
		absolute Veränderung zur Vorperiode		+512			+2.237.116.795		
		relative Veränderung zur Vorperiode		**+640,0%**	>		**+72,4%**	**+567,6**	**tendenziell ja**
		Wortanzahl insgesamt	46.757	239.988		3.088.045.277	5.325.162.072		
		absolute Veränderung zur Vorperiode		+193.231			+2.237.116.795		
		relative Veränderung zur Vorperiode		**+413,3%**	>		**+72,4%**	**+340,8**	**tendenziell ja**
		Zeichenanzahl insgesamt	248.166	1.262.153		3.088.045.277	5.325.162.072		
		absolute Veränderung zur Vorperiode		+1.013.987			+2.237.116.795		
		relative Veränderung zur Vorperiode		**+408,6%**	>		**+72,4%**	**+336,1**	**tendenziell ja**
		Zeichenanzahl insgesamt (Leerzeichen)	295.266	1.504.536		3.088.045.277	5.325.162.072		
		absolute Veränderung zur Vorperiode		+1.209.270			+2.237.116.795		
		relative Veränderung zur Vorperiode		**+409,6%**	>		**+72,4%**	**+337,1**	**tendenziell ja**
		Absatzanzahl insgesamt	1.281	8.634		3.088.045.277	5.325.162.072		
		absolute Veränderung zur Vorperiode		+7.353			+2.237.116.795		
		relative Veränderung zur Vorperiode		**+574,0%**	>		**+72,4%**	**+501,6**	**tendenziell ja**
		Zeilenanzahl insgesamt	5.708	33.275		3.088.045.277	5.325.162.072		
		absolute Veränderung zur Vorperiode		+27.567			+2.237.116.795		
		relative Veränderung zur Vorperiode		**+483,0%**	>		**+72,4%**	**+410,5**	**tendenziell ja**

Finanzinstrumente			Indikatoren IFRS-Regelkomplexität		> (größer als) bzw. < (kleiner als)	Indikator allgemeine Umweltkomplexität (Bilanzsummen in TEUR)		Differenz zwischen den relativen Veränderungen in Prozentpunkten	Indiz für eine Komplexitätszunahme des IFRS-Regelwerks?
			2000	2012		2000	2012		
Digitale IFRS-Standards	Standards Hauptteil	Seitenanzahl Hauptteil insgesamt	72	74		3.088.045.277	5.325.162.072		
		absolute Veränderung zur Vorperiode		+2			+2.237.116.795		
		relative Veränderung zur Vorperiode		**+2,8%**	<		**+72,4%**	−69,[illegible]	**tendenziell nein**
		Wortanzahl Hauptteil insgesamt	36.810	32.588		3.088.045.277	5.325.162.072		
		absolute Veränderung zur Vorperiode		−4.222			+2.237.116.795		
		relative Veränderung zur Vorperiode		**−11,5%**	<		**+72,4%**	−83,[illegible]	**tendenziell nein**
		Zeichenanzahl Hauptteil insgesamt	194.930	169.508		3.088.045.277	5.325.162.072		
		absolute Veränderung zur Vorperiode		−25.422			+2.237.116.795		
		relative Veränderung zur Vorperiode		**−13,0%**	<		**+72,4%**	−85,[illegible]	**tendenziell nein**
		Zeichenanzahl Hauptteil insgesamt (Leerzeichen)	232.028	202.370		3.088.045.277	5.325.162.072		
		absolute Veränderung zur Vorperiode		−29.658			+2.237.116.795		
		relative Veränderung zur Vorperiode		**−12,8%**	<		**+72,4%**	−85,2	**tendenziell nein**
		Absatzanzahl Hauptteil insgesamt	946	942		3.088.045.277	5.325.162.072		
		absolute Veränderung zur Vorperiode		−4			+2.237.116.795		
		relative Veränderung zur Vorperiode		**−0,4%**	<		**+72,4%**	−72,[illegible]	**tendenziell nein**
		Zeilenanzahl Hauptteil insgesamt	3.377	4.068		3.088.045.277	5.325.162.072		
		absolute Veränderung zur Vorperiode		+691			+2.237.116.795		
		relative Veränderung zur Vorperiode		**+20,5%**	<		**+72,4%**	−52,[illegible]	**tendenziell nein**

Finanzinstrumente			Indikatoren IFRS-Regelkomplexität		> (größer als) bzw. < (kleiner als)	Indikator allgemeine Umweltkomplexität (Bilanzsummen in TEUR)		Differenz zwischen den relativen Veränderungen in Prozentpunkten	Indiz für eine Komplexitätszunahme des IFRS-Regelwerks?
			2000	2012		2000	2012		
Digitale IFRS-Standards	Standards Hauptteil GUNNING	Satzzeichenanzahl insgesamt	1.623	1.703		3.088.045.277	5.325.162.072		
		absolute Veränderung zur Vorperiode		+80			+2.237.116.795		
		relative Veränderung zur Vorperiode		**+4,9%**	<		**+72,4%**	**–67,5**	**tendenziell nein**
		Wortanzahl insgesamt	36.997	32.451		3.088.045.277	5.325.162.072		
		absolute Veränderung zur Vorperiode		–4.546			+2.237.116.795		
		relative Veränderung zur Vorperiode		**–12,3%**	<		**+72,4%**	**–84,7**	**tendenziell nein**
		Wortanzahl mit drei oder mehr Silben	8.324	7.751		3.088.045.277	5.325.162.072		
		absolute Veränderung zur Vorperiode		–573			+2.237.116.795		
		relative Veränderung zur Vorperiode		**–6,9%**	<		**+72,4%**	**–79,3**	**tendenziell nein**
	Standards Hauptteil Flesch	Zeichenanzahl insgesamt	195.813	169.616		3.088.045.277	5.325.162.072		
		absolute Veränderung zur Vorperiode		–26.197			+2.237.116.795		
		relative Veränderung zur Vorperiode		**–13,4%**	<		**+72,4%**	**–85,8**	**tendenziell nein**
		Zeichenanzahl insgesamt (Leerzeichen)	234.970	204.899		3.088.045.277	5.325.162.072		
		absolute Veränderung zur Vorperiode		–30.071			+2.237.116.795		
		relative Veränderung zur Vorperiode		**–12,8%**	<		**+72,4%**	**–85,2**	**tendenziell nein**
		Buchstaben-/Nummernanzahl insgesamt	190.964	164.669		3.088.045.277	5.325.162.072		
		absolute Veränderung zur Vorperiode		–26.295			+2.237.116.795		
		relative Veränderung zur Vorperiode		**–13,8%**	<		**+72,4%**	**–86,2**	**tendenziell nein**
		Wortanzahl insgesamt	36.995	32.466		3.088.045.277	5.325.162.072		
		absolute Veränderung zur Vorperiode		–4.529			+2.237.116.795		
		relative Veränderung zur Vorperiode		**–12,2%**	<		**+72,4%**	**–84,7**	**tendenziell nein**

Finanzinstrumente			Indikatoren IFRS-Regelkomplexität		> (größer als) bzw. < (kleiner als)	Indikator allgemeine Umweltkomplexität (Bilanzsummen in TEUR)		Differenz zwischen den relativen Veränderungen in Prozentpunkten	Indiz für eine Komplexitäts-zunahme des IFRS-Regelwerks?
			2000	**2012**		**2000**	**2012**		
Digitale IFRS-Standards	Standards Hauptteil Flesch	Anzahl an komplexen Wörtern	7.950	7.214		3.088.045.277	5.325.162.072		
		absolute Veränderung zur Vorperiode		−736			+2.237.116.795		
		relative Veränderung zur Vorperiode		**−9,3%**	<		**+72,4%**	**−81,7**	**tendenziell nein**
		Silbenanzahl insgesamt	59.941	51.906		3.088.045.277	5.325.162.072		
		absolute Veränderung zur Vorperiode		−8.035			+2.237.116.795		
		relative Veränderung zur Vorperiode		**−13,4%**	<		**+72,4%**	**−85,8**	**tendenziell nein**
		Satzanzahl insgesamt	1.504	982		3.088.045.277	5.325.162.072		
		absolute Veränderung zur Vorperiode		−522			+2.237.116.795		
		relative Veränderung zur Vorperiode		**−34,7%**	<		**+72,4%**	**−107,2**	**tendenziell nein**
	Lesbarkeit IAS 39	Gunning *Fog-Index*	18,07	20,73		3.088.045.277	5.325.162.072		
		absolute Veränderung zur Vorperiode		+2,66			+2.237.116.795		
		relative Veränderung zur Vorperiode		**+14,7%**	<		**+72,4%**	**−57,7**	**tendenziell nein**
		Flesch Reading Ease-Index	46,7	39,4		3.088.045.277	5.325.162.072		
		absolute Veränderung zur Vorperiode		−7,3			+2.237.116.795		
		relative Veränderung zur Vorperiode		**−15,6%**	<		**+72,4%**	**−56,8**	**tendenziell nein**
		Flesch Reading Ease–Index 2013 (0,5)	20,0	15,5		3.088.045.277	5.325.162.072		
		absolute Veränderung zur Vorperiode		−4,5			+2.237.116.795		
		relative Veränderung zur Vorperiode		**−22,4%**	<		**+72,4%**	**−50,0**	**tendenziell nein**

Finanzinstrumente		Indikatoren IFRS-Regelkomplexität 2005	Indikatoren IFRS-Regelkomplexität 2012	> (größer als) bzw. < (kleiner als)	Indikator allgemeine Umweltkomplexität (Umsatzerlöse in TEUR) 2005	Indikator allgemeine Umweltkomplexität (Umsatzerlöse in TEUR) 2012	Differenz zwischen den relativen Veränderungen in Prozentpunkten	Indiz für eine Komplexitätszunahme des IFRS-Regelwerks?
Analoge IFRS-Standards	Anzahl Standards	3	4		968.954.281	1.315.822.308		
	absolute Veränderung zur Vorperiode		+1			+346.868.027		
	relative Veränderung zur Vorperiode		**+33,3%**	<		**+35,8%**	**−2,5**	**tendenziell nein**
	Seitenanzahl insgesamt	388	592		968.954.281	1.315.822.308		
	absolute Veränderung zur Vorperiode		+204			+346.868.027		
	relative Veränderung zur Vorperiode		**+52,6%**	>		**+35,8%**	**+16,8**	**tendenziell ja**
	Seitenanzahl Inhaltsverzeichnis	6	7		968.954.281	1.315.822.308		
	absolute Veränderung zur Vorperiode		+1			+346.868.027		
	relative Veränderung zur Vorperiode		**+16,7%**	<		**+35,8%**	**−19,1**	**tendenziell nein**
	Seitenanzahl Standard	69	74		968.954.281	1.315.822.308		
	absolute Veränderung zur Vorperiode		+5			+346.868.027		
	relative Veränderung zur Vorperiode		**+7,2%**	<		**+35,8%**	**−28,6**	**tendenziell nein**
	Seitenanzahl Anhang	55	94		968.954.281	1.315.822.308		
	absolute Veränderung zur Vorperiode		+39			+346.868.027		
	relative Veränderung zur Vorperiode		**+70,9%**	>		**+35,8%**	**+35,1**	**tendenziell ja**

Finanzinstrumente		Indikatoren IFRS-Regelkomplexität		> (größer als) bzw. < (kleiner als)	Indikator allgemeine Umweltkomplexität (Umsatzerlöse in TEUR)		Differenz zwischen den relativen Veränderungen in Prozentpunkten	Indiz für eine Komplexitätszunahme des IFRS-Regelwerks?
		2005	**2012**		**2005**	**2012**		
Analoge IFRS-Standards	Seitenanzahl IG	113	127		968.954.281	1.315.822.308		
	absolute Veränderung zur Vorperiode		+14			+346.868.027		
	relative Veränderung zur Vorperiode		**+12,4%**	<		**+35,8%**	**–23,4**	**tendenziell nein**
	Seitenanzahl IE	35	39		968.954.281	1.315.822.308		
	absolute Veränderung zur Vorperiode		+4			+346.868.027		
	relative Veränderung zur Vorperiode		**+11,4%**	<		**+35,8%**	**–24,4**	**tendenziell nein**
	Paragrafenanzahl Standard	270	314		968.954.281	1.315.822.308		
	absolute Veränderung zur Vorperiode		+44			+346.868.027		
	relative Veränderung zur Vorperiode		**+16,3%**	<		**+35,8%**	**–19,5**	**tendenziell nein**
	Paragrafenanzahl Standard fettgedruckt	107	85		968.954.281	1.315.822.308		
	absolute Veränderung zur Vorperiode		–22			+346.868.027		
	relative Veränderung zur Vorperiode		**–20,6%**	<		**+35,8%**	**–56,4**	**tendenziell nein**
	Paragrafenanzahl Anhang	178	298		968.954.281	1.315.822.308		
	absolute Veränderung zur Vorperiode		+120			+346.868.027		
	relative Veränderung zur Vorperiode		**+67,4%**	>		**+35,8%**	**+31,6**	**tendenziell ja**

Finanzinstrumente		Indikatoren IFRS-Regelkomplexität 2005	Indikatoren IFRS-Regelkomplexität 2012	> (größer als) bzw. < (kleiner als)	Indikator allgemeine Umweltkomplexität (Umsatzerlöse in TEUR) 2005	Indikator allgemeine Umweltkomplexität (Umsatzerlöse in TEUR) 2012	Differenz zwischen den relativen Veränderungen in Prozentpunkten	Indiz für eine Komplexitätszunahme des IFRS-Regelwerks?
Analoge IFRS-Standards	Paragrafenanzahl IG	131	139		968.954.281	1.315.822.308		
	absolute Veränderung zur Vorperiode		+8			+346.868.027		
	relative Veränderung zur Vorperiode		**+6,1%**	<		**+35,8%**	**−29,7**	**tendenziell nein**
	Paragrafenanzahl IE	81	87		968.954.281	1.315.822.308		
	absolute Veränderung zur Vorperiode		+6			+346.868.027		
	relative Veränderung zur Vorperiode		**+7,4%**	<		**+35,8%**	**−28,4**	**tendenziell nein**
	Anzahl Überschriften 1. Grades	43	66		968.954.281	1.315.822.308		
	absolute Veränderung zur Vorperiode		+23			+346.868.027		
	relative Veränderung zur Vorperiode		**+53,5%**	>		**+35,8%**	**+17,7**	**tendenziell ja**
	Anzahl Anhänge	3	9		968.954.281	1.315.822.308		
	absolute Veränderung zur Vorperiode		+6			+346.868.027		
	relative Veränderung zur Vorperiode		**+200,0%**	>		**+35,8%**	**+164,2**	**tendenziell ja**
	Anzahl Beispiele	12	16		968.954.281	1.315.822.308		
	absolute Veränderung zur Vorperiode		+4			+346.868.027		
	relative Veränderung zur Vorperiode		**+33,3%**	<		**+35,8%**	**−2,5**	**tendenziell nein**

Finanzinstrumente			Indikatoren IFRS-Regelkomplexität		> (größer als) bzw. < (kleiner als)	Indikator allgemeine Umweltkomplexität (Umsatzerlöse in TEUR)		Differenz zwischen den relativen Veränderungen in Prozentpunkten	Indiz für eine Komplexitätszunahme des IFRS-Regelwerks?
			2005	**2012**		**2005**	**2012**		
Digitale IFRS-Standards	Standards insgesamt	Seitenanzahl insgesamt	345	592		968.954.281	1.315.822.308		
		absolute Veränderung zur Vorperiode		+247			+346.868.027		
		relative Veränderung zur Vorperiode		**+71,6%**	>		**+35,8%**	+35,8	**tendenziell ja**
		Wortanzahl insgesamt	164.826	239.988		968.954.281	1.315.822.308		
		absolute Veränderung zur Vorperiode		+75.162			+346.868.027		
		relative Veränderung zur Vorperiode		**+45,6%**	>		**+35,8%**	+9,8	**tendenziell ja**
		Zeichenanzahl insgesamt	851.823	1.262.153		968.954.281	1.315.822.308		
		absolute Veränderung zur Vorperiode		+410.330			+346.868.027		
		relative Veränderung zur Vorperiode		**+48,2%**	>		**+35,8%**	+12,4	**tendenziell ja**
		Zeichenanzahl insgesamt (Leerzeichen)	1.009.715	1.504.536		968.954.281	1.315.822.308		
		absolute Veränderung zur Vorperiode		+494.821			+346.868.027		
		relative Veränderung zur Vorperiode		**+49,0%**	>		**+35,8%**	+13,2	**tendenziell ja**
		Absatzanzahl insgesamt	7.152	8.634		968.954.281	1.315.822.308		
		absolute Veränderung zur Vorperiode		+1.482			+346.868.027		
		relative Veränderung zur Vorperiode		**+20,7%**	<		**+35,8%**	−15,1	**tendenziell nein**
		Zeilenanzahl insgesamt	17.576	33.275		968.954.281	1.315.822.308		
		absolute Veränderung zur Vorperiode		+15.699			+346.868.027		
		relative Veränderung zur Vorperiode		**+89,3%**	>		**+35,8%**	+53,5	**tendenziell ja**

Finanzinstrumente			Indikatoren IFRS-Regelkomplexität		> (größer als) bzw. < (kleiner als)	Indikator allgemeine Umweltkomplexität (Umsatzerlöse in TEUR)		Differenz zwischen den relativen Veränderungen in Prozentpunkten	Indiz für eine Komplexitäts-zunahme des IFRS-Regelwerks?
			2005	2012		2005	2012		
Digitale IFRS-Standards	Standards Hauptteil	Seitenanzahl Hauptteil insgesamt	53	74		968.954.281	1.315.822.308		
		absolute Veränderung zur Vorperiode		+21			+346.868.027		
		relative Veränderung zur Vorperiode		**+39,6%**	>		**+35,8%**	**+3,8**	**tendenziell ja**
		Wortanzahl Hauptteil insgesamt	30.968	32.588			1.315.822.308		
		absolute Veränderung zur Vorperiode		+1.620			+346.868.027		
		relative Veränderung zur Vorperiode		**+5,2%**	<		**+35,8%**	**−30,6**	**tendenziell nein**
		Zeichenanzahl Hauptteil insgesamt	162.306	169.508		968.954.281	1.315.822.308		
		absolute Veränderung zur Vorperiode		+7.202			+346.868.027		
		relative Veränderung zur Vorperiode		**+4,4%**	<		**+35,8%**	**−31,4**	**tendenziell nein**
		Zeichenanzahl Hauptteil insgesamt (Leerzeichen)	192.860	202.370		968.954.281	1.315.822.308		
		absolute Veränderung zur Vorperiode		+9.510			+346.868.027		
		relative Veränderung zur Vorperiode		**+4,9%**	<		**+35,8%**	**−30,9**	**tendenziell nein**

Finanzinstrumente			Indikatoren IFRS-Regelkomplexität		> (größer als) bzw. < (kleiner als)	Indikator allgemeine Umweltkomplexität (Umsatzerlöse in TEUR)		Differenz zwischen den relativen Veränderungen in Prozentpunkten	Indiz für eine Komplexitätszunahme des IFRS-Regelwerks?
			2005	**2012**		**2005**	**2012**		
Digitale IFRS-Standards	Standards Hauptteil	Absatzanzahl Hauptteil insgesamt	754	942		968.954.281	1.315.822.308		
		absolute Veränderung zur Vorperiode		+188			+346.868.027		
		relative Veränderung zur Vorperiode		**+24,9%**	<		**+35,8%**	–10,9	**tendenziell nein**
		Zeilenanzahl Hauptteil insgesamt	2.555	4.068		968.954.281	1.315.822.308		
		absolute Veränderung zur Vorperiode		+1.513			+346.868.027		
		relative Veränderung zur Vorperiode		**+59,2%**	>		**+35,8%**	+23,4	**tendenziell ja**
	Standards Hauptteil Gunning	Satzzeichenanzahl insgesamt	1.070	1.703		968.954.281	1.315.822.308		
		absolute Veränderung zur Vorperiode		+633			+346.868.027		
		relative Veränderung zur Vorperiode		**+59,2%**	>		**+35,8%**	+23,4	**tendenziell ja**
		Wortanzahl insgesamt	31.016	32.451		968.954.281	1.315.822.308		
		absolute Veränderung zur Vorperiode		+1.435			+346.868.027		
		relative Veränderung zur Vorperiode		**+4,6%**	<		**+35,8%**	–31,2	**tendenziell nein**
		Wortanzahl mit drei oder mehr Silben	7.208	7.751		968.954.281	1.315.822.308		
		absolute Veränderung zur Vorperiode		+543			+346.868.027		
		relative Veränderung zur Vorperiode		**+7,5%**	<		**+35,8%**	–28,3	**tendenziell nein**

Finanzinstrumente			Indikatoren IFRS-Regelkomplexität		> (größer als) bzw. < (kleiner als)	Indikator allgemeine Umweltkomplexität (Umsatzerlöse in TEUR)		Differenz zwischen den relativen Veränderungen in Prozentpunkten	Indiz für eine Komplexitätszunahme des IFRS-Regelwerks?
			2005	2012		2005	2012		
Digitale IFRS-Standards	Standards Hauptteil Flesch	Zeichenanzahl insgesamt	161.952	169.616		968.954.281	1.315.822.308		
		absolute Veränderung zur Vorperiode		+7.664			+346.868.027		
		relative Veränderung zur Vorperiode		**+4,7%**	<		**+35,8%**	**−31,1**	**tendenziell nein**
		Zeichenanzahl insgesamt (Leerzeichen)	193.688	204.899		968.954.281	1.315.822.308		
		absolute Veränderung zur Vorperiode		+11.211			+346.868.027		
		relative Veränderung zur Vorperiode		**+5,8%**	<		**+35,8%**	**−30,0**	**tendenziell nein**
		Buchstaben-/Nummernanzahl insgesamt	158.329	164.669		968.954.281	1.315.822.308		
		absolute Veränderung zur Vorperiode		+6.340			+346.868.027		
		relative Veränderung zur Vorperiode		**+4,0%**	<		**+35,8%**	**−31,8**	**tendenziell nein**
		Wortanzahl insgesamt	31.016	32.466		968.954.281	1.315.822.308		
		absolute Veränderung zur Vorperiode		+1.450			+346.868.027		
		relative Veränderung zur Vorperiode		**+4,7%**	<		**+35,8%**	**-31,1**	**tendenziell nein**
		Anzahl an komplexen Wörtern	6.871	7.214		968.954.281	1.315.822.308		
		absolute Veränderung zur Vorperiode		+343			+346.868.027		
		relative Veränderung zur Vorperiode		**+5,0%**	<		**+35,8%**	**-30,8**	**tendenziell nein**

Finanzinstrumente			Indikatoren IFRS-Regelkomplexität 2005	Indikatoren IFRS-Regelkomplexität 2012	> (größer als) bzw. < (kleiner als)	Indikator allgemeine Umweltkomplexität (Umsatzerlöse in TEUR) 2005	Indikator allgemeine Umweltkomplexität (Umsatzerlöse in TEUR) 2012	Differenz zwischen den relativen Veränderungen in Prozentpunkten	Indiz für eine Komplexitätszunahme des IFRS-Regelwerks?
Digitale IFRS-Standards	Standards Hauptteil Flesch	Silbenanzahl insgesamt	50.312	51.906		968.954.281	1.315.822.308		
Digitale IFRS-Standards	Standards Hauptteil Flesch	absolute Veränderung zur Vorperiode		+1.594			+346.868.027		
Digitale IFRS-Standards	Standards Hauptteil Flesch	**relative Veränderung zur Vorperiode**		**+3,2%**	<		**+35,8%**	-32,6	**tendenziell nein**
Digitale IFRS-Standards	Standards Hauptteil Flesch	Satzanzahl insgesamt	964	982		968.954.281	1.315.822.308		
Digitale IFRS-Standards	Standards Hauptteil Flesch	absolute Veränderung zur Vorperiode		+18			+346.868.027		
Digitale IFRS-Standards	Standards Hauptteil Flesch	**relative Veränderung zur Vorperiode**		**+1,9%**	<		**+35,8%**	−33,9	**tendenziell nein**
Digitale IFRS-Standards	Lesbarkeit IAS 39	GUNNING *Fog-Index*	22,28	20,73		968.954.281	1.315.822.308		
Digitale IFRS-Standards	Lesbarkeit IAS 39	absolute Veränderung zur Vorperiode		−1,55			+346.868.027		
Digitale IFRS-Standards	Lesbarkeit IAS 39	**relative Veränderung zur Vorperiode**		**−7,0%**	<		**+35,8%**	−42,8	**tendenziell nein**
Digitale IFRS-Standards	Lesbarkeit IAS 39	*Flesch Reading Ease-Index*	34,4	39,4		968.954.281	1.315.822.308		
Digitale IFRS-Standards	Lesbarkeit IAS 39	absolute Veränderung zur Vorperiode		+5,0			+346.868.027		
Digitale IFRS-Standards	Lesbarkeit IAS 39	**relative Veränderung zur Vorperiode**		**+14,5%**	<		**+35,8%**	−50,3	**tendenziell nein**
Digitale IFRS-Standards	Lesbarkeit IAS 39	*Flesch Reading Ease-Index 2013 (0,5)*	12,5	15,5		968.954.281	1.315.822.308		
Digitale IFRS-Standards	Lesbarkeit IAS 39	absolute Veränderung zur Vorperiode		+3,0			+346.868.027		
Digitale IFRS-Standards	Lesbarkeit IAS 39	**relative Veränderung zur Vorperiode**		**+24,3%**	<		**+35,8%**	−60,1	**tendenziell nein**

Anhang 20: Indikatoren der IFRS-Regelkomplexität zu Ertragsteuern im Vergleich zur allgemeinen Umweltkomplexität[1193]

Ertragsteuern		Indikatoren IFRS-Regelkomplexität 2000	Indikatoren IFRS-Regelkomplexität 2012	> (größer als) bzw. < (kleiner als)	Indikator allgemeine Umweltkomplexität (Bilanzsummen in TEUR) 2000	Indikator allgemeine Umweltkomplexität (Bilanzsummen in TEUR) 2012	Differenz zwischen den relativen Veränderungen in Prozentpunkten	Indiz für eine Komplexitätszunahme des IFRS-Regelwerks?
Analoge IFRS-Standards	Anzahl Standards	1	1		3.088.045.277	5.325.162.072		
	absolute Veränderung zur Vorperiode		0			+2.237.116.795		
	relative Veränderung zur Vorperiode		**0,0%**	<		**+72,4%**	**−72,4**	**tendenziell nein**
	Seitenanzahl insgesamt	68	72		3.088.045.277	5.325.162.072		
	absolute Veränderung zur Vorperiode		+4			+2.237.116.795		
	relative Veränderung zur Vorperiode		**+5,9%**	<		**+72,4%**	**−66,6**	**tendenziell nein**
	Seitenanzahl Inhaltsverzeichnis	2	2		3.088.045.277	5.325.162.072		
	absolute Veränderung zur Vorperiode		0			+2.237.116.795		
	relative Veränderung zur Vorperiode		**0,0%**	<		**+72,4%**	**−72,4**	**tendenziell nein**
	Seitenanzahl Standard	36	31		3.088.045.277	5.325.162.072		
	absolute Veränderung zur Vorperiode		−5			+2.237.116.795		
	relative Veränderung zur Vorperiode		**−13,9%**	<		**+72,4%**	**−86,3**	**tendenziell nein**
	Seitenanzahl Anhang	24	0		3.088.045.277	5.325.162.072		
	absolute Veränderung zur Vorperiode		−24			+2.237.116.795		
	relative Veränderung zur Vorperiode		**−100,0%**	<		**+72,4%**	**−172,4**	**tendenziell nein**
	Seitenanzahl IG	–	–		3.088.045.277	5.325.162.072		
	absolute Veränderung zur Vorperiode		–			+2.237.116.795		
	relative Veränderung zur Vorperiode		**–**			**+72,4%**		

1193 Notabene: Es können sich bei der Ermittlung der Differenzen zwischen den relativen Veränderungen Rundungsfehler ergeben. *Microsoft Excel 2007* führt die Berechnung nicht auf Basis der gerundeten relativen Veränderungen durch, sondern auf Basis der ungerundeten relativen Veränderungen.

Ertragsteuern		Indikatoren IFRS-Regelkomplexität		> (größer als) bzw. < (kleiner als)	Indikator allgemeine Umweltkomplexität (Bilanzsummen in TEUR)		Differenz zwischen den relativen Veränderungen in Prozentpunkten	Indiz für eine Komplexitätszunahme des IFRS-Regelwerks?
		2000	2012		2000	2012		
Analoge IFRS-Standards	Seitenanzahl IE	0	22		3.088.045.277	5.325.162.072		
	absolute Veränderung zur Vorperiode		+22			+2.237.116.795		
	relative Veränderung zur Vorperiode		–			**+72,4%**		
	Paragrafenanzahl Standard	90	113		3.088.045.277	5.325.162.072		
	absolute Veränderung zur Vorperiode		+23			+2.237.116.795		
	relative Veränderung zur Vorperiode		**+25,6%**	<		**+72,4%**	**–46,9**	**tendenziell nein**
	Paragrafenanzahl Standard fettgedruckt	24	22		3.088.045.277	5.325.162.072		
	absolute Veränderung zur Vorperiode		–2			+2.237.116.795		
	relative Veränderung zur Vorperiode		**–8,3%**	<		**+72,4%**	**–80,8**	**tendenziell nein**
	Paragrafenanzahl Anhang	35	0		3.088.045.277	5.325.162.072		
	absolute Veränderung zur Vorperiode		–35			+2.237.116.795		
	relative Veränderung zur Vorperiode		**–100,0%**	<		**+72,4%**	–172,4	**tendenziell nein**
	Paragrafenanzahl IG	–	–		3.088.045.277	5.325.162.072		
	absolute Veränderung zur Vorperiode		–			+2.237.116.795		
	relative Veränderung zur Vorperiode		–			**+72,4%**		
	Paragrafenanzahl IE	0	34		3.088.045.277	5.325.162.072		
	absolute Veränderung zur Vorperiode		+34			+2.237.116.795		
	relative Veränderung zur Vorperiode		–			**+72,4%**		
	Anzahl Überschriften 1. Grades	11	14		3.088.045.277	5.325.162.072		
	absolute Veränderung zur Vorperiode		+3			+2.237.116.795		
	relative Veränderung zur Vorperiode		**+27,3%**	<		**+72,4%**	**–45,2**	**tendenziell nein**
	Anzahl Anhänge	2	0		3.088.045.277	5.325.162.072		
	absolute Veränderung zur Vorperiode		–2			+2.237.116.795		
	relative Veränderung zur Vorperiode		**–100,0%**	<		**+72,4%**	–172,4	**tendenziell nein**
	Anzahl Beispiele	14	17		3.088.045.277	5.325.162.072		
	absolute Veränderung zur Vorperiode		+3			+2.237.116.795		
	relative Veränderung zur Vorperiode		**+21,4%**	<		**+72,4%**	**–51,0**	**tendenziell nein**

Ertragsteuern			Indikatoren IFRS-Regelkomplexität		> (größer als) bzw. < (kleiner als)	Indikator allgemeine Umweltkomplexität (Bilanzsummen in TEUR)		Differenz zwischen den relativen Veränderungen in Prozentpunkten	Indiz für eine Komplexitätszunahme des IFRS-Regelwerks?
			2000	2012		2000	2012		
Digitale IFRS-Standards	Standards insgesamt	Seitenanzahl insgesamt	35	72		3.088.045.277	5.325.162.072		
		absolute Veränderung zur Vorperiode		+37			+2.237.116.795		
		relative Veränderung zur Vorperiode		**+105,7%**	>		**+72,4%**	**+33,3**	**tendenziell ja**
		Wortanzahl insgesamt	18.307	26.109		3.088.045.277	5.325.162.072		
		absolute Veränderung zur Vorperiode		+7.802			+2.237.116.795		
		relative Veränderung zur Vorperiode		**+42,6%**	<		**+72,4%**	**−29,8**	**tendenziell nein**
		Zeichenanzahl insgesamt	95.517	136.012		3.088.045.277	5.325.162.072		
		absolute Veränderung zur Vorperiode		+40.495			+2.237.116.795		
		relative Veränderung zur Vorperiode		**+42,4%**	<		**+72,4%**	**−30,0**	**tendenziell nein**
		Zeichenanzahl insgesamt (Leerzeichen)	113.604	163.005		3.088.045.277	5.325.162.072		
		absolute Veränderung zur Vorperiode		+49.401			+2.237.116.795		
		relative Veränderung zur Vorperiode		**+43,5%**	<		**+72,4%**	**−29,0**	**tendenziell nein**
		Absatzanzahl insgesamt	1.309	1.441		3.088.045.277	5.325.162.072		
		absolute Veränderung zur Vorperiode		+132			+2.237.116.795		
		relative Veränderung zur Vorperiode		**+10,1%**	<		**+72,4%**	**−62,4**	**tendenziell nein**
		Zeilenanzahl insgesamt	3.114	4.322		3.088.045.277	5.325.162.072		
		absolute Veränderung zur Vorperiode		+1.208			+2.237.116.795		
		relative Veränderung zur Vorperiode		**+38,8%**	<		**+72,4%**	**−33,7**	**tendenziell nein**
	Standards Hauptteil	Seitenanzahl Hauptteil insgesamt	22	31		3.088.045.277	5.325.162.072		
		absolute Veränderung zur Vorperiode		+9			+2.237.116.795		
		relative Veränderung zur Vorperiode		**+40,9%**	<		**+72,4%**	**−31,5**	**tendenziell nein**
		Wortanzahl Hauptteil insgesamt	11.202	13.962		3.088.045.277	5.325.162.072		
		absolute Veränderung zur Vorperiode		+2.760			+2.237.116.795		
		relative Veränderung zur Vorperiode		**+24,6%**	<		**+72,4%**	**−47,8**	**tendenziell nein**
		Zeichenanzahl Hauptteil insgesamt	57.980	71.533		3.088.045.277	5.325.162.072		
		absolute Veränderung zur Vorperiode		+13.553			+2.237.116.795		
		relative Veränderung zur Vorperiode		**+23,4%**	<		**+72,4%**	**−49,1**	**tendenziell nein**

Ertragsteuern			Indikatoren IFRS-Regelkomplexität		> (größer als) bzw. < (kleiner als)	Indikator allgemeine Umweltkomplexität (Bilanzsummen in TEUR)		Differenz zwischen den relativen Veränderungen in Prozentpunkten	Indiz für eine Komplexitätszunahme des IFRS-Regelwerks?
			2000	**2012**		**2000**	**2012**		
Digitale IFRS-Standards	Standards Hauptteil	Zeichenanzahl Hauptteil insgesamt (Leerzeichen)	69.228	85.568		3.088.045.277	5.325.162.072		
		absolute Veränderung zur Vorperiode		+16.340			+2.237.116.795		
		relative Veränderung zur Vorperiode		**+23,6%**	<		**+72,4%**	**–48,8**	**tendenziell nein**
		Absatzanzahl Hauptteil insgesamt	303	391		3.088.045.277	5.325.162.072		
		absolute Veränderung zur Vorperiode		+88			+2.237.116.795		
		relative Veränderung zur Vorperiode		**+29,0%**	<		**+72,4%**	**–43,4**	**tendenziell nein**
		Zeilenanzahl Hauptteil insgesamt	946	1.683		3.088.045.277	5.325.162.072		
		absolute Veränderung zur Vorperiode		+737			+2.237.116.795		
		relative Veränderung zur Vorperiode		**+77,9%**	>		**+72,4%**	**+5,5**	**tendenziell ja**
	Standards Hauptteil Gunning	Satzzeichenanzahl insgesamt	547	570		3.088.045.277	5.325.162.072		
		absolute Veränderung zur Vorperiode		+23			+2.237.116.795		
		relative Veränderung zur Vorperiode		**+4,2%**	<		**+72,4%**	**–68,2**	**tendenziell nein**
		Wortanzahl insgesamt	11.115	13.962		3.088.045.277	5.325.162.072		
		absolute Veränderung zur Vorperiode		+2.847			+2.237.116.795		
		relative Veränderung zur Vorperiode		**+25,6%**	<		**+72,4%**	**–46,8**	**tendenziell nein**
		Wortanzahl mit drei oder mehr Silben	2.180	2.854		3.088.045.277	5.325.162.072		
		absolute Veränderung zur Vorperiode		+674			+2.237.116.795		
		relative Veränderung zur Vorperiode		**+30,9%**	<		**+72,4%**	**–41,5**	**tendenziell nein**
	Standards Hauptteil Flesch	Zeichenanzahl insgesamt	57.553	71.533		3.088.045.277	5.325.162.072		
		absolute Veränderung zur Vorperiode		+13.980			+2.237.116.795		
		relative Veränderung zur Vorperiode		**+24,3%**	<		**+72,4%**	**–48,2**	**tendenziell nein**
		Zeichenanzahl insgesamt (Leerzeichen)	69.202	86.488		3.088.045.277	5.325.162.072		
		absolute Veränderung zur Vorperiode		+17.286			+2.237.116.795		
		relative Veränderung zur Vorperiode		**+25,0%**	<		**+72,4%**	**–47,5**	**tendenziell nein**

Ertragsteuern			Indikatoren IFRS-Regelkomplexität		> (größer als) bzw. < (kleiner als)	Indikator allgemeine Umweltkomplexität (Bilanzsummen in TEUR)		Differenz zwischen den relativen Veränderungen in Prozentpunkten	Indiz für eine Komplexitätszunahme des IFRS-Regelwerks?
			2000	2012		2000	2012		
Digitale IFRS-Standards	Standards Hauptteil Flesch	Buchstaben-/Nummernanzahl insgesamt	56.051	69.748		3.088.045.277	5.325.162.072		
		absolute Veränderung zur Vorperiode		+13.697			+2.237.116.795		
		relative Veränderung zur Vorperiode		**+24,4%**	<		**+72,4%**	**−48,0**	**tendenziell nein**
		Wortanzahl insgesamt	11.115	13.958		3.088.045.277	5.325.162.072		
		absolute Veränderung zur Vorperiode		+2.843			+2.237.116.795		
		relative Veränderung zur Vorperiode		**+25,6%**	<		**+72,4%**	**−46,9**	**tendenziell nein**
		Anzahl an komplexen Wörtern	2.018	2.611		3.088.045.277	5.325.162.072		
		absolute Veränderung zur Vorperiode		+593			+2.237.116.795		
		relative Veränderung zur Vorperiode		**+29,4%**	<		**+72,4%**	**−43,1**	**tendenziell nein**
		Silbenanzahl insgesamt	17.444	21.903		3.088.045.277	5.325.162.072		
		absolute Veränderung zur Vorperiode		+4.459			+2.237.116.795		
		relative Veränderung zur Vorperiode		**+25,6%**	<		**+72,4%**	**−46,9**	**tendenziell nein**
		Satzanzahl insgesamt	502	503		3.088.045.277	5.325.162.072		
		absolute Veränderung zur Vorperiode		+1			+2.237.116.795		
		relative Veränderung zur Vorperiode		**+0,2%**	<		**+72,4%**	**−72,2**	**tendenziell nein**
	Lesbarkeit IAS 12	Gunning *Fog-Index*	15,97	17,97		3.088.045.277	5.325.162.072		
		absolute Veränderung zur Vorperiode		+2,00			+2.237.116.795		
		relative Veränderung zur Vorperiode		**+12,5%**	<		**+72,4%**	**−59,9**	**tendenziell nein**
		Flesch Reading Ease-Index	51,6	45,9		3.088.045.277	5.325.162.072		
		absolute Veränderung zur Vorperiode		−5,7			+2.237.116.795		
		relative Veränderung zur Vorperiode		**−11,0%**	<		**+72,4%**	**−61,4**	**tendenziell nein**
		Flesch Reading Ease-Index 2013 (0,5)	23,0	19,4		3.088.045.277	5.325.162.072		
		absolute Veränderung zur Vorperiode		−3,6			+2.237.116.795		
		relative Veränderung zur Vorperiode		**−15,4%**	<		**+72,4%**	**−57,0**	**tendenziell nein**

Ertragsteuern		Indikatoren IFRS-Regelkomplexität 2005	Indikatoren IFRS-Regelkomplexität 2012	> (größer als) bzw. < (kleiner als)	Indikator allgemeine Umweltkomplexität (Umsatzerlöse in TEUR) 2005	Indikator allgemeine Umweltkomplexität (Umsatzerlöse in TEUR) 2012	Differenz zwischen den relativen Veränderungen in Prozentpunkten	Indiz für eine Komplexitätszunahme des IFRS-Regelwerks?
Analoge IFRS-Standards	Anzahl Standards	1	1		968.954.281	1.315.822.308		
	absolute Veränderung zur Vorperiode		0			+346.868.027		
	relative Veränderung zur Vorperiode		**0,0%**	<		**+35,8%**	**−35,8**	**tendenziell nein**
	Seitenanzahl insgesamt	58	72		968.954.281	1.315.822.308		
	absolute Veränderung zur Vorperiode		+14			+346.868.027		
	relative Veränderung zur Vorperiode		**+24,1%**	<		**+35,8%**	**−11,7**	**tendenziell nein**
	Seitenanzahl Inhaltsverzeichnis	1	2		968.954.281	1.315.822.308		
	absolute Veränderung zur Vorperiode		+1			+346.868.027		
	relative Veränderung zur Vorperiode		**+100,0%**	>		**+35,8%**	**+64,2**	**tendenziell ja**
	Seitenanzahl Standard	29	31		968.954.281	1.315.822.308		
	absolute Veränderung zur Vorperiode		+2			+346.868.027		
	relative Veränderung zur Vorperiode		**+6,9%**	<		**+35,8%**	**−28,9**	**tendenziell nein**
	Seitenanzahl Anhang	22	0		968.954.281	1.315.822.308		
	absolute Veränderung zur Vorperiode		−22			+346.868.027		
	relative Veränderung zur Vorperiode		**−100,0%**	<		**+35,8%**	**−135,8**	**tendenziell nein**
	Seitenanzahl IG	–	–		968.954.281	1.315.822.308		
	absolute Veränderung zur Vorperiode		–			+346.868.027		
	relative Veränderung zur Vorperiode		**–**			**+35,8%**		
	Seitenanzahl IE	0	22		968.954.281	1.315.822.308		
	absolute Veränderung zur Vorperiode		+22			+346.868.027		
	relative Veränderung zur Vorperiode		**–**			**+35,8%**		
	Paragrafenanzahl Standard	99	113		968.954.281	1.315.822.308		
	absolute Veränderung zur Vorperiode		+14			+346.868.027		
	relative Veränderung zur Vorperiode		**+14,1%**	<		**+35,8%**	**−21,7**	**tendenziell nein**

Ertragsteuern		Indikatoren IFRS-Regelkomplexität		> (größer als) bzw. < (kleiner als)	Indikator allgemeine Umweltkomplexität (Umsatzerlöse in TEUR)		Differenz zwischen den relativen Veränderungen in Prozentpunkten	Indiz für eine Komplexitätszunahme des IFRS-Regelwerks?
		2005	2012		2005	2012		
Analoge IFRS-Standards	Paragrafenanzahl Standard fettgedruckt	25	22		968.954.281	1.315.822.308		
	absolute Veränderung zur Vorperiode		−3			+346.868.027		
	relative Veränderung zur Vorperiode		**−12,0%**	<		**+35,8%**	**−47,8**	**tendenziell nein**
	Paragrafenanzahl Anhang	34	0		968.954.281	1.315.822.308		
	absolute Veränderung zur Vorperiode		−34			+346.868.027		
	relative Veränderung zur Vorperiode		**−100,0%**	<		**+35,8%**	**−135,8**	**tendenziell nein**
	Paragrafenanzahl IG	–	–		968.954.281	1.315.822.308		
	absolute Veränderung zur Vorperiode		–			+346.868.027		
	relative Veränderung zur Vorperiode		**–**			**+35,8%**		
	Paragrafenanzahl IE	0	34		968.954.281	1.315.822.308		
	absolute Veränderung zur Vorperiode		+34			+346.868.027		
	relative Veränderung zur Vorperiode		**–**			**+35,8%**		
	Anzahl Überschriften 1. Grades	11	14		968.954.281	1.315.822.308		
	absolute Veränderung zur Vorperiode		+3			+346.868.027		
	relative Veränderung zur Vorperiode		**+27,3%**	<		**+35,8%**	**−8,5**	**tendenziell nein**
	Anzahl Anhänge	2	0		968.954.281	1.315.822.308		
	absolute Veränderung zur Vorperiode		−2			+346.868.027		
	relative Veränderung zur Vorperiode		**−100,0%**	<		**+35,8%**	**−135,8**	**tendenziell nein**
	Anzahl Beispiele	16	17		968.954.281	1.315.822.308		
	absolute Veränderung zur Vorperiode		+1			+346.868.027		
	relative Veränderung zur Vorperiode		**+6,3%**	<		**+35,8%**	**−29,5**	**tendenziell nein**

Ertragsteuern			Indikatoren IFRS-Regelkomplexität		> (größer als) bzw. < (kleiner als)	Indikator allgemeine Umweltkomplexität (Umsatzerlöse in TEUR)		Differenz zwischen den relativen Veränderungen in Prozentpunkten	Indiz für eine Komplexitätszunahme des IFRS-Regelwerks?
			2005	**2012**		**2005**	**2012**		
Digitale IFRS-Standards	Standards insgesamt	Seitenanzahl insgesamt	51	72		968.954.281	1.315.822.308		
		absolute Veränderung zur Vorperiode		+21			+346.868.027		
		relative Veränderung zur Vorperiode		**+41,2%**	>		**+35,8%**	+5,4	**tendenziell ja**
		Wortanzahl insgesamt	20.281	26.109		968.954.281	1.315.822.308		
		absolute Veränderung zur Vorperiode		+5.828			+346.868.027		
		relative Veränderung zur Vorperiode		**+28,7%**	<		**+35,8%**	−7,1	**tendenziell nein**
		Zeichenanzahl insgesamt	104.545	136.012		968.954.281	1.315.822.308		
		absolute Veränderung zur Vorperiode		+31.467			+346.868.027		
		relative Veränderung zur Vorperiode		**+30,1%**	<		**+35,8%**	−5,7	**tendenziell nein**
		Zeichenanzahl insgesamt (Leerzeichen)	123.578	163.005		968.954.281	1.315.822.308		
		absolute Veränderung zur Vorperiode		+39.427			+346.868.027		
		relative Veränderung zur Vorperiode		**+31,9%**	<		**+35,8%**	−3,9	**tendenziell nein**
		Absatzanzahl insgesamt	1.389	1.441		968.954.281	1.315.822.308		
		absolute Veränderung zur Vorperiode		+52			+346.868.027		
		relative Veränderung zur Vorperiode		**+3,7%**	<		**+35,8%**	−32,1	**tendenziell nein**
		Zeilenanzahl insgesamt	2.849	4.322		968.954.281	1.315.822.308		
		absolute Veränderung zur Vorperiode		+1.473			+346.868.027		
		relative Veränderung zur Vorperiode		**+51,7%**	>		**+35,8%**	**+15,9**	**tendenziell ja**
	Standards Hauptteil	Seitenanzahl Hauptteil insgesamt	24	31		968.954.281	1.315.822.308		
		absolute Veränderung zur Vorperiode		+7			+346.868.027		
		relative Veränderung zur Vorperiode		**+29,2%**	<		**+35,8%**	−6,6	**tendenziell nein**
		Wortanzahl Hauptteil insgesamt	12.465	13.962		968.954.281	1.315.822.308		
		absolute Veränderung zur Vorperiode		+1.497			+346.868.027		
		relative Veränderung zur Vorperiode		**+12,0%**	<		**+35,8%**	−23,8	**tendenziell nein**
		Zeichenanzahl Hauptteil insgesamt	63.790	71.533		968.954.281	1.315.822.308		
		absolute Veränderung zur Vorperiode		+7.743			+346.868.027		
		relative Veränderung zur Vorperiode		**+12,1%**	<		**+35,8%**	−23,7	**tendenziell nein**

Ertragsteuern			Indikatoren IFRS-Regelkomplexität 2005	Indikatoren IFRS-Regelkomplexität 2012	> (größer als) bzw. < (kleiner als)	Indikator allgemeine Umweltkomplexität (Umsatzerlöse in TEUR) 2005	Indikator allgemeine Umweltkomplexität (Umsatzerlöse in TEUR) 2012	Differenz zwischen den relativen Veränderungen in Prozentpunkten	Indiz für eine Komplexitätszunahme des IFRS-Regelwerks?
Digitale IFRS-Standards	Standards Hauptteil	Zeichenanzahl Hauptteil insgesamt (Leerzeichen)	75.944	85.568		968.954.281	1.315.822.308		
		absolute Veränderung zur Vorperiode		+9.624			+346.868.027		
		relative Veränderung zur Vorperiode		**+12,7%**	<		**+35,8%**	**–23,1**	**tendenziell nein**
		Absatzanzahl Hauptteil insgesamt	355	391		968.954.281	1.315.822.308		
		absolute Veränderung zur Vorperiode		+36			+346.868.027		
		relative Veränderung zur Vorperiode		**+10,1%**	<		**+35,8%**	**–25,7**	**tendenziell nein**
		Zeilenanzahl Hauptteil insgesamt	1.192	1.683		968.954.281	1.315.822.308		
		absolute Veränderung zur Vorperiode		+491			+346.868.027		
		relative Veränderung zur Vorperiode		**+41,2%**	>		**+35,8%**	**+5,4**	**tendenziell ja**
	Standards Hauptteil Gunning	Satzzeichenanzahl insgesamt	485	570		968.954.281	1.315.822.308		
		absolute Veränderung zur Vorperiode		+85			+346.868.027		
		relative Veränderung zur Vorperiode		**+17,5%**	<		**+35,8%**	**–18,3**	**tendenziell nein**
		Wortanzahl insgesamt	12.351	13.962		968.954.281	1.315.822.308		
		absolute Veränderung zur Vorperiode		+1.611			+346.868.027		
		relative Veränderung zur Vorperiode		**+13,0%**	<		**+35,8%**	**–22,8**	**tendenziell nein**
		Wortanzahl mit drei oder mehr Silben	2.468	2.854		968.954.281	1.315.822.308		
		absolute Veränderung zur Vorperiode		+386			+346.868.027		
		relative Veränderung zur Vorperiode		**+15,6%**	<		**+35,8%**	**–20,2**	**tendenziell nein**
	Standards Hauptteil Flesch	Zeichenanzahl insgesamt	63.108	71.533		968.954.281	1.315.822.308		
		absolute Veränderung zur Vorperiode		+8.425			+346.868.027		
		relative Veränderung zur Vorperiode		**+13,4%**	<		**+35,8%**	**–22,4**	**tendenziell nein**
		Zeichenanzahl insgesamt (Leerzeichen)	75.565	86.488		968.954.281	1.315.822.308		
		absolute Veränderung zur Vorperiode		+10.923			+346.868.027		
		relative Veränderung zur Vorperiode		**+14,5%**	<		**+35,8%**	**–21,3**	**tendenziell nein**
		Buchstaben–/Nummernanzahl insgesamt	61.640	69.748		968.954.281	1.315.822.308		
		absolute Veränderung zur Vorperiode		+8.108			+346.868.027		
		relative Veränderung zur Vorperiode		**+13,2%**	<		**+35,8%**	**–22,6**	**tendenziell nein**

Ertragsteuern			Indikatoren IFRS-Regelkomplexität		> (größer als) bzw. < (kleiner als)	Indikator allgemeine Umweltkomplexität (Umsatzerlöse in TEUR)		Differenz zwischen den relativen Veränderungen in Prozentpunkten	Indiz für eine Komplexitäts-zunahme des IFRS-Regelwerks?
			2005	2012		2005	2012		
Digitale IFRS-Standards	Standards Hauptteil Flesch	Wortanzahl insgesamt	12.350	13.958		968.954.281	1.315.822.308		
		absolute Veränderung zur Vorperiode		+1.608			+346.868.027		
		relative Veränderung zur Vorperiode		**+13,0%**	<		**+35,8%**	–22,8	**tendenziell nein**
		Anzahl an komplexen Wörtern	2.293	2.611		968.954.281	1.315.822.308		
		absolute Veränderung zur Vorperiode		+318			+346.868.027		
		relative Veränderung zur Vorperiode		**+13,9%**	<		**+35,8%**	–21,9	**tendenziell nein**
		Silbenanzahl insgesamt	19.356	21.903		968.954.281	1.315.822.308		
		absolute Veränderung zur Vorperiode		+2.547			+346.868.027		
		relative Veränderung zur Vorperiode		**+13,2%**	<		**+35,8%**	–22,6	**tendenziell nein**
		Satzanzahl insgesamt	440	503		968.954.281	1.315.822.308		
		absolute Veränderung zur Vorperiode		+63			+346.868.027		
		relative Veränderung zur Vorperiode		**+14,3%**	<		**+35,8%**	–21,5	**tendenziell nein**
	Lesbarkeit IAS 12	GUNNING *Fog-Index*	18,18	17,97		968.954.281	1.315.822.308		
		absolute Veränderung zur Vorperiode		–0,21			+346.868.027		
		relative Veränderung zur Vorperiode		**–1,2%**	<		**+35,8%**	–37,0	**tendenziell nein**
		Flesch Reading Ease-Index	45,8	45,9		968.954.281	1.315.822.308		
		absolute Veränderung zur Vorperiode		+0,1			+346.868.027		
		relative Veränderung zur Vorperiode		**+0,2%**	<		**+35,8%**	–36,0	**tendenziell nein**
		Flesch Reading Ease-Index 2013 (0,5)	19,3	19,4		968.954.281	1.315.822.308		
		absolute Veränderung zur Vorperiode		+0,1			+346.868.027		
		relative Veränderung zur Vorperiode		**+0,7%**	<		**+35,8%**	–36,5	**tendenziell nein**

Anhang 21: Indikatoren der IFRS-Regelkomplexität zu Leasingverhältnisse im Vergleich zur allgemeinen Umweltkomplexität[1194]

Leasingverhältnisse		Indikatoren IFRS-Regelkomplexität		> (größer als) bzw. < (kleiner als)	Indikator allgemeine Umweltkomplexität (Bilanzsummen in TEUR)		Differenz zwischen den relativen Veränderungen in Prozentpunkten	Indiz für eine Komplexitätszunahme des IFRS-Regelwerks?
		2000	2012		2000	2012		
Analoge IFRS-Standards	Anzahl Standards	1	1		3.088.045.277	5.325.162.072		
	absolute Veränderung zur Vorperiode		0			+2.237.116.795		
	relative Veränderung zur Vorperiode		**0,0%**	<		**+72,4%**	**–72,4**	**tendenziell nein**
	Seitenanzahl insgesamt	26	32		3.088.045.277	5.325.162.072		
	absolute Veränderung zur Vorperiode		+6			+2.237.116.795		
	relative Veränderung zur Vorperiode		**+23,1%**	<		**+72,4%**	**–49,4**	**tendenziell nein**
	Seitenanzahl Inhaltsverzeichnis	1	1		3.088.045.277	5.325.162.072		
	absolute Veränderung zur Vorperiode		0			+2.237.116.795		
	relative Veränderung zur Vorperiode		**0,0%**	<		**+72,4%**	**–72,4**	**tendenziell nein**
	Seitenanzahl Standard	18	14		3.088.045.277	5.325.162.072		
	absolute Veränderung zur Vorperiode		–4			+2.237.116.795		
	relative Veränderung zur Vorperiode		**–22,2%**	<		**+72,4%**	**–94,7**	**tendenziell nein**
	Seitenanzahl Anhang	2	1		3.088.045.277	5.325.162.072		
	absolute Veränderung zur Vorperiode		–1			+2.237.116.795		
	relative Veränderung zur Vorperiode		**–50,0%**	<		**+72,4%**	**–122,4**	**tendenziell nein**
	Seitenanzahl IG	0	0		3.088.045.277	5.325.162.072		
	absolute Veränderung zur Vorperiode		0			+2.237.116.795		
	relative Veränderung zur Vorperiode		–			**+72,4%**		
	Seitenanzahl IE	0	2		3.088.045.277	5.325.162.072		
	absolute Veränderung zur Vorperiode		+2			+2.237.116.795		
	relative Veränderung zur Vorperiode		–			**+72,4%**		

1194 Notabene: Es können sich bei der Ermittlung der Differenzen zwischen den relativen Veränderungen Rundungsfehler ergeben. *Microsoft Excel 2007* führt die Berechnung nicht auf Basis der gerundeten relativen Veränderungen durch, sondern auf Basis der ungerundeten relativen Veränderungen.

Leasingverhältnisse		Indikatoren IFRS-Regelkomplexität 2000	Indikatoren IFRS-Regelkomplexität 2012	> (größer als) bzw. < (kleiner als)	Indikator allgemeine Umweltkomplexität (Bilanzsummen in TEUR) 2000	Indikator allgemeine Umweltkomplexität (Bilanzsummen in TEUR) 2012	Differenz zwischen den relativen Veränderungen in Prozentpunkten	Indiz für eine Komplexitätszunahme des IFRS-Regelwerks?
Analoge IFRS-Standards	Paragrafenanzahl Standard	60	73		3.088.045.277	5.325.162.072		
	absolute Veränderung zur Vorperiode		+13			+2.237.116.795		
	relative Veränderung zur Vorperiode		+21,7%	<		+72,4%	–50,8	tendenziell nein
	Paragrafenanzahl Standard fettgedruckt	21	23		3.088.045.277	5.325.162.072		
	absolute Veränderung zur Vorperiode		+2			+2.237.116.795		
	relative Veränderung zur Vorperiode		+9,5%	<		+72,4%	–62,9	tendenziell nein
	Paragrafenanzahl Anhang	0	0		3.088.045.277	5.325.162.072		
	absolute Veränderung zur Vorperiode		0			+2.237.116.795		
	relative Veränderung zur Vorperiode		–			+72,4%		
	Paragrafenanzahl IG	0	0		3.088.045.277	5.325.162.072		
	absolute Veränderung zur Vorperiode		0			+2.237.116.795		
	relative Veränderung zur Vorperiode		–			+72,4%		
	Paragrafenanzahl IE	0	0		3.088.045.277	5.325.162.072		
	absolute Veränderung zur Vorperiode		0			+2.237.116.795		
	relative Veränderung zur Vorperiode		–			+72,4%		
	Anzahl Überschriften 1. Grades	10	15		3.088.045.277	5.325.162.072		
	absolute Veränderung zur Vorperiode		+5			+2.237.116.795		
	relative Veränderung zur Vorperiode		+50,0%	<		+72,4%	–22,4	tendenziell nein
	Anzahl Anhänge	1	1		3.088.045.277	5.325.162.072		
	absolute Veränderung zur Vorperiode		0			+2.237.116.795		
	relative Veränderung zur Vorperiode		0,0%	<		+72,4%	–72,4	tendenziell nein
	Anzahl Beispiele	0	0		3.088.045.277	5.325.162.072		
	absolute Veränderung zur Vorperiode		0			+2.237.116.795		
	relative Veränderung zur Vorperiode		–			+72,4%		

Leasingverhältnisse			Indikatoren IFRS-Regelkomplexität		> (größer als) bzw. < (kleiner als)	Indikator allgemeine Umweltkomplexität (Bilanzsummen in TEUR)		Differenz zwischen den relativen Veränderungen in Prozentpunkten	Indiz für eine Komplexitätszunahme des IFRS-Regelwerks?
			2000	2012		2000	2012		
Digitale IFRS-Standards	Standards insgesamt	Seitenanzahl insgesamt	13	32		3.088.045.277	5.325.162.072		
		absolute Veränderung zur Vorperiode		+19			+2.237.116.795		
		relative Veränderung zur Vorperiode		**+146,2%**	>		**+72,4%**	**+73,7**	**tendenziell ja**
		Wortanzahl insgesamt	6.302	10.675		3.088.045.277	5.325.162.072		
		absolute Veränderung zur Vorperiode		+4.373			+2.237.116.795		
		relative Veränderung zur Vorperiode		**+69,4%**	<		**+72,4%**	**–3,1**	**tendenziell nein**
		Zeichenanzahl insgesamt	31.911	53.938		3.088.045.277	5.325.162.072		
		absolute Veränderung zur Vorperiode		+22.027			+2.237.116.795		
		relative Veränderung zur Vorperiode		**+69,0%**	<		**+72,4%**	**–3,4**	**tendenziell nein**
		Zeichenanzahl insgesamt (Leerzeichen)	38.042	64.512		3.088.045.277	5.325.162.072		
		absolute Veränderung zur Vorperiode		+26.470			+2.237.116.795		
		relative Veränderung zur Vorperiode		**+69,6%**	<		**+72,4%**	**–2,9**	**tendenziell nein**
		Absatzanzahl insgesamt	258	379		3.088.045.277	5.325.162.072		
		absolute Veränderung zur Vorperiode		+121			+2.237.116.795		
		relative Veränderung zur Vorperiode		**+46,9%**	<		**+72,4%**	**–25,5**	**tendenziell nein**
		Zeilenanzahl insgesamt	906	1.451		3.088.045.277	5.325.162.072		
		absolute Veränderung zur Vorperiode		+545			+2.237.116.795		
		relative Veränderung zur Vorperiode		**+60,2%**	<		**+72,4%**	**–12,3**	**tendenziell nein**
	Standards Hauptteil	Seitenanzahl Hauptteil insgesamt	12	14		3.088.045.277	5.325.162.072		
		absolute Veränderung zur Vorperiode		+2			+2.237.116.795		
		relative Veränderung zur Vorperiode		**+16,7%**	<		**+72,4%**	**–55,8**	**tendenziell nein**
		Wortanzahl Hauptteil insgesamt	5.060	6.093		3.088.045.277	5.325.162.072		
		absolute Veränderung zur Vorperiode		+1.033			+2.237.116.795		
		relative Veränderung zur Vorperiode		**+20,4%**	<		**+72,4%**	**–52,0**	**tendenziell nein**
		Zeichenanzahl Hauptteil insgesamt	25.504	30.258		3.088.045.277	5.325.162.072		
		absolute Veränderung zur Vorperiode		+4.754			+2.237.116.795		
		relative Veränderung zur Vorperiode		**+18,6%**	<		**+72,4%**	**–53,8**	**tendenziell nein**
		Zeichenanzahl Hauptteil insgesamt (Leerzeichen)	30.451	36.393		3.088.045.277	5.325.162.072		
		absolute Veränderung zur Vorperiode		+5.942			+2.237.116.795		
		relative Veränderung zur Vorperiode		**+19,5%**	<		**+72,4%**	**–52,9**	**tendenziell nein**

Leasingverhältnisse			Indikatoren IFRS-Regelkomplexität		> (größer als) bzw. < (kleiner als)	Indikator allgemeine Umweltkomplexität (Bilanzsummen in TEUR)		Differenz zwischen den relativen Veränderungen in Prozentpunkten	Indiz für eine Komplexitätszunahme des IFRS-Regelwerks?
			2000	2012		2000	2012		
Digitale IFRS-Standards	Standards Hauptteil	Absatzanzahl Hauptteil insgesamt	168	202		3.088.045.277	5.325.162.072		
		absolute Veränderung zur Vorperiode		+34			+2.237.116.795		
		relative Veränderung zur Vorperiode		**+20,2%**	<		**+72,4%**	**−52,2**	**tendenziell nein**
		Zeilenanzahl Hauptteil insgesamt	468	765		3.088.045.277	5.325.162.072		
		absolute Veränderung zur Vorperiode		+297			+2.237.116.795		
		relative Veränderung zur Vorperiode		**+63,5%**	<		**+72,4%**	**−9,0**	**tendenziell nein**
	Standards Hauptteil GUNNING	Satzzeichenanzahl insgesamt	267	248		3.088.045.277	5.325.162.072		
		absolute Veränderung zur Vorperiode		−19			+2.237.116.795		
		relative Veränderung zur Vorperiode		**−7,1%**	<		**+72,4%**	**−79,6**	**tendenziell nein**
		Wortanzahl insgesamt	5.044	6.088		3.088.045.277	5.325.162.072		
		absolute Veränderung zur Vorperiode		+1.044			+2.237.116.795		
		relative Veränderung zur Vorperiode		**+20,7%**	<		**+72,4%**	**−51,7**	**tendenziell nein**
		Wortanzahl mit drei oder mehr Silben	851	1.070		3.088.045.277	5.325.162.072		
		absolute Veränderung zur Vorperiode		+219			+2.237.116.795		
		relative Veränderung zur Vorperiode		**+25,7%**	<		**+72,4%**	**−46,7**	**tendenziell nein**
	Standards Hauptteil Flesch	Zeichenanzahl insgesamt	25.418	30.258		3.088.045.277	5.325.162.072		
		absolute Veränderung zur Vorperiode		+4.840			+2.237.116.795		
		relative Veränderung zur Vorperiode		**+19,0%**	<		**+72,4%**	**−53,4**	**tendenziell nein**
		Zeichenanzahl insgesamt (Leerzeichen)	30.678	36.904		3.088.045.277	5.325.162.072		
		absolute Veränderung zur Vorperiode		+6.226			+2.237.116.795		
		relative Veränderung zur Vorperiode		**+20,3%**	<		**+72,4%**	**−52,1**	**tendenziell nein**
		Buchstaben-/Nummernanzahl insgesamt	24.767	29.552		3.088.045.277	5.325.162.072		
		absolute Veränderung zur Vorperiode		+4.785			+2.237.116.795		
		relative Veränderung zur Vorperiode		**+19,3%**	<		**+72,4%**	**−53,1**	**tendenziell nein**
		Wortanzahl insgesamt	5.044	6.088		3.088.045.277	5.325.162.072		
		absolute Veränderung zur Vorperiode		+1.044			+2.237.116.795		
		relative Veränderung zur Vorperiode		**+20,7%**	<		**+72,4%**	**−51,7**	**tendenziell nein**

Leasingverhältnisse			Indikatoren IFRS-Regelkomplexität		> (größer als) bzw. < (kleiner als)	Indikator allgemeine Umweltkomplexität (Bilanzsummen in TEUR)		Differenz zwischen den relativen Veränderungen in Prozentpunkten	Indiz für eine Komplexitäts-zunahme des IFRS-Regelwerks?
			2000	2012		2000	2012		
Digitale IFRS-Standards	Standards Hauptteil Flesch	Anzahl an komplexen Wörtern	773	971		3.088.045.277	5.325.162.072		
		absolute Veränderung zur Vorperiode		+198			+2.237.116.795		
		relative Veränderung zur Vorperiode		**+25,6%**	<		**+72,4%**	**–46,8**	**tendenziell nein**
		Silbenanzahl insgesamt	7.465	9.006		3.088.045.277	5.325.162.072		
		absolute Veränderung zur Vorperiode		+1.541			+2.237.116.795		
		relative Veränderung zur Vorperiode		**+20,6%**	<		**+72,4%**	**–51,8**	**tendenziell nein**
		Satzanzahl insgesamt	239	218		3.088.045.277	5.325.162.072		
		absolute Veränderung zur Vorperiode		–21			+2.237.116.795		
		relative Veränderung zur Vorperiode		**–8,8%**	<		**+72,4%**	**–81,2**	**tendenziell nein**
	Lesbarkeit IAS 17	GUNNING *Fog-Index*	14,31	16,85		3.088.045.277	5.325.162.072		
		absolute Veränderung zur Vorperiode		+2,54			+2.237.116.795		
		relative Veränderung zur Vorperiode		**+17,7%**	<		**+72,4%**	**–54,7**	**tendenziell nein**
		Flesch Reading Ease-Index	60,2	53,3		3.088.045.277	5.325.162.072		
		absolute Veränderung zur Vorperiode		-6,9			+2.237.116.795		
		relative Veränderung zur Vorperiode		**–11,5%**	<		**+72,4%**	**–61,0**	**tendenziell nein**
		Flesch Reading Ease-Index 2013 (0,5)	27,4	23,1		3.088.045.277	5.325.162.072		
		absolute Veränderung zur Vorperiode		–4,3			+2.237.116.795		
		relative Veränderung zur Vorperiode		**–15,7%**	<		**+72,4%**	**–56,7**	**tendenziell nein**

Leasingverhältnisse		Indikatoren IFRS-Regelkomplexität		> (größer als) bzw. < (kleiner als)	Indikator allgemeine Umweltkomplexität (Umsatzerlöse in TEUR)		Differenz zwischen den relativen Veränderungen in Prozentpunkten	Indiz für eine Komplexitätszunahme des IFRS-Regelwerks?
		2005	2012		2005	2012		
Analoge IFRS-StandardsStandards	Anzahl Standards	1	1		968.954.281	1.315.822.308		
	absolute Veränderung zur Vorperiode		0			+346.868.027		
	relative Veränderung zur Vorperiode		**0,0%**	<		**+35,8%**	**−35,8**	**tendenziell nein**
	Seitenanzahl insgesamt	28	32		968.954.281	1.315.822.308		
	absolute Veränderung zur Vorperiode		+4			+346.868.027		
	relative Veränderung zur Vorperiode		**+14,3%**	<		**+35,8%**	**−21,5**	**tendenziell nein**
	Seitenanzahl Inhaltsverzeichnis	1	1		968.954.281	1.315.822.308		
	absolute Veränderung zur Vorperiode		0			+346.868.027		
	relative Veränderung zur Vorperiode		**0,0%**	<		**+35,8%**	**−35,8**	**tendenziell nein**
	Seitenanzahl Standard	14	14		968.954.281	1.315.822.308		
	absolute Veränderung zur Vorperiode		0			+346.868.027		
	relative Veränderung zur Vorperiode		**0,0%**	<		**+35,8%**	**−35,8**	**tendenziell nein**
	Seitenanzahl Anhang	1	1		968.954.281	1.315.822.308		
	absolute Veränderung zur Vorperiode		0			+346.868.027		
	relative Veränderung zur Vorperiode		**0,0%**	<		**+35,8%**	**−35,8**	**tendenziell nein**
	Seitenanzahl IG	0	0		968.954.281	1.315.822.308		
	absolute Veränderung zur Vorperiode		0			+346.868.027		
	relative Veränderung zur Vorperiode		–			**+35,8%**		
	Seitenanzahl IE	0	2		968.954.281	1.315.822.308		
	absolute Veränderung zur Vorperiode		+2			+346.868.027		
	relative Veränderung zur Vorperiode		–			**+35,8%**		
	Paragrafenanzahl Standard	71	73		968.954.281	1.315.822.308		
	absolute Veränderung zur Vorperiode		+2			+346.868.027		
	relative Veränderung zur Vorperiode		**+2,8%**	<		**+35,8%**	**−33,0**	**tendenziell nein**

Leasingverhältnisse		Indikatoren IFRS-Regelkomplexität		> (größer als) bzw. < (kleiner als)	Indikator allgemeine Umweltkomplexität (Umsatzerlöse in TEUR)		Differenz zwischen den relativen Veränderungen in Prozentpunkten	Indiz für eine Komplexitätszunahme des IFRS-Regelwerks?
		2005	2012		2005	2012		
Analoge IFRS-Standards	Paragrafenanzahl Standard fettgedruckt	24	23		968.954.281	1.315.822.308		
	absolute Veränderung zur Vorperiode		−1			+346.868.027		
	relative Veränderung zur Vorperiode		−4,2%	<		**+35,8%**	**−40,0**	**tendenziell nein**
	Paragrafenanzahl Anhang	0	0		968.954.281	1.315.822.308		
	absolute Veränderung zur Vorperiode		0			+346.868.027		
	relative Veränderung zur Vorperiode		–			**+35,8%**		
	Paragrafenanzahl IG	0	0		968.954.281	1.315.822.308		
	absolute Veränderung zur Vorperiode		0			+346.868.027		
	relative Veränderung zur Vorperiode		–			**+35,8%**		
	Paragrafenanzahl IE	0	0		968.954.281	1.315.822.308		
	absolute Veränderung zur Vorperiode		0			+346.868.027		
	relative Veränderung zur Vorperiode		–			**+35,8%**		
	Anzahl Überschriften 1. Grades	15	15		968.954.281	1.315.822.308		
	absolute Veränderung zur Vorperiode		0			+346.868.027		
	relative Veränderung zur Vorperiode		**0,0%**	<		**+35,8%**	**−35,8**	**tendenziell nein**
	Anzahl Anhänge	1	1		968.954.281	1.315.822.308		
	absolute Veränderung zur Vorperiode		0			+346.868.027		
	relative Veränderung zur Vorperiode		**0,0%**	<		**+35,8%**	**−35,8**	**tendenziell nein**
	Anzahl Beispiele	1	0		968.954.281	1.315.822.308		
	absolute Veränderung zur Vorperiode		−1			+346.868.027		
	relative Veränderung zur Vorperiode		**−100,0%**	<		**+35,8%**	**−135,8**	**tendenziell nein**

Leasingverhältnisse			Indikatoren IFRS-Regelkomplexität		> (größer als) bzw. < (kleiner als)	Indikator allgemeine Umweltkomplexität (Umsatzerlöse in TEUR)		Differenz zwischen den relativen Veränderungen in Prozentpunkten	Indiz für eine Komplexitätszunahme des IFRS-Regelwerks?
			2005	2012		2005	2012		
Digitale IFRS-Standards	Standards insgesamt	Seitenanzahl insgesamt	27	32		968.954.281	1.315.822.308		
		absolute Veränderung zur Vorperiode		+5			+346.868.027		
		relative Veränderung zur Vorperiode		**+18,5%**	<		**+35,8%**	−17,3	**tendenziell nein**
		Wortanzahl insgesamt	9.656	10.675		968.954.281	1.315.822.308		
		absolute Veränderung zur Vorperiode		+1.019			+346.868.027		
		relative Veränderung zur Vorperiode		**+10,6%**	<		**+35,8%**	−25,2	**tendenziell nein**
		Zeichenanzahl insgesamt	48.085	53.938		968.954.281	1.315.822.308		
		absolute Veränderung zur Vorperiode		+5.853			+346.868.027		
		relative Veränderung zur Vorperiode		**+12,2%**	<		**+35,8%**	−23,6	**tendenziell nein**
		Zeichenanzahl insgesamt (Leerzeichen)	57.276	64.512		968.954.281	1.315.822.308		
		absolute Veränderung zur Vorperiode		+7.236			+346.868.027		
		relative Veränderung zur Vorperiode		**+12,6%**	<		**+35,8%**	−23,2	**tendenziell nein**
		Absatzanzahl insgesamt	499	379		968.954.281	1.315.822.308		
		absolute Veränderung zur Vorperiode		−120			+346.868.027		
		relative Veränderung zur Vorperiode		**−24,0%**	<		**+35,8%**	−59,8	**tendenziell nein**
		Zeilenanzahl insgesamt	1.005	1.451		968.954.281	1.315.822.308		
		absolute Veränderung zur Vorperiode		+446			+346.868.027		
		relative Veränderung zur Vorperiode		**+44,4%**	>		**+35,8%**	+8,6	**tendenziell ja**
	Standards Hauptteil	Seitenanzahl Hauptteil insgesamt	11	14		968.954.281	1.315.822.308		
		absolute Veränderung zur Vorperiode		+3			+346.868.027		
		relative Veränderung zur Vorperiode		**+27,3%**	<		**+35,8%**	−8,5	**tendenziell nein**
		Wortanzahl Hauptteil insgesamt	6.018	6.093		968.954.281	1.315.822.308		
		absolute Veränderung zur Vorperiode		+75			+346.868.027		
		relative Veränderung zur Vorperiode		**+1,2%**	<		**+35,8%**	−34,6	**tendenziell nein**
		Zeichenanzahl Hauptteil insgesamt	29.774	30.258		968.954.281	1.315.822.308		
		absolute Veränderung zur Vorperiode		+484			+346.868.027		
		relative Veränderung zur Vorperiode		**+1,6%**	<		**+35,8%**	−34,2	**tendenziell nein**

Leasingverhältnisse			Indikatoren IFRS-Regelkomplexität		> (größer als) bzw. < (kleiner als)	Indikator allgemeine Umweltkomplexität (Umsatzerlöse in TEUR)		Differenz zwischen den relativen Veränderungen in Prozentpunkten	Indiz für eine Komplexitätszunahme des IFRS-Regelwerks?
			2005	2012		2005	2012		
Digitale IFRS-Standards	Standards Hauptteil	Zeichenanzahl Hauptteil insgesamt (Leerzeichen)	35.654	36.393		968.954.281	1.315.822.308		
		absolute Veränderung zur Vorperiode		+739			+346.868.027		
		relative Veränderung zur Vorperiode		**+2,1%**	<		**+35,8%**	**−33,7**	**tendenziell nein**
		Absatzanzahl Hauptteil insgesamt	187	202		968.954.281	1.315.822.308		
		absolute Veränderung zur Vorperiode		+15			+346.868.027		
		relative Veränderung zur Vorperiode		**+8,0%**	<		**+35,8%**	**−27,8**	**tendenziell nein**
		Zeilenanzahl Hauptteil insgesamt	483	765		968.954.281	1.315.822.308		
		absolute Veränderung zur Vorperiode		+282			+346.868.027		
		relative Veränderung zur Vorperiode		**+58,4%**	>		**+35,8%**	**+22,6**	**tendenziell ja**
	Standards Hauptteil Gunning	Satzzeichenanzahl insgesamt	238	248		968.954.281	1.315.822.308		
		absolute Veränderung zur Vorperiode		+10			+346.868.027		
		relative Veränderung zur Vorperiode		**+4,2%**	<		**+35,8%**	**−31,6**	**tendenziell nein**
		Wortanzahl insgesamt	6.005	6.088		968.954.281	1.315.822.308		
		absolute Veränderung zur Vorperiode		+83			+346.868.027		
		relative Veränderung zur Vorperiode		**+1,4%**	<		**+35,8%**	**−34,4**	**tendenziell nein**
		Wortanzahl mit drei oder mehr Silben	1.012	1.070		968.954.281	1.315.822.308		
		absolute Veränderung zur Vorperiode		+58			+346.868.027		
		relative Veränderung zur Vorperiode		**+5,7%**	<		**+35,8%**	**−30,1**	**tendenziell nein**
	Standards Hauptteil Flesch	Zeichenanzahl insgesamt	29.592	30.258		968.954.281	1.315.822.308		
		absolute Veränderung zur Vorperiode		+666			+346.868.027		
		relative Veränderung zur Vorperiode		**+2,3%**	<		**+35,8%**	**−33,5**	**tendenziell nein**
		Zeichenanzahl insgesamt (Leerzeichen)	35.714	36.904		968.954.281	1.315.822.308		
		absolute Veränderung zur Vorperiode		+1.190			+346.868.027		
		relative Veränderung zur Vorperiode		**+3,3%**	<		**+35,8%**	**−32,5**	**tendenziell nein**
		Buchstaben-/Nummernanzahl insgesamt	28.927	29.552		968.954.281	1.315.822.308		
		absolute Veränderung zur Vorperiode		+625			+346.868.027		
		relative Veränderung zur Vorperiode		**+2,2%**	<		**+35,8%**	**−33,6**	**tendenziell nein**

Leasingverhältnisse			Indikatoren IFRS-Regelkomplexität		> (größer als) bzw. < (kleiner als)	Indikator allgemeine Umweltkomplexität (Umsatzerlöse in TEUR)		Differenz zwischen den relativen Veränderungen in Prozentpunkten	Indiz für eine Komplexitäts-zunahme des IFRS-Regelwerks?
			2005	**2012**		**2005**	**2012**		
Digitale IFRS-Standards	Standards Hauptteil Flesch	Wortanzahl insgesamt	6.005	6.088		968.954.281	1.315.822.308		
		absolute Veränderung zur Vorperiode		+83			+346.868.027		
		relative Veränderung zur Vorperiode		**+1,4%**	<		**+35,8%**	–34,4	**tendenziell nein**
		Anzahl an komplexen Wörtern	923	971		968.954.281	1.315.822.308		
		absolute Veränderung zur Vorperiode		+48			+346.868.027		
		relative Veränderung zur Vorperiode		**+5,2%**	<		**+35,8%**	–30,6	**tendenziell nein**
		Silbenanzahl insgesamt	8.789	9.006		968.954.281	1.315.822.308		
		absolute Veränderung zur Vorperiode		+217			+346.868.027		
		relative Veränderung zur Vorperiode		**+2,5%**	<		**+35,8%**	–33,3	**tendenziell nein**
		Satzanzahl insgesamt	212	218		968.954.281	1.315.822.308		
		absolute Veränderung zur Vorperiode		+6			+346.868.027		
		relative Veränderung zur Vorperiode		**+2,8%**	<		**+35,8%**	–33,0	**tendenziell nein**
	Lesbarkeit IAS 17	Gunning *Fog-Index*	16,83	16,85		968.954.281	1.315.822.308		
		absolute Veränderung zur Vorperiode		+0,02			+346.868.027		
		relative Veränderung zur Vorperiode		**+0,1%**	<		**+35,8%**	–35,7	**tendenziell nein**
		Flesch Reading Ease-Index	54,3	53,3		968.954.281	1.315.822.308		
		absolute Veränderung zur Vorperiode		–1,0			+346.868.027		
		relative Veränderung zur Vorperiode		**–1,8%**	<		**+35,8%**	–34,0	**tendenziell nein**
		Flesch Reading Ease-Index 2013 (0,5)	23,5	23,1		968.954.281	1.315.822.308		
		absolute Veränderung zur Vorperiode		–0,4			+346.868.027		
		relative Veränderung zur Vorperiode		**–1,7%**	<		**+35,8%**	–34,1	**tendenziell nein**

Anhang 22: Indikatoren der IFRS-Regelkomplexität zu Leistungen an Arbeitnehmer im Vergleich zur allgemeinen Umweltkomplexität[1195]

	Leistungen an Arbeitnehmer	Indikatoren IFRS-Regelkomplexität		> (größer als) bzw. < (kleiner als)	Indikator allgemeine Umweltkomplexität (Bilanzsummen in TEUR)		Differenz zwischen den relativen Veränderungen in Prozentpunkten	Indiz für eine Komplexitätszunahme des IFRS-Regelwerks?
		2000	2012		2000	2012		
Analoge IFRS-Standards	Anzahl Standards	1	1		3.088.045.277	5.325.162.072		
	absolute Veränderung zur Vorperiode		0			+2.237.116.795		
	relative Veränderung zur Vorperiode		**0,0%**	<		**+72,4%**	**−72,4**	**tendenziell nein**
	Seitenanzahl insgesamt	82	134		3.088.045.277	5.325.162.072		
	absolute Veränderung zur Vorperiode		+52			+2.237.116.795		
	relative Veränderung zur Vorperiode		**+63,4%**	<		**+72,4%**	**−9,0**	**tendenziell nein**
	Seitenanzahl Inhaltsverzeichnis	4	2		3.088.045.277	5.325.162.072		
	absolute Veränderung zur Vorperiode		−2			+2.237.116.795		
	relative Veränderung zur Vorperiode		**−50,0%**	<		**+72,4%**	**−122,4**	**tendenziell nein**
	Seitenanzahl Standard	64	41		3.088.045.277	5.325.162.072		
	absolute Veränderung zur Vorperiode		−23			+2.237.116.795		
	relative Veränderung zur Vorperiode		**−35,9%**	<		**+72,4%**	**−108,4**	**tendenziell nein**
	Seitenanzahl Anhang	5	1		3.088.045.277	5.325.162.072		
	absolute Veränderung zur Vorperiode		−4			+2.237.116.795		
	relative Veränderung zur Vorperiode		**−80,0%**	<		**+72,4%**	**−152,4**	**tendenziell nein**
	Seitenanzahl IG	0	4		3.088.045.277	5.325.162.072		
	absolute Veränderung zur Vorperiode		+4			+2.237.116.795		
	relative Veränderung zur Vorperiode		–			**+72,4%**		

1195 Notabene: Es können sich bei der Ermittlung der Differenzen zwischen den relativen Veränderungen Rundungsfehler ergeben. *Microsoft Excel 2007* führt die Berechnung nicht auf Basis der gerundeten relativen Veränderungen durch, sondern auf Basis der ungerundeten relativen Veränderungen.

	Leistungen an Arbeitnehmer	Indikatoren IFRS-Regelkomplexität		> (größer als) bzw. < (kleiner als)	Indikator allgemeine Umweltkomplexität (Bilanzsummen in TEUR)		Differenz zwischen den relativen Veränderungen in Prozentpunkten	Indiz für eine Komplexitäts-zunahme des IFRS-Regelwerks?
		2000	2012		2000	2012		
Analoge IFRS-Standards	Seitenanzahl IE	4	0		3.088.045.277	5.325.162.072		
	absolute Veränderung zur Vorperiode		−4			+2.237.116.795		
	relative Veränderung zur Vorperiode		**−100,0%**	<		**+72,4%**	−172,4	**tendenziell nein**
	Paragrafenanzahl Standard	158	174		3.088.045.277	5.325.162.072		
	absolute Veränderung zur Vorperiode		+16			+2.237.116.795		
	relative Veränderung zur Vorperiode		**+10,1%**	<		**+72,4%**	−62,3	**tendenziell nein**
	Paragrafenanzahl Standard fettgedruckt	40	41		3.088.045.277	5.325.162.072		
	absolute Veränderung zur Vorperiode		+1			+2.237.116.795		
	relative Veränderung zur Vorperiode		**+2,5%**	<		**+72,4%**	−69,9	**tendenziell nein**
	Paragrafenanzahl Anhang	0	0		3.088.045.277	5.325.162.072		
	absolute Veränderung zur Vorperiode		0			+2.237.116.795		
	relative Veränderung zur Vorperiode		–			**+72,4%**		
	Paragrafenanzahl IG	0	0		3.088.045.277	5.325.162.072		
	absolute Veränderung zur Vorperiode		0			+2.237.116.795		
	relative Veränderung zur Vorperiode		–			**+72,4%**		
	Paragrafenanzahl IE	0	0		3.088.045.277	5.325.162.072		
	absolute Veränderung zur Vorperiode		0			+2.237.116.795		
	relative Veränderung zur Vorperiode		–			**+72,4%**		
	Anzahl Überschriften 1. Grades	12	18		3.088.045.277	5.325.162.072		
	absolute Veränderung zur Vorperiode		+6			+2.237.116.795		
	relative Veränderung zur Vorperiode		**+50,0%**	<		**+72,4%**	−22,4	**tendenziell nein**
	Anzahl Anhänge	2	1		3.088.045.277	5.325.162.072		
	absolute Veränderung zur Vorperiode		−1			+2.237.116.795		
	relative Veränderung zur Vorperiode		**−50,0%**	<		**+72,4%**	−122,4	**tendenziell nein**
	Anzahl Beispiele	13	12		3.088.045.277	5.325.162.072		
	absolute Veränderung zur Vorperiode		−1			+2.237.116.795		
	relative Veränderung zur Vorperiode		**−7,7%**	<		**+72,4%**	−80,1	**tendenziell nein**

Leistungen an Arbeitnehmer			Indikatoren IFRS-Regelkomplexität		> (größer als) bzw. < (kleiner als)	Indikator allgemeine Umweltkomplexität (Bilanzsummen in TEUR)		Differenz zwischen den relativen Veränderungen in Prozentpunkten	Indiz für eine Komplexitätszunahme des IFRS-Regelwerks?
			2000	2012		2000	2012		
Digitale IFRS-Standards	Standards insgesamt	Seitenanzahl insgesamt	37	**134**		3.088.045.277	5.325.162.072		
		absolute Veränderung zur Vorperiode		+97			+2.237.116.795		
		relative Veränderung zur Vorperiode		**+262,2%**	>		**+72,4%**	**+189,7**	**tendenziell ja**
		Wortanzahl insgesamt	17.813	**52.253**		3.088.045.277	5.325.162.072		
		absolute Veränderung zur Vorperiode		+34.440			+2.237.116.795		
		relative Veränderung zur Vorperiode		**+193,3%**	>		**+72,4%**	**+120,9**	**tendenziell ja**
		Zeichenanzahl insgesamt	95.866	**280.788**		3.088.045.277	5.325.162.072		
		absolute Veränderung zur Vorperiode		+184.922			+2.237.116.795		
		relative Veränderung zur Vorperiode		**+192,9%**	>		**+72,4%**	**+120,5**	**tendenziell ja**
		Zeichenanzahl insgesamt (Leerzeichen)	113.389	**332.454**		3.088.045.277	5.325.162.072		
		absolute Veränderung zur Vorperiode		+219.065			+2.237.116.795		
		relative Veränderung zur Vorperiode		**+193,2%**	>		**+72,4%**	**+120,8**	**tendenziell ja**
		Absatzanzahl insgesamt	756	**1.897**		3.088.045.277	5.325.162.072		
		absolute Veränderung zur Vorperiode		+1.141			+2.237.116.795		
		relative Veränderung zur Vorperiode		**+150,9%**	>		**+72,4%**	**+78,5**	**tendenziell ja**
		Zeilenanzahl insgesamt	2.486	**7.056**		3.088.045.277	5.325.162.072		
		absolute Veränderung zur Vorperiode		+4.570			+2.237.116.795		
		relative Veränderung zur Vorperiode		**+183,8%**	>		**+72,4%**	**+111,4**	**tendenziell ja**
	Standards Hauptteil	Seitenanzahl Hauptteil insgesamt	45	**41**		3.088.045.277	5.325.162.072		
		absolute Veränderung zur Vorperiode		−4			+2.237.116.795		
		relative Veränderung zur Vorperiode		**−8,9%**	<		**+72,4%**	**−81,3**	**tendenziell nein**
		Wortanzahl Hauptteil insgesamt	16.113	**16.638**		3.088.045.277	5.325.162.072		
		absolute Veränderung zur Vorperiode		+525			+2.237.116.795		
		relative Veränderung zur Vorperiode		**+3,3%**	<		**+72,4%**	**−69,2**	**tendenziell nein**
		Zeichenanzahl Hauptteil insgesamt	86.599	**87.680**		3.088.045.277	5.325.162.072		
		absolute Veränderung zur Vorperiode		+1.081			+2.237.116.795		
		relative Veränderung zur Vorperiode		**+1,2%**	<		**+72,4%**	**−71,2**	**tendenziell nein**

Leistungen an Arbeitnehmer			Indikatoren IFRS-Regelkomplexität 2000	Indikatoren IFRS-Regelkomplexität 2012	> (größer als) bzw. < (kleiner als)	Indikator allgemeine Umweltkomplexität (Bilanzsummen in TEUR) 2000	Indikator allgemeine Umweltkomplexität (Bilanzsummen in TEUR) 2012	Differenz zwischen den relativen Veränderungen in Prozentpunkten	Indiz für eine Komplexitätszunahme des IFRS-Regelwerks?
Digitale IFRS-Standards	Standards Hauptteil	Zeichenanzahl Hauptteil insgesamt (Leerzeichen)	102.490	**104.240**		3.088.045.277	5.325.162.072		
		absolute Veränderung zur Vorperiode		+1.750			+2.237.116.795		
		relative Veränderung zur Vorperiode		**+1,7%**	<		**+72,4%**	**–70,7**	**tendenziell nein**
		Absatzanzahl Hauptteil insgesamt	652	**648**		3.088.045.277	5.325.162.072		
		absolute Veränderung zur Vorperiode		–4			+2.237.116.795		
		relative Veränderung zur Vorperiode		**–0,6%**	<		**+72,4%**	**–73,1**	**tendenziell nein**
		Zeilenanzahl Hauptteil insgesamt	1.762	**2.331**		3.088.045.277	5.325.162.072		
		absolute Veränderung zur Vorperiode		+569			+2.237.116.795		
		relative Veränderung zur Vorperiode		**+32,3%**	<		**+72,4%**	**–40,2**	**tendenziell nein**
	Standards Hauptteil GUNNING	Satzzeichenanzahl insgesamt	908	**755**		3.088.045.277	5.325.162.072		
		absolute Veränderung zur Vorperiode		–153			+2.237.116.795		
		relative Veränderung zur Vorperiode		**–16,9%**	<		**+72,4%**	**–89,3**	**tendenziell nein**
		Wortanzahl insgesamt	16.256	**16.600**		3.088.045.277	5.325.162.072		
		absolute Veränderung zur Vorperiode		+344			+2.237.116.795		
		relative Veränderung zur Vorperiode		**+2,1%**	<		**+72,4%**	**–70,3**	**tendenziell nein**
		Wortanzahl mit drei oder mehr Silben	3.793	**3.971**		3.088.045.277	5.325.162.072		
		absolute Veränderung zur Vorperiode		+178			+2.237.116.795		
		relative Veränderung zur Vorperiode		**+4,7%**	<		**+72,4%**	**–67,8**	**tendenziell nein**
	Standards Hauptteil Flesch	Zeichenanzahl insgesamt	87.397	**87.680**		3.088.045.277	5.325.162.072		
		absolute Veränderung zur Vorperiode		+283			+2.237.116.795		
		relative Veränderung zur Vorperiode		**+0,3%**	<		**+72,4%**	**–72,1**	**tendenziell nein**
		Zeichenanzahl insgesamt (Leerzeichen)	104.483	**105.681**		3.088.045.277	5.325.162.072		
		absolute Veränderung zur Vorperiode		+1.198			+2.237.116.795		
		relative Veränderung zur Vorperiode		**+1,1%**	<		**+72,4%**	**–71,3**	**tendenziell nein**

Leistungen an Arbeitnehmer			Indikatoren IFRS-Regelkomplexität 2000	Indikatoren IFRS-Regelkomplexität 2012	> (größer als) bzw. < (kleiner als)	Indikator allgemeine Umweltkomplexität (Bilanzsummen in TEUR) 2000	Indikator allgemeine Umweltkomplexität (Bilanzsummen in TEUR) 2012	Differenz zwischen den relativen Veränderungen in Prozentpunkten	Indiz für eine Komplexitätszunahme des IFRS-Regelwerks?
Digitale IFRS-Standards	Standards Hauptteil Flesch	Buchstaben-/Nummernanzahl insgesamt	84.603	**85.117**		3.088.045.277	5.325.162.072		
		absolute Veränderung zur Vorperiode		+514			+2.237.116.795		
		relative Veränderung zur Vorperiode		**+0,6%**	<		**+72,4%**	**−71,8**	**tendenziell nein**
		Wortanzahl insgesamt	16.256	**16.598**		3.088.045.277	5.325.162.072		
		absolute Veränderung zur Vorperiode		+342			+2.237.116.795		
		relative Veränderung zur Vorperiode		**+2,1%**	<		**+72,4%**	**−70,3**	**tendenziell nein**
		Anzahl an komplexen Wörtern	3.339	**3.469**		3.088.045.277	5.325.162.072		
		absolute Veränderung zur Vorperiode		+130			+2.237.116.795		
		relative Veränderung zur Vorperiode		**+3,9%**	<		**+72,4%**	**−68,6**	**tendenziell nein**
		Silbenanzahl insgesamt	25.785	**26.617**		3.088.045.277	5.325.162.072		
		absolute Veränderung zur Vorperiode		+832			+2.237.116.795		
		relative Veränderung zur Vorperiode		**+3,2%**	<		**+72,4%**	**−69,2**	**tendenziell nein**
		Satzanzahl insgesamt	791	**629**		3.088.045.277	5.325.162.072		
		absolute Veränderung zur Vorperiode		−162			+2.237.116.795		
		relative Veränderung zur Vorperiode		**−20,5%**	<		**+72,4%**	**−92,9**	**tendenziell nein**
	Lesbarkeit IAS 19	GUNNING *Fog-Index*	16,49	18,36		3.088.045.277	5.325.162.072		
		absolute Veränderung zur Vorperiode		+1,87			+2.237.116.795		
		relative Veränderung zur Vorperiode		**+11,3%**	<		**+72,4%**	**−61,1**	**tendenziell nein**
		Flesch Reading Ease-Index	51,8	44,4		3.088.045.277	5.325.162.072		
		absolute Veränderung zur Vorperiode		−7,4			+2.237.116.795		
		relative Veränderung zur Vorperiode		**−14,3%**	<		**+72,4%**	**−58,2**	**tendenziell nein**
		Flesch Reading Ease-Index 2013 (0,5)	23,3	18,8		3.088.045.277	5.325.162.072		
		absolute Veränderung zur Vorperiode		−4,5			+2.237.116.795		
		relative Veränderung zur Vorperiode		**−19,1%**	<		**+72,4%**	**−53,3**	**tendenziell nein**

Leistungen an Arbeitnehmer		Indikatoren IFRS-Regelkomplexität		> (größer als) bzw. < (kleiner als)	Indikator allgemeine Umweltkomplexität (Umsatzerlöse in TEUR)		Differenz zwischen den relativen Veränderungen in Prozentpunkten	Indiz für eine Komplexitäts-zunahme des IFRS-Regelwerks?
		2005	2012		2005	2012		
Analoge IFRS-Standards	Anzahl Standards	1	1		968.954.281	1.315.822.308		
	absolute Veränderung zur Vorperiode		0			+346.868.027		
	relative Veränderung zur Vorperiode		**0,0%**	<		**+35,8%**	**−35,8**	**tendenziell nein**
	Seitenanzahl insgesamt	120	134		968.954.281	1.315.822.308		
	absolute Veränderung zur Vorperiode		+14			+346.868.027		
	relative Veränderung zur Vorperiode		**+11,7%**	<		**+35,8%**	**−24,1**	**tendenziell nein**
	Seitenanzahl Inhaltsverzeichnis	2	2		968.954.281	1.315.822.308		
	absolute Veränderung zur Vorperiode		0			+346.868.027		
	relative Veränderung zur Vorperiode		**0,0%**	<		**+35,8%**	**−35,8**	**tendenziell nein**
	Seitenanzahl Standard	44	41		968.954.281	1.315.822.308		
	absolute Veränderung zur Vorperiode		−3			+346.868.027		
	relative Veränderung zur Vorperiode		**−6,8%**	<		**+35,8%**	**−42,6**	**tendenziell nein**
	Seitenanzahl Anhang	18	1		968.954.281	1.315.822.308		
	absolute Veränderung zur Vorperiode		−17			+346.868.027		
	relative Veränderung zur Vorperiode		**−94,4%**	<		**+35,8%**	**−130,2**	**tendenziell nein**
	Seitenanzahl IG	0	4		968.954.281	1.315.822.308		
	absolute Veränderung zur Vorperiode		+4			+346.868.027		
	relative Veränderung zur Vorperiode		**–**			**+35,8%**		
	Seitenanzahl IE	4	0		968.954.281	1.315.822.308		
	absolute Veränderung zur Vorperiode		−4			+346.868.027		
	relative Veränderung zur Vorperiode		**−100,0%**	<		**+35,8%**	**−135,8**	**tendenziell nein**
	Paragrafenanzahl Standard	168	174		968.954.281	1.315.822.308		
	absolute Veränderung zur Vorperiode		+6			+346.868.027		
	relative Veränderung zur Vorperiode		**+3,6%**	<		**+35,8%**	**−32,2**	**tendenziell nein**

Leistungen an Arbeitnehmer		Indikatoren IFRS-Regelkomplexität		> (größer als) bzw. < (kleiner als)	Indikator allgemeine Umweltkomplexität (Umsatzerlöse in TEUR)		Differenz zwischen den relativen Veränderungen in Prozentpunkten	Indiz für eine Komplexitätszunahme des IFRS-Regelwerks?
		2005	2012		2005	2012		
Analoge IFRS-Standards	Paragrafenanzahl Standard fettgedruckt	49	41		968.954.281	1.315.822.308		
	absolute Veränderung zur Vorperiode		−8			+346.868.027		
	relative Veränderung zur Vorperiode		**−16,3%**	<		**+35,8%**	**−52,1**	**tendenziell nein**
	Paragrafenanzahl Anhang	0	0		968.954.281	1.315.822.308		
	absolute Veränderung zur Vorperiode		0			+346.868.027		
	relative Veränderung zur Vorperiode		–			**+35,8%**		
	Paragrafenanzahl IG	0	0		968.954.281	1.315.822.308		
	absolute Veränderung zur Vorperiode		0			+346.868.027		
	relative Veränderung zur Vorperiode		–			**+35,8%**		
	Paragrafenanzahl IE	0	0		968.954.281	1.315.822.308		
	absolute Veränderung zur Vorperiode		0			+346.868.027		
	relative Veränderung zur Vorperiode		–			**+35,8%**		
	Anzahl Überschriften 1. Grades	10	18		968.954.281	1.315.822.308		
	absolute Veränderung zur Vorperiode		+8			+346.868.027		
	relative Veränderung zur Vorperiode		**+80,0%**	>		**+35,8%**	**+44,2**	**tendenziell ja**
	Anzahl Anhänge	8	1		968.954.281	1.315.822.308		
	absolute Veränderung zur Vorperiode		−7			+346.868.027		
	relative Veränderung zur Vorperiode		**−87,5%**	<		**+35,8%**	**−123,3**	**tendenziell nein**
	Anzahl Beispiele	23	12		968.954.281	1.315.822.308		
	absolute Veränderung zur Vorperiode		−11			+346.868.027		
	relative Veränderung zur Vorperiode		**−47,8%**	<		**+35,8%**	**−83,6**	**tendenziell nein**

Leistungen an Arbeitnehmer			Indikatoren IFRS-Regelkomplexität		> (größer als) bzw. < (kleiner als)	Indikator allgemeine Umweltkomplexität (Umsatzerlöse in TEUR)		Differenz zwischen den relativen Veränderungen in Prozentpunkten	Indiz für eine Komplexitätszunahme des IFRS-Regelwerks?
			2005	2012		2005	2012		
Digitale IFRS-Standards	Standards insgesamt	Seitenanzahl insgesamt	108	**134**		968.954.281	1.315.822.308		
		absolute Veränderung zur Vorperiode		+26			+346.868.027		
		relative Veränderung zur Vorperiode		**+24,1%**	<		**+35,8%**	−11,7	**tendenziell nein**
		Wortanzahl insgesamt	46.469	**52.253**		968.954.281	1.315.822.308		
		absolute Veränderung zur Vorperiode		+5.784			+346.868.027		
		relative Veränderung zur Vorperiode		**+12,4%**	<		**+35,8%**	−23,4	**tendenziell nein**
		Zeichenanzahl insgesamt	244.029	**280.788**		968.954.281	1.315.822.308		
		absolute Veränderung zur Vorperiode		+36.759			+346.868.027		
		relative Veränderung zur Vorperiode		**+15,1%**	<		**+35,8%**	−20,7	**tendenziell nein**
		Zeichenanzahl insgesamt (Leerzeichen)	288.469	**332.454**		968.954.281	1.315.822.308		
		absolute Veränderung zur Vorperiode		+43.985			+346.868.027		
		relative Veränderung zur Vorperiode		**+15,2%**	<		**+35,8%**	−20,6	**tendenziell nein**
		Absatzanzahl insgesamt	2.273	**1.897**		968.954.281	1.315.822.308		
		absolute Veränderung zur Vorperiode		−376			+346.868.027		
		relative Veränderung zur Vorperiode		**−16,5%**	<		**+35,8%**	−52,3	**tendenziell nein**
		Zeilenanzahl insgesamt	5.509	**7.056**		968.954.281	1.315.822.308		
		absolute Veränderung zur Vorperiode		+1.547			+346.868.027		
		relative Veränderung zur Vorperiode		**+28,1%**	<		**+35,8%**	−7,7	**tendenziell nein**
	Standards Hauptteil	Seitenanzahl Hauptteil insgesamt	42	**41**		968.954.281	1.315.822.308		
		absolute Veränderung zur Vorperiode		−1			+346.868.027		
		relative Veränderung zur Vorperiode		**−2,4%**	<		**+35,8%**	−38,2	**tendenziell nein**
		Wortanzahl Hauptteil insgesamt	17.870	**16.638**		968.954.281	1.315.822.308		
		absolute Veränderung zur Vorperiode		−1.232			+346.868.027		
		relative Veränderung zur Vorperiode		**−6,9%**	<		**+35,8%**	−42,7	**tendenziell nein**
		Zeichenanzahl Hauptteil insgesamt	93.864	**87.680**		968.954.281	1.315.822.308		
		absolute Veränderung zur Vorperiode		−6.184			+346.868.027		
		relative Veränderung zur Vorperiode		**−6,6%**	<		**+35,8%**	−42,4	**tendenziell nein**

Leistungen an Arbeitnehmer			Indikatoren IFRS-Regelkomplexität 2005	Indikatoren IFRS-Regelkomplexität 2012	> (größer als) bzw. < (kleiner als)	Indikator allgemeine Umweltkomplexität (Umsatzerlöse in TEUR) 2005	Indikator allgemeine Umweltkomplexität (Umsatzerlöse in TEUR) 2012	Differenz zwischen den relativen Veränderungen in Prozentpunkten	Indiz für eine Komplexitätszunahme des IFRS-Regelwerks?
Digitale IFRS-Standards	Standards Hauptteil	Zeichenanzahl Hauptteil insgesamt (Leerzeichen)	111.180	**104.240**		968.954.281	1.315.822.308		
		absolute Veränderung zur Vorperiode		−6.940			+346.868.027		
		relative Veränderung zur Vorperiode		**−6,2%**	<		**+35,8%**	**−42,0**	**tendenziell nein**
		Absatzanzahl Hauptteil insgesamt	745	**648**		968.954.281	1.315.822.308		
		absolute Veränderung zur Vorperiode		−97			+346.868.027		
		relative Veränderung zur Vorperiode		**−13,0%**	<		**+35,8%**	**−48,8**	**tendenziell nein**
		Zeilenanzahl Hauptteil insgesamt	2.093	**2.331**		968.954.281	1.315.822.308		
		absolute Veränderung zur Vorperiode		+238			+346.868.027		
		relative Veränderung zur Vorperiode		**+11,4%**	<		**+35,8%**	**−24,4**	**tendenziell nein**
	Standards Hauptteil Gunning	Satzzeichenanzahl insgesamt	808	**755**		968.954.281	1.315.822.308		
		absolute Veränderung zur Vorperiode		−53			+346.868.027		
		relative Veränderung zur Vorperiode		**−6,6%**	<		**+35,8%**	**−42,4**	**tendenziell nein**
		Wortanzahl insgesamt	17.935	**16.600**		968.954.281	1.315.822.308		
		absolute Veränderung zur Vorperiode		−1.335			+346.868.027		
		relative Veränderung zur Vorperiode		**−7,4%**	<		**+35,8%**	**−43,2**	**tendenziell nein**
		Wortanzahl mit drei oder mehr Silben	4.125	**3.971**		968.954.281	1.315.822.308		
		absolute Veränderung zur Vorperiode		−154			+346.868.027		
		relative Veränderung zur Vorperiode		**−3,7%**	<		**+35,8%**	**−39,5**	**tendenziell nein**
		Zeichenanzahl insgesamt	93.335	**87.680**		968.954.281	1.315.822.308		
		absolute Veränderung zur Vorperiode		−5.655			+346.868.027		
		relative Veränderung zur Vorperiode		**−6,1%**	<		**+35,8%**	**−41,9**	**tendenziell nein**
		Zeichenanzahl insgesamt (Leerzeichen)	111.533	**105.681**		968.954.281	1.315.822.308		
		absolute Veränderung zur Vorperiode		−5.852			+346.868.027		
		relative Veränderung zur Vorperiode		**−5,2%**	<		**+35,8%**	**−41,0**	**tendenziell nein**

Leistungen an Arbeitnehmer			Indikatoren IFRS-Regelkomplexität 2005	Indikatoren IFRS-Regelkomplexität 2012	> (größer als) bzw. < (kleiner als)	Indikator allgemeine Umweltkomplexität (Umsatzerlöse in TEUR) 2005	Indikator allgemeine Umweltkomplexität (Umsatzerlöse in TEUR) 2012	Differenz zwischen den relativen Veränderungen in Prozentpunkten	Indiz für eine Komplexitätszunahme des IFRS-Regelwerks?
Digitale IFRS-Standards	Standards Hauptteil Flesch	Buchstaben-/Nummernanzahl insgesamt	90.721	**85.117**		968.954.281	1.315.822.308		
		absolute Veränderung zur Vorperiode		−5.604			+346.868.027		
		relative Veränderung zur Vorperiode		**−6,2%**	<		**+35,8%**	−42,0	**tendenziell nein**
		Wortanzahl insgesamt	17.935	**16.598**		968.954.281	1.315.822.308		
		absolute Veränderung zur Vorperiode		−1.337			+346.868.027		
		relative Veränderung zur Vorperiode		**−7,5%**	<		**+35,8%**	−43,3	**tendenziell nein**
		Anzahl an komplexen Wörtern	3.603	**3.469**		968.954.281	1.315.822.308		
		absolute Veränderung zur Vorperiode		−134			+346.868.027		
		relative Veränderung zur Vorperiode		**−3,7%**	<		**+35,8%**	−39,5	**tendenziell nein**
		Silbenanzahl insgesamt	28.073	**26.617**		968.954.281	1.315.822.308		
		absolute Veränderung zur Vorperiode		−1.456			+346.868.027		
		relative Veränderung zur Vorperiode		**−5,2%**	<		**+35,8%**	−41,0	**tendenziell nein**
		Satzanzahl insgesamt	682	**629**		968.954.281	1.315.822.308		
		absolute Veränderung zur Vorperiode		−53			+346.868.027		
		relative Veränderung zur Vorperiode		**−7,8%**	<		**+35,8%**	−43,6	**tendenziell nein**
	Lesbarkeit IAS 19	GUNNING *Fog-Index*	18,08	18,36		968.954.281	1.315.822.308		
		absolute Veränderung zur Vorperiode		+0,28			+346.868.027		
		relative Veränderung zur Vorperiode		**+1,5%**	<		**+35,8%**	−34,2	**tendenziell nein**
		Flesch Reading Ease-Index	47,7	44,4		968.954.281	1.315.822.308		
		absolute Veränderung zur Vorperiode		−3,3			+346.868.027		
		relative Veränderung zur Vorperiode		**−6,9%**	<		**+35,8%**	−28,9	**tendenziell nein**
		Flesch Reading Ease-Index 2013 (0,5)	20,5	18,8		968.954.281	1.315.822.308		
		absolute Veränderung zur Vorperiode		−1,7			+346.868.027		
		relative Veränderung zur Vorperiode		**−8,2%**	<		**+35,8%**	−27,6	**tendenziell nein**

Anhang 23: Indikatoren der IFRS-Regelkomplexität zu Rückstellungen, Eventualverbindlichkeiten und Eventualforderungen im Vergleich zur allgemeinen Umweltkomplexität[1196]

	Rückstellungen, Eventualverbindlichkeiten und Eventualforderungen	Indikatoren IFRS-Regelkomplexität		> (größer als) bzw. < (kleiner als)	Indikator allgemeine Umweltkomplexität (Bilanzsummen in TEUR)		Differenz zwischen den relativen Veränderungen in Prozentpunkten	Indiz für eine Komplexitätszunahme des IFRS-Regelwerks?
		2000	**2012**		**2000**	**2012**		
Analoge IFRS-Standards	Anzahl Standards	1	1		3.088.045.277	5.325.162.072		
	absolute Veränderung zur Vorperiode		0			+2.237.116.795		
	relative Veränderung zur Vorperiode		**0,0%**	<		**+72,4%**	**−72,4**	**tendenziell nein**
	Seitenanzahl insgesamt	48	36		3.088.045.277	5.325.162.072		
	absolute Veränderung zur Vorperiode		−12			+2.237.116.795		
	relative Veränderung zur Vorperiode		**−25,0%**	<		**+72,4%**	**−97,4**	**tendenziell nein**
	Seitenanzahl Inhaltsverzeichnis	2	2		3.088.045.277	5.325.162.072		
	absolute Veränderung zur Vorperiode		0			+2.237.116.795		
	relative Veränderung zur Vorperiode		**0,0%**	<		**+72,4%**	**−72,4**	**tendenziell nein**
	Seitenanzahl Standard	24	16		3.088.045.277	5.325.162.072		
	absolute Veränderung zur Vorperiode		−8			+2.237.116.795		
	relative Veränderung zur Vorperiode		**−33,3%**	<		**+72,4%**	**−105,8**	**tendenziell nein**
	Seitenanzahl Anhang	15	0		3.088.045.277	5.325.162.072		
	absolute Veränderung zur Vorperiode		−15			+2.237.116.795		
	relative Veränderung zur Vorperiode		**−100,0%**	<		**+72,4%**	**−172,4**	**tendenziell nein**
	Seitenanzahl IG	0	3		3.088.045.277	5.325.162.072		
	absolute Veränderung zur Vorperiode		+3			+2.237.116.795		
	relative Veränderung zur Vorperiode		–			**+72,4%**		

1196 Notabene: Es können sich bei der Ermittlung der Differenzen zwischen den relativen Veränderungen Rundungsfehler ergeben. *Microsoft Excel 2007* führt die Berechnung nicht auf Basis der gerundeten relativen Veränderungen durch, sondern auf Basis der ungerundeten relativen Veränderungen.

	Rückstellungen, Eventualverbindlichkeiten und Eventualforderungen	Indikatoren IFRS-Regelkomplexität		> (größer als) bzw. < (kleiner als)	Indikator allgemeine Umweltkomplexität (Bilanzsummen in TEUR)		Differenz zwischen den relativen Veränderungen in Prozentpunkten	Indiz für eine Komplexitäts-zunahme des IFRS-Regelwerks?
		2000	**2012**		**2000**	**2012**		
Analoge IFRS-Standards	Seitenanzahl IE	0	7		3.088.045.277	5.325.162.072		
	absolute Veränderung zur Vorperiode		+7			+2.237.116.795		
	relative Veränderung zur Vorperiode		–			**+72,4%**		
	Paragrafenanzahl Standard	96	94		3.088.045.277	5.325.162.072		
	absolute Veränderung zur Vorperiode		–2			+2.237.116.795		
	relative Veränderung zur Vorperiode		**–2,1%**	<		**+72,4%**	–74,5	**tendenziell nein**
	Paragrafenanzahl Standard fettgedruckt	29	28		3.088.045.277	5.325.162.072		
	absolute Veränderung zur Vorperiode		–1			+2.237.116.795		
	relative Veränderung zur Vorperiode		**–3,4%**	<		**+72,4%**	–75,9	**tendenziell nein**
	Paragrafenanzahl Anhang	0	0		3.088.045.277	5.325.162.072		
	absolute Veränderung zur Vorperiode		0			+2.237.116.795		
	relative Veränderung zur Vorperiode		–			**+72,4%**		
	Paragrafenanzahl IG	0	0		3.088.045.277	5.325.162.072		
	absolute Veränderung zur Vorperiode		0			+2.237.116.795		
	relative Veränderung zur Vorperiode		–			**+72,4%**		
	Paragrafenanzahl IE	0	0		3.088.045.277	5.325.162.072		
	absolute Veränderung zur Vorperiode		0			+2.237.116.795		
	relative Veränderung zur Vorperiode		–			**+72,4%**		
	Anzahl Überschriften 1. Grades	13	13		3.088.045.277	5.325.162.072		
	absolute Veränderung zur Vorperiode		0			+2.237.116.795		
	relative Veränderung zur Vorperiode		**0,0%**	<		**+72,4%**	–72,4	**tendenziell nein**
	Anzahl Anhänge	4	0		3.088.045.277	5.325.162.072		
	absolute Veränderung zur Vorperiode		–4			+2.237.116.795		
	relative Veränderung zur Vorperiode		**–100,0%**	<		**+72,4%**	–172,4	**tendenziell nein**
	Anzahl Beispiele	16	19		3.088.045.277	5.325.162.072		
	absolute Veränderung zur Vorperiode		+3			+2.237.116.795		
	relative Veränderung zur Vorperiode		**+18,8%**	<		**+72,4%**	–53,7	**tendenziell nein**

Rückstellungen, Eventualverbindlichkeiten und Eventualforderungen			Indikatoren IFRS-Regelkomplexität		> (größer als) bzw. < (kleiner als)	Indikator allgemeine Umweltkomplexität (Bilanzsummen in TEUR)		Differenz zwischen den relativen Veränderungen in Prozentpunkten	Indiz für eine Komplexitätszunahme des IFRS-Regelwerks?
			2000	2012		2000	2012		
Digitale IFRS-Standards	Standards insgesamt	Seitenanzahl insgesamt	25	36		3.088.045.277	5.325.162.072		
		absolute Veränderung zur Vorperiode		+11			+2.237.116.795		
		relative Veränderung zur Vorperiode		**+44,0%**	<		**+72,4%**	**−28,4**	**tendenziell nein**
		Wortanzahl insgesamt	12.040	12.100		3.088.045.277	5.325.162.072		
		absolute Veränderung zur Vorperiode		+60			+2.237.116.795		
		relative Veränderung zur Vorperiode		**+0,5%**	<		**+72,4%**	**−71,9**	**tendenziell nein**
		Zeichenanzahl insgesamt	63.056	63.056		3.088.045.277	5.325.162.072		
		absolute Veränderung zur Vorperiode		0			+2.237.116.795		
		relative Veränderung zur Vorperiode		**0,0%**	<		**+72,4%**	**−72,4**	**tendenziell nein**
		Zeichenanzahl insgesamt (Leerzeichen)	75.101	74.900		3.088.045.277	5.325.162.072		
		absolute Veränderung zur Vorperiode		−201			+2.237.116.795		
		relative Veränderung zur Vorperiode		**−0,3%**	<		**+72,4%**	**−72,7**	**tendenziell nein**
		Absatzanzahl insgesamt	458	489		3.088.045.277	5.325.162.072		
		absolute Veränderung zur Vorperiode		+31			+2.237.116.795		
		relative Veränderung zur Vorperiode		**+6,8%**	<		**+72,4%**	**−65,7**	**tendenziell nein**
		Zeilenanzahl insgesamt	1.671	1.792		3.088.045.277	5.325.162.072		
		absolute Veränderung zur Vorperiode		+121			+2.237.116.795		
		relative Veränderung zur Vorperiode		**+7,2%**	<		**+72,4%**	**−65,2**	**tendenziell nein**
	Standards Hauptteil	Seitenanzahl Hauptteil insgesamt	18	16		3.088.045.277	5.325.162.072		
		absolute Veränderung zur Vorperiode		−2			+2.237.116.795		
		relative Veränderung zur Vorperiode		**−11,1%**	<		**+72,4%**	**−83,6**	**tendenziell nein**
		Wortanzahl Hauptteil insgesamt	6.624	6.499		3.088.045.277	5.325.162.072		
		absolute Veränderung zur Vorperiode		−125			+2.237.116.795		
		relative Veränderung zur Vorperiode		**−1,9%**	<		**+72,4%**	**−74,3**	**tendenziell nein**
		Zeichenanzahl Hauptteil insgesamt	34.945	33.601		3.088.045.277	5.325.162.072		
		absolute Veränderung zur Vorperiode		−1.344			+2.237.116.795		
		relative Veränderung zur Vorperiode		**−3,8%**	<		**+72,4%**	**−76,3**	**tendenziell nein**

Rückstellungen, Eventualverbindlichkeiten und Eventualforderungen			Indikatoren IFRS-Regelkomplexität		> (größer als) bzw. < (kleiner als)	Indikator allgemeine Umweltkomplexität (Bilanzsummen in TEUR)		Differenz zwischen den relativen Veränderungen in Prozentpunkten	Indiz für eine Komplexitätszunahme des IFRS-Regelwerks?
			2000	2012		2000	2012		
Digitale IFRS-Standards	Standards Hauptteil	Zeichenanzahl Hauptteil insgesamt (Leerzeichen)	41.594	40.045		3.088.045.277	5.325.162.072		
		absolute Veränderung zur Vorperiode		−1.549			+2.237.116.795		
		relative Veränderung zur Vorperiode		**−3,7%**	<		**+72,4%**	−76,2	**tendenziell nein**
		Absatzanzahl Hauptteil insgesamt	210	210		3.088.045.277	5.325.162.072		
		absolute Veränderung zur Vorperiode		0			+2.237.116.795		
		relative Veränderung zur Vorperiode		**0,0%**	<		**+72,4%**	−72,4	**tendenziell nein**
		Zeilenanzahl Hauptteil insgesamt	643	841		3.088.045.277	5.325.162.072		
		absolute Veränderung zur Vorperiode		+198			+2.237.116.795		
		relative Veränderung zur Vorperiode		**+30,8%**	<		**+72,4%**	−41,7	**tendenziell nein**
	Standards Hauptteil Gunning	Satzzeichenanzahl insgesamt	397	282		3.088.045.277	5.325.162.072		
		absolute Veränderung zur Vorperiode		−115			+2.237.116.795		
		relative Veränderung zur Vorperiode		**−29,0%**	<		**+72,4%**	**−101,4**	**tendenziell nein**
		Wortanzahl insgesamt	6.577	6.495		3.088.045.277	5.325.162.072		
		absolute Veränderung zur Vorperiode		−82			+2.237.116.795		
		relative Veränderung zur Vorperiode		**−1,2%**	<		**+72,4%**	−73,7	**tendenziell nein**
		Wortanzahl mit drei oder mehr Silben	1.409	1.416		3.088.045.277	5.325.162.072		
		absolute Veränderung zur Vorperiode		+7			+2.237.116.795		
		relative Veränderung zur Vorperiode		**+0,5%**	<		**+72,4%**	−71,9	**tendenziell nein**
	Standards Hauptteil Flesch	Zeichenanzahl insgesamt	34.691	33.601		3.088.045.277	5.325.162.072		
		absolute Veränderung zur Vorperiode		−1.090			+2.237.116.795		
		relative Veränderung zur Vorperiode		**−3,1%**	<		**+72,4%**	−75,6	**tendenziell nein**
		Zeichenanzahl insgesamt (Leerzeichen)	41.786	40.649		3.088.045.277	5.325.162.072		
		absolute Veränderung zur Vorperiode		−1.137			+2.237.116.795		
		relative Veränderung zur Vorperiode		**−2,7%**	<		**+72,4%**	−75,2	**tendenziell nein**
		Buchstaben-/Nummernanzahl insgesamt	33.814	32.846		3.088.045.277	5.325.162.072		
		absolute Veränderung zur Vorperiode		−968			+2.237.116.795		
		relative Veränderung zur Vorperiode		**−2,9%**	<		**+72,4%**	−75,3	**tendenziell nein**

Rückstellungen, Eventualverbindlichkeiten und Eventualforderungen			Indikatoren IFRS-Regelkomplexität		> (größer als) bzw. < (kleiner als)	Indikator allgemeine Umweltkomplexität (Bilanzsummen in TEUR)		Differenz zwischen den relativen Veränderungen in Prozentpunkten	Indiz für eine Komplexitätszunahme des IFRS-Regelwerks?
			2000	2012		2000	2012		
Digitale IFRS-Standards	Standards Hauptteil Flesch	Wortanzahl insgesamt	6.577	6.495		3.088.045.277	5.325.162.072		
		absolute Veränderung zur Vorperiode		–82			+2.237.116.795		
		relative Veränderung zur Vorperiode		**–1,2%**	<		**+72,4%**	**–73,7**	**tendenziell nein**
		Anzahl an komplexen Wörtern	1.305	1.291		3.088.045.277	5.325.162.072		
		absolute Veränderung zur Vorperiode		–14			+2.237.116.795		
		relative Veränderung zur Vorperiode		**–1,1%**	<		**+72,4%**	**–73,5**	**tendenziell nein**
		Silbenanzahl insgesamt	10.656	10.497		3.088.045.277	5.325.162.072		
		absolute Veränderung zur Vorperiode		–159			+2.237.116.795		
		relative Veränderung zur Vorperiode		**–1,5%**	<		**+72,4%**	**–73,9**	**tendenziell nein**
		Satzanzahl insgesamt	365	257		3.088.045.277	5.325.162.072		
		absolute Veränderung zur Vorperiode		–108			+2.237.116.795		
		relative Veränderung zur Vorperiode		**–29,6%**	<		**+72,4%**	**–102,0**	**tendenziell nein**
	Lesbarkeit IAS 37	Gunning *Fog-Index*	15,20	17,93		3.088.045.277	5.325.162.072		
		absolute Veränderung zur Vorperiode		+2,73			+2.237.116.795		
		relative Veränderung zur Vorperiode		**+18,0%**	<		**+72,4%**	**–54,5**	**tendenziell nein**
		Flesch Reading Ease-Index	51,5	44,5		3.088.045.277	5.325.162.072		
		absolute Veränderung zur Vorperiode		–7,0			+2.237.116.795		
		relative Veränderung zur Vorperiode		**–13,6%**	<		**+72,4%**	**–58,9**	**tendenziell nein**
		Flesch Reading Ease-Index 2013 (0,5)	23,5	19,0		3.088.045.277	5.325.162.072		
		absolute Veränderung zur Vorperiode		–4,4			+2.237.116.795		
		relative Veränderung zur Vorperiode		**–18,9%**	<		**+72,4%**	**–53,6**	**tendenziell nein**

Rückstellungen, Eventualverbindlichkeiten und Eventualforderungen		Indikatoren IFRS-Regelkomplexität		> (größer als) bzw. < (kleiner als)	Indikator allgemeine Umweltkomplexität (Umsatzerlöse in TEUR)		Differenz zwischen den relativen Veränderungen in Prozentpunkten	Indiz für eine Komplexitäts-zunahme des IFRS-Regelwerks?
		2005	2012		2005	2012		
Analoge IFRS-Standards	Anzahl Standards	1	1		968.954.281	1.315.822.308		
	absolute Veränderung zur Vorperiode		0			+346.868.027		
	relative Veränderung zur Vorperiode		**0,0%**	<		**+35,8%**	–35,8	**tendenziell nein**
	Seitenanzahl insgesamt	34	36		968.954.281	1.315.822.308		
	absolute Veränderung zur Vorperiode		+2			+346.868.027		
	relative Veränderung zur Vorperiode		**+5,9%**	<		**+35,8%**	–29,9	**tendenziell nein**
	Seitenanzahl Inhaltsverzeichnis	1	2		968.954.281	1.315.822.308		
	absolute Veränderung zur Vorperiode		+1			+346.868.027		
	relative Veränderung zur Vorperiode		**+100,0%**	>		**+35,8%**	+64,2	**tendenziell ja**
	Seitenanzahl Standard	15	16		968.954.281	1.315.822.308		
	absolute Veränderung zur Vorperiode		+1			+346.868.027		
	relative Veränderung zur Vorperiode		**+6,7%**	<		**+35,8%**	–29,1	**tendenziell nein**
	Seitenanzahl Anhang	12	0		968.954.281	1.315.822.308		
	absolute Veränderung zur Vorperiode		–12			+346.868.027		
	relative Veränderung zur Vorperiode		**–100,0%**	<		**+35,8%**	–135,8	**tendenziell nein**
	Seitenanzahl IG	0	3		968.954.281	1.315.822.308		
	absolute Veränderung zur Vorperiode		+3			+346.868.027		
	relative Veränderung zur Vorperiode		–			**+35,8%**		
	Seitenanzahl IE	0	7		968.954.281	1.315.822.308		
	absolute Veränderung zur Vorperiode		+7			+346.868.027		
	relative Veränderung zur Vorperiode		–			**+35,8%**		
	Paragrafenanzahl Standard	93	94		968.954.281	1.315.822.308		
	absolute Veränderung zur Vorperiode		+1			+346.868.027		
	relative Veränderung zur Vorperiode		**+1,1%**	<		**+35,8%**	–34,7	**tendenziell nein**

Rückstellungen, Eventualverbindlichkeiten und Eventualforderungen		Indikatoren IFRS-Regelkomplexität		> (größer als) bzw. < (kleiner als)	Indikator allgemeine Umweltkomplexität (Umsatzerlöse in TEUR)		Differenz zwischen den relativen Veränderungen in Prozentpunkten	Indiz für eine Komplexitätszunahme des IFRS-Regelwerks?
		2005	2012		2005	2012		
Analoge IFRS-Standards	Paragrafenanzahl Standard fettgedruckt	29	28		968.954.281	1.315.822.308		
	absolute Veränderung zur Vorperiode		−1			+346.868.027		
	relative Veränderung zur Vorperiode		**−3,4%**	<		**+35,8%**	**−39,2**	**tendenziell nein**
	Paragrafenanzahl Anhang	0	0		968.954.281	1.315.822.308		
	absolute Veränderung zur Vorperiode		0			+346.868.027		
	relative Veränderung zur Vorperiode		–			**+35,8%**		
	Paragrafenanzahl IG	0	0		968.954.281	1.315.822.308		
	absolute Veränderung zur Vorperiode		0			+346.868.027		
	relative Veränderung zur Vorperiode		–			**+35,8%**		
	Paragrafenanzahl IE	0	0		968.954.281	1.315.822.308		
	absolute Veränderung zur Vorperiode		0			+346.868.027		
	relative Veränderung zur Vorperiode		–			**+35,8%**		
	Anzahl Überschriften 1. Grades	13	13		968.954.281	1.315.822.308		
	absolute Veränderung zur Vorperiode		0			+346.868.027		
	relative Veränderung zur Vorperiode		**0,0%**	<		**+35,8%**	**−35,8**	**tendenziell nein**
	Anzahl Anhänge	4	0		968.954.281	1.315.822.308		
	absolute Veränderung zur Vorperiode		−4			+346.868.027		
	relative Veränderung zur Vorperiode		**−100,0%**	<		**+35,8%**	**−135,8**	**tendenziell nein**
	Anzahl Beispiele	19	19		968.954.281	1.315.822.308		
	absolute Veränderung zur Vorperiode		0			+346.868.027		
	relative Veränderung zur Vorperiode		**0,0%**	<		**+35,8%**	**−35,8**	**tendenziell nein**

Rückstellungen, Eventualverbindlichkeiten und Eventualforderungen			Indikatoren IFRS-Regelkomplexität		> (größer als) bzw. < (kleiner als)	Indikator allgemeine Umweltkomplexität (Umsatzerlöse in TEUR)		Differenz zwischen den relativen Veränderungen in Prozentpunkten	Indiz für eine Komplexitätszunahme des IFRS-Regelwerks?
			2005	2012		2005	2012		
Digitale IFRS-Standards	Standards insgesamt	Seitenanzahl insgesamt	31	36		968.954.281	1.315.822.308		
		absolute Veränderung zur Vorperiode		+5			+346.868.027		
		relative Veränderung zur Vorperiode		**+16,1%**	<		**+35,8%**	−19,7	**tendenziell nein**
		Wortanzahl insgesamt	11.754	12.100		968.954.281	1.315.822.308		
		absolute Veränderung zur Vorperiode		+346			+346.868.027		
		relative Veränderung zur Vorperiode		**+2,9%**	<		**+35,8%**	−32,9	**tendenziell nein**
		Zeichenanzahl insgesamt	61.282	63.056		968.954.281	1.315.822.308		
		absolute Veränderung zur Vorperiode		+1.774			+346.868.027		
		relative Veränderung zur Vorperiode		**+2,9%**	<		**+35,8%**	−32,9	**tendenziell nein**
		Zeichenanzahl insgesamt (Leerzeichen)	72.680	74.900		968.954.281	1.315.822.308		
		absolute Veränderung zur Vorperiode		+2.220			+346.868.027		
		relative Veränderung zur Vorperiode		**+3,1%**	<		**+35,8%**	−32,7	**tendenziell nein**
		Absatzanzahl insgesamt	481	489		968.954.281	1.315.822.308		
		absolute Veränderung zur Vorperiode		+8			+346.868.027		
		relative Veränderung zur Vorperiode		**+1,7%**	<		**+35,8%**	−34,1	**tendenziell nein**
		Zeilenanzahl insgesamt	1.086	1.792		968.954.281	1.315.822.308		
		absolute Veränderung zur Vorperiode		+706			+346.868.027		
		relative Veränderung zur Vorperiode		**+65,0%**	>		**+35,8%**	+29,2	**tendenziell ja**
	Standards Hauptteil	Seitenanzahl Hauptteil insgesamt	12	16		968.954.281	1.315.822.308		
		absolute Veränderung zur Vorperiode		+4			+346.868.027		
		relative Veränderung zur Vorperiode		**+33,3%**	<		**+35,8%**	−2,5	**tendenziell nein**
		Wortanzahl Hauptteil insgesamt	6.471	6.499		968.954.281	1.315.822.308		
		absolute Veränderung zur Vorperiode		+28			+346.868.027		
		relative Veränderung zur Vorperiode		**+0,4%**	<		**+35,8%**	−35,4	**tendenziell nein**
		Zeichenanzahl Hauptteil insgesamt	33.535	33.601		968.954.281	1.315.822.308		
		absolute Veränderung zur Vorperiode		+66			+346.868.027		
		relative Veränderung zur Vorperiode		**+0,2%**	<		**+35,8%**	−35,6	**tendenziell nein**

Rückstellungen, Eventualverbindlichkeiten und Eventualforderungen			Indikatoren IFRS-Regelkomplexität		> (größer als) bzw. < (kleiner als)	Indikator allgemeine Umweltkomplexität (Umsatzerlöse in TEUR)		Differenz zwischen den relativen Veränderungen in Prozentpunkten	Indiz für eine Komplexitätszunahme des IFRS-Regelwerks?
			2005	2012		2005	2012		
Digitale IFRS-Standards	Standards Hauptteil	Zeichenanzahl Hauptteil insgesamt (Leerzeichen)	39.902	40.045		968.954.281	1.315.822.308		
		absolute Veränderung zur Vorperiode		+143			+346.868.027		
		relative Veränderung zur Vorperiode		**+0,4%**	<		**+35,8%**	**−35,4**	**tendenziell nein**
		Absatzanzahl Hauptteil insgesamt	206	210		968.954.281	1.315.822.308		
		absolute Veränderung zur Vorperiode		+4			+346.868.027		
		relative Veränderung zur Vorperiode		**+1,9%**	<		**+35,8%**	**−33,9**	**tendenziell nein**
		Zeilenanzahl Hauptteil insgesamt	547	841		968.954.281	1.315.822.308		
		absolute Veränderung zur Vorperiode		+294			+346.868.027		
		relative Veränderung zur Vorperiode		**+53,7%**	>		**+35,8%**	**+17,9**	**tendenziell ja**
	Standards Hauptteil Gunning	Satzzeichenanzahl insgesamt	281	282		968.954.281	1.315.822.308		
		absolute Veränderung zur Vorperiode		+1			+346.868.027		
		relative Veränderung zur Vorperiode		**+0,4%**	<		**+35,8%**	**−35,4**	**tendenziell nein**
		Wortanzahl insgesamt	6.457	6.495		968.954.281	1.315.822.308		
		absolute Veränderung zur Vorperiode		+38			+346.868.027		
		relative Veränderung zur Vorperiode		**+0,6%**	<		**+35,8%**	**−35,2**	**tendenziell nein**
		Wortanzahl mit drei oder mehr Silben	1.388	1.416		968.954.281	1.315.822.308		
		absolute Veränderung zur Vorperiode		+28			+346.868.027		
		relative Veränderung zur Vorperiode		**+2,0%**	<		**+35,8%**	**−33,8**	**tendenziell nein**

Rückstellungen, Eventualverbindlichkeiten und Eventualforderungen			Indikatoren IFRS-Regelkomplexität		> (größer als) bzw. < (kleiner als)	Indikator allgemeine Umweltkomplexität (Umsatzerlöse in TEUR)		Differenz zwischen den relativen Veränderungen in Prozentpunkten	Indiz für eine Komplexitätszunahme des IFRS-Regelwerks?
			2005	2012		2005	2012		
Digitale IFRS-Standards	Standards Hauptteil Flesch	Zeichenanzahl insgesamt	33.420	33.601		968.954.281	1.315.822.308		
		absolute Veränderung zur Vorperiode		+181			+346.868.027		
		relative Veränderung zur Vorperiode		**+0,5%**	<		**+35,8%**	−35,3	**tendenziell nein**
		Zeichenanzahl insgesamt (Leerzeichen)	40.106	40.649		968.954.281	1.315.822.308		
		absolute Veränderung zur Vorperiode		+543			+346.868.027		
		relative Veränderung zur Vorperiode		**+1,4%**	<		**+35,8%**	−34,4	**tendenziell nein**
		Buchstaben-/Nummernanzahl insgesamt	32.683	32.846		968.954.281	1.315.822.308		
		absolute Veränderung zur Vorperiode		+163			+346.868.027		
		relative Veränderung zur Vorperiode		**+0,5%**	<		**+35,8%**	−35,3	**tendenziell nein**
		Wortanzahl insgesamt	6.457	6.495		968.954.281	1.315.822.308		
		absolute Veränderung zur Vorperiode		+38			+346.868.027		
		relative Veränderung zur Vorperiode		**+0,6%**	<		**+35,8%**	−35,2	**tendenziell nein**
		Anzahl an komplexen Wörtern	1.289	1.291		968.954.281	1.315.822.308		
		absolute Veränderung zur Vorperiode		+2			+346.868.027		
		relative Veränderung zur Vorperiode		**+0,2%**	<		**+35,8%**	−35,6	**tendenziell nein**
		Silbenanzahl insgesamt	10.426	10.497		968.954.281	1.315.822.308		
		absolute Veränderung zur Vorperiode		+71			+346.868.027		
		relative Veränderung zur Vorperiode		**+0,7%**	<		**+35,8%**	−35,1	**tendenziell nein**
		Satzanzahl insgesamt	256	257		968.954.281	1.315.822.308		
		absolute Veränderung zur Vorperiode		+1			+346.868.027		
		relative Veränderung zur Vorperiode		**+0,4%**	<		**+35,8%**	−35,4	**tendenziell nein**

Rückstellungen, Eventualverbindlichkeiten und Eventualforderungen			Indikatoren IFRS-Regelkomplexität		> (größer als) bzw. < (kleiner als)	Indikator allgemeine Umweltkomplexität (Umsatzerlöse in TEUR)		Differenz zwischen den relativen Veränderungen in Prozentpunkten	Indiz für eine Komplexitätszunahme des IFRS-Regelwerks?
			2005	2012		2005	2012		
Digitale IFRS-Standards	Lesbarkeit IAS 37	Gunning *Fog-Index*	17,79	17,93		968.954.281	1.315.822.308		
		absolute Veränderung zur Vorperiode		+0,14			+346.868.027		
		relative Veränderung zur Vorperiode		**+0,8%**	<		**+35,8%**	**−35,0**	**tendenziell nein**
		Flesch Reading Ease-Index	44,6	44,5		968.954.281	1.315.822.308		
		absolute Veränderung zur Vorperiode		−0,1			+346.868.027		
		relative Veränderung zur Vorperiode		**−0,2%**	<		**+35,8%**	**−35,6**	**tendenziell nein**
		Flesch Reading Ease-Index 2013 (0,5)	19,1	19,0		968.954.281	1.315.822.308		
		absolute Veränderung zur Vorperiode		−0,1			+346.868.027		
		relative Veränderung zur Vorperiode		**−0,5%**	<		**+35,8%**	**−35,3**	**tendenziell nein**

Literaturverzeichnis

Abdel-khalik, A. Rashad/Ajinkya, Bipin B. (1979), *Empirical Research in Accounting*: A Methodological Viewpoint, Sarasota, Florida (USA).

Abdolmohammadi, Mohammad/Wright, Arnold (1987), An Examination of the Effects of Experience and *Task Complexity on Audit Judgements*, in: The Accounting Review, 57. Jg., S. 1–13.

Adam, Dietrich/Johannwille, Ulrich (1998), Die *Komplexitätsfalle*, in: Adam, Dietrich (Hrsg.), Komplexitätsmanagement, Schriften zur Unternehmensführung, Band 61, Wiesbaden, S. 5–28.

Ahlemeyer, Heinrich W./Königswieser, Roswita (1997), *Vorwort*, in: Ahlemeyer, Heinrich W./Königswieser, Roswita (Hrsg.), Komplexität managen. Strategien, Konzepte und Fallbeispiele, Frankfurt am Main, S. 5–13.

Alchian, Armen A./Demsetz, Harold (1973), The *Property Right Paradigm*, in: The Journal of Economic History, 33. Jg., S. 16–27.

Almeling, Christopher/Boer, Sven/Küster, Thomas (2011), *Erstellung von Abschlüssen* nach deutschen und internationalen Normen. - Entwicklungen und Vergleiche, in: Der Betrieb, 64. Jg., S. 1761–1770.

Altenburger, Otto A. (1995), *Rechnungslegung und Unsicherheit*, Berlin.

Anderson, Jonathan (1983), *Lix and Rix: Variations on a little-known readability index*, in: Journal of Reading, 26. Jg., S. 490–496.

Arthurs, Jonathan D./Busenitz, Lowell W. (2003), The Boundaries and Limitations of *Agency Theory* and Stewardship Theory in the Venture Capitalist/ Entrepreneur Relationship, in: Entrepreneurship: Theory & Practice, 28. Jg., S. 145–162.

Asare, Stephen K./McDaniel, Linda S. (1996), The Effects of Familiarity with the Preparer and *Task Complexity on the Effectiveness of the Audit Review Process*, in: The Accounting Review, 71. Jg., S. 139–159.

Ashby, William Ross (1956), An Introduction to *Cybernetics*, London (Reprinted 1970).

Atteslander, Peter (2010), *Methoden der empirischen Sozialforschung*, 13. Aufl., Berlin.

Backhaus, Klaus/Erichson, Bernd/Plinke, Wulff/Weiber, Rolf (2011), *Multivariate Analysemethoden*. Eine anwendungsorientierte Einführung. 13. Aufl., Berlin/Heidelberg.

Baecker, Dirk (1997), Einfache *Komplexität*, in: Ahlemeyer, Heinrich W./ Königswieser, Roswita (Hrsg.), Komplexität managen. Strategien, Konzepte und Fallbeispiele, Frankfurt am Main, S. 21–50.

Bähr, Gottfried/Fischer-Winkelmann, Wolf F./List, Stephan (2006), *Buchführung und Jahresabschluss*, 9. Aufl., Wiesbaden.

Baetge, Jörg/Hippel, Boris/Sommerhoff, Dominic (2011), Anforderungen und Praxis der *Prognoseberichterstattung*, in: Der Betrieb, 64. Jg., S. 365–372.

Baetge, Jörg/Kirsch, Hans-Jürgen/Thiele, Stefan (2012), *Bilanzen*, 12. Aufl., Düsseldorf.

Baetge, Jörg/Kirsch, Hans-Jürgen/Wollmert, Peter/Brüggemann, Peter (2011), Kapitel II: *Grundlagen der IFRS-Rechnungslegung*, in: Baetge, Jörg/ Kirsch, Jörg/Wollmert, Peter/Kirsch, Hans-Jürgen/ Oser, Peter/Bischof, Stefan (Hrsg.), Rechnungslegung nach IFRS. Kommentar auf der Grundlage des deutschen Bilanzrechts, 2. Aufl., Stuttgart 2002 ff., 15. Ergänzungslieferung 10/2011, S. 1–53.

Baetge, Jörg/Melcher, Thorsten/Schmidt, Matthias (2009), Moderne *Bilanzanalyse* – Möglichkeiten und Grenzen von Bilanzratings, in: Everling, Oliver/Holschuh, Klaus/Leker, Jens (Hrsg.), Credit Analyst, München, S. 143–164.

Baetge, Jörg/Melcher, Thorsten/Thun, Christian (2008), *Bilanzratings* bei der Vergabe hybrider Finanzinstrumente, in: Everling, Oliver (Hrsg.), Certified Rating Analyst, München/Wien.

Baker, H. Eugene III/Kare, Dilip D. (1997) Relationship Between *Annual Report Readability* and Corporate Financial Performance, in: Management Research News, 15. Jg., S. 1–4.

Ballwieser, Wolfgang (2013), *IFRS-Rechnungslegung*. Konzepte, Regeln und Wirkungen, 3. Aufl., München.

Ballwieser, Wolfgang/Küting, Karlheinz/Schildbach, Thomas (2004), *Fair value* – erstrebenswerter Wertansatz im Rahmen einer Reform der handelsrechtlichen Rechnungslegung?, in: Betriebswirtschaftliche Forschung und Praxis, 56. Jg., S. 529–549.

Balsam, Steven/Irani, Afshad/Yin, Qin Jennifer (2012), *Impact of Job Complexity* and Performance on CFO Compensation, in: Accounting Horizons, 26. Jg., S. 395–416.

Bamberg, Günter (2007), *Entscheidungstheorie, normative*, in: Köhler, Richard/ Küpper, Hans-Ulrich/Pfingsten, Andreas (Hrsg.), Handwörterbuch der Betriebswirtschaftslehre, 6. Aufl., Stuttgart, S. 383–394.

Bamberg, Günter/Coenenberg, Adolf G./Krapp, Michael (2012), *Betriebswirtschaftliche Entscheidungslehre*, 15. Aufl., München.

Bandte, Henning (2007), *Komplexität* in Organisationen. Organisationstheoretische Betrachtungen und agentenbasierte Simulation, Diss. Braunschweig.

Barckow, Andreas (2011), *Causes of complexity in financial reporting* and potential ways to fight it, Vortrag im Rahmen des European Financial Reporting Research Group (EUFIN) 2011, 7th Workshop on European Financial Reporting, 08./09.09.2011, Bamberg.

Baskerville, Rachel F. (2003), *Hofstede never studied culture*, in: Accounting, Organizations and Society, 28. Jg., S. 1–14.

Beattie, Vivien/McInnes, Bill/Fearnley, Stella (2004), *A methodology for analysing and evaluating narratives in annual reports*: a comprehensive descriptive profile and metrics for disclosure quality attributes, in: Accounting Forum, 28. Jg., S. 205–236.

Beaver, William H./Demski, Joel S. (1974), The *Nature of Financial Accounting* Objectives: A Summary and Synthesis, in: Journal of Accounting Research, 12. Jg., S. 170–187.

Berelson, Bernard (1952), *Content Analysis* in Communication Research, New York (USA).

Berens, Wolfgang/Schmitting, Walter (1998), Controllinginstrumente für das *Komplexitätsmanagement*: Potentiale des internen Rechnungswesens, in: Adam, Dietrich (Hrsg.), Komplexitätsmanagement, Schriften zur Unternehmensführung, Band 61, Wiesbaden, S. 97–110.

Berentzen, Christoph (2010), Die *Bilanzierung von finanziellen Vermögenswerten* im IFRS-Abschluss nach IAS 39 und nach IFRS 9. Eine vergleichende Untersuchung der Entscheidungsnützlichkeit unter besonderer Berücksichtigung des Komplexitätsgrads, Diss. Münster.

Bernard, Victor/Schipper, Katherine (1994), *Recognition and disclosure in financial reporting*, Working Paper, University of Michigan und University of Chicago.

Berry, Tammy/Bizjak, John M./Lemmon, Michael L./Navee, Lalitha (2006), *Organizational complexity* and CEO labor markets: Evidence from diversified firms, in: Journal of Corporate Finance, 12. Jg., S. 797–817.

Best, Karl-Heinz (2006), Sind Wort- und Satzlänge brauchbare Kriterien zur Bestimmung der *Lesbarkeit von Texten*?, in: Wichter, Sigurd/Busch, Albert (Hrsg.), Wissenstransfer – Erfolgskontrolle und Rückmeldungen aus der Praxis, Frankfurt/Main, S. 21–31.

Beyhs, Oliver/Burdack, Michael/Krause, Bettina (2013), *DPR-Prüfungsschwerpunkte 2014*: Neue Standards im Fokus, in: Betriebs-Berater, 68. Jg., S. 2859–2863.

Bick, Werner/Drexl-Wittbecker, Susanne (2008), *Komplexität* reduzieren. Konzept. Methoden. Praxis, Stuttgart.

Biddle, Gary C./Hilary, Gilles/Verdi, Rodrigo S. (2009), *How does financial reporting quality relate to investment efficiency?*, in: Journal of Accounting and Economics, 48. Jg., S. 112–131.

Biedenkopf, Kurt H. (1994), *Komplexität und Kompliziertheit*, in: Informatik-Spektrum, 17. Jg., S. 82–86.

Bieker, Marcus (2006), *Ökonomische Analyse des Fair Value Accounting*, Diss. Bochum.

Black, Dirk E./Dikolli, Shane S./Dyreng, Scott D. (2014), *CEO Pay-for-Complexity* and the Risk of Managerial Diversion from Multinational Diversification, in: Contemporary Accounting Research, 31. Jg., S. 103–135.

Blasch, Frank/Klautke, Tina/Weichenrieder, Alfons J. (2007), Das steuerpolitische Dezemberfieber: *Steuergesetzgebung in Deutschland* von 1951 bis 2004, in: Perspektiven der Wirtschaftspolitik, 8. Jg., S. 221–241.

Blaufus, Kay/Hundsdoerfer, Jochen/Ortlieb, Renate (2012), *(Un)Verständlichkeit des Steuerrechts* und Nachfrage nach Steuerberatungsdienstleistungen: Ein Experiment, in: Zeitschrift für Betriebswirtschaft, 82. Jg., S. 219–241.

Blaufus, Kay/Ortlieb, Renate (2009), Is Simple Better? A Conjoint Analysis of the Effects of *Tax Complexity* on Employee Preferences Concerning Company Pension Plans, in: Schmalenbach Business Review, 61. Jg., S. 60–83.

Bliss, Christoph (1999), *Management von Komplexität*. Ein integrierter, systemtheoretischer Ansatz zur Komplexitätsreduktion, Diss. Münster.

Blockus, Marc-Oliver (2010), *Komplexität* in Dienstleistungsunternehmen. Komplexitätsformen, Kosten- und Nutzenwirkungen, empirische Befunde und Managementimplikationen, Diss. Basel.

Bloomfield, Robert (2008), *Discussion* of „Annual report readability, current earnings, and earnings persistence, in: Journal of Accounting and Economics, 45. Jg., S. 248–252.

Bömelburg, Peter/Landgraf, Christian/Pöppel, Andrea (2009), *IFRS für KMU* – eine echte Alternative für den deutschen Mittelstand?, in: Praxis der internationalen Rechnungslegung, 5. Jg., S. 290–298.

Bössmann, Eva (1983), Unternehmungen, Märkte, *Transaktionskosten.* Die Koordination ökonomischer Aktivitäten, in: Wirtschaftswissenschaftliches Studium, 12. Jg., S. 105–111.

Bonner, Sarah E. (1994), A Model of the Effects of *Audit Task Complexity,* in: Accounting, Organizations and Society, 19. Jg., S. 213–234.

Bonner, Sarah E. (2008), *Judgment and Decision Making in Accounting,* Upper Saddle River, New Jersey (USA).

Borchardt, Andreas/Göthlich, Stephan E. (2009), *Erkenntnisgewinnung durch Fallstudien,* in: Albers, Sönke/Klapper, Daniel/ Konradt, Udo/Walter, Achim/Wolf, Joachim (Hrsg.), Methodik der empirischen Forschung, 3. Aufl., Wiesbaden, S. 33–48.

Borell, Rolf/Schemmel, Lothar (1987), *Steuervereinfachung.* I. Teil, in: Deutsche Steuer-Zeitung, 75. Jg., S. 110–116.

Boylan, Scott J./Frischmann, Peter J. (2006), Experimental Evidence on the *Role of Tax Complexity in Investment Decisions,* in: The Journal of the American Taxation Association, 28. Jg., S. 69–88.

Brandt, Werner/Hütten, Christoph (2003), Die *Finanzberichterstattung* international börsennotierter Unternehmen im Lichte der jüngsten Entwicklungen – Das Beispiel SAP, in: Schmalenbachs Zeitschrift für betriebswirtschaftliche Forschung, 55. Jg., S. 707–721.

Brinckmann, Hendirk (2009), *Kapitalmarktrechtliche Finanzberichterstattung,* Diss. Hamburg.

Bronner, Rolf (1982), Wahrnehmung von *Komplexität in Entscheidungsprozessen.* Ergebnisse experimenteller Untersuchungen, Paderborn.

Bronner, Rolf (1990), Experimente zum *Umgang mit Komplexität* in Entscheidungsprozessen, in: Fisch, Rudolf/Boos, Margarete (Hrsg.), Vom Umgang mit Komplexität in Organisationen. Konzepte – Fallbeispiele – Strategien. Konstanzer Beiträge zur sozialwissenschaftlichen Forschung, Band 5, Konstanz, S. 215–234.

Bronner, Rolf (1992), *Komplexität,* in: Frese, Erich (Hrsg.), Handwörterbuch der Organisation, 3. Aufl., Stuttgart, Sp. 1121–1130.

Brüggemann, Benedikt (2007), Die *Berichterstattung im Anhang des IFRS-Abschlusses,* Diss. Münster.

Brüsemeister, Thomas (2008), *Qualitative Sozialforschung.* Ein Überblick, 2. Aufl., Wiesbaden.

Buchheim, Regine/Knorr, Liesel/Schmidt, Martin (2008), Anwendung der IFRS in Europa: *Das neue Endorsement-Verfahren,* in: Internationale und kapitalmarktorientierte Rechnungslegung, 8. Jg., S. 334–341.

Buck-Heeb, Petra (2013), *Kapitalmarktrecht*, 6. Aufl., Heidelberg et al.

Burton, Mark/Dirkis, Michael (1995), *Defining Legislative Complexity*. A Case Study: The Tax Law Improvement Project, in: University of Tasmania Law Review, 14. Jg., S. 198–215.

Bushman, Robert/Chen, Qi/Engel, Ellen/Smith, Abbie (2004), *Financial accounting information*, organizational complexity and corporate governance systems, in: Journal of Accounting and Economics, 37. Jg., S. 167–201.

Busse von Colbe, Walther (2011), *Rechnungswesen*, in: Busse von Colbe, Walther/Crasselt, Nils/Pellens, Bernhard (Hrsg.), Lexikon des Rechnungswesens. Handbuch der Bilanzierung und Prüfung, der Erlös-, Finanz-, Investitions- und Kostenrechnung, 5. Aufl., München, S. 652–656.

Busse von Colbe, Walther/Ordelheide, Dieter/Gebhardt, Günther/Pellens, Bernhard (2010), *Konzernabschlüsse*. Rechnungslegung nach betriebswirtschaftlichen Grundsätzen sowie nach Vorschriften des HGB und der IAS/IFRS, 9. Aufl., Wiesbaden.

Camfferman, Kees/Zeff, Stephen A. (2009), *Financial Reporting and Global Capital Markets*. A History of the International Accounting Standards Committee 1973–2000, Oxford.

Campbell, Donald J. (1988), *Task Complexity*: A Review and Analysis, in: Academy of Management Review, 13. Jg., S. 40–52.

Campbell, Donald T. (1975), „Degrees of Freedom" and the *Case Study*, in: Comparative Political Studies, 8. Jg., S. 178–193.

Campbell, Donald T./Stanley, Julian C. (1966), Experimental and Quasi-Experimental *Designs for Research*, Boston (USA).

Carlin, Bruce Ian/Kogan, Shimon/Lowery, Richard (2013), *Trading Complex Assets*, in: The Journal of Finance, 68. Jg., S. 1937–1960.

Carnes, Gregory A./Cuccia, Andrew D. (1996), An Analysis of the Effect of *Tax Complexity* and its Perceived Justification on Equity Judgements, in: The Journal of the American Taxation Association, 18. Jg., S. 40–56.

Casper, Matthias (2007), *Kapitalmarktrecht*, in: Köhler, Richard/Küpper, Hans-Ulrich/Pfingsten, Andreas (Hrsg.), Handwörterbuch der Betriebswirtschaftslehre, 6. Aufl., Stuttgart, Sp. 867–876.

Cassell, Cory A./Dreher, Lauren M./Myers, Linda A. (2013), *Reviewing the SEC's Review Process*: 10-K Comment Letters and the Cost of Redediation, in: The Accounting Review, 88. Jg., S. 1875–1908.

Chand, Parmod/Patel, Chris/Patel, Arvind (2010), *Interpretation and application* of „new" and „complex" international financial reporting standards in Fiji: Implications for convergence of accounting standards, in: Advances in Accounting, incorporating Advances in International Accouting, 26. Jg., S. 280–289.

Chlotfelter, Charles T. (1983), *Tax Evasion and Tax Rates*: An Analysis of Individual Returns, in: The Review of Economics and Statistics, 65. Jg., S. 363–373.

Chmielewicz, Klaus (1973), Betriebliches *Rechnungswesen* 1. Finanzrechnung und Bilanz, Reinbek bei Hamburg.

Chmielewicz, Klaus (1994), *Forschungskonzeptionen* der Wirtschaftswissenschaft, 3. Aufl., Stuttgart.

Choi, Frederick D. S./Meek, Gary K. (2011), *International Accounting*. International Edition, 7. Aufl., Upper Saddle River, New Jersey.

Christensen, Anne L./Weihrich, Susan G./Newman, Monica D. Gerbing (1994), The *Impact of Education* on Perceptions of Tax Fairness, in: Advances in Taxation, 6. Jg., S. 63–94.

Claussen, Carsten Peter (2007), Gedanken zum *Enforcement*, in: Der Betrieb, 60. Jg., S. 1421–1425.

Coase, Ronald H. (1937), The *Nature of the Firm*, in: Economica, 4. Jg., S. 386–405.

Coenenberg, Adolf G./Fischer, Thomas M./Günther, Thomas (2012), *Kostenrechnung und Kostenanalyse*, 8. Aufl., Stuttgart.

Coenenberg, Adolf G./Haller, Axel/Mattner, Gerhard/Schultze, Wolfgang (2012), Einführung in das *Rechnungswesen*. Grundlagen der Buchführung und Bilanzierung, HGB und internationale Standards, Einzel- und Konzernabschluss, 4. Aufl., Stuttgart.

Coenenberg, Adolf G./Haller, Axel/Schultze, Wolfgang (2014), *Jahresabschluss* und Jahresabschlussanalyse. Betriebswirtschaftliche, handelsrechtliche, steuerrechtliche und internationale Grundsätze – HGB, IAS/IFRS, US-GAAP, DRS, 23. Aufl., Stuttgart.

Coenenberg, Adolf G./Straub, Barbara (2008), *Rechenschaft versus Entscheidungsunterstützung*: Harmonie oder Disharmonie der Rechnungszwecke, in: Internationale und kapitalmarktorientierte Rechnungslegung, 8. Jg., S. 17–26.

Cole, Cathy J./Jones, Christopher L. (2005), *Management Discussion and Analysis*: A Review and Implications for Future Research, in: Journal of Accounting Literature, 24. Jg., S. 135–174.

Collins, Frank/Holzmann, Oscar (1996), Central America: *The Effect of Organizational Complexity*, Competitive Fears, Budgetary Workrole Importance and Budget Criticality on Budgetary Motivation and Performance, in: Journal of International Accounting, Auditing & Taxation, 5. Jg., S. 197–214.

Collins, Julie H. (1990), *Factors Associated with Household Demand for Tax Preparers*, in: Journal of the American Taxation Association, 12. Jg., S. 9–25.

Cooper, David J./Morgan, Wayne (2008), *Case Study Research in Accounting*, in: Accounting Horizons, 22. Jg., S. 159–178.

Courtis, J. K. (1986), An Investigation into *Annual Report Readability* and Corporate Risk-Return Relationships, in: Accounting and Business Research, 16. Jg., S. 285–294.

Courtis, John K. (1998), *Annual report readability* variability: tests of the obfuscation hypothesis, in: Accounting, Auditing & Accountability Journal, 11. Jg., S. 459–472.

Crettez, Bertrand/Deffains, Bruno/Deloche, Regis (2009), *On the optimal complexity of law and legal rules harmonization*, in: European Journal of Law & Economics, 27. Jg., S. 129–142.

Daily, Cynthia M./Dorsey, Roger W./Kumar, Gaurav (2010), *Readability* of Tax Court Opinions, in: Advances in Taxation, 19. Jg., S. 171–183.

Davidson, Ronald A. (2005), Analysis of the *Complexity of Writing used in Accounting Textbooks* Over the Past 100 Years, in: Accounting Education: an international journal, 14. Jg., S. 53–74.

Davis-Friday, Paquita/Folami, L. Buky/Liu, Chao-Shin/Mittelstaedt, H. Fred (1999), The *Value Relevance of Financial Statement Recognition vs. Disclosure*: Evidence from SFAS No. 106, in: The Accounting Review, 74. Jg., S. 403–423.

De Bartolome, Charles A. M. (1995), *Which tax rate do people use*: Average or marginal?, in: Journal of Public Economics, 56. Jg., S. 79–96.

De George, Emmanuel T./Ferguson, Colin B./Spear, Nasser A. (2013), How Much Does IFRS Cost? *IFRS Adoption and Audit Fees*, in: The Accounting Review, 88. Jg., S. 429–462.

Denk, Robert/Pfneissl, Thomas (2009), *Komplexität* und Komplexitätsmanagement, in: Denk, Robert/Pfneissl, Thomas (Hrsg.), Komplexitätsmanagement, Wien, S. 13–49.

Dettling, Heinz-Uwe (2010), *Wissenschaftlichkeit im Lebensmittel- und Kosmetikrecht* – Empirismus, Induktivismus, Bayesianismus und Komplexitätstheorie als methodische Basis – *(Teil 1)*, in: Lebensmittel und Recht, 14. Jg., S. 65–73.

Dettling, Heinz-Uwe (2010), *Wissenschaftlichkeit im Lebensmittel- und Kosmetikrecht* – Empirismus, Induktivismus, Bayesianismus und Komplexitätstheorie als methodische Basis – *(Teil 2)*, in: Lebensmittel und Recht, 14. Jg., S. 105–115.

Deutsches Rechnungslegungs Standards Committee e. V. (2012), *Jahresbericht 2011*, Berlin.

Dierkes, Meinolf/Hähner, Katrin/Antal, Ariane Berthoin (1997), *Das Unternehmen und sein Umfeld.* Wahrnehmungsprozesse und Unternehmenskultur am Beispiel eines Chemiekonzerns, Frankfurt am Main/New York.

Dietl, Helmut Max (1993), *Institutionen* und Zeit, Tübingen.

Diller, Markus/Grottke, Markus/Schneider, Georg (2013), *Komplexität steuerrechtlicher Normen* – Ein spieltheoretischer Erklärungsansatz, in: Schmalenbachs Zeitschrift für betriebswirtschaftliche Forschung, 65. Jg., S. 110–135.

Di Vita, Giuseppe (2010), *Production of laws* and delays in court decisions, in: International Review of Law and Economic, 30. Jg., S. 276–281.

Di Vita, Giuseppe (2012), *Normative complexity* and the length of administrative disputes: evidence from Italian regions, in: European Journal of Law and Economics, 34. Jg., S. 197–213.

Dobler, Michael (2004), *Risikoberichterstattung* – Eine ökonomische Analyse, Diss. München.

Döring, Hilmar (1998), Kritische Analyse der *Leistungsfähigkeit des Transaktionskostenansatzes*, Diss. Göttingen.

Dörner, Dietrich (1993), Die *Logik des Mißlingens.* Strategisches Denken in komplexen Situationen, Reinbek bei Hamburg.

Dorr, Mareike (2008), Gemeinsamkeiten und Differenzen in den theoretischen Grundlagen der *Neoklassik* und der Neuen Institutionenökonomik, Duisburg/Köln.

Doupnik, Timothy S./Richter, Martin (2004), The *Impact of Culture on the Interpretation* of „in Context" Verbal Probability Expressions, in: Journal of International Accounting Research, 3. Jg., S. 1–20.

DuBay, William H. (2007), Unlocking Language. *The Classic Readability Studies*, Costa Mesa, California (USA).

Duch, Jan (2006), *Risikoberichterstattung* mit Cash-Flow at Risk-Modellen. Ökonomische Analyse einer Risikoquantifizierung im Riskiobericht, Diss. Bochum.

Ebbers, Gabi (2001), A Comparative Analysis of *Regulatory Strategies in Accounting* and their Impact on Corporate Compliance, Diss. Bangor (Wales).

Edmiston, Kelly/Mudd, Shannon/Valev, Neven (2003), *Tax Structures and FDI*: The Deterrent Effects of Complexity and Uncertainty, in: Fiscal Studies. The Journal of Applied Public Economics, 24. Jg., S. 341–359.

Egner, Thomas (2009), Grundsätzliche *Überlegungen zur Komplexität des deutschen Steuersystems*, in: Egner, Thomas/Henselmann, Klaus/Schmidt, Lutz (Hrsg.), Steuern und Rechnungslegung. Festschrift zum 65. Geburtstag von Professor Dr. Jochen Sigloch, Aachen, S. 67–94.

Eichfelder, Sebastian (2011), *Steuerkomplexität* als Markteintrittsbarriere?: Entscheidungswirkungen steuerlicher Planungs- und Vollzugskosten, in: Schmalenbachs Zeitschrift für betriebswirtschaftliche Forschung, 63. Jg., S. 810–831.

Eierle, Brigitte (2005), *Differential Reporting*, in: Die Betriebswirtschaft, 65. Jg., S. 647–652.

Eisele, Wolfgang/Knobloch, Alois Paul (2011), *Technik des betrieblichen Rechnungswesens.* Buchführung und Bilanzierung, Kosten- und Leistungsrechnung. Sonderbilanzen. 8. Aufl., München.

Eisenführ, Franz/Weber, Martin/Langer, Thomas (2010), *Rationales Entscheiden*, 5. Aufl., Heidelberg et al.

Eisenhardt, Kathleen M. (1989), *Agency Theory*: An Assessment and Review, in: The Academy of Management Review, 14. Jg., S. 57–74.

Eisenhardt, Kathleen M. (1989), Building Theories from *Case Study Research*, in: The Academy of Management Review, 14. Jg., S. 532–550.

Ellerich, Marian (2010), *§ 264d HGB*, in: Küting, Karlheinz/Pfitzer, Norbert/Weber, Claus-Peter (Hrsg.), Handbuch der Rechnungslegung – Einzelabschluss, Kommentar zur Bilanzierung und Prüfung, 5. Aufl., Stuttgart 2002 ff., 7. Ergänzungslieferung 8/2010, S. 1–5.

Erchinger, Holger/Melcher, Winfried (2009), Geplante Neuerungen der Phase 1 bei der *Bilanzierung von Finanzinstrumenten nach IFRS (Teil 1)*, in: Der Betrieb, 62. Jg., S. 2165–2172.

Erchinger, Holger/Melcher, Winfried (2009), Geplante Neuerungen der Phase 1 bei der *Bilanzierung von Finanzinstrumenten nach IFRS (Teil 2)*, in: Der Betrieb, 62. Jg., S. 2221–2228.

Ernst, Edgar/Gassen, Joachim/Pellens, Bernhard (2009), *Verhalten und Präferenzen deutscher Aktionäre.* Eine Befragung von privaten und institutionellen Anlegern zum Informationsverhalten, zur Dividendenpräferenz und zur Wahrnehmung von Stimmrechten, in: von Rosen, Rüdiger (Hrsg.), Studien des Deutschen Aktieninstituts, Heft 42, Frankfurt am Main.

Evans, Chris (2005), Diminishing Returns: The Case for Reduced Annual Filing for Personal Income Taxpayers in Australia, in: Fisher, Rodney A./Walpole, Michael (Hrsg.), Global Challenges in Tax Administration, Birmingham, S. 208–220.

Everling, Oliver (2007), *Wesen und Bedeutung des Finanzratings*, in: Achleitner, Ann-Kristin/Everling, Oliver/Niggemann, Karl A. (Hrsg.), Finanzrating. Gestaltungmöglichkeiten zur Verbesserung der Bonität, Wiesbaden, S. 3–14.

Everling, Oliver/Heinke, Volker G. (2001), *Rating*, externes, in: Gerke, Wolfgang/Steiner, Manfred (Hrsg.), Handwörterbuch des Bank- und Finanzwesens, 3. Aufl., Stuttgart, Sp. 1755-1767.

Ewert, Ralf/Wagenhofer, Alfred (2008), *Interne Unternehmensrechnung*, 7. Aufl., Berlin/Heidelberg.

Fehr, Jane (2013), Die künftige *Leasingbilanzierung* nach IFRS. Auswirkungen auf das Entscheidungsverhalten der Akteure, Diss. Bayreuth.

Feldhoff, Michael/Feldhoff, Patricia (2002), *Publizität*, in: Küpper, Hans-Ulrich/Wagenhofer, Ewert (Hrsg.), Handwörterbuch Unternehmensrechnung und Controlling, 4. Aufl., Stuttgart, Sp. 1640-1650.

Feldmann, Horst (1999), Ordnungstheoretische Aspekte der *Institutionenökonomik*, Berlin.

Filzen, Joshua J./Peterson, Kyle (2013), *Financial statement complexity* and meeting analysts' expectations, Working Paper, March 2013, Michigan Technological University, University of Oregan.

Fisch, Rudolf/Wolf, Michael F. (1990), Die *Handhabung von Komplexität beim Problemlösen und Entscheiden*, in: Fisch, Rudolf/Boos, Margarete (Hrsg.), Vom Umgang mit Komplexität in Organisationen. Konzepte – Fallbeispiele – Strategien. Konstanzer Beiträge zur sozialwissenschaftlichen Forschung, Band 5, Konstanz, S. 11–39.

Fischer, Marc (1994), Die *Theorie der Transaktionskosten*, in: Wirtschaftswissenschaftliches Studium, 23. Jg., S. 582–584.

Fischer, Thomas M./Becker, Sabrina (2006), Externe wissensorientierte *Unternehmensberichterstattung*. Inhaltliche Fundierung und empirische Ergebnisse, in: Zeitschrift für internationale und kapitalmarktorientierte Rechnungslegung, 6. Jg., S. 28–42.

Fischer, Thomas M./Klöpfer, Elisabeth (2008), *Bilanzpolitisches Gestaltungspotenzial* bei der Umstellung der Rechnungslegung von HGB auf IFRS, in: Zeitschrift für Betriebswirtschaft (ZfB), 78. Jg., S. 623–649.

Fischer, Thomas M./Wenzel, Julia (2002), *Value Reporting*, in: Die Betriebswirtschaft, 62. Jg., S. 327–332.

Flesch, Rudolf (1948), *A New Readability Yardstick*, in: Journal of Applied Psychology, 32. Jg., S. 221–233.

Flesch, Rudolf (1951), *How to test Readability*, New York.

Flick, Uwe (2000), *Triangulation* in der qualitativen Forschung, in: Flick, Uwe/von Kardorff, Ernst/Steinke, Ines (Hrsg.), Qualitative Forschung. Ein Handbuch, Reinbek bei Hamburg, S. 309–318.

Flick, Uwe (2009), *Qualitative Sozialforschung*, 2. Aufl., Reinbek bei Hamburg.

Flower, John/Ebbers, Gabi (2003), *Global Financial Reporting*, Ebbw Vale (Wales).

Flyvbjerg, Bent (2010), *Making Social Science Matter*. Why social inquiry fails and how it can suceed again, Cambridge.

Freiling, Jörg/Reckenfelderbäumer, Martin (2010), *Markt und Unternehmung*. Eine marktorientierte Einführung in die Betriebswirtschaftslehre, 3. Aufl., Wiesbaden.

Frese, Erich/Graumann, Matthias/Theuvsen, Ludwig (2012), Grundlagen der *Organisation*. Entscheidungsorientiertes Konzept der Organisationsgestaltung, 10. Aufl., Wiesbaden.

Früh, Werner (2011), *Inhaltsanalyse*. Theorie und Praxis, 7. Aufl., Konstanz.

Fülbier, Rolf Uwe (2011), International Financial Reporting Standard for Small and Medium-sized Entities: Was kommt da auf *Familienunternehmen* zu?, in: Zeitschrift für Familienunternehmen und Stiftungen, 1. Jg., S. 151–156.

Fülbier, Rolf Uwe/Eckl, Elfriede/Fehr, Jane (2013), *Überarbeiteter Entwurf zu „Leases" liegt vor* – IASB und FASB halten an der Bilanzwirksamkeit aller Leasingverträge fest, in: Die Wirtschaftsprüfung, 66. Jg., S. 853–858.

Fülbier, Rolf Uwe/Fehr, Jane (2009), Die *Bilanzierung von Leasingverhältnissen* in der internationalen Rechnungslegung – Aktueller Diskussions- und Forschungsstand, in: Egner, Thomas/Henselmann, Klaus/Schmidt, Lutz (Hrsg.), Steuern und Rechnungslegung, Festschrift für Jochen Sigloch zum 65. Geburtstag, Aachen, S. 581–611.

Fülbier, Rolf Uwe/Fehr, Jane (2010), IASB und FASB machen Ernst mit der neuen *Leasingbilanzierung*: Der Standardentwurf zu „Leases" liegt vor, in: Die Wirtschaftsprüfung, 63. Jg., S. 1019–1023.

Fülbier, Rolf Uwe/Fehr, Jane (2013), *Bilanzwirksamkeit und -unwirksamkeit von Leasingverhältnissen aus Sicht der empirischen Forschung*, in: Management Review Quarterly (Journal für Betriebswirtschaft), 63. Jg., S. 207–242.

Fülbier, Rolf Uwe/Gassen, Joachim (2008), *Bilanzrechtsregulierung*: Auf der ewigen Suche nach der eierlegenden Wollmilchsau, in: Wagner, Franz W./Schildbach, Thomas/Schneider, Dieter (Hrsg.), Private und öffentliche Rechnungslegung – Festschrift für Hannes Streim zum 65. Geburtstag, Wiesbaden, S. 135–155.

Fülbier, Rolf Uwe/Kuschel, Patrick (2012), *Komplexitätszunahme in der IFRS-Rechnungslegung?* – Versuche der Systematisierung und indikatorbasierten Messung –, in: Der Betrieb, 65. Jg., S. 929–937.

Fülbier, Rolf Uwe/Pellens, Bernhard (2013), § 315 *Konzernlagebericht*, in: Schmidt, Karsten/Ebke, Werner F. (Hrsg.), Münchener Kommentar zum Handelsgesetzbuch. Band 4. Drittes Buch. Handelsbücher. §§ 238–342e, 3. Aufl., München, S. 1351–1379.

Fülbier, Rolf Uwe/Pferdehirt, Henrik (2005), Überlegungen des IASB zur künftigen *Leasingbilanzierung*: Abschied vom off balance sheet approach, in: Internationale und kapitalmarktorientierte Rechnungslegung, 5. Jg., S. 275–285.

Fülbier, Rolf Uwe/Weiss, Theresa (2011), *Jahresabschluss* (Regelung), in: Busse von Colbe, Walther/Crasselt, Nils/Pellens, Bernhard (Hrsg.), Lexikon des Rechnungswesens. Handbuch der Bilanzierung und Prüfung, der Erlös-, Finanz-, Investitions- und Kostenrechnung, 5. Aufl., München, S. 410–415.

Fülbier, Rolf Uwe/Weller, Manuel (2008), *Verwendung von Rechnungslegungsdaten* durch Aktienanalysten: Eine fallstudienartige Auswertung von Analystenberichten zur Automobilindustrie, in: Finanzbetrieb, 10. Jg., S. 806–813.

García-Benau, María A./Zorio, Ana/Novejarque, Josefina (2013), *Are clarified ISAs readable?*, in: Die Betriebswirtschaft, 73. Jg., S. 307–324.

Gassen, Joachim/Günther, Jens (2014), *Evidenzbasierte Rechnungslegungsregulierung*. Zur Gestaltung von Forschung im Rahmen des IASB Due Process, in: Dobler, Michael/Hachmeister, Dirk/Kuhner, Christoph/Rammert, Stefan (Hrsg.), Rechnungslegung, Prüfung und Unternehmensbewertung. Festschrift zum 65. Geburtstag von Professor Dr. Dr. h.c. Wolfgang Ballwieser, S. 187–199.

Gazdar, Kaevan/Kirchhoff, Klaus Rainer (2001), *Geschäftsbericht* ohne Fehl und Tadel: Sprache, Gestaltung, Botschaft erfolgreicher Finanzkommunikation, 2. Aufl., Neuwied.

Gell-Mann, Murray (1995), Das Quark und der Jaguar. *Vom Einfachen zum Komplexen* – die Suche nach einer neuen Erklärung der Welt, München/Zürich.

Gess, Johann/Oster, Manfred/Utz, Erich R. (2011), *Komplexität* als Treiber operationeller Risiken in Instituten, in: Utz, Erich R. (Hrsg.), Operationelle Risiken. Grundlagen, Messmethoden und Querschnittsthemen in der Praxis, Stuttgart, S. 254–277.

Gibbert, Michael/Ruigrok, Winfried/Wicki, Barbara (2008), Research notes and commentaries. *What passes as rigorous case study?*, in: Strategic Management Journal, 29. Jg., S. 1465–1474.

Gibson, Edward (1998), *Linguistic complexity*: locality of syntactic dependencies, in: Cognition, 68. Jg., S. 1–76.

Gjesdal, Froystein (1981), *Accounting for Stewardship*, in: Journal of Accounting Research, 19. Jg., S. 208–231.

Gläser, Jochen/Laudel, Grit (2004), *Experteninterviews und qualitative Inhaltsanalyse* als Instrumente rekonstruierender Untersuchungen, Wiesbaden.

Gleissner, Werner (2011), *Grundlagen des Risikomanagements* im Unternehmen. Controlling, Unternehmensstrategie und wertorientiertes Management, 2. Aufl., München.

Godfrey, Jayne M./Langfield-Smith, Ian A. (2005), *Regulatory capture in the globalisation of accounting standards*, in: Environment and Planning A, 37. Jg., S. 1975–1993.

Göpfert, Ingrid (2002), *Berichtswesen*, in: Küpper, Hans-Ulrich/Wagenhofer, Ewert (Hrsg.), Handwörterbuch Unternehmensrechnung und Controlling, 4. Aufl., Stuttgart, Sp. 143–156.

Gomez, Peter (1999), Vom *Umgang mit Komplexität* – Plädoyer für ein integriertes Management, in: Gomez, Peter/Müller-Stewens, Günter/Rüegg-Stürm, Johannes (Hrsg.), Entwicklungsperspektiven einer integrierten Managementlehre. Forschungsgespräche aus Anlass der 100-Jahr-Feier der Universität St. Gallen 18.–19. Juni 1998, Bern et al., S. 3–22.

Gorr, Christina (2008), *Investor Relations* und Shareholder Value. Erweiterte Inhalte der Kapitalmarktkommunikation im Rahmen der wertorientierten Unternehmensführung, Saarbrücken.

Gottwald, Richard (1990), *Entscheidung unter Unsicherheit*. Informationsdefizite und unklare Präferenzen, Wiesbaden.

Green, Sue (1995), *Accounting Standards and Tax Law*: Complexity, Dynamism and Divergence, in: The British Tax Review, Nr. 5, S. 445–451.

Grossmann, Christoph (1992), *Komplexitätsbewältigung* im Management. Anleitungen, integrierte Methodik und Anwendungsbeispiele, Diss. St. Gallen.

Grüning, Michael (2010), *Unternehmenspublizität* – Grundlagen und Optimierungsansätze, in: Controlling – Zeitschrift für erfolgsorientierte Unternehmenssteuerung, 22. Jg., S. 523–530.

Gunning, Robert (1952), *The Technique of CLEAR WRITING*, 19. Aufl., New York et al.

Gunning, Robert (1969), The *Fog Index* after Twenty Years, in: Journal of Business Communication, 6. Jg., S. 3–13.

Hachmeister, Dirk (2011), *Lagebericht*, in: Busse von Colbe, Walther/Crasselt, Nils/Pellens, Bernhard (Hrsg.), Lexikon des Rechnungswesens. Handbuch der Bilanzierung und Prüfung, der Erlös-, Finanz-, Investitions- und Kostenrechnung, 5. Aufl., München, S. 527–531.

Hägg, Ingemund (1979), *„Case Studies" in Accounting Research*, in: Accounting, Organizations and Society, 4. Jg., S. 135–143.

Hahn, Dietger (2006), Stand und Entwicklungstendenzen der strategischen *Planung*, in: Hahn, Dietger/Taylor, Bernard (Hrsg.), Strategische Unternehmungsplanung – Strategische Unternehmungsführung. Stand und Entwicklungstendenzen, 9. Aufl., Berlin/Heidelberg, S. 3–28.

Haid, Alfred (1984), *Informationsökonomik* und Güterpreise, Göttingen.

Hail, Luzi/Leuz, Christian/Wysocki, Peter (2010), *Global Accounting Convergence and the Potential Adoption of IFRS by the U.S. (Part I)*: Conceptual Underpinnings and Economic Analysis, in: Accounting Horizons, 24. Jg., S. 355–394.

Halin, Andreas (1995), Vertikale Innovationskooperation: *Eine transaktionskostentheoretische Analyse*, Diss. Frankfurt am Main.

Haller, Axel (2006), *Unternehmensberichterstattung* – quo vadis?, in: Bertl, Romuald/Eberhartinger, Eva/Egger, Anton/Kalss, Susanne/Lang, Michael/Nowotny, Christian/Riegler, Christian/Schuch, Josef/Staringer, Claus (Hrsg.), Immaterielle Vermögenswerte, Wien, S. 9–41.

Hammann, Peter/Palupski, Rainer/Gathen, Andreas von der/Welling, Michael (2001), *Markt und Unternehmung*. Handlungsfelder des Marketing, 4. Aufl., Aachen.

Handlbauer, Reiner (2010), *Qualitätssicherung* im Bereich der Behindertenhilfe – Analyse und Optimierung eines Versorgungskonzepts am Beispiel eines Diakonischen Werkes, Masterarbeit am Institut für Medizinmanagement und Gesundheitswissenschaften (unveröffentlicht), Bayreuth.

Hasenpusch, Jürgen/Moos, Christoph/Schwellbach, Uwe (2004), *Komplexität* als Aktionsfeld industrieller Unternehmen, in: Maier, Frank (Hrsg.), Komplexität und Dynamik als Herausforderung für das Management. Festschrift zum 60. Geburtstag von Peter Milling, Wiesbaden, S. 131–154.

Haswell, Stephen (2006), Over-Complexity in Accounting Standards and the Emerging Duopoly of US GAAP and IFRS, in: Australian Accounting Review, 16. Jg., S. 49–59.

Hauschildt, Jürgen (1977), *Entscheidungsziele.* Zielbildung in innovativen Entscheidungsprozessen: theoretische Ansätze und empirische Prüfung, Tübingen.

Hauschildt, Jürgen/Gemünden, Hans Georg/Grotz-Martin, Silvia/Haidle, Ulf (1983), *Entscheidungen* der Geschäftsführung. Typologie, Informationsverhalten, Effizienz, Tübingen.

HAUSCHILDT, JÜRGEN/LEKER, JENS (2001), *Kreditwürdigkeitsprüfung* (inkl. automatisierte), in: Gerke, Wolfgang/Steiner, Manfred (Hrsg.), Handwörterbuch des Bank- und Finanzwesens, 3. Aufl., Stuttgart, Sp. 1460-1471.

HEIN, MARCUS (2010), Fünf Jahre *Enforcement* bei der BaFin – Eine Bestandsaufnahme, in: Der Betrieb, 63. Jg., S. 2265–2270.

HEINHOLD, MICHAEL (2010), *Buchführung* in Fallbeispielen, 11. Aufl., Stuttgart.

HEINTGES, SEBASTIAN (2005), *Bilanzkultur und Bilanzpolitik* in den USA und in Deutschland. Einflüsse auf die Bilanzpolitik börsennotierter Unternehmen, 3. Aufl., Sternenfels.

HEINZ, ANNETTE (2010), Das *Enforcement-Verfahren* in Deutschland. Untersuchung des Systems zur Kontrolle von Rechnungslegungsunterlagen unter besonderer Berücksichtigung der Prüfung einer effektiven Rechtsschutzgewährung in Bezug auf eine Bekanntmachungsanordnung nach § 37q Absatz 2 Satz 1, 4 WpHG, Diss. Konstanz.

HELSPER, HELMUT (2004), *Steuervereinfachung*: Chancen im Gesetzgebungsprozess?, in: Bizer, Kilian/Falk, Armin/Lange, Joachim (Hrsg.), Am Staat vorbei. Transparenz, Fairness Partizipation kontra Steuerhinterziehung, Berlin, S. 139–158.

HENSELMANN, KLAUS/ROOS, BENJAMIN (2010), *IFRS for SMEs* als interessante Option für deutsche KMUs auf dem Gebiet der Konzernrechnungslegung?, in: Zeitschrift für internationale und kapitalmarktorientierte Rechnungslegung, 10. Jg., S. 318–327.

HERZ, ROBERT H. (2006), *Reducing Complexity And Maintaining High-Quality Financial Reporting*, in: Financial Executive, 22. Jg., S. 21–22.

HIPPEL, BORIS (2011), *Konzernlagebericht* und Kapitalmarkt. Eine empirische Analyse der Berichtspflichten nach HGB und DRS, Diss. Münster.

HIRSCH, BERNHARD/SCHNEIDER, YVONNE (2010), *Erklärungs- und Gestaltungsbeiträge* verhaltenswissenschaftlicher Theorien für eine integrierte Rechnungslegung, in: Zeitschrift für Planung und Unternehmenssteuerung (Journal of Management Control), 21. Jg., S. 7–35.

HIRSHLEIFER, JACK (1973), Where Are We in the *Theory of Information*?, in: The American Economic Review, 63. Jg., S. 31–39.

HITZ, JÖRG-MARKUS (2005), *Rechnungslegung zum fair value*. Konzeption und Entscheidungsnützlichkeit, Diss. Köln.

HITZ, JÖRG-MARKUS (2007), The Decision Usefulness of *Fair Value Accounting* – A Theoretical Perspective, in: European Accounting Review, 16. Jg., S. 323–362.

Hitz, Jörg-Markus/Ernstberger, Jürgen/Stich, Michael (2012), *Enforcement of Accounting Standards in Europe*: Capital-Market-Based Evidence for the Two-Tier Mechanism in Germany, in: European Accounting Review, 21. Jg., S. 253–281.

Hitz, Jörg-Markus/Zachow, Jannis (2011), Vereinheitlichung des Wertmaßstabs „beizulegender Zeitwert" durch IFRS 13 *„Fair Value Measurement"*, in: Die Wirtschaftsprüfung, 64. Jg., S. 964–972.

Hobson, Jessen L. (2011), Do the *Benefits of Reducing Accounting Complexity* Persist in Markets Prone to Bubble, in: Contemporary Accounting Research, 28. Jg., S. 957–989.

Hochhold, Stefanie/Rudolph, Bernd (2009), *Principal-Agent-Theorie*, in: Schwaiger, Manfred/Meyer, Anton (Hrsg.), Theorien und Methoden der Betriebswirtschaft. Handbuch für Wissenschaftler und Studierende, München, S. 131–145.

Hodder, Leslie/Hopkins, Patrick E./Wood, David A. (2008), The Effects of *Financial Statement and Informational Complexity on Analysts' Cash Flow Forecasts*, in: The Accounting Review, 83. Jg., S. 915–956.

Hoffjan, Andreas (2002), *Gesetzgebung als Kostentreiber* – Aufgaben der Politik im Reformprozess der Bundesanstalt, in: arbeit und beruf, 53. Jg., S. 161–163.

Hoffjan, Andreas/Bramann, Annehild/Kentrup, Stefan (2008), *Einfachheit* in der Gesetzgebung: Kostentreiber Rechtskomplexität und Ansätze des Rechtscontrollings, in: Brocke, Jan vom/Becker, Jörg (Hrsg.), Einfachheit in Wirtschaftsinformatik und Controlling, Festschrift für Heinz Lothar Grob, München, S. 281–295.

Hoffjan, Andreas/Bramann, Annehild/Kentrup, Stefan (2008), *Folgekosten von Gesetzen*. Beispiel AGG, Frankfurt am Main.

Hoffmann, Wolf-Dieter/Lüdenbach, Norbert (2003), Zur *Offenlegung der Ermessensspielräume* bei der Erstellung des Jahresabschlusses, in: Der Betrieb, 56. Jg., S. 1965–1969.

Hofmann, Christian/Küpper, Hans-Ulrich (2014), *Komplexitätsreduktion als Problem der Betriebswirtschaftslehre*, in: Dobler, Michael/Hachmeister, Dirk/Kuhner, Christoph/Rammert, Stefan (Hrsg.), Rechnungslegung, Prüfung und Unternehmensbewertung. Festschrift zum 65. Geburtstag von Professor Dr. Dr. h.c. Wolfgang Ballwieser, Stuttgart, S. 323–345.

Hofstede, Geert (2002), *Culture's Consequences*. Comparing values, behaviors, institutions, and organizations across nations, 2. Aufl., Thousand Oaks, California (USA).

Hofstede, Geert/Hofstede, Gert Jan/Minkov, Michael (2010), *Cultures and Organizations.* Software of the mind. Intercultural Cooperation and Its Importance for Survival, 3. Aufl., New York et al.

Hofstede, Geert (2003), *What is culture? A reply to Baskerville,* in: Accounting, Organizations and Society, 28. Jg., S. 811–813.

Holtsi, Ole R. (1969), *Content Analysis* for the Social Sciences and Humanities, Reading, Massachusetts (USA) et al.

Hombach, Bodo (2012), *Die Komplexitätsfalle,* Handelsblatt vom 7./8./9.12.2012, S. 20.

Homburg, Christian/Daum, Daniel (1997), Wege aus der *Komplexitätskostenfalle,* in: Zeitschrift für wirtschaftlichen Fabrikbetrieb, 92. Jg., S. 333–337.

Hoogendoorn, Martin (2006), *International Accounting Regulation and IFRS* Implementation in Europe and Beyond – Experiences with First-time Adoption in Europe, in: Accounting in Europe, 3. Jg., S. 23–26.

Hopf, Christel (2000), *Qualitative Interviews* – ein Überblick, in: Flick, Uwe/von Kardorff, Ernst/Steinke, Ines (Hrsg.), Qualitative Forschung. Ein Handbuch, Reinbek bei Hamburg, S. 349–360.

Hopf, Michael (1983), *Informationen* für Märkte und Märkte für Informationen, Frankfurt am Main.

Hopf, Michael (1983), Ausgewählte Probleme zur *Informationsökonomie,* in: Wirtschaftswissenschaftliches Studium, 12. Jg., S. 313–318.

Hopt, Klaus (1976), *Vom Aktien- und Börsenrecht zum Kapitalmarktrecht?* – Teil 1: Die international erreichte Stand des Kapitalmarktrechts, in: Zeitschrift für das gesamte Handelsrecht und Wirtschaftsrecht, 140. Jg., S. 201–235.

Hopt, Klaus (1977), *Vom Aktien- und Börsenrecht zum Kapitalmarktrecht?* – Teil 2: Die Deutsche Entwicklung im internationalen Vergleich, in: Zeitschrift für das gesamte Handelsrecht und Wirtschaftsrecht, 141. Jg., S. 389–441.

Hrasky, Sue/Mason, Clare/Wills, Debbie (2009), The *Textual Complexity of Annual Report Narratives*: A Comparison of High- and Low-Performance Companies, in: New Zealand Journal of Applied Business Research, 7. Jg, S. 31–45.

Huang, Yangiong/Parkkamäki, Jukka/Rochebrochard, Jean de la/Wright, Joshua (2008), *Financial market communication* strategies in a multi-country comparison, in: Mietzner, Mark/Schierek, Dirk (Hrsg.), Investor Relations management – The perspective of German property companies – Forschungsreihe des DIRK – Deutsche Investor Relations Verband e. V., München, S. 91–106.

Hüser, Annette (1996), Marketing, Ökologie und ökonomische *Theorie,* Diss. Wiesbaden.

Hütten, Christoph (2000), Der *Geschäftsbericht als Informationsinstrument.* Rechtsgrundlagen – Funktionen – Optimierungsmöglichkeiten, Diss. Saarbrükken.

Hütten, Christoph/Küting, Karlheinz (2001), *Geschäftsbericht*, in: Achleitner, Ann-Kristin/Bassen, Alexander (Hrsg.), Investor Relations am Neuen Markt. Zielgruppen, Instrumente, rechtliche Rahmenbedingungen und Kommunikationsinhalte, Stuttgart, S. 489–508.

Hungenberg, Harald (2000), *Komplexitätskosten*, in: Fischer, Thomas M. (Hrsg.), Kosten-Controlling. Neue Methoden und Inhalte, Stuttgart, S. 539–553.

Isidro, Helena/Raonic, Ivana (2012), *Firm incentives, institutional complexity and the quality of „harmonized" accounting numbers*, in: The International Journal of Accounting, 47. Jg., S. 407–436.

Jachmann, Monika (1998), Grundthesen zu einer Verbesserung der Akzeptanz der Besteuerung, insbesondere durch *Vereinfachung des Einkommensteuerrechts*, in: Steuer und Wirtschaft, 75. Jg., S. 193–207.

James, Malcolm (2008), *Tax simplification*: the impossible dream?, in: The British Tax Review, Nr. 4, S. 392–412.

Jeanjean, Thomas/Lesage, Cédric/Stolowy, Hervé (2010), *Why do you speak English (in your annual report)?*, in: The International Journal of Accounting (TIJA), 45. Jg., S. 200–223.

Jensen, Michael C./Meckling, William H. (1976), Theory of the Firm: Managerial Behaviour, *Agency Costs* and Ownership Structure, in: Journal of Financial Economics, 3. Jg., S. 305–360.

Jermakowicz, Eva K. (2004), *Effects of Adoption of International Financial Reporting Standards* in Belgium: The Evidence from BEL-20 Companies, in: Accounting in Europe, 1. Jg., S. 51–70.

Jermakowicz, Eva K./Gornik-Tomaszewski, Sylwia (2006), *Implementing IFRS* from the perspective of EU publicly traded companies, in: Journal of International Accounting, Auditing and Taxation, 15. Jg., S. 170–196.

Jermakowicz, Eva K./Prather-Kinsey, Jenice/Wulf, Inge (2007), *The Value Relevance of Accounting Income* Reported by DAX-30 German Companies, in: Journal of International Financial Management and Accounting, 18. Jg., S. 151–191.

Jiambalvo, James/Pratt, Jamie (1982), *Task Complexity* and Leadership Effectiveness in CPA Firms, in: The Accounting Review, 57. Jg., S. 734–750.

Jödicke, Dirk (2009), Einfluss kultureller Unterschiede auf die *Anwendung internationaler Rechnungslegungsregeln.* Eine theoretische und empirische Untersuchung zur Anwendung der IFRS in Deutschland, Frankreich und UK, Diss. Bochum.

Jones, Michael John (1988), A Longitudinal Study of the *Readability of the Chairman's Narratives* in the Corporate Reports of a UK Company, in: Accounting and Business Research, 18. Jg., S. 297–305.

Jones, Michael John/Shoemaker, Paul A. (1994), *Accounting Narratives*: A Review of Empirical Studies of Content and Readability, in: Journal of Accounting Literature, 13. Jg., S. 142–184.

Jones, Michael John/Smith, Malcolm (2013), *Traditional and alternative methods of measuring the understandability of accounting narratives*, in: Accounting, Auditing & Accountability Journal, 27. Jg, S. 1–38.

Kaas, Klaus Peter/Fischer, Marc (1993), Der *Transaktionskostenansatz*, in: Das Wirtschaftsstudium, 22. Jg., S. 686–693.

Kahle, Egbert (2001), *Betriebliche Entscheidungen.* Lehrbuch zur Einführung in die betriebswirtschaftliche Entscheidungstheorie, 6. Aufl., München/Wien.

Kahle, Holger/Lipp, Marisa (2013), Die *Komplexität einer G(K)KB*: Ein vergleichender Blick auf den Prozess der Umsatzsteuerharmonisierung in Europa, in: Deutsches Steuerrecht, 51. Jg., S. 1205–1212.

Kahnemann, Daniel (1973), *Attention and Effort*, Englewood Cliffs, New Jersey (USA).

Kajüter, Peter (2008), Harmonisierung des Rechnungswesens: Ein Ansatz zur *Vereinfachung des Controllings?*, in: Brocke, Jan vom/Becker, Jörg (Hrsg.), Einfachheit in Wirtschaftsinformatik und Controlling, Festschrift für Heinz Lothar Grob, München, S. 337–354.

Kajüter, Peter (2011), *§§ 289, 289a HGB*, in: Küting, Karlheinz/Pfitzer, Norbert/Weber, Claus-Peter (Hrsg.), Handbuch der Rechnungslegung – Einzelabschluss, Kommentar zur Bilanzierung und Prüfung, 5. Aufl., Stuttgart 2002 ff., 11. Ergänzungslieferung 4/2011, S. 1–56.

Kajüter, Peter/Barth, Daniela/Dickmann, Tobias/Zapp, Pierre (2007), *Rechnungslegung nach IFRS im deutschen Mittelstand?* Der Standardentwurf „IFRS für kleine und mittelgroße Unternehmen" im Licht empirischer Befunde, in: Der Betrieb, 59. Jg., S. 1877–1884.

Kajüter, Peter/Fink, Christian (2012), *Management Commentary* – Kritische Punkte und offene Fragen zum IFRS Practice Statement des IASB, in: Internationale und kapitalmarktorientierte Rechnungslegung, 12. Jg., S. 247–252.

Kaplow, Louis (1995), A Model of the Optimal *Complexity of Legal Rules*, in: Journal of Law, Economics, & Organization, 11. Jg., S. 150–163.

Kappelhoff, Peter (2002), *Komplexitätstheorie*: Neues Paradigma für die Managementforschung?, in: Schreyögg, Georg/Conrad, Peter (Hrsg.), Theorien des Managements. Managementforschung 12, Wiesbaden, S. 49–101.

Karlinsky, Stewart S. (1981), *Complexity* in the federal Income Tax Law Attributable to the Capital Gain and Loss Preference: A Measurement Model, Unpublished doctoral dissertation, New York University, zitiert nach **Long, Susan B./Swingen, Judyth A.** (1987), An Approach to the *Measurement of Tax Law Complexity*, in: The Journal of the American Taxation Association, 8. Jg., S. 36.

Karlinsky, Stewart S./Koch, Bruce S. (1987), *Impact of Tax Law Complexity* on Professionals, in: The Journal of the American Taxation Association, 8. Jg., S. 24–34.

Kasim, Nor Aziah Abu/Mail, Rasid (2013), *Complexity of accounting change* during corporatization: insights from two case studies, in: International Journal of Critical Accounting, 5. Jg., S. 143–155.

Kasper, Helmut (2004), *Komplexitätsmanagement*, in: Schreyögg, Georg/von Werder, Axel (Hrsg.), Handwörterbuch Unternehmensführung und Organisation, 4. Aufl., Stuttgart, Sp. 618-628.

Kauffman, Stuart A. (1993), *The Origins of Order*. Self-Organization and Selection in Evolution, New York, New York (USA).

Kauffman, Stuart (1996), *At Home in the Universe*. The Search for the Laws of Self-Organization and Complexity, New York, New York (USA).

Kim, Jeong-Bon/Liu, Xiaohong/Zheng, Liu (2012), *The Impact of Mandatory IFRS Adoption on Audit Fees*: Theory and Evidence, in: The Accounting Review, 87. Jg., S. 2061–2094.

Kirchhoff, Klaus Rainer/Döbler, Anke (1997), Die *Bedeutung des Geschäftsberichts*, in: Baetge, Jörg/Kirchhoff, Klaus Rainer (Hrsg.), Der Geschäftsbericht: die Visitenkarte des Unternehmens. Bedeutung – Inhalt – Sprache – Design – Servicefunktion – Praxisbeispiele, Wien, S. 17–23.

Kirchhof, Paul (2004), *Der sanfte Verlust der Freiheit*. Für ein neues Steuerrecht – klar, verständlich, gerecht, München/Wien.

Kirchhof, Paul (2010), Die *Reform des deutschen Steuerrechts*, in: Zeitschrift für Staats- und Europawissenschaften, 8. Jg., S. 449–497.

Kirk, Jerome/Miller, Marc L. (1986), *Reliability and Validity* in Qualitative Research. Qualitative Research Methods. Volume 1, 2. Aufl., Beverly Hills, California (USA).

Kirsch, Hanno (2003), *Gestaltungspotenzial durch verdeckte Bilanzierungswahlrechte* nach IAS/IFRS, in: Betriebs-Berater, 58. Jg., S. 1111–1116.

Kirsch, Hanno (2008), *Exposure Draft des Conceptual Framworks* für Phase A – Zielsetzung der Finanzberichterstattung und qualitative Anforderungen an die Rechnungslegung, in: Deutsche Steuer-Zeitung, 96. Jg., S. 511–515.

Kirsch, Werner (1998), Die *Handhabung von Entscheidungsproblemen.* Einführung in die Theorie der Entscheidungsprozesse, 5. Aufl., München.

Klein, Harald (1996), Computerunterstützte *Inhaltsanalyse* mit INTEXT, Münster.

Kleinmanns, Hermann (2003), Externe *Rechnungslegung* – Von der traditionellen Finanzberichterstattung zum Business Reporting, in: Buchführung, Bilanzierung, Kostenrechnung, Nr. 3 vom 7.2.2003, S. 1245–1258.

Klepper, Steven/Mazur, Mark/Nagin, Daniel (1991), *Expert Intermediaries* and Leagal Compliance: The Case of Tax Preparers, in: Journal of Law and Economics, 34. Jg., S. 205–229.

Kleekämper, Heinz/Kuhlewind, Andreas-Markus/Alvarez, Manuel (2010), Kapitel I: *Ziele, Organisation, Entwicklung und Bedeutung des IASB*, in: Baetge, Jörg/Wollmert, Peter/Kirsch, Hans-Jürgen/Oser, Peter/Bischof, Stefan (Hrsg.), Rechnungslegung nach IFRS. Kommentar auf der Grundlage des deutschen Bilanzrechts, 2. Aufl., Stuttgart 2002 ff., 13. Ergänzungslieferung 12/2010, S. 1–63.

Knauer, Thorsten/Wöhrmann, Arnt/Maiworm, Christian (2012), Kosten infolge der *Komplexität der Rechnungslegung* als Motivation für den Rückzug vom Kapitalmarkt?, in: Internationale und kapitalmarktorientierte Rechnungslegung, 12. Jg., S. 284–289.

Knight, Frank H. (1921), Risk, *Uncertainty* and Profit, New York (Reprint 1964).

Knorr, Liesel (2012), Fortentwicklung der *Finanzberichterstattung*, in: Die Wirtschaftsprüfung, 65. Jg., Heft 3, S. I.

Koch, Bruce S./Karlinsky, Stewart S. (1984), The Effect of Federal Income *Tax Law Reading Complexity* on Students' Task Performance, in: Issues in Accouting Education, S. 98–110.

Köhler, Annette/Junc, Lars S. (2011), Die *Qualität von Corporate-Compliance-Systemen.* Freiwillige Berichterstattung und Auswirkung auf die

Eigenkapitalkosten, in: Zeitschrift für Planung und Unternehmenssteuerung (Journal of Management Control), 21. Jg., S. 299–322.

Köhler, Richard/Küpper, Hans-Ulrich/Pfingsten, Andreas (2007), *Betriebswirtschaftslehre*, in: Köhler, Richard/Küpper, Hans-Ulrich/Pfingsten, Andreas (Hrsg.), Handwörterbuch der Betriebswirtschaftslehre, 6. Aufl., Stuttgart, S. 134–160.

Kohlleppel, Laura/Wambach, Achim (2013), *Das Ende des Wettrüstens*, in Süddeutsche Zeitung (SZ) vom 18.02.2013, S. 18.

Kormaier, Benedikt (2008), Externe *Unternehmensberichterstattung* nicht kapitalmarktorientierter Unternehmen. Ableitung von Vorschlägen zur konzeptionellen Ausgestaltung einer differenzierten Rechnungslegung, Diss. Rostock.

Korndörfer, Wolfgang (2003), *Allgemeine Betriebswirtschaftslehre*. Aufbau – Ablauf – Führung – Leitung, 13. Aufl., Wiesbaden.

Kosiol, Erich (1976), *Pagatorische Bilanz*. Die Bewegungsbilanz als Grundlage einer integrativ verbundenen Erfolgs-, Bestands- und Finanzrechnung, Berlin.

Kowal, Sabine/O'Connell, Daniel C. (2000), Zur *Transkription von Gesprächen*, in: Flick, Uwe/von Kardorff, Ernst/Steinke, Ines (Hrsg.), Qualitative Forschung. Ein Handbuch, Reinbek bei Hamburg, S. 437–447.

Kozikowski, Michael/Ritter, Katja M. (2010), *§ 315a HGB*, in: Ellrott, Helmut/Förschle, Gerhart/Kozikowski, Michael/Winkeljohann, Norbert (Hrsg.), Beck'scher Bilanz-Kommentar. Handels- und Steuerbilanz. §§ 238 bis 339, 342 bis 342e HGB mit IFRS-Abweichungen, 7. Aufl., München, S. 1942–1946.

Kraimer, Klaus (2002), *Einzelfallstudien*, in: König, Eckard/Zedler, Peter (Hrsg.), Qualitative Forschung. Grundlagen und Methoden, 2. Aufl., Weinheim/Basel, S. 213–232.

Kramer, Michael (2010), *Ermessensspielräume bei der Fair-Value-Bewertung* immaterieller Vermögenswerte. Eine empirische Analyse, Diss. Berlin.

Krawitz, Norbert (2005), *Anhang und Lagebericht nach IFRS*. Prinzipien, Anforderungen, Strukturierung, München.

Kreher, Markus (2007), *Komplexität und Dynamik der Rechnungslegung* – Optimierung der Kapitalmarkttransparenz oder zuviel des Guten, in: Heyd, Reinhard/von Keitz, Isabel (Hrsg.), IFRS-Management, München, S. 215–232.

Krippendorff, Klaus (2013), *Content Analysis*. An Introduction to Its Methodology, 3. Aufl., Los Angeles, California (USA) et al.

Kühl, Stefan (2012), *Der Sudoku-Effekt*. Die Komplexitätsexplosion an den Hochschulen, in: Forschung & Lehre, Heft 4, S. 290–293.

Küting, Karlheinz (2011), Die *Komplexität des HGB- und IFRS-Regelwerks* – Vergleich der beiden Systeme, in: Praxis der internationalen Rechnungslegung, 7. Jg., S. 131–135.

Küting, Karlheinz (2012), *IFRS oder HGB?*, in: Der Betrieb, 65. Jg., Nr. 03, S. M1.

Küting, Karlheinz (2012), Zur *Komplexität der Rechnungslegungssysteme* nach HGB und IFRS, in: Der Betrieb, 65. Jg., S. 297–304.

Küting, Karlheinz (2012), *Zum Schwierigkeitsgrad einer HGB- und IFRS-Abschlussprüfung* – Ein Systemvergleich, in: Der Betrieb, 65. Jg., S. 1521–1528.

Küting, Karlheinz/Busch, Julia (2003), Der *Geschäftsbericht* – Entwicklung, Ziele und Bestandteile, in: Unternehmensteuern und Bilanzen, 5. Jg., S. 152–156.

Küting, Karlheinz/Koch, Christian/Tesche, Thomas (2011), *Umbruch der internationalen Leasingbilanzierung* – Fluch oder Segen?, in: Der Betrieb, 64. Jg., S. 425–430.

Küting, Karlheinz/Lauer, Peter (2009), Der *Fair Value* in der Krise, in: Betriebswirtschaftliche Forschung und Praxis, 61. Jg., S. 547–567.

Küting, Karlheinz/Pfitzer, Norbert/Weber, Claus-Peter (2013), *IFRS oder HGB*? Systemvergleich und Beurteilung, 2. Aufl., Stuttgart.

Küting, Karlheinz/Strauss, Marc (2011), Die *Intensität und Komplexität der Anhangangaben* nach HGB und IFRS im Vergleich, in: NWB Unternehmenssteuern und Bilanzen, 13. Jg., S. 439–446.

Küting, Karlheinz/Weber, Claus-Peter (2012), Die *Bilanzanalyse*. Beurteilung von Abschlüssen nach HGB und IFRS, 10. Aufl., Stuttgart.

Küting, Karlheinz/Weber, Claus-Peter (2012), Der *Konzernabschluss*. Praxis der Konzernrechnungslegung nach HGB und IFRS, 13. Aufl., Stuttgart.

Küting, Karlheinz/Zwirner, Christian/Reuter, Michael (2007), Zur Bedeutung der *Fair Value-Bewertung* in der deutschen Bilanzierungspraxis, in: Deutsches Steuerrecht, 45. Jg., S. 500–506.

Kuhlmann, Christian (2001), Einführung in die *Betriebswirtschaftslehre*. Allgemeine Grundlagen, München.

Kuhnle, Helmut/Banzhaf, Jürgen (2006), *Finanzkommunikation* unter IFRS. Grundlagen, Ziele und Gestaltung, München.

Kunz, Harald (1985), *Marktsystem und Information*, Tübingen.

Kvaal, Erlend/Nobes, Christopher (2010), *International differences in IFRS policy choice*: a research note, in: Accounting and Business Research, 40. Jg., S. 173–187.

Kvale, Steinar (1989), *To Validate Is to Question*, in: Kvale, Steinar (Hrsg.), Issues of Validity in Qualitative Research, Lund, S. 73–92.

Kvale, Steinar (2012), *Validierung*: Von der Beobachtung zu Kommunikation und Handeln, in: Flick, Uwe/von Kardorff, Ernst/Keupp, Heiner/von Rosenstiel, Lutz/Wolff, Stephan (Hrsg.), Handbuch Qualitative Sozialforschung. Grundlagen, Konzepte, Methoden und Anwendungen, 3. Aufl., Weinheim, S. 427–431.

Kvale, Steinar (2009), *Doing Interviews*, Los Angeles, California (USA) et al.

Lackmann, Julia (2011), *Nachhaltigkeitsbericht*, in: Busse von Colbe, Walther/Crasselt, Nils/Pellens, Bernhard (Hrsg.), Lexikon des Rechnungswesens. Handbuch der Bilanzierung und Prüfung, der Erlös-, Finanz-, Investitions- und Kostenrechnung, 5. Aufl., München, S. 565–568.

Lamnek, Siegfried (2002), *Qualitative Interviews*, in: König, Eckard/Zedler, Peter (Hrsg.), Qualitative Forschung. Grundlagen und Methoden, 2. Aufl., Weinheim/Basel, S. 157–193.

Lamnek, Siegfried (2010), *Qualitative Sozialforschung*, 5. Aufl., Weinheim/Basel.

Lange, Knut Werner (2013), § 289 *Lagebericht*, in: Schmidt, Karsten/Ebke, Werner F. (Hrsg.), Münchener Kommentar zum Handelsgesetzbuch. Band 4. Drittes Buch. Handelsbücher. §§ 238-342e, 3. Aufl., München, S. 881–925.

La Porte, Todd R. (1975), Chapter I. Organized Social *Complexity*: Explication of a Concept, in: La Porte, Todd R. (Hrsg.), Organized Social Complexity. Challenge to Politics and Policy, Princeton, New Jersey (USA), S. 3–39.

Lassila, Dennis R./Smith, L. Murphy (1997), *Tax Complexity and Compliance Costs* of U.S. multinational Corporations, in: Advances in International Accounting, 10. Jg., S. 207–237.

Laux, Christian/Leuz, Christian (2009), *The crisis of fair-value accounting*: Making sense of the recent debate, in: Accounting, Organizations and Society, 34. Jg., S. 826–834.

Laux, Christian/Leuz, Christian (2010), Did *Fair-Value Accounting* Contribute to the Financial Crisis?, in: Journal of Economic Perspectives, 24. Jg., S. 93–118.

Laux, Helmut/Gillenkirch, Robert M./Schenk-Mathes, Heike Y. (2012), *Entscheidungstheorie*, 8. Aufl., Berlin/Heidelberg.

Lechner, Karl/Egger, Anton/Schauer, Reinbert (2013), Einführung in die *Allgemeine Betriebswirtschaftslehre*, 26. Aufl., Wien.

Lee, Yen-Jung (2012), The *Effect of Quarterly Report Readability* on Information Efficiency of Stock Prices, in: Contemporary Accounting Research, 29. Jg., S. 1137–1170.

Lehavy, Reuven/Li, Feng/Merkley, Kenneth (2011), The Effect of *Annual Report Readability* on Analyst Following and the Properties of Their Earnings Forecasts, in: The Accounting Review, 86. Jg., S. 1087–1115.

Lehr, Carsten (2009), Controlling und Investor Relations – Komplementäre einer richtigen und guten *Finanzberichterstattung*, in: Brösel, Gerrit/Keuper, Frank (Hrsg.), Controlling und Medien. Festschrift für Rolf Dintner zum 65. Geburtstag, Schriften zum Konvergenzmanagement, Band 9, Berlin, S. 141–149.

Leibfried, Peter/Weber, Ingo (2009), *Notes.* Handbuch für den IFRS-Anhang, 2. Aufl., Berlin.

Leipold, Helmut (1993), *Neue Institutionenökonomik*, in: Dichtl, Erwin/Issing, Otmar (Hrsg.), Vahlens Großes Wirtschaftslexikon. Band 2. L-Z, 2. Aufl., München, S. 1521–1522.

Lerchenmüller, Julia/Sellhorn, Thorsten (2011), *Konzernabschluss*, in: Busse von Colbe, Walther/Crasselt, Nils/Pellens, Bernhard (Hrsg.), Lexikon des Rechnungswesens. Handbuch der Bilanzierung und Prüfung, der Erlös-, Finanz-, Investitions- und Kostenrechnung, 5. Aufl., München, S. 473–479.

Libby, Robert/Libby, Patricia A./Short, Daniel G. (2014), *Financial Accounting*, 8. Aufl., New York, New York (USA).

Liessmann, Konrad Paul (2001), In Wirklichkeit ist alles ganz einfach – Aufbau und Reduktion von *Komplexität in sozialen Systemen*, in: FH-Studiengang „Militärische Führung" an der Theresianischen Militärakademie WIENER NEUSTADT (Hrsg.), Umgang mit Komplexität. Führen in komplexen Systemen. ARMIS ET LITTERIS. Militärwissenschaftliche Schriftenreihe des FH-Studiengangs „Militärische Führung", 7/01, Wien, S. 7–19.

Li, Feng (2008), *Annual report readability*, current earnings, and earnings persistence, in: Journal of Accounting and Economics (JAE), 45. Jg., S. 221–247.

Li, Feng (2010), *Textual Analysis of Corporate Disclosures*: A Survey of the Literature, in: Journal of Accounting Literature (JAL), 29. Jg., S. 143–165.

Lisch, Ralf (1978), *Kategorien*, in: Lisch, Ralf/Kriz, Jürgen (Hrsg.), Grundlagen und Modelle der Inhaltsanalyse. Bestandsaufnahme und Kritik, Reinbek bei Hamburg, S. 69–83.

Lisch, Ralf (1978), *Richtung und Intensität*, in: Lisch, Ralf/Kriz, Jürgen (Hrsg.), Grundlagen und Modelle der Inhaltsanalyse. Bestandsaufnahme und Kritik, Reinbek bei Hamburg, S. 124–150.

Liu, Chih-Liang/Lai, Shu-Miao (2012), *Organizational Complexity* and Auditor Quality, in: Corporate Governance: An International Review, 20. Jg., S. 352–368.

Liu, Peng/Li, Zhizhong (2012), *Task complexity*: A review and conceptualization framework, in: International Journal of Industrial Ergonomics, 42. Jg., S. 553–568.

Loitz, Rüdiger (2012), *Audit of Tax* – neue Herausforderungen für die integrierte Prüfung der Steuerposten bei einer Abschlussprüfung, in: Die Wirtschaftsprüfung, 65. Jg., S. 247–258.

Long, James E./Caudill, Steven B. (1987), *The Usage and benefits of Paid Tax Return Preparation*, in: The National Tax Journal, 40. Jg, S. 35–46.

Long, Susan B./Swingen, Judyth A. (1987), An Approach to the *Measurement of Tax Law Complexity*, in: The Journal of the American Taxation Association, 8. Jg., S. 22–36.

Loughran, Tim/McDonald, Bill (2013), *Measuring Readability* in Financial Disclosures, in: The Journal of Finance (Veröffentlichung in Vorbereitung).

Luderer, Bernd/Nollau, Volker/Vetters, Klaus (2008), *Mathematische Formeln für Wirtschaftswissenschaftler*, 6. Aufl., Wiesbaden.

Lüdenbach, Norbert (2013), § 24. *Stetigkeitsgebot, Änderung Bilanzierungsmethoden und Schätzungen, Bilanzberichtigung*, in: Lüdenbach, Norbert/ Hoffmann, Wolf-Dieter (Hrsg.), Haufe IFRS-Kommentar. Das Standardwerk, 11. Aufl., Freiburg et al., S. 1329–1358.

Lüdenbach, Norbert/Hoffmann, Wolf-Dieter (2003), Imparitätische Wahrscheinlichkeit – *Zukunftswerte im IAS-Regelwerk*, in: Internationale und kapitalmarktorientierte Rechnungslegung, 3. Jg., S. 5–14.

Lüdenbach, Norbert/Hoffmann, Wolf-Dieter (2005), *Die „komplizierte" IFRS-Rechnungslegung* für mittelständische Unternehmen. Systematik und Fallstudie, in: Deutsches Steuerrecht, 43. Jg., S. 884–890.

Luhmann, Niklas (1972), *Rechtssoziologie 1*, Reinbek bei Hamburg.

Luhmann, Niklas (1980), *Komplexität*, in: Grochla, Erwin (Hrsg.), Handwörterbuch der Organisation, 2. Aufl., Stuttgart, Sp. 1064-1070.

Luhmann, Niklas (1997), *Die Gesellschaft der Gesellschaft*. Erster Teilband. Kapitel 1-3, Frankfurt/Main.

Luhmann, Niklas (2000), *Organisation und Entscheidung*, Opladen/Wiesbaden.

Luhmann, Niklas (2009), Einführung in die *Systemtheorie*, von: Baekker, Dirk (Hrsg.), 5. Aufl., Heidelberg.

Märkl, Helmut/Schaber, Mathias (2010), *IFRS 9 Financial Instruments*: Neue Vorschriften zur Kategorisierung und Bewertung von finanziellen Vermögenswerten, in: Zeitschrift für internationale und kapitalmarktorientierte Rechnungslegung, 10. Jg., S. 65–74.

Märkle, Rudi (1994), *Steuervereinfachung* durch die Verwaltung, in: Bühler, Wilhelm/Kirchhof, Paul/Klein, Franz (Hrsg.), Steuervereinfachung. Festschrift für Dietrich Mexding zum 65. Geburtstag, Heidelberg, S. 117–131.

Mages, Monika K. (2009), *IFRS-Bilanzierung aus der Sicht mittelständischer Personengesellschaften.* Eine theoretische und empirische Untersuchung, Diss. Vallendar.

Malik, Fredmund (2008), *Strategie des Managements komplexer Systeme.* Ein Beitrag zur Management-Kybernetik evolutionärer Systeme, 10. Aufl., Bern et al.

Marten, Kai-Uwe/Quick, Reiner/Ruhnke, Klaus (2011), *Wirtschaftsprüfung.* Grundlagen des betriebswirtschaftlichen Prüfungswesens nach nationalen und internationalen Normen, 4. Aufl., Stuttgart.

Martindale, Bobbie Cook/Koch, Bruce S./Karlinsky, Stewart S. (1992), *Tax Law Complexity*: The Impact of Style, in: Journal of Business Communication, 29. Jg., S. 383–400.

Massarrat-Mashhadi, Nima/Sielaff, Christian (2012), *Testing taxpayers' cognitive abilities* – Survey-based evidence, in: International Journal of Economic Sciences and Applied Research, 5. Jg., S. 7–22.

Matyschok, Edgar (2009), *Finanzberichterstattung* bei Aufnahme und Beendigung der Börsennotierung, in: Betriebs-Berater, 64. Jg., S. 1494–1496.

Mayer-Wegelin, Eberhard (2010), Zur Anwendung der IFRS in der Praxis – Erfahrungen aus dem *Enforcement*, in: Betriebs-Berater, 65. Jg., S. 2811–2816.

Mayring, Philipp (2010), *Qualitative Inhaltsanalyse.* Grundlagen und Techniken, 11. Aufl., Weinheim/Basel.

McCaffery, Edward J. (1990), The Holy Grail of *Tax Simplification*, in: Wisconsin Law Review, 69. Jg., S. 1267–1322.

McFarland, Andrew S. (1969), *Power and Leadership* in Pluralist Systems, Stanford.

Meffert, Heribert (2002), *Betriebswirtschaftslehre in den Siebziger- und Achtzigerjahren*, in: Gaugler, Eduard/Köhler, Richard (Hrsg.), Entwicklungen der Betriebswirtschaftslehre. 100 Jahre Fachdisziplin – zugleich eine Verlagsgeschichte, Stuttgart, S. 135–164.

Melcher, Winfried/Murer, Alexander (2011), Das *IFRS Practice Statement „Management Commentary"* im Vergleich zu den DRS Verlautbarungen zur Lageberichterstattung, in: Der Betrieb, 64. Jg., S. 430–434.

Merkt, Hanno (2001), *Unternehmenspublizität.* Offenlegung von Unternehmensdaten als Korrelat der Marktteilnahme, Tübingen.

Merten, Klaus (1995), *Inhaltsanalyse.* Einführung in Theorie, Methode und Praxis, 2. Aufl., Opladen.

Mettke, Thomas (1983), *Komplexität des Lebensmittelrechts* – Ungerechtigkeiten beim Gesetzesvollzug, in: Gewerblicher Rechtsschutz und Urheberrecht, 85. Jg., S. 422–430.

Meyer, Christian Martin (2007), *Integration des Komplexitätsmanagements* in den strategischen Führungsprozess der Logistik, Bern et al.

Meyer, Herbert (2010), Aktuelle Entwicklungen des *Enforcement* in Deutschland, in: Zeitschrift für Internationale Rechnungslegung, 5. Jg., S. 153–158.

Meyer, Herbert/Braun, Robert (2010), Fair Value als Treiber der *Komplexität* von IFRS, in: Betriebs-Berater, 65. Jg., S. 1779–1782.

Miller, Brian P. (2010), The Effects of *Reporting Complexity* on Small and Large Investor Trading, in: The Accounting Review, 85. Jg., S. 2107–2143.

Milling, Peter (2002), Kybernetische Überlegungen beim *Entscheiden in komplexen Systemen*, in: Milling, Peter (Hrsg.), Entscheiden in komplexen Systemen. Wissenschaftliche Jahrestagung der Gesellschaft für Wirtschafts- und Sozialkybernetik vom 29. und 30. September 2000 in Mannheim, Berlin, S. 11–26.

Milliron, Valerie C. (1984), *Taxpayer Perceptions of Complexity* and the Effect of Complexity on Reporting Positions, Unpublished doctoral dissertation, University of Southern California, zitiert nach **Long, Susan B./Swingen, Judyth A.** (1987), An Approach to the *Measurement of Tax Law Complexity*, in: The Journal of the American Taxation Association, 8. Jg., S. 36.

Milliron, Valerie C. (1985), A Behavioral Study of the *Meaning and Influence of Tax Complexity*, in: Journal of Accounting Research, 23. Jg., S. 794–816.

Milliron, Valerie C. (1985), An Analysis of the Relationship Between *Tax Equity and Tax Complexity*, in: The Journal of the American Taxation Association, 6. Jg., S. 19–33.

Möllers, Thomas M. J./Fekonja, Benjamin (2012), *Private Rechtsetzung im Schatten des Gesetzes.* Ein Beitrag zur Bindungswirkung privaten Rechts am Beispiel des Deutschen Corporate Governance Kodex und der deutschen Rechnungslegungs Standards, in: Zeitschrift für Unternehmens- und Gesellschaftsrecht, 41. Jg., S. 777–816.

Moxter, Adolf (1962), *Bilanzierung und unsichere Erwartungen*, in: Hax, Karl (Hrsg.), Zeitschrift für handelswissenschaftliche Forschung, 14. Jg., Köln/Opladen, S. 607–632.

Moxter, Adolf (1984), *Bilanzlehre.* Band I: Einführung in die Bilanztheorie, 3. Aufl., Wiesbaden.

Müller, Stefan/Juchler, Daniel/Ergün, Ismail (2012), Änderungen durch E-DRS 27. *Risikoberichterstattung* im Konzernlagebericht, in: Praxis der internationalen Rechnungslegung, 8. Jg., S. 215–221.

Müller, Stefan/Reinke, Jens (2008), Empirische Analyse der *IFRS-Erstanwendung*. Eine Analyse der Umstellungen bei DAX-, MDAX- und SDAX-Unternehmen unter Beachtung des IFRS 1 in den Geschäftsjahren 2004–2006, in: Internationale und kapitalmarktorientierte Rechnungslegung, 8. Jg., S. 26–35.

Narktabtee, Kanogporn/Patpanichchot, Suntaree (2011), The Impact Of Country-Level vs Firm-Level Factors On *The Effectiveness Of IFRS Adoption*: The Case Of European Union, in: International Business & Economics Research Journal, 10. Jg., S. 79–92.

Neus, Werner (2007), *Unsicherheitstheorie*, in: Köhler, Richard/Küpper, Hans-Ulrich/Pfingsten, Andreas (Hrsg.), Handwörterbuch der Betriebswirtschaftslehre, 6. Aufl., Stuttgart, S. 1770–1781.

Neus, Werner (2013), Einführung in die *Betriebswirtschaftslehre* aus institutionenökonomischer Sicht, 8. Aufl., Tübingen.

Nicolis, Grégoire/Prigogine, Ilya (1987), Die *Erforschung des Komplexen*. Auf dem Weg zu einem Verständnis der Naturwissenschaften, München/Zürich.

Nobes, Christopher (1998), Towards a General Model of the *Reasons for International Differences in Financial Reporting*, in: A Journal of Accounting, Finance and Business Studies, 34. Jg., S. 162–187.

Nobes, Christopher (2006), *The survival of international differences under IFRS*: towards a research agenda, in: Accounting and Business Research, 36. Jg., S. 233–245.

Nobes, Christopher /Parker, Robert (2010), *Comparative International Accounting*, 11. Aufl., Harlow, England et al.

Nobes, Christopher W. (2005), Rules-Based Standards and the Lack of Principles in *Accounting*, in: Accounting Horizons, 19. Jg., S. 25–34.

Oberdörster, Tatjana (2009), *Finanzberichterstattung* und Prognosefehler von Finanzanaylsten, Diss. Münster.

Ochs, Andreas/Leibfried, Peter (2006), *IFRS für den deutschen Mittelstand?* Eine empirische Untersuchung, in: Praxis der internationalen Rechnungslegung, 4. Jg, S. 183–189.

O'Connell, Daniel C./Kowal, Sabine (1995), *Transcription Systems for Spoken Discourse*, in: Verschueren, Jef/Östman, Jan-Ola/Blommaert, Jan (Hrsg.), Handbook of Pragmatics: manual, Amsterdam/Philadelphia, S. 646–656.

O'Donnell, Ed/Koch, Bruce/Boone, Jeff (2005), *The influence of domain knowledge and task complexity* on tax professionals' compliance recommendations, in: Accounting, Organizations and Society, 30. Jg., S. 145–165.

Ohlinger, Thorsten (2011), *Rating*, in: Busse von Colbe, Walther/Crasselt, Nils/Pellens, Bernhard (Hrsg.), Lexikon des Rechnungswesens. Handbuch der Bilanzierung und Prüfung, der Erlös-, Finanz-, Investitions- und Kostenrechnung, 5. Aufl., München, S. 645–646.

Oldewurtel, Christoph/Kümpel, Katharina/Wolz, Matthias (2011), Die aktuellen Änderungen der *Abbildung von Pensionsverpflichtungen nach IAS 19*. Mehr Information durch Reduktion?, in: Zeitschrift für internationale und kapitalmarktorientierte Rechnungslegung, 11. Jg., S. 449–457.

Oldewurtel, Christoph/Kümpel, Katharina/Wolz, Matthias (2012), Fluss und Wandel in der *Bilanzierung von Pensionsverpflichtungen* – Eine kritische Analyse der jüngsten Änderungen von IAS 19 und ihrer potenziellen Ausstrahlungswirkungen auf das HGB, in: Die Wirtschaftsprüfung, 65. Jg., S. 1139–1145.

Oliver, Tracy/Bartley, Scott (2005), Tax system complexity and compliance costs – some theoretical considerations, in: Economic Roundup, Winter, S. 53–68.

Opper, Sonja (2001), Der Stand der *Neuen Institutionenökonomik*, in: Wirtschaftsdienst (Zeitschrift für Wirtschaftspolitik), 81. Jg., S. 601–608.

Ordelheide, Dieter (1988), Kaufmännischer Periodengewinn als ökonomischer Gewinn – Zur *Unsicherheitsrepräsentation* bei der Konzeption von Erfolgsgrößen –, in: Domsch, Michel/Eisenführ, Franz/Ordelheide, Dieter/Perlitz, Manfred (Hrsg.), Unternehmungserfolg. Planung – Ermittlung – Kontrolle. Walther Busse von Colbe zum 60. Geburtstag, Wiesbaden, S. 275–302.

Ordelheide, Dieter (1999), *Wertpotential und Objektivierung der IAS* im Vergleich zu den Bilanzierungsvorschriften des dHGB und des öHGB. Konsequenzen für die externe und interne Unternehmenssteuerung, in: Altenburger, Otto A./Janschek, Otto/Müller, Heinrich (Hrsg.), Fortschritte im Rechnungswesen. Vorschläge für Weiterentwicklungen im Dienste der Unternehmens- und Konzernsteuerung durch Unternehmensorgane und Eigentümer. Gerhard Seicht zum 60. Geburtstag, Wiesbaden, S. 507–532.

Ott, Michaela/Wagner, Franz W. (2012), Wie relevant sind *Steuerwirkungen auf Investitionen* noch? Zeit-, Bemessungsgrundlagen- und Tarif-Effekte der Unternehmensbesteuerung 1960–2010, in: Schmalenbachs Zeitschrift für betriebswirtschaftliche Forschung, 64. Jg., S. 392–427.

O. V. (1976), *Komplexität*, in: Klaus, Georg/Liebscher, Heinz (Hrsg.), Wörterbuch der Kybernetik, 4. Aufl., Berlin, S. 314–315.

O. V. (2008), *Unsicherheit*, in: Corsten, Hans/Gössinger, Ralf (Hrsg.), Lexikon der Betriebswirtschaftslehre, 5. Aufl., München, S. 848.

O. V. (2010), Bilanzprüfstelle erkennt Hoffnungsschimmer. *Komplexität der IFRS-Rechnungslegung* und Krise als häufigste Fehlerursache – Prävention wird gestärkt, in: Börsen-Zeitung vom 05.02.2010, S. 11.

O. V. (2011), *Konzernlagebericht*, in: Busse von Colbe, Walther/Crasselt, Nils/Pellens, Bernhard (Hrsg.), Lexikon des Rechnungswesens. Handbuch der Bilanzierung und Prüfung, der Erlös-, Finanz-, Investitions- und Kostenrechnung, 5. Aufl., München, S. 487.

O. V. (2011), *Kostenremanenz*, in: Busse von Colbe, Walther/Crasselt, Nils/Pellens, Bernhard (Hrsg.), Lexikon des Rechnungswesens. Handbuch der Bilanzierung und Prüfung, der Erlös-, Finanz-, Investitions- und Kostenrechnung, 5. Aufl., München, S. 512.

O. V. (2011), *Rechnungslegung*, in: Busse von Colbe, Walther/Crasselt, Nils/Pellens, Bernhard (Hrsg.), Lexikon des Rechnungswesens. Handbuch der Bilanzierung und Prüfung, der Erlös-, Finanz-, Investitions- und Kostenrechnung, 5. Aufl., München, S. 652.

Palan, Dietmar (2012), *Prämiert.* Wer informiert seine Aktionäre am besten? Der Manager-Magazin-Wettbewerb „Der Beste Geschäftsbericht“ gibt die Antwort, in: manager magazin, Heft 10, S. 114–121.

Palmrose, Zoe-Vonna (2009), *Science, Politics, and Accounting*: A View from the Potomac, in: The Accounting Review, 84. Jg., S. 281–297.

Payne, John W. (1976), *Task Complexity* and Contingent Processing in Decision Making: An Information Search and Protocol Analysis, in: Organizational Behavior and Human Performance, 16. Jg., S. 366–387.

Pellens, Bernhard (2010), *IFRS-Jubiläum*: Fünf Jahre in der Kritik, in: Frankfurter Allgemeine Zeitung (FAZ) vom 22.03.2010, S. 12.

Pellens, Bernhard (2011), *Publizität*, in: Busse von Colbe, Walther/Crasselt, Nils/Pellens, Bernhard (Hrsg.), Lexikon des Rechnungswesens. Handbuch der Bilanzierung und Prüfung, der Erlös-, Finanz-, Investitions- und Kostenrechnung, 5. Aufl., München, S. 639–642.

Pellens, Bernhard/Crasselt, Nils/Schmidt, André/Sellhorn, Thorsten (2008), *Fair Value-Bilanzierung und Ergebnisspaltung*, in: Wagner, Franz W./Schildbach, Thomas/Schneider, Dieter (Hrsg.), Private und öffentliche Rechnungslegung – Festschrift für Hannes Streim zum 65. Geburtstag, Wiesbaden, S. 279–295.

Pellens, Bernhard/Detert, Karsten (2003), IFRS 1 „First-time Adoption of International Financial Reporting Standards“. Neue Regelungen zur erstmaligen Anwendung der IFRS, in: Internationale und kapitalmarktorientierte Rechnungslegung, 3. Jg., S. 369–376.

Pellens, Bernhard/Fülbier, Rolf Uwe (2000), *Differenzierung der Rechnungslegungsregulierung* nach Börsenzulassung, in: Zeitschrift für Unternehmens- und Gesellschaftsrecht, 29. Jg., S. 572–593.

Pellens, Bernhard/Fülbier, Rolf Uwe/Gassen, Joachim/Sellhorn, Thorsten (2011), *Internationale Rechnungslegung.* IFRS 1 bis 9, IAS 1 bis 41, IFRIC-Interpretationen, Standardentwürfe. Mit Beispielen, Aufgaben und Fallstudie, 8. Aufl., Stuttgart.

Pellens, Bernhard/Fülbier, Rolf Uwe/Gassen, Joachim/Sellhorn, Thorsten (2014), *Internationale Rechnungslegung.* IFRS 1 bis 13, IAS 1 bis 41, IFRIC-Interpretationen, Standardentwürfe. Mit Beispielen, Aufgaben und Fallstudie, 9. Aufl., Stuttgart.

Pellens, Bernhard/Jödicke, Dirk/Jödicke, Ralf (2007), *Anwendbarkeit nicht freigegebener IFRS innerhalb der EU,* in: Betriebs-Berater, 62. Jg., S. 2503–2507.

Pellens, Bernhard/Lehmann, Kai (2012), *Managementprognosen und Analystenschätzungen* – Eine deskriptive Analyse auf Basis der HDAX-Unternehmen, in: Schmalenbachs Zeitschrift für betriebswirtschaftliche Forschung, 64. Jg., S. 873–892.

Pellens, Bernhard/Neuhaus, Stefan/Schmidt, André (2008), Relevanz unterschiedlicher *Wertmaßstäbe für die Ausgestaltung der Unternehmensberichterstattung,* in: Die Wirtschaftsprüfung, Sonderheft 2008, 61. Jg., S. S82–S88.

Pellens, Bernhard/Obermüller, Philipp/Riemenschneider, Sebastian (2011), *Reform der Bilanzierung von leistungsorientierten Pensionsverpflichtungen nach IFRS:* Der IAS 19 revised im Überblick, in: Zeitschrift für internationale und kapitalmarktorientierte Rechnungslegung, 11. Jg., S. 561–566.

Pellens, Bernhard/Obermüller, Philipp/Rüthers, Torben (2010), Fünf Jahre IFRS-Abschlüsse in der Europäischen Union. *Bestandaufnahme und Perspektive der Rechnungslegungsharmonisierung,* in: Der Schweizer Treuhänder, 84. Jg., S. 464–471.

Pellens, Bernhard/Schmidt, André (2014), *Verhalten und Präferenzen deutscher Aktionäre.* Eine Befragung von privaten institutionellen Anlegern zum Informationsverhalten, Dividendenpräferenz und zur Wahrung von Stimmrechten, unter: URL: https://www.dai.de/files/dai_usercontent/dokumente/studien/2014_11_02_DAI_Studie_Verhalten-und-Praeferezen-Deutscher-Aktionaere.pdf (eingesehen am 25.02.2014).

Perridon, Louis/Steiner, Manfred/Rathgeber, Andreas (2012), *Finanzwirtschaft* der Unternehmung, 16. Aufl., München.

Perrow, Charles (1967), *A framework for the comparative analysis of organizations*, in: American Sociological Review, 32. Jg., S. 194–208.

Petersen, Karl/Zwirner, Christian (2008), *Die deutsche Rechnungslegung und Prüfung im Umbruch* – Veränderte Rahmenbedingungen durch die geplanten Reformen des Bilanzrechtsmodernisierungsgesetzes (BilMoG) gemäß dem Gesetzentwurf der Bundesregierung vom 21.05.2008 –, in: Zeitschrift für internationale und kapitalmarktorientierte Rechnungslegung, 8. Jg., Beilage 3, S. 1–36.

Peterson, Kyle (2012), *Accounting complexity*, misreporting, and the consequences of misreporting, in: Review of Accounting Studies, 17. Jg., S. 72–95.

Pfaff, Dieter/Gabor, Günther (2004), *Rechnungswesen und Organisation*, in: Schreyögg, Georg/von Werder, Axel (Hrsg.), Handwörterbuch Unternehmensführung und Organisation, 4. Aufl., Stuttgart, Sp. 1244-1252.

Pfaff, Dieter/Hermann, Roger (2012), *Beweggründe für den Wechsel von IFRS auf Swiss GAAP FER*. Warum kotierte Schweizer Unternehmen ihre Rechnungslegung zunehmend umstellen, in: Der Schweizer Treuhänder, 86. Jg., S. 202–207.

Pfeiffle, Horst (2000), *Komplexität*, in: Fachhochschule-Studiengang „Militärische Führung“ (Hrsg.), Armis et litteris. Umgang mit Komplexität. Führen in komplexen Systemen. Militärwissenschaftliche Schriftenreihe, Band 5, Wiener Neustadt, S. 7–27.

Pferdehirt, Henrik (2007), Die *Leasingbilanzierung nach IFRS*. Eine theoretische und empirische Analyse der Reformbestrebungen, Diss. Vallendar.

Pfitzer, Norbert/Höfner, Sebastian/Lauer, Peter/Wassong, Vanessa (2014), *Informationsnutzen versus Informationskosten* der externen Rechnungslegung – Eine kritische Analyse der IFRS anhand ausgewählter Problemstellungen *(Teil I)*, in: Deutsches Steuerrecht, 52. Jg., S. 345–349.

Pfitzer, Norbert/Höfner, Sebastian/Lauer, Peter/Wassong, Vanessa (2014), *Informationsnutzen versus Informationskosten* der externen Rechnungslegung – Eine kritische Analyse der IFRS anhand ausgewählter Problemstellungen *(Teil II)*, in: Deutsches Steuerrecht, 52. Jg., S. 384–387.

Philipps, Holger (2007), *Halbjahresfinanzberichterstattung* nach dem WpHG, in: Der Betrieb, 60. Jg., S. 2326–2332.

Picot, Arnold/Dietl, Helmut (1990), *Transaktionskostentheorie*, in: Wirtschaftswissenschaftliches Studium, 19. Jg., S. 178–184.

Picot, Arnold/Dietl, Helmut/Franck, Egon/Fiedler, Marina/Royer, Susanne (2012), *Organisation.* Theorie und Praxis aus ökonomischer Sicht, 6. Aufl., Stuttgart.

Picot, Arnold/Freudenberg, Heino (1998), Neue organisatorische Ansätze zum *Umgang mit Komplexität*, in: Adam, Dietrich (Hrsg.), Komplexitätsmanagement, Schriften zur Unternehmensführung, Band 61, Wiesbaden, S. 69–86.

Piwinger, Manfred (2009), Protokoll und Präsentation: *Geschäftsberichte als Mittel der Information* und Beziehungspflege, in: Kirchhoff, Klaus Rainer/ Piwinger, Manfred (Hrsg.), Praxishandbuch Investor Relations. Das Standardwert der Finanzkommunikation, 2. Aufl., Wiesbaden, S. 357–367.

Plumlee, Marlene A. (2003), The *Effect of Information Complexity* on Analysts' Use of That Information, in: The Accounting Review, 78. Jg., S. 275–296.

Popper, Karl R. (2005), *Logik der Forschung*, 11. Aufl., Tübingen.

Porák, Victor/Achleitner, Ann-Kristin/Fieseler, Christian/ Groth, Thorsten (2006), *Finanzkommunikation.* Die Grundlagen der Investor Relations, in: Schmid, Beate F./Lyczek, Boris (Hrsg.), Unternehmenskommunikation. Kommunikationsmanagement aus Sicht der Unternehmensführung, Wiesbaden, S. 258–283.

Pulham, Susan Alexandra (2004), *Investor Relations* für Privatanleger. Eine theoretische und empirische Analyse der Ambiguitätswahrnehmung privater Investoren auf Basis institutionenökonomischer und verhaltenswissenschaftlicher Erkenntnisse, Diss. Aachen.

Qu, Sandy Q./Dumay, John (2011), *The qualitative research interview*, in: Qualitative Research in Accounting & Managment, 8. Jg., S. 238–264.

Rabenhorst, Dirk/Wiechens, Gero (2009), Praxis der *Halbjahresfinanzberichterstattung* der DAX 30-Unternehmen, in: Der Betrieb, 62. Jg. S. 521–526.

Rathnow, Peter J. (1993), Integriertes *Variantenmanagement.* Bestimmung, Realisierung und Sicherung der optimalen Produktvielfalt, Göttingen.

Redder, Angelika (2001), *Aufbau und Gestaltung von Transkriptionssystemen*, in: Brinker, Klaus/Antos, Gerd/Heinemann, Wolfgang/Sager, Sven F. (Hrsg.), Text- und Gesprächslinguistik. Ein internationales Handbuch zeitgenössischer Forschung, Band 16, Halbband 2, Berlin/New York, S. 1038–1059.

Rees, Ray (1985), The Theory of *Principal and Agent. Part I*, in: Bulletin of Economic Research (Bull Econ Res), 37. Jg., S. 3–26.

Regn, Claudius (2009), *Strategisches Denken* und Gestaltung von IT bei Komplexität, Dynamik und Unsicherheit. Entwicklung eines Denkansatzes auf Grundlage der Komplexitätstheorie, Diss. Köln.

Renn, Ortwin/Schweizer, Pia-Johanna/Dreyer, Marion/ Klinke, Andreas (2007), *Risiko.* Über den gesellschaftlichen Umgang mit Unsicherheit, München.

Rennekamp, Kristina (2012), Processing Fluency and Investors' Reactions to *Disclosure Readability*, in: Journal of Accounting Research, 50. Jg., S. 1319–1354.

Richter, Helmut (2005), 114. *Transkriptionssysteme*/Transcription Systems, in: Ammon, Ulrich/Dittmar, Norbert/Mattheier, Klaus J./Trudgill, Peter (Hrsg.), Sociolinguistics. Soziolinguistik. An International Handbook of the Science of Language and Society. Ein internationales Handbuch zur Wissenschaft von Sprache und Gesellschaft, Volume 2/2. Teilband, 2. Aufl., S. 1126–1134.

Richter, Rudolf/Bindseil, Ulrich (1995), *Neue Institutionenökonomik*, in: Wirtschaftswissenschaftliches Studium, 24. Jg., S. 132–140.

Rieg, Robert/Heyd, Reinhard (2013), *Informationsfunktion der Handelsbilanz und BilMoG*: Ergebnisse einer Feldstudie zur Bilanzierungspraxis bei nicht-kapitalmarktorientierten Unternehmen, in: Betriebs-Berater, 68. Jg., S. 335–341.

Rieger, Sonja (2011), *Steuerklientelunsicherheit* und Investitionsentscheidungen. Eine modelltheoretische und experimentelle Analyse, Diss. Münster.

Ritsert, Jürgen (1975), *Inhaltsanalyse* und Ideologiekritik. Ein Versuch über kritische Sozialforschung, Frankfurt am Main.

Rogers, Rodney K./Grant, Julia (1997), *Content Analysis of Information* cited in Reports of sell-side Financial Analysts, in: Journal of Financial Statement Analysis, 3. Jg., S. 17–31.

Rogowski, Ralf/Wilthagen, Ton (2004), *Deregulierung und Reregulierung* von Übergangsarbeitsmärkten, in: WSI-Mitteilungen (Wirtschafts- und Sozialwissenschaftliches Institut), 57. Jg., S. 153–158.

Ropohl, Günter (2012), *Allgemeine Systemtheorie.* Einführung in transdisziplinäres Denken, Berlin.

Ross, Stephen A. (1973), The Economic *Theory of Agency*: The Principal's Problem, in: American Economic Association, 63. Jg., S. 134–139.

Rudolph, Bernd/Schäfer, Klaus (2010), *Derivative Finanzmarktinstrumente.* Eine anwendungsbezogene Einführung in Märkte, Strategien und Bewertung, 2. Aufl., Berlin/Heidelberg.

Rühli, Edwin (2002), *Betriebswirtschaftslehre nach dem Zweiten Weltkrieg* (1945 – ca. 1970), in: Gaugler, Eduard/Köhler, Richard (Hrsg.), Entwicklungen der Betriebswirtschaftslehre. 100 Jahre Fachdisziplin – zugleich eine Verlagsgeschichte, Stuttgart, S. 111–133.

Ruhl, J. B. (1996), *The Fitness of Law*: Using Complexity Theory to Describe the Evolution of Law and Society and its Practical Meaning for Democracy, in: Vanderbilt Law Review, 49. Jg., S. 1406–1490.

Ruhl, J. B. (2008), *Law's Complexity*: A Primer, in: Georgia State University Law Review, 24. Jg., S. 885–911.

Ruhnke, Klaus (1995), *Konzernbuchführung*, Diss. Duisburg.

Ruhnke, Klaus/Simons, Dirk (2012), *Rechnungslegung nach IFRS und HGB*. Lehrbuch zur Theorie und Praxis der Unternehmenspublizität mit Beispielen und Übungen, 3. Aufl., Stuttgart.

Rüsen, Tom/von Schlippe, Arist/Gimeno, Alberto (2012), Strukturelles Risiko und Mentale Modelle in *Familienunternehmen*, in: Zeitschrift für Familienunternehmen und Stiftungen, Heft 3, S. 92–98.

Rüthers, Torben (2011), International Financial Reporting Standards (*IFRS*), in: Busse von Colbe, Walther/Crasselt, Nils/Pellens, Bernhard (Hrsg.), Lexikon des Rechnungswesens. Handbuch der Bilanzierung und Prüfung, der Erlös-, Finanz-, Investitions- und Kostenrechnung, 5. Aufl., München, S. 382–383.

Rutherford, Brian A. (2003), Obfuscation, *Textual Complexity* and the Role of Regulated Narrative Accounting Disclosure on Corporate Governance, in: Journal of Management and Governance, 7. Jg., S. 187–210.

Said, Hassan A. (2011), *Corporate Financial Reporting Complexity*: Recommendations for Improvement, in: Review of Business, 31. Jg., S. 69–87.

Sanusi, Zuraidah Mohd/Iskandar, Takiah Mohd/Poon, June M. L. (2007), *Effects of Goal Orientation and Task Complexity* on Audit Judgment Performance, in: Malaysian Accounting Review, 6. Jg., S. 123–139.

Sauter, Franz (1985), *Transaktionskostentheorie* der Organisation. Die Ökonomie von Organisationsformen. Eine transaktionskostentheoretische Analyse, Diss. Mannheim.

Schäffer, Utz/Brettel, Tanja (2005), Ein *Plädoyer für Fallstudien*, in: Zeitschrift für Controlling & Management, 49. Jg., S. 43–46.

Schaffer, Jens (2010), Entwicklung und Optimierung eines treiberbasierten Modells zur Bewertung varianteninduzierter *Komplexitätskosten* in industriellen Produktionsprozessen, Diss. Lüneburg.

Scheicher, Christoph (2010), *Does Work Always Pay in Germany*?, in: German Economic Review, 11. Jg., S. 266–277.

Schildbach, Thomas (1999), *Zeitbewertung, Gewinnkonzeptionen und Informationsgehalt* – Stellungnahme zu „Financial Assets and Liabilities – Fair Value or Historical Cost?“, in: Die Wirtschaftsprüfung, 52. Jg., S. 177–185.

Schildbach, Thomas (2006), *Fair Value* – Wunsch und Wirklichkeit, in: Küting, Karlheinz/Pfitzer, Norbert/Weber, Claus-Peter (Hrsg.), Internationale Rechnungslegung: Standortbestimmung und Zukunftsperspektiven. Kapitalmarktorientierte Rechnungslegung und integrierte Unternehmenssteuerung, Stuttgart, S. 7–32.

Schildbach, Thomas (2009), *Accounting in accordance with IFRS and assessment*, in view of the requirements for SMEs and handicraft enterprises, in: Hinterdobler, Toni/Küpper, Hans-Ulrich (Hrsg.), Alignment of accounting for SMEs and handicraft enterprises, Criteria, scope and limits for their regulation in the European context, Ludwig-Fröhler-Institut, München, S. 31–71.

Schildbach, Thomas (2010a), *Fair Value* – Leitstern für Wege ins Abseits, in: Küting, Karlheinz/Pfitzer, Norbert/Weber, Claus-Peter (Hrsg.), IFRS und BilMoG. Herausforderungen für das Bilanz- und Prüfungswesen, Stuttgart, S. 295–314.

Schildbach, Thomas (2010b), *Fair Value* – Leitstern für Wege ins Abseits, in: Deutsches Steuerrecht, 48. Jg., S. 69–75.

Schildbach, Thomas (2012), *Fair value accounting* und Information des Markts, in: Schmalenbachs Zeitschrift für betriebswirtschaftliche Forschung, 64. Jg., S. 522–535.

Schipper, Katherine (1994), *Academic Accounting Research* and the Standard Setting Process, in: Accounting Horizons, 8. Jg., S. 61–73.

Schipper, Katherine (2005), *The Introduction of International Accounting Standards in Europe*: Implications for International Convergence, in: European Accounting Review, 14. Jg., S. 101–126.

Schmalen, Helmut/Pechtl, Hans (2013), Grundlagen und Probleme der *Betriebswirtschaft*, 15. Aufl., Stuttgart.

Schmidt, André/Barekzai, Omar/Hüttermann, Kai (2014), *IFRS 9 „Finanzinstrumente“: Neuregelungen zur Sicherungsbilanzierung (Teil 2)*, in: Der Betrieb, 67. Jg., S. 433-438.

Schmidt, Christoph (2014), Die *Abbildung pharmazeutischer Forschung und Entwicklung in der HGB- und Steuerbilanz*, in: Deutsches Steuerrecht, 52. Jg., S. 544–551.

Schmidt, Sabine (2009), Die *Diffusion komplexer Produkte und Systeme*. Ein systemdynamischer Ansatz, Diss. Cottbus.

Schneck, Ottmar (2008), *Rating*. Wie Sie Ihre Bank überzeugen, 2. Aufl., München.

Schneider, Dieter (1973), Unternehmerische Entscheidung unter *Ungewißheit (I)*, in: Der Betrieb, 26. Jg., S. 241–246.

Schneider, Dieter (1978), *Maßgeblichkeit* der Handelsbilanz für die Steuerbilanz und Besteuerung nach der Leistungsfähigkeit, in: Betriebs-Berater, 33. Jg., S. 1577–1581.

Schneider, Dieter (1992), *Investition*, Finanzierung und Besteuerung, 7. Aufl., Wiesbaden.

Schneider, Dieter (1995), *Informations- und Entscheidungstheorie*, München.

Schneider, Dieter (1995), Betriebswirtschaftslehre. Band 1: *Grundlagen*, 2. Aufl., München/Wien.

Schneider, Dieter (1997), Betriebswirtschaftslehre. Band 2: *Rechnungswesen*, 2. Aufl., München/Wien.

Schneider, Dieter (2000), *Fördern internationale Rechnungslegungsstandards Wettbewerb* als Verwertung von Wissen?, in: Schmalenbachs Zeitschrift für betriebswirtschaftliche Forschung, Sonderheft 45, S. 23–40.

Schoeneberg, Klaus-Peter (2010), *Komplexität* – Eine Einführung in die Komplexitätsforschung und Auswirkungen auf das Management komplexer Projekte, in: Loock, Herbert/Steppler, Hubert (Hrsg.), Marktorientierte Problemlösungen im Innovationsmarketing. Festschrift für Prof. Dr. Michael P. Zerres, Wiesbaden, S. 479–500.

Schöttler, Jürgen/Spulak, Reinhard (2009), *Technik des betrieblichen Rechnungswesens.* Lehrbuch zur Finanzbuchhaltung, 10. Aufl., München.

Schramm, Hans-Gerhard (1989), Steuerliche *Ungewißheitsanalyse.* Grundlagen, Konzept und Expertensystem, Bergisch Gladbach et al.

Schramm, Matthias (2005), Verhaltensannahmen der *Transaktionskostentheorie.* Von eingeschränkter Rationalität zu sozialer Einbettung, Diss. Duisburg.

Schreyögg, Georg (2002), *Komplexität und Organisation.* Kommentar zu Peter Kappelhoffs „Komplexitätstheorie: Neues Paradigma für die Managementforschung?“, in: Schreyögg, Georg/Conrad, Peter (Hrsg.), Theorien des Managements. Managementforschung 12, Wiesbaden, S. 103–111.

Schroeder, J. D. (1975), Potential Simplification of the Federal Income Tax Law by Eliminating Special Treatment of Capital Gains and Losses, Unpublished doctoral dissertation, Michigan State University, zitiert nach **Long, Susan B./ Swingen, Judyth A.** (1987), An Approach to the *Measurement of Tax Law Complexity*, in: The Journal of the American Taxation Association, 8. Jg., S. 36.

Schuck, Peter H. (1992), *Legal Complexity*: Some Causes, Consequences, and Cures, in: Duke Law Journal, 42. Jg., S. 1–52.

Schuh, Günther (2005), *Produktkomplexität* managen. Strategien – Methoden – Tools, 2. Aufl., München/Wien.

Schumacher, Anja (1994), *Unvollkommene Information* in der neoklassischen Informationsökonomik und im evolutionsökonomischen Ansatz, Diss. Frankfurt am Main.

Schwaninger, Markus (1996), *Systemtheorie*, in: Kern, Werner/Schröder, Hans-Horst/Weber, Jürgen (Hrsg.), Handwörterbuch der Produktionswirtschaft, 2. Aufl., Stuttgart, Sp. 1946–1960.

Seifert, Michael (2011), Die *Erfassung von Unsicherheit* bei den IFRS, Diss. München.

Sigloch, Jochen (2000), Ein Valet dem *Maßgeblichkeitsprinzip*?, in: Betriebswirtschaftliche Forschung und Praxis, 52. Jg., S. 157–182.

Sigloch, Jochen (2004), Steuerbilanz und Rechnungslegung nach internationalen Standards – Chancen für eine Neue *Maßgeblichkeit*, in: Göbel, Stefan/Heni, Bernhard (Hrsg.), Unternehmensrechnung. Festschrift zum 68. Geburtstag von Gerhard Scherrer, München, S. 332–353.

Sigloch, Jochen (2006), *Leasing-Transaktionen in der Rechnungslegung* - off- or on-balance sheet?, in: Siegel, Theodor/Klein, Andreas/Schneider, Dieter/Schwintowski, Hans-Peter (Hrsg.), Unternehmungen, Versicherungen und Rechnungslegung. Festschrift zur Vollendung des 65. Lebensjahres von Dieter Rückle, Berlin, S. 409–425.

Sigloch, Jochen (2011), *Rechnungslegung*. Jahresabschluss nach Handels- und Steuerrecht und internationalen Standards, 8. Aufl., Bayreuth.

Sigloch, Jochen/Egner, Thomas/Wildner, Stephan (2011), Einführung in die *Betriebswirtschaftslehre*, 4. Aufl., Stuttgart.

Simon, Herbert A. (1965), The *Architecture of Complexity*, in: General Systems, 10. Jg., S. 63–76.

Slemrod, Joel (2005), The Etiology of *Tax Complexity*: Evidence from U.S. State Income Tax Systems, in: Public Finance Review, 33. Jg, S. 279–299.

Smith, Malcolm (2011), *Research Methods in Accounting*, 2. Aufl., Los Angeles, California (USA) et al.

Spraul, Katharina/Scheefer, Anna/Helmig, bernd/Eckstein, Bernd (2012), *Doppik und Produkthaushalte* als Instrumente strategischen Managements in Kommunen – Eine vergleichende Fallstudie, in: Zeitschrift für Betriebswirtschaft, 82. Jg., S. 935–968.

Spremann, Klaus (1989), *Agent and Principal*, in: Bamberg, Günter/Spremann, Klaus (Hrsg.), Agency Theory, Information, and Incentives, Berlin et al., S. 3–37.

Sprenger, Reinhard (1976), Grundsätze gewissenhafter und getreuer *Rechenschaft im Geschäftsbericht*. Ein Beitrag zur Interpretation von § 160 IV 1 AktG, Wiesbaden.

Stake, Robert E. (1995), The Art of *Case Study Research*, Thousand Oaks, California (USA).

Steinke, Ines (1999), *Kriterien qualitativer Forschung*. Ansätze zur Bewertung qualitativ-empirischer Sozialforschung, Weinheim/München.

Steinke, Ines (2000), *Gütekriterien qualitativer Forschung*, in: Flick, Uwe/von Kardorff, Ernst/Steinke, Ines (Hrsg.), Qualitative Forschung. Ein Handbuch, Reinbek bei Hamburg, S. 319–331.

Stier, Winfried (1999), *Empirische Forschungsmethoden*, 2. Aufl., Berlin et al.

Stone, William Gerard (2011), *Readability of accountants' communications* with small business – Some Australian Evidence, in: Accounting Forum, 35. Jg., S. 247–261.

Stone, Gerard/Parker, Lee D. (2013), *Developing the Flesch reading ease formula* for the contemporary accounting communications landscape, in: Qualitative Research in Accounting & Management, 10. Jg., S. 31–59.

Straub, Thomas (2012), Einführung in die *Allgemeine Betriebswirtschaftslehre*, München.

Streim, Hannes (2000), Die *Vermittlung von entscheidungsnützlichen Informationen* durch Bilanz und GuV – Ein nicht einlösbares Versprechen der internationalen Standardsetter, in: Betriebswirtschaftliche Forschung und Praxis, 52. Jg., S. 111–131.

Streim, Hannes/Bieker, Marcus/Esser, Maik (2003), *Vermittlung entscheidungsnützlicher Informationen durch Fair Values* – Sackgasse oder Licht am Horizont? in: Betriebswirtschaftliche Forschung und Praxis, 55. Jg., S. 457–479.

Streim, Hannes/Bieker, Marcus/Leippe, Britta (2001), Anmerkungen zur theoretischen Fundierung der *Rechnungslegung nach International Accounting Standards*, in: Schmidt, Hartmut/Ketzel, Eberhart/Prigge, Stefan (Hrsg.), Wolfgang Stützel. Moderne Konzepte für Finanzmärkte, Beschäftigung und Wirtschaftsverfassung, Tübingen, S. 177–206.

Streuer, Olaf (2004), Aufgaben der *Investor Relations*, in: Deutscher Investor Relations Kreis e. V. (DIRK e. V.) (Hrsg.), Handbuch Investor Relations, Wiesbaden, S. 39–64.

Stuart, Iris C./Prawitt, Douglas F. (2012), Firm-Level Formalization and *Auditor Performance on Complex Tasks*, in: Behavioral Research in Accounting, 24. Jg., S. 193–210.

Stüttgen, Manfred (2003), Strategien der *Komplexitätsbewältigung* in Unternehmen. Ein transdisziplinärer Bezugsrahmen, 2. Aufl., Diss. Bern et al.

Subramanian, Ram/Insley, Robert G./Blackwell, Rodney, D. (1993), *Performance and Readability*: A Comparison of Annual Reports of Profitable and Unprofitable Corporations, in: The Journal of Business Communication, 30. Jg., S. 49–61.

Sydserff, Robin/Weetman, Pauline (1999), *A texture index for evaluating accounting narratives*. An alternative to readability formulas, in: Accounting, Auditing & Accountability Journal, 12. Jg., S. 459–488.

Tacke, Veronika (2004), *Systemtheorie*, in: Schreyögg, Georg/von Werder, Axel (Hrsg.), Handwörterbuch Unternehmensführung und Organisation, 4. Aufl., Stuttgart, Sp. 1392–1400.

Tan, Hun-Tong/Ng, Terence Bu-Peow/Mak, Bobby Wai-Yeong (2002), *The Effects of Task Complexity* on Auditors' Performance: The Impact of Accountability and Knowledge, in: Auditing: A Journal of Practice & Theory, 21. Jg, S. 81–95.

Tanski, Joachim S. (2004), *Bilanzpolitische Spielräume* in den IFRS, in: Deutsches Steuerrecht, 42. Jg., S. 1843–1847.

Tanski, Joachim S. (2006), *Bilanzpolitik und Bilanzanalyse* nach IFRS. Instrumentarium, Spielräume, Gestaltung, München.

Tausczik, Yla R./Pennebaker, James W. (2010), *The Psychological Meaning of Words*: LIWC and Computerized Text Analysis Methods, in: Journal of Language and Social Psychology, 29. Jg., S. 24–54.

Teitler, Evelyn (2006), Offenlegungspflichten über die Hauptquellen von *Schätzungsunsicherheiten* nach IAS 1, in: Zeitschrift für Internationale Rechnungslegung, 1. Jg., S. 179–185.

Theile, Carsten (2003), *Erstmalige Anwendung der IAS/IFRS*. Einfach unvergleichlich komplex, in: Der Betrieb, 56. Jg., S. 1745–1752.

Theile, Carsten (2012), *IFRS als EU-Recht*, in: Heuser, Paul J./Theile, Carsten (Hrsg.), IFRS Handbuch. Einzel- und Konzernabschluss, 5. Aufl., Köln, S. 24–36.

Theile, Carsten (2012), *Anwendung der EU-IFRS in Deutschland*, in: Heuser, Paul J./Theile, Carsten (Hrsg.), IFRS Handbuch. Einzel- und Konzernabschluss, 5. Aufl., Köln, S. 36–48.

Theisen, Manuel René (2000), Der *Konzern*. Betriebswirtschaftliche und rechtliche Grundlagen der Konzernunternehmung, 2. Aufl., Stuttgart.

Thiele, Mouna (1994), *Neue Institutionenökonomik*, in: Das Wirtschaftsstudium, 23. Jg., S. 993–997.

Tight, Malcolm (2010), *The curious case of case study*: a viewpoint, in: International Journal of Social Research Methodology, 13. Jg., S. 329–339.

Towfigh, Emanuel Vahid (2009), *Komplexität und Normenklarheit* – oder: Gesetze sind für Juristen gemacht, in: Der Staat, 48. Jg., S. 29–73.

Tran-Nam, Binh (2000), *Tax Reform and Tax Simplification*: Some Conceptual Issues and a Preliminary Assessment, in: Petersen, Hans-Georg/Gallagher, Patrick (Hrsg.), Tax and Transfer Reform in Australia and Germany, Australia Centre Series Vol. 3, Potsdam, S. 91–116.

Tran-Nam, Binh/Glover, John (2005), The *Compliance Costs* of the GST to Small Business: Some Preliminary Results Based on a Case Study Approach, in: Fisher, Rodney A./Walpole, Michael (Hrsg.), Global Challenges in Tax Administration, Birmingham, S. 288–302.

Tran-Nam, Binh/Karlinsky, Stewart (2009), *Small Business Tax Law Complexity* in Australia, in: Walpole, Michael/Evans, Chris (Hrsg.), Tax Administration: Safe Harbours and New Horizons, 1. Aufl., Birmingham, S. 321–348.

Tran-Nam, Binh/Karlinsky, Stewart (2010), Small Business *Tax Law Complexity* in Australia: A Further Study, in: New Zealand Journal of Taxation Law and Policy, 16. Jg, S. 153–176.

Ulrich, Hans (1971), *Der systemorientierte Ansatz in der Betriebswirtschaftslehre*, in: von Kortzfleisch, Gert (Hrsg.), Wissenschaftsprogramm und Ausbildungsziele der Betriebswirtschaftslehre. Bericht von der wissenschaftlichen Tagung in St. Gallen vom 2.-5. Juni 1971, Berlin, S. 43–60.

Ulrich, Hans (1983), *Management* – eine unverstandene gesellschaftliche Funktion, in: Siegwart, Hans/Probst, Gilbert J. B. (Hrsg.), Mitarbeiterführung und gesellschaftlicher Wandel. Die kritische Gesellschaft und ihre Konsequenzen für die Mitarbeiterführung. Festschrift zum 70. Geburtstag von Prof. Dr. Charles Lattmann, Bern/Stuttgart, S. 133–152.

Ulrich, Hans/Probst, Gilbert J. B. (2001), Anleitung zum ganzheitlichen *Denken und Handeln*. Ein Brevier für Führungskräfte. Hans Ulrich. Gesammelte Schriften, Band 3, Herausgegeben von der Stiftung zur Förderung der systemorientierten Managementlehre, St. Gallen, Schweiz, Bern et al.

Ulrich, Peter/Hill, Wilhelm (1979), *Wissenschaftstheoretische Aspekte ausgewählter betriebswirtschaftlicher Konzeptionen*, in: Raffée, Hans/Abel, Bodo (Hrsg.), Wissenschaftstheoretische Grundfragen der Wirtschaftswissenschaften, München, S. 161–190.

Ulrich, Peter/Fluri, Edgar (1995), *Management*. Eine konzentrierte Einführung, 7. Aufl., Bern et al.

Vieru, Markku/Schadewitz, Hannu (2010), *Impact of IFRS transition* on audit and non-audit fees: evidence from small and medium-sized listed companies in Finland, in: The Finnish Journal of Business Economics, 1. Jg., S. 11–41.

von Bertalanffy, Ludwig (1950), The *Theory of Open Systems* in Physics and Biology, in: Science, 111. Jg., S. 23–29.

von Bertalanffy, Ludwig (1968), *General System Theory* – A Critical Review, in: Buckley, Walter Frederick (Hrsg.), Modern Systems Research for the Behavioral Scientist. A Sourcebook, Chicago, S. 11–30.

von Bertalanffy, Ludwig (1972), The History and Status of *General Systems Theory*, in: Klir, George J. (Hrsg.), Trends in General Systems Theory, New York et al., S. 21–41.

von Bertalanffy, Ludwig (2003), *General System Theory*, in: Midgley, Gerald (Hrsg.), Systems thinking. General systems theory, cybernetics and complexity. Band 1, London et al., S. 35–51.

von Hayek, Friedrich A. (1986), *Recht, Gesetzgebung und Freiheit.* Band 1: Regeln und Ordnung. Eine neue Darstellung der liberalen Prinzipien der Gerechtigkeit und der politischen Ökonomie, 2. Aufl., Landsberg.

von Keitz, Isabel/Stibi, Bernd (2004), *Rechnungslegung nach IAS/IFRS* – auch ein Thema für den Mittelstand?, in: Zeitschrift für internationale und kapitalmarktorientierte Rechnungslegung, 4. Jg., S. 423–429.

von Keitz, Isabel/Stibi, Bernd/Klaholz, Eva (2011), *IFRS – (auch) nach Verabschiedung des BilMoG ein Thema für den Mittelstand?* Ergebnisse einer empirischen Befragung des (gehobenen) Mittelstands in Nordrhein-Westfalen, in: Zeitschrift für internationale und kapitalmarktorientierte Rechnungslegung, 11. Jg., Beilage 1, S. 1–16.

von Keitz, Isabel/Stibi, Bernd/Stolle, Ingeborg (2007), *Rechnungslegung nach (Full-)IFRS* – auch ein Thema für den Mittelstand?, in: Zeitschrift für internationale und kapitalmarktorientierte Rechnungslegung, 7. Jg., S. 509–519.

von Nitzsch, Rüdiger (2007), *Entscheidungstheorie, deskriptive*, in: Köhler, Richard/Küpper, Hans-Ulrich/Pfingsten, Andreas (Hrsg.), Handwörterbuch der Betriebswirtschaftslehre, 6. Aufl., Stuttgart, S. 375–383.

von Werder, Axel (2011), *Corporate Governance*, in: Busse von Colbe, Walther/Crasselt, Nils/Pellens, Bernhard (Hrsg.), Lexikon des Rechnungswesens. Handbuch der Bilanzierung und Prüfung, der Erlös-, Finanz-, Investitions- und Kostenrechnung, 5. Aufl., München, S. 186–190.

von Werder, Axel/Bartz, Jenny (2012), *Corporate Governance* Report 2012: Kodexregime und Kodexinhalt im Urteil der Praxis, in: Der Betrieb, 65. Jg., S. 869–878.

Wagenhofer, Alfred (2009), *Internationale Rechnungslegungsstandards* – IAS/IFRS. Grundlagen und Grundsätze. Bilanzierung, Bewertung und Angaben. Umstellung und Analyse, 6. Aufl., München.

Wagenhofer, Alfred (2007), *Unternehmensrechnung*, in: Köhler, Richard/Küpper, Hans-Ulrich/Pfingsten, Andreas (Hrsg.), Handwörterbuch der Betriebswirtschaftslehre, 6. Aufl., Stuttgart, Sp. 1848-1857.

Wagenhofer, Alfred (2008), *Fair Value-Bewertung*: Führt sie zu einer nützlicheren Finanzberichterstattung?, in: Schmalenbachs Zeitschrift für betriebswirtschaftliche Forschung, 60. Jg., S. 185–194.

Wagenhofer, Alfred/Ewert, Ralf (2007), *Externe Unternehmensrechnung*, 2. Aufl., Berlin et al.

Watrin, Christoph/Pott, Christiane (2008), *Einfachheit versus Komplexität* von Rechnungslegungsinformationen: Empirische Befunde, in: vom Brocke, Jan/Becker, Jörg (Hrsg.), Einfachheit in Wirtschaftsinformatik und Controlling, Festschrift für Heinz Lothar Grob, München, S. 437–448.

Weber, Ingo (2009), *IFRS: Anhang*. Inhalte, Erstellung, Prüfung, Berlin.

Weber, Jan (2012), *Vereinfachung des Einkommensteuerrechts*. Theoretische und empirische Grundlagen, Diss. Berlin.

Weber, Jürgen/Weissenberger, Barbara E. (2010), Einführung in das *Rechnungswesen*, 8. Aufl., Stuttgart.

Weber, Robert Philip (2008), *Basic Content Analysis*, 2. Aufl., Newbury Park et al.

Weber-Grellet, Heinrich (2007), *Strukturwandel des Steuerstaats*, in: Der Betrieb, 60. Jg., S. 1717–1720.

Wehr, Marco (2013), *Die Komplexitätsfalle* – Wie wir eine Welt erschaffen, die wir nicht verstehen, in: Die Wirtschaftsprüfung, 66. Jg., S. 1.

Weinrich, Günter/Jacobs, Jürgen (2007), *Finanzanalyse und Finanzrating*, in: Achleitner, Ann-Kristin/Everling, Oliver/Niggemann, Karl A. (Hrsg.), Finanzrating. Gestaltungsmöglichkeiten zur Verbesserung der Bonität, Wiesbaden, S. 15–53.

Weissenberger, Barbara E./Angelkort, Hendirk/Kleine, Christian (2011), *Business Reporting* für Kapitalmärkte als Treiber einer integrierten Rechnungslegung?, in: Der Betrieb, 64. Jg., S. 2157–2161.

Weissenberger, Barbara E./Arbeitskreis „Controller und IFRS" der International Group of Controlling (2006), Controller und IFRS: Konsequenzen einer *IFRS-Finanzberichterstattung* für die Aufgabenfelder von

Controllern, in: Betriebswirtschaftliche Forschung und Praxis, 58. Jg., S. 342–364.

Weissenberger, Barbara E./Hirsch, Bernhard (2013), *Auch Irrationales kann rational sein*, in: Frankfurter Allgemeine Zeitung (FAZ) vom 18.03.2013, S. 18.

Wessling, Ewald (1991), *Individuum und Information*. Die Erfassung von Informationen und Wissen in ökonomischen Handlungstheorien, Tübingen.

Weyer, Johannes (2009), *Dimensionen der Komplexität* und Perspektiven des Komplexitätsmanagements, in: Weyer, Johannes/Schulz-Schaeffer, Ingo (Hrsg.), Management komplexer Systeme. Konzepte für die Bewältigung von Intransparenz, Unsicherheit und Chaos, München, S. 3–28.

Whittington, Geoffrey (2005), *The Adoption of International Accounting Standards in the European Union*, in: European Accounting Review, 14. Jg., S. 127–153.

Whittington, Geoffrey (2008), *Fair Value and the IASB/FASB Conceptual Framework Project*: An Alternative View, in: A Journal of Accounting, Finance and Business Studies, 44. Jg., S. 139–168.

Wichels, Daniel (2002), Gestaltung der *Kapitalmarktkommunikation* mit Finanzanalysten. Eine empirische Untersuchung zum Informationsbedarf von Finanzanalysten in der Automobilindustrie, Diss. Oestrich-Winkel.

Wiegandt, Philipp (2009), Die *Transaktionskostentheorie*, in: Schwaiger, Manfred/ Meyer, Anton (Hrsg.), Theorien und Methoden der Betriebswirtschaft. Handbuch für Wissenschaftler und Studierende, München, S. 115–130.

Wiener, Norbert (1948), *Cybernetics*. Or Control and Communication in the Animal and the Machine, New York.

Wildemann, Horst (1998), *Komplexitätsmanagement* durch Prozeß- und Produktgestaltung, in: Adam, Dietrich (Hrsg.), Komplexitätsmanagement, Schriften zur Unternehmensführung, Band 61, Wiesbaden, S. 47–68.

Williamson, Oliver E. (1975), *Markets and Hierarchies*: Analysis and Antitrust Implications. A Study in the Economics of Internal Organization, New York.

Williamson, Oliver E. (1985), The *Economic Institutions* of Capitalism. Firms, Markets, Relational Contracting, New York.

Williamson, Oliver E. (1989), *Transaction Cost Economics*, in: Schmalensee, Richard/Willig, Robert D. (Hrsg.), Handbook of Industrial Organization, Volume 1, Reprinted 2008, Amsterdam et al., S. 135–182.

Williamson, Oliver E. (1990), Die ökonomischen *Institutionen* des Kapitalismus, Tübingen.

Willke, Helmut (2006), *Systemtheorie I*: Grundlagen. Eine Einführung in die Grundprobleme der Theorie sozialer Systeme, 7. Aufl., Stuttgart.

Witte, Ann D./Woodbury, Diane F. (1985), The Effect of Tax Laws and Tax Administration on *Tax Compliance*: The Case of the U.S. Individual Income Tax, in: The National Tax Journal, 38. Jg., S. 1–13.

Wittmann, Waldemar (1959), *Unternehmung und unvollkommene Information.* Unternehmerische Voraussicht – Ungewißheit und Planung, Köln/Opladen.

Wittmann, Waldemar (1975), Entscheiden unter *Ungewissheit*, Wiesbaden.

Wöhe, Günter/Döring, Ulrich (2013), Einführung in die *Allgemeine Betriebswirtschaftslehre*, 25. Aufl., München.

Wohlgemuth, Frank (2007), IFRS: *Bilanzpolitik und Bilanzanalyse.* Gestaltung und Vergleichbarkeit von Jahresabschlüssen, Diss. Saarbrücken.

Yin, Robert K. (2014), *Case Study Research*, 5. Aufl., Los Angeles, California (USA) et al.

Yjiri, Yuji (1975), *Theory of Accounting Measurement*, Sarasota, Florida (USA), American Accounting Association.

You, Haifeng/Zhang, Xiao-jun (2009), *Financial reporting complexity* and investor underreaction to 10-K information, in: Review of Accounting Studies, 14. Jg., S. 559–586.

Yuthas, Kristi/Rogers, Rodney/Dillard, Jesse F. (2002), Communicative Action and *Corporate Annual Reports*, in: Journal of Business Ethics, 41. Jg., S. 141–157.

Zeff, Stephen A. (2013), *Review on „The Politics of Accounting Regulation: Organizing Transnational Standard Setting in Financial Reporting"*, in: The Accounting Review, 88. Jg., S. 1489–1492.

Zimmermann, Ekkart (1972), Das *Experiment in den Sozialwissenschaften*, Stuttgart.

Zülch, Henning/Nellessen, Thomas (2008), Geplante Änderungen zur *Reduzierung der Komplexität bei der Bilanzierung von Finanzinstrumenten nach IFRS*, in: Praxis der internationalen Rechnungslegung, 4. Jg., S. 204–206.

Zwirner, Christian/Busch, Julia (2013), Umstellung der *IFRS-Konzernrechnungslegung* auf HGB, in: Zeitschrift für Internationale Rechnungslegung, 8. Jg., S. 364–367.

Rechtsquellenverzeichnis

Inländische Rechtsquellen

AktG, Aktiengesetz in der Fassung vom 6. September 1965, BGBl. I S. 1089/FNA 4121-1, zuletzt geändert durch Art. 2 Abs. 49 Gesetz zur Änderung von Vorschriften über Verkündung und Bekanntmachungen sowie der Zivilprozessordnung, des Gesetzes betreffend die Einführung der Zivilprozessordnung und der Abgabenordnung vom 22.12.2011 (BGBl. I S. 3044).

BörsG, Börsengesetz in der Fassung der Bekanntmachung vom 16. Juli 2007, BGBl. I S. 1330/FNA 4110-10, zuletzt geändert durch Art. 5 Gesetz zur Umsetzung der Richtlinie 2010/73/EU und zur Änderung des BörsG vom 26.6.2012 (BGBl. I S. 1375).

HGB, Handelsgesetzbuch in der Fassung vom 10. Mai 1897, RGBl. S. 219, BGBl. III/ FNA 4100-1, zuletzt geändert durch Art. 8 G zur Umsetzung der Zweiten E-Geld-Richtlinie vom 1.3.2011 (BGBl. I S. 288).

KWG, Gesetz über das Kreditwesen (Kreditwesengesetz – KWG) in der Fassung der Bekanntmachung vom 9. September 1998, BGBl. I S. 2776, FNA 7610-1, zuletzt geändert durch Art. 1, Art. 8 CRD IV-Umsetzungsgesetz vom 28.8.2013 (BGBl. I S. 3395).

PublG, Gesetz über die Rechnungslegung von bestimmten Unternehmen und Konzernen (Publizitätsgesetz – PublG) in der Fassung vom 15. August 1969, BGBl. I S. 1189, ber. 1970 I S. 1113, FNA 4120-7, zuletzt geändert durch Art. 4 Bilanzrechtsmodernisierungsgesetz vom 25.5.2009 (BGBl. I S. 1102).

TUG, Gesetz zur Umsetzung der Richtlinie 2004/109/EG des Europäischen Parlaments und des Rates vom 15. Dezember 2004 zur Harmonisierung der Transparenzanforderungen in Bezug auf Informationen über Emittenten, deren Wertpapiere zum Handel auf einem geregelten Markt zugelassen sind, und zur Änderung der Richtlinie 2001/34/EG (Transparenzrichtlinie-Umsetzungsgesetz – TUG), vom 5. Januar 2007 (BGBl. I, S. 10 vom 10. Januar 2007).

WpHG, Gesetz über den Wertpapierhandel (Wertpapierhandelsgesetz – WpHG) in der Fassung der Bekanntmachung vom 9. September 1998, BGBl. I S. 2708, FNA 4110-4, zuletzt geändert durch Art. 2 Abs. 44 G zur Änd. von Vorschriften über Verkündung und Bekanntmachungen sowie der ZPO, des EGZPO und der AO vom 22.12.2011 (BGBl. I S. 3044).

Ausländische Rechtsquellen

Richtlinie 2004/39/EG des Europäischen Parlaments und des Rates vom 21. April 2004 über Märkte für Finanzinstrumente, zur Änderung der Richtlinien 85/611/EWG und 93/6/EWG des Rates und der Richtlinie 2000/12/

EG des Europäischen Parlaments und des Rates und zur Aufhebung der Richtlinie 93/22/EWG des Rates, Amtsblatt der Europäischen Union Abl. L 145 vom 30.04.2004, S. 1–44.

Verordnung (EG) Nr. 1606/2002 des Europäischen Parlaments und des Rates vom 19. Juli 2002 betreffend die Anwendung internationaler Rechnungslegungsstandards, Amtsblatt der Europäischen Gemeinschaften ABl. L 243 vom 11.9.2002, S. 1–4.

Standards und Interpretationen des IASB

IAS 1, Presentation of Financial Statements, London 2011.

IAS 12, Income Taxes, London 2010.

IAS 19, Employee Benefits, London 2004.

IAS 19, Employee Benefits, London 2011.

IAS 27, Consolidated and Separate Financial Statements, London 2011.

IAS 37, Provisions, Contingent Liabilities and Contingent Assets, London 1998.

IAS 39, Financial Instruments: Recognition and Measurement, London 2010.

IFRIC 1, Changes in Existing Decommissioning, Restoration and Similar Liabilities, London 2004.

IFRS 1, First-time Adoption of International Financial Reporting Standards, London 2010.

IFRS 8, Operating Segments, London 2006.

IFRS 9, Financial Instruments, London 2010.

IFRS 10, Consolidated Financial Statements, London 2011.

IFRS 13, Fair Value Measurement, London 2011.

SIC-12, Consolidation – Special Purpose Entities, London 1998.

Standards des DSR

DRS 5, Risikoberichterstattung, Berlin 2010.

DRS 15, Lageberichterstattung, Berlin 2010.

Sonstige Quellen

ACCA (2009), *Complexity in Financial Reporting*, unter: URL: http://www.accaglobal.com/content/dam/acca/global/PDF-technical/finan-cial-reporting/tech-ms-com.pdf (eingesehen am 21.03.2014).

Arons, Steven (2013), *Pearson-CFO Robin Freestone will IFRS entrümpeln*, in: Finance Magazin, unter: URL: http://www.finance-magazin.de/bilanzierung-controlling/bilanzierung/pearson-cfo-robin-freestone-will-ifrs-ent-ruempeln/ (eingesehen am 21.03.2014).

Bachmann, Christian (2014), Die *Flesch-Formel*, unter: URL: http://www.leichtlesbar.ch/html/index.html (eingesehen am 21.03.2014).

Baskerville, Rachel (2011), 109 Voices: *Translation Issues for Accounting Standards in the EU*, unter: URL: http://ssrn.com/abstract=1911086 (eingesehen am 21.03.2014).

Bond, Simon (2013), *Gunning Fog Index*, unter: URL: http://gunning-fog-index.com/ (eingesehen am 21.03.2014).

Bonsall, Samuel B. IV/Miller, Brian P. (2013), The *Impact of Financial Disclosure Complexity* on Bond Rating Agency Disagreement and the Cost of Debt Capital, unter: URL: http://papers.ssrn.com/sol3/papers.cfm?abstract_id=2383444 (eingesehen am 21.03.2014).

Brochet, Francois/Naranjo, Patricia/Yu, Gwen (2012), *Causes and consequences of linguistic complexity* in non-U.S. firm conference calls, unter: URL: http://papers.ssrn.com/sol3/papers.cfm?abstract_id=2154948 (eingesehen am 21.03.2014).

Bundesanstalt für Finanzdienstleistungsaufsicht (2012), *Finanzberichterstattung*, unter: URL: http://www.bafin.de/nn_722570/DE/Unternehmen/BoersennotierteUnterneBoer/Finanzberichterstattung/Finanzberichterstattung__node.html?__nnn=true (eingesehen am 27.03.2012).

Bundesanstalt für Finanzdienstleistungsaufsicht (2012), *Häufig gestellte Fragen* zu den §§ 37v ff. WpHG, unter: URL: http://www.bafin.de/cln_235/SharedDocs/Downloads/DE/Unternehmen/BoBoers__Maerkte/faq__finanzberichterstattung,templateId=raw,property=pupublicationFi.pdf/faq_finanzberichterstattung.pdf, S. 1–13 (eingesehen am 27.03.2012).

Bushee, Brian J./Gow, Ian D./Taylor, Daniel J. (2013), *Linguistic Complexity in Firm Disclosures*: Obfuscation or Information?, unter: URL: http://papers.ssrn.com/sol3/papers.cfm?abstract_id=2375424 (eingesehen am 21.03.2014).

Canadian Financial Executives Research Foundation (2013), *The Cost of IFRS Transition in Canada*, unter: URL: https://portal.fei-canada.org/enews/file/CFERF%20studies/2012-2013/The%20cost%20of%20IFRS%20transition%20 in%20Canada%20-%20July%204,%202013%20-%20final.pdf (eingesehen am 21.03.2014).

Capps, Grag/Koonce, Lisa/White, Brian (2014), *Does Fact-Weighting Guidance Debias the Effect of Examples in Accounting Standards?*, unter: URL: http://papers.ssrn.com/sol3/papers.cfm?abstract_id=2397367 (eingesehen am 21.03.2014).

Damodaran, Aswath (2006), The Value of Transparency and the *Cost of Complexity*, unter: URL: http://papers.ssrn.com/sol3/papers.cfm?ab-stract_id=886836 (eingesehen am 21.03.2014).

De Franco, Gus/Hope, Ole-Kristian/Vyas, Dushyantkumar/Zhou, Yibin (2013), *Analyst Report Readability*, unter: URL: http://papers.ssrn.com/sol3/papers.cfm?abstract_id=1873424 (eingesehen am 21.03.2014).

Deutsche Börse (2013), *Leitfaden zu den Aktienindizes* der Deutschen Börse, unter: URL: https://www.rwe.com/web/cms/mediablob/de/195144/data/113836/7/rwe/investor-relations/aktie/aktionaersstruktur/Leitfaden-zuden-Aktienindizes-der-Deutschen-Boerse.pdf, Stand: Januar 2013 (eingesehen am 21.03.2014).

Deutsche Prüfstelle für Rechnungslegung DPR e. V. (2011), Pressemitteilung vom 20.10.2011, *Prüfungsschwerpunkte 2012*, unter: URL: http://www.frep.info/docs/pressemitteilungen/2011/20111020_pm.pdf (eingesehen am 21.03.2014).

Deutsche Prüfstelle für Rechnungslegung DPR e. V. (2010), *Tätigkeitsbericht* 2009, unter: URL: http://www.frep.info/docs/jahresberichte/2009/2009_tb.pdf (eingesehen am 21.03.2014).

Deutsche Prüfstelle für Rechnungslegung DPR e. V. (2011), *Tätigkeitsbericht* 2010, unter: URL: http://www.frep.info/docs/jahresberichte/2010/2010_tb.pdf (eingesehen am 21.03.2014).

Deutsche Prüfstelle für Rechnungslegung DPR e. V. (2012), *Tätigkeitsbericht* 2011, unter: URL: http://www.frep.info/docs/jahresberichte/2011/2011_tb.pdf (eingesehen am 21.03.2014).

Deutsche Prüfstelle für Rechnungslegung DPR e. V. (2013), *Tätigkeitsbericht* 2012, unter: URL: http://www.frep.info/docs/jahresberichte/2012/2012_tb.pdf (eingesehen am 21.03.2014).

Dinh, Hong Nhung/Piot, Charles (2014), *IFRS adoption in Europe and audit market concentration*, unter: URL: http://papers.ssrn.com/sol3/papers.cfm?abstract_id=2398463 (eingesehen am 21.03.2014).

Eichfelder, Sebastian (2010), *Steuerkomplexität* als Markteintrittsbarriere? Entscheidungsanreize steuerlicher Bürokratiekosten, unter: URL: http://elpub.

bib.uni-wuppertal.de/servlets/DerivateServlet/Derivate-1537/sdp10001.pdf (eingesehen am 21.03.2014).

Eierle, Brigitte/Haller, Axel (2010), *IFRS for SMEs – Ergebnisse einer Befragung von kapitalmarktorientierten Unternehmen in Deutschland*, hrsg. von Bundesverband der Deutschen Industrie e.V./Deutsches Rechnungslegungs Standards Committee e.V./Lehrstuhl für Betriebswirtschaftslehre, insbes. Internationale Rechnungslegung und Wirtschaftsprüfung der Universität Bamberg/Lehrstuhl für Financial Accounting and Auditing der Universität Regensburg (Hrsg.), Berlin, unter: URL: http://www.bdi.eu/download_content/BDI_DRSC_IFRS_for_SMEs_nkoU.pdf (eingesehen am 21.03.2014).

Eisl, Christoph/Losbichler, Heimo/Falschlunger, Lisa/Fischer, Bianca/Hofer, Peter (2013), *Reporting Design.* Status quo und neue Wege in der Gestaltung des internen und externen Berichtsgestaltung – eine empirische Studie von KPMG Advisory AG, FH Oberösterreich und pmOne GmbH, unter: URL: http://www.pmone.com/know-how/anfordern/repor-ting-design-status-quo-und-neue-wege-in-der-internen-und-externen-beri-chtsgestaltung/ (eingesehen am 21.03.2014).

Europäische Kommission (2013), *Official Languages*, unter: URL: http://ec.europa.eu/languages/policy/language-policy/official_languages_en.htm (eingesehen am 21.03.2014).

European Commission (2013), Final Report from the Expert Group on *Intellectual Property Valuation*, unter: URL: http://ec.europa.eu/research/innovation-union/pdf/Expert_Group_Report_on_Intellectual_Property_Valuation_IP_web_2.pdf (eingesehen am 21.03.2014).

European Financial Reporting Advisory Group (EFRAG)/French Autorité des Normes Comptables (ANC)/Accounting Standards Committee of Germany (ASCG)/Organismo Italiano di Contabilità (OIC)/UK Financial Reporting Council (FRC) (2014), *Getting a Better Framework COMPLEXITY Bulletin*, unter: URL: http://www.fondazioneoic.eu/wp-content/uploads/downloads/2014/02/Bu-lletin-Complexity.pdf (eingesehen am 21.03.2014).

Filzen, Joshua J./Peterson, Kyle (2010), *Accounting complexity* and meeting expectations, unter: URL: http://lcb.uoregon.edu/app_themes/content/docs/actg/Filzen_paper.pdf (eingesehen am 11.07.2013).

Financial Reporting Council (2009), *Louder than Words (in short).* Principles and actions for making corporate reports less complex and more relevant, unter: URL: http://www.iasplus.com/en/binary/uk/0906louderthanwords-summary.pdf (eingesehen am 21.03.2014).

Fischer, Thomas M./Klöpfer, Elisabeth (2006), Bilanzpolitisches Gestaltungspotenzial bei der *Umstellung der Rechnungslegung von HGB auf IFRS*, unter: URL: http://management-reporting.org/Dateien_Downloads/Forschungsberichte/Fischer_Kloepfer_IFRS_Studie_Auswertungsbe-richt.pdf (eingesehen am 21.03.2014).

Frankfurter Wertpapierbörse (2013), *Börsenordnung* der Frankfurter Wertpapierbörse, unter: URL: http://xetra.com/xetra/dispatch/de/binary/navigation/xetra/400_admission_ttradin/400_fwb_rules_regulations?object_id=84XHGZ360NSGDDE, Stand: 16.12.2013 (eingesehen am 21.03.2014).

Fülbier, Rolf Uwe/Sellhorn, Thorsten (2008), *Approaches to accounting research* – Evidence from EAA Annual Congresses, unter: URL: http://papers.ssrn.com/sol3/papers.cfm?abstract_id=985119 (eingesehen am 21.03.2014).

Glassman, Cynthia A. (2006), Speech by SEC Commissioner: „*Complexity in Financial Reporting and Disclosure Regulation*". Remarks before the 25th Annual USC Leventhal School of Accounting SEC and Financial Reporting Institute Conference in Pasadena, California (USA), 08.06.2006, unter: URL: www.sec.gov/news/speech/2006/spch060806cag.htm (eingesehen am 21.03.2014).

Günther, Jens/Witzky, Marcus (2014), The *Influence of Standard Setters on the Properties of International Financial Reporting Standards*, unter: URL: http://papers.ssrn.com/sol3/papers.cfm?abstract_id=2394193 (eingesehen am 21.03.2014).

Holthoff, Gero/Hoos, Florian/Weissenberger, Barbara E. (2014), *Are we lost in Translation?* An Experimental Investigation of the Effects of IFRS Translation on Accounting Judgement, unter: URL http://papers.ssrn.com/sol3/papers.cfm?abstract_id=2395352 (eingesehen am 21.03.2014).

Hsieh, Chia Chun/Hui, Kai Wai (2013), *Analyst Report Readability*, Earnings Uncertainty and Stock Returns, unter: URL: http://papers.ssrn.com/sol3/papers.cfm?abstract_id=2182422 (eingesehen am 21.03.2014).

Institut der Wirtschaftsprüfer in Deutschland e. V. (2011), *Presseinformation* 2/2011 vom 24.02.2011, unter: URL: http://www.idw.de/idw/portal/d606110 (eingesehen am 21.03.2014).

International Accounting Standards Board (2001), *IAS 39 Implementation Guidance Questions and Answers* as of 1 July 2001. Approved for Issuance by the IAS 39 Implementation Guidance Committee, unter: URL: http://www.iasplus.com/en/binary/resource/0107batch1-5.pdf (eingesehen am 21.03.2014).

Jennings, Jared/Stoumbos, Robert/Tanlu, Lloyd (2012), *The effect of organizational complexity* on earnings forecasting behavior, unter: URL: http://papers.ssrn.com/sol3/papers.cfm?abstract_id=2130119 (eingesehen am 21.03.2014).

Kanning, Tim (2010), *Kredite sind schwerer zu bekommen*, unter: URL: http://www.faz.net/aktuell/rhein-main/wirtschaft/frankfurt-kredite-sind-schwerer-zu-bekommen-1939228.html (eingesehen am 21.03.2014).

Katz, Daniel Martin/Bommarito II, Michael J. (2013), *Measuring the Complexity of the Law*: The United States Code, unter: URL: http://papers.ssrn.com/sol3/papers.cfm?abstract_id=2307352 (eingesehen am 21.03.2014).

Kim, Andy (Y. Han)/Chung, Sunggon (2014), Are Female CFOs better at improving the readability of the annual reports?, unter: URL: http://papers.ssrn.com/sol3/papers.cfm?abstract_id=2402879 (eingesehen am 21.03.2014).

KPMG (2011), *Disclosure overload and complexity*, unter: URL: http://www.kpmg.com/US/en/IssuesAndInsights/ArticlesPublications/Documents/disclosure-overload-complexity.pdf (eingesehen am 21.03.2014).

Lang, Mark/Stice-Lawrence, Lorien (2014), *Textual Analysis and International Financial Reporting*: Large Sample Evidence, unter: URL: http://papers.ssrn.com/sol3/papers.cfm?abstract_id=2407572 (eingesehen am 28.03.2014).

Lanxess AG (2013), *Historie*, unter: URL: http://lanxess.de/de/corporate/ueber-lanxess/historie/ (eingesehen am 21.03.2014).

Lawrence, Alastair (2011), Individual Investors and *Financial Disclosure*, unter: URL: http://nd.edu/~carecob/Workshops/10-11%20Recruiting/Lawrence-%20Paper.pdf (eingesehen am 21.03.2014).

Lenhard, Alexandra/Lenhard, Wolfgang (2013), *Lesbarkeitsindex* (LIX), unter: URL: http://www.psychometrica.de/lix.html (eingesehen am 06.03.2013).

Li, Feng (2006), *Do Stock Market Investors Understand the Risk Sentiment of Corporate Annual Reports?*, unter: URL: http://papers.ssrn.com/sol3/papers.cfm?abstract_id=898181 (eingesehen am 21.03.2014).

Li, Feng (2010), *Managers' Self-Serving Attribution Bias* and Corporate Financial Policies, unter: URL: http://papers.ssrn.com/sol3/papers.cfm?abstract_id=1639005 (eingesehen am 21.03.2014).

Loughran, Tim/McDonald, Bill (2011), *Measuring Readability* in Financial Disclosures, unter: URL: http://papers.ssrn.com/sol3/papers.cfm?abstract_id=1920411 (eingesehen am 24.11.2012).

Nelson, Karen K./Pritchard, A. C. (2007), *Litigation Risk and Voluntary Disclosure*: The Use of Meaningful Cautionary Language, unter: URL: http://papers.ssrn.com/sol3/papers.cfm?abstract_id=998590 (eingesehen am 21.03.2014).

Office of Tax Simplification (2012), The Office of Tax Simplification *Complexity Index*, unter: URL: http://taxsimplificationblog.files.word-press.

com/2012/12/ots-complexity-index-methodology-paper1.pdf (eingesehen am 21.03.2014).

Ojala, Hannu/Paananen, Mari/Renders, Annelies (2011), The Impact of *Accounting Regulation Complexity* on Financial Reporting Lead-Time, unter: URL: http://www.brunel.ac.uk/__data/assets/pdf_file/0003/145155/aarcTheImpactOf AccountingComplexity.pdf (eingesehen am 21.03.2014).

O. V. (2011), *Ausbruch des Eyjafjallajökull*: Vulkanasche war gefährlich für Flugzeuge, unter: URL: http://www.spiegel.de/wissenschaft/natur/ausbruch-des-eyjafjallajoekull-vulkanasche-war-gefaehrlich-fuer-flugzeuge-a-758921.html (eingesehen am 21.03.2014).

O. V. (2011), *Deutsche Industrie klagt über Lieferengpässe*, unter: URL: http:// www.focus.de/finanzen/news/konjunktur/japan-katastrophe-deutsche-industrie-klagt-ueber-lieferengpaesse_aid_615023.html (eingesehen am 21.03.2014).

O. V. (2011), *Vulkanasche: Airlines klagen wegen Luftraumsperrung*, unter: URL: http://www.spiegel.de/wirtschaft/unternehmen/vulkanasche-airlines-klagen-wegen-luftraumsperrung-a-771381.html (eingesehen am 21.03.2014).

O. V. (2012), Bertelsmann-Stiftung legt Konzept für *Rating-Agentur* vor, unter: URL: http://www.zeit.de/wirtschaft/2012-04/ratingagentur-bertelsmann (eingesehen am 21.03.2014).

O. V. (2012), GE baut seine Komplexität ab, in: Frankfurter Allgemeine Zeitung (FAZ) vom 19.09.2012, S. 16.

O. V. (2013), *About the IFRS for SMEs*, unter: URL: http://www.ifrs.org/ifrs-forsmes/Pages/ifrs-for-smes.aspx# (eingesehen am 21.03.2014).

O. V. (2013), *KPMG kompakt*, unter: URL: http://www.kpmg.de/WerWirSind/1022.htm (eingesehen am 21.03.2014).

O. V. (2013), United States Code, unter: URL: http://uscode.house.gov/download/download.shtml (eingesehen am 21.03.2014).

O. V. (2013), *Währungsrechner*, unter: URL: http://www.oanda.com/lang/de/currency/converter/ (eingesehen am 21.03.2014).

O. V. (2014), *„Der beste Geschäftsbericht" im Porträt*, unter: URL: http://www. wiwi.uni-muenster.de/baetge/geschaeftsbericht/wettbewerb.html (eingesehen am 08.04.2014).

Pawsey, Nicholas L. (2010), Australian Preparer Perceptions towards the Quality and *Complexity of IFRS*, unter: URL: http://apira2010.econ.usyd.edu.au/conference_proceedings/APIRA-2010-199-Pawsey-Australian-preparer-perceptions-of-IFRS.pdf (eingesehen am 21.03.2014).

Pellens, Bernhard/Schmidt, André (2014), *Verhalten und Präferenzen deutscher Aktionäre*. Eine Befragung von privaten institutionellen Anlegern zum Informationsverhalten, Dividendenpräferenz und zur Wahrung von Stimmrechten, unter: URL: https://www.dai.de/files/dai_usercontent/dokumente/studien/2014-11-02%20Studie%20Aktionaersverhalten.pdf (eingesehen am 1.03.2014).

Plumlee, Marlene/Yohn, Teri Lombardi (2009), *An Analysis of the Underlying Causes* Attributed to Restatements, unter: URL: http://papers.ssrn.com/sol3/papers.cfm?abstract_id=1104189 (eingesehen am 21.03.2014).

Rennekamp, Kristina M. (2012), The Influence of Performance and Reporting Goals on *Managers' Choice of Reporting Complexity in Disclosures*, unter: URL: http://papers.ssrn.com/sol3/papers.cfm?abstract_id=2137133 (eingesehen am 21.03.2014).

Sielaff, Christian (2011), *Steuerkomplexität* und Arbeitsangebot – Eine experimentelle Analyse, unter: URL: https://www.econstor.eu/dspace/bitstream/10419/49297/1/666054800.pdf (eingesehen am 21.03.2014).

Turnbull-Hall, Caroline/Thomas, Richard (2012), Length of Tax Legislation as a *Measure of Complexity*, unter: URL: https://www.gov.uk/government/uploads/system/uploads/attachment_data/file/193496/ots_length_legislation_paper.pdf (eingesehen am 21.03.2014).

Ulph, David (2013), Measuring *Tax Complexity*, unter: URL: https:// www.gov.uk/government/uploads/system/uploads/attachment_data/file/193497/ots_david_ulph_measuring_tax_complexity.pdf (eingesehen am 21.03.2014).

Weber, Ingo/Klamar, Nils (2012), *Umfang des Anhangs nach IFRS*. Vertragen sich deutsche Gründlichkeit & angelsächsische Rechnungslegungsnormen (Dezember 2012), unter: URL: http://www.fas-ag.de/tl_files/project/fas-ag/downloads/Notes_Studie_Ueberarbeitung_Dezember%2012.pdf (eingesehen am 29.03.2013).

Weber, Ingo/Wenig, Patrick (2014), *Umfang des Anhangs nach IFRS*. Leiden die Jahresabschlüsse der Unternehmen unter einem potentiellen disclosure overload? (Februar 2014).

Wirtschaftsprüferkammer Körperschaft des öffentlichen Rechts (2011), *Presseinformation* vom 07.12.2011, unter: URL: http:// www.wpk.de/pdf/WPK-Presseinformation_Ueberarbeitung_IFRS.pdf (eingesehen am 21.03.2014).

Wirtschaftsprüferkammer Körperschaft des öffentlichen Rechts (2011), *Stellungnahme der Wirtschaftsprüferkammer zur IASB Agenda Consultation* 2011, unter: URL: http://www.wpk.de/pdf/WPK-Stellungnahme_21-11-2011.pdf (eingesehen am 21.03.2014).

Betriebswirtschaftliche Forschung im Rechnungswesen

Herausgegeben von Nils Crasselt, Rolf Uwe Fülbier,
Joachim Gassen, Bernhard Pellens und Thorsten Sellhorn

Band 1 Verena Hill: Rechnungslegungspolitik im Rahmen der Kaufpreisallokation. Eine theoretische und empirische Analyse deutscher kapitalmarktorientierter Unternehmen. 2011.

Band 2 Ulrich Küting: Rückstellungsbilanzierung nach HGB und IFRS. Normendeskription und empirische Analysen zur deutschen und internationalen Bilanzierungspraxis. 2011.

Band 3 Felix Fischer: Der Zusammenhang zwischen Rechnungslegung und Ausschüttungsbemessung. Eine empirische Analyse deutscher börsennotierter Aktiengesellschaften. 2011.

Band 4 Torben Auste: Einfluss von Lobbying auf den IFRS-Standardsetzungsprozess. 2012.

Band 5 Michael Fischkin: Determinanten der Prüferwahl und des Prüferwechsels auf dem deutschen Prüfungsmarkt für börsennotierte Unternehmen. Eine theoretische und empirische Untersuchung. 2012.

Band 6 Maximilian Lauerbach: Investitionssteuerung mit Risk Adjusted Performance Measures im Nicht-Finanzbereich. 2012.

Band 7 Marco Kreutzer: Wertorientierte Planung und Steuerung anhand des Residualgewinnkonzepts. Eine Analyse in Abhängigkeit vom zu Grunde liegenden Rechnungslegungssystem. 2012.

Band 8 Tim-Frederik Oehr: Sozio-ökonomische Aspekte der Regulierung der Rechnungslegung. 2012.

Band 9 Adam Strzyz: Determinanten der Dividendenpräferenz deutscher Privatanleger. 2013.

Band 10 Jane Fehr: Die künftige Leasingbilanzierung nach IFRS. Auswirkungen auf das Entscheidungsverhalten der Akteure. 2013.

Band 11 Thomas Kemper-Scharpegge: Einfluss der IFRS auf die Rechnungslegungspraxis. Eine theoretische und empirische Analyse in ausgewählten Ländern der EU. 2013.

Band 12 Nico Kavvadias: Forschungs- und Entwicklungskosten. Abschlusspolitische Gestaltungsspielräume und Determinanten für deren Ausübung. 2014.

Band 13 Theresa Weiß: Steueraggressivität börsennotierter und nichtbörsennotierter Unternehmen in Deutschland. Eine theoretische und empirische Analyse. 2014.

Band 14 Kai Lehmann: Managementprognosen und Analystenschätzungen. Empirische Untersuchung zum Prognoseverhalten von Unternehmen und Finanzanalysten. 2014.

Band 15 Patrick Kuschel: Komplexitätszunahme in der Finanzberichterstattung nach IFRS? Eine theoretische und empirische Analyse. 2015.

www.peterlang.com

www.ingramcontent.com/pod-product-compliance
Ingram Content Group UK Ltd.
Pitfield, Milton Keynes, MK11 3LW, UK
UKHW021824290926
8980IPUK00004B/253

9 783631 659878